2023

Julio Fabbrini **Mirabete** | Renato N. **Fabbrini**

EXECUÇÃO PENAL

DÉCIMA SEXTA EDIÇÃO

REVISTA, ATUALIZADA E REFORMULADA

JURISPRUDÊNCIA
MATERIAL
COMPLEMENTAR

Dados Internacionais de Catalogação na Publicação (CIP) de acordo com ISBD

M672e

Mirabete, Julio Fabbrini
Execução penal / Julio Fabbrini Mirabete, Renato N. Fabbrini. - 16. ed. - Indaiatuba, SP : Editora Foco, 2023.
648 p. ; 17cm x 24cm.

Inclui bibliografia e índice.
ISBN: 978-65-5515-748-2

1. Direito. 2. Direito penal. 3. Execução penal. I. Fabbrini, Renato N. II. Título.

2023-502 CDD 345   CDU 343

Elaborado por Vagner Rodolfo da Silva - CRB-8/9410
Índices para Catálogo Sistemático:
1. Direito penal 345
2. Direito penal 343

Julio Fabbrini **Mirabete**

Renato N. **Fabbrini**

EXECUÇÃO PENAL

DÉCIMA SEXTA EDIÇÃO

REVISTA, ATUALIZADA E REFORMULADA

2023 © Editora Foco
Autores: Julio Fabbrini Mirabete e Renato N. Fabbrini
Diretor Acadêmico: Leonardo Pereira
Editor: Roberta Densa
Assistente Editorial: Paula Morishita
Revisora: Patricia Camargo Bergamasco
Capa Criação: Leonardo Hermano
Diagramação: Ladislau Lima e Aparecida Lima
Impressão miolo e capa: FORMA CERTA

DIREITOS AUTORAIS: É proibida a reprodução parcial ou total desta publicação, por qualquer forma ou meio, sem a prévia autorização da Editora FOCO, com exceção do teor das questões de concursos públicos que, por serem atos oficiais, não são protegidas como Direitos Autorais, na forma do Artigo 8º, IV, da Lei 9.610/1998. Referida vedação se estende às características gráficas da obra e sua editoração. A punição para a violação dos Direitos Autorais é crime previsto no Artigo 184 do Código Penal e as sanções civis às violações dos Direitos Autorais estão previstas nos Artigos 101 a 110 da Lei 9.610/1998. Os comentários das questões são de responsabilidade dos autores.

NOTAS DA EDITORA:
Atualizações e erratas: A presente obra é vendida como está, atualizada até a data do seu fechamento, informação que consta na página II do livro. Havendo a publicação de legislação de suma relevância, a editora, de forma discricionária, se empenhará em disponibilizar atualização futura.

Erratas: A Editora se compromete a disponibilizar no site www.editorafoco.com.br, na seção Atualizações, eventuais erratas por razões de erros técnicos ou de conteúdo. Solicitamos, outrossim, que o leitor faça a gentileza de colaborar com a perfeição da obra, comunicando eventual erro encontrado por meio de mensagem para contato@editorafoco.com.br. O acesso será disponibilizado durante a vigência da edição da obra.

Impresso no Brasil (03.2023) – Data de Fechamento (03.2023)

2023
Todos os direitos reservados à
Editora Foco Jurídico Ltda.
Avenida Itororó, 348 – Sala 05 – Cidade Nova
CEP 13334-050 – Indaiatuba – SP

E-mail: contato@editorafoco.com.br
www.editorafoco.com.br

À memória de Maria,
A Humberto,
que sempre foram pais exemplares.

*A Renato, pelas preciosas sugestões
na elaboração desta obra, o afetuoso
agradecimento de seu pai.*

NOTA À 16ª EDIÇÃO

Esta 16ª edição do Execução Penal, publicado, agora, pela Editora Foco, foi revista e atualizada até 30 de janeiro de 2023.

Como nas edições anteriores, procedemos à adaptação do texto legal e dos comentários doutrinários às alterações introduzidas na Lei nº 7.210, de 11-7-1984, por diversos diplomas, bem como à vigência de novas leis de natureza penal, processual penal e extrapenal que geraram reflexos sobre a vigência e a interpretação das normas que disciplinam a execução da pena.

Inserimos, após o texto vigente de cada artigo de lei, remissões a outros dispositivos que com ele se relacionam, contidos na própria Lei de Execução Penal, na Constituição Federal, no Código Penal, no Código de Processo Penal e em leis especiais. São também referidas as súmulas vinculantes e as demais súmulas do Supremo Tribunal Federal e as do Superior Tribunal de Justiça, que guardem conexão com o artigo examinado. A relação e o teor das súmulas citadas são encontrados ao final do livro.

O livro também contém remissões a diversas ementas de decisões que refletem as orientações perfilhadas pelos tribunais pátrios sobre os diversos temas surgidos na aplicação da Lei de Execução Penal. Essas ementas, reunidas sob rubricas específicas em conformidade com o assunto versado, podem ser encontradas no material de apoio *on-line*, onde se fazem seguir de menção às revistas de jurisprudência, publicações ou sites oficiais onde os julgados podem ser localizados

Ao prezado leitor, externamos a esperança de que esta nova edição continue a lhe ser útil no estudo do Direito da Execução Penal e em sua atividade profissional. Agradecemos, desde logo, por eventuais críticas e sugestões que certamente contribuirão para o aperfeiçoamento da obra.

Renato N. Fabbrini

ABREVIATURAS

Revistas de doutrina, jurisprudência e pareceres

AgRg: Agravo regimental
AI: Agravo de instrumento
AJURIS: Revista da Associação de Juízes do Rio Grande do Sul
Ap: Apelação
CC: Conflito de Competência ou Código Civil
CDC: Código de Defesa do Consumidor
CF: Constituição Federal
CLT: Consolidação das Leis do Trabalho
CP: Código Penal
CPC: Código de Processo Civil
CPIJ: Código Penal e sua interpretação jurisprudencial, RT
CPM: Código Penal Militar
CPP: Código de Processo Penal
CTB: Código de Trânsito Brasileiro
CTN: Código Tributário Nacional
DE: Diário eletrônico da Justiça Federal da 4ª Região
DJE: Diário da Justiça do Estado
DJe: Diário da Justiça eletrônico
DJF3: Diário eletrônico da Justiça Federal da 3ª Região
DJU: Diário da Justiça. Imprensa Oficial da União
DOU: Diário Oficial da União
e-DJF1: Diário eletrônico da Justiça Federal da 1ª Região
EAOAB: Estatuto da Advocacia e da Ordem dos Advogados do Brasil
EDcl: Embargos de declaração
EJSTJ: Ementário de Jurisprudência do Superior Tribunal de Justiça
EJTJEAP: Ementário de Jurisprudência do Tribunal de Justiça do Estado do Amapá
HC: Habeas corpus
Inq.: Inquérito
JCat: Jurisprudência Catarinense

JSTF: Jurisprudência do Supremo Tribunal Federal

JSTJ: Jurisprudência do Superior Tribunal de Justiça e Tribunais Regionais Federais

JTACRESP: Julgados do Tribunal de Alçada Criminal do Estado de São Paulo

JTAERGS: Julgados do Tribunal de Alçada do Estado do Rio Grande do Sul

JTJ: Jurisprudência do Tribunal de Justiça de São Paulo

Justitia: Revista do Ministério Público de São Paulo e da Associação Paulista do Ministério Público

LCP: Lei das Contravenções Penais

LEP: Lei de Execução Penal

LICP: Lei de Introdução ao Código Penal

LICPP: Lei de Introdução ao Código de Processo Penal

LINDB: Lei de Introdução às normas do Direito Brasileiro (antiga Lei de Introdução ao Código Civil – LICC)

LOMPU: Lei Orgânica do Ministério Público da União

LONMP: Lei Orgânica Nacional do Ministério Público

LSN: Lei de Segurança Nacional

MS: Mandado de Segurança

Pet.: Petição

QO: Questão de ordem

RBCCRIM: Revista Brasileira de Ciências Criminais

RDJ: Revista de Doutrina e Jurisprudência do Tribunal de Justiça do Estado do Amapá

RE: Recurso extraordinário

REsp: Recurso especial

Rev. Crim: Revisão criminal

RHC: Recurso de *habeas corpus*

RJDTACRIM: Revista de Julgados e Doutrina do Tribunal de Alçada Criminal do Estado de São Paulo

RJEMT: Revista de Julgados do Estado de Mato Grosso

RJTACRIM: Revista de Julgados do Tribunal de Alçada Criminal do Estado de São Paulo (antiga Revista de Julgados e Doutrina do Tribunal de Alçada Criminal do Estado de São Paulo)

RJTAMG: Revista de Julgados do Tribunal de Alçada de Minas Gerais

RJTJERGS: Revista de Jurisprudência do Tribunal de Justiça do Estado do Rio Grande do Sul

RJTJESP: Revista de Jurisprudência do Tribunal de Justiça do Estado de São Paulo

RMS: Recurso ordinário em mandado de segurança

RSTJ: Revista do Superior Tribunal de Justiça

RT: Revista dos Tribunais

ABREVIATURAS

RTJ: Revista Trimestral de Jurisprudência do Supremo Tribunal Federal
STF: Supremo Tribunal Federal
STJ: Superior Tribunal de Justiça
TACRSP: Tribunal de Alçada Criminal de São Paulo
TAGB: Tribunal de Alçada da Guanabara
TAMG: Tribunal de Alçada de Minas Gerais
TAPR: Tribunal de Alçada do Paraná
TARJ: Tribunal de Alçada do Rio de Janeiro
TARS: Tribunal de Alçada do Rio Grande do Sul
TJAC: Tribunal de Justiça do Acre
TJAP: Tribunal de Justiça do Amapá
TJBA: Tribunal de Justiça da Bahia
TJCE: Tribunal de Justiça do Ceará
TJDF: Tribunal de Justiça do Distrito Federal
TJES: Tribunal de Justiça do Espírito Santo
TJGB: Tribunal de Justiça da Guanabara
TJGO: Tribunal de Justiça de Goiás
TJMG: Tribunal de Justiça de Minas Gerais
TJMS: Tribunal de Justiça do Mato Grosso do Sul
TJMT: Tribunal de Justiça do Mato Grosso
TJPA: Tribunal de Justiça do Pará
TJPB: Tribunal de Justiça da Paraíba
TJPE: Tribunal de Justiça de Pernambuco
TJPI: Tribunal de Justiça do Piauí
TJPR: Tribunal de Justiça do Paraná
TJRJ: Tribunal de Justiça do Rio de Janeiro
TJRN: Tribunal de Justiça do Rio Grande do Norte
TJRO: Tribunal de Justiça de Rondônia
TJRR: Tribunal de Justiça de Roraima
TJRS: Tribunal de Justiça do Rio Grande do Sul
TJSC: Tribunal de Justiça de Santa Catarina
TJSE: Tribunal de Justiça de Sergipe
TJSP: Tribunal de Justiça de São Paulo
TRF: Tribunal Regional Federal
TSE: Tribunal Superior Eleitoral

SUMÁRIO GERAL

Lei nº 7.210, de 11 de julho de 1984	1
TÍTULO I – DO OBJETO E DA APLICAÇÃO DA LEI DE EXECUÇÃO PENAL ...	1

ART. 1º

1.1	Natureza da execução penal...	1
1.2	Autonomia do direito penitenciário	2
1.3	Direito penitenciário e direito de execução penal	4
1.4	Histórico da Lei de Execução Penal	5
1.5	Finalidade da pena	6
1.6	Crise da execução penal	9
1.7	Objeto da execução penal	9
1.8	Sumário	11

ART. 2º

2.1	Princípio da legalidade	12
2.2	Princípio da jurisdicionalidade	13
2.3	Processo de execução	16
2.4	Presos provisórios e condenados na justiça especial	18

ART. 3º

3.1	A relação jurídica na execução penal	20
3.2	Direitos preservados	21
3.3	Direitos políticos	24
3.4	Discriminação	25

ART. 4º

4.1	Cooperação da comunidade	26
4.2	Setores de participação	27

TÍTULO II – DO CONDENADO E DO INTERNADO...............................	28
Capítulo I – DA CLASSIFICAÇÃO	28

ART. 5º

5.1	Individualização da pena e classificação dos condenados...........	28

5.2	Biotipologia criminal	29
5.3	Classificações dos delinquentes	30
5.4	Exame de personalidade	31
5.5	Exame criminológico	32

ART. 6º
6.1	Comissão Técnica de Classificação	34
6.2	Atribuições da Comissão Técnica de Classificação	35

ART. 7º
7.1	Composição da Comissão Técnica de Classificação	37

ART. 8º
8.1	Realização do exame criminológico	38

ART. 9º
9.1	Elementos para as perícias	39

ART. 9º-A
9-A.1	Identificação por perfil genético	42

Capítulo II – DA ASSISTÊNCIA 45

SEÇÃO I – Disposições Gerais 45

ART. 10
10.1	Tratamento penitenciário	46
10.2	Tratamento e assistência	46
10.3	Assistência ao egresso	48

ART. 11
11.1	Espécies de assistência	49

SEÇÃO II – Da Assistência Material 50

ART. 12
12.1	Assistência material	50

ART. 13
13.1	Instalações e serviços	52

SEÇÃO III – Da Assistência à Saúde 52

ART. 14
14.1	Assistência à saúde	53
14.2	Assistência médica	54

14.3	Assistência farmacêutica e odontológica	55
14.4	Instalações médico-sanitárias	56

SEÇÃO IV – Da Assistência Jurídica **57**

ART. 15

15.1	Relevância da assistência jurídica	57

ART. 16

16.1	Assistência de defensor	59
16.2	Defensoria pública e advogado dativo	59

SEÇÃO V – Da Assistência Educacional **61**

ART. 17

17.1	Assistência educacional	61

ART. 18

18.1	Ensino de 1º grau	62

ART. 18-A

18-A.1	Ensino médio	63

ART. 19

19.1	Ensino profissional	64

ART. 20

20.1	Convênios	64

ART. 21

21.1	Bibliotecas	65

ART. 21-A

21-A.1	Censo penitenciário	66

SEÇÃO VI – Da Assistência Social **66**

ART. 22

22.1	Assistência social	66

ART. 23

23.1	Tarefas do serviço de assistência social	68

SEÇÃO VII – Da Assistência Religiosa **71**

ART. 24

24.1	Pena e religião	71
24.2	Assistência religiosa	72

24.3 Meios e locais 73
24.4 Liberdade religiosa 73

SEÇÃO VIII – Da Assistência ao Egresso.. **74**

ART. 25
25.1 Problemática do egresso... 74
25.2 Assistência ao egresso 75

Art. 26
26.1 Conceito de egresso 76

Art. 27
27.1 Obtenção de trabalho 77

Capítulo III – DO TRABALHO **77**

SEÇÃO I – Disposições Gerais **77**

ART. 28
28.1 Trabalho penitenciário 77
28.2 Finalidades do trabalho penitenciário 79
28.3 Higiene e segurança 79
28.4 Acidente do trabalho 80
28.5 Regime especial 80

ART. 29
29.1 Remuneração.. 81
29.2 Destinação do salário 82

ART. 30
30.1 Prestação de serviços à comunidade 83

SEÇÃO II – Do Trabalho Interno **84**

ART. 31
31.1 Trabalho interno... 84
31.2 Preso provisório... 85

ART. 32
32.1 Artesanato 86
32.2 Idosos, doentes e deficientes físicos 86

ART. 33
33.1 Jornada de trabalho 87
33.2 Horários especiais... 87

ART. 34
- 34.1 Gerência do trabalho 88
- 34.2 Formação profissional 89
- 34.3 Funções da gerência 90

ART. 35
- 35.1 Bens e produtos do trabalho 90

SEÇÃO III – Do Trabalho Externo 91

ART. 36
- 36.1 Trabalho externo 91
- 36.2 Condições do trabalho externo... 92

ART. 37
- 37.1 Atribuição de trabalho externo.. 93
- 37.2 Revogação da autorização 95

Capítulo IV – DOS DEVERES, DOS DIREITOS E DA DISCIPLINA 96

SEÇÃO I – Dos Deveres 96

ART. 38
- 38.1 Deveres dos condenados 96

ART. 39
- 39.1 Especificação dos deveres.. 98
- 39.2 Quadro de deveres 98
- 39.3 Preso provisório.. 101

SEÇÃO II – Dos Direitos 101

ART. 40
- 40.1 Introdução... 101
- 40.2 Respeito à integridade física e moral...................................... 102

ART. 41
- 41.1 Alimentação e vestuário 104
- 41.2 Atribuição de trabalho... 104
- 41.3 Previdência social 104
- 41.4 Constituição de pecúlio... 105
- 41.5 Descanso e recreação 105
- 41.6 Atividades de recreação.. 106
- 41.7 Assistência 107
- 41.8 Proteção contra o sensacionalismo.. 107

41.9 Entrevista com advogado 107
41.10 Visitas 108
41.11 Chamamento nominal 110
41.12 Igualdade de tratamento 110
41.13 Audiência com o diretor 111
41.14 Representação, petição e atestado 111
41.15 Comunicação com o mundo exterior 112
41.16 Outros direitos 114
41.17 Suspensão e restrição dos direitos 114

ART. 42
42.1 Preso provisório e internado 115

ART. 43
43.1 Médico particular 116

SEÇÃO III – Da Disciplina **116**

Subseção I – Disposições Gerais **116**

ART. 44
44.1 Introdução 116
44.2 Disciplina 117

ART. 45
45.1 Princípio da legalidade 118
45.2 Sanções cruéis 119
45.3 Cela escura 119
45.4 Sanções coletivas 119

ART. 46
46.1 Ciência das normas disciplinares 120

ART. 47
47.1 Poder disciplinar 121

ART. 48
48.1 Penas restritivas de direitos 122
48.2 Representação por falta grave 123

Subseção II – Das Faltas Disciplinares **123**

ART. 49
49.1 Faltas disciplinares 124

49.2	Faltas médias e leves	125
49.3	Tentativa	125

ART. 50

50.1	Faltas graves na pena privativa de liberdade	126
50.2	Concurso de faltas disciplinares	130
50.3	Preso provisório	130

ART. 51

51.1	Faltas graves nas penas restritivas de direitos	131

ART. 52

52.1	Prática de crime doloso	133
52.2	Regime disciplinar diferenciado	134

Subseção III – Das Sanções e das Recompensas 139

ART. 53

53.1	Sanções disciplinares	139

ART. 54

54.1	Competência para a aplicação das sanções	141
54.2	Procedimento e juiz competente para aplicação da sanção de inclusão no regime disciplinar diferenciado	142

ART. 55

55.1	Recompensas	143

ART. 56

56.1	Espécies de recompensas	144

Subseção IV – Da Aplicação das Sanções 145

ART. 57

57.1	Fixação da sanção	145
57.2	Aplicação das sanções	146

ART. 58

58.1	Tempo de duração	146
58.2	Comunicação ao juiz	147

Subseção V – Do Procedimento Disciplinar 148

ART. 59

59.1	Procedimento disciplinar	148

59.2	Direito de defesa	150
59.3	Recursos	151
59.4	Decisão motivada	153
59.5	Prescrição das faltas disciplinares	153

ART. 60

60.1	Isolamento preventivo e inclusão preventiva no regime disciplinar diferenciado	155
60.2	Detração	155

TÍTULO III – DOS ÓRGÃOS DA EXECUÇÃO PENAL **156**

Capítulo I – DISPOSIÇÕES GERAIS **156**

ART. 61

61.1	Órgãos da Execução	156

Capítulo II – DO CONSELHO NACIONAL DE POLÍTICA CRIMINAL E PENITENCIÁRIA **157**

ART. 62

62.1	Conselho Nacional de Política Criminal e Penitenciária	157

ART. 63

63.1	Composição do Conselho	158
63.2	Mandato dos membros	159

ART. 64

64.1	Atribuições do Conselho	160

Capítulo III – DO JUÍZO DA EXECUÇÃO **162**

ART. 65

65.1	Função jurisdicional	163
65.2	Intervenção jurisdicional e administrativa	163
65.3	Juiz competente	164

ART. 66

66.1	Introdução	168
66.2	Aplicação da lei mais benigna	168
66.3	Extinção da punibilidade	172
66.4	Soma de penas	173
66.5	Unificação de penas	173
66.6	Limite de penas	175
66.7	Natureza da unificação	178

66.8 Progressão e regressão 179
66.9 Detração e remição... 179
66.10 Suspensão condicional da pena... 181
66.11 Livramento condicional 182
66.12 Incidentes da execução.. 183
66.13 Saídas temporárias 184
66.14 Penas restritivas de direitos... 184
66.15 Conversões 185
66.16 Medidas de segurança... 186
66.17 Remoção e transferência 187
66.18 Decisões administrativas 189
66.19 Conflito de competência.. 191

Capítulo IV – DO MINISTÉRIO PÚBLICO 191

ART. 67
67.1 Função do Ministério Público.. 191
67.2 Fiscalização da execução... 191

ART. 68
68.1 Atribuições específicas.. 194

Capítulo V – DO CONSELHO PENITENCIÁRIO 195

ART. 69
69.1 Conselho Penitenciário 195

ART. 70
70.1 Atribuições.. 197

Capítulo VI – DOS DEPARTAMENTOS PENITENCIÁRIOS 198

SEÇÃO I – Do Departamento Penitenciário Nacional 198

ART. 71
71.1 Departamento Penitenciário Nacional.................................. 198

ART. 72
72.1 Atribuições.. 200

SEÇÃO II – Do Departamento Penitenciário Local 201

ART. 73
73.1 Departamento Penitenciário Local 202

ART. 74

74.1 Atribuições 202

SEÇÃO III – Da Direção e do Pessoal dos Estabelecimentos Penais 203

ART. 75

75.1 Direção do estabelecimento penal 203

ART. 76

76.1 Quadro de pessoal 204

ART. 77

77.1 Pessoal penitenciário 204

77.2 Formação e reciclagem 205

77.3 Estabelecimentos femininos 206

Capítulo VII – DO PATRONATO 206

ART. 78

78.1 Patronatos 206

78.2 Patronatos particulares 207

ART. 79

79.1 Atribuições 208

Capítulo VIII – DO CONSELHO DA COMUNIDADE 209

ART. 80

80.1 Conselho da comunidade 209

ART. 81

81.1 Atribuições 210

Capítulo IX – DA DEFENSORIA PÚBLICA 211

ART. 81-A

81-A.1 Atribuições 212

ART. 81-B

81-B.1 Atribuições específicas 214

TÍTULO IV – DOS ESTABELECIMENTOS PENAIS 214

Capítulo I – DISPOSIÇÕES GERAIS 214

ART. 82

82.1 Arquitetura prisional 214

82.2 Estabelecimentos penais 215

82.3 Estabelecimentos para mulheres e maiores de 60 anos 216

82.4 Estabelecimentos diversos 217

ART. 83
83.1 Dependências 218
83.2 Instalações especiais 218

ART. 83-A
83-A.1 Terceirização das atividades-meio nos estabelecimentos penais 220

ART. 83-B
83-B.1 Funções indelegáveis 221

ART. 84
84.1 Separação dos presos e prisão especial 222

ART. 85
85.1 Capacidade das prisões 225

ART. 86
86.1 Execução de pena em outro estado 226
86.2 Competência para a remoção 228
86.3 Liberados e egressos 229

Capítulo II – DA PENITENCIÁRIA 230

ART. 87
87.1 Introdução 230
87.2 Regime fechado 230
87.3 Penitenciária destinada a presos em regime disciplinar diferenciado 232

ART. 88
88.1 Penitenciária 233

ART. 89
89.1 Penitenciária de mulheres 234

ART. 90
90.1 Local da penitenciária 235

Capítulo III – DA COLÔNIA AGRÍCOLA, INDUSTRIAL OU SIMILAR 236

ART. 91
91.1 Introdução 236
91.2 Regime semiaberto 236
91.3 Colônia agrícola, industrial ou similar 237

ART. 92

92.1 Compartimentos coletivos 238

Capítulo IV – DA CASA DO ALBERGADO **239**

ART. 93

93.1 Introdução 239

93.2 Histórico 240

93.3 Prisão albergue 240

93.4 Limitação de fim de semana 241

93.5 Regime aberto 241

ART. 94

94.1 Localização 242

ART. 95

95.1 Instalações 243

Capítulo V – DO CENTRO DE OBSERVAÇÃO **244**

ART. 96

96.1 Centro de observação 244

ART. 97

97.1 Instalações 245

ART. 98

98.1 Exames pela comissão técnica de classificação 246

Capítulo VI – DO HOSPITAL DE CUSTÓDIA E TRATAMENTO PSIQUIÁTRICO **246**

ART. 99

99.1 Hospital de custódia e tratamento psiquiátrico 246

99.2 Imputáveis e semi-imputáveis 247

99.3 Outros estabelecimentos 247

ART. 100

100.1 Exames 248

ART. 101

101.1 Tratamento ambulatorial 248

Capítulo VII – DA CADEIA PÚBLICA **249**

ART. 102

102.1 Presos provisórios 249

ART. 103
    103.1 Cadeia pública 250

ART. 104
    104.1 Localização e construção 251

TÍTULO V – DA EXECUÇÃO DAS PENAS EM ESPÉCIE 252
Capítulo I – DAS PENAS PRIVATIVAS DE LIBERDADE 252
SEÇÃO I – Disposições Gerais 252

ART. 105
    105.1 Introdução 252
    105.2 Execução da sentença 252
    105.3 Competência para a execução 253
    105.4 Guia de recolhimento 254
    105.5 Guia de recolhimento e competência 255
    105.6 Execução provisória e guia de recolhimento provisória: antecedentes 257
    105.7 A execução provisória e o princípio da presunção de inocência ou da não culpabilidade 258
    105.8 Execução provisória e guia de recolhimento provisória: a lei vigente e a orientação do STF 261

ART. 106
    106.1 Expedição da guia de recolhimento 265
    106.2 Requisitos 266
    106.3 Ciência ao Ministério Público 267
    106.4 Comunicação ao Conselho Penitenciário 267
    106.5 Retificações 268
    106.6 Prisão especial 268

ART. 107
    107.1 Exigência formal da execução 269
    107.2 Recibo 270
    107.3 Ciência ao condenado 270
    107.4 Registro 270
    107.5 Cálculo de liquidação de penas 271
    107.6 Precedência das penas 272
    107.7 Efeitos da soma das penas 273

ART. 108
    108.1 Superveniência de doença mental 274

108.2 Efeitos do internamento 275

ART. 109

109.1 Alvará de soltura 276

SEÇÃO II – Dos Regimes **276**

ART. 110

110.1 Regime inicial: critérios objetivos... 277

110.2 Cômputo do tempo de prisão provisória ou administrativa ou de internação.. 279

110.3 Regime inicial fechado em leis especiais...................................... 279

110.4 Fixação do regime inicial... 282

110.5 Observância do regime inicial 286

110.6 Regime prisional e lei mais benigna... 287

ART. 111

111.1 Regime e soma de penas 288

111.2 Regime e unificação 290

111.3 Detração e remição... 290

ART. 112

112.1 Sistema progressivo.. 292

112.2 Progressão... 293

112.3 Requisito temporal 295

112.4 Mérito do condenado 302

112.5 Exame criminológico 308

112.6 Procedimento, decisão e recurso... 311

112.7 Ausência de vaga.. 313

ART. 113

113.1 Aceitação do programa e condições 315

ART. 114

114.1 Requisitos para o regime aberto.. 316

ART. 115

115.1 Condições gerais e especiais.. 319

ART. 116

116.1 Modificação das condições 320

ART. 117

117.1 Prisão domiciliar... 321

117.2 Hipóteses para a prisão domiciliar 323

ART. 118

118.1 Regressão 325

118.2 Regressão e regime aberto 328

118.3 Oitiva do condenado 329

118.4 Restabelecimento da progressão 330

ART. 119

119.1 Legislação complementar 331

SEÇÃO III – Das Autorizações de Saída 332

Subseção I – Da Permissão de Saída 332

ART. 120

120.1 Autorizações de saída 332

120.2 Permissões de saída 332

ART. 121

121.1 Prazo da permissão 334

Subseção II – Da Saída Temporária **334**

ART. 122

122.1 Saída temporária 335

122.2 Hipóteses de saída temporária 336

ART. 123

123.1 Competência 337

123.2 Requisitos 338

ART. 124

124.1 Prazos 340

124.2 Condições 341

ART. 125

125.1 Revogação 343

125.2 Recuperação 343

SEÇÃO IV – Da Remição **344**

ART. 126

126.1 Remição 345

126.2 Remição pelo trabalho 346

126.3 Impossibilidade do trabalho 349
126.4 Acidente 350
126.5 Remição pelo estudo 351
126.6 Declaração judicial 353

ART. 127
127.1 Admissibilidade de revogação 354
127.2 Causas de revogação 355
127.3 Efeitos da revogação 356

ART. 128
128.1 Efeitos da remição 358

ART. 129
129.1 Registro 359
129.2 Pedido 360
129.3 Retroatividade 361

ART. 130
130.1 Falsa declaração 361

SEÇÃO V – Do Livramento Condicional 362

ART. 131
131.1 Livramento condicional 362
131.2 Requisitos objetivos 363
131.3 Requisitos subjetivos 368
131.4 Livramento condicional a estrangeiro 372
131.5 Concessão 373
131.6 Direito intertemporal 375

ART. 132
132.1 Condições obrigatórias 376
132.2 Condições facultativas 377

ART. 133
133.1 Mudança de residência 378

ART. 134
134.1 Advertência 379

ART. 135
135.1 Concessão pelo tribunal 379

ART. 136
  136.1 Carta de livramento.. 380

ART. 137
  137.1 Cerimônia... 381

ART. 138
  138.1 Caderneta e pecúlio... 383

ART. 139
  139.1 Observação cautelar 384
  139.2 Proteção 384
  139.3 Relatório 385

ART. 140
  140.1 Revogação obrigatória... 385
  140.2 Revogação facultativa... 387

ART. 141
  141.1 Contagem do prazo do livramento... 389

ART. 142
  142.1 Impedimento para novo livramento.. 390

ART. 143
  143.1 Decreto de revogação.. 390

ART. 144
  144.1 Modificação nas condições 392

ART. 145
  145.1 Suspensão do livramento 392

ART. 146
  146.1 Extinção da pena.. 394
  146.2 Recurso 396

SEÇÃO VI – Da Monitoração Eletrônica... 396

ART. 146-B
  146-B.1 Admissibilidade da monitoração eletrônica.. 396

ART. 146-C
  146-C.1 Descumprimento dos deveres atinentes à monitoração eletrônica............. 400

ART. 146-D

146-D. 1 Revogação da monitoração eletrônica 402

Capítulo II – DAS PENAS RESTRITIVAS DE DIREITOS 403

SEÇÃO I – Disposições Gerais 403

ART. 147

147.1 Penas Restritivas de direitos 403

147.2 Substituição 405

147.3 Início da execução 408

ART. 148

148.1 Alteração 409

148.2 Prestação pecuniária 410

148.3 Perda de bens e valores 412

SEÇÃO II – Da Prestação de Serviços à Comunidade 412

ART. 149

149.1 Prestação de serviços à comunidade ou a entidades públicas 413

149.2 Atribuição das tarefas 414

149.3 Horário e início de execução 415

ART. 150

150.1 Relatórios 416

SEÇÃO III – Da Limitação de Fim de Semana 417

ART. 151

151.1 Limitação de fim de semana 417

151.2 Regras para execução 418

ART. 152

152.1 Cursos, palestras e atividades 419

ART. 153

153.1 Relatórios e comunicações 420

SEÇÃO IV – Da Interdição Temporária de Direitos 420

ART. 154

154.1 Interdição temporária de direitos 421

154.2 Proibição do exercício de cargo, função ou atividade pública e de mandato eletivo 421

154.3 Proibição do exercício de profissão, atividade ou ofício 423

154.4 Suspensão de autorização ou de habilitação para dirigir veículo 424

154.5 Proibição de frequentar determinados lugares 425
154.6 Proibição de inscrever-se em concurso, avaliação ou exame públicos 426

ART. 155

155.1 Comunicação 427

Capítulo III – DA SUSPENSÃO CONDICIONAL **427**

ART. 156

156.1 Suspensão condicional da pena 427
156.2 Requisitos objetivos 429
156.3 Requisitos subjetivos 432
156.4 *Sursis* simultâneos 434

ART. 157

157.1 Concessão 435

ART. 158

158.1 Condições legais 439
158.2 Condições judiciais 442
158.3 Especificação das condições 444
158.4 Alteração das condições 445
158.5 Fiscalização 446
158.6 Comparecimento 446
158.7 Comunicação 447
158.8 Mudança de residência 447

ART. 159

159.1 Especificação pelo tribunal 448

ART. 160

160.1 Audiência admonitória 448
160.2 Renúncia do condenado 449

ART. 161

161.1 Não comparecimento 450

ART. 162

162.1 Período de prova 451
162.2 Prorrogação do prazo 452
162.3 Revogação obrigatória 453
162.4 Revogação facultativa 456

162.5 Cassação 457

162.6 Extinção da pena 458

ART. 163

163.1 Registro 460

Capítulo IV – DA PENA DE MULTA **460**

ART. 164

164.1 Pena de multa 461

164.2 Dia-multa 462

164.3 Aplicação 463

164.4 Fixação 464

164.5 Substituição 466

164.6 Multas cumulativas 467

164.7 Correção monetária 469

164.8 Processo de execução 471

164.9 Procedimento para a execução da multa 471

ART. 165

165.1 Penhora de bens imóveis 474

ART. 166

166.1 Penhora de outros bens 475

ART. 167

167.1 Superveniência de doença mental 475

ART. 168

168.1 Insolvência 476

168.2 Desconto 476

ART. 169

169.1 Parcelamento em prestações 478

ART. 170

170.1 Multa e pena privativa de liberdade 479

TÍTULO VI – DA EXECUÇÃO DAS MEDIDAS DE SEGURANÇA **480**

Capítulo I – DISPOSIÇÕES GERAIS **480**

ART. 171

171.1 Medidas de segurança 480

    171.2 Pressupostos 481

    171.3 Aplicação 482

    171.4 Substituição 483

    171.5 Espécies 485

    171.6 Execução 487

    171.7 Duração 488

    171.8 Extinção da punibilidade 489

ART. 172

    172.1 Guia de internação 490

ART. 173

    173.1 Requisitos 491

ART. 174

    174.1 Exames 493

Capítulo II – DA CESSAÇÃO DA PERICULOSIDADE 493

ART. 175

    175.1 Exame de periculosidade 494

    175.2 Relatório e laudo 495

    175.3 Procedimento 495

ART. 176

    176.1 Antecipação do exame 496

ART. 177

    177.1 Procedimento 497

ART. 178

    178.1 Condições 498

ART. 179

    179.1 Desinternação e liberação 498

TÍTULO VII – DOS INCIDENTES DE EXECUÇÃO 499

Capítulo I – DAS CONVERSÕES 499

ART. 180

    180.1 Incidentes da execução 499

    180.2 Conversões 500

    180.3 Conversão de pena privativa de liberdade em restritiva de direitos 501

ART. 181

181.1 Conversão de pena restritiva de direitos em privativa de liberdade 502

181.2 Conversão da pena de prestação de serviços à comunidade 503

181.3 Conversão da pena de limitação de fim de semana 506

181.4 Conversão das penas de interdição temporária de direitos......................... 506

181.5 Conversão das penas de prestação pecuniária e perda de bens e valores 507

ART. 182

182.1 Impossibilidade de conversão da pena de multa.. 508

ART. 183

183.1 Conversão da pena privativa de liberdade em medida de segurança 509

ART. 184

184.1 Conversão do tratamento ambulatorial em internação................................. 511

Capítulo II – DO EXCESSO OU DESVIO 512

ART. 185

185.1 Excesso ou desvio 512

ART. 186

186.1 Legitimação 513

Capítulo III – DA ANISTIA E DO INDULTO 514

ART. 187

187.1 Anistia 514

187.2 Procedimento 516

ART. 188

188.1 Indulto individual... 516

ART. 189

189.1 Procedimento inicial... 517

ART. 190

190.1 Diligências e parecer 518

ART. 191

191.1 Procedimento no Ministério da Justiça 518

ART. 192

192.1 Extinção da punibilidade e comutação... 519

ART. 193

    193.1 Indulto coletivo 519

    193.2 Processamento do indulto coletivo... 525

TÍTULO VIII – DO PROCEDIMENTO JUDICIAL 526

ART. 194

    194.1 Processo e procedimento judicial 527

ART. 195

    195.1 Iniciativa.. 528

ART. 196

    196.1 Processamento... 529

ART. 197

    197.1 Agravo em execução.. 530

TÍTULO IX – DAS DISPOSIÇÕES FINAIS E TRANSITÓRIAS 535

ART. 198

    198.1 Sigilo na execução 536

ART. 199

    199.1 Uso de algemas 536

ART. 200

    200.1 Criminoso político e trabalho 539

ART. 201

    201.1 Prisão civil e administrativa 540

ART. 202

    202.1 Folha corrida, atestados e certidões 541

ART. 203

    203.1 Legislação complementar 544

    203.2 Instalações, equipamentos e serviços 544

ART. 204

    204.1 Vigência 545

    204.2 Aplicação 546

    204.3 Revogação 546

EXPOSIÇÃO DE MOTIVOS 213, DE 09 DE MAIO DE 1983 .... **547**
    Do Objeto e da Aplicação da Lei de Execução Penal 549
    Da Classificação dos Condenados 550
    Da Assistência 552
    Do Trabalho 553
    Dos Deveres 554
    Dos Direitos 555
    Da Disciplina 556
    Dos Órgãos da Execução Penal 557
    Dos Estabelecimentos Penais 558
    Da Execução das Penas Privativas da Liberdade 561
    Da Execução das Penas Restritivas de Direitos 564
    Da Suspensão Condicional 565
    Da Execução da Pena de Multa 565
    Da Execução das Medidas de Segurança 566
    Dos Incidentes de Execução 567
    Do Excesso ou Desvio 567
    Do Procedimento Judicial 568
    Disposições Finais e Transitórias 568
CONCLUSÃO **570**
SÚMULAS VINCULANTES **571**
SÚMULAS DO SUPREMO TRIBUNAL FEDERAL **571**
SÚMULAS DO SUPERIOR TRIBUNAL DE JUSTIÇA **573**
SÚMULA DO TRIBUNAL SUPERIOR ELEITORAL **575**
BIBLIOGRAFIA **577**
ÍNDICE REMISSIVO **587**

JURISPRUDÊNCIA EM MATERIAL COMPLEMENTAR
Acesse o link:
https://www.editorafoco.com.br/paginaAtualizacoes_Loja.html

LEI Nº 7.210, DE 11 DE JULHO DE 1984

Institui a Lei de Execução Penal,

O Presidente da República,

Faço saber que o Congresso Nacional decreta e eu sanciono a seguinte Lei:

TÍTULO I
DO OBJETO E DA APLICAÇÃO DA
LEI DE EXECUÇÃO PENAL

Art. 1º A execução penal tem por objetivo efetivar as disposições de sentença ou decisão criminal e proporcionar condições para a harmônica integração social do condenado e do internado.

Vide: **CF** art. 5º, LIII, LIV, LVII, LXXV; **LEP** arts. 3º e 10; **CPP** arts. 387 e 492, I; **CP** art. 59.

1.1 NATUREZA DA EXECUÇÃO PENAL

Diante de sua extrema complexidade, discute-se na doutrina a natureza da execução penal a fim de se definir exatamente sua posição, métodos e limites. Giovanni Leone afirma que a função da execução penal deita raízes entre três setores distintos: no que respeita à vinculação da sanção e do direito subjetivo estatal de castigar, a execução entra no *direito penal substancial*; no que respeita à vinculação como título executivo, entra no *direito processual penal*; no que toca à atividade executiva verdadeira e própria, entra no *direito administrativo*, deixando sempre a salvo a possibilidade de episódicas fases jurisdicionais correspondentes, como nas providências de vigilância e nos incidentes de execução.[1] É ela realmente uma atividade complexa que – examinadas as coisas do ponto de vista da natureza da norma jurídica que dela cuida – envolve o direito penal substancial, o direito processual penal e o direito penitenciário que, para muitos, não passa de ramo do Direito Administrativo.[2]

Na Itália, em que se tinha a execução penal como uma atividade tipicamente administrativa, iniciou-se um processo de jurisdicionalização com a Lei nº 357, de 26-7-1975, consagrando-se as atribuições dos órgãos jurisdicionais no Código de Processo Penal de 1988 (arts. 665 a 695). Em Portugal, é prevista a intervenção direta da magistratura (Decreto-lei nº 783, de 29-10-1976). Em diversos países, desenvolvem-se manifestações e projetos, visando autonomizar o Direito de Execução Penal, dando-lhe estrutura e conteúdo

---

1. Cf. LEONE, Giovanni. *Tratado de derecho procesal penal*. Tradução de Santiago Sentis Melado. Buenos Aires, 1961. p. 472.

2. Cf. CUNHA, Renan Severo Teixeira da. O Ministério Público na execução penal. *Curso sobre a reforma penal*. São Paulo: Saraiva, 1985. p. 186.

de maneira a libertá-lo da situação de parte ou mero apêndice do Direito Processual Penal. Podem ser referidos como expressivos os seguintes diplomas: Lei Penitenciária Nacional, da Argentina (1958); Código de Execução das Penas, da Polônia (1969); Normas sobre o Ordenamento Penitenciário, da Itália (1975); Lei de Execução das Penas e Medidas Privativas de Liberdade, da República Federal da Alemanha (1976); Lei sobre Execução das Penas Privativas da Liberdade, da República Democrática Alemã (1977); e Lei Geral Penitenciária, da Espanha (1979).[3]

No Brasil, o Regulamento 120, de 21-1-1842, previa a intervenção do juiz municipal, o que provocou uma descontinuidade entre a jurisdição de julgamento e a jurisdição de execução. No Código de Processo Penal (Decreto-lei nº 3.689, de 3-10-1941), a execução penal foi considerada de natureza mista: jurisdicional e administrativa, correspondendo à primeira a solução dos incidentes da execução, a imposição de medida de segurança etc.

Realmente, a natureza jurídica da execução penal não se confina no terreno do direito administrativo e a matéria é regulada à luz de outros ramos do ordenamento jurídico, especialmente o direito penal e o direito processual. Há uma parte da atividade da execução que se refere especificamente a providências administrativas e que fica a cargo das autoridades penitenciárias e, ao lado disso, desenvolve-se a atividade do juízo da execução ou atividade judicial da execução.[4] Como bem acentua Ada Pellegrini Grinover, não se nega que a execução penal é uma atividade complexa, que se desenvolve entrosadamente nos planos jurisdicional e administrativo, e não se desconhece que dessa atividade participam dois Poderes: o Judiciário e o Executivo, por intermédio, respectivamente, dos órgãos jurisdicionais e estabelecimentos penais.[5] Diante desse caráter híbrido e dos limites ainda imprecisos da matéria, afirma-se na exposição de motivos do projeto que se transformou na Lei de Execução Penal: "Vencida a crença histórica de que o direito regulador da execução é de índole predominantemente administrativa, deve-se reconhecer, em nome de sua própria autonomia, a impossibilidade de sua inteira submissão aos domínios do Direito Penal e do Direito Processual Penal."[6]

1.2 AUTONOMIA DO DIREITO PENITENCIÁRIO

Não é de hoje que se discute a autonomia do chamado Direito Penitenciário, e agora já como parte do denominado Direito da Execução Penal.

Para Armida Bergamini Miotto, a autonomia do Direito Penitenciário tem sido efetivada segundo três aspectos: científico, legislativo, jurídico. A autonomia científica realiza-se e consolida-se por meio de todas as atividades próprias para caracterizar, individualizar e desenvolver a doutrina, podendo ser feita por meio de publicações (artigos, ensaios, livros),

---

3. Cf. DOTTI, René Ariel. Processo penal executório. *RT* 576/313.
4. Cf. CUNHA, Renan Severo Teixeira da. Art. cit., p. 186.
5. *Enciclopédia de Direito*. São Paulo: Saraiva, v. 35, e Natureza jurídica da execução penal. *Execução penal*, vários autores. São Paulo: Max Limonad, 1987. p. 7.
6. Item 10.

de congressos ou reuniões análogas e do ensino de cátedra.[7] A autonomia *jurídica* decorre do reconhecimento constitucional de uma legislação penitenciária, conferindo competência para tanto à União e aos Estados. A autonomia *legislativa* é reconhecida pela edição de normas que regulam a relação jurídico-penal penitenciária ou de legislação codificada.

Surgiu o Direito Penitenciário com o desenvolvimento da instituição prisional. Antes do século XVII, a prisão era apenas um estabelecimento de custódia, em que ficavam detidas pessoas acusadas de crime, à espera da sentença, bem como doentes mentais e pessoas privadas do convívio social por condutas consideradas desviantes (prostitutas, mendigos etc.) ou questões políticas. No final do referido século, a pena privativa de liberdade institucionalizou-se como principal sanção penal e a prisão passou a ser, fundamentalmente, o local da execução das penas. Nasceram, então, as primeiras reflexões sobre a organização das casas de detenção e sobre as condições de vida dos detentos.[8] Só recentemente, porém, o modo de execução da pena adquiriu lugar de destaque no estudo da penologia. Notou-se a relevância do estudo da execução da pena privativa de liberdade à medida que não tem ela somente a finalidade retributiva e preventiva, mas também, e principalmente, a de reintegração do condenado na comunidade. Nesse contexto, surge na esfera científica a autonomia do Direito Penitenciário como "conjunto de normas jurídicas relativas ao tratamento do preso e ao modo de execução da pena privativa de liberdade, abrangendo, por conseguinte, o regulamento penitenciário"[9] ou o conjunto de normas jurídicas reguladoras da execução das penas e medidas privativas de liberdade.[10] No Brasil, a autonomia científica afirmou-se pouco a pouco, podendo ser citados como marcos dessa evolução um anteprojeto de Código Penitenciário (1933), a "Semana de Estudos Penitenciários", de Porto Alegre (25 a 30-7-1966), a tese "O Direito Penitenciário – importância e necessidade do seu estudo", apresentada e aprovada por unanimidade no IV Congresso Nacional de Direito Penal e Ciências Afins (2 a 8-8-1970) e a implantação da cadeira de Direito Penitenciário nos cursos de bacharelado da Faculdade de Direito de Goiás (1963 a 1969).

Não se contesta também a autonomia jurídica do Direito Penitenciário no Brasil. Já na Constituição outorgada de 1824, enunciavam-se no art. 179 algumas das recomendações que exprimiram interesse sobre a execução das penas privativas de liberdade: as cadeias deveriam ser limpas e bem arejadas e, conforme a natureza dos crimes e suas circunstâncias, deveria haver casas separadas para cada categoria de réu; ficariam abolidos os açoites, a tortura, a marca de ferro quente e todas as demais penas cruéis.[11] Nas Constituições de 1934 (art. 5º, XIX, *c*), de 1946 (art. 5º, XIV, *b*) e na de 1967 (art. 8º, XVII, *c*), seria consignado o reconhecimento de poder a União editar "normas fundamentais" ou "normas gerais" de regime penitenciário. Entretanto, "os problemas prisionais e os dramas da execução da pena privativa de liberdade e da medida de segurança não tinham nenhum combate legislativo direto, ao nível federal, frente à superstição de que a União somente poderia editar *normas*

---

7. Cf. MIOTTO, Armida Bergamini. *Curso de ciência penitenciária*. São Paulo: Saraiva, 1975. v. 1, p. 59.
8. CATÃO, Yolanda, SUSSEKIND, Elisabeth. *Direitos dos presos*. Rio de Janeiro: Forense, 1980. p. 62-63.
9. MIOTTO, Armida Bergamini. Ob. cit. p. 63.
10. VALDES, Carlos Garcia. *Comentarios a la legislación penitenciaria*. 2. ed. Madri: Civitas, 1982. p. 18.
11. Cf. COTRIM NETO, A. B. As normas para uma programação penitenciária no Ministério da Justiça. *Justitia* 93/67.

gerais sobre o regime penitenciário e a regra inserida no art. 5º, XV, *b*, da CF de 1946 foi largamente utilizada nos anos 50 e 60 como obstáculo para que a Nação pudesse ter um diploma federal de execução".[12] Pelo Projeto de Resolução nº 70, de 11-3-1970, porém, foram aprovadas na Câmara dos Deputados as sugestões da CPI daquela Casa em que constava o repúdio a essa interpretação: "A doutrina evoluiu no sentido da constitucionalidade de um diploma federal regulador da execução, alijando, assim, argumentos impugnadores da iniciativa da União para elaborar o Código de Execuções Penais. Se a execução da pena não se dissocia do Direito Penal, sendo, ao contrário, o esteio central do seu sistema, não há como sustentar a idéia de um Código Penal unitário e leis ou regulamentos regionais de execução penal. O Código atenderá a todos os problemas relacionados com a execução penal, equacionando as matérias pertinentes aos organismos administrativos, à intervenção jurisdicional e, sobretudo, ao tratamento penal em suas diversas fases e estágios, demarcando, assim, os limites penais da segurança. Retificará, em suma, a execução penal do hiato de legalidade em que se encontra."[13] Revelava-se, assim, no país, a autonomia do Direito Penitenciário no aspecto jurídico, ao mesmo tempo em que se firmava a autonomia legislativa finalmente consagrada na Lei de Execução Penal. Pela Constituição Federal de 1988, compete à União, aos Estados e ao Distrito Federal legislar concorrentemente sobre *direito penitenciário* (art. 24, I), cabendo à União as *normas gerais* (art. 24, § 1º) e aos Estados inclusive a legislação *suplementar* (art. 24, § 2º).

1.3 DIREITO PENITENCIÁRIO E DIREITO DE EXECUÇÃO PENAL

Salienta-se na exposição de motivos da Lei de Execução Penal: "O tema relativo à instituição de lei específica para regular a execução penal vincula-se à autonomia científica da disciplina, que em razão de sua modernidade não possui designação definitiva. Tem-se usado a denominação *Direito Penitenciário*, à semelhança dos penalistas franceses, embora se restrinja a expressão à problemática do cárcere. Outras, de sentido mais abrangente, foram propostas, como *Direito Penal Executivo* por Roberto Lyra (*As execuções penais no Brasil*, Rio de Janeiro, 1963, p. 13) e *Direito Executivo Penal* por Ítalo Luder (*El principio de legalidad en la ejecución de la pena,* Revista del Centro de Estudios Criminológicos, Mendoza, 1968, p. 29 ss)."[14] Nessa linha, ao dispor o art. 1º da Lei de Execução Penal que a execução penal tem por objetivo "efetivar as disposições de sentença ou decisão criminal e proporcionar condições para a harmônica integração social do condenado e do internado", resulta claro que não se trata apenas de um direito voltado à execução das penas e medidas de segurança privativas de liberdade, como também às medidas assistenciais, curativas e de reabilitação do condenado, o que leva à conclusão de ter-se adotado em nosso direito positivo o critério da autonomia de um Direito de Execução Penal em vez do restrito Direito Penitenciário.

Seria inviável, entretanto, a pretensão de confinar na Lei de Execução Penal todas as situações jurídicas oriundas das relações estabelecidas pela matéria. Por isso, reconhece-se

---

12. Cf. DOTTI, René Ariel. A lei de execução penal. *RT* 598/276.

13. Cf. PIMENTEL, Manoel Pedro. *Prisões fechadas e prisões abertas*. Série Estudos Penitenciários. São Paulo: Cortez & Moraes, 1978. p. 32.

14. Item 1, p. 26.

que muitas de suas normas têm caráter material e que na Constituição Federal e no Código Penal estão consagradas regras características da execução penal. Na primeira, por exemplo, estão as proibições de detenção arbitrária, da pena de morte para os crimes comuns, da prisão perpétua e da prisão por dívida, dos princípios da personalidade e individualização da pena e, no segundo, as regras pertinentes aos estágios de cumprimento da pena e respectivos regimes prisionais.[15] De qualquer forma, "a execução das penas e das medidas de segurança deixa de ser um Livro do Código de Processo para ingressar nos costumes jurídicos do País com a autonomia inerente à dignidade de um novo ramo jurídico: O Direito de Execução Penal" (Exposição de Motivos, item 12).

Independentemente, porém, de qualquer indagação científica sobre a natureza do Direito Penitenciário ou Direito da Execução Penal, se pertencem ao Direito Penal, Direito Administrativo ou Direito Processual Penal, ou se constituem ramo autônomo da árvore jurídica, as regras a respeito da matéria conduzem a um processo de realização penal. A obrigatoriedade de um processo penal executório (ou processo de execução penal) corresponde às exigências de autonomia científica do Direito de Execução Penal e a Lei de Execução Penal deve constituir-se em instrumento adequado para que a jurisdição se amplie e se concretize nessa zona juridicamente neutra, máxime quando se contar com uma Magistratura especializada para se desincumbir dessa importante função.[16]

1.4 HISTÓRICO DA LEI DE EXECUÇÃO PENAL

No Brasil, a primeira tentativa de uma codificação a respeito das normas de execução penal foi o projeto de Código Penitenciário da República, de 1933, elaborado por Cândido Mendes, Lemos de Brito e Heitor Carrilho, que veio a ser publicado no *Diário do Poder Legislativo*, Rio de Janeiro, edição de 25-2-1937. Estava ainda em discussão ao ser promulgado o Código Penal de 1940, sendo abandonado, além do mais, porque discrepava do referido Código. Mas, desde tal época, a necessidade de uma Lei de Execução Penal em nosso ordenamento jurídico foi posta em relevo pela doutrina, por não constituírem o Código Penal e o Código de Processo Penal lugares adequados para um regulamento da execução das penas e medidas privativas de liberdade. De um projeto de 1951, do Deputado Carvalho Neto, resultou a aprovação da Lei nº 3.274, de 2-10-1957, que dispôs sobre normas gerais de regime penitenciário. Tal diploma legal, porém, carecia de eficácia por não prever sanções para o descumprimento dos princípios e das regras contidas na lei, o que a tornou letra morta no ordenamento jurídico do país. Em 28-4-1957, era apresentado ao Ministro da Justiça um anteprojeto de Código Penitenciário, elaborado por uma comissão de juristas sob a presidência de fato do Vice-presidente Oscar Penteado Stevenson. Por motivos vários, o projeto foi abandonado. Em 1963, Roberto Lyra redigiu um anteprojeto de Código de Execuções Penais, que não foi transformado em projeto pelo desinteresse do próprio autor em face da eclosão do movimento político de 1964. Em 1970, Benjamin Moraes Filho elaborou novo anteprojeto de Código de Execuções Penais, submetido a uma subcomissão revisora composta por José Frederico Marques, José Salgado Martins e José

---

15. Cf. Exposição de Motivos, itens 10 e 11.

16. Cf. DOTTI, René Ariel. Processo penal executório. *RT* 576/315.

Carlos Moreira Alves. Encaminhado ao Ministro da Justiça em 29 de outubro daquele ano, não foi aproveitado. Enfim, em 1981, uma comissão instituída pelo Ministro da Justiça e composta pelos professores Francisco de Assis Toledo, René Ariel Dotti, Miguel Reale Junior, Ricardo Antunes Andreucci, Rogério Lauria Tucci, Sérgio Marcos de Moraes Pitombo, Benjamin Moraes Filho e Negi Calixto apresentou o anteprojeto da nova Lei de Execução Penal. Foi ele publicado pela Portaria nº 429, de 22-7-1981, para receber sugestões e entregue, com estas, à comissão revisora constituída por Francisco de Assis Toledo, René Ariel Dotti, Jason Soares Albergaria e Ricardo Antunes Andreucci, que contaram com a colaboração dos professores Everardo da Cunha Luna e Sérgio Marcos de Moraes Pitombo. O trabalho da comissão revisora foi apresentado em 1982 ao Ministro da Justiça. Em 29-6-1983, pela mensagem nº 242, o Presidente da República João Figueiredo encaminhou o projeto ao Congresso Nacional. Sem qualquer alteração de vulto, foi aprovada a Lei de Execução Penal, que levou o nº 7.210, promulgada em 11-7-1984 e publicada no dia 13 seguinte, para entrar em vigor concomitantemente com a lei de reforma da Parte Geral do Código Penal, o que ocorreu em 13-1-1985.

1.5 FINALIDADE DA PENA

Para as teorias chamadas *absolutas* (retribucionistas ou de retribuição), o fim da pena é o castigo, ou seja, o pagamento pelo mal praticado. O castigo compensa o mal e dá reparação à moral, sendo a pena imposta por uma exigência ética em que não se vislumbra qualquer conotação ideológica. Para a *Escola Clássica*, que considerava o crime um ente jurídico, a pena era nitidamente retributiva, não havendo qualquer preocupação com a pessoa do delinquente, já que a sanção se destinava a restabelecer a ordem pública alterada pelo delito.

Para as teorias *relativas* (utilitárias ou utilitaristas), dava-se à pena um fim exclusivamente prático, em especial o de prevenção *geral* (com relação a todos) ou *especial* (com relação ao condenado). Na Escola Positiva, em que o homem passava a centrar o Direito Penal como objeto principal de suas conceituações doutrinárias, a pena já não era um castigo, mas uma oportunidade para ressocializar o criminoso, e a segregação deste era um imperativo de proteção à sociedade, tendo em vista sua periculosidade.[17]

Para as teorias *mistas* (ecléticas ou intermediárias), a pena, por sua natureza, é retributiva, tem seu aspecto moral, mas sua finalidade não é simplesmente prevenção, mas um misto de educação e correção.

Com Fillippo Grammatica, Adolfo Prins e Marc Ancel, toma vulto a Escola do Neodefensismo Social ou a Nova Defesa Social, com que se buscou instituir um movimento de política criminal humanista fundado na ideia de que a sociedade apenas é defendida à medida que se proporciona a adaptação do condenado ao meio social (teoria ressocializadora). A finalidade das penas privativas de liberdade, quando aplicadas, diz Everardo da Cunha Luna, é ressocializar, recuperar, reeducar ou educar o condenado, tendo uma finalidade educativa que é de natureza jurídica.[18] Embora a esperança de alcançar a "recuperação",

---

17. Cf. PIMENTEL, Manoel Pedro. *O crime e a pena na atualidade*. São Paulo: Revista dos Tribunais, 1983. p. 129.

18. Cf. LUNA, Everardo da Cunha. *Capítulos de direito penal*. São Paulo: Saraiva, 1985. v. 1, p. 329.

"ressocialização", "readaptação", "reinserção" ou "reeducação social" tenha penetrado formalmente nos sistemas normativos, questiona-se muito a intervenção estatal na esfera da consciência do presidiário, para se apurar se tem o Estado o direito de oprimir a liberdade interna do condenado, impondo-lhe concepções de vida e estilos de comportamento.[19] Por essa razão, diz Ricardo Antunes Andreucci que a ideia de reeducação, levada a seu extremo lógico, termina por sujeitar o condenado ao Estado por tempo indeterminado e, portanto, ao arbítrio, motivo pelo qual os totalitarismos sempre optaram pela defesa social, e não pela retribuição.[20] O Estado democrático não pode impor ao condenado os valores predominantes na sociedade, mas apenas propô-los ao recluso, e este terá o direito de refutá-los, se entender o caso, de não conformar-se ou de recusar adaptar-se às regras fundamentais coletivas.[21] Assim, embora o pensamento dominante se funde sobre a ressocialização, é preciso nunca esquecer que o direito, o processo e a execução penal constituem apenas um meio para a reintegração social, indispensável, mas nem por isso o de maior alcance, porque a melhor defesa da sociedade se obtém pela política social do Estado e pela ajuda pessoal.[22] A afirmação de que é possível, mediante cárcere, castigar o delinquente, neutralizando-o por meio de um sistema de segurança e, ao mesmo tempo, ressocializá-lo com tratamento já não se sustenta, exigindo-se a escolha de novos caminhos para a execução das penas, principalmente no que tange às privativas de liberdade. Assim, tem-se entendido que à ideia central da ressocialização há de unir-se, necessariamente, o postulado da progressiva humanização e liberação da execução penitenciária, de tal maneira que, asseguradas medidas como as permissões de saída, o trabalho externo e os regimes abertos, tenha ela maior eficácia. Os vínculos familiares, afetivos e sociais são sólidas bases para afastar os condenados da delinquência.[23] Mesmo os que não acreditam no efeito ressocializador da pena de prisão, como é o caso do Prof. Manoel Pedro Pimentel, não negam a necessidade de sua humanização por meio de uma política de educação e de assistência ao preso, que lhe facilite, se assim o desejar, o acesso aos meios capazes de permitir-lhe o retorno à sociedade em condições de convivência normal (cf. artigo de Manoel Pedro Pimentel, Aspectos relevantes da Lei de Execução Penal, em *Anais do I Congresso Brasileiro de Política Criminal e Penitenciária*, v. 2, 1982, Brasília).[24] A tendência moderna é a de que a execução da pena deve estar programada de molde a corresponder à ideia de humanizar, além de punir. Deve afastar-se a pretensão de reduzir o cumprimento da pena a um processo de transformação científica do criminoso em não criminoso. Nem por isso, diz Miguel Reale Junior, deve deixar-se de visar à educação do condenado, criando-se condições por meio das quais possa, em liberdade, resolver os conflitos próprios da vida social, sem recorrer ao caminho do delito.[25]

---

19. DOTTI, René Ariel. Artigo cit. *RT* 576/316.
20. Dimensão humana e Direito Penal. *Ciência Penal* 2/220.
21. Cf. COSTA JR., Paulo José da. *Comentários ao código penal*. São Paulo: Saraiva, 1986. v. 1, p. 270.
22. Cf. LUNA, Everardo da Cunha. Ob. cit. p. 325.
23. Cf. VALDES, Carlos Garcia. Ob. cit. p. 29-30.
24. CARVALHO, Marcia Domitilla Lima. Legislação penal e a realidade do preso na Constituinte. *Jornal do Advogado*, ago. 1986. p. 5.
25. REALE JUNIOR, Miguel. *Novos rumos do sistema criminal*. Rio de Janeiro: Forense, 1983. p. 77.

ART. 1º EXECUÇÃO PENAL

A finalidade da pena como medida de integração social do condenado tem sido contestada pela chamada *Criminologia Crítica* (ou Criminologia Radical). Para esta, a criminalidade é um fenômeno social "normal" de toda estrutura social, até útil ao desenvolvimento sociocultural, e não um estado patológico social ou individual. Questiona ela ainda o princípio da culpabilidade, que não seria a consequência de um comportamento interior livre e responsável do autor do crime contra o valor que tutela a norma penal, como quer a teoria finalista, negando o princípio da culpabilidade individual e a responsabilidade ética. Num sistema de subculturas, além do sistema oficial, existiria uma série de subsistemas de valores que se transmitem aos indivíduos por meio dos mecanismos de socialização e de *aprendizagem dos grupos e do ambiente* em que se encontram inseridos, de modo que não estão eles em condições de decidir se participam ou não dessas subculturas e de apreenderem ou repelirem os valores e os modelos de comportamentos desviados, para serem responsabilizados criminalmente. Por fim, coloca tal corrente em xeque a função de prevenção e de ressocialização do delinquente, que converteria a execução penal numa atividade produtora e reprodutora de etiquetas com as quais se julgam as personalidades e definem-se os comportamentos. Em consequência de tais ideias, diz Cezar Roberto Bitencourt a respeito da execução penal na visão da Criminologia Crítica: "A ressocialização não pode ser conseguida numa instituição como a prisão. Os centros de execução penal, as penitenciárias, tendem a converter-se num microcosmos no qual se reproduzem e se agravam as graves contradições que existem no sistema social exterior. [...] A pena privativa de liberdade não ressocializa, ao contrário, estigmatiza o recluso, impedindo sua plena reincorporação ao meio social. A prisão não cumpre uma função ressocializadora. Serve como instrumento para a manutenção da estrutura social de dominação."[26] Mas, apesar da contribuição valiosa da Criminologia Crítica, somente num futuro distante poderão ser realizadas suas proposições, não se podendo, de início, suprimir inteiramente a prisão. Como acentua o mesmo autor, modernamente só se concebe o esforço ressocializador como uma faculdade que se oferece ao delinquente para que, livremente, ajude a si próprio, pois "acabar com a delinquência completamente e para sempre é uma pretensão utópica, posto que a marginalização e a dissidência são inerentes ao homem e o acompanharão até o fim da aventura humana na Terra".[27] Não se pode esquecer, porém, que a intimidação é também uma das finalidades da cominação, aplicação e execução da pena, e que uma disciplina legal extremamente liberal que se avizinhe da impunidade perde totalmente seu elemento intimidativo. Como bem diz Francisco César Pinheiro Rodrigues: "Há quem veja no medo um estímulo inferior e primitivo. Mas, na verdade, é ele o grande manancial da virtude, da democracia e do Estado de direito, tão louvado, mas tão mal compreendido. É o medo da reprovação que estimula o aluno a estudar matérias aborrecidas, mas necessárias. E com isso ganham o futuro profissional e a coletividade. É o medo da imprensa que leva os homens públicos a não ceder tanto à tentação de lançar mão do dinheiro público. É o medo da punição que leva um policial algo perverso a não torturar um suspeito antipático. É o medo da multa alta que diminui a velocidade dos carros, o que resulta em menos mortes na estrada. É o medo do mandado de segurança que segura o abuso da autoridade administrativa. É o medo da não-reeleição que induz o político a caprichar na sua atuação. É o medo da concorrência que leva o industrial

---

26. O objetivo ressocializador na visão da Criminologia Crítica, *RT* 662, p. 250.

27. Idem, p. 254.

a melhorar ou baratear o seu produto. E por aí afora."[28] Pode-se concluir, enfim, que crime e castigo são o binômio que acompanhará ainda por séculos a história da Humanidade, sendo inseparável da sanção penal o medo da punição. Por isso, a cominação, a aplicação e a execução da pena devem ter caráter intimidativo, de modo geral ou particular, a fim de evitar-se, tanto quanto possível, a ocorrência delituosa.

1.6 CRISE DA EXECUÇÃO PENAL

Os momentos do dinamismo penal (cominação, aplicação e execução das penas) demonstram que há um sistema *global* do Direito Penal integrado por diversos sistemas parciais. Tal situação pode levar a flagrantes contradições, já que não se pode negar a contrariedade existente nesse sistema de estabelecer a culpabilidade como fundamento da aplicação da pena e a periculosidade como fator determinante do regime de execução. São totalmente divergentes o processo de valoração da culpabilidade que é o fundamento jurídico para se submeter o condenado ao cumprimento da sanção, necessário à fixação da pena, e a execução desta, teleologicamente destinada a promover a aptidão do condenado a uma convivência social sem violação do direito. Assim, o chamado processo penal de execução, e especialmente o das medidas privativas de liberdade, é, na verdade, um procedimento não só afastado essencialmente de muitos princípios e regras de individualização, personalidade, proporcionalidade da pena etc., como também um sistema em que a prisionização modela valores e interesses opostos àqueles cuja ofensa determinou a condenação.[29] Como bem acentua René Ariel Dotti, essa disfuncionalidade dos sistemas parciais, que levou à crise da execução penal, demonstrou a necessidade de uma política geral de governo e a intervenção efetiva da comunidade para reduzir os índices alarmantes da criminalidade violenta.[30] Resultou disso que o combate às causas e às condições determinantes da crise do chamado "sistema penal global" tem sido estudado e desenvolvido com meios e métodos que, embora relacionados mais ou menos intimamente com as ciências penais, são autônomos e oriundos de outras disciplinas e técnicas de atuação humana, com medidas de informação, dissuasão e proteção, destinadas a atenuar o sentimento de insegurança social e, de outro lado, a preparação do preso para a vida social, seu acesso ao mundo do trabalho etc. Com fundamento nas ideias da *Nova Defesa Social* (item 1.5) e tendo como base as medidas de assistência ao condenado é que se elaborou a Lei de Execução Penal.

1.7 OBJETO DA EXECUÇÃO PENAL

Contém o art. 1º da Lei de Execução Penal duas ordens de finalidades. A primeira delas é a correta efetivação dos mandamentos existentes na sentença ou outra decisão criminal, destinados a reprimir e prevenir os delitos. Ao determinar que a execução penal "tem por objetivo efetivar as disposições da sentença ou decisão criminal", o dispositivo registra formalmente o objetivo de realização penal concreta do título executivo constituído por tais

---

28. Paradoxos da pena. *RT* 651/381-383.
29. Cf. DOTTI, René Ariel. Artigo cit. *RT* 576/310.
30. Cf. DOTTI, René Ariel. Artigo cit. *RT* 576/310.

decisões. A segunda é a de "proporcionar condições para a harmônica integração social do condenado e do internado", instrumentalizada por meio da oferta de meios pelos quais os apenados e os submetidos às medidas de segurança possam participar construtivamente da comunhão social.

Embora se afirme na exposição de motivos que, procurando não se questionar profundamente a grande temática das finalidades da pena, na esteira das concepções menos sujeitas à polêmica doutrinária, se adotou o princípio de que as penas e medidas de segurança devem realizar "a proteção dos bens jurídicos e a reincorporação do autor à comunidade", está visível a adoção dos princípios da Nova Defesa Social (item 1.5). Além de tentar proporcionar condições para a harmônica integração social do preso ou do internado, procura-se no diploma legal não só cuidar do sujeito passivo da execução, como também da defesa social, dando guarida, ainda, à declaração universal dos direitos do preso comum que é constituída das Regras Mínimas para Tratamento dos Presos, da Organização das Nações Unidas, editadas em 1958.

Essas orientações, aliás, têm sido seguidas, em sua maior parte, pelas modernas legislações da Execução Penal, como se pode observar dos seguintes dispositivos: art. 27 da Constituição italiana de 1947; art. 26 da Lei de Execução Penal da Holanda, de 21-12-1951; art. 13 do Regulamento Geral Belga, de 1965; art. 2º da Lei de Normas Mínimas mexicana, de 8-2-1971; art. 4º, da Lei penitenciária sueca, de 1974; arts. D. 70.2, D. 97, D. 188 e D.189 do Código de Processo Penal francês; art. 2º da Lei de Execução portuguesa; e art. 1º da Lei Geral Penitenciária, de 26-9-1979, da Espanha. O Brasil, aliás, é signatário da Convenção Americana sobre Direitos Humanos (Pacto de São José da Costa Rica), de 22-11-1969, promulgada no país pelo Decreto nº 678, de 6-11-1992, segundo a qual "as penas privativas de liberdade devem ter por finalidade essencial a reforma e a readaptação social dos condenados" (art. 5.6).

O sentido imanente da *reinserção social*, conforme o estabelecido na lei de execução, compreende a assistência e ajuda na obtenção dos meios capazes de permitir o retorno do apenado e do internado ao meio social em condições favoráveis para sua integração, não se confundindo "com qualquer sistema de 'tratamento' que procure impor um determinado número e hierarquia de valores em contraste com os direitos da personalidade do condenado".[31]

Mais recentemente, as Nações Unidas, em 22-5-2015, incorporando novas doutrinas de direitos humanos *como parâmetros na reestruturação do atual modelo de sistema penal e percepção do papel do encarceramento para a sociedade*, editaram as denominadas Regras de Mandela - Resolução 70/2015 - com base no Pacto Internacional de Direitos Civis e Políticos, o Pacto Internacional de Direitos Econômicos, Sociais e Culturais e a Convenção contra a Tortura e Outros Tratamentos ou Penas Cruéis, Desumanos ou Degradantes e seu Protocolo Facultativo, observando, também, a necessidade de cuidado diferenciado, considerando a situação especifica de crianças, adolescentes e mulheres submetidos à administração da justiça.

---

31. Cf. DOTTI, René Ariel. O novo sistema de penas. *Reforma penal*. São Paulo: Saraiva, 1985. p. 99, nota 70.

1.8 SUMÁRIO

Resumindo o que foi exposto, podem-se apontar algumas conclusões: (1) A execução penal é uma atividade complexa, que se desenvolve nos planos jurisdicional e administrativo. (2) Há autonomia científica, jurídica e legislativa do Direito Penitenciário. (3) No Brasil, são relativamente antigos a ideia e os estudos para conceder a autonomia legislativa do Direito Penitenciário. (4) Diante da Lei de Execução Penal, mais apropriado é falar em um Direito de Execução Penal do que usar a denominação mais restrita de Direito Penitenciário. (5) O objeto do Direito Penitenciário (ou Direito de Execução Penal), diante de algumas flagrantes contradições entre a cominação e aplicação da pena e sua execução, dirigiu-se ao estudo do desenvolvimento de meios e métodos para a execução da pena como defesa social e ressocialização do condenado. (6) A Lei de Execução Penal adotou os postulados da Nova Defesa Social, aliando a esta a prevenção criminal e a humanização da execução da pena e afastando o "tratamento" reformador, na esteira das mais recentes legislações a respeito da matéria.[32]

Jurisprudência

- *Necessidade de cumprimento do título executivo penal: irrelevância da superlotação do sistema penitenciário*

---

32. Desde o início da vigência da lei, havia uma convicção quase unânime entre os que militam no exercício da aplicação do direito de que a Lei de Execução Penal era inexequível em muitos de seus dispositivos e que, por falta de estrutura adequada, pouca coisa seria alterada na prática quanto ao cumprimento das penas privativas de liberdade e na aplicação da lei com relação às medidas alternativas previstas na nova legislação. Embora se reconheça que os mandamentos da Lei de Execução Penal sejam louváveis e acompanhem o desenvolvimento dos estudos a respeito da matéria, estão eles distanciados e separados por um grande abismo da realidade nacional, o que a tem transformado, em muitos aspectos, em letra morta pelo descumprimento e total desconsideração dos governantes quando não pela ausência dos recursos materiais e humanos necessários a sua efetiva implantação. Já se alertava na "Moção de Nova Friburgo", do I Encontro Nacional de Secretários da Justiça e Presidentes de Conselhos Penitenciários, que "não podemos esquecer que, em sua intimidade com o Direito Penal e com o Direito Processual Penal, dos quais é decorrência lógica, o direito penitenciário se compõe em uma somatória de legislação criminal, que deve estar atenta, antes de mais nada, abandonadas as abstrações teóricas, à palpável realidade brasileira". Entre as dificuldades que são encontradas para a implantação efetiva da Lei de Execução Penal, podem ser citadas: a instalação em *todos* os presídios da Comissão Técnica de classificação dos condenados (arts. 5º a 8º); a instalação de órgãos destinados à assistência material, de saúde, jurídica, educacional e social aos presos e aos egressos (arts. 10 a 27); a possibilidade de trabalho externo e o cumprimento das obrigações de remuneração e previdência social aos condenados que trabalham (arts. 28 a 37); a instalação e o funcionamento dos patronatos e conselhos da comunidade (arts. 78 a 81); a fiel observância dos ditames referentes às condições dos estabelecimentos penais, em especial a de casas do albergado e de Centros de Observação (arts. 82 a 104); a fiscalização e mesmo a execução das penas restritivas de direitos de prestação de serviços à comunidade, limitação de fim de semana e interdição temporária de direitos etc. Prova da desídia dos responsáveis ou da impossibilidade material da execução dessas tarefas é que, decorridos muitos anos do início da vigência das Leis nºs 7.209 e 7.210, de 11-7-1984, excepcionais foram as providências da União, Estados, Distrito Federal e Territórios para a efetiva execução das penas restritivas de direitos (como determina o art. 3º da primeira), não tendo sido editadas as normas complementares ou regulamentares necessárias à eficácia dos dispositivos não autoaplicáveis nem havendo notícias de que se tenha providenciado a aquisição ou desapropriação de prédios para a instalação de albergados (como obrigam, sob pena de suspensão de ajuda financeira aos Estados, o art. 203 e parágrafos da Lei de Execução Penal).

Art. 2º A jurisdição penal dos juízes ou tribunais da justiça ordinária, em todo o território nacional, será exercida, no processo de execução, na conformidade desta lei e do Código de Processo Penal.

Parágrafo único. Esta lei aplicar-se-á igualmente ao preso provisório e ao condenado pela Justiça Eleitoral ou Militar, quando recolhido a estabelecimento sujeito à jurisdição ordinária.

Vide: **CF** art. 5º, XXXVII, XXXIX, LIII, LIV, LV, LVII, LXI; **LEP** art. 3º; **CPP** arts. 1º, 283 ss, 301 ss, 311 ss, 387, § 1º, 492, I, *e*; **CP** art. 1º. Súmula: **STJ**: 192.

2.1 PRINCÍPIO DA LEGALIDADE

Entre as diversas garantias jurídicas que constituem manifestações do princípio da legalidade em Direito Penal, recolhe Cuello Calón a que denomina "garantia *ejecutiva*: as penas se executarão do modo previsto nas leis e regulamentos (art. 81 do CP espanhol)".[33] Também para Carlos Garcia Valdes, a garantia *executiva*, de se ajustar a atividade penitenciária ao estabelecido na lei, regulamentos e sentenças judiciais, é uma das manifestações do princípio da legalidade.[34] Essa garantia *executiva*, que na doutrina tem-se denominado de *princípio de legalidade da execução penal*, constitui-se em um desdobramento lógico do princípio *nulla poena sine lege*: a execução das sanções penais "não pode ficar submetida ao poder de arbítrio do diretor dos funcionários e dos carcereiros das instituições penitenciárias, como se a intervenção do juiz, do Ministério Público e de outros órgãos fosse algo de alheio aos costumes e aos hábitos do estabelecimento".[35] Proclama, aliás, a Constituição Federal que "ninguém será obrigado a fazer ou deixar de fazer alguma coisa senão em virtude de lei"; assim, se de um lado se podem impor ao condenado as sanções penais estabelecidas na legislação, observadas as limitações constitucionais, de outro não se admite seja ele submetido a restrições não contidas na lei.

---

33. ARÚS, Francisco Bueno. Panorama comparativo dos modernos sistemas penitenciários. *RT* 441/298.
34. Ob. cit. p. 34.
35. DOTTI, René Ariel. Problemas atuais da execução penal. *RT* 563/286. Trecho do parecer da Comissão de Constituição e Justiça da Câmara dos Deputados ao Projeto de Lei nº 1.657-A, de 1983: "Na prática diária das execuções penais no país, ocorrem fatos lamentáveis que denunciam a presença de outro 'juiz – este desvinculado das responsabilidades legais e – agindo de modo próprio, exorbitantemente, transformando o preso em joguete de caprichos ou de simples vingança'." É através disso que se chega àquele "absolutismo" dos carcereiros, à ditadura administrativa, à inconstitucionalidade dos "des-regimes", em contraposição à lei e à dignidade humana, de que fala o mesmo ROBERTO LIRA, para concluir num tom enfático de reprovação: "Pela Constituição Federal, o juiz não pode aplicar pena, ainda pecuniária ou acessória, que lei anterior não cominou, mas o carcereiro (ou seu subalterno) cria, aplica e executa penas ou agrava-as extremamente: imuna homens em solitárias (prisão dentro de prisão), condena-os à fome e à sede, priva-os de visitas e correspondência, confisca-lhes, indiretamente, o pecúlio e o salário, explora seu trabalho, isola-os em ilhas, concentra, em instantes de castigo, a perpetuidade da dor, da revolta, da vergonha."

Como já se tem decidido, com a promulgação da Constituição Federal de 1988, a execução da pena, além de se constituir numa atividade administrativa, adquiriu *status* de garantia constitucional, como se depreende do art. 5º, XXXIX, XLVI, XLVII, XLVIII e XLIX, tornando-se o sentenciado sujeito de relação processual, detentor de obrigações, deveres e ônus, e, também, titular de direitos, faculdades e poderes.

No Brasil, formularam-se significativas propostas para introduzir nas execuções o princípio da legalidade, ressaltando-se entre elas a do anteprojeto elaborado, em 1958, pela comissão presidida por Oscar Stevenson, e o anteprojeto de Benjamin de Moraes Filho, em 1970. O art. 2º, *caput*, da Lei de Execução Penal, ao dispor que a jurisdição penal no processo de execução será exercida "na conformidade desta lei e do Código de Processo Penal", consagra expressamente o princípio da legalidade na execução penal. Segundo consta da exposição de motivos, aliás, o princípio da legalidade "domina o corpo e o espírito do Projeto, de forma a impedir que o excesso ou o desvio da execução comprometam a dignidade e a humanidade do Direito Penal".[36] Como corolário do princípio proclamado no art. 2º, assegura a lei de execução ao condenado os direitos não atingidos pela sentença (art. 3º), dispõe sobre os deveres e os direitos do sentenciado (arts. 38 a 43), cuida da definição de faltas graves, remetendo à lei local a definição das leves e médias (arts. 49 a 52), prevê as sanções e as recompensas, a forma de aplicação das sanções, bem como o procedimento disciplinar (arts. 53 a 60), determina o procedimento judicial referente a situações nela previstas (art. 194) etc.

Jurisprudência

- Garantias constitucionais na execução da pena

2.2 PRINCÍPIO DA JURISDICIONALIDADE

Na doutrina, há basicamente duas posições a respeito da natureza jurídica da execução penal. De um lado, juristas alemães, principalmente, sustentam a jurisdicionalidade da execução penal, alicerçados no brocardo latino *jurisditio sine executione esse non potest*. De outro, os processualistas italianos e franceses, de modo geral, entendem que a execução penal é uma atividade prevalentemente administrativa, dotada, no entanto, de jurisdicionalidade episódica.[37] Argumenta-se, nesta última posição, que na execução se provê a atuação do comando da decisão irrevogável (sentença condenatória transitada em julgado), aplicando-se os meios apropriados, numa atividade que se desenvolve por via autoritária, mediante a sujeição do indivíduo ao julgado. Invade-se, assim, sua esfera jurídica, modificando-a independentemente da vontade de seu titular. Por isso, afirma Ranieri: "Admitido este caráter fundamental da execução penal, que é execução 'forçada', compreende-se por que tem natureza 'administrativa', por que se verifica sem o concurso da vontade do condenado ou do interessado e por que se diferencia substancialmente da execução civil, na

---

36. Item 19.
37. Cf. MARRONE, José Marcos. Há jurisdição na ação penal? *Justitia* 116/88.

qual tem importância a vontade do obrigado, que ou ali se opõe ou ali permanece inerte."[38] Mesmo para os seguidores de tal corrente, porém, há episódios de jurisdicionalidade no procedimento executivo penal, manifestados nos denominados "incidentes da execução", nos quais o juiz é obrigado a intervir não somente para fiscalizar, mas também para decidir conflitos efetivos entre a pretensão do Estado e o direito do condenado.

Seguramente, a Lei de Execução Penal seguiu a primeira orientação, como deixa claro o seu art. 2º, *caput*, referindo-se à "jurisdição penal" e ao "processo de execução".

A intervenção do juiz na execução da pena, aliás, não é novidade na história do Direito. Mesmo quando a prisão era somente cautelar, legislações atribuíam ao juiz o dever de visitar as prisões e tomar determinadas providências. Essa intervenção, porém, era de ordem fiscalizadora, ou seja, administrativa. Na evolução dos estudos principalmente da Ciência Penitenciária, contudo, começou-se a pensar que a intervenção do juiz devia abranger atos jurisdicionais, pelo menos com relação a certos institutos, que viriam a ser conhecidos como "incidentes da execução". Notou-se também que, se de um lado alguns incidentes da execução não passavam de meros benefícios concedidos por atos administrativos, ainda que provenientes do juiz, de outro o tratamento penitenciário, a cargo da administração, desviava-se da sentença condenatória, chegando a estar completamente divorciado dela. Ora, pelo princípio constitucional da legalidade (ninguém é obrigado a fazer ou deixar de fazer alguma coisa senão em virtude de lei), pode submeter-se à restrição de liberdade o condenado, pela ação do Estado, nos termos da condenação, mas o princípio da proteção judiciária (a lei não pode excluir da apreciação do Poder Judiciário nenhuma lesão de direito individual) implica a juridicidade da liberdade residual não atingida pela lei. Ao passar em julgado a sentença condenatória, surge entre o condenado e o Estado uma complexa relação jurídica, com direitos, expectativas de direitos e legítimos interesses, de parte a parte, inclusive no que se refere aos incidentes da execução e, como em qualquer relação jurídica, os conflitos, para serem dirimidos, demandam a intervenção jurisdicional.[39] Assim, o direito do Estado à restrição de liberdade do condenado já nasce sob a jurisdição, ou seja, "gravado pelo encargo dos juízes e tribunais".[40]

A justiça penal não termina com o trânsito em julgado da sentença condenatória, mas realiza-se, principalmente, na execução. É o poder de decidir o conflito entre o direito público subjetivo de punir (pretensão punitiva ou executória) e os direitos subjetivos concernentes à liberdade do cidadão. Esse conflito não se resume aos clássicos incidentes da execução, mas estabelece-se também em qualquer situação do processo executório em que se contraponham, de um lado, os direitos e os deveres componentes do *status* do condenado, delineados concretamente na sentença condenatória e, de outro, o direito de punir do Estado, ou seja, de fazer com que se execute a sanção aplicada na sentença.

---

38. Cf. RANIERI, Silvio. *Manuale de diritto processuale penale*, 1965. p. 479-488.
39. Cf. MIOTTO, Armida Bergamini. Ob. cit. p. 701-703.
40. Cf. GRINOVER, Ada Pellegrini. *Liberdades públicas e processo penal*. São Paulo: Saraiva, 1976. p. 29-30. Nesse sentido: Mesas de Processo Penal do Departamento de Direito Processual Penal da Faculdade de Direito da Universidade de São Paulo, Súmula 41: "No curso de toda e qualquer execução penal, podem, a qualquer momento, ocorrer fenômenos processuais, sempre que o juiz for chamado a julgar, exercendo então a função jurisdicional em toda a sua plenitude."

Nessa ordem de ideias, fala-se na "jurisdicionalização da execução penal", o que significa que a intervenção do juiz, na execução da pena, é eminentemente jurisdicional, sem exclusão daqueles atos acessórios, de ordem administrativa, que acompanham as atividades do magistrado.[41]

Tratou-se, enfim, de declarar na lei de execução a necessidade da judicialização contínua e também o princípio da *nulla poena sine processu*, já que o processo penal é necessário pressuposto da realização e complemento do Direito Penal. Daí por que se fala no princípio de garantia individual e coletiva, segundo o qual não se admitem a aplicação e a execução da pena sem o devido processo legal (*due process of law*). É preciso que o processo de execução possibilite efetivamente ao condenado e ao Estado a defesa de seus direitos, a sustentação de suas razões, a produção de suas provas. A oportunidade de defesa deve ser realmente plena e o processo deve desenvolver-se com aquelas garantias, sem as quais não pode caracterizar-se o "devido processo legal", princípio inserido em toda Constituição realmente moderna.[42] Nos termos da Constituição Federal de 1988, ninguém será privado da liberdade ou de seus bens sem o devido processo legal (art. 5º, LIV). Não é por outra razão que o art. 2º da Lei de Execução Penal refere-se à aplicação do Código do Processo Penal, pois, como se afirma na exposição de motivos, "a aplicação dos princípios e regras do Direito Processual Penal constitui corolário lógico da interação existente entre o *direito de execução das penas e das medidas de segurança* e os demais ramos do ordenamento jurídico, principalmente os que regulam em caráter fundamental ou complementar os problemas postos pela execução".[43]

O processo de jurisdicionalização consagrado no art. 2º e detalhado em inúmeros dispositivos da lei de execução – afirma René Ariel Dotti – visa eliminar os graves inconvenientes que se registravam como fruto do descompasso entre a execução regular e o sacrifício dos comandos sancionatórios; entre o contido na sentença e o resultado da execução.[44]

As garantias jurídicas ao condenado não devem ser apenas aquelas que se relacionam com a lei que regula a execução. Devem estender-se também à autoridade encarregada de aplicá-la, assegurando-se o controle jurisdicional do magistrado sobre a execução penal. Daí a necessidade de um juiz da execução penal, ou, nos termos da exposição de motivos, "do exercício de uma jurisdição especializada" na execução.[45] Refere-se, pois, o art. 2º,

---

41. Sobre a natureza jurisdicional do processo de execução: CASTILHO, Ela Wiecko V. de. *Controle da legalidade na execução penal*. Porto Alegre: Sergio Antonio Fabris Editor, 1988. p. 39-65.
42. Cf. GRINOVER, Ada Pellegrini. Ob. cit. p. 26. Súmula 44 das Mesas de Processo Penal: "Como em todo processo, entendido como relação jurídico-processual tríplice, o processo de execução penal é processo de partes, que assegura ao sentenciado as garantias do 'devido processo legal', decorrentes diretamente da Constituição, mesmo no silêncio dos Códigos." Súmula 85: "São garantias plenamente aplicáveis ao processo de execução penal, como decorrência dos princípios constitucionais do 'devido processo legal', ainda que a lei processual não assegure expressamente a igualdade, a ampla defesa, o contraditório, o duplo grau de jurisdição, a publicidade." Ainda sobre o assunto: GOMES FILHO, Antonio Magalhães. A defesa do condenado na execução penal. *Execução penal*. São Paulo: Max Limonad, 1987. p. 37-46.
43. Item 16.
44. A lei de execução penal: perspectivas fundamentais. *RT* 598/279.
45. Item 15.

caput, da LEP, à "jurisdição penal dos juízes ou tribunais da justiça ordinária" para exercer o processo de execução. Esse aspecto da judicialização do procedimento executório é um dos pontos fundamentais do diploma, visando definir o caráter complexo da execução que vinha sendo considerada como de natureza meramente administrativa.

Jurisprudência

- *Jurisdicionalização da execução da pena*

2.3 PROCESSO DE EXECUÇÃO

A jurisdição opera por meio do *processo*, que é seu instrumento. O processo é conceituado como "um conjunto orgânico e teleológico de atos jurídicos necessários ao julgamento ou atendimento prático da pretensão do autor ou mesmo de sua admissibilidade pelo juiz"[46] ou, no dizer de Carnelutti, "o conjunto de todos os atos que se realizam para a solução de um litígio".[47] Conforme a natureza da pretensão deduzida em juízo, há três espécies de processo: *de conhecimento*, em que se formula positiva ou negativamente a regra jurídica especial do caso concreto, acolhendo-se ou rejeitando-se a pretensão do autor; *cautelar*, em que se procura evitar que o dano oriundo da inobservância do direito seja agravado pelo inevitável retardamento do remédio jurisdicional (*periculum in mora*);[48] e *de execução*, que visa a uma prestação jurisdicional que consiste em tornar efetiva a sanção mediante a prática de atos próprios de execução.[49] Na execução penal, há uma cadeia de atos jurisdicionais por meio dos quais, sem o concurso da vontade do condenado, se restringe seu direito de liberdade para realizar-se o resultado prático desejado pelo direito penal objetivo, concretizado na sentença condenatória. Há, portanto, processo na execução.

Discute-se, porém, se é possível falar na real existência de um processo de *execução penal*, ou seja, de uma verdadeira *ação executiva penal*. Embora a sentença condenatória penal, aplicando a sanção, seja considerada um título executivo necessário para a efetivação da pena ou da medida de segurança aplicada, a existência de certas particularidades referentes à execução criminal torna difícil, se não temerário, estabelecer a possibilidade de uma ação de execução.[50] Em primeiro lugar, a execução penal é sempre forçada e nunca espontânea, já que não há possibilidade de o condenado sujeitar-se voluntariamente à sanção. Em segundo lugar, pelo menos em nosso Direito, formado o título executivo penal, procede o juiz *de ofício*, ordenando a expedição de guia para o cumprimento da pena ou da medida de segurança. Nota-se, ainda, que no início da execução penal não se exige nova citação, podendo ser executada a pena ou a medida de segurança assim que a sentença

---

46. JARDIM, Afrânio Silva. Reflexão teórica sobre o processo penal. *Justitia* 127/99.
47. CARNELUTTI, Francesco. *Sistema de derecho procesal*. Madrid, 1979. p. 53.
48. CINTRA, Antonio Carlos de Araújo, GRINOVER, Ada Pellegrini, DINAMARCO, Cândido R. *Teoria geral do processo*. São Paulo: Saraiva, 1975. p. 274.
49. CINTRA, Antonio Carlos de Araújo e outros. Ob. cit. p. 272.
50. Cf. TUCCI, Rogério Lauria. Da ação penal no anteprojeto de reforma da parte geral do Código Penal. *Ciência Penal*, 1/135.

condenatória transite em julgado, nem se concede ao condenado o prazo para a defesa, ou contestação. Por isso, segundo abalizada corrente doutrinária, a execução penal não se constitui em autônoma ação executiva penal, mas integra o processo penal condenatório como sua última fase, não menos indispensável do que as fases precedentes, à realização do objetivo a que o processo se propõe.[51] Assim, embora não se possa falar em uma ação de execução penal em sentido estrito, não deixa a execução de ser uma fase do processo penal. Deve-se utilizar, portanto, a expressão *processo de execução* para designar o conjunto de atos jurisdicionais necessários à execução das penas e medidas de segurança como derradeira etapa do processo penal.

Mesmo diante do Código de Processo Penal de 1941, porém, entendia-se que pelo menos a execução da pena de multa tinha natureza absolutamente jurisdicional, podendo falar-se propriamente em ação de execução penal. Isso ficou ainda mais patente no art. 164 da Lei de Execução Penal que dispõe: "Extraída certidão da sentença condenatória com trânsito em julgado, que valerá como título executivo judicial, o Ministério Público requererá, em autos apartados, a citação do condenado para, no prazo de 10 (dez) dias, pagar o valor da multa ou nomear bens à penhora." Nem todos, entretanto, se põem de acordo no conceber tal ação de execução como *penal,* preferindo muitos tê-la como *civil,* amparando-se agora na própria Lei de execução, por dispor esta, no art. 165, que, "se a penhora recair em bem imóvel, os autos apartados serão remetidos ao juízo cível para prosseguimento", após determinar que a nomeação de bens à penhora e posterior execução seguirão o que dispuser a lei processual civil (art. 164, § 2º). Com o advento da Lei nº 9.268, de 1º-4-1996, que deu nova redação ao art. 51 do Código Penal, considerando a multa, após o trânsito em julgado, "dívida de valor", essa tese foi reforçada (item 164.9). Assentou-se, porém, com a alteração do artigo pela Lei nº 13.964, de 24-12-2019, a competência do Juízo da execução para a execução da multa.

No processo de execução, evidentemente, vigem as garantias concedidas a todo processo penal, entre os quais o contraditório, o uso dos meios de prova garantidos em geral, a presença do juiz natural, a publicidade, o duplo grau de jurisdição etc.[52]

Pelo princípio do contraditório, que consiste na igualdade das partes dentro do processo, é necessário que se dê ciência dos atos praticados ao condenado e ao Ministério Público, fiscal da execução, pois somente assim se poderá efetivá-lo. É decorrência desse princípio

---

51. Cf. CONSO, Giovanni. Procedimento Penal ou Direito Processual Penal. *RT* 593/293. Nesse mesmo sentido, pronuncia-se Antonio Magalhães Gomes Filho: "Tal enfoque nos permite cogitar, então, de um processo penal em duas fases: a primeira, de conhecimento, destinada a verificar a existência do crime e a responsabilidade do acusado, culminando com a condenação a uma pena provisória, estabelecida em função do que foi apurado sobre a personalidade do agente; em uma segunda etapa, de execução, efetiva-se a sanção, ao mesmo tempo em que se procura adequá-la aos resultados do tratamento penitenciário." A defesa do condenado na execução penal. *Execução penal.* São Paulo: Max Limonad, 1987. p. 38. Nas Mesas de Processo Penal do Departamento de Direito Processual Penal da Faculdade de Direito da Universidade de São Paulo, exararam-se duas súmulas a esse respeito: nº 40, 2ª parte: "É objeto do processo de execução, guardando natureza jurisdicional, a tutela tendente à efetivação da sanção penal, inclusive com as modificações desta, decorrentes da cláusula 'rebus sic stantibus', ínsita na sentença condenatória", nº 41: "Em toda e qualquer execução penal há pelo menos dois momentos jurisdicionais: *seu início e seu encerramento.*"

52. Nesse sentido: PITOMBO, Sérgio Marcos de Moraes. Execução penal. *RT* 623/257-263.

o direito de também produzirem, em igualdade de condições, as provas relativas a suas pretensões; de se manifestarem a respeito da matéria a ser objeto de decisão jurisdicional; de recorrerem das decisões etc.[53] Ressalte-se que o Ministério Público, embora não seja parte material do processo, é órgão fiscal da lei de execução (art. 67) e como tal tem os mesmos direitos daquela a fim de poder desempenhar essa atividade fundamental, competindo-lhe todas as providências necessárias ao desenvolvimento do processo executivo (art. 68, II, a), ou seja, de oficiar para que se respeitem os direitos indisponíveis do condenado e se promova a adequada aplicação da lei (itens 67.1 a 68.1). Aliás, como se afirma modernamente, no processo o que se realiza é não a vontade das partes, mas a vontade da lei.

De outro lado, há que se mencionar o direito de audiência do condenado. Como assinala Rui Carlos Machado Alvim, diante do art. 2º, que manda obedecer-se, afora seus próprios ditos, aos do Código de Processo Penal, resulta "que o exercício da jurisdição execucional deva guiar-se sempre pelo princípio do contraditório em sua inteireza, pelo que não se prescindiria da ouvida do executado, modo primacial de sua configuração".[54] Explicita o autor que deve promover-se o exercício do direito de audiência nas questões de execução penal referentes a: "(a) suspensão condicional da pena; (b) livramento condicional; (c) mudança de regime penitenciário; (d) conversão da pena de multa em pena prisional; (e) conversão das penas restritivas de direitos em pena privativa de liberdade; (f) conversão do tratamento ambulatorial em internação; (g) revogação da libertação condicional, com o subseqüente retorno à internação ou ao tratamento ambulatorial; (h) excesso ou desvio de execução; (i) remição".[55]

Outro princípio a ser observado é o duplo grau de jurisdição que, embora não amparado em norma constitucional, é tradicionalmente aplicável a todo o processo, garantindo a possibilidade de revisão, por via de recurso, das decisões do juiz da execução. Tal princípio é consagrado expressamente no art. 197 da Lei de Execução Penal, que prevê o recurso de agravo, sem efeito suspensivo, das decisões proferidas pelo juiz.

Jurisprudência

• *Garantia do contraditório o e da ampla defesa no processo de execução*

2.4 PRESOS PROVISÓRIOS E CONDENADOS NA JUSTIÇA ESPECIAL

Por força do art. 2º, parágrafo único, a Lei de Execução Penal aplica-se igualmente ao preso provisório e ao condenado pela Justiça Eleitoral ou Militar, quando recolhido a estabelecimento sujeito à jurisdição ordinária. Diante de tal dispositivo, deixou de existir a dúvida criada durante a vigência do ordenamento jurídico anterior sobre a competência e atribuições do juízo da execução penal comum na hipótese. Desaparece a injustificável diversidade de tratamento disciplinar a presos recolhidos ao mesmo estabelecimento, im-

---

53. A propósito do assunto: ALVIM, Rui Carlos Machado. O direito de audiência na execução penal. *RT* 636/257-266.
54. O direito de audiência na execução penal. *RT* 636/259.
55. Idem, p. 263.

pedindo-se o tratamento discriminatório de presos ou internados submetidos a jurisdições diversas.[56] O STJ editou a Súmula 192 nesse sentido: "Compete ao Juízo das Execuções Penais do Estado a execução das penas impostas a sentenciados pela Justiça Federal, Militar ou Eleitoral, quando recolhidos a estabelecimentos sujeitos à administração estadual." Ficam todos, portanto, submetidos ao mesmo regime jurídico da Lei de Execução Penal, a ser aplicada pela Justiça ordinária (item 65.3). De outro lado, estando o condenado pela Justiça castrense recolhido a estabelecimento prisional militar, não se aplicam a ele as regras da Lei de Execução Penal.

Também se assegura aos presos provisórios (prisão temporária decorrente de flagrante ou preventiva) o mesmo tratamento dispensado àquele definitivamente condenado. Estão eles sujeitos aos mesmos deveres e amparados nos mesmos direitos, salvo no que for incompatível com o texto expresso da lei. Durante a tramitação do projeto que se transformou na Lei de Execução Penal, tentou-se a aprovação de uma emenda para a exclusão do "preso provisório" do âmbito das normas da Lei de Execução Penal sob fundamento de que em relação a ele não há que se falar em execução penal. Refutou-se tal ideia no parecer da Comissão de Justiça da Câmara dos Deputados, afirmando-se que as normas de execução estão permeadas de dispositivos de direito material, aplicáveis, indubitavelmente, ao preso provisório, como as dos arts. 12 a 24, 39, parágrafo único, 40 e 42, 44, parágrafo único etc. Aliás, se o condenado deve estar submetido a um conjunto de regras que, sendo oponível à própria administração do estabelecimento, sirvam também de garantia contra abusos e improvisações, com muito maior razão o mesmo deve ocorrer com o preso provisório em favor do qual milita, ainda, a presunção de inocência.[57] Por outro lado, está em discussão na jurisprudência a possibilidade de aplicação dos benefícios da Lei de Execução Penal, principalmente no tocante à progressão de regime, quando pende da sentença apelação do acusado (itens 105.7 e 110.5).

Exclui-se, sem razão aparente, a aplicação da lei de execução ao preso provisório da Justiça Eleitoral ou Militar, mesmo quando recolhido a estabelecimento sujeito à jurisdição ordinária. Não há razão, porém, para que não seja aplicada a lei de execução a tal preso, ainda que o seja por analogia.

Ao referir-se à "jurisdição ordinária", a Lei de Execução Penal considera conjuntamente a justiça comum e a justiça federal, em oposição à chamada "justiça especial".

Jurisprudência

- *Preso condenado pela Justiça Eleitoral*
- *Competência da Justiça Eleitoral na suspensão condicional do processo*
- *Condenado pela Justiça Federal: competência para incidente da execução da Justiça Federal*
- *Possibilidade de cumprimento de pena da Justiça Militar em estabelecimento penal da Justiça Comum*

---

56. Itens 17 e 18 da exposição de motivos.
57. Mensagem nº 242/83 ao Projeto de Lei nº 1.657, 1983, da Câmara dos Deputados.

ART. 3º EXECUÇÃO PENAL

- Impossibilidade de cumprimento de pena da Justiça Militar em estabelecimento penal comum enquanto não excluído da corporação
- Cumprimento de pena da Justiça Militar em estabelecimento comum do condenado que readquiriu a condição civil
- Cumprimento de pena da Justiça Federal em estabelecimento penal da Justiça Estadual
- Condenado pela Justiça Militar em estabelecimento penal da Justiça Militar
- Condenado pela Justiça Comum em estabelecimento penal da Justiça Militar
- Inadmissibilidade de cumprimento de pena em estabelecimento penal da Justiça Militar do militar
- Prisão especial de militar
- Recurso de preso condenado pela Justiça Militar em estabelecimento penal da Justiça Comum
- Execução da pena de preso provisório
- Transferência para prisão domiciliar de preso provisório em estado grave de saúde

Art. 3º Ao condenado e ao internado serão assegurados todos os direitos não atingidos pela sentença ou pela lei.

Parágrafo único. Não haverá qualquer distinção de natureza racial, social, religiosa ou política.

Vide: **CF** arts. 5º, *caput*, II, III, V, VI, VII, VIII, IX, X, XII, XXII, XXXIV, XXXV, XLII, XLV, XLVII, XLVIII, XLIX, L, LI, LII, LIII, LIV, LXXII, LXXIV, LXXV, LXXVIII, 208, I, e § 1º, 215; **LEP** arts. 12 a 24, 40 a 43; **CP** arts. 37 a 40, 91, 92. Súmula: **TSE** 9.

3.1 A RELAÇÃO JURÍDICA NA EXECUÇÃO PENAL

Assinala-se, na exposição de motivos: "É comum, no cumprimento das penas privativas da liberdade, a privação ou a limitação de direitos inerentes ao patrimônio jurídico do homem e não alcançados pela sentença condenatória. Essa *hipertrofia da punição* não só viola a medida de proporcionalidade como se transforma em poderoso fator de reincidência, pela formação de focos criminógenos que propicia."[58] Nada mais correto. Aliando-se aos problemas pessoais do preso, tais como a atitude familiar de exagerada reprovação ou de injustificado apoio, o afastamento do cônjuge e dos filhos, a solidão, o ambiente prisional, pela falta de atividades, seja de trabalho, seja de lazer, o problema sexual, as condições de superlotação dos presídios, não só não contribuem para a recuperação do condenado, como também se tornam fatores criminógenos. Essas condições podem levar ao estímulo da prática de novos delitos. Impedindo que o preso se emende, estimulam o desejo de evasão

---

58. Item 20.

e determinam maior desajustamento social. Estudos sociológicos e psicológicos recentes demonstram que a prisão, em virtude da construção entre os condenados de um mundo próprio de valores e normas, conduz a um divórcio entre essa "subcultura" carcerária e as regras sociais da vida em liberdade, colaborando diretamente na formação de estereótipos negativos do sentenciado, o que o leva, quando posto em liberdade, a uma completa marginalidade da vida comunitária.

Para que tal não ocorra, é necessária uma legislação que estabeleça justas prioridades e boas condições para um aprendizado, pelo condenado, das regras da convivência humana em sociedade, que somente se consegue se não se privá-lo dos direitos não atingidos pela sentença ou pela lei, em um processo de humanização da execução penal. A humanização da execução inicia-se pela regra da não privação dos direitos do preso que não forem atingidos pela decisão judicial ou pela lei e deriva diretamente do sistema jurídico institucional dos países civilizados. O condenado continua sendo uma pessoa, cujo *status* é de condenado, em uma situação reconhecida pelo direito objetivo da qual decorrem direitos e deveres. A relação que une o condenado com a Administração penitenciária é uma *relação jurídica* em que, aos direitos e deveres de uma das partes, contrapõem-se os correspondentes deveres e direitos de outra. O condenado conserva todos os direitos reconhecidos aos cidadãos pelas normas jurídicas vigentes, com exceção, naturalmente, daqueles cuja privação ou limitação constituem precisamente o conteúdo da pena imposta.

Como bem assinalam Yolanda Catão e Elisabeth Sussekind, "a prisão não constitui território no qual as normas constitucionais não tenham validade".[59] Assim, os arts. 38 do Código Penal e 3º da Lei de Execução Penal, que asseguram aos condenados e aos internados todos os direitos não atingidos pela sentença ou pela lei, são corolários lógicos e jurídicos da Carta Magna. A relação jurídica de sujeição especial criada com a sentença transitada em julgado não retira ao sentenciado sua condição de *sujeito de direito*, assumindo a Administração uma série de responsabilidades que diz respeito à pessoa humana do preso e a seus direitos e interesses jurídicos não afetados pela condenação. Essa relação penal-penitenciária entre o Estado e o sentenciado surge no momento em que passa em julgado a sentença condenatória ou a sentença absolutória em que foi imposta a medida de segurança e extingue-se com o cumprimento da sanção (pena ou medida de segurança) ou com a ocorrência de alguma causa extintiva da punibilidade ou mesmo, no caso de liberado definitivo, após um ano a contar da saída do estabelecimento (arts. 25 a 27 da LEP).

3.2 DIREITOS PRESERVADOS

Tem o Estado o direito de executar a pena, e os limites desse direito são traçados pelos termos da sentença condenatória, devendo o sentenciado submeter-se a ela. A esse dever corresponde o direito do condenado de não sofrer, ou seja, de não ter de cumprir outra pena, qualitativa ou quantitativamente diversa da aplicada na sentença.[60] Eliminados alguns direitos e deveres do preso nos limites exatos dos termos da condenação, deve executar-se a pena privativa de liberdade de *locomoção*, atingidos tão somente aqueles aspectos inerentes

---

59. Ob. cit. p. 72.

60. Cf. FRAGOSO, Heleno Cláudio. *Lições de direito penal*: parte geral. Rio de Janeiro: Forense. p. 41.

a essa liberdade, permanecendo intactos outros tantos direitos. A inobservância desses direitos significaria a imposição de uma pena *suplementar* não prevista em lei. Está previsto nas Regras Mínimas das Nações Unidas para Tratamento de Reclusos – Regras de Mandela - o princípio de que o sistema penitenciário não deve acentuar os sofrimentos já inerentes à pena privativa de liberdade (Regra 3).[61] Este parece ser o ponto mais levantado atualmente por certos juristas quando afirmam que na sanção imposta pelo Código Penal – a privação de liberdade – não estão incluídos os sofrimentos acrescidos pela situação reinante nas prisões, os quais terminam por agravar a pena a que foi condenado o infrator.

A Lei de Execução Penal, impedindo o excesso ou o desvio da execução que possa comprometer a dignidade e a humanidade da execução, torna expressa a extensão de direitos constitucionais aos presos e internos. Por outro lado, assegura também condições para que os mesmos, em decorrência de sua situação particular, possam desenvolver-se no sentido da reinserção social com o afastamento de inúmeros problemas surgidos com o encarceramento. São reconhecidos e assegurados, assim, os seguintes direitos de índole constitucional:

1. o direito à vida (art. 5º, *caput*, da CF);
2. o direito à integridade física e moral (arts. 5º, III, V, X e XLIX, da CF, e 38 do CP);
3. o direito à propriedade (material ou imaterial), ainda que o preso não possa temporariamente exercer alguns dos direitos do proprietário (art. 5º, XXII, XXVII, XXVIII, XXIX e XXX);
4. o direito à liberdade de consciência e de convicção religiosa (arts. 5º, VI, VII, VIII, da CF, e 24 da LEP);
5. o direito à instrução (arts. 208, I, e § 1º, da CF, e 17 a 21 da LEP) e o acesso à cultura (art. 215 da CF);
6. o direito e o sigilo de correspondência e das comunicações telegráficas, de dados e telefônicas (arts. 5º, XII, da CF, e 41, XV, da LEP);
7. o direito de representação e de petição aos Poderes Públicos, em defesa de direito ou contra abusos de autoridade (arts. 5º, XXXIV, *a*, da CF, e 41, XIV, da LEP);
8. o direito à expedição de certidões requeridas às repartições administrativas, para defesa de direitos e esclarecimentos de situações de interesse pessoal (art. 5º, XXXIV, *b*, LXXII, *a* e *b*, da CF);
9. o direito à assistência judiciária (arts. 5º, LXXIV, da CF, e 15 e 16 da LEP);
10. o direito às atividades relativas às ciências, às letras, às artes e à tecnologia (art. 5º, IX e XXIX, da CF);
11. a indenização por erro judiciário ou por prisão além do tempo fixado na sentença (art. 5º, LXXV).

Por disposição da própria Lei de Execução Penal são também conferidos ao sentenciado, ou por ela reconhecidos:

---

61. Está ele assim redigido: "O encarceramento e outras medidas que excluam uma pessoa do convívio com o mundo externo são aflitivas pelo próprio fato de ser retirado destas pessoas o direito a autodeterminação ao serem privadas de sua liberdade. Portanto, o sistema prisional não devera agravar o sofrimento inerente a tal situação, exceto em casos incidentais, em que a separação seja justificável, ou nos casos de manutenção da disciplina."

1. o direito ao uso do próprio nome (art. 41, XI da LEP);
2. o direito à alimentação, vestuário e alojamento, ainda que tenha o condenado o dever de indenizar o Estado na medida de suas possibilidades pelas despesas com ele feitas durante a execução da pena (arts. 12, 13, 41, I, e 29, § 1º, d, da LEP);
3. o direito a cuidados e tratamento médico-sanitário em geral, conforme a necessidade, ainda com os mesmos deveres de ressarcimento (art. 14 e § 2º, da LEP), garantida a liberdade de contratar médico de confiança pessoal do internado ou do submetido a tratamento ambulatorial, por seus familiares ou dependentes, a fim de acompanhar o tratamento (art. 43, da LEP);
4. o direito ao trabalho remunerado (arts. 39 do CP e 28 a 37 e 41, II, da LEP);
5. o direito de se comunicar reservadamente com seu advogado (art. 52, V, LEP; arts. 7º, III, da Lei nº 8.906, de 4-7-1984 – Estatuto da Advocacia e da Ordem dos Advogados do Brasil – e 41, IX, da LEP);
6. o direito à previdência social, embora com forma própria (nos termos do art. 43 da LOPS e arts. 91 a 93 do respectivo regulamento, e arts. 39 do CP e 41, III, da LEP);
7. o direito a seguro contra acidente do trabalho (art. 41, II, da LEP, e, implicitamente, art. 50, IV, da LEP);
8. o direito à proteção contra qualquer forma de sensacionalismo (art. 41, VIII, da LEP);
9. o direito à igualdade de tratamento salvo quanto à individualização da pena (art. 41, XII, da LEP);
10. o direito à audiência especial com o diretor do estabelecimento (art. 41, XIII, da LEP);
11. o direito a atestado anual de pena a cumprir (art. 41, XVI, da LEP);
12. o direito à proporcionalidade na distribuição do tempo para o trabalho, o descanso e a recreação (art. 41, V, da LEP);
13. o direito à visita do cônjuge, da companheira, de parentes e amigos em dias determinados (art. 41, X, da LEP);
14. o direito a contato com o mundo exterior por meio de leitura e outros meios de informação que não comprometam a moral e os bons costumes (art. 41, XV).

Os três últimos direitos podem ser suspensos ou restringidos mediante ato motivado do diretor do estabelecimento penal (art. 41, parágrafo único). *A contrario sensu*, os demais não podem sofrer suspensão ou restrição por parte do juiz ou das autoridades penitenciárias.

Além dos direitos mencionados expressamente, são assegurados aos presos e internados aqueles implícitos e decorrentes do regime e dos princípios que a Constituição Federal adota (art. 5º, § 2º), bem como os previstos em leis e regulamentos ordinários, tais como as relações de família, o exercício de profissão, ofício ou arte etc., desde que não tenham sido interditados por força da condenação (art. 92, do CP) ou procedimentos civis ou administrativos, ou atingidos pela privação da liberdade de locomoção.

Havendo qualquer violação desses direitos, sejam ou não decorrentes de princípios constitucionais, impõe-se a intervenção do juiz da execução. Essa interveniência na esfera administrativa é lícita quando objetiva normalizar a fase executória da sentença penal, pondo cobro às violações da lei ou dos regulamentos da prisão e preservando o princípio da legalidade da execução penal.

3.3 DIREITOS POLÍTICOS

Para a doutrina, a suspensão dos direitos políticos do preso também é infundada, servindo para estigmatizar o condenado e marcar a sua separação do mundo livre.[62] Algumas legislações modernas regulam o exercício do direito político aos presos e internados, podendo ser citadas: na França, a Lei nº 1.329, de 31-12-1975, regulamentada pela Circular de 16-2-1976; na Itália, a Lei nº 136, de 23-4-1976, em seus arts. 8º e 9º; na Suécia, o art. 145 da Circular nº 1/1974; na Alemanha, o art. 73 da Lei de Execução de 1976; na Espanha, o art. 3º da Lei Geral Penitenciária, de 1979.

A Constituição Federal de 1988 prevê que a perda ou suspensão dos direitos políticos se dará nos casos de "condenação criminal transitada em julgado, enquanto durarem seus efeitos" (art. 15, III). Ao contrário do dispositivo constitucional correspondente na anterior Carta Magna, não se exige que a matéria seja regulamentada por lei complementar.[63] Vigora ainda a Lei Complementar nº 42, de 1º-2-1982, que, em seu art. 1º, *n*, só parcialmente trata da matéria, pois seus efeitos estão restritos à inelegibilidade (e não ao direito de votar). Além disso, seu alcance é limitado à condenação por determinados crimes: contra a segurança nacional e ordem pública, a administração e a fé pública, a economia popular, o patrimônio e eleitorais. No restante, a matéria deve ser disciplinada por lei ordinária, ao menos para que se esclareça se na hipótese há "perda" ou "suspensão" dos direitos políticos e o que se deve entender como duração dos "efeitos" da condenação criminal transitada em julgado. Apesar de tudo, o art. 15, III, da Constituição Federal, tem, como qualquer dispositivo constitucional, um *mínimo de eficácia* que impede o condenado de exercer o direito do voto enquanto preso. Já se tem decidido, porém, em sentido contrário. Os presos provisórios, entretanto, não podem sofrer nenhuma restrição a seus direitos políticos.[64] De outro lado, como o dispositivo não exige mais lei complementar regulamentadora, são inteiramente aplicáveis os arts. 47, I, 56 e 92, I, do Código Penal, que se referem à perda

---

62. Cf. FRAGOSO, Heleno C. *Direitos dos presos*. Rio de Janeiro: Forense, 1980. p. 41.

63. Art. 149, § 3º, da CF anterior: "Lei complementar disporá sobre a especificação dos direitos políticos, o gozo, o exercício, a perda ou suspensão de todos ou de qualquer deles e os casos e as condições de sua reaquisição."

64. O Tribunal Regional Eleitoral de São Paulo decidiu contra uma representação formulada por presidiários recolhidos à Casa de Detenção, que desejavam votar nas eleições de 15-11-1985, sob o fundamento de que, na hipótese, se devia levar em conta o "mínimo de eficácia" das normas constitucionais, conforme dizia Kelsen, sob pena de se perder a juridicidade dessas normas. Assinalou-se, também, que, no caso, havia um obstáculo irremovível ao voto dos encarcerados, porquanto não poderiam ser criadas seções eleitorais especiais nos estabelecimentos penais para que se tornasse possível o voto (Proc. nº 81.198 – Classe 7ª – Acórdão nº 88.812, de 5-9-1985, Rel. Manuel Alceu A. Ferreira). Com relação aos presos provisórios, que representaram para a instalação de uma seção eleitoral na Casa de Detenção, o mesmo Tribunal já decidiu da impossibilidade material da concretização da medida proposta (Processo nº 7.724/82, Acórdão nº 84.370, de 10-11-1982, Rel. Martiniano de Carvalho). Tais decisões, entretanto, não infirmam a orientação de que não estão suspensos os direitos políticos dos condenados que se encontram em gozo do livramento ou suspensão condicional da pena.

do mandato eletivo e à proibição do exercício de mandato eletivo como pena restritiva de direitos e efeito da condenação.

Jurisprudência

- *Perda do mandato eletivo e suspensão dos direitos políticos em decorrência do trânsito em julgado da condenação criminal: inadmissibilidade de deliberação do poder legislativo*
- *Duração da suspensão dos direitos políticos*
- *Suspensão dos direitos políticos como efeito da condenação criminal transitada em julgado: autoaplicabilidade do art. 15, III, da CF*
- *Suspensão dos direitos políticos: aplicabilidade do art. 15, III, da CF a crime anterior à Constituição*
- *Necessidade do trânsito em julgado para a perda de mandato eletivo*
- *Direitos políticos e regime aberto*
- *Suspensão dos direitos políticos na suspensão condicional da pena*
- *Suspensão dos direitos políticos somente quando inviável o exercício pelo cumprimento da pena*
- *Inadmissibilidade do habeas corpus para discussão da perda do cargo como efeito da condenação*

3.4 DISCRIMINAÇÃO

A par dos demais direitos e garantias individuais, a Lei de Execução Penal reconhece o princípio consagrado no art. 5º, *caput*, da Constituição Federal, da igualdade de todas as pessoas e sua não discriminação por causa de "sexo, raça, trabalho, credo religioso e convicções políticas", como o fazem as Regras Mínimas das Nações Unidas para Tratamento de Reclusos – Regras de Mandela – (Regra 2) e do Conselho da Europa (nº 5.1), os arts. 3.1.5 e 207.1 da Lei de Execução portuguesa e art. 3º da Lei Geral Penitenciária espanhola. Com a determinação do art. 3º, parágrafo único, da Lei de Execução Penal, de que "não haverá qualquer distinção de natureza racial, social, religiosa ou política", contempla-se o princípio da isonomia, comum à nossa tradição jurídica.[65] É proibido na execução penal qualquer tipo de discriminação e não pode esse princípio ceder inclusive a determinações fundadas apenas na alegação de necessidade de individualização da pena e do tratamento do sentenciado. Está incluída na regra a proibição a qualquer tratamento diferenciado com relação aos homossexuais, masculinos ou femininos. A preferência sexual de ordem social e o homossexualismo, como hoje se admite, não podem ser causa de discriminação mesmo nas prisões. Os crimes resultantes de preconceito de raça, cor, etnia, religião ou procedência nacional estão previstos na Lei nº 7.716, de 5-1-1989. A mesma Regra 2 expressamente ressalva que as medidas de proteção dos direitos dos presos portadores de necessidades especiais não somente não devem ser consideradas discriminatórias, mas são de adoção necessária.

---

65. Exposição de motivos, item 24.

Art. 4º O Estado deverá recorrer à cooperação da comunidade nas atividades de execução da pena e da medida de segurança.

Vide: **LEP** arts. 14, § 2º, 20, 22 a 24, 27, 34, § 2º, 36, 78, 79 a 81, 101, 149, I, 150.

4.1 COOPERAÇÃO DA COMUNIDADE

Preconiza o art. 4º da Lei de Execução Penal que o Estado deverá recorrer à cooperação da comunidade nas atividades de execução da pena e da medida de segurança, pois, segundo o que consta na exposição de motivos, "nenhum programa destinado a enfrentar os problemas referentes ao delito, ao delinqüente e à pena se completaria sem o indispensável e contínuo apoio comunitário".[66] Outro ponto inovador da lei é o de que o Estado deve recorrer à cooperação da comunidade como condição essencial para que seja alcançado o objetivo de facilitar a futura reinserção do condenado à vida social. Afirma Miguel Reale Junior que a comunidade pode colaborar, trazendo à rigidez da administração penitenciária o *sopro da vida livre*, agindo como fiscal ou auxiliando na tarefa de assistir o encarcerado.[67]

Com o dispositivo não está o Estado eximindo-se da tarefa que lhe é pertinente, mas apenas afirmando que cabe à própria comunidade uma parcela de responsabilidade na reintegração daquele que delinquiu. A sanção penal sempre se constituiu em um estigma social que acompanha o sentenciado mesmo após a sua libertação definitiva, e o mundo do cárcere, submetido autocraticamente aos agentes do Estado, precisa ser arejado e fiscalizado por pessoas alheias ao sistema, não se podendo prescindir da contribuição da comunidade nessa e em outras tarefas de assistência ao preso, internado e egresso. O moderno Estado democrático – diz o citado autor – deve reconhecer a existência de forças sociais organizadas que expressam a vontade popular, contrapondo-se a um centralismo monolítico e opressor.[68] Em 1975, Manoel Pedro Pimentel, então Secretário da Justiça de São Paulo, alertava as forças vivas da comunidade (clubes de serviço, lojas maçônicas, federação espírita, igrejas evangélicas, igreja católica etc.) da necessidade de modificação da sociedade frente ao preso e da atitude do preso frente à sociedade, preconizando que a comunidade devia orientar-se no sentido de se interessar pelo problema do sentenciado, apoiando a ação das autoridades constituídas para a instalação das casas de albergado.[69] A moderna orientação doutrinária assinala, aliás, a conveniência de incorporar e incrementar a participação da comunidade, com o esforço privado idôneo, na obra de readaptação dos delinquentes.[70] Em alguns países escandinavos, de há muito, voluntários (professores, pastores evangélicos etc.)

---

66. Item 24.
67. REALE JUNIOR, Miguel. Ob. cit. p. 78.
68. REALE JUNIOR, Miguel. Ob. cit. p. 86.
69. Cf. MEDICI, Sérgio de Oliveira. *Prisão albergue*. Bauru: Jalovi, 1979. p. 43.
70. Exposição de motivos da Lei Penitenciária da Argentina. In: NEUMAN, Elias. *Evolución de la pena privativa de libertad y regimenes penitenciarios*. Buenos Aires: Ediciones Pannedille, 1971. p. 238.

colaboram com os *probations officers* oficiais, supervisionando diretamente o criminoso em prisão aberta, e na Holanda existe uma longa tradição de trabalho voluntário nesse terreno, organizado pelas igrejas.[71]

Jurisprudência

- *Relevância da cooperação da comunidade na reinserção social do condenado*

4.2 SETORES DE PARTICIPAÇÃO

Nos termos da lei, a comunidade deve participar do procedimento da execução na fiscalização e assistência não só com relação aos presos e internos, como também aos submetidos às penas restritivas de direitos. Determina-se, em primeiro lugar, a criação, em cada comarca, do Conselho da Comunidade, composto, no mínimo, por um representante de associação comercial ou industrial, um advogado indicado pela seção da Ordem dos Advogados do Brasil, um defensor público indicado pelo Defensor Público Geral e um assistente social escolhido pela Delegacia Seccional do Conselho Nacional de Assistentes Sociais (art. 80 da LEP, com a redação dada pela Lei nº 12.313, de 19-8-2010), com a atribuição de visitar os estabelecimentos penais, entrevistar presos, apresentar relatórios e diligenciar para a obtenção de recursos materiais e humanos para melhor assistência ao preso ou internado (art. 81 da LEP). Outra participação da comunidade está nos patronatos particulares, destinados a prestar assistência aos albergados e aos egressos (art. 78), incumbindo-lhes ainda orientar os condenados à pena restritiva de direitos, fiscalizar o cumprimento das penas de prestação de serviços à comunidade e limitação de fim de semana e colaborar na fiscalização do cumprimento das condições da suspensão e do livramento condicional (art. 79). Disseminados pela Lei de Execução Penal estão outros dispositivos que, indiretamente, se referem à participação da comunidade na execução penal, tais como: a assistência à saúde, compreendendo atendimento médico, farmacêutico e odontológico "quando o estabelecimento penal não estiver aparelhado para prover tal assistência" (art. 14, § 2º); os convênios com entidades particulares para as atividades educacionais quanto a escolas que ofereçam cursos especializados (art. 20); a assistência religiosa por sacerdotes e leigos (art. 24); o trabalho externo em atividades privadas aos presos em regimes semiaberto e fechado (art. 36); o trabalho dos presos albergados (arts. 93 a 95); o tratamento ambulatorial se não realizado no Hospital de Custódia e Tratamento Psiquiátrico (art. 101); as informações à Comissão Técnica de Classificação (art. 9º, II) etc.

Além desses deveres, caberá ainda à comunidade, após o cumprimento da pena pelo condenado, viabilizar a convivência com aquele que delinquiu, mesmo porque já sofreu ele a sanção imposta pela Justiça. A maneira de a sociedade defender-se da reincidência é acolher o condenado, não mais como autor de um delito, mas em sua condição inafastável de pessoa humana.[72]

---

71. MEDICI, Sérgio de Oliveira. Ob. cit. p. 30.
72. REALE JUNIOR, Miguel. Ob. cit. p. 88.

TÍTULO II
DO CONDENADO E DO INTERNADO

Capítulo I
DA CLASSIFICAÇÃO

Art. 5º Os condenados serão classificados, segundo os seus antecedentes e personalidade, para orientar a individualização da execução penal.

Vide: CF art. 5º, XLVI; LEP arts. 1º, 6º a 9º.

5.1 INDIVIDUALIZAÇÃO DA PENA E CLASSIFICAÇÃO DOS CONDENADOS

É norma constitucional, no Direito brasileiro, que "a lei regulará a individualização da pena" (art. 5º, XLVI, 1ª parte, da CF). A individualização é uma das chamadas garantias repressivas, constituindo postulado básico de justiça. Pode ser ela determinada no plano legislativo, quando se estabelecem e disciplinam-se as sanções cabíveis nas várias espécies delituosas (individualização *in abstracto*), no plano judicial, consagrada no emprego do prudente arbítrio e discrição do juiz, e no momento *executório,* processada no período de cumprimento da pena e que abrange medidas judiciais e administrativas, ligadas ao regime penitenciário, à suspensão da pena, ao livramento condicional etc.[73]

Com os estudos referentes à matéria, chegou-se paulatinamente ao ponto de vista de que a execução penal não pode ser igual para todos os presos – justamente porque nem todos são iguais, mas sumamente diferentes – e de que tampouco a execução pode ser homogênea durante todo o período de seu cumprimento.[74] Não há mais dúvida de que nem todo preso deve ser submetido ao mesmo programa de execução e de que, durante a fase executória da pena, se exige um ajustamento desse programa conforme a reação observada no condenado, podendo-se só assim falar em verdadeira individualização no momento executivo. Individualizar a pena, na execução, consiste em dar a cada preso as oportunidades e os elementos necessários para lograr sua reinserção social, posto que é pessoa, ser distinto.[75] A individualização, portanto, deve aflorar técnica e científica, nunca improvisada, iniciando-se com a indispensável classificação dos condenados a fim de serem destinados aos programas de execução mais adequados, conforme as condições pessoais de cada um.

As legislações modernas têm introduzido processos de seleção e, para esse fim, criado centros de observação e exame aos quais se leva o preso para ali se decidir sobre seu destino

---

73. Cf. FERREIRA, Sérgio Andrade. *A técnica de aplicação da pena como instrumento de sua individualização nos códigos de 1940 e 1969*. Rio de Janeiro: Forense. p. 13-17.

74. Cf. KAUFMANN, Hilde. *Ejecución penal y terapia social*. Buenos Aires: Depalma, 1979. p. 190.

75. Cf. PITOMBO, Sérgio Marcos de Moraes. Os regimes de cumprimento da pena e o exame criminológico. *RT* 583/313.

a determinado estabelecimento e a determinada forma de execução. Esse procedimento de classificação funda-se em determinados sistemas de seleção e visa à possibilidade de prognósticos referentes especialmente ao grau de perigo de reincidência ou de periculosidade do condenado. O princípio de classificação dos presos é contemplado nas Regras Mínimas das Nações Unidas para Tratamento de Reclusos – Regras de Mandela – (Regra 93) e do Conselho da Europa (n° 7), no art. 16 da Lei Geral Penitenciária espanhola, no art. 2° do regulamento penitenciário canadense e no art. 8° das normas de aplicação da lei penitenciária sueca, estando presente em qualquer política criminal moderna e constituindo premissa constante de todos os estudos sobre a matéria.

As normas relativas à classificação dos condenados e dos internados constituem, como visto, corolário lógico do princípio constitucional da individualização da pena.[76] Já em 1975, o Grupo de Trabalho presidido pelo professor A. B. Cotrim Neto, instituído no Ministério da Justiça para o estudo da reforma penitenciária no Brasil, enfatizava a necessidade de prévia classificação do sentenciado, com vista no estudo de sua personalidade, para a individualização do tratamento penitenciário a aplicar.[77] Nesse sentido, o art. 5° da Lei de Execução Penal determina que "os condenados serão classificados, segundo os seus antecedentes e personalidade, para orientar a individualização da execução penal". Ficam com esse dispositivo atendido o princípio da *personalidade da pena*, inserido também entre os direitos e garantias constitucionais, como o da *proporcionalidade da pena*, "de modo que a cada sentenciado, conhecida a sua personalidade e analisado o fato cometido, corresponda o tratamento penitenciário adequado", segundo se assegura na exposição de motivos.[78]

Como o procedimento para a individualização da execução da pena é matéria que exige a apreciação de exames e de circunstâncias subjetivas verificáveis do exame dos autos, não se presta a tal o procedimento sumário do *habeas corpus*.

Jurisprudência

* *Inadmissibilidade de individualização da pena em* **habeas corpus**

5.2 BIOTIPOLOGIA CRIMINAL

Modernamente, vem tomando relevo, como matéria de primeiro interesse no campo do direito penal, o problema da personalidade do criminoso e, por isso, ao lado dos *tipos de delitos*, tem-se dado atenção à importância do conhecimento a respeito dos *tipos de delinquentes*, que formam a tipologia criminal. Ressalta-se, assim, a importância da Biotipologia Criminal para o estabelecimento de classificações "nas quais certos indivíduos podem ser agrupados, por serem portadores de anomalias orgânicas ou funcionais características, que

---

76. Cf. DOTTI, René Ariel. A lei de execução penal: perspectivas fundamentais. *RT* 598/282.
77. Cf. COTRIM NETO, A. B. As normas para uma programação penitenciária, no Ministério da Justiça. *Justitia* 93/70.
78. Cf. Exposição de Motivos, item 26.

comprovadamente estão presentes na gênese de condutas agressivas".[79] A Biotipologia Criminal, associada a outras ciências, pode dar a exata dimensão, o *retrato de corpo inteiro*, do homem delinquente, isto é, o homem em sua totalidade psicoambiental.[80] Uma classificação fundada na Biotipologia, aliada a outros conhecimentos científicos (psicologia, psiquiatria, sociologia etc.) pode fornecer subsídios preciosos à classificação dos condenados e à individualização do tratamento penal adequado.

5.3 CLASSIFICAÇÕES DOS DELINQUENTES

São muitas as classificações de criminosos em nossa literatura de Ciências Criminais. Ferri classificou os delinquentes por uma fórmula biossociológica, em: (1) nato; (2) louco; (3) habitual; (4) de ocasião; e (5) por paixão. Franz Exner dividiu-os em: (1) criminosos ocasionais e profissionais (caracterologia); (2) criminosos primários e reincidentes (sociologia); (3) criminosos por cupidez e lascívia (psicologia); (4) criminosos com taras hereditárias (biologia); (5) criminosos corrigíveis e incorrigíveis (política); (6) criminosos, segundo a lei (legalidade). Entre nós, famosa é a classificação de Hilário Veiga de Carvalho, estabelecida de acordo com a etiologia do crime e a situação do tipo de personalidade, que divide os criminosos em: (1) mesocriminoso; (2) mesocriminoso preponderante; (3) mesobiocriminoso; (4) biocriminoso preponderante; (5) biocriminoso. André Teixeira Lima divide os criminosos em quatro grupos, segundo sua estrutura criminógena: (1) com anomalias relacionadas com o desenvolvimento da personalidade: (a) desenvolvimento precoce ou retardado sincrônico ou assincrônico; (b) desenvolvimento de tipo simples (depressão, oposição, abandono etc.); (c) desenvolvimento neurótico; (d) desenvolvimento psicopático; (e) desenvolvimento paranoico (tipos sensitivos e expansivos); (f) desenvolvimento pseudopsicopático; (g) outros tipos, inclusive mistos; (2) com anomalias relativas ao desenvolvimento da inteligência: (a) variante deficitária constitucional; (b) deficiência encefalopática; (3) com distúrbios de natureza psicótica: (a) distúrbio de base orgânica (síndromes reversíveis e irreversíveis); (b) psicose endógena (esquizofrenia e psicose maníaco-depressiva); (4) casos enquadráveis em mais de um grupo: combinações diversas.[81] Cícero Cristiano de Souza classifica-os em: (1) criminoso ocasional; (2) criminoso sintomático (secundário); (3) criminoso essencial (ou primário ou verdadeiro).[82] Cícero Carvalho Lage, para facilitar a análise dos criminosos e bem situar os casos de estado delinquencial, adota as seguintes denominações: (1) polimórfico ou difuso; (2) típico ou verdadeiro; (3) atípico ou acidental.[83] O Código Penal de 1969 (Decreto-lei nº 1.004/69), que não chegou a entrar em vigor, referia-se a criminosos habituais e criminosos por tendência (art. 64).

---

79. PIMENTEL, Manoel Pedro. *O crime e a pena na atualidade*. São Paulo: Revista dos Tribunais, 1983. p. 29.

80. Cf. SANTOS, J. W. Seixas. *Síntese expositiva de criminologia*. 2. ed. São Paulo: Livraria Jurid. Vellenich, 1973. p. 97.

81. Cf. LIMA, André Teixeira. Criminogênese. Visão atual e classificação dos criminosos. *Justitia* 93/101.

82. Cf. LAGE, Cícero Carvalho. *Ciência criminal e penitenciária*. São Paulo: Biblioteca de Estudos Jurídicos "Leia", 1965. p. 48-49.

83. Cf. LAGE, Cícero Carvalho. Ob. cit. p. 85.

Valdemar C. Silveira dizia que "a dinâmica do delito é constituída, sempre, de elementos biológicos, os quais, através de suas fusões, dão lugar aos complexos fenômenos psíquicos dos quais emergem as ações criminosas"[84] e Antolisei é de opinião de que não se podem admitir outros tipos de delinquentes se não aqueles determinados biopsiquicamente.[85] Mas, se a era das tipologias em relação aos delinquentes levou ao desenvolvimento de uma larga lista de tipologias criminológicas para satisfazer à necessidade de uma divisão natural dos criminosos e, em certos casos, também para permitir certos prognósticos, isoladamente a Biotipologia Criminal não é suficiente para a determinação de uma perfeita classificação. O comportamento social do indivíduo é resultante não só de seu patrimônio hereditário, mas também de uma soma de experiências, hauridas principalmente na infância, de permeio com o ambiente e a educação por ele recebida. Parece hoje assentado que existem fatores endógenos e exógenos na etiologia do crime e já Ferri contrapunha, aos fatores internos (individuais) do delinquente, os fatores externos (sociais). Manoel Pedro Pimentel afirma com propriedade que o crime é resultante de uma soma de fatores, sendo assim uma estrutura complexa, e não o produto de uma causa e, assim, ao lado dos fatores *individuais,* tais como a hereditariedade, o temperamento, o caráter, a educação e outros, existe inegável influência dos fatores *sociais*, que a própria sociedade enquadra e desenvolve, por meio das pressões que exerce sobre os indivíduos.[86] Não é por isso que os estudos das ciências antropológicas são inúteis; ao contrário, conjugados com os estudos e métodos psicológicos e sociológicos, poderão ser guias seguros para uma adequada classificação dos delinquentes.

5.4 EXAME DE PERSONALIDADE

Nos termos da Lei de Execução Penal, a classificação dos condenados faz-se segundo seus antecedentes e *personalidade* (art. 5º). A personalidade, para Porot, é a "síntese de todos os elementos que concorrem para a conformação mental de uma pessoa, de modo a comunicar-lhe fisionomia própria".[87] Representa ela uma estrutura ou determinada organização psicológica da qual resultam as formas de comportamento da pessoa, podendo ser objeto de estudos pelos especialistas. Por isso, desde os primórdios da Criminologia prega-se um exame médico-psicológico-social, hoje conhecido como exame da personalidade, a fim de reunir o maior número de dados possíveis a respeito da "pessoa estudada", no caso, o delinquente, reclamos atendidos com a Lei de Execução Penal.

Segundo as conclusões adotadas pelo ciclo de estudos europeus sobre o exame médico--psicológico e social dos delinquentes, organizado pela ONU, em Bruxelas, em 1951, ele deve compreender: um *exame biológico* (físico em geral, que permitirá conhecer a oportunidade de exames especializados, os quais poderão ser o exame físico complementar praticado por um neurologista, o exame radiológico, o de patologia, o endocriminológico e o eletroencefalográfico); um *exame psicológico*, que permite medir as faculdades, as aptidões e as

---

84. SILVEIRA, Valdemar Cesar da. *Tratado da responsabilidade criminal*. São Paulo: Saraiva, 1955. p. 29.
85. Cf. ANTOLISEI, Francesco. *Manuale di diritto penale*. Buenos Aires: Uteha, 1960. p. 433.
86. Ob. cit. p. 17.
87. Cf. MARANHÃO, Odon Ramos. *Curso básico de medicina legal*. 3. ed. São Paulo: Revista dos Tribunais. p. 289.

realizações mentais e descrever as características da personalidade; um *exame psiquiátrico*, que não aspira a resolver as questões de enfermidade mental e responsabilidade criminal, senão aclarar os matizes da personalidade e do comportamento, que só o psiquiatra pode compreender; e, finalmente, *um social*, realizado por um assistente social, cuja missão é conhecer a vida social do delinquente, participar em sua integração e contribuir para o tratamento.[88] É, assim, um exame genérico da personalidade, no qual se investigam o caráter, as tendências e a inteligência do condenado.

Mas, se a avaliação da personalidade pressupõe que existam no indivíduo caracteres permanentes, constantes, não há que se negar as variações no curso do processo de desenvolvimento da pessoa, que poderão ser anotados em novas avaliações durante a execução da pena, em especial quando das oportunidades das progressões nos regimes ou por ocasião do cometimento das faltas disciplinares.

Inseparável do estudo da personalidade do condenado é também o de seus antecedentes, entre os quais se destacam a reincidência e o envolvimento em inquéritos ou processos judiciais, mas que alcança toda a vida pregressa do condenado. O exame desses antecedentes também pode ser muito útil à classificação do condenado e à determinação do tratamento penitenciário a ser seguido.

Os exames de personalidade e dos antecedentes são obrigatórios para todos os condenados a penas privativas de liberdade e destinam-se a classificação que determinará o tratamento penal mais recomendado. Como se anota na exposição de motivos, reduzir-se-á a mera falácia o princípio da individualização da pena se não se efetuar o exame de personalidade no início da execução, como fator determinante do tipo de tratamento penal e se não forem registradas as mutações do comportamento ocorridas no itinerário da execução.[89]

5.5 EXAME CRIMINOLÓGICO

Ao cuidar da classificação do condenado, a Lei de Execução Penal refere-se também ao *exame criminológico*, que será efetuado, obrigatoriamente, nos condenados a pena privativa de liberdade em regime fechado (art. 8º, *caput*) e, facultativamente, naqueles destinados ao regime semiaberto (art. 8º, parágrafo único), com o objetivo de obter os elementos necessários, primeiro, à adequada classificação, e, segundo, à individualização da execução. O exame criminológico é uma espécie do gênero exame da personalidade e parte "do binômio delito-delinquente, numa interação de causa e efeito, tendo como objetivo a investigação médica, psicológica e social, como o reclamavam os pioneiros da Criminologia".[90] No exame criminológico, a personalidade do criminoso é examinada em relação ao crime em concreto, ao fato por ele praticado, pretendendo-se com isso explicar a "dinâmica criminal (diagnóstico criminológico), propondo medidas recuperadoras (assistência criminiátrica)" e a avaliação da possibilidade de delinquir (prognóstico criminológico).

---

88. COSTA, Álvaro Mayrink da. *Criminologia*. 3. ed. Rio de Janeiro: Forense, 1982. v. 1. t. 2, p. 1.180.
89. Item 27.
90. Exposição de motivos, item 34.

Quanto ao momento da realização do exame criminológico (v. item 8.1), a doutrina cogita de um "exame prévio", ou seja, antecedente à aplicação da pena ou da medida de segurança. Poderia ser ele efetuado diante da afirmação da culpabilidade do acusado, mas antes da condenação ou da aplicação da sanção penal. Everardo da Cunha Luna, tendo em conta que o exame criminológico, no processo bifásico, tem como destino o fim para o qual foi criado, ou seja, a verificação da personalidade do criminoso e da periculosidade criminal, opta por esse sistema.[91] Não seguiu essa orientação nosso legislador, preconizando a realização do exame criminológico, obrigatória ou facultativamente, apenas aos réus já condenados definitivamente. Segundo a exposição de motivos, essa posição foi tomada em homenagem ao princípio da *presunção de inocência*, já que, por suas peculiaridades de investigação, o exame criminológico somente é admissível após declarada a culpa ou a periculosidade do sujeito.[92] De acordo com o citado doutrinador, a legislação acertou ao não permitir exame criminológico na pessoa do simplesmente denunciado e ainda não condenado, e desacertou ao privar nosso processo penal de um exame de natureza científica que é, na essência, processual e que prestaria inegáveis esclarecimentos para a aplicação mais justa da pena, o que, vale dizer, para a aplicação do direito penal.[93]

Compõem o exame criminológico, como instrumentos de verificação, "as informações jurídico-penais (como agiu o condenado, se registra reincidência etc.); o exame clínico (saúde individual e eventuais causas mórbidas, relacionadas com o comportamento delinquencial); o exame morfológico (sua constituição somatopsíquica); o exame neurológico (manifestações mórbidas do sistema nervoso); o exame eletrencefalográfico (não para só a busca de 'lesões focais ou difusas de ondas *sharp* ou *spike*', mas da 'correlação – certa ou provável – entre alterações funcionais do encéfalo e o comportamento' do condenado); o exame psicológico (nível mental, traços básicos da personalidade e sua agressividade); o exame psiquiátrico (saber-se se o condenado é pessoa normal, ou portador de perturbação mental); e o exame social (informações familiares, 'condições sociais em que o ato foi praticado' etc.)".[94] A perícia deve fornecer a síntese criminológica. "Isso implica um enquadramento de cada caso em itens de uma classificação, na seleção do destino a ser dado ao examinado e em medidas a serem adotadas. Os informes sobre a periculosidade (no sentido de 'provável' reincidência) e adaptabilidade (em sentido reeducacional) são básicos."[95]

Assim, as duas perícias, a criminológica e a da personalidade, colocadas em conjugação, tendem a fornecer elementos para a percepção das causas do delito e indicadores para sua prevenção.[96] Ademais, pode impedir, como tem ocorrido, a transferência de reclusão para o regime de liberdade ou de prisão albergue, bem como a concessão de livramento condicional, de condenados que não estavam para tanto preparados, em flagrante desatenção aos interesses da segurança social (item 8.1). É preciso, contudo, como alerta Sérgio

---

91. Cf. LUNA, Everardo da Cunha. *Capítulos de direito penal*. São Paulo: Saraiva, 1985. v. 1, p. 344-369.
92. Item 30.
93. LUNA, Everardo da Cunha. Ob. cit. p. 361.
94. PITOMBO, Sérgio Marcos de Moraes. Art. cit. p. 315.
95. PITOMBO, Sérgio Marcos de Moraes. Art. cit. p. 315.
96. Sobre o assunto: SHECAIRA, Sérgio Salomão. O exame criminológico e a execução da pena. *Cadernos de Advocacia Criminal*. Porto Alegre: Sergio Antonio Fabris Editor, ano 1, v. 1, n° 2, p. 36-41.

Marcos de Moraes Pitombo, não privilegiar em demasia o exame criminológico. Itere-se que consiste em perícia, em meio de prova, mesmo quando mero prognóstico da reincidência. A valoração cabe, sempre, ao juiz da execução, livre no apreciá-lo.[97]

O exame criminológico deve ser realizado por peritos oficiais, no Centro de Observação, ou, na falta, pela própria Comissão Técnica de Classificação. Não permite a lei que o seja por peritos particulares, já que inaplicável ao caso o art. 43, que se refere apenas a tratamento médico.

> Jurisprudência
>
> • *Inadmissibilidade de exame criminológico por peritos particulares*

> **Art. 6º** A classificação será feita por Comissão Técnica de Classificação que elaborará o programa individualizador da pena privativa de liberdade adequada ao condenado ou preso provisório.
>
> * Redação dada pela Lei nº 10.792, de 1º-12-2003.
>
> ---
>
> *Vide*: **CF** art. 5º, XLVI; **LEP** arts. 1º, 5º, 7º a 9º, 96 a 98.

6.1 COMISSÃO TÉCNICA DE CLASSIFICAÇÃO

Para efetuar-se a classificação, deve haver um procedimento determinado a fim de se decidir a respeito do programa de execução a que deve ser submetido o condenado, decisão essa que pode ser tomada no próprio estabelecimento prisional ou em outro, destinado unicamente para a seleção. A tendência moderna tem sido inequivocamente em favor de um estabelecimento especializado de observação e seleção, que apresenta a vantagem indiscutível de que, em lugar de uma destinação esquemática a determinado estabelecimento penal, se possibilite preliminarmente decidir, de acordo com o julgamento da personalidade, qual o estabelecimento mais apropriado para o condenado.

Pertence aos métodos científicos do diagnóstico da personalidade, entre outros, a observação do comportamento, que compreende toda a percepção do condenado em relação a outras pessoas, com a oportunidade de aplicação de testes, a conversação de diagnóstico psíquico etc. Pioneiro nesse sentido é o Centro de Orientação francês de Fresnes, onde uma comissão de médicos, psiquiatras, psicólogos e peritos em outras disciplinas assiste aos funcionários da Administração e ao juiz da execução, ao lado de Centros Regionais de Observação e Centros Regionais Médico-psicológicos, tudo com o sentido de tornar bem conhecida a individualidade do sentenciado e conferir-lhe o tratamento adequado, no presídio mais adequado.[98] Digna de nota, também, é a experiência italiana no Instituto de Ribibbia. Nesse instituto, tal como sucede em Fresnes, o sentenciado é submetido a rigoroso

---

97. PITOMBO, Sérgio Marcos de Moraes. Art. cit. p. 315.
98. PIMENTEL, Manoel Pedro. *Prisões fechadas e prisões abertas*. Série Estudos Penitenciários. São Paulo: Cortez & Moraes, 1978. p. 71.

exame, ou como diria Benigno Di Tullio, à "clínica antropológica" (Di Tullio, *Princípio de criminologia clínica*, 1954).[99]

Entre os estabelecimentos penais, prevê a Lei de Execução Penal para cada Estado da Federação um Centro de Observação, a ser instalado em unidade autônoma ou anexa ao estabelecimento penal onde devem ser realizados os exames gerais e criminológicos (itens 96.1 e 97.1). Os resultados desses exames devem ser encaminhados à Comissão Técnica de Classificação, que deve existir em cada estabelecimento destinado ao cumprimento de pena. Recebidos os exames, cabe à Comissão elaborar o programa de individualização das penas privativas de liberdade. Na falta de Centro de Observação, permite a lei que os exames sejam realizados no próprio presídio, pela Comissão Técnica de Classificação (art. 98).[100]

Ressalvando a cautela do legislador, ditada certamente por razões de ordem material, de não determinar a *obrigatoriedade* de Centros de Observações em cada Estado da Federação, o que parece inviável em termos atuais, deveria a lei prever que nesse estabelecimento seria realizada uma primeira classificação, a fim de decidir para qual estabelecimento penal deve ser encaminhado o condenado juntamente com os resultados dos exames a que foi submetido. É sabido que, num procedimento de classificação adequado, deve ter-se em conta para a destinação do preso, juntamente com as condições gerais de cada estabelecimento, a possibilidade de formação profissional, de execução de uma terapia simples ou experimental mais complexa etc., já que são diversas as condições dos presídios em cada unidade federativa. Nada impede, porém, que assim se estabeleça na lei local, nos Estados que disponham ou venham a dispor de um Centro de Observação autônomo. No Centro, poder-se-ia proceder à indicação do estabelecimento penal, com base no resultado dos exames ali realizados, e a Comissão Técnica do estabelecimento penal a que fosse o preso destinado elaboraria o programa individualizador e acompanharia a execução.

6.2 ATRIBUIÇÕES DA COMISSÃO TÉCNICA DE CLASSIFICAÇÃO

Além da classificação do condenado (itens 5.1 a 5.3), a Comissão Técnica de Classificação deve elaborar o programa individualizador da execução da pena do preso com vistas a sua reinserção social. Deve determinar, assim, concomitantemente com a terapia laborterápica, a que estão submetidos todos os presos, o trabalho psicológico de recondicionamento social, a psicoterapia individual ou em grupo etc.

Na redação original do art. 6º da Lei de Execução Penal, previa-se também que a Comissão "acompanhará a execução das penas privativas de liberdade e restritivas de direitos, deven-

---

99. COSTA, Álvaro Mayrink da. Ob. cit. p. 145.

100. No Estado de São Paulo, como órgão de classificação dos criminosos, existia o Instituto de Biotipologia Criminal, subordinado diretamente ao Departamento dos Institutos Penais do Estado. Criou-se, posteriormente, o Instituto de Classificação e Triagem, que, ainda na fase de implantação definitiva, teve sua finalidade desviada, servindo mais como um dos presídios do Estado. Após o início de vigência da lei de execução, o referido instituto transformou-se no Centro de Observação Criminológica, anexo à Penitenciária do Estado. Extinto o órgão em 2002, criou-se o Núcleo de Observação Criminológica, vinculado ao Centro Hospitalar do Sistema Penitenciário, órgão da Secretaria da Administração Penitenciária, transferido, posteriormente, para o Hospital de Custódia e Tratamento Psiquiátrico de Franco da Rocha.

do propor, à autoridade competente, as progressões e regressões dos regimes, bem como as conversões". Com relação às penas privativas de liberdade, podem ser elas cumpridas, as de reclusão, em regime fechado, semiaberto ou aberto, e as de detenção em regime semiaberto e aberto salvo necessidade de regressão ao regime fechado (art. 33, caput, do CP). Adotado que foi o sistema progressivo em nossa legislação penal, poderá ocorrer a progressão, ou seja, a transferência para regime menos rigoroso, a ser determinada pelo juiz, quando o preso tiver cumprido, de acordo com as novas regras, de 16% a 70% da pena e que tem como critérios a primariedade ou reincidência e a natureza do crime praticado pelo condenado: se cometido com violência ou grave ameaça ou não, se o crime é comum, hediondo, se este resultou em morte ou não, se o crime é constituição de milícia privada ou exerça ele o comando de organização criminosa (art. 112, I a VIII da LEP). Prevê-se, de outro lado, a regressão, com a transferência para qualquer dos regimes mais rigorosos do condenado que praticar fato definido como crime doloso ou falta grave ou sofrer condenação, por crime anterior, cuja pena, somada ao restante da pena em execução, torne incabível o regime (art. 118) ou a transferência do preso em regime aberto se, além dessas hipóteses, frustrar os fins da execução ou não pagar, podendo, a multa cumulativamente imposta (art. 118, § 1º, da LEP). As penas restritivas de direitos, instituídas pela Lei nº 7.209, de 11-7-1984, que modificou a Parte Geral do Código Penal, com a alteração promovida pela Lei nº 9.714, de 25-11-1998, são: prestação pecuniária, perda de bens e valores, prestação de serviços à comunidade ou a entidades públicas, interdições de direitos e limitação de fim de semana (art. 43 do CP). As regras que disciplinam a execução das penas restritivas de direito estão previstas nos arts. 147 ss da Lei de Execução Penal (item 147.1). Prevê a lei, como hipóteses de conversões, a conversão da pena privativa de liberdade não superior a dois anos em restritiva de direito (art. 180), das penas restritivas de direito em privativa de liberdade (art. 181), da pena privativa de liberdade em medida de segurança (art. 183) e do tratamento ambulatorial em internação (art. 184).

Na execução das penas privativas de liberdade, embora a nova redação do art. 6º tenha sido excluída a referência expressa à atribuição de acompanhamento e à iniciativa de propor as progressões e regressões de regime, a Comissão Técnica de Classificação, além da classificação do condenado e da elaboração do programa individualizador, poderá ser chamada a se manifestar, emitindo parecer, quando o entender necessário o juiz da execução, sobretudo quando da progressão de regime e do ingresso do condenado no regime aberto (art. 114, II) e por ocasião do processamento do pedido de livramento condicional do condenado por crime doloso, cometido com violência ou grave ameaça à pessoa, já que o deferimento está condicionado à existência de condições pessoais que façam presumir que não voltará ele a delinquir (art. 83, parágrafo único, do CP). A verificação de tais condições, em muitos casos, pode ser efetuada mediante exame criminológico. Aliás, onde a perícia se mostrar factível, não existe razão para afastá-la.[101] As decisões, porém, em que pese às preciosas informações e pareceres das comissões, caberão sempre à autoridade judiciária diante do princípio da judicialidade adotado na legislação brasileira.

Em sua atual redação, refere-se o art. 6º, também como atribuição da Comissão Técnica de Classificação, à elaboração de programa individualizador da pena privativa de liberdade adequada ao "preso provisório". O preso provisório, porém, não tem a cumprir pena privativa

---

101. Cf. PITOMBO, Sérgio Marcos de Moraes. Ainda o exame criminológico. *Jornal do Advogado*, jul. 1985, p. 8-9.

de liberdade. O programa individualizador poderá ser elaborado para o preso condenado por sentença recorrível a pena privativa de liberdade, em relação ao qual vier a se admitir a execução provisória (itens 105.6 e 105.8).

A Lei nº 10.792, de 1º-12-2003, dando nova redação ao art. 6º da Lei de Execução Penal, excluiu das atribuições da Comissão Técnica de Classificação a elaboração do programa individualizador e o acompanhamento da execução das penas restritivas de direito, embora continue a prever a atuação da Comissão junto ao juízo da execução na hipótese de condenado a pena restritiva de direito (art. 7º, parágrafo único). Todavia, as penas restritivas de direito também são regidas pelo princípio da individualização, inclusive quanto à alteração de sua forma de cumprimento, para se ajustar às condições pessoais do condenado e às características do estabelecimento, da entidade ou do programa comunitário ou estatal (art. 148), e à conversão em penas privativas de liberdade (art. 181), por ele devendo zelar os órgãos de execução penal. Aos patronatos públicos e particulares incumbe orientar os condenados à pena restritiva de direitos e fiscalizar o cumprimento das penas de prestação de serviços à comunidade e de limitação de fim de semana (art. 79, incisos I e II).

> Art. 7º A Comissão Técnica de Classificação, existente em cada estabelecimento, será presidida pelo Diretor e composta, no mínimo, por dois chefes de serviço, um psiquiatra, um psicólogo e um assistente social, quando se tratar de condenado à pena privativa de liberdade.
>
> Parágrafo único. Nos demais casos a Comissão atuará junto ao Juízo da Execução e será integrada por fiscais do Serviço Social.

Vide: LEP arts. 6º, 8º, 96, 98.

7.1 COMPOSIÇÃO DA COMISSÃO TÉCNICA DE CLASSIFICAÇÃO

Estabelece o art. 7º da Lei de Execução Penal quais componentes da Comissão Técnica de Classificação devem existir em cada estabelecimento penal. Quando se trata de examinar as condições do condenado a pena privativa de liberdade, a comissão é presidida pelo diretor do estabelecimento e composta, no mínimo, por dois chefes de serviço, um psiquiatra, um psicólogo e um assistente social. Como já foi visto, o exame de personalidade e o exame criminológico, bem como todo o processo de individualização do tratamento penitenciário, exigem postura técnica e científica e, assim, funcionários aptos a realizarem os exames clínicos, morfológicos, psiquiátricos, psicotécnicos, psicológicos, sociais etc., para a síntese criminológica necessária aos informes e pareceres a respeito da periculosidade e adaptabilidade do condenado, básicas para uma correta classificação dos presos e ajustada individualização da pena. Além do psiquiatra, do psicólogo e do assistente social, pode a comissão contar com médicos clínicos, juristas e outros profissionais com qualificações técnicas, conforme a necessidade de cada estabelecimento penal.

No parágrafo único do art. 7º prevê-se que, não se tratando de condenado a pena privativa de liberdade, a Comissão atuará junto ao Juízo da Execução e será constituída de fiscais do Serviço Social. Refere-se o dispositivo ao acompanhamento das penas restritivas de direitos, aplicadas aos autores de crimes menos graves, em relação aos quais se exigiria menor rigor quanto à verificação das condições biopsicológicas do condenado. Não mais se prevê, porém, no art. 6º o acompanhamento da execução das penas restritivas de direito pela Comissão Técnica de Classificação, conforme já examinado (item 6.2).

Jurisprudência

- *Nulidade de exame realizado sem a participação de psiquiatra*

> Art. 8º O condenado ao cumprimento de pena privativa de liberdade, em regime fechado, será submetido a exame criminológico para a obtenção dos elementos necessários a uma adequada classificação e com vistas à individualização da execução.
>
> Parágrafo único. Ao exame de que trata este artigo poderá ser submetido o condenado ao cumprimento da pena privativa de liberdade em regime semi-aberto.

Vide: **CF** art. 5º, XLVI; **LEP** arts. 5º, 6º, 7º, 96, 98, 112, 114, II; **CP** arts. 33 a 35, 59, III, 83, parágrafo único. Súmula Vinculante: 26; Súmula: **STJ** 439.

8.1 REALIZAÇÃO DO EXAME CRIMINOLÓGICO

O legislador não tornou o exame criminológico obrigatório para todos os condenados, contentando-se com o exame de personalidade comum para a classificação dos criminosos e a individualização da execução da pena. Entendeu-se que a gravidade do fato delituoso ou as condições pessoais do agente aconselham a obrigatoriedade do exame criminológico apenas aos presos destinados ao regime fechado.[102] Pode ser efetuado, porém, por iniciativa da Comissão Técnica de Classificação, quando necessário e possível, quando se trata de condenado ao cumprimento da pena em regime semiaberto, para fins de classificação e individualização da pena, bem como na hipótese de pedido do livramento condicional de apenado por crime doloso, cometido com violência ou grave ameaça a pessoa, para se apurar se existem as condições pessoais que façam presumir que não voltará ele a delinquir.

No projeto de reforma da Parte Geral do Código Penal, previa-se a obrigatoriedade da perícia nesta última hipótese, como se depreende do item 73 da exposição de motivos da Lei nº 7.209, de 11-7-1984, mas, durante a tramitação do processo, modificou-se a redação, de tal forma que a constatação da ausência de periculosidade e comprovação da adaptabilidade para a vida social pode ser efetuada por outros meios. Onde se puder realizar, entretanto, tal perícia, não há razão para que seja ela afastada, já que muito pode contribuir para a aferição daquelas condições desejáveis no condenado que está em vias de ser colocado em liberdade condicional. A submissão do condenado ao exame, nessa hipótese, não constitui, portanto, constrangimento ilegal. Tratando-se, portanto, de condenado que inicia o cumprimento da

---

102. Cf. Exposição de Motivos, item 31. Em sentido contrário, dando prevalência aos arts. 34 e 35 do Código Penal, que não fazem distinção entre regime fechado e semiaberto quanto ao exame criminológico: BITENCOURT, Cézar Roberto. Regimes penais e exame criminológico. *RT* 638/268.

pena em regime fechado, a obrigatoriedade da realização do exame criminológico constitui injunção não apenas para o condenado, mas também para a administração, que deve ordená-lo com vistas à individualização da execução da pena.

Quando na sentença não se fixou o regime inicial de cumprimento da pena e o juiz da execução impuser o regime fechado, deverá o magistrado determinar a realização do exame criminológico (art. 8º da LEP e art. 34 do CP).

Não se realiza o exame especial quando se trata de condenado a pena privativa de liberdade em regime aberto ou a pena restritiva de direitos.

A realização do exame criminológico para a classificação do condenado e a individualização da pena não impede que o exame seja novamente realizado na instrução de pedido de progressão de regime ou livramento condicional. Por outro lado, da ausência do exame inicial não se pode concluir pela imprescindibilidade da realização do exame criminológico previamente às decisões sobre essas matérias (v. itens 112.5 e 131.3).

Dispunha o art. 112, parágrafo único, da LEP, que o exame criminológico também deveria ser realizado previamente à decisão judicial sobre a progressão de regime, quando necessário. O dispositivo foi revogado pela redação dada ao artigo pela Lei nº 10.792, de 1º-12-2003. A Lei nº 13.964, de 24-12-2019, que deu ao art. 112 a sua atual redação, nada dispõe a respeito do exame criminológico. Permanece, porém, a possibilidade de realização do exame quando o entender indispensável o juiz da execução, com amparo no art. 196, § 2º, da LEP, que dispõe sobre a viabilidade da produção de prova, inclusive pericial, nos procedimentos relativos à execução da pena.

Jurisprudência

- *Exame criminológico facultativo para o regime inicial semiaberto*
- *Ausência de exame de classificação não impede exame para progressão*

> **Art. 9º** A Comissão, no exame para a obtenção de dados reveladores da personalidade, observando a ética profissional e tendo sempre presentes peças ou informações do processo, poderá:
>
> I – entrevistar pessoas;
>
> II – requisitar, de repartições ou estabelecimentos privados, dados e informações a respeito do condenado;
>
> III – realizar outras diligências e exames necessários.

Vide: **LEP** arts. 6º, 7º, 8º, 96, 98.

9.1 ELEMENTOS PARA AS PERÍCIAS

Os exames do condenado constituem, como já foi visto, o estudo científico da constituição, temperamento, caráter, inteligência e aptidão do preso, ou seja, de sua personalidade. Assim, os membros da Comissão Técnica de Classificação devem recolher o maior número de informações a respeito do examinado, não só por meio de entrevistas e peças de informação do processo, o que restringiria a visão do condenado a certo trecho de sua vida, mas não a ela toda, como também de outras fontes. Por essa razão, concede a lei a possibilidade ao perito de entrevistar pessoas, requisitar de repartições ou estabelecimentos privados dados e informações a respeito do condenado ou realizar outras diligências e exames necessários.

As entrevistas referem-se à conversação com o examinado, caminhando-se hoje para o que se tem denominado de "exploração" (*exploración*), método destinado a conhecer os antecedentes do paciente ou esclarecer certos fenômenos. Serve esse método, de dirigir a conversação da entrevista para certos fatos e observar as espécies de reações do indivíduo, como encerramento do processo de psicodiagnose, sistema que pode esclarecer determinados problemas que ainda permanecem obscuros na psicologia. O conceito de "exploração" diferencia-se em parte da simples anamnese, no sentido de que aquela é entendida como conceito de *atividade*, enquanto esta se refere ao conceito de *objeto*.[103] A lei possibilita também aos membros da comissão entrevistar qualquer pessoa que possa trazer alguma contribuição a seus trabalhos de diagnose (familiares, testemunhas do crime, pessoal penitenciário etc.).

Pode a Comissão requisitar dados e informações a respeito do condenado de repartições ou estabelecimentos privados, estando essas entidades obrigadas a colaborar na coleta de elementos para o regular trabalho de classificação e acompanhamento da execução penal. Requisitar é ordenar e o não acatamento à determinação pode constituir o crime de desobediência.

Entre os meios de realização das perícias, lugar preponderante devem ter os testes psicológicos, procedimentos que constituem elemento essencial para o diagnóstico e prognóstico a serem atingidos, e muitas vezes será necessária a aplicação de uma combinação deles na chamada "bateria de testes" aplicada pelos psicólogos. Além disso, quaisquer outras diligências que se mostrarem úteis, bem como os exames complementares já referidos anteriormente, podem ser realizados no Centro de Observação ou pela Comissão Técnica de Classificação.

Devem os peritos também examinar os autos do processo da ação penal ou da execução, em especial quando se efetua o exame criminológico, para obterem melhores esclarecimentos dos mecanismos biopsicossociais que impeliram o condenado à prática da infração penal.

O processo de observação do comportamento do condenado, em sentido estrito, é também indispensável, quer no caso da observação *ocasional*, em que o observador não está orientado para apreciar manifestações específicas, quer na observação *metódica*, à qual pertencem a observação *sistemática* e a observação de *situações estandardizadas*.[104]

A referência, no art. 8º da Lei de Execução Penal, à observância da ética profissional é, evidentemente, despicienda, pois não se pode admitir que na execução da função pública o Presidente ou os membros da Comissão Técnica de Classificação possam delas afastar-se. Trata-se de obrigação legal que diz respeito a todos os profissionais especializados nessas atividades médico-psicossociais.

Jurisprudência

- *Inexistência de nulidade do parecer da Comissão Técnica de Classificação*

---

103. Cf. KAUFMANN, Hilde. Ob. cit. p. 168. Para a autora, por isso, se discute se realmente a "exploração" é um meio de psicodiagnose em sentido estrito, que é o objeto do exame, ou mero método de conversação, como atividade destinada àquela.

104. Cf. KAUFMANN, Hilde. Ob. cit. p. 186.

Art. 9º-A. O condenado por crime doloso praticado com violência grave contra a pessoa, bem como por crime contra a vida, contra a liberdade sexual ou por crime sexual contra vulnerável, será submetido, obrigatoriamente, à identificação do perfil genético, mediante extração de DNA (ácido desoxirribonucleico), por técnica adequada e indolor, por ocasião do ingresso no estabelecimento prisional.**

§ 1º A identificação do perfil genético será armazenada em banco de dados sigiloso, conforme regulamento a ser expedido pelo Poder Executivo. *

§ 1º-A. A regulamentação deverá fazer constar garantias mínimas de proteção de dados genéticos, observando as melhores práticas da genética forense. **

§ 2º A autoridade policial, federal ou estadual, poderá requerer ao juiz competente, no caso de inquérito instaurado, o acesso ao banco de dados de identificação de perfil genético.*

§ 3º Deve ser viabilizado ao titular de dados genéticos o acesso aos seus dados constantes nos bancos de perfis genéticos, bem como a todos os documentos da cadeia de custódia que gerou esse dado, de maneira que possa ser contraditado pela defesa.**

§ 4º O condenado pelos crimes previstos no caput deste artigo que não tiver sido submetido à identificação do perfil genético por ocasião do ingresso no estabelecimento prisional deverá ser submetido ao procedimento durante o cumprimento da pena.**

§ 5º A amostra biológica coletada só poderá ser utilizada para o único e exclusivo fim de permitir a identificação pelo perfil genético, não estando autorizadas as práticas de fenotipagem genética ou de busca familiar. **

§ 6º Uma vez identificado o perfil genético, a amostra biológica recolhida nos termos do caput deste artigo deverá ser correta e imediatamente descartada, de maneira a impedir a sua utilização para qualquer outro fim. **

§ 7º A coleta da amostra biológica e a elaboração do respectivo laudo serão realizadas por perito oficial. ***

§ 8º Constitui falta grave a recusa do condenado em submeter-se ao procedimento de identificação do perfil genético.**

*§§ 1º e 2º inseridos pela Lei nº 12.654, de 28-5-2012.

** *Caput* com redação dada e, §§ 1-A, 3º a 8º incluídos pela Lei nº 13.964, de 24-12-2019.

Vide: **CF** art. 5º, X, IV, LVII, LVIII, LXIII; **CP** arts. 121 a 126, 213 a 216-A, 217-A a 218-C; **CPP** arts. 6º, VIII, 158, 159 ss, 186; **Lei nº 12.037**, de 1º-10-2009, arts. 1º a 3º, 5º, parágrafo único, 5º-A, 7º-A, 7º-B.

9-A.1 IDENTIFICAÇÃO POR PERFIL GENÉTICO

Identificação é o processo que objetiva estabelecer a identidade de um indivíduo por meio da coleta e registro de dados, sinais ou outros elementos de informação que possibilitem a sua caracterização, distinguindo-o dos demais. A identificação criminal tem por finalidade tornar certa a identidade física daquele que foi indiciado em inquérito policial por haverem sido colhidos elementos suficientes no sentido de ser o autor de um delito (art. 6º, VIII, do CPP), assegurando que a pessoa a figurar como réu no processo penal é determinada e a mesma que foi investigada. Dispõe a Constituição Federal que "o civilmente identificado não será submetido a identificação criminal, salvo nas hipóteses previstas em lei" (art. 5º, LVIII). Regulamentando o dispositivo constitucional, a Lei nº 12.037, de 1º-10-2009, estabelece quais são os documentos que autorizam ter-se como suficiente a identificação civil e disciplina as exceções em que, apesar desta, há que se admitir a identificação criminal, a qual, ordinariamente, abrange os processos fotográfico e datiloscópico, além do registro de outros dados que possibilitem a melhor qualificação do investigado (arts. 2º e 3º).

A identificação pelo perfil genético é o processo que consiste na coleta de material biológico do suspeito, como sangue, tecido, saliva, esperma etc., e em sua análise e descrição, mediante a identificação da sequência de bases nitrogenadas no interior da molécula do DNA (ácido desoxirribonucleico) que constitui o código genético que caracteriza cada indivíduo. Trata-se de inovação introduzida no direito pátrio pela Lei nº 12.654, de 28-5-2012, que alterou a Lei nº 12.037, de 1º-10-2009, e a Lei de Execução Criminal. Inspirou-se o legislador em experiências de outros países que adotam técnicas de comparação de DNA (ácido desoxirribonucleico) como método de investigação criminal e criaram para tal finalidade bancos de perfis genéticos, dos quais o mais conhecido é o mantido pelo *FBI* nos Estados Unidos (*Codis – Combined DNA Index System*).

Admite a lei brasileira a identificação pelo perfil genético no curso do inquérito policial, por ocasião da identificação criminal, se for essencial para as investigações e autorizada pelo juiz (art. 5º, parágrafo único, cc. art. 3º, IV, da Lei nº 12.037, de 1º-10-2009), e, para os definitivamente condenados, nos termos do art. 9º-A da Lei de Execução Penal.

Em sua redação, previa o art. 9º-A da LEP que deveria ser submetido à identificação por perfil genético o condenado por crime hediondo ou "por crime praticado, dolosamente, com violência de natureza grave contra pessoa". Na nova redação conferida ao dispositivo pela Lei nº 13.964, de 24-12-2019, determina-se a obrigatoriedade da identificação por perfil genético do "condenado por crime doloso praticado com violência grave contra a pessoa, bem como por crime contra a vida, contra a liberdade sexual ou por crime sexual contra vulnerável". O *caput* do artigo foi objeto de veto presidencial em razão da exclusão do texto da referência aos crimes hediondos, sendo aquele, porém, derrubado pelo Congresso Nacional.

A providência é prevista como obrigatória, independentemente de qualquer outra condição, do consentimento do condenado ou de autorização judicial. Referindo-se a lei ao condenado, estão excluídos aqueles que ainda ostentam a condição de réus em razão da ausência do trânsito em julgado do decreto condenatório, mesmo que se tenha admitido a execução provisória.

A impropriedade técnica na redação do dispositivo com relação aos crimes abrangidos pela norma, tanto em sua redação original como na vigente, dificultará a sua aplicação. Ao referir-se ao crime doloso praticado "com violência grave contra pessoa", pretendeu o legislador, excluir do âmbito de aplicação da norma os condenados por crimes culposos ou por crimes nos quais da violência empregada resultou lesão corporal de natureza leve. Não está, porém, assentado na lei ou na doutrina o conceito de "violência grave" e não é claro o dispositivo no sentido de que a expressão empregada abrangeria todos os crimes dolosos nos quais da violência resultou lesão corporal de natureza grave. Ademais, a lesão corporal de natureza grave é prevista no Código Penal como resultado agravador que pode ser atribuído ao autor do delito a título de dolo ou culpa, nos termos do art. 19, como se verifica no próprio crime de lesão corporal grave (art. 129, §§ 1º e 2º) e em outros delitos praticados com violência como o roubo qualificado (art. 157, § 3º) e a extorsão qualificada (art. 158, § 2º, cc. art. 157, § 3º, II). A exclusão dos crimes culposos e a referência no dispositivo, não aos crimes dolosos dos quais resulta lesão grave, mas aos praticados dolosamente, com "violência grave", indicaria que o resultado lesivo também haveria de estar coberto pelo dolo. O entendimento, porém, inviabilizaria a aplicação da norma, inclusive por exigir que na sentença condenatória expressamente se tenha distinguido e declarado o elemento subjetivo atinente ao resultado agravador. Não estão abrangidos os condenados por outros crimes graves praticados com grave ameaça, como roubo e extorsão, porque, ao mencionar a "violência", em geral a lei penal refere-se à *vis physica* e não à violência moral ou *vis compulsiva*.

A imprecisão do dispositivo atinge, também, a menção aos crimes "contra a vida". Há que se restringir, evidentemente, o alcance da norma aos crimes "dolosos" contra a vida, sob pena de se admitir a identificação genética por crime de homicídio culposo, de menor gravidade. Deve-se lembrar, também, que entre os crimes contra a vida estão os de infanticídio (art. 123) e aborto provocado pela gestante ou com seu consentimento (art. 124) e o de aborto provocado por terceiro com o consentimento da gestante (art. 126), figuras típicas que por sua natureza e menor gravidade não justificariam a identificação genética em face das razões que justificaram a sua previsão no Ordenamento Jurídico. Eventualmente, somente o crime de aborto provocado por terceiro sem o consentimento da gestante, por sua maior gravidade, atende à *mens legis* de modo a restar autorizada a identificação genética (art. 125).

Dispõe a lei que a identificação do perfil genético será armazenada em banco de dados sigiloso. O Banco Nacional de Perfis Genéticos foi criado pelo Decreto nº 7.950, de 12-3-2013, com a finalidade de armazenar dados de perfis genéticos para sua utilização na apuração de crimes e, subsidiariamente, na identificação de pessoas desaparecidas. O mesmo decreto dispõe sobre criação de uma rede integrada para o compartilhamento e a comparação de perfis genéticos constantes do banco da União e dos criados pelos Estados. Os dados armazenados nesses bancos não poderão revelar traços somáticos ou comportamentais das pessoas, à exceção da determinação do gênero, em consonância com as normas constitucionais e internacionais de direitos humanos. Os bancos têm caráter sigiloso, sua regulamentação deve prever garantias mínimas de proteção de dados genéticos e pautar-se pelas melhores práticas da genética forense e o acesso ao seu conteúdo no curso de investigações depende da prévia instauração de inquérito policial e de autorização judicial (art. 5º-A da Lei nº 12.037, de 1º-10-2009, e art. 9º-A, §§ 1º e 2º da LEP).

Entre as normas a serem observadas no procedimento de identificação estão a de que a coleta da amostra biológica e a elaboração do respectivo laudo serão realizadas por perito oficial (art. 9º-A, §7º), que o titular dos dados genéticos deve ter acesso aos seus dados constantes dos bancos de perfis genéticos e aos documentos da cadeia de custódia que culminou com geração do dado, para que possa ser objeto de contradita pela defesa (art. 9º-A, § 3º) e que a amostra biológica recolhida, após a identificação do perfil genético, deverá ser correta e imediatamente descartada, de maneira a impedir a sua utilização para qualquer outro fim, vedadas, expressamente, as práticas de fenotipagem genética ou de busca familiar (art. 9º-A, §§ 5º e 6º).

Dispõe, também, a lei que se o condenado por algum dos crimes mencionados no *caput* do artigo não tiver sido submetido à identificação do perfil genético por ocasião do ingresso no estabelecimento prisional, deverá sê-lo no decorrer do cumprimento da pena (art. 9º-A, § 4º), constituindo falta grave a sua recusa em submeter-se ao procedimento (art. 9º-A, § 8º).

Dispondo sobre a temporariedade do armazenamento dos dados genéticos, prevê a lei, que a exclusão dos perfis genéticos ocorrerá "no caso de absolvição do acusado" ou no caso de condenação do acusado, mediante requerimento, após decorridos 20 (vinte) anos do cumprimento da pena" (art. 7º-A, I e II da Lei nº 12.037, de 1º-10-2009, incluídos pela Lei nº 13.964, de 24-12-2019).

Há que se ressalvar, porém, que, na hipótese da identificação por perfil genético com fundamento no art. 9º-A da LEP, nada justifica a sua permanência também em outras hipóteses, embora ainda não transcorrido o prazo de 20 anos. Como nos casos em que o condenado obtém a absolvição pela via revisional, de ocorrência da *abolitio criminis* ou de reconhecimento da prescrição, da pretensão punitiva ou executória. O decreto regulamentador que instituiu o Banco Nacional de Perfis Genéticos, aliás, prevê a possibilidade de exclusão no prazo prescricional ou "em data anterior definida em decisão judicial" (art. 7º do Decreto nº 7.950, de 12-3-2013).

Embora os resultados da identificação criminal pelos processos tradicionais, como o datiloscópico e o fotográfico, eventualmente possam ser úteis no mesmo ou em outro procedimento criminal para apuração da autoria de um delito, não é essa a sua finalidade principal. A identificação pelo perfil genético tem natureza diversa, porque seu objetivo central não é o de tornar certa a identidade do suspeito ou acusado de um crime, para que não haja dúvidas sobre quem é a pessoa investigada ou o réu no processo. Sua finalidade, no inquérito policial ou na execução penal, é o de coletar elementos (material biológico) que possam subsidiar perícias técnicas com vistas à elucidação de um crime, pretérito ou futuro. Por essa razão, o exame da constitucionalidade das normas que preveem a identificação por perfil genético há que se realizar não somente em face do art. 5º, LVIII, da Constituição Federal, mas, também e principalmente, em sua relação com os princípios e garantias que regem a investigação criminal e a produção da prova no processo penal. A Constituição Federal e as convenções internacionais não vedam a utilização do perfil genético como método de investigação e meio de prova. A Declaração Internacional sobre os Dados Genéticos e Humanos, aprovada na Conferência Geral da Unesco de 16-10-2004, prevê que a utilização dos dados genéticos humanos em investigação ou processo penal rege-se pelas leis internas em conformidade com o direito internacional relativo aos direitos humanos (arts. 1º, *c*, 5º, III, e 12), inclusive no que diz respeito à possibilidade de dispensa do consentimento prévio do indiciado ou réu (art. 8º). Tem-se questionado, no entanto, a validade das novas normas legais porque violariam importantes princípios e garantias constitucionais (art. 5º, XLIX, LV, LVII, LVIII e LXIII). A coleta de material biológico para a elaboração do perfil genético não ofende a integridade física e moral do réu ou condenado, porque as técnicas científicas disponíveis permitem que ela seja feita de forma não invasiva, sem dano corporal mínimo, não vexatória e indolor, conforme determina a lei. O respeito ao contraditório ou à ampla defesa deve ser aferido no caso concreto em face da observância das normas que disciplinam a produção da prova técnica no processo penal (arts. 158-A ss do CPP) e da efetiva concessão de oportunidade ao acusado de acompanhar e se contrapor aos métodos utilizados e aos resultados obtidos, oferecendo quesitos, indicando assistente técnico, requerendo esclarecimentos do perito etc. Mais relevantes são as objeções à possibilidade de coleta do material biológico sem o consentimento do indiciado ou do condenado e de preservação do perfil genético em um banco próprio. A Constituição Federal, ao garantir o direito ao silêncio (art. 5º, LXIII), acolheu o princípio do *nemo tenetur se detegere*. Se ninguém pode ser constrangido a produzir provas contra si próprio, como se tem reconhecido também em outras hipóteses, como a de recusa de fornecer material grafotécnico, de se submeter ao teste do etilômetro e de colaborar na reprodução simulada dos fatos, maior razão ampara aquele que se recusa à identificação por perfil genético, por implicar o fornecimento de material do próprio corpo para a extração do DNA e a decifração do código genético que, biologicamente, o caracteriza como indivíduo. Além da obrigatoriedade da coleta do material biológico, tem-se questionado a preservação do perfil genético em um banco específico, porque suas únicas finalidades seriam as de facilitar a apuração de crimes futuros que possa o condenado praticar e de propiciar elementos de prova a serem utilizados nas eventuais ações penais, o que afrontaria o princípio de presunção de inocência. Por fim, sustenta-se que a identificação por perfil genético fere o direito à intimidade (art. 5º, X, da CF) e teme-se que, embora prevista a confidencialidade do conteúdo do banco, os dados genéticos armazenados possam favorecer práticas discriminatórias, reavivar conceitos lombrosianos e contribuir para a hipertrofia do controle estatal sobre o indivíduo. A constitucionalidade ou não da coleta de material genético para a constituição do banco de dados encontra-se sob a apreciação do STF.[105]

Capítulo II
DA ASSISTÊNCIA

SEÇÃO I
Disposições Gerais

Art. 10. A assistência ao preso e ao internado é dever do Estado, objetivando prevenir o crime e orientar o retorno à convivência em sociedade.

Parágrafo único. A assistência estende-se ao egresso.

Vide: **LEP** arts. 1º, 3º, 4º, 11 a 27.

---

105. RE 973.837-MG, no qual se reconheceu a existência de repercussão geral da questão – Tema 905.

10.1 TRATAMENTO PENITENCIÁRIO

Superada a fase histórica em que a pena era tida apenas como retribuição ou prevenção criminal, passou-se a entender que sua finalidade precípua, na fase executória, era a de reeducar o criminoso, que dera mostras de sua inadaptabilidade social com a prática da infração penal. Surgiram assim os sistemas penitenciários fundados na ideia de que a execução penal deve promover a transformação do criminoso em não criminoso, possibilitando-se métodos coativos para operar-se a mudança de suas atitudes e de seu comportamento social. Por sua finalidade reeducadora, por seu caráter individualizado, pela adoção das técnicas das ciências naturais (antropológicas, psiquiátricas, sociológicas), o sistema penitenciário converteu-se em tratamento penitenciário, dada sua analogia com os tratamentos médicos, psicológicos, pedagógicos etc., técnicas cujo uso vão progredindo nos estabelecimentos de cumprimento das penas privativas de liberdade, sem que isso importe, nas tendências modernas, em conceituar o delinquente como "enfermo".[106]

O objetivo do tratamento é fazer do preso ou internado uma pessoa com a intenção e a capacidade de viver respeitando a lei penal, procurando-se, na medida do possível, desenvolver no "reeducando" uma atitude de apreço por si mesmo e de responsabilidade individual e social com respeito a sua família, ao próximo e à sociedade em geral.[107] Nas Regras Mínimas das Nações Unidas para Tratamento de Reclusos – Regras de Mandela – o tratamento das pessoas condenadas a uma pena ou medida privativa de liberdade deve ter por objetivo, na medida em que o permitir a duração da condenação, criar nelas a vontade e as aptidões que as tornem capazes, após a sua libertação, de viver no respeito pela lei e de prover às suas necessidades. Este tratamento deve incentivar o respeito próprio e desenvolver o seu sentido da responsabilidade (Regra 91). Na exposição de motivos da lei das execuções penais da Alemanha, consta que o fim do tratamento é proporcionar condições para que o sentenciado futuramente leve uma vida de responsabilidade social, sem ações delituosas. Na lei de execuções italiana, determina-se que deve ser efetuado um tratamento reeducativo que vise, inclusive com o contato com o ambiente externo, à reinserção social dos condenados e dos internados.

Os meios de que o tratamento penitenciário dispõe são, fundamentalmente, de duas classes: conservadores e reeducadores. Os primeiros atendem à conservação da vida e da saúde do recluso (alimentação, assistência médica, educação física) e a evitar a ação corruptora das prisões (já foi visto que a prisão é um dos fatores criminógenos). Os meios educativos pretendem influir positivamente sobre a personalidade do recluso e modelá-la. São os clássicos: instrução e educação, formação profissional, assistência psiquiátrica, assistência religiosa, postos sob a tônica das técnicas e diretrizes mais recentes.[108]

10.2 TRATAMENTO E ASSISTÊNCIA

Nos últimos tempos, porém, tem-se questionado sobre a autoridade e a responsabilidade do Estado para mudar coativamente as atitudes e o comportamento humanos. Já

---

106. Cf. ARÚS, Francisco Bueno. Panorama comparativo dos modernos sistemas penitenciários. *RT* 441/303.

107. Cf. VALDES, Carlos Garcia. *Comentarios a la legislación penitenciaria*. 2. ed. Madrid: Civitas, 1982. p. 193.

108. Cf. ARÚS, Francisco Bueno. Art. cit. p. 306.

se tem afirmado, inclusive, que as tentativas de alterar o comportamento fazem parte da técnica de controle social, própria do sistema punitivo do Estado. Marc Ancel reconhece que a noção de tratamento constitui no fundo o ponto de reunião e o nexo necessário entre o Direito Penal e a Criminologia, o que pode levar a um abandono ou retrocesso da juridicidade do sistema, a um afrouxamento do princípio da legalidade, enquanto junto ao juiz o tratamento requer a presença diretora de técnicos em medicina, psicologia, técnicas sociais etc., cuja atuação, do ponto de vista jurídico, é necessariamente arbitrária. Há assim um risco de abandono do direito pela técnica como manifestação do fenômeno geral incrustado no Estado tecnocrático de nosso tempo.[109] Michel Foucault, aliás, afirmava que a Justiça Penal liberta-se da má consciência de estar punindo com a escusa de visar à cura, acolhendo modernas técnicas que não mais atuam sobre o corpo, mas sobre a alma do condenado, buscando moldar-lhe a personalidade segundo determinados padrões, muitas vezes politicamente comprometidos.[110]

Além desse perigo, a experiência tem demonstrado que nenhuma espécie de tratamento penitenciário tem produzido os efeitos esperados quanto à readaptação do condenado. A prisão tem servido apenas para reforçar valores negativos e falhou completamente em seu propósito de modificar as pessoas. Está comprovado que, na maioria dos casos, a existência de uma "subcultura" presente entre os presos, característica das instituições prisionais de grande porte, torna-os impermeáveis a qualquer tipo de tratamento, cuja ideologia vem sendo abandonada. O tratamento terapêutico só pode ser efetivo se for voluntário e a tendência moderna orienta-se no sentido de limitar os programas de "tratamento", sejam quais forem, aos internos que os desejem.[111]

Nosso legislador, dando atenção às críticas referidas, não faz menção a "tratamento" penitenciário, mas apenas às medidas de assistência aos condenados e aos internados como exigência básica do sistema, concebendo-a como dever do Estado a fim de prevenir o delito e a reincidência e orientá-los no retorno ao convívio social (art. 10). Miguel Reale Junior, um dos autores do anteprojeto da Lei de Execução Penal, esclarece com precisão: "Desse modo, sem tomar como objetivo da pena a realização de tratamento que faça do criminoso o não--criminoso, cumpre que se ofereça ao condenado possibilidades para harmônica integração social, viabilizando-se que apreenda valores positivos e eleja nova forma de vida, principalmente por meio da assistência social e educacional, a ser obrigatoriamente prestada ao preso. Tenta-se, na Reforma Penal, uma postura realista, sem ortodoxias e comprometimentos teóricos, instaurando-se um realismo humanista, que [...] pretende fazer da execução da pena a oportunidade para sugerir e suscitar valores, facilitando a resolução de conflitos pessoais do condenado, mas sem a presunção de transformar cientificamente sua personalidade."[112]

Se a reabilitação social constitui a finalidade precípua do sistema de execução penal, é evidente que os presos devem ter direito aos serviços que a possibilitem, serviços de assistência que, para isso, devem ser-lhes obrigatoriamente oferecidos, como dever do Estado. É manifesta a importância de se promover e facilitar a reinserção social do condenado,

---

109. Cf. ANCEL, Marc. *A nova defesa social*. Rio de Janeiro: Forense, 1979. p. 146-195 e 224-257.
110. Cf. REALE JUNIOR, Miguel. *Novos rumos do sistema criminal*. Rio de Janeiro: Forense, 1983. p. 47.
111. Cf. FRAGOSO, Heleno. *Direitos dos presos*. Rio de Janeiro: Forense, 1980. p. 14-15.
112. Cf. REALE JUNIOR, Miguel. Ob. cit. p. 47-48.

respeitadas suas particularidades de personalidade, não só com a remoção dos obstáculos criados pela privação da liberdade, como também com a utilização, tanto quanto seja possível, de todos os meios que possam auxiliar nessa tarefa. Junto à laborterapia, o programa de reeducação na fase executória da pena privativa de liberdade é uma das bases fundamentais desse processo, e em todo programa destinado a reinserção social não deve faltar a assistência material, moral e intelectual, pois a reeducação e readaptação social implicam necessariamente desenvolver intensa ação educativa. Nesse sentido, pode-se falar em "tratamento" penitenciário sem o perigo de transformá-lo em um sistema opressor de transformação do homem condenado ou internado.

10.3 ASSISTÊNCIA AO EGRESSO

Não há dúvida de que a prestação de assistência ao liberado, concedendo-lhe meios adequados de subsistência e amparo social, é um trabalho essencialmente complementar do desenvolvido na instituição penitenciária, pois a insensibilidade da Administração e da própria sociedade pode anular o resultado das tarefas realizadas no estabelecimento com a finalidade de reeducar o condenado em sua reinserção social. Toda ausência prolongada acarreta desajustamento e, na prisão, o condenado vai tendo sua evolução em conformidade com sua nova situação, desprendendo-se da antiga e alheando-se do ambiente de que saiu, que vai seguindo sua evolução e diversificando-se. Quando o preso volta para seu antigo ambiente, este não lhe parecerá o mesmo, o que certamente lhe causará dificuldade de ambientação e reajustamento.[113] Necessária, pois, a assistência ao egresso, visando continuar ou promover seu reajustamento consigo mesmo e com os outros, numa adaptação racional a seu meio sociocultural. Esse processo técnico-científico de assistência foi definido pelas regras mínimas do Conselho de Europa como o tratamento que se proporciona ao sujeito, uma vez que obtém sua liberdade, e deve ser considerado como um prolongamento do tratamento a que esteve sujeito durante a prisão, já que formam ambos uma unidade independente, constituindo, portanto, a continuação ou a sequência do tratamento intramuros.

A assistência pós-carcerária nos primeiros tempos foi principalmente obra de associações privadas, por meio dos chamados patronatos, que se ocuparam em socorrer os presos e liberados, impulsionados por um sentimento religioso e/ou humanitário. Hoje, o Estado tem assumido o controle dessas atividades. A orientação que atualmente prevalece é a de que a assistência pós-institucional deve ser prestada por pessoas previamente capacitadas, uma vez que, assumindo fundamentalmente o caráter, não de uma ajuda, mas de um verdadeiro tratamento, a boa vontade, produto de sentimentos caritativos e religiosos, não é suficiente para cumprir com uma função que implica o conhecimento de certas técnicas especializadas.[114]

Nessa orientação, determina a Lei de Execução Penal que a assistência oficial estende-se ao egresso (art. 10, parágrafo único) e, embora em alguns países se adote uma legislação à

---

113. Cf. MIOTTO, Armida Bergamini. *Curso de direito penitenciário*. São Paulo: Saraiva, 1975. v. 2, p. 396-397.

114. Cf. ALEMAN, Myrla Linares. *El sistema penitenciário venezolano*. Caracas: Universidad Central de Venezuela, 1977. p. 200.

parte a respeito do processo de reintegração à vida social das pessoas liberadas do regime penitenciário, efetuou-se na lei brasileira a unificação desse com o sistema da execução penal. Considera-se como egresso para o efeito do programa de assistência o liberado definitivo, pelo prazo de um ano a contar da saída do estabelecimento e o liberado condicional, durante o período de prova (art. 26 da LEP).

Pela Portaria nº 210, de 16-1-2014, do Ministério da Justiça, foi instituída a Política Nacional de Atenção às Mulheres em Situação de Privação de Liberdade e Egressas do Sistema Prisional.

> Art. 11. A assistência será:
> I – material;
> II – à saúde;
> III – jurídica;
> IV – educacional;
> V – social;
> VI – religiosa.

Vide: **LEP** arts. 10, 12 a 27, 41, VII.

11.1 ESPÉCIES DE ASSISTÊNCIA

Basicamente, a ação conservadora e educativa integral destinada à reinserção social do preso e do internado está composta de três espécies de assistência. A primeira delas é a assistência *religiosa* ou *moral*, que era o único fim do internamento nos primeiros tempos da existência das penas privativas de liberdade, tendo a aspiração reformadora com base em leituras bíblicas e meditação ocupado lugar importante nas prisões eclesiásticas e nos primeiros sistemas penitenciários. A educação moral, conceituada em sentido amplo, pode ser exercida como parte da assistência a todos os condenados, a fim de fortalecer o sentido ético de sua formação.

A segunda espécie está representada pela *educação intelectual*, que aspira completar, para uns, aqueles preceitos formativos necessitados de consolidação, obtendo seu aperfeiçoamento intelectual e, para outros, proporcionar a instrução elementar necessária àqueles que dela carecem.

Por último, talvez a mais fundamental, encontra-se a assistência social. Uma das tendências atuais do tratamento penitenciário é a de que o preso, por sua condenação, não deve ser marginalizado socialmente, devendo continuar a fazer parte da sociedade. Afirma Luís Garrido Guzman: como consequência dessa concepção, é de grande importância fortificar os laços que unem o homem a seu mundo familiar e social. Há que se incorporar o indivíduo à sociedade, fazê-lo parte para a vida dela, conseguindo que se incorpore também o respeito e conservação do mundo de valores dessa sociedade. Toda sociedade democrática prevê normas pelas quais se rege a convivência entre seus membros, e o delinquente, mediante sua atuação ilícita, realiza uma agressão contra essa coletividade. Na socialização, portanto, há de se pretender do autor da infração que no futuro respeite essas normas de convivência e se reduza o distanciamento que se produziu, como consequência da ação delitiva, entre o preso e a sociedade.[115]

Prevê as Regras Mínimas das Nações Unidas para Tratamento de Reclusos – Regras de Mandela – que, para obter a reinserção social do condenado, o regime penitenciário deve empregar, conforme as necessidades do tratamento individual dos delinquentes, todos os meios curativos, educativos, morais, espirituais e de outra natureza, e todas as formas de assistência de que pode dispor (Regra 92). Nesse sentido, o art. 11 da Lei de Execução Penal enumera as espécies de assistência a que tem direito o preso e o internado – material, à saúde, jurídica, educacional, social e religiosa, em obediência aos princípios e regras internacionais sobre os direitos da pessoa presa, especialmente aos que defluem das Regras de Mandela.[116]

Diga-se, porém, que a assistência material, moral e social ao preso, excetuada aquela indispensável à subsistência e dignidade humana do preso, estará sempre condicionada às possibilidades materiais e humanas do Estado. Por motivos de ordem inclusive moral, não se pode pretender que a execução da pena privativa de liberdade esteja inapelavelmente subordinada à realização das ambiciosas tarefas de assistência mencionadas na Lei de Execução Penal quando o Estado não estiver devidamente aparelhado para enfrentá-las. Nessa parte, sobreleva o interesse social de que as penas impostas sejam executadas, nos limites reais das possibilidades da Administração, ainda que não cumpridos os deveres instituídos pela lei.

SEÇÃO II
Da Assistência Material

Art. 12. A assistência material ao preso e ao internado consistirá no fornecimento de alimentação, vestuário e instalações higiênicas.

Vide: **CF** art. 5º, XLVII, *e*, XLVIII, XLIX; **LEP** arts. 13, 25, II, 39, IX, X, 40, 41, I, VII, 88, 104.

12.1 ASSISTÊNCIA MATERIAL

A assistência material, segundo a lei, consiste no fornecimento de alimentação, vestuário e instalações higiênicas aos presos e internados. Um dos direitos do preso, aliás, é a alimentação suficiente e vestuário, que corre a cargo do Estado (art. 41, I, da LEP), ainda que se permita às vezes o envio de pacotes de comida do exterior, principalmente em ocasiões especiais ou nos dias reservados às visitas.

Segundo as Regras Mínimas das Nações Unidas para o Tratamento de Reclusos – Regras de Mandela – todo preso deverá receber da Administração, nas horas usuais, uma alimentação de boa qualidade, bem preparada e servida, cujo valor seja suficiente para a manutenção de sua saúde e de suas forças (Regra 22.1). O tema de alimentação nas prisões é de grande

---

115. Cf. GUZMAN, Luís Garrido. *Manual de ciencia penitenciaria*. Caracas, Madrid: Edersa, 1983. p. 43.

116. Cf. Exposição de Motivos, itens 40 e 41.

importância, não só porque o interno tem direito a uma alimentação sã e suficiente para sua subsistência normal, podendo ressentir-se sua saúde de sua insuficiência ou baixa qualidade, mas também porque é esse um poderoso fator que pode incidir positiva ou negativamente, conforme o caso, no regime disciplinar dos estabelecimentos penitenciários.[117] Uma boa alimentação não vai fazer feliz um homem que está na prisão, mas evita os motins e, por isso, a alimentação não deve ser descuidada, mas, pelo contrário, escrupulosamente atendida.

A alimentação deve ser distribuída normalmente, em três etapas: o desjejum, o almoço e o jantar, tendo um conteúdo variado, suficiente e equilibrado para não prejudicar a saúde de seus consumidores. Deve-se ter em conta ainda que, além da alimentação comum, haverá necessidade de refeições especiais para os doentes, conforme prescrição médica, e para os idosos e mulheres que estão amamentando, circunstâncias que exigem cuidados especiais. Prevê-se, ainda, nas Regras de Mandela, todos os reclusos deverá ter a possibilidade de prover-se de água potável sempre que necessário (Regra 22.2).

Também quanto ao vestuário faz-se referência nas Regras de Mandela. Deve ser garantido vestuário adaptado às condições climatéricas e de saúde a todos os reclusos que não estejam autorizados a usar o seu próprio vestuário. Este vestuário não deve de forma alguma ser degradante ou humilhante (Regra 19.1). Todo o vestuário deve estar limpo e ser mantido em bom estado. As roupas interiores devem ser mudadas e lavadas tão frequentemente quanto seja necessário para a manutenção da higiene (Regra 19.2). Em circunstâncias excepcionais, sempre que um recluso obtenha licença para sair do estabelecimento, deve ser autorizado a vestir as suas próprias roupas ou roupas que não chamem a atenção (Regra 19.3).

O estabelecimento penal deve prever, como regra, a utilização de uniformes para os presos, desde que estes sejam apropriados ao clima, não prejudiquem a saúde do condenado nem ofendam sua dignidade e respeito próprio. Já vai longe o vetusto traje listado, que se tornou símbolo estereotipado do prisioneiro e que já desapareceu quase por completo. Para cuidar das roupas dos presos, deve existir em todos os estabelecimentos um serviço de lavanderia, que não é difícil de ser instalado, mantido e operado e que pode servir também para os cuidados dos uniformes dos funcionários que trabalhem na prisão.

A higiene pessoal e o asseio da cela ou alojamento é um dever do preso (art. 39, IX, da LEP), devendo ele também conservar seus objetos de uso pessoal (art. 39, X). A Administração, porém, deve dar condições para que os presos e internados, no cumprimento de tais deveres, disponham dos elementos indispensáveis para a limpeza e higiene das celas e das demais dependências do estabelecimento. Segundo as Regras de Mandela, deve ser exigido a todos os reclusos que se mantenham limpos e, para este fim, ser-lhes-ão fornecidos água e os artigos de higiene necessários à saúde e limpeza (Regra 18.1). A fim de permitir aos reclusos manter um aspeto correto e preservar o respeito por si próprios, ser-lhes-ão garantidos os meios indispensáveis para cuidar do cabelo e da barba; os homens devem poder barbear-se regularmente (Regra 18.2).

Para o egresso, prevê a lei, se necessária, a concessão de alojamento e alimentação, em estabelecimento adequado, pelo prazo de dois meses, prazo esse que poderá ser prorrogado uma única vez se comprovado, por declaração do assistente social, o empenho na obtenção do emprego (art. 25 e parágrafo único da LEP).

---

117. Cf. GUZMAN, Luís Garrido. Ob. cit. p. 403.

Art. 13. O estabelecimento disporá de instalações e serviços que atendam aos presos nas suas necessidades pessoais, além de locais destinados à venda de produtos e objetos permitidos e não fornecidos pela Administração.

Vide: **LEP** arts. 12, 82, 83.

13.1 INSTALAÇÕES E SERVIÇOS

Os locais de prisão, e particularmente os destinados a alojar os presos durante a noite, não devem ser ocupados por mais de um recluso. Se, por razões especiais, tais como excesso temporário de população prisional, for necessário que a administração prisional central adote exceções a esta regra, deve evitar-se que dois reclusos sejam alojados numa mesma cela ou local (Regras de Mandela, Regra 12.1). A Lei de Execução Penal prevê, aliás, tais requisitos quando cuida dos estabelecimentos para o cumprimento da pena em regime fechado (art. 88), e semiaberto (art. 92), bem como das cadeias públicas (art. 104) e do hospital de custódia e tratamento psiquiátrico (art. 99, parágrafo único).

Além disso, porém, as instalações sanitárias devem ser tais que o preso possa satisfazer a suas necessidades naturais quando quiser e, bem assim, asseadas e decentes, enquanto os banheiros e chuveiros devem ter temperatura adequada ao clima, em número suficiente para que cada preso possa fazer uso deles com a frequência exigida pela higiene pessoal, conforme a estação do ano e região geográfica, e pelo menos uma vez por semana no clima temperado (Regras de Mandela, Regra 15 e 16). Todos os locais frequentados regularmente pelos presos devem também ser mantidos em estado de conservação e limpeza (Regras de Mandela, Regra 17).

Diante da natural dificuldade de aquisição pelos presos e internados de objetos materiais, de consumo ou de uso pessoal, determina a lei, no final do art. 13, que deve ser mantido em cada estabelecimento um local destinado à venda desses produtos e objetos permitidos pelos regulamentos e não fornecidos pela Administração. Há necessidades naturais que podem ser atendidas, sem prejuízo da disciplina, e que podem conduzir o condenado e o internado a uma vivência e convivência útil ao processo de recuperação.

SEÇÃO III
Da Assistência à Saúde

Art. 14. A assistência à saúde do preso e do internado, de caráter preventivo e curativo, compreenderá atendimento médico, farmacêutico e odontológico.

§ 1º (Vetado.)

§ 2º Quando o estabelecimento penal não estiver aparelhado para prover a assistência médica necessária, esta será prestada em outro local, mediante autorização da direção do estabelecimento.

§ 3º Será assegurado acompanhamento médico à mulher, principalmente no pré-natal e no pós-parto, extensivo ao recém-nascido.*

§ 4º Será assegurado tratamento humanitário à mulher grávida durante os atos médico-hospitalares preparatórios para a realização do parto e durante o trabalho de parto, bem como à mulher no período de puerpério, cabendo ao poder público promover a assistência integral à sua saúde e à do recém-nascido. **

* O § 3º inserido pela Lei nº 11.942, de 28-5-2009.

** O § 4º inserido pela Lei nº 14.326, de 12-4-2022.

Vide: **CF** art. 5º, XLVIII, L; **LEP** arts. 11, II, 41, VII, 43, 83, § 2º, 82, § 1º, 83, § 2º, 89, 117, III e IV, 120, II; **CP** arts. 37, 41; **CPP** art. 292.

14.1 ASSISTÊNCIA À SAÚDE

O condenado, como qualquer pessoa, é suscetível de contrair doença. Pode ocorrer que, ao ser recolhido ao estabelecimento penal, já apresente perturbação da saúde ou doença física ou mental. É possível, também, que uma doença esteja latente e venha a manifestar-se após a prisão, seja por sua natural evolução, seja porque o ambiente do estabelecimento penal influiu, no todo ou em parte, para sua eclosão ou desencadeamento. Entre elas há que se mencionar um possível trauma psicológico provocado pelo primeiro contato com o ambiente prisional, capaz de desencadear doença latente ou provocar estados de perturbação que, evoluindo, venham a transformar o preso em doente mental. É conhecida, aliás, a ocorrência da psicose carcerária, constituída de sintomas, síndromes e estados patológicos provocados ou desencadeados pela própria natureza da situação carcerária da qual fazem parte: *"atmosfera" opressiva*, resultante da interação de sentimentos e estados psicológicos negativos, como, por exemplo, vingança, rancor, tristeza, desconfiança, aflição, medo etc.; *frustrações* de ordens diversas, como, por exemplo, alimentares, afetivas, sexuais, de trabalho etc., não compensadas; *más condições* de higiene, alimentação, vestuário etc., que são capazes de provocar ou desencadear não só doenças somáticas, mas também perturbações e/ou doenças psíquicas e/ou psicossomáticas.[118] Há doenças que podem ser provocadas ou desencadeadas pelas más condições de higiene, alimentação, vestuário etc., como, por exemplo, as decorrentes de alimentação inadequada qualitativa ou quantitativamente, da falta de atividade física, da subnutrição ou desnutrição etc. Por fim, existe a possibilidade de doenças cujas causas são independentes das condições carcerárias e as lesões provocadas por acidentes do trabalho prisional ou comuns e pelas agressões sofridas pelo condenado na prisão.

Não há dúvida de que é fundamental para a vida de uma instituição prisional a existência de serviço médico eficiente e adequadamente equipado para fazer frente às necessidades quotidianas da população. As Regras de Mandela preconizam que cada estabelecimento

---

118. Cf. MOGLIE, Giulio. *La psicopatologia forense*. Roma: Luigi Pozzi, 1935. p. 241-242, e *Manuale di psichiatria*. Roma: Luigi Pozzi, 1946. p. 685-686.

penitenciário deve dispor dos serviços de, pelo menos, um médico, com conhecimento de psiquiatria e que os serviços médicos devem ter sua organização estreitamente relacionada com a administração geral dos serviços de saúde da comunidade (Regra 25.1), devendo todo preso poder valer-se dos cuidados de um dentista devidamente habilitado (Regra 25.2, segunda parte). De acordo com essa orientação, determina o art. 14 da Lei de Execução Penal que se prestará a assistência à saúde do preso e do internado, de caráter preventivo e curativo, compreendendo atendimento médico, farmacêutico e odontológico. A Resolução nº 7, de 14-4-2003, do Conselho Nacional de Política Criminal e Penitenciária, recomenda, em seu art. 1º, a adoção de um elenco mínimo de ações de saúde que devem ser implantadas nos sistemas prisionais dos Estados, com destaque para a prevenção e o controle da tuberculose, doenças sexualmente transmissíveis e AIDS, hanseníase, hipertensão arterial e diabetes, além de câncer cérvico uterino e de mama. Recomenda, também, ações dirigidas à saúde mental, à saúde bucal, à realização de pré-natal e à imunização para hepatite B e tétano. Outras resoluções do CNPCP estabelecem recomendações relacionadas com a assistência à saúde do preso, como a Resolução nº 1º, de 28-2-2012, que propõe a criação de programa de atenção integral aos usuários e dependentes de álcool e outras drogas nas dependências dos estabelecimentos penais.

14.2 ASSISTÊNCIA MÉDICA

Constitui hoje necessidade indeclinável a Administração manter a saúde dos presos e internados e atendê-los em caso de enfermidade, procurando um adequado regime sanitário nos estabelecimentos penitenciários. A assistência médica compreende dois aspectos, o preventivo e o curativo. O primeiro relaciona-se com as medidas profiláticas, que se traduzem no exame médico a ser efetuado em todo aquele que ingressa no estabelecimento, na inspeção da higiene dos locais, na inspeção da dieta alimentícia e no controle dos presos submetidos a medidas disciplinares. O segundo aspecto refere-se à assistência médica diária para o diagnóstico e tratamento dos enfermos da prisão ou hospital psiquiátrico. Dispõem as Regras de Mandela que "um médico, ou qualquer outro profissional de saúde qualificado, seja este subordinado ou não ao médico, deve observar, conversar e examinar todos os reclusos, o mais depressa possível após a sua admissão no estabelecimento prisional e, em seguida, sempre que necessário, deve dar-se especial atenção a: identificar as necessidades de cuidados médicos e adotar as medidas de tratamento necessárias; identificar quaisquer maus-tratos a que o recluso recém-admitido tenha sido submetido antes de sua entrada no estabelecimento prisional; identificar qualquer sinal de estresse psicológico ou de qualquer outro tipo causado pela detenção, incluindo, mas não só, o risco de suicídio ou de lesões autoinfligidas e sintomas de abstinência resultantes do uso de drogas, medicamentos ou álcool; devem ser tomadas todas as medidas ou tratamentos individualizados apropriados; nos casos em que se suspeita que o recluso é portador de uma doença infectocontagiosa, deve providenciar-se o isolamento clínico e o tratamento adequado durante todo o período de infecção; determinar a aptidão do recluso para trabalhar, praticar exercícios e participar das demais atividades, conforme for o caso" (Regra 30). Preconizam ainda "que o médico ou, quando aplicável, outros profissionais de saúde qualificados devem visitar diariamente todos os reclusos que se encontrem doentes, que se queixem de problemas físicos ou mentais ou de ferimentos e todos aqueles para os quais a sua atenção é especialmente necessária. Todos os exames médicos devem ser conduzidos em total confidencialidade" (Regra 31).

Pela legislação brasileira, comprovando o médico a superveniência de doença mental, deve o fato ser comunicado à autoridade judiciária para que seja o condenado recolhido a hospital de custódia e tratamento psiquiátrico, ou, à falta, a outro estabelecimento adequado (art. 41 do CP) ou para que seja determinada a conversão da pena em medida de segurança (art. 183 da LEP).

Uma das incumbências do médico deve ser a inspeção regular do estabelecimento, a fim de aconselhar o diretor a respeito da: quantidade, qualidade, preparação e distribuição dos alimentos; higiene e asseio do estabelecimento e dos presos; as instalações sanitárias, aquecimento, iluminação e arejamento do estabelecimento; qualidade e limpeza das roupas de uso pessoal e de cama dos presos; observância das regras concernentes à educação física e esportiva, quando não seja organizada por pessoal especializado (Regras de Mandela, Regras 33 e 35). As Regras de Mandela preveem também uma série de cuidados com gestantes, recém-nascidos e crianças que permaneçam com as mães presas, prevendo a existência de instalações especiais nos presídios femininos para tratamento de presas grávidas, parturientes e convalescentes (Regra 28) e um infantário interno ou externo, dotado de pessoal qualificado, onde as crianças possam permanecer quando não estejam ao cuidado dos pais e serviços de saúde pediátricos, incluindo triagem médica no ingresso e monitoração constante de seu desenvolvimento por especialistas (Regra 29 *a* e *b*). A Constituição Federal prescreve que "às presidiárias serão asseguradas condições para que possam permanecer com seus filhos durante o período de amamentação" (art. 5º, L). Em conformidade com essas normas, a Lei de Execução Penal garante o acompanhamento médico à mulher, principalmente no pré-natal e no pós-parto, extensivo ao recém-nascido (art. 14, § 3º), e determina que a penitenciária de mulheres deverá ser dotada de seção para gestante e parturiente, de berçário, para as condenadas amamentarem e cuidarem de seus filhos até os seis meses, e de creche com a finalidade de assistir criança desamparada, maior de seis meses e menor de sete anos cuja responsável esteja presa (arts. 83, § 2º, e 89, *caput*, com a redação dada pela Lei nº 11.942, de 28-5-2009).

A Lei nº 14.326, de 12-4-2022, inseriu o § 4º, prevendo tratamento humanitário à mulher grávida, durante os atos médicos e hospitalares, antes e durante o parto, bem como no período de puerpério, e atribuindo ao Poder Público o dever de prover a assistência integral à saúde da parturiente e do recém-nascido.

14.3 ASSISTÊNCIA FARMACÊUTICA E ODONTOLÓGICA

Os presos e internados têm direito também à assistência farmacêutica indispensável ao tratamento médico, devendo estar organizado no estabelecimento penal o serviço de material, aparelhagem e de produtos farmacêuticos, de modo que possam ser prestados os convenientes cuidados aos presos doentes, como o aconselham as Regras Mínimas (Regra 27). Também se recomenda como indispensável uma qualificada assistência odontológica acessível a qualquer preso ou internado, devendo poder valer-se ele dos cuidados de um dentista devidamente qualificado (Regra 25.2, parte final).

O § 1º do art. 14, que previa a assistência médica do condenado e do internado a cargo da Previdência Social – Federal e Estadual, custeada sempre pela União ou pelo Estado-Membro, foi vetado pelo Presidente da República por inconstitucionalidade, porque não estava prevista a correspondente fonte de custeio para a efetivação de tais serviços, como determinava o art. 175, parágrafo único, da Constituição Federal então vigente.

Jurisprudência

- *Assistência odontológica como dever do Estado*

14.4 INSTALAÇÕES MÉDICO-SANITÁRIAS

Para a prestação da assistência à saúde, é evidentemente indispensável que os estabelecimentos penitenciários estejam providos de convenientes instalações médico-sanitárias a fim de que os médicos e demais profissionais executem seus serviços preventivos e curativos, vigiando ao cumprimento das normas sanitárias e de higiene nas prisões, bem como mantenham um corpo de pessoal adequado para o desenvolvimento dessas atividades.

Recomenda-se, por isso, a existência de uma enfermaria, com número suficiente de camas e provida de material clínico, instrumental adequado e produtos farmacêuticos básicos para curas de urgência e tratamento odontológico, uma dependência para observação psiquiátrica, a fim de isolar os presos que, ao ingressarem, apresentem sintomas de padecer de enfermidades mentais, uma dependência para assistência aos toxicômanos, também para isolamento, e uma unidade para os portadores de enfermidades infecto-contagiosas. Nos estabelecimentos femininos é imprescindível uma dependência dotada de material obstétrico. Na Resolução nº 7, de 14-4-2003, do Conselho Nacional de Política Criminal e Penitenciária, prevê-se que cada unidade prisional deve contar com um ambulatório com equipamentos que especifica e que para o atendimento ambulatorial são necessários, no mínimo, um médico clínico, um psiquiatra, um odontólogo, um assistente social, um psicólogo, dois auxiliares de enfermagem e um auxiliar de consultório dentário, além de um médico ginecologista se se tratar de presídio feminino.

Permite a lei que a assistência médica necessária, quando o estabelecimento penal não estiver aparelhado, devem ser transferidos para estabelecimentos especializados ou para hospitais civis, medida também recomendada pelas Regras de Mandela (Regra 27) e do Conselho de Europa (nº 21.2) e adotada por outras legislações (art. 36.2 da Lei Geral Penitenciária espanhola, arts. D.383 e D.384 do Código de Processo Penal francês, art. 19.3 da Lei penitenciária canadense, arts. 97 e 98 do Regulamento belga, art. 154 das Instruções Gerais desse país, art. 65 da lei de execução alemã e arts. 103 e 104 da lei penitenciária portuguesa). Nesse sentido pronunciou-se o STJ, permitindo a internação do condenado em hospital no caso de estabelecimento penal que não estava aparelhado para ministrar-lhe o tratamento adequado. A matéria é, entretanto, de âmbito administrativo, cabendo ao diretor do estabelecimento penal a permissão de saída para tal fim (item 120.2).

Entre os direitos legais está também a liberdade de contratar médico de confiança pessoal do internado ou do submetido a tratamento ambulatorial, por seus familiares ou dependentes, a fim de orientar e acompanhar o tratamento (art. 43 da LEP).

A assistência médica externa, só cabível quando o estabelecimento penal não estiver aparelhado para prestá-la, pode ser autorizada pela direção do estabelecimento, ainda quando não se trata de caso de urgência. Afastou-se a legislação, nesse passo, da regra de judicialidade da execução penal, certamente porque a necessidade da exceção do tratamento especial deve ser preconizada pelo médico, único capaz de reconhecer a impossibilidade da assistência no presídio e recomendá-lo a seu diretor. Além disso, haverá por vezes urgência no atendimento *extramuros* e a providência judicial, mais burocratizada, poderia ser tardia ou dificultar o atendimento necessário. Por isso, esclarece a lei que o atendimento médico externo é possibilitado por meio da permissão de saída, a ser concedida pelo diretor do estabelecimento onde se encontra o preso (art. 120 e parágrafo único, da LEP).

Jurisprudência

- *Exigência de tratamento médico em hospital penitenciário*
- *Possibilidade de tratamento médico-hospitalar*
- *Concessão de prisão domiciliar para tratamento médico*
- *Possibilidade de tratamento para dependência toxicológica em comunidade terapêutica*
- *Impossibilidade de tratamento ambulatorial para preso perigoso*

SEÇÃO IV
Da Assistência Jurídica

Art. 15. A assistência jurídica é destinada aos presos e aos internados sem recursos financeiros para constituir advogado.

Vide: **CF** arts. 5º, LXXIV, 134; **LEP** arts. 16, 41, VII, 61, XVIII, 81-A, 81-B, 82, § 5º; **CPP** art. 370, § 4º; **LC** nº 80, de 12-1-1994, arts. 4º, XVII, 44, I, 89, I, e 128, I; **EAOAB** art. 34, XII; **Lei nº 1.060**, de 5-2-1950, art. 5º, § 5º.

15.1 RELEVÂNCIA DA ASSISTÊNCIA JURÍDICA

A Constituição de 1988 incluiu entre os direitos fundamentais do cidadão o direito à assistência jurídica, integral e gratuita, a ser prestada gratuitamente pelo Estado a todos que comprovarem insuficiência de recursos (art. 5º, LXXIV). A adequada assistência jurídica é de evidente importância para a população carcerária. Nos casos em que há ação penal em andamento, o advogado poderá interferir diretamente no andamento do processo e contribuir para uma sentença absolutória e, em havendo sentença condenatória, poderá propor e encaminhar devidamente a apelação. Na hipótese de condenação transitada em julgado, o advogado representa uma proteção importante na fase de execução das penas privativas de liberdade.

A maioria da população carcerária, porém, não tem condições de constituir advogado, quer durante a ação penal de conhecimento, quer para defender suas pretensões nos incidentes da execução ou no acompanhamento da fase executória da sentença. Por essa razão, o art. 15 da Lei de Execução Penal dispõe sobre a assistência jurídica aos presos e aos internados que não tenham recursos financeiros para constituir advogado.

Segundo Manoel Pedro Pimentel, profundo conhecedor do assunto, já que, advogado militante e magistrado, exerceu também os cargos de Secretário da Justiça e da Segurança Pública em São Paulo, os três pilares básicos da disciplina em uma penitenciária, tão importantes quanto o trabalho e o lazer são as visitas, a alimentação e a assistência judiciária. Dizia o renomado jurista: "Destas três exigências comumente encarecidas pelos sentenciados, a mais importante, parece-nos, é a assistência judiciária. Nenhum preso se conforma com o fato de estar preso e, mesmo quando conformado esteja, anseia pela liberdade. Por isso, a falta de perspectiva de liberdade ou a sufocante sensação de indefinida duração da pena são motivos de inquietação, de intranqüilidade, que sempre se refletem, de algum modo, na disciplina. É importante que o preso sinta ao seu alcance a possibilidade de lançar mão das medidas judiciais capazes de corrigir eventual excesso de pena, ou que possa abreviar os dias de prisão. Para isso, deve o Estado – tendo em vista que a maior parte da população carcerária não dispõe de recursos para contratar advogados – propiciar a defesa dos presos."[119]

Em muitas hipóteses, o advogado que presta o serviço de assistência jurídica nos presídios pode contribuir para uma adequada execução da pena privativa de liberdade, de modo a reparar erros judiciários, evitar prisões desnecessárias, diminuir o número de internações e preservar a disciplina com o atendimento dos anseios da população carcerária. Pode suprir as falhas da defesa recebida no decorrer do processo, interpor pedido de *habeas corpus* para anulação do processo por vícios formais ou mesmo materiais e propor revisão criminal quando do surgimento de provas novas de inocência do condenado ou nas outras hipóteses da lei (art. 621 do CPP). Pode requerer a aplicação da lei nova mais benéfica ao condenado. Pode ainda requerer o livramento condicional ou a transferência para regime menos severo e ajudar na fundamentação de reivindicações, tais como pedidos de transferência, visitas, autorizações de saída, indulto, remição e outros benefícios regulamentares previstos na lei e nos regulamentos, bem como na defesa quando do procedimento para apuração da falta disciplinar etc.

Art. 16. As Unidades da Federação deverão ter serviços de assistência jurídica, integral e gratuita, pela Defensoria Pública, dentro e fora dos estabelecimentos penais.

§ 1º As Unidades da Federação deverão prestar auxílio estrutural, pessoal e material à Defensoria Pública, no exercício de suas funções, dentro e fora dos estabelecimentos penais.

§ 2º Em todos os estabelecimentos penais, haverá local apropriado destinado ao atendimento pelo Defensor Público.

§ 3º Fora dos estabelecimentos penais, serão implementados Núcleos Especializados da Defensoria Pública para a prestação de assistência jurídica integral e gratuita aos réus, sentenciados em liberdade, egressos e seus familiares, sem recursos financeiros para constituir advogado.*

*Artigo com a redação dada pela Lei nº 12.313, de 19-8-2010.

---

119. PIMENTEL, Manoel Pedro. Ob. cit. p. 188.

Vide: **CF** arts. 5º, LV, LXXIV, 133 a 135; **LEP** arts. 15, 61, VIII, 81-A, 81-B, 82, § 5º, 194 a 197; **CPP** arts. 32, §§ 1º e 2º, 261, parágrafo único, 263, parágrafo único, 264 a 267, 370, § 4º; **CP** art. 355; **CPC** art. 99, § 3º; **LC nº 80**, de 12-1-1994 arts. 1º, 4º, XVII, 18, 44, I, 89, I e 128, I; **Lei nº 1.060**, de 5-2-1950 art. 5º, § 5º; **EAOAB** arts. 22, § 1º, 34, XII.

16.1 ASSISTÊNCIA DE DEFENSOR

Diante do conflito de interesses que se estabelece entre o Estado e o condenado na execução da pena, o procedimento executório é eminentemente jurisdicional (item 2.2). Pela decisão da questão que envolve direitos subjetivos do condenado, é mantido, alterado ou extinto o título executivo constituído pela sentença penal condenatória. São as hipóteses, por exemplo, de conversões, unificação, extinção da punibilidade, concessão e revogação do livramento e suspensão condicional etc., em que nas decisões se estabelece coisa julgada formal e material. Mesmo nas sentenças instáveis, que decidem relações continuativas, o que ocorre com frequência na execução penal, não deixa de existir coisa julgada, embora se aplique, na hipótese, o princípio *rebus sic standibus*: o juiz, em uma nova decisão, não altera a anterior, mas adapta a execução ao estado de fato superveniente. Uma decisão denegatória do livramento condicional por ausência do pressuposto temporal, por exemplo, não impede novo pronunciamento, agora favorável, quando estiver satisfeito tal requisito.

Como a decisão jurisdicional produz a extinção do direito do condenado ou do Estado, estabelecendo a imutabilidade da decisão, impõe-se que o condenado tenha preservadas as garantias constitucionais de ampla defesa e do contraditório, e isso somente ocorrerá quando tiver a assistência do advogado. A intervenção do defensor técnico é que torna efetivas essas garantias, inscritas na lei processual quando determina que nenhum acusado deve ser processado ou julgado sem defensor (art. 261 do CPP). O processo executório nada mais é do que a última etapa do processo penal (item 2.3), permanecendo as garantias estabelecidas na Constituição e nas leis para o procedimento acusatório, inclusive a da assistência do defensor. Em todas as ocasiões que se apresente pronunciamento jurisdicional deve ser ouvido o defensor do condenado, constituído ou dativo, para que possa produzir prova, manifestar-se a respeito do mérito e recorrer da decisão jurisdicional. O desrespeito aos princípios da ampla defesa e do contraditório acarreta a nulidade da decisão jurisdicional na execução, nos mesmos termos do que ocorre com o processo penal de conhecimento (condenatório).

16.2 DEFENSORIA PÚBLICA E ADVOGADO DATIVO

Cabe à lei, ao cuidar da assistência jurídica, estabelecer um sistema em que se possibilite, com eficiência, a assistência jurídica ao condenado durante a execução. Não há dúvida de que em nosso país a assistência jurídica que se proporciona aos condenados e aos internados sempre deixou muito a desejar, apesar da abnegação de muitos advogados pertencentes aos serviços de assistência judiciária instalados em alguns presídios. O atendimento, na maioria dos Estados, frequentemente abrange apenas aspectos relativos à fase puramente judicial, não havendo maior preocupação com a situação do interno diante da direção do presídio, nem equipes que funcionem sistemática e continuadamente no estabelecimento.

Era indispensável, pois, que se tornasse obrigatória para os Estados a instalação em todos os presídios desses serviços de assistência jurídica.

A Constituição Federal de 1988 instituiu a Defensoria Pública da seguinte forma "a Defensoria Pública é instituição permanente, essencial à função jurisdicional do Estado, incumbindo-lhe, como expressão e instrumento do regime democrático, fundamentalmente, a orientação jurídica, a promoção dos direitos humanos e a defesa, em todos os graus, judicial e extrajudicial, dos direitos individuais e coletivos, de forma integral e gratuita, aos necessitados, na forma do inciso LXXIV do art. 5º desta Constituição Federal" (art. 134). A Constituição dotou a Defensoria Pública de autonomia funcional e administrativa (art. 134, § 2º) e conferiu aos seus integrantes a garantia da inamovibilidade, vedando-lhe o exercício da advocacia fora de suas atribuições institucionais (art. 134, § 1º). A Defensoria Pública, da União, do Distrito Federal e dos Estados, está organizada pela LC nº 80, de 12-1-1994, que prevê, expressamente, entre as funções institucionais a de "atuar nos estabelecimentos policiais, penitenciários e de internação de adolescentes, visando a assegurar às pessoas, sob quaisquer circunstâncias, o exercício pleno de seus direitos e garantias fundamentais" (art. 4º, XVII, inserido pela LC nº 132, de 7-10-2009). Na Lei de Execução Penal, a previsão da Defensoria Pública como órgão da execução penal (art. 61, VIII) e a disciplina de suas atribuições (arts. 81-A e 81-B) decorrem das alterações introduzidas pela Lei nº 12.313, de 19-8-2010. De acordo com a redação dada ao art. 16 da Lei de Execução Penal, é obrigatório para as unidades da Federação manter os serviços de assistência jurídica, integral e gratuito, dentro e fora dos estabelecimentos penais, a serem prestados pela Defensoria Pública, à qual deve o Estado prestar o auxílio estrutural, pessoal e material necessário ao exercício de suas funções. Em todos os estabelecimentos penais, que abrangem as penitenciárias, os estabelecimentos de regimes semiaberto e aberto (casa do albergado), os hospitais de custódia e tratamento psiquiátrico e as cadeias públicas (ou centros de detenção provisória), impõe-se a disponibilização de local adequado ao atendimento ao preso pelo defensor público (§ 2º). No interior desses estabelecimentos, são beneficiários dos serviços de assistência jurídica todas as pessoas custodiadas em decorrência da prática de infração penal, incluindo-se o preso provisório, o condenado e aquele ao qual foi imposta medida de segurança detentiva (v. item 81-A.1). Fora dos estabelecimentos penais, incumbe à Defensoria Pública a assistência aos réus e aos sentenciados que se encontrem em liberdade, abrangidos os que foram beneficiados pela substituição da pena privativa de liberdade por sanção restritiva de direitos, os que se encontram no gozo do *sursis* ou livramento condicional, os submetidos a tratamento ambulatorial etc., bem como aos egressos e seus familiares, desde que não possuam eles todos recursos financeiros para constituir advogado.

Nas unidades da Federação em que a Defensoria Pública não está, ainda, suficientemente estruturada, impõe-se a prestação da assistência jurídica na execução da pena por outros meios, que incluem a participação de outros órgãos ou entidades e a nomeação de defensores dativos. Tratando-se de pessoa pobre, na impossibilidade de atuação da Defensoria Pública ou outro órgão, impõe-se a nomeação de defensor dativo. A situação de pobreza é presumida por simples afirmação do réu ou condenado (art. 99, § 3º, do CPC). Impõe-se, também, a nomeação de defensor ao réu ou sentenciado que, embora não seja pobre, não constituiu advogado, sempre que exigida por lei a manifestação da defesa técnica. Não sendo pobre o réu ou sentenciado, deve ele pagar posteriormente os honorários do advogado dativo (art. 263, parágrafo único, do CPP). É dever do advogado nomeado pelo juiz aceitar a nomeação (art. 264 do CPP), constituindo infração disciplinar "recusar-se a prestar sem justo motivo, assistência jurídica, quando nomeado em virtude de impossibilidade da Defensoria Pública" (art. 34, XII, do EAOAB). A lei garante ao advogado nomeado o direito a honorários, a serem fixados pelo juiz e pagos pelo Estado, por serviços prestados na assistência aos necessitados (art. 22, § 1º, do EAOAB).

Para assegurar a maior eficiência da Defensoria ou de outros órgãos oficiais destinados a dar assistência aos réus e condenados, a lei assegura ao defensor público ou a quem exerça cargo equivalente não somente a intimação pessoal de todos os atos do processo, o que é deferido a todo defensor nomeado (art. 370, § 4º, do CPP), mas também a contagem em dobro de todos os prazos processuais (arts. 44, I, 89, I, e 128, I, da LC nº 80, de 12-1-1994, e art. 5º, § 5º, da Lei nº 1.060, de 5-2-1950).

SEÇÃO V
Da Assistência Educacional

Art. 17. A assistência educacional compreenderá a instrução escolar e a formação profissional do preso e do internado.

Vide: **CF** arts. 205, 208, I; **LEP** arts. 11, IV, 18 a 21, 41, VII, 83, § 4º, 126 a 129. Súmula: **STJ** 341.

17.1 ASSISTÊNCIA EDUCACIONAL

Dispõem as Regras de Mandela que se devem tomar as providências necessárias para melhorar a instrução de todos os presos que puderem dela aproveitar-se (Regra 104) e determina o art. 17 da Lei de Execução Penal que a assistência educacional compreenderá a instrução escolar e a formação profissional do preso e do internado.

A assistência educacional deve ser uma das prestações básicas mais importantes não só para o homem livre, mas também àquele que está preso, constituindo-se, neste caso, em um elemento do tratamento penitenciário como meio para a reinserção social. Dispõe, aliás, a Constituição Federal que a "educação, direito de todos e dever do Estado e da família, será promovida e incentivada com a colaboração da sociedade, visando ao pleno desenvolvimento da pessoa, seu preparo para o exercício da cidadania e sua qualificação para o trabalho" (art. 205), garantindo ainda o ensino fundamental, obrigatório e gratuito, "assegurada, inclusive, sua oferta gratuita para todos os que a ele não tiverem acesso na idade própria" (art. 208, I), conceituado este como "direito público subjetivo"(art. 208, § 1º). Isto quer dizer que não só a instrução, que é um dos elementos da educação, mas também esta é um direito de todos, sem qualquer limitação de idade. Assim, pois, qualquer pessoa, não importa a idade e tampouco sua condição ou *status* jurídico, tem o direito de receber educação desde que, evidentemente, seja dela carente qualitativa ou quantitativamente.[120] Uma vez que a cada direito corresponde um dever, é a própria Constituição que esclarece ser este do Estado, que deverá prover a educação aos presos e internados se não o tiver feito

---

120. Cf. MIOTTO, Armida Bergamini. Ob. cit. p. 403.

convenientemente no lar e na escola. A frequência a curso de ensino regular ou de educação profissional deve ser considerada para o fim de remição da pena, de acordo com o disposto no art. 126, com a redação dada pela Lei nº 12.433/2011, e com o que já preconizava a Súmula 341 do STJ (item 126.5).

> Art. 18. O ensino de primeiro grau será obrigatório, integrando-se no sistema escolar da unidade federativa.

Vide: **CF** arts. 205, 208, I; **LEP** arts. 11, IV, 17, 18-A, 20, 21, 41, VII, 83, § 4º.
Súmula: **STJ** 341.

18.1 ENSINO DE 1º GRAU

É ainda preceito das Regras de Mandela que a instrução aos analfabetos e aos reclusos jovens será obrigatória e a ela deve a Administração prisional prestar particular atenção (Regra 104.1), segunda parte), esclarecendo-se que a ação educativa deverá coordenar-se, enquanto possível, com o sistema de instrução pública, a fim de que os presos, ao serem postos em liberdade, possam continuar sem dificuldade sua preparação (Regra 104.2). O art. 18 da Lei de Execução Penal determina a obrigatoriedade do ensino de primeiro grau (fundamental), com integração no sistema escolar da unidade federativa.

Conforme a terminologia usada pela Lei nº 5.692, de 11-8-1971, as expressões *curso primário, curso secundário – primeiro ciclo* e *curso secundário – segundo ciclo* foram substituídas pelo *ensino de 1º grau* e *ensino de 2º grau*. Por fim, a Lei nº 9.394, de 20-12-1996 (Lei de Diretrizes e Bases), em seu art. 18, passou a denominá-los, respectivamente, de ensino *fundamental* e ensino *médio*. Não se trata somente de uma mudança de palavras, mas também de reformulação estrutural e dinâmica do ensino, visando a metas diversas daquelas antes em mira, o que exigiu sua própria linguagem, diversa da anterior.[121] A tarefa do Estado não se resume simplesmente a propiciar a instrução dos presos em sua alfabetização, mas proporcionar-lhes o ensino fundamental, evidentemente tendo-se em conta as limitações decorrentes da limitação da pena que lhes for imposta.

Assim, os sentenciados presos sem instrução de primeiro grau têm o direito, como qualquer pessoa, de recebê-la do Estado. É mister que, nos estabelecimentos penais, haja escola ou um dos substitutivos de escola (na configuração tradicional) que atualmente existem, ou, como será visto, pelas escolas públicas ou particulares que ofereçam cursos especializados, em sistema de convênio (art. 20 da LEP). Por força da Lei nº 12.245, de 24-5-2010, tornou-se obrigatória a existência em todos os estabelecimentos penais de salas de aulas destinadas a cursos básicos e profissionalizantes (art. 83, § 4º). A frequência à escola ou a participação nas atividades que a substituem é matéria a ser definida pela lei local e complementada, eventualmente, por regulamentos de cada estabelecimento penal.

O ensino fundamental, por disposição da lei, deve integrar-se no sistema escolar da unidade federativa. Deve atender a seus requisitos, modalidades e características e ser ministrado por pessoas que possuam a capacidade técnica exigida para esse mister, de acordo

---

121. Cf. MIOTTO, Armida Bergamini. Ob. cit. p. 402.

com as normas jurídicas correspondentes ao ensino prestado na rede escolar pública ou privada. Dessa forma, tem ele o mesmo valor do ensino ministrado nos estabelecimentos públicos ou particulares credenciados, de acordo com o que dispuser a legislação local, habilitando o condenado a concluir o estudo quando for posto em liberdade, ou, se concluído, a ingressar no curso de segundo grau ou ensino médio.

Permite ainda a Lei de Execução Penal que o condenado que cumpre a pena em regime semiaberto possa obter autorização de saída do estabelecimento, sem vigilância direta, na hipótese de frequência a curso supletivo ou profissionalizante, bem como de instrução de segundo grau ou superior, na comarca do Juízo da Execução (art. 122, II).

> Art. 18-A. O ensino médio, regular ou supletivo, com formação geral ou educação profissional de nível médio, será implantado nos presídios, em obediência ao preceito constitucional de sua universalização.
>
> § 1º O ensino ministrado aos presos e presas integrar-se-á ao sistema estadual e municipal de ensino e será mantido, administrativa e financeiramente, com o apoio da União, não só com os recursos destinados à educação, mas pelo sistema estadual de justiça ou administração penitenciária.
>
> § 2º Os sistemas de ensino oferecerão aos presos e às presas cursos supletivos de educação de jovens e adultos.
>
> § 3º A União, os Estados, os Municípios e o Distrito Federal incluirão em seus programas de educação à distância e de utilização de novas tecnologias de ensino, o atendimento aos presos e às presas.*
>
> * Artigo inserido pela Lei nº 13.163, de 9-9-2015.

Vide: **CF** arts. 205, 208, I; **LEP** arts. 11, IV, 17, 18, 20, 21, 41, VII, 83, § 4º.
Súmula: **STJ** 341.

18-A.1 ENSINO MÉDIO

Se o ensino fundamental já era assegurado aos presos no art. 18, o art. 18-A, inserido pela Lei nº 13.163, de 9-9-2015, tornou obrigatória a implantação nos estabelecimentos penais também do ensino médio. A norma, além de dar maior efetividade ao art. 208, II, da Constituição Federal, que garante a progressiva universalização do ensino médio gratuito, visa ampliar a assistência educacional do preso com a finalidade de melhor prepará-lo, mediante a sua instrução e qualificação profissional, para sua futura reinserção social. O ensino médio a ser ministrado nos presídios, a exemplo do ensino fundamental, deverá se integrar ao sistema estadual ou municipal de ensino, abranger o ensino regular e o supletivo e propiciar formação geral ou educação profissional ao preso. Prevê o artigo, também, o dever do Estado de assegurar aos presos o acesso a cursos supletivos de educação de jovens e adultos e à educação à distância, inclusive mediante a adoção de novas tecnologias de ensino.

Art. 19. O ensino profissional será ministrado em nível de iniciação ou de aperfeiçoamento técnico.

Parágrafo único. A mulher condenada terá ensino profissional adequado à sua condição.

Vide: **CF** art. 214, IV; **LEP** arts. 11, IV, 17, 20, 41, VII, 83, § 4º. Súmula: **STJ** 341.

19.1 ENSINO PROFISSIONAL

Determina-se na lei, também, que o ensino profissional, este facultativo, seja ministrado em nível de iniciação ou de aperfeiçoamento técnico. A assistência educacional tem hoje extensão em profundidade maior que há alguns anos, já que não só se ocupa dos aspectos educativos tradicionais, mas também se estende a atividades de formação profissional e de índole cultural. A habilitação profissional é uma das exigências das funções utilitárias da pena, pois facilita a reinserção do condenado no convívio familiar, comunitário e social, a fim de que não volte a delinquir. Assim, se houver continuadamente grande número de sentenciados em condições de receber o ensino técnico de habilitação profissional, o estabelecimento penal deverá manter o funcionamento da escola destinada a essa formação. Tornou-se, aliás, obrigatória a existência de salas de aula para o ensino profissionalizante em todos os estabelecimentos penais (art. 83, § 4º). Permite-se, também, a frequência a cursos profissionalizantes para os condenados que cumprem pena em regime aberto e semiaberto (art. 122, II, da LEP).

O ensino profissional poderá ser em nível de iniciação ou de aperfeiçoamento técnico para aqueles que já tiveram a formação básica profissional antes da prisão. Nessa hipótese, ao iniciar-se o cumprimento da pena privativa de liberdade, deve ser feita uma previsão quanto à sondagem de aptidões do condenado, iniciando-se o ensino para a instrução profissional, tendo-se em vista o tempo em que o condenado deverá permanecer preso. O Congresso da ONU de 1960, em Londres, aconselhou "métodos de formação profissional acelerada, especialmente para presidiários que estejam cumprindo penas de curta duração".

Quanto às mulheres, há determinação legal de que o ensino profissional deve ser adequado a sua condição (art. 19, parágrafo único).

Art. 20. As atividades educacionais podem ser objeto de convênio com entidades públicas ou particulares, que instalem escolas ou ofereçam cursos especializados.

Vide: **LEP** arts. 11, IV, 17 a 19, 21, 83, § 4º.

20.1 CONVÊNIOS

Além de estarem as atividades educacionais integradas no sistema escolar do Estado, a lei, prevendo a dificuldade de instalação de escolas ou unidades de ensino para cursos especializados em todos os estabelecimentos penais, prevê a possibilidade da realização de convênios com entidades públicas ou particulares que possam oferecê-los. Trata-se de mais um dos aspectos em que a comunidade pode contribuir para a tarefa de reinserção social do condenado. As fórmulas de convênios e a assistência que deve ser prestada por essas instituições públicas ou particulares deverão ficar estabelecidas em lei estadual.

> **Art. 21.** Em atendimento às condições locais, dotar-se-á cada estabelecimento de uma biblioteca, para uso de todas as categorias de reclusos, provida de livros instrutivos, recreativos e didáticos.

Vide: **LEP** arts. 11, IV, 17 a 20, 83, § 4º.

21.1 BIBLIOTECAS

Além das salas de aulas destinadas ao ensino básico e profissionalizante (art. 83, § 4º), é também obrigatória a existência em cada estabelecimento penitenciário de uma biblioteca, para uso de todos os presos e internados, devendo ser ela provida de livros instrutivos, recreativos e didáticos. O art. 21, que estabelece essa obrigatoriedade, foi inserido no projeto que deu origem à Lei de Execução Penal pela Comissão de Justiça da Câmara dos Deputados, que se inspirou no Primeiro Congresso das Nações Unidas sobre prevenção do delito e tratamento do delinquente. A exigência da biblioteca, que é um meio de educação, também pode auxiliar na disciplina do estabelecimento. Além de utilização para o acompanhamento dos estudos e aprimoramento intelectual, permite-se a saudável recreação para os que têm o gosto e o interesse pela leitura. Pode ainda ser estabelecido o sistema de biblioteca circulante, viabilizando-se assim a leitura nas próprias celas. É o sistema, por exemplo, adotado na Lei Geral Penitenciária da Espanha (art. 75) e no sistema de execução penal português. A destinação de espaço físico nos estabelecimentos penitenciários para bibliotecas é prevista nas Regras de Mandela: "cada estabelecimento prisional deve ter uma biblioteca para o uso de todas as categorias de reclusos, devidamente provida com livros recreativos e de instrução e os reclusos devem ser incentivados a utilizá-la plenamente" (Regra 64).

> **Art. 21-A.** O censo penitenciário deverá apurar:
>
> I – o nível de escolaridade dos presos e das presas;
>
> II – a existência de cursos nos níveis fundamental e médio e o número de presos e presas atendidos;
>
> III – a implementação de cursos profissionais em nível de iniciação ou aperfeiçoamento técnico e o número de presos e presas atendidos;
>
> IV – a existência de bibliotecas e as condições de seu acervo;
>
> V – outros dados relevantes para o aprimoramento educacional de presos e presas.*
>
> * Artigo inserido pela Lei nº 13.163, de 9-9-2015.

Vide: **LEP** arts. 11, IV, 17 a 21, 41, VII, 83, § 4º.

21-A.1 CENSO PENITENCIÁRIO

As normas contidas na Lei de Execução Penal que dispõem sobre o dever do Estado de propiciar ao preso o acesso ao ensino obrigatório, fundamental e médio (arts. 18 e 18-A), e de dotar os estabelecimentos penais da infraestrutura dirigida para essa finalidade, como salas de aula (art. 83, § 4º), bibliotecas (art. 21) e equipamentos necessários, permanecerão com menor grau de efetividade na ausência de atividades de planejamento e fiscalização que norteiem a sua implantação e manutenção. Na falta de informações mínimas que permitissem o desenvolvimento dessas atividades, o legislador inseriu o art. 21-A com a intenção de suprir a omissão, determinando a incorporação no censo penitenciário de dados relevantes, dentre os quais, exemplificativamente, os expressamente referidos em seus incisos, para o conhecimento da situação educacional nos estabelecimentos penais e a adoção de medidas destinadas ao aprimoramento do ensino ministrado aos presos.

SEÇÃO VI
Da Assistência Social

Art. 22. A assistência social tem por finalidade amparar o preso e o internado e prepará-los para o retorno à liberdade.

Vide: **LEP** arts. 1º, 11, V, 23, 41, VII, 80, 81.

22.1 ASSISTÊNCIA SOCIAL

O Serviço Social, como arte, consiste na aplicação dos conhecimentos, teorias e doutrinas que, subordinados a princípios, constituem a Ciência do Serviço Social, para alcançar, como resultado, a solução dos problemas humanos que acarretam infelicidade e, assim, obter bem-estar.[122] Esse serviço não é, apesar da denominação, mera *assistência,* que consiste em diminuir ou, quando muito, eliminar os efeitos dos problemas ou das situações do assistido, mas constitui-se de tarefas e atribuições que convergem para ajudar aquele que está em dificuldades a fim de que as resolvam, proporcionando-lhes meios para a eliminação das causas desse desajuste. Simone Paré define o Serviço Social como "a arte de adaptar o homem à sociedade e a sociedade ao homem".[123]

As frustrações relativas às necessidades de afeição, segurança, realização e aceitação em um grupo fundamentam a intervenção do Serviço Social. Os presos e internados sofrem dessas mesmas frustrações, como pessoas que são, e têm as mesmas necessidades humanas básicas do homem livre, já que deste se distinguem apenas por sua situação vital e jurídica, e dele mais necessitam diante das maiores dificuldades ditadas pelas limitações decorrentes da privação de liberdade. Por isso, recomendam as Regras de Mandela, entre outras, a assistência social direcionada, ao aconselhamento profissional, ao desenvolvimento físico e

---

122. Cf. MIOTTO, Armida Bergamini. Ob. cit. p. 417.
123. Cf. PARÉ, Simone. *Grupos e serviço social.* Porto Alegre: PUC, 1961. p. 13.

à educação moral, de conformidade com as necessidades de cada preso, tendo-se em conta seu passado social e criminal, sua capacidade e aptidão física e mental, personalidade, a duração de sua condenação e as perspectivas de reabilitação (Regra 92).

Detém a Igreja Cristã a primazia da ação para melhorar a sorte dos presos, pelo Concílio de Niceia, em 420, criando os "Procuratores Pauperum", que, além das funções enunciadas na denominação (procuradores dos pobres), tinham o encargo de visitar e auxiliar os presos.[124] Criaram-se, posteriormente, patronatos para auxílio a mulheres e filhos dos condenados e a instituição foi difundindo-se. Só em 1541, porém, foi criada, em Florença, a associação dos "Buoni Uomini", primeira manifestação reconhecida e regulamentada da iniciativa particular para o aperfeiçoamento do regime penitenciário e proteção dos detidos. Em 1570, na França, seriam criadas a Confraria de Misericórdia de Toulouse e outras organizações com as mesmas finalidades. Mas a organização científica do patronato surgiu apenas em 1776, com a criação pelo filantropo Ricardo Wister, da *Philadelfia Society for Assisting Distressed Prisioners*.[125] Mas o Serviço Social Penitenciário é um ramo especializado, cujos pacientes têm uma situação específica, um *status* de condenado do qual decorrem direitos e deveres específicos, exigindo-se assim dos assistentes penitenciários sólidas noções a respeito da pena (sua ontologia, funções e finalidade), da sentença condenatória (sua significação, valores e suas consequências diretas e indiretas), dos direitos e deveres dos condenados etc.[126] Assim, pois, o Serviço Social Penitenciário, em razão de seu objetivo, só pode ser oficial, sem que queira dizer que não se possa contar com a colaboração de organizações ou entidades particulares na tarefa de reinserção social do condenado. Por essa razão, o art. 10 da Lei de Execução Penal afirma que a assistência ao preso e ao internado é dever do Estado e o art. 22 declara os fins dessa assistência, ou seja, os de amparar o preso e o internado e prepará-los para o retorno à liberdade. Corresponde à administração penitenciária, assim, a prestação da assistência social individual, mas, sem descuidar do auxílio comunitário, prevê a lei a obrigatoriedade da criação do Conselho da Comunidade, a quem incumbe visitar, pelo menos mensalmente, os estabelecimentos penais existentes na comarca, entrevistar presos, apresentar relatórios mensais ao juiz da execução e ao Conselho Penitenciário e diligenciar para a obtenção de recursos materiais e humanos para melhor assistência ao preso ou internado, em harmonia com a direção do estabelecimento (arts. 80 e 81 da LEP). Deu-se assim guarida à recomendação das Regras de Mandela para que se centralize a atividade dos organismos, oficiais ou não, que auxiliam na tarefa de reintegração social, a fim de assegurar a melhor utilização de suas atividades (Regras 108.1 e 108.3).

Pelo que foi exposto, verifica-se a grande importância da figura do assistente social no processo de reinserção social do condenado, já que a ele cabe procurar estabelecer a comunicação entre o preso e a sociedade da qual se encontra temporariamente afastado. Os meios para que essa comunicação seja estabelecida estão previstos no art. 23 da Lei de Execução Penal.

---

124. Cf. SALGADO, J. A. Cesar. A assistência aos condenados e egressos da prisão. *Estudos Penitenciários*. São Paulo, Imprensa Oficial do Estado de São Paulo, 1943. p. 117.

125. Cf. SALGADO, J. A. Cesar. Art. cit. p. 118.

126. Cf. MIOTTO, Armida Bergamini. Ob. cit. p. 433.

Art. 23. Incumbe ao serviço de assistência social:

I – conhecer os resultados dos diagnósticos e exames;

II – relatar, por escrito, ao diretor do estabelecimento, os problemas e as dificuldades enfrentados pelo assistido;

III – acompanhar o resultado das permissões de saídas e das saídas temporárias;

IV – promover, no estabelecimento, pelos meios disponíveis, a recreação;

V – promover a orientação do assistido, na fase final do cumprimento da pena, e do liberando, de modo a facilitar o seu retorno à liberdade;

VI – providenciar a obtenção de documentos, dos benefícios da previdência social e do seguro por acidente no trabalho;

VII – orientar e amparar, quando necessário, a família do preso, do internado e da vítima.

Vide: **LEP** arts. 7º, 10, parágrafo único, 11, V, 22, 120, 122.

23.1 TAREFAS DO SERVIÇO DE ASSISTÊNCIA SOCIAL

Dentro da concepção penitenciária moderna, corresponde ao Serviço Social uma das tarefas mais importantes dentro do processo de reinserção social do condenado ou internado, pois ao assistente social compete acompanhar o delinquente durante todo o período de recolhimento, investigar sua vida com vistas na redação dos relatórios sobre os problemas do preso, promover a orientação do assistido na fase final do cumprimento da pena etc., tudo para colaborar e consolidar os vínculos familiares e auxiliar na resolução dos problemas que dificultam a reafirmação do liberado ou egresso em sua própria identidade. Seu método básico consiste no estudo do indivíduo, do grupo ou da comunidade em seus elementos essenciais, bem como na interpretação e diagnóstico das necessidades e potencialidades do assistido, para ajudá-lo a desenvolver o próprio senso de responsabilidade e a ter condições pessoais para o ajustamento ou reajustamento social.

Prevê a lei quais as atribuições do serviço de assistência social. Em primeiro lugar, incumbe-lhe "conhecer os resultados dos diagnósticos ou exames" (art. 23, I, da LEP). Devem os serviços encarregados da assistência tomar conhecimento de todas as particularidades da personalidade e do ambiente do condenado e internado que possam ser um obstáculo para as finalidades da reinserção social. Por meio dos laudos dos exames de personalidade, criminológicos e outros, o serviço social tomará conhecimento da personalidade do sentenciado, do ambiente (familiar, social, de trabalho etc.), de onde proveio, de seus possíveis problemas pessoais, familiares, sociais etc. Fundados no estudo científico da constituição, temperamento, caráter e aptidões do assistido, bem como de seus problemas particulares, poderão os assistentes sociais emitir um prognóstico inicial para o desenvolvimento do trabalho assistencial pedagógico e social em relação à personalidade do condenado ou internado.

A segunda função do serviço de assistência social é "relatar, por escrito, ao diretor do estabelecimento, os problemas e as dificuldades enfrentadas pelo assistido" (art. 23, II). Esses relatórios, encaminhados ao diretor, devidamente juntados ao prontuário ou dossiê do preso ou internado e organizados de modo que possam ser consultados pelo pessoal responsável do estabelecimento penal sempre que se fizer necessário, certamente trarão subsídios para a individualização executória da pena pelo conhecimento das dificuldades enfrentadas pelo assistido no transcorrer da execução a fim de que possam ser elas removidas ou amenizadas para completar o processo de reincorporação social a que se propõe o sistema penitenciário.

As fases mais críticas do processo de execução da pena privativa de liberdade são aquelas em que se permite ao preso as autorizações de saída, quer nas permissões concedidas aos condenados em regime fechado, quando deve estar acompanhado de escolta (art. 120 da LEP), quer nas saídas temporárias aos condenados que cumprem pena em regime semiaberto, em que não há vigilância direta (art. 122 da LEP), diante da possibilidade maior com que se depara para uma fuga. Por essa razão, entre as incumbências do serviço de assistência social está a de "acompanhar o resultado das permissões de saídas e das saídas temporárias" (art. 23, III). Os acontecimentos relacionados com o condenado, nessas oportunidades, revelarão, em muitos casos, como está ele respondendo ao trabalho de assistência efetuado no estabelecimento penal com vistas na reinserção social.

Cabe ainda ao serviço de assistência social "promover, no estabelecimento, pelos meios disponíveis, a recreação" (art. 23, IV). O homem necessita de recreação em suas diversas formas, não só por motivos de ordem higiênica, para sua saúde física e psíquica, mas também por motivos de ordem moral, pois o equilíbrio da pessoa humana abrange também o comportamento ético. Assinala Armida Bergamini Miotto: "Os lazeres de atividade contribuem para exercitar a sua capacidade de iniciativa e de realização; a sua imaginação; a sua dedicação e senso de responsabilidade, vencendo obstáculos e dificuldades, até concluir o que se propôs fazer, realizar ou alcançar. Essas atividades de lazer ele as realiza porque quer, porque gosta, movido por suas reservas íntimas (ainda que habilmente estimulado por outrem). Além disso, esses lazeres constituem bom instrumento ou ocasião de 'desabafo' ('*ab-reação*') da tensão íntima produzida pela 'atmosfera' psicológica opressiva, 'carregada', própria da prisão."[127] Mas os citados lazeres – como bem diz a autora citada – devem "ser orientados, dirigidos, supervisionados por funcionários portadores de preparação adequada, de sorte a evitar que sejam contraproducentes, que equivalham a trabalho disfarçado ou, no extremo oposto, a ociosidade; contudo, é preciso cautela para não destruir, na medida do possível, não tolher a iniciativa, a imaginação ou fantasia, o sadio capricho de cada um, porque senão ficariam lesadas as importantes funções dos lazeres".[128]

Deve ainda o serviço de assistência social "promover a orientação do assistido, na fase final do cumprimento da pena, e do liberando, de modo a facilitar o seu retorno à liberdade" (art. 23, V). Na aproximação do dia de volta à liberdade, o preso tem frequentemente atitudes psicológicas ambivalentes, pois, embora espere ansiosamente esse dia, a liberdade ambicionada o colocará, muitas vezes, em situações particularmente ásperas. Não tendo

---

127. Cf. MIOTTO, Armida Bergamini. Ob. cit. p. 505.

128. Cf. MIOTTO, Armida Bergamini. Ob. cit. p. 506.

endereço certo para onde ir, ou trabalho que o possa manter e à sua família, além do processo de desajustamento ocasionado pela ausência prolongada do ambiente em que vivia, a alegria, a satisfação e o entusiasmo pela liberdade são perturbados por sentimentos negativos que certamente intensificarão as dificuldades de ambientação e que poderão levar a uma probabilidade de o liberado ou egresso vir a cometer novos delitos. Assim, para que se consolide o processo de reinserção social, deve o serviço social procurar dar-lhe condições ambientais adequadas, ou seja, amparo, até que se proceda regularmente ao ajuste ou reajuste social. Nessa tarefa, especial atenção deve ser dada, como preconizam as Regras de Mandela, ao serviço de manter e melhorar as relações entre o condenado e sua família, que se mostrem de maior vantagem para ambos, incentivando o primeiro para que mantenha ou estabeleça relações com pessoas ou órgãos externos que possam favorecer os interesses de sua família, assim como sua própria reabilitação social (Regras 106 e 107).

Prevê-se ainda, como incumbência do serviço de assistência social, "providenciar a obtenção de documentos, dos benefícios da previdência social e do seguro por acidente no trabalho" (art. 23, VI), também preconizado, em parte, pelas Regras de Mandela (Regra 108). Muitas vezes, o processo de reintegração social é obstaculizado ou dificultado pela simples razão de não portar o egresso ou liberado documentos de identidade, carteira de trabalho, certificado de reservista ou título eleitoral, muitas vezes indispensáveis para sua colocação em um emprego regular. Além disso, mesmo durante o cumprimento da pena, será possível ao serviço de assistência social promover ou dar andamento a pedidos de benefícios da previdência social e do seguro por acidente do trabalho de que, eventualmente, o condenado ou internado ou sua família possa dispor.

Por fim, deve o serviço de assistência social "orientar e amparar, quando necessário, a família do preso, do internado e da vítima" (art. 23, VII). As consequências indiretas da aplicação e execução da pena não podem ser evitadas, mas serão reduzidas se se puder manter a integridade da família, preservando cada um de seus membros, com cuidados e preocupações que evitem o deterioramento dos laços familiares, o que, com frequência, ocorre com o afastamento daquele de que depende seu sustento. Ao serviço caberá auxiliar a família do preso ou do internado a conseguir trabalho ou melhores condições de trabalho para a esposa ou para os filhos, entendendo-se como família, para efeitos penitenciários, a legítima ou não. Mesmo as famílias dos condenados presos ou internados não carentes de recursos econômicos, porém, podem precisar de assistência. Quaisquer delas, mesmo abastadas, podem precisar de algumas das modalidades de assistência, desde que tenham algum problema ou situação aflitiva de qualquer natureza, em relação à condenação e ao recolhimento a estabelecimento penal de um membro seu.[129]

Também a família da vítima deve ser amparada. Afirma-se na exposição de motivos: "Nesta quadra da vida nacional, marcada pela extensão de benefícios previdenciários a faixas crescentes da população, devem ser incluídas entre os assistidos, por via de legislação específica, as famílias das vítimas, quando carentes de recursos. A perda ou lesão por elas sofrida não deixa de ter como causa a falência, ainda que ocasional, dos organismos de prevenção da segurança pública, mantidos pelo Estado. Se os Poderes Públicos se preocupam com os delinquentes, com mais razão devem preocupar-se com a vítima e sua família"

---

129. Cf. MIOTTO, Armida Bergamini. Ob. cit. p. 569.

(item 44). Deve-se observar, todavia, que houve por certo um lapso no dispositivo por último referido, pois que a lei se refere apenas à *família* da vítima e não à *vítima*, o que pode levar à conclusão de que a assistência só é devida no caso de homicídio ou de outro crime de que tenha resultado a morte do ofendido. A ausência de menção expressa da vítima, contudo, não pode significar tal interpretação, mesmo porque, nos demais crimes, a própria *vítima* aproveitará, pelo menos em parte, da assistência prestada a sua *família*.[130] Observe-se ainda que nem sempre a situação problemática em que a vítima e seus familiares ficam, em virtude do delito, é de caráter econômico ou financeiro, devendo ser atendidas também situações de caráter moral, social, religioso, jurídico ou outra qualquer, sempre que se fizer necessária a assistência.

SEÇÃO VII
Da Assistência Religiosa

Art. 24. A assistência religiosa, com liberdade de culto, será prestada aos presos e aos internados, permitindo-se-lhes a participação nos serviços organizados no estabelecimento penal, bem como a posse de livros de instrução religiosa.

§ 1º No estabelecimento haverá local apropriado para os cultos religiosos.

§ 2º Nenhum preso ou internado poderá ser obrigado a participar de atividade religiosa.

Vide: **CF** arts. 5º, VI, VII, VIII, 19, I; **LEP** arts. 3º, parágrafo único, 11, VI, 41, VII; **Lei nº 9.982**, de 14-7-2000.

24.1 PENA E RELIGIÃO

Como o homem é um ser ético, tem necessidades espirituais das quais pode ou não ter consciência. Se tiver essa consciência, deverá satisfazê-la e o Estado deverá atendê-lo; se não a tiver, podem ser-lhe oferecidos os socorros espirituais ou da religião, permitindo-se que os aceite ou recuse. A tentativa de reformar o preso por meio da religião é muito antiga, e já na época do Império Romano o Estado chamou os sacerdotes aos cárceres para dar-lhes consolo e assistência moral necessária. A ideia de que clérigos ou monges fossem recolhidos a suas celas nos mosteiros da Idade Média para se dedicarem à meditação e arrependerem-se da falta cometida, reconciliando-se assim com Deus, praticamente foi a determinante da construção da primeira prisão destinada ao recolhimento de criminosos, a *House of Correction*, construída em Londres entre 1550 e 1552, e John Howard, autor de *The state of prison in England and Walles*, de 1576, converteu a assistência religiosa em um dos pontos fundamentais de seu sistema carcerário, propondo que em todas as prisões

---

130. Situação idêntica era indicada na Lei nº 3.274, de 2-10-1957, por Armida Bergamini Miotto. Ob. cit. p. 577.

houvesse um capelão e que se realizassem no presídio práticas religiosas e a leitura de livros religiosos antes das refeições.

24.2 ASSISTÊNCIA RELIGIOSA

Na atualidade, a assistência religiosa no mundo prisional não ocupa lugar preferencial nem é o ponto central dos sistemas penitenciários, tendo-se adaptado às circunstâncias de nossos tempos. Não se pode desconhecer, entretanto, a importância da religião como um dos fatores da educação integral das pessoas que se encontram internadas em um estabelecimento penitenciário, razão pela qual a assistência religiosa é prevista nas legislações mais modernas.[131] Em pesquisa efetuada nos diversos institutos penais subordinados à Secretaria de Justiça do Estado de São Paulo por um grupo de trabalho instituído pelo então Secretário Manoel Pedro Pimentel, concluiu-se que a religião tem, comprovadamente, influência altamente benéfica no comportamento do homem encarcerado e é a única variável que contém em si mesma, em potencial, a faculdade de transformar o homem encarcerado ou livre. Foram as seguintes as conclusões desse trabalho de pesquisa: I – há necessidade de conscientização dos homens que lutam pela reabilitação do presidiário da marcante e benéfica influência da religião no comportamento humano e de que ela constitui a única forma de tratamento que subsiste por si mesma, independendo de qualquer outro para atuar como fator de valorização do homem; II – essa influência reflete-se em todas as áreas de tratamento penal e pode levar à recuperação dos delinquentes; III – é de fundamental importância dar ao presidiário condições de expressar sua religiosidade ou de conscientizar-se de que ela existe por meio da liberdade de culto, propiciando-lhe o exercício do direito de opção por uma religião com a qual se identifique; IV – impõe-se, portanto, que se proceda com urgência à sistematização, melhoria e expansão dessas atividades nos estabelecimentos penais, para que toda a população carcerária seja beneficiada, possibilitando o ensino religioso, leitura, diálogo, conforto espiritual, contribuindo, assim, para sua evolução moral e cultural.[132]

Nas Regras de Mandela, diz-se que, dentro do possível, deve ser autorizado a todo preso cumprir os preceitos de sua religião, permitindo-se que participe dos serviços organizados no estabelecimento e que tenha seus livros religiosos ou de instrução religiosa de seu credo (Regra 66). Nossa Constituição Federal prevê a plena liberdade de consciência e de crença, assegurando o livre exercício dos cultos religiosos e garantindo, na forma da lei, a proteção aos locais de culto a suas liturgias (art. 5º, VI). Assegura, ainda, a prestação de assistência religiosa nas entidades civis e militares de *internação coletiva* (art. 5º, VII). A Lei de Execução Penal, no art. 24, tornou um dever do Estado a assistência religiosa, com liberdade de culto, aos presos e aos internados. Regras semelhantes encontram-se no art. 10.2 do regulamento canadense, nos arts. 16 e 40 do regulamento belga, no art. 15 da lei penitenciária sueca, no art. 26 da lei italiana, nos arts. 553 ss e 157 da lei de execução alemã, nos arts. 89 e seguintes e 197 da lei portuguesa e no art. 54 da lei penitenciária espanhola.

---

131. Sobre o assunto: ALBERGARIA, Jason. A pastoral penitenciária e a Lei de Execução Penal. *JUS, Revista Jurídica do Ministério Público*, Minas Gerais, XXI, v. 10, p. 82-102, 1990.

132. Cf. OLIVEIRA, Marina Marigo Cardoso de. A religião nos presídios. *RT* 501/379-397 e *Justitia* 97/31-58.

24.3 MEIOS E LOCAIS

A assistência religiosa dos presos e internados, conforme a regulamentação local, pode estar a cargo de um corpo de capelães, de sacerdotes ou párocos das diversas religiões, e os internos devem ser atendidos pelos ministros da religião que professem. O serviço de assistência deve compreender todas as atividades que sejam necessárias para o adequado desenvolvimento religioso da pessoa, permitindo-se, portanto, a celebração de missas, a realização de cultos, a promoção de atividades piedosas, como a leitura da Bíblia ou de outros livros sagrados, os cânticos, as orações etc. Não basta, porém, que se permitam essas atividades religiosas, sendo preciso que o capelão esteja sempre presente para escutar os presos que o procuram e dizer-lhes a palavra de que necessitam, para guiá-los, aconselhá-los ou censurá-los.[133]

Para que as atividades dos serviços de assistência religiosa alcancem suas finalidades na execução da pena, é necessário que se integrem na organização de todos os serviços penitenciários, razão pela qual devem ser eles organizados pelo próprio estabelecimento penal, como prevê a lei, impedindo-se assim que possam perturbar o trabalho penitenciário com relação a horários, disciplina etc. Além das celebrações religiosas regulares, deve a direção programar palestras, instalar biblioteca especializada para cada setor religioso, sem que se exclua a permissão legal da posse, pelos presos e internados, de livros de instrução religiosa.

Para a celebração de missas, realização dos cultos e de outras atividades religiosas, é indispensável que em todas as prisões haja um local adequado e reservado, tal como o determina o art. 24, § 1º, da Lei de Execução Penal. Diretrizes para a assistência religiosa nos estabelecimentos prisionais foram estabelecidas pelo Conselho Nacional de Política Criminal e Penitenciária (Resolução nº 8, de 9-11-2011).

24.4 LIBERDADE RELIGIOSA

Modernamente, o princípio da liberdade religiosa impera em todos os direitos dos países civilizados e alguns autores chegam a afirmar que a assistência religiosa é mais um direito do preso e internado do que um dos meios do "tratamento" penitenciário. Segundo as Regras de Mandela, nunca se negará a um preso o direito de comunicar-se com o representante autorizado de uma religião e, ao inverso, quando um recluso se oponha a ser visitado pelo representante de uma religião, dever-se-á respeitar totalmente sua atitude (Regra 65.3). A Constituição Federal garante a plena liberdade de consciência (art. 5º, VI), não sendo possível privar-se qualquer pessoa de seus direitos por motivos de crença religiosa (art. 5º, VIII). Assim, nenhum preso ou internado poderá ser obrigado a participar de atividade religiosa (art. 24, § 2º, da LEP). Não pode ser-lhe imposta qualquer atividade ou assistência a cultos religiosos, porque isso seria invadir a liberdade de consciência. Acima do direito do Estado de promover a reinserção social do condenado está o direito de liberdade de consciência garantido constitucionalmente.

---

133. Cf. MIOTTO, Armida Bergamini. Ob. cit. p. 468.

SEÇÃO VIII
Da Assistência ao Egresso

Art. 25. A assistência ao egresso consiste:

I – na orientação e apoio para reintegrá-lo à vida em liberdade;

II – na concessão, se necessário, de alojamento e alimentação, em estabelecimento adequado, pelo prazo de dois meses.

Parágrafo único. O prazo estabelecido no inciso II poderá ser prorrogado uma única vez, comprovado, por declaração do assistente social, o empenho na obtenção de emprego.

Vide: **LEP** arts. 1º, 10, parágrafo único, 16, § 3º, 26, 27, 70, IV, 78, 82.

25.1 PROBLEMÁTICA DO EGRESSO

Todo indivíduo, desde que excluído do contato com outros indivíduos ou do meio social, tende a uma evolução diversa da experimentada pelos outros homens ou por esse meio social. Ocorre, nessa hipótese, o que se tem denominado de evolução *desproporcional* entre o indivíduo e a comunidade, o que pode conduzir ou agravar o desajustamento social. O mais grave inconveniente a que, tradicionalmente, tem levado a pena privativa de liberdade é a marginalização do preso. Não obstante tenha ele alguma ou todas as condições pessoais para se reintegrar no convívio comunitário de que esteve afastado – mas com o qual pode ter tido contatos por meio de visitas, correspondência, trabalho externo etc. –, o egresso encontra frequentemente resistências que dificultam ou impedem sua reinserção social. Se, de um lado, a reinserção social depende principalmente do próprio delinquente, o ajustamento ou reajustamento social fica dependente também, e muito, do grupo ao qual retorna (família, comunidade, sociedade). Não obstante os esforços que podem ser feitos para o processo de reajustamento social, é inevitável que o egresso normalmente encontre uma sociedade fechada, refratária, indiferente, egoísta e que, ela mesma, o impulsione a delinquir de novo. Assim, a difícil e complexa atuação penitenciária se desfará, perdendo a consecução de seu fim principal, que é a reinserção social do condenado. Para evitar que isso ocorra, é indispensável que, ao recuperar a liberdade, o condenado seja eficientemente assistido, tanto quanto possível, pelo Estado, no prolongamento dos procedimentos assistenciais que dispensou a ele quando preso.[134]

---

134. No Plano Nacional de Política Criminal e Penitenciária (2020-2023), em que se contemplam as diretrizes e medidas a serem adotadas em relação ao egresso, ressalte-se: "A questão da reinserção social do egresso da prisão, de modo a não voltar a praticar novos crimes, está alicerçada em um tripé que precisa ser bem montado. Primeiro, torna-se necessário que a pessoa saia da prisão predisposta a não cometer novos crimes, ou seja, ter a convicção de que o crime não compensa. Em segundo lugar, o Estado tem que ter feito a sua parte, com uma justiça eficiente e preparando-o quando ainda preso para apontar novas possibilidades de convivência social pacífica. Por fim, torna-se imprescindível que a própria sociedade não retroalimente a propensão para o crime, podendo, inclusive por meio de órgãos públicos, instituições empresariais ou organizações da sociedade civil, contribuir com o processo de reinserção social, já que após a soltura o egresso se encontra no meio social". Acesso em 7-12-2022: https://www.gov.br/depen/pt-br/composicao/cnpcp/plano_nacional/PNPCP-2020-2023.pdf.

25.2 ASSISTÊNCIA AO EGRESSO

Com o objetivo de minorar os efeitos negativos que incidem sobre a vida do egresso, há muito se vem preconizando como de grande importância as medidas tendentes a reforçar os laços que o unem a sua família e à comunidade e a criar uma série de relações com o mundo exterior para que se produza o ajustamento ou reajustamento necessário a fim de que encontre condições de reintegrar-se socialmente ao ser posto em liberdade. Nesse sentido, as Regras de Mandela preveem: "O dever da sociedade não cessa com a libertação de um recluso. Seria por isso necessário dispor de organismos governamentais ou privados capazes de trazer ao recluso colocado em liberdade um auxílio pós-penitenciário eficaz, tendente a diminuir os preconceitos a seu respeito e a permitir-lhe a sua reinserção na sociedade (Regra 90). E ainda: "Deve ser prestada atenção especial à manutenção e melhoramento das relações entre o recluso e a sua família que se mostrem de maior vantagem para ambos" (Regra 106).

O art. 25 da Lei de Execução Penal obriga a que se dê assistência ao egresso e declina quais os meios a serem utilizados nesse processo. O primeiro deles é a orientação e o apoio para reintegrar o egresso à vida em liberdade. Essa assistência pós-penitenciária, que deve ser oferecida e não imposta, compreende os vários aspectos do auxílio (moral, material, jurídico etc.) e deve abranger todos os meios que levem à prevenção contra a reincidência, sem envolver o egresso com o estigma de sua condição de ex-sentenciado. A tarefa é realizar as gestões tendentes a fazer o processo de reintegração social eficaz, limitando, tanto quanto possível, dentro de margens estreitas, os problemas de desorientação e desamparo que a crise da libertação pode provocar, a fim de não esterilizar ou estiolar as eventuais conquistas obtidas durante o processo de recuperação penitenciário. O reatamento estreito com a família e o grupo social a que pertence o condenado é a principal função dessa assistência. Pode ser, porém, necessário para o ajustamento que se introduza o egresso em ambiente diverso daquele de que proveio, já porque o ambiente anterior é deletério e criminógeno, já porque a opinião e o sentimento públicos lhe seriam particularmente adversos, já porque outros motivos, no caso concreto, aconselham essa providência.[135]

Segundo as Regras de Mandela, os serviços e órgãos, oficiais ou não, que ajudam os liberados (e egressos) a reencontrar seu lugar na sociedade devem, na medida do possível, conseguir-lhes os documentos de que necessitam, moradia, trabalho, roupa decente e adequada ao clima e à estação e, ademais, meios suficientes para chegarem ao lugar a que se destinam e subsistirem logo no início da liberdade (Regra 108.1). Segundo a lei, a assistência ao egresso consiste também "na concessão, se necessário, de alojamento e alimentação, em estabelecimento adequado, pelo prazo de 2 (dois) meses" (art. 25, II, da LEP). Conforme os princípios do Serviço Social, aquela assistência consistente em ajuda direta, principalmente de caráter econômico-financeiro, só é admissível como medida de emergência e, portanto, transitória, enquanto o assistido está sendo orientado, ensinado e treinado para valer-se por si mesmo. Assim, a lei limita essa espécie de assistência ao prazo de dois meses, em que o egresso terá direito a alojamento e alimentação em estabelecimento adequado (que eventualmente poderá ser a Casa do Albergado), quando não tiver ele para onde ir ou quando a volta ao ambiente anterior lhe for prejudicial. Esse prazo pode ser prorrogado, por mais dois

---

135. Cf. MIOTTO, Armida Bergamini. Ob. cit. p. 536.

meses, uma única vez, quando comprovado, por declaração do assistente social, o empenho do egresso na obtenção de emprego (art. 25, parágrafo único, da LEP). Após esse prazo, o egresso deverá ser encaminhado para a obtenção de alojamento e alimentação aos serviços sociais comuns, sem que se deixe de proporcionar-lhe a orientação e o apoio previstos na lei.

Cabe aos patronatos públicos ou particulares o serviço de assistência ao egresso (art. 78 da LEP). Essa assistência é tarefa que os membros da comunidade poderão de maneira proveitosa realizar, ajudando o egresso a superar as dificuldades familiares, de colocação de emprego, de moradia etc.[136] É desejável, porém, segundo as Regras de Mandela, que as atividades desses órgãos (patronatos) sejam tanto quanto possível centralizadas e coordenadas, a fim de que possa ser assegurada a melhor utilização possível de seus serviços (Regra 108.3).

Pela Resolução nº 15, de 10-12-2003, o Conselho Nacional de Política Criminal e Penitenciária aprovou proposta de criação da Central Nacional de Apoio ao Egresso com o objetivo de estimular a criação dos patronatos e apoiar outras experiências de assistência ao egresso, na qual se alerta para o baixo índice de reincidência constatado nas localidades onde essa assistência é efetiva.

> **Art. 26. Considera-se egresso para os efeitos desta lei:**
>
> **I – o liberado definitivo, pelo prazo de um ano a contar da saída do estabelecimento;**
>
> **II – o liberado condicional, durante o período de prova.**
>
> ---
>
> *Vide:* **LEP** arts. 25, 27, 131 a 146, 178; **CP** arts. 83 a 90, 97, § 3º.

26.1 CONCEITO DE EGRESSO

Para impedir distorção na aplicação da lei, como adverte a exposição de motivos, considera-se como egresso o liberado definitivo pelo prazo de um ano, a contar da saída do estabelecimento penal, e o liberado condicional, durante o período de prova (Exposição de Motivos, item 47). O liberado definitivo é aquele que cumpriu a pena privativa de liberdade integralmente ou foi beneficiado por qualquer causa extintiva da punibilidade após ter cumprido parte da sanção imposta. Nessas hipóteses, o condenado será tido como egresso, contando com a assistência pós-penitenciária pelo prazo de um ano, a contar da data em que foi posto em liberdade, sem prejuízo da limitação prevista no art. 25, II, da Lei de Execução Penal. Também é considerado egresso o liberado condicional enquanto durar o período de prova, que poderá ser inferior, igual ou superior a um ano, dependendo, evidentemente, das condições particulares do beneficiário. Em ambos os casos, expirado o prazo, que não poderá ser prorrogado, o condenado perderá a qualificação jurídica de egresso, devendo ser encaminhado, se necessário, ao Serviço Social comum.

---

136. Cf. REALE JUNIOR, Miguel. Ob. cit. p. 87.

Referindo-se a lei a "liberado definitivo", inclui ela no conceito de egresso aquele que é *desinternado*, submetido que foi à medida de segurança. Durante um ano, aliás, o desinternado encontra-se no período de prova (art. 97, § 3º, do CP).

Art. 27. O serviço de assistência social colaborará com o egresso para a obtenção de trabalho.

Vide: **LEP** arts. 1º, 10, parágrafo único, 11, V, 22, 23, 25, 26, 78, 86, § 2º.

27.1 OBTENÇÃO DE TRABALHO

O trabalho, como será visto, é um dos mais importantes fatores no processo de reajustamento social do condenado, merecendo do legislador cuidados especiais. Assim, além da assistência prestada pelos patronatos públicos ou particulares, que devem cuidar, quando necessário, do egresso, inclusive quanto à obtenção de emprego ou trabalho autônomo, essa tarefa também é atribuída ao serviço de assistência social (itens 22.1 e 23.1).

Capítulo III
DO TRABALHO

SEÇÃO I
Disposições Gerais

Art. 28. O trabalho do condenado, como dever social e condição de dignidade humana, terá finalidade educativa e produtiva.

§ 1º Aplicam-se à organização e aos métodos de trabalho as precauções relativas à segurança e à higiene.

§ 2º O trabalho do preso não está sujeito ao regime da Consolidação das Leis do Trabalho.

Vide: **CF** arts. 5º, XLVII, *c*, 6º; **LEP** arts. 19, 29 a 37, 39, V, 41, II, V, 50, IV, VI, 51, III, 83, 114, I e parágrafo único, 126, 132, *a*, 200; **CP** arts. 34, §§ 1º a 3º, 35, §§ 1º e 2º, 36, § 1º, 39, 93, III.

28.1 TRABALHO PENITENCIÁRIO

A concepção do trabalho penitenciário seguiu historicamente a evolução experimentada na conceituação da pena privativa de liberdade. Inicialmente, estava ele vinculado à ideia de vingança e castigo e manteve essas características como forma mais grave e aflitiva de cumprir a pena na prisão. Mesmo depois, encontrando-se na atividade laborativa do preso uma fonte de produção para o Estado, o trabalho foi utilizado nesse sentido, dentro das tendências utilitárias dos sistemas penais e penitenciários. Hoje, porém, estão totalmente superadas as fases em que se utilizava a pena das galés, dos trabalhos forçados, como o *shot-drill* (transporte de bolas de ferro, pedras e areia), o *tread-mill* (moinho de roda), o *crank* (voltas de manivela) etc. Na moderna concepção penitenciária, o momento da execução da pena contém uma finalidade reabilitadora ou de reinserção social, assinalando-se o sentido pedagógico do trabalho. Entende-se hoje por trabalho penitenciário a atividade dos presos e internados, no estabelecimento penal ou fora dele, com remuneração equitativa e equiparado ao das pessoas livres no concernente à segurança, higiene e direitos previdenciários e sociais.

O trabalho prisional não constitui, portanto, *per se*, uma agravação da pena, nem deve ser doloroso e mortificante, mas um mecanismo de complemento do processo de reinserção social para prover a readaptação do preso, prepará-lo para uma profissão, inculcar-lhe hábitos de trabalho e evitar a ociosidade. Exalta-se seu papel de fator ressocializador, afirmando-se serem notórios os benefícios que da atividade laborativa decorrem para a conservação da personalidade do delinquente e para a promoção do "autodomínio físico e moral de que necessita e que lhe será imprescindível para seu futuro na vida em liberdade, como ensina Belaustegui Mas".[137]

Numa feliz síntese, afirma Francisco Bueno Arús que o trabalho do preso "é imprescindível por uma série de razões: do ponto de vista disciplinar, evita os efeitos corruptores do ócio e contribui para manter a ordem; do ponto de vista sanitário é necessário que o homem trabalhe para conservar seu equilíbrio orgânico e psíquico; do ponto de vista educativo o trabalho contribui para a formação da personalidade do indivíduo; do ponto de vista econômico, permite ao recluso dispor de algum dinheiro para suas necessidades e para subvencionar sua família; do ponto de vista da ressocialização, o homem que conhece um ofício tem mais possibilidades de fazer vida honrada ao sair em liberdade".[138]

Nas Regras de Mandela, prevê-se que o trabalho penitenciário não deve ter natureza penosa (Regra 97.1); na medida do possível, deverá contribuir, por sua natureza, para manter ou aumentar a capacidade do preso para ganhar honradamente sua vida depois da liberação (Regra 98), e sua organização e métodos devem assemelhar-se o mais possível à dos que realizam um trabalho similar fora do estabelecimento a fim de preparar o preso para as condições normais do trabalho livre (Regra 99). Nos termos da Lei de Execução Penal, o trabalho do condenado, como dever social e condição de dignidade humana, terá finalidade educativa e produtiva (art. 28). Ressalta-se, assim, no dispositivo, que o trabalho é um dever do condenado, o que é reiterado no art. 31, *caput*, e art. 39, V, do referido diploma. Não se confunde, assim, com o trabalho espontâneo e contratual da vida livre, já que entra no conjunto dos deveres que integram a pena.[139]

Mas, se o Estado tem o direito de exigir que o condenado trabalhe, conforme os termos legais, tem o preso o "direito social" ao trabalho (art. 6º da Constituição Federal de 1988). Como por seu *status* de condenado em cumprimento de pena privativa de liberdade, ou

---

137. Cf. PIERANGELLI, José Henrique. Das penas e sua execução no novo Código Penal. *O direito penal e o novo código penal brasileiro*. Porto Alegre: Sérgio Antonio Fabris Editor, Associação do Ministério Público do Rio Grande do Sul e Escola Superior do Ministério Público do Rio Grande do Sul, 1985. p. 71.

138. Cf. ARÚS, Francisco Bueno. Art. cit. p. 307.

139. CALIXTO, Negi. Trabalho externo particular do condenado na execução penal. *RT* 492/424.

de objeto de medida de segurança detentiva, não pode exercer esse direito, ao Estado incumbe o dever de dar-lhe trabalho.[140] Por isso, dispõe-se que é direito do preso a atribuição de trabalho e sua remuneração (art. 41, II, da LEP). Como a obrigatoriedade do trabalho, porém, se vincula ao dever da prestação pessoal do condenado, embora descartando a lei a coação para concretizar o cumprimento desse dever, recorre ela às sanções disciplinares, prevendo como falta grave o descumprimento do dever de trabalhar (art. 50, VI, da LEP).

28.2 FINALIDADES DO TRABALHO PENITENCIÁRIO

O trabalho tem seu sentido ético, como condição da dignidade humana, e assim assume um caráter educativo. Se o condenado já tinha o hábito do trabalho, depois de recolhido ao estabelecimento penal seu labor irá manter aquele hábito, impedindo que degenere; se não o tinha, o exercício regular do trabalho contribuirá para ir gradativamente disciplinando-lhe a conduta, instalando-se em sua personalidade o hábito de atividade disciplinadora.[141] Para a consecução dessa finalidade educativa, porém, o trabalho prisional deve ser organizado de forma tão aproximadamente quanto possível ao trabalho em sociedade.[142] Aliás, conforme decisão do II Congresso das Nações Unidas, de 1960, a "assimilação do trabalho penitenciário livre repousa sobre a idéia de que, na maior parte dos casos, o recluso é um trabalhador privado de sua liberdade".

Não descurou a lei, também, da recomendação de se dar ao trabalho prisional um sentido profissionalizante, como, aliás, preconizam as Regras de Mandela (Regra 99.2). Embora se tendo em conta as limitadas possibilidades do trabalho penitenciário, o propósito de profissionalização deve ser acentuado no trabalho penitenciário quando o preso não tem capacitação profissional. A aquisição de um ofício ou profissão, fator decisivo à reincorporação social do preso, contribuirá para facilitar-lhe a estabilidade econômica assim que alcançar a liberdade. É preparando o indivíduo pela profissionalização (mão de obra qualificada), pela segurança econômica que vai adquirindo, pela ocupação integral de seu tempo em coisa útil e produtiva e, consequentemente, pelo nascer da razão de viver, pelo reconhecimento dos direitos e deveres, das responsabilidades e da dignidade humana que se obterá o ajustamento ou reajustamento desejado.[143] Evidentemente, a profissionalização deve combinar-se com a atividade produtiva e o processo de assistência social, devendo o condenado dividir seu tempo, conforme determinarem as leis complementares e os regulamentos, entre o aprendizado e o trabalho.

28.3 HIGIENE E SEGURANÇA

O trabalho penitenciário, principalmente pela semelhança que deve manter com o trabalho livre, submete os presos e os internados aos mesmos riscos deste, de modo que,

---

140. Cf. MIOTTO, Armida Bergamini. Ob. cit. p. 365.
141. Cf. MIOTTO, Armida Bergamini. Ob. cit. p. 495.
142. Exposição de Motivos, item 54.
143. Cf. FIGUEIREDO, Ariovaldo. *Comentários ao código penal*. São Paulo: Saraiva, 1985. p. 135.

havendo os mesmos perigos para os trabalhadores presos e livres, devem existir também as mesmas proteções. É necessário, assim, estabelecer para o trabalho do preso as mesmas exigências do ponto de vista de higiene que existem no trabalho livre (asseio, imunização, aeração etc.) e as prescrições preventivas de segurança (dispositivos de segurança). Recomendam as Regras de Mandela que devem ser tomadas nos estabelecimentos penitenciários as mesmas precauções prescritas para proteger a segurança e a saúde dos trabalhadores livres (Regra 101), orientação acolhida pelo art. 28, § 1º, da Lei de Execução Penal. Procura-se com a aplicação, à organização e aos métodos do trabalho, das precauções relativas à segurança e à higiene, mais uma vez, reduzir as diferenças entre a vida nas prisões e a vida em liberdade.

28.4 ACIDENTE DO TRABALHO

Assimilado o trabalho penitenciário ao trabalho livre e tendo em vista a obrigatoriedade do labor do preso, como relação de direito público tendente à finalidade reintegradora, decorre daí também a necessidade de se estender ao condenado a proteção devida em caso de acidente do trabalho. Deve-se compensar adequadamente o eventual déficit ou menos-valia da capacidade de trabalho do condenado provocada pelo acidente, com vistas em aumentar suas reservas econômicas na alternativa de sua reintegração na comunidade social. Preveem as Regras de Mandela que devem ser tomadas as providências necessárias para indenizar os presos pelos acidentes do trabalho e enfermidades profissionais em condições similares àquelas a que a lei dispõe para os trabalhadores livres (Regra 101). A legislação pátria dá guarida a essa orientação ao incluir entre os direitos do preso os da "Previdência Social" (arts. 39 do CP e 41, III, da LEP). A provocação dolosa pelo preso de acidente de trabalho constitui falta grave (art. 50, IV, da LEP). Tratando-se, porém, de preso incapacitado por acidente no trabalho ou no estudo, prevê a lei que continuará ele a se beneficiar da remição de penas (art. 126, § 4º, da LEP).

28.5 REGIME ESPECIAL

O trabalho do preso não está sujeito ao regime da Consolidação das Leis do Trabalho. Não obstantes as similitudes exigidas na Lei de Execução Penal entre o trabalho prisional e o livre, aquele deste se distancia quanto a sua natureza. Trata-se de um dever que decorre da falta de pressuposto da liberdade, que se insere no conjunto de obrigações que integram a pena. Seu regime é de direito público, inexistente a condição fundamental para o trabalho espontâneo, que é a liberdade para a formação do contrato de trabalho, retirada que foi ao condenado à pena privativa de liberdade. Não tem o direito, pois, a férias, 13º salário e outros benefícios que se concedem ao trabalhador livre.

Jurisprudência

- *Natureza jurídica do trabalho do preso: relação de direito público que não se sujeita ao regime da CLT*

Art. 29. O trabalho do preso será remunerado, mediante prévia tabela, não podendo ser inferior a três quartos do salário mínimo.

§ 1º O produto da remuneração pelo trabalho deverá atender:

a) à indenização dos danos causados pelo crime, desde que determinados judicialmente e não reparados por outros meios;

b) à assistência à família;

c) a pequenas despesas pessoais;

d) ao ressarcimento ao Estado das despesas realizadas com a manutenção do condenado, em proporção a ser fixada e sem prejuízo da destinação prevista nas letras anteriores.

§ 2º Ressalvadas outras aplicações legais, será depositada a parte restante para constituição do pecúlio, em cadernetas de poupança, que será entregue ao condenado quando posto em liberdade.

Vide: **CF** art. 5º, XLV; **LEP** arts. 28, 30, 39, VII; **CP** arts. 33, § 4º, 81, II, 83, IV, 91, I, 94, III; **CPP** arts. 63, 64, 68, 140, 336, 387, IV; **CC** arts. 186, 927, 935, 948 a 954.

29.1 REMUNERAÇÃO

O trabalho do preso e do internado deve ser remunerado adequadamente, não se reconhecendo mais o regime de "gorjetas" ou "regalias" ou remuneração simbólica. Este é um imperativo não só ético, como também jurídico e prático, reconhecido pelas Regras de Mandela ao referirem-se à remuneração "equitativa" (Regra 103.1). Expõe lucidamente Manoel Pedro Pimentel: "Para o preso institucionalizado o trabalho é um valor negativo. Mas o dinheiro é um valor positivo. Conjugar esses dois valores, para que o interno, objetivando o *fim* (dinheiro), habitue-se com o *meio* (trabalho), é uma estratégia necessária."[144]

Nos termos legais, o trabalho será remunerado mediante prévia tabela, não podendo ser inferior a três quartos do salário-mínimo. Essa disposição, se, de um lado, evita que os Poderes Públicos se valham das aptidões profissionais dos presos em trabalhos gratuitos, como assinala a exposição de motivos (item 53), por outro tem provocado polêmicas diante da irrealidade da proposição. Neuman, ao abordar a questão relativa à remuneração do trabalho penitenciário, adverte que todo intuito de equiparação do trabalho prisional ao livre, na atualidade, representa insuperáveis dificuldades que não foram solucionadas doutrinária ou praticamente em parte alguma do mundo, a ponto de não obstante a tendência favorável a essa equiparação no Congresso das Nações Unidas sobre a Prevenção do Delito e Tratamento do Delinquente, se remeteu o estudo dessa possibilidade a novas e mais detalhadas análises.[145] Resta do preceito legal apenas o intuito de animar o condena-

---

144. Ob. cit. p. 187.

145. Cf. NEUMAN, Elias. *Evolución de la pena privativa de libertad y regímenes penitenciarios*. Buenos Aires: Ediciones Pannedille, 1971. p. 238.

do a procurar e desenvolver a atividade laborativa prisional e reconhecer que, apesar dos pesares, a remuneração não é tão elevada diante da realidade salarial de nosso país. Mesmo assim a lei não é cumprida.

À legislação local cabe determinar os parâmetros para a fixação da remuneração do preso ou do internado e poderá ser efetuada por hora trabalhada ou por tarefa executada, dependendo da natureza do serviço e da conveniência da terapêutica exigida, sempre respeitando-se os limites estabelecidos na Lei de Execução Penal, inclusive quanto à duração da jornada de trabalho.

29.2 DESTINAÇÃO DO SALÁRIO

Dispõe o art. 29, § 1º, da Lei de Execução Penal, sobre a destinação do rendimento do trabalho penitenciário, como o fizera, em parte, a Lei nº 6.416/77, prevendo o desconto para a indenização do dano *ex-delicto* e assistência à família, bem como para o ressarcimento do Estado pelas despesas com a manutenção do preso ou internado.

O desconto deverá atender, em primeiro lugar, "à indenização dos danos causados pelo crime, desde que determinados judicialmente e não reparados por outros meios". É indispensável para esse desconto, portanto, que exista decisão judicial definitiva, inclusive sobre o montante da indenização, sendo ele vedado na hipótese de não ter sido proposto ou não ter sido julgado o processo da execução da indenização do dano *ex-delicto*. Evidentemente, também não será efetuado o desconto se o dano já foi reparado integralmente voluntária ou coativamente pelo sentenciado. A lei estadual deverá dispor a respeito do procedimento de habilitação dos prejudicados pelo ilícito e da percentagem que deve ser destinada à finalidade de reparação.

O segundo desconto refere-se à assistência à família do preso ou internado, que sofre as consequências secundárias da execução da pena pela ausência do marido, pai ou mãe, ou seja, pelo principal responsável pelo encargo de mantê-la. Também cabe à lei local fixar a percentagem da remuneração do preso destinada a esse encargo.

Refere-se ainda a lei à destinação de parte da remuneração a pequenas despesas pessoais do preso, como a aquisição de aparelhos, objetos, livros, revistas etc. Esse desconto, como o da assistência à família, está previsto nas Regras de Mandela (Regra 103.2).

Afinal, o produto da remuneração deverá atender também ao ressarcimento ao Estado das despesas realizadas com a manutenção do condenado, em proporção a ser fixada pela lei local e sem prejuízo da destinação mencionada. Tal destinação, recomendada pelas modernas concepções penitenciárias, só terá lugar se forem preenchidas as necessidades referidas anteriormente e também deve obedecer a uma proporção a ser fixada pela lei regulamentadora.

Prevê ainda a lei, conforme orientação das Regras de Mandela (Regra 103.3), que, se providas as destinações a que ela obriga, deve ser depositada a parte restante para constituição do pecúlio, em caderneta de poupança, que será entregue ao condenado quando posto em liberdade (art. 29, § 2º). É de suma importância que o preso, ao ser colocado em liberdade, disponha do pecúlio para que possa sobreviver até adquirir trabalho e ajustar-se ou reajustar-se ao meio social.

Jurisprudência

• *Inadmissibilidade da liberação antecipada do pecúlio*

Art. 30. As tarefas executadas como prestação de serviço à comunidade não serão remuneradas.

Vide: **CF** art. 5º, XLVI, *d*; **LEP** arts.147 a 150, 181, § 1º; **CP** arts. 43, IV, 46, 54, 55, 59, IV.

30.1 PRESTAÇÃO DE SERVIÇOS À COMUNIDADE

Entre as penas restritivas de direitos criadas na reforma penal está a prestação de serviços à comunidade ou a entidades públicas, chamada de *mão de obra temida* (arts. 43, IV, e 46 do CP), aplicável em substituição à pena privativa de liberdade de média duração (art. 44, I, do CP). Oferece essa pena a indubitável vantagem de evitar a convivência carcerária, não interrompendo assim a vida familiar nem o trabalho diário. O trabalho que se impõe ao condenado nessa hipótese, constituído de tarefas gratuitas a entidades assistenciais, hospitais, escolas, orfanatos e outros estabelecimentos congêneres, em programas comunitários ou estatais, é um *plus* sobre o trabalho habitual.

Conforme reitera o art. 30 da Lei de Execução Penal, as tarefas executadas como prestação de serviços à comunidade ou entidades públicas não serão remuneradas e, por isso, já se afirmou que "corresponde a autêntico trabalho imposto ao condenado, ou seja, verdadeiro trabalho forçado, de há muito banido de nossa legislação penal".[146] Não se trata, porém, de trabalho escravo, havendo apenas uma restrição da liberdade, com restrição de direitos, e não a privação da liberdade característica da escravatura. Como bem afirma Miguel Reale Junior, é lógico que esta restrição não extravasa os limites do poder-dever de punir, que derivaria de hipotético contrato social mediante o qual cada cidadão abre mão da parcela de seu direito em prol do bem comum. "Ora – afirma ele – se o direito de punir pode pela prisão cortar todas as liberdades civis do cidadão, inviabilizando sua realização, como pessoa, a ponto de tornar impossível a vida sexual, não há nenhum impedimento para se impor tarefas nos dias de descanso, pelo tempo de 4 horas, realizando atividades em prol do bem comum."[147] Essa pena, aliás, com diferentes particularidades, já existe na Inglaterra, Etiópia, União Soviética e Tchecoslováquia. Trata-se, portanto, de pena amplamente aceitável, de um ônus para o condenado, como outros decorrentes das demais penas, e não de uma relação de emprego, em que deve existir a liberdade de celebração e execução de um contrato trabalhista. Certamente, o sentenciado preferirá submeter-se a esse ônus a afrontar a pena privativa de liberdade, quando o trabalho também é obrigatório. Essa pena atende às exigências da retribuição sem degradar ou corromper, mas é sanção e não uma oportunidade de trabalho remunerado ao sentenciado.

---

146. Anteprojeto de reforma do Código Penal. Considerações e propostas de um grupo de magistrados paulistas. *JTACrim* 68/23.

147. Penas restritivas. *Ciência Penal*, 1/77.

SEÇÃO II
Do Trabalho Interno

Art. 31. O condenado à pena privativa de liberdade está obrigado ao trabalho na medida de suas aptidões e capacidade.

Parágrafo único. Para o preso provisório, o trabalho não é obrigatório e só poderá ser executado no interior do estabelecimento.

Vide: **CF** art. 5º, XLVII, *c*; **LEP** arts. 2º, parágrafo único, 28, 32 a 35, 39, V, 200; **CPP** arts. 283, 301 ss, 311 ss, 387, § 1º, 492, I, *e*.

31.1 TRABALHO INTERNO

Preveem as Regras de Mandela que todos os presos devem ser submetidos a obrigação de trabalho, tendo-se em conta sua aptidão física e mental (Regra 96), e o art. 31 da Lei de Execução Penal, além de confirmar o dever de trabalhar do preso, como já foi visto, refere-se às aptidões e capacidade do condenado, remetendo-se, evidentemente, às condições físicas, mentais, intelectuais e profissionais do condenado. Evitam-se, assim, segundo consta da exposição de motivos, os possíveis antagonismos entre a obrigação de trabalhar e o princípio da individualização da pena (item 58, primeira parte).

O trabalho nas prisões, que pode ser industrial, agrícola ou intelectual, tem como finalidade alcançar a reinserção social do condenado e, por isso, deve ser orientado segundo as aptidões dos presos, evidenciadas no estudo da personalidade e outros exames, tendo-se em conta, também, a profissão ou ofício que o preso desempenhava antes de ingressar no estabelecimento. Na medida do possível, deve permitir-se que o preso eleja o trabalho que prefere e para o qual se sinta mais motivado e atraído. Devem ser levadas em conta, todavia, a habilitação, a condição pessoal e as necessidades futuras do preso, bem como as oportunidades oferecidas pelo mercado.[1]

É importante, para conseguir a eficácia do trabalho, uma boa organização da atividade laborativa, de tal modo que o preso se sinta realizado pelo prazer funcional sentido no processo laboral e por seu resultado. Isso é mais fácil de conseguir se for dirigido a um trabalho que corresponda a suas faculdades e aptidões. O local de trabalho do preso, que pode ser a oficina, o laboratório, a lavoura etc., deve ser apropriado para que aprenda ou aprimore sua habilitação profissional ou, pelo menos, para que mantenha os conhecimentos que tinha, a habilidade que já havia conseguido no tipo de atividade, profissão ou arte que desempenhava antes de ingressar na prisão.

A mão de obra de condenados pode ser aproveitada na construção, reforma, conservação e melhoramentos do estabelecimento penal e de seus anexos, como deixa claro o art. 33, parágrafo único, da Lei de Execução Penal. Evidentemente, recomenda-se que, sempre que possível, sejam atendidos pelos presos e internados os serviços auxiliares comuns do

---

1. Exposição de Motivos, item 58, 2ª parte.

estabelecimento (enfermarias, escolas, cozinhas, lavanderias) e todos os realizados em favor da Administração. É um modo não só de ocupá-los na forma determinada pela lei, como também um dos meios para a redução do gasto público. Nessas hipóteses, evidentemente, a remuneração devida correrá por conta do Estado.

O trabalho agrícola tem sido frequentemente recomendado nos congressos penitenciários para os presos de procedência rural, para os que precisam viver ao ar livre o maior tempo possível (por exemplo, os silvícolas), para determinados menores e como meio terapêutico para os afetados por certos desequilíbrios mentais. É bem possível aproveitar nos Institutos Penais Agrícolas o trabalho prisional dirigido ao provimento das necessidades de consumo desse como de outros estabelecimentos.

31.2 PRESO PROVISÓRIO

O preso provisório (recolhido em razão de prisão em flagrante, prisão temporária, decretação de prisão preventiva) não está obrigado ao trabalho, como, aliás, se recomenda nas Regras de Mandela (Regra 116). Não se pode submeter a esse ônus aquele que ainda não foi condenado definitivamente e que tem, assim, a seu favor, a presunção de inocência. A privação da liberdade, nessa hipótese, é-lhe infligida diante das circunstâncias previstas na lei, em benefício da ordem pública ou do regular andamento do processo, não podendo acarretar mais esse ônus que é consequência da execução da pena privativa de liberdade. O trabalho, porém, é um direito do preso provisório, já que está ele privado da possibilidade de exercê-lo em decorrência da medida processual, cabendo à Administração oferecê-lo ao detido. Como, porém, o recolhimento do preso provisório atende aos interesses da correta administração da justiça, quer porque impede que o réu se subtraia à aplicação da lei penal, quer porque poderá, estando em liberdade, pôr em risco a ordem pública ou prejudicar a instrução criminal, determina a lei que o trabalho só poderá ser executado no interior do estabelecimento. O preso político também não está obrigado ao trabalho (art. 200 da LEP).

> Art. 32. Na atribuição do trabalho deverão ser levadas em conta a habilitação, a condição pessoal e as necessidades futuras do preso, bem como as oportunidades oferecidas pelo mercado.
>
> § 1º Deverá ser limitado, tanto quanto possível, o artesanato sem expressão econômica, salvo nas regiões de turismo.
>
> § 2º Os maiores de sessenta anos poderão solicitar ocupação adequada à sua idade.
>
> § 3º Os doentes ou deficientes físicos somente exercerão atividades apropriadas ao seu estado.

Vide: **CF** art. 7º, XXXI; **LEP** arts. 28, § 1º, 31, 33; **CP** arts. 34, §§ 1º a 3º, 35, § 1º; **Lei nº 10.741**, de 1º-10-2003, art. 99.

32.1 ARTESANATO

Como já foi visto, na atribuição do trabalho deverão ser levadas em conta a habilitação, a condição pessoal e as necessidades futuras do preso, bem como as oportunidades oferecidas pelo mercado (item 31.1). Entretanto, a lei determina a limitação, tanto quanto possível, do artesanato sem expressão econômica, salvo nas regiões de turismo. É sabido que em vários estabelecimentos penais o trabalho tem-se constituído, muitas vezes, na montagem de objetos decorativos, de pouco valor, sem que a tarefa desempenhada reverta em prol do aprimoramento profissional do condenado, perdendo-se a oportunidade de lhe conceder uma qualificação necessária, no futuro, para a vida livre.[2] Esse é o motivo da proibição relativa da lei, que apenas faz exceção ao trabalho artesanal realizado nos presídios existentes em regiões de turismo, locais em que a colocação de tais produtos é bem mais fácil e potencialmente rendosa. Como a proibição, porém, não é absoluta, deve ser permitido o trabalho artesanal se não for possível a execução de outras tarefas diante da impossibilidade de recursos materiais da Administração.

32.2 IDOSOS, DOENTES E DEFICIENTES FÍSICOS

É preceito das Regras de Mandela que a obrigação do trabalho do preso deve levar em conta inclusive a aptidão física e mental, de acordo com a orientação médica (Regra 96.1, segunda parte), e a lei brasileira refere-se a "capacidade" e a "condição pessoal" do preso (arts. 31, caput, e 32, caput, da LEP). Em consonância com tais prescrições e com evidente espírito humanitário, determina a lei que os maiores de 60 anos poderão solicitar ocupação adequada a sua idade (art. 32, § 2º) e que os doentes ou deficientes físicos somente exercerão atividades apropriadas ao seu estado (art. 32, § 3º). Nos termos do art. 99 da Lei nº 10.741, de 1º-10-2003 (Estatuto da Pessoa Idosa), constitui crime punido com detenção de dois meses a um ano e multa a conduta de expor a perigo a integridade e a saúde, física ou psíquica, do idoso, sujeitando-o a trabalho excessivo ou inadequado. Evidentemente, a pessoa indicada para aquilatar a adequação do trabalho aos idosos, doentes e deficientes físicos é o médico do estabelecimento penal. Certamente, a atribuição do trabalho à mulher grávida deve atender também a sua especial condição, principalmente no que tange às semanas anteriores e posteriores ao parto. Embora não se possa falar, na hipótese, de doença ou deficiência física, importa à atribuição de trabalho a "condição pessoal" do condenado (art. 32, *caput*).

Embora não se refira a lei expressamente àqueles que estão impossibilitados de trabalhar por acidente de trabalho, moléstia profissional ou deficiência física absoluta, é evidente que cessa a obrigação enquanto perdurarem tais condições no condenado. Não bastasse a impossibilidade material da prestação laborativa, recorde-se o art. 28, § 1º, da Lei de Execução Penal, que se refere às precauções relativas à segurança e à higiene do trabalho, bem como o art. 32, *caput*, da mesma lei, que menciona a "condição pessoal" do preso.

---

2. Cf. REALE JUNIOR, Miguel. Ob. cit. p. 85.

Art. 33. A jornada normal de trabalho não será inferior a seis, nem superior a oito horas, com descanso nos domingos e feriados.

Parágrafo único. Poderá ser atribuído horário especial de trabalho aos presos designados para os serviços de conservação e manutenção do estabelecimento penal.

Vide: **CF** art. 7º, XIII, XV; **LEP** arts. 31, 32, 39, V.

33.1 JORNADA DE TRABALHO

A assimilação que deve existir entre o trabalho penitenciário e o trabalho livre conduz à recomendação de que aquele mantenha também uma jornada igual ou aproximada deste, a fim de que a capacitação profissional do preso e internado lhe permita, ao deixar a prisão, render na atividade laborativa à altura das necessidades do mercado, bem como ocupá-lo de forma produtiva durante boa parte do dia. Segundo as Regras de Mandela, o trabalho deve ser suficiente para ocupar o preso durante a duração de uma jornada normal (Regra 96.2), devendo a lei ou regulamento fixar o número máximo de horas da atividade laborativa, tendo em conta os regulamentos ordinários e os usos locais referentes ao emprego do trabalhador livre (Regra 102.1). A Lei de Execução Penal estabelece o limite máximo de oito horas e o mínimo de seis horas para a jornada normal de trabalho (art. 33, caput), deixando-se à lei regulamentadora sua duração efetiva, entre tais limites, para os efeitos de remuneração, remição etc.

Dispõe-se, ainda, diante do princípio da assimilação com o trabalho livre e de acordo com as normas de segurança e higiene do trabalho, que deverá haver descanso nos domingos e feriados, tal como recomendam também as Regras de Mandela ao estabelecer um dia de descanso por semana (Regra 102.2). O descanso pode recair em outro dia da semana, que não o domingo, quando se trata de serviços de conservação e manutenção do estabelecimento penal (item 33.2).

A lei reguladora e os regulamentos devem ter em vista, também, que na elaboração dos horários de trabalho deve ser reservado espaço de tempo adequado à instrução comum e profissional, às refeições, bem como às atividades previstas na lei, à recreação e, eventualmente, ao descanso intercalado, conforme a natureza do serviço, tal como se determina nas regras relativas a higiene e segurança da atividade de labor.

33.2 HORÁRIOS ESPECIAIS

Como foi visto, pode-se determinar que o preso trabalhe nos serviços de conservação e manutenção do estabelecimento penal (item 31.1). O emprego de mão de obra de condenados na construção, reforma, conservação e melhoramento de estabelecimentos penais tem apresentado resultados alentadores. Semelhante experiência feita em alguns países tem sido acompanhada e seguida de bons resultados também de ordem ética e psicológica. Com efeito, os condenados que assim trabalham sentem-se de certo modo responsáveis pela conservação das edificações e seus anexos (mesmo daqueles onde não trabalham), demonstrando mais cuidado com a conservação; além disso, tanto mais se entre os anexos há os que servem para os lazeres coletivos, têm uma vivência de "participação" naquilo que vai servir para todos, o que é muito bom para manter seu espírito de solidariedade (se já o tinham) ou suscitá-lo e desenvolvê-lo (se não o tinham ou o tinham escasso).[3]

Dispõe a lei que, na hipótese dessa espécie de trabalho, cuja remuneração cabe evidentemente à Administração, poderá ser atribuído horário especial ao preso. Tais serviços são necessários em horas diversas daquelas dos demais, não sendo possível interrompê-los à noite, aos domingos e feriados. São os serviços de cozinha, de enfermagem, de limpeza, de instrução e todos aqueles que exigirem horário diverso daquele estabelecido para os trabalhos nas oficinas ou sua execução nos dias de descanso normal dos condenados. Exigindo-se horário especial, o condenado não perde, evidentemente, o direito ao descanso semanal em qualquer dia da semana que não o domingo. Também é possível que se torne obrigatória a redução da jornada de trabalho para determinados presos, para permitir-se, por exemplo, a instrução comum ou profissionalizante. Em nenhuma hipótese, porém, a jornada diária poderá ser inferior a seis horas ou superior a oito. Somente com uma jornada de no mínimo seis horas diárias o preso tem direito aos benefícios auferidos com o trabalho (remuneração mínima estabelecida, remição etc.) (v. item 126.2).

Jurisprudência

- *Inadmissibilidade de jornada superior a 8 horas*

Art. 34. O trabalho poderá ser gerenciado por fundação, ou empresa pública, com autonomia administrativa, e terá por objetivo a formação profissional do condenado.

§ 1º Nessa hipótese, incumbirá à entidade gerenciadora promover e supervisionar a produção, com critérios e métodos empresariais, encarregar-se de sua comercialização, bem como suportar despesas, inclusive pagamento de remuneração adequada.

§ 2º Os governos federal, estadual e municipal poderão celebrar convênio com a iniciativa privada, para implantação de oficinas de trabalho referentes a setores de apoio dos presídios.*

* § 1º renumerado e § 2º acrescentado pela Lei nº 10.792, de 1º-12-2003.

Vide: **LEP** arts. 19, 28, 29, 31 a 33, 35.

34.1 GERÊNCIA DO TRABALHO

São três as espécies básicas dos sistemas de organização do trabalho penitenciário: o organizado pela administração, conhecido como sistema de monopólio; o de contrato com empresas privadas; e o misto ou intermediário, em que se dispõe pela alternatividade ou

---

3. Cf. MIOTTO, Armida Bergamini. Ob. cit. p. 495.

conjugação dos dois primeiros. Nosso legislador optou pela aproximação do terceiro sistema, prevendo que, além da Administração, pode o trabalho ser gerido por entidades paraestatais: a empresa pública e a fundação instituída pelo Poder Público, que terão autonomia administrativa na organização da atividade laborativa prisional. Procurou-se, como se afirma na exposição de motivos, evitar que se tornassem inócuas as normas a respeito do trabalho do preso, sua remuneração e forma de aplicação de seus frutos, sua higiene e segurança (Exposição de Motivos, item 59). Entende-se que, assim, o trabalho do preso estará protegido ao mesmo tempo dos excessos de burocracia e da imprevisão comercial. A solução dada ao problema na lei, de um lado, tem a finalidade, em princípio, de imprimir aos trabalhos prisionais critérios e métodos empresariais para melhor aproveitamento da mão de obra, sem subordinação hierárquica ou administrativa aos Departamentos Penitenciários, e de outro impedir que entidades privadas, cuja finalidade é, precipuamente, o lucro, imprimam ao trabalho penitenciário caráter que não se coadune com aquele indispensável ao processo destinado à reinserção social do condenado. A Lei nº 10.792, de 1º-12-2003, acrescentou novo parágrafo ao art. 34, prevendo a possibilidade de participação da iniciativa privada, mediante convênio celebrado com o Poder Público, na implantação de oficinas de trabalho em setores de apoio dos presídios.

34.2 FORMAÇÃO PROFISSIONAL

Em consonância com as Regras de Mandela (Regra 98), determina-se que o trabalho prisional terá sempre como objetivo a formação profissional do condenado (art. 34, *caput*, da LEP), contribuindo assim para manter ou aumentar a capacidade do preso para ganhar a vida honesta quando adquirir a liberdade, orientação que deve prevalecer, e não estar subordinado ao simples desejo de conseguirem o Estado e o preso benefícios pecuniários com o trabalho penitenciário. O Estado pode perfeitamente aproveitar de mão de obra do condenado e do produto de seu trabalho, desde que isso não desvirtue o conteúdo, as funções e finalidades éticas do trabalho do condenado, conteúdo esse que não se desnatura, funções e finalidades essas que só se realizam se o trabalho estiver inserido no regime de execução da pena como um coadjuvante para a realização das funções – éticas e utilitárias – da sanção penal, com o propósito de alcançar as respectivas finalidades.[4] E, entre essas funções, está ressaltada a de dar ou manter a capacitação profissional ao preso.

O trabalho penitenciário pode, aliás, ser conceituado como uma forma de "tratamento" penitenciário quando se verificar que a falta de qualificação profissional, a deficiente aptidão ou qualquer outra circunstância semelhante tenham sido fatores decisivos na prática do ilícito penal pelo condenado. Nessa hipótese, a formação profissional pode eliminar essas deficiências para que o prognóstico do comportamento futuro seja favorável e, por conseguinte, facilitar sua reinserção social. Esse caráter educacional do trabalho prisional é ressaltado pelo Conselho Nacional de Política Criminal e Penitenciária, na Resolução nº 3, de 11-3-2009: "o trabalho prisional, também entendido como elemento de formação integrado à educação, devendo ser ofertado em horário e condições compatíveis com as atividades educacionais" (art. 8º).

---

4. Cf. MIOTTO, Armida Bergamini. Ob. cit. p. 494.

34.3 FUNÇÕES DA GERÊNCIA

Nos termos do art. 34, § 1º, da Lei de Execução Penal, incumbirá à entidade gerenciadora promover e supervisionar a produção, com critérios e métodos empresariais, encarregar-se de sua comercialização, bem como suportar despesas, inclusive pagamento de remuneração adequada. Deduz-se, assim, do dispositivo, que as empresas ou fundações públicas, em sua atividade de promover e supervisionar o trabalho produtivo, podem entregar a execução direta deste a empresas privadas. A intermediação para a contratação da produção e da mão de obra, a comercialização dessa produção e as despesas que incluem o pagamento da remuneração adequada ao preso, porém, serão sempre do órgão público, ainda que celebrado convênio com a iniciativa privada, conforme previsto no § 2º.

> Art. 35. Os órgãos da administração direta ou indireta da União, Estados, Territórios, Distrito Federal e dos Municípios adquirirão, com dispensa de concorrência pública, os bens ou produtos do trabalho prisional, sempre que não for possível ou recomendável realizar-se a venda a particulares.
>
> Parágrafo único. Todas as importâncias arrecadadas com as vendas reverterão em favor da fundação ou empresa pública a que alude o artigo anterior ou, na sua falta, do estabelecimento penal.

Vide: **LEP** arts. 29, § 1º, *d*, 34.

35.1 BENS E PRODUTOS DO TRABALHO

Os bens ou produtos do trabalho prisional devem ser vendidos a particulares e, somente quando isso não for possível ou recomendável, devem ser adquiridos pela administração direta ou indireta da União, Estados, Territórios, Distrito Federal e dos Municípios, com dispensa de concorrência pública. A intenção da lei é evidente, pois, com a comercialização do produto do trabalho prisional com as empresas particulares, cria-se, pelo consumo, maior mercado de trabalho, a ser aproveitado eventualmente pelo preso quando atingir a liberdade.[5] Como, porém, o principal objetivo do trabalho penitenciário é o de dar preparação profissional ao preso, ao Estado cumpre o dever de adquirir a produção se não for ela comercializável em condições razoavelmente vantajosas com os particulares. Sempre que houver igualdade de condições, a preferência deve ser o consumidor ou comerciante privado, já que a aquisição pelo Estado só se recomenda quando aquela não é possível ou recomendável. A dispensa de concorrência pública é uma consequência da necessidade de desburocratização necessária à agilização da venda dos produtos e bens resultantes do trabalho penitenciário e, principalmente, porque o interesse da Administração não está voltado a fins econômicos, mas às finalidades de profissionalização do preso.

---

5. Cf. PIERANGELLI, José Henrique. Art. cit. p. 73.

Todas as importâncias arrecadadas com as vendas à Administração ou a particulares reverterão em favor da fundação ou empresa pública ou, em sua falta, em favor do estabelecimento penal. A lei local ou os regulamentos deverão disciplinar o emprego desses recursos na manutenção e no aprimoramento dos mesmos órgãos públicos para que possam bem cumprir com suas finalidades dentro do complexo de atividades destinadas ao processo de reinserção social do condenado.

SEÇÃO III
Do Trabalho Externo

Art. 36. O trabalho externo será admissível para os presos em regime fechado somente em serviço ou obras públicas realizadas por órgãos da administração direta ou indireta, ou entidades privadas, desde que tomadas as cautelas contra a fuga e em favor da disciplina.

§ 1º O limite máximo do número de presos será de dez por cento do total de empregados na obra.

§ 2º Caberá ao órgão da administração, à entidade ou à empresa empreiteira a remuneração desse trabalho.

§ 3º A prestação de trabalho a entidade privada depende do consentimento expresso do preso.

Vide: **LEP** arts. 28, § 2º, 29, *caput*, 37; **CP** arts. 34, § 3º, 35, § 2º; Súmula: **STJ** 562.

36.1 TRABALHO EXTERNO

O condenado que estiver cumprindo a pena em regime semiaberto está sujeito a trabalho em colônia agrícola, industrial ou estabelecimento similar (art. 35, § 1º, do CP), sendo admissível a atribuição do trabalho externo, bem como a frequência a cursos profissionalizantes (art. 35, § 2º, do CP). Nada impede que esse trabalho seja prestado a empresas privadas ou mesmo que tenha caráter autônomo. Segundo o art. 36, *caput*, da Lei de Execução Penal, e art. 34, § 3º, do Código Penal, ao preso que estiver cumprindo a pena em regime fechado somente poderá ser atribuído trabalho externo em serviços ou obras públicas realizados por órgãos da administração direta ou indireta ou entidades privadas, tomadas as cautelas contra a fuga e em favor da disciplina.

Entende-se como *serviço público* todo aquele que é instituído, mantido e executado pelo Estado, por meio de suas instituições e de seus órgãos, com o objetivo de atender a seus próprios interesses e de satisfazer às necessidades coletivas.[6] *Obras públicas* são as que se realizam por iniciativa dos Poderes Públicos, em benefício da coletividade, ou seja, todas as construções ou todas as coisas feitas por iniciativa das autoridades públicas para

---

6. Cf. CALIXTO, Negi. Art. cit. p. 428.

uso público ou como um serviço público.[7] Não estão incluídos no dispositivo em questão os serviços de *interesse público*, que se distinguem dos serviços públicos porque, embora com caráter de utilidade coletiva, são objeto de concessão outorgada a empresas ou instituições particulares que os exploram sob vigilância do próprio Estado, com fim meramente lucrativo, como, por exemplo, o serviço de transportes coletivos. Nesses serviços, somente é possível o trabalho dos presos que se encontrem em regime semiaberto.

Tratando-se de serviços ou obras públicas, não há vínculo empregatício entre o condenado e a Administração ou empresa privada que realiza tais obras, pois as normas que regem o trabalho prisional são de direito público e não estão sujeitas à Consolidação das Leis do Trabalho (item 28.5). Somente ao condenado que se encontra em regime aberto possibilita-se o trabalho com vínculo empregatício, sujeito às normas da CLT.

O trabalho externo do condenado que cumpre pena em regime fechado é efetuado sob vigilância direta da Administração, ou seja, é necessária a escolta como cautela contra a fuga e em favor da disciplina.

Permite-se, evidentemente, que o preso em regime semiaberto também trabalhe em obras ou serviços públicos, realizados pela Administração ou empresas particulares, mas sempre num regime de direito público, inerente ao trabalho prisional. A única distinção entre os dois regimes, no que tange ao trabalho externo, é a desnecessidade de vigilância direta no caso do semiaberto.

Jurisprudência

- *Suspensão do trabalho externo em regime semiaberto durante a pandemia*
- *Requisitos para o deferimento de trabalho externo*
- *Possibilidade de trabalho externo em obras públicas para condenado em regime fechado*
- *Possibilidade de trabalho externo em obras públicas realizadas por entidades privadas*
- *Possibilidade de trabalho externo para condenado por crime hediondo*
- *Inadmissibilidade de trabalho externo para estrangeiro (antes da vigência da Lei nº 13.445/2017)*
- *Desaconselhável o trabalho externo noturno*
- *Desnecessidade de vigilância direta no trabalho externo de preso em regime semi-aberto*
- *Possibilidade de trabalho externo não remunerado: trabalho voluntário*
- *Inadmissibilidade de trabalho externo em lavoura da família do preso*
- *Inexigência de compromisso de responsabilidade do empregador*

36.2 CONDIÇÕES DO TRABALHO EXTERNO

Limita-se a 10% do total de empregados da obra pública o número de presos a ele destinados (art. 36, § 1º). A finalidade do dispositivo é diluir o grupo de presos entre os

---

7. Idem.

trabalhadores livres, de modo que se possa efetuar melhor integração do preso a esse meio social e, por outro lado, evitar problemas que poderiam ser criados com a manutenção e o desenvolvimento, *extramuros*, da "subcultura" característica dos presídios. Facilita-se assim a reintegração social e permitem-se melhores condições de controle e vigilância a fim de se impedir ou ao menos dificultar os atos de indisciplina e a fuga.

O trabalho externo evidentemente não deve ser confundido como uma espécie de delegação do poder de punir na fase de execução da pena, que continuará a ser feita pelo órgão estatal competente (judiciário e administrativo), sempre inserido no regime cuja finalidade se dirige à reintegração social do condenado.

Ao contrário do que ocorre no trabalho interno, a prestação pelo preso, quando se trata de empresa privada que realiza obra pública, depende do consentimento do condenado (art. 36, § 3º). Evita-se que o preso se veja obrigado ao trabalho para a entidade que tem, precipuamente, o intuito de lucro, com a utilização inclusive do trabalho prisional, o que poderia ser visto por ele como tendo um sentido de exploração econômica. A concordância do preso para esse trabalho e para empresa privada elimina, ao menos em parte, essa característica em relação ao preso que o aceita.

Evidentemente, na hipótese de trabalho externo cabe ao órgão da administração, à entidade ou à empresa privada (empreiteira) a remuneração ao preso (art. 36, § 2º).

> **Art. 37.** A prestação de trabalho externo, a ser autorizada pela direção do estabelecimento, dependerá de aptidão, disciplina e responsabilidade, além do cumprimento mínimo de um sexto da pena.
>
> Parágrafo único. Revogar-se-á a autorização de trabalho externo ao preso que vier a praticar fato definido como crime, for punido por falta grave, ou tiver comportamento contrário aos requisitos estabelecidos neste artigo.
>
> *Vide*: **LEP** art. 36; **CP** arts. 34, § 3º, 35, § 2º, 50, **Lei nº 13.445**, de 24-05-2017, art. 30, § 2º. Súmula: **STJ** 40.

37.1 ATRIBUIÇÃO DE TRABALHO EXTERNO

O trabalho externo é uma atenuação gradativa inserida no regime de execução da pena em estabelecimento fechado. Essa atribuição, como em qualquer destinação do trabalho prisional, deve obedecer à regra geral de aptidão do preso para aquele determinado mister (item 31.1). Além disso, porém, em se tratando de trabalho realizado *extramuros*, é imprescindível que se faça uma seleção cuidadosa dos presos para sua atribuição a fim de se evitarem problemas de fuga e indisciplina, determinando-se ainda que se exija do condenado o cumprimento de pelo menos um sexto da pena. Somente com a observação do preso por um período razoável da execução da pena privativa de liberdade é que se poderá decidir de sua "disciplina e responsabilidade", a que alude o dispositivo em estudo, a fim de se obterem os melhores resultados nesse processo destinado à reinserção social do condenado. Não proíbe a lei a atribuição de trabalho externo a condenado por crime hediondo, desde que preenchidos os requisitos estabelecidos. O trabalho externo é incompatível, porém, com o regime disciplinar diferenciado (art. 52).

Tratando-se de regime fechado, de acordo com as novas regras, o cumprimento de 16% já permitiria ao condenado a progressão para o regime semiaberto. Entretanto, pode não ter sido ainda concedido o benefício pela ausência de outro requisito ou de providências demoradas do procedimento (exame criminológico etc.). Nessa hipótese, o trabalho externo pode ser-lhe deferido enquanto aguarda a transferência, se já cumprido um sexto da pena.[8] Dispõe, aliás, a súmula do STJ no Enunciado 40: "Para obtenção dos benefícios de saída temporária e trabalho externo, considera-se o tempo de cumprimento da pena no regime fechado." Não há exigência, porém, da realização do exame criminológico para a concessão do trabalho externo.

Na jurisprudência, a nosso ver corretamente, tem-se exigido que, iniciando o condenado o cumprimento da pena em regime semiaberto, há necessidade também que tenha cumprido no mínimo um sexto da pena. Isto porque é necessário um prazo razoável de observação do apenado, para que seja possível apurar os demais requisitos exigidos no art. 37. É também o que deixa implícito o Enunciado 40 do STJ. Há, porém, orientação diversa, fundada na inexistência de regra expressa a respeito do tempo de cumprimento de pena no regime semiaberto, deixando a concessão ao prudente critério de oportunidade e conveniência do juiz da execução.

A autorização para o trabalho externo cabe à direção do estabelecimento penal, conforme determina a lei em dispositivo que se faz exceção ao princípio da judicialização da execução penal. A desburocratização desse procedimento de atribuição de trabalho aconselha essa orientação.

A designação do local de trabalho do condenado, ainda que esteja submetido ao regime fechado, é questão administrativa e não jurisdicional. Assim, a disposição em apreço, ao contrário do que se tem afirmado, não é inconstitucional. Não afasta, aliás, a competência do juiz da execução ou a fiscalização do Ministério Público. Concedendo o diretor do estabelecimento a autorização em desacordo com a lei, é possível a instauração do procedimento judicial por desvio da execução. Já se tem decidido, porém, que depende de autorização do juiz da execução o trabalho externo quando o condenado cumpre pena em regime semiaberto. O STF já decidiu, aliás, que pode o juiz sentenciante, ao estabelecer o regime de cumprimento de pena em semiaberto, admitir o trabalho externo[9]. Como na hipótese de regime semiaberto não há vigilância direta do condenado e a lei só se refere ao regime fechado no art. 36, a orientação de que a atribuição é da administração, contudo, parece-nos mais acertada.

---

8. Cleni Carlos Rocha de Lima entende que a exigência do cumprimento de um sexto da pena impede a concessão do trabalho externo ao condenado que cumpre pena em regime fechado pois, na hipótese, automaticamente terá ele direito ao regime aberto. *In* Regime semi-aberto de cumprimento de pena privativa de liberdade e trabalho externo, *AJURIS*, Revista da Associação dos Juízes do Rio Grande do Sul, nº 49, p. 188-193.

9. STF: 64566-RJ, j. em 20-3-1987, *DJe* de 10-4-1987

A Lei de Migração expressamente autoriza o trabalho externo do condenado estrangeiro quando inerente ao regime de cumprimento de penas, o que ocorre nas hipóteses dos regimes semiaberto e aberto (art. 30, § 2º, da Lei nº 13.445, de 24-5-2017).

Jurisprudência

- *Dispensa excepcional do tempo mínimo de cumprimento da pena de condenado a regime semiaberto*
- *Concessão ao condenado que obteve a progressão*
- *Concessão ao condenado que preenche os requisitos objetivos e subjetivos*
- *Não concessão no caso de trabalho em escola por condenado por tráfico de drogas*
- *Exigência do cumprimento de um sexto da pena para o trabalho externo*
- *Exigência do cumprimento de um sexto da pena no regime semiaberto*
- *Contra: exigência de prazo de 1/10 do cumprimento da pena*
- *Exigência do cumprimento de um sexto da pena em qualquer regime prisional*
- *Cômputo da detração penal para o requisito de cumprimento de um sexto da pena*
- *Sanação da falta de cumprimento de um sexto da pena*
- *Inexigência de exame criminológico para a concessão do trabalho externo*
- *Competência do juiz da execução para autorização de trabalho externo no regime semiaberto*
- *Competência do juiz da sentença para autorização do trabalho externo no regime semiaberto*
- *Concessão verbal do juiz sanada por procedimento próprio*

37.2 REVOGAÇÃO DA AUTORIZAÇÃO

Iniciado, por parte do preso, o desempenho da atividade laborativa externa, a autorização de trabalho externo será obrigatoriamente revogada quando praticar ele fato definido como crime, for punido por falta grave, ou tiver comportamento contrário aos requisitos estabelecidos na lei (art. 37, parágrafo único, da LEP). A fuga, por exemplo, é falta grave, autorizando, por essa razão, a revogação do benefício do trabalho externo, além de autorizar a regressão. Não há necessidade de se aguardar a solução do processo instaurado em decorrência da prática do ilícito penal praticado pelo preso, já que não se menciona a condenação do preso. A autorização poderá ser renovada em caso de absolvição do acusado. As faltas graves são as definidas no art. 50 da Lei de Execução Penal (item 50.1). O comportamento contrário aos requisitos estabelecidos na lei diz respeito à disciplina e responsabilidade do condenado tanto no trabalho quanto na vida carcerária, podendo causar a revogação a prática de falta leve estabelecida na legislação complementar. Cabe à autoridade administrativa a revogação, já que é ela a competente para autorização. Quando concedida irregularmente, a autorização será cassada pelo juiz da execução no procedimento judicial.

Jurisprudência

- *Fuga como causa de revogação do benefício do trabalho externo*
- *Cometimento de crime como causa de revogação do trabalho externo*

Capítulo IV
DOS DEVERES, DOS DIREITOS E DA DISCIPLINA

SEÇÃO I
Dos Deveres

Art. 38. Cumpre ao condenado, além das obrigações legais inerentes ao seu estado, submeter-se às normas de execução da pena.

Vide: **CF** art. 5º, II; **LEP** arts. 2º, 39, 44, 46, 47; **CP** arts. 40, 351, 352.

38.1 DEVERES DOS CONDENADOS

A situação do condenado não é mera situação vital, natural, dentro da qual o condenado há de ser considerado de modo meramente naturalístico, como um composto biopsíquico, que não funcionou bem, mas que, submetido a tal ou qual "tratamento", vai funcionar bem, vai funcionar a contento.[10] O *status* de condenado, que deriva da *especial relação de sujeição* criada com a sentença condenatória transitada em julgado, configura complexa relação jurídica entre o Estado e o condenado, em que há direitos e deveres de ambas as partes a serem exercidos e cumpridos.

O princípio inspirador do cumprimento das penas e medidas de segurança de privação de liberdade é a consideração de que o interno é *sujeito de direito* e não se acha excluído da sociedade, mas continua formando parte da mesma e, assim, nas relações jurídicas devem ser impostas ao condenado tão somente aquelas limitações que correspondam à pena e à medida de segurança que lhe foram impostas. Mas, como contraprestação às obrigações e limitações da Administração, devem ser estabelecidos na lei os deveres mínimos elementares que devem ser obedecidos pelos presos e internados. Segundo a exposição de motivos da Lei de Execução Penal, a instituição dos deveres gerais do preso (art. 38) e do conjunto de regras inerentes à boa convivência (art. 39) "representa uma tomada de posição da lei em face do fenômeno da prisionalização, visando a depurá-lo, tanto quanto possível, das distorções e dos estigmas que encerra" e, por isso, "sem característica infamante ou aflitiva, os deveres do condenado se inserem no repertório normal das obrigações do apenado como ônus naturais da existência comunitária".[11]

---

10. Cf. MIOTTO, Armida Bergamini. Ob. cit. p. 359.

11. Item 63.

No art. 38, afirma-se que cumpre ao condenado, além das obrigações legais inerentes a seu estado (*status* de condenado), submeter-se às normas de execução da pena. Esclarece-se, assim, que é um dever do preso submeter-se à privação de liberdade imposta pela condenação. Diante do pretendido "direito" ou "dever" de fugir, que todo preso teria, conforme certa doutrina, é adequado registrar na lei que estará ele desobedecendo a um dever para com a Administração ao tentar adquirir a liberdade pela fuga ou evasão. A evasão, como infração de duas ordens jurídicas, a penal e a penitenciária, pode comportar consequências em ambos os setores do ordenamento jurídico: no penal, a responsabilidade pelo delito previsto no art. 352 do Código Penal, e no penitenciário, pela ocorrência de falta disciplinar grave (art. 50, II da LEP). Embora a evasão somente se constitua em ilícito penal, em nosso ordenamento jurídico, quando se utiliza o preso de violência, a fuga do preso é um fato antijurídico por ser uma violação do dever expresso no art. 38 da Lei de Execução Penal. A principal obrigação legal, fundamental mesmo, inerente ao estado do condenado a pena privativa de liberdade, é justamente a de se submeter o preso a ela, ou seja, a não procurar furtar-se à pena pela fuga ou evasão. Torna-se indiscutível, pois, a obrigação fundamental de cumprir com o dever de se submeter à pena, ou mesmo à prisão preventiva por força do art. 39, parágrafo único, para cuja consecução a Administração há de contar com os pertinentes meios coercitivos e disciplinares, sempre combinando justamente um critério de rigor, na defesa da ordem nos estabelecimentos penais, requerido pelas próprias necessidades do internamento, e da demanda social de paz, com o humanismo que inspira toda a reforma penitenciária.

Também seguiu a lei a orientação mais recomendável ao preceituar que o condenado deve submeter-se às "normas de execução penal", estejam elas previstas na lei ou nos regulamentos internos, tal como dispõem, aliás, os arts. D. 243 do Código de Processo Penal francês, 77 do regulamento belga, 9º da lei penitenciária sueca, 32 da lei italiana, 82.2 da lei alemã, 110.1 da lei portuguesa e 4º da lei geral penitenciária espanhola.

Art. 39. Constituem deveres do condenado:

I – comportamento disciplinado e cumprimento fiel da sentença;

II – obediência ao servidor e respeito a qualquer pessoa com quem deva relacionar-se;

III – urbanidade e respeito no trato com os demais condenados;

IV – conduta oposta aos movimentos individuais ou coletivos de fuga ou de subversão à ordem ou à disciplina;

V – execução do trabalho, das tarefas e das ordens recebidas;

VI – submissão à sanção disciplinar imposta;

VII – indenização à vítima ou aos seus sucessores;

VIII – indenização ao Estado, quando possível, das despesas realizadas com a sua manutenção, mediante desconto proporcional da remuneração do trabalho;

IX – higiene pessoal e asseio da cela ou alojamento;

X – conservação dos objetos de uso pessoal.

Parágrafo único. **Aplica-se ao preso provisório, no que couber, o disposto neste artigo.**

Vide: **CF** art. 5º, XLV; **LEP** arts. 1º, 2º, parágrafo único, 29, § 1º, *a*, *d*, 31, 38, 44, 46, 47, 50, I, II, V, 53; **CP** arts. 33, § 4º, 40, 81, II, 83, IV, 91, I, 94, III, 351, 352; **CPP** arts. 63, 64, 68, 140, 336, 387, IV; **CC** arts. 186, 927, 935, 948 a 954.

39.1 ESPECIFICAÇÃO DOS DEVERES

Como foi visto, o *jus executionis* do Estado, isto é, o direito de executar a pena, a que corresponde o dever do condenado de se sujeitar a ela, surge com a condenação. A execução é devida ao Estado ou – é o reverso da medalha – o Estado tem o direito de executar a sentença. E porque apenas o Estado – e ninguém mais – tem esse direito, na sentença penal condenatória não é indicado – como, ao contrário, é necessário na sentença civil – a quem favorece o direito de promover a execução: o Estado é o sujeito ativo necessário, ao qual compete a execução penal.[12] Somente o Estado pode ser sujeito do direito de executar a pena, de modo que nem é preciso que isso conste da sentença. Os limites desse direito, porém, são traçados pelos termos da sentença condenatória, que é o título executivo da execução penal. Dentro desses limites, além do direito de privar de liberdade o condenado pelo tempo determinado, em princípio, na sentença, a que deve submeter-se o condenado, há que se instituir o quadro de direitos e deveres do condenado, eliminando-se deles, nos limites exatos dos termos da condenação, alguns direitos e alguns deveres de que ele era sujeito antes da condenação. São eliminados ou suspensos os deveres que o condenado tinha antes e cujo cumprimento depende da liberdade de locomoção, mas da sentença condenatória transitada em julgado surgem novos deveres, a serem especificados, inclusive para conhecimento dos obrigados. Como se diz na exposição de motivos, "a especificação exaustiva atende aos interesses do condenado, cuja conduta passa a ser regulada mediante regras disciplinares claramente previstas".[13] Assim, nos arts. 38 a 43 da Lei de Execução Penal fica instituído verdadeiro estatuto jurídico, constituído pelos direitos e deveres que tem o preso em consequência da especial relação jurídico-penitenciária em que se encontra.

39.2 QUADRO DE DEVERES

Constitui, em primeiro lugar, dever do condenado "comportamento disciplinado e cumprimento fiel da sentença" (art. 39, I). Em complemento a esse dispositivo, prevê a lei uma seção especial referente à disciplina, dividida entre disposições gerais (arts. 44-58), faltas disciplinares (arts. 49-52), sanções e recompensas (arts. 53-56), aplicação das sanções (arts. 57 e 58) e procedimento disciplinar (arts. 59 e 60), sem prejuízo das normas estabelecidas pela legislação estadual e pelos regulamentos penitenciários internos. Por cumprimento fiel da sentença entende-se não só o dever do preso de submeter-se à privação

---

12. Cf. SANTORO, Arturo. *L'esecuzione penale*. 2. ed. Turim: Utet, 1953. p. 54-55.

13. Item 64.

da liberdade, de não evadir-se (item 38.1), como também todos aqueles decorrentes diretamente da sentença condenatória: pagamento da multa, impedimentos decorrentes dos efeitos da condenação (incapacidade para o exercício do poder familiar, tutela ou curatela, inabilitação para dirigir veículos etc.) e outros.

Deve o condenado "obediência ao servidor e respeito a qualquer pessoa com quem deva relacionar-se" (inciso II). Exige-se o acatamento das ordens legais dos funcionários das instituições penitenciárias e autoridades judiciárias ou administrativas, tanto dentro do estabelecimento, como fora dele, por ocasião dos traslados, transferências, condução ou prática de diligências. Atos de conduta insolente, ameaçadora, desobediência, rebeldia, insubordinação etc. podem constituir um crime (resistência, desobediência, desacato etc.), e sempre serão faltas disciplinares graves (art. 50, VI). Também é falta grave o desrespeito a qualquer pessoa com quem o preso deve relacionar-se (funcionários do instituto penitenciário ou outros servidores, visitantes etc.).

A "urbanidade e respeito no trato com os demais condenados" é também dever do preso (inciso III). O interno deve observar conduta correta com seus companheiros de prisão ou com outros presos ou internados com os quais deve, ainda que eventualmente, conviver. Já se tem observado que os presos dificilmente formam amizade com outros presos, embora se tratem como "companheiros" e com os quais podem chegar até a uma boa "camaradagem". Vale reproduzir a experiência de Armida Bergamini Miotto: "Clara ou obscuramente, ele (preso) desconfia de todos e de cada um; desconfia dos outros presos, porque são delinquentes (como se ele mesmo não fosse); desconfia dos funcionários porque constituem 'outro grupo', ao qual ele não pode aspirar, e cujos 'segredos' ele ignora... A permanência na prisão é transitória (embora haja de ser longa) e não desejada; por isso, embora ele não saiba verbalizar, o preso, consciente ou inconscientemente, não só não procura se integrar no ambiente prisional, como evita se integrar."[14] Exige a lei, porém, que, na impossibilidade de uma convivência regida pela amizade ou fraternidade, o preso trate os demais condenados com urbanidade e respeito nas inevitáveis relações que terão na coabitação, no trabalho, na instrução, na recreação etc., a fim de que esse relacionamento se efetue em condições semelhantes àquelas do mundo livre, aprendendo o preso a necessidade de que se respeite o próximo. O descumprimento desse dever pode constituir inclusive um ilícito penal (crimes contra a honra, por exemplo), uma contravenção (vias de fato, importunação ofensiva ao pudor, perturbação de tranquilidade etc.) ou ser conceituado pela lei estadual como falta disciplinar.

É ainda dever do condenado "conduta oposta aos movimentos individuais ou coletivos de fuga ou de subversão à ordem ou à disciplina" (inciso IV). Não há, como já foi visto, o "direito" e muito menos o "dever" de fuga do preso (item 38.1). Assim, é relacionado como dever do condenado não só a não adesão, mas até uma conduta oposta aos movimentos individuais ou coletivos de evasão, tanto nos estabelecimentos penitenciários, como fora deles (traslados, transferências, trabalho externo ou qualquer diligência fora dos institutos). Assim, embora não se considere como dever do preso o de delatar a existência desses movimentos ou de sua autoria, já que inexiste dever legal de agir para impedir a fuga de outrem, exige-se que o preso sempre se oponha a eles. Descumpre esse dever o condenado

---

14. Ob. cit. p. 387.

que sugere, instiga, incita ou planeja a fuga ou que fabrica, porta ou oculta instrumento ou objeto destinado à facilitação da evasão, ainda que ela não se consume. A mesma exigência faz-se com relação aos movimentos de subversão à ordem ou à disciplina nas prisões ou fora delas. Refere-se a lei, aqui, aos movimentos de rebeldia e insubordinação, à destruição ou vandalismo, aos atos insolentes e ameaçadores contra autoridades ou funcionários, ou quaisquer outros que levem à insegurança ou à desordem, subvertendo a regular vida carcerária. O incitamento ou a participação de movimento para subverter a ordem ou a disciplina é falta grave (arts. 50, I, e 52), podendo constituir também ilícito penal (motim de presos, dano a coisa pública), e aquele dirigido à fuga, além de constituir-se em falta disciplinar, pode constituir o crime de evasão mediante violência contra a pessoa (art. 352 do CP).

Constitui, ainda, dever do condenado "execução de trabalho, das tarefas e das ordens recebidas" (inciso V). A obrigação de trabalhar já foi considerada anteriormente (item 28.1), mas a lei reporta-se também genericamente à execução "das tarefas e das ordens recebidas". Assim, ainda que não se trate de uma das obrigações decorrentes do trabalho atribuído ao condenado, de acordo com a disciplina legal, deve o preso obediência às ordens recebidas das autoridades e funcionários competentes, desde que não ilegais, constituindo-se a desobediência em falta disciplinar grave (art. 50, VI). Comete-a o preso que se recusa a colaborar em eventual serviço de transporte de materiais ou objetos, a retornar à cela, a não entrar em forma para inspeção, a permitir revista na cela etc.

Outro dos deveres do preso é o de se submeter à *sanção disciplinar imposta* (inciso VI). As faltas disciplinares, de acordo com a moderna orientação penitenciária, devem ser relacionadas na lei ou regulamentos. Optou nosso legislador federal por dispor apenas a respeito das faltas graves (arts. 49-52), deixando à legislação complementar a regulamentação pertinente às médias e leves. Instituídas estas últimas na legislação complementar e obedecido o procedimento destinado à apuração de falta disciplinar, que deve também merecer regulamentação pela lei local, podem ser impostas as sanções disciplinares: advertência verbal, repreensão, suspensão ou restrições de direitos, isolamento na própria cela, ou em local adequado nos estabelecimentos que possuem alojamento coletivo, e inserção no regime disciplinar diferenciado (art. 53). Deve o preso acatar a sanção disciplinar regularmente imposta e sua recusa ou resistência poderá constituir, conforme lei regulamentadora, uma nova falta disciplinar, sem prejuízo da execução coercitiva da primeira. Em contrapartida, se a sanção disciplinar não for imposta regularmente, de acordo com o procedimento previsto em lei federal ou complementar, tem o condenado o direito de a ela opor-se.

A indenização à vítima ou aos seus sucessores, outro dos deveres do condenado (inciso VII), é a reparação *ex-delicto* prevista tanto na lei penal como civil. Por isso, é possível à Administração descontar do produto da remuneração pelo trabalho do preso uma parte destinada ao atendimento dessa indenização, desde que esteja determinada judicialmente (art. 29, § 1º, *a* – item 29.2). Mas, além dessa execução forçada, a indenização é devida mesmo no caso de não trabalhar o preso, e é seu dever, se dispuser de meios, satisfazê-la.

Inclui-se ainda como dever do condenado, de acordo com a moderna orientação doutrinária, a "indenização ao Estado, quando possível, das despesas realizadas com a sua manutenção, mediante desconto proporcional da remuneração do trabalho" (inciso VIII). Esse desconto, como já foi visto, não pode prejudicar a destinação prevista na lei para a indenização *ex-delicto*, assistência à família e despesas pessoais (art. 29, § 1º, *d*). À lei local cabe dispor sobre a percentagem do desconto destinada a tal indenização.

Por fim, constituem deveres do condenado os cuidados necessários à "higiene pessoal e asseio da cela ou alojamento" e "conservação dos objetos de uso pessoal" (incisos IX e X). A necessidade de convivência forçada, nos alojamentos e locais de trabalho, de ensino, de recreação etc., como a própria condição de dignidade humana, exigem que o preso mantenha princípios básicos de higiene, com relação a roupas, camas etc., além de providenciar e zelar pela limpeza dos alojamentos e suas instalações, celas etc., preservando também os objetos de uso pessoal. Pode a lei local considerar o não cumprimento desses deveres como falta disciplinar média ou leve.

Não cumpridos quaisquer dos deveres pelo condenado, constitua ou não sua desobediência falta disciplinar, o fato implica demérito do preso, vindo em seu prejuízo por ocasião de se aferir a progressão, razão que indica ser necessária a comunicação ao diretor do presídio de qualquer infração às normas previstas nos arts. 38 e 39 da Lei de Execução Penal.

39.3 PRESO PROVISÓRIO

Aplica-se ao preso provisório, no que couber, o disposto no art. 39, *caput* (art. 39, parágrafo único). Embora não esteja sujeito às obrigações de uma sentença condenatória transitada em julgado, o preso provisório deve permanecer recolhido em decorrência de circunstâncias previstas especialmente na lei processual, impondo-se a ele os deveres que não decorrem exclusivamente da condenação. Excetuando-se, portanto, os deveres ao cumprimento fiel da sentença (inciso I, segunda parte), a execução do trabalho, que é nessa hipótese facultativa (art. 39, V), e as indenizações à vítima e ao Estado (incisos VIII e IX), além de não se empenhar em fuga ou evasão, deve o preso provisório cumprir com os demais deveres, estando sujeito às mesmas sanções disciplinares do condenado (art. 44, parágrafo único).

SEÇÃO II
Dos Direitos

Art. 40. **Impõe-se a todas as autoridades o respeito à integridade física e moral dos condenados e dos presos provisórios.**

Vide: **CF** art. 5º, XLVII, *e*, XLIX; **LEP** arts. 3º, 41 a 43, 84; **CP** arts. 38, 40; **Lei nº 9.455**, de 7-4-1997, art. 1º, §§ 1º e 2º; **Lei nº 13.869**, de 5-9-2019, arts. 13 e 15, parágrafo único.

40.1 INTRODUÇÃO

O interesse atual pelos direitos do preso é, de certa forma, um reflexo do movimento geral de defesa dos direitos da pessoa humana. Ninguém ignora que os presos, em todos os tempos e lugares, sempre foram vítimas de excessos e discriminações quando submetidos aos cuidados de guardas ou carcereiros de presídios, violando-se assim aqueles direitos englobados na rubrica de "direitos humanos". Definem-se estes como os direitos que naturalmente correspondem a cada pessoa pelo simples fato de serem seres humanos e em razão da dignidade a tal condição e às de liberdade, segurança, igualdade, justiça e paz em que toda pessoa deve viver e atuar.[15]

A doutrina penitenciária moderna, como já foi visto, com acertado critério proclama a tese de que o preso, mesmo após a condenação, continua titular de todos os direitos que não foram atingidos pelo internamento prisional decorrente da sentença condenatória em que se impôs uma pena privativa de liberdade. Com a condenação, cria-se especial relação de sujeição que se traduz em complexa relação jurídica entre o Estado e o condenado em que, ao lado dos direitos daquele, que constituem os deveres do preso, encontram-se os direitos destes, a serem respeitados pela Administração. Por estar privado de liberdade, o preso encontra-se em uma situação especial que condiciona uma limitação dos direitos previstos na Constituição Federal e nas leis, mas isso não quer dizer que perde, além da liberdade, sua condição de pessoa humana e a titularidade dos direitos não atingidos pela condenação. Além disso, a execução da pena deve estar em consonância com os fins a ela atribuídos pelo ordenamento jurídico e, por essa razão, cumpre determinar, em função dela, a condição jurídica do preso a fim de que a execução, tanto quanto possível, possa assemelhar-se às relações da vida normal.[16] Tornar-se-á inútil, conforme se assinala na exposição de motivos, a luta contra os efeitos nocivos da prisionalização, sem que se estabeleça a garantia jurídica dos direitos do condenado, configurando o reconhecimento dos direitos da pessoa presa uma exigência fundamental nos métodos e meios da execução penal.[17] Assim, além de se assegurar ao condenado e aos internados todos os direitos não atingidos pela sentença ou pela lei e impor o respeito à integridade física e moral, que é garantia de âmbito constitucional, deve a lei de execução especificar todos os direitos do preso (arts. 38 e 40 do CP, 3º e 40 da LEP). Não se trata, como adverte a exposição de motivos, de regras meramente programáticas, mas de direitos do prisioneiro, positivados por preceitos e sanções,[18] indicados com clareza e precisão, a fim de se evitarem a fluidez e as incertezas resultantes de textos vagos ou omissões.[19]

Como qualquer dos direitos humanos, os direitos do preso são invioláveis, imprescritíveis e irrenunciáveis.

40.2 RESPEITO À INTEGRIDADE FÍSICA E MORAL

Preceitua o art. 40 que se impõe a todas as autoridades o respeito à integridade física e moral dos condenados e dos presos provisórios. Estão assim protegidos os direitos humanos fundamentais do homem (vida, saúde, integridade corporal e dignidade humana), os mais importantes, porque servem de suporte aos demais, que não existiriam sem aqueles. Em virtude dessa declaração, que tem caráter constitucional, pois que prevista no art. 5º, XLIX, da Carta Magna, estão proibidos os maus-tratos e castigos que, por sua crueldade ou

---

15. Cf. GUZMAN, Luis Garrido. Ob. cit. p. 204.
16. Cf. FRAGOSO, Heleno. Ob. cit. p. 250.
17. Itens 65 e 68.
18. Item 74.
19. Item 75.

conteúdo desumano, degradante, vexatório e humilhante, atentam contra a dignidade da pessoa, sua vida, sua integridade física e moral. Ainda que seja difícil desligar esses direitos dos demais, pois dada sua natureza eles se encontram compreendidos entre os restantes, é possível admiti-los isoladamente, estabelecendo, como faz a lei, as condições para que não sejam afetados. Em todas as dependências penitenciárias, e em todos os momentos e situações, devem ser satisfeitas as necessidades de higiene e segurança de ordem material, bem como as relativas ao tratamento digno da pessoa humana que é o preso. Impõe-se, também, à administração zelar pela integridade física, moral e psicológica do preso ameaçada pela convivência com outros presos, inclusive mediante a sua segregação em local ou seção apropriada do estabelecimento penal (art. 84, § 4º). A Resolução nº 14, de 11-11-1994, do Conselho Nacional de Política Criminal e Penitenciária, reitera o princípio fundamental de que deve ser assegurado a qualquer pessoa presa "o respeito à sua individualidade, integridade física e dignidade pessoal" (art. 3º). A Lei nº 9.455, de 7-4-1997, que define os crimes de tortura, tipifica como ilícito penal quem submete pessoa presa ou sujeita a medida de segurança a sofrimento físico ou mental, por intermédio de prática de ato não previsto em lei ou não resultante de medida legal, bem como aquele que se omite em face dessas condutas, quando tinha o dever de apurá-las (art. 1º, §§ 1º e 2º).

Jurisprudência

- *Responsabilidade civil do Estado pela violação por terceiro do direito do preso à integridade física*

Art. 41. Constituem direitos do preso:

I – alimentação suficiente e vestuário;

II – atribuição de trabalho e sua remuneração;

III – previdência social;

IV – constituição de pecúlio;

V – proporcionalidade na distribuição do tempo para o trabalho, o descanso e a recreação;

VI – exercício das atividades profissionais, intelectuais, artísticas e desportivas anteriores, desde que compatíveis com a execução da pena;

VII – assistência material, à saúde, jurídica, educacional, social e religiosa;

VIII – proteção contra qualquer forma de sensacionalismo;

IX – entrevista pessoal e reservada com o advogado;

X – visita do cônjuge, da companheira, de parentes e amigos em dias determinados;

XI – chamamento nominal;

XII – igualdade de tratamento, salvo quanto às exigências da individualização da pena;

XIII – audiência especial com o diretor do estabelecimento;

XIV – representação e petição a qualquer autoridade em defesa de direito;

XV – contato com o mundo exterior por meio de correspondência escrita, da leitura e de outros meios de informação que não comprometam a moral e os bons costumes;

XVI – atestado de pena a cumprir, emitido anualmente, sob pena da responsabilidade da autoridade judiciária competente.*

Parágrafo único. Os direitos previstos nos incisos V, X e XV poderão ser suspensos ou restringidos mediante ato motivado do diretor do estabelecimento.

* Inciso acrescentado pela Lei nº 10.713, de 13-8-2003.

Vide: **CF** art. 5º, XII, XXXIV, *a*, L, LXIII, LXIX; **LEP** arts. 3º, 10 a 24, 28 a 37, 40, 42, 43, 50, VI, 52, 53, III, 66, VI, X, 84, 185, 186, 198; **CP** arts. 40, 151, 153, 154, 319-A, 349-A; **CPP** art. 233; **Lei nº 8.069**, de 13-7-1990 – ECA art. 19, § 4º; **Lei nº 8.653**, de 10-5-1993, art. 1º; **Lei nº 8.906**, de 4-7-1994 – EAOAB art. 7º, II, III; **Lei nº 9.051**, de 18-5-1995, art. 1º; **Lei nº 9.296**, de 24-7-1996; **Lei nº 10.792**, de 1º-12-2003, arts. 4º, 5º, IV; **Lei nº 12.850**, de 2-8-2013, art. 3º, V; **Lei nº 13.869**, de 5-9-2019, arts.13 e 15, parágrafo único.

41.1 ALIMENTAÇÃO E VESTUÁRIO

Tem o preso direito a "alimentação suficiente e vestuário" (art. 41, I). Trata-se de regra em que se desdobra o princípio geral de preservação da vida e saúde do preso, fundamental para a existência dos demais direitos. Deve a administração, assim, de um lado, proporcionar ao preso alimentação controlada, convenientemente preparada e que corresponda em quantidade e qualidade às normas dietéticas e de higiene, tendo em conta o seu estado de saúde e, de outro, vestuário apropriado ao clima, para que não lhe seja prejudicada a saúde ou a dignidade. O dispositivo está em consonância com o disposto nas Regras de Mandela (Regras 19 a 22) e é regulado no art. 12, que dispõe sobre a assistência material (item 12.1).

41.2 ATRIBUIÇÃO DE TRABALHO

Prevê o art. 6º da Constituição Federal que o trabalho é um dos "direitos sociais". Como o preso, por seu *status* de condenado em cumprimento de pena privativa de liberdade, não pode exercer a atividade laborativa em decorrência da limitação imposta pela sanção, incumbe ao Estado o dever de atribuir-lhe o trabalho que deve realizar no estabelecimento prisional (item 28.1). É o que determina o art. 41, inciso II, preservando a dignidade humana do condenado (item 28.1). De igual modo, ao trabalho do preso deve corresponder uma remuneração "equitativa", como preconizam as Regras de Mandela (Regra 103.1).

41.3 PREVIDÊNCIA SOCIAL

Constitui também direito do preso a obtenção dos benefícios da previdência social (art. 41, III). Sendo o trabalho também um dever do preso e devendo ser ele similar ao trabalho livre, decorre também a necessidade de se dar ao obreiro condenado as condições para que possa gozar dos benefícios da previdência social, incluindo-se, nessa ordem, aqueles derivados de acidente do trabalho (item 28.4).

Questão controvertida é certamente o direito do preso de valer-se dos benefícios da Previdência Social, em que se deve incluir, forçosamente, o referente à aposentadoria, quando todos reconhecem que o Estado não está aparelhado materialmente sequer para assistir o homem livre que está desempregado. Evidentemente, o direito do preso à aposentadoria está condicionado à regulamentação das leis pertinentes à Previdência Social, dado seu caráter peculiar, não sendo o dispositivo autoaplicável nessa hipótese. Ademais, como a Lei de Execução Penal não prevê a possibilidade de descontar-se coativamente da remuneração do preso a contribuição previdenciária, tal direito somente poderá ser exercido pelo preso que, voluntariamente, contribuir para a Previdência Social, nos termos da legislação específica, no que se refere a seu trabalho prisional.

Não se pode impedir, porém, que o preso dê andamento aos procedimentos judiciais e administrativos referentes à Previdência Social que estejam pendentes no momento em que foi ele privado de liberdade. Deve ser oferecida também a oportunidade para que possa propor novas ações, formular pedidos e tomar as providências necessárias para conservar seus direitos às prestações previdenciárias adquiridas antes do ingresso na prisão.

Jurisprudência

- *Direito a benefício acidentário*

41.4 CONSTITUIÇÃO DE PECÚLIO

Sendo obrigatório o trabalho e devendo o trabalhador preso receber uma remuneração adequada, pode o Estado prever sua destinação. É o que se faz no art. 29, § 1º, da Lei de Execução Penal, que prevê, em caso de estarem satisfeitas as obrigações maiores (reparação do dano, assistência à família etc.), a possibilidade de constituição de pecúlio, mediante desconto da remuneração devida pelo trabalho prisional (item 29.2). Cumpre-se, assim, o disposto no art. 41, inciso IV, da Lei de Execução Penal.

41.5 DESCANSO E RECREAÇÃO

Exigindo-se do preso que trabalhe, não há que se descuidar de que são também necessários para ele os momentos de descanso e recreação. Por isso, prevê a lei a proporcionalidade na distribuição do tempo para o trabalho, o descanso e a recreação (art. 41, V).

Os momentos de repouso são necessários, não se confundindo com a simples ociosidade, porque, diversamente dela, é tão somente uma necessária interrupção da atividade laborativa. A execução ou exercício de uma atividade, principalmente no caso do trabalho, exige esforço, e a intensidade ou a duração dele produzem um estado físico ou psíquico de tensão e fadiga. Nesse estado, a atividade sofre qualitativa e quantitativamente, o que se reflete na produtividade, podendo até ser contraproducente e causar algum acidente. Impõe-se, pois, uma parada, um "não fazer nada", cuja finalidade não está em si mesma, pois que visa ao repouso, descanso, a fim de se readquirirem as condições necessárias para a atividade interrompida.[20] Por isso, deve estar sempre assegurado período de descanso, para o sono, durante a jornada normal de trabalho, assim como nos domingos e feriados, como determina a lei (item 33.1).

Mesmo prevendo uma jornada normal de trabalho entre seis e oito horas e considerando também os períodos de descanso, o preso dispõe de bastante tempo livre nas prisões, normalmente destinado ao ócio. Este, considerado a "mãe de todos os vícios", produz efeitos deletérios (indolência, preguiça, egoísmo, desocupação, jogo, contágio moral, desequilíbrio), num conteúdo antiético que pode lançar por terra as esperanças do reajustamento social do condenado. Deve-se, portanto, ocupar o tempo livre do preso, impedindo o ócio, por meio da recreação. A recreação é o lazer-distração, atividade que repousa ou que proporciona salutar fadiga propícia para o repouso por excelência que é o sono. É a atividade que não se realiza por obrigação ou por coerção, de qualquer natureza, ou visando a alguma vantagem lucrativa e por isso não é preocupante, nem cria tensões, mas, ao contrário, as desfaz.[21] Recomenda-se, pois, a recreação para o bem-estar físico e mental dos presos, e ela deve ser organizada em todos os estabelecimentos, segundo as Regras de Mandela (Regra 105).

Entre os meios de recreação ganha vulto o esporte, incluindo-se a ginástica, que não é apenas meio para manter a saúde física e psíquica, ou seja, o equilíbrio biopsíquico, mas contribui também para a disciplina e a elevação moral do preso, suscitando ou desenvolvendo virtudes individuais e sociais, tais como lealdade, serenidade, espírito de equipe ou colaboração etc.

41.6 ATIVIDADES DE RECREAÇÃO

Constitui direito do preso o exercício de atividades profissionais, intelectuais, artísticas e desportivas, desde que compatíveis com a execução da pena (art. 41, VI). Deu-se guarida na lei à recomendação prevista nas Regras de Mandela de serem organizadas atividades recreativas e culturais em todos os estabelecimentos para o bem-estar físico e mental dos presos (Regra 105). Assim, deve ser preenchido o tempo do preso, sempre que possível, com atividades não só esportivas, já mencionadas, como também de ordem profissional, intelectual e artística. O lazer-cultura também é atividade, cuja finalidade é a satisfação do enriquecimento intelectual ou artístico, do aperfeiçoamento ou refinamento da personalidade.[22] Vários países organizaram alguns ou vários meios para promover a produtiva recreação: bibliotecas do estabelecimento ou de empréstimos (Alemanha, Inglaterra, Dinamarca), serviços de imprensa, com a edição de publicações específicas para os presos (França, EUA, URSS, Espanha), serviços de rádio, televisão, formação de equipes esportivas e organização de clubes de detentos (Dinamarca, EUA), formação de grupos artísticos com sessões de teatro, cinema, concerto etc. São atividades importantes porque contribuem, de maneira eficiente, para que o preso mantenha sua autonomia íntima, exercite sua liberdade interior e sua imaginação, sublime ou, pelo menos, canalize pulsões e cargas emocionais ou tensões físicas e psíquicas, mantendo assim o equilíbrio necessário para uma vida o quanto possível normal.

---

20. Cf. MIOTTO, Armida Bergamini. Ob. cit. p. 504.

21. Cf. MIOTTO, Armida Bergamini. Ob. cit. p. 504.

22. Cf. MIOTTO, Armida Bergamini. Ob. cit. p. 504.

41.7 ASSISTÊNCIA

É também direito do preso a assistência material, à saúde, jurídica, educacional, social e religiosa (art. 41, VII). O assunto já foi objeto de exame anteriormente (itens 11.1 a 24.4).

Jurisprudência

- *Direito à assistência psicológica*

41.8 PROTEÇÃO CONTRA O SENSACIONALISMO

Prejudicial tanto para o preso como para a sociedade é o sensacionalismo que marca a atividade de certos meios de comunicação de massa (jornais, revistas, rádio, televisão etc.). Noticiários e entrevistas que visam não à simples informação, mas que têm caráter espetaculoso não só atentam contra a condição da dignidade humana do preso, como também podem dificultar sua ressocialização após o cumprimento da pena. Pode ainda o sensacionalismo produzir efeitos nocivos sobre a personalidade do preso. A divulgação e, principalmente, a exploração, em tom espalhafatoso, de acontecimentos relacionados ao preso, que possam escandalizar ou atrair sobre ele as atenções da comunidade, retirando-o do anonimato, eventualmente o levarão a atitudes antissociais, com o fim de manter essa atenção pública em processo de egomania e egocentrismo inteiramente indesejável. Determina-se, por isso, como direito do preso, a proteção contra qualquer forma de sensacionalismo (art. 41, VIII), sendo defesa ao integrante dos órgãos da execução penal, e ao servidor, a divulgação de ocorrência que exponha o preso a inconveniente notoriedade, durante o cumprimento da pena (art. 198). A Resolução nº 14, de 11-11-1994, do Conselho Nacional de Política Criminal e Penitenciária, reitera o princípio fundamental de que a pessoa presa ou sujeita a medida de segurança não deve ficar exposta à execração pública, prescrevendo normas que vedam o constrangimento a participar, ativa ou passivamente, de atos de divulgação de informações aos meios de comunicação social, especialmente no que diz respeito à fotografia e filmagem (art. 47), bem como a divulgação desnecessária de informações sobre a vida privada e a intimidade do preso (art. 47, parágrafo único).

41.9 ENTREVISTA COM ADVOGADO

Em consonância com o art. 7º, III, da Lei nº 8.906, de 4-7-1994 (Estatuto da Advocacia e da Ordem dos Advogados do Brasil – OAB), que prevê como direito do advogado "comunicar-se com seus clientes, pessoal e reservadamente, mesmo sem procuração, quando estes se achem presos, detidos ou recolhidos em estabelecimentos civis ou militares, ainda que considerados incomunicáveis", dispõe o art. 41, inciso IX, da Lei de Execução Penal, que é direito do preso a "entrevista pessoal e reservada com o advogado". Trata-se de um direito que tem seu fundamento no âmbito da Constituição Federal, que garante aos acusados ampla defesa, com os meios e recursos a ela inerentes (art. 5º, LV), assinalando ainda que a lei não poderá excluir da apreciação do Poder Judiciário qualquer lesão de direito individual (art. 5º, XXXV). A proteção contra qualquer lesão de direito individual do preso e a ampla defesa no processo penal não estariam asseguradas se não se permitisse a livre entrevista deste com seu advogado, mesmo na hipótese de se encontrar incomunicável. As comunicações do preso com seu advogado têm especial importância no meio penitenciário, dada a importância que tem para este essa relação profissional, tanto no caso de estar respondendo a uma ação penal, como na hipótese de execução penal. Assim, devem ser concedidas as maiores facilidades para essa comunicação pessoal que, por ser reservada, exige que se lhe destine lugar apropriado e digno no estabelecimento penitenciário, garantindo o sigilo que deve presidir essas relações do cliente com seu procurador judicial. Não é indispensável que o advogado, para manter entrevista com o preso, já seja seu procurador constituído ou designado, pois o preso poderá decidir-se durante a comunicação pessoal por constituí-lo. A Lei nº 10.792, de 1º-12-2003, autoriza, porém, com relação ao preso inserido no regime disciplinar diferenciado, que por lei estadual sejam disciplinados o cadastramento e o agendamento prévio das entrevistas com o seu advogado (art. 5º).

41.10 VISITAS

Fundamental ao regime penitenciário é o princípio de que o preso não deve romper seus contatos com o mundo exterior e que não sejam debilitadas as relações que o unem aos familiares e amigos. Não há dúvida de que os laços mantidos principalmente com a família são essencialmente benéficos para o preso, porque o levam a sentir que, mantendo contatos, embora com limitações, com as pessoas que se encontram fora do presídio, não foi excluído da comunidade. Dessa forma, no momento em que for posto em liberdade, o processo de reinserção social produzir-se-á de forma natural e mais facilmente, sem problemas de readaptação a seu meio familiar e comunitário. Preceituam, aliás, as Regras de Mandela que se deve velar particularmente para que se mantenham e melhorem as boas relações entre o preso e sua família quando estas sejam convenientes para ambas as partes (Regra 106), devendo ser autorizadas visitas de familiares e amigos, ao menos periodicamente e sob devida vigilância (Regra 58). Prevê, aliás, o ECA, como direito assegurado à criança e ao adolescente, inclusive nas hipóteses de acolhimento institucional, o direito de visitas periódicas ao pai ou mãe privados de liberdade (art. 19, § 4º). Por isso, concede-se ao preso o direito da visita do cônjuge, da companheira, de parentes e amigos em dias determinados (art. 41, X).

Deve a segurança do estabelecimento, porém, submeter as visitas e o material que transportam a busca pessoal rigorosa, a fim de evitar a entrada de armas, drogas ou objetos que possam comprometer a boa ordem, a disciplina e a segurança do presídio. O direito de visita do preso inserido no regime disciplinar diferenciado é mais restrito, porque limitado à visitação quinzenal de duas pessoas por vez a serem realizadas em instalações equipadas para impedir o contato físico e a passagem de objetos, por pessoa da família ou, no caso de terceiro, autorizado judicialmente, excetuadas as crianças, com duração de duas horas (art. 52, III). O procedimento de visita social aos presos nos estabelecimentos penais federais de segurança máxima foi regulado pela Portaria nº 157, de 12-2-2019, do Ministério da Justiça e Segurança Pública.

Um dos problemas mais discutidos hoje no direito penitenciário, a respeito do assunto, é a denominada *visita conjugal, sexual* ou *íntima* ao preso. Tem-se realçado que a abstinência sexual imposta pode originar graves danos à pessoa humana. Não se pode negar a existência da necessidade sexual, isto é, dos impulsos do instinto sexual, que se fazem sentir numa pessoa adulta normal. Grande parte dos autores voltados ao tema conclui que a abstinência sexual por período prolongado contribui para desequilibrar a pessoa, favorece condutas inadequadas, conduz, em muitos casos, ao homossexualismo, pode tornar-se verdadeira obsessão para o preso e criar um clima tenso no estabelecimento penitenciário, originando graves distúrbios na vida prisional. Um dos recursos que se têm proposto para solucionar tal problema é a visita conjugal, proposta que tem encontrado fervorosos adeptos e adversários, sem que se tenha concluído por uma solução ideal. Assinalam os primeiros que o juiz tem apenas a faculdade de privar o delinquente de sua liberdade, porém não há lei que determine infligir-se a ele o castigo acessório da castidade forçada, temporária mutilação funcional do ardor erótico. Assim, vem ganhando corpo nas legislações a orientação de se conceder permissão de saída ou visita íntima como solução do problema sexual das prisões. É o que ocorre, por exemplo, no México, Chile, Argentina, Estados Unidos, Espanha, Nicarágua, Venezuela e, em alguns presídios, em nosso país.

Embora em muitas legislações a visita íntima seja considerada como recompensa ou regalia, limitada e gradativa, e concedida apenas aos sentenciados de ótimo comportamento, a tendência moderna é a de considerá-la como um direito, ainda que limitado, do preso. É um direito limitado por não ser expresso na lei como um direito absoluto e sofrer uma série de restrições tanto com relação às pessoas, como às condições que devem ser impostas por motivos morais, de segurança e de boa ordem do estabelecimento. Essa é a posição da visita sexual na lei de execução brasileira. O preso tem direito à visita do cônjuge ou companheira (art. 41, X) e o contato íntimo está entre os direitos não atingidos pela sentença ou pela lei (art. 3º), porém é limitado, já que pode ser suspenso ou restringido mediante ato motivado do diretor do estabelecimento (art. 41, parágrafo único). José Roberto Antonini relata expressivamente os resultados da prática das visitas íntimas permitidas em estabelecimentos penais do Estado de São Paulo: "O resultado foi muito melhor que o esperado. Caiu intensamente o índice de violência sexual nos presídios e arrefeceu-se a tensão emocional dos presos deixando de ocorrer o fato, este sim degradante, de os detentos terem relação com suas mulheres em pleno pátio, por ocasião das visitas comuns, dentro de círculo humano formado por outros presos para ocultar a cena às vistas grossas dos vigilantes, acontecimento então corriqueiro na Casa de Detenção de São Paulo. Demais, protegeu-se assim a difícil subsistência da relação afetiva do sentenciado com o seu cônjuge, ao mesmo tempo em que se atendeu quanto a este o princípio da pessoalidade da sanção criminal (art. 5º, XLV, da CF)."[23]

Entendia-se que se deve permitir apenas a visita íntima do cônjuge ou da companheira, quando há relação amorosa estável e continuada, excluindo-se a de caráter homossexual e a visita de prostitutas. Na Venezuela, em que se permite, em alguns presídios, a visita de prostitutas, têm ocorrido muitos casos de infecções venéreas entre a população carcerária diante do escasso controle sanitário realizado. Pela Resolução nº 23, de 4-11-2021, o Conselho Nacional de Política Criminal e Penitenciária recomenda aos Departamentos Penitenciários Estaduais e às administrações penitenciárias das unidades federadas a adoção de parâmetros para concessão de visita conjugal ou íntima à pessoa privada de liberdade em estabelecimento penal, aos presos de ambos os sexos, estabelecendo diretrizes a serem observadas em sua regulamentação.

---

23. Uma experiência democrática na administração penitenciária, *RT* 657/386-390.

Não se pode, porém, permitir a visita quando os componentes do casal encontram-se ambos recolhidos em regime fechado, uma vez que não se admitem as autorizações de saída se não nas hipóteses especificadas no art. 120 da Lei de Execução Penal.

Têm-se anotado também os inconvenientes de serem os encontros mantidos na própria cela, recomendando-se que os estabelecimentos penais mantenham em pavilhões anexos um local com certa autonomia e com um mínimo de conforto a fim de se preservar a intimidade do preso e do visitante. Nos presídios federais, a visita íntima foi regulamentada pela Portaria nº 718, de 28-08-2017, do Ministério da Justiça e Segurança Pública.

Jurisprudência

- *Inadmissibilidade do habeas corpus em decisão que indefere pedido de autorização de visita da companheira*
- *Impossibilidade de visita íntima de presos em regime fechado*
- *Visita íntima como faculdade do juiz*
- *Inadmissibilidade de visita íntima a portadores do vírus HIV*

41.11 CHAMAMENTO NOMINAL

O preso tem o direito a ser designado por seu próprio nome ou, como se inscreve na Lei de Execução Penal, a "chamamento nominal" (art. 41, XI). Estão proibidas, assim, outras formas de tratamento e designação, como a fundada em números, alcunhas etc. Está longe o número colocado nas portas das respectivas celas e impresso nos uniformes rajados como único signo de identificação dos presos, tal como ocorria, originariamente, no regime celular ou pensilvânico. A prescrição visa preservar a dignidade humana e a intimidade pessoal do preso. O sentido de ressocialização do sistema penitenciário exige que o preso seja tratado como pessoa e não coisa, com rótulos que têm, por si mesmos, conteúdo vexatório e humilhante. Trata-se, portanto, de um direito que corresponde ao preso como pessoa, em razão da dignidade inerente a tal condição.

41.12 IGUALDADE DE TRATAMENTO

Uma das regras importantes da Lei de Execução Penal é a de classificarem-se os condenados para orientar a individualização da execução (item 5.1). Tal individualização, porém, tem o sentido de se proceder a um correto desenvolvimento da execução da pena diante das necessidades decorrentes do processo que deve levar à inserção social do preso (regime de pena, assistência, normas de disciplina etc.) e não possibilita um tratamento discriminatório racial, político, de opinião, social, religioso ou qualquer outro análogo. Há que haver, portanto, igualdade de tratamento, salvo quanto à exigência da individualização da pena (art. 41, XII), e todos os presos devem ter os mesmos direitos e deveres. Qualquer limitação que não se refira às medidas e situações referentes à individualização da pena previstas na própria legislação está vedada.

41.13 AUDIÊNCIA COM O DIRETOR

A audiência especial com o diretor do estabelecimento é mais um dos direitos do preso (art. 41, XIII). Deve ser permitido que o preso entre em contato direto com o diretor da prisão em qualquer dia da semana para qualquer reclamação ou comunicação. A efetiva observação desse direito possibilita a diminuição de discriminações e abuso de poder dos guardas carcerários, e o diretor poderá ter maior controle do que se passa no estabelecimento que dirige. De posse das informações do preso, a serem comparadas ou complementadas pelas dos funcionários, terá ele melhores condições de coibir eventuais abusos e diligenciar no sentido de cumprirem-se as normas pertinentes à execução penal.

41.14 REPRESENTAÇÃO, PETIÇÃO E ATESTADO

Outro dispositivo importante quanto à observância dos direitos do preso é o que possibilita o controle das ações da autoridade penitenciária pelo Judiciário ou órgãos do Estado, ou seja, o de "representação e petição a qualquer autoridade, em defesa de direito" (art. 41, XIV). Tem ele por fundamento, inclusive, o princípio constitucional de independência dos poderes cujo fundamento é impedir a exorbitância de alguns deles, e é previsto nas Regras de Mandela (Regra 56 e 57). Pode o preso dirigir-se à autoridade judiciária ou a outras competentes, sem censura, para solicitação ou encaminhamento de alguma pretensão ou reclamação, de acordo com a via prevista legalmente. É muito comum, nas prisões, a elaboração de petições de *habeas corpus*, de pedidos de revisão ou de benefícios, muitos deles atendidos, complementando-se a assistência jurídica que, em muitos presídios, é extremamente insuficiente. Para a defesa de seus direitos e esclarecimentos de situações, o condenado, como qualquer pessoa, pode obter certidões requeridas aos órgãos da administração centralizada ou autárquica, às empresas públicas, às sociedades de economia mista e às fundações públicas da União, dos Estados, do Distrito Federal e dos municípios, certidões essas que devem ser expedidas no prazo improrrogável de 15 dias, contado do registro do pedido no órgão expedidor (Lei nº 9.051, de 18-5-1995).

Ínsita ao direito de representação e petição do preso está a obediência às formalidades legais quanto ao processamento e decisão do pedido. Não atende ao direito de petição, por exemplo, a decisão não fundamentada, que viola o art. 381, III, do Código de Processo Penal, pois que a observância do dispositivo é indispensável exigência para que o livre convencimento não resvale em arbítrio e para que o procedimento executivo seja realmente judicial, como manda o art. 194 da Lei de Execução Penal. O direito de representação permite ao preso queixar-se de eventuais abusos da Administração no procedimento executório. O dispositivo em exame, aliás, tem fundamento constitucional, já que é assegurado a qualquer pessoa o direito de representação e de petição aos Poderes Públicos, em defesa de direitos ou contra ilegalidade ou abuso de poder (art. 5º, XXXIV, *a*, da CF).

A Lei nº 10.713, de 13-8-2003, que acrescentou ao art. 41 o inciso XVI, incluiu entre os direitos do preso o de atestado anual de pena a cumprir. Tem o preso o direito de ser intimado de todas as decisões judiciais que ensejam alterações da pena que lhe foi imposta. Pode também, a qualquer tempo, requerer certidão relativa a sua exata situação no curso da execução, inclusive quanto ao tempo de pena a cumprir. O novo dispositivo, porém, assegura-lhe, ainda, o recebimento de um atestado de pena a cumprir que, independentemente de requerimento, deve ser expedido anualmente, pela autoridade judiciária competente que é o Juiz da execução (art. 66, X).

Jurisprudência

- *Necessidade de fundamentação da decisão de representação do preso*

41.15 COMUNICAÇÃO COM O MUNDO EXTERIOR

Destinada a execução penal ao processo de reinserção social do condenado, não deve ficar este excluído das relações com o mundo exterior ao presídio, para onde voltará quando for posto em liberdade. O preso tem direito à liberdade de informação e expressão, ou seja, de estar informado dos acontecimentos familiares, sociais, políticos e de outra índole, pois sua estadia na prisão não deve significar marginalização da sociedade. Os contatos que pode manter com o mundo exterior, por meio de correspondência, imprensa escrita e outros meios de comunicação, como o rádio, o cinema, a televisão etc., contribuem para mantê-lo informado e tem como fim que não se sinta excluído da sociedade. São eles uma das formas de preparação do condenado para sua futura reinserção social. Por isso, preconizam as Regras de Mandela a autorização para a comunicação com a família e os amigos (Regra 58) e à informação dos acontecimentos mais importantes por meio da leitura de jornais, revistas e publicações penitenciárias especiais, seja por meio de rádio, telefone, conferências ou qualquer outro meio similar autorizado e fiscalizado pela administração (Regra 58, *b* e 63). Nossa lei prevê, como um dos direitos do preso, o "contato com o mundo exterior por meio de correspondência escrita, da leitura e de outros meios de informação que não comprometam a moral e os bons costumes" (art. 41, XV). Essa limitação final tornou-se inconstitucional, já que a Carta Magna de 1988 não restringe o direito de correspondência escrita, da leitura e de outros meios de informação (art. 5º, XII, da CF). Tratando-se, porém, de preso inserido no regime disciplinar diferenciado, além da regra contida no art. 52, § 7º, da LEP, a Lei nº 10.792, de 1º-12-2003, autoriza que os Estados regulamentem restrições ao acesso aos meios de comunicação de informação (art. 5º, III).

Uma das formas mais importantes para a comunicação do preso com o exterior é a correspondência mantida com familiares, amigos, representantes credenciados de organismos e instituições de cooperação penitenciária, profissionais (advogados, médicos, assistentes sociais etc.), ministros e até representantes diplomáticos. Questão delicada, quanto ao tema, é a referente à censura da correspondência, que limita a liberdade de comunicação do preso. Segundo preceito da Carta Magna, "é inviolável o sigilo de correspondência e das comunicações telegráficas, de dados e das comunicações telefônicas, salvo, no último caso, por ordem judicial, nas hipóteses e na forma que a lei estabelecer para fins de investigação criminal e instrução processual penal" (art. 5º, XII, da CF). A censura e o impedimento de correspondência efetuados nos presídios e previstos em regulamentos internos põem em foco essa garantia constitucional, já se tendo afirmado a inconstitucionalidade de normas jurídicas que limitam o direito e o sigilo de correspondência. Mas, como bem observa Ada Pellegrini Grinover, "as liberdades públicas não são mais entendidas em sentido absoluto, em face da natural restrição resultante do princípio de convivência das liberdades, pelo qual nenhuma delas pode ser exercida de modo danoso à ordem pública e às liberdades alheias".[24] "Nessa ordem de idéias", acrescenta, "deve ser considerada a inviolabilidade do sigilo da correspon-

---

24. *Liberdades públicas e processo penal*. São Paulo: Saraiva, 1976. p. 306.

dência e das comunicações telegráficas e telefônicas, com vistas à finalidade ética ou social do exercício do direito que resulta da garantia; tutela desta natureza não pode ser colocada para a proteção de atividades criminosas ou ilícitas."[25] Certamente, há limitações que, em casos concretos, aconselham as exigências de segurança da execução penal, inclusive com a limitação do direito e sigilo da correspondência do preso. Entretanto, diante do novo texto constitucional, só se permite a limitação do direito de comunicação telefônica nas hipóteses previstas em lei e por ordem judicial. Desaparecerá, porém, a ilicitude de qualquer violação dos direitos de comunicação do preso se for ela realizada para impedir a prática de infração penal, para obstar a remessa ou recebimento de objetos proibidos, para preservar a segurança do presídio, para impedir a fuga ou motins, ou seja, em todas as hipóteses em que avulte o interesse social ou se trate de proteger ou resguardar direitos ou liberdades de outrem ou do Estado, também constitucionalmente assegurados. Na verdade, já tardava a iniciativa do Executivo ou do Legislativo brasileiros em face de consciente necessidade de se dotar o Brasil, à semelhança da maioria dos países democráticos, de uma legislação suscetível de preencher um vazio jurídico criado com o art. 5º, XII, da Constituição Federal de 1988 com relação ao sigilo de correspondência e das comunicações telefônicas, telegráficas e de dados, tanto mais inaceitável já que concerne a uma das liberdades fundamentais do cidadão.[26] A lacuna, porém, foi parcialmente preenchida pela Lei nº 9.296, de 24-7-1996, que regulamentou o inciso XII, parte final, do art. 5º da Constituição Federal, e que permite a interceptação telefônica, bem como a do fluxo de comunicações em sistemas de informática e telemática, quando houver indícios razoáveis da autoria ou participação em infração penal (art. 2º, inc. I), prevendo constituir crime essa interceptação, sem autorização judicial ou com objetivos não autorizados em lei (arts. 10 e 10-A). A Lei nº 12.850, de 2-8-2013, também autoriza a interceptação de comunicações telefônicas e telemáticas, desde que judicialmente autorizada, na investigação de crimes praticados por associações criminosas (art. 3º, V). Nos estabelecimentos penitenciários, a comunicação telefônica não pode ser livremente exercida pelo preso, configurando falta grave a posse de aparelho telefônico, de rádio ou similar, que permita a comunicação com outros presos ou com o ambiente externo (art. 50, VII, da LEP). Diante da crescente utilização pelos presos de aparelhos telefônicos celulares ilegalmente introduzidos nos presídios, principalmente para a manutenção de suas atividades criminosas no meio externo, a lei passou a prever que os estabelecimentos penitenciários devem ser equipados, obrigatoriamente, com bloqueadores de telecomunicação para telefones celulares, radiotransmissores e outros meios de comunicação (art. 4º da Lei nº 10.792, de 1º-12-2003)[27] e criminalizaram-se as condutas do funcionário que se omite em seu dever de fiscalização de evitar o acesso do preso a esses aparelhos e de quem ingressa, promove ou facilita a sua entrada nos estabelecimentos prisionais (arts. 319-A e 349-A do CP).

Jurisprudência

• *Interceptação de correspondência remetida ao preso.*

---

25. Ob. cit. p. 306-307.

26. É, aliás, a queixa que faz Jean-Luc Crozafon com relação à legislação francesa em "A questão sempre em suspenso do regime jurídico das escutas telefônicas", in *RT* 652/251-258.

27. O STF, em julgamento realizado em 3-8-2016, reconheceu a inconstitucionalidade de leis estaduais que disponham sobre bloqueadores de sinal de celular em presídios, por ofensa à competência privativa da União para legislar sobre telecomunicações (ADINs 3.835-MS, 5.356-MS, 5.253-BA, 4.861-SC).

41.16 OUTROS DIREITOS

A enumeração dos direitos do preso no art. 41 da Lei de Execução Penal não é exaustiva, já que a própria lei prevê outros, normalmente subordinados ao preenchimento de certos requisitos, tais como o de recompensas (art. 56), autorizações de saída (arts. 120 ss), remição (art. 126), livramento condicional (art. 131 ss) etc. A questão dos direitos políticos já foi examinada (item 3.3). Em consonância com o previsto no art. 5º, L, da Constituição Federal, a Lei de Execução Penal assegura direitos especiais à presidiária, ao determinar que os estabelecimentos penitenciários sejam dotados de seção destinada à gestante e parturiente, que lhes permita amamentar e cuidar de seus filhos até, no mínimo seis meses de idade, e de creche para abrigar os filhos menores de sete anos (arts. 83, § 2º, e 89) (v. item 83.2). Por disposição da Lei nº 8.653, de 10-5-1993, "é proibido o transporte de presos em compartimento de proporções reduzidas, com ventilação deficiente ou ausência de luminosidade" (art. 1º). Pela Resolução nº 2, de 1º-6-2012 o Conselho Nacional de Política Criminal e Penitenciária estabeleceu diretrizes a serem observadas no transporte e custódia de pessoas presas e internadas, durante o período de deslocamento.

41.17 SUSPENSÃO E RESTRIÇÃO DOS DIREITOS

Enquanto a maioria dos direitos do preso é insuscetível de exclusão, restrição ou suspensão, possibilita a lei que sejam suspensos ou restringidos, mediante ato motivado do diretor do estabelecimento, aqueles previstos nos incisos V, X e XV do art. 41 (art. 41, parágrafo único). Assim, em decorrência de fatos ligados à boa ordem, segurança e disciplina no estabelecimento, permite-se a suspensão ou redução da jornada de trabalho, da recreação, das visitas e dos contatos com o mundo exterior. Trata-se de uma suspensão parcial dos direitos reconhecidos pela lei, que deve ser temporária, ou seja, deve durar apenas o tempo indispensável a sua finalidade e enquanto subsistam as circunstâncias extraordinárias que deram lugar a determinação excepcional.

Resulta claro do dispositivo em apreciação que não podem ser suspensos ou restringidos os demais direitos relacionados no art. 41, *caput*, ou seja, o de alimentação e vestuário, a assistência material, à saúde, jurídica, educacional, social e religiosa, a entrevista pessoal e reservada com advogado etc.

Tratando-se de exceção às regras gerais, prevê a lei que a suspensão ou a restrição deve ser imposta apenas no caso de acontecimentos extraordinários que a aconselhem, devendo o diretor, única autoridade competente para o ato restritivo, motivá-lo devidamente. A suspensão ou restrição poderá ter caráter individual ou coletivo, desde que justificada, mas não pode infringir regra de igualdade de tratamento entre os presos, salvo quanto à exigência de individualização da pena.

A medida de suspensão ou restrição de caráter individual de direitos referida no art. 41, parágrafo único, não se confunde com a sanção disciplinar, aplicada após o procedimento específico (item 58.1), mas decorre de fatores excepcionais, tais como problemas de segurança, de moléstia e até de disciplina enquanto se procede à apuração da falta disciplinar. No Estado de São Paulo, a Resolução SAP-11, de 13-3-2001, da Secretaria de Assuntos Penitenciários, prevê a suspensão automática das visitas aos presos em caso de ocorrência de rebelião, considerada como tal qualquer ato de indisciplina iniciado pelos presos com danos materiais ao prédio e/ou manutenção de reféns. A suspensão será por 15 dias, podendo ser prorrogada uma única vez, por igual período.

A proteção aos direitos do preso é garantida pela faculdade de ser interposto o procedimento judicial de excesso ou desvio (item 185.1), não se excluindo a possibilidade de outras medidas judiciais porventura cabíveis, como o mandado de segurança, o *habeas corpus* etc. A lesão ao direito subjetivo do preso, aliás, pode constituir ainda o crime de abuso de autoridade, que inclui toda lesão ao sigilo de correspondência, à liberdade de consciência e de crença, ao livre exercício de culto religioso e incolumidade física do indivíduo, a submissão a vexame ou constrangimento não autorizado em lei etc. (art. 13 da Lei nº 13.869, de 5-9-2019).

> Jurisprudência
>
> - *Admissibilidade de restrição ao direito de visitas no interesse da administração penitenciária*
>
> - *Admissibilidade de restrição ao direito de visitas no interesse do filho menor de idade*

Art. 42. Aplica-se ao preso provisório e ao submetido à medida de segurança, no que couber, o disposto nesta Seção.

Vide: **LEP** arts. 1º, 2º, parágrafo único, 3º, 31, parágrafo único, 40, 41, 43, 84.

42.1 PRESO PROVISÓRIO E INTERNADO

Ao preso provisório aplicam-se todas as regras previstas no art. 41 da Lei de Execução Penal, ressalvando-se que, não estando ele obrigado ao trabalho, não terá os direitos dele decorrentes se não desempenhar a atividade laborativa (art. 31, parágrafo único) e que, por ficar separado do condenado, poderá não ter o tratamento igualitário ao deste (art. 84).

Quanto aos internados, submetidos que estão a medida de segurança, certamente poderão ser suspensos ou restringidos certos direitos em decorrência de problemas de segurança ou do próprio tratamento psiquiátrico a que estão submetidos.

Art. 43. É garantida a liberdade de contratar médico de confiança pessoal do internado ou do submetido a tratamento ambulatorial, por seus familiares ou dependentes, a fim de orientar e acompanhar o tratamento.

Parágrafo único. As divergências entre o médico oficial e o particular serão resolvidas pelo juiz da execução.

Vide: **LEP** arts. 11, II, 14, 41, VII, 120, II.

43.1 MÉDICO PARTICULAR

Além dos já referidos, reconhece a lei como direito do internado a liberdade de contratar médico de confiança pessoal a fim de orientar e acompanhar o tratamento. Várias são as razões que aconselham a interferência no tratamento do internado por pessoa alheia ao sistema penitenciário: a maior confiança do internado em médico por ele ou por seus familiares contratado, o que favorece o processo de cura; a condição pessoal do internado, mais indefeso do que o preso com relação a eventuais abusos; a deficiência notória dos estabelecimentos psiquiátricos em termos de elementos humanos especializados e de material adequado etc.

Para evitar distorções no tratamento, determina a lei que, havendo divergências entre o médico oficial e o particular, serão elas resolvidas pelo juiz da execução. Para melhor apreciar a questão, deverá o juiz da execução requisitar os resultados dos exames e das fichas relacionadas com o internado, bem como, se necessário, determinar novas perícias por outros médicos oficiais ou particulares.

Jurisprudência

- *Inadmissibilidade de tratamento ambulatorial*

SEÇÃO III
Da Disciplina

Subseção I
Disposições Gerais

Art. 44. A disciplina consiste na colaboração com a ordem, na obediência às determinações das autoridades e seus agentes e no desempenho do trabalho.

Parágrafo único. Estão sujeitos à disciplina o condenado à pena privativa de liberdade ou restritiva de direitos e o preso provisório.

Vide: **LEP** arts. 2º, parágrafo único, 38, 39, 45 a 60; **CP** art. 40.

44.1 INTRODUÇÃO

Não há qualquer dúvida de que todos os grupos humanos necessitam de ordem e disciplina, aliás indispensável em todas as manifestações de vida, para que seja possível a convivência harmônica entre seus componentes. As prisões, como agrupamentos humanos que são, com a particularidade de serem compostas por pessoas que demonstraram pouca sensibilidade social e deficiente respeito à lei, indispensáveis à convivência na vida comunitária, não constituem exceções a tal princípio. Um dos problemas básicos de uma prisão é a manutenção da disciplina nos estabelecimentos penitenciários. Aí é que se encontram as maiores dificuldades, e já se tem afirmado que o caráter da administração penitenciária é sempre determinado pelas diretrizes disciplinares fixadas por sua direção.

Evidentemente, não se pode permitir que se debilite a observância das normas vigentes em um estabelecimento prisional, criando-se a indisciplina e a desordem. Por outro lado, se as normas disciplinares são rígidas e desumanas, acabam por originar outros males, como revoltas, motins e desordens. Como a disciplina é uma ordem estabelecida por normas delimitadoras de direitos e deveres, tratando-se de um estabelecimento penal deve estar adequada às particulares exigências do sistema penitenciário. Sua finalidade vai além da necessidade de convivência harmônica entre as pessoas na prisão, devendo concorrer para melhor individualização da pena e proporcionar condições que estimulem as funções éticas e utilitárias da pena para a futura reinserção social do condenado. Assim, o regime disciplinar penitenciário deve fundamentar-se em um jogo equilibrado entre um sistema de recompensas que estimule a boa conduta dos internos e uma série de sanções para aqueles que realizam ações que ponham em perigo a convivência ordenada que se requer em um centro penitenciário.[28]

Uma boa disciplina é fundamental nos estabelecimentos penitenciários para manter uma convivência harmônica entre os presos e desenvolver as atividades necessárias ao processo de reinserção social, mas é fundamental que ela seja conseguida com a salvaguarda dos direitos humanos do preso. Por isso, dispõem as Regras de Mandela que "A disciplina e a ordem devem ser mantidas, mas sem maiores restrições do que as necessárias para garantir a custodia segura, a segurança da unidade prisional e uma vida comunitária bem organizada" (Regra 36).

44.2 DISCIPLINA

Todo sistema penitenciário deve conter, como visto, adequado catálogo de medidas que tendam a manter a ordem e a disciplina no âmbito carcerário. Para a Lei de Execução Penal, a disciplina consiste na colaboração com a ordem, na obediência às determinações das autoridades e seus agentes e no desempenho do trabalho (art. 44, *caput*), ou seja, no cumprimento de todos os deveres do condenado (art. 39, *caput*). Como, porém, a disciplina insere-se na execução da pena, que exige um processo de individualização, procura-se um jogo de equilíbrio entre punições e recompensas como fator indispensável ao processo de readaptação social. Procura-se propiciar boas condições psicológicas para o condenado reconhecer sua culpabilidade pela infração penal que cometeu e dispor-se a não reincidir, já porque a vivência da disciplina suscita, desenvolve e consolida bons hábitos a respeito das normas de conduta ou hábitos de boa conduta para com as pessoas da mesma categoria hierárquica, assim como para com as de diversa (inferior ou superior) categoria, o que, conforme o caso, contribui para a educação ou a reeducação, ou então para a não degeneração, não degradação, e, pois, para o futuro ajustamento ou reajustamento familiar, comunitário e social.[29] De outro lado, com as recompensas, estimula-se o preso a manter ou aprimorar seu comportamento, nesse mesmo processo de readaptação. Com esse sistema de equilíbrio

---

28. Cf. GUZMAN, Luís Garrido. Ob. cit. p. 379.
29. Cf. MIOTTO, Armida Bergamini. Ob. cit. p. 351.

de sanções e recompensas, submete-se o problema da disciplina a tratamento legislativo científico e humanizado.

Nos termos da lei, estão também sujeitos a disciplina os condenados a pena restritiva de direitos, no que couber, e o preso provisório (art. 44, parágrafo único). Não estão sujeitos às normas de disciplina, por exclusão, os internados submetidos a medida de segurança. Considerou a lei que o inimputável e mesmo o chamado semi-imputável que necessita de tratamento, por não terem a capacidade de discernimento ou determinação ideal para serem submetidos à pena, não devem estar sujeitos também às sanções disciplinares. É evidente, porém, que mesmo estes devem ser sujeitos às regras mínimas referentes à preservação da boa ordem do estabelecimento, devendo obediência a horários, a determinações quanto ao tratamento etc.

> Art. 45. Não haverá falta nem sanção disciplinar sem expressa e anterior previsão legal ou regulamentar.
>
> § 1º As sanções não poderão colocar em perigo a integridade física e moral do condenado.
>
> § 2º É vedado o emprego de cela escura.
>
> § 3º São vedadas as sanções coletivas.

Vide: **CF** art. 5º, XXXIX, XLV, XLVII, *e*, XLIX; **LEP** arts. 3º, 40, 44, 46 a 48, 49 a 54, 57; **CP** arts. 1º, 38, 40.

45.1 PRINCÍPIO DA LEGALIDADE

Nos termos das Regras de Mandela, o preso só poderá ser punido conforme as prescrições da lei ou regulamento (Regra 39), devendo ser previstas nessas normas jurídicas a conduta que constitui infração disciplinar, o caráter e a duração das sanções disciplinares que podem ser aplicadas (nº 29). Esse princípio da legalidade e anterioridade, equivalente ao do *nullum crimen nulla poena sine praevia lege*, estabelecido na Constituição Federal (art. 5º, XXXIX) e no Código Penal (art. 1º), vem inscrito no art. 45, *caput*, da Lei de Execução Penal, que proclama não haver falta nem sanção disciplinar sem expressa e anterior previsão legal ou regulamentar. Ficou assim abolido o arbítrio existente na aplicação do sistema disciplinar com a introdução de disposições precisas quanto às faltas e às sanções correspondentes no lugar de uma regulamentação vaga e quase sempre arbitrária.

Embora se afirme no art. 45 que não haverá falta nem sanção disciplinar sem previsão legal ou *regulamentar*, a própria lei federal define as faltas disciplinares graves e as sanções aplicáveis (arts. 50 a 52), deixando à *lei* local a previsão das faltas médias e leves, bem como as respectivas sanções (art. 49). Nesses termos, não se pode instituir pelos regulamentos dos presídios qualquer outra falta disciplinar nem criar outras sanções disciplinares além daquelas previstas na Lei de Execução Penal e nas leis locais. Aliás, como no art. 3º da Lei de Execução Penal afirma-se que ao condenado e ao internado serão assegurados todos os direitos não atingidos pela sentença ou pela *lei*, e como faltas disciplinares levam a sanções limitativas dos direitos do condenado, devem estar ambas expressamente previstas na lei e não nos regulamentos. Assim, ao interpretar-se o art. 45, *caput*, deve-se entender que, ao mencionar a previsão legal, está ele referindo-se à *Lei de Execução Penal federal* e, ao fazer referência à previsão *regulamentar*, indica a regulamentação da *lei local*.

Jurisprudência

- *Punição por falta não prevista em lei: violação do princípio da legalidade*

45.2 SANÇÕES CRUÉIS

Na Declaração Universal dos Direitos da Pessoa Humana da ONU, de 1948, dispõe-se que as punições não podem ser constituídas por tratamento ou castigo cruel, desumano ou degradante. Vedam as Regras de Mandela todas as sanções corporais, cruéis, inumanas ou degradantes (Regra 43), bem como as que possam prejudicar a saúde física ou mental do preso. A Constituição Federal brasileira impõe a todas as autoridades o respeito à integridade física e moral do detento e do presidiário (art. 5º, XLIX), fazendo o mesmo o Código Penal (art. 38). Em consonância com tais disposições, determina a Lei de Execução Penal que as sanções não poderão colocar em perigo a integridade física e moral do condenado (art. 45, § 1º). Estão assim proibidas todas as sanções disciplinares que impliquem castigos físicos, redução de água, alimentação ou vestuário, isolamento em celas insalubres, sem iluminação ou aeração etc. Não se podem, a pretexto de execução de uma das sanções disciplinares previstas, como a de suspensão ou restrição de direitos ou de isolamento e de inclusão no regime disciplinar diferenciado, aplicar métodos ou meios que levem a esses efeitos desumanos ou degradantes. A infração a essa regra pelas autoridades constituirá, sem dúvida, crime de abuso de autoridade (arts. 13, 15, parágrafo único, da Lei nº 13.869, de 5-9-2019).

45.3 CELA ESCURA

Também é norma contida nas Regras de Mandela a proibição de encerramento do preso em cela escura, encampada agora pela Lei de Execução Penal (art. 45, § 2º). São conhecidos os abusos cometidos a pretexto de manter-se a disciplina com o encerramento do preso em celas escuras, às vezes propositadamente alagadas, sem qualquer tipo de instalação sanitária, de água, aeração ou cama, o que pode causar, com o tempo, males físicos ou mentais. Tal sanção disciplinar é agora totalmente proibida por nossa legislação, a exemplo do que ocorre com a lei penitenciária italiana (art. 33), alemã (art. 104.5), portuguesa (art. 134.1.2), espanhola (art. 42.4) etc. Complementando o dispositivo em estudo, dispõe a lei que a sanção de isolamento deve ser cumprida na própria cela, ou em local adequado nos estabelecimentos que possuam alojamento coletivo, observados os requisitos básicos da unidade celular (art. 53, IV). Coíbe-se, assim, não só o uso de celas escuras, mas também de todas as inabitáveis ou insalubres.

45.4 SANÇÕES COLETIVAS

São vedadas pela lei as sanções coletivas (art. 45, § 3º). Esse princípio decorre do preceito constitucional segundo o qual nenhuma pena passará da pessoa do delinquente (art. 5º, XLV, da CF). Muitas vezes, a manutenção da ordem e da disciplina tem servido como justificativa para que se inflijam aos presos sanções coletivas, quando é princípio básico de justiça que não se deve aplicar qualquer sanção em caso de simples dúvida ou suspeita. Sabe-se que tem ocorrido comumente punição a todos os presos de uma cela, galeria ou pavilhão, quando a administração deseja castigar autores de uma infração disciplinar que não são conhecidos. Essa punição coletiva, além de atingir o interno em sua liberdade e dignidade, tem constado desabonadoramente, como qualquer outra, do boletim penitenciário, embasado no qual o preso pode ou não solicitar favores ou requerer benefícios.[30] Diante da expressa disposição da lei, vige agora o princípio da *culpabilidade individual*.

Além disso, a aplicação da sanção disciplinar deve ser individualizada, após a devida apuração dos fatos e da autoria, pelo procedimento regulamentar, levando-se em conta na fixação da reprimenda inclusive a pessoa do infrator (art. 57 da LEP).

Art. 46. O condenado ou denunciado, no início da execução da pena ou da prisão, será cientificado das normas disciplinares.

Vide: **LEP** arts. 2º, parágrafo único, 38, 39, 44, 45, 47, 48.

46.1 CIÊNCIA DAS NORMAS DISCIPLINARES

Diante do Direito Penal, para que alguém seja considerado culpado por um ato praticado, é necessário que tenha ele, ou possa ter, ciência da ilicitude de sua conduta, pois a obediência às normas pressupõe que o sujeito as conheça. Por essa razão, dispõe o Código Penal que está isento de pena quem age com erro inevitável sobre a ilicitude do fato (art. 21, *caput*). As dificuldades para o conhecimento das normas proibitivas aumentam quando a pessoa é colocada em um meio em que existem regras particulares de conduta, como é o caso das prisões. Em razão disso, dispõe a lei que o condenado ou denunciado, no início da execução da pena ou da prisão, será cientificado das normas disciplinares (art. 46). É necessário, portanto, que, ao ingressarem no presídio, aqueles que já sabem ler sejam munidos de um exemplar do manual de instrução ou de um texto em que estejam expostos seus deveres e direitos e previstas as faltas e sanções aplicáveis em caso de infração a essas regras. Para os que ainda não sabem ler, a ciência dessas normas deverá ser feita por outro modo, podendo-se incluir o estudo dessa matéria no currículo da instrução educacional. Sabe-se, além disso, que os recém-chegados à prisão são os que mais cometem faltas disciplinares, principalmente em razão da ausência de conhecimento ou compreensão dos regimentos. São eles também que, com maior frequência, alegam não ter ciência dessas normas. Cumprindo-se o dispositivo em estudo, afasta-se a alegação da ignorância ou erro, deliberado ou provocado, das normas disciplinares pelo condenado ou preso processual. Isso não significa que não possa ocorrer o erro sobre a ilicitude da conduta que, como na legislação penal vigente, deve excluir a sanção quando plenamente justificado. Em caso de alegação de ignorância ou erro sobre a ilicitude do fato praticado pelo condenado ou

---

30. Cf. CATÃO, Yolanda, SUSSEKIND, Elisabeth. *Direitos dos presos*. Rio de Janeiro: Forense, 1980. p. 110.

preso provisório, devem ser obedecidas as regras estabelecidas no Código Penal, a respeito do assunto (art. 21), inclusive quanto à existência da circunstância do erro vencível como atenuante da sanção disciplinar.

Refere-se a lei ao condenado e ao *denunciado*, tendo-se esquecido o legislador que é possível o recolhimento de alguém à prisão sem que haja ainda denúncia, como nas hipóteses de prisão em flagrante ou prisão preventiva. Além disso, o termo *denunciado* é, no mínimo, restrito, pois é possível o recolhimento do "querelado", como na hipótese de ação penal por crime contra os costumes, por exemplo (estupro, atentado violento ao pudor etc.). Deve-se, porém, entender que no caso se aplica a interpretação extensiva, já que é visível a vontade da lei em dar ciência das normas disciplinares a todas as pessoas recolhidas à prisão em decorrência de crime. Aliás, é a própria lei que impõe a disciplina, inclusive ao "preso provisório" em geral e, em consequência, todos aqueles que estiverem regularmente recolhidos à prisão devem tomar conhecimento das regras disciplinares.

Art. 47. O poder disciplinar, na execução da pena privativa de liberdade, será exercido pela autoridade administrativa conforme as disposições regulamentares.

Vide: **LEP** arts. 45, 48, 54, 59, 60; Súmula: **STJ** 533.

47.1 PODER DISCIPLINAR

Como uma das exceções aos princípios de judicialização, prevê a lei que o poder disciplinar, na execução da pena privativa de liberdade, cabe às autoridades administrativas, conforme as disposições legais e regulamentares. São elas, pois, que estabelecem os regulamentos, impõem as sanções e concedem as recompensas, interferindo o juiz da execução apenas em casos de infringência às normas estabelecidas pela lei ou pelo regulamento.

As sanções disciplinares são aplicadas pelo diretor do estabelecimento ou pelo juiz na hipótese de inclusão em regime disciplinar diferenciado (art. 54), enquanto a execução está a cargo da autoridade administrativa, conforme dispuser o regulamento, variando de prisão para prisão em decorrência das realidades próprias e peculiaridades de cada uma (diretor do presídio, chefe de disciplina, chefe de setor etc.). A concessão de recompensas também fica a cargo das autoridades administrativas, na forma que estabelecerem a legislação local e os regulamentos (art. 56, parágrafo único).

Jurisprudência

- *Não exclusividade do poder disciplinar da autoridade administrativa*

Art. 48. Na execução das penas restritivas de direitos, o poder disciplinar será exercido pela autoridade administrativa a que estiver sujeito o condenado.

Parágrafo único. **Nas faltas graves, a autoridade representará ao juiz da execução para os fins dos arts. 118, inciso I, 125, 127, 181, §§ 1º, letra *d*, e 2º desta lei.**

Vide: **CF** art. 5º, XLVI, *d*; **LEP** arts. 51, 59, 147 a 155, 180, 181, §§ 1º a 3º; **CP** arts. 43, 46, 54, 55, 59, IV; Súmula: **STJ** 533.

Jurisprudência

- *Cumulatividade das sanções administrativas e outras consequências legais na falta grave*

48.1 PENAS RESTRITIVAS DE DIREITOS

Pode o condenado a pena restritiva de direitos (prestação de serviços à comunidade ou a entidades públicas; interdição temporária de direitos ou limitação de fim de semana) praticar falta disciplinar grave, como descumprir, injustificadamente, a restrição imposta; retardar, injustificadamente, o cumprimento da restrição imposta; inobservar deveres previstos no art. 39 ou praticar crime doloso (arts. 51 e 52) ou mesmo incorrer em falta disciplinar média ou leve descrita na lei local. Diz o art. 48, *caput*, que na execução de uma dessas penas o poder disciplinar será exercido pela autoridade administrativa a que estiver sujeito o condenado.

Tratando-se de pena de limitação de fim de semana, que deve ser cumprida em Casa do Albergado ou outro estabelecimento adequado (art. 48, *caput*, do CP), a competência para aplicação da sanção disciplinar cabe ao diretor do estabelecimento oficial (art. 54, primeira parte, da LEP). É ele a autoridade administrativa a que está sujeito o condenado, embora a fiscalização seja incumbência do Patronato (art. 79, II, da LEP).

Quanto às penas de interdições de direitos (art. 47 do CP), o poder disciplinar cabe à autoridade que executa a sanção, ou seja, torna efetiva a interdição, conforme disponha a lei local (chefe administrativo, diretor de serviço de habilitação para o exercício de profissões, atividades de ofícios, diretor de serviço de trânsito etc.). Quanto à proibição de frequentar determinados lugares, o poder disciplinar só pode ser exercido pelo juiz da execução.

No que tange à prestação de serviços à comunidade ou a entidades públicas, porém, há que se fazer uma observação: tratando-se de trabalhos prestados à entidade estatal, ao diretor desta deve caber o poder disciplinar. Mas, como se permite a prestação de serviços a programa comunitário credenciado, a direção deste estará a cargo de particulares e não de autoridades administrativas. Não se pode conceder a particulares as funções privativas do administrador público. Assim, o poder disciplinar somente pode ser exercido pelo juiz da execução, residualmente, em decorrência do princípio geral da jurisdicionalidade característico da execução penal. O art. 150, aliás, determina que a entidade beneficiada com a prestação de serviços deve comunicar ao juiz da execução, a qualquer tempo, sobre a prática de falta disciplinar. Nada impede, porém, que a lei local disponha a esse respeito, estabelecendo a atribuição ao Patronato, órgão fiscalizador ou a outro órgão que criar. Sem previsão legal, porém, tal não é possível, pois o administrador público só pode fazer o que a lei autoriza.

Embora a lei não se refira expressamente ao tema, incumbe à autoridade administrativa a que estiver sujeito o condenado a concessão das recompensas. É necessário, porém, que tal seja estabelecido na lei local destinada, também, a disciplinar a natureza e a forma de concessão de regalias (art. 56, parágrafo único).

48.2 REPRESENTAÇÃO POR FALTA GRAVE

Ainda que o poder disciplinar referente às penas restritivas de direitos caiba a autoridade administrativa a que estiver sujeito o condenado, ocorrendo a prática de falta grave, não pode ela impor as sanções previstas para tal infração; as sanções previstas para o autor dessa espécie de infração disciplinar referem-se exclusivamente ao condenado a pena privativa de liberdade e preso provisório (suspensão ou restrição de direitos do preso, isolamento e inclusão no regime disciplinar diferenciado – arts. 53, III e IV, 52 e 57, parágrafo único). A prática de falta grave, porém, acarreta outras consequências na execução, ou seja, a conversão das penas restritivas em privativas de liberdade. Por isso, determina o art. 48, parágrafo único, que, nessa hipótese, deve a autoridade representar ao juiz da execução para fins dos arts. 118, inciso I, 125, 127, 181, §§ 1º, letra *d*, e 2º, da Lei de Execução Penal.

Há que se fazerem, porém, algumas observações a respeito do dispositivo citado. A primeira delas é a de que, tratando-se de penas restritivas de direitos, bastaria a remissão do art. 181, §§ 1º, letra *d*, 2º e 3º, pois a conversão é o único efeito previsto na lei, pela prática de falta grave, na hipótese de pena restritiva de direitos. Os demais dispositivos mencionados (arts. 118, inciso I, 125 e 127) dizem respeito apenas aos condenados que cumprem pena privativa de liberdade (regressão, revogação de autorização de saída e perda ao direito do tempo remido).

Observa-se, ainda, que não se faz referência ao § 3º do art. 181, pertinente na hipótese, uma vez que trata da conversão da pena de interdição temporária de direitos em privativa de liberdade quando o condenado exerce, injustificadamente, o direito interditado, ou seja, pratica falta grave (art. 51, I).

Por fim, cabe também um reparo à colocação da regra contida no parágrafo único do art. 48. Deveria ela constituir-se num dispositivo que abrangesse não só os condenados às penas restritivas de direitos, como também aqueles que cumprem pena privativa de liberdade. Quanto a estes, dispõe-se apenas que o isolamento será sempre comunicado ao juiz da execução (art. 58, parágrafo único) e que ao juiz competente caberá a decisão sobre a inclusão no regime diferenciado (art. 54), silenciando a lei sobre a comunicação da prática de falta grave quando for imposta ao autor outra sanção disciplinar.

Subseção II
Das Faltas Disciplinares

Art. 49. **As faltas disciplinares classificam-se em leves, médias e graves. A legislação local especificará as leves e médias, bem assim as respectivas sanções.**

Parágrafo único. **Pune-se a tentativa com a sanção correspondente à falta consumada.**

Vide: **LEP** arts. 45, 50 a 52, 53, 54, 57, parágrafo único, 58, 59, 60; **CP** art. 40.

49.1 FALTAS DISCIPLINARES

No âmbito da execução penal, no que se refere a faltas disciplinares dos sentenciados e respectivas punições, deve ser observado o princípio da reserva, ou seja, a regra de que somente pode ser considerada infração aquela que estiver anteriormente prevista na lei ou regulamento, bem como somente pode ser aplicada e executada a sanção anteriormente cominada para o fato. A não observância desse princípio, inscrito no art. 45 da Lei de Execução Penal, traria para o sentenciado a incerteza análoga a que todos teriam se o princípio da reserva não fosse acolhido pelo Código Penal. Não era raro que o comportamento do preso fosse julgado não só pelas faltas previstas, como também por uma série de outras não codificadas e referentes ao relacionamento do interno com a administração, acarretando normalmente completa insegurança no meio carcerário. A matéria referente à disciplina e, consequentemente, a das faltas disciplinares, estava sujeita sempre a situações conjunturais em decorrência da superposição da vontade do diretor ou guarda ao texto disciplinar e da concepção dominantemente repressiva dos regulamentos. Afirma-se na exposição de motivos: "Com efeito, cumulativamente atribuídos à direção de cada estabelecimento prisional a competência para elaborar o seu código disciplinar e o poder de executá-lo, podem as normas alterar-se a cada conjuntura e se substituírem as penas segundo um conceito variável de necessidade, o que importa, afinal, na prevalência de vontades pessoais sobre a eficácia da norma disciplinar. Por essas razões, classificando as faltas disciplinares em leves, médias e graves, prevê a Lei de Execução Penal quais são estas últimas, deixando à lei local a previsão das demais e das respectivas sanções (art. 49, *caput*). Subtraiu-se, assim, da esfera administrativa a previsão de faltas e sanções, evitando-se a criação descomedida ou arbitrária de infrações disciplinares. O legislador federal enumera as faltas disciplinares graves, que acarretam, além das respectivas sanções, outras consequências graves (conversão, regressão, perdas de autorização de saída e de tempo remido), deixando ao legislador estadual a previsão das faltas médias e leves, a fim de impedir que nos regulamentos se imprima uma disciplina que vá exercer constrições ou sujeições que aviltem, em vez de disciplinar.

A competência da lei local para especificar as sanções aplicáveis às faltas leves e médias não permite que o legislador local possa instituir outras que não previstas expressamente no art. 53 da Lei de Execução Penal. As sanções disciplinares são apenas as relacionadas no referido artigo 53, sendo as três últimas (suspensão ou restrição de direitos, isolamento e inserção no regime disciplinar diferenciado) aplicáveis às faltas graves (art. 57, parágrafo único), cabendo ao legislador local escolher, entre as demais (advertência verbal e repreensão) as que devem ser aplicadas nas hipóteses das faltas disciplinares médias e leves por ele definidas.

As faltas disciplinares estão sujeitas à prescrição não obstante a ausência de disciplina legal específica (v. item 59.5).

Jurisprudência

- *Inadmissibilidade da previsão de falta grave pelo legislador estadual*

49.2 FALTAS MÉDIAS E LEVES

Cabe ao legislador local a previsão das faltas médias e leves (art. 49, segunda parte). Nos termos da exposição de motivos, as peculiaridades de cada região, o tipo de criminalidade, mutante quanto aos meios e modos de execução, a natureza do bem jurídico ofendido e outros aspectos sugerem tratamentos disciplinares que se harmonizem com as características do ambiente.[31]

É imprescindível que o legislador estadual estabeleça como faltas disciplinares as infrações aos deveres do preso previstos no art. 39 da Lei de Execução Penal, como exceção, evidentemente, das que já constituem falta grave, sob pena de se tornarem inócuas as disposições do referido artigo. Assim, poderão ser previstas como faltas a negligência na execução do trabalho, tarefa ou ordens recebidas, a falta de asseio e de conservação de objetos de uso pessoal, a falta de urbanidade com as pessoas com que deve relacionar-se etc. Também podem ser inseridos como faltas outros fatos mais graves, como a prática de crime culposo, por exemplo, e a inobservância quanto à ordem e disciplina no presídio ou fora dele (no trabalho externo, nas permissões de saída etc.).

Jurisprudência

- *Previsão de faltas médias por norma estadual*

49.3 TENTATIVA

Segundo a lei, é punida a tentativa de qualquer fato que constitua falta disciplinar com a mesma sanção a ser aplicada em caso de consumação. Assim, por exemplo, a tentativa de fuga sujeita seu autor à mesma sanção disciplinar que lhe seria aplicada em caso de ter conseguido evadir-se. Evidentemente, como na tentativa as consequências do fato não existem ou não são tão graves quanto na consumação, na fixação da sanção disciplinar será tida em vista essa circunstância para a escolha da natureza ou duração da punição. A previsão da mesma sanção para a prática e a tentativa da falta disciplinar é opção discricionária do legislador que não ofende o princípio da proporcionalidade. Há, aliás, tipos penais em que se punem com as mesmas penas o crime consumado e o tentado (art. 352 do Código Penal, art. 309 do Código Eleitoral).

Jurisprudência

- *Previsão da mesma sanção para a tentativa de falta disciplinar: inexistência de ofensa ao princípio da proporcionalidade*

> **Art. 50. Comete falta grave o condenado à pena privativa de liberdade que:**
>
> **I – incitar ou participar de movimento para subverter a ordem ou a disciplina;**

---

31. Item 79.

II – fugir;

III – possuir, indevidamente, instrumento capaz de ofender a integridade física de outrem;

IV – provocar acidente de trabalho;

V – descumprir, no regime aberto, as condições impostas;

VI – inobservar os deveres previstos nos incisos II e V do art. 39, desta lei.

VII – tiver em sua posse, utilizar ou fornecer aparelho telefônico, de rádio ou similar, que permita a comunicação com outros presos ou com o ambiente externo.*

VIII – recusar submeter-se ao procedimento de identificação do perfil genético.**

Parágrafo único. O disposto neste artigo aplica-se, no que couber, ao preso provisório.

*Inciso VII inserido pela Lei nº 11.466, de 28-3-2007.

** Inciso VIII inserido pela Lei nº 13.964, de 24-12-2019.

Vide: **LEP** arts. 9º-A, 37, parágrafo único, 39, II, V, parágrafo único, 49, 51, 52, 53, III a V, 57, parágrafo único, 59, 60, 118, I, § 2º, 125, 127, 146, II, 181, § 1º, *d*, § 2º; **CP** arts. 319-A, 349-A, 351 a 354; **Lei nº 10.792**, de 1º-12-2003, art. 4º; **Lei nº 12.037**, de 1º-10-2009; Súmulas: **STJ** 526 e 533.

50.1 FALTAS GRAVES NA PENA PRIVATIVA DE LIBERDADE

Relaciona o art. 50 da Lei de Execução Penal as faltas graves que podem ser cometidas pelo condenado à pena privativa de liberdade, referindo-se o artigo seguinte aos que cumprem as penas restritivas de direitos.

A primeira falta disciplinar grave é a de "incitar ou participar de movimento para subverter a ordem ou a disciplina" (inc. I). *Participar,* nos termos do dispositivo, é tomar parte, é colaborar com o movimento de subversão da ordem ou da disciplina, quer por meios materiais, como praticando violências, ameaças etc., quer por meios morais, como planejando ou organizando as atividades. Também responde pela falta quem *incita*, ou seja, quem induz, provoca, excita, estimula os companheiros à prática de atos de subversão ou indisciplina de caráter coletivo. Convencendo ou estimulando outros presos por meio de discursos, conversas ou qualquer outro meio a organizarem, deflagrarem ou continuarem com o movimento de rebeldia, caracterizada estará a infração para o sujeito. Mesmo que não ocorra o movimento coletivo, incide o instigador no dispositivo da modalidade de tentativa, punível com a sanção correspondente à falta consumada.

O movimento a que se refere a lei pode constituir o crime de motim de presos (art. 354 do CP) ou mesmo uma resistência ou desobediência coletiva, ativa ou passiva, contra as ordens expressas dos funcionários ou os regulamentos. Desnecessário, portanto, que se pratique violência ou ameaças, não exigidos no dispositivo em estudo, configurando-se a falta também nos movimentos pacíficos de recusa ao trabalho, de volta às celas, de "greve de fome", de algazarra etc. Não importa, também, o fim visado pelo movimento, que pode até ser considerado "justo", como é o de pretender melhores condições de trabalho, oportunidades de recreação etc.; tais reivindicações devem ser efetuadas na forma dos regulamentos.

A *fuga*, e consequentemente sua tentativa, também é falta disciplinar grave (inc. II). Ao contrário do que ocorre na legislação penal, que considera crime apenas a evasão praticada com violência, a falta disciplinar configura-se ainda quando o preso não se utiliza desse meio para deixar a prisão. Também é indiferente que o preso tenha causado danos ao patrimônio ou tenha sido auxiliado ou favorecido por funcionários ou companheiros. Inclui-se no dispositivo, evidentemente, a fuga realizada durante a permanência fora do estabelecimento, como nas hipóteses de saídas autorizadas, trabalho externo, traslado etc.

Também constitui falta disciplinar grave "possuir, indevidamente, instrumento capaz de ofender a integridade física de outrem" (inc. III). Fato comum nos estabelecimentos penitenciários é a obtenção ou fabricação pelo preso de armas (revólveres, punhais etc.) ou outros instrumentos idôneos para o ataque pessoal (estiletes, lâminas, furadores etc.) confeccionados com materiais de uso nas cozinhas ou oficinas. É desnecessário para a caracterização da falta que o preso seja surpreendido portando arma ou instrumento, pois a lei contenta-se com o simples fato de ele o possuir. Responde pela infração quem o guarda, por exemplo, na cela, no local de trabalho ou em qualquer outro a que, eventualmente, possa ter acesso. Comprovada a posse, caracterizada está a falta, sem que seja necessária demonstração de que o instrumento seria utilizado para ofender a integridade física de outrem; basta a constatação de que era ele idôneo para esse fim. Ressalta a lei a possibilidade de estar o preso autorizado a possuir ou usar o instrumento para suas atividades diárias (trabalho na cozinha, nas oficinas etc.), já que somente se considera haver a infração quando a posse é indevida.

É também falta grave "provocar acidente de trabalho" (inc. IV). Refere-se a lei ao comportamento doloso do sujeito e não à culpa, como, aliás, em todos os outros dispositivos do art. 50. Aliás, o verbo *provocar* tem mais o sentido de produzir, promover, que implica a ideia de desejar que ocorra alguma coisa. Se o legislador quisesse prever também a "provocação culposa" do acidente de trabalho, seria expresso na descrição do fato culposo, cominando para ele sanções menos severas. A causação culposa de acidente de trabalho, como qualquer crime culposo, poderá ser prevista na lei local como falta média ou leve, mas nunca estar equiparada à conduta intencional.[32]

O dispositivo em estudo vale tanto para o trabalho interno ou externo, já que a lei não distingue entre eles para o efeito da disciplina, mas não se refere ao trabalho do preso albergado. Este não é submetido à disciplina prisional, prevista na Lei de Execução Penal, mas regido apenas pelas regras do trabalho livre, como a Consolidação das Leis do Trabalho, a Lei de Acidentes do Trabalho e as demais leis trabalhistas. Entretanto, a provocação de acidente de trabalho pelo albergado poderá constituir-se em crime (dano, lesões corporais, homicídio etc.), passando aí a constituir-se em falta grave nos termos do art. 52 da Lei de Execução Penal.

---

32. V. ARAÚJO, Valter Shuenquener de. Acidente do trabalho e a Lei de Execução Penal – Lei nº 7.210, de 11-7-1984, *Boletim do IBCcrim*, ano 7, nº 78, p. 9.

Comete falta grave também aquele que "descumprir, no regime aberto, as condições impostas" (inc. V). As condições gerais e obrigatórias do regime aberto estão previstas no art. 115 da Lei de Execução Penal: I – permanecer no local que for designado, durante o repouso e nos dias de folga; II – sair para o trabalho e retornar, nos horários fixados; III – não se ausentar da cidade onde reside, sem autorização judicial; IV – comparecer a juízo, para informar e justificar suas atividades quando determinado. Além dessas condições, outras podem ser impostas pelo juiz, caso a caso (art. 113), modificáveis no curso da execução (art. 116). Comete falta grave, portanto, o condenado que está cumprindo pena em regime aberto e desobedece qualquer dessas condições legais ou judiciais. A infração às normas do trabalho interno ou externo dos presos submetidos a regime fechado ou semiaberto constituirá, eventualmente, outra falta disciplinar. Também nessa hipótese a lei está referindo-se a conduta intencional, não configurando a infração penal mera negligência, pequenos atrasos com relação aos horários fixados etc.

Arrola-se, também, na Lei de Execução Penal como falta disciplinar grave "inobservar os deveres previstos nos incisos II e V do art. 39 desta lei" (inc. VI). Assim, a desobediência à ordem de um funcionário e o desrespeito a qualquer pessoa com que o preso deva relacionar-se (art. 39, II), bem como a inexecução do trabalho, das tarefas e das ordens recebidas (art. 39, V), são condutas sancionadas como faltas graves. Deve-se observar, porém, que não comete falta disciplinar o preso que descumpre ordem ilegal, pois "ninguém será obrigado a fazer ou deixar de fazer alguma coisa senão em virtude de lei" (art. 5º, II, da CF). Também não deve ser sancionada a recusa ao trabalho quando o condenado justifica sua rebeldia passiva por motivo justo, como, por exemplo, temer represálias de companheiros de cárcere. Não configura falta grave, ainda, a ausência do condenado, por alguns momentos, do local de trabalho, interno ou externo.

Pratica, também, falta grave o preso que "tiver em sua posse, utilizar ou fornecer aparelho telefônico, de rádio ou similar, que permita a comunicação com outros presos ou com o ambiente externo" (inc. VII, incluído pela Lei nº 11.466, de 28-3-2007). A inovação decorreu da necessidade de se coibir o ingresso clandestino de aparelhos de telefonia e outros de comunicação móvel nos presídios, que têm propiciado aos presos, principalmente aos que integram facções criminosas, o planejamento e a coordenação de rebeliões e a sua participação em ações criminosas no ambiente externo. Com a mesma finalidade, a Lei nº 11.466, de 28-3-2007, criminalizou a conduta do funcionário público que se omite no dever de fiscalização com relação à entrada desses aparelhos (art. 319-A do CP) e a Lei nº 12.012, de 6-8-2009, tipificou condutas dirigidas à entrada desses aparelhos no interior de estabelecimento prisional, que podem ser praticadas inclusive por particulares e pelo próprio preso (art. 349-A do CP).[33] Dispõe, também, a Lei nº 10.792, de 1º-12-2003, que os estabelecimentos penitenciários devem ser dotados de equipamentos bloqueadores para telefones celulares, radiotransmissores e outros meios de telecomunicação (art. 4º). Entre os aparelhos de telefonia vedados no art. 50, VII, da LEP, incluem-se, diante da inexistência de restrição, tanto os aparelhos de telefonia fixa, como os celulares. Por aparelhos de rádio entendem-se aqueles que possibilitam a comunicação mediante a difusão de ondas em determinadas faixas de frequência, como os radiocomunicadores, *pagers* etc. Excluem-se os aparelhos que são meros receptores de sinais

---

33. V. MIRABETE, Julio Fabbrini. *Manual de direito penal*. 33. ed. São Paulo: Atlas, 2021. v. 3, itens 14.12 e 18.13.

radiofônicos emitidos por estações radiodifusoras que veiculam programas de entretenimento ou informação, por não permitirem a comunicação do detento com outros detentos ou com interlocutores no meio externo. Mencionando a norma legal também os aparelhos *similares* aos de rádio ou de telefonia, incluem-se outros aparelhos que permitam a comunicação do preso por processos semelhantes aos empregados por aqueles expressamente citados. Inserem-se, assim, na proibição os computadores que permitem o acesso à *Internet*, porque estes também viabilizam a comunicação entre pessoas a distância, por fio ou cabo ou por ondas eletromagnéticas dispersas na atmosfera, guardando, então, similitude com os aparelhos de rádio e de telefonia. Não se refere a norma à posse somente de componentes do aparelho de comunicação. Todavia, o Supremo Tribunal Federal e o Superior Tribunal de Justiça já decidiram que a posse de componentes ou acessórios de aparelhos de telefonia celular, como *chips* ou baterias, configura a falta grave, porque entendimento contrário permitiria a burla do dispositivo legal e porque na hipótese é admissível a interpretação extensiva por não desvirtuar a *mens legis*. Há, porém, decisões em sentido oposto, sob o fundamento de que as normas que definem as faltas graves devem ser interpretadas restritivamente, sob pena de violação do princípio da legalidade.

A última falta grave relacionada no art. 50 e inserida pela Lei nº 13.964, de 24-12-2019, é a recusa a submeter-se ao procedimento de identificação do perfil genético. Evidentemente, somente se caracteriza a falta nas hipóteses em que a identificação do perfil genético é admissível, i.é, para os condenados por crimes hediondos ou praticados com violência grave contra pessoa (v. item 9-A.1).

Também é falta grave a prática de fato previsto como crime doloso (item 52.1).

Como a Lei de Execução Penal prevê em *numerus clausus* as condutas que poderão identificar faltas graves por parte dos condenados e presos provisórios, não pode a lei local ou mero regulamento administrativo tipificar como tais outras condutas. Estas somente poderão ser consideradas como faltas médias ou leves quando previstas nessas normas complementares. Na hipótese de posse de telefone celular, reconheceu-se a ilegalidade de sua previsão como falta grave por mera resolução administrativa no Estado de São Paulo antes da vigência Lei nº 11.466/2007.

É irretroativa a lei que define como falta grave fatos que antes não eram tipificados ou que eram previstos como faltas leves ou médias.

A prática de falta grave deve ser apurada em regular procedimento administrativo disciplinar, garantindo o direito de defesa (arts. 59 e 60) e seu reconhecimento enseja a aplicação das sanções previstas em lei (arts. 53, III a V, e 57, parágrafo único). Enquanto as sanções de isolamento e de suspensão ou restrição de direitos devem ser aplicadas pelo diretor do estabelecimento penitenciário, a inserção do preso no regime disciplinar diferenciado depende de decisão judicial (art. 54). Além da aplicação dessas sanções, prevê a Lei de Execução Penal outras consequências para a prática de falta grave a serem declaradas pelo juiz, como a regressão de regime, a perda de dias remidos e da autorização de saída temporária etc.

Jurisprudência

- *Posse de componentes ou acessórios de telefone celular: falta grave caracterizada*

- *Dano a tornozeleira eletrônica: falta grave não caracterizada Tentativa de fuga como falta média*

- Inexistência de fuga do preso indultado
- Atraso na apresentação não configura fuga: inexistência de falta grave
- Posse de instrumento capaz de ofender a integridade física de outrem como falta grave
- Descaracterização de falta grave no desrespeito a funcionário
- Inexistência de falta grave na posse de material destinado à fabricação de aguardente
- Inexistência de falta grave na recusa ao trabalho por temor de represália
- Inexistência de falta grave na ausência momentânea do local de trabalho
- Caracterização da falta grave no descumprimento de condição especial do regime aberto
- Caracterização da falta grave na desobediência às ordens do agente penitenciário
- Violação do princípio da legalidade
- Irretroatividade da Lei nº 11.466/2007: falta grave não caracterizada
- Fato anterior à vigência da Lei nº 11.466/2007: falta grave caracterizada

50.2 CONCURSO DE FALTAS DISCIPLINARES

Não prevê a lei qualquer dispositivo a respeito do concurso de faltas disciplinares. Assim, na hipótese da prática de duas ou mais infrações, devem-se aplicar as sanções previstas isoladamente para cada uma delas e, pelo princípio geral, serem elas executadas na forma progressiva se não for possível a execução delas simultaneamente. Não há que se falar, por falta de previsão legal, em falta disciplinar continuada. A continuação delitiva é uma ficção criada pela lei penal e não uma realidade intrínseca a ser reconhecida na esfera disciplinar das prisões. De outro lado, porém, somente poderá ser aplicada uma sanção, e nesse caso a mais grave, se um fato constituir, em tese, duas faltas disciplinares. A isso obriga o princípio *non bis in idem*, que veda a punição múltipla por um só fato.

50.3 PRESO PROVISÓRIO

Expressamente, a lei determina que se aplica ao preso provisório o disposto no art. 50, excetuando-se, evidentemente, a infração prevista no inciso V, já que a ele não se aplica o regime aberto. Também é inaplicável o inciso VI, na parte em que se relaciona a inexecução de trabalho, porque, quanto ao preso provisório, o desempenho de atividade laborativa é facultativo. Quanto ao mais, o preso provisório está sujeito às mesmas sanções do condenado quando pratica a falta disciplinar.

Art. 51. Comete falta grave o condenado à pena restritiva de direitos que:

I – descumprir, injustificadamente, a restrição imposta;

II – retardar, injustificadamente, o cumprimento da obrigação imposta;

III – inobservar os deveres previstos nos incisos II e V do art. 39 desta lei.

Vide: **LEP** arts. 39, II, V, 48, 49, 50, VI, 52, 147 a 155, 180, 181, §§ 1º a 3º; **CP** arts. 43, 46, 47, 48, 54, 55, 59, IV; Súmula: **STJ** 526.

51.1 FALTAS GRAVES NAS PENAS RESTRITIVAS DE DIREITOS

Dadas as diferenças existentes entre as penas privativas de liberdade e as restritivas de direitos, prevê a Lei de Execução Penal faltas disciplinares graves distintas, sem prejuízo de que a lei estadual estabeleça também as médias ou leves para os condenados submetidos à segunda espécie de sanção penal.

A primeira falta disciplinar grave referente ao condenado à pena restritiva de direitos prevista no art. 51 da Lei de Execução Penal é a de "descumprir, injustificadamente, a restrição imposta" (inc. I). São, portanto, faltas graves: não prestar os serviços à comunidade atribuídos ao condenado (art. 46 do CP); exercer cargo, função ou atividade pública, bem como mandato eletivo ou profissão, atividade ou ofício que dependem de habilitação especial, de licença ou autorização do poder público e dirigir veículo, quando for aplicada a pena de proibição ou suspensão dessas atividades (art. 47 do CP); e não permanecer nos sábados e domingos por cinco horas diárias em casa do albergado ou outro estabelecimento adequado, quando aplicada a pena de limitação de fim de semana (art. 48 do CP). Não caracteriza a falta, todavia, o descumprimento da restrição se ocorrer um motivo justificado (força maior ou caso fortuito).

Também constitui falta disciplinar grave "retardar, injustificadamente, o cumprimento da obrigação imposta" (art. 51, inc. II). Assim, constitui falta disciplinar a demora na execução das tarefas impostas pela prestação de serviços à comunidade, o atraso no recolhimento à casa do albergado etc. É necessário, porém, que a conduta seja voluntária, não constituindo a culposa ou a ocorrência de motivo justificado para o atraso a falta disciplinar prevista no dispositivo.

Também é falta grave inobservar os deveres previstos nos incisos II e V do art. 39 (art. 51, inc. III), ou seja, a desobediência ao servidor, o desrespeito a qualquer pessoa com quem deva o condenado relacionar-se e a inexecução do trabalho, das tarefas e das ordens recebidas. Os condenados à prestação de serviços estão obrigados às tarefas gratuitas comunitárias, e os condenados à limitação de fim de semana, além do recolhimento aos sábados e domingos, poderão ser obrigados a assistir a cursos e palestras ou a participar de atividades educativas. Em todas essas ocasiões terão de manter relacionamento com os funcionários e outras pessoas a quem devem obediência ou respeito. Qualquer infringência injustificada a tais deveres, com relação às pessoas ou às referidas atividades, constitui falta disciplinar grave.

Por fim, constitui falta disciplinar grave para os condenados a pena restritiva de direitos à prática de fato previsto como crime doloso (item 52.1).

Cometida falta grave pelo condenado a pena restritiva de direitos, não se aplica sanção disciplinar. Para as faltas graves, as sanções disciplinares previstas na Lei de Execução são a suspensão ou restrição de direitos do preso e o isolamento na própria cela ou em local adequado (art. 53, III e IV, c.c. o art. 57, parágrafo único) e a inclusão no regime disciplinar diferenciado (art. 52), que, evidentemente, apenas podem ser impostas àqueles que cumprem pena privativa de liberdade. Todavia, a prática de falta grave é causa de conversão das penas de prestação de serviços à comunidade e de limitação de fim de semana em pena privativa de liberdade (art. 181, § 1º, *d*, e § 2º). Assim, em vez da aplicação de sanção disciplinar, a consequência da prática de falta grave por tais condenados é a conversão.

Uma questão apresenta-se, porém, quando o condenado que cumpre a pena de interdição temporária de direitos pratica crime doloso. Esse fato, para os submetidos às demais penas privativas de direitos, é falta grave, ocasionando a conversão da sanção em pena privativa de liberdade, como foi visto. Para aquele, porém, a conversão pela prática de crime doloso somente ocorre quando é condenado a pena privativa de liberdade cuja execução não é suspensa (art. 181, § 3º). Se se tratar de condenado a pena de multa ou restritiva de direito com o benefício do *sursis*, não há conversão e também não se podem impor ao faltoso as sanções correspondentes às faltas disciplinares graves, reservadas, por sua natureza, aos que se encontram recolhidos à prisão, como já visto.

Art. 52. A prática de fato previsto como crime doloso constitui falta grave e, quando ocasionar subversão da ordem ou disciplina internas, sujeitará o preso provisório, ou condenado, nacional ou estrangeiro, sem prejuízo da sanção penal, ao regime disciplinar diferenciado, com as seguintes características:

I – duração máxima de até 2 (dois) anos, sem prejuízo de repetição da sanção por nova falta grave de mesma espécie;

II – recolhimento em cela individual;

III – visitas quinzenais, de 2 (duas) pessoas por vez, a serem realizadas em instalações equipadas para impedir o contato físico e a passagem de objetos, por pessoa da família ou, no caso de terceiro, autorizado judicialmente, com duração de 2 (duas) horas;

IV – direito do preso à saída da cela por 2 (duas) horas diárias para banho de sol, em grupos de até 4 (quatro) presos, desde que não haja contato com presos do mesmo grupo criminoso;

V – entrevistas sempre monitoradas, exceto aquelas com seu defensor, em instalações equipadas para impedir o contato físico e a passagem de objetos, salvo expressa autorização judicial em contrário;

VI – fiscalização do conteúdo da correspondência;

VII – participação em audiências judiciais preferencialmente por videoconferência, garantindo-se a participação do defensor no mesmo ambiente do preso.

§ 1º O regime disciplinar diferenciado também será aplicado aos presos provisórios ou condenados, nacionais ou estrangeiros:

I – que apresentem alto risco para a ordem e a segurança do estabelecimento penal ou da sociedade;

II – sob os quais recaiam fundadas suspeitas de envolvimento ou participação, a qualquer título, em organização criminosa, associação criminosa ou milícia privada, independentemente da prática de falta grave.

§ 2º (Revogado).

§ 3º Existindo indícios de que o preso exerce liderança em organização criminosa, associação criminosa ou milícia privada, ou que tenha atuação criminosa em 2 (dois) ou mais Estados da Federação, o regime disciplinar diferenciado será obrigatoriamente cumprido em estabelecimento prisional federal.

§ 4º Na hipótese dos parágrafos anteriores, o regime disciplinar diferenciado poderá ser prorrogado sucessivamente, por períodos de 1 (um) ano, existindo indícios de que o preso:

I – continua apresentando alto risco para a ordem e a segurança do estabelecimento penal de origem ou da sociedade;

II – mantém os vínculos com organização criminosa, associação criminosa ou milícia privada, considerados também o perfil criminal e a função desempenhada por ele no grupo criminoso, a operação duradoura do grupo, a superveniência de novos processos criminais e os resultados do tratamento penitenciário.

§ 5º Na hipótese prevista no § 3º deste artigo, o regime disciplinar diferenciado deverá contar com alta segurança interna e externa, principalmente no que diz respeito à necessidade de se evitar contato do preso com membros de sua organização criminosa, associação criminosa ou milícia privada, ou de grupos rivais.

§ 6º A visita de que trata o inciso III do caput deste artigo será gravada em sistema de áudio ou de áudio e vídeo e, com autorização judicial, fiscalizada por agente penitenciário.

§ 7º Após os primeiros 6 (seis) meses de regime disciplinar diferenciado, o preso que não receber a visita de que trata o inciso III do caput deste artigo poderá, após prévio agendamento, ter contato telefônico, que será gravado, com uma pessoa da família, 2 (duas) vezes por mês e por 10 (dez) minutos.*

* Redação dada pela Lei nº 13.964, de 24-12-2019.

Vide: CF art. 136, § 3º, IV; **LEP** arts. 49, 50, 51, 54, 57 a 60, 87, parágrafo único; CP arts. 288, 288-A; **Lei nº 10.792**, de 1º-12-2003, arts. 3º a 8º; **Lei nº 11.671**, de 8-5-2008, **Lei nº 12.850**, de 2-8-2013; Súmula: **STJ** 526.

52.1 PRÁTICA DE CRIME DOLOSO

Também configura falta disciplinar grave, tanto para os condenados que cumprem pena privativa de liberdade, como, em regra, àqueles submetidos às penas restritivas de direitos, a prática de fato previsto como crime doloso. Não faz a lei qualquer distinção quanto à espécie de crime, constituindo qualquer ilícito não culposo infração disciplinar grave.[34] Incluem-se, evidentemente, os crimes preterdolosos que, em última análise, são também dolosos quanto ao crime antecedente. A prática de crimes culposos pode ser prevista pelo legislador local como falta disciplinar média ou leve. O mesmo pode ocorrer com a prática de contravenção, desde que o fato não constitua, *per si,* falta disciplinar grave, como o de possuir, indevidamente, instrumento capaz de ofender a integridade física de outrem (art. 19 da LCP), o de entregar-se à vadiagem (art. 59 da LCP) etc.

Não se referindo a lei à "condenação", mas à "prática de fato previsto como crime", a aplicação da sanção disciplinar independe de que o fato esteja ainda sendo objeto de inquérito ou ação penal, devendo apenas ser obedecidos a lei e o regulamento referentes ao procedimento disciplinar para que a sanção seja imposta. Desnecessário é aguardar-se o final da ação penal e o trânsito em julgado de um decreto condenatório. Nesse sentido é, aliás, a Súmula 526 do STJ.

É expressa a lei no sentido de que, havendo a prática de crime, devem ser instaurados os dois processos (penal e administrativo) de que resultarão as sanções das duas espécies. Não se trata, evidentemente, de violar o princípio *non bis in idem,* pois, de acordo com a melhor doutrina, constituem-se infrações a ordenamentos jurídicos diversos (de direito penal e de execução penal), como aliás ocorre também com a aplicação de sanções penais e civis quando da prática de crime de que resulta prejuízo. O condenado, aliás, em decorrência do mesmo princípio, pode também ser sujeitado à sanção civil pelos eventuais danos causados em decorrência de falta disciplinar.

Para a imposição da sanção mais severa, consistente na submissão do preso ao regime disciplinar diferenciado, exige-se que o fato, que configure crime doloso, provoque subversão da ordem ou disciplina interna (item 52.2).

Jurisprudência

- *Falta grave pelo cometimento de crime: posse de substância entorpecente*

- *Falta grave pelo cometimento de crime: desnecessidade de sentença condenatória*

52.2 REGIME DISCIPLINAR DIFERENCIADO

O regime disciplinar diferenciado foi concebido para atender às necessidades de maior segurança nos estabelecimentos penais e de defesa da ordem pública contra criminosos que, por serem líderes ou integrantes de facções criminosas, são responsáveis por constantes rebeliões e fugas ou permanecem, mesmo encarcerados, comandando ou participando de quadrilhas ou organizações criminosas atuantes no interior do sistema prisional e no meio social. Inicialmente regulamentado em nível estadual, era disciplinado no Estado de São Paulo pela Resolução da Secretaria de Administração Penitenciária nº 26, de 4-5-2001. A Medida Provisória nº 28, de 4-2-2002, que previa, no art. 2º, a sua aplicação exclusivamente como sanção disciplinar na hipótese de prática, pelo preso ou condenado, de fato previsto como crime doloso, foi rejeitada pelo Congresso Nacional. Pela Lei nº 10.792, de 1º-12-2003,

---

34. Evidentemente, não pode ser reconhecida como falta grave o fato considerado como crime doloso, que é, entretanto, atípico.

foi instituído o regime disciplinar diferenciado, que não constitui um regime de cumprimento de pena em acréscimo aos regimes fechado, semiaberto e aberto, nem uma nova modalidade de prisão provisória, mas sim um regime de disciplina carcerária especial, caracterizado por maior grau de isolamento do preso e de restrições ao contato com o mundo exterior, a ser aplicado como sanção disciplinar ou como medida de caráter cautelar, tanto ao condenado como ao preso provisório, nas hipóteses previstas em lei.

Não é correto o entendimento de que a previsão do regime disciplinar diferenciado seria inconstitucional por implicar violação aos princípios da dignidade da pessoa humana, da humanidade das penas e da proporcionalidade e à proibição da submissão do preso a tratamento desumano e degradante (arts. 1º, III, e 5º, III e XLVII, da CF). A disciplina legal do regime diferenciado não prevê qualquer medida que ofenda os mencionados princípios constitucionais. Consistem essas medidas tão somente em restrições temporárias a alguns direitos do preso, expressamente discriminados, que não implicam a sua sujeição a tratamento cruel, desumano ou vexatório, respeitando-se a sua integridade física e psíquica e os demais direitos previstos em lei. A proporcionalidade está suficientemente atendida pela cominação da sanção mais severa às faltas mais graves, pelos limites impostos à sua aplicação e pela necessidade de se resguardar a ordem e a disciplina contra ações que coloquem em risco o sistema prisional.

As restrições que nos termos da Lei de Execução Penal caracterizam o regime disciplinar diferenciado estão previstas nos incisos I a VII do art. 52, com a redação conferida pela Lei nº 13.964/2019.

Como sanção disciplinar, o regime diferenciado deve ser fixado por prazo determinado. Esse prazo, para cada falta, não pode ser superior a dois anos, autorizada a repetição da sanção por nova falta grave da mesma espécie. Antes da alteração do artigo, o tempo de inclusão, em decorrência de uma única falta ou da somatória dos tempos relativos às sanções dessa espécie no curso do cumprimento da pena, não podia superar um sexto da pena aplicada. Esse limite foi abolido e, portanto, nos termos da lei vigente, não há mais óbice à repetição da sanção em decorrência de nova falta grave, devendo se observar somente a duração máxima de dois anos para cada sanção. Para o preso provisório a sanção cessará se vier a ser relaxada a prisão em flagrante, concedida a liberdade provisória ou revogada a prisão preventiva.

Outras características do regime disciplinar diferenciado ("RDD") são o recolhimento em cela individual (inciso II); a limitação do direito de visitas quinzenais a duas pessoas, com duração de duas horas, por pessoa da família ou, no caso de terceiro, se judicialmente autorizado (inciso III); o direito à saída da cela por apenas duas horas diárias para banho de sol, em grupo de no máximo quatro presos, vedado o contato com presos do mesmo grupo criminoso (inciso IV); o monitoramento das entrevistas, excetuadas as com o defensor do preso, em instalações sempre equipadas para impedir o contato físico e passagem de objetos (inciso V); a fiscalização do conteúdo da correspondência (inciso VI); e a participação em audiências judiciais preferencialmente por videoconferência, assegurada a presença do defensor no mesmo ambiente do preso (inciso VII). Com relação às visitas quinzenais determina a lei que deverão ser elas gravadas em sistemas de áudio ou vídeo e, caso haja autorização judicial, fiscalizada por agente penitenciário (art. 52, § 6º). Na ausência dessa visitação durante os primeiros seis meses, autoriza-se a comunicação telefônica com pessoa da família, por duas vezes, com duração de dez minutos, que deverá ser gravada (§ 7º)

Preveem-se, portanto, restrições provisórias ao exercício de direitos do preso previstos no art. 41. Prevê, também, a Lei nº 10.792/2003 a possibilidade de ser o regime disciplinar diferenciado regulamentado nos Estados, para se atender às peculiaridades regionais, especialmente quanto às matérias que relaciona, entre as quais incluem-se outras restrições ao preso a ele submetido, como a restrição de acesso aos meios de comunicação e de informação (art. 5º, inciso III) e o cadastramento e agendamento prévio para entrevista com seu advogado (inciso IV).

Dispõe, ainda, a Lei nº 10.792/2003 que especialmente os estabelecimentos penitenciários destinados a presos submetidos ao regime disciplinar diferenciado serão dotados, entre outros equipamentos de segurança, de bloqueadores de telecomunicação para telefones celulares, radiotransmissores e outros meios de telecomunicação (art. 4º). No caso de preso que exerce liderança em organização criminosa, associação criminosa ou milícia privada ou com atuação criminosa em dois ou mais estados da federação, o regime disciplinar diferenciado deverá ser obrigatoriamente cumprido em estabelecimento prisional federal (art. 52, § 3º), que deverá contar com alta segurança interna e externa, de modo a evitar o contato do preso com membros de sua organização ou de grupos rivais (§ 5º).

Evidentemente, as restrições previstas para o regime disciplinar diferenciado não podem implicar a incomunicabilidade do preso, que é vedada pela Constituição Federal (art. 136, § 3º, inciso IV).

O regime disciplinar diferenciado pode ser imposto como sanção ao condenado por sentença transitada em julgado que cumpre pena privativa de liberdade e ao preso que se encontra custodiado em razão de uma das modalidades de prisão provisória (item 102.1), porque também o preso provisório se encontra sujeito à Lei de Execução Penal (art. 2º, parágrafo único) e à disciplina carcerária (art. 44, parágrafo único), aplicando-se-lhe, no que couberem e não forem incompatíveis com a sua situação, as disposições relativas aos deveres e direitos do preso (art. 39, parágrafo único, e art. 42) e às normas, faltas e sanções disciplinares previstas na Lei de Execução Penal (arts. 46 e 50, parágrafo único).

A inclusão no regime disciplinar diferenciado é prevista como sanção disciplinar (art. 53, inciso V) na hipótese de falta de natureza grave (art. 57, parágrafo único). Diversamente, porém, da suspensão ou restrição de direitos e do isolamento na própria cela ou em local adequado (art. 53, incisos III e IV) que podem ser aplicadas pela prática de qualquer das faltas graves previstas no art. 50, a inclusão no regime disciplinar diferenciado, como sanção disciplinar, somente pode ser imposta na hipótese descrita no art. 52. A prática de fato previsto como crime doloso e a incitação ou participação de movimento para subverter a ordem ou a disciplina já eram previstas como faltas graves, nos termos da redação original do art. 52 e do disposto no art. 50, inciso I (item 50.1). A Lei nº 10.792/2003, ao criar o regime disciplinar diferenciado, reservou-o como sanção mais gravosa ao preso que pratica fato que, por sua natureza e repercussão, abrange ambas as referidas hipóteses: configura crime doloso e ocasiona a subversão da ordem ou da disciplina do estabelecimento penal (itens 50.1 e 52.1). Para o fato que embora configure crime doloso não provoca a subversão da ordem e da disciplina, ou que é previsto como falta grave mas não como crime doloso, ainda que ocasione essa mesma subversão, são aplicáveis as sanções previstas nos incisos III e IV do art. 53. No último caso, a inclusão do condenado ou preso provisório que comete falta grave somente pode ocorrer se caracterizada uma das hipóteses de aplicação preventiva previstas nos incisos I e II do § 1º do art. 52.

A inclusão do preso no regime disciplinar diferenciado, diversamente das demais sanções disciplinares, somente pode ser aplicada por decisão do juiz competente, ouvidos previamente o Ministério Público e a defesa (item 54.2). Prevê a lei a possibilidade de inclusão preventiva do preso faltoso no regime disciplinar diferenciado como medida cautelar no interesse da disciplina e da averiguação do fato, exigindo, porém, igualmente, prévia autorização judicial, nos termos do art. 60. O tempo de inclusão provisória será computado no período de cumprimento da sanção disciplinar que vier a ser aplicada (item 60.2).

A inclusão do preso no regime disciplinar diferenciado pode ocorrer também como medida cautelar ou preventiva, nas hipóteses de recaírem sobre o preso fundadas suspeitas de envolvimento ou participação em organização criminosa, associação criminosa ou milícia privada ou de representar ele alto risco para a ordem e a segurança do estabelecimento penal ou para a sociedade (art. 52, § 1º incisos I e II, da LEP). Em ambas as hipóteses não se exige a prática de crime doloso ou o cometimento de outra falta grave, porque o fundamento para sua imposição não tem o caráter punitivo próprio da sanção disciplinar. A inclusão no regime disciplinar diferenciado com fundamento nos dois incisos do § 1º do art. 52 da Lei de Execução Penal constitui medida de caráter preventivo ou acautelatório, que tem por finalidade garantir as condições necessárias para que a pena privativa de liberdade ou a prisão provisória seja cumprida em condições que garantam a segurança do estabelecimento penal e a ordem pública, que continuaria ameaçada se, embora custodiado, permanecesse o preso em regime comum. Exige-se, portanto, que o preso apresente *alto risco* para a ordem e segurança do estabelecimento penal, no sentido de que sua permanência no regime comum possa ensejar a ocorrência de motins, rebeliões, lutas entre facções, subversão coletiva da ordem ou a prática de crimes no interior do estabelecimento em que se encontre ou no sistema prisional, ou, então, que, mesmo preso, possa liderar ou concorrer para a prática de infrações penais no mundo exterior, por integrar uma milícia, associação, ou organização criminosa.

Estão sujeitos à inclusão cautelar no regime disciplinar diferenciado o condenado que cumpre pena privativa de liberdade e o preso provisório, decorra a prisão de flagrante, da decretação da prisão preventiva ou de sentença condenatória não transitada em julgado. Na hipótese do § 1º, II, do art. 52, porque exige a lei *fundadas suspeitas* de envolvimento do preso em organização criminosa de qualquer espécie, não é pressuposto para a inclusão anterior condenação pelo crime de associação criminosa (art. 288 do CP), milícia privada (art. 288-A) ou organização criminosa (art. 2º da Lei nº 12.850, de 2-8-2013). A simples condenação por esses delitos ou outros da mesma natureza não é suficiente, porém, para a inclusão do preso no regime disciplinar diferenciado, impondo-se que em razão de suas associações criminosas sua manutenção no regime comum acarrete risco à segurança do estabelecimento ou à sociedade.

A inclusão no regime diferenciado com fundamento nos § 1º, I e II, do art. 52 sujeita o preso às restrições previstas nos incisos II a VII, além das que forem estabelecidas nos Estados (art. 5º da Lei nº 10.792, de 1º-12-2003).

Entendida como *característica* do regime, conforme a letra do art. 52, a duração máxima de dois anos para cada falta, além de limitar a sanção disciplinar, abrangeria, em princípio, também a inclusão preventiva no regime disciplinar diferenciado. A natureza e finalidade da medida exigem, porém, que a inclusão seja por tempo indeterminado e recomendam sua permanência enquanto persistirem a prisão e as condições de risco que justificam o regime diferenciado. Determina a lei vigente, aliás, que, na hipótese de inclusão cautelar, o regime disciplinar diferenciado poderá ser prorrogado sucessivamente, por períodos de um ano, se o alto risco para a ordem e a segurança do estabelecimento penal persistir ou se o condenado mantém os vínculos com a organização criminosa (art. 52, § 4ª, I e II). Se, no entanto, durante o cumprimento da pena ou da prisão provisória cessarem os motivos que determinaram a inclusão, deve retornar o preso ao regime comum.

A inclusão preventiva no regime diferenciado deve ser requerida pela autoridade administrativa ao juiz competente. Pode ser requerida pelo diretor do estabelecimento penal em que se encontra o preso, que primeiramente poderá constatar a insuficiência do regime comum para a ordem e segurança do presídio. Mas nada impede que requeira a medida a autoridade policial ou o representante do Ministério Público, quando constatarem, no inquérito, no processo ou no curso da execução (art. 195), a existência de indícios de que, no regime comum, continua o preso a participar de atividades de organizações criminosas, apresentando risco à ordem pública (art. 52, § 1º). Juiz competente poderá ser, conforme a hipótese, o juiz do processo, se a inclusão for determinada no curso de prisão cautelar, ou, tratando-se de medida que visa assegurar condições para o regular cumprimento da pena privativa de liberdade, o juiz competente para a execução, previsto nas leis de organização judiciária.

A Lei nº 10.792/2003 estabelece também que "a União Federal, os Estados, o Distrito Federal e os Territórios poderão construir Penitenciárias destinadas, exclusivamente, aos presos provisórios e condenados que estejam em regime fechado, sujeitos ao regime disciplinar diferenciado" (art. 87, parágrafo único, da LEP) e que a União priorizará quando da construção dos presídios federais os estabelecimentos que se destinem a abrigar presos provisórios ou condenados sujeitos ao aludido regime (art. 8º).

A Lei nº 11.671, de 8-5-2008, disciplina a transferência e inclusão de presos em estabelecimentos penais federais de segurança máxima, incluindo-se aqueles que estão submetidos ao regime disciplinar diferenciado. Prevê a Lei que, no período em que o condenado permanecer no estabelecimento federal, é o juízo federal o competente para a execução da pena privativa de liberdade. Tratando-se de preso provisório, incumbe ao juízo federal somente a fiscalização da prisão provisória, a ser solicitada pelo juiz do processo de conhecimento mediante carta precatória (art. 4º).

Jurisprudência

- *Possibilidade de manutenção de preso líder de organização criminosa em presídio federal*
- *Desnecessidade do trânsito em julgado da condenação criminal para reconhecimento da falta grave consistente na prática de crime doloso*
- *Constitucionalidade do regime disciplinar diferenciado*
- *Requisitos para imposição do regime disciplinar diferenciado*
- *Regime disciplinar diferenciado: necessidade de previsão legal, manifestação da defesa e motivação da decisão*
- *Inclusão de preso provisório no regime disciplinar diferenciado com fundamento*
- *Inadmissibilidade de restrições mais rigorosas do que as previstas em lei*

Subseção III
Das Sanções e das Recompensas

Art. 53. Constituem sanções disciplinares:

I – advertência verbal;

II – repreensão;

III – suspensão ou restrição de direitos (art. 41, parágrafo único);

IV – isolamento na própria cela, ou em local adequado, nos estabelecimentos que possuam alojamento coletivo, observado o disposto no art. 88 desta Lei;

V – inclusão no regime disciplinar diferenciado.*

* Inciso V acrescentado pela Lei nº 10.792, de 1º-12-2003.

Vide: **CF** art. 5º, XXXIX, XLVI, XLVII, *e*, XLIX; **LEP** arts. 41, parágrafo único, 45, 49 a 52, 54, 57 a 60, 88.

53.1 SANÇÕES DISCIPLINARES

Todo o sistema penitenciário deve conter adequado catálogo de medidas que tendam a manter a ordem e a disciplina no âmbito penitenciário e mesmo assegurar a regular execução das penas não privativas de liberdade a fim de que se possa desenvolver o processo destinado à reinserção ou adaptação social do condenado. Essas medidas podem consistir em admoestações, privações de certos direitos e mesmo no isolamento do condenado à pena privativa de liberdade. Para evitar o arbítrio e a aplicação de penas que atinjam a integridade física ou moral do condenado, a Lei de Execução Penal prevê quais as únicas sanções disciplinares que podem ser impostas em decorrência de falta disciplinar anteriormente estabelecida na legislação. São as previstas no art. 53: I – advertência verbal; II – repreensão; III – suspensão ou restrição de direitos do preso; IV – isolamento na própria cela ou em local adequado; V – inclusão no regime disciplinar diferenciado. Preserva-se, assim, o respeito aos direitos individuais do condenado e exige-se o cumprimento dos deveres deste para com a Administração a fim de se garantir a segurança e conseguir boa convivência e ordem carcerária. Estão excluídas todas as sanções que possam lesar ou pôr em risco a vida e a integridade física ou moral do condenado (itens 45.1 a 45.4).

A advertência verbal e a repreensão são sanções que, intrinsecamente, não se diferenciam, consistindo apenas na admoestação ao condenado pela falta disciplinar. A advertência é feita oralmente, e a repreensão por escrito, mas ambas devem ficar constando do prontuário do condenado para ter seu peso no comportamento e mérito do sentenciado. A advertência é a sanção menos severa e, portanto, deve ser cominada e aplicada às faltas disciplinares de menor importância.

A sanção prevista no art. 53, inciso II, é a suspensão de certos direitos do preso, ou seja, aqueles previstos no art. 41, incisos V, X e XV, por força do parágrafo único deste dispositivo, como faz certa a remissão do primeiro. Pode-se, assim, em primeiro lugar, suspender ou restringir a proporcionalidade na distribuição do tempo para o trabalho, o descanso e a recreação. A rigor, tal sanção limita-se à suspensão ou restrição do tempo de recreação do condenado, já que não lhe pode ser subtraído o prazo para descanso, sob pena de pôr-se em risco sua saúde. Ademais, o trabalho penitenciário não pode ser superior a oito horas diárias, mesmo que o condenado esteja sujeito a horário especial (item 33.2). De outro lado, a suspensão ou restrição do tempo de trabalho do preso evidentemente não pode ser considerada sanção disciplinar.

A segunda sanção disciplinar prevista é a suspensão ou restrição da visita do cônjuge, da companheira, de parentes e amigos em dias determinados. Trata-se de uma sanção muito temida pela maioria dos condenados, que ficam privados desse contato com o mundo exterior. As visitas, incluídas as de caráter sexual, são sempre aguardadas com impaciência pelo preso, considerando-se regalia a oportunidade de recebê-las em ocasiões excepcionais.

Também é sanção disciplinar a suspensão ou restrição do direito do preso ao contato com o mundo exterior por meio de correspondência escrita, leitura e outros meios de informação. Embora já se tenha considerado inconstitucional a proibição de expedição ou recebimento de correspondência escrita, diante da garantia constitucional (item 41.15), não se pode fazer qualquer objeção a que sejam os condenados impedidos de se valerem desse e de outros meios de informação e comunicação (leitura de jornais, livros e revistas, acesso ao rádio, televisão etc.).

Sanção mais severa é o isolamento do condenado. Abolida a possibilidade de encerramento em cela escura (item 45.3), permite-se o isolamento na própria cela quando o condenado está ali recolhido, ou em outro local adequado, que também pode ser uma cela individual, quando estiver recolhido a alojamento coletivo. Essa sanção traz implícita, evidentemente, a proibição de recebimento de visitas, de comunicações com o exterior, de recreação etc. Sendo o isolamento a sanção mais severa das cominadas na lei de execução, deve ser ela reservada às hipóteses das faltas mais graves, em que se denuncia evidente agressividade ou violência do preso ou quando este é reincidente em faltas disciplinares. Em outras hipóteses deve ser aplicada a sanção de suspensão ou restrição de direitos que, sendo também aflitiva, causa menos ou nenhum prejuízo ao processo de reinserção social do condenado.

De qualquer forma, o isolamento não é castigo especialmente penoso, já que o local em que ele deve ser cumprido deve estar dotado de aparelho sanitário e lavatório, preenchendo os requisitos de salubridade previstos no art. 88 da Lei de Execução Penal.

O isolamento, que restringe a liberdade de locomoção e alguns dos direitos do preso, pode traduzir-se em relativa incomunicabilidade do condenado, exceto no que diz respeito às exceções legais (contatos com o advogado, com o diretor do presídio etc.). Não pode servir, porém, de pretexto para se infligir ao condenado outras aflições (castigos físicos, redução de alimento ou água, falta de vestuário, ausência de atendimento médico etc.).

A suspensão ou restrição de direitos e o isolamento não podem exceder 30 dias (item 58.1), e o último deve ser sempre comunicado ao juiz da execução (item 58.2).

Por fim, prevê-se no inciso V do art. 53, inserido pela Lei nº 10.792, de 1º-12-2003, a inclusão no regime disciplinar diferenciado. Essa nova espécie de sanção disciplinar não pode ser aplicada a qualquer das faltas graves previstas no art. 50, porque reservada, nos termos do art. 52, *caput*, à hipótese de falta mais grave consistente na prática de crime doloso que ocasione subversão da ordem ou disciplina interna. Suas características já foram examinadas (item 52.2).

Art. 54. As sanções dos incisos I a IV do art. 53 serão aplicadas por ato motivado do diretor do estabelecimento e a do inciso V, por prévio e fundamentado despacho do juiz competente.*

§ 1º A autorização para a inclusão do preso em regime disciplinar dependerá de requerimento circunstanciado elaborado pelo diretor do estabelecimento ou outra autoridade administrativa.*

§ 2º A decisão judicial sobre inclusão de preso em regime disciplinar será precedida de manifestação do Ministério Público e da defesa e prolatada no prazo máximo de quinze dias.*

* Redação dada ao *caput* e inserção dos §§ 1º e 2º pela Lei nº 10.792, de 1º-12-2003.

Vide: **LEP** arts. 48, 52, 53, 57 a 60; **Lei nº 13.869, de 5-9-2019**, art.13, II; Súmula: **STJ** 533.

54.1 COMPETÊNCIA PARA A APLICAÇÃO DAS SANÇÕES

Apurada a falta disciplinar pelo procedimento adequado, conforme o determinar a lei local ou regulamento, as sanções de advertência, repreensão e suspensão ou restrição de direitos serão aplicadas pelo diretor do estabelecimento penal. Antes da vigência da Lei nº 10.792, de 1º-12-2003, que deu nova redação ao art. 54, a sanção disciplinar consistente no isolamento celular somente podia ser imposta por deliberação do conselho disciplinar, órgão a ser disciplinado pela lei estadual, não tendo o diretor do estabelecimento prisional, sozinho, atribuição para aplicação de tal penalidade administrativa, motivo pelo qual podia se configurar, na hipótese de seu ilegal exercício, o crime de abuso de autoridade previsto no art. 13, II, da Lei nº 13.869, de 5-9-2019. Diante da atual redação do dispositivo, porém, as sanções previstas nos incisos I a IV do art. 53 devem ser impostas, em ato motivado, pelo Diretor do estabelecimento penal. Nada impede, porém, que, de acordo com a regulamentação, venha a se conferir ao conselho disciplinar ou a outro órgão colegiado a decisão final sobre tais sanções, já que um órgão colegiado oferece ao condenado maiores garantias quanto à aplicação das sanções do que o julgador monocrático. A Lei de Execução Penal não consigna a hipótese de recurso da decisão do diretor, mas a lei local ou o regulamento pode prevê-lo em atenção ao princípio de que é ele um dos instrumentos da defesa do condenado (item 59.1).

A sanção mais grave, prevista no inciso V do art. 53, somente pode ser aplicada por decisão do juiz competente (item 54.2).

O artigo não se refere à competência para a aplicação das sanções disciplinares aos condenados que cumprem pena restritiva de direitos. Tal competência, porém, está firmada no art. 48 que atribui o exercício do poder disciplinar à autoridade administrativa a que estiver sujeito o condenado (item 48.1). Esta, entretanto, somente poderá aplicar as sanções de advertência oral ou repreensão, mas não a de suspensão ou restrição de direitos ou isolamento. Como não se compreende a aplicação da sanção por parte destes ao condenado que não se encontrava cumprindo pena privativa de liberdade, perante a Lei de Execução Penal a prática de falta disciplinar grave nessa hipótese somente acarreta a conversão (art. 181) e não a sanção disciplinar (item 51.1).

A Lei de Execução Penal não consigna a hipótese de recurso da decisão do diretor, do conselho disciplinar ou de outra autoridade administrativa, mas a lei local ou o regulamento pode prevê-lo em atenção ao princípio de que é ele um dos instrumentos da defesa do condenado (item 59.1).

A Medida Provisória nº 28, de 4-2-2002, que previa, em seu art. 2º, a aplicação de todas as sanções disciplinares pelo diretor do estabelecimento, ouvido o conselho disciplinar, foi rejeitada no Congresso Nacional.

Jurisprudência

- *Competência do diretor do presídio para aplicação das sanções de caráter administrativo*
- *Competência para aplicação da sanção disciplinar de isolamento celular*

54.2 PROCEDIMENTO E JUIZ COMPETENTE PARA APLICAÇÃO DA SANÇÃO DE INCLUSÃO NO REGIME DISCIPLINAR DIFERENCIADO

A aplicação da sanção mais grave, consistente na inclusão do preso no regime disciplinar diferenciado, prevista para o preso que pratica fato previsto como crime doloso e que ocasione a subversão da ordem ou disciplina interna (art. 52), depende de decisão judicial.

Praticada a falta grave prevista no art. 52, a lei autoriza a inclusão preventiva no regime disciplinar diferenciado no interesse da disciplina e da averiguação do fato, exigindo-se, porém, ainda, decisão judicial, nos termos do art. 60 (item 60.1). A final aplicação da sanção é condicionada ao procedimento disciplinado nos §§ 1º e 2º do art. 54. Sem prejuízo da instauração de inquérito ou do processo instaurado para aplicação da sanção penal aplicável ao fato, deve este ser apurado em procedimento previsto para apuração das faltas disciplinares (art. 59). Ao seu término, porém, o diretor do estabelecimento deve requerer ao juiz competente a inclusão do preso no regime disciplinar diferenciado (art. 54, § 1º). Assegura a lei a prévia oportunidade de manifestação do Ministério Público e da defesa, devendo ser prolatada a decisão no prazo máximo de 15 dias (art. 54, § 2º). É claro o intuito do legislador de estabelecer esse prazo para todo o procedimento judicial. Para manifestação do Ministério Público e da defesa o prazo é de 3 dias (art. 196).

Embora prevista no *caput* do art. 54 a necessidade de *despacho* do juiz competente, o ato judicial que aplica a sanção de inclusão no regime disciplinar diferenciado tem a natureza de *decisão*, como, aliás, mencionado no § 2º, porque não se limitam os seus efeitos, no curso do processo condenatório ou na execução da pena privativa de liberdade, à mera ordenação do procedimento, finalidade para a qual exige a lei processual mero despacho de expediente. Prevê-se que o ato seja *fundamentado*, o que se exige de qualquer decisão judicial (art. 93, IX, da Constituição Federal). Aliás, a decisão do diretor do estabelecimento que soluciona procedimento disciplinar e impõe outra espécie de sanção também deve ser motivada, nos termos do art. 59, parágrafo único (item 59.4).

Como regra geral, o juízo competente para o conhecimento das situações previstas na Lei de Execução Penal é o juiz da execução (art. 194), indicado pela lei local de organização judiciária (art. 65). Ao mencionar no art. 54 o *juiz competente* para aplicação da sanção de inclusão no regime disciplinar diferenciado, prevê a lei a possibilidade de ser competente outro juiz que não o juiz da execução, como o juiz do processo. Tratando-se de aplicação de sanção no curso do cumprimento da pena privativa de liberdade, competente será o juiz da execução. Se a falta for cometida no curso de prisão cautelar, a competência, em princípio, será do juiz do processo (item 65.3).

Contra a decisão do juiz da execução que aplica a sanção no curso do cumprimento da pena privativa de liberdade cabível é o recurso de agravo, previsto no art. 197. Não prevê a lei recurso específico contra a decisão proferida por outro juiz que imponha a sanção por falta cometida durante a prisão cautelar. É possível, porém, contra a aplicação da sanção em desrespeito às normas legais, a impetração de *habeas corpus* porque a inclusão no regime disciplinar diferenciado, em razão de suas características, agrava o cerceamento da liberdade de locomoção a que já se encontrava sujeito o preso no regime comum.

> Art. 55. As recompensas têm em vista o bom comportamento reconhecido em favor do condenado, de sua colaboração com a disciplina e de sua dedicação ao trabalho.

Vide: **LEP** arts. 44, 56; **Lei nº 10.792**, de 1º-12-2003, art. 5º, V.

55.1 RECOMPENSAS

Tão importante como a aplicação de sanções às faltas disciplinares para a regular execução da pena, a fim de reintegrar-se à sociedade o condenado, é o estabelecimento de um sistema de recompensas como fator de boa convivência prisional e processo de readaptação. Preconizam as Regras de Mandela que em cada estabelecimento deverá ser instituído um sistema de privilégios adaptados aos diferentes grupos de presos e aos diferentes métodos de tratamento a fim de incentivar a boa conduta, desenvolver o sentido de responsabilidade e promover o interesse e a cooperação do condenado no que se refere a seu tratamento (Regra 95). Dispõe a Lei de Execução Penal, nesse sentido, que as recompensas têm em vista o bom comportamento reconhecido em favor do condenado, de sua colaboração com a disciplina e de sua dedicação ao trabalho (art. 55). Assim, os atos do condenado que ponham em relevo sua boa conduta, seu espírito de trabalho e sentido de responsabilidade no comportamento pessoal e nas atividades organizadas do estabelecimento e o cumprimento integral de seus deveres são estimulados mediante um sistema de recompensas, previstas expressamente no art. 56. A Lei nº 10.792, de 1º-12-2003, prevê no art. 5º, inciso V, como matéria a ser disciplinada nos Estados, a elaboração de programa de atendimento diferenciado aos presos e condenados incluídos no regime disciplinar diferenciado que contemple recompensas para o bom comportamento durante o cumprimento da sanção, visando a sua reintegração ao regime comum.

Os fatos meritórios não são previstos especificamente na lei, mas resultam de reiterada, correta e especial posição do sentenciado frente à disciplina e ao trabalho, assim como de ótimo aprendizado na escola ou na oficina, da colaboração com os funcionários, do excelente asseio na cela etc., levando-se em conta as realidades próprias de cada estabelecimento penitenciário. Outros fatos há, porém, cuja prática depende da solicitação ou da exigência do momento, e eles podem ser os mais diversos e imprevisíveis. Nessas hipóteses, desde que se verifique que o fato tenha conteúdo e finalidade ética, é justo que seja seu autor recompensado, sendo preciso que fique claro que a recompensa outorgada não constitui nenhum favor pessoal, mas é um ato de justiça (isto é, que no consenso geral a recompensa seja entendida como um ato de justiça, que verdadeiramente é).[35]

A concessão de recompensa constitui-se também em processo destinado a individualizar a execução penal, um dos princípios básicos do regime de cumprimento das penas privativas de liberdade.

Art. 56. São recompensas:

I – o elogio;

II – a concessão de regalias.

Parágrafo único. A legislação local e os regulamentos estabelecerão a natureza e a forma de concessão de regalias.

Vide: **LEP** arts. 44, 55; **Lei nº 10.792**, de 1º-12-2003, art. 5º, V.

56.1 ESPÉCIES DE RECOMPENSAS

A natureza, concessão e gozo das recompensas devem ser objeto de regulamentação, de modo que fique garantida sua participação finalista no regime de execução penal individualizada e, ao mesmo tempo, previna possíveis concessões (ou denegações) segundo o arbítrio desta ou daquela autoridade.[36] Por isso, prevê o art. 56 quais as espécies de recompensas – o elogio e a concessão de regalias –, determinando que a legislação local e os regulamentos devem estabelecer a natureza e a forma de concessão destas últimas.

O elogio é uma espécie de distinção, é o reconhecimento direto da boa conduta do sentenciado nos vários setores de atividades (disciplina, aprendizado, trabalho etc.), marcando o mérito do condenado e servindo de estímulo para que persevere na reta intenção de emendar-se e readaptar-se futuramente à vida social. Deve ficar constando do prontuário do condenado e pesará na aferição de seu comportamento carcerário.

Também é recompensa a concessão de regalias, que deverão ser previstas na legislação local e nos regulamentos. Tratando-se de privilégios, evidentemente não podem ser elas o exercício de direito já garantido ao preso pela legislação, mas de um *plus* com referência aos demais que não o fizeram por merecer. Como exemplos de regalias a serem previstas nas legislações locais podem ser citadas: visitas extraordinárias; frequência a prática de atividades desportivas, a sessões cinematográficas, de televisão ou outros espetáculos promovidos no estabelecimento; utilização da biblioteca ou de cessão de livros para simples recreação; uso nas celas de aparelho de rádio; assistência a atos sociais programados no estabelecimento; transferência para outro pavilhão; prêmios; doações de livros etc.

35. Cf. MIOTTO, Armida Bergamini. Ob. cit. p. 353.

36. Idem, p. 352.

Subseção IV
Da Aplicação das Sanções

Art. 57. Na aplicação das sanções disciplinares, levar-se-ão em conta a natureza, os motivos, as circunstâncias e as conseqüências do fato, bem como a pessoa do faltoso e seu tempo de prisão.*

Parágrafo único. Nas faltas graves, aplicam-se as sanções previstas nos incisos III a V do art. 53 desta Lei.*

* Redação do *caput* e do parágrafo único dada pela Lei nº 10.792, de 1º-12-2003.

Vide: **CF** art. 5º, XLVI; **LEP** arts. 45, § 3º, 49 a 54, 58.

57.1 FIXAÇÃO DA SANÇÃO

Assim como o Direito Penal, as sanções disciplinares não podem ter tratamento exclusivamente retributivo, objetivo e uniforme para todos os presos com a cominação e aplicação rigidamente relacionadas com a falta praticada. São, aliás, vedadas as sanções coletivas (item 45.4). A conduta faltosa do sentenciado não deve ser julgada à luz de um cálculo friamente aritmético, mas resultar de um juízo de valor a respeito do fato e de seu autor. Por isso, propõem as Regras de Mandela que, na aplicação da sanção, a autoridade competente procederá a um exame completo do fato (Regra 37).

Além de prever a inclusão no regime disciplinar diferenciado para a hipótese prevista no art. 52, duas sanções alternativas para as demais faltas disciplinares graves e outras duas para as médias ou leves, determina a lei que na aplicação delas "levar-se-ão em conta a natureza, os motivos, as circunstâncias e as conseqüências do fato, bem como a pessoa do faltoso e seu tempo de prisão" (art. 57, *caput*). Quanto ao fato, é possível distinguir, por exemplo, sua natureza, sendo mais grave, em tese, a participação em movimento de subversão da ordem ou da disciplina que a inobservância de alguns deveres impostos ao condenado, como o de respeitar as pessoas com quem deva relacionar-se. Também devem ser levadas em conta as conseqüências da falta, que poderão ser relevantes ou quase nulas, merecendo lembrança a circunstância de não se ter consumado a infração. Além disso, também devem ser consideradas as demais circunstâncias do fato, como os motivos determinantes, os meios utilizados, o concurso com outros presos, a emoção do autor etc. Deve-se apreciar, também, a pessoa do preso, ou seja, sua personalidade, seus antecedentes, a reincidência genérica ou específica em faltas disciplinares etc. Por fim, determina a lei que seja ponderado o tempo de prisão do faltoso.

A relevância das circunstâncias objetivas ou subjetivas que envolvem a falta disciplinar, segundo tais critérios, poderá indicar até a desnecessidade de sanção disciplinar ou, na aplicação, a opção por uma das sanções previstas para a infração (advertência ou repreensão para as faltas médias ou leves e a suspensão ou restrição de direitos ou o isolamento, para as graves). Além disso, é evidente que essas circunstâncias devem ter valor primordial também com relação ao tempo de duração das penas de suspensão ou restrição de direitos, de isolamento e de inclusão no regime disciplinar diferenciado, sempre obedecendo-se ao limite máximo permitido pela lei (itens 52.2 e 58.1).

57.2 APLICAÇÃO DAS SANÇÕES

Às faltas disciplinares graves aplicam-se as sanções de suspensão ou restrição de direitos, o isolamento e a inclusão no regime disciplinar diferenciado, segundo determina o parágrafo único do art. 57. Consequentemente, às faltas disciplinares médias e leves aplicam-se as demais, ou seja, a advertência verbal e a repreensão, conforme dispuser a legislação local, sempre observando-se os critérios fixados na lei (item 57.1).

Embora conste do art. 49 que a legislação local *especificará* as faltas leves e médias, bem assim as *respectivas sanções,* não há que se concluir que possa ela criar novas sanções disciplinares, que são exaustivamente mencionadas no art. 53, nem que se permita para essas infrações cominar as sanções na legislação federal para as infrações graves (art. 53, III a V). O sentido de proporcionalidade entre a gravidade da falta e a severidade da sanção não pode ser afastado, e o art. 57, parágrafo único, explicita que as sanções de suspensão ou restrição de direitos, o isolamento e a inclusão no regime disciplinar diferenciado só podem ser aplicadas às faltas graves, restringindo-se a última à prática de fato previsto como crime doloso na hipótese disciplinada no art. 52 (item 52.2). Caso contrário, a lei estadual poderia determinar para uma falta média o isolamento, enquanto a lei federal prevê para uma falta grave, eventualmente, apenas a suspensão ou restrição de direitos. Pode-se criticar eventualmente a lei, que reserva às faltas leves ou médias apenas a advertência verbal e a repreensão, ambas de reduzida eficácia e pouco sentido preventivo, mas essa é a orientação do legislador que só quis impor sanções de "moderado rigor" nas sanções disciplinares (Exposição de Motivos, item 82), tendo "extremo cuidado na individualização concreta das sanções disciplinares" (Exposição de Motivos, item 83). Sem dúvida, acolheu nossa legislação o princípio da *intervenção mínima* de se impor apenas as restrições indispensáveis para garantir a segurança e a ordem no estabelecimento, como aliás preveem as Regras de Mandela (Regra 36), o art. 41.1 da lei geral penitenciária espanhola, o art. D.242 do Código de Processo Penal francês, o art. 81.1 da lei penitenciária alemã e o art. 102.2 da lei portuguesa.

> Art. 58. O isolamento, a suspensão e a restrição de direitos não poderão exceder a trinta dias, ressalvada a hipótese do regime disciplinar diferenciado.*
>
> Parágrafo único. O isolamento será sempre comunicado ao juiz da execução.
>
> * Redação do *caput* do artigo dada pela Lei nº 10.792, de 1º-12-2003.
>
> ---
>
> *Vide*: **CF** art. 136, § 3º, IV; **LEP** arts. 52 a 54, 57.

58.1 TEMPO DE DURAÇÃO

O tempo de duração das sanções de suspensão ou restrição de direitos e de isolamento deve ser determinado pela lei, não se justificando uma duração indeterminada ou variável que possa comprometer a saúde física ou mental do condenado ou os métodos destinados ao processo de reinserção social do condenado. Nas Regras de Mandela, prevê-se que deve ser determinada por lei ou regulamento a "duração" das sanções disciplinares (Regra 37, *b*). Anota, aliás, Heleno Fragoso que, no começo dos anos 70, tribunais americanos condenaram a segregação do preso por mais de 15 dias, como tratamento cruel e desumano.[37] Nossa legislação foi mais severa, determinando que o isolamento, a suspensão e a restrição de direitos não poderão exceder 30 dias.

Limitando a lei a duração do isolamento da suspensão ou restrição de direitos a 30 dias, não poderá ser excedido esse prazo na execução dessas sanções, mesmo na hipótese de concurso de infrações disciplinares. Entendeu o legislador que a execução por um período contínuo superior a esse limite poderia comprometer a saúde do preso ou comprometer seu processo de reintegração social. O dispositivo guarda similitude com o art. 75 do Código Penal, que prevê um máximo de duração para a pena privativa de liberdade. Por isso, se ocorrer a prática de falta grave durante a execução de uma dessas sanções, nada impede que se aplique, por analogia, o princípio que inspirou o art. 75, § 2º, do citado Estatuto. Aplicando-se nova sanção durante a execução da anterior, deve-se desprezar o período já cumprido.

Executada a sanção de isolamento, privação ou restrição de direitos e cometendo o preso nova infração disciplinar, nova sanção pode ser imposta e cumprida, com os limites já mencionados.

A Lei nº 10.792, de 1º-12-2003, deu nova redação ao dispositivo, ressalvando a hipótese de inclusão no regime disciplinar diferenciado. Essa espécie de sanção tem restrições próprias, definidas no art. 52, inciso I, redação dada pela Lei nº 13.964/2019, em que se preveem a imposição pelo prazo de até 2 anos, autorizada, porém, a sua repetição por nova falta de mesma espécie (item 52.2).

Jurisprudência

- *Inadmissibilidade de isolamento por prazo superior ao previsto em lei*

58.2 COMUNICAÇÃO AO JUIZ

A aplicação e a execução da sanção disciplinar de isolamento serão sempre comunicadas ao juiz da execução. Trata-se de providência em princípio destinada a possibilitar ao magistrado melhor fiscalização na aplicação dessa sanção disciplinar de caráter severo, evitando-se o abuso na utilização do isolamento.

Há, de outro lado, evidente lapso do legislador que não determinou expressamente a comunicação da ocorrência de todas as faltas graves cometidas pelos condenados que cumprem pena privativa de liberdade. Essa comunicação, porém, resulta obrigatória porque deflui dos dispositivos da Lei de Execução Penal, em seu conjunto, já que a falta disciplinar grave é causa de regressão (art. 118, I) de revogação da autorização da saída temporária (art. 125), e da perda do direito de remição (art. 127). Não se compreende, aliás, que essa comunicação deva ser feita na hipótese de falta grave cometida pelos condenados às penas restritivas de direitos (item 48.1), e não no caso de pena privativa de liberdade. Na hipótese do regime disciplinar diferenciado, a própria inclusão depende de decisão judicial (item 54.1).

---

37. Cf. FRAGOSO, Heleno. Ob. cit. p. 36.

Subseção V
Do Procedimento Disciplinar

Art. 59. Praticada a falta disciplinar, deverá ser instaurado o procedimento para sua apuração, conforme regulamento, assegurado o direito de defesa.

Parágrafo único. A decisão será motivada.

Vide: **CF** art. 5º, XXXV, LV; **LEP** arts. 49 a 52, 53, 54, 57, 60; Súmula: **STJ** 533.

59.1 PROCEDIMENTO DISCIPLINAR

As sanções disciplinares devem ser aplicadas com toda a possível presteza, sem o que ficaria comprometida a eficácia da punição e anulados seus efeitos preventivos e ressocializadores. Realmente, logo que cometida a falta, o faltoso não terá tido tempo ainda de racionalizar os motivos de sua conduta, racionalização essa que, se não tiver como efeito transformar a falta em ato meritório, pelo menos a justificará ou, em último caso, a desculpará. Assim, o faltoso que, logo após o fato, teria recebido a punição com proveito, transcorrido o tempo, se não tiver feito aquela racionalização, terá, pelo menos, esquecido a ilicitude, a reprovabilidade do fato; de qualquer modo, sentirá a punição senão como injusta, pelo menos como desnecessária, inoportuna.[38] Diante da demora na aplicação da punição, o mesmo ocorrerá, aliás, com os demais condenados, que poderão considerá-la injusta nessa ocasião, embora no primeiro momento a tivessem como acertada. Por isso, dispõe a lei que, "praticada a falta, deverá ser instaurado o procedimento para a sua apuração" (art. 59, *caput*, primeira parte).

A lei prevê também que a aplicação da sanção disciplinar deve obedecer ao procedimento adequado para sua apuração, conforme o regulamento. Trata-se da institucionalização do princípio da *garantia jurisdicional*, ou seja, de se prever o procedimento de acordo com normas jurídicas escritas. Cabe à lei local ou ao regulamento da prisão prever o devido processamento, podendo estabelecer ritos diversos quanto à natureza da falta ou das sanções aplicáveis ao fato, respeitados o direito de defesa (item 59.2) e a exigência de decisão motivada (item 59.4). O procedimento poderá ser oral ou escrito, recomendando-se evidentemente este último para a hipótese de apuração das faltas graves.

Concluído o procedimento disciplinar, reconhecida a falta grave e aplicada a sanção correspondente pela autoridade administrativa, incumbe-lhe a comunicação ao juiz da execução. Recebida a comunicação, não se justifica a instauração de novo procedimento, agora judicial, destinado à apuração da mesma falta. É muito clara a Lei no sentido de que a apuração de falta disciplinar e a aplicação da sanção cabível inserem-se nas atribuições da autoridade administrativa (art. 59) e não nas competências do juiz da execução (art. 66). Embora a falta disciplinar de natureza grave, além da imposição da sanção administrativa, possa acarretar outras consequências legais, como a regressão de regime (art. 118, I) e a perda de direito à remição (art. 127), que devem ser declaradas judicialmente, não prevê a Lei, expressamente, a necessidade de uma decisão judicial homologatória do procedimento

---

38. Cf. MIOTTO, Armida Bergamini. Ob. cit. p. 354.

administrativo. Todavia, recebida em juízo a comunicação da falta e da sanção aplicada, deve o juiz conceder oportunidade ao Ministério Público e à defesa para se manifestarem e requererem o que entenderem cabível.

A Lei confere ao juiz a função de controle de legalidade da atividade da administração, incumbindo-lhe coibi-la, repará-la ou adequá-la sempre que exercida em desconformidade às normas legais ou regulamentares ou ao estatuído na sentença condenatória (arts. 2º e 66, VI). Autorizado está o juiz, portanto, a desconstituir a decisão ou todo o procedimento administrativo, na hipótese de se evidenciar qualquer ilegalidade ou abuso, como nos casos de supressão do direito de defesa, de falta de motivação da decisão, de ausência de previsão legal da falta, de absoluta ausência de prova de sua ocorrência ou autoria, de aplicação de sanção incabível na espécie, de incompetência da autoridade etc. Esse controle deve ser exercido de ofício pelo juiz ou por provocação do Ministério Público, do sentenciado ou seu defensor ou, ainda, de qualquer dos demais legitimados a suscitar incidente de excesso ou desvio de execução (art. 186). Tratando-se, porém, de regular procedimento e de válida decisão, é defeso ao juiz ingressar livremente no mérito da decisão e invadir a esfera de discricionariedade assegurada pela lei à autoridade administrativa. O controle judicial pode e deve ser exercido em sua plenitude com relação à legalidade do procedimento disciplinar, abrangendo, portanto, todos os aspectos em que a atividade administrativa é vinculada. Não pode proceder o juiz à revisão de mérito da decisão para fazer prevalecer a sua apreciação subjetiva e a sua convicção pessoal sobre os juízos valorativos que tenham sido formulados pela autoridade dentro dos limites de discricionariedade fixados pela lei. Essa limitação não impede o juiz de examinar os fatos e as provas produzidas no procedimento para verificar a ocorrência eventual de desvio ou abuso da autoridade no julgamento da falta disciplinar ou na aplicação da sanção, porque nessas hipóteses, extrapolada a margem de discricionariedade, há violação das normas legais. É lícito, assim, ao juiz desconstituir a decisão que julgou configurada a falta disciplinar na absoluta ausência de prova de autoria, mas não lhe é permitido anulá-la, embora fundamentada em prova existente e ponderável, por entender que não seria esta tão robusta e convincente, a seu critério, para justificar a punição. Pode o juiz anular a decisão pela ausência de motivação quanto à opção e dosagem da pena, mas não deve reduzi-la simplesmente por entender, pessoalmente, que seria ela muito rigorosa em face das circunstâncias que devem nortear a sua aplicação (art. 57 da LEP).

Concedida oportunidade de manifestação ao Ministério Público e à defesa e verificada a regularidade do procedimento disciplinar que culminou com o reconhecimento da falta grave e a imposição da sanção administrativa, deve o juiz declarar os efeitos previstos em lei que dependem do provimento judicial. Na praxe, é frequente a prolação de uma decisão homologatória do procedimento, pela qual reconhece o juiz a correção do procedimento e sua aptidão para gerar aqueles efeitos legais que dependem de declaração judicial. Para o fim de regressão de regime, impõe-se-lhe, porém, ouvir previamente o sentenciado (art. 118, § 2º).

Na hipótese prevista no art. 52, *caput*, concluído o procedimento, deve ser requerida ao juiz a inclusão do preso no regime disciplinar diferenciado, que decidirá após manifestação do Ministério Público e da defesa, nos termos do art. 54, §§ 1º e 2º (item 54.2).

Jurisprudência

- *Prazo para o procedimento disciplinar em caso de fuga*
- *Suspensão provisória de benefícios no cometimento de falta grave*

59.2 DIREITO DE DEFESA

Está também assegurado ao faltoso o direito de defesa (art. 59, *caput*, segunda parte). Recomendam as Regras de Mandela que nenhum preso seja punido sem haver sido informado da infração que lhe é atribuída e sem que se haja permitido previamente apresentar sua defesa (Regra 41). Preveem a defesa do condenado na apuração da falta disciplinar o art. D.249.2 do Código de Processo Penal francês, o art. 13 das normas mínimas mexicanas, o art. 51 da lei penitenciária sueca, o art. 38 da lei italiana, o art. 106.1 da lei de execução alemã, o art. 131.1.5 da lei portuguesa e o art. 44.2 da lei geral penitenciária espanhola.

O art. 59, *caput*, prevê que o procedimento para apuração de falta disciplinar obedecerá às regras regulamentares, que devem ser compreendidas como as contidas na lei local e nos regimentos internos dos estabelecimentos penitenciários, "assegurado o direito defesa".

Posteriormente à vigência da Lei de Execução Penal, a Constituição Federal de 1988 passou a assegurar o contraditório e a ampla defesa aos litigantes e aos acusados em geral, não somente nos processos judiciais, mas também nos administrativos (art. 5º, LV). Assim, é evidentemente necessário no procedimento disciplinar, em observância às garantias constitucionais, que o condenado seja previamente cientificado da infração que lhe é atribuída para que possa preparar sua defesa e que lhe seja concedida oportunidade de autodefesa, de indicar ou produzir provas e de constituir procurador legalmente habilitado ou se valer da assistência jurídica do estabelecimento prisional para o exercício da defesa técnica.

Discute-se, no entanto, na doutrina e na jurisprudência a imprescindibilidade da defesa técnica no procedimento administrativo disciplinar na execução penal. Em outros termos, cumpre saber se é nulo ou não o procedimento na hipótese de haver ele se desenvolvido sem que o condenado estivesse assistido por advogado. A polêmica se acirrou com a edição da Súmula nº 343 do STJ e da Súmula Vinculante nº 5. De acordo com a primeira, "é obrigatória a presença de advogado em todas as fases do processo administrativo disciplinar". Enuncia, entretanto, a súmula vinculante: "a falta de defesa técnica por advogado no processo administrativo disciplinar não ofende a Constituição". Deve-se observar, porém, que ambas as súmulas basearam-se em precedentes que não versaram sobre matéria de execução penal. Tanto a Súmula Vinculante nº 5 como a Súmula nº 343, que resultou da apreciação exclusivamente de casos de aplicação de penalidades administrativas a servidores públicos, referem-se aos procedimentos administrativos de natureza civil ou extrapenal. Não obstante também possuir caráter administrativo, o procedimento disciplinar na execução é apto a produzir repercussões de relevo sobre a sanção penal, não somente quanto à forma de sua concretização, mas, também, quanto à sua duração, ensejando, portanto, consequências ou efeitos de indiscutível natureza penal. Reconhecida a falta grave, além de suportar as sanções administrativas, entre os quais a que implicam restrição mais severa ao direito de liberdade, como o isolamento celular e a inserção no regime disciplinar diferenciado, o sentenciado pode perder parte dos dias remidos pelo trabalho, alongando-se o tempo de cumprimento da pena, regredir de regime prisional e ter indeferidos ou postergados benefícios legais, como a progressão de regime, o indulto e o livramento condicional. Há que se atentar, também, para o fato de que, diversamente do que ocorre no processo de conhecimento em relação ao procedimento administrativo do inquérito policial, na execução penal não é prevista uma instrução probatória perante o juiz, prevalecendo, assim, em princípio, os elementos produzidos extrajudicialmente inclusive para a aplicação dos efeitos judiciais da falta, o que reforça a necessidade de se assegurar ao preso a defesa técnica no curso do procedimento disciplinar. Nesse sentido, o de assegurar ao preso a defesa técnica no procedimento disciplinar, por advogado constituído ou defensor nomeado, foi editada a Súmula 533 do STJ.

A necessidade de observância do contraditório e da ampla defesa, bem como da defesa técnica, não implica, porém, a exigência de adoção no procedimento administrativo disciplinar de todos os ritos e fórmulas previstos na lei processual para os procedimentos relativos à ação penal condenatória. Cabendo à lei local e ao regulamento a normatização do procedimento disciplinar, as regras a serem editadas devem assegurar com suficiência os mencionados princípios, nada impedindo, porém, a previsão de ritos simplificados. Já se decidiu, por exemplo, que a ausência do preso ou de defensor na oitiva de testemunha não é razão suficiente para a anulação do procedimento se não se demonstrou a ocorrência de prejuízo.

Jurisprudência

- *Desnecessidade de procedimento administrativo disciplinar no caso de oitiva judicial*
- *Necessidade de procedimento administrativo disciplinar*
- *Necessidade de defesa técnica no procedimento disciplinar*
- *Necessidade de observância do contraditório e da ampla defesa no procedimento disciplinar*
- *Inexistência de nulidade na ausência do condenado e seu advogado na oitiva de testemunha*
- *Insuficiência da oitiva do condenado*
- *Suficiência da oitiva do condenado e intervenção do defensor público*
- *Necessidade de se abrir oportunidade para a defesa técnica*
- *Irrelevância da inexistência de defesa técnica*

59.3 RECURSOS

Embora no item 84 da Exposição de Motivos da Lei de Execução Penal haja referência expressa à instituição de "sistema de recursos", não faz a referida lei qualquer menção a ele, como não o fazia também o projeto original (nº 1.657, de 1983, Mensagem 242/83). O recolhimento do direito de defesa, porém, leva à conclusão de que a lei local ou o regulamento pode prever a recorribilidade das decisões em que se impuserem sanções disciplinares pelo diretor do presídio ou autoridade administrativa e, ao menos, o reexame da decisão quando a aplicação provier do conselho disciplinar, como é comum em legislações alienígenas.

De qualquer forma, a imposição de uma sanção disciplinar lesa direitos individuais e, nos termos da Constituição Federal, não poderá ser ela excluída de apreciação do Poder Judiciário (art. 5º, XXXV). Poderá assim o sentenciado, sendo ou não previsto o competente recurso na legislação local ou regulamento, requerer a instauração do procedimento judicial para apuração de excesso ou desvio de execução quando da aplicação arbitrária de sanção disciplinar.

Por essa razão ou por se ter instituído o recurso na lei estadual ou regulamento, ainda que o procedimento seja oral, deve ser lavrado o respectivo termo, mesmo que resumido, dos atos praticados e das alegações do condenado. Somente assim será possível apreciar a questão em recurso, reexame ou ação judicial.

Cabe ainda, conforme o caso, ação ordinária, mandado de segurança, procedimento judicial da execução ou mesmo *habeas corpus*. Na anterior Constituição Federal, excluía-se a possibilidade do *habeas corpus* na hipótese de transgressões disciplinares (art. 153, § 2º, segunda parte). Já entendíamos que não estavam incluídas entre elas as faltas disciplinares do condenado, mas apenas as infrações disciplinares em sentido estrito. Constitui falta disciplinar ou infração disciplinar em sentido estrito "a violação pelo funcionário de qualquer dever próprio de sua condição, embora não esteja especialmente prevista ou definida".[39] Enquanto a disciplina do funcionário tem como alvo o bom andamento do serviço, para que dito órgão realize suas finalidades no setor do bem comum que lhe é próprio, a do condenado visa apenas ao bom funcionamento do processo destinado à reinserção social, tendo assim por objetivo o próprio sentenciado. Diversa a natureza e diversa a finalidade de uma e outra faltas disciplinares, a restrição constitucional impõe-se apenas às infrações administrativas, que inclusive lesam o sentido de hierarquia presente na Administração Pública, em especial nas corporações militares, não existente na relação entre o preso e a Administração. Com a Constituição Federal de 1988, que não se refere a qualquer restrição ao cabimento do *habeas corpus*, fica mais clara a possibilidade de *mandamus* com relação à aplicação da sanção disciplinar ao preso, já que se trata de ato que deve obedecer aos dispositivos específicos da Lei de Execução Penal.

Cabe também mandado de segurança dos atos administrativos, inclusive de cunho disciplinar, praticados por qualquer das autoridades que comandam ou representam órgãos de execução penal, desde que esses atos não cerceiem ou ameacem cercear a liberdade de locomoção e desde que impliquem violação de direito líquido e certo.[40]

Está legitimado também o Ministério Público a recorrer ao juiz da execução e aos tribunais a fim de determinar-se correção na aplicação de sanção disciplinar, quando há excesso ou desvio (arts. 185 e 186). Por isso, já se reconheceu sua legitimidade, como *custos legis*, para requerer a retificação do julgado administrativo, contrário a lei por se ter classificado falta grave como leve, aplicando-se sanção correspondente àquela.

Nada impede que a legislação local estabeleça o procedimento de reabilitação administrativa com vistas na possibilidade de obtenção de benefícios do condenado que sofreu sanção administrativa pelo cometimento de falta disciplinar.

Jurisprudência

- *Presunção de licitude do procedimento administrativo*
- *Reabilitação administrativa*
- *Recurso ao juiz da execução penal*
- *Possibilidade de* habeas corpus *de ofício*
- *Legitimidade do Ministério Público em recurso contra sanção disciplinar*

---

39. MASAGÃO, Mario. *Curso de direito administrativo*. São Paulo, 1960. v. 2. p. 263.
40. MARQUES, Teresa Cristina Motta Ramos. *Habeas corpus* e mandado de segurança na execução penal. *Execução penal*. São Paulo: Max Limonad, 1987. p. 64.

59.4 DECISÃO MOTIVADA

Nos termos do art. 59, parágrafo único, da Lei de Execução Penal, a decisão será motivada. Embora, evidentemente, não se exija que o diretor do estabelecimento, a autoridade administrativa ou o conselho disciplinar elabore uma decisão com todos os requisitos que devem estar presentes em uma sentença judicial, já que não se trata de uma manifestação jurisdicional em sentido estrito, torna-se obrigatório que, na aplicação da sanção, exponha os elementos que comprovam a existência e a autoria da falta, bem como as razões referentes às circunstâncias do fato e do autor que conduziram à fixação da espécie da sanção e sua duração.

Exige também o art. 54 a fundamentação da decisão judicial que impõe a sanção de inclusão no regime disciplinar diferenciado (item 54.2).

59.5 PRESCRIÇÃO DAS FALTAS DISCIPLINARES

Não prevê a lei, expressamente, a possibilidade de prescrição das faltas disciplinares. Entretanto, a imprescritibilidade das sanções penais é vedada, como regra, pela Constituição Federal, que somente a admite em casos específicos (art. 5º, incs. XLII e XLIV). Não é possível, assim, concluir, na omissão da lei, que as sanções às faltas disciplinares não estão sujeitas à prescrição. Mesmo o crime doloso, considerado como falta grave, está sujeito a essa extinção da punibilidade, devendo ocorrer o mesmo com qualquer sanção disciplinar. Na omissão da lei a respeito do prazo prescricional, devem-se aplicar, por analogia, as regras da prescrição previstas no Código Penal. Sendo elas um *minus* em relação às infrações penais, o lapso prescricional para as faltas disciplinares não poderia ser superior a dois anos, que é o menor prazo prescricional previsto no Código Penal, aplicável aos delitos de menor gravidade, aos quais se comina somente a pena de multa (art. 114, I, 1ª parte, do CP). O prazo de dois anos era também previsto no art. 109, inciso VI, do Código Penal, antes de sua modificação pela Lei nº 12.234, de 5-5-2010, que elevou para três anos o prazo prescricional se o máximo da pena privativa de liberdade cominada é inferior a um ano. Após a alteração do dispositivo, o STJ passou a entender ser de três anos também o prazo prescricional aplicável às faltas disciplinares. Na hipótese de falta grave consistente na prática de fato previsto como crime doloso (art. 52, *caput*) é aplicável o mesmo prazo. Não é pertinente a adoção, nesse caso, do prazo prescricional estabelecido na lei penal para o crime praticado, porque a possibilidade da aplicação da sanção administrativa não está condicionada à final solução da ação penal que possa ter sido instaurada, e porque a Lei de Execução Penal não estabelece distinção entre essa falta específica e outras também consideradas de natureza grave, para as quais prevê, genericamente, as mesmas sanções e consequências jurídicas. Nada autoriza, portanto, que se estabeleça distinção, com relação ao prazo prescricional, entre faltas graves de espécies diversas ou que se diferenciem, para esse fim, os fatos definidos como crimes dolosos de acordo com o tratamento punitivo que lhes confere o Código Penal. A prescrição das faltas disciplinares é matéria que não pode ser regulada pelo legislador estadual, em que pese o disposto no art. 24, I e XI, da Constituição Federal, que estabelece a competência concorrente da União e dos Estados em direito penitenciário. Prevendo a Lei de Execução Penal as faltas disciplinares e as sanções administrativas aplicáveis, bem como outras consequências jurídicas (perda da remição, regressão de regime etc.), a disciplina da prescrição pelos Estados abrangeria o afastamento desses mesmos efeitos e, assim, não se limitaria a suplementar a legislação federal mas implicaria indevida limitação à aplicação daquelas normas. É inadmissível também a regulamentação da prescrição da falta disciplinar pela Administração. A previsão contida no art. 59 da LEP restringe-se à disciplina regulamentar do *procedimento* para a apuração da falta. Assim, a prescrição da falta disciplinar não pode ser disciplinada por resolução, portaria, regimento padrão etc.

A prescrição da falta disciplinar acarreta a perda do direito do Estado de impor ao seu autor as sanções correspondentes previstas em lei. Nas faltas graves, a prescrição não atinge somente as sanções disciplinares impostas em razão da falta (art. 53), mas também outras consequências que possuem, igualmente, caráter sancionatório, como a regressão de regime (art. 118, I), a revogação do direito de saída temporária (art. 125), a perda da remição (art. 127), a conversão da pena restritiva de direitos (art. 181, § 1º, *d*, e § 2º).

Assim, declarada pelo juiz a prescrição da falta grave, o preso deve retornar ao regime mais brando do qual regrediu, recupera os dias remidos pelo trabalho e o direito de saída temporária etc.

A contagem do prazo prescricional inicia-se na data da falta disciplinar. Se entre a data da falta e a da decisão administrativa que a declara e impõe a sanção correspondente transcorre o prazo dois anos, deve-se reconhecer a prescrição. No caso de fuga do preso, o prazo prescricional somente tem início com a sua recaptura, por se tratar de infração de natureza permanente. Persiste o preso na prática da falta disciplinar durante o período em que se subtrai à execução da pena privativa de liberdade.

Jurisprudência

- *Prazo prescricional de três anos para as faltas disciplinares*
- *Prazo prescricional de dois anos para as faltas disciplinares*
- *Inadmissibilidade de regulamentação da prescrição da falta disciplinar por ato do Poder Executivo*
- *Efeitos do reconhecimento da prescrição da falta grave*

Art. 60. A autoridade administrativa poderá decretar o isolamento preventivo do faltoso pelo prazo de até dez dias. A inclusão do preso no regime disciplinar diferenciado, no interesse da disciplina e da averiguação do fato, dependerá de despacho do juiz competente.*

Parágrafo único. O tempo de isolamento ou inclusão preventiva no regime disciplinar diferenciado será computado no período de cumprimento da sanção disciplinar.*

* Redação do *caput* e do parágrafo único dada pela Lei nº 10.792, de 1º-12-2003.

Vide: LEP arts. 52, 53, V, 54, 58, parágrafo único, 59.

60.1 ISOLAMENTO PREVENTIVO E INCLUSÃO PREVENTIVA NO REGIME DISCIPLINAR DIFERENCIADO

Diante da prática de uma falta disciplinar grave, como a de participação em movimento para subverter a ordem ou a disciplina ou de fuga, a pronta resposta da Administração é indispensável para que se mantenha ou restabeleça a boa ordem no estabelecimento, sempre muito afetada por tais fatos. Também é possível que, para a apuração da autoria do fato, seja necessário que os indigitados faltosos sejam separados antes dos interrogatórios e da colheita dos depoimentos e outras provas, não se permitindo que, por ajustes ou ameaças, se impeça a Administração de apurar regularmente os fatos. Assim, possibilita a lei que o diretor do presídio decrete o isolamento preventivo dos faltosos, evitando que se comprometa a regularidade e eficiência do procedimento disciplinar. Autoriza também o dispositivo, com a redação dada pela Lei nº 10.792, de 1º-12-2003, a inclusão preventiva no regime disciplinar diferenciado. Tal inclusão provisória, porém, depende de decisão judicial e somente é possível nas hipóteses em que for necessária "no interesse da disciplina e da averiguação do fato", restrição que se aplica também ao isolamento preventivo, conforme já previa o dispositivo em sua redação original. Veda-se essa possibilidade, *a contrario sensu*, quando não existirem tais razões, ainda que demonstrada a toda evidência a prática da falta e sua autoria antes de concluído o procedimento disciplinar.

Com a visível finalidade de evitarem-se abusos e de assegurar-se a pronta apuração da falta disciplinar, impede-se que o isolamento preventivo seja decretado por prazo superior a 10 dias. Não prevê a Lei expressamente o prazo máximo da inclusão preventiva do faltoso no regime disciplinar diferenciado a ser decretada pelo juiz. Mas, ocorrido o fato e requerida a inclusão, determina-se que a decisão judicial sobre a final imposição da sanção seja prolatada no prazo máximo de 15 dias (item 54.2). A inclusão preventiva encontra-se também sujeita aos limites estabelecidos no art. 52, inciso I, para a aplicação da sanção por falta disciplinar, prevendo-se, porém, a possibilidade de sua prorrogação por períodos sucessivos de um ano (item 52.2). Não prevê a lei a concessão de oportunidade para prévia manifestação da defesa, exigida apenas, nos termos do art. 54, § 2º, no procedimento para a aplicação da sanção (item 54.2).

Jurisprudência

- *Recolhimento provisório em caso de falta grave no regime semiaberto*

60.2 DETRAÇÃO

A par do que ocorre com a contagem do cumprimento da pena privativa de liberdade (art. 42 do CP), determina-se também que o tempo de isolamento preventivo ou inclusão preventiva deve ser computado no período de cumprimento da sanção disciplinar (art. 60, parágrafo único). Não é justo, realmente, que no prazo total de isolamento ou de inclusão no regime diferenciado seja desconsiderado o período já cumprido de aplicação provisória, cuja duração, aliás, depende da maior ou menor celeridade no desenvolvimento do procedimento disciplinar. Institui-se, por isso, a detração da sanção disciplinar, que visa impedir seja o condenado submetido à sanção disciplinar por período superior àquele que é fixado na decisão.

TÍTULO III
DOS ÓRGÃOS DA EXECUÇÃO PENAL

Capítulo I
DISPOSIÇÕES GERAIS

Art. 61. São órgãos da execução penal:

I – o Conselho Nacional de Política Criminal e Penitenciária;

II – o Juízo da Execução;

III – o Ministério Público;

IV – o Conselho Penitenciário;

V – os Departamentos Penitenciários;

VI – o Patronato;

VII – o Conselho da Comunidade

VIII – a Defensoria Pública.*

*Inciso VIII inserido pela Lei nº 12.313, de 19-8-2010.

Vide: LEP arts. 62 a 81-B.

61.1 ÓRGÃOS DA EXECUÇÃO

Dispõe o art. 61 sobre os órgãos encarregados da execução penal, alinhando-os sem rigor hierárquico em oito incisos, com uma área de competência que é delimitada nos artigos seguintes. Assim, atribui-se a competência ao Conselho Nacional de Política Criminal e Penitenciária (art. 64), ao Juízo da Execução (art. 66), ao Ministério Público (arts. 67 e 68), ao Conselho Penitenciário (art. 70), aos Departamentos Penitenciário nacional (art. 72) e local (art. 74), ao Patronato (art. 79), ao Conselho da Comunidade (art. 81) e à Defensoria Pública (arts. 81-A e 81-B, inseridos pela Lei nº 12.313, de 19-8-2010). Como se afirma na Exposição de Motivos, as atribuições pertinentes a cada um de tais órgãos foram estabelecidas de forma a evitar conflitos, realçando-se, ao contrário, a possibilidade de atuação conjunta, destinada a superar os inconvenientes graves resultantes do antigo e generalizado conceito de que a execução das penas e medidas de segurança é assunto de natureza eminentemente administrativa.[1] Em consonância com os objetivos mais políticos do que jurídicos da lei, procurou-se oferecer maior elasticidade no modo de tratar o condenado e executar a pena e permitir uma dinamização de todo o processo executório. Divisa-se, porém, na distribuição de atribuições entre os órgãos da execução um sentido de jurisdicionalização do Direito de Execução Penal, realçado na Exposição de Motivos, juntamente com um interesse de caráter político criminal da participação da comunidade nesse processo, por meio dos patronatos particulares e dos conselhos da comunidade.

---

1. Item 88. Não inclui a lei entre os órgãos da execução a *defesa*, que é parte no processo de execução. GRINOVER, Ada Pellegrini. Anotações sobre os aspectos processuais da lei de execução penal. *Execução penal*. São Paulo: Max Limonad, 1987. p. 16.

Capítulo II
DO CONSELHO NACIONAL DE POLÍTICA CRIMINAL E PENITENCIÁRIA

Art. 62. O Conselho Nacional de Política Criminal e Penitenciária, com sede na Capital da República, é subordinado ao Ministério da Justiça.

Vide: **LEP** arts. 61, I, 63, 64.

62.1 CONSELHO NACIONAL DE POLÍTICA CRIMINAL E PENITENCIÁRIA

O primeiro dos órgãos da execução penal é o Conselho Nacional de Política Criminal e Penitenciária, com sede na Capital da República e subordinado ao Ministério da Justiça. Já existente quando da vigência da lei (foi instalado em junho de 1980), o Conselho tem proporcionado, segundo consta da Exposição de Motivos, valioso contingente de informações, de análises, de deliberações e de estímulo intelectual e material às atividades de prevenção da criminalidade.[2] Preconiza-se para esse órgão a implementação, em todo o território nacional, de uma nova política criminal e, principalmente, penitenciária com base em periódicas avaliações do sistema criminal, criminológico e penitenciário, bem como a execução de planos nacionais de desenvolvimento quanto às metas e prioridades da política a ser executada. Em exposição no recinto da Comissão de Constituição e Justiça da Câmara dos Deputados, em 6-10-1983, durante a tramitação do projeto que se transformaria na Lei de Execução Penal, o Prof. Francisco de Assis Toledo, coordenador das comissões de reforma das leis penais, assim se manifestou a respeito do Conselho Nacional de Política Criminal e Penitenciária: "Previu-se a criação do Conselho Nacional de Política Criminal e Penitenciária. Esse órgão, que deverá ser integrado, segundo se espera, por especialistas de notável saber e experiência, nomeados pelo Ministro de Estado da Justiça, terá a incumbência de elaborar as diretrizes de uma política criminal e penitenciária a ser observada em todo o país, guardadas as peculiaridades regionais. Será um órgão normativo e de fiscalização, cabendo-lhe, ainda, contribuir, de modo direto e efetivo, para a implementação das determinações e recomendações que fizer, com vistas na realização dos fins da reforma penal e penitenciária. Pretende-se, com a criação desse Conselho, retirar do empirismo em que se encontra, no Brasil, a formulação de critérios diretivos no âmbito da prevenção e repressão do crime e na esfera da organização penitenciária, evitando-se soluções de continuidade, contradições e os conhecidos altos e baixos. Preservou-se, contudo, a autonomia das unidades federativas, atuando o Conselho precipuamente na faixa reservada à esfera de atribuições dos órgãos da União. Em suma, o referido Conselho irá contribuir, como tarefa fundamental, para a elaboração, por parte do Governo, de um plano amplo e bem coordenado de controle do fenômeno da criminalidade."[3] Sob esse enfoque, rejeitou-se

---

2. Item 187.

3. Publicação da Câmara dos Deputados. Projeto de Lei nº 1.637-A de 1983. p. 33.

emenda apresentada ao projeto da lei em que se pretendia reduzir o Conselho a um centro meramente opinativo ou consultivo, retirando-lhe todo e qualquer poder normativo e de fiscalização. Afirmou o relator da emenda, em parecer contrário, que isso significaria correr o risco de ver muitas das inovações da reforma penal transformarem-se em letra morta no papel, como tem ocorrido em outras ocasiões.[4]

O atual Regimento Interno do Conselho Nacional de Política Criminal e Penitenciária foi aprovado pela Portaria nº 1.107, de 5-6-2008, do Ministro de Estado da Justiça.

> **Art. 63.** O Conselho Nacional de Política Criminal e Penitenciária será integrado por treze membros designados através de ato do Ministério da Justiça, dentre professores e profissionais da área do Direito Penal, Processual Penal, Penitenciário e ciências correlatas, bem como por representantes da comunidade e dos Ministérios da área social.
>
> **Parágrafo único.** O mandato dos membros do Conselho terá a duração de dois anos, renovado um terço em cada ano.

Vide: **LEP** arts. 61, I, 62, 64.

63.1 COMPOSIÇÃO DO CONSELHO

Compõem o Conselho Nacional de Política Criminal e Penitenciária 13 membros, designados pelo Ministro da Justiça ou por autoridade com delegação. Pelo projeto que se transformou na Lei de Execução Penal, os membros seriam designados pelo Governo Federal, mas, em decorrência de emenda apresentada quando de sua tramitação na Câmara dos Deputados, passou-se a incumbência da designação ao Ministério da Justiça, sob a alegação de que, estando a matéria de execução criminal diretamente ligada àquele Ministério, seria conveniente deixar a este a designação dos membros do Conselho. Entendeu-se que o Ministério da Justiça poderia melhor avaliar as condições a que devem atender os membros do órgão para a competente designação.

Refere-se o dispositivo aos professores e profissionais da área do Direito Penal, Processual Penal, Penitenciário e ciências correlatas, entre as quais, por exemplo, podem ser incluídas a Criminologia, a Penologia, a Psicologia Criminal etc. Os profissionais são os advogados, os membros do Ministério Público, da Polícia etc. A expressão *membros da comunidade* é ampla e permite, a rigor, a designação de qualquer pessoa, ainda que não possua conhecimentos específicos a respeito do Direito ou das ciências correlatas, o que, evidentemente, é de se criticar, já que se trata de um órgão normativo e de fiscalização com tarefas eminentemente técnicas e especializadas. Aliás, é destituída de conteúdo a expressão *representante da comunidade*, já que não se delimita quem pode ser assim considerado. Também podem ser designados membros do Conselho representantes dos Ministérios da área social (Educação, Cultura, Trabalho, Previdência Social etc.).

---

4. Ibidem.

63.2 MANDATO DOS MEMBROS

Nos termos do art. 63, parágrafo único, o mandato dos membros do Conselho tem a duração de dois anos, renovado em um terço todo ano. De acordo com o projeto, o mandato era de quatro anos, reduzido a dois pela Emenda nº 6 da Comissão de Justiça, com a justificativa de que as atividades por períodos bastante longos submetem o Conselho a um processo de rotina que contrasta com o dinamismo que deve presidir sua orientação. O prazo de dois anos ofereceria a oportunidade de renovação mais constante e, consequentemente, de novas experiências.

Determina o parágrafo único do art. 63 que o mandato deve ser renovado um terço todo ano. Evidentemente restou um equívoco na lei, já que a renovação por um terço a cada ano somente permitiria, em dois anos, a designação de apenas dois terços dos membros do Conselho. Como o mandato é de dois anos, a solução lógica é a que conduz à renovação de metade dos membros a cada ano. Não sendo divisível por dois o número total de conselheiros, devem ser renovados os mandatos de seis ou sete membros, alternadamente, a cada ano. O lapso mencionado deve-se à emenda com que se reduziu o mandato de quatro para dois anos, sem que atentasse seu autor ao disposto no parágrafo único do art. 63.[5]

Referindo-se expressamente a lei à *renovação* do Conselho, está proibida a imediata recondução daquele que terminou de exercer o mandato de dois anos. Nada impede, porém, que seja novamente designado um ex-conselheiro após o intervalo de um ano do término de seu mandato.

Art. 64. Ao Conselho Nacional de Política Criminal e Penitenciária, no exercício de suas atividades, em âmbito federal ou estadual, incumbe:

I – propor diretrizes da política criminal quanto à prevenção do delito, Administração da Justiça Criminal e execução das penas e das medidas de segurança;

II – contribuir na elaboração de planos nacionais de desenvolvimento, sugerindo as metas e prioridades da política criminal e penitenciária;

III – promover a avaliação periódica do sistema criminal para a sua adequação às necessidades do País;

IV – estimular e promover a pesquisa criminológica;

---

5. O Sr. Presidente da República vetou a parte final do parágrafo único do art. 63 com a seguinte justificativa: "A parte final do parágrafo único do art. 63 determina a renovação em cada ano, de um terço dos membros do Conselho Nacional de Política Criminal e Penitenciária, cujo mandato se fixou em dois anos. A execução desse princípio salutar oferece, todavia, dificuldade quase insuperável: em primeiro lugar, o número dos membros do Conselho, fixado no *caput* do artigo, não é múltiplo de três; além disso, essa regra acarretaria a necessidade, no primeiro ano, de renovar mandato de membro do Conselho cuja permanência nele é de dois anos. Aconselha-se o veto da regra concernente à renovação anual de um terço dos membros do Conselho. Penso, no entanto, que o defeito apontado pode sanar-se mediante projeto de lei que torne viável a execução da regra fixada no aludido parágrafo, e que pretendo oportunamente submeter à apreciação dos Senhores Membros do Congresso Nacional".

V – elaborar programa nacional penitenciário de formação e aperfeiçoamento do servidor;

VI – estabelecer regras sobre a arquitetura e construção de estabelecimentos penais e casas de albergados;

VII – estabelecer os critérios para a elaboração da estatística criminal;

VIII – inspecionar e fiscalizar os estabelecimentos penais, bem assim informar-se, mediante relatórios do Conselho Penitenciário, requisições, visitas ou outros meios, acerca do desenvolvimento da execução penal nos Estados, Territórios e Distrito Federal, propondo às autoridades dela incumbidas as medidas necessárias ao seu aprimoramento;

IX – representar ao juiz da execução ou à autoridade administrativa para instauração de sindicância ou procedimento administrativo, em caso de violação das normas referentes à execução penal;

X – representar à autoridade competente para a interdição, no todo ou em parte, de estabelecimento penal.

Vide: **LEP** arts. 61, I, 62, 63, 70, III, 71, 85, parágrafo único.

64.1 ATRIBUIÇÕES DO CONSELHO

Compete ao Conselho, em primeiro lugar, propor diretrizes da política criminal quanto à prevenção do delito, Administração da Justiça Criminal e execução das penas e das medidas de segurança (art. 64, inc. I). Os poderes públicos, preocupados com a alta incidência de crimes, têm encarregado conhecidas autoridades em Criminologia e ciência penal para estudar e sugerir medidas que possam fazer com que se diminua esse fenômeno, mas muitas das sugestões apresentadas dependiam sempre de uma reforma política e administrativa complexa, de muitas verbas e de outros meios difíceis de ser conseguidos. Cabe agora ao Conselho centralizar os esforços dirigidos à elaboração de planos para a execução de uma política de prevenção criminal centrada no estudo do problema social, apontado como principal fator no incremento da criminalidade. Cabe ainda a ele propor diretrizes a respeito da Administração da Justiça Criminal, sabidamente emperrada diante da legislação processual penal formalista e burocratizada quanto ao desenvolvimento da ação penal e alheada da execução das penas e das medidas de segurança por força da legislação anterior. No exercício dessa atribuição o Conselho aprovou pela Resolução nº 16, de 17-12-2003, as Diretrizes Básicas de Política Criminal, definindo-as como "o conjunto de orientações deste Colegiado destinadas aos responsáveis pela concepção e execução de ações relacionadas à prevenção da violência e da criminalidade, à administração da justiça criminal e à execução das penas e das medidas de segurança" (art. 1º). Na Resolução foram definidos princípios gerais e as diretrizes referentes à elaboração legislativa, à administração da justiça, à atuação dos órgãos policiais, à administração penitenciária, à formação dos operadores do sistema de justiça criminal e às políticas públicas de prevenção (arts. 2º a 8º). Em cumprimento ao art. 64, o Conselho elaborou o Plano Nacional de Política Criminal e Penitenciária a vigorar de 2020 a 2023, propondo "as diretrizes da política criminal quanto à prevenção do delito, administração da Justiça Criminal e execução das penas e das medidas de segurança".

Deve o Conselho ainda contribuir para elaboração de planos nacionais de desenvolvimento, sugerindo as metas e prioridades da política criminal e penitenciária (inc. II). Sendo o fenômeno criminal de fundo eminentemente social, os planos referentes ao desenvolvimento intelectual, moral e material do homem devem ser objetivos do órgão. Deve-se ter em vista os problemas referentes ao menor abandonado, à distribuição da renda nacional, aos serviços de saúde e de educação etc. Qualquer estudo ou planificação nesses setores, com vistas na prevenção criminal, tem sua validade reconhecida pela lei quando visar distinguir as metas e prioridades a serem obedecidas na política criminal e penitenciária nacional.

Compete ainda ao Conselho promover a avaliação periódica do sistema criminal para sua adequação às necessidades do país (inc. III). A evolução dos costumes, as necessidades decorrentes dos novos processos técnico-científicos, a crescente complexidade das relações sociais e, principalmente, os resultados do sistema criminal vigente na proposta de prevenção criminal e readaptação social do condenado indicam a obrigatoriedade de se fazer periodicamente a avaliação desse mesmo sistema para se apurar a conveniência ou não de modificação das legislações penal, processual e penitenciária.

Incumbe também ao Conselho estimular e promover a pesquisa criminológica (inc. IV). O melhor conhecimento do homem delinquente, a averiguação da gênese do crime, a apreciação das condições gerais ou particulares que levam o homem ao crime e os efeitos obtidos na execução das penas e das medidas de segurança sempre contribuem para abertura ou retificação de caminhos conducentes à prevenção criminal. Ao Conselho cabe estimular e mesmo promover tais pesquisas, dando ênfase, evidentemente, aos problemas surgidos no processo destinado a reinserção social do condenado a pena privativa de liberdade.

É ainda tarefa do Conselho elaborar programa nacional penitenciário de formação e aperfeiçoamento do servidor (inc. V). Um dos grandes problemas da execução da pena privativa de liberdade e da medida de segurança detentiva é o da falta de preparo dos funcionários dos estabelecimentos penais. A criação de escolas de formação de funcionários, sua adequada seleção, a preparação e o aperfeiçoamento em cursos e estágios para os servidores são, necessariamente, cuidados indispensáveis à obtenção de uma boa condição funcional e profissional. Cabe ao Conselho elaborar os programas para essa formação e aperfeiçoamento, não só relativamente aos aspectos formais, como também ao conteúdo educacional dos que exercem ou irão exercer atividades referentes à execução da pena.

Estabelecer regras sobre a arquitetura e construção de estabelecimentos penais e casas de albergados é também incumbência do Conselho (inc. VI). Já não se justifica que as prisões sejam ainda os velhos edifícios, muitas vezes adaptados para servirem à finalidade de execução da pena privativa de liberdade. Os estilos arquitetônicos tradicionais já estão superados diante das novas concepções e os presídios devem obedecer às condições de espaço e salubridade exigidas pela própria lei, bem como conter as instalações próprias para custodiar o condenado e preservar-lhe os direitos referentes a uma vida com dignidade, inclusive quanto ao trabalho interno. Ademais devem ser traçados os parâmetros para a diversidade dos estabelecimentos penais, de acordo com os diversos regimes a que estão submetidos os condenados. Para o regime fechado estão destinadas as penitenciárias, para o regime semiaberto as colônias agrícolas ou industriais e para o aberto as casas de albergado. As diretrizes básicas para construção, ampliação e reforma de estabelecimentos penais foram fixadas pela Resolução nº 03, de 23-9-2005 e, posteriormente revogada pela Resolução nº 9, de 18-11-2011. Pela Resolução nº 5, de 15-5-2020, o CNPCP estabeleceu diretrizes específicas para a arquitetura penal, destinadas ao enfrentamento da disseminação do novo Coronavírus (2019-nCoV) no âmbito dos estabelecimentos penais.

Cabe ainda ao Conselho estabelecer os critérios para a elaboração da estatística criminal (inc. VII). A Estatística Criminal, como método ou técnica para o estudo quantitativo dos fenômenos criminais, é um auxiliar precioso para o estudo dos fatores da causação do crime. Exige-se, pois, que sejam estabelecidos critérios que permitam cientificamente apurar a incidência criminal na sociedade nacional com técnicas modernas, de modo que não sejam obtidos dados equivocados. A exatidão no método de pesquisa conduzirá a melhores resultados a fim de se apurarem os fatores determinantes do crime para preveni-los e reprimi-los com maior eficiência.

Não tem o Conselho, porém, atribuições meramente normativas ou de pesquisa, mas também lhe cabe, conforme o art. 64, inciso VIII, funções de inspeção e fiscalização dos estabelecimentos penais, bem como de colheita de informações para propor às autoridades dos Estados, Territórios e Distrito Federal as medidas necessárias ao aprimoramento da execução penal. As diretrizes para as inspeções periódicas no sistema penitenciário nacional foram estabelecidas pela Resolução nº 5, de 9-9-2009. Pela Resolução nº 2, de 24-6-2016, DO de 27-6-2016, p. 26, do Conselho Nacional de Política Criminal e Penitenciária, foi regulamentado o Cadastro Único de Pessoas Privadas de Liberdade da Unidade Penal (CadUPL), com os objetivos, entre outros, de servir de instrumento para a uniformização e transparência de dados estatísticos e de subsidiar a realização das inspeções e fiscalizações dos estabelecimentos penais.

Como curador das normas referentes à execução penal, cabe também ao Conselho representar ao juiz da execução ou à autoridade administrativa para a instauração de sindicância ou procedimento administrativo em caso de violação dessas regras (inc. IX). Trata-se de relevante tarefa a fim de tornar efetivas todas as disposições contidas na lei a respeito da proteção aos direitos do preso e da fiel execução das penas.

Por fim, incumbe ainda ao Conselho representar à autoridade competente para a interdição, no todo ou em parte, do estabelecimento penal (inc. X). Em caso de verificar o órgão que o estabelecimento penal, por deficiência de construção, de material etc., não se apresenta em condições de recolher ou manter os condenados com os requisitos mínimos exigidos pela lei, deve requerer ao juiz da execução (art. 66, VIII) sua interdição, que poderá ser completa (de todo o estabelecimento) ou restrita (de uma ou algumas das instalações).

Capítulo III
DO JUÍZO DA EXECUÇÃO

Art. 65. A execução penal competirá ao juiz indicado na lei local de organização judiciária e, na sua ausência, ao da sentença.

Vide: **LEP** arts. 2º, 61, II, 66, 194; **Lei nº 9.099**, de 26-9-1999, art. 86; **Lei nº 5.010**, de 30-5-1966, art. 85. Súmula: **STJ** 192.

65.1 FUNÇÃO JURISDICIONAL

Entende-se por atividade jurisdicional a que tem por objeto resolver um conflito jurídico de interesses, a fim de se verificar qual das pretensões em oposição é protegida pelo direito para ser coativamente realizada. Ao transitar em julgado a sentença condenatória, em que se impõe uma pena ou mesmo medida de segurança, ou uma decisão absolutória, em que se aplique esta última, surge entre o Estado e o autor do crime uma complexa relação jurídica, com direitos, expectativa de direitos e legítimos interesses de parte a parte e, com isso, a possibilidade da existência de conflitos que demandem a intervenção jurisdicional. Enquanto a sentença condenatória permanece intacta com relação ao fato delituoso, o mesmo não ocorre com as sanções impostas na decisão. A mutabilidade da pena em decorrência de institutos, como o livramento condicional, o indulto, as conversões etc., bem como a indeterminação própria da medida de segurança, tornam patente que as funções e atividades que se desenvolvem no processo de execução não podem ficar a cargo apenas de órgãos administrativos. Ao contrário, exigem a intervenção do poder jurisdicional para a solução dos conflitos, o que configura a jurisdicionalização da execução penal (item 2.2). Essas funções e atividades devem ser atribuídas ao juiz, já que os interesses questionáveis do preso e da pessoa sujeita à medida de segurança referem-se a direitos individuais cuja tutela cabe ao Poder Judiciário. De um lado está o direito de punir do Estado e, de outro, os direitos e interesses dessas pessoas; no conflito que surgir intervém o poder jurisdicional para dar a cada um o que é seu. Por isso, afirma-se na Exposição de Motivos da Lei de Execução Penal que a orientação estabelecida pelo projeto, ao demarcar as áreas de competência dos órgãos da execução, vem consagrar antigos esforços a fim de jurisdicionalizar, no que for possível, o Direito de Execução Penal (Exposição de Motivos, item 92). Na verdade, a lei não *jurisdicionaliza* a execução, mas reconhece que a execução é prevalentemente *jurisdicional*.

65.2 INTERVENÇÃO JURISDICIONAL E ADMINISTRATIVA

Entre as hipóteses em que pode surgir um conflito entre o direito de punir do Estado e os direitos subjetivos do condenado estão não só as que estão incluídas como "incidentes da execução", que na legislação pátria são as conversões, o excesso ou desvio, a anistia e o indulto, como também outras ocorrências em que se contrapõem tais direitos: aplicação de lei posterior mais benigna, unificação de penas, extinção da punibilidade, suspensão condicional, livramento condicional, remição etc. Necessária se torna a atividade jurisdicional durante a execução da pena ou da medida de segurança sempre que se verifiquem fatos que determinem o início da execução ou a redução, substituição, modificação ou extinção da sanção penal. Nessas oportunidades, o órgão imparcial, que é o Juiz, substitui a atividade das partes em conflito pela sua, tutelando o direito subjetivo ameaçado ou atingido, de caráter público (*jus puniendi*) ou privado (direitos subjetivos do condenado), exercendo a função jurisdicional.

Além da competência jurisdicional estrita, o juiz também tem atribuições de caráter administrativo quando tem por objetivo normalizar a execução penal, que está sujeita a normas legais e a prescrições regulamentares. Nessa atividade, o juiz, agora como órgão de administração, atua para tornar efetivo o interesse do Estado, decidindo, como titular de um interesse particular, defender e preservar e tendo como limite apenas a lei. Exerce assim funções administrativas, muitas vezes denominadas *funções judiciárias em sentido estrito* e não função jurisdicional. Daí determinar a lei que compete ao juiz zelar pelo correto cumprimento da pena e da medida de segurança, inspecionar estabelecimentos penais, interditá-los, compor e instalar o Conselho da Comunidade etc. (art. 66, VI a X).

De outro lado, órgãos e autoridades administrativos não ficam privados do exercício dos poderes de disciplina e deliberação durante a execução da pena, bem como os de inspeção, vigilância e fiscalização dos estabelecimentos penais e da regular execução das penas e medidas de segurança. Assim, por exemplo, cabe ao diretor do estabelecimento penal a concessão da permissão de saída (art. 120, parágrafo único), ao Conselho Nacional de Política Criminal e Penitenciária a representação para a instauração de sindicância ou procedimento administrativo e para a interdição de estabelecimento penal (art. 64, IX e X), ao Ministério Público a incumbência de fiscalização e de petição para o regular cumprimento das sanções (arts. 67 e 68) etc.

65.3 JUIZ COMPETENTE

Sentida a necessidade de um juiz especial para dirimir os conflitos de interesses na execução da pena, cada país passou a adotar um sistema, tendo em vista fatores diversos, como a execução territorial, organização político-administrativa, volume de serviço etc. O Brasil antecipou-se a muitos países em matéria de jurisdicionalização penal, prevendo a figura de juiz com competência para promovê-la. Em muitos Estados, criaram-se inclusive cargos especializados de Juiz das Execuções Criminais, enquanto em outros se deu a competência para a execução penal ao juiz da sentença. Dispondo agora a respeito do assunto, a lei de execução penal determina que ela competirá ao juiz indicado na lei local de organização judiciária e, em sua ausência, ao da sentença (art. 65). No item 93 da Exposição de Motivos da Lei de Execução Penal expressa-se a certeza de que o Juízo especializado da execução penal seja criado em todos os Estados e Territórios.

Estabelecido que o juiz competente para a execução é o da condenação, na ausência de juiz especializado, a remoção eventual do condenado para estabelecimento penal de comarca diversa daquela em que foi condenado não implica a perda da competência daquele. Também não perde sua competência para a execução o juiz da sentença com relação a sentenciado que se encontre provisoriamente preso em cadeia pública de outra comarca que não a de sua jurisdição. Tratando-se, porém, de remoção definitiva determinada pelo juiz encarregado da execução, este declina da competência para a execução penal em favor de juiz da comarca para a qual foi removido o preso se, por lei de organização judiciária, este é competente para a execução das penas dos presos recolhidos em sua comarca (item 66.17).[6]

O art. 65 da Lei de Execução Penal refere-se apenas à incumbência para a "execução da pena".[7] Assim, qualquer conflito de interesses de natureza diversa dos presos provisórios, embora detentores de direitos quase idênticos aos dos condenados, somente poderá ser dirimido pelo juiz do processo de conhecimento.

---

6. Nesse sentido, STJ: CC 17.448 – SP, *DJU* de 16-12-96, p. 50.475; CC 79974-GO, j. em 13-10-202, *DJe* de 21-10-2021.

7. Para a execução da pena privativa de liberdade, além da prisão do condenado, é necessária a expedição da guia de recolhimento (art. 105 da LEP). Passa a existir, a partir daí, a competência do juiz da execução, de acordo com a lei local de organização judiciária. Pode esta dispor que a competência seja determinada, inclusive, pelo fato de estar recolhido o preso a determinados estabelecimentos penais, como ocorre no Estado de São Paulo.

Determinando-se no art. 2º da Lei de Execução Penal que a referida lei aplica-se também ao condenado pela Justiça Eleitoral ou Militar quando recolhido a estabelecimento sujeito à jurisdição ordinária, a execução da pena competirá ao juiz da execução comum e não àquelas Justiças especiais. A competência da Justiça comum estende-se inclusive à segunda instância, na apreciação de pedidos originários ou de recursos.

Na expressão *justiça ordinária* do artigo citado, que se contrapõe à Justiça Especial, está compreendida a Justiça Federal comum. De acordo com o art. 85 da Lei nº 5.010, de 30-5-1966, o cumprimento das penas impostas pela Justiça Federal se fará nos estabelecimentos penais do Estado, enquanto não os tiver a União. Assim, tratando-se de condenado pela Justiça Federal, se estiver ele recolhido a estabelecimento penal estadual, competente para a execução é também o juiz da execução penal da justiça local. Nos termos da Súmula 192 do Superior Tribunal de Justiça, "compete ao Juízo das Execuções Penais do Estado a execução das penas impostas a sentenciados pela Justiça Federal, Militar ou Eleitoral, quando recolhidos a estabelecimentos sujeitos à administração estadual."

Tem-se entendido, por vezes, que a competência será sempre do juiz local quando se tratar de estabelecimento penal do Estado e que a situação inversa – condenado da Justiça Estadual que cumpre pena em estabelecimento penitenciário federal – merece igual tratamento. Afirma Alberto da Silva Franco: "A natureza e a sede do estabelecimento penitenciário em que o sentenciado cumpre a reprimenda determinam a competência do juiz para, no exercício da atividade jurisdicional, dirimir os incidentes da execução da pena, pois outro entendimento levaria a uma inadmissível dualidade jurisdicional em um mesmo presídio, criando, às vezes, inconciliáveis situações em relação a presos numa mesma situação, num mesmo estabelecimento penal, apenas e tão-somente porque suas condenações foram decretadas por justiças diferentes."[8]

Ao Supremo Tribunal Federal compete a execução das penas impostas no exercício de sua competência originária, conforme expressamente previsto no art. 102, I, *m*, da Constituição Federal, que, porém, também expressamente, admite a delegação a de atribuições para a prática de atos processuais.

Nos termos do art. 86 da Lei nº 9.099/85, que instituiu os Juizados Especiais Cíveis e Criminais, a execução das penas privativas de liberdade e restritiva de direitos ou de multas, cumuladas com estas, impostas pelos juízes especiais será processada perante o órgão competente, nos termos da lei, o que significa o juízo da execução penal, de acordo com a legislação específica, federal ou estadual. Aplicada exclusivamente pena de multa, o seu cumprimento deve ser feito mediante pagamento na Secretaria do Juizado, sendo competente para a sua execução o próprio juiz especial (v. também item 164.9).

Jurisprudência

- *Competência para a execução de pena imposta pelo Supremo Tribunal Federal*
- *Limitação do juiz da execução na coisa julgada*

---

8. FRANCO, Alberto Silva. *Crimes hediondos*. São Paulo: Revista dos Tribunais, 1991. p. 115. Cita o ilustre autor julgamento do TJSP: RA 78.837-3, Rel. Cunha Camargo.

EXECUÇÃO PENAL

- Competência da Justiça Estadual para a execução de pena de condenado pela Justiça Federal preso em estabelecimento penal estadual
- Contra: Competência da Justiça Federal para a execução de pena de condenado pela Justiça Federal preso em estabelecimento penal estadual
- Competência para a execução da pena imposta por sentença não transitada em julgado
- Competência para a execução provisória de réu foragido condenado pela Justiça Federal
- Competência para a execução da pena de condenado pela Justiça Militar preso em estabelecimento penal estadual
- Competência da Justiça Eleitoral para a execução do sursis concedido a réu condenado por crime eleitoral
- Competência após o trânsito em julgado da sentença
- Competência excepcional do juiz da sentença
- Competência para a execução da pena de condenado preso temporariamente em outra comarca
- Competência para a execução da pena de condenado preso em outro Estado
- Competência para a execução da pena em comarca com presídio interditado
- Competência para a execução da pena em regime aberto domiciliar de condenado residente em outra comarca
- Competência para a execução da pena de multa aplicada isoladamente
- Competência para a transferência de preso para outra comarca
- Competência para execução de pena restritiva de direito aplicada em transação na ausência do Juizado Especial Criminal: Juízo da Execução Criminal
- Competência para execução de pena restritiva de direitos: Juízo da condenação
- Competência para a execução da pena de prestação de serviços à comunidade aplicada pelo Juizado Especial Criminal: juízo da execução criminal
- Contra: Competência para a execução da pena aplicada pelo Juizado Especial Criminal: juízo das varas criminais
- Competência para a execução da multa

Art. 66. Compete ao juiz da execução:

I – aplicar aos casos julgados lei posterior que de qualquer modo favorecer o condenado;

II – declarar extinta a punibilidade;

III – decidir sobre:

a) soma ou unificação de penas;

b) progressão ou regressão nos regimes;

c) detração e remição da pena;

d) suspensão condicional da pena;

e) livramento condicional;

f) incidentes da execução;

IV – autorizar saídas temporárias;

V – determinar:

a) a forma de cumprimento da pena restritiva de direitos e fiscalizar sua execução;

b) a conversão da pena restritiva de direitos e de multa em privativa de liberdade;

c) a conversão da pena privativa de liberdade em restritiva de direitos;

d) a aplicação da medida de segurança, bem como a substituição da pena por medida de segurança;

e) a revogação da medida de segurança;

f) a desinternação e o restabelecimento da situação anterior;

g) o cumprimento de pena ou medida de segurança em outra Comarca;

h) a remoção do condenado na hipótese prevista no § 1º do art. 86 desta lei;

i) (vetado) **

VI – zelar pelo correto cumprimento da pena e da medida de segurança;

VII – inspecionar, mensalmente, os estabelecimentos penais, tomando providências para o adequado funcionamento e promovendo, quando for o caso, a apuração de responsabilidade;

VIII – interditar, no todo ou em parte, estabelecimento penal que estiver funcionando em condições inadequadas ou com infringência aos dispositivos desta lei;

IX – compor e instalar o Conselho da Comunidade;

X – emitir anualmente atestado de pena a cumprir.*

* Inciso X acrescentado pela Lei nº 10.713, de 13-8-2003.

** A alínea "i" do inciso V foi inserida pela Lei nº 12.258, de 15-6-2010, mas o dispositivo foi objeto do veto presidencial.

Vide: Caput: **LEP** arts. 2º, 61, II, 65, 194 a 197.
Inciso I – **CF** art. 5º, XXXVI, XL; **LEP** arts. 1º, 2º, parágrafo único; **CP** arts. 1º, 2º; **CPP** art. 2º; **LICPP** art. 13. Súmulas: **STF** 611, 711; **STJ** 501.
Inciso II – **CF** art. 5º, XL; **LEP** arts. 109, 146, 187, 192, 202; **CP** arts. 82, 90, 107; **CPP** arts. 61, 648, VII.
Inciso III, **alínea a** – **LEP** arts. 107, § 2º, 111, 118, II, 141; **CP** arts. 69 a 72, 75, §§ 1º e 2º, 76, 84; **CPP** arts. 82, 681; Súmula: **STF** 715; **alínea b** – **LEP** arts. 112, 118, 146-C, parágrafo único, I; **CP** art. 33, § 2º; **alínea c** – **LEP** arts. 111, 126 a 129; **CP** arts. 8º, 33, § 2º, 42, 44, § 4º; **alínea**

d – **LEP** arts. 79, III, 112, 156 a 163, 170, § 2º; **CP** arts. 77 a 82; **alínea e** – **LEP** arts. 79, III, 112, § 2º, 128, 131 a 146, 170, § 1º; **CP** arts. 83 a 90; **alínea f** – **LEP** arts. 180 a 193; **CP** art. 107, II.
Inciso IV – **LEP** arts. 23, § 3º, 122 a 125, 146-B, II, 146-C, parágrafo único, II. Súmula: **STJ** 520.
Inciso V – **alínea a** – **LEP** arts. 44, parágrafo único, 48, 79, 147 a 155; **CP** arts. 43 a 48, 54 a 57, 69, § 2º; **alínea b** – **LEP** arts. 51, 147 a 155, 181; **CP** art. 44, §§ 4º e 5º; **alínea c** – **LEP** arts. 147 a 155, 180; **alínea d** – **LEP** arts. 171 a 174, 183; **CP** art. 41; **alínea e** – **LEP** arts. 175 a 179; **CP** art. 97; **alínea f** – **LEP** arts. 178, 179; **CP** art. 97, § 3º; **alínea g** – **LEP** arts. 86, 90; **alínea h** – **LEP** art. 86, § 1º. Súmulas: **STJ** 527, 639.
Inciso VI – **LEP** arts. 1º a 4º, 185, 186; **CP** art. 38.
Inciso VII – **LEP** arts. 68, parágrafo único, 81-B, V, parágrafo único, 82 a 104.
Inciso VIII – **LEP** arts. 81-B, VI, 82 a 104.
Inciso IX – **LEP** arts. 4º, 61, VII, 80, 81.
Inciso X – **LEP** arts. 41, XVI, 106, V, § 2º, 107, § 2º, 109.

66.1 INTRODUÇÃO

A competência do juiz encarregado da execução penal é estabelecida pelo art. 66, determinando o art. 194 que o procedimento correspondente às situações previstas na Lei de Execução Penal se procederá perante esse Juízo. O art. 66 da Lei de Execução Penal, porém, não exaure as hipóteses de competência e atribuição do juiz da execução. Além desse elenco, outros dispositivos estabelecem casos da intervenção judicial, tais como os de decidir a respeito das divergências entre o médico oficial e o particular na execução de medida de segurança (art. 43, parágrafo único), de modificações nas condições do livramento condicional (art. 144), de determinar e decidir a respeito do exame de verificação de cessação de periculosidade (arts. 175 e 176), de aplicar a sanção de inclusão no regime disciplinar diferenciado (art. 54) etc. A Lei nº 13.964/2019, incluiu no rol de competências do Juízo da Execução Penal a execução dos acordos de não persecução penal (art. 28-A, § 6º, do CPP).

De outro lado, há dispositivos na lei que excluem a competência do juiz da execução, deferindo-a ao juiz civil na hipótese de cobrança da multa quando a penhora recair em bem imóvel (art. 165), ou atribuem ao diretor do presídio atos administrativos, tais como os de autorização para tratamento de saúde fora do estabelecimento penal (art. 14, § 2º), de permissões de saída (art. 120, parágrafo único) etc.

Os atos jurisdicionais do juiz da execução estão previstos no art. 66, incisos I a V, e os de natureza administrativa nos incisos VI a X do mesmo dispositivo.

66.2 APLICAÇÃO DA LEI MAIS BENIGNA

É princípio constitucional básico dos direitos e garantias individuais que "a lei penal não retroagirá, salvo para beneficiar o réu" (art. 5º, XL, da CF). Está estabelecido assim que a lei penal mais benigna é *ultrativa* e *retroativa*. Em consonância com esse princípio constitucional, prevê o Código Penal que não há crime sem lei anterior que o defina nem pena sem prévia cominação legal (art. 1º) e que ninguém pode ser punido por fato que lei posterior deixa de considerar crime, cessando em virtude dela a execução e os efeitos penais da sentença condenatória (art. 2º, *caput*).

A lei penal, porém, amplia as hipóteses de retroatividade da norma mais benigna para abranger também preceitos mais benéficos não relativos ao crime e à pena. Estabelece que "a lei posterior, que de *qualquer modo* favorecer o agente, aplica-se aos fatos anteriores, ainda que decididos por sentença condenatória transitada em julgado" (art. 2º, parágrafo único, do CP. – Os grifos são nossos). Assim, nos casos de medida de segurança, efeitos da condenação e normas de execução, a retroatividade da lei mais favorável é incontestre.

Não há, porém, dispositivo constitucional ou ordinário que preveja a *ultratividade* ou a *retroatividade* da lei mais benigna quando se trata de norma extrapenal, como na hipótese de regras jurídicas processuais ou administrativas. Tratando-se, portanto, de lei posterior mais severa referente às hipóteses em que não se versa matéria penal, vigora o princípio geral (*tempus regit actum*), ou seja, os atos processuais ou administrativos são regidos pela lei vigente ao tempo em que ocorrerem. Aplica-se nesse caso a lei mais severa, ainda que o crime tenha ocorrido antes de sua vigência. O objeto da lei não é mais o crime e suas consequências de ordem penal, mas *os fatos referentes à execução das sanções penais,* como ocorre, por exemplo, nas hipóteses de permissão de saída, de saída temporária, de autorização para trabalho externo, de sanções disciplinares etc. Assim, se a lei nova impõe novos deveres ou restringe certos benefícios durante a execução, é ela aplicável ao condenado por crime praticado sob a vigência da lei anterior. A nova lei, nessa hipótese, só não pode prejudicar o direito adquirido, o ato jurídico perfeito e a coisa julgada (art. 5º, XXXVI, da CF). Caso o condenado, por exemplo, já reunisse quando da entrada em vigor da lei nova mais severa os requisitos objetivos e subjetivos para obter determinado benefício, poderia este ser concedido ainda que não contemplado pela lei posterior.

As leis estaduais referentes à execução da pena seguem o mesmo princípio da lei penal, não sendo aplicável a norma anterior quando restou incompatível com a Lei nº 7.210/84. Aos fatos ocorridos na execução da pena e da medida de segurança após 13-1-1985 não cabe a aplicação da lei regulamentadora quando em desacordo com a nova lei federal, ainda que o crime tenha sido praticado sob a vigência da lei anterior. Excetuam-se, como já foi dito, as hipóteses de direito adquirido e da coisa julgada diante do preceito constitucional citado por último. Aliás, tratando-se de lei estadual, não tem ela, nem pode ter, caráter substancial, já que apenas à União compete legislar sobre direito penal. Assim, ou a lei penal tem caráter material e é, portanto, inconstitucional por sua origem, ou não o tem, e assim não está submetida ao princípio da ultratividade da lei mais benigna.

Compete ao juiz da execução aplicar aos casos julgados lei posterior que de qualquer modo favorecer o condenado (inciso I). Nos termos do art. 2º e seu parágrafo do Código Penal, ocorrendo a *abolitio criminis* ou qualquer hipótese da lei nova mais benigna,[9] esta será aplicada aos fatos ocorridos durante a vigência da lei anterior.[10] Não cabe, porém, ao juiz da execução, a aplicação da lei nova mais benigna quando esta já entrara em vigor na

---

9. V. MIRABETE, Julio Fabbrini. *Manual de direito penal.* 35. ed. São Paulo: Atlas, 2021. v. 1, item 2.2.4.

10. Certamente não se deve aplicar *de ofício* a lei nova quando houver dúvidas quanto à sua maior benignidade. Entretanto, se o condenado, por seu procurador, opta pela aplicação da lei mais recente por entender que ela lhe é mais favorável, em qualquer aspecto, deve o pedido ser deferido. Somente na

época da sentença. Há, no caso, coisa julgada, que só pode ser afastada na hipótese prevista constitucionalmente, ou seja, de lei posterior mais benigna que passa a viger após a sentença condenatória irrecorrível.

Na hipótese de não haver sido proferida a sentença originária ou a decisão em eventual recurso, caberá ao juiz do processo, ou ao tribunal competente para julgar a apelação, a aplicação da lei posterior mais favorável. Quando, porém, a decisão condenatória já transitou em julgado, esgotando-se a jurisdição do juiz da sentença, há que se distinguir duas situações. Em caso de nova lei penal, a competência é deferida ao juiz da execução por força do art. 13 da Lei de Introdução ao Código de Processo Penal (Decreto-lei nº 3.931, de 11-12-1941), como ocorre, por exemplo, nas hipóteses de modificações operadas no Código Penal pela Lei nº 7.209/84, de arrependimento posterior (art. 16), erro sobre a ilicitude do fato (art. 21), diminuição da pena por ter o agente querido participar de crime menos grave (art. 29, § 2º), substituição da pena privativa de liberdade por restritiva de direitos ou multa (arts. 54 e 60, § 2º), de exclusão de pena acessória ou medida de segurança etc. Contra essa decisão cabível é o recurso em sentido estrito, que tem efeito suspensivo no caso de condenação por crime a que lei comine, no máximo, pena privativa de liberdade por tempo igual ou superior a oito anos (art. 13, §§ 1º e 2º da LICPP) (item 197.1). Quando, todavia, a lei mais benigna vier prevista na Lei de Execução Penal, a competência para aplicá-la é determinada pelo art. 66, inciso I, desse diploma, que também a atribui ao juiz da execução. São os casos, por exemplo, de saída temporária (art. 122), remição (art. 126), livramento condicional (art. 131), conversão (art. 180) etc. Dessa decisão, porém, que se refere aos institutos contidos na Lei de Execução Penal, o recurso previsto é o de agravo, sem efeito suspensivo (art. 197). Na jurisprudência, porém, tem-se admitido o agravo em todas as hipóteses de aplicação da lei nova mais benigna pelo juiz da execução.

Já se decidiu pela aplicação da lei nova mais benigna por meio da revisão criminal. Argumentava-se que o art. 13 da LICPP se limitou à aplicação da lei nova com relação às condenações ocorridas na vigência da então Consolidação das Leis Penais. Tal orientação, porém, foi fulminada pelo Supremo Tribunal Federal na Súmula 611, assim formulada: "Transitada em julgado a sentença condenatória, compete ao Juízo das execuções a aplicação de lei mais benigna." Justifica-se plenamente tal posição porque a aplicação da lei nova mais favorável não está entre as hipóteses da revisão previstas taxativamente no art. 621 do Código de Processo Penal. Além disso, decidindo-se sobre a aplicação da lei nova mais benigna por meio da revisão subtrai-se ao Ministério Público ou ao condenado o segundo grau de jurisdição (recurso em sentido estrito ou agravo).

Tratando-se de norma cogente a respeito de competência, nem a circunstância de se ter que examinar a prova contida no processo de conhecimento afasta a competência do juiz da execução para deslocá-la ao Tribunal na revisão, embora assim já se tenha decidido. Nessa hipótese, competente continua sendo o juiz encarregado da execução que deverá requisitar os autos da ação penal para apreciar a prova produzida na instrução e aplicar a lei posterior quando mais favorável. Não se trata, evidentemente, de rescisão do julgado do juiz da sentença, mas da aplicação da nova lei sobre os fatos que foram objeto do processo.

---

hipótese de haver evidente equívoco do requerente, que optou por lei posterior flagrantemente mais severa, não caberá a aplicação desta.

Não há modificação na *res judicata*, mas apenas a incidência da lei a respeito dessa matéria e dos demais elementos probatórios contidos nos autos e não apreciados pelo julgador original. Somente na hipótese em que, por outra razão, seja cabível a revisão (apresentação de novas provas, por exemplo) é que se poderá aceitar a aplicação da lei nova mais benigna no julgamento da rescisória.

Dadas suas características, não é possível, em princípio, a aplicação da lei nova mediante o processo sumário do *habeas corpus*. Entretanto, não se pode afastar o remédio heroico em algumas hipóteses. Sendo possível a aplicação da lei nova mais favorável pelo juiz, de ofício (art. 13 da LICPP), a inércia deste poderá constituir constrangimento ilegal à liberdade de locomoção do condenado. Como esse constrangimento é demonstrado com a simples exposição dos fatos, por meio do pedido de *habeas corpus*, nada impede que seja concedida a ordem. Suponha-se, por exemplo, a hipótese de o condenado imputável estar descontando medida de segurança que já não lhe é aplicável; não há porque se recusar o *writ* se esse fato estiver demonstrado com a impetração, dispensando qualquer apreciação de prova. O mesmo se pode dizer nas hipóteses de *abolitio criminis*.

Jurisprudência

- *Retroatividade de lei mais benigna*
- *Retroatividade de lei mais benigna: penas restritivas de direito*
- *Retroatividade de lei mais benigna: regime prisional*
- *Retroatividade de lei mais benigna: livramento condicional*
- *Retroatividade de lei mais benigna: medida de segurança*
- *Retroatividade de todos os efeitos penais*
- *Irretroatividade da lei processual mais benigna*
- *Competência do juiz da execução para aplicação da lei mais benigna*
- *Competência do juiz da execução para aplicação de lei mais benigna: possibilidade de exame da prova produzida no processo*
- *Competência do juiz da execução para aplicação retroativa dos dispositivos da Lei nº 9.099/95*
- *Competência do juiz da execução para aplicação retroativa dos dispositivos da Lei nº 9.714/98*
- *Incompetência do juiz da execução para aplicação da lei mais benigna no caso de julgamento em 2ª instância estando em vigor a lei nova*
- *Inadmissibilidade do habeas corpus para decisão sobre aplicação da lei mais benigna*
- *Inadmissibilidade de pedido de habeas corpus no Supremo Tribunal Federal contra ato do juiz da execução na aplicação de lei mais benigna*
- *Inadmissibilidade de pedido de habeas corpus no Superior Tribunal de Justiça na falta de decisão da Justiça Estadual*
- *Inadmissibilidade de pedido de habeas corpus no Superior Tribunal de Justiça para aplicação de lei mais benigna na falta de decisão da Justiça Estadual: admissibilidade, porém, na hipótese de abolitio criminis*
- *Inadmissibilidade de revisão criminal para decisão sobre aplicação da lei mais benigna*

- *Contra: admissibilidade de revisão criminal para decisão sobre aplicação da lei mais benigna*
- *Admissibilidade de revisão para apreciação de provas*

66.3 EXTINÇÃO DA PUNIBILIDADE

Prevê o Código Penal várias causas extintivas de punibilidade no art. 107 e em outros dispositivos, dividindo-se elas em *gerais* (ou comuns) e *especiais* (ou particulares). As causas extintivas da punibilidade ocorridas antes do trânsito em julgado da sentença atingem o próprio *jus puniendi*, não persistindo qualquer efeito do processo ou da sentença condenatória. Certas causas extintivas podem ocorrer antes ou depois do trânsito em julgado (morte do agente, prescrição da pretensão punitiva etc.) e outras somente após tornar-se irrecorrível a sentença (decurso do prazo do *sursis* e do livramento condicional, prescrição da pretensão executória etc.).

Nos termos do art. 66, inciso II, da Lei de Execução Penal, compete ao juiz da execução declarar extinta a punibilidade. Refere-se a lei, evidentemente, apenas às hipóteses de causas ocorridas após o trânsito em julgado da sentença condenatória e não àqueles que o antecedem. Somente o juiz do processo ou o tribunal, em recurso, pode decretar a extinção da punibilidade pela decadência, peremção, renúncia, perdão do ofendido, retratação, perdão judicial, ressarcimento do dano no peculato culposo anterior à sentença e morte do querelante nos crimes de induzimento a erro essencial e ocultação de impedimento. Pode esse Juízo, também, reconhecer a extinção da punibilidade pela morte do agente, anistia, retroatividade da lei que não mais considera o fato como criminoso e anulação de casamento no crime de bigamia, quando esses fatos ocorrerem antes do trânsito em julgado da sentença. Ao juiz do processo também compete julgar extinta a punibilidade quando ocorrer a prescrição da pretensão punitiva (art. 61 do CPP). Verificado, porém, o trânsito em julgado da condenação, se a questão não foi julgada no processo de conhecimento, deve-se admitir a competência do juiz da execução para reconhecer a prescrição da pretensão punitiva. Em todas essas hipóteses não persiste qualquer efeito do processo ou da sentença, exceto quanto ao perdão judicial.

Ocorrendo causa extintiva da punibilidade após o trânsito em julgado da decisão, a competência para declará-la é do juiz da execução. São elas: a morte do agente (art. 107, I, do CP), a anistia, graça ou indulto (art. 107, II), a retroatividade da lei que já não considera o fato como criminoso (art. 107, III), a prescrição da pretensão executória (art. 107, IV), a anulação de casamento no crime de bigamia (art. 235, § 2º), o decurso do prazo do *sursis* (art. 82, do CP), o decurso do prazo do livramento condicional (art. 90, do CP) etc.

Nas hipóteses de morte do agente, anistia, *abolitio criminis* e anulação de casamento no crime de bigamia, os efeitos da extinção da punibilidade são absolutos, desaparecendo qualquer efeito penal da condenação. Nas demais, extingue-se apenas a pena, permanecendo os efeitos secundários (crime pressuposto para a reincidência, inscrição do nome do condenado no rol dos culpados etc.).

Jurisprudência

- *Competência do juiz da execução para a declaração de extinção da punibilidade*
- *Competência do juiz da execução para a declaração de prescrição da pretensão executória*

- Competência do juiz da execução para a declaração de prescrição da pretensão executória sem a expedição de guia de recolhimento

- Competência do juiz da execução para a declaração de prescrição da pretensão punitiva

- Possibilidade de habeas corpus para a declaração de prescrição da pretensão punitiva no curso da execução

66.4 SOMA DE PENAS

Praticados vários crimes pela mesma pessoa, a competência para o processo será determinada pela conexão ou continência, que impõe uma unidade de processo e julgamento nos termos dos arts. 76 a 82 do Código de Processo Penal. Pode ocorrer, porém, que sejam instauradas ações penais diversas, embora incidam hipóteses de competência por conexão ou continência, devendo a autoridade prevalente avocar os processos que corram perante os outros juízes (art. 82, 1ª parte, do CPP). Quando, porém, os demais processos já foram julgados por sentença definitiva, a unidade é efetuada ulteriormente, para o efeito da soma ou da unificação de penas (art. 82, 2ª parte, do CPP). Como o juiz do processo não pode exercer jurisdição após o trânsito em julgado da decisão, essa soma ou unificação de penas compete ao juiz encarregado da execução (art. 66, III, *a*).

Transitada em julgado a sentença que impuser pena privativa de liberdade, se o réu estiver ou vier a ser preso, o juiz da sentença deve ordenar a expedição de guia de recolhimento para seu cumprimento (art. 105, da LEP). Havendo várias condenações contra a mesma pessoa, o juiz da execução receberá várias guias, registradas em livro especial, segundo a ordem cronológica do recebimento e anexadas ao prontuário do condenado (art. 107, § 2º). As penas serão então somadas a fim de que sejam retificadas as guias de execução, observando-se a ordem determinada pelas datas do trânsito em julgado, sem prejuízo do disposto nos arts. 76 do Código Penal e 681 do Código de Processo Penal (item 107.6).

Deve-se observar que, na contagem do prazo das penas, o cálculo deve incluir o dia do começo (art. 10 do CP).

O despacho com que o juiz homologa o cálculo de penas, na praxe, denominado "cálculo de liquidação das penas", é ato jurisdicional, já que se fixa a data em que terminará a execução da pena privativa de liberdade. Está sujeito, assim, ao duplo grau de jurisdição, cabendo da decisão o recurso de agravo em execução (art. 197 da LEP).

Jurisprudência

- *Cálculo de liquidação de penas no juízo da execução*

66.5 UNIFICAÇÃO DE PENAS

Proferidas várias sentenças condenatórias contra a mesma pessoa em casos de continência, sem que tivesse havido a unificação dos processos em uma única ação penal pela avocação do juízo prevalente, serão expedidas várias guias de recolhimento, cabendo ao juiz encarregado da execução a unificação das penas aplicadas. Surge a unificação de penas quando são proferidas várias sentenças e a execução delas importa violar as normas do concurso de crimes. Ela concretiza na execução a unidade estabelecida pela lei penal referente às penas dos crimes praticados em concurso. Havendo, assim, duas ou mais condenações em que tenha ocorrido concurso formal, crime continuado, erro na execução ou resultado diverso do pretendido, será efetuada a unificação das penas impostas em processos diversos. No caso de concurso formal próprio, será unificada a pena com base na sanção de um deles, a mais grave se diversas as penas, aumentada de um sexto a um terço (art. 70, 1ª parte, do CP). No concurso formal impróprio, as penas serão somadas (art. 70, 2ª parte, do CP). Ocorrendo crime continuado, também será tomada por base a pena mais severa, aumentada de um sexto a dois terços (art. 71, *caput*, do CP) ou, na hipótese de mais de três crimes praticados com grave ameaça ou violência, até o triplo (art. 71, parágrafo único, do CP). No concurso material, as penas são somadas (art. 69 do CP).

A unificação é um incidente da execução, já que por ela se reduz a duração das penas aplicadas nas várias sentenças. Assim, somente o juiz da execução é competente para a unificação, sendo meios inadequados para tal fim o *habeas corpus* e a revisão.

O preso que sofreu múltiplas condenações, em várias comarcas, ainda que em diversos Estados, passa a ter, após o trânsito em julgado das sentenças, um só juiz natural. É este o indicado pela lei de organização judiciária do Estado onde está cumprindo as penas, competente, pois, para a unificação das diversas sanções que lhe foram impostas.

Jurisprudência

- *Competência para unificação de penas após o trânsito em julgado das sentenças*
- *Competência para unificação de penas em crimes cometidos em comarcas de Estados diversos*
- *Inadmissibilidade de unificação de processos sobre os mesmos fatos*
- *Inadmissibilidade de reiteração do pedido de unificação de penas*
- *Impossibilidade de posterior concessão da unificação a corréu*
- *Inadmissibilidade de extensão da unificação a corréus*
- *Contra: admissibilidade de extensão da unificação a corréus*
- *Inadmissibilidade de decisão de forma incompleta*
- *Inadmissibilidade de pedido originário sobre unificação de penas no tribunal*
- *Inadmissibilidade de habeas corpus para apreciar pedido de unificação de penas*
- *Inadmissibilidade de habeas corpus para apreciar fatos em pedido de unificação de penas pela continuidade delitiva*
- *Inadmissibilidade de inclusão de outras penas em habeas corpus após unificação pelo juiz da execução*
- *Inadmissibilidade de unificação de penas em revisão criminal*
- *Recurso da decisão sobre unificação de penas: agravo em execução*

66.6 LIMITE DE PENAS

A Lei nº 7.209/84 criou, porém, outra hipótese de unificação de penas. Determinava o art. 75, *caput*, do Código Penal que o tempo de cumprimento das penas privativas de liberdade não pode ser superior a 30 (trinta) anos, repetindo o que constava do art. 55 desse Estatuto antes da reforma penal. Acrescentou-se, todavia, a seguinte disposição: "Quando o agente for condenado a penas privativas de liberdade cuja soma seja superior a 30 (trinta) anos, devem ser unificadas para atender ao limite máximo deste artigo" (art. 75, § 1º). Instituiu-se uma nova espécie de unificação, diversa da hipótese de concurso de crimes. Com a alteração do art. 75 do Código Penal, pela Lei nº 13.964, de 24-12-2019, prevê-se na nova redação que "O tempo de cumprimento das penas privativas de liberdade não pode ser superior a quarenta anos."

Quanto ao novo dispositivo, foram postas duas interpretações a respeito de seu alcance. Numa delas, estabelece-se uma distinção entre os efeitos da unificação de penas no concurso de crimes e os previstos para o dispositivo em estudo. Nesta hipótese, a unificação visa apenas atender ao limite máximo do art. 75, *caput*, do Código Penal. Serve, assim, unicamente para advertir o condenado a penas cuja soma seja superior, agora, a 40 anos de que deverá cumpri-las somente até esse limite, não se prestando a unificação para que, com base no tempo de 40 anos, obtenha outros benefícios, tais como livramento condicional, transferência de regime, remição, comutação etc.[11] Com fundamento nessa tese, chegou-se a afirmar que a unificação seria inócua ou somente se operaria após ter o condenado cumprido o período máximo de 40 anos. Afirma-se, nessa orientação, que o art. 75, § 1º, refere-se à unificação apenas para se atender "ao limite máximo" fixado no *caput*, pois, caso contrário, derrogaria ele o próprio dispositivo, reduzindo o limite para 10 anos (caso em que se possibilitaria o livramento condicional para o condenado não reincidente) ou 15 anos (para o condenado reincidente). Além disso, a lei equipararia os condenados a penas de 30 anos aos que sofreram condenações muito superiores, prevendo-se para estes um *bill* de impunidade. Haveria um nivelamento grosseiro e até mesmo odioso entre os criminosos, incentivando exacerbadamente a criminalidade. A lei não deveria ser interpretada apenas à vista dos interesses do condenado, mas também dos altos interesses da sociedade, baseados na tranquilidade e segurança social.

Em outra posição, sustenta-se que o art. 75, § 1º, prevê a unificação para o limite máximo, agora de 40 anos, inclusive para se possibilitar a concessão dos benefícios previstos no Código Penal e na Lei de Execução Penal.[12] A Lei nº 7.209/84, no art. 75 do Código Penal,

---

11. Nesse sentido: FRAGOSO, Heleno Cláudio. *Lições de direito penal*: parte geral. Rio de Janeiro: Forense, 1985. p. 306-307; JESUS, Damásio E. de. *Comentários ao código penal*. 2. ed. São Paulo: Saraiva, 1986. p. 715; SILVA, Liliana Buff de Souza. Limite das penas e seus efeitos. *O Estado de S. Paulo*, São Paulo, 8 dez. 1985 & FALCÃO, Marino. Aspectos da recente reforma penal. *RJTJESP* 96/27-28; BARROS, Luiz Carlos Galvão de. Unificação de penas. Art. 75, § 1º, do Código Penal, *Justitia* 136/140.

12. Nesse sentido: REALE JUNIOR, Miguel e outros. *Penas e medidas de segurança no novo Código*. 2. ed. Rio de Janeiro: Forense, 1985. p. 244-245. ASSUMPÇÃO, Mario Rubens. Concurso de crimes. *Curso sobre a reforma penal*. São Paulo: Saraiva, 1985. p. 117-118; SALLES, Alcides Amaral. Ainda sobre o limite de penas e seus efeitos. *O Estado de S. Paulo*, São Paulo, 24 nov. 1985; COSTA JR., Paulo José. *Comentários ao código penal*. São Paulo: Saraiva, 1986. p. 412-413; FRANCO, Alberto Silva. Considerações em torno do art. 75. *Código penal e sua interpretação jurisprudencial*. Cit. nº 200; Agr.

posteriormente alterado pela Lei nº 13.964, de 24-12-2019, criou novo caso de unificação de penas ao lado do crime continuado. Essa unificação deve ser efetuada assim que o juiz da execução receber as guias de recolhimento das várias condenações proferidas contra uma mesma pessoa. Não há qualquer limitação para essa unificação, podendo a pretensão ser formulada a qualquer tempo. A essa conclusão leva o art. 75, § 1º, ao se referir à unificação quando o agente *for condenado* a penas privativas de liberdade, cuja soma seja superior a 40 anos, como o § 2º do mesmo dispositivo, ao determinar que, "sobrevindo condenação por fato posterior ao início do cumprimento da pena, far-se-á *nova* unificação" (o grifo é nosso). Unificadas as penas em 40 anos, esse é o prazo a ser considerado para o cálculo do livramento condicional, da transferência de regimes, remição, da comutação etc. Em *primeiro* lugar, a prevalecer a interpretação mais rigorosa, o § 1º do art. 75 seria totalmente dispensável. Na cabeça do artigo, afirma-se que o tempo de cumprimento das penas privativas de liberdade não pode ser superior a 40 anos e a regra contida nesse parágrafo não pode ter por único objetivo a determinação de que se faça constar formalmente dos autos que terá ela apenas essa duração. Na lei anterior, (reforma penal da Lei nº 7.209/1984) não existia essa regra do parágrafo e jamais se pôs qualquer problema de interpretação quanto à duração máxima das penas privativas de liberdade. Em *segundo* lugar, *unificar* significa "reunir em um todo, em um só corpo, tornar uno" (*Novo Dicionário Aurélio*), o que só pode levar à conclusão de que, após a unificação, haverá somente uma pena a ser cumprida e sobre a qual se baseiam os benefícios no que tange a sua duração. É no mínimo estranho falar em duas penas: uma, unificada, para regular sua duração; outra, não unificada, para o cálculo do prazo dos benefícios legais. Unificar significa transformar várias penas em uma só. Em *terceiro* lugar, o próprio legislador encarregou-se de esclarecer que a unificação é válida inclusive para o efeito da substituição do regime de penas quando atendidos os requisitos previstos na lei. Dispõe o art. 111 da Lei de Execução Penal: "Quando houver condenação por mais de um crime, no mesmo processo ou em processos distintos, a determinação do regime de cumprimento será feita pelo resultado da soma ou *unificação* das penas, observada, quando for o caso, a detração ou remição" (o grifo é nosso). É expressa, pois, a lei quanto à determinação dos regimes de cumprimento da pena, segundo a qual deve ser obedecida a pena *unificada* (pelo concurso de crimes ou em decorrência do limite de penas) e não as penas impostas antes da unificação. Não há na lei qualquer distinção entre as hipóteses de unificação de penas e uma diferença entre elas não pode ser criada pelo intérprete. Reafirma-se, assim, o entendimento de que a unificação não visa apenas delimitar a duração máxima da pena de prisão. Em *quarto* lugar, na própria Exposição de Motivos da Lei nº 7.209 faz-se constar que "as penas devem ser limitadas para alimentarem no condenado a esperança da liberdade e a aceitação da disciplina, pressupostos essenciais da eficácia do tratamento penal (item 61)". Ora, não se pode alimentar a esperança do condenado nem fazer com que aceite a disciplina com a afirmação de que terá de cumprir 40 anos de prisão sem a possibilidade de obter benefícios legais. Em *quinto* lugar, o argumento de que o parágrafo em estudo visa apenas atender ao "limite máximo" do artigo não é convincente, pois o que se pode entender é que, quanto à *unificação*, o limite máximo a atender é o mesmo daquele indicado para a *duração* da pena. Não há que se reconhecer, também, caso de im-

---

39.228-3 TJSP; TAVARES, José Sylvio Fonseca. Parecer no agravo nº 39.228-3 TJSP; & Walter de Almeida Guilherme. Parecer no agravo nº 39.469-3, TJSP. PIRES, Ariosvaldo de Campos. O livramento condicional e a nova parte geral do Código Penal, *RT* 631/279.

punidade no tocante à concessão de benefícios, pois, ainda que se adotasse a tese restritiva, os condenados a 90 ou 900 anos somente cumpririam 40 anos de pena. Também não se derroga o *caput* para reduzir-se a pena para 10 ou 15 anos, como já se tem afirmado, pois o livramento condicional somente é deferido quando presentes no caso concreto os vários requisitos exigidos pela lei, inclusive os de caráter subjetivo. Não fazendo jus ao livramento condicional pela ausência de qualquer dos requisitos, o condenado cumprirá os 40 anos de sua pena unificada. Por fim, a interpretação defendida não é estranha a nosso direito e já foi adotada inclusive durante a vigência da lei anterior no STF. Pode-se até contestar a extrema liberalidade da lei nova ao prever prazos de curta duração para a concessão de benefícios, mas não se deve interpretá-la restritivamente apenas porque é liberal. A defesa do interesse social pode ser obtida sem uma interpretação restritiva do dispositivo quando se dosa com cuidado a concessão dos benefícios, deferindo-os somente aos condenados que seguramente preencham os requisitos de caráter pessoal exigidos em lei, conforme a espécie. Nesses termos, poder-se-ão obter alguns dos resultados pretendidos pela nova lei, sem o comprometimento da devida prevenção penal. O que não se pode é desestimular o condenado, inviabilizando-lhe a concessão de benefícios somente porque foi condenado a penas de longa duração, olvidando-se o fato de que não praticou, posteriormente a seu encarceramento, qualquer ilícito penal.

A jurisprudência de nossos tribunais, entretanto, é praticamente pacífica no sentido de que a unificação não tem qualquer reflexo na obtenção de outros benefícios mas somente limita o tempo de cumprimento da pena na prisão.

Esse entendimento vencedor foi adotado na Súmula 715 do Supremo Tribunal Federal: "A pena unificada para atender ao limite de trinta anos de cumprimento, determinado pelo art. 75 do Código Penal, não é considerada para a concessão de outros benefícios, como o livramento condicional ou regime mais favorável de execução."

Unificadas as penas e sobrevindo nova condenação, deve ser realizada nova unificação, desprezando-se, para esse fim, o período de pena já cumprido. É o que determina o art. 75, § 2º, do Código Penal, adotando a opinião de Nelson Hungria, vencedora na 1ª Conferência de Desembargadores, realizada no Rio de Janeiro, em 1943, quanto à interpretação do art. 55 da lei anterior. É pacífico que "o período de pena já cumprido" é aquele transcorrido até a data *do crime*, ou, nos termos da lei, do "fato posterior" ao encarceramento. Suponha-se, por exemplo, que foram unificadas as penas que somavam 50 anos e que, cumpridos 10 dos 40 após a unificação, seja o preso condenado a mais 15. Dos 35 anos (soma do restante da primeira com a nova pena) deverá cumprir apenas 30 a contar da data do crime que cometeu na prisão. Quando a soma do restante da pena anteriormente unificada com a nova for inferior a 30 anos, o condenado deverá cumprir o que resta da pena unificada, somando-se a ela a nova sanção imposta. Assim, se nessa hipótese for o preso condenado a cinco anos, deverá cumprir os 20 anos restantes da primeira unificação e os cinco anos impostos, ou seja, 25 anos a partir da data da prática do crime.

Não se aplica o art. 75 se existir um hiato entre a satisfação das penas anteriores cumpridas pelo sentenciado e o começo de novas penas, impostas após o cumprimento daquelas. A interpretação correta do dispositivo leva à conclusão de que o Estado somente abdica de seu direito de continuar a punir após o cumprimento de forma contínua de 40 anos de prisão. Assim, se, após o cumprimento de 40 anos de prisão, o condenado vier a cometer novo crime, terá de cumprir a nova pena que lhe for imposta. Não é pelo fato de já haver estado encarcerado por 40 anos que seus atos ficarão impunes. Também, pela mesma razão, veda-se que se some o tempo de duração das penas cumpridas àquele da pena imposta por crime praticado após a extinção das anteriores.

A continuidade da permanência do sentenciado na prisão há de ser aferida em função dos anos de recolhimento efetivamente ocorridos no cumprimento das penas, não se computando a solução de continuidade na prisão, pela fuga ou livramento condicional (quando o tempo em liberdade não é computado na pena). Nessa hipótese, porém, não cabe considerar esse período de solução de continuidade como meio interruptivo do cumprimento da pena privativa de liberdade, com a consequência de acarretar novo cômputo do período de prisão, como se houvesse perda do tempo anteriormente cumprido. O tempo de partida para a unificação é, nessa hipótese, não a data em que o sentenciado é recapturado ou volta à prisão em decorrência da revogação do livramento condicional, mas a data em que ele iniciou efetivamente o cumprimento das penas.

Jurisprudência

- *Inadmissibilidade do pedido originário ao tribunal*
- *Inadmissibilidade de unificação em decorrência de hiato no cumprimento das penas*
- *Cálculo de unificação em caso de fuga e recaptura do condenado*
- *Unificação antes de decorrido o prazo de 30 anos*
- *Contra: unificação após decorrido o prazo de 30 anos – pedido intempestivo*
- *Falta de interesse de agir*
- *Inaplicabilidade do limite do art. 75 do CP para a concessão de benefícios*
- *Contra: aplicabilidade do limite do art. 75 do CP para a concessão de benefícios*
- *Cálculo do abatimento em continuidade delitiva e limite de penas*
- *Cálculo da condenação por fato anterior à sentença de unificação*
- *Cálculo da pena por crime praticado após a sentença de unificação*

66.7 NATUREZA DA UNIFICAÇÃO

Afirma-se que a unificação de penas não faz coisa julgada material. Essa assertiva, porém, não é amparada na doutrina. Mesmo nas denominadas "decisões instáveis", em que a sentença contém implicitamente a cláusula *rebus sic stantibus*, permitindo-se a revisão por se haver modificado o estado de fato (nova condenação, absolvição em revisão etc.), a nova decisão não altera o julgado anterior, mas adapta-o a fatos jurídicos novos e à vontade da lei.[13] Sendo indeferida a unificação e transitando em julgado a decisão, não pode o juiz apreciar novo pedido com os *mesmos fundamentos fáticos*. Mesmo para a correção dos erros materiais da sentença, é fixado um prazo em lei, como se infere dos arts. 382 e 619 do Código

---

13. Cf. MARQUES, José Frederico. *Instituições de direito processual civil*. 5. ed. Rio de Janeiro: Forense, 1963. v. 2. p. 71-2; CINTRA, Antonio Carlos de Araújo, GRINOVER, Ada Pellegrini, DINAMARCO, Cândido R. *Teoria geral do processo*. São Paulo: Revista dos Tribunais, 1975. p. 270.

de Processo Penal. Nova apreciação dos mesmos fatos viola a própria estabilidade do direito adquirido com o trânsito em julgado, além de subverter a hierarquia jurisdicional quando a decisão tiver sido confirmada pela superior instância. Somente fatos supervenientes permitem nova atividade jurisdicional para proceder-se à referida adaptação.

66.8 PROGRESSÃO E REGRESSÃO

Em consonância com o sistema progressivo adotado pela lei pátria, existem três regimes para a execução das penas privativas de liberdade: fechado, semiaberto e aberto (art. 33 do CP). Aplicada a pena pelo juiz da sentença, deve ele, obedecendo aos critérios estabelecidos na lei, fixar o regime inicial de seu cumprimento (art. 59, III, do CP, e art. 110, da LEP). Durante a execução, porém, o condenado poderá ser transferido para regime menos severo se seu mérito indicar a progressão (art. 112 da LEP). Assim, preenchidos os requisitos legais, será transferido do regime fechado para o semiaberto ou deste para o aberto, operando-se o que se denomina *progressão*. De outro lado, é possível também a transferência do condenado para regime mais rigoroso quando ocorrer um dos fatos previstos na lei (art. 118 da LEP). A tal fenômeno dá-se o nome de *regressão*. Nos termos do art. 66, inciso III, *b*, da Lei de Execução Penal, cabe ao juiz da execução decidir sobre a progressão ou regressão nos regimes de cumprimento da pena (itens 112.6 e 118.1). A determinação do regime inicial, porém, cabe ao juiz da sentença (art. 59, III, do CP). Compete ao juiz da execução determiná-lo, porém, quando ocorreu omissão por parte do juiz da sentença ou na hipótese de soma ou unificação de penas. É necessário, porém, que tenha sido expedida a competente guia de recolhimento e esteja preso o sentenciado.

Jurisprudência

- *Competência do juiz da execução para decidir sobre regime de cumprimento de pena*
- *Competência para decidir sobre pedido de prisão albergue de réu foragido*
- *Competência do juiz da condenação para decidir sobre progressão em execução provisória*
- *Inadmissibilidade de pedido de* habeas corpus *para obtenção da progressão*
- *Incompetência do Supremo Tribunal Federal para decidir sobre a progressão*
- *Inadmissibilidade de restabelecimento da progressão pelo juiz em caso de falta grave*
- *Negativa de progressão a condenado estrangeiro como decreto de expulsão (antes da vigência da Lei nº 13.445/2017)*

66.9 DETRAÇÃO E REMIÇÃO

Denomina-se *detração* o cômputo, na pena privativa de liberdade e na medida de segurança, do tempo de prisão provisória, no Brasil ou no estrangeiro, o de prisão administrativa e internação em qualquer dos estabelecimentos referidos no art. 41 do Código Penal (art. 42, do CP). Prevê o art. 66, inciso III, *c*, da Lei de Execução Penal, que compete ao juiz da execução decidir sobre a detração. Assim, ao ser elaborada a conta de liquidação das penas, deve ser computado o tempo em que o condenado esteve recolhido ao estabelecimento penal, como se a execução tivesse sido iniciada a partir da data da prisão ou da internação.

Inclui-se, evidentemente, o dia do começo, ou seja, da prisão (art. 10, do CP). Atualmente, tem-se admitido a detração por prisão ocorrida em outro processo, em que logrou o réu a absolvição, quando se trata de pena por outro crime anteriormente cometido. Evidentemente, não se pode admitir a detração em relação à pena imposta por crime posterior a sua absolvição. Tal contagem implicaria estabelecer uma espécie de "conta-corrente" com o criminoso. Segundo o art. 42 do Código Penal, permite-se a contagem do tempo de prisão provisória no tempo mínimo estabelecido na sentença para o exame de verificação de cessação de periculosidade quando aplicada ao agente uma medida de segurança. Em aplicação analógica do referido artigo, tem-se aceito, eventualmente, a detração pelo tempo de prisão provisória quando aplicada pena de multa. É orientação válida, já que não há razão para negar-se essa contagem quando aplicada uma pena menos severa que a privativa de liberdade. O mesmo raciocínio deve ser seguido quando aplicada pena restritiva de direitos. Válido também é o cômputo do período em que o interessado esteve preso em razão de pedido de extradição.

É também possível a detração, por analogia com o art. 42 do Código Penal, quando se trata de descontar-se de pena restritiva de direitos o tempo da sanção administrativa idêntica, tal como ocorre, por exemplo, na interdição temporária para dirigir veículo.

Por fim, é de se ressaltar que o STJ, em hipótese de execução de pena privativa de liberdade, admitiu também a detração no caso de condenado que ficou sujeito a graves restrições à liberdade individual no curso da instrução criminal (proibição de ausentar-se da comarca, comparecimento periódico ao Juízo etc.).

Prevê a lei, também, que o tempo de prisão provisória ou administrativa e de internação será computado para o fim de fixação do regime inicial do cumprimento da pena privativa de liberdade (art. 387, § 2º, do CPP, inserido pela Lei nº 12.736, de 30-11-2012). Trata-se, porém, de norma a ser observada pelo juiz do processo de conhecimento por ocasião da prolação da sentença condenatória (v. item 110.2).

Remição é o instituto criado pela Lei nº 7.210, pelo qual o condenado que cumpre a pena em regime fechado ou semiaberto poderá remir, pelo trabalho, ou pelo estudo, parte do tempo da execução da pena (art. 126, *caput*, da LEP). A contagem do tempo é feita à razão de um dia de pena por três de trabalho (art. 126, § 1º, II, da LEP)[14] ou à razão de um dia por doze horas de estudo, divididas por no mínimo três dias (art. 126, § 1º, I). Cabe também ao juiz da execução decidir sobre a remição (art. 66, III, *c*), estabelecendo a lei, ainda, que sobre o pedido serão ouvidos o Ministério Público e a defesa (art. 126, § 8º, da LEP). Deferido o pedido do condenado por estarem presentes os requisitos legais, será efetuada a retificação da guia de recolhimento (art. 106, § 2º, da LEP). Com base no tempo que resultar da operação, ou seja, da soma do tempo de cumprimento efetivo da pena com o tempo acrescido em razão da remição, poderá o condenado obter o livramento condicional e eventual indulto (art. 128, da LEP).

Jurisprudência

- *Detração e prazo da prescrição*
- *Inadmissibilidade da detração em prisão por crime posterior*

---

14. MIRABETE, Julio Fabbrini. *Manual de direito penal*. 35. ed. São Paulo: Atlas, 2021. v. 1. item 7.2.9.

- *Competência do juiz da execução para decidir sobre a detração*
- *Cômputo de tempo de prisão em outro processo com absolvição*
- *Impossibilidade do cômputo de tempo de prisão em outro processo com absolvição*
- *Cômputo do prazo por prisão em outro processo: extinção da punibilidade*
- *Cômputo do período de prisão por extradição (antes da vigência da Lei 13.445/2017)*
- *Cômputo do período sujeito o réu a graves restrições à liberdade individual*
- *Inadmissibilidade de cômputo de período em liberdade por doença crônica*
- *Inadmissibilidade de cômputo de período em liberdade provisória*
- *Inadmissibilidade de cômputo do período de prova do sursis*
- *Detração em penas sem solução de continuidade*
- *Inadmissibilidade da detração por prisões não simultâneas*
- *Cômputo do tempo de prisão albergue*
- *Critério na detração da prisão provisória na pena restritiva de direitos*
- *Inadmissibilidade de detração na pena restritiva de direitos*
- *Admissibilidade de detração na pena restritiva de direitos – recolhimento noturno e nos dias de folga*
- *Inadmissibilidade de detração na pena de multa*
- *Contra: possibilidade de detração na pena de multa*
- *Detração de medida administrativa e pena restritiva de direitos*
- *Detração na medida de segurança*
- *Alcance da detração na medida de segurança*

66.10 SUSPENSÃO CONDICIONAL DA PENA

A suspensão condicional da pena é o instituto pelo qual o réu condenado a pena privativa de liberdade não será submetido a sua execução se preencher os pressupostos estabelecidos na lei e se cumprir, durante prazo determinado, as obrigações a ele impostas.[15] É ele um direito do sentenciado que preenche os requisitos indispensáveis a sua concessão. Dispõe a lei expressamente que o Juiz ou Tribunal, na sentença que aplicar pena privativa de liberdade, deverá pronunciar-se motivadamente sobre a suspensão condicional, quer a conceda, quer a denegue, quando a sanção aplicada não for superior a dois anos (arts. 156 e 157 da LEP).[16] A omissão do juiz da sentença, na hipótese, implica nulidade e configura constrangimento ilegal sanável pela via do *habeas corpus* quando o condenado faz jus ao benefício. Como, porém, compete ao juiz da execução decidir sobre a suspensão condicional

---

15. MIRABETE, Júlio Fabbrini. Ob. cit. Itens 7.7.1. a 7.7.8.
16. Há um evidente lapso no dispositivo, pois o *sursis* também pode ser concedido ao condenado a que for imposta a pena até quatro anos quando tiver ele mais de 70 anos de idade (art. 77, § 2º, do CP).

da pena (art. 66, III, *d*, da LEP), em vez do pedido de *habeas corpus*, poderá o condenado requerer o benefício a esse magistrado. Transitada em julgado a sentença sem que o juiz da sentença se tenha manifestado a respeito do *sursis*, poderá o juiz da execução concedê-lo ao condenado que preencha os requisitos legais.

Já se decidiu também que, criada uma situação nova que exclua o obstáculo à concessão da suspensão condicional da pena anteriormente denegada, cabe a concessão do benefício pelo juiz da execução, como ocorre na hipótese de ser reconhecida a prescrição da pretensão punitiva no processo que deu causa à reincidência reconhecida na sentença transitada em julgado e, portanto, impeditiva do *sursis*. Entretanto, nessa situação, o juiz da execução está rescindindo a decisão transitada em julgado, da mesma instância. A solução seria a utilização de revisão, cabível na espécie pelo fato novo.

Nos termos do dispositivo citado, compete também ao juiz da execução decidir a respeito da revogação do *sursis* (art. 162, da LEP), da modificação das condições e regras estabelecidas na sentença que o concedeu (art. 158, § 2º, da LEP), da prorrogação do prazo quando ocorrer causa facultativa de revogação (art. 81, § 3º, do CP), da decretação da extinção da punibilidade pelo decurso do prazo sem a ocorrência de causa de revogação (art. 82, do CP), bem como estabelecer as condições do benefício quando lhe for conferida a incumbência pelo Tribunal e a realização da audiência admonitória na hipótese de concessão pela instância superior (art. 159, § 2º, da LEP).

Não é da competência do juiz da execução decidir a respeito dos incidentes do denominado *sursis* processual, concedido nos termos do art. 89, da Lei nº 9.099, de 1995, que dispôs sobre os Juizados Especiais Cíveis e Criminais.

Jurisprudência

- *Obrigatoriedade de manifestação sobre o* sursis *pelo juiz da condenação*
- *Possibilidade de concessão do* sursis *após o trânsito em julgado da sentença*
- *Possibilidade de revogação do* sursis *concedido equivocadamente*
- *Possibilidade de fixação de condições do* sursis *pelo juiz da execução*
- *Incompetência do juiz da execução para decidir sobre incidentes do* sursis *processual (Lei nº 9.099/95)*
- *Competência da Justiça Eleitoral para decidir sobre incidentes do* sursis *processual (Lei nº 9.099) em crime eleitoral*

66.11 LIVRAMENTO CONDICIONAL

O livramento condicional é o instituto pelo qual se concede a liberdade antecipada ao condenado, frente à existência de pressupostos e condicionada a determinadas exigências durante o restante da pena que deveria cumprir. Compete também ao juiz da execução decidir sobre o livramento condicional (art. 66, III, *e*, da LEP). Obedecidos os arts. 83 a 90 do Código Penal e 131 a 146 da Lei de Execução Penal, poderá o juiz decidir sobre a concessão do benefício e sua revogação, advertir o liberado ou agravar as condições do livramento na hipótese de revogação facultativa (art. 140, parágrafo único, da LEP), ordenar as providências necessárias quando for reformada a sentença denegatória (art. 135, da LEP), modificar as condições especificadas na sentença (art. 144, da LEP), ordenar a prisão quando da prática de outra infração penal pelo condenado (art. 145, da LEP) e decretar a extinção da pena privativa de liberdade ao expirar o prazo do benefício sem a ocorrência de causa de revogação (art. 146, da LEP).

66.12 INCIDENTES DA EXECUÇÃO

No decorrer da execução, há modificações na forma de cumprimento da pena ou da medida de segurança que exigem a atuação jurisdicional. São etapas ou alterações decorrentes da concretização do julgado, ou seja, da execução natural da sanção penal (progressão, regressão, remição, autorizações de saída, livramento condicional etc.). Por vezes, porém, ocorrem incidentes provocados por fatos ou situações jurídicas em que a atuação jurisdicional reduz, substitui, ou extingue a sanção penal, sem que, evidentemente, se faça o reexame crítico ou se promova a alteração da sentença condenatória. Essas ocorrências têm-se denominado *incidentes da execução*, obstáculos que se apresentam ao desenvolvimento "regular" ou "normal" da execução e que devem ser resolvidos como questões incidentais.

Nos incidentes da execução, não incluiu a lei as questões que, embora sujeitas à apreciação judicial, não se traduzem em substituição, redução ou extinção da pena ou da medida de segurança. Nem mesmo a suspensão condicional da pena e o livramento condicional, considerados na lei anterior como incidentes da execução, foram inseridos nessa categoria. Entendeu-se que são eles reações penais compreendidas como medidas de fundo não institucional, ou seja, alternativas do encarceramento do condenado,[17] implicando o *sursis* execução da prestação de serviços à comunidade (que constitui pena) e constituindo o livramento condicional uma etapa natural do regime progressivo da pena privativa de liberdade.

Isso não significa, porém, que nessas hipóteses não exista o conflito de interesses entre o Estado (*jus puniendi*) e o condenado (direitos subjetivos). Tais institutos são considerados como *direitos* do condenado que preenchem os requisitos ou objetivos e subjetivos exigidos pela lei em contraposição ao direito de punir do Estado delimitado pela sentença condenatória. A solução desse conflito, como nas hipóteses dos incidentes da execução, é matéria jurisdicional.

A matéria que exige pronunciamento jurisdicional não está confinada aos por ela denominados incidentes da execução, como se entendia anteriormente, mas se estende por todas as situações em que se estabelece o conflito de interesses entre o Estado e o condenado. Não pode haver dúvidas, por exemplo, em conceituar as hipóteses de extinção da punibilidade (extinção da pena), unificação de penas (redução da pena) e extinção de medida de segurança como matérias jurisdicionais e verdadeiros incidentes da execução, embora não inseridos no título a eles reservado. Há, nessas hipóteses, modificação no título executório penal.

Tratando-se de incidentes da execução, ou seja, de institutos que implicam redução, substituição ou extinção da pena ou da medida de segurança, há um procedimento acessório, que se insere no procedimento principal de execução. Nos termos do art. 66, III, *f*, da Lei

---

17. Item 65 da Exposição de Motivos da Lei nº 7.209/84 e item 137 da Exposição de Motivos da Lei nº 7.210/84.

de Execução Penal, compete ao juiz da execução decidir sobre os incidentes da execução, não só os referidos no título respectivo (conversões, excesso ou desvio, anistia e indulto), como também os distribuídos em toda a Lei de Execução Penal (unificação, extinção da pena e da medida de segurança etc.). Note-se que a lei de execução, no art. 66, é por vezes redundante, tanto que, depois de incluir os incidentes da execução na competência do juiz, refere-se expressamente às conversões (inciso V, *b* a *d*). As conversões, entretanto, são incidentes da execução, nos termos da lei e, portanto, já se encontram abrangidas na competência do juiz (art. 66, III, *f*).

Não é só na hipótese de incidentes de execução que se instaura procedimento acessório. Também é através deste que se concede o livramento condicional, a progressão, o *sursis* etc.

Jurisprudência

- *Inadmissibilidade do* habeas corpus *para dirimir incidente de execução*
- *Incompetência do Supremo Tribunal Federal para decidir sobre indulto e comutação de penas*

66.13 SAÍDAS TEMPORÁRIAS

Entre os benefícios previstos na Lei de Execução Penal, estão as chamadas *autorizações de saída*, que se constituem em *permissões de saída* (itens 120.1 e 121.1) e *saídas temporárias* (itens 122.1 a 125.2). A primeira delas é a autorização concedida ao preso para sair do estabelecimento, mediante escolta, por ocasião do falecimento ou doença grave do cônjuge, companheira, ascendente, descendente ou irmão ou de tratamento médico necessário, tendo a duração necessária a sua finalidade (arts. 120 e 121 da LEP). A permissão de saída é um ato administrativo atribuído ao diretor do estabelecimento onde se encontra o preso (art. 120, parágrafo único). A saída temporária tem limites mais amplos, mas somente pode ser concedida aos condenados que cumprem pena em regime semiaberto e que preenchem os requisitos legais. Consiste na permissão para que o preso possa sair temporariamente do estabelecimento sem vigilância direta nos casos especificados em lei: visita à família; frequência a cursos supletivos profissionalizantes e de instrução de segundo grau ou superior; e participação em atividades que concorram para o retorno ao convívio social. Pode o juiz determinar, porém, a utilização de equipamento eletrônico para monitoração do preso durante a saída temporária (arts. 122, parágrafo único, e 146-B, II). Competente para autorizar as saídas temporárias é o juiz da execução (art. 66, V, da LEP). O art. 123, aliás, determina que a autorização somente será deferida por ato motivado do juiz da execução, ouvidos o Ministério Público e a administração penitenciária. Não é admissível, por se tratar de ato jurisdicional, a delegação pelo juiz à autoridade administrativa da competência para decidir sobre a saída temporária, conforme enunciado da Súmula 520 do STJ.

66.14 PENAS RESTRITIVAS DE DIREITOS

Cabe ao juiz da sentença substituir a pena privativa de liberdade por uma das penas restritivas de direitos quando preenchidos os pressupostos legais (arts. 44 e 59 do CP). São penas restritivas de direitos a prestação pecuniária, a perda de bens e valores, a prestação de serviços à comunidade ou a entidades públicas, a interdição temporária de direitos e a limitação de fim de semana (art. 43 do CP). As interdições temporárias de direitos são a proibição do exercício de cargo, função ou atividade pública, bem como de mandato eletivo; a proibição do exercício de profissão, atividade ou ofício que dependam de habilitação especial, de licença ou autorização do poder público; a suspensão de autorização ou habilitação para dirigir veículo e a proibição de frequentar determinados lugares (art. 47 do CP). A substituição deve obedecer às regras legais, conforme a espécie, e opera-se quando da prolação da sentença condenatória (art. 59, IV, do CP), exceto quando se tratar de conversão (art. 180, da LEP).

Dispõe, porém, o art. 66, V, *a*, da Lei de Execução Penal, que cabe ao juiz da execução determinar "a forma de cumprimento da pena restritiva de direitos e fiscalizar sua execução". Assim, aplicada a pena de prestação de serviços à comunidade e transitada em julgado a decisão, caberá ao juiz encarregado da execução atribuir ao condenado as tarefas gratuitas, designando a entidade ou programa comunitário ou estatal junto ao qual irá prestá-las (arts. 46, §§ 1º e 2º, do CP, e 149, *caput*, da LEP). Deverá o magistrado atribuir especificamente essas tarefas, de acordo com as aptidões do condenado e, ainda, determinar os dias e horários em que deverão ser cumpridas (art. 46, § 3º, do CP, e art. 149, § 1º, da LEP).

Quanto à limitação de fim de semana, deverá o juiz da execução determinar qual o estabelecimento (casa do albergado ou outro estabelecimento adequado) a que deverá ficar recolhido o condenado, especificando os dias e horários em que deverá cumprir a pena (art. 48, *caput*, do CP, e art. 151 da LEP). Poderá também determinar a realização de cursos e palestras e atribuir aos condenados atividades educativas (art. 48, parágrafo único, do CP). Essas últimas determinações, porém, não são de ordem jurisdicional, mas apenas medidas complementares que poderão ser impostas pelo diretor do estabelecimento. Tratando-se de crime praticado com violência doméstica contra a mulher (Lei nº 11.340, de 7-8-2006), ou contra a criança ou adolescente e de tratamento cruel ou degradante, ou de uso de formas violentas de educação, correção ou disciplina contra a criança e o adolescente (Lei nº 14.344, de 24-5-2022), prevê a lei a possibilidade de determinar o juiz o comparecimento obrigatório do agressor a programas de recuperação e reeducação (art. 152, parágrafo único).

Em qualquer fase da execução, porém, pode o juiz, motivadamente, alterar a forma de cumprimento das penas de prestação de serviços à comunidade e de limitação de fim de semana, ajustando-as às condições pessoais do condenado e às características do estabelecimento, da entidade ou do programa comunitário ou estatal (art. 148 da LEP). Na primeira hipótese, há uma regra para permitir a melhor individualização dessa pena restritiva de direitos.

De elevada importância também é a incumbência ao juiz da execução da fiscalização no desenvolvimento da execução das penas restritivas de direitos (inclusive a de interdição de direitos), pois o descumprimento injustificado da restrição imposta ao condenado acarreta sua conversão em pena privativa de liberdade (arts. 45 do CP e 181 da LEP).

66.15 CONVERSÕES

Nos termos do art. 66, V, *b*, da Lei de Execução Penal, compete ao juiz da execução determinar a conversão da pena restritiva de direitos e de multa em privativa de liberdade.

A conversão, porém, é um dos incidentes da execução e tal dispositivo é supérfluo em face do que já dispõe o art. 66, III, *f*, do citado Estatuto.

A pena de prestação de serviços à comunidade é convertida em privativa de liberdade na forma do art. 45 do Código Penal, ou seja, na hipótese de superveniência de condenação, por outro crime, a pena privativa de liberdade cuja execução não tenha sido suspensa, ou na ocorrência de descumprimento injustificado da restrição imposta. A Lei de Execução Penal prevê exaustivamente quais são as formas de descumprimento da restrição (item 181.2). Também estão expressamente previstas as hipóteses de conversão das penas de limitação de fim de semana e de interdições de direitos em privativa de liberdade (art. 181, §§ 2º e 3º, da LEP). O art. 182 da Lei de Execução Penal, que previa a conversão da pena de multa, foi revogado pela Lei nº 9.268, de 1º-4-1996, que deu nova redação ao art. 51, do Código Penal, esta, aliás, também modificada pela Lei nº 13.964, de 24-12-2019.

Por outro lado, também se admite a conversão da pena privativa de liberdade não superior a dois anos em pena restritiva de direitos, desde que preenchidos os requisitos previstos em lei (art. 180 da LEP), competindo ao juiz da execução essa substituição (art. 66, V, *c*, da LEP).

Jurisprudência

• *Competência para a substituição de pena após o trânsito em julgado*

66.16 MEDIDAS DE SEGURANÇA

Com a reforma penal, ficaram previstas como medidas de segurança apenas a internação em hospital de custódia e tratamento psiquiátrico e a sujeição a tratamento ambulatorial (art. 96, do CP). Eliminada a possibilidade de aplicação de medida de segurança aos réus plenamente imputáveis, sua aplicação é obrigatória aos inimputáveis (art. 97 do CP). Tratando-se do chamado "semi-imputável", ou seja, do condenado que esteja nas condições previstas no art. 26, parágrafo único, do Código Penal, adotou-se o sistema vicariante, podendo a pena privativa de liberdade ser substituída pela internação ou tratamento ambulatorial quando o condenado necessitar de especial tratamento curativo (art. 98 do CP).

Nos termos da lei vigente, compete ao juiz da execução determinar: a aplicação da medida de segurança; a substituição da pena por medida de segurança; a revogação da medida de segurança; e a desinternação e o restabelecimento da situação anterior (art. 66, V, *d, e* e *f,* da LEP).

Quanto à primeira hipótese, de *aplicação* da medida de segurança, exige-se melhor apreciação. Cabe ao juiz da *sentença*, ao reconhecer a inimputabilidade ou a "semi-imputabilidade", a aplicação da medida de segurança (na segunda hipótese em substituição à pena se o condenado necessitar do tratamento curativo). Assim, nos termos da lei vigente, a competência para a aplicação da medida da segurança não é do juiz da execução e sim do juiz da sentença. Mesmo na hipótese de lei nova mais severa, que cria ou altera a medida de segurança aplicável na espécie, não é possível a aplicação das novas regras pelo juiz da execução. Previa a lei anterior a aplicação da lei nova, vigente ao tempo de execução, mas tal disposição padecia do vício da inconstitucionalidade em face da regra de que a lei não pode prejudicar a coisa julgada. As medidas de segurança, em especial a internação em hospital de custódia e tratamento psiquiátrico, têm caráter aflitivo e, se forem criadas ou modificadas para mais severas, não podem ser aplicadas aos fatos definitivamente julgados. As únicas exceções ao princípio da coisa julgada são as que se referem à lei posterior mais benigna, de acordo com o princípio estabelecido no art. 5º, XL, segunda parte, da Constituição Federal. No mais, a regra da intangibilidade da coisa julgada no processo penal deve ser observada integralmente, inclusive quanto à aplicação das medidas de segurança. A Constituição Federal, ao proibir a retroatividade da lei *penal* mais severa (em geral), impede a aplicação de qualquer agravamento por lei posterior ao fato criminoso, inclusive quanto a *lex gravior* referente à medida de segurança. De outra parte, havendo coisa julgada também quanto à omissão do juiz na aplicação da medida de segurança cabível na espécie, a aplicação posterior dessa sanção é inadmissível. Assim, deve entender-se que é inaplicável o disposto na primeira parte do art. 66, V, *d*, da Lei de Execução Penal, não sendo possível ao juiz da execução aplicar medida de segurança, quer pela alteração da lei, quer por ter ocorrido omissão por parte do juiz da sentença.

Nada impede, porém, a substituição da pena imposta na sentença por medida de segurança. É o que dispõe o art. 183 da Lei de Execução Penal: "Quando, no curso da execução da pena privativa de liberdade, sobrevier doença mental ou perturbação da saúde mental, o juiz, de ofício, a requerimento do Ministério Público, da Defensoria Pública ou da autoridade administrativa, poderá determinar a substituição da pena por medida de segurança" (item 183.1). Essa substituição, prevista na competência do juiz da execução (art. 66, V, *d*, segunda parte, da LEP), é definitiva.

Comprovada a cessação de periculosidade em decorrência do tratamento dispensado ao condenado no hospital de custódia e tratamento psiquiátrico, o juiz fará cessar a execução da medida de segurança, determinando a desinternação. Pode o juiz, porém, na hipótese de superveniência de doença mental, optar não pela conversão, mas pela simples transferência do condenado para o hospital de custódia e tratamento psiquiátrico. Desaparecendo a doença mental ou a perturbação da saúde mental, deve o juiz determinar o restabelecimento da situação anterior, ou seja, a transferência para o estabelecimento penal destinado ao cumprimento da pena privativa de liberdade. O tempo de internação, evidentemente, será computado no tempo da pena (art. 42 do CP).

Prevê também a lei a conversão da internação em tratamento ambulatorial se o agente revelar incompatibilidade com aquela medida (art. 184). Essa conversão também é da competência do juiz da execução (art. 66, III, *f*).

Compete também ao juiz da execução determinar a revogação da medida de segurança (art. 66, V, *e*), obedecendo-se, em qualquer hipótese, os dispositivos referentes à cessação da periculosidade (arts. 175 a 179 da LEP) e ao período de prova de um ano após a desinternação (art. 97, § 3º, do CP).

66.17 REMOÇÃO E TRANSFERÊNCIA

Em princípio, a pena deve ser executada na comarca onde o delito se consumou, obedecendo-se à regra referente à competência jurisdicional. Lembra-se, na Exposição de Motivos da Lei de Execução Penal, no entanto, a existência de situações que determinam ou recomendam, no interesse da segurança pública ou do próprio condenado, o cumprimento da pena em local distante da condenação (item 107). Assim, as penas privativas de liberdade aplicadas pela Justiça de uma unidade federativa podem ser executadas em outra unidade, em estabelecimento local ou da União (art. 86, *caput*, da LEP), podendo a União Federal construir estabelecimento penal em local distante da condenação para recolher, mediante decisão judicial, os condenados à pena superior a 15 anos, quando a medida se justifique no interesse da segurança pública ou do próprio condenado (art. 86, § 1º, da LEP). Como motivos de segurança podem ser citadas a falta de vagas e a precariedade de instalações de presídios locais, circunstâncias que indicam a necessidade do recolhimento dos condenados a longas penas em estabelecimentos penais mais seguros a serem construídos pela União. A remoção também pode ser decidida no interesse do próprio condenado para que não lhe seja cerceado o direito a visitas do cônjuge, companheira, parentes e amigos (art. 41, X, da LEP), preocupação do legislador ao estabelecer, por exemplo, que a penitenciária de homens seja construída em local que não restrinja a visitação (art. 90 da LEP). Aliás, a reinserção social, meta prioritária da Lei de Execução Penal, será mais difícil de ser obtida se os presos permanecerem em estabelecimentos penais distantes de seu anterior domicílio, em comarca ou Estado a que não os ligam qualquer vínculo. A remoção nessas hipóteses, desde que não prejudique a segurança pública, é aconselhável. O condenado, porém, não tem "direito" a remoção para estabelecimento penal de sua preferência, pois está ela subordinada à conveniência da segurança pública.

O art. 66, V, *g* e *h*, da Lei de Execução Penal, confere competência ao juiz da execução para determinar o cumprimento de pena ou medida de segurança em outra comarca e a remoção do condenado na hipótese prevista no § 1º do art. 86 (remoção para estabelecimento penal da União Federal). Determina, aliás, nesse sentido o art. 86, § 3º, que caberá ao juiz competente definir o estabelecimento prisional adequado para abrigar o preso provisório e o condenado, em atenção ao regime e aos requisitos estabelecidos. Essas remoções podem ocorrer a qualquer tempo, durante a execução e a sua determinação sem prévia oitiva da defesa não viola os princípios do contraditório e do devido processo legal, conforme já restou assentado no STJ (Súmula 639).

As decisões referidas nas alíneas em estudo têm caráter jurisdicional e não administrativo. O juiz, ao determinar a remoção para outra unidade da Federação, está declinando de sua competência para a execução penal, o que, eventualmente, também pode ocorrer no caso de decidir pelo cumprimento da pena em outra comarca da mesma unidade federativa. Estabelecida a remoção, passará a ser competente para a execução o juiz encarregado da execução na comarca ou Estado para o qual foi o preso transferido.[18]

Incumbindo ao juiz da execução a transferência, não pode ser ela concedida por via do *habeas corpus*. A remoção para comarca distante do foro da condenação não fere direito do sentenciado nem viola o *jus libertatis* e eventual inobservância das normas do art. 41 (direitos do preso) enseja a instauração de incidente de excesso ou desvio de execução, a ser suscitado perante o juízo competente. Aliás, o sentenciado não tem direito líquido e certo

---

18. O destinatário da guia de recolhimento é a autoridade administrativa a quem o preso é entregue para o cumprimento da pena, pois é ela a pessoa incumbida da execução (art. 106 da LEP). E esta não pode ficar submetida ao Juízo de outra unidade federativa. Competente para a execução da pena a partir da remoção é o juiz referido na lei de organização judiciária do Estado para o qual foi transferido o condenado, a quem deve ser remetida a cópia da guia de recolhimento.

de escolher em qual presídio deverá cumprir a pena imposta. A opção está subordinada aos interesses administrativos.

A transferência de presos para outros países deve obedecer aos termos das convenções e acordos internacionais, como os aprovados pelos Decretos nº 5.919, de 3-10-2006 (Convenção Interamericana sobre o Cumprimento de Sentenças Penais no Exterior, concluída em Manágua, em 9-6-1993), nº 2.547, de 14-4-1998, com o Canadá, nº 2.576, de 30-4-1998, com a Espanha, nº 3.002, de 26-3-1999, com o Chile, nº 3.810, de 2-5-2001, com os Estados Unidos da América, nº 3.875, de 23-7-2001, com a Argentina, nº 4.107, de 28-1-2002, com o Reino Unido da Grã-Bretanha e Irlanda do Norte, nº 8.813, de 18-7-2016, com o Suriname.

Jurisprudência

- *Admissibilidade da inclusão cautelar do preso no regime disciplinar diferenciado sem prévia oitiva da defesa: contraditório diferido*
- *Transferência de preso provisório*
- *Transferência de preso para outro Estado da Federação: competência para a execução*
- *Transferência de preso para outra comarca: competência do juiz local para a execução*
- *Contra: transferência de preso para outra comarca: competência do juízo da condenação para a execução*
- *Transferência de preso como matéria facultativa do juiz*
- *Transferência de preso por motivos de segurança*
- *Transferência de presos nos interesses e necessidades da Administração*
- *Transferência de presos como matéria jurisdicional*
- *Transferência de presos como matéria administrativa*
- *Necessidade de fundamentação na sentença sobre matéria de transferência de preso*
- *Inadmissibilidade de transferência para unidade diversa da Federação*
- *Inadmissibilidade de habeas corpus sobre matéria de transferência de preso*
- *Inadmissibilidade de mandado de injunção sobre matéria de transferência de preso*

66.18 DECISÕES ADMINISTRATIVAS

O art. 66 da Lei de Execução Penal prevê também as hipóteses de competência do juiz da execução para as atividades administrativas da execução penal. Em primeiro lugar, incumbe-lhe zelar pelo correto cumprimento da pena e da medida de segurança (inciso VI). De modo amplo e genérico, a lei estabelece que ao juiz da execução é permitido tomar as medidas necessárias para que sejam obedecidos todos os dispositivos concernentes à execução penal, pois é dever do magistrado zelar pela correta aplicação da lei respectiva. Em consonância com tal dispositivo, cabe-lhe inspecionar, mensalmente, os estabelecimentos penais, tomando providências para o adequado funcionamento e promovendo, quando for o caso, a apuração de responsabilidade (inciso VII). Para verificar o andamento das execuções, torna-se obrigatória a visita mensal a todos os estabelecimentos penais submetidos à competência do magistrado. Terá o juiz da execução, assim, condições de verificar *in loco* a situação desses estabelecimentos, podendo determinar as medidas necessárias para seu adequado funcionamento, tornando efetivas as determinações legais e judiciais concernentes ao cumprimento das penas e ao desconto das medidas de segurança. Apuradas as irregularidades ou deficiências, caberá a ele promover a apuração de responsabilidade administrativa e penal dos infratores, na forma que a lei estabelece (requisição de ação penal, instauração de procedimento administrativo etc.).

Pode o juiz também interditar, no todo ou em parte, o estabelecimento penal que estiver funcionando em condições inadequadas ou com infringência aos dispositivos da lei (art. 66, VIII). Se, por deficiências materiais, falta de segurança, inexistência de condições de salubridade etc., verificar o juiz a impossibilidade de se atender aos requisitos mínimos previstos para a execução penal, deve interditar o estabelecimento total ou parcialmente. Evidentemente, tal determinação somente se justifica na hipótese de graves irregularidades ou deficiências, que não possam ser sanadas por outros meios menos drásticos, já que a interdição, principalmente nos estabelecimentos penais de grande porte, provoca sérios problemas de acomodação da população carcerária.

Compete ainda ao juiz da execução compor o Conselho da Comunidade (art. 66, IX), integrado por representantes de associação comercial ou industrial, da Ordem dos Advogados e da Assistência Social (item 80.1). Embora não esteja expresso, é evidente que lhe cabe a Presidência do Conselho. Não haveria sentido em submetê-lo à hierarquia dos demais componentes desse órgão.

Compete, por fim, ao juiz da execução emitir anualmente atestado de pena a cumprir, conforme disposto no inciso X, acrescentado ao art. 66 pela Lei nº 10.713, de 13-8-2003. O atestado deve ser elaborado de modo a permitir ao preso o conhecimento, no mínimo, do tempo da pena ainda a cumprir e da data prevista para o seu término. A previsão da periodicidade da emissão e da possibilidade de responsabilização funcional indicam tratar-se de um dever de ofício, ao qual corresponde o direito do preso de recebimento do atestado, independentemente de requerimento (art. 41, inciso XVI).

Enquanto as decisões jurisdicionais do juiz da execução estão sujeitas ao recurso de agravo em execução, previsto no art. 197 da Lei de Execução Penal (item 197.1), as decisões administrativas estão submetidas aos recursos estabelecidos pela lei local. Mesmo as decisões administrativas do juiz devem ficar sujeitas ao reexame formal e material, e a lei local deve estabelecer a competência e formalidades necessárias à nova apreciação do pronunciamento judicial a fim de se respeitar o princípio da legalidade da execução penal. De acordo com a legislação federal, aliás, são recorríveis decisões administrativas nos casos de Registros Públicos (arts. 202 e 204 da Lei nº 6.015/73) etc.

Jurisprudência

- *Possibilidade de interdição de presídio pelo juiz*
- *Desnecessidade do devido processo legal para a interdição pelo juiz*

66.19 CONFLITO DE COMPETÊNCIA

Podem ocorrer hipóteses de conflito entre juízes encarregados da execução de Estados diversos (execução de penas diversas, remoção etc.). A competência para a solução do conflito é, agora, do Superior Tribunal de Justiça (art. 105, I, *d*, da Constituição Federal).

Capítulo IV
DO MINISTÉRIO PÚBLICO

Art. 67. O Ministério Público fiscalizará a execução da pena e da medida de segurança, oficiando no processo executivo e nos incidentes da execução.

Vide: **CF** arts. 127 a 130-A; **LEP** arts. 61, III, 68, 195, 196; **CPP** arts. 112, 257, 258, 370, § 4º, 576, 654, 800, § 2º; **Lei nº 8.625**, de 12-2-1993 (LONMP) (Lei Orgânica Nacional do Ministério Público); **Lei Complementar nº 75**, de 20-5-1993 (LOMPU) (Lei Orgânica do Ministério Público da União).

67.1 FUNÇÃO DO MINISTÉRIO PÚBLICO

Nos termos do art. 1º da Lei nº 8.625, de 12 de fevereiro de 1993 (Lei Orgânica Nacional do Ministério Público), "o Ministério Público é instituição permanente, essencial à função jurisdicional do Estado, incumbindo-lhe a defesa da ordem jurídica, do regime democrático e dos interesses sociais e individuais indisponíveis". Para a defesa assinalada, realça-se a conclusão de que, substancialmente, o Ministério Público tem uma atividade fiscalizadora em toda a sua atividade funcional, quer na esfera civil, quer na esfera penal. Sempre que estiver em discussão numa relação jurídica litigiosa, num conflito de interesses, uma norma de ordem pública ou um direito indisponível, irrenunciável, impõe-se a função fiscalizadora dessa Instituição. Para fiscalizar, o Ministério Público pode *requerer* e então transforma-se diretamente em parte processual, ou pode *intervir*. Observa Renan Severo Teixeira da Cunha: pouco importa que para essa fiscalização vista as roupagens de parte requerente ou de órgão interveniente; sempre será órgão fiscalizador, com todas as consequências dessa atividade.[19]

67.2 FISCALIZAÇÃO DA EXECUÇÃO

Se, fundamentalmente, o Ministério Público é um órgão fiscal da lei,[20] dispõe o art. 67 da Lei de Execução Penal que fiscalizará a execução da pena e da medida de segurança,

---

19. O Ministério Público na execução penal. *Curso sobre a reforma penal*. São Paulo: Saraiva, 1985. p. 185.
20. MELLO, Celso Antônio Bandeira de. *Os magistrados e os membros do Ministério Público na Administração da Justiça*. Publicação da Faculdade de Direito da Universidade de São Paulo, no I Encontro dos Advogados do Estado de São Paulo, 1982. p. 26.

oficiando no processo executivo e nos incidentes da execução. Confere-se ao *parquet* a função de promover a observância do direito objetivo, atuando imparcialmente na verificação dos requisitos legais para o estrito cumprimento do título executivo penal. Como na execução penal entra em jogo um interesse público *primário*, que envolve um direito irrenunciável do condenado (*status libertatis*), é possível que se estabeleça uma situação em que se pretenda, como interesse público *secundário*, alterar ou mesmo extinguir os limites traçados no título executório. Nem sempre o interesse da Administração confunde-se com os interesses genéricos e maiores de toda a coletividade, devendo o Ministério Público defender estes, orientando sua fiscalização para que se perfaça a exata aplicação da lei penal, processual e de execução penal.[21] É o que se pretende com o dispositivo em estudo, competindo ao Ministério Público exercer sua função fiscalizadora sempre que se trate da observância da norma de ordem pública ou de interesse indisponível.

Como oficia "perante o Judiciário", o Ministério Público tem como limite para sua fiscalização o mesmo da atividade judiciária, quer no aspecto jurisdicional, quer nas decisões administrativas; atua ele processual e administrativamente como fiscal. Há legitimidade na função fiscalizadora do Ministério Público quando requer ou intervém na atividade administrativa sempre que estiver em jogo um direito público primário, tal como ocorre na desobediência às regras do regime progressivo, na aplicação de sanção penitenciária não prevista na lei, no desvio e excesso de execução etc. Enquanto não possa penetrar no exame do mérito do ato administrativo do juiz ou de qualquer autoridade administrativa referente ao âmbito de sua atribuição específica, compete-lhe a fiscalização e a defesa da legalidade dessa atividade, impedindo o abuso, o excesso e a irregularidade na execução da pena.

A função fiscalizadora do Ministério Público não poderia ser executada se não se lhe dessem os meios para essa atividade fundamental. Assim, como corolário do disposto no art. 67, deve o órgão ser intimado de todas as decisões exaradas no curso do processo executivo, quer sejam jurisdicionais, quer sejam administrativas. Na primeira hipótese, cabe-lhe ainda opinar previamente, requerer e recorrer das decisões do juiz. Na segunda, pode valer-se dos meios processuais previstos na lei de execução, principalmente o procedimento judicial para apurar excesso ou desvio, representar às autoridades administrativas superiores contra ato abusivo de qualquer funcionário e requisitar providências da Administração Pública quando necessário.

Não sendo dada oportunidade de manifestação ao Ministério Público, ocorrerá nulidade, salvo as hipóteses previstas expressamente no Código de Processo Penal (arts. 563, 565 e 566). Devido à imperiosa necessidade da fiscalização da lei, a declaração de nulidade independe de demonstração de prejuízo para o Ministério Público.

Estipula a Lei de Execução Penal o prazo de três dias para a manifestação do Ministério Público nos procedimentos judiciais (art. 196).

---

21. Suponha-se, por exemplo, que a Administração, sem direito à defesa do preso, aplique-lhe sanção de isolamento por tempo indeterminado e com redução das refeições sob o fundamento de que se trata de pessoa perigosa e que é necessária economia nos gastos de alimentação. A esses interesses públicos *secundários* contrapõem-se os interesses públicos primários, que são os de respeitar o direito de defesa, de não aplicar isolamento permanente (art. 58 da LEP) e de preservar a integridade física do preso (arts. 40 e 41, I, da LEP). Não sendo coincidentes esses interesses, por estes últimos deve zelar o Ministério Público em sua atividade fiscalizadora.

Jurisprudência

- *Obrigatoriedade de fiscalização da execução da pena pelo Ministério Público*
- *Nulidade na ausência de oitiva do Ministério Público na progressão de regime*
- *Obrigatoriedade de oitiva do Ministério Público no processo de execução*
- *Obrigatoriedade de oitiva do Ministério Público na declaração de extinção da punibilidade*
- *Possibilidade de não manifestação do Ministério Público na declaração de extinção da punibilidade*
- *Nulidade na ausência de oitiva do Ministério Público na progressão de regime*
- *Nulidade na ausência de oitiva do Ministério Público na concessão do livramento condicional*
- *Nulidade na ausência de oitiva do Ministério Público na concessão do indulto*
- *Obrigatoriedade de oitiva do Ministério Público e ausência de prejuízo*

Art. 68. Incumbe, ainda, ao Ministério Público:

I – fiscalizar a regularidade formal das guias de recolhimento e de internamento;

II – requerer:

a) todas as providências necessárias ao desenvolvimento do processo executivo;

b) a instauração dos incidentes de excesso ou desvio de execução;

c) a aplicação de medida de segurança, bem como a substituição da pena por medida de segurança;

d) a revogação da medida de segurança;

e) a conversão de penas, a progressão ou regressão nos regimes e a revogação da suspensão condicional da pena e do livramento condicional;

f) a internação, a desinternação e o restabelecimento da situação anterior;

III – interpor recursos de decisões proferidas pela autoridade judiciária, durante a execução.

Parágrafo único. O órgão do Ministério Público visitará mensalmente os estabelecimentos penais, registrando a sua presença em livro próprio.

Vide: **LEP** arts. 53, § 2º, 61, III, 67, 106, § 1º, 112, § 1º, 116, 123, 126, § 3º, 129, 131, 143 a 146, 146-C, parágrafo único, 147, 158, §§ 2º e 3º, 173, § 1º, 175, III, 176, 183, 186, I, 187, 188, 193, 195, 196, 197.

68.1 ATRIBUIÇÕES ESPECÍFICAS

Enumeram-se no art. 68 atribuições específicas do Ministério Público, mas tal indicação é meramente exemplificativa. Diante da redação do artigo anterior e mesmo do disposto no art. 68, II, *a*, que menciona "todas as providências necessárias ao desenvolvimento do processo executivo", outras circunstâncias ou fatos podem surgir e reclamar a intervenção do Ministério Público e sua iniciativa, além das explicitadas no dispositivo em exame. A Lei de Execução Penal, aliás, prevê expressamente situações que reclamam a intervenção do órgão, como nas seguintes hipóteses: autorizações de saída (art. 123), remição (art. 126, § 8º), livramento condicional (arts. 112, §§ 1º e 2º, 131, 143, 144, 145, 146), execução das penas restritivas de direitos (art. 147), *sursis* (art. 158), guia de internamento (art. 173, § 1º), exame de cessação de periculosidade (art. 176), internação em caso de superveniência de doença mental (art. 183) etc.

Incumbe ao Ministério Público, nos termos do art. 68, fiscalizar a regularidade formal das guias de recolhimento e de internamento (inciso I). Cabe-lhe, assim, verificar se a guia contém todos os requisitos estabelecidos na lei, se traduz exatamente a situação jurídica do condenado. Cumpre-lhe, ainda, verificar posteriormente se se está dando cumprimento às normas referentes à adequada situação penitenciária do preso (regime de cumprimento, assistência, igualdade de tratamento etc.).

De forma ampla, também incumbe ao Ministério Público requerer "todas as providências necessárias ao desenvolvimento do processo executivo" (art. 68, II, *a*). Como já se assinalou, tanto nas atividades jurisdicionais, como na administrativa de qualquer autoridade, cabe ao Ministério Público requerer para que se respeitem os direitos indisponíveis do condenado e para que se promova a adequada aplicação da lei penal, processual e de execução. Em consequência, caberá sempre recurso das decisões do juiz a respeito de situação em que há lesão ao direito ou inobservância do ordenamento jurídico (item 67.2).

Havendo desvio ou excesso da execução, pode ser suscitado o incidente adequado pelo Ministério Público, sem prejuízo da iniciativa dos demais órgãos da execução penal e do próprio sentenciado (arts. 186 e 68, II, *b*). Partindo a iniciativa de terceiro, cabe ao Ministério Público intervir no processamento do incidente.

Refere-se a lei também à ação fiscalizadora quanto à aplicação de medida de segurança, bem como à substituição da pena por medida de segurança (art. 68, II, *c*). Com relação à aplicação da medida de segurança no curso da execução, já nos manifestamos por sua impossibilidade (item 66.16), mas a substituição da pena por ela exige a manifestação e fiscalização do Ministério Público. O mesmo se diga quanto à revogação da medida de segurança, a conversão de penas, a progressão ou regressão nos regimes, a revogação da suspensão condicional da pena e do livramento condicional, e a internação, desinternação e o restabelecimento da situação anterior, conforme dispõe o art. 66, V, *d, e* e *f*.

Como já se viu, para que possa o Ministério Público exercer sua atividade fiscalizadora dos atos jurisdicionais ou administrativos, indispensável é que se lhe conceda o instrumento adequado, que é o de recorrer das decisões proferidas pela autoridade judiciária durante a execução, tal como se determina no art. 68, III. Esse direito inclui o recurso em favor do condenado se este é o caminho para se fazer cumprir norma de ordem pública ou defender interesse indisponível. Quando no processo executivo estiver em jogo a observância da lei ou um interesse irrenunciável, uma situação jurídica que não pertence ao homem, mas da qual ele usufrui em nome de coisas superiores (interesse público primário), justifica-se o recurso em benefício do condenado.

Por fim, dispõe-se que o órgão do Ministério Público visitará mensalmente os estabelecimentos penais, registrando sua presença em livro próprio (art. 68, parágrafo único). Essa incumbência, que evidentemente não é o estabelecimento de mera cortesia, tem sentido bem definido, que é o de possibilitar ao Ministério Público a fiscalização das atividades administrativas ligadas à execução penal, ou seja, de verificar se a lei de ordem pública está sendo cumprida em toda a sua extensão, possibilitando-se-lhe as medidas judiciais e administrativas para sanar as ilegalidades constatadas durante as visitas. Observa Maurício José da Cunha: "O sistema de visitas mensais tem causado excelentes resultados. É muito valioso no sentido de permitir a boa verificação da execução da pena e bastante útil para a melhoria da assistência, educação, trabalho e disciplina dos presos – objetivos maiores visados pelo anteprojeto do Código de Execuções Penais."[22]

Obriga a lei que a visita seja mensal, mas nada impede que o órgão do Ministério Público desempenhe mais amiúde tal atividade fiscalizadora. Obrigatoriamente, deverá ele registrar sua presença, em livro próprio. A ausência de cumprimento desse dever de visita constitui falta funcional.

Capítulo V
DO CONSELHO PENITENCIÁRIO

Art. 69. O Conselho Penitenciário é órgão consultivo e fiscalizador da execução da pena.

§ 1º O Conselho será integrado por membros nomeados pelo Governador do Estado, do Distrito Federal e dos Territórios, dentre professores e profissionais da área do Direito Penal, Processual Penal, Penitenciário e ciências correlatas, bem como por representantes da comunidade. A legislação federal e estadual regulará o seu funcionamento.

§ 2º O mandato dos membros do Conselho Penitenciário terá a duração de quatro anos.

Vide: **LEP** arts. 61, IV, 70.

69.1 CONSELHO PENITENCIÁRIO

O Conselho Penitenciário é um órgão consultivo e fiscalizador da execução da pena, constituindo-se numa verdadeira "ponte" entre o Poder Executivo e o Poder Judiciário no que tange a essa matéria. Como órgão técnico, cabe-lhe zelar, com os meios que lhe são próprios e dentro das atribuições específicas que a lei lhe confere, pelos altos interesses da

---

22. Código de execuções penais. *Justitia* 70/71.

Justiça e, ao mesmo tempo, pelos interesses e direitos dos condenados, presos ou egressos. Sua missão é opinar nos casos a ele encaminhados sobre a concessão de benefícios e, em termos gerais, cuidar para que na execução da pena e da medida de segurança sejam observadas as normas gerais e supletivas pertinentes.

Determina a lei que o Conselho Penitenciário deve ser integrado por professores e profissionais da área do Direito Penal, Processual Penal, Penitenciário e ciências correlatas e representantes da comunidade. Alia-se assim à participação dos mestres dessas ciências, de conhecimento teórico aprofundado, a dos profissionais militantes (membros do Ministério Público, advogados, delegados de Polícia etc.) e introduz-se a experiência da comunidade, maior interessada na reintegração social do condenado. Assim, deve esse órgão ser constituído por pessoas que podem expressar os diversos pontos de vista das ciências jurídicas, criminológicas e sociais, permitindo-se tanto quanto possível visão completa dos problemas a serem enfrentados na execução penal quanto a seu maior desafio, o da reinserção social do sentenciado.

A composição do Conselho é determinada pela nomeação de seus membros pelo Governador do Estado, do Distrito Federal e dos Territórios, que deverá ter em conta, sempre, a qualificação universitária e especializada dos nomeados. O número de seus membros, sua constituição, seu funcionamento, as normas sobre a indicação de nomes para a nomeação etc. são determinados pela lei supletiva da União (para o Distrito Federal e Territórios) e dos Estados-membros. A diversidade de condições dos Estados, Territórios e Distrito Federal indica a necessidade de que seja conferida às leis complementares a regulamentação completa do órgão, obedecidas as regras gerais sobre a composição e atribuições, com vista nas particularidades regionais e temporárias.

O mandato dos membros do Conselho Penitenciário tem a duração de quatro anos (art. 69, § 2º). Não há qualquer restrição à recondução ao findar-se esse prazo. Sendo nomeados para um mandato com prazo fixado, os membros do Conselho somente poderão ser exonerados, antes do escoamento dos quatro anos, em decorrência da prática de infração penal ou administrativa, mediante processo administrativo e de acordo com a legislação pertinente.

Art. 70. Incumbe ao Conselho Penitenciário:

I – emitir parecer sobre indulto e comutação de pena, excetuada a hipótese de pedido de indulto com base no estado de saúde do preso;*

II – inspecionar os estabelecimentos e serviços penais;

III – apresentar, no primeiro trimestre de cada ano, ao Conselho Nacional de Política Criminal e Penitenciária, relatório dos trabalhos efetuados no exercício anterior;

IV – supervisionar os patronatos, bem como a assistência aos egressos.

* Redação do inciso I dada pela Lei nº 10.792, de 1º-12-2003.

Vide: **LEP** arts. 61, IV, 64, VIII, 69, 131, 136, 137, 143 a 146, 158, §§ 2º e 3º, 186, II, 187 a 193, 195.

70.1 ATRIBUIÇÕES

Nos termos do art. 70, incumbe ao Conselho Penitenciário, como órgão consultivo, "emitir parecer sobre indulto e comutação da pena, excetuada a hipótese de pedido de indulto com base no estado de saúde do preso". Tal parecer, elaborado por especialistas, enfeixa uma série de preciosas informações sobre a conduta e as características particulares do preso, utilíssimas na apreciação dos pedidos de tais benefícios. Embora o juiz não fique adstrito à manifestação do Conselho, nem a concessão do benefício dependa de parecer favorável, são inúmeros os subsídios que podem ser fornecidos ao juiz da execução para poder melhor decidir sobre o deferimento ou não do pedido. Excetua-se no inciso o pedido de indulto com base no estado de saúde do preso, porque na hipótese do denominado *indulto humanitário*, em que se prevê, em regra, como requisito único, estar acometido o preso por doença grave irreversível, incapacitante ou em estágio terminal, basta para a concessão do benefício a comprovação da situação, que pode ser feita por laudo médico oficial (item 193.2). Na nova redação do dispositivo foi excluída a menção à atribuição do Conselho Penitenciário de emitir parecer sobre livramento condicional, razão pela qual já se decidiu por sua desnecessidade. O art. 70, porém, não é exaustivo com relação às atribuições do Conselho Penitenciário e sua manifestação prévia à decisão sobre a concessão do livramento condicional continua prevista no art. 131 (v. item 131.5).

Cabe ainda ao Conselho, agora como órgão fiscalizador, "inspecionar os estabelecimentos e serviços penais" (inciso II). Nessa atividade, as visitas aos estabelecimentos penais permitem, além da fiscalização, intercâmbio contínuo entre o órgão e os estabelecimentos penais, a fim de que o primeiro conceda orientação e apoio aos funcionários e aos sentenciados e colabore na discussão e solução dos problemas surgidos na execução da pena ou da medida de segurança.

As observações e conclusões obtidas tanto nas inspeções como no decorrer do exame dos pedidos de benefícios podem orientar a proposição de diretrizes da política criminal quanto à prevenção do delito, administração da Justiça criminal e execução das penas e das medidas de segurança, além de serem úteis na avaliação do sistema criminal e no estudo das pesquisas criminológicas. Por isso, é também atribuição do Conselho a apresentação, no primeiro trimestre de cada ano, ao Conselho Nacional de Política Criminal e Penitenciária, de relatório dos trabalhos efetuados no exercício anterior (inciso III).

Cabe, ainda, ao órgão, "supervisionar os patronatos, bem como a assistência aos egressos" (inciso IV). Pode o Conselho colaborar ativamente na atividade de encaminhamento e ajuda dos liberados condicionais, indultados e demais egressos. A fiscalização e orientação por parte do Conselho, nessa hipótese, é de suma importância para garantir a defesa dos direitos dos egressos a fim de que possam eles receber o tratamento indispensável a sua completa reintegração social.

A enumeração das atribuições no art. 70 não é exaustiva; ao contrário, prevê a Lei de Execução Penal outras atividades do Conselho Penitenciário. Incumbe-lhe também: emitir parecer sobre livramento condicional (art. 131); representar para a revogação do livramento condicional (art. 143); representar para que sejam modificadas as condições estabelecidas nesse benefício (art. 144); emitir parecer sobre a suspensão do curso do livramento condicional (art. 145); representar para a declaração de extinção da pena privativa de liberdade ao se expirar o prazo do livramento sem causa de revogação (art. 146); propor a modificação das condições da suspensão condicional da pena (art. 158, § 2º); inspecionar o cumprimento das condições desse benefício (art. 158, § 3º); suscitar o incidente de excesso ou desvio de execução (art. 186, II); propor a anistia (art. 187); provocar o indulto individual (art. 188); e propor o procedimento judicial correspondente às situações previstas na lei de execução (art. 195). Competem ao presidente do Conselho a realização da cerimônia do livramento condicional (art. 137, *caput*) e a leitura da sentença nessa ocasião, o que pode ser delegado a outro membro do órgão (art. 137, I).

Jurisprudência

- *Desnecessidade de parecer do Conselho Penitenciário na concessão do livramento condicional*
- *Obrigatoriedade de parecer do Conselho em concessão do livramento condicional (antes da vigência da Lei nº 10.792, de 1º-12-2003)*
- *Obrigatoriedade do parecer do Conselho em concessão de indulto*
- *Audiência facultativa do Conselho a critério do juiz da execução no pedido de indulto*
- *Obrigatoriedade de parecer do Conselho em concessão de indulto a condenado sob sursis*
- *Prazo para o oferecimento de parecer do Conselho Penitenciário*
- *Demora inadmissível do parecer do Conselho Penitenciário*
- *Ilegitimidade do Conselho Penitenciário para interpor agravo em execução*

Capítulo VI
DOS DEPARTAMENTOS PENITENCIÁRIOS

SEÇÃO I
Do Departamento Penitenciário Nacional

Art. 71. O Departamento Penitenciário Nacional, subordinado ao Ministério da Justiça, é órgão executivo da Política Penitenciária Nacional e de apoio administrativo e financeiro do Conselho Nacional de Política Criminal e Penitenciária.

Vide: LEP arts. 61, V, 62, 72.

71.1 DEPARTAMENTO PENITENCIÁRIO NACIONAL

Com fundamento no art. 24, inciso I, da Constituição Federal, prevê o art. 71 da Lei de Execução Penal a existência do Departamento Penitenciário Nacional, subordinado ao Ministério da Justiça, como órgão executivo da Política Penitenciária Nacional e de apoio administrativo e financeiro do Conselho Nacional de Política Criminal e Penitenciária.

Trata-se de um órgão superior de controle, destinado a instrumentar a aplicação da Lei de Execução Penal e das diretrizes da política criminal adotadas pelo Conselho Nacional de Política Criminal e Penitenciária (item 64.1). Sua finalidade é viabilizar condições para que se possa implantar um ordenamento administrativo e técnico harmônico e homogêneo capaz de bem desenvolver essa política penitenciária. Como cabe ao Conselho Nacional planificar a execução da pena, não há intromissão na autonomia dos Estados, que, aliás, devem colaborar na política penal executiva com a repartição de funções e organização de serviços. Como bem acentuam Odir Odilon Pinto da Silva e José Antonio Paganella Boschi, "a fiscalização da União quanto à aplicação das normas gerais do regime penitenciário não compromete o princípio da autonomia estadual, mas, ao contrário, estabelece uma mútua colaboração na humanização da execução da pena".[23] De acordo com a Medida Provisória 1.154, de 1º-1-2023, o Departamento Penitenciário Nacional passou a ser denominado Secretaria Nacional de Políticas Penais (art. 59), organizada nos termos do Decreto nº 11.348, de 1º-1-2023 (art. 31).

> **Art. 72.** São atribuições do Departamento Penitenciário Nacional:
>
> I – acompanhar a fiel aplicação das normas de execução penal em todo o território nacional;
>
> II – inspecionar e fiscalizar periodicamente os estabelecimentos e serviços penais;
>
> III – assistir tecnicamente as unidades federativas na implementação dos princípios e regras estabelecidas nesta lei;
>
> IV – colaborar com as unidades federativas, mediante convênios, na implantação de estabelecimentos e serviços penais;
>
> V – colaborar com as unidades federativas para a realização de cursos de formação de pessoal penitenciário e de ensino profissionalizante do condenado e do internado;
>
> VI – estabelecer, mediante convênios com as unidades federativas, o cadastro nacional das vagas existentes em estabelecimentos locais destinadas ao cumprimento de penas privativas de liberdade aplicadas pela justiça de outra unidade federativa, em especial para presos sujeitos a regime disciplinar;*
>
> VII – acompanhar a execução da pena das mulheres beneficiadas pela progressão especial de que trata o § 3º do art. 112 desta Lei, monitorando sua integração social e a ocorrência de reincidência, específica ou não, mediante a realização de avaliações periódicas e de estatísticas criminais. **

---

23. *Comentários à lei de execução penal*. Rio de Janeiro: Aide, 1986. p. 79.

§ 1º. Incumbem também ao Departamento a coordenação e supervisão dos estabelecimentos penais e de internamento federais.

§ 2º. Os resultados obtidos por meio do monitoramento e das avaliações periódicas previstas no inciso VII do caput deste artigo serão utilizados para, em função da efetividade da progressão especial para a ressocialização das mulheres de que trata o § 3º do art. 112 desta Lei, avaliar eventual desnecessidade do regime fechado de cumprimento de pena para essas mulheres nos casos de crimes cometidos sem violência ou grave ameaça.**

* Redação do inciso VI dada pela Lei nº 10.792, de 1º-12-2003.

** Incluídos pela Lei nº 13.769, de 19-12-2018

Vide: **LEP** arts. 61, V, 71.

72.1 ATRIBUIÇÕES

É atribuição do Departamento Penitenciário Nacional acompanhar a fiel aplicação das normas de execução penal em todo o território nacional (art. 72, inc. I). Cuida-se, na hipótese, não da intervenção direta nas atividades administrativas dos estabelecimentos penais locais, mas de observação, encaminhamento e colaboração com as administrações de todos os setores ligados à execução das penas e medidas de segurança para que possam aplicar fielmente as normas estabelecidas quer na Lei de Execução Penal, quer nas diretrizes fixadas pelo Conselho Nacional de Política Criminal e Penitenciária. Essa ação deve ser mais incisiva quando o Estado não dispuser de um departamento penitenciário local ou órgão similar, cuja criação é facultada às unidades federativas (item 73.1).

Compete ainda ao Departamento inspecionar e fiscalizar periodicamente os estabelecimentos e serviços penais (inc. II). A função conferida é a de verificação, nos estabelecimentos e serviços penais, da observância das normas de execução da pena e da medida de segurança. Tem o órgão federal o direito e mesmo o dever de zelar para que as normas federais e os respectivos princípios sejam observados. É legítima a intervenção do Departamento Penitenciário Federal para verificar se estão sendo cumpridas essas regras e, caso não estejam, solicitar, indicar ou determinar providências para que sejam elas cumpridas, podendo até intervir efetivamente no caso de irregularidades que firam a lei federal e os princípios dos direitos constitucionais do preso ou do internado.

Incumbe também ao órgão assistir tecnicamente as unidades federativas na implementação dos princípios e regras estabelecidos na lei de execução (inc. III). Como a viabilização da política nacional penitenciária exige condições especiais, no aspecto material, de instalações e de funcionamento, uma das atividades mais importantes do Departamento é justamente assistir tecnicamente os Estados para essa implementação. A colaboração efetiva, com a orientação de pessoas especializadas no assunto, e a elaboração de planos específicos para a construção ou instalação de estabelecimentos e de serviços são as formas mais evidentes dessa assistência.

Atribui-se também ao Departamento a missão de "colaborar com as unidades federativas mediante convênios, na implantação de estabelecimentos e serviços penais" (inc. IV). É possível, assim, que o órgão colabore para a implantação de estabelecimentos e serviços penais por meio de verbas e serviços de apoio. Tal colaboração deve ser efetivada, como determina a lei, por meio de convênios a serem firmados entre esse órgão federal e os departamentos ou entidades estaduais encarregados da execução penal.

É ainda atribuição do Departamento a "realização de cursos de formação de pessoal penitenciário e de ensino profissionalizante do condenado e do internado" (inc. V). Um dos graves problemas da execução em nosso país é justamente a deficiente ou nenhuma preparação do pessoal penitenciário, principalmente daqueles que lidam diretamente com o preso. Serviço essencial poderá ser prestado pelo órgão federal com a criação de cursos que visem fornecer formação intelectual e psicológica adequada aos funcionários administrativos, sejam de direção, sejam subalternos. Além disso, como já se viu, a assistência educacional, principalmente no ensino profissional, quer no nível de iniciação, quer no de aperfeiçoamento técnico, é de grande valia para o processo de reintegração social do preso e do internado (item 19.1). Pode a União colaborar nesse serviço, por meio de convênios, com a instalação ou manutenção de escolas ou com a oferta de cursos especializados para os sentenciados.

Incumbem ao Departamento a coordenação e supervisão dos estabelecimentos penais e de internamento federais (art. 72, parágrafo único). As atividades administrativas a serem desenvolvidas nos estabelecimentos penais da União, estejam eles localizados no Distrito Federal, Território ou Estado-membro, competem exclusivamente ao Departamento Penitenciário Nacional, como órgão executivo que é.

A Lei nº 10.792, de 1º-12-2003, acrescentou ao art. 72 o inciso VI, em que se confere ao Departamento a elaboração, com base em convênios celebrados com os Estados, do cadastro nacional de vagas em estabelecimentos locais que possam ser destinadas ao cumprimento de penas privativas de liberdade aplicadas pela justiça de outra unidade da Federação, o que é autorizado pela lei (art. 86, *caput*). Cabe, porém, ao juiz competente a definição do estabelecimento adequado para abrigar o preso provisório ou condenado, em atenção ao regime e requisitos estabelecidos (art. 86, § 3º).

No inciso VII e no § 2º, incluídos pela Lei nº 13.769, de 19-12-2018, determina-se o exercício do monitoramento da eventual integração social ou reincidência das condenadas gestantes ou responsáveis por crianças ou pessoas com deficiência agraciadas com a progressão de regime à vista dos requisitos especialmente previstos no art. 112, § 3º.

SEÇÃO II
Do Departamento Penitenciário Local

Art. 73. A legislação local poderá criar Departamento Penitenciário ou órgão similar, com as atribuições que estabelecer.

Vide: **LEP** arts. 61, V, 74.

73.1 DEPARTAMENTO PENITENCIÁRIO LOCAL

Faculta a Lei de Execução Penal a criação de Departamento Penitenciário ou órgão similar pelos Estados-membros, com as atribuições que a lei local estabelecer. Em São Paulo existe a Secretaria de Administração Penitenciária, em cujo âmbito atuam as Coordenadorias Regionais de Unidades Prisionais.[24] Deve-se lamentar a timidez da lei ao não prever a obrigatoriedade da criação desses órgãos locais, indispensáveis a que se faça ao mesmo tempo distribuição e integração harmônica e homogênea dos serviços administrativos dos estabelecimentos e serviços penais em cada Estado.

Ao mesmo tempo, as sabidas deficiências do sistema carcerário no país têm provocado justas reclamações por não constituir ele um instrumento de prevenção à delinquência, especialmente nas grandes metrópoles. Pedro Madalena, por exemplo, afirma: "A única forma que vejo ideal para combater esse sério problema social seria a de se colocar à administração do Poder Judiciário o destino carcerário nacional."[25]

> Art. 74. O Departamento Penitenciário local, ou órgão similar, tem por finalidade supervisionar e coordenar os estabelecimentos penais da unidade da Federação a que pertencer.
>
> Parágrafo único. Os órgãos referidos no caput deste artigo realizarão o acompanhamento de que trata o inciso VII do caput do art. 72 desta Lei e encaminharão ao Departamento Penitenciário Nacional os resultados obtidos.*
>
> * Parágrafo único incluído pela Lei nº 13.769, de 19-12-2018.

Vide: **LEP** arts. 61, V, 73.

74.1 ATRIBUIÇÕES

A supervisão e a coordenação dos estabelecimentos penais do Estado são atribuições do Departamento Penitenciário local ou do órgão similar que existam ou forem criados nas unidades da Federação. Cabe-lhe, portanto, distribuir os condenados e os submetidos a medida de segurança pelos diferentes estabelecimentos prisionais, promover a regular execução das penas privativas de liberdade e das medidas de segurança detentivas, superintender a organização do trabalho prisional interno, coordenar a vida administrativa dos estabelecimentos e serviços penais, administrar os fundos que lhe forem confiados para executar obras com o trabalho prisional, assistir tecnicamente os órgãos e entidades públicas ou particulares que colaboram na execução penal, atender a requisições de membros

---

24. A COESPE, Coordenadoria dos Estabelecimentos Penitenciários do Estado de São Paulo, foi extinta pelo Decreto nº 45.798, de 9-5-2001, com amparo na Lei Complementar nº 897, de 9-5-2001, que alterou a Lei nº 8.209, de 4-1-1993, que criou a Secretaria da Administração Penitenciária.

25. Violência e execução penal, *RT* 651/383-385.

do Poder Judiciário e do Ministério Público relativas à execução penal etc., tudo conforme disponha a lei local complementar.

SEÇÃO III
Da Direção e do Pessoal dos Estabelecimentos Penais

Art. 75. O ocupante do cargo de diretor de estabelecimento deverá satisfazer os seguintes requisitos:

I – ser portador de diploma de nível superior de Direito, ou Psicologia, ou Ciências Sociais, ou Pedagogia, ou Serviços Sociais;

II – possuir experiência administrativa na área;

III – ter idoneidade moral e reconhecida aptidão para o desempenho da função.

Parágrafo único. O diretor deverá residir no estabelecimento, ou nas proximidades, e dedicará tempo integral à sua função.

Vide: **LEP** arts. 76, 77.

75.1 DIREÇÃO DO ESTABELECIMENTO PENAL

Pelas Regras de Mandela, o diretor do estabelecimento penal deverá achar-se devidamente qualificado para a função, por seu caráter, capacidade administrativa, formação adequada e experiência na matéria (Regra 79). Nesse sentido, determina o art. 75 que o ocupante de tal cargo deverá ser portador de diploma de nível superior de Direito, ou Psicologia, ou Ciências Sociais ou Pedagogia ou Serviços Sociais, além de possuir experiência administrativa na área e ter idoneidade moral e aptidão reconhecida para o desempenho da função. Assim, em primeiro lugar, deve ser uma pessoa com formação profissional nas ciências humanísticas, de modo a ter condições de dispensar ao preso a atenção devida ao processo de reinserção social. Em segundo lugar, deve possuir experiência administrativa no desempenho de atividades relacionadas à administração penitenciária ou hospital psiquiátrico, tendo assim conhecimentos técnicos específicos e prática nessa área da administração. Por fim, exige-se absoluta idoneidade moral, aliada a aptidão para o desempenho da função, pois só assim poderá inspirar respeito de seus subordinados e exercer influência benéfica nos presos. Em suma, exige-se qualificação, caráter, capacidade administrativa, formação adequada e experiência na matéria.

Afastou-se na lei, sem razão aparente, a possibilidade de ser diretor de estabelecimento destinado aos inimputáveis (hospital de custódia e tratamento psiquiátrico ou equivalente) o profissional formado em Medicina, ainda que especializado na área de Psiquiatria e com conhecimento de administração hospitalar. O médico somente poderá exercer tal função se for portador de diploma de nível superior nas áreas humanísticas mencionadas no art. 75.

Diante das complexas e absorventes atividades que exerce, o diretor deverá consagrar todo o tempo a sua função, que não pode ser desempenhada como algo circunscrito a horários determinados. Determina-se assim que deverá ele residir no estabelecimento, ou nas proximidades, dedicando tempo integral a sua função (art. 75, parágrafo único), em consonância, aliás, com o preconizado pelas Regras de Mandela (Regra 79.2 e 79.3).

> Art. 76. O Quadro do Pessoal Penitenciário será organizado em diferentes categorias funcionais, segundo as necessidades do serviço, com especificação de atribuições relativas às funções de direção, chefia e assessoramento do estabelecimento e às demais funções.
>
> Vide: LEP arts. 75, 77.

76.1 QUADRO DE PESSOAL

A complexidade do processo executório penitenciário requer o concurso de uma série de especialistas e uma diversidade de funções. A maior parte dos países, no processo de reforma penitenciária, tem optado pela formação de um quadro especial de funcionários a fim de dinamizar o procedimento com a organização de um quadro de funcionários especializados, capazes de levá-lo a bom termo. Nos termos da lei nacional, deve ser organizado o Quadro do Pessoal Penitenciário em diferentes categorias funcionais, segundo as necessidades do serviço, especificando-se as atribuições relativas às funções de direção, chefia e assessoramento do estabelecimento e às demais funções (art. 76), cabendo à legislação local dispor a respeito do assunto.

> Art. 77. A escolha do pessoal administrativo, especializado, de instrução técnica e de vigilância atenderá a vocação, preparação profissional e antecedentes pessoais do candidato.
>
> § 1º O ingresso do pessoal penitenciário, bem como a progressão ou ascensão funcional dependerão de cursos específicos de formação, procedendo-se à reciclagem periódica dos servidores em exercício.
>
> § 2º No estabelecimento para mulheres somente se permitirá o trabalho de pessoal do sexo feminino, salvo quando se tratar de pessoal técnico especializado.
>
> Vide: LEP arts. 75, 76, 82, § 1º, 89, parágrafo único, I.

77.1 PESSOAL PENITENCIÁRIO

Uma boa reforma penitenciária exige a preparação técnica e a formação humanista do pessoal penitenciário. A vigilância e a custódia dos presos, apesar de importantes e mesmo indispensáveis, não são as únicas finalidades dos sistemas penitenciários modernos, nem devem ser as preocupações primordiais dos funcionários no processo de reinserção social dos condenados. Por muito adiantado que seja um programa penitenciário, por mais avançado que seja a arquitetura prisional, por muitos meios econômicos que se destinem a esse processo, não se podem conseguir êxitos reformadores nos presos se não se conta com um corpo de funcionários competentes que estejam imbuídos de sua alta missão social.[26]

Basicamente, a lei distribui o pessoal penitenciário em quatro categorias: o pessoal *administrativo*, que inclui, além do diretor, outros servidores com funções de direção e chefia (subdiretor, chefes de serviço, chefes de seção, oficiais de administração, assistentes, auxiliares, datilógrafos, contínuos, serventes etc.); o pessoal *especializado* ou *técnico* (médicos, psiquiatras, dentistas, enfermeiros, farmacêuticos, assistentes sociais, psicólogos etc.); o pessoal de *instrução técnica* (professores, educadores, mestres de ofício etc.); e o pessoal de *vigilância* (de guarda interna e externa). Quanto a estes últimos, a opinião praticamente unânime dos estudiosos da matéria é de que, pelo menos o da guarda interna, deve ser funcionário civil e não com formação militar.

Os funcionários de pequena categoria são os que mais contatos têm com o preso, que deles recebe maior influência e a maior soma de estímulos. Podem, assim, contribuir eficazmente para o bom êxito do trabalho do pessoal especializado, como, de outro lado, comprometê-lo irremediavelmente. O nível cultural dos guardas prisionais e a ausência de critério seletivo têm criado grande vulnerabilidade do sistema penitenciário. Por isso, indispensável é que se exija vocação para tais funções, preparação profissional adequada e seleção que exclua o candidato que não tem bons antecedentes, tal como o determina o art. 77, *caput*. Para atingir esse objetivo, é necessário que o membro do pessoal tenha estabilidade no emprego, que dependa unicamente de sua conduta, da eficácia de seu trabalho e de sua aptidão. Exige-se, assim, remuneração adequada para se obter e conservar os serviços de homens e mulheres capazes para as delicadas funções penitenciárias.

77.2 FORMAÇÃO E RECICLAGEM

A seleção do pessoal penitenciário deve ser, evidentemente, de natureza técnica, observando-se como requisitos para o ingresso no quadro de funcionários a integridade, humanidade e aptidão profissional. Preenchendo o candidato esses requisitos, é necessário que receba ele uma formação específica que somente será possível com a frequência a cursos em escolas penitenciárias. Esses cursos são exigidos pela lei não só para o ingresso do pessoal, como para a progressão ou ascensão funcional do servidor (art. 77, § 1º), devendo ser constituídos de disciplinas como Criminologia, Pedagogia Correcional, Ciência Penitenciária, Direito Penal, Direito Processual Penal, Psicologia, Ética, Técnicas de trabalho em grupo etc. O ingresso deve depender da aprovação nesses cursos, pois somente assim se pode ter um mínimo de segurança quanto à capacitação profissional e aptidão do candidato. Para a reciclagem exigida, de caráter periódico, bem como para as promoções ou ascensões funcionais, além de cursos específicos, têm-se recomendado como complemento conferências de atualização, divulgação de experiências novas, mesas-redondas, estudos de casos concretos etc.

---

26. GUZMAN, Luis Garrido. *Manual de ciencia penitenciaría*. Caracas-Madri: Edersa, 1983. p. 448.

Podem os presos exercer certas funções no presídio, mas é inteiramente desaconselhável que desempenhem as atividades que impliquem autoridade ou chefia sobre outros presos, possibilitem o manuseio dos prontuários dos demais condenados ou acesso a documentos dos estabelecimentos penais etc.

77.3 ESTABELECIMENTOS FEMININOS

De acordo com as Regras de Mandela (Regra 81.2 e 81.3), nos estabelecimentos para mulheres somente se permite o trabalho de pessoal do sexo feminino, salvo quando se trata de pessoal técnico especializado (art. 77, § 2º). Assim, não se permite o trabalho no estabelecimento feminino do pessoal administrativo, de instrução técnica e de vigilância do sexo masculino. A proibição, entretanto, não se estende ao cargo de diretor do estabelecimento, uma vez que a lei distingue a direção (art. 75) do pessoal penitenciário (art. 76).

Capítulo VII
DO PATRONATO

Art. 78. O Patronato público ou particular destina-se a prestar assistência aos albergados e aos egressos (art. 26).

Vide: **LEP** arts. 10, parágrafo único, 25, 26, 27, 61, VI, 70, IV, 79, 93, 95, 113 a 117, 139, 158, § 3º.

78.1 PATRONATOS

Um dos mais graves inconvenientes da pena privativa de liberdade é a marginalização social do preso, não só durante o cumprimento da condenação, como também após sua saída do estabelecimento penal. Quanto maior a dificuldade de reajustamento do *egresso*, maior será a probabilidade de vir ele a cometer novo delito, ainda que o processo de reajustamento tenha-se iniciado com resultados animadores. Daí a necessidade de se consolidar o ajustamento e de se proceder à completa reinserção social em condições adequadas. Com o objetivo de afastar os efeitos negativos que incidem sobre a vida do preso e do liberado, há muito tempo tem-se ressaltado a importância do reatamento das relações do egresso com o mundo exterior. Uma das instituições que mais têm despertado as esperanças de um bom trabalho nesse processo é a do patronato.

O patronato é parte do tratamento penitenciário, ou seja, do processo de reinserção social do condenado, em especial no momento em que ganha a liberdade. Sua função principal é auxiliar o egresso, em sua nova vida, eliminando obstáculos, suprimindo sugestões delituosas, assistindo o egresso e auxiliando-o a superar as dificuldades iniciais de caráter econômico, familiar ou de trabalho após o intervalo de isolamento decorrente do cumprimento da pena, em que se debilitaram os laços que o unem à sociedade.

Nesse sentido, dispõe a lei de execução que o patronato destina-se a prestar assistência aos albergados e aos egressos (art. 78). Refere-se a lei ao egresso: o liberado *definitivo*, pelo prazo de um ano, a contar da saída do estabelecimento; o liberado *condicional*, durante o período de prova (art. 26); e ao *albergado*, quer tenha cumprido a pena na prisão albergue desde o início, quer tenha progredido para esse regime após o cumprimento da pena em regime mais severo. Sobre a assistência devida ao egresso e ao albergado dispõem o art. 10 e seu parágrafo único, da Lei de Execução Penal (item 10.3).

Não dispõe a lei federal sobre a composição do Patronato, cabendo aos Estados--membros sua regulamentação. Tem-se recomendado que o patronato deve valer-se da colaboração especial de profissionais ou estudantes de Direito, Medicina, Serviço Social, Psicologia e Sociologia. A supervisão dos patronatos, públicos ou particulares, cabe ao Conselho Penitenciário (art. 70, IV). Pela Resolução nº 15, de 10-12-2003, do Conselho Nacional de Política Criminal e Penitenciária, foi aprovada proposta de criação da Central Nacional de Apoio ao Egresso (CENAE), que tem como finalidade a de incentivar a criação dos patronatos e ampliar as experiências de assistência ao egresso, que têm contribuído, nos locais onde existem, para a redução do índice de reincidência.

78.2 PATRONATOS PARTICULARES

Os patronatos têm organização diversa no mundo moderno. Francisco Bueno Arús informa: em uns países são instituições oficiais, dependentes da administração penitenciária (Itália, Portugal, Equador, Espanha) ou dos municípios (Colômbia); em outros são instituições privadas toleradas ou estimuladas pela própria administração (Suíça, França, Argentina); em outros existem ambas as formas (Inglaterra, Suécia, Bélgica, Dinamarca, Holanda, USA, Japão).[27] Em alguns países (Alemanha, Colômbia, Chile, Espanha, Inglaterra) há casas para liberados, isto é, residências para facilitar o alojamento e também trabalho aos que saem em liberdade condicional ou definitiva e desejam voluntariamente acolher-se em ditas instituições.

Coerente com o enunciado no art. 4º da Lei de Execução Penal, sobre a cooperação da comunidade nas atividades de execução da pena e da medida de segurança (item 4.1), seguiu o legislador a última orientação, possibilitando a criação (e a continuidade dos já existentes) dos patronatos particulares ao lado dos oficiais. A assistência ao egresso, auxiliando-o a recompor a vida esfacelada pelo encarceramento é também tarefa que os membros da comunidade poderão de maneira proveitosa realizar, ajudando a recuperar as dificuldades familiares, a colocação de emprego, moradia etc.[28] Ademais, deve ser ressaltado que a sociedade, seja por meio dos órgãos públicos, seja de particulares, tem que ser preparada para receber o egresso, sem o que não se terá sucesso no processo de reinserção social em sua fase mais crítica que é a pós-penitenciária.

> Art. 79. Incumbe também ao Patronato:
>
> I – orientar os condenados à pena restritiva de direitos;
>
> II – fiscalizar o cumprimento das penas de prestação de serviços à comunidade e de limitação de fim de semana;

---

27. Panorama comparativo dos modernos sistemas penitenciários. *RT* 441/312.
28. REALE JUNIOR, Miguel. *Novos rumos do sistema criminal*. Rio de Janeiro: Forense, 1983. p. 87.

III – colaborar na fiscalização do cumprimento das condições da suspensão e do livramento condicional.

Vide: **LEP** arts. 78, 139, 147 a 150, 151 a 153, 158, § 3º.

79.1 ATRIBUIÇÕES

Além da tarefa precípua de prestar assistência aos albergados e aos egressos, prevê a lei outras atribuições ao patronato. Em primeiro lugar, incumbe-lhe "orientar os condenados à pena restritiva de direitos" (art. 79, inciso I). Submetido o condenado a uma restrição de direitos (prestação de serviços à comunidade, interdição temporária de direitos ou limitação de fim de semana), cabe ao patronato a orientação dos condenados para que a execução dessas sanções substitutivas processe-se de modo a não lhes prejudicar a vida comum e, em particular, alertá-los sobre a possibilidade da conversão para pena privativa de liberdade em caso de infração aos deveres decorrentes da restrição ou da prática de nova infração penal.

Incumbe também ao patronato "fiscalizar o cumprimento das penas de prestação de serviços à comunidade e de limitação de fim de semana" (art. 79, inciso II). Entregou-se a esses institutos também a fiscalização do cumprimento dessas sanções, disciplinadas nos arts. 149 a 153 da lei. É dever do patronato, em virtude dessa incumbência, a comunicação imediata ao juiz da execução de qualquer anormalidade na execução dessas penas, tanto no que se refere ao comportamento do condenado como o eventual desvio na entidade ou programa comunitário ou estatal designado para a prestação de serviços à comunidade.

Por fim, compete ao patronato "colaborar na fiscalização do cumprimento das condições da suspensão e do livramento condicional" (art. 79, inciso III). O liberado condicional e o beneficiário do *sursis* têm condições legais ou judiciais a obedecer, têm normas de conduta a observar e a fiscalização da observância dessa obediência está agora afeta também ao patronato, ao lado do serviço social penitenciário, Conselho da Comunidade e entidade beneficiada com os serviços (arts. 139 e 158, § 3º).

Na lei anterior possibilitava-se essa fiscalização, subsidiariamente, à polícia que, sobrecarregada com mais essa tarefa, totalmente estranha a sua atividade natural, não a exercia nem podia exercê-la a contento.

Para o desempenho dessa atribuição, o patronato precisa conhecer as condições, regras, obrigações ou normas de conduta impostas ao liberado condicional e ao condenado em gozo do *sursis*, pois só assim poderá verificar se estão sendo elas observadas como, também, impedir que sua atividade assistencial não venha a colidir com essas limitações.

A fiscalização, porém, deve ser discreta, cautelar, protetora para que não se impeça ou dificulte, pela desconfiança do destinatário, a aceitação da assistência necessária ao processo de reintegração social do condenado. Ocorrendo fatos que possam dar origem à revogação dos benefícios ou à modificação das condições, deve o patronato comunicá-los ao Conselho Penitenciário, no caso de livramento condicional (art. 139, parágrafo único), ou também ao Ministério Público, na hipótese de suspensão condicional da pena (art. 158, §§ 3º e 5º).

Capítulo VIII
DO CONSELHO DA COMUNIDADE

Art. 80. Haverá, em cada comarca, um Conselho da Comunidade composto, no mínimo, por 1 (um) representante de associação comercial ou industrial, 1 (um) advogado indicado pela Seção da Ordem dos Advogados do Brasil, 1 (um) Defensor Público indicado pelo Defensor Público Geral e 1 (um) assistente social escolhido pela Delegacia Seccional do Conselho Nacional de Assistentes Sociais.*

Parágrafo único. Na falta da representação prevista neste artigo, ficará a critério do juiz da execução a escolha dos integrantes do Conselho.

* *Caput* com a redação dada pela Lei nº 12.313, de 19-8-2010.

Vide: **LEP** arts. 4º, 61, VII, 66, IX, 81, 139, 158, § 3º.

80.1 CONSELHO DA COMUNIDADE

A realidade tem demonstrado que uma das causas da reincidência é o descaso no tratamento dado pela sociedade ao preso e ao egresso. A ausência prolongada do condenado de seu meio social acarreta um desajustamento que somente poderá ser superado se forem oferecidas a ele condições adequadas a sua reinserção social quando for liberado. É preciso, pois, que toda a comunidade seja conscientizada da missão que lhe cabe na tarefa de assistir aquele que, tendo transgredido a lei penal, está resgatando o débito criado com a prática do crime muitas vezes em condições materiais bem abaixo de suas necessidades, comuns a todas as pessoas. Diz bem Renê Ariel Dotti: A "*abertura do cárcere* para a sociedade através do Conselho da Comunidade, instituído como órgão da execução para colaborar com o juiz e a Administração, visa neutralizar os efeitos danosos da marginalização. Não somente os estabelecimentos fechados mas também as unidades semiabertas e abertas devem receber a contribuição direta e indispensável da sociedade (colônias, casa do albergado)."[29, 30]

Em consonância com o disposto no art. 4º, dispõe a lei, no art. 80, com a redação dada pela Lei nº 12.313, de 19-8-2010, que haverá, em cada Comarca, um Conselho da Comunidade, composto, no mínimo, por um representante de associação comercial ou industrial,

---

29. A lei de execução penal. Perspectivas fundamentais. *RT* 598/283.

30. Na Súmula 4 do Painel de Debates sobre Execução Penal, realizado nos dias 25 e 26-7-1998, pela Escola Paulista da Magistratura, em conjunto com a Associação de Juízes para a Democracia, ressaltou-se a relevância da atuação da comunidade na execução da pena: "O juiz e a comunidade. A atuação da comunidade é essencial para que seja alcançada a finalidade da integração social do condenado e internado, razão pela qual o juiz deve participar de movimentos de sua mobilização e buscar as condições para o cumprimento da pena, com os recursos nela disponíveis (v.u.). O Conselho da Comunidade, cuja regulamentação e instalação compete ao juiz da execução, tem papel relevante na mobilização social (v.u.)."

um advogado indicado pela seção da Ordem dos Advogados do Brasil, um Defensor Público indicado pelo Defensor Público Geral e um assistente social escolhido pela Delegacia Seccional do Conselho Nacional de Assistentes Sociais. Cabe ao juiz da execução a criação e a regulamentação do funcionamento do Conselho, mas os representantes das entidades são por estas indicados. Dispondo a lei apenas sobre o número mínimo de componentes (3), nada impede que seja ele complementado por outras pessoas da comunidade nomeadas pelo magistrado, obedecida eventual norma complementar local. Na falta de representação de uma ou mais das citadas entidades, caberá ao juiz a escolha de integrantes do Conselho (art. 80, parágrafo único).

Apesar de se reconhecer a necessidade da participação comunitária na tarefa de reinserção social do preso, há certo ceticismo quanto à possibilidade de se conseguir uma efetiva colaboração da comunidade nessa obra. Isso porque os representantes do Conselho, sem qualquer retribuição de ordem pecuniária, terão de agir movidos apenas por espírito de solidariedade.[31] Composto o Conselho, porém, passa a existir uma vinculação legal que obriga seus membros ao desempenho de suas atividades específicas na execução. Em diversas comarcas de Estados da Federação, a realização das tarefas do Conselho da Comunidade está afeta às Associações de Proteção e Assistência aos Condenados (Apacs).

> Art. 81. Incumbe ao Conselho da Comunidade:
>
> I – visitar, pelo menos mensalmente, os estabelecimentos penais existentes na Comarca;
>
> II – entrevistar presos;
>
> III – apresentar relatórios mensais ao juiz da execução e ao Conselho Penitenciário;
>
> IV – diligenciar a obtenção de recursos materiais e humanos para melhor assistência ao preso ou internado, em harmonia com a direção do estabelecimento.
>
> Vide: LEP arts. 4º, 61, VII, 66, IX, 81, 82 a 104, 139, 158, § 3º.

81.1 ATRIBUIÇÕES

Incumbe ao Conselho da Comunidade, em primeiro lugar, "visitar, pelo menos mensalmente, os estabelecimentos penais existentes na comarca" (art. 81, inciso I). Trata-se de providência destinada a possibilitar ao Conselho a verificação, *in loco*, das necessidades materiais dos presos e do internado para poder diligenciar no sentido de atendê-las quando possível. Referindo-se genericamente aos estabelecimentos penais, a lei inclui não só os presídios como também as cadeias públicas, as colônias agrícolas, industriais e similares, as casas de albergado e o hospital de custódia e tratamento psiquiátrico.

---

31. SILVA, Odir Odilon Pinto da, BOSCHI, José Antonio Paganella. *Comentários à lei de execução penal*. Rio de Janeiro: Aide, 1986. Sobre o assunto: GRAF, Wilson Eder. Conselho da comunidade – Prisão domiciliar – Casa do albergado – Livramento condicional. *JCAT* 70/27-35.

Também com o intuito de verificar quais são as necessidades dos condenados, para possibilitar uma assistência dirigida às maiores carências do atendido, devem os membros do órgão "entrevistar presos" (art. 81, II). Mais do que qualquer um, poderão eles apresentar suas reivindicações de ordem material (vestuário, alimentação etc.) ou humana (cuidados médicos, odontológicos etc.).

Incumbe também ao Conselho "apresentar relatórios mensais ao juiz da execução e ao Conselho Penitenciário" (art. 81, III). Tais relatórios devem dar conta do trabalho efetuado, das dificuldades surgidas em sua execução, das necessidades surgidas e não satisfeitas, dos eventuais entraves à prestação da assistência etc. Estará assim a autoridade judiciária munida de maiores subsídios para requisitar os meios e serviços necessários à regular execução da pena e da medida de segurança.

Por fim, cabe ainda ao órgão "diligenciar a obtenção de recursos materiais e humanos para melhor assistência ao preso ou internado, em harmonia com a direção do estabelecimento" (art. 81, IV). Essa é a tarefa precípua do Conselho, a de obter na própria comunidade ou nas entidades oficiais os recursos materiais e humanos indispensáveis para o atendimento do preso ou internado. Nessa missão, cabe como tarefa assistencial obter para os presos em regime semiaberto um emprego para o trabalho externo ou para a obtenção da progressão para o regime aberto. Evidentemente, tal como adverte a lei, as atividades do Conselho da Comunidade não poderão interferir com o andamento normal do procedimento da execução, devendo ser realizadas em harmonia com a direção do estabelecimento.

O art. 81, porém, não esgota o rol de atribuições do Conselho da Comunidade. Cabe-lhe, ainda, conforme dispuserem a lei local ou os regulamentos, a observação cautelar e a proteção aos liberados condicionais (art. 139 da LEP). Essas atividades têm como objetivo fazer observar o cumprimento das condições especificadas na sentença concessiva do benefício e proteger o beneficiário, orientando-o na execução de suas obrigações e auxiliando-o na obtenção de atividade laborativa (itens 138.1 a 139.2).

Cabe-lhe ainda, conforme dispuserem as normas supletivas dos Estados, Territórios e Distrito Federal, a fiscalização do cumprimento das condições da suspensão condicional da pena (item 158.5).

Capítulo IX
DA DEFENSORIA PÚBLICA

Art. 81-A. A Defensoria Pública velará pela regular execução da pena e da medida de segurança, oficiando, no processo executivo e nos incidentes da execução, para a defesa dos necessitados em todos os graus e instâncias, de forma individual e coletiva.*

* Artigo inserido pela Lei nº 12.313, de 19-8-2010.

Vide: **CF** arts. 5º, LV, LXXIV, 133 a 135; **LEP** arts. 15, 16, 61, VIII, 81-B, 82, § 5º, 194 a 197; **CPP** arts. 32, §§ 1º e 2º, 261, parágrafo único, 263, parágrafo único, 264 a 267, 370, § 4º; **CP** art. 355; **LC nº 80**, de 12-1-1994, arts. 1º, 4º, XVII, 44, I, 89, I, 128, I; **Lei nº 1.060**, de 5-2-1950, art. 5º, § 5º; **EAOAB** arts. 22, § 1º, 34, XII.

81-A.1 ATRIBUIÇÕES

A Defensoria Pública foi criada pela Constituição Federal como instituição incumbida de prestar assistência jurídica aos necessitados e de exercer a sua defesa em todos os graus de jurisdição (art. 134) (v. item 16.2). Está ela organizada pela Lei Complementar nº 80, de 12-2-1994, que se refere, expressamente, à atuação da Defensoria Pública nos estabelecimentos policiais e penitenciários, com o fim de assegurar o exercício pleno de seus direitos e garantias fundamentais (art. 4º, XVII). O art. 16 da Lei de Execução Penal contém regras disciplinando a atuação da instituição não somente nos estabelecimentos penais, os quais devem ser dotados de instalação destinada à Defensoria Pública, mas também fora deles. Com a criação da Defensoria Pública, procurou-se afastar a figura do defensor dativo no que tange aos necessitados, mas não se eliminou tal figura no processo penal e na execução penal, que permanece essencial nas unidades da Federação em que a Defensoria Pública não está suficientemente organizada, bem como nos casos de réus ou sentenciados que, podendo prover as despesas do processo, não constituem advogado, mas, como todos, têm direito à ampla defesa (art. 5º, LV, da CF) (v. item 16.2).

Incumbe à Defensoria Pública, conforme disposto no art. 81-A, inserido pela Lei nº 12.313, de 19-8-2010, a defesa dos necessitados na execução penal, devendo, para tanto, oficiar no processo executivo e nos incidentes na execução. Embora a redação do dispositivo guarde semelhança com a do art. 67, que prevê a intervenção do Ministério Público, as funções atribuídas às duas instituições não se confundem (item 67.2). A atuação da Defensoria Pública no processo de execução vincula-se à defesa dos direitos dos necessitados, não lhe sendo permitido postular contrariamente aos seus interesses, ainda que a pretensão encontre guarida no ordenamento jurídico. No desempenho de suas funções, o Defensor Público deve atuar no curso da execução da pena com a finalidade de patrocinar os interesses do sentenciado, não somente quando instado pelo juiz a se manifestar nos autos, mas, também, orientando-o, exercendo ativamente a sua defesa, postulando em seu favor, em juízo ou na esfera administrativa, requerendo os benefícios legais cabíveis, velando pela observância de seus direitos e representando à autoridade competente quando constatada qualquer violação às normas legais. Naturalmente, essa atuação há de se realizar em qualquer instância ou grau de jurisdição, devendo propor o Defensor Público todas as medidas judiciais e os recursos previstos em lei na defesa do sentenciado a quem assiste. Visando assegurar maior eficácia à atuação do Defensor Público, confere-lhe a lei a intimação pessoal de todos os atos do processo e a contagem em dobro de todos os prazos processuais (arts. 44, I, 89, I, e 128, I, da LC nº 80, de 12-1-1994, e art. 5º, § 5º, da Lei nº 1.060, de 5-2-1950). Prevê a lei a possibilidade de agir a Defensoria Pública não somente de forma individual, mas também coletiva. Nesse sentido, pode a Defensoria Pública, por exemplo, requerer a interdição de um estabelecimento penal (art. 81-B, VI) ou representar para correção de irregularidades ou apuração de responsabilidades em hipóteses que afetem diversos condenados (art. 81-B, IV e V).

Art. 81-B. Incumbe, ainda, à Defensoria Pública:

I – requerer:

a) todas as providências necessárias ao desenvolvimento do processo executivo;

b) a aplicação aos casos julgados de lei posterior que de qualquer modo favorecer o condenado;

c) a declaração de extinção da punibilidade;

d) a unificação de penas;

e) a detração e remição da pena;

f) a instauração dos incidentes de excesso ou desvio de execução;

g) a aplicação de medida de segurança e sua revogação, bem como a substituição da pena por medida de segurança;

h) a conversão de penas, a progressão nos regimes, a suspensão condicional da pena, o livramento condicional, a comutação de pena e o indulto;

i) a autorização de saídas temporárias;

j) a internação, a desinternação e o restabelecimento da situação anterior;

k) o cumprimento de pena ou medida de segurança em outra comarca;

l) a remoção do condenado na hipótese prevista no § 1º do art. 86 desta Lei;

II – requerer a emissão anual do atestado de pena a cumprir;

III – interpor recursos de decisões proferidas pela autoridade judiciária ou administrativa durante a execução;

IV – representar ao Juiz da execução ou à autoridade administrativa para instauração de sindicância ou procedimento administrativo em caso de violação das normas referentes à execução penal;

V – visitar os estabelecimentos penais, tomando providências para o adequado funcionamento, e requerer, quando for o caso, a apuração de responsabilidade;

VI – requerer à autoridade competente a interdição, no todo ou em parte, de estabelecimento penal.

Parágrafo único. O órgão da Defensoria Pública visitará periodicamente os estabelecimentos penais, registrando a sua presença em livro próprio.*

* Artigo inserido pela Lei nº 12.313, de 19-8-2010.

Vide: **CF** arts. 5º, LV, LXXIV, 133 a 135; **LEP** arts. 15, 16, 61, VIII, 66, 67, 68, 81-A, 82, § 5º, 194 a 197; **LC nº 80**, de 12-1-1994, arts. 1º, 4º, XVII, 18, 44, I, 89, I e 128; **Lei nº 1.060**, de 5-2-1950, art. 5º, § 5º; **EAOAB** arts. 22, § 1º, 34, XII.

81-B.1 ATRIBUIÇÕES ESPECÍFICAS

No art. 81-B estão descritas, de forma pormenorizada, mas não exaustiva, atribuições específicas a serem desempenhadas pela Defensoria Pública na execução penal.

O dispositivo enumera diversas situações e hipóteses legais em que a sua atuação é devida, reproduzindo as que integram o rol das competências previstas para o juiz da execução (art. 66) ou o das atribuições conferidas ao Ministério Público (art. 68), as quais já foram examinadas.

TÍTULO IV
DOS ESTABELECIMENTOS PENAIS

Capítulo I
DISPOSIÇÕES GERAIS

Art. 82. Os estabelecimentos penais destinam-se ao condenado, ao submetido à medida de segurança, ao preso provisório e ao egresso.

§ 1º A mulher e o maior de sessenta anos, separadamente, serão recolhidos a estabelecimento próprio e adequado à sua condição pessoal.*

§ 2º O mesmo conjunto arquitetônico poderá abrigar estabelecimentos de destinação diversa desde que devidamente isolados.

* Redação dada ao § 1º pelo art. 1º da Lei nº 9.460, de 4-6-1997.

Vide: **CF** art. 5º, XLVIII, L; **LEP** arts. 83 a 86, 87 a 101; **CP** arts. 33, § 1º, 37; **Lei nº 10.741**, de 1º-10-2003; **Lei nº 11.671**, de 8-5-2008.

82.1 ARQUITETURA PRISIONAL

Quando a prisão se destinava apenas ao homem que se encontrava aguardando a instrução criminal ou a execução da pena, os locais para isso usados exigiam apenas características que lhes dessem condições de servirem à finalidade única do recolhimento, ou seja, a de impedir que o preso fugisse. À medida que esses prelúdios cautelares para a aplicação ou execução da pena foram evoluindo e a privação da liberdade na prisão passou a ser adotada como pena, surgiu a preocupação com os locais apropriados para essa nova finalidade. Assim que a sanção privativa de liberdade passou a ser mais frequentemente cominada e aplicada, juntou-se a tal preocupação a evolução das ideias a respeito do crime, do criminoso, da pena e da justiça penal, obrigando à reflexão a respeito da arquitetura das prisões, quer das destinadas às prisões cautelares, quer das que passaram a ter como finalidade a execução de tal sanção.

Segundo informações históricas, a primeira construção erguida especificamente para ali serem cumpridas penas privativas de liberdade, com características arquitetônicas que podem ser consideradas como ponto de partida para a arquitetura prisional, foi a prisão de sistema celular criada no século VI por São João Escolástico nas proximidades do mosteiro de Raite.[32] Uma etapa importante na arquitetura dos estabelecimentos prisionais, porém, só ocorreu no século XIX, quando a preocupação com as possibilidades de fuga levou à criação do sistema de isolamento em celas individuais que, nesse aspecto, contribuiu para diminuir a sórdida promiscuidade reinante até então nos presídios. Essa preocupação uniu-se às primeiras teorias a respeito dos regimes penitenciários fundados no sistema celular pensilvânico, reconhecendo-se então que o estabelecimento penal devia obedecer a um desenho especialmente idealizado para a prisão, ou seja, que ele devia ser construído em função dos objetivos propostos para a pena privativa de liberdade. A partir desse momento foi instalando-se a ideia de que o estabelecimento penal deveria ser construído em função das finalidades dessa sanção, em que se salientavam a prevenção penal e a recuperação do criminoso.

Nem sempre, pois, se teve consciência da interligação entre o sistema penitenciário e as edificações destinadas ao cumprimento das penas privativas de liberdade. A preocupação pelo desenho arquitetônico da prisão surgiu muito tempo depois de se haver começado a aplicar a privação de liberdade como pena e desenvolveu-se apenas quando se abandonou a ideia de que o internamento só tinha por fim o castigo ao autor do delito. Hoje não há dúvida de que a construção dos estabelecimentos penais deve obedecer aos conhecimentos modernos das ciências penitenciárias e da arquitetura para que seja facilitada a realização dos programas de tratamento ou do processo de reinserção social. A estrutura material do presídio não pode chocar-se com a base ético-pedagógica do sistema penitenciário, e a arquitetura deve ser funcional para evitar-se desperdício de espaço, impedirem-se os problemas carcerários mais graves (fuga, violência etc.) e possibilitar-se o adequado desenvolvimento da execução penal. Diz Alvino Augusto de Sá que "há que se repensar profundamente a questão carcerária, e a começar da própria edificação, do próprio arranjo arquitetônico do presídio. Tal arranjo pode estar a serviço, seja de uma piora gradativa da qualidade de adaptação da conduta do preso, rumo à reincidência, seja de uma melhora gradativa, rumo à ressocialização e readaptação social".[33]

Em decorrência dessas ideias, cada país tem sido levado a estudar o problema da construção dos estabelecimentos penais atento a suas realidades, necessidades e peculiaridades e em obediência às normas legais que regem a execução penal.[34] Na Lei de Execução Penal pátria o assunto é objeto do Título IV, cujas disposições serão examinadas a seguir.

82.2 ESTABELECIMENTOS PENAIS

O primeiro dispositivo a respeito do assunto esclarece que os estabelecimentos penais destinam-se ao condenado, ao submetido à medida de segurança, ao preso provisório e ao egresso (art. 82). Nos termos formais, diante da lei vigente, os estabelecimentos penais são:

---

32. SIRACUSA, Francesco. *Istituzione di diritto penitenziario*. Milão: Hoepli, 1931. p. 65.
33. Arquitetura carcerária e tratamento penal, *RT* 651/247-257.
34. Sobre o assunto: D'URSO, Luiz Flávio Borges. Linhas mestras para construção, arquitetura e localização de estabelecimentos prisionais. *RT* 711/425-437 e Arquitetura carcerária. *Doutrina* nº 5, p. 126.

a Penitenciária, a Colônia Agrícola, Industrial ou similar, a Casa do Albergado, o Centro de Observação, o Hospital de Custódia e Tratamento Psiquiátrico, e a Cadeia Pública.[35]

Doutrinariamente, estabelecem-se outras classificações, como a referente à situação legal do condenado (para condenados e para presos provisórios), a que leva em conta o grau de sentença (de segurança máxima, de segurança média, prisão aberta) ou que se refere à natureza jurídica da sanção (para cumprimento da pena e para cumprimento de medidas de segurança).

82.3 ESTABELECIMENTOS PARA MULHERES E MAIORES DE 60 ANOS

Segundo Concepcion Arenal, a mulher tem os mesmos princípios morais, igual inteligência, sente, compreende e quer como o homem e por isso pode-se aplicar às mulheres presas todas as regras que são adequadas para corrigir os condenados. Entretanto, comum é a afirmação de que a fraqueza física e a superior afetividade da mulher explicam as atenuações que lhe são concedidas no regime de penas. A Ciência Penitenciária tem sustentado sempre que as prisões de mulheres devem ser separadas daquelas destinadas aos homens, pois a presença daquelas exacerba o sentimento genésico dos sentenciados, aumentando-lhes o martírio da forçada abstinência.

Em aplicação desses princípios e superada há mais de dois séculos a promiscuidade reinante nos primeiros cárceres (onde se encontravam reunidos presos dos dois sexos), a lei estabelece a clássica separação nos estabelecimentos ao determinar que a mulher será recolhida a estabelecimento próprio e adequado a sua condição pessoal (art. 82, § 1º). Prevê a Constituição Federal de 1988, aliás, que "a pena será cumprida em estabelecimentos distintos, de acordo com a natureza do delito, a idade e o sexo do apenado" (art. 5º, XLVIII). O dispositivo está em consonância, aliás, com o Regra 11, *a*, das Regras de Mandela. Moderníssimas experiências têm sido feitas, porém, com presídios mistos na Dinamarca (Ringe), no Estado de Massachusetts (Framingham) e no estabelecimento aberto de Hakanstorp (Suécia).

Ao se referir a estabelecimento "adequado à sua condição pessoal", determina a lei que devem ser levados em consideração o sexo, as condições fisiológicas e psicológicas da mulher.

Por força da nova redação dada ao § 1º do art. 82, também deve ser recolhido a estabelecimento próprio e adequado a sua condição pessoal o maior de 60 anos. A determinação justifica-se devido à menor periculosidade do idoso e principalmente pelas dificuldades maiores que tem ele para suportar o rigor da execução da pena privativa de liberdade.

---

35. Nos termos da exposição de motivos da Lei de Execução Penal, os estabelecimentos penais compreendem: 1º – a Penitenciária, destinada ao condenado à reclusão, a ser cumprida em regime fechado; 2º – a Colônia Agrícola, Industrial ou similar, reservada para a execução da pena de reclusão ou detenção em regime semi-aberto; 3º – a Casa do Albergado, prevista para acolher os condenados à pena privativa de liberdade em regime aberto e à pena de limitação de fim de semana; 4º – o Centro de Observação, onde serão realizados os exames gerais e o criminológico; 5º – o Hospital de Custódia e Tratamento Psiquiátrico, que se destina aos doentes mentais, aos portadores de desenvolvimento mental incompleto ou retardado e aos que manifestam perturbação das faculdades mentais; e 6º – a Cadeia Pública, para onde devem ser remetidos os presos provisórios (prisão em flagrante, prisão temporária, prisão preventiva ou em razão da pronúncia e, finalmente, os condenados enquanto não transitar em julgado a sentença) (item 94).

Diante da decadência provocada pela senilidade ou por moléstias mais comuns nos idosos, o estabelecimento penal deve ter características adequadas ao recolhimento de preso maior de 60 anos.[36]

Jurisprudência

- *Possibilidade excepcional de cumprimento de pena por mulher em dependência especial de presídio masculino*
- *Admissibilidade de prisão domiciliar para a condenada com filhos menores por falta de vaga em presídio próximo a residência*

82.4 ESTABELECIMENTOS DIVERSOS

Embora os presos pertencentes a categorias diversas devam ser alojados em diferentes estabelecimentos, de acordo com o sexo, situação processual (prisão provisória ou em decorrência de condenação) e regime penitenciário (fechado, semiaberto ou aberto), dispõe a lei que "o mesmo conjunto arquitetônico poderá abrigar estabelecimentos de destinação diversa desde que devidamente isolados" (art. 82, § 2º). A permissão decorre, evidentemente, da previsão de eventuais dificuldades materiais na construção de centros penitenciários distintos em sítios diversos.

> Art. 83. O estabelecimento penal, conforme a sua natureza, deverá contar em suas dependências com áreas e serviços destinados a dar assistência, educação, trabalho, recreação e prática esportiva.
>
> § 1º Haverá instalação destinada a estágio de estudantes universitários.*
>
> § 2º Os estabelecimentos penais destinados a mulheres serão dotados de berçário, onde as condenadas possam cuidar de seus filhos, inclusive amamentá-los, no mínimo, até 6 (seis) meses de idade.**
>
> § 3º Os estabelecimentos de que trata o § 2º deste artigo deverão possuir, exclusivamente, agentes do sexo feminino na segurança de suas dependências internas.***
>
> § 4º Serão instaladas salas de aulas destinadas a cursos do ensino básico e profissionalizante.****
>
> § 5º Haverá instalação destinada à Defensoria Pública.*****
>
> * § 1º com a redação dada pela Lei nº 9.046, de 18-5-1995.

---

36. Os direitos assegurados às pessoas idosas, assim entendidas as que têm idade igual ou superior a 60 anos, estão previstos na Lei nº 10.741, de 1-10-2003 (Estatuto da Pessoa Idosa), que também criminalizou condutas praticadas contra o idoso e alterou dispositivos do Código Penal, do Código de Processo Penal, da Lei das Contravenções Penais e de leis penais especiais.

** § 2º com a redação dada pela Lei nº 11.942, de 28-5-2009.

*** § 3º inserido pela Lei nº 12.121, de 15-12-2009.

**** § 4º inserido pela Lei nº 12.245, de 24-5-2010.

***** § 5º inserido pela Lei nº 12.313, de 19-8-2010.

Vide: **CF** art. 5º, XLVIII, L; **LEP** arts. 17 a 21, 28 a 34, 82, 84 a 86, 87 a 104; **CP** arts. 37, 38.

83.1 DEPENDÊNCIAS

Os diversos estabelecimentos penais devem guardar características próprias (penitenciárias, colônias penais, prisões abertas etc.). Seja qual for, porém, o tipo de estabelecimento, a moderna arquitetura penitenciária tem que ter preocupações mais amplas do que teve no passado, partindo do pressuposto de que as horas do preso vão ser repartidas entre o descanso, o trabalho, a educação, as atividades recreativas, religiosas ou esportivas, tal como estabelece a lei quando trata de assistência (arts. 10 a 27), trabalho (arts. 28 a 37) e dos direitos e deveres do preso (arts. 38 a 60). Dessa exigência legal resulta que devem os centros penitenciários conter os locais adequados para dormitórios individuais ou coletivos, enfermarias, escolas, bibliotecas, oficinas, instalações recreativas e esportivas, pátios, cozinhas, salas de refeição etc. Por isso determina a lei que "o estabelecimento penal, conforme a sua natureza, deverá contar em suas dependências com áreas e serviços destinados a dar assistência, educação, trabalho, recreação e prática esportiva" (art. 83, *caput*). Não se trata apenas de norma destinada a "desartificializar o cenário que ainda hoje transparece em muitos presídios, nos quais se conservam a arquitetura e o cheiro de antiguidades medievais", como parece indicar a exposição de motivos, mas de um verdadeiro imperativo de ordem material para que se cumpram os propósitos externados pela lei de execução. Isso só é possível quando se possibilitam todas as atividades que devem ser desenvolvidas pelos presos e internados em locais a elas adequados.

Jurisprudência

- *Impossibilidade de cumprimento integral da Lei de Execução Penal*

83.2 INSTALAÇÕES ESPECIAIS

Nos termos do art. 83, § 1º, "haverá instalação destinada a estágio de estudantes universitários". Estes "devem cumprir estágios profissionalizantes, inclusive na área penitenciária e em especial os que cursam Direito, Medicina, Psiquiatria, Pedagogia, Ciências Sociais e Assistência Social, pois desses cursos sairão os futuros dirigentes penitenciários, razão por que, nos estabelecimentos prisionais, deverá haver instalação destinada a eles".[37]

---

37. SILVA, Odir Odilon Pinto da, BOSCHI, José Antonio Paganella. *Comentários à lei de execução penal*. Rio de Janeiro: Aide, 1986. p. 85-86.

As mulheres devem cumprir pena em estabelecimento distinto (art. 5º, XLVIII, da CF) que seja adequado à sua condição pessoal (art. 37 do CP). Consentânea a essa regra é a contida no art. 83, § 3º, que determina que a segurança interna nesses estabelecimentos deve ser exercida, exclusivamente, por agentes do sexo feminino. Dispõe, também, a Constituição Federal que "às presidiárias serão asseguradas condições para que possam permanecer com seus filhos durante o período de amamentação" (art. 5º, L). Regulamentando o dispositivo, a Lei de Execução Penal determina que todos os estabelecimentos penais destinados a mulheres sejam dotados de berçário onde as condenadas possam cuidar e amamentar seus filhos até seis meses de idade (art. 83, § 2º, com a redação dada pela Lei nº 11.942, de 28-5-2009). Antes da Lei nº 12.121, de 15-12-2009, a lei já garantia o acompanhamento médico à mulher, principalmente no pré-natal e no pós-parto, extensivo ao recém-nascido (art. 14, § 3º), e decisões asseguravam à presa lactante o direito de permanecer com o filho no período de aleitamento. Tratando-se de penitenciária, existe também a previsão de seção para gestante e parturiente e de creche para crianças entre seis meses e sete anos de idade (art. 89, *caput*). Pela Resolução 252, de 4-9-2018, o Conselho Nacional de Justiça estabeleceu princípios e diretrizes para o acompanhamento das mulheres mães e gestantes privadas de liberdade.

A assistência educacional é dever do Estado e o acesso do preso ao ensino básico, integrado no sistema escolar, e à formação profissional é garantido pela Lei de Execução Penal (v. itens 18.1. e 19.1). A Lei nº 12.245, de 24-5-2010, estabeleceu a obrigatoriedade de todos os estabelecimentos penais serem dotados de salas de aulas onde aqueles cursos possam ser ministrados (art. 83, § 4º), sem prejuízo da possibilidade de celebração de convênios com entidades públicas e particulares para a prestação dos serviços educacionais (art. 20).

Por fim, no art. 83, § 5º, inserido pela Lei nº 12.313, de 19-8-2010, prevê a Lei a existência em todos os estabelecimentos penais de instalações destinadas à Defensoria Pública, que favoreçam o exercício de suas funções, além de local adequado ao atendimento aos presos (art. 16, § 2º).

Jurisprudência

- *Admissibilidade da prisão domiciliar a presidiária com filho lactante na falta de instalação especial no estabelecimento penal*
- *Convivência da presidiária com o filho lactante*
- *Admissibilidade da prisão domiciliar a presidiária com filho lactante na falta de instalação especial no estabelecimento penal*
- *Admissibilidade de licença especial domiciliar para amamentação*

Art. 83-A. **Poderão ser objeto de execução indireta as atividades materiais acessórias, instrumentais ou complementares desenvolvidas em estabelecimentos penais, e notadamente:***

I – serviços de conservação, limpeza, informática, copeiragem, portaria, recepção, reprografia, telecomunicações, lavanderia e manutenção de prédios, instalações e equipamentos internos e externos;

II – serviços relacionados à execução de trabalho pelo preso.

§ 1º A execução indireta será realizada sob supervisão e fiscalização do poder público.

§ 2º Os serviços relacionados neste artigo poderão compreender o fornecimento de materiais, equipamentos, máquinas e profissionais.

* Artigo inserido pela Lei nº 13.190, de 19-11-2015.

Vide: **CF** arts. 37, XXI, 62, § 1º, I, *b*; **LEP** arts. 28 a 35, 82, 83-B, 87 a 104; **Lei nº 8.666**, de 21-6-1993, arts. 6º, VIII, 10, II; **Lei nº 14.133**, de 1º-4-2021, art. 46.

83-A.1 TERCEIRIZAÇÃO DAS ATIVIDADES-MEIO NOS ESTABELECIMENTOS PENAIS

No art. 83-A, inserido pela Lei nº 13.190, de 19-11-2015, que resultou da conversão da Medida Provisória nº 678, de 23-6-2015, é prevista a possibilidade de *execução indireta*, termo do Direito Administrativo, de atividades materiais, acessórias, instrumentais ou complementares desempenhadas no interior dos estabelecimentos penais. Trata-se de expressa autorização da *terceirização*, pela qual a Administração Pública recorre a terceiros para a execução de tarefas que ela própria poderia desempenhar. A execução indireta somente é admissível para as atividades-meio e pode assumir as diferentes formas de contratação previstas nos arts. 6º, VIII, e 10, II, da Lei nº 8.666, de 21-6-1993, em face da autorização contida no art. 37, XXI, da Constituição Federal e, na Lei nº 14.133, de 1º-4-2021, art. 46.

Muito embora o dispositivo legal resulte da conversão de medida provisória, não é ele inconstitucional por conter norma de caráter administrativo. As atividades relacionadas no artigo são todas típicas atividades-meio relacionadas a serviços materiais auxiliares ou complementares necessários à manutenção e ao funcionamento do estabelecimento penal, como os expressamente relacionados: "serviços de conservação, limpeza, informática, copeiragem, portaria, recepção, reprografia, telecomunicações, lavanderia e manutenção de prédios, instalações e equipamentos internos e externos". Essas atividades ou serviços inserem-se, aliás, entre as que em geral admitem a execução indireta no âmbito da Administração Pública. Prevê o dispositivo, expressamente, por cautela, a supervisão e fiscalização pelo poder público da realização da execução indireta de tais atividades.

Por "serviços relacionados à execução de trabalho pelo preso" deve-se entender, como abrangidas, igualmente, somente as atividades-meio, de caráter auxiliar e complementar relacionadas com o trabalho do preso, diante da vedação constitucional à edição de medidas provisórias sobre matérias de natureza penal e processual penal (art. 62, § 1º, I, *b*, da CF) e dos limites estabelecidos na Constituição e nas leis para a execução indireta. Com relação ao gerenciamento do trabalho nos estabelecimentos penais, não pode ele ser confiado a qualquer entidade privada. Prevê a Lei que o gerenciamento do trabalho do preso somente pode ser desempenhado por fundação ou empresa pública, caso em que a entidade se incumbirá da promoção e supervisão da produção e de sua comercialização, suportando despesas e pagando remuneração adequada (art. 34, *caput* e § 1º, da LEP). Prevê, também a Lei a possibilidade de celebração de convênio com a iniciativa privada, mas somente para a implantação de oficinas de trabalho em setores de apoio dos presídios (art. 34, § 2º).

Jurisprudência

- *Admissibilidade da terceirização de serviços relacionados com as atividades-meio no interior dos presídios*

Art. 83-B. São indelegáveis as funções de direção, chefia e coordenação no âmbito do sistema penal, bem como todas as atividades que exijam o exercício do poder de polícia, e notadamente:*

I – classificação de condenados;

II – aplicação de sanções disciplinares;

III – controle de rebeliões;

IV – transporte de presos para órgãos do Poder Judiciário, hospitais e outros locais externos aos estabelecimentos penais.

* Artigo inserido pela Lei nº 13.190, de 19-11-2015.

Vide: CF arts. 37, XXI, 62, § 1º, I, b; LEP arts. 5º a 9º-A, 57 a 60, 83-A, 84 a 86, 87 a 104.

83-B.1 FUNÇÕES INDELEGÁVEIS

O art. 83-B também foi inserido pela Lei nº 13.190, de 19-11-2015, que resultou da conversão da Medida Provisória nº 678, de 23-06-2015. Esta tratava somente da ampliação das hipóteses de aplicação do Regime Diferenciado de Contratações Públicas, disciplinadas na Lei nº 12.462, de 4-8-2011, para a execução de obras e serviços de engenharia para construção, ampliação e reforma de estabelecimentos penais e unidades de atendimento socioeducativo e ações no âmbito da segurança pública. Essa previsão entrou em vigor com a inserção dos incisos VI e VII no art. 1º da Lei nº 12.462. As alterações na Lei de Execução Penal resultaram de emendas no curso do processo legislativo.

Proíbe-se a delegação, no âmbito do sistema penal, das funções de direção, chefia e coordenação, das atividades que exijam o exercício do poder de polícia e das que se relacionam com a classificação de condenados, aplicação de sanções disciplinares, controle de rebeliões e transporte de presos. O dispositivo, além de conter norma de caráter não exclusivamente administrativo, o que o torna inconstitucional por ofensa à vedação contida no art. 62, § 1º, I, b, da CF, por se referir à possibilidade ou não de delegação de funções, em geral, no âmbito do sistema penal, revela-se inócuo ou, no mínimo desnecessário. Todas as funções mencionadas no dispositivo, por sua natureza, devem ser desempenhadas pela Administração Pública, estando vedada a sua delegação ou terceirização. Estas somente podem ser admitidas, excepcionalmente, na execução indireta cabível nas atividades-meio (art. 83-A), em conformidade tanto com o estatuído na Lei de Execução Penal como nas normas de Direito Administrativo. As matérias relacionadas nos incisos I a III estão disciplinadas na Lei de Execução Penal (arts. 5º a 9º-A e 44 a 60) e o transporte de presos pela Lei nº 8.653, de 10-5-1993, e na Resolução nº 2, de 1º-6-2012 do Conselho Nacional de Política Criminal e Penitenciária (v. item 41.16).

Art. 84. O preso provisório ficará separado do condenado por sentença transitada em julgado.

§ 1º Os presos provisórios ficarão separados de acordo com os seguintes critérios:*

I – acusados pela prática de crimes hediondos ou equiparados;

II – acusados pela prática de crimes cometidos com violência ou grave ameaça à pessoa;

III – acusados pela prática de outros crimes ou contravenções diversos dos apontados nos incisos I e II.**

§ 2º O preso que, ao tempo do fato, era funcionário da Administração da Justiça Criminal ficará em dependência separada.

§ 3º Os presos condenados ficarão separados de acordo com os seguintes critérios:***

I – condenados pela prática de crimes hediondos ou equiparados;

II – reincidentes condenados pela prática de crimes cometidos com violência ou grave ameaça à pessoa;

III – primários condenados pela prática de crimes cometidos com violência ou grave ameaça à pessoa;

IV – demais condenados pela prática de outros crimes ou contravenções em situação diversa das previstas nos incisos I, II e III.

§ 4º O preso que tiver sua integridade física, moral ou psicológica ameaçada pela convivência com os demais presos ficará segregado em local próprio.****

* § 1º com a redação dada pela Lei nº 13.167, de 6-10-2015.

** Incisos I a III inseridos pela Lei nº 13.167, de 6-10-2015.

*** § 3º inserido pela Lei nº 13.167, de 6-10-2015.

**** § 4º inserido pela Lei nº 13.167, de 6-10-2015.

Vide: **CF** art. 5º, LVII; **LEP** arts. 2º, 31, parágrafo único, 82, 86, § 3º, 87, parágrafo único, 102; **CPP** arts. 295, 296, 300; **Lei nº 7.960**, de 21-12-1989, art. 3º; **Lei nº 10.792**, de 1º-12-2003, art. 8º. Súmula: **STF** 717.

84.1 SEPARAÇÃO DOS PRESOS E PRISÃO ESPECIAL

As prisões devem propiciar a separação dos presos em grupos homogêneos, não só por diversidade do título da prisão, como também para facilitar o tratamento penitenciário e as medidas de vigilância do estabelecimento penal. O art. 84, *caput*, prevê a tradicional separação entre os presos provisórios e os condenados definitivos, atendendo, assim, ao preconizado nas Regras de Mandela (Regra 11, *b*). Regra semelhante é prevista no Código de Processo Penal: "as pessoas presas provisoriamente ficarão separadas das que já estiverem definitivamente condenadas, nos termos da lei de execução penal" (art. 300, com a redação dada pela Lei nº 12.403, de 4-5-2011). O art. 3º da Lei nº 7.960, de 21-12-89, dispõe que os presos temporários deverão permanecer obrigatoriamente separados "dos demais detentos". Dessa forma, a pessoa submetida à prisão temporária não pode ficar recolhida juntamente com condenados ou mesmo com aqueles submetidos às demais espécies de prisão provisória. A disposição não se justifica com relação aos indiciados em inquérito policial, por estarem os presos temporários em uma situação idêntica àquela dos presos em flagrante ou dos submetidos à prisão preventiva. Entretanto, como se pode decretar a prisão temporária "quando imprescindível para as investigações do inquérito policial" (art. 1º, inc. I, da Lei nº 7.960), o que inclui a possibilidade de recolhimento de pessoa que não é apontada como autora de ilícito penal (testemunha, por exemplo), trata-se de cautela necessária para evitar o contato, sempre prejudicial, desta com condenados ou indiciados. Os presos provisórios, embora sujeitos à disciplina penitenciária, não estão submetidos às mesmas limitações e obrigações dos condenados (trabalho obrigatório etc.), uma vez que se encontram recolhidos à prisão apenas em decorrência de uma medida cautelar, gozando ainda da presunção de inocência, e não em cumprimento de uma pena imposta em sentença irrecorrível.

Nos termos do § 1º do art. 84, com a redação dada pela Lei nº 13.167, de 6-10-2015, também se impõe a separação entre presos provisórios de acordo com os crimes de que são acusados. Deverão permanecer separados os acusados de crimes hediondos ou equiparados daqueles que respondem por crimes cometidos com violência ou grave ameaça a pessoa e, destes dois, os presos aos quais se imputam crimes ou contravenções de espécies diversas (incisos I a III). O critério adotado tem por finalidade evitar o contato entre indiciados e réus eventualmente dotados de distintos graus de periculosidade, com vistas, sobretudo, à proteção da integridade física e psíquica dos próprios presos e à redução de indesejáveis influências entre criminosos de diferentes perfis criminógenos.

O mesmo critério é adotado para a separação dos presos definitivamente condenados. No § 3º, porém, estabelece-se como critério adicional, para os condenados por crimes cometidos com violência ou grave ameaça a pessoa, o de serem os presos primários ou reincidentes. Justifica-se a distinção, pois aquele que delinquiu pela primeira vez, eventualmente em uma situação excepcional, tem melhores condições para responder ao processo de reabilitação social do que o reincidente, muitas vezes criminoso habitual e, por sua vida marcadamente antissocial, mais refratário à readaptação pretendida com a execução da pena. Evitam-se o mais que possível contágio e as nocivas influências do condenado contumaz em relação ao primário, que os pode levar à corrupção, a uma fácil integração à "subcultura carcerária" e às maiores dificuldades no caminho da reinserção social.

Dispõe-se expressamente no novo § 4º que o preso que tiver sua integridade física, moral ou psicológica ameaçada pela convivência com os demais presos, ficará segregado em local próprio. A regra, porém, já era de observância obrigatória pela administração (arts. 3º e 40 da LEP e art. 5º, XLIX, da CF).

Por fim, dispõe o art. 84, § 2º, que ficará em dependência separada o preso que, ao tempo do fato, era funcionário da Administração da Justiça Criminal. Trata-se de norma destinada a evitar que esse condenado permaneça no meio dos demais que, eventualmente, poderão querer concretizar sentimentos de vingança ou praticar atos de represália contra o funcionário ou ex-funcionário. O dispositivo abrange não só aquele que está preso provisoriamente como o que já foi condenado por sentença transitada em julgado. A essa conclusão leva a utilização da palavra "preso", utilizada pelo legislador para abranger todos aqueles que estão recolhidos aos presídios. A separação, assim, deverá ocorrer por todo o tempo de recolhimento do preso que, ao tempo do fato, exercia funções na Administração da Justiça Criminal. Inclui-se na hipótese aquele que exerce função pública, embora não fosse funcionário público em sentido estrito, diante do disposto no art. 327 do Código Penal (jurado, por exemplo). O direito ao cumprimento da pena em estabelecimento penal especial é reservado àquele que, na época da infração penal, exercia função ou cargo público, não amparando aquele que, à época da infração penal, já não era funcionário. Já o réu colaborador tem o direito de "cumprir pena ou prisão cautelar em estabelecimento penal diverso dos demais corréus ou condenados", nos termos do art. 5º da Lei 12.850/2013, incluído pela Lei nº

13.964/2019. A regra também se justifica pela necessidade de se assegurar a sua integridade física e psicológica que poderia ser ameaçada pelos corréus delatados.

Prevê-se na lei, ainda, o recolhimento a quartéis ou prisão especial de outras pessoas diante da atividade pública ou particular que desempenhavam. Nos termos do art. 295 do Código de Processo Penal, são beneficiários dessa *prisão especial:* I – os ministros de Estado; II – os governadores ou interventores de Estados ou Territórios, o prefeito do Distrito Federal, seus respectivos secretários, os prefeitos municipais, os vereadores e os chefes de Polícia; III – os membros do Parlamento Nacional, do Conselho de Economia Nacional e das Assembleias Legislativas dos Estados; IV – os cidadãos inscritos no "Livro de Mérito"; V – os oficiais das Forças Armadas e militares dos Estados, do Distrito Federal e dos Territórios; VI – os magistrados; VII – os diplomados por qualquer das faculdades superiores da República; VIII – os ministros de confissão religiosa; IX – os ministros do Tribunal de Contas; X – os cidadãos que já tiverem exercido efetivamente a função de jurado, salvo quando excluídos da lista por motivo de incapacidade para o exercício daquela função; XI – os delegados de polícia e os guardas-civis dos Estados e Territórios, ativos e inativos. Além disso, nos termos do art. 296, os inferiores e praças de pré devem ser recolhidos, onde for possível, à prisão em estabelecimentos militares, de acordo com os respectivos regulamentos. Os arts. 295 e 296 do CPP, porém, foram alterados, além de se criarem outras hipóteses de prisão especial por leis especiais. Assim, a Lei nº 799, de 1º-9-1949, dispõe sobre prisão especial dos oficiais da Marinha Mercante Nacional; a Lei nº 2.860, de 31-8-1956, sobre prisão especial de dirigentes e administradores sindicais; a Lei nº 3.313, de 14-11-1957, sobre prisão especial de servidores públicos; a Lei nº 3.988, de 24-11-1961, sobre a prisão de pilotos de aeronaves mercantes nacionais; a Lei nº 5.350, de 6-11-1967, sobre prisão especial dos funcionários da polícia civil dos Estados e Territórios; a Lei nº 7.172, de 14-12-1983, sobre prisão especial dos professores de ensino de 1º e 2º graus; a Lei Complementar nº 40, de 14-12-1981 (Lei Orgânica Nacional do Ministério Público), no art. 20, VII e VIII, sobre a prisão especial dos membros do Ministério Público; a Lei Complementar nº 35, de 14-3-1979 (Lei Orgânica da Magistratura Nacional), no art. 33, III, sobre prisão especial dos magistrados; a Lei nº 8.906, de 4-7-94 (Estatuto da Advocacia e da Ordem dos Advogados do Brasil), sobre a prisão especial do advogado. Tratando-se de militar preso em flagrante, após a lavratura do auto deverá ser ele recolhido a quartel da instituição a que pertencer, onde permanecerá à disposição das autoridades competentes (art. 300, parágrafo único, do CPP, com a redação dada pela Lei nº 12.403, de 4-5-2011).

Essa prisão especial, porém, só é concedida até a condenação transitar em julgado, a não ser na hipótese do funcionário da Administração da Justiça Criminal, cuja separação dos demais presos comuns perdura inclusive quanto à execução da pena (item 106.6). Assim, transitada em julgado a sentença condenatória, o preso que não se encontra na situação prevista no art. 84, § 2º, da Lei de Execução Penal, deve ser transferido para o presídio ou seção comum para cumprir a pena imposta.

De acordo com a redação dada ao art. 295 do CPP pela Lei nº 10.258, de 11-7-2001, a prisão especial, prevista no Código de Processo Penal e leis especiais, consiste exclusivamente no recolhimento em local distinto da prisão comum e, não havendo estabelecimento especial para o preso especial, em recolhimento em cela distinta do estabelecimento penal comum (§§ 1º e 2º). A mesma lei prevê a possibilidade de cela especial em alojamento coletivo, obedecidas as condições dos estabelecimentos penais, bem como a proibição de se transportar o preso especial com os demais (§§ 3º e 4º). Os demais direitos e deveres serão os mesmos dos presos comuns (§ 5º). O recolhimento à prisão especial não constitui óbice à observância dos demais direitos previstos na Lei de Execução Penal, não impedindo a progressão de regime, conforme dispõe a Súmula 717 do Supremo Tribunal Federal (itens 106.6 e 112.2).

Jurisprudência

- *Crime cometido durante o exercício funcional por ex-funcionário da administração da Justiça Criminal: prisão especial*
- *Crime cometido após a cessação do exercício funcional: prisão comum*
- *Equiparação do preso provisório ao preso condenado*
- *Inadmissibilidade de recolhimento do preso provisório com direito a prisão especial em cela comum de cadeia pública*
- *Inexistência de sala de Estado-Maior para preso provisório com direito a prisão especial*
- *Inadmissibilidade de progressão do preso*

Art. 85. O estabelecimento penal deverá ter lotação compatível com a sua estrutura e finalidade.

Parágrafo único. O Conselho Nacional de Política Criminal e Penitenciária determinará o limite máximo de capacidade do estabelecimento, atendendo a sua natureza e peculiaridades.

Vide: **LEP** arts. 64, VI, 66, VIII, 82 a 84, 87 a 104, 203, § 4º.

85.1 CAPACIDADE DAS PRISÕES

Diante da orientação legal de se estabelecerem vários regimes para o cumprimento da pena privativa de liberdade (fechado, semiaberto e aberto), decorre a necessidade de serem feitas indagações estatísticas a respeito da espécie de estabelecimentos penais a serem construídos. Além disso, não há dúvida de que são desaconselháveis as prisões de grandes dimensões, sejam destinadas ao cumprimento em regime fechado ou semiaberto, não convindo exceder a sua capacidade de abrigar 350 condenados, limite máximo geralmente indicado pelos estudos penitenciários. As colônias europeias, por exemplo, têm capacidade reduzidíssima, de 80 a 150 presos aproximadamente: Cintra (Portugal), Witzeil (Suécia), Marneffe (Bélgica), H. Fuhlsbutte (Alemanha) etc. Esse limite, aliás, é também indicado para o cumprimento da pena em regime aberto (Casa do Albergado).

No Brasil, porém, tais limitações não têm sido obedecidas, exemplificando-se com a Casa de Detenção de São Paulo, que, antes de sua desativação, abrigava mais de 5.500 pessoas. A superlotação dos presídios no Brasil constitui um dos mais graves problemas penitenciários, longe de ser resolvido, pois a par do incremento da criminalidade violenta, a construção de novos estabelecimentos penais não se tem mostrado suficiente para reduzir o déficit prisional no país.[38]

---

38. Segundo dados do Sistema de Informações do Departamento Penitenciário Nacional (SISDEPEN) do Departamento Penitenciário Nacional, entre janeiro a junho de 2022, a população carcerária (incluídos sob custódia das polícias judiciárias, batalhões de polícia e bombeiros militares) total era de 837.443 presos, existindo somente 470.116 vagas disponíveis e, portanto, o déficit prisional no Brasil estimado era de 191.799 vagas.

No sentido de disciplinar a lotação dos estabelecimentos penais, determina a lei que deverá ele ter lotação compatível com sua estrutura e finalidade (art. 85, *caput*), e, para evitar o inconveniente de prefixar o número adequado de presos ou internados, defere ao Conselho Nacional de Política Criminal e Penitenciária a atribuição para determinar os limites máximos de capacidade de cada estabelecimento, atendendo a sua natureza e peculiaridades (art. 85, parágrafo único). Pela Resolução nº 3, de 23-9-2005, e, posteriormente pela Resolução nº 9, de 9-11-2011, o Conselho Nacional estabeleceu as diretrizes básicas a serem observadas na construção, ampliação e reforma dos estabelecimentos penais, prevendo a sua capacidade máxima, conforme sua natureza e destinação. A violação da regra sobre a capacidade de lotação pode ser punida com a interdição do estabelecimento a ser determinada pelo juiz da execução (art. 66, VIII). Além disso, o descumprimento *injustificado* desse dever de obediência ao limite máximo de capacidade do estabelecimento pela unidade federativa implica suspensão de qualquer ajuda financeira a ela destinada pela União para atender às despesas de execução das penas e medidas de segurança (art. 203, § 4º). Essa sanção, porém, dificilmente será aplicada, pois os Estados-membros não dispõem de recursos materiais suficientes para a construção de todos os estabelecimentos penais necessários a abrigar a população de condenados, e a suspensão da ajuda financeira terá por consequência o agravamento do problema penitenciário.

Art. 86. **As penas privativas de liberdade aplicadas pela Justiça de uma unidade federativa podem ser executadas em outra unidade, em estabelecimento local ou da União.**

§ 1º A União Federal poderá construir estabelecimento penal em local distante da condenação para recolher os condenados, quando a medida se justifique no interesse da segurança pública ou do próprio condenado.*

§ 2º Conforme a natureza do estabelecimento, nele poderão trabalhar os liberados ou egressos que se dediquem a obras públicas ou ao aproveitamento de terras ociosas.

§ 3º Caberá ao juiz competente, a requerimento da autoridade administrativa definir o estabelecimento prisional adequado para abrigar o preso provisório ou condenado, em atenção ao regime e aos requisitos estabelecidos.*

* Redação dada ao § 1º e inclusão do § 3º pela Lei nº 10.792, de 1º-12-2003.

Vide: **LEP** arts. 65, 66, V, *g, h,* 72, VI, 84, 87, parágrafo único; **CPP** art. 300; **Lei nº 8.072**, de 25-7-90, art. 3º; **Lei nº 10.792**, de 1º-12-2003, art. 8º. Súmulas: **STJ** 192; 639.

86.1 EXECUÇÃO DE PENA EM OUTRO ESTADO

Em princípio, a pena deve ser executada na comarca onde o delito se consumou, quer porque foi a comunidade respectiva a afrontada pelo ilícito, quer porque essa é uma regra de competência jurisdicional. Em termos de ideal penitenciário, porém, o preso deve cumprir a pena em seu meio social, ou seja, em sua cidade ou Estado, embora tendo cometido o crime em localidade diversa. Só assim poderá ficar em relação constante com sua família e seus amigos, por meio de visitas ou mesmo de saídas temporárias. Permanecer o condenado em presídio do Estado com que não tem qualquer vínculo pode frustrar a terapêutica penal de reinserção social pela previsível inadaptação ou eventual embaraço à correta execução da pena. Por essa razão, possibilita a lei que a pena privativa de liberdade aplicada pela Justiça de uma unidade federativa possa ser executada em outra, em estabelecimento local ou da União (art. 86, *caput*). Trata-se, aliás, de preocupação já tradicional em nosso direito, versada no art. 54 do Código Penal republicano de 1890 e no art. 29, § 3º, do Código Penal, em sua redação original. A permissão do art. 86, porém, não outorga ao sentenciado direito líquido e certo à concessão do pedido; a transferência é uma faculdade do juiz, fundada em razões de conveniência e oportunidade. Por isso mesmo, não pode ser concedida por meio de via do processo sumário do *habeas corpus* (v. também item 66.17).

Já se tem admitido o remédio heroico, porém em hipótese de transferência de prisão comum para prisão especial, não para assegurar a liberdade do preso senão para fazer cessar um constrangimento *a latere* da legítima detenção.

Por outro lado, existem situações que recomendam, no interesse da segurança pública, que a pena seja executada em local diverso daquele em que o crime foi cometido ou a domicílio do condenado. Os condenados a longas penas, em especial, quase sempre são reincidentes de difícil recuperação, impondo-se seu recolhimento em estabelecimentos de máxima segurança, onde possam trabalhar em obras públicas ou em terras ociosas, públicas ou particulares.[39] Por essa razão, dispõe a lei que a União Federal poderá construir estabelecimento penal em local distante da condenação para recolher os condenados, quando a medida se justifique no interesse da segurança pública ou do próprio condenado (art. 86, § 1º, com a redação dada pela Lei nº 10.792, de 1º-12-2003). Não mais se exige, conforme previsto no dispositivo em sua redação original, que a pena aplicada seja superior a quinze anos. Embora também excluída do § 1º a previsão de decisão judicial para a transferência do preso para esses estabelecimentos penais, a exigência permanece, nos termos do § 3º, incluído pela Lei nº 10.792 (item 86.2). O recolhimento ao presídio, local ou da União, poderá ocorrer tanto no início como durante a execução da pena. Os estabelecimentos a serem construídos pela União podem ser tanto penitenciárias como colônias agrícolas, industriais ou similares.[40] Os procedimentos de inclusão e transferência de pessoas presas para unidades que integram o sistema penitenciário federal foram disciplinados pela Resolução nº 557, de 8-5-2007, do Conselho da Justiça Federal.

Diz também o art. 3º da Lei nº 8.072, de 25-7-1990, que dispõe a respeito dos crimes hediondos e dá outras providências: "A União manterá estabelecimentos penais, de segurança máxima, destinados ao cumprimento de penas impostas a condenados de alta periculosidade, cuja permanência em presídios estaduais ponha em risco a ordem ou incolumidade pública". O dispositivo, além de supérfluo diante do já estatuído pelo art. 86, § 1º, da Lei de Execução Penal, peca por referir-se a condenados de alta periculosidade, sabendo-se que a lei penal não mais se refere à "periculosidade" de condenados imputáveis. Como bem afirma Antonio Scarance Fernandes, fica ao Juiz da Execução Penal a responsabilidade de, "em cada caso concreto", dizer se está presente a condição de "alta periculosidade" do condenado para poder determinar a remoção.[41]

---

39. SILVA, Odir Odilon Pinto da, BOSCHI, José Antonio Paganella. Ob. cit. p. 87.
40. *Exposição de Motivos*, item 107, *in fine*.
41. Considerações sobre a Lei nº 8.072, de 25-7-1990 – *Crimes Hediondos*, RT 660/266.

No parágrafo único do art. 87, acrescentado pela Lei nº 10.792, prevê-se a construção, pela União e pelas unidades federativas de penitenciárias destinadas exclusivamente aos presos, provisórios ou condenados, que estejam em regime fechado, sujeitos ao regime disciplinar diferenciado (item 87.3).

Referindo-se expressamente o art. 86 às penas privativas de liberdade, é inviável o pedido de transferência para a execução de outras penas, como as restritivas de direitos.

É o agravo o recurso adequado para atacar as decisões dos juízes quanto à transferência ou indicação de local para cumprimento da pena porque esta medida poderá estar eventualmente ferindo direitos do apenado.

Quanto à transferência de presos para o exterior, foram promulgados os Decretos nºs 5.919, de 3-10-2006 (Convenção Interamericana sobre o Cumprimento de Sentenças Penais no Exterior, concluída em Manágua, em 9-6-1993); 2.547, de 14-4-98 (Canadá); 2.576, de 30-4-1998 (Espanha); 3.002, de 26-3-1999 (Chile); 3.810, de 2-5-2001 (Estados Unidos da América); 3.875, de 23-7-2001 (Argentina); 4.107, de 28-1-2002 (Reino Unido e Irlanda); 8.813, de 18-7-2016 (Suriname) etc. (v. também item 66.17).

Jurisprudência

- *Transferência para penitenciária do condenado ao regime fechado*
- *Conveniência da transferência do preso para proximidades de familiares*
- *Possibilidade da transferência de preso para outro Estado*
- *Necessidade de conveniência e oportunidade para a transferência de preso para outro Estado*
- *Transferência do preso como faculdade do juiz*
- *Transferência de preso como direito relativo*
- *Inexistência de direito líquido e certo para a transferência*
- *Transferência do preso como medida de interesse público*
- *Inadmissibilidade de suspensão da remoção pela ocorrência de falta disciplinar*
- *Irrelevância da pendência de recurso*
- *Inadmissibilidade de transferência para cumprimento de pena restritiva de direitos*

86.2 COMPETÊNCIA PARA A REMOÇÃO

Segundo o art. 66, V, *g* e *h*, compete ao juiz da execução determinar o cumprimento de pena ou medida de segurança em outra comarca e a remoção do condenado na hipótese prevista no § 1º do art. 86 da Lei de Execução Penal. Nos termos do § 3º do art. 86, acrescentado pela Lei nº 10.792, de 1º-12-2003, caberá ao juiz competente, a requerimento da autoridade administrativa, definir o estabelecimento prisional adequado para abrigar o preso provisório ou condenado, em atenção ao regime e aos requisitos estabelecidos.

A determinação de remoção definitiva do condenado para cumprimento de pena privativa de liberdade em outra comarca ou outro Estado constitui decisão jurisdicional pois, nesses casos, está o magistrado declinando de sua competência para a execução penal (item 66.17). O art. 86, § 1º, aliás, em sua redação original, já aludia expressamente à necessidade de "decisão judicial". Assim, devem manifestar-se a respeito de eventual remoção para estabelecimento penal de outro Estado ou da União tanto o condenado como o representante do Ministério Público, cabendo-lhes, da decisão (que deve ser motivada), o recurso de agravo em execução (art. 197). Como a transferência em caráter definitivo acarreta a alteração da competência para a execução, que passa a ser do Juiz de outro Estado da Federação, ou de outra comarca, é imprescindível, se acolhida, a prévia anuência do Juízo para o qual deve ser realizada a remoção.

O Juiz da execução não perde sua competência, porém, com relação ao sentenciado que, do estabelecimento penal de sua jurisdição, é transferido, *provisoriamente*, para o de outra.

Considerando que a competência para a transferência de lugar de cumprimento da pena é originariamente do juiz da execução e que essa transferência não é direito do condenado, dependendo de razões de conveniência e oportunidade, a remoção não pode ser requerida por via do *habeas corpus*. Não está em jogo, aliás, a liberdade de locomoção do condenado, discutindo-se apenas o local do cumprimento da pena, o que torna inadmissível o remédio heroico. Mas já se tem decidido em contrário. Outrossim, conforme já assentou o STJ, "não fere o contraditório e o devido processo decisão que, sem ouvida prévia da defesa, determine transferência ou permanência de custodiado em estabelecimento penitenciário federal" (Súmula 639).

Jurisprudência

- *Admissibilidade de inclusão cautelar no regime disciplinar diferenciado sem prévia oitiva da defesa: contraditório diferido*
- *Competência para decidir sobre a transferência de preso*
- *Necessidade de anuência do Juiz do local para o qual será o preso transferido*
- *Competência para execução da pena em caso de transferência*
- *Competência para execução da pena em caso de transferência provisória para outra comarca*
- *Competência para execução da pena em caso de transferência por ato administrativo*
- *Competência para execução da pena em caso de condenação por crime militar*
- *Inadmissibilidade de transferência por meio de* **habeas corpus**
- *Inadmissibilidade de transferência por meio de mandado de segurança*
- *Inadmissibilidade de sustar transferência por meio de mandado de injunção*
- *Inadmissibilidade de transferência por meio de revisão*
- *Cabimento do agravo em execução da decisão do juiz*

86.3 LIBERADOS E EGRESSOS

Os egressos (liberado condicional ou definitivo pelo prazo de um ano a contar da saída do estabelecimento) poderão trabalhar nos estabelecimentos penais quando se dediquem a obras públicas ou ao aproveitamento de terras ociosas (art. 86, § 2º). A faculdade, porém, somente se refere aos estabelecimentos destinados à execução da pena em regime semiaberto ou aberto, pois a natureza do estabelecimento de segurança máxima não permite, em regra, trabalho de pessoas estranhas ao pessoal penitenciário, principalmente em razão da segurança e do contato com os condenados que cumprem pena em regime fechado.

Capítulo II
DA PENITENCIÁRIA

Art. 87. A Penitenciária destina-se ao condenado à pena de reclusão, em regime fechado.

Parágrafo único. A União Federal, os Estados, o Distrito Federal e os Territórios poderão construir Penitenciárias destinadas, exclusivamente, aos presos provisórios e condenados que estejam em regime fechado, sujeitos ao regime disciplinar diferenciado, nos termos do art. 52 desta Lei.*

* Parágrafo único acrescentado pela Lei nº 10.792, de 1º-12-2003.

Vide: **LEP** arts. 52, 54, § 2º, 60, 82 a 86, 88 a 90, 110 a 112, 118; **CP** arts. 33, *caput*, § 1º, *a*, § 2º, *a*, § 3º, 34; **CPP** art. 300; **Lei nº 10.792**, de 1º-12-2003, arts. 7º, 8º.

87.1 INTRODUÇÃO

Frente à clássica concepção do cárcere único, como lugar onde se abrigaria toda classe de delinquentes, os modernos postulados penitenciários requerem uma diversidade de estabelecimentos para conseguir uma das finalidades mais perseguidas pelas técnicas da observação penitenciária: a classificação dos presos. A individualização do tratamento exige, por meio da adequada observação dos presos, sua classificação e destino ao estabelecimento mais adequado a sua personalidade.[42] Por essa razão, preconizam as Regras de Mandela que os presos pertencentes a categorias diversas deverão ser alojados em diferentes estabelecimentos e em diferentes seções dos estabelecimentos, inclusive diante do tratamento correspondente a ser aplicado (Regra 11).

Segundo o entendimento moderno, o que caracteriza os estabelecimentos penais e os tipifica não é a natureza do trabalho que, neles, os condenados têm oportunidade de exercer (agrícola, industrial, agroindustrial etc.), mas suas condições gerais, que configuram e consubstanciam os diversos regimes de execução das sanções.[43] O trabalho, o estilo arquitetônico do estabelecimento, a disciplina interna, as possibilidades de contato com o exterior são as condições que conduzem à classificação dos regimes penitenciários. Firmou-se assim uma trilogia, obtida com a evolução do Direito Penitenciário: estabelecimento *fechado*, estabelecimento *semiaberto* e estabelecimento *aberto*.

Jurisprudência

- *Superlotação dos presídios*

87.2 REGIME FECHADO

Consagrando o já disposto no art. 33 do Código Penal de 1940, com a redação que lhe foi dada pela Lei nº 6.416, de 24-5-1977, a Lei nº 7.209, de 11-7-1984, estabelece os

---

42. GUZMAN, Luis Garrido. *Manual de ciencia penitenciaría*. Caracas-Madri: Edersa, 1983. p. 219.
43. MIOTTO, Armida Bergamini. *Curso de ciência penitenciária*. São Paulo: Saraiva, 1975. v. 2. p. 625.

três regimes para o cumprimento das penas privativas de liberdade: fechado, semiaberto e aberto. Na Lei de Execução Penal, firma-se o estabelecimento penal adequado para cada um dos regimes: a Penitenciária destina-se ao condenado à pena de reclusão em regime fechado (art. 87); a Colônia Agrícola, Industrial ou similar destina-se ao cumprimento da pena em regime semiaberto (art. 91) e a Casa do Albergado destina-se ao cumprimento de pena privativa de liberdade, em regime aberto, e da pena de limitação de fim de semana (art. 93).

O regime fechado caracteriza-se por uma limitação das atividades em comum dos presos e por maior controle e vigilância sobre eles. Devem cumprir pena nesse regime os presos de periculosidade extrema, assim considerados na valoração de fatores objetivos: quantidade de crimes, penas elevadas no período inicial de cumprimento, presos reincidentes etc. Como observa Bueno Arús, a periculosidade pode ser avaliada criminologicamente (risco de cometer novos crimes, entre os de maior gravidade) ou penitenciariamente (risco de alterações graves da ordem e segurança dos estabelecimentos).[44] Nos termos legais, considera-se regime fechado a execução da pena em estabelecimento de segurança máxima ou média (art. 33, § 1º, *a*, do Código Penal), estabelecimento esse denominado "Penitenciária" (art. 87, da LEP).[45]

Na lei anterior, a destinação para os devidos regimes penitenciários era decidida de acordo com a quantidade da pena e a periculosidade do condenado. Com a modificação da Parte Geral do Código Penal pela Lei nº 7.209/84, os regimes passaram a ser determinados em sua fase inicial pela espécie e quantidade da pena imposta e pela reincidência e, no decorrer da execução, pelo cumprimento de parte da pena e mérito do condenado. Nesses termos, são destinados ao regime *fechado*, obrigatoriamente, os condenados a *pena de reclusão superior a oito anos* e o condenado *reincidente*, qualquer que seja a pena de *reclusão* aplicada (art. 33 e §§ do CP) (v. item 110.1).

Por força da Lei nº 8.072, de 25-7-1990, também são destinados ao regime inicial fechado, independentemente da quantidade da pena aplicada e de serem os condenados não reincidentes, os autores dos crimes hediondos (homicídio qualificado, lesão corporal dolosa de natureza gravíssima (art. 129, § 2º) e lesão corporal seguida de morte (art. 129, § 3º), quando praticadas contra autoridade ou agente descrito nos arts. 142 e 144 da Constituição Federal, integrantes do sistema prisional e da Força Nacional de Segurança Pública, no exercício da função ou em decorrência dela, ou contra seu cônjuge, companheiro ou parente consanguíneo até terceiro grau, em razão dessa condição; roubo, quando circunstanciado pela restrição de liberdade da vítima, pelo emprego de arma de fogo, de uso proibido ou restrito ou não, ou qualificado pelo resultado lesão corporal grave ou morte; extorsão qualificada pela restrição da liberdade da vítima com a ocorrência de lesão corporal ou morte; estupro, estupro de vulnerável, epidemia com resultado morte, falsificação, corrupção, adulteração ou alteração de produto destinado a fins terapêuticos ou medicinais, favorecimento da prostituição ou de outra forma de exploração sexual de criança ou adolescente ou de vulnerável); furto qualificado pelo emprego de explosivo ou de artefato análogo que cause perigo comum; genocídio; posse ou porte ilegal de arma de fogo de uso proibido; comércio ilegal de armas de fogo; tráfico inter-

---

44. GUZMAN, Luis Garrido. Ob. cit., p. 255. Segundo pesquisa realizada em 1989, dos 90.000 presos do país, apenas 3.000 são de alta periculosidade: MAIA NETO, Cândido Furtado. *Alternativas de controle de natalidade*, trabalho inédito.

45. De acordo com o Sistema Integrado de Informações Penitenciárias (InfoPen), em 2014 existiam no país 371 penitenciárias.

nacional de arma de fogo, acessório ou munição e crime de organização criminosa, quando direcionado à prática de crime hediondo ou equiparado bem como pela prática de tortura, de tráfico ilícito de entorpecentes e drogas afins e de terrorismo (arts. 1º e 2º, § 1º). A doutrina e a jurisprudência consideram a matéria de regime de penas como de Direito Penal, devendo ser observados, portanto, o art. 5º, XL, da CF e o art. 2º, parágrafo único, do CP.

Poderão também ser destinados inicialmente ao regime fechado os *não reincidentes* condenados a penas de reclusão igual ou inferior a oito anos se assim entender o juiz diante dos critérios previstos no art. 59 do Código Penal (art. 33, § 3º, do CP). Quando se trata de detenção, ainda que o condenado seja reincidente e a pena superior a oito anos, é inadmissível a fixação do regime fechado inicial (art. 33, *caput*, 2ª parte). Nesse caso especial é obrigatório o regime semiaberto. Durante a execução da pena poderão ser transferidos para o regime fechado os condenados à pena de detenção, qualquer que seja sua duração, por força da regressão (art. 33, *caput*, 2ª parte, do CP). Não pode ser submetido a regime fechado, mesmo ocorrendo causa de regressão, o condenado à prisão simples. Tal espécie de pena privativa de liberdade é sempre cumprida em regime semiaberto ou aberto (art. 6º da LCP).

O regime fixado pelo juiz pode ser alterado em segunda instância para o mais gravoso em virtude do aumento de pena imposto, independentemente de pedido expresso no recurso da acusação, uma vez que a alteração se torna automática em consequência da majoração da pena.

As lideranças de organizações criminosas armadas ou que tenham armas à disposição deverão iniciar o cumprimento da pena no regime fechado em estabelecimentos penais de segurança máxima, conforme dispõe a Lei das Organizações Criminosas (art. 2º, § 8º da Lei nº 12.850/2013).

87.3 PENITENCIÁRIA DESTINADA A PRESOS EM REGIME DISCIPLINAR DIFERENCIADO

Nos termos do parágrafo único do art. 87, acrescentado pela Lei nº 10.792, de 1º-12-2003, prevê-se a construção pela União e pelas unidades federativas de penitenciárias destinadas exclusivamente aos presos provisórios e condenados que estejam em regime fechado, submetidos ao regime disciplinar diferenciado. O regime disciplinar diferenciado, como já visto, pode ser aplicado, como sanção disciplinar, aos presos que praticaram crime doloso com subversão à ordem e disciplina interna e, como medida preventiva, àqueles que não podem permanecer no regime comum por representarem elevado risco à segurança do estabelecimento prisional ou à ordem pública, como na hipótese de integrarem quadrilha ou organização criminosa atuante dentro ou fora do sistema prisional (item 52.2). Os presídios construídos para tal finalidade devem possuir condições máximas de segurança, além de viabilizar o recolhimento em cela individual, requisito exigível para qualquer penitenciária (arts. 52, inciso II, e 88). Dispõe a Lei nº 10.792, de 1º-12-2003, que a União "definirá os padrões mínimos do presídio destinado ao cumprimento de regime disciplinar" (art. 7º) e "priorizará, quando da construção de presídios federais, os estabelecimentos que se destinem a abrigar presos provisórios ou condenados sujeitos a regime disciplinar diferenciado" (art. 8º). No próprio art. 52, § 5º (incluído pela Lei nº 13.964/2019), porém, já se prevê que o regime disciplinar diferenciado deverá contar com alta segurança interna e externa do estabelecimento prisional, com vistas a se evitar o contato do preso com membros de sua organização criminosa ou de grupos rivais. Prevê o art. 72, inciso VI, da LEP, a elaboração de um cadastro nacional de vagas em estabelecimentos locais destinadas ao cumprimento de pena privativa de liberdade aplicada pela justiça de outro Estado, especialmente para os presos sujeitos a regime disciplinar. Admite-se, expressamente, no art. 87, parágrafo único, a possibilidade de inclusão do preso provisório em penitenciária adequada ao regime diferenciado, em exceção à regra de que deve ele ser custodiado na cadeia pública em local próximo ao seu meio social e familiar (item 102.1). Permanece, porém, a necessidade de separação do preso provisório e do condenado, por força do disposto no art. 84, *caput*, e no art. 300 do CPP.

Tratando-se de preso que exerce liderança em organização criminosa, associação criminosa ou milícia privada e que foi incluído no regime disciplinar diferenciado, deve ele cumpri-lo, obrigatoriamente em estabelecimento prisional federal (art. 52, § 3º, incluído pela Lei nº 13.964/2019).

> **Art. 88.** O condenado será alojado em cela individual que conterá dormitório, aparelho sanitário e lavatório.
>
> Parágrafo único. São requisitos básicos da unidade celular:
>
> a) salubridade do ambiente pela concorrência dos fatores de aeração, insolação e condicionamento térmico adequado à existência humana;
>
> b) área mínima de seis metros quadrados.

Vide: **LEP** arts. 3º, 64, VI, 66, VII, VIII, 68, parágrafo único, 70, II, 81, V, VI, 82 a 86, 87, 89, 90; **CP** art. 38.

88.1 PENITENCIÁRIA

Já se tem afirmado que uma autêntica reforma penitenciária deve começar pela arquitetura das prisões. Entretanto, ainda nos dias de hoje, no recinto das prisões, respira-se um ar de constrangimento, repressão e verdadeiro terror, agravado pela arquitetura dos velhos presídios em que há confinamento de vários presos em celas pequenas, úmidas, de tetos elevados e escassas luminosidade e ventilação, num ambiente que facilita não só o homossexualismo como o assalto sexual. Não fosse por outras razões, ligadas ao procedimento de reinserção social, o respeito à personalidade e intimidade do preso tem levado os legisladores modernos a dispor sobre as condições de espaço e higiene a que deverá estar submetida a arquitetura dos estabelecimentos penais, dedicando regras específicas principalmente quanto àqueles destinados ao cumprimento da pena em regime fechado.

Como se assinala na exposição de motivos, a Lei de Execução Penal adota, sem vacilação, a regra da cela individual, com requisitos básicos quanto à salubridade e área mínima (item 98). Por isso, determina que, na penitenciária, a cela individual deve conter dormitório, aparelho sanitário e lavatório, tendo como requisitos básicos: (a) salubridade do ambiente pela concorrência dos fatores de aeração, insolação e condicionamento térmico adequado à existência humana; (b) área mínima de seis metros quadrados (art. 88, parágrafo único). Obedece-se, assim, ao disposto nos itens 12 a 17 das Regras de Mandela. Incumbe ao Conselho Nacional de Política Criminal e Penitenciária, nos termos do art. 64, inciso VI, estabelecer regras sobre a arquitetura e construção de estabelecimentos penais. Essas normas foram definidas pela Resolução nº 3, de 23-9-2005, do CNPCP, revogada pela Resolução nº 9, de 9-11-2011. Evidentemente, na construção da penitenciária deverão ser obedecidas as regras gerais sobre os estabelecimentos penais no que diz respeito às áreas destinadas à assistência, educação, trabalho, recreação e prática desportiva (item 83.1).

A Lei nº 10.792, de 1º-12-2003, prevê que "os estabelecimentos penitenciários disporão de aparelho detector de metais, aos quais devem se submeter todos que queiram ter acesso ao referido estabelecimento, ainda que exerçam qualquer cargo ou função pública" (art. 3º) e que, especialmente os estabelecimentos destinados ao regime disciplinar diferenciado, serão dotados, entre outros equipamentos de segurança, de bloqueadores para telefones celulares, radiotransmissores e outros meios de telecomunicação (art. 4º).

Jurisprudência

- *Presídio interditado*

Art. 89. Além dos requisitos referidos no art. 88, a penitenciária de mulheres será dotada de seção para gestante e parturiente e de creche para abrigar crianças maiores de 6 (seis) meses e menores de 7 (sete) anos, com a finalidade de assistir a criança desamparada cuja responsável estiver presa.

Parágrafo único. São requisitos básicos da seção e da creche referidas neste artigo:

I – atendimento por pessoal qualificado, de acordo com as diretrizes adotadas pela legislação educacional e em unidades autônomas; e

II – horário de funcionamento que garanta a melhor assistência à criança e à sua responsável.*

* *Caput* com a redação dada e parágrafo único inserido pela Lei no 11.942, de 28-5-2009.

Vide: **CF** art. 5º, XLVIII, L; **LEP** arts. 64, VI, 82, § 1º, 83, § 2º, 87, 88; **CP** art. 37.

89.1 PENITENCIÁRIA DE MULHERES

Por força da Constituição Federal as mulheres devem cumprir pena em estabelecimento distinto daquele destinado aos homens (art. 5º, XLVIII). Dispõe, também, a Constituição que "às presidiárias serão asseguradas condições para que possam permanecer com seus filhos durante o período de amamentação" (art. 5º, L). O art. 89 da Lei de Execução Penal estabelece a obrigatoriedade de que as penitenciárias sejam dotadas de seção para gestante e parturiente e de creche que tem por finalidade assistir criança desamparada, maior de seis meses e menor de sete anos cuja responsável esteja presa. Para os menores de seis meses, que se encontram no período de amamentação, há a previsão, para todos os estabelecimentos penais, da existência de berçário, onde as presas possam cuidar de seus filhos (art. 83, § 2º). Destinam-se essas instalações à prestação de assistência ao filho desamparado da presa. Como se sabe, a execução da pena atinge, indiretamente, os filhos dos condenados e torna-se indispensável que sejam eles assistidos, ao menos enquanto estiverem na idade de dependência estreita com a mãe presidiária. No parágrafo único do art. 89 estão previstos como requisitos básicos da seção especial e da creche, o atendimento por pessoal qualificado de acordo com as diretrizes do sistema educacional e o horário de funcionamento que melhor garanta a assistência à criança e à responsável. De forma abrangente, o direito de visitação periódica à mãe ou ao pai privados de liberdade é assegurado por lei à criança e ao adolescente, inclusive nas hipóteses em que estão sujeitos ao acolhimento institucional, independentemente, aliás, de autorização judicial (art. 19, § 4º, do ECA). O Conselho Nacional de Justiça, pela Resolução 252, de 4-9-2018, também estabeleceu princípios e diretrizes que devem nortear o acompanhamento das mulheres mães e gestantes privadas de liberdade.

Os requisitos básicos mencionados no art. 88 devem ser obedecidos também quanto às penitenciárias femininas.

Jurisprudência

- *Inadmissibilidade da prisão albergue domiciliar a paciente grávida: previsão legal de seção especial em penitenciária*

- *Inadmissibilidade de substituição da prisão preventiva por prisão domiciliar para cuidar de filho menor de 7 anos de idade: previsão legal de seção especial em penitenciária*

Art. 90. **A penitenciária de homens será construída em local afastado do centro urbano a distância que não restrinja a visitação.**

Vide: **LEP** arts. 41, X, 86, §§ 1º e 3º; **Lei** nº 8.072, de 25-7-90, art. 3º.

90.1 LOCAL DA PENITENCIÁRIA

Por razões de segurança, determina-se que a penitenciária de homens seja construída em local afastado do centro urbano. A possibilidade de motins e fugas assim exige para a segurança da comunidade, que, de outra forma, estaria envolvida em acontecimentos passíveis de causar-lhes sérios perigos. Dispõe, também, o art. 86, § 1º, que a União Federal poderá construir estabelecimento penal em local distante do lugar da condenação para recolher os condenados, quando a medida se justifique no interesse da segurança pública ou dos próprios condenados. Entretanto, a localização do estabelecimento não deve restringir a possibilidade de visitação aos presos, que é fundamental no processo de sua reinserção social. Entretanto, o cumprimento da pena no local de residência do condenado é mera faculdade, não um direito líquido do condenado, não se retirando do juiz competente o poder de decidir sobre a conveniência e oportunidade do cumprimento da pena em qualquer estabelecimento penal (v. itens 86.1 e 86.2).

Capítulo III
DA COLÔNIA AGRÍCOLA, INDUSTRIAL OU SIMILAR

Art. 91. A Colônia Agrícola, Industrial ou similar destina-se ao cumprimento da pena em regime semi-aberto.

Vide: **LEP** arts. 82 a 86, 92, 110 a 112, 118, 122; **CP** arts. 33, *caput*, § 1º, *b*, § 2º, *b*, § 3º, 36, 82 a 85. Súmula: **STJ** 269.

91.1 INTRODUÇÃO

Há condenados que, em razão de sua personalidade e do tipo de delito cometido ou pena aplicada, só não fogem da prisão diante do aparato físico da arquitetura e da vigilância constante sobre eles exercida; há outros que, com a aceitação da sentença condenatória e da pena aplicada, submetem-se à disciplina do estabelecimento, sem conflitos e sem intentar fuga. Assim, ao lado dos estabelecimentos penais com condições de manter a disciplina e evitar a fuga, é preciso que existam outros para os condenados que, capazes de observar a disciplina e evitar a fuga, são guiados por seu senso de responsabilidade e estão aptos a descontar a pena em regime aberto. Todavia, há condenados que, embora convencidos de que devem observar a disciplina e não empreender a fuga, com certo senso de responsabilidade, não têm o suficiente autodomínio para se submeter ao regime aberto. Por isso, como bem assinala Armida Bergamini Miotto, entre a prisão fechada, servida de aparatos físicos ou materiais que lhes garantem segurança máxima em favor da disciplina e contra as fugas, e a prisão aberta, despida de quaisquer aparatos semelhantes, existe um meio-termo, que é constituído pela prisão semiaberta.[1] Além disso, a evolução da pena mostrou ser necessária redução ao máximo possível do período de encarceramento na prisão de segurança máxima. Daí a origem da prisão semiaberta como estabelecimento destinado a receber o preso em sua transição do regime fechado tradicional para o regime aberto ou de liberdade condicional. A ideia surgiu na Suíça, onde se fez a primeira experiência na famosa prisão de Witzeil, que serviu de modelo para muitos outros estabelecimentos do gênero.[2]

91.2 REGIME SEMIABERTO

Para o condenado que tiver de cumprir um período mais longo da pena em regime fechado, a transição para um regime semiaberto é necessária, evidentemente, pois que esse condenado não tem aptidão, desde logo, para ser transferido para o regime aberto. Há forte estímulo para a fuga quanto ao condenado a longos anos de pena, ainda que seja ele portador de condições que o tornariam apto para um regime menos rigoroso. O regime

---

1. Ob. cit., v. 2. p. 628.
2. Cf. PIMENTEL, Manoel Pedro. *O crime e a pena na atualidade*. São Paulo: Revista dos Tribunais, 1983. p. 141.

semiaberto, portanto, é, nessa hipótese, uma transição para o regime aberto, no processo de reinserção social do condenado.

Não se pode negar, entretanto, que há condenados a penas de média ou curta duração que têm, desde logo, aptidão para o regime semiaberto sendo desnecessário seu recolhimento inicial em regime fechado. Assim, o regime semiaberto pode ser a fase de transição para o condenado inicialmente a prisão em regime fechado como constituir-se na primeira etapa das penas de curta ou média duração.

Devem iniciar obrigatoriamente o cumprimento da pena em regime semiaberto os condenados reincidentes à pena de *detenção*, qualquer que seja sua duração, já que o regime fechado não se destina, em regra, às penas de detenção, bem como os condenados *não reincidentes* condenados à *pena superior a quatro anos* (art. 33, *caput*, 2ª parte, e § 2º, *b*, do CP). Também devem ser destinados inicialmente ao regime semiaberto os *não reincidentes* condenados à *pena igual ou inferior a quatro anos* se, em decorrência das circunstâncias judiciais previstas no art. 59 do Código Penal, não estão em condições de iniciar o cumprimento da pena em regime aberto (art. 59, III, do CP). O Superior Tribunal de Justiça firmou, porém, orientação no sentido de que também se admite a fixação do regime inicial semiaberto aos reincidentes condenados a pena não superior a quatro anos quando lhe forem favoráveis as circunstâncias judiciais (Súmula 269). Deve ser transferido do regime fechado para o regime semiaberto o condenado que tiver cumprido ao menos uma parcela da pena no regime anterior, quando seu mérito indicar a progressão (art. 112 da LEP). Por outro lado, será transferido para o regime semiaberto ou fechado o condenado que cumpre a pena em regime aberto quando ocorrer causa da regressão (art. 118 e §§ 1º e 2º da LEP).

91.3 COLÔNIA AGRÍCOLA, INDUSTRIAL OU SIMILAR

A Colônia Agrícola, Industrial ou similar destina-se ao cumprimento da pena em regime semiaberto, conforme determina o art. 91 da Lei de Execução Penal. A par do inegável avanço com o sistema de prisão semiaberta, notaram-se nele alguns inconvenientes, entre os quais o de estarem os estabelecimentos situados na zona rural e serem destinados ao trabalho agrícola, situações a que não se adaptavam os condenados das cidades. Contornando tal dificuldade idealizou-se um sistema misto, com setores industriais nas prisões semiabertas ou mesmo com a instalação de colônias industriais. Em razão disso, a lei de execução destina esses condenados a cumprir a pena em regime semiaberto às colônias agrícola, industrial ou similar (entre esta a agroindustrial).[3]

Os estabelecimentos semiabertos têm configuração arquitetônica mais simples, uma vez que as precauções de segurança são menores do que as previstas para as penitenciárias. Funda-se o regime principalmente na capacidade de senso de responsabilidade do condena-

---

3. A construção de estabelecimentos penais de regime semiaberto tem sido negligenciada no Brasil. A falta de vagas nesses estabelecimentos tem ensejado a permanência indevida em regime fechado de presos já promovidos ao regime intermediário ou a concessão ilegal da prisão albergue domiciliar. Em dezembro de 2017 existiam em todas as unidades da Federação somente 114 colônias agrícolas ou industriais, segundo dados do InfoPen (Sistema Integrado de Informações Penitenciárias) do Departamento Penitenciário Nacional.

do, estimulado e valorizado, que o leva a cumprir com os deveres próprios de seu *status*, em especial o de trabalhar, submeter-se à disciplina e não fugir. Diante da legislação brasileira, que destinou os estabelecimentos de segurança média para os condenados que cumprem a pena em regime fechado (penitenciárias), a prisão semiaberta deve estar subordinada apenas a um mínimo de segurança e vigilância. Nela, os presos devem movimentar-se com relativa liberdade, a guarda do presídio não deve estar armada, a vigilância deve ser discreta e o sentido de responsabilidade do preso enfatizado.

A execução da pena em regime semiaberto não há de ocorrer necessariamente em colônia agrícola ou industrial, porque expressa é a lei no sentido da admissibilidade do cumprimento em estabelecimento "similar". Como estabelecimento similar deve ser considerado aquele que, embora não destinado à execução de trabalho agrícola ou industrial, atenda às características gerais supramencionadas e satisfaça os requisitos previstos no art. 82. Na verificação da aptidão e higidez do estabelecimento para a execução da pena em regime semiaberto, relevante é, também, a consideração dos requisitos fixados na Resolução nº 9, de 18-11-2011, do Conselho Nacional de Política Criminal e Penitenciária, que estabeleceu diretrizes básicas para a arquitetura dos estabelecimentos penais. No julgamento do RE 641320-RS, o STF recomendou aos Juízes da execução que procedam à avaliação dos estabelecimentos penais para verificação de sua adequação ao regime semiaberto, ainda na hipótese de não se qualificarem como colônia agrícola ou industrial. A recomendação está em consonância com o texto da norma legal que autoriza o recolhimento do preso em regime semiaberto em estabelecimento "similar".

Art. 92. **O condenado poderá ser alojado em compartimento coletivo, observados os requisitos da letra *a* do parágrafo único do art. 88 desta lei.**

Parágrafo único. **São também requisitos básicos das dependências coletivas:**

a) a seleção adequada dos presos;

b) o limite de capacidade máxima que atenda os objetivos de individualização da pena.

Vide: **LEP** arts. 5º, 64, VI, 66, VII, VIII, 68, parágrafo único, 70, II, 81, V, VI, 82 a 86, 91.

92.1 COMPARTIMENTOS COLETIVOS

Como exceção à regra básica das celas individuais, prevê a lei que as colônias contenham, facultativamente, compartimento coletivo para o alojamento dos condenados. Já não há mais necessidade, na hipótese do regime semiaberto, das precauções de segurança quanto ao homossexualismo ou a violência sexual própria dos presos de periculosidade elevada e de menor adaptabilidade à execução penal. A vigilância pode ser mais discreta, adaptada ao tipo de estabelecimento, permitindo-se o alojamento coletivo de menor custo. Para isso, porém, deve ser rigorosamente observado "o limite de capacidade máxima que atenda os objetivos de individualização da pena", exigência necessária para que se evite o surgimento de problemas de segurança, disciplina, violência e constrangimento comuns nos estabelecimentos superpovoados. No regime de semiliberdade, de menor rigidez do sistema, com possibilidade de saídas periódicas, e de maior proximidade do regime aberto, esses problemas quase desaparecem se não houver superlotação do estabelecimento. Para isso se exige também, conforme o preconizado pelas Regras de Mandela (Regra 12.2), uma "seleção adequada dos presos" (art. 92, parágrafo único, *a*, da LEP).

Devem ser obedecidos também os requisitos materiais de salubridade e espaço previstos para a penitenciária ou, como se afirma na exposição de motivos, devem as colônias contar com os requisitos legais de salubridade ambiental (aeração, insolação e condicionamento térmico adequado à existência humana). Esses e outros requisitos estão previstos na Resolução nº 9, de 18-11-2011, do CNPCP.

Capítulo IV
DA CASA DO ALBERGADO

Art. 93. A Casa do Albergado destina-se ao cumprimento de pena privativa de liberdade, em regime aberto, e da pena de limitação de fim de semana.

Vide: **LEP** arts. 64, VI, 66, VII, VIII, 68, parágrafo único, 70, II, 81, V, VI, 82 a 86, 94, 95, 110 a 119; **CP** arts. 33, *caput*, § 1º, c, § 2º, c, § 3º, 36.

93.1 INTRODUÇÃO

Como já foi visto, há condenados cujo tipo de personalidade e cuja atitude consciente de aceitação da sentença condenatória e da pena aplicada fazem com que se submetam à disciplina do estabelecimento penal sem conflitos e sem intentar fuga. Assim, quando se trata de pena de curta duração, o condenado pode ser colocado em regime de semiliberdade imediatamente após o trânsito em julgado da sentença, desde que tenha aptidão para a ele ajustar-se. Em outras condições objetivas (penas de média ou longa duração) ou subjetivas (condenado inapto para o regime de semiliberdade), o condenado deverá antes ser recolhido a estabelecimento de regime fechado ou semiaberto e, após certo lapso de tempo da execução da pena, tendo já melhor estado psicológico para ponderar as consequências que lhe trariam a indisciplina e a fuga, poderá obter as condições para o regime aberto, assumindo a responsabilidade de obedecer à disciplina e não fugir. Nessa hipótese, a existência da prisão aberta oferece ao condenado, sempre que cumpra as condições do regime, a esperança de que sua conduta será levada em conta para obter o livramento condicional. Não se deve subestimar o elemento psicológico que é a esperança, força impulsora decisiva para a conduta do homem, mesmo na prisão. Como bem assinala Manoel Pedro Pimentel: se a personalidade do criminoso é uma estrutura complexa de fatores que agiram negativamente sobre ele, essa experiência real de liberdade, sob a motivação de readquirir a liberdade plena, permite que essa fatoração seja posta em xeque, reavaliada e substituída por comportamento diverso, o que jamais seria possível no ambiente da prisão fechada, porque é impossível treinar um homem preso para viver em liberdade.[4]

93.2 HISTÓRICO

Em 1841, John Augustus, rico sapateiro de Boston, EUA, pede à Corte a entrega de alguns delinquentes a sua responsabilidade, prometendo dar-lhes trabalho e assistência direta. O pedido é atendido e alguns condenados passam a executar serviços para o sapateiro, afastando-se do ócio do cárcere.[5] Estaria aí a primeira manifestação prática dos benefícios do regime de semiliberdade para o cumprimento da pena da prisão. Há precedentes legislativos em decreto francês de 25-2-1852 e no Código Penal italiano de 1898, mas os antecedentes práticos desse regime passaram a existir depois do congresso de Budapeste (1905). As experiências que podem ser consideradas como ponto de partida para o que veio a ser denominado prisão aberta são as que começaram a ser realizadas desde 1930, nos Estados Unidos e na Grã-Bretanha, já que as demais, como a dos estabelecimentos de Dusseldorf (1880), Dinamarca (1899) e na Suíça, em Witzwill (1891), referiam-se à prisão semiaberta, ou ao *probation system*, no Direito britânico (1907), belga (1915), sueco (1918), tcheco-eslovaco (1919), australiano (1920) etc. O regime aberto recebeu a consagração definitiva com os congressos de Haia (1950) e das Nações Unidas, em Caracas (1955).

No Brasil, a prisão albergue foi oficialmente instituída em 24-5-1977, com a promulgação da Lei nº 6.416, que alterou dispositivos do Código Penal, Código de Processo Penal e Lei de Contravenções Penais.

93.3 PRISÃO ALBERGUE

Determina o art. 93 que a Casa do Albergado destina-se ao cumprimento da pena privativa de liberdade, em regime aberto, e da pena de limitação de fim de semana. A denominação de Casa do Albergado (ou seja, prisão *albergue*), para designar o estabelecimento destinado ao condenado em regime aberto, é uma expressão feliz porque se refere a uma simples prisão noturna, sem obstáculos materiais ou físicos contra a fuga. A segurança, em tal estabelecimento, resume-se no senso de responsabilidade do condenado. A prisão albergue constitui-se em uma modalidade ou espécie do gênero prisão aberta, experiência que em outros países é conhecida com denominações que equivalem, em português, a "prisão noturna" ou "semiliberdade". Outra espécie de prisão aberta é a denominada "prisão domiciliar", prevista na nova lei ao mencionar o "regime aberto em residência particular" (item 117.1).

Nos termos legais, o regime aberto funda-se na autodisciplina e senso de responsabilidade do condenado (art. 36, *caput*, do CP). Este deverá, fora do estabelecimento e sem vigilância, trabalhar, frequentar curso ou exercer outra atividade autorizada, permanecendo recolhido durante o período noturno e nos dias de folga (art. 36, § 1º, do CP). Em síntese, é o regime de cumprimento de pena privativa de liberdade no qual o condenado trabalha,

---

4. Ob. cit. p. 144.
5. Cf. MEDICI, Sérgio de Oliveira. *Prisão albergue*. Bauru: Jalovi, 1979. p. 25.

estuda ou dedica-se a outras atividades lícitas fora do estabelecimento, durante o dia, sem escolta ou vigilância, e recolhe-se à Casa do Albergado à noite e nos dias em que não deva exercer tais misteres.

93.4 LIMITAÇÃO DE FIM DE SEMANA

A Casa do Albergado está destinada também ao recolhimento dos condenados a pena de limitação de fim de semana prevista no art. 48, *caput*, do Código Penal. Consiste essa pena na obrigação de permanecer, aos sábados e domingos, por cinco horas diárias, em casa do albergado ou outro estabelecimento adequado (art. 48, *caput*, do CP). Nesse local poderão ser ministrados ao condenado cursos e palestras ou atribuídas atividades educativas (art. 48, parágrafo único, do CP). Estão esses condenados também sujeitos à disciplina e aos regulamentos destinados aos condenados a pena privativa de liberdade em regime aberto, no que couber.

93.5 REGIME ABERTO

Destinam-se ao regime aberto os condenados aptos para viver em semiliberdade, ou seja, aqueles que, por não apresentarem periculosidade, não desejarem fugir, possuírem autodisciplina e senso de responsabilidade, estão em condições de dele desfrutar sem pôr em risco a ordem pública por estarem ajustados ao processo de reintegração social. Deve-se assim exigir rigorosa seleção dos presos que hão de constituir esse contingente de condenados à pena privativa de liberdade.

Apontam-se como vantagens do regime aberto: (a) melhora da saúde física e mental dos condenados, pela vida ao ar livre e aos espaços abertos; (b) melhora da disciplina decorrente do aprimoramento da responsabilidade pessoal e da autodisciplina do condenado; (c) maior facilidade de contatos exteriores com a família e para exercitar seu autodomínio ao trabalhar pela própria decisão, para não fugir, embriagar-se etc.; (d) economia para o Estado, que despende menos recursos na construção e manutenção das prisões abertas do que nos estabelecimentos fechados ou semiabertos etc. Em contrapartida, os inconvenientes apontados são: (a) a possibilidade de evasão, propiciada pela liberdade de locomoção do sentenciado; (b) o acentuado enfraquecimento da função intimidante da pena, principalmente quando da concessão indiscriminada do benefício; (c) a possibilidade de relações no exterior que possam corromper o condenado. Entretanto, bem regulamentada e somente concedida ao condenado apto ao regime aberto, a prisão albergue não é de modo algum uma gratuita garantia para que o condenado tenha onde comer, dormir e ficar livre de preocupações, mas uma forma de cumprimento da pena em que deve submeter-se ao respectivo regulamento, obedecendo às condições e normas de conduta no processo de reintegração social previsto como finalidade da execução penal.

Perante a lei brasileira, o regime aberto e a consequente destinação do condenado à Casa do Albergado exigem, para que seja concedida de imediato, na sentença, que não seja ele reincidente e que tenha sido condenado a pena igual ou inferior a quatro anos (art. 33, § 2°, *c*, CP). Essa destinação, porém, não é obrigatória ou automática, mas facultativa, pois depende de pressupostos que indiquem estar o condenado apto para o regime. Dispõe o art. 33, § 3°, do Código Penal, que a determinação do regime inicial do cumprimento da pena deve ser feita com observância dos critérios previstos no art. 59 do Código Penal (culpabilidade, antecedentes, conduta social, personalidade do agente, motivos, circunstâncias e consequências do crime, bem como o comportamento da vítima). O descrédito da prisão albergue, entre nós, tem sua origem não na natureza do instituto, mas na concessão indiscriminada do regime na forma domiciliar. O funcionamento satisfatório da prisão albergue depende – como se adverte na exposição de motivos – de regulamentação adequada quanto às condições de concessão e ao sujeito a que se destina. Por isso, acrescenta-se, a necessidade de efetivo controle jurisdicional que impeça abusos coloca-se como providência indispensável para a estabilidade da instituição.[6] Acrescente-se, ainda, a falta de fiscalização no procedimento executivo do regime aberto.

O regime aberto é modalidade de cumprimento da pena privativa de liberdade e, portanto, o juiz da sentença deve ordenar a expedição do mandado de prisão, com a determinação de que seja o preso encaminhado ao estabelecimento penal adequado. É posto em regime aberto também o condenado que tiver cumprido ao menos uma parte da pena no regime anterior e seu mérito indicar a progressão, nos termos do que prevê o art. 112 da LEP. Assim, além do cumprimento de parte da pena, deve o condenado estar apto para o regime. Tal aptidão, porém, não se afere mais pelas circunstâncias do crime, mas pelo mérito do condenado, ou seja, pelas condições com que vem respondendo ao processo de reintegração social no regime semiaberto. Não bastam, porém, os requisitos mencionados, pois o condenado deverá preencher também os requisitos previstos no art. 114 da Lei de Execução Penal (item 114.1).

Não é possível a concessão do regime aberto na prisão civil. Esta não é pena, mas uma coação para que o inadimplente cumpra seu dever, não estando a medida submetida a regimes diversos, quer em sua fase inicial, quer no sistema de progressão. Frustra-se a finalidade da prisão civil, que existe para coagir o devedor relapso a honrar seu compromisso, quando se submete apenas a esse regime. Deve ser recolhido à Cadeia Pública o submetido à prisão civil ou de caráter administrativo.

Jurisprudência

- *Expedição de mandado de prisão no regime aberto*

Art. 94. **O prédio deverá situar-se em centro urbano, separado dos demais estabelecimentos, e caracterizar-se pela ausência de obstáculos físicos contra a fuga.**

Vide: **LEP** arts. 64, VI, 66, VII, VIII, 68, parágrafo único, 70, II, 81, V, VI, 82, § 2º, 93, 95.

94.1 LOCALIZAÇÃO

A orientação legal de separar os albergados dos condenados que cumprem pena em regime diverso é facilmente compreensível. Não participando eles do trabalho interno da

---

6. Item 112.

prisão, nem estando submetidos a todos os regulamentos próprios dos regimes fechado ou semiaberto, a proximidade do albergado com os demais condenados seria nefasta pela integração na "subcultura" carcerária. Além disso, o albergado poderia ser levado a fazer a intermediação entre os condenados nos demais regimes e o exterior, possibilitando-se o tráfico de entorpecentes, a ligação com delinquentes que se encontram em liberdade etc., dificultando ainda mais o sistema de vigilância sobre os internos. A própria lei dispõe, entretanto, que o mesmo conjunto arquitetônico pode abrigar estabelecimentos de destinação diversa desde que devidamente isolados (art. 82, § 2º). Diante dessa faculdade, na comarca que não conta com uma Casa do Albergado, o que infelizmente constitui a regra, adotou-se, não raras vezes, a prática da improvisação de alojamento em dependências de cadeias públicas, distritos policiais ou prédios públicos que não estejam em uso, observando-se a obrigatória separação dos albergados com os presos processuais ou que estejam cumprindo pena em regime diverso.

Determina a lei que a Casa do Albergado deve situar-se em centro urbano para facilitar a possibilidade de acesso ao trabalho, à escola ou ao estabelecimento em que o condenado irá desempenhar suas atividades. Deve ainda o estabelecimento caracterizar-se pela ausência de obstáculo físico contra a fuga. É curial que assim seja, pois o preso albergado, se quiser evadir-se, poderá fazê-lo durante o dia, quando não está submetido a qualquer vigilância, fundado que está o regime precipuamente no senso de responsabilidade do condenado.

> **Art. 95.** Em cada região haverá, pelo menos, uma Casa do Albergado, a qual deverá conter, além dos aposentos para acomodar os presos, local adequado para cursos e palestras.
>
> **Parágrafo único.** O estabelecimento terá instalações para os serviços de fiscalização e orientação dos condenados.

Vide: **LEP** arts. 64, VI, 93, 94, 152.

95.1 INSTALAÇÕES

Não define a lei o que significa o termo *região* para os efeitos da execução penal, obrigando, porém, que cada uma delas mantenha pelo menos uma Casa do Albergado.[7] Silva e Boschi, a propósito, afirmam: "Como não define o que seja região prisional, entendemos caiba às unidades federativas divisionar seu território, segundo as necessidades de cada região socioeconômica, providenciando na instalação de Casas para albergar os condenados pelas diversas comarcas, sem o que seria praticamente impossível o beneficiamento do regime aberto ou a imposição da pena restritiva de limitação de fim de semana."[8] Enquanto tal não ocorre, a solução é considerar *região* o espaço físico abrangido pela Circunscrição Judiciária, conforme a divisão estabelecida, por exemplo, no Estado de São Paulo.

---

7. Em dezembro de 2017 existiam no Brasil somente 22 casas de albergados, de acordo com dados levantados pelo Departamento Penitenciário Nacional (InfoPen).

8. Ob. cit. p. 89.

As dimensões e a capacidade da Casa do Albergado devem ser determinadas, em princípio, com o fim de atender às necessidades de cada "região", comarca ou município, sempre obedecidas as regras sobre a arquitetura e construção fixadas pela lei e pelo Conselho Nacional de Política Criminal e Penitenciária (art. 64, VI). Embora estudos indiquem que a capacidade desses estabelecimentos abertos não deva exceder o número de 80 a 150, em outros países ela pode ir de 40 (Suécia), ou 200 (Argentina) a 3.000 (Filipinas). Cabe, entretanto, ao Conselho Nacional de Política Criminal e Penitenciária a fixação do limite máximo da capacidade desse estabelecimento (art. 85, parágrafo único). No Brasil, as casas do albergado devem abrigar no máximo 120 presos, conforme prevê a Resolução nº 9, de 18-11-2011, do CNPCP.

Os aposentos da Casa do Albergado podem ser coletivos, como nas colônias, mas deverá contar também com local adequado para cursos e palestras. Isso porque, nesse estabelecimento, são recolhidos também os condenados à pena restritiva de limitação de fim de semana, aos quais podem ser ministrados cursos e palestras (arts. 48, parágrafo único, do CP e 152 da LEP).

Apesar de não serem dotados de obstáculos à fuga, na Casa do Albergado deverá ser mantida a disciplina, conforme o regulamento e a lei local, e promovida a orientação dos condenados, quer dos que cumprem pena privativa de liberdade no regime aberto, quer daqueles submetidos à limitação de fim de semana. Por isso, o estabelecimento deve ter instalação para os serviços de fiscalização e orientação de todos (art. 95, parágrafo único).

O STF, por ocasião do julgamento do RE 641320-RS, diante do descompasso entre as prescrições contidas na Lei de Execução Penal e a realidade do sistema prisional do país e o ínfimo número de casas de albergado na maioria dos Estados da Federação, recomendou aos juízes da execução a verificação da possibilidade do recolhimento do preso a estabelecimentos que não se qualifiquem como casas do albergado, mas que se mostrem adequados à execução da pena no regime aberto. A admissibilidade dessa prática é expressamente prevista no art. 33, § 1º, alínea *c*, do Código Penal, que considera como regime aberto a pena executada em casa de albergado ou estabelecimento "adequado".

Capítulo V
DO CENTRO DE OBSERVAÇÃO

Art. 96. No Centro de Observação realizar-se-ão os exames gerais e o criminológico, cujos resultados serão encaminhados à Comissão Técnica de Classificação.

Parágrafo único. No Centro poderão ser realizadas pesquisas criminológicas.

Vide: **CF** art. 5º, XLVI; **LEP** arts. 5º a 9º, 97, 98.

96.1 CENTRO DE OBSERVAÇÃO

Como já foi visto, a classificação dos condenados para a individualização da execução da pena é de suma importância (item 5.1), principalmente quando efetuada de acordo com os exames gerais de personalidade (item 5.4), incluído neste o exame criminológico (item 5.5).

De acordo com a classificação fundada nesses exames, deve-se formular o programa individualizador e o acompanhamento da execução das penas privativas de liberdade (item 6.2).

Para a realização dos exames, prevê a lei a existência de um Centro de Observação, que encaminhará seus resultados à Comissão Técnica de Classificação, encarregada de classificar o condenado no estabelecimento no qual funcione, promovendo o programa de acompanhamento. Sua tarefa mais importante é, pois, a classificação dos condenados para uma distribuição por grupos análogos nos estabelecimentos penais, com a destinação àquele mais adaptado para a respectiva execução da pena privativa de liberdade. Deve o Centro de Observação, assim, estar em sintonia com o Departamento Penitenciário local, ou órgão similar, encarregado de supervisionar e coordenar os estabelecimentos penais da unidade da Federação a que pertencer (itens 73.1 e 74.1).

Permite a lei que, no Centro, sejam realizadas pesquisas criminológicas. A lei local poderá permitir convênios ou a colaboração com Institutos de Criminologia para tais pesquisas.[9]

Omissa a lei de execução a respeito da composição do pessoal especializado, cabe à lei local organizá-lo, inserindo-o no quadro geral dos funcionários (art. 76 da LEP).

Jurisprudência

- *Inadmissibilidade de exames por peritos particulares*

Art. 97. O Centro de Observação será instalado em unidade autônoma ou em anexo a estabelecimento penal.

Vide: **LEP** arts. 66, VII, VIII, 68, parágrafo único, 70, II, 81, V, VI, 96, 98.

97.1 INSTALAÇÕES

De acordo com o art. 97, o Centro de Observação deve ser instalado em unidade autônoma ou em anexo a estabelecimento penal. Quando ocorre a segunda hipótese não significa que o Centro destina-se apenas aos exames gerais e criminológicos dos condenados do estabelecimento penal anexo. O Centro de Observação é o estabelecimento de cada unidade federativa destinado justamente à primeira classificação dos condenados a fim de verificar-se qual a penitenciária ou colônia mais adequada para recebê-lo. Não obstante a importância da contribuição que os exames iniciais realizados no Centro de Observação poderiam fornecer à elaboração de um programa de individualização da pena, a principiar pela definição do estabelecimento prisional mais adequado para abrigar o condenado, existiam somente 7 centros de observação criminológica no país em dezembro de 2014.[10]

---

9. Na Espanha, iniciou-se com bons resultados a colaboração entre a Central Penitenciária de Observação e os Institutos Universitários de Criminologia.
10. De acordo com os dados do Sistema Integrado de Informações Penitenciárias – InfoPen do Departamento Penitenciário Nacional. No Estado de São Paulo o Decreto nº 46.486, de 2-1-2022, extinguiu o Centro de Observação criminológica e criou e organizou o Núcleo de Observação Criminológica.

Art. 98. Os exames poderão ser realizados pela Comissão Técnica de Classificação, na falta do Centro de Observação.

Vide: **LEP** arts. 5º a 9º, 96, 97.

98.1 EXAMES PELA COMISSÃO TÉCNICA DE CLASSIFICAÇÃO

Prevendo as dificuldades para a instalação de Centros de Observação em várias unidades federativas, a lei concede que, em sua falta, os exames gerais e criminológicos sejam feitos pela Comissão Técnica de Classificação instalada no estabelecimento penal em que se encontra o condenado (item 6.1).

Capítulo VI
DO HOSPITAL DE CUSTÓDIA E TRATAMENTO PSIQUIÁTRICO

Art. 99. O Hospital de Custódia e Tratamento Psiquiátrico destina-se aos inimputáveis e semi-imputáveis referidos no art. 26 e seu parágrafo único do Código Penal.

Parágrafo único. Aplica-se ao Hospital, no que couber, o disposto no parágrafo único do art. 88 desta lei.

Vide: **LEP** arts. 66, VII, VIII, 68, parágrafo único, 70, II, 81, V, VI, 88, 100, 101, 108, 171 a 174, 183; **CP** arts. 26, 96 a 99.

99.1 HOSPITAL DE CUSTÓDIA E TRATAMENTO PSIQUIÁTRICO

A adoção das medidas de segurança trouxe consigo a exigência de diverso estilo arquitetônico e da existência de aparelhagem interna nos estabelecimentos penais destinados a sua execução. Assim, o Hospital de Custódia e Tratamento Psiquiátrico é um hospital-presídio, um estabelecimento penal que visa assegurar a custódia do internado. Embora se destine ao tratamento, que é o fim da medida de segurança, pois os alienados que praticam crimes assemelham-se em todos os pontos a outros alienados, diferindo essencialmente dos outros criminosos, não se pode afastar a coerção à liberdade de locomoção do internado, presumidamente perigoso em decorrência da lei.

Como se acentua na exposição de motivos, o Hospital de Custódia e Tratamento Psiquiátrico não exige cela individual, já que a estrutura e as divisões de tal unidade estão na dependência de planificação especializada, dirigida segundo os padrões da medicina psiquiátrica.[11] Além disso, o tratamento exige dependências adequadas a quimioterapia, psicoterapia, laborterapia, praxiterapia etc. Assim, o estabelecimento deve apresentar

---

11. Item 99.

características hospitalares, contando com aparelhagem apropriada às diversas formas de tratamento. Asseguram-se também, pelo art. 99, parágrafo único, que se refere ao art. 88, parágrafo único, as garantias mínimas de salubridade do ambiente (fatores de aeração, insolação e condicionamento térmico adequado à existência humana) e área física de cada aposento (seis metros quadrados na unidade individual). Da Carta de São Paulo, do III Encontro Nacional dos Hospitais de Custódia e Tratamento Psiquiátrico consta: "O ambiente que tem a incumbência, por lei, de custodiar e tratar do doente mental que praticou delito deve ser salutar, dando a esse condições de melhora ou de restabelecimento. O ambiente tem de ser interpretado como de acolhimento, não de abandono."

Jurisprudência

- *Falta de vagas no Hospital de Custódia e Tratamento Psiquiátrico*

99.2 IMPUTÁVEIS E SEMI-IMPUTÁVEIS

Sendo inimputável o agente que, por doença mental ou desenvolvimento mental incompleto ou retardado, era, ao tempo da ação ou omissão, inteiramente incapaz de entender o caráter ilícito do fato ou de determinar-se de acordo com esse entendimento, presume a lei sua periculosidade e determina seja ele submetido à medida de segurança de internamento em hospital de custódia e tratamento psiquiátrico ou, à falta, em outro estabelecimento adequado (arts. 26, *caput*, 96 e 97 do CP). Se o agente, em virtude de perturbação da saúde mental ou por desenvolvimento mental incompleto ou retardado não era inteiramente capaz de entender o caráter ilícito do fato ou de determinar-se de acordo com esse entendimento (semi-imputável) e necessitar de especial tratamento curativo, a pena privativa de liberdade pode ser substituída pela internação (arts. 26, parágrafo único, e 98, do CP). É o que também dispõe o art. 99, *caput*, da Lei de Execução Penal, em consonância, aliás, com o art. 99 do Código Penal.

Também é internado no Hospital de Custódia e Tratamento Psiquiátrico o condenado que, no curso da execução da pena privativa de liberdade, vier a sofrer de doença mental ou apresentar perturbação da saúde mental, quer pela conversão da pena em medida de segurança (art. 183 da LEP), quer pela determinação do internamento pelo juiz (art. 108 da LEP). Na primeira hipótese, de conversão, a execução passará a ser regida pelas normas referentes às medidas de segurança (item 183.1); na segunda, de simples transferência, ocorrerá a detração, computando-se o tempo de internamento na duração da pena (art. 42 do CP).

99.3 OUTROS ESTABELECIMENTOS

Permite a lei o internamento em outro estabelecimento adequado na falta de hospital de custódia e tratamento psiquiátrico (art. 96, I, do CP). Na hipótese de inexistência do hospital penitenciário ou de absoluta falta de vagas nesse estabelecimento, o internado será destinado a outro instituto que, além do tratamento, possa assegurar a custódia do interno por parte da Administração Pública.

Embora não faça a lei referência expressa a estabelecimento privado, é possível o internamento em hospital psiquiátrico particular que ofereça condições de custódia na falta de estabelecimento oficial ou quando a perícia comprovar que não há condições de ser o interno submetido ao tratamento específico de que necessita na instituição hospitalar-prisional do Estado (item 171.6).

> **Art. 100.** O exame psiquiátrico e os demais exames necessários ao tratamento são obrigatórios para todos os internados.

Vide: **LEP** arts. 99, 108, 175 a 177, 183; **CP** arts. 96, I, 97 a 99.

100.1 EXAMES

Para que se possa efetuar, com sucesso, uma perfeita determinação dos indivíduos sujeitos ao tratamento, é necessário que se faça, preliminarmente, uma seleção rigorosa logo que se proceda a internação, inclusive quanto ao estado físico do internado. Além disso, a cessação da periculosidade presumida só pode ser averiguada, no fim do prazo mínimo de duração da medida de segurança ou quando o determinar o juiz da execução, por meio do exame psiquiátrico. Por isso, determina a lei que o exame psiquiátrico e os demais exames são obrigatórios para todos os internados. A eles deve submeter-se o internado diante de seu *status* de pessoa autora de crime e de periculosidade presumida pela lei.

> **Art. 101.** O tratamento ambulatorial, previsto no art. 97, segunda parte, do Código Penal, será realizado no Hospital de Custódia e Tratamento Psiquiátrico ou em outro local com dependência médica adequada.

Vide: **LEP** arts. 43, 172, 173, 184; **CP** arts. 96, II, 97, 98.

101.1 TRATAMENTO AMBULATORIAL

Quando o agente é inimputável, o juiz pode, se o fato praticado for crime punível com detenção, submetê-lo a tratamento ambulatorial em vez de determinar o internamento (art. 97, *caput*, 2ª parte, do CP). Também pode ficar sujeito ao tratamento ambulatorial o condenado semi-imputável que tenha praticado crime a que é cominada pena de detenção, caso necessite de especial tratamento curativo, em substituição à pena privativa de liberdade (art. 98 do CP). Esse tratamento deve ser realizado no Hospital de Custódia e Tratamento Psiquiátrico ou em outro local com dependência médica adequada.

Ainda que não se exija, nesses casos, qualquer medida de vigilância ou custódia do inimputável ou semi-imputável, que estão em liberdade, também não faz referência expressa a lei a estabelecimento particular. Isso porque o tratamento ambulatorial deve ser realizado de modo que a Administração possa controlá-lo eficientemente, possibilitando, inclusive, que o juiz determine a internação se essa providência for necessária para fins curativos (art. 97, § 4º, do CP). Por outro lado, como não há impedimento expresso, também nada impede, na impossibilidade de tratamento em estabelecimento público, que se defira a tarefa a entidades particulares devidamente credenciadas junto ao Poder Público para tal mister. Tratando-se de entidade idônea, permitir-se-á o devido controle do tratamento pela Administração.

Capítulo VII
DA CADEIA PÚBLICA

Art. 102. A Cadeia Pública destina-se ao recolhimento de presos provisórios.

Vide: **CF** art. 5º, LVII, LXI, LXVI; **LEP** arts. 2º, parágrafo único, 31, parágrafo único, 39, parágrafo único, 42, 44, parágrafo único, 46, 50, parágrafo único, 52, 84, 87, parágrafo único, 103, 104; **CPP** arts. 283, 300, 301 a 310, 311 a 316, 387, § 1º, 413, § 3º.

102.1 PRESOS PROVISÓRIOS

Em consonância com as Regras de Mandela, que preconizam a separação entre presos preventivamente e os que estão cumprindo pena (Regra 11, *b*) e com o próprio princípio de separação estabelecido pelo art. 84, determina-se que a Cadeia Pública destina-se ao recolhimento de presos provisórios (art. 102 da LEP). Aplicam-se as regras atinentes à cadeia pública aos estabelecimentos que embora tenham denominações diversas, como centros de detenção provisória ou equivalentes, têm a mesma natureza e finalidade. São presos provisórios, nos termos do Código de Processo Penal, o autuado em flagrante delito (arts. 301 a 310) o preso preventivamente (arts. 311 a 316) e aquele submetido à prisão temporária. De acordo com a nova disciplina instituída pela Lei nº 12.403, de 4-5-2011, a prisão provisória não é mais efeito da decisão de pronúncia ou da sentença condenatória recorrível, incumbindo ao juiz por ocasião da prolação dessas decisões decretar, se admissível e necessária, a prisão preventiva (arts. 387, § 1º, e 413, § 3º). A prisão temporária é regida pela Lei nº 7.960, de 21-12-1989, que prevê, no art. 3º, a obrigatoriedade da separação do preso "dos demais detentos" (item 84.1).

A separação instituída com a destinação à Cadeia Pública é necessária, pois a finalidade da prisão provisória é apenas a custódia daquele a quem se imputa a prática do crime a fim de que fique à disposição da autoridade judicial durante o inquérito ou a ação penal e não para o cumprimento da pena, que não foi imposta ou que não é definitiva. Como a execução penal somente pode ser iniciada, em princípio, após o trânsito em julgado da sentença, a prisão provisória não deve ter outras limitações se não as determinadas pela necessidade da custódia e pela segurança e ordem dos estabelecimentos. Evita-se, com a separação do preso irrecorrivelmente condenado, a influência negativa que este possa ter em relação ao preso provisório. Aliás, segundo a Convenção Americana Sobre Direitos Humanos (Pacto de São José da Costa Rica), promulgada no país pelo Decreto nº 678, de 6-11-1992, "os processados devem ficar separados dos condenados, salvo em circunstâncias excepcionais, e devem ser submetidos a tratamento adequado à sua condição de pessoas não condenadas" (art. 5.4). Além dessa separação, entre presos provisórios e condenados, a Lei passou a estabelecer, também, a obrigatoriedade de separação entre os presos provisórios de acordo com a natureza dos crimes imputados, distinguindo para tal finalidade os acusados de crimes hediondos ou equiparados daqueles presos por crimes cometidos com violência ou grave ameaça a pessoa e ambos dos que respondem pela prática de outros crimes ou contravenções.

A Lei de Execução Penal é aplicável, porém, ao preso provisório (art. 2º, parágrafo único), mas não está ele obrigado ao trabalho, que só pode ser executado no interior do estabelecimento (art. 31, parágrafo único). Tem ele os deveres do condenado (art. 39, parágrafo único) como seus direitos (art. 42), no que couber, ou seja, no que não for incompatível com sua situação de custodiado e não de condenado. Está também sujeito à disciplina carcerária (art. 44, parágrafo único) e por isso deve ser cientificado das normas disciplinares (art. 46) e pode ser responsabilizado por falta grave, com as sanções respectivas (art. 50).

Como a finalidade da prisão civil e da prisão administrativa é apenas coagir o preso à satisfação de suas obrigações, deve ser ela cumprida na Cadeia Pública, sem o rigor penitenciário. Tratando-se, porém, de preso provisório sujeito ao regime disciplinar diferenciado (art. 52), autoriza a lei a sua inclusão em penitenciária adequada a esse regime (art. 87, parágrafo único).

> Jurisprudência
>
> - *Possibilidade de transferência de preso provisório para presídio de segurança máxima*
> - *Necessidade de transferência do preso para estabelecimento penal adequado*
> - *Ilegalidade da prisão provisória em contêiner: concessão da prisão albergue domiciliar*
> - *Competência do juiz da causa para a definição do estabelecimento para cumprimento de prisão preventiva*

Art. 103. Cada comarca terá, pelo menos, uma Cadeia Pública a fim de resguardar o interesse da Administração da Justiça Criminal e a permanência do preso em local próximo ao seu meio social e familiar.

Vide: **LEP** arts. 102, 104.

103.1 CADEIA PÚBLICA

Determina a lei que cada comarca terá pelo menos uma Cadeia Pública, justificando tal exigência pela necessidade de resguardar o interesse da Administração da Justiça Criminal e a permanência do preso em local próximo a seu meio familiar.[12] É evidentemente

---

12. De acordo com os dados do Sistema Integrado de Informações Penitenciárias – InfoPen, do Departamento Penitenciário Nacional, existiam, em dezembro de 2017, 754 cadeias públicas no país, das quais 27 destinadas a pessoas do sexo feminino. No período de janeiro a junho de 2022, o total de

recomendável que o preso provisório esteja próximo de onde se desenvolve o inquérito policial e do Juízo onde corre o processo penal pelo crime de que é acusado. Sua presença nesses locais será muitas vezes necessária para a realização das investigações, audiências e julgamento. Além disso, não deve ficar afastado de seu ambiente social e familiar nem participar do convívio com os reclusos para cumprimento da pena, no próprio resguardo da presunção de inocência, apanágio de todo cidadão.[13]

Jurisprudência

• *Inaplicabilidade do artigo ao preso definitivo*

Art. 104. O estabelecimento de que trata este Capítulo será instalado próximo de centro urbano, observando-se na construção as exigências mínimas referidas no art. 88 e seu parágrafo único desta lei.

Vide: **LEP** arts. 66, VII, VIII, 68, parágrafo único, 70, II, 81, V, VI, 82 a 85, 88, 102, 103.

104.1 LOCALIZAÇÃO E CONSTRUÇÃO

Como ocorre com relação à Casa do Albergado, a Cadeia Pública deve estar localizada em centro urbano para evitar o afastamento do ambiente social e familiar do preso provisório e para facilitar o desenvolvimento do inquérito e do processo-crime. Permite, porém, a lei, que a Cadeia Pública, como qualquer outro estabelecimento penal, esteja no mesmo conjunto arquitetônico de outro de destinação diversa, desde que dele devidamente isolado (art. 82, § 2º).

Exige-se, como é curial, que também estejam preenchidos na construção os requisitos de salubridade e área mínima previstos para os demais estabelecimentos destinados ao cumprimento da pena e da medida de segurança, mas, além disso, a existência de celas individuais (art. 88, *caput*).[14] As normas a respeito da arquitetura e construção das cadeias

---

presos provisórios era de 221.758, segundo dados do Sistema de Informações do Departamento Penitenciário Nacional (SISDEPEN) do Departamento Penitenciário Nacional, atual Secretaria Nacional de Políticas Penais.

13. Cf. SILVA, Valentim Alves da, BOSCHI, José Antonio Paganella. Ob. cit. p. 92. Embora se favoreça a permanência do preso em local próximo ao meio social em que vive sua família, o dispositivo não retira do juiz competente o poder de decidir sobre sua conveniência. Esse benefício também não se estende ao preso condenado já que o art. 103 da Lei de Execução Penal refere-se apenas aos presos provisórios que devem ser recolhidos à Cadeia Pública, e não aos definitivamente condenados.

14. A realidade brasileira, infelizmente, é totalmente diversa. As cadeias públicas existentes, além de manter celas coletivas, abrigam não só os presos provisórios como os condenados que não puderam ser removidos para as penitenciárias ou colônias por absoluta ausência de vagas nesses estabelecimentos. Também às seções especiais das cadeias públicas estão destinados os presos submetidos ao regime aberto por falta de casas de albergado.

públicas foram definidas pela Resolução nº 3, de 23-9-2005, do Conselho Nacional de Política Criminal e Penitenciária, substituída pela Resolução nº 9, de 9-11-2011, no exercício da atribuição prevista no art. 64, VI, da LEP.

TÍTULO V
DA EXECUÇÃO DAS PENAS EM ESPÉCIE

Capítulo I
DAS PENAS PRIVATIVAS DE LIBERDADE

SEÇÃO I
Disposições Gerais

Art. 105. Transitando em julgado a sentença que aplicar pena privativa de liberdade, se o réu estiver ou vier a ser preso, o juiz ordenará a expedição de guia de recolhimento para a execução.

Vide: **CF** art. 5º, LVII, LXI; **LEP** arts. 65, 66, 106 a 109; **CPP** arts. 597, 637, 668, 673; **CPC** art. 1.029, § 5º. Súmulas: **STF** 716; **STJ** 9.

105.1 INTRODUÇÃO

A partir do Título V, inicia-se, na verdade, o que poderia ser denominado a "parte especial" da Lei de Execução Penal, em cotejo com a "parte geral" referente aos títulos precedentes, que tratam das normas gerais explicativas e complementares. Trata esse título da execução das penas em espécie: no Capítulo I, refere-se às penas privativas de liberdade; no Capítulo II, às penas restritivas de direitos e no Capítulo IV à pena de multa. O Capítulo III está reservado à suspensão condicional da pena. Em seguida, no Título VI, são dispostas as regras para a execução das medidas de segurança; no Título VII dispõe-se a respeito dos incidentes da execução; no Título VIII trata-se do procedimento judicial e, por fim, no Título IX são expostas as disposições finais e transitórias.

105.2 EXECUÇÃO DA SENTENÇA

A execução penal, em sentido amplo, é a concretização do mandamento contido na sentença criminal, ou seja, o conjunto dos atos judiciais ou administrativos por meio dos quais se faz efetiva a sentença. Executam-se a sentença *condenatória* (em que há imposição de pena), *absolutória*, que pode ser própria (nas hipóteses do art. 386, incisos I a VII, do CPP, exceto na referência à absolvição por inimputabilidade) ou imprópria (no caso do art. 386, VI, e parágrafo único, inciso III, do CPP, quando se impõe medida de segurança ao inimputável) ou *terminativa de mérito* (que encerra a relação processual julgando o mérito, mas sem ser condenatória ou absolutória).

Em relação à sentença condenatória, são executadas as penas impostas, é lançado o nome do réu no rol dos culpados, são cobradas as custas etc. A sentença absolutória pró-

pria comporta a execução em favor do acusado, com a soltura do réu, cobrança das custas contra o querelante vencido etc. A sentença terminativa de mérito (decretação da extinção da punibilidade, reconhecimento da ausência de condição objetiva de punibilidade etc.) produz efeitos equiparáveis aos da sentença absolutória, pelo que sua execução é, em tudo, semelhante àquela.

Trata a Lei nº 7.210/84 da execução da sentença condenatória (arts. 105 a 170), da sentença absolutória imprópria (arts. 171 a 179), bem como das terminativas de mérito referentes à anistia e ao indulto (arts. 187 a 193). A execução da sentença absolutória própria é regida pelo art. 386, parágrafo único, I e II, do CPP, em que se determinam a soltura do réu preso e a cessação das medidas cautelares impostas, observando-se, ainda, o disposto no art. 670 do CPP.

105.3 COMPETÊNCIA PARA A EXECUÇÃO

Em princípio, a execução penal compete ao juiz indicado na lei local de organização judiciária (item 65.3). Na ausência do juiz especializado para a execução, cabe esta, segundo o art. 65 da Lei de Execução Penal, ao "juiz da sentença". Esta expressão, que também era utilizada no art. 668 do CPP, não é das mais felizes. Isto porque muitas vezes a sentença de primeira instância é substituída pela proferida no tribunal que reformou a decisão, cabendo ao juiz do processo a execução de uma decisão diversa daquela que proferiu. Como bem observa Espínola Filho, a execução cabe ao juiz perante o qual correu a ação penal, pouco importando que tenha a executar a sentença por ele próprio proferida ou a que a substituiu em virtude do provimento, no todo ou em parte, a recurso, ordinário, extraordinário ou misto (revisão), interposto contra aquela sentença.[15] Tratando-se de decisão do Tribunal do Júri, a execução cabe ao seu presidente, que, embora não mencionado expressamente no art. 65 da Lei de Execução Penal, é também o "juiz da sentença", já que é seu prolator.[16]

Admitindo-se a execução provisória da sentença condenatória, competente deve ser também o juiz da condenação, a não ser que preveja a lei de organização judiciária juízo especial para essa espécie, que pode ser o próprio juiz da execução.

Compete aos tribunais superiores a execução quando se trata de competência originária da respectiva Corte, ainda que o acórdão por esta proferido tenha sido reformado pelo Supremo Tribunal Federal (art. 668, parágrafo único do CPP). Por exceção, também pode caber ao Tribunal parte da execução da sentença proferida em primeira instância. É a hipótese da expedição do alvará de soltura do preso provisório pelo relator, na hipótese de decisão absolutória proferida em grau de apelação, conforme estabelece o art. 670 do CPP.[17] O mesmo relator também deverá mandar expedir o alvará de soltura quando, pen-

---

15. ESPÍNOLA FILHO, Eduardo. *Código de processo penal brasileiro anotado*. Rio – São Paulo: Freitas Bastos, 1945. v. 7. p. 11.

16. O art. 668 do CPP, além de referir-se ao juiz da sentença, faz menção expressa ao juiz presidente do Tribunal do Júri.

17. O art. 670 do CPP refere-se também à hipótese da sentença absolutória "confirmada" pelo tribunal, mas com as reformas introduzidas no estatuto processual pela Lei nº 5.941, de 22-11-1973, não há mais possibilidade de manter-se o réu preso após a sentença absolutória recorrível.

dente a apelação por ele interposta, já sofreu prisão por tempo igual ao da pena a que foi condenado (art. 673 do CPP).

> Jurisprudência
>
> - *Competência subsidiária do juiz da sentença para a execução*
> - *Competência do juiz da condenação enquanto não expedida guia de execução*
> - *Competência do juiz da execução enquanto não expedida guia de execução*
> - *Competência do juiz da condenação para execução provisória*
> - *Competência do Supremo Tribunal Federal em ação penal originária*

105.4 GUIA DE RECOLHIMENTO

A sentença penal condenatória transitada em julgado constitui-se no título executivo necessário e imprescindível ao processo de execução penal. Como instrumento desse título executório instituiu-se na lei a anteriormente denominada "carta de guia" (arts. 674 ss do CPP), agora chamada na Lei de Execução Penal de "guia de recolhimento" para a execução (art. 105 da LEP). Essa denominação provém do fato de que é ela o guia para os executores da sentença condenatória.

Quem determina a expedição da guia de recolhimento é o juiz da sentença depois que transitar em julgado a decisão, pois antes disso não se aperfeiçoou o título executivo.[18] A execução da pena requer que se tenha constituída a coisa julgada, pois só assim ganha a sentença sua força executória. Se o réu e o Ministério Público apelaram da decisão ou não se esgotou o prazo para a apelação não há sentido na remessa da guia para o juiz encarregado da execução. Não basta, porém, para a expedição da guia de recolhimento, o simples trânsito em julgado da sentença condenatória, exigindo a lei que tal providência somente seja tomada "se o réu estiver ou vier a ser preso". Assim, será ela expedida apenas quando se tratar de pessoa que se encontrava presa provisoriamente ou quando for cumprido o mandado de prisão do condenado que se encontrava em liberdade. Enquanto não ocorrer a prisão, não se pode expedir a guia de recolhimento por falta desse pressuposto. A razão dessa exigência é a de que a guia de recolhimento deve conter a data da terminação da pena (art. 106, V), que só será conhecida, em princípio, quando se souber a data em que o condenado foi preso. Ademais, se o condenado não se encontra preso, inócua é a providência de remessa da guia para a autoridade que seria encarregada da execução da pena. Entretanto, com a admissão da possibilidade de execução provisória da pena, nada impede que a legislação local preveja a expedição de guia de recolhimento provisória (item 105.8).

---

18. Entretanto, como é o juiz encarregado da condenação que detém os autos do processo, necessários para se obterem os dados que devem constar da guia de recolhimento, é impraticável atribuir a competência para sua expedição ao juiz da execução, a não ser que seja o mesmo da condenação por força da lei de organização judiciária. Os termos do art. 105, aliás, dão a clara ideia de que a expedição da guia deve ser ordenada pelo juiz da sentença.

Recusando-se o juiz da sentença a determinar a expedição da guia de recolhimento, cabe ao Ministério Público ou ao próprio condenado recorrer à correição parcial, já que se trata, na hipótese, de eventual *error in procedendo*. Estabelecendo-se a dúvida a respeito da expedição da guia de recolhimento entre o juiz da condenação e o da execução, não há conflito de jurisdição, pois não está em pauta matéria jurisdicional e sim correcional e nem a situação está prevista no art. 114 do Código de Processo Penal. Assim, a decisão administrativa a respeito cabe à Corregedoria-Geral da Justiça, ou órgão equivalente, conforme dispuserem as normas de organização judiciária local.[19]

Basicamente, a guia de recolhimento tem três funções. Em primeiro lugar, constitui-se em medida de garantia individual, pois somente ela possibilita a execução de uma pena privativa de liberdade. Em segundo, é o instrumento do título executório constituído pela sentença condenatória transitada em julgado, não permitindo que na execução se extravase a punição além dos limites fixados pela decisão. Por fim, é também um documento que orienta a individualização da pena, já que deve fornecer elementos sobre os antecedentes e o grau de instrução do condenado, o relato do fato criminoso e outros dados reputados indispensáveis ao adequado tratamento penitenciário.

Jurisprudência

- *Necessidade da prisão para a expedição de guia de recolhimento*
- *Dúvida quanto à prisão do réu*
- *Transferência de presídio sem expedição da guia de recolhimento*
- *Competência do juiz da condenação para a expedição da guia de recolhimento*

105.5 GUIA DE RECOLHIMENTO E COMPETÊNCIA

Expedida a guia de recolhimento e recebida esta pela autoridade administrativa competente, procede-se aos atos relativos à execução da pena. Por isso, embora não se disponha expressamente na lei de execução, uma cópia do instrumento deve ser remetida ao juízo competente, indicado na lei local de organização judiciária (art. 65 da LEP) no caso de não estar afeta a execução ao próprio juiz da sentença. Tal providência é indispensável, pois é a partir do recebimento da guia de recolhimento pelo juiz que se estabelecem *de fato* as condições materiais para que se possa exercer na prática a competência do magistrado para a execução da pena, tanto no que se refere aos atos jurisdicionais quanto aos atos administrativos incluídos entre suas atribuições pelo art. 66 da Lei de Execução Penal. Com fundamento no art. 105, Daniel Prado da Silveira e Hideo Ozaki entendem que, "somente quando autuada a guia de recolhimento pelo cartório da Vara das Execuções Criminais passa o Juiz da execução a ter firmada sua competência para conhecer, decidir e executar a sentença condenatória".[20] Entretanto, passada em julgado a sentença condenatória, que

---

19. Entretanto, tribunais já apreciaram o fato como conflito de atribuições (*RT* 450/302) ou mesmo como conflito de jurisdição (*RT* 544/343).
20. *Prática de execução criminal*. São Paulo: Saraiva, 1991. p. 106.

traz consigo a presunção de legalidade e justiça, não cabe ao juiz do processo, diante da imutabilidade da coisa julgada, alterar a decisão nem manifestar-se sobre a execução. Isto lhe é vedado ainda que não se tenha expedida a guia de recolhimento. Esse documento é apenas o "instrumento" do título executivo constituído pela sentença. Sua simples expedição não pode constituir-se no requisito que firma a competência do Juízo.

Não se confundem, aliás, o início do processo de execução (que se estabelece com o trânsito em julgado da sentença) com o início da execução da pena (que é o recolhimento do condenado à prisão). Aquele pode anteceder este (quando o réu não se encontra preso por ocasião do trânsito em julgado da sentença) e toda matéria que se relacione com o processo de execução deve ser apreciada pelo juiz encarregado desta. Ao juiz da execução compete decidir, portanto, sobre progressão, regressão, extinção da pena, incidentes da execução etc. Enquanto não for expedida a guia de execução (por não ter sido ainda preso o condenado), a competência para outros atos jurisdicionais e administrativos que não os atribuídos especificamente ao juiz da execução pela Lei de Execução Penal é do juiz da sentença, conforme disponha a legislação local. No entanto, esta não pode excluir a competência do juiz da execução estabelecida na Lei nº 7.210 transferindo-a para o juiz da sentença.

Em resumo, não é o recebimento da guia de recolhimento que confere a competência ao juiz da execução; ela é estabelecida pelo trânsito em julgado da sentença. Ao juiz encarregado da execução devem ser apresentados os pedidos do condenado e as manifestações do Ministério Público que versem sobre a execução. Está eivada de nulidade a decisão sobre o processo executório quando provém do juiz da sentença, salvo, evidentemente, quando for este o competente para a execução por força da lei local.

Quanto à concessão da suspensão condicional da pena, porém, cumpre distinguir. Caso se tenha na sentença condenatória facultado o benefício, a ser concedido se e quando comprovados os pressupostos que lhe são próprios, pode o juiz sentenciante deferi-lo porque não esgotou sua jurisdição quanto a tal matéria. Mas essa competência é também do juiz da execução, por força do art. 66, III, *d*, da Lei de Execução Penal. Ambos, portanto, têm competência para a concessão do *sursis*. Concedida a suspensão condicional da pena pelo juiz da sentença e não se podendo expedir a guia de "recolhimento" (o condenado está em liberdade), é indispensável que a lei local ou os regulamentos disponham sobre a expedição de um documento ao juízo competente para a execução, pois a este estão afetas as decisões a respeito da efetivação do julgado.

Enquanto não se realiza a audiência admonitória do *sursis* concedido pelo juiz da sentença, é este o competente para dirimir questões referentes à matéria, como na hipótese de cassação do benefício (art. 161 da LEP). Isso porque, no caso, o processo de execução somente se inicia quando realizada a audiência de advertência.[21]

---

21. No Estado de São Paulo, aplicada pena restritiva de direito ou concedido o *sursis*, com o trânsito em julgado da condenação deve ser expedida a guia de recolhimento, prevendo-se, assim, que a audiência admonitória se realize no juízo da execução (Provimento nº 794/2003, do Conselho Superior da Magistratura).

105.6 EXECUÇÃO PROVISÓRIA E GUIA DE RECOLHIMENTO PROVISÓRIA: ANTECEDENTES

Durante longo período, inclusive após o advento da Constituição Federal, prevaleceu nos tribunais superiores o entendimento no sentido da admissibilidade da execução provisória na hipótese em que, superada a fase dos recursos ordinários, o decreto condenatório não transitou em julgado em razão da interposição de recurso especial ou extraordinário. Essa orientação, que inicialmente se fundava no art. 637 do CPP, que já negava efeito suspensivo ao recurso extraordinário, após a Constituição de 1988 ancorou-se no art. 27, § 2º, da Lei nº 8.038, de 28-5-1990 (posteriormente revogado pelo novo CPC), o qual, confirmando aquela norma, estendeu-a ao recurso especial. No Superior Tribunal de Justiça, a orientação inspirou a Súmula 267: "A interposição de recurso, sem efeito suspensivo, contra decisão condenatória não obsta a expedição de mandado de prisão."

As modificações recentes do Código de Processo Penal afastaram expressamente as regras que ainda previam a prisão do réu como efeito natural da sentença ou acórdão condenatório recorríveis. De acordo com a lei vigente, antes do trânsito em julgado do decreto condenatório, o recolhimento do réu à prisão somente pode ocorrer em face da decretação de sua prisão preventiva. Buscando tornar expressa e clara a natureza cautelar de toda e qualquer prisão antes do trânsito em julgado do decreto condenatório, a Lei nº 12.403, de 4-5-2011, alterou a redação do art. 283: "Ninguém poderá ser preso senão em flagrante delito ou por ordem escrita e fundamentada da autoridade judiciária competente, em decorrência de sentença condenatória transitada em julgado ou, no curso da investigação ou do processo, em virtude de prisão temporária ou prisão preventiva." De acordo com a lei vigente, redação dada pela Lei nº 13.964 de 24-12-2019, dispõe o art. 283: Ninguém poderá ser preso senão em flagrante delito ou por ordem escrita e fundamentada da autoridade judiciária competente, em decorrência da prisão cautelar ou em virtude de condenação criminal transitada em julgado".

Revendo seu posicionamento, o Supremo Tribunal Federal, em alguns julgados, centrados na observância do princípio da presunção de inocência ou da não culpabilidade, passou a afirmar a inexistência da execução provisória da pena privativa de liberdade, afastando, inclusive, a hipótese de condenação contra a qual pende de julgamento recurso especial ou extraordinário. Em 2016 o STF, revendo outra vez seu posicionamento, passou a admitir a possibilidade de execução provisória e de expedição de mandado de prisão após a condenação em segundo grau (v. item 105.8). Contudo, posteriormente, em 7-11-2019, o STF, revertendo sua posição, também agora por maioria mínima de votos, decidiu que a execução provisória da pena viola o princípio da não-culpabilidade.[22]

Paralelamente a essa evolução jurisprudencial e não obstante a Lei de Execução Penal já determine que a guia de recolhimento, instrumento do título executório, será expedida após o trânsito em julgado da sentença que aplicar pena privativa de liberdade (art. 105), alguns tribunais passaram a admitir e a disciplinar a expedição da guia de recolhimento provisória e sua remessa ao juiz da execução no curso do processo de conhecimento. No Estado de São Paulo, por orientação do Conselho Superior da Magistratura e da Corregedoria-Geral

---

22. ADC 43 e 44, j. em 7-11-2019, *DJe* de 12-11-2020.

de Justiça, passou-se a expedir a guia de recolhimento para execução provisória ainda mais antecipadamente, a partir do recebimento do recurso contra a sentença condenatória de primeiro grau, desde que o acusado esteja ou venha a ser preso, em que pese o efeito suspensivo conferido à apelação pelo art. 597 do CPP (Provimento nº 653/99 do Conselho Superior da Magistratura e Provimentos nº 9/2000 e nº 2/2001 da Corregedoria-Geral da Justiça). O Conselho Nacional de Justiça disciplinou a expedição da guia de recolhimento provisória para execução da pena privativa de liberdade e sua remessa para o juízo da execução, se preso o réu, após o recebimento do recurso sem efeito suspensivo que tenha sido interposto por qualquer das partes (arts. 8º e 9º da Resolução nº 113, de 20-4-2010). O Superior Tribunal de Justiça admitia, porém, em diversos julgados, a expedição de guia de recolhimento provisória após a condenação de primeiro grau, inclusive na hipótese de apelação do Ministério Público. Embora não disciplinando a expedição da guia de recolhimento provisória, o Supremo Tribunal Federal editou a Súmula 716 que prevê a possibilidade da progressão de regime e do regime inicial mais brando fixado antes do trânsito em julgado da sentença condenatória.

Assim, ao mesmo tempo em que a jurisprudência caminhava no sentido de afastar a possibilidade da execução provisória em nosso direito, por outro, progressivamente se antecipou a expedição da guia de recolhimento provisória no caso da existência de prisão cautelar. Muito embora a expedição da guia de recolhimento provisória decorra de legítima preocupação com a observância dos direitos do acusado preso, as contradições são inevitáveis. Ainda quando negada a possibilidade de execução provisória, com relação aos que se encontram presos cautelarmente, admitem-se a expedição de guia de recolhimento provisória e sua remessa ao juiz competente para a execução, o início do "processo provisório" de execução, a observância do regime prisional fixado no decreto condenatório recorrível, do sistema progressivo e dos demais benefícios previstos em lei para os definitivamente condenados. Se na teoria se afirma a inexistência de uma execução antecipada da pena, por outro lado, estabelecem-se normas e procedimentos que, na prática, prematuramente equalizam a situação do preso provisório à do condenado.

105.7 A EXECUÇÃO PROVISÓRIA E O PRINCÍPIO DA PRESUNÇÃO DE INOCÊNCIA OU DA NÃO CULPABILIDADE

O debate, na doutrina e na jurisprudência, a respeito da admissibilidade da execução provisória da pena privativa de liberdade é antigo e permanece sem solução pacífica até os dias atuais. Embora a impossibilidade da antecipação da execução da pena se ampare, principalmente, no princípio de presunção de inocência ou do estado de inocência ou de não culpabilidade – "ninguém será considerado culpado até o trânsito em julgado de sentença penal condenatória" –, inscrito no art. 5º, LVII, da Constituição Federal, diversas razões de ordens teórica e prática têm sustentado posição contrária.

No sentido da impossibilidade da execução provisória da pena privativa de liberdade alinham-se diversos e ponderáveis argumentos. Enfatiza-se que o princípio da presunção de inocência ou da não culpabilidade constitui-se em uma garantia fundamental da liberdade contra o arbítrio e autoritarismo, consagrada em diversos ordenamentos jurídicos dos países democráticos, que impede, de forma absoluta, a execução de uma pena antes de uma decisão definitiva do Poder Judiciário reconhecendo a culpabilidade do réu. Limitações ao referido princípio configuram restrições inaceitáveis ao devido processo legal e à ampla defesa (art. 5º, LV, da CF), garantias que devem ser asseguradas em todas as fases do processo, não havendo razão que autorize a sua exclusão em relação aos recursos não ordinários. Por esse motivo, toda prisão antes do trânsito em julgado da condenação é provisória e de natureza cautelar, admissível, excepcionalmente, nas hipóteses expressamente previstas em lei, a ser aplicada por decisão motivada e a perdurar somente enquanto permanecer necessária à finalidade que a justifica. Ressalta-se, também, que a Lei de Execução Penal não prevê a execução provisória, determinando, em contrário, que ninguém iniciará o cumprimento de pena privativa de liberdade sem a expedição da guia de recolhimento (art. 107), o que somente pode ocorrer após o trânsito em julgado da condenação (art. 105). A impossibilidade de execução provisória da multa e das penas restritivas de direitos também é prevista na Lei de Execução Penal (arts. 147 e 164 e Súmula 643 do STJ) e tem sido reconhecida na jurisprudência, o que reforça o entendimento de que não há que se admiti-la em relação às penas privativas de liberdade, mais severas e prejudiciais ao condenado. Sustenta-se, também, que a previsão da ausência de efeito suspensivo aos recursos especial e extraordinário decorre do influxo de ideias em prol de uma política criminal vigorosamente repressiva, que não se coadunam com aludido princípio e, em geral, com a visão garantista que inspirou a elaboração da Constituição Federal e que, ademais, foi ela derrogada pelas inovações introduzidas no Código de Processo Penal.

    A razoabilidade e coerência dessa orientação não a isentam, porém, de fundadas críticas. Um dos argumentos comumente invocados na discussão é o de que a execução provisória abriria oportunidade para abusos e autoritarismo. Contrariamente, lembra-se que em outros países, civilizados e de forte tradição democrática, como Estados Unidos, Canadá, França e Reino Unido, admite-se o recolhimento do réu à prisão para o cumprimento da pena ainda na pendência de recurso, por vezes até mesmo após a sentença de primeiro grau. Em diversos outros países, como Portugal, Espanha e Alemanha, também não se afasta a possibilidade de execução da pena antes do julgamento pela Corte Suprema. A Convenção Americana sobre Direitos Humanos, de outra parte, não assegura o direito de permanecer em liberdade até o trânsito em julgado da condenação, mas sim que a prisão somente pode ser ordenada nas hipóteses autorizadas pela Constituição e na forma prevista na legislação editada em sua conformidade (art. 7º, nº 2). Em defesa da admissibilidade, em tese, da execução provisória, pondera-se que o princípio da não culpabilidade ou da presunção de inocência não tem o alcance que por vezes lhe é conferido. Porque o princípio da não culpabilidade não se confunde com a inviolabilidade da liberdade antes do trânsito em julgado, porque nenhum princípio é absoluto e porque a própria Constituição prevê a possibilidade da prisão antes de uma condenação definitiva, remetendo à lei ordinária a disciplina das hipóteses em que esta é admissível, viável se torna a previsão legal da prisão após o esgotamento das instâncias ordinárias de julgamento. As normas processuais que estabelecem gravames a serem suportados pelo suposto autor do crime em função da intensidade dos indícios de sua culpa, não ofendem o princípio de não culpabilidade, mas, antes, com ele são perfeitamente consentâneos e lhe dão efetividade. É nesse sentido, por exemplo, que se exigem graus diferentes de indícios ou provas de materialidade e autoria para a prisão em flagrante delito, o indiciamento no inquérito policial, a ordem de busca e apreensão, o recebimento da denúncia, a decretação da prisão preventiva e a condenação. Reconhecido, pacificamente, que as formas de prisão cautelar não ofendem o princípio da presunção de inocência é preciso reconhecer, também, que a privação de liberdade decorrente da prisão em flagrante ou da prisão preventiva excepciona mais incisivamente, ainda que de forma oblíqua, mas em sua essência, o aludido princípio. A permissão do recolhimento ao cárcere, mediante juízo sumário, daquele contra quem existem meros indícios ou suspeitas de haver praticado uma infração penal contrasta mais claramente com o princípio da não culpabilidade do que a execução provisória de uma pena aplicada por sentença, na qual formulou o juiz um juízo de culpabilidade do acusado com base em todas as provas produzidas no curso de regular processo, em que se tenham assegurado o contraditório e a ampla defesa, com todas as prerrogativas e faculdades que integram essas garantias, e que tenha sido confirmado no julgamento da apelação pelo tribunal competente. Aliás, a execução da pena privativa de liberdade após o esgotamento das instâncias ordinárias, por essas mesmas razões, é, em princípio, menos vulnerável ao autoritarismo, ao arbítrio e ao abuso do que a prisão de natureza cautelar.

Afastado o óbice constitucional a que o legislador ordinário discipline a execução provisória, sustenta-se a razoabilidade de sua admissão após o esgotamento da fase recursal ordinária. Não se destinando os recursos excepcionais ao reexame da autoria, materialidade e prova dos fatos, mas de teses jurídicas, natural é que se possibilite a execução provisória da pena quando reconhecida a culpabilidade do réu nas instâncias ordinárias, sob pena de se converterem os recursos especial e extraordinário em ordinários e de se postergar indefinidamente a execução dos julgados. Não admitir a execução provisória de um decreto condenatório nulifica ou afasta indefinidamente a eficácia das decisões de juízes e tribunais e implica a presunção de que foram elas desacertadas, contra as estatísticas e evidências empíricas que apontam para um grau mínimo de sua reforma no julgamento dos recursos excepcionais. Ademais, a previsão constitucional do *habeas corpus* e sua ampla utilização em nosso direito como meio de acesso aos tribunais superiores para pronta e eficaz reparação de ilegal violação à liberdade do réu eventualmente ocorrida no curso do processo são suficientes para afastar os receios em relação à falibilidade dos juízes e tribunais e à execução provisória da pena aplicada. Conclui-se que a admissibilidade da execução provisória da pena privativa de liberdade após o esgotamento dos recursos ordinários, sem ofender o princípio de presunção de inocência, propicia um justo balanceamento entre o direito de liberdade do acusado e os direitos da sociedade à tutela penal dos bens jurídicos mais valiosos, ao evitar a recorribilidade procrastinatória, a prescrição e a impunidade ou a aplicação excessivamente tardia da lei penal.

A notável divergência e as incoerências e contradições que persistem por décadas nos entendimentos adotados por juízes, tribunais e cortes superiores a respeito da questão de altíssima relevância que é a execução provisória têm favorecido a insegurança jurídica, a iniquidade e a ineficácia da lei penal e, por essas razões, tornam urgente a disciplina da matéria.

As razões acima mencionadas justificam com suficiência que essas modificações contemplem a necessidade de se viabilizar a execução da pena após o esgotamento das instâncias ordinárias de julgamento, por meio da expressa previsão da possibilidade da execução provisória, ou pela antecipação do trânsito em julgado da condenação após condenação em segunda instância, por meio de emenda à Constituição que transforme os recursos especial e extraordinário em ações rescisórias.[23] O risco de continuidade das controvérsias e

---

23. Vide nesse sentido, PEC 199/2019

a discussão acalorada a respeito do tema evidenciam que solução segura e eficaz somente será obtida por meio de alteração da Constituição Federal.

Jurisprudência

- *Inadmissibilidade da execução provisória: ofensa ao princípio da presunção de inocência*
- *Admissibilidade da execução provisória de condenação sujeita a recurso sem efeito suspensivo: inexistência de ofensa ao princípio da presunção de não-culpabilidade*
- *Inadmissibilidade de expedição do mandado de prisão antes do trânsito em julgado da condenação*
- *Admissibilidade da execução provisória e da expedição de mandado de prisão pelo tribunal ao confirmar a condenação em sede de apelação*
- *Admissibilidade da expedição de mandado de prisão na pendência de embargos de declaração*
- *Contra: inadmissibilidade da expedição de mandado de prisão na pendência de embargos de declaração*
- *Inadmissibilidade da expedição de mandado de prisão na pendência de embargos infringentes*
- *Admissibilidade da expedição de mandado de prisão na pendência de embargos infringentes: limites da divergência*
- *Admissibilidade da execução de sentença condenatória de tribunal em competência originária na pendência de recurso especial ou extraordinário*
- *Prevalência da prisão decorrente de condenação confirmada pelo tribunal sobre a anterior prisão preventiva*

105.8 EXECUÇÃO PROVISÓRIA E GUIA DE RECOLHIMENTO PROVISÓRIA: A LEI VIGENTE E A ORIENTAÇÃO DO STF

Entendemos que não há insuperável óbice constitucional a que a lei ordinária discipline a execução provisória da pena privativa de liberdade (item 105.7). Todavia, o Ordenamento Jurídico vigente não a autoriza expressamente. O art. 105 da Lei de Execução Penal contém norma expressa e clara no sentido de que a guia de recolhimento para a execução da pena privativa de liberdade deverá ser expedida após o trânsito em julgado da condenação. Com amparo nas modificações introduzidas no Código de Processo Penal, pode-se afirmar que qualquer prisão antes do trânsito em julgado da condenação tem, sempre, natureza processual e caráter instrumental e cautelar, restando vedado o encarceramento como medida destinada a viabilizar a execução provisória da pena. É bastante clara, também, nesse sentido, a redação conferida ao art. 283 do CPP. Assim, no curso do processo penal, por força de tal normatividade, o recolhimento do réu à prisão exige, a rigor, sempre, uma decisão judicial que reconheça a necessidade da custódia cautelar no caso concreto em razão da presença dos pressupostos, condições de admissibilidade e fundamentos legais que autorizam a decretação da prisão preventiva. Se há tempos a prisão deixou de se constituir em efeito natural da sentença condenatória recorrível, diante das novas normas contidas no Código de Processo Penal deve-se reconhecer, com segurança, também, que ao confirmar o decreto condenatório de primeiro grau ou condenar o réu, em ação originária ou em grau de apelação, o Tribunal não está autorizado a ordenar, sem qualquer fundamentação, a expedição do mandado de prisão para o cumprimento da pena antes do trânsito em julgado do acórdão. Se o réu respondeu ao processo em liberdade e por ocasião do julgamento da apelação não for decretada a sua prisão por decisão fundamentada, naquela condição deverá permanecer até o trânsito em julgado da condenação.

Contudo, o Supremo Tribunal Federal, em diversas decisões,[24] havia assentado que a execução provisória não ofende o princípio de presunção de inocência ou da não culpabilidade. A orientação amparou-se em diversos dos fundamentos já examinados (v. item 105.7). Decidindo mais, o STF firmara, também, a posição de que, à luz da legislação vigente, admite-se a execução provisória após decisão condenatória de segundo grau mesmo na ausência do trânsito em julgado. Ponderou-se em tais decisões que os recursos especial e extraordinário não têm, em regra, efeito suspensivo, diante do que preveem os arts. 995 e 1.029, § 5º, do novo Código de Processo Civil, que entrou em vigor em 18-3-2016, bem como que não há antinomia entre essas normas e a contida no art. 283 do CPP. Assim, de acordo com a anterior orientação do STF, ao confirmar o decreto condenatório em grau de apelação, autorizado estaria o Tribunal a ordenar a expedição de mandado de prisão para o início da execução da pena privativa de liberdade que tenha sido imposta. Cumprido o mandado, impunha-se a expedição da guia de recolhimento provisória. Em 2019, como visto, o STF alterou mais uma vez seu posicionamento sobre a matéria, desta vez para afirmar a inviabilidade da execução provisória por ofender o princípio de não-culpabilidade.

A execução provisória e a guia de recolhimento provisória não são previstas na Lei de Execução Penal e no Código de Processo Penal. São o resultado de uma construção jurisprudencial e da normatização realizada pelos tribunais. Se a guia de recolhimento é instrumento do título executório indispensável à execução da pena e ao processo de execução, mas somente deve ser expedida após o trânsito em julgado do decreto condenatório, em se admitindo a execução provisória da pena privativa de liberdade, a guia de recolhimento provisória se justificaria, naturalmente, em razão das mesmas finalidades que informam a necessidade da expedição da guia definitiva (item 105.4). Passaram, assim, os tribunais a disciplinar, de forma heterogênea, as hipóteses e o momento em que a guia de recolhimento provisória deve ser extraída e encaminhada ao juízo competente para a execução (item 105.6).

Deve-se observar, porém, que, negada a possibilidade de execução provisória da pena privativa de liberdade, não haveria sentido, a rigor, na expedição da guia de recolhimento provisória. Enquanto não passado em julgado o decreto condenatório, o encarceramento decorre, necessariamente, de decisão que decretou a prisão preventiva, preservando a custódia a sua natureza cautelar. Dada a condição de preso provisório, impõe-se que a segregação se realize em cadeia pública ou estabelecimento penal equivalente e a separação dos presos definitivamente condenados (art. 84 da LEP e art. 300 do CPP, com a redação dada pela Lei nº 12.403, de 4-5-2011), aplicando-se-lhe somente as normas contidas na Lei de Execução

---

24. Nesse sentido, STF: HC 126292-SP, j. em 17-2-2016, *DJe* de 17-5-2016 e ADC 43 e 44, j. em 7-11-2019, *DJe* de 12-11-2020.

Penal compatíveis com sua condição ou que são expressas em sua abrangência, vedada a incidência das que pressupõem uma pena em execução. Assim, exemplificativamente, se o réu preso está sujeito à disciplina carcerária (art. 44, parágrafo único) e pode se beneficiar da execução do trabalho para posterior cômputo da remição (art. 126, § 7º), embora o trabalho não seja obrigatório (art. 31, parágrafo único), por outro lado não seriam admissíveis, a princípio, a observância do regime inicial e do sistema progressivo, a concessão do livramento condicional e outros benefícios legais que por sua natureza seriam reservados aos definitivamente condenados. No entanto, como visto, os tribunais pátrios, com o beneplácito das cortes superiores, regulamentam a expedição da guia de recolhimento provisória.

A harmonização da construção pretoriana com o princípio da não culpabilidade e a disciplina legal vigente somente se pode realizar mediante a admissibilidade da expedição da guia de recolhimento provisória na hipótese da existência de um decreto condenatório não transitado em julgado, em razão da interposição de recurso sem efeito suspensivo, se o réu está preso.

Se o réu está preso preventivamente e por decreto condenatório foi-lhe aplicada uma pena privativa de liberdade que não mais pode ser agravada pela ausência de recurso da acusação, firmam-se os limites máximos à pretensão punitiva, emergindo, por consequência, a necessidade de se viabilizar a observância, desde logo, de direitos previstos em lei para os definitivamente condenados, os quais, antecipadamente se sabe, terá ele, com certeza, por ocasião do trânsito em julgado da condenação. Nessa hipótese, a interposição pela defesa de apelação ou de recurso especial ou extraordinário contra o decreto condenatório não pode ter o condão de protelar o gozo de direitos que em seu grau mínimo já foram delimitados a partir do trânsito em julgado para a acusação, até porque entendimento em contrário implicaria a aceitação de que o princípio da não culpabilidade e a garantia à ampla defesa e aos recursos a ela inerentes militariam, na hipótese, em desfavor do acusado.

Discute-se a possibilidade da expedição da guia de recolhimento provisória também no caso de réu preso preventivamente com condenação em primeiro grau contra a qual é interposta a apelação pela acusação. As decisões que reconhecem essa possibilidade amparam-se, principalmente, na Súmula 716 do Supremo Tribunal Federal e na afirmação de que a apelação pelo Ministério Público da sentença condenatória não teria efeito suspensivo, tal como não o tem o ofertado contra uma sentença absolutória (art. 596 do CPP). É preciso observar, porém, que a Súmula 716 do STF, que determina a observância do regime inicial e da progressão de regime antes do trânsito em julgado da sentença condenatória, fundou-se em precedentes nos quais se enfocaram, principalmente, os casos de decisão condenatória transitada em julgado para o Ministério Público ou de existência de recurso sem efeito suspensivo e que a lei é expressa ao conferir, como regra geral, efeito suspensivo à apelação contra sentença condenatória por qualquer das partes, deixando claro que ele deve ser reconhecido quando interposta pelo Ministério Público (arts. 597 e 598 do CPP). O efeito suspensivo é negado, no caso de sentença absolutória (art. 596 do CPP), em razão de norma expressa que excepciona a regra geral, para o fim de autorizar a soltura do acusado, fazendo cessar os efeitos de anterior decisão que tenha decretado a prisão preventiva do acusado. O fundamento para a expedição da guia de recolhimento provisória é o de nortear o juiz competente na observância dos direitos que são previstos na Lei de Execução Penal para os definitivamente condenados, mas que já podem ser reconhecidos para o preso provisório em face do estado do processo de conhecimento. O recurso do Ministério Público que visa agravar a situação do réu torna incertos os limites da pretensão punitiva e, assim, impede o surgimento dos direitos mínimos a serem desde logo assegurados. As penas impostas podem ser majoradas, alterando-se o tempo de cumprimento exigido para a concessão de benefícios legais, o regime inicial pode ser modificado para um mais rigoroso etc. Na hipótese, não tem o réu senão mera expectativa de direitos, que está condicionada ao desprovimento do recurso pelo tribunal. Ademais, na sistemática atual, ao proferir a sentença condenatória, deverá o juiz proceder ao exame da necessidade de manutenção ou imposição da prisão preventiva até o julgamento de eventual apelação. Decretada ou mantida a prisão preventiva na sentença, porque considerada necessária sob os fundamentos que a autorizam, a natureza cautelar da custódia deve prevalecer, em princípio, sobre os termos da condenação até o julgamento de eventual apelação e o trânsito em julgado. Nessa hipótese, a interposição da apelação pelo Ministério Público e a previsão legal de seu efeito suspensivo confirmam a necessidade dessa prevalência, da custódia cautelar sobre os termos da condenação, até que uma decisão firme do tribunal dimensione a quantidade e a qualidade da pena a ser executada e o regime prisional a ser observado, obstando o prematuro abrandamento do encarceramento pela eventual concessão de benefícios previstos na Lei de Execução Penal.

Em conclusão, entendemos que a guia de recolhimento provisória deve ser expedida após o decreto condenatório que impôs a pena privativa de liberdade e que transitou em julgado para o Ministério Público, mas contra o qual pende de julgamento recurso defensivo, no caso de estar preso o réu por força da decretação de sua prisão preventiva. A guia deve ser remetida ao juiz competente, de acordo com o que dispuserem as normas de organização judiciária (item 105.3). A sua função é a de garantir ao preso o acesso aos direitos e benefícios assegurados por lei, entre os quais incluem-se, além dos previstos para todos os presos provisórios, o da observância imediata do regime prisional inicial e a progressão de regime, nos termos da Súmula 716 do Supremo Tribunal Federal, o do cômputo da remição na pena aplicada (arts. 126, § 7º, e 128), as autorizações de saída temporária (art. 122) etc. Impõe-se, porém, sempre, por força de regras legais expressas, a separação do preso provisório dos definitivamente condenados (arts. 82, § 2º, 84, 86, § 3º, e 102 da LEP e 300 do CPP), normas essas, que, na prática, têm sido comumente desrespeitadas.

Expedida a guia de recolhimento provisória, esta deverá ser retificada sempre que sobrevier modificação dos termos da condenação recorrível, especialmente os relativos ao início ou duração da pena aplicada, ou ao regime prisional inicial fixado. Impõe-se o seu cancelamento nos casos de superveniência de absolvição, anulação do decreto condenatório ou extinção da punibilidade. Por conservar a prisão provisória a sua natureza cautelar, a expedição da guia de recolhimento provisória não obsta a soltura do réu na hipótese de revogação da prisão preventiva no curso do processamento do recurso. Transitada em julgado a condenação, a guia de recolhimento provisória deve ser substituída pela guia de recolhimento definitiva expedida pelo juiz do processo (art. 105).

   Jurisprudência

- *Admissibilidade da execução provisória após a confirmação pelo Tribunal do decreto condenatório*
- *Expedição da guia de recolhimento provisória após sentença condenatória sujeita a recurso do Ministério Público*

- *Expedição de guia de recolhimento provisória em condenação sujeita a recursos sem efeito suspensivo*
- *Expedição da guia de recolhimento provisória após sentença condenatória transitada em julgado para o Ministério Público*
- *Inadmissibilidade da execução provisória de condenação em primeiro grau sujeita a recurso do Ministério Público*
- *Expedição da guia de recolhimento provisória após sentença condenatória sujeita a recurso sem efeito suspensivo*

Art. 106. A guia de recolhimento, extraída pelo escrivão, que a rubricará em todas as folhas e a assinará com o juiz, será remetida à autoridade administrativa incumbida da execução e conterá:

I – o nome do condenado;

II – a sua qualificação civil e o número do registro geral no órgão oficial de identificação;

III – o inteiro teor da denúncia e da sentença condenatória, bem como certidão do trânsito em julgado;

IV – a informação sobre os antecedentes e o grau de instrução;

V – a data da terminação da pena;

VI – outras peças do processo reputadas indispensáveis ao adequado tratamento penitenciário.

§ 1º Ao Ministério Público se dará ciência da guia de recolhimento.

§ 2º A guia de recolhimento será retificada sempre que sobrevier modificação quanto ao início da execução ou ao tempo de duração da pena.

§ 3º Se o condenado, ao tempo do fato, era funcionário da Administração da Justiça Criminal, far-se-á, na guia, menção dessa circunstância, para fins do disposto no 2º do art. 84 desta lei.

Vide: **LEP** arts. 68, I, 81-A, 81-B, I, *a*, 84, § 2º, 105, 107 a 109; **CPP** art. 674. Súmula: **STF** 717.

106.1 EXPEDIÇÃO DA GUIA DE RECOLHIMENTO

A execução da pena só pode ser feita à luz da guia de recolhimento, pois, como instrumento do título executório que é, indica à administração penal qual a pena a ser executada, qual sua duração e em que regime deve ser posto inicialmente o condenado, fornecendo também os elementos indispensáveis para a individualização do tratamento penitenciário. É por isso que se determina seja ela "remetida à autoridade administrativa incumbida da execução", que, no caso, é sempre o diretor do estabelecimento penal a que for destinado o condenado.

Como instrumento do título executivo, a guia de recolhimento deve ser escrita por quem disponha de fé pública – o escrivão – que, além de assiná-la, deve apor sua rubrica em todas as suas folhas. Para maior segurança, exige a lei que o instrumento contenha também a assinatura do juiz que determinou sua expedição, ou seja, o juiz da sentença.

106.2 REQUISITOS

Deve a guia de recolhimento conter os requisitos mencionados no art. 106 da Lei de Execução Penal. Em primeiro lugar, com vistas à identificação do condenado, determina-se que conste seu nome, sua qualificação civil e o número do registro geral no órgão de identificação (incisos I e II). Não mais se faz referência à alcunha, como no art. 676, I, do Código de Processo Penal, certamente por se entender que ela constitui uma ofensa à dignidade pessoal e intimidade do condenado, preocupação já demonstrada quando se relaciona como um dos direitos do preso o "chamamento nominal" (item 41.11). Entretanto, nada impede que contenha a guia de recolhimento a alcunha pela qual é conhecido o condenado, mesmo porque no mais das vezes constará ela do teor da denúncia e da sentença condenatória, podendo servir como elemento informador para o exame de personalidade ou criminológico a que será submetido.

Deve conter ainda a guia o inteiro teor da denúncia e da sentença condenatória, bem como certidão do trânsito em julgado (inciso III). É de todo interesse que as autoridades administrativa e judiciária conheçam em seus pormenores a decisão condenatória que é, no dizer de Noronha, síntese de tudo quanto foi ventilado no processo com a respectiva conclusão.[25] É evidente o lapso na lei ao não se mencionar a "queixa", também peça inicial da ação penal, ao lado da denúncia, mas é claro que a guia de recolhimento deverá conter também o inteiro teor desse requisitório, quando for o caso, quer por analogia, quer por uma interpretação teleológica do dispositivo. Exige-se também a certidão do trânsito em julgado da sentença condenatória, já que só assim o instrumento tem força para a execução. A guia deve conter ainda informação sobre os antecedentes e o grau de instrução do condenado (inciso IV), exigência não contida no art. 676 do Código de Processo Penal. Desse modo, fica fixado no instrumento tudo de importância para a individualização da execução e se fornecem os elementos indispensáveis para os exames de personalidade e, principalmente, criminológico.

Requisito também indispensável da guia de recolhimento é a menção à data da terminação da pena (inciso V). Obviamente, o cálculo será feito pelo escrivão que expede a guia e homologado pelo juiz da sentença, observados os dispositivos legais referentes à contagem do prazo da pena (art. 10 do CP) e à detração penal (art. 42 do CP). Essa data de terminação da pena, porém, poderá ser modificada no juízo da execução quando ocorrer qualquer fato modificador, bem como na hipótese de existirem outras condenações a serem executadas (item 107.5). Para essas hipóteses, aliás, prevê-se a retificação da guia (item 106.5).

Por fim, deverá a guia de recolhimento conter "outras peças do processo reputadas indispensáveis ao adequado tratamento penitenciário" (inciso VI), como complemento àquelas já referidas expressamente no art. 106. O juiz da sentença deve indicar, ao determinar a expedição da guia, quais as peças que devem ser juntadas, por cópia, levando sempre em conta as finalidades da execução e uma exata individualização da pena na fase executória.

---

25. NORONHA, E. Magalhães. *Curso de direito processual penal*. São Paulo: Saraiva, 1964. p. 574.

É óbvio que não se apresentará com as características de título executivo a ser cumprido uma guia de recolhimento a que faltem os requisitos essenciais, como os dados identificadores do sentenciado, a duração da pena etc., ou a assinatura do juiz competente.

A guia deve ser expedida pelo escrivão no prazo de 2 (dois) dias após a determinação do juiz; se não houve tal determinação, após o trânsito em julgado, nesse mesmo prazo o escrivão deverá remeter os autos conclusos ao juiz para tal providência (art. 799 do CPP).

106.3 CIÊNCIA AO MINISTÉRIO PÚBLICO

O juiz dará ciência da guia de recolhimento ao Ministério Público, já que a este órgão incumbe a fiscalização da regularidade formal do documento (art. 68, I). Verificará ele se a guia de recolhimento contém todos os requisitos estabelecidos no art. 106 e se ela traduz fielmente a situação do condenado. Em caso de irregularidade formal ou material, caberá ao Ministério Público requerer nos autos ao juiz a alteração do documento para ajustá-lo aos termos da sentença. Além disso, cabendo ao Ministério Público todas as providências necessárias ao desenvolvimento do processo executivo, é indubitável que lhe seja conferida a oportunidade para examinar a guia de recolhimento assim que ela for extraída e entregue ao juiz da execução e mesmo durante toda a execução, em especial quando houver qualquer retificação no documento. Como se assinala na exposição de motivos, a ciência lhe é necessária inclusive por lhe incumbir os deveres próprios do processo (arts. 67 e 68 da LEP).[26] Distanciando-se a execução da guia de recolhimento, cabe ao Ministério Público, conforme a hipótese, promover o procedimento judicial correspondente às situações previstas na lei de execução (art. 194) ou mesmo suscitar o incidente de excesso ou desvio da execução (art. 186, I). Diante da vigência da Lei nº 12.313, de 19-8-2010, deve o juiz dar ciência da guia de recolhimento também à Defensoria Pública, à qual incumbe, na ausência de defensor constituído, a defesa dos interesses do condenado necessitado, devendo, para tanto, oficiar no processo de execução e requerer todas as providências necessárias ao seu regular desenvolvimento (arts. 81-A e 81-B, I, *a*, da LEP).

106.4 COMUNICAÇÃO AO CONSELHO PENITENCIÁRIO

Não faz a Lei de Execução Penal referência à remessa de cópia da guia de recolhimento ao Conselho Penitenciário, conforme a previsão estabelecida no art. 677 do Código de Processo Penal. Devemos entender, porém, que, apesar da omissão, a exigência continua existindo por não ter sido revogado o referido dispositivo do estatuto processual. O Conselho Penitenciário, entre outras atribuições, tem as de fiscalizar a execução penal e emitir parecer sobre livramento condicional, indulto e comutação da pena (arts. 69 e 70), podendo inclusive propor o procedimento judicial (art. 195) e suscitar o incidente de excesso ou desvio (art. 186, II). Por essa razão, deve ter conhecimento dos termos da guia de recolhimento e de suas eventuais retificações.

---

26. Item 117.

106.5 RETIFICAÇÕES

A retificação da guia de recolhimento é uma imposição legal "sempre que sobrevier modificação quanto ao início da execução ou o tempo de duração da pena" (art. 106, § 2º). É possível que, iniciada a execução, evada-se o condenado, e, sendo recapturado, deva ser modificada a data prevista para o término da pena, excluindo-se o tempo em que ficou ele foragido. Existem também os casos de unificação de penas (arts. 71 e 75 do CP), de indulto etc., bem como os de revogação do livramento condicional quando o prazo em que esteve solto o condenado não é descontado (art. 88 do CP e art. 142 da LEP). É possível, ainda, que, expedida a guia, existam já condenações proferidas em outros processos. Para que se possa executar a pena referente à guia de recolhimento recebida durante a execução de outra sentença, retifica-se a data de terminação da sanção, tendo-se por data do início o dia seguinte ao término do prazo da pena a ser cumprida precedentemente.

A retificação da guia pode ser requerida pela autoridade administrativa, pelo Ministério Público, pelo Conselho Penitenciário ou mesmo pelo condenado.

O art. 106, § 2º, refere-se apenas às retificações referentes a esses fatos, como vicissitudes da execução. Quanto a eventuais erros materiais ou omissões, não há que se falar na aplicação do dispositivo. Percebidos pelo diretor do estabelecimento penitenciário – afirma Espínola Filho – poderão ser comunicados ao juiz da execução, em forma de consulta ou dúvida, da mesma sorte que o escrivão faz, quanto à execução dos despachos do magistrado; este, resolvendo tais consultas ou dúvidas, há de ser obedecido.[27]

106.6 PRISÃO ESPECIAL

Como já foi visto, certas pessoas, em decorrência de suas atividades públicas ou particulares, têm, durante o tempo da prisão provisória, direito a serem recolhidas a quartéis ou prisão especial. Essa prisão é concedida, porém, apenas até a condenação transitar em julgado. No entanto, quanto àquele que era ao tempo do fato funcionário da Administração da Justiça Criminal, o direito à prisão especial perdura mesmo durante a execução (item 84.1). Por essa razão, determina-se no art. 106, § 3º, que, na guia de recolhimento, faça-se menção a essa circunstância. De tal forma estar-se-á dando cumprimento ao disposto no art. 84, § 2º da Lei de Execução Penal. Esse dispositivo tutela inclusive o funcionário que foi demitido, antes ou durante a execução, como deixa claro sua redação. O direito à prisão especial não conflita com os demais direitos do preso previstos na Lei de Execução Penal, não sendo incompatível com progressão de regime, nos termos da Súmula 717 do Supremo Tribunal Federal (itens 84.1 e 112.2).

Jurisprudência

- *Cumprimento em prisão especial para condenado funcionário da administração da Justiça Criminal*
- *Cumprimento em prisão especial para condenado policial*
- *Prisão especial e regime semiaberto para policial*

---

27. Ob. cit. p. 95.

Art. 107. Ninguém será recolhido, para cumprimento de pena privativa de liberdade, sem a guia expedida pela autoridade judiciária.

§ 1º A autoridade administrativa incumbida da execução passará recibo da guia de recolhimento, para juntá-la aos autos do processo, e dará ciência dos seus termos ao condenado.

§ 2º As guias de recolhimento serão registradas em livro especial, segundo a ordem cronológica do recebimento, e anexadas ao prontuário do condenado, aditando-se, no curso da execução, o cálculo das remições e de outras retificações posteriores.

Vide: **CF** art. 5º, LXI; **LEP** arts. 66, X, 105, 106, 108, 109; **CPP** art. 283; **Lei nº 13.869**, de 5-9-2019 art. 12, IV. Súmula: **STF** 715.

107.1 EXIGÊNCIA FORMAL DA EXECUÇÃO

O art. 107 declara a garantia de que não se pode recolher qualquer pessoa "para cumprimento de pena privativa de liberdade" sem a guia expedida pela autoridade judiciária. Como observam Silva e Boschi, o diretor do presídio tem, assim, o dever de recusar o internamento do preso – e tal fato deve ser levado ao conhecimento do Ministério Público – quando desacompanhado da guia correspondente, evitando-se o constrangimento ilegal decorrente da prisão irregular.[28] Constitui crime de abuso de autoridade o ato que "prolonga a execução de pena privativa de liberdade, de prisão temporária, de prisão preventiva, de medida de segurança ou de internação, deixando, sem motivo justo e excepcionalíssimo, de executar o alvará de soltura imediatamente após recebido ou de promover a soltura do preso quando esgotado o prazo judicial ou legal" (art. 12, IV, da Lei nº 13.869, de 5-9-2019).

Não está excluída evidentemente a possibilidade de recolhimento a estabelecimento penal adequado de pessoa que ainda não tem contra si uma condenação transitada em julgado. Permite a lei o recolhimento do preso provisório (item 102.1), mas se exige nessa hipótese mandado ou ordem da autoridade competente, conforme preconizado pelas Regras de Mandela (Regra 7). Registram preceito nesse sentido o art. 18.2.3 da Lei Penitenciária Canadense, o art. 725 do Código de Processo Penal francês, o art. 7º da Lei de Execução portuguesa e o art. 15 da Lei Geral Penitenciária espanhola, bem como o art. 283 do Código de Processo Penal brasileiro.

Como ao diretor do estabelecimento cabe providenciar a execução da pena orientando-se pela guia de recolhimento, pressupõe-se que ela esteja em termos, ou seja, que contenha os requisitos indispensáveis a tal execução. Assim, se ele verificar falhas, erros, imprecisões ou omissões, deve consultar, sem formalidades, o juiz encarregado da execução. Não poderá recusá-la, porém, a não ser que ela não contenha os requisitos formais indispensáveis a seu

---

28. SILVA, Odir Odilon Pinto da, BOSCHI, José Antonio Paganella. *Comentários à lei de execução penal*. Rio de Janeiro: Aide, 1986. p. 98.

cumprimento (identificação do autor, determinação da pena, declaração da data em que terminará a execução) ou se constitua em ordem manifestamente ilegal.

Se o destinatário da guia tiver motivo para suspeitar que ela esteja eivada de falsidade material ou ideológica (fatos tipificados como crimes, respectivamente nos arts. 297 e 299 do CP), deverá fazer imediata comunicação ao juiz da execução e, concomitantemente, encaminhar-lhe o instrumento para que determine as devidas providências, conforme julgar.[29]

Pode ocorrer que esteja o diretor impossibilitado de pôr em execução a guia de recolhimento, como na hipótese de não ter sido recolhido o preso àquele estabelecimento penal. Nessa hipótese, deve a autoridade comunicar o fato ao juiz da execução para as providências cabíveis (remoção para o estabelecimento do preso, recolhimento da guia de execução etc.).

Na hipótese de erros ou emissões não essenciais, o diretor deve iniciar a execução enquanto procura saná-los por meio da consulta.[30]

107.2 RECIBO

Expedida a guia e enviada ao diretor do estabelecimento penal onde o sentenciado deverá cumprir a pena, cumpre à autoridade firmar o competente recibo, que será juntado aos autos do processo. Admite a doutrina, porém, que o recibo seja substituído por um ofício do diretor do estabelecimento penal ao juiz, acusando a entrega da guia e do condenado.[31]

107.3 CIÊNCIA AO CONDENADO

Determina-se que, após o recebimento da guia de recolhimento, o diretor do estabelecimento deve dar ciência de seus termos ao condenado (art. 107, § 1º, *in fine*). O dispositivo é corolário do art. 3º da Lei de Execução Penal, que assegura aos condenados as garantias constitucionais do devido processo legal, da ampla defesa, da igualdade processual, do contraditório, da representação e da publicidade dos atos administrativos (art. 5º, XXXIV, *a*; LIV; LV; LX). Aliás, o direito que primordialmente o Estado deve assegurar e garantir ao condenado é o de sua liberdade em dia certo e determinado, ou seja, o da terminação da pena, declaração que é requisito formal da guia de recolhimento. A ciência ao condenado a respeito da guia de recolhimento é, portanto, medida impostergável para lhe conferir a oportunidade de pleitear sua alteração em caso de erro ocorrido em sua elaboração. Dos termos da guia de recolhimento deve ser dada ciência também à Defensoria Pública, diante do que dispõem os arts. 81-A e 81-B, I, *a*, da LEP.

107.4 REGISTRO

Sendo a guia de recolhimento o instrumento que possibilita a execução, deve ser ela registrada, como garantia, em livro especial. Além disso, servindo para orientar o processo

---

29. Cf. MIOTTO, Armida Bergamini. *Curso de ciência penitenciária*. São Paulo: Saraiva, 1975. v. 2, p. 346.
30. Nesse sentido: ESPÍNOLA FILHO, Eduardo. Ob. cit. p. 95.
31. Nesse sentido: ESPÍNOLA FILHO. Ob. cit. p. 93, e NORONHA, E. Magalhães. Ob. cit. p. 573.

de execução, o livro deve receber os aditamentos necessários, ou seja, as retificações relativas ao tempo de duração da pena, que pode ser alterado pela remição, pela interrupção diante da fuga do condenado etc. O livro deve conter, portanto, espaço suficiente para todas as retificações ou alterações que a guia de recolhimento venha a sofrer.

O registro deve obedecer à ordem cronológica do recebimento, mas essa ordem, ao contrário do que possa parecer, não se refere às diversas guias de recolhimento com relação ao mesmo condenado, mas às dos recolhimentos de todos os condenados que ingressarem no estabelecimento.

Após o registro, a guia será anexada ao prontuário do condenado, que abrigará também todas as comunicações sobre retificações e alterações, bem como o registro do que ocorrer com a pessoa do preso e das vicissitudes da execução.

107.5 CÁLCULO DE LIQUIDAÇÃO DE PENAS

É possível que uma pessoa seja condenada em dois ou mais processos, havendo para serem executadas duas ou mais penas privativas de liberdade, que devem ser somadas. A *soma das penas* é mencionada no Código Penal (arts. 75, § 1º, e 84), no Código de Processo Penal (art. 82, 2ª parte) e na Lei de Execução Penal (arts. 66, III, *a*, 111 e 141). É ainda possível que, durante a execução de duas ou mais penas, sejam elas *unificadas* pelo juiz da execução por se tratar de concurso formal próprio ou crime continuado (arts. 70 e 71 do CP e art. 82, 2ª parte, do CPP) ou de hipóteses em que se deve respeitar o limite máximo de penas (art. 75, §§ 1º e 2º, do CP).[32] Pode ocorrer, por fim, que, após a expedição da guia de recolhimento, tenha-se notícia de anterior prisão provisória, prisão administrativa ou internação em hospital de custódia e tratamento, cujos prazos devem ser computados na pena em decorrência da *detração* (art. 42 do CP). Embora a Lei de Execução Penal não disponha expressamente sobre a forma com que se processam a soma, unificação e detração das penas, impõe a retificação da guia de recolhimento sempre que sobrevierem modificações quanto ao início da execução ou ao tempo de duração da pena (art. 106, § 2º), o que ocorre nessas hipóteses. Para proceder a tais retificações, porém, é necessário que se efetue o "cálculo de liquidação" das penas a serem executadas a fim de que se possam determinar as competentes retificações nas guias de recolhimento.

Determinava o art. 674, parágrafo único, do Código de Processo Penal, que nas hipóteses do art. 84, última parte, a expedição da carta de guia cabia ao juiz competente para a soma ou unificação das penas. Dispõe agora a Lei de Execução Penal que ao juiz da execução compete decidir sobre a soma ou unificação de penas (art. 66, III, *a*) e, em consequência, é ele competente para ordenar o cálculo de liquidação das penas sempre que se fizer necessário para a retificação da guia de recolhimento.

---

32. A unificação pode ocorrer no concurso formal *próprio* quando instaurados processos diversos pelos vários resultados causados pela agente em uma mesma conduta, mas não no concurso formal *impróprio* (art. 70, 2ª parte do CP). Com relação ao limite de penas estabelecido no art. 75, o entendimento da jurisprudência é no sentido de que a unificação se refere apenas ao tempo de cumprimento da pena (item 66.5).

Cabe à lei local dispor a respeito das normas regulamentares necessárias à eficácia dos dispositivos não autoaplicáveis (art. 203 da LEP) e, portanto, regular a questão. Na inexistência de lei local, resolução ou provimento dos Tribunais de Justiça pode dispor a respeito do assunto a fim de se dar exequibilidade aos dispositivos da lei de execução que dependam dessas disposições, não estando afastada a possibilidade de criação de praxe forense na hipótese.

Elaborado o cálculo de liquidação, deve ser dada ciência ao Ministério Público, ao condenado e à Defensoria Pública, tal como ocorre com relação à guia de recolhimento. Cabendo ao Ministério Público todas as providências necessárias ao desenvolvimento normal do processo executivo, um de seus principais cuidados deve ser o de verificar se o cálculo elaborado corresponde exatamente ao tempo das penas aplicadas ao condenado. De outro lado, além da obediência ao princípio do contraditório, deve-se assegurar ao condenado e ao seu defensor a possibilidade de manifestar-se sobre o assunto para garantir o direito de liberdade em dia certo e determinado, que é o da terminação das penas impostas. Vindo a ser alterado ou não o cálculo de liquidação de penas, tem o preso o direito a um atestado relativo à pena a cumprir a ser emitido anualmente pelo juiz da execução (art. 41, XVI, e art. 66, X, da LEP).

Jurisprudência

- *Obrigatoriedade de oitiva das partes sobre o cálculo de liquidação das*
- *Alteração de cálculo de liquidação de penas após decisão homologatória*
- *Início do cumprimento de pena em regime semiaberto*
- *Inadmissibilidade de exclusão do tempo cumprido em regime mais brando*
- *Inadmissibilidade de exclusão do tempo de gozo irregular de benefício*

107.6 PRECEDÊNCIA DAS PENAS

Embora preveja a lei que as guias de recolhimento devem ser registradas na "ordem cronológica do recebimento" (art. 107, § 2º), isso não significa que as várias penas impostas ao mesmo condenado sejam executadas seguindo-se tal critério. O dispositivo refere-se apenas ao registro em livro especial e não à execução das sanções indicadas nesses instrumentos. Observe-se que, na hipótese de várias penas impostas em um mesmo ou em processos diversos, deve ser obedecida, em decorrência do sistema progressivo adotado na execução, a precedência das penas mais graves (da reclusão sobre a detenção e desta sobre a prisão simples) tal como indicam o art. 69, *caput*, 2ª parte, do Código Penal, respeitante ao concurso material, o art. 76 do mesmo estatuto, que se refere genericamente ao concurso de infrações, e o art. 681, do Código de Processo Penal, que alude à imposição cumulativa de penas privativas de liberdade. Assim, recolhido o condenado ao estabelecimento penal, devem ser executadas as penas na ordem decrescente de gravidade, independentemente das datas de recebimento das respectivas guias de recolhimento pelo juiz da execução, e nessa ordem deve ser elaborado o cálculo de liquidação destinado à retificação dos documentos. Na hipótese de existirem para serem cumpridas duas ou mais penas da mesma espécie (reclusão ou detenção ou prisão simples), a precedência deve ser determinada pelo critério cronológico de acordo com as datas do trânsito em julgado de cada sentença, pois é a partir desse momento que a pena torna-se passível de ser executada e não das datas da expedição ou recebimento da guia de recolhimento. Não se pode deixar a ordem de precedência na execução da pena ao sabor da maior ou menor celeridade nos trâmites burocráticos referentes à expedição ou entrega da guia de recolhimento.

Deve-se, porém, observar que, existindo ou sobrevindo condenação por crime hediondo ou a ele equiparado, deve a execução da pena aplicada no processo correspondente preceder às demais, independentemente da data do trânsito em julgado ou da duração da reprimenda. A solução impõe-se porque, na hipótese, exige-se para a progressão de regime, se o sentenciado é primário, o cumprimento de 40% da pena, a menos que resulte morte, quando então o lapso passa a ser de 50%; se é ele reincidente na prática de crime hediondo ou equiparado o tempo exige-se 60%, exceto se do crime resultar morte, caso em que deverá cumprir 70% da pena no regime anterior, nos termos do art. 112 VI a VII. Existindo incompatibilidade dessas regras especiais com o critério geral de sucessão das penas, a citada precedência é imperativa.

Jurisprudência

- *Precedência das penas de vários processos*
- *Novo cálculo de liquidação com a soma de pena carcerária mais grave*
- *Inexigência de critério cronológico no cumprimento de penas*

107.7 EFEITOS DA SOMA DAS PENAS

Elaborada a conta de liquidação das várias penas a que está submetido o preso, passa a existir um conjunto de penas que devem ser tidas como um todo para determinados efeitos, como a determinação do regime inicial (art. 111 da LEP) e da progressão (art. 112 da LEP) e, em consequência, das saídas temporárias (art. 122 da LEP) e do trabalho externo (arts. 34, § 3º do CP e 36 da LEP); da remição (arts. 111 e 126 da LEP); do livramento condicional (art. 84 do CP); da conversão da pena privativa de liberdade em restritiva de direitos (art. 180 da LEP), do limite das penas (art. 75 do CP); da reabilitação (art. 93 do CP) etc. Mesmo na hipótese de incidência do art. 75 do Código Penal é a soma das penas, e não o limite de 40 anos, que servirá de base para o cálculo do tempo de cumprimento exigido para a concessão de benefícios legais, nos termos da Súmula 715 do Supremo Tribunal Federal (item 66.6).

Tratando-se, porém, de hipótese da extinção da punibilidade, não há que se considerar a soma das penas, mas cada uma delas, isoladamente. É o que ocorre, por exemplo, com a anistia, que se refere não à soma das penas, mas a cada uma das penas, isoladamente, de acordo com o prazo de duração, o início e o término de cumprimento firmados na conta de liquidação e nas guias de recolhimento.

Tratando-se da prescrição, a observação também procede. Transitada em julgado a sentença para a acusação (art. 112, I, do CP), ou para ambas as partes, de acordo com recente posição do STF [33], começa a correr o prazo que se interrompe apenas pelo início ou continuação do cumprimento da pena (art. 117, V, do CP). Se o condenado tem várias penas a cumprir, em decorrência de um só ou de vários processos, a prescrição de cada uma delas corre simultaneamente com as demais enquanto não for preso. Preso o condenado e interrompida a prescrição, ela não corre para nenhuma das penas (art. 116, parágrafo único, do CP). Evadindo-se o sentenciado, a prescrição é regulada pelo tempo que resta da pena que estava sendo cumprida (art. 113 do CP) e também se inicia o prazo da prescrição das demais penas que devem ser ainda executadas. Essa prescrição é contada isoladamente para cada uma das penas impostas, correndo simultaneamente, e não de acordo com a soma das sanções a serem cumpridas, mesmo porque as regras de prescrição da pretensão executória têm por base a "pena aplicada" (art. 110, *caput*, do CP) e não a soma delas. Aliás, com relação ao concurso de crimes, dispõe a lei expressamente que a extinção da punibilidade incidirá sobre a pena de cada um, isoladamente (art. 119 do CP) e, assim, também ocorre, evidentemente, com relação a penas aplicadas em processos diversos.

Art. 108. O condenado a quem sobrevier doença mental será internado em Hospital de Custódia e Tratamento Psiquiátrico.

Vide: **LEP** arts. 43, 99, 100, 109, 172, 183; **CP** arts. 41, 42; **CPP** art. 682, § 1º.

108.1 SUPERVENIÊNCIA DE DOENÇA MENTAL

Só deve cumprir pena aquele que tem capacidade penal, ou seja, quem tem condição para submeter-se a sua execução. Não tem essa capacidade o agente que, no momento da ação ou omissão, em virtude de doença mental, era inteiramente incapaz de entender o caráter criminoso do fato ou de determinar-se com esse entendimento. Nessa hipótese o agente, por ser inimputável, é isento de pena e submetido a medida de segurança (arts. 29 e 97 do CP). Pode ocorrer, porém, que sendo o agente imputável no momento do fato, passe a não ter mais capacidade executivo-penal pela superveniência de doença mental. Nesse caso, não mais pode ser executada a pena, pois a finalidade desta é a reinserção social do condenado e, estando este infenso às medidas ressocializadoras pela incapacidade de entender e querer, a execução da sanção seria inútil. Ademais, a incapacidade psíquica torna inconveniente e mesmo perigosa a permanência do condenado em estabelecimento destinado à execução da pena. Essa permanência no presídio poderá ser prejudicial à vida ou a sua cura, diante da ausência de tratamento especializado. Por isso, preveem os arts. 41 do Código Penal e 108 da Lei de Execução Penal que, sobrevindo doença mental ao condenado, este deve ser internado em Hospital de Custódia e Tratamento Psiquiátrico. O tempo de internação é computado como de cumprimento da pena, em decorrência da detração (art. 42 do CP).

Para a transferência do condenado, é necessário que a superveniência da doença mental esteja comprovada por laudo pericial, mas, em caso de urgência, o diretor do estabelecimento penal poderá determinar a remoção do sentenciado, comunicando imediatamente a

---

33. STF: AI-RJ 794971-AgR-RJ, j. em 19-4-2021, *DJe* de 28-6-2021; STJ: AgRg no REsp 1983259-PR, j. em 26-10-2022, *DJe* de 3-11-2022.

providência ao juiz que, em face da perícia médica, ratificará ou revogará a medida, como prevê o art. 682, § 1º, do Código de Processo Penal, não revogado pela lei de execução por não ser incompatível com esta. Garante-se também ao interno a liberdade de contratar médico de sua confiança pessoal (item 43.1).

Refere-se a lei apenas à doença mental, já que na ocorrência das demais moléstias o atendimento médico é realizado no próprio estabelecimento penal em que está recolhido o preso (art. 14) ou em outro local, mediante autorização da direção do estabelecimento (item 14.4).

Jurisprudência

- *Obrigatoriedade de exame médico durante a execução*

108.2 EFEITOS DO INTERNAMENTO

Transferido o condenado para o Hospital de Custódia e Tratamento Psiquiátrico, é suspensa a execução da pena, mas o prazo dela continua a correr, já que, diante da detração penal, é computado por razões humanitárias o tempo em que o condenado está internado (art. 42 do CP). Sobrevindo a cura, o condenado voltará à prisão para o cumprimento do que lhe resta da pena, já descontado o tempo do internamento.

Transcorrido, porém, o prazo de duração da pena sem o restabelecimento do internado, a pena deve ser considerada extinta por seu cumprimento, não estando mais submetido ao procedimento da execução da pena. Nos termos do art. 682, § 2º, do Código de Processo Penal, "o indivíduo terá o destino aconselhado pela sua enfermidade, feita a devida comunicação ao juiz de incapazes". Não está mais o sentenciado obrigado ao internamento, pois, extinta a pena, deve ser posto em liberdade (art. 109 da LEP) e seu internamento em outro estabelecimento dar-se-á obrigatoriamente apenas nas hipóteses previstas na legislação extrapenal.

A superveniência de doença mental durante a execução, porém, pode dar causa à *conversão* da pena em medida de segurança tal como prevê o art. 183 da Lei de Execução Penal e, nessa hipótese, a execução passa a ser regida pelas normas relativas a esta. A opção entre o simples internamento e a conversão cabe ao juiz da execução (item 183.1).

Jurisprudência

- *Inadmissibilidade da conversão da pena em medida de segurança na sentença condenatória: possibilidade de internação*

Art. 109. Cumprida ou extinta a pena, o condenado será posto em liberdade, mediante alvará do juiz, se por outro motivo não estiver preso.

Vide: **CF** art. 5º, LXV, LXVIII; **LEP** arts. 66, II, 146, 187, 192, 202; **CP** arts. 107; **CPP** arts. 648, II, 685; **Lei nº 13.869**, de 5-9-2019, art. 12, IV.

109.1 ALVARÁ DE SOLTURA

Terminando o prazo de duração da pena do condenado preso ou internado (na hipótese de internamento pela superveniência mental), o juiz deve expedir o competente alvará de soltura, que deverá conter sempre a condição de que só será posto em liberdade aquele que "por outro motivo não estiver preso", isto é, se não houver outra pena a cumprir ou se o sujeito não estiver submetido a prisão provisória por outro processo.

Também será expedido o alvará de soltura quando a pena estiver extinta por qualquer outra causa (anistia, indulto, *abolitio criminis* etc.).

Se o condenado cumpriu a pena sem lide e sem controvérsia, nada impedindo seu término, o juiz deve automaticamente declarar extinta a sanção com ou sem audiência do Ministério Público, pois a procrastinação traduziria ilegalidade, significando constrangimento ilegal.

Promovido o condenado ao regime aberto, na forma da prisão albergue domiciliar, não deve ser expedido alvará de soltura, por permanecer em cumprimento da pena privativa de liberdade, embora em sua residência.

Comete crime a autoridade judiciária ou administrativa que prolonga a execução da pena privativa de liberdade, de prisão temporária, de prisão preventiva, de medida de segurança ou de internação, deixando, sem motivo justo e excepcionalíssimo, de executar o alvará de soltura imediatamente após recebido ou de promover a soltura do preso quando esgotado o prazo judicial ou legal deixando de expedir em tempo oportuno ou de executar imediatamente a ordem de liberdade (art.12, IV, da Lei nº 13.869, de 24-12-2019). Trata-se, evidentemente, de crime doloso, inexistindo o ilícito penal se ocorrer simples culpa na omissão da autoridade responsável pela soltura do condenado.

> Jurisprudência
>
> - Excesso de prazo no cumprimento da pena
> - Condenação por outro processo
> - Decretação imediata da extinção da punibilidade pelo cumprimento da pena
> - Cumprimento da pena em prisão

SEÇÃO II
Dos Regimes

Art. 110. O juiz, na sentença, estabelecerá o regime no qual o condenado iniciará o cumprimento da pena privativa de liberdade, observado o disposto no art. 33 e seus parágrafos do Código Penal.

Vide: **CF** art. 5º, XLVI, *a*, XLVIII; **LEP** arts. 111 a 119; **CPP** art. 387, § 2º; **CP** arts. 33 a 36, 59, III; **LCP** art. 6º; **Lei nº 8.072**, de 25-7-1990, art. 2º, § 1º; **Lei nº 9.455**, de 7-4-1997, art. 1º, § 7º; **Lei nº 9.613**, de 3-3-1998, art. 1º, § 5º. **Lei nº 13.445**, de 24-5-2017, art. 54, § 3º. Súmulas: **STF** 716, 718, 719; **STJ** 269, 440.

110.1 REGIME INICIAL: CRITÉRIOS OBJETIVOS

Dispõe a lei que o regime inicial da execução da pena privativa de liberdade é estabelecido na sentença de condenação, com observância do art. 33 e seus parágrafos do Código Penal. Condenado o agente, o juiz, atendendo a tais dispositivos, que dizem respeito à natureza e quantidade da pena, bem como à reincidência, estabelece o regime inicial de cumprimento da pena privativa de liberdade que, em algumas hipóteses, é obrigatório, e, em outras, depende do critério do juiz frente às circunstâncias judiciais previstas para a fixação da pena-base (art. 59 do CP) (vide item 110.4). Estabelecido o regime inicial de cumprimento da pena pelo juiz da sentença condenatória, sem recurso das partes, faz a decisão coisa julgada formal e material a esse respeito. Não pode, assim, ser modificada a decisão pelo juiz da execução a não ser em decorrência de fatos supervenientes (nova condenação que obrigue à fixação de regime mais severo, unificação, progressão etc.). Entretanto, já se decidiu que pode o juiz, de ofício, modificar as condições estabelecidas quanto ao regime inicial, desde que as circunstâncias assim o recomendem.

O art. 33 do Código Penal estabelece distinção quanto ao regime inicial para os condenados à pena de reclusão e de detenção.

Para o condenado à pena de reclusão o regime inicial será obrigatoriamente o fechado se o *quantum* da pena exceder a oito anos ou se for ele reincidente. A proibição de outro regime está implícita no art. 33, § 2º, *b*, do Código Penal, que só permite a fixação do regime semiaberto ao "condenado não reincidente". Sedimentou-se, porém, no STJ o entendimento de que, na ausência de vedação expressa, é admissível a fixação do regime inicial semiaberto ao reincidente condenado a pena igual ou inferior a quatro anos, se lhe forem favoráveis as circunstâncias judiciais (Súmula 269).

Para o condenado não reincidente, o regime inicial poderá ser o semiaberto, quando a pena não exceder a oito, ou o aberto, se não exceder a quatro. Nessas hipóteses, deverá o juiz optar por esses regimes se as condições do condenado forem compatíveis com o tratamento menos severo; em caso contrário, poderá ser fixado o regime fechado. Mesmo para o condenado a pena inferior a quatro anos, não reincidente, pode ser fixado o regime inicial fechado ou semiaberto de acordo com as circunstâncias reveladas no processo. O regime inicial não depende, pois, exclusivamente, da quantidade da pena fixada, mas das circunstâncias judiciais da fixação da pena-base, previstas no art. 59 do Código Penal. Desde que haja fundamentação expressa na sentença, o condenado que tenha péssimos antecedentes, alta periculosidade, desvio de comportamento moral, insensibilidade ou perversão, ainda que primário e condenado a pena inferior a quatro anos, deve ficar sujeito ao regime fechado.

Enquanto a pena de reclusão pode ser cumprida em regime fechado, semiaberto ou aberto, o regime inicial para o condenado a pena de detenção deverá ser o semiaberto ou o aberto. Como não é possível estabelecer-se o regime fechado inicial, o condenado reincidente e aquele a que foi imposta pena superior a quatro anos de detenção deve ser obrigatoriamente encaminhado ao regime semiaberto. O regime aberto é reservado ao não reincidente condenado a pena igual ou inferior a quatro anos quando lhe forem favoráveis as circunstâncias judiciais.

A pena de prisão simples, aplicável ao autor de contravenção, é sempre cumprida em regime semiaberto ou aberto, em estabelecimento especial ou seção especial de prisão comum, sem rigor penitenciário (art. 6º da LCP). Assim, devem ser aplicadas, quanto ao regime inicial, as regras referentes à pena de detenção, seja ou não reincidente o condenado. Entretanto, enquanto a lei penal permite a regressão ao regime fechado do preso condenado à pena de detenção (art. 33, *caput*, do CP), não possibilita, em qualquer hipótese, o cumprimento da prisão simples em tal regime. A regressão, quanto a tal pena privativa de liberdade, só ocorre do aberto para o semiaberto.

Negava-se na jurisprudência a possibilidade de fixação do regime inicial semiaberto ou aberto ao condenado estrangeiro com situação irregular no país, sobretudo quando instaurado procedimento expulsório ou já houvesse sido decretada a sua expulsão. Não há, porém, vedação legal e a Lei de Migração expressamente prevê que o processamento da expulsão em caso de crimes comuns não prejudicará o cumprimento da pena, a progressão de regime e outros benefícios legais, sempre em igualdade de condições ao nacional (art. 54, § 3º, da Lei nº 13.445, de 24-5-2017) (v. itens 112.4 e 114.1).

Jurisprudência

- *Admissibilidade do regime inicial fechado para reincidente condenado a pena inferior a 8 anos*
- *Admissibilidade da fixação do regime aberto para estrangeiro com situação irregular no país (antes da vigência da Lei nº 13.445/2017)*
- *Regime inicial aberto para o não reincidente condenado a pena inferior a 4 anos*
- *Competência para a fixação do regime inicial de pena*
- *Coisa julgada na fixação do regime inicial*
- *Contra: admissibilidade de alteração do regime fixado na condenação*
- *Regime inicial fechado obrigatório para pena superior a 8 anos de reclusão*
- *Regime inicial fechado obrigatório para reincidente*
- *Contra: Admissibilidade de regime inicial aberto para reincidente*
- *Admissibilidade do regime inicial semiaberto para reincidente condenado a pena igual ou inferior a quatro anos*
- *Inadmissibilidade do regime inicial aberto para reincidente condenado a pena inferior a 4 anos*
- *Regime inicial para reincidente: atendimento de particularidades*
- *Inadmissibilidade do regime inicial fechado em pena de detenção*
- *Admissibilidade do regime inicial fechado em pena de detenção: casos excepcionais*
- *Inadmissibilidade do regime inicial fechado em contravenção: prisão simples*
- *Admissibilidade da fixação do regime fechado por se tratar de condenado estrangeiro em caráter transitório no país (antes da vigência da Lei nº 13.445/2017)*
- *Inadmissibilidade de regime semiaberto para estrangeiro com decreto de expulsão (antes da vigência da Lei nº 13.445/2017)*
- *Inadmissibilidade de regime aberto para estrangeiro com procedimento expulsório (antes da vigência da Lei nº 13.445/2017)*
- *Inadmissibilidade de regime semiaberto ou aberto a estrangeiro com procedimento expulsório (antes da vigência da Lei nº 13.445/2017)*

110.2 CÔMPUTO DO TEMPO DE PRISÃO PROVISÓRIA OU ADMINISTRATIVA OU DE INTERNAÇÃO

De acordo com o que dispõe o § 2º do art. 387 do Código de Processo Penal, inserido pela Lei nº 12.736, de 30-11-2012, ao proferir a sentença condenatória, o juiz deverá proceder ao cômputo do tempo de prisão provisória ou administrativa ou de internação para o fim de fixação do regime inicial da pena privativa de liberdade. O dispositivo é passível de críticas e pode suscitar interpretações divergentes, inclusive em face de sua deficiente redação. De acordo com uma primeira orientação, que encontra relativo apoio na exposição de motivos do projeto de lei, o juiz do processo de conhecimento está autorizado a fixar regime prisional mais brando do que aquele que haveria de aplicar, se o tempo de prisão provisória for superior ao tempo de cumprimento de pena exigido para a progressão. Caso seria, assim, de antecipar o juiz do processo o possível deferimento da progressão de regime pelo juiz da execução, estabelecendo, desde logo, como regime inicial o regime mais brando. No entanto, não se refere a lei à progressão de regime e esta, além de constituir matéria que se insere na competência do juiz da execução (art. 66, III, *b*, da LEP), depende também de outros requisitos legais, que incluem o exame do mérito do condenado. Outro entendimento autorizado pelo dispositivo, mais consentâneo com o sistema, é o de que ao determinar o cômputo do tempo de prisão provisória para o fim de fixação do regime inicial, prevê a lei o abatimento na pena aplicada do período de custódia cautelar para o fim de verificar o juiz os regimes cabíveis em face dos limites estabelecidos no art. 33, § 2º, *a*, *b* e *c*, do CP. Essa orientação, aliás, está em consonância com a norma contida no art. 111 da LEP, que na hipótese de soma de penas, determina a observância da detração para a fixação do regime. Assim, aplicada pena de 8 anos e 1 dia de reclusão a réu não reincidente, qualquer tempo de prisão provisória autoriza o juiz a optar pelo regime inicial semiaberto, lembrando, porém, que na fixação do regime inicial devem se observar as circunstâncias descritas no art. 59, conforme previsto no art. 33, § 3º. O novo dispositivo, no entanto, não é aplicável às hipóteses em que a fixação do regime inicial fechado é imperativo legal, independentemente do *quantum* da pena imposta, como no caso de crimes hediondos ou a este equiparados.

110.3 REGIME INICIAL FECHADO EM LEIS ESPECIAIS

Nos crimes de tráfico de entorpecentes e drogas afins, de terrorismo e nos crimes definidos como hediondos, consumados ou tentados, ainda que aplicada pena inferior a oito anos, a pena deverá ser cumprida inicialmente em regime fechado, por expressa disposição contida no art. 2º, § 1º, da Lei nº 8.072, de 25-7-1990, com a redação dada pela Lei nº 11.464, de 28-3-2007, que aboliu o regime integral fechado previsto na redação original do dispositivo.

O regime inicial fechado é também previsto como obrigatório, independentemente da pena aplicada, pela Lei nº 9.455, de 7-4-1997, que define os crimes de tortura. A admissibilidade da progressão de regime contida nesse diploma, aliás, não se estendia aos demais crimes hediondos ou equiparados, segundo a Súmula 698 do STF, que está superada em virtude da Lei nº 11.464/2007.

Dispunha, também, a Lei nº 9.034, de 3-5-1995, que os condenados por crimes decorrentes de organização criminosa deveriam iniciar o cumprimento da pena em regime fechado. O diploma, porém, foi revogado pela Lei nº 12.850, de 2-8-2013, que não contém norma semelhante.

Antes da vigência da Lei nº 12.015, de 7-8-2009, que conferiu nova disciplina os crimes sexuais e alterou a Lei dos Crimes Hediondos, discutia-se a respeito da natureza hedionda do estupro e do atentado violento ao pudor em suas fórmulas fundamentais e nos casos de presunção de violência. De acordo com a atual redação do art. 1º, V, VI e VIII, da Lei nº 8.072/1990, o estupro, o estupro de vulnerável, nas formas simples e qualificadas, e o favorecimento da prostituição ou de outra forma de exploração sexual de criança ou adolescente ou de vulnerável (art. 213, *caput* e §§ 1º e 2º, art. 217-A, *caput* e §§ 1º a 4º, e art. 218-B, *caput* e §§ 1º e 2º, do CP) são crimes hediondos e tornam obrigatória a fixação do regime inicial fechado.

Após o início de vigência da Lei nº 11.464, de 28-3-2007, passou-se a questionar se a obrigatoriedade da fixação do regime inicial fechado prevista para o condenado por tráfico de entorpecentes abrange a hipótese em que é aplicada a redução de pena prevista no art. 33, § 4º, da Lei nº 11.343/2006, por se tratar de réu primário, de bons antecedentes, que não se dedica a atividades criminosas nem integra organização criminosa. O art. 33, § 4º, da Lei nº 11.343/2006 dispõe sobre uma causa de diminuição de pena e, assim, as circunstâncias nele previstas não integram a definição típica contida no *caput* do mesmo artigo, motivo pelo qual, a rigor, não descaracterizam o crime de tráfico de entorpecentes, que sujeita os seus autores, forçosamente, ao regime inicial fechado em virtude de expressa previsão legal (art. 2º, § 1º, da Lei nº 8.072/1990, com a redação dada pela Lei nº 11.464/2007). Enquanto o regime inicial fechado é estabelecido em lei em razão da gravidade do crime de tráfico de entorpecentes, em consonância com o tratamento mais rigoroso previsto na própria Constituição Federal (art. 5º, XLIII), a causa de diminuição de pena contempla circunstâncias atinentes ao autor, interferindo, assim, na quantidade da pena, mas não na natureza da infração ou na qualidade da sanção ou no regime prisional. O Supremo Tribunal Federal, porém, revendo anteriores decisões, passou a entender que o denominado tráfico privilegiado (art. 33, § 4º, da Lei nº 11.343/2006), dados os seus contornos menos gravosos decorrentes da primariedade e bons antecedentes do réu e da inexistência de vínculos com organização criminosa, não tem natureza hedionda. Porque em consonância com essa nova orientação do STF, o STJ deliberou pelo cancelamento da Súmula 512, que enunciava, precisamente, o caráter hediondo do tráfico privilegiado. De acordo com a recente posição do STF, portanto, não há óbice, na hipótese, à fixação de regime inicial mais brando. Segundo prevalente orientação jurisprudencial, o crime de associação para o tráfico de entorpecentes, descrito no art. 35 da Lei nº 11.343/2006, também não é considerado crime hediondo, e, assim, não obriga a fixação do regime inicial fechado. Trata-se de crime autônomo, em que, aliás, se pune, inclusive, estágio anterior ao exercício do tráfico e que não está abrangido pela regra contida no art. 2º, § 1º, da Lei nº 8.072/1990. Por fim, a Lei nº 13.964, de 24-12-2019, alterando o art. 112, inseriu o § 5º que prevê, expressamente, que "não se considera hediondo ou equiparado, para os fins deste artigo, o crime de tráfico de drogas previsto no § 4º do art. 33 da Lei nº 11.343, de 23 de agosto de 2006".

Decisões do STF e do STJ foram também proferidas reconhecendo a inconstitucionalidade da norma contida no art. 2º, § 1º, da Lei nº 8.072/1990, que prevê a obrigatoriedade da fixação do regime inicial fechado para os crimes hediondos ou equiparados. A exemplo do que já haviam decidido a respeito do regime integral fechado, as cortes superiores têm entendido que a fixação do regime inicial fechado em razão exclusivamente da natureza hedionda da infração viola o princípio da individualização da pena (art. 5º, XLVI, da CF). Há decisões admitindo, portanto, a fixação de regime inicial mais brando para condenados por crimes de homicídio qualificado, estupro, estupro de vulnerável, tráfico de entorpecentes etc.

Deve-se, observar, porém, que a individualização no curso da execução da pena somente pode ocorrer no âmbito do conjunto das normas que regulam a aplicação dos diversos institutos e meios previstos para o ajustamento da sanção às condições pessoais de cada condenado com a finalidade de favorecer a sua reintegração social, segundo os parâmetros estabelecidos pelo legislador. Não tendo *status* constitucional os regimes de cumprimento de pena e o sistema progressivo, à lei ordinária foi confiada a disciplina da matéria, não se podendo falar em ofensa ao princípio da individualização da pena tão somente porque não permitida pelo legislador ao juiz a opção da fixação do regime inicial mais brando na hipótese de condenação por crime hediondo ou assemelhado, referidos na própria Constituição como merecedores de tratamento mais rigoroso. Assim, a rigor, não padece de inconstitucionalidade o art. 2º, § 1º, da Lei nº 8.072/1990, que prevê o regime inicial fechado para os crimes considerados mais graves, por hediondez, pela própria Constituição Federal.

Jurisprudência

- *Inconstitucionalidade do regime inicial fechado obrigatório em crimes hediondos e equiparados*
- *Regime inicial fechado obrigatório em crime de tortura*
- *Admissibilidade do regime inicial semiaberto em estupro*
- *Admissibilidade do regime inicial semiaberto em estupro de vulnerável*
- *Admissibilidade de regime inicial mais brando em estupro com violência presumida: crime não hediondo (anterior à vigência da Lei nº 11.464/2007)*
- *Admissibilidade do regime inicial semiaberto em homicídio qualificado*
- *Contra: obrigatoriedade do regime inicial fechado*
- *Admissibilidade de fixação de regime inicial semiaberto em homicídio qualificado-privilegiado: crime não hediondo*
- *Admissibilidade de fixação de regime inicial semiaberto ou aberto em tráfico de entorpecentes*
- *Contra: obrigatoriedade do regime inicial fechado em tráfico de entorpecentes*
- *Fixação obrigatória de regime inicial fechado em tráfico privilegiado (art. 33, § 4º, da Lei nº 11.343/2006): crime hediondo*
- *Contra: caráter não hediondo e admissibilidade de regime mais brando*
- *Inexistência de hediondez no tráfico privilegiado: admissibilidade da fixação de regime mais brando*
- *Admissibilidade do regime inicial semiaberto ou aberto para o condenado por crime de associação para o tráfico*
- *Regime inicial fechado obrigatório em crimes praticados por organização criminosa (antes da vigência da Lei nº 12.850, de 2-8-2013)*
- *Constitucionalidade e obrigatoriedade do regime integral fechado em crimes hediondos (antes da vigência da lei nº 11.464/2007)*

- *Regime integral fechado em crimes hediondos após a Lei nº 9.455/97 (antes da vigência da Lei nº 11.464/2007)*
- *Contra: admissibilidade de progressão de regime para os condenados por crime de tortura após a Lei nº 9.455/97 (antes da vigência da Lei nº 11.464/2007)*
- *Crimes contra os costumes sem lesão grave ou morte: crimes hediondos (antes da vigência da Lei nº 12.015/2009)*
- *Crimes contra os costumes: necessidade de lesão corporal de natureza grave ou morte para caracterizar crime de hediondo (antes da vigência da Lei nº 12.015/2009)*
- *Crime contra os costumes com violência presumida: crime hediondo caracterizado (antes da vigência da Lei nº 12.015/2009)*
- *Contra: crime contra os costumes com violência presumida – hediondez não caracterizada (antes da vigência da Lei nº 11.464/2007)*

110.4 FIXAÇÃO DO REGIME INICIAL

Cabível, em tese, mais de um regime prisional, impõe-se ao juiz fundamentar a sua opção com base nas circunstâncias judiciais, conforme previsto nos arts. 33, § 3º, e 59, III, do CP. Deve o juiz declinar as circunstâncias que o levaram a optar pelo regime a final fixado. Não lhe é vedado referir-se, economicamente, às circunstâncias judiciais desfavoráveis que tenham sido reconhecidas na dosagem da pena, mas é imprescindível, sob pena de nulidade, que seja expresso com relação às razões que formaram o seu convencimento quanto à necessidade de estabelecer no caso concreto um regime inicial mais gravoso, quando, em tese, outros seriam admissíveis pela lei. Nesse sentido é a Súmula 719 do Supremo Tribunal Federal: "A imposição do regime de cumprimento mais severo do que a pena aplicada permitir exige motivação idônea." Têm decidido, também, os tribunais que a simples gravidade do crime não é determinador da fixação do regime inicial fechado. O entendimento de que a mera afirmação pelo juiz da gravidade do crime em abstrato, sem qualquer valoração do fato concreto e de suas circunstâncias, não constitui fundamento bastante para a fixação de regime inicial mais rigoroso do que o permitido pelo *quantum* da pena aplicada é o que prevaleceu no Supremo Tribunal Federal, nos termos da Súmula 718: "A opinião do julgador sobre a gravidade em abstrato do crime não constitui motivação idônea para a imposição de regime mais severo do que o permitido segundo a pena aplicada." No mesmo sentido é a Súmula 440 do STJ: "Fixada a pena-base no mínimo legal, é vedado o estabelecimento de regime prisional mais gravoso do que o cabível em razão da sanção imposta, com base apenas na gravidade abstrata do delito." Não é inidônea, porém, a fundamentação que se refere à gravidade do fato concreto, afirmada com base em sua maneira de execução, consequências ou outras circunstâncias que revelem a insuficiência do regime mais brando para a reprovação e prevenção do crime (art. 59, III, do CP).

Em que pesem as referidas súmulas dos tribunais superiores, ainda são fartas as decisões judiciais e a jurisprudência de alguns tribunais no sentido de que, tratando-se de crime de roubo qualificado, é correta a fixação do regime inicial fechado, mesmo se os réus forem primários e não houver prova da existência de maus antecedentes, pois devem-se levar em conta as circunstâncias do delito que, no caso, vem causando grande comoção social. Embora a gravidade em abstrato do crime possa se constituir em fator que recomende ao juiz especial grau de cautela na fixação do regime prisional, a simples menção ao tipo penal não é suficiente para fundamentar a opção pelo regime fechado se não há impedimento legal a regime mais brando, porque é clara a lei ao estabelecer que a decisão há de se nortear pelas circunstâncias descritas no art. 59 do CP. Entendendo o juiz que o crime pelo qual condenou o réu reveste-se de particular gravidade, impõe-se-lhe a menção às circunstâncias concretas do fato que em seu convencimento justificam o regime inicial mais rigoroso. A existência e o número de coautores ou partícipes, o *modus operandi*, a quantidade ou espécies de armas utilizadas, a violência empregada, o sofrimento ou as consequências suportadas pela vítima são circunstâncias, entre outras, que podem fundamentar com suficiência a aplicação do regime fechado com o fim não somente de se proceder à justa reprovação do crime, mas, também, de se acautelar o meio social.

Circunstâncias judiciais de cunho subjetivo como os antecedentes, a conduta social, a personalidade do agente e os motivos do crime, todas previstas no art. 59 do CP, também devem ser consideradas na fixação do regime inicial. É prevalente o entendimento nas cortes superiores de que como maus antecedentes não podem ser considerados os inquéritos policiais e as ações penais em andamento, em respeito ao princípio de presunção de inocência. Nesse sentido, aliás, a Súmula 444 do STJ veda a utilização de tais circunstâncias na fixação da pena-base. A constatação de ter o paciente personalidade dirigida à reiteração delituosa, o que se pode inferir de registros de condenações anteriores, ainda que não firmem a reincidência, pode autorizar o regime mais rigoroso como medida necessária à prevenção de novas infrações penais.

É certo que a fixação da pena-base e a opção pelo regime prisional devem se nortear pelas mesmas circunstâncias judiciais. Trata-se, porém, de operações distintas, não estando vinculado o juiz a delas extrair a mesma solução quanto ao agravamento ou não da pena e da forma de sua execução. Embora tanto a quantidade como a qualidade da pena devam ser estabelecidas na medida do necessário e suficiente para a reprovação e prevenção do crime, conforme, aliás, expressamente previsto no art. 59 do CP, o automatismo decorrente da vinculação entre as duas operações, em que não raras vezes incorrem juízes e tribunais, discrepa da individualização da pena exigida pela Constituição Federal (art. 5º, XLVI, da CF) à qual o dispositivo legal visa dar efetividade. Melhor se atende ao princípio da individualização e à *mens legis* pela ponderação das distintas circunstâncias judiciais de modo diferenciado em relação aos dois aspectos da resposta penal, em função de sua relevância específica para o ajustamento de um e outro. Assim como uma circunstância, como o grau de culpabilidade, pode se mostrar apta a embasar a exasperação da pena-base, com vistas à justa reprovação do crime, mas não justificar a opção por um regime mais restritivo, a aplicação da sanção no mínimo legal, decorrente da consideração de circunstâncias judiciais diversas, não tem o condão de impedir que a personalidade do agente, por exemplo, fundamente o regime mais gravoso porque considerado necessário sob o aspecto da prevenção específica. A fixação da pena-base no mínimo legal não impede, portanto, a opção por regime mais gravoso do que o autorizado pela quantidade da pena, se restou ele justificado com amparo em circunstâncias judiciais desfavoráveis provadas nos autos que, por qualquer razão, não tenham sido ponderadas em desfavor do réu, ou tenham sido compensadas por outras favoráveis, na primeira fase da dosimetria da pena. O favorecimento indevido do réu por haver olvidado o juiz na dosagem da pena circunstâncias desfavoráveis comprovadas e que fundamentaram o regime mais severo não autoriza o tribunal a mitigá-lo sob o pretexto da incongruência da decisão, porque assim decidindo retificaria a decisão justamente na parte em que está ela em consonância com a lei (art. 59, III, do CP) para ampliar o *error in judicando*.

Na omissão da sentença transitada em julgado quanto ao regime inicial de cumprimento da pena aplica-se o regime mais brando, desde que compatível com o disposto no art. 33, § 2º, do Código Penal. Enquanto a decisão não transitar em julgado, a omissão pode ser preenchida pelo magistrado *a quo*, em qualquer tempo, mercê de provocação do interessado (embargos de declaração) ou até de ofício. Não cabe à instância superior no julgamento de apelação ou de pedido de *habeas corpus* estabelecer o regime inicial, com o que se suprimiria uma instância, podendo-se apenas determinar que a omissão seja suprida pelo prolator da decisão. Contudo, já se tem delegado o suprimento para o juiz da execução quando há condenações anteriores. Há decisões, também, no sentido da fixação do regime mais brando cabível, se da sentença não apelou o Ministério Público.

Dependendo a fixação do regime inicial do exame e valoração da prova com relação às circunstâncias judiciais, que incluem as de caráter subjetivo e personalíssimo, bem como a ponderação da necessidade e suficiência do regime para a reprovação e prevenção do crime (art. 59 do CP), não é possível, em princípio, seja deferido pedido de *habeas corpus* para alteração daquele estabelecido na sentença. Se a sentença, porém, determinar regime por lei incabível na espécie, configura-se o constrangimento ilegal sanável pela via do *writ*. Admite-se, também, a impetração de *habeas corpus* na hipótese de nulidade da sentença por falta de fundamentação quanto à opção feita pelo juiz, quando, em tese, regime mais brando é permitido por lei. Nessa hipótese, na ausência do trânsito em julgado da condenação, a ordem deve ser concedida para o fim de determinar que o juiz da sentença a complemente mediante a fixação do regime inicial por decisão devidamente fundamentada.

Jurisprudência

- *Necessidade de fundamentação idônea para a fixação de regime inicial mais severo do que o permitido por lei*
- *Ausência de fundamentação idônea na mera referência à gravidade em abstrato do delito*
- *Fixação de regime mais severo com fundamento na gravidade em concreto do crime*
- *Inadmissibilidade de regime prisional mais severo na fixação da pena-base no mínimo legal*
- *Contra: admissibilidade de regime prisional mais severo na fixação da pena-base no mínimo legal*
- *Fixação do regime semiaberto ao reincidente condenado a pena não superior a quatro anos com circunstâncias judiciais favoráveis*
- *Fixação de regime mais severo na reincidência e circunstâncias judiciais desfavoráveis*
- *Fixação de regime mais severo com fundamento no grau de culpabilidade, circunstâncias do crime e maus antecedentes*
- *Fixação de regime mais severo com fundamento em maus antecedentes após o prazo de cinco anos da extinção da pena anterior*
- *Fixação de regime mais severo com fundamento na personalidade do réu voltada à prática delitiva*
- *Fixação do regime mais brando na compensação de circunstância judicial favorável pela confissão*
- *Fixação do regime fechado em tráfico de entorpecentes: quantidade expressiva de drogas*
- *Fixação do regime fechado em roubo qualificado*
- *Fixação do regime semiaberto em roubo com circunstâncias judiciais desfavoráveis*

- *Omissão quanto ao regime inicial: preenchimento da omissão pelo juiz da sentença*
- *Necessidade de fixação do regime pelo juiz da execução na ausência de fundamentação válida pelo juiz da sentença*
- *Inadmissibilidade de habeas corpus para reavaliar razões da fixação do regime inicial*
- *Inadmissibilidade de habeas corpus para alteração de regime em substituição à apelação*
- *Ponderação das circunstâncias judiciais na fixação do regime inicial*
- *Admissibilidade da fixação de regime inicial mais severo por decisão fundamentada*
- *Inexistência de direito subjetivo ao regime aberto em pena não superior a quatro anos*
- *Ausência de fundamentação idônea na mera referência à gravidade em abstrato do delito*
- *Inadmissibilidade de regime prisional mais severo na ausência de circunstâncias judiciais desfavoráveis*
- *Fixação de regime mais severo com fundamento em circunstâncias judiciais desfavoráveis*
- *Fixação de regime mais severo com fundamento na periculosidade do réu*
- *Fixação de regime mais severo com fundamento no maior sofrimento imposto à vítima*
- *Fixação do regime fechado em roubo e sequestro*
- *Fixação do regime fechado em crime de roubo a banco*
- *Fixação do regime fechado em roubo com desusada violência*
- *Fixação do regime fechado em roubo com disparo de arma de fogo*
- *Fixação de regime mais severo com fundamento nos maus antecedentes*
- *Inadmissibilidade da fixação de regime fechado em roubo qualificado: gravidade em abstrato*
- *Inadmissibilidade de regime aberto nas circunstâncias judiciais desfavoráveis*
- *Fixação do regime semiaberto em roubo qualificado*
- *Inadmissibilidade do regime aberto em roubo tentado*
- *Omissão quanto ao regime inicial: inadmissibilidade de mandado de prisão*
- *Omissão quanto ao regime inicial que não causa prejuízo*
- *Omissão quanto ao regime inicial: prevalência do regime mais brando*
- *Omissão quanto ao regime inicial: nulidade da sentença*
- *Contra: omissão quanto ao regime inicial - nulidade afastada*
- *Anulação em parte da sentença para a fixação do regime inicial*
- *Admissibilidade de apreciação em* habeas corpus *de regime não previsto na lei*
- *Coação do Tribunal na fixação do regime inicial não apreciado em apelação*
- *Inadmissibilidade de fixação do regime inicial em segunda instância na omissão da sentença*
- *Contra: admissibilidade de fixação do regime inicial em segunda instância na omissão da sentença*
- *Inadmissibilidade de agravação do regime em recurso* extra petita
- *Inadmissibilidade de fixação do regime inicial em* habeas corpus
- *Omissão quanto ao regime inicial em acórdão confirmatório de sentença*

110.5 OBSERVÂNCIA DO REGIME INICIAL

Tem-se entendido que, estando o réu preso e imposto na decisão um dos regimes mais brandos (semiaberto ou aberto), deve ser ele logo obedecido. No sentido da admissibilidade da observância imediata do regime estabelecido na condenação recorrível e da progressão de regime antes do trânsito em julgado da condenação é a Súmula 716 do STF: "Admite-se a progressão de regime de cumprimento da pena ou a aplicação imediata de regime menos severo nela determinada, antes do trânsito em julgado da sentença condenatória." Não obstante os termos amplos em que foi redigida a Súmula, há que se ponderar que seus precedentes referem-se, essencialmente, a casos de decisão condenatória transitada em julgado para o Ministério Público ou de pendência de julgamento de recursos especial ou extraordinário, que não têm efeito suspensivo. Na hipótese da interposição de apelação pelo Ministério Público, à qual é conferido efeito suspensivo, nos termos do art. 597 do CPP, a possibilidade de alteração do regime prisional inicial torna incerto o direito do acusado à observância do estabelecido na sentença e, se pode o recurso elevar o *quantum* da pena privativa de liberdade aplicada em primeiro grau, seu provimento procrastinará o direito à progressão de regime. Diversa é a situação em que a sentença condenatória transitou em julgado para a acusação mas dela recorreu o acusado. Nessa hipótese, porque já estabelecidos os limites máximos à pretensão punitiva no caso concreto, diante do princípio da *non reformatio in pejus*, define-se também a certeza com relação ao direito de cumprir a pena no regime menos severo que tenha sido estabelecido na sentença e quanto ao tempo mínimo de cumprimento de pena exigível para a progressão de regime e outros benefícios legais (v. item 105.8). Há, porém, decisões do STJ que reconhecem o direito do condenado à observância do regime inicial menos severo fixado na sentença e à progressão de regime mesmo na pendência do julgamento de apelação interposta pelo Ministério Público. Em alguns estados da Federação disciplinaram os tribunais a expedição da guia de recolhimento provisória na mesma hipótese (v. item 105.6).

Fixado um regime inicial de cumprimento de pena, constitui constrangimento ilegal, sanável pela via do *habeas corpus*, a permanência do condenado em regime mais severo. Estabelecido o regime inicial aberto, na ausência de casa do albergado na comarca, reconhece-se a possibilidade de cumprimento da pena em prisão albergue domiciliar. Fixado como inicial o regime semiaberto e demonstrada demora injustificada na transferência do condenado para estabelecimento penal adequado, por ausência de vagas, têm decidido os tribunais, reiteradamente, no sentido de se lhe deferir o direito de iniciar o cumprimento da pena no regime aberto, inclusive na forma da prisão albergue domiciliar, até que vaga específica no regime intermediário lhe seja destinada. Nesse sentido é a Súmula Vinculante 56 (v. item 112.7).

Jurisprudência

- *Constrangimento ilegal no cumprimento de pena em regime mais gravoso do que o imposto na sentença*
- *Inadmissibilidade de cumprimento da pena em cadeia pública na ausência de vaga no regime semiaberto*
- *Admissibilidade da previsão na sentença da concessão da prisão domiciliar na hipótese de ausência de vaga em regime semiaberto*

- Concessão da prisão albergue domiciliar na ausência de casa do albergado
- Ausência de constrangimento ilegal no cumprimento da pena em regime aberto em instalação própria de presídio ou cadeia pública
- Inexistência do direito à prisão albergue domiciliar em razão da precariedade do sistema prisional
- Observância imediata do regime semiaberto (v. item 105.8)
- Observância do regime semiaberto na pendência de recurso sem efeito suspensivo (v. item 105.8)
- Observância do regime semiaberto no trânsito em julgado para a acusação e na pendência de apelação do réu (v. item 105.8)
- Não observância do regime semiaberto na pendência de apelação do Ministério Público (v. item 105.8)
- Inexistência de constrangimento ilegal na permanência em cadeia pública em prisão provisória
- Inadmissibilidade do cumprimento de pena em regime fechado em cadeia pública
- Constrangimento ilegal no cumprimento de pena em regime fechado na ausência de vaga no regime semiaberto ou aberto: parâmetros a serem observados pelo juiz da execução
- Contra: ausência de vaga no regime semiaberto ou aberto – manutenção no regime mais gravoso
- Inadmissibilidade de cumprimento da pena em cadeia pública na ausência de vaga no regime semiaberto
- Concessão provisória do regime aberto ou da prisão domiciliar na ausência de vaga em regime semiaberto
- Contra: permanência no regime mais gravoso
- Inadmissibilidade de concessão de regime aberto na presunção de falta de vaga antes do início do cumprimento da pena
- Concessão da prisão albergue domiciliar na ausência de casa do albergado
- Concessão da prisão domiciliar na ausência de prisão especial
- Ausência de constrangimento ilegal nas hipóteses de superlotação ou precariedade de casa do albergado
- Ausência de constrangimento ilegal no cumprimento da pena em regime aberto em instalação própria de presídio ou cadeia pública
- Inadmissibilidade do cumprimento de pena imposta por contravenção em cadeia pública

110.6 REGIME PRISIONAL E LEI MAIS BENIGNA

Dizia Manoel Pedro Pimentel, citado por Carlos Freire Hofmeister: "Os *regimes penitenciários* são as formas de administração das prisões e os modos pelos quais se executam as penas, obedecendo um complexo de preceitos legais ou regulamentares."[34] O próprio Código Penal define os regimes apenas de acordo com o local da execução da pena (art. 33,

---

34. HOFMEISTER, Carlos Freire. Aspectos inovadores da lei de execução penal (Lei nº 7.210, de 11-7-84). *Ajuris* 50/123.

§ 1º, *a*, *b* e *c*), embora sejam estabelecidas certas particularidades quanto à execução da pena, na lei de execução. Assim, os regimes prisionais seriam matéria de execução (misto de direito processual e administrativo), não sujeita à regra da irretroatividade.

Entretanto, não é esse o rumo que têm tomado a doutrina e a jurisprudência, entendendo-se que a maior ou menor severidade do regime prisional liga-se com a própria qualidade da resposta penal, o que leva à irretroatividade do dispositivo mais severo que o anterior.[35] O regime de cumprimento de pena privativa de liberdade é matéria de direito penal, de modo que as regras jurídicas que tratam do assunto estão sujeitas aos princípios da retroatividade da lei mais benigna e da irretroatividade da lei mais severa (art. 5º, XL, da CF e arts. 1º e 2º, parágrafo único, do CP).

Jurisprudência

- *Irretroatividade de lei mais severa quanto a regimes de pena*
- *Irretroatividade da Lei nº 11.464/2007*

Art. 111. Quando houver condenação por mais de um crime, no mesmo processo ou em processos distintos, a determinação do regime de cumprimento será feita pelo resultado da soma ou unificação das penas, observada, quando for o caso, a detração ou remição.

Parágrafo único. Sobrevindo condenação no curso da execução, somar-se-á a pena ao restante da que está sendo cumprida, para determinação do regime.

Vide: **CF** art. 5º, XLVI, *a*; **LEP** art. 110; **CPP** art. 387, § 2º; **CP** arts. 33, 42, 59, III, 75; **LCP** art. 6º; **Lei nº 8.072**, de 25-7-1990, art. 2º, § 1º; **Lei nº 9.455**, de 7-4-1997, art. 1º, § 7º; **Lei nº 9.613**, de 3-3-1998, art. 1º, § 5º. Súmulas: **STF** 715, 716, 718, 719; **STJ** 440.

111.1 REGIME E SOMA DE PENAS

Por força do art. 59, III, do Código Penal, o regime inicial do cumprimento das penas privativas de liberdade é determinado pelo juiz da sentença, que deve obedecer aos parâmetros impostos no art. 33, §§ 2º e 3º do mesmo Estatuto. Pode ocorrer que, no processo, seja imputada ao acusado a prática de mais de um crime e, nessa hipótese, o juiz deve tomar por base, para a fixação do regime penitenciário, a soma das penas impostas. O total será a diretriz para a determinação do regime.

---

35. Nesse sentido: TORON, Alberto Zacharias. Retrocesso não afastará crimes. *O Estado de S. Paulo*, 8 mar. 1991, p. 23; FRANCO, Alberto Silva, ob. cit. p. 79-82; STJ: RHC 1.187 – RJ, *DJU* de 17-6-91, p. 8.212; TJSP: RA 9161/7-3, Rel. Luiz Betanho; RA 99.128-3 – Rel. Angelo Galucci; RA 90.569-3, Rel. Dante Busana; AC 102.672-3, Rel. Luiz Betanho; RA 103.383-3, Rel. Dante Busana; *RSTJ* 24/160.

Se todas as penas forem de detenção, o regime inicial será o semiaberto ou aberto, mas se houver uma de reclusão, poderá ser determinado o fechado para o início do cumprimento das reprimendas. As penas de detenção e de prisão simples, porém, deverão ser cumpridas em regime semiaberto e aberto, após a pena de reclusão. De outro lado, se a soma ultrapassar quatro anos, não poderá ser imposto o regime aberto, seja qual for a espécie da pena privativa de liberdade e, se superar oito anos, sendo uma delas ao menos de reclusão, deve ser determinado o regime fechado.

Pode ocorrer, também, que após o início da execução sejam proferidas novas condenações contra o preso. Impostas novas penas, são elas somadas a fim de ser determinado o regime de cumprimento daí por diante. Cabe então ao juiz encarregado da execução determinar o regime de cumprimento das penas somadas, obedecendo às regras estabelecidas para a hipótese do regime inicial de cumprimento (item 110.1). Estando o condenado em cumprimento de pena, deve ser descontado, na soma para a determinação do regime, o tempo cumprido (art. 111, parágrafo único). Soma-se assim o restante da pena que estava sendo cumprida com a nova sanção aplicada e o resultado é o parâmetro para a fixação do regime a que deve ser submetido o condenado. É possível, dessa forma, que, mesmo com o desconto do tempo já cumprido, seja determinada a regressão, isto é, a fixação de regime mais severo (art. 118, II). No caso de superveniência de nova condenação, por crime praticado antes ou durante a execução, terá direito o condenado à progressão quando preenchidos os requisitos legais, entre eles o de cumprimento da fração da pena exigida em lei. Não fixa expressamente a lei, entretanto, a partir de quando deve ser contado o tempo necessário para a progressão a regime mais brando. Por uma interpretação lógica deve-se entender o seguinte: se não é modificado o regime com a adição da nova pena, deve cumprir o percentual exigido aplicado sobre a soma do restante da pena em cumprimento com a nova sanção; se operar a regressão, conta-se o percentual a partir da transferência, tendo como base para o cálculo o que resta da soma das penas a serem cumpridas (v. item 112.3).

No caso de a pena superveniente ter sido aplicada pela prática de crime hediondo ou equiparado, esta precederá as demais por ser obrigatório seu cumprimento em regime fechado (v. item 107.6). Se a soma das penas exceder a quarenta anos (art. 75 do CP), não será este limite, mas sim o resultado daquela a base para o cálculo do tempo exigido em lei para a progressão de regime, conforme entendimento pacificado nos termos da Súmula 715 do STF (v. itens 66.6 e 112.3).

A soma das penas também servirá de base para a concessão de livramento condicional, da conversão para pena restritiva de direitos (art. 180), saídas temporárias (art. 124) etc.

Jurisprudência

- *Cálculo dos benefícios com base no total das penas e não no limite de 30 anos* (v. itens 66.6 e 112.3)
- *Competência do juiz da execução para fixação do regime na soma de penas*
- *Soma de penas aplicadas no mesmo processo para a fixação do regime*
- *Prevalência do regime fixado na unificação sobre o estabelecido na sentença*
- *Fixação do regime pela soma da pena restante com a imposta na nova condenação*
- *Soma de penas de modalidades distintas*

- *Inadmissibilidade da soma de penas de reclusão e prisão simples para fixação do regime inicial*
- *Extinção de uma das penas: manutenção do regime fixado na soma de penas*
- *Soma de penas sem nova definição de modalidade prisional*

111.2 REGIME E UNIFICAÇÃO

Diante do disposto no art. 82, 2ª parte, do CPP, havendo duas ou mais condenações definitivas contra uma pessoa deverá ser feita a unificação das penas quando ocorrer a existência de concurso de crimes, ou seja, na hipótese de concurso formal próprio (art. 70, 1ª parte, do CP) e crime continuado (art. 71 do CP) (v. item 66.5). Operada a unificação pelo juiz encarregado da execução, determinará este o regime inicial de cumprimento com base no novo total das penas a serem executadas. Impõe-se, assim, novo cálculo de liquidação de penas e a retificação da guia de recolhimento para se ajustar a execução das penas, quando for o caso, ao novo regime. Também nessa hipótese a progressão e os demais benefícios serão concedidos tendo por base o total obtido com a unificação. A unificação de penas é medida jurisdicional e, assim, a decisão a seu respeito deve ser motivada, sob pena de nulidade. Dependendo a unificação de condições pessoais, não é possível concedê-la por meio de *habeas corpus*, nem aplicar-se o art. 580 do Código de Processo Penal para estendê-la ao corréu, a não ser que sejam idênticas as situações de ambos.

Jurisprudência

- *Concessão da unificação a um réu e denegação a outro*
- *Inadmissibilidade de unificação por meio de* habeas corpus
- *Inadmissibilidade de extensão da unificação a corréu em* habeas corpus
- *Inadmissibilidade de extensão da unificação a corréu em revisão criminal*

111.3 DETRAÇÃO E REMIÇÃO

Ressalta a lei que, na soma ou unificação de penas, deve ser observada, quando for o caso, a detração ou remição. Isso significa que no cálculo devem ser incluídos o tempo em que o condenado esteve recolhido em razão de prisão provisória, no Brasil ou no estrangeiro, de prisão administrativa e de internação em hospital de custódia e tratamento psiquiátrico, na forma do art. 42 do Código Penal,[36] e o tempo remido pelo trabalho ou estudo (itens 126.1 a 128.1). Assim, descontado o tempo pela detração ou remição, pode o condenado ser destinado a regime menos severo do que aquele que lhe seria imposto diante do total das penas. O Código de Processo Penal prevê no art. 387, § 2º (inserido pela Lei nº 12.736, de 30-11-2012), que também o juiz que profere a sentença condenatória deverá computar na pena aplicada o período de prisão ou internação provisórias para a fixação do regime inicial

---

36. A questão da detração penal é tratada em nosso *Manual de direito penal*. São Paulo: Atlas, 2021, v. 1, item 7.2.10 e *Código penal interpretado*. São Paulo: Atlas, 2022, itens 42.1 a 42.6.

(v. item 110.2). Anote-se que o cálculo da pena com relação ao tempo remido, válido para todos os efeitos, como a duração da pena, livramento condicional, progressão e indulto, é provisório, pois o condenado que for punido por falta grave poderá perder até um terço dos dias remidos (art. 127 da LEP).

Art. 112. A pena privativa de liberdade será executada em forma progressiva com a transferência para regime menos rigoroso, a ser determinada pelo juiz, quando o preso tiver cumprido ao menos:**

I – 16% (dezesseis por cento) da pena, se o apenado for primário e o crime tiver sido cometido sem violência à pessoa ou grave ameaça;

II – 20% (vinte por cento) da pena, se o apenado for reincidente em crime cometido sem violência à pessoa ou grave ameaça;

III – 25% (vinte e cinco por cento) da pena, se o apenado for primário e o crime tiver sido cometido com violência à pessoa ou grave ameaça;

IV – 30% (trinta por cento) da pena, se o apenado for reincidente em crime cometido com violência à pessoa ou grave ameaça;

V – 40% (quarenta por cento) da pena, se o apenado for condenado pela prática de crime hediondo ou equiparado, se for primário;

VI – 50% (cinquenta por cento) da pena, se o apenado for:

a) condenado pela prática de crime hediondo ou equiparado, com resultado morte, se for primário, vedado o livramento condicional;

b) condenado por exercer o comando, individual ou coletivo, de organização criminosa estruturada para a prática de crime hediondo ou equiparado; ou

c) condenado pela prática do crime de constituição de milícia privada;

VII – 60% (sessenta por cento) da pena, se o apenado for reincidente na prática de crime hediondo ou equiparado;

VIII – 70% (setenta por cento) da pena, se o apenado for reincidente em crime hediondo ou equiparado com resultado morte, vedado o livramento condicional.

§ 1º Em todos os casos, o apenado só terá direito à progressão de regime se ostentar boa conduta carcerária, comprovada pelo diretor do estabelecimento, respeitadas as normas que vedam a progressão. **

§ 2º A decisão do juiz que determinar a progressão de regime será sempre motivada e precedida de manifestação do Ministério Público e do defensor, procedimento que também será adotado na concessão de livramento condicional, indulto e comutação de penas, respeitados os prazos previstos nas normas vigentes. **

§ 3º No caso de mulher gestante ou que for mãe ou responsável por crianças ou pessoas com deficiência, os requisitos para progressão de regime são, cumulativamente: *

I – não ter cometido crime com violência ou grave ameaça a pessoa;

II – não ter cometido o crime contra seu filho ou dependente;

III – ter cumprido ao menos 1/8 (um oitavo) da pena no regime anterior;

IV – ser primária e ter bom comportamento carcerário, comprovado pelo diretor do estabelecimento;

V – não ter integrado organização criminosa.

§ 4º O cometimento de novo crime doloso ou falta grave implicará a revogação do benefício previsto no § 3º deste artigo.*

§ 5º Não se considera hediondo ou equiparado, para os fins deste artigo, o crime de tráfico de drogas previsto no § 4º do art. 33 da Lei nº 11.343, de 23 de agosto de 2006. **

§ 6º O cometimento de falta grave durante a execução da pena privativa de liberdade interrompe o prazo para a obtenção da progressão no regime de cumprimento da pena, caso em que o reinício da contagem do requisito objetivo terá como base a pena remanescente. **

§ 7º O bom comportamento é readquirido após 1 (um) ano da ocorrência do fato, ou antes, após o cumprimento do requisito temporal exigível para a obtenção do direito. **

* §§3º e 4º inseridos pela Lei nº 13.769, de 19-12-2018.

** Redação dada pela Lei nº 13.964, de 24-12-2019.

Vide: **CF** arts. 5º, XLVI, 96, X; **LEP** arts. 110, 111, 113 a 118, 128, 194 a 197; **CP** art. 33, *caput*, §§ 2º e 4º; **Lei nº 8.072**, de 25-7-1990, art. 2º, § 2º. **Lei nº 13.445**, de 24-5-2017, arts. 30, § 1º, I e II, *h* e § 2º; 54, § 3º. Súmulas Vinculantes: 26, 56; Súmulas: **STF** 715, 716, 717; **STJ** 439, 471, 491, 534.

112.1   SISTEMA PROGRESSIVO

Diante das deficiências apresentadas pelos estabelecimentos penais e da irracionalidade na forma de cumprimento da pena privativa de liberdade, a partir do século XVIII procurou-se uma nova filosofia penal, propondo-se, afinal, sistemas penitenciários que correspondessem a essas novas ideias. Do Sistema de Filadélfia, fundado no isolamento celular absoluto do condenado, passou-se para o Sistema de Auburn, que preconizava o trabalho em comum em absoluto silêncio, e se chegou ao Sistema Progressivo.[37] Consistia este, no sistema irlandês, na execução da pena em quatro estágios: o primeiro de recolhimento celular absoluto, o segundo de isolamento noturno com trabalho e estudo durante o dia, o terceiro de semiliberdade com trabalho fora da prisão e o quarto no livramento condicional. Ainda hoje o sistema progressivo é adotado em várias legislações.

Questiona-se atualmente, porém, tal sistema, afirmando-se que não pode haver um sistema, ou seja, um método de tratamento único para todos os condenados, por cujas etapas devam passar obrigatoriamente todos os presos. Em consequência, de um sistema único, ainda que com flexibilidade em sua aplicação, está-se passando para uma fase de pluralidade de sistemas, determinados pela classificação científica dos condenados a serem distribuídos em pequenos estabelecimentos segundo sua natureza, e que prevê para cada um deles regime diverso. Procura-se eliminar o automatismo normativo na execução da pena privativa de liberdade embora nesses vários regimes se adotem elementos do sistema progressivo.

No Código Penal brasileiro de 1940 adotou-se o sistema progressivo, prevendo-se um período inicial de isolamento absoluto por um prazo não superior a três meses na pena de reclusão, seguido de trabalho em comum durante o dia e da possibilidade de transferência para colônia penal ou estabelecimento similar e, afinal, o livramento condicional. Com a Lei nº 6.416, de 24-5-1977, o isolamento inicial na pena de reclusão passou a ser facultativo, introduzindo-se também o sistema de execução em três regimes (fechado, semiaberto e aberto) e a possibilidade do início do cumprimento nos regimes menos severos conforme a quantidade da pena aplicada e as condições de menor periculosidade do condenado. Já a Lei nº 7.209, excluindo o período inicial de isolamento, manteve as três espécies de regime e determinou que as penas devem ser executadas na forma progressiva, segundo o mérito do condenado, sem eliminar, porém, a possibilidade de ser iniciado seu cumprimento nos regimes menos severos. Assim, não se afastando inteiramente do sistema progressivo, concede a lei vigente modificações que se adaptam às concepções modernas. Impõe a classificação dos condenados, faz cumprir as penas privativas de liberdade em estabelecimentos penais diversificados (penitenciária, colônia e casa do albergado), conforme o regime (fechado, semiaberto ou aberto), e tem em vista a progressão o mérito do condenado, ou seja, sua adaptação ao regime, quer no início, quer no decorrer da execução.

112.2 PROGRESSÃO

Tendo em vista a finalidade da pena, de integração ou reinserção social, o processo de execução deve ser dinâmico, sujeito a mutações ditadas pela resposta do condenado ao tratamento penitenciário. Assim, ao dirigir a execução para a "forma progressiva", estabelece o art. 112 a progressão, ou seja, a transferência do condenado de regime mais rigoroso a outro menos rigoroso quando demonstra condições de adaptação ao mais suave. De outro lado, determina a transferência de regime menos rigoroso para outro mais rigoroso quando o condenado demonstrar inadaptação ao menos severo, pela *regressão*, que ocorre nas hipóteses do art. 118 da Lei de Execução Penal.

---

37. Sobre os sistemas penitenciários discorremos em outro trabalho: *Manual de direito penal*. 35. ed. São Paulo: Atlas, 2021, v. 1, item 7.1.4.

Não havendo condições de promover-se o fim da pena no ambiente agressivo do cárcere em regime fechado e sendo necessária a gradual integração social do condenado, possibilita-se que ele conquiste a progressão quando dê sinais de modificação de comportamento depois de ter recebido orientação adequada, instrução e ensinamentos com vistas a sua profissionalização ou aperfeiçoamento. A progressão, porém, deve ser efetuada por etapas já que, nas penas de longa duração, a realidade ensina que se deve agir com prudência para não permitir que o condenado salte do regime fechado para o aberto. Por essa razão a lei vigente torna obrigatória a passagem pelo regime intermediário (semiaberto). Essa obrigatoriedade deflui do art. 112, que se refere à transferência para regime "menos rigoroso" quando o preso tiver cumprido um percentual da pena no regime anterior". Aliás, na exposição de motivos da Lei de Execução Penal, afirma-se peremptoriamente que "se o condenado estiver no regime fechado não poderá ser transferido diretamente para o regime aberto" (item 120), pressupondo a progressão o cumprimento mínimo da pena no "regime inicial ou anterior" (item 119). Nesse sentido o Superior Tribunal de Justiça editou a Súmula 491: "É inadmissível a chamada progressão *per saltum* de regime prisional."

Nas hipóteses de crimes hediondos, tráfico ilícito de entorpecentes e drogas afins e terrorismo era incabível a progressão, porque a pena devia ser cumprida integralmente em regime fechado, nos termos do que previa o art. 2º, § 1º da Lei nº 8.072/90, em sua redação original. Quanto ao crime de tortura, definido na Lei nº 9.455, de 7-4-1997, como o art. 1º, § 7º, passou a prever o regime fechado inicial, já não havia mais óbice à progressão. Diante das alterações introduzidas pela Lei nº 11.464, de 28-3-2007, no art. 2º da Lei nº 8.072/90, não mais subsiste a proibição de progressão de regime para os condenados por crimes hediondos ou a estes equiparados. De acordo com a lei vigente, nesses crimes, é obrigatória a fixação do regime inicial fechado (art. 2º, § 1º). Todavia, em alguns, julgados, o Supremo Tribunal Federal houve por bem reconhecer a inconstitucionalidade da norma contida no art. 2º, § 1º, sob o entendimento de que a obrigatoriedade do regime inicial fechado nos crimes hediondos e equiparados ofende o princípio da individualização da pena (v. item 110.3).

De acordo com a Súmula 716 do STF, admite-se a progressão de regime antes do trânsito em julgado da sentença condenatória. Tratando-se de condenação não transitada em julgado, é indispensável para o deferimento da progressão a expedição de guia de recolhimento provisória, ou, ao menos, comunicação formal do juiz da condenação ao encarregado da execução se for este o competente para decidir a respeito. Há que se ponderar, porém, que o recurso da acusação que possa ensejar o aumento da pena ou a fixação de regime prisional mais rigoroso afasta a certeza quanto à possibilidade de progressão ao regime mais brando e ao tempo de cumprimento de pena exigível no regime anterior (v. itens 105.8 e 110.5).

A circunstância de se encontrar recolhido o condenado a prisão especial não constitui impedimento à progressão de regime, mesmo quando se tratar de execução provisória, segundo a Súmula 717: "Não impede a progressão de regime de execução da pena, fixada em sentença não transitada em julgado, o fato de o réu se encontrar em prisão especial" (itens 84.1 e 106.6).

Discutiam-se na jurisprudência as hipóteses de admissibilidade da progressão de regime ao condenado estrangeiro. A existência, porém, de processo de expulsão não constitui impedimento ao cumprimento da pena nos regimes aberto e semiaberto, por força de disposição expressa contida na Lei nº 13.445, de 24-5-2017 (art. 54, § 3º) (v. itens 110.1, 112.4 e 114.1).

Jurisprudência

- *Lei nº 13.964/19: irretroatividade do percentual de 20% exigido para a progressão de regime em crime comum – exigência de um 1/6 previsto na lei anterior.*
- *Inadmissibilidade da progressão per saltum*
- *Contra: admissibilidade da progressão per saltum*
- *Inadmissibilidade da progressão per saltum após a regressão*
- *Inadmissibilidade de progressão em crime hediondo: constitucionalidade (antes da vigência da Lei nº 11.464/2007 – v. item 110.3)*
- *Contra: inconstitucionalidade do regime integral fechado (antes da vigência da Lei nº 11.464/2007 – v. item 110.3)*
- *Inadmissibilidade de progressão em crime hediondo após a Lei nº 9.455/97 (antes da vigência da Lei nº 11.464/2007)*
- *Contra: progressão permitida para os crimes hediondos após a Lei nº 9.455/97 (antes da vigência da Lei nº 11.464/2007)*
- *Admissibilidade da progressão antes do trânsito em julgado da condenação (v. item 105.8)*
- *Contra: inadmissibilidade da progressão antes do trânsito em julgado da condenação (v. item 105.8)*
- *Admissibilidade da progressão ao regime semiaberto do preso em prisão especial*
- *Admissibilidade da progressão ao regime semiaberto do preso em prisão especial antes do trânsito em julgado da condenação*
- *Necessidade de se aguardar a transferência para estabelecimento penitenciário*
- *Inadmissibilidade da prisão domiciliar em substituição do regime semiaberto para condenado em prisão especial antes do trânsito em julgado da condenação*
- *Desrespeito à decisão do STF na progressão de condenado em prisão especial*

112.3 REQUISITO TEMPORAL

Para que se processe a progressão exige a lei, em primeiro lugar, dois requisitos materiais: um de caráter objetivo, que é o cumprimento de uma parcela da pena no regime anterior, e um de caráter subjetivo, que se refere ao mérito do condenado indicando a oportunidade da transferência.

Com relação ao requisito objetivo, temporal, anteriormente à vigência da Lei nº 13.964, de 24-12-2019, a progressão de regime dependia, nos termos da redação original do art. 112, do cumprimento de um sexto da pena no regime anterior, mais rigoroso, exceção feita ao condenado por crime hediondo ou equiparado, do qual se exigia o cumprimento de 2/5 da pena se primário e 3/5 se reincidente, nos termos do que dispunha o art. 2º, § 2º, da Lei nº 8.072/1990.

Diante das alterações promovidas por aquele diploma na Lei de Execução Penal disciplinou-se de forma distinta os requisitos para a progressão de regime. De acordo com as novas regras, a fixação do tempo de cumprimento de pena no regime anterior exigido para a progressão varia de 16% a 70% e tem como critérios a primariedade ou reincidência e a natureza e do crime praticado pelo condenado: se cometido com violência ou grave ameaça ou não, se o crime é comum, hediondo, se este resultou em morte ou não, se o crime é constituição de milícia privada ou exerça ele o comando de organização criminosa (incisos I a VIII).

  Se se trata de crime comum, cometido sem violência ou grave ameaça, o tempo de pena cumprido exigido é de 16% da pena se primário o sentenciado e de 20% se reincidente; se o crime foi praticado com violência ou grave ameaça a pessoa é de 25%, caso primário, e de 30% se reincidente. Se o crime é hediondo ou equiparado e o sentenciado é primário, o tempo exigido é de 40%, a menos que resulta morte, quando então passa a ser de 50%; se é ele reincidente na prática de crime hediondo ou equiparado o tempo é de 60%, exceto se do crime resultar morte, caso em que deverá cumprir 70% da pena no regime anterior. Os condenados por crime de constituição de milícia privada ou por exercer o comando individual ou coletivo, de organização criminosa estruturada para a prática de crime hediondo ou equiparado, devem cumprir 50% da pena para a progressão, independentemente de serem primários ou reincidentes.

  A Lei nº 13.964/2019 foi omissa com relação ao tratamento a ser dispensado ao condenado por crime hediondo que não é primário mas tampouco reincidente específico em crime daquela natureza. Se a reincidência do preso é estabelecida em razão de uma condenação por crime hediondo e outra por crime comum, essa situação não é contemplada em nenhum dos percentuais previstos no art. 112. Forçoso é reconhecer, assim, que a esse condenado há que se aplicar a regra contida no inciso IV, equiparando-se ao condenado primário, para o qual se exige o cumprimento de 40% da pena, reservando-se maior rigor somente para o reincidente específico em crime hediondo (inciso VII).

  Deve o condenado, portanto, em primeiro lugar, para obter a progressão, ter cumprido o percentual da pena previsto em lei, ou o mesmo percentual do total das penas que lhe foram impostas, no regime inicial. É pacífico na jurisprudência, que para o cálculo desse lapso temporal tenha-se a soma das penas impostas ao condenado, não se prestando a tal o limite de 40 anos obtido pela unificação de penas nos termos do art. 75 do Código Penal, com redação dada pela Lei nº 13.964, de 24-12-2019. Nesse sentido é a Súmula 715 do STF (item 66.6).

  Dúvida surge, entretanto, sobre a exigência do tempo cumprido, quando se trata de promover a segunda progressão, devendo se indagar se é exigível que cumpra o condenado o percentual do total da pena ou penas impostas ou se é suficiente o cumprimento de desse percentual calculado sobre o que restou da pena ou das penas após a primeira progressão. Diante do que dispõe a lei de execução, a segunda solução é a mais adequada.[38] Dispõe a lei, expressamente, que, sobrevindo a condenação no curso da execução, deve ser somada a pena "ao restante da pena que está sendo cumprida, para determinação do regime" (art. 111, parágrafo único). Deve ser desprezado, portanto, o tempo da pena já cumprida. A determinação do regime, nessa hipótese, funda-se na soma da pena superveniente com o

---

38. Nesse sentido: DELMANTO, Celso. *Código penal anotado*. São Paulo: Freitas Bastos, 1986. p. 62; JESUS, Damásio E. de. *Comentários ao código penal*. 2. ed. São Paulo: Saraiva, 1986. p. 587-588; e FALCÃO, Marino. Aspectos da recente reforma penal. *RJTJESP* 96/25.

"restante da pena" anterior. Pode afirmar-se, também, que *pena cumprida é pena extinta*. É o que se depreende da lei penal quando trata da prescrição. Nos termos do art. 113 do Código Penal, no caso de evasão do condenado, a prescrição é regulada pelo que "resta" da pena. Assim, no caso de evasão do condenado que tenha várias penas a cumprir, extinta uma delas porque já fora cumprida antes da fuga, no total que deverá cumprir ao ser recapturado não estará ela incluída. Para a progressão, nessa hipótese, tempo de cumprimento de pena exigido em lei somente pode ser contado tendo em vista as penas remanescentes. O mesmo ocorre se, empreendida a fuga durante a execução da primeira pena, extinguir-se o restante pela prescrição; na recaptura, a contagem do prazo para a progressão deve ser feita tendo em vista somente as penas "restantes" (que não prescreveram). Se nessas hipóteses não mais se consideram as penas cumpridas ou extintas, com maior razão devem ser elas desprezadas para o cálculo da progressão no caso do condenado que não se evadiu. A solução contrária levaria ao absurdo. Por essas razões, após a primeira transferência (do regime fechado para o semiaberto), a progressão será determinada, quanto ao requisito temporal, pelo "restante" da pena, ou seja, pelo que teria o condenado a cumprir a partir da primeira transferência.

Era tranquilo o entendimento na jurisprudência de que o tempo de cumprimento da pena, calculado sobre a pena restante, para nova progressão de regime deve ser computado a partir da data da decisão que deferiu a progressão anterior, desprezando-se a data da efetiva transferência do condenado a estabelecimento penal adequado. Há, porém, recentes decisões do STF e do STJ que retroagem a data-base para o dia em que o condenado satisfez os requisitos legais para a primeira progressão, sob o fundamento de que a decisão de progressão de regime tem natureza declaratória e não constitutiva e de que eventual excessiva demora pelo juiz no julgamento do pedido anterior não pode retardar o seu direito à nova progressão.

O mesmo raciocínio é adotado na hipótese da ocorrência de regressão. Caso o condenado tenha regredido para um regime mais severo, a contagem do prazo para obter a progressão é baseada na pena que tem ele a cumprir no momento da regressão. Satisfaz o requisito temporal o condenado submetido à regressão quando cumpre o percentual da pena a partir da transferência para o regime mais severo, ou seja, do restante da pena que tem a cumprir. Não pode ser computado para o total da pena, com base no qual se calcula o percentual, o tempo já cumprido.

Ocorrendo nova condenação, deve ser observado o art. 111, parágrafo único, e o prazo de um sexto da soma da nova sanção com o restante da pena anterior deve ser computado a partir da entrada no regime estabelecido (v. item 111.1). É corrente no Superior Tribunal de Justiça o entendimento de que na superveniência de nova condenação, independentemente de ter sido o novo crime praticado antes do início ou no curso da execução e de se operar ou não a regressão de regime, impõe-se a interrupção do tempo exigido para a progressão de regime. Assim, a progressão de regime dependerá do cumprimento do percentual exigido em lei que recaia sobre a soma do restante da pena anterior com a nova pena, havendo que se ter por interrompida a contagem do período aquisitivo na data do trânsito em julgado da nova condenação, desconsiderando-se o tempo de pena anteriormente cumprido. Essa é a "data base", em que se deve realizar a soma da nova pena com o restante da pena anterior e iniciar-se o cômputo do tempo de cumprimento de pena exigido para a progressão de regime. Essa orientação, no entanto, não é isenta de críticas. Em sentido contrário, pondera-se que as normas contidas nos arts. 111, parágrafo único, e 118, II, regram somente a possibilidade de manutenção ou não do regime prisional mais brando em que se encontra o condenado, impondo a regressão se a soma da pena restante com a imposta na condenação superveniente exceder os limites de 4 ou 8 anos estabelecidos no art. 33 do CP para os regimes aberto e semiaberto, independentemente de se cuidar de crime anterior ou posterior ao início da execução. Se dessa operação resulta a necessidade da regressão, para nova progressão de regime deve o condenado cumprir o percentual legal da pena restante no regime para o qual foi regredido, diante do que determina o art. 112 e tal como ocorre no caso de regressão pela prática de falta grave. De acordo com esse entendimento, porém, mantido o regime, não haveria razão para se desconsiderar o tempo de pena já cumprido pelo condenado. Se o crime que ensejou a nova condenação foi praticado antes do início da execução nada justificaria a interrupção do prazo e se foi cometido posteriormente a interrupção decorreria da prática do fato que constitui falta grave (art. 52).

Nos crimes hediondos, de tráfico ilícito de entorpecentes e drogas afins e terrorismo, a pena devia ser cumprida integralmente em regime fechado, nos termos do que dispunha o art. 2º, § 1º da Lei nº 8.072/90, em sua redação original. Diante da alteração da Lei dos Crimes Hediondos pela Lei nº 11.464, de 28-3-2007, abolido o regime integral fechado, os condenados por esses crimes deviam iniciar o cumprimento da pena, obrigatoriamente, em regime fechado (art. 2º, § 1º). A progressão de regime dependia do cumprimento de dois quintos da pena, se primário o condenado, ou três quintos, se reincidente (art. 2º, § 2º, em sua anterior redação). Tratando-se de lei penal mais benigna, por possibilitar a progressão de regime que era vedada na lei anterior, a Lei nº 11.464/07 aplica-se aos crimes praticados anteriormente à sua vigência. Passou-se a sustentar, porém, que, nesses casos, não seria exigível o cumprimento de mais de um sexto da pena (art. 112 da LEP), sob o argumento de que a observância do requisito previsto no art. 2º, § 2º, da Lei nº 8.072/90 implicaria indevida retroatividade de norma penal mais severa, uma vez que o dispositivo original que previa o regime integral fechado era inconstitucional por ofender o princípio da individualização da pena previsto no art. 5º, XLVI, da CF. O STF fez publicar, então, a Súmula Vinculante nº 26, reconhecendo a inconstitucionalidade da redação original do art. 2º, § 1º, da Lei nº 8.072/90, a ser observada na hipótese de progressão: "Para efeito de progressão de regime no cumprimento de pena por crime hediondo, ou equiparado, o juízo da execução observará a inconstitucionalidade do art. 2º, da Lei nº 8.072, de 25-7-1990, sem prejuízo de avaliar se o condenado preenche ou não os requisitos objetivos e subjetivos do benefício, podendo determinar, para tal fim, de modo fundamentado, a realização de exame criminológico." No mesmo sentido é a Súmula nº 471 do Superior Tribunal de Justiça: "Os condenados por crimes hediondos ou assemelhados cometidos antes da vigência da Lei nº 11.464/2007 sujeitam-se ao disposto no art. 112 da Lei nº 7.210/1984 (Lei de Execução Penal) para a progressão de regime prisional." Assim, de acordo com jurisprudência sumulada dos tribunais superiores, para os condenados por crimes hediondos, ou a estes equiparados, praticados antes da vigência da Lei nº 11.464, de 28-3-2007, o tempo de cumprimento de pena exigível para a progressão de regime era de somente um sexto da pena aplicada.

Na sistemática vigente, porém, a partir da Lei nº 13.964, de 24-12-2019, como já assinalado, o condenado por crime hediondo ou equiparado deverá cumprir, se primário ou reincidente genérico, 40% da pena ou 50%, se, primário, do crime hediondo resultou morte; do reincidente específico em crime hediondo ou equiparado exige-se o cumprimento de 60% da pena ou 70%, no caso da ocorrência do resultado morte.

Tratando-se de tráfico de entorpecentes, a incidência da causa de diminuição de pena não descaracterizaria o delito, que permanecia equiparado a hediondo. Contudo, de acordo com a orientação prevalente do STF, o tráfico privilegiado já não era considerado crime hediondo (v. item 110.3). A alteração jurisprudencial, aliás, ensejou o cancelamento da Súmula 512 do STJ. De acordo com a lei vigente, em razão agora de disposição expressa, "não se considera hediondo ou equiparado" "o crime de tráfico de drogas previsto no § 4º do art. 33 da Lei nº 11.343, de 23 de agosto de 2006". Assim, ao condenado nesses termos aplicam-se as normas previstas para os crimes comuns, exigindo-se para a progressão de regime o cumprimento de 16%, se primário, ou 20%, se reincidente. Com relação ao condenado por crime de associação para o tráfico (art. 35 da Lei nº 11.343/2006), por não ser considerado crime hediondo ou equiparado, visto que não abrangido expressamente pela norma contida no art. 2º da Lei nº 8.072/1990, conforme a jurisprudência dominante (item 110.3), já não se exigia o cumprimento de requisito objetivo mais rigoroso, o que restou mantido na lei vigente.

Não mais se discute a natureza hedionda dos crimes de estupro e atentado violento ao pudor nas hipóteses de presunção de violência ou de ausência de lesão grave. De acordo com a nova disciplina dos crimes sexuais e da atual redação da Lei nº 8.072/1990, conferidas pela Lei nº 12.015, de 7-8-2009, o estupro e o estupro de vulnerável, nas formas simples e qualificadas (art. 213, *caput* e §§ 1º e 2º, e art. 217-A, *caput* e §§ 1º a 4º, do CP), bem como outros crimes sexuais, como o favorecimento da prostituição ou de outra forma de exploração sexual de criança ou adolescente ou de vulnerável (art. 218-B, *caput* e §§ 1º e 2º), são considerados crimes hediondos, o que determina a observância das regras especiais sobre o requisito temporal para a progressão de regime.

Por disposição expressa de lei, os condenados por crimes decorrentes de organização criminosa, qualquer que fosse a quantidade da pena aplicada e independentemente de ser ou não o réu reincidente, deviam obrigatoriamente iniciar o cumprimento da pena em regime fechado, nos termos do que previa o art. 10 da Lei nº 9.034, de 3-5-1995. Esse diploma foi, porém, revogado pela Lei nº 12.850, de 2-8-2013, que não contém disposição semelhante. É certo que, por força de modificações introduzidas pela Lei nº 13.964, de 24-12-2019, prevê-se, agora, que o condenado por integrar organização criminosa ou por crime praticado por meio de organização criminosa, "não poderá progredir de regime de cumprimento de pena ou obter livramento condicional ou outros benefícios prisionais se houver elementos probatórios que indiquem a manutenção do vínculo associativo" (art. 2º, § 9º, da Lei nº 12.850/2013). Não se trata, porém, de vedação absoluta à progressão de regime, o que, ademais, teria o vício da inconstitucionalidade conforme reiteradamente têm decidido os tribunais superiores. A regra deve ser entendida como a previsão de um requisito adicional para a progressão de regime exigido do condenado por crimes dessa natureza, consistente na cessação do vínculo associativo. Assim, revogada a Lei nº 9.034/1995, não mais vigora a regra que previa a obrigatoriedade do regime inicial fechado para o condenado por integrar organização criminosa e este poderá progredir de regime desde que satisfaça todos os requisitos legais, entre os quais a cessação do vínculo associativo. O tempo de cumprimento de pena no regime anterior exigido para a progressão é, em princípio, de 16%, se primário ou 20% se reincidente, ou de 50% caso se trate de organização criminosa estruturada para a prática de crime hediondo ou equiparado (art. 112, incisos I, II e VI, *b*).

Na hipótese de condenada gestante, mãe ou responsável por crianças ou pessoas com deficiência a Lei nº 13.769, de 19-12-2018, acrescentou o § 3º ao art. 112 da LEP, prevendo diferentes requisitos para a progressão de regime. Para a progressão, nesses casos, exige-se o cumprimento de apenas 1/8 (um oitavo) da pena no regime anterior e ser a condenada primária e de bom comportamento carcerário. Somente pode ser assim favorecida, porém, a condenada que não tiver cometido crime com violência ou grave ameaça a pessoa ou contra seu filho ou dependente e que não integrar organização criminosa. Esses requisitos eram os exigidos mesmo na hipótese de condenada por crime hediondo, conforme expressamente previa o art. 2º, § 2º, da Lei nº 8.072/1990, por força da alteração introduzida pela citada Lei nº 13.769/2018. A revogação do § 2º pela Lei nº 13.964, de 24-12-2019, não alterou a disciplina da matéria. Assim, a gestante, mãe ou responsável por crianças ou pessoas com deficiência terá direito à progressão de regime após o cumprimento de 1/8 da pena no regime anterior, ainda que condenada por crime hediondo, desde que não cometido com violência o grave ameaça a pessoa, e satisfaça os demais requisitos previstos no § 3º do art. 112 da LEP.

Os dias remidos pelo trabalho ou estudo não devem ser abatidos do total da pena, mas computados como pena cumprida para a satisfação do tempo exigido para a progressão de regime, por força da Lei nº 12.433, de 29-6-2011, que deu nova redação ao art. 128 da LEP (v. item 128.1). O período de prisão processual também deve ser considerado como pena cumprida para a mesma finalidade.

O cometimento de falta grave pelo preso que cumpre pena em regime fechado acarreta a interrupção do tempo de pena para efeito de progressão, iniciando-se nova contagem do percentual exigido sobre o restante da reprimenda a cumprir, para a obtenção da promoção. Nesse sentido foi editada a Súmula 534 do STJ. A regra é agora, expressa, nos termos do art. 112, § 6º, da LEP, diante da modificação introduzida pela Lei nº 13.964/2019. O mesmo ocorre se, estando no cumprimento da pena remanescente em regime semiaberto, decretar o juiz a regressão para o regime mais severo. O reinício da contagem do tempo de cumprimento de pena para a progressão de regime em decorrência da prática de falta grave, inclusive para aquele que já se encontrava em regime fechado, é consequência lógica das normas contidas na Lei de Execução Penal que regem o sistema progressivo, não se exigindo o recurso à analogia para o seu reconhecimento. De acordo com essas normas, da prática de falta grave durante o cumprimento da pena privativa de liberdade decorrem para o condenado, como efeitos diretos e imediatos, a aplicação da sanção disciplinar (art. 57, parágrafo único) e a regressão de regime (art. 118, I) e, como efeito secundário, o reinício da contagem do tempo para a progressão de regime. Nesse sentido já era firme o entendimento do STF e do STJ. Na hipótese de falta grave a interrupção se opera no dia da falta e se esta consiste na fuga do preso, o reinício da contagem do tempo para a progressão de regime ocorre, evidentemente, com a sua recaptura.

Estabelecendo o art. 112 que a progressão é possível após o cumprimento no regime anterior dos percentuais da pena previstos em lei, não pode o magistrado, desde logo, na própria sentença condenatória, antes, portanto, de iniciada a execução, fixar em um terço da pena ou outro tempo mínimo de permanência no regime fechado.

A natureza do delito do qual resultou a condenação não pode ser alegada como óbice a pedido de progressão de regime, pois é inadmissível arguir motivo extralegal em desfavor do sentenciado que preenche os requisitos temporal e subjetivos previstos no art. 112 da Lei de Execução Penal. Pela mesma razão, não pode ser indeferido o pedido de progressão fundamentado exclusivamente na longa pena a ser cumprida pelo sentenciado ou na inexistência de estabelecimento adequado para o regime semiaberto ou aberto (v. item 112.4).

A necessidade do cumprimento de parte da pena para a progressão, conforme se esclarece na exposição de motivos, destina-se a limitar os abusos a que conduz a execução arbitrária das penas privativas de liberdade em manifesta ofensa ao interesse social (item 29).

Jurisprudência

- *Lei nº 13.964/19: pacote anticrime não afasta o caráter hediondo do tráfico de drogas*
- *Percentual da pena para a progressão de regime para o condenado, reincidente genérico, por crime hediondo*
- **Inadmissibilidade, por violação do princípio da taxatividade, da extensão da expressão legal do conceito de organização criminosa contida no art. 112, § 3º, V, para abranger todas as formas de associações criminosas**
- *Termo inicial do requisito temporal para a segunda progressão: data em que o condenado preencheu os requisitos legais para a primeira progressão*
- *Nova condenação: soma das penas e desconsideração do tempo cumprido*
- *Nova condenação com regressão de regime – interrupção da contagem do tempo para a progressão – data do trânsito em julgado como data base*
- *Nova condenação por crime anterior ou posterior ao início da execução: interrupção da contagem do tempo para a progressão na data do trânsito em julgado*
- *Interrupção na data da decisão que unificou as penas*
- *Interrupção na data de entrada no regime*
- *Nova condenação sem regressão: não interrupção do prazo para a progressão de regime*
- *Nova condenação: não interrupção do prazo para a progressão de regime*
- *Necessidade do cumprimento de três quintos da pena para o condenado por crime hediondo: reincidente específico*
- *Necessidade do cumprimento de três quintos da pena para o condenado por crime hediondo: desnecessidade da reincidência específica*
- *Necessidade de cumprimento de três quintos da pena em crime hediondo por condenado reincidente: irrelevância da compensação da agravante*
- *Necessidade de cumprimento de três quintos da pena em crime hediondo para o reincidente em decorrência de crime anterior cometido antes da vigência da Lei nº 11.464/2007*
- *Necessidade de cumprimento de dois ou três quintos da pena para o condenado por tráfico de privilegiado: crime hediondo*
- *Necessidade de cumprimento de um sexto da pena para o condenado por associação para o tráfico: crime comum*
- *Necessidade de cumprimento de um sexto da pena por condenado por crime hediondo antes da vigência da Lei nº 11.464/2007*

- *Necessidade de cumprimento de dois ou três quintos da pena para o condenado por estupro ou atentado violento ao pudor com violência presumida: crime hediondo (crime anterior à vigência da Lei nº 12.015/2009)*
- *Cumprimento de um sexto da pena após a prática de falta grave: data da falta como marco interruptivo*
- *Irrelevância de procedimento administrativo disciplinar para a interrupção*
- *Cálculo do tempo exigido para a progressão com base na soma das penas: inaplicabilidade do art. 75 do CP (v. itens 66.6 e 111.1)*
- *Cumprimento de um sexto da pena restante para nova progressão*
- *Cumprimento de um sexto da pena restante no caso de fuga*
- *Interrupção na data da decisão que unificou as penas*
- *Interrupção na data de entrada no regime*
- *Nova condenação: não interrupção do prazo para a progressão de regime*
- *Necessidade do cumprimento de três quintos da pena para o condenado por crime hediondo: reincidente específico*
- *Homicídio qualificado-privilegiado: crime comum*
- *Crimes contra os costumes sem lesão grave ou morte ou violência presumida: crime comum (antes da vigência da Lei nº 12.015/2009)*
- *Contra: Crimes contra os costumes sem lesão grave ou morte ou violência presumida: hediondez caracterizada (antes da vigência da Lei nº 12.015/2009)*
- *Cômputo do tempo de prisão processual*
- *Interrupção do tempo de cumprimento de pena pela prática de falta grave*
- *Contra: ausência de interrupção do tempo de cumprimento de pena pela prática de falta grave*
- *Cômputo da remição como pena cumprida para a progressão (v. item 128.1)*
- *Cumprimento de um sexto da pena após a prática de falta grave: homologação da falta como marco interruptivo*
- *Cumprimento de um sexto da pena restante após evasão: data da recaptura como marco interruptivo*

112.4 MÉRITO DO CONDENADO

Além do cumprimento de uma parte da pena no regime anterior, exige a lei, para a transferência para regime menos rigoroso, que o mérito do condenado indique a progressão. Como já foi visto, a progressão depende da adaptação provável ao regime menos severo. *Mérito*, no léxico, significa aptidão, capacidade, superioridade, merecimento, valor moral. Em sua concepção filosófica, mérito é o título para se obter aprovação, recompensa, prêmio. Deve ele ser demonstrado pelo condenado, no curso da execução, para merecer a progressão. O mérito, nos termos da exposição de motivos, é "o critério que comanda a execução progressiva" (item 29).

O bom comportamento carcerário, antes previsto no *caput*, é, agora, requisito expressamente exigido nos termos do art. 112, § 1º, da LEP em sua atual redação. De acordo com a norma contida no § 7º do mesmo artigo, "o bom comportamento é readquirido após 1 (um) ano da ocorrência do fato, ou antes, após o cumprimento do requisito temporal exigível para a obtenção do direito". O dispositivo, que foi objeto de veto presidencial posteriormente derrubado pelo Congresso Nacional, tem redação deficiente que dificulta a sua inteligência e a compreensão de seu alcance, inclusive por vincular requisitos de naturezas distintas, objetiva e subjetiva. De acordo com a norma, entende-se que o § 7º determina que o mau comportamento do preso não pode ser assim atestado com base em fato praticado há mais de um ano e que, no caso de satisfação do requisito temporal exigido para a progressão de regime ou outro benefício legal, poderá ser reavaliado pelo diretor do estabelecimento.

Não basta, porém, o bom comportamento carcerário para preencher o requisito subjetivo indispensável à progressão. Bom comportamento não se confunde com aptidão ou adaptação do condenado e muito menos serve como índice fiel de sua readaptação social. Ensina Hans Göbbels: "O bom comportamento de um preso não pode ser determinante imediata para estabelecer-lhe um prognóstico biológico-social favorável, principalmente porque tal 'comprovante' de melhoria se baseia fundamentalmente em informes de funcionários de prisões, fornecidos pouco antes da liberação, e que se atêm ao bom comportamento externo, a fim de facilitar a readaptação sem inconvenientes ao termo da condenação. Mas este comportamento externo só de forma incompleta permite tirar conclusões sobre o caráter e a conduta futura do preso. Na verdade, a adaptação do sentenciado à organização do estabelecimento se deve a vários e múltiplos fatores simultâneos e justapostos, e somente a verificação dos motivos predominantes permitirá uma conclusão motivada sobre o caráter."[39]

É necessário, pois, que se conheça a capacidade provável do condenado de adaptar-se ao regime menos rigoroso, não bastando o seu bom comportamento. O comportamento mau ou sofrível, porém, indica normalmente uma inaptidão para o regime mais suave. Fugas, difícil convivência com os companheiros, falta de respeito para com os funcionários, displicência no trabalho ou no aprendizado, cometimento de faltas disciplinares etc. correspondem ao demérito que não aconselha a progressão. A aferição do mérito, porém, se refere à conduta global do preso e dela faz parte um acréscimo na confiança depositada no mesmo e a possibilidade de atribuição de maiores responsabilidades para o regime de mais liberdade. O condenado deve ser avaliado, aliás, em função do regime para o qual pretende progredir; terá que ser examinado tendo em vista as regalias de que irá gozar no regime progressivo seguinte. Não deve ser concedida a progressão quando se verificar que o apenado não apresenta condições para se ajustar ao novo regime.

A Lei nº 10.792, de 1º-12-2003, que alterou diversos dispositivos da Lei de Execução Penal, passou a prever, com a redação dada ao art. 112, que a progressão, além do requisito temporal, exige "bom comportamento carcerário, comprovado pelo diretor do estabelecimento", requisito que continua a ser exigido nos termos da atual redação do art. 112, § 1º. Mas a simples apresentação de um atestado ou parecer do diretor do estabelecimento penitenciário, após o cumprimento da parcela da pena exigida no regime anterior, não asse-

---

39. *Los asociales, esencia y concepto de asocialidad*. Trad. de A. Linares Maza. Madri: Morata, 1952. p. 200-201, apud SILVEIRA, Alípio. Funções dos estabelecimentos semi-abertos em nosso sistema penitenciário. *Justitia* 46/17.

gura ao condenado o direito de ser promovido a regime menos restritivo. Embora se possa inferir da atual redação do dispositivo intuito de redução do *mérito*, previsto na lei anterior, ao *bom comportamento carcerário,* no sistema vigente a progressão de regime pressupõe, como visto, não somente o ajustamento do condenado às regras do regime carcerário em que se encontra, mas também um juízo sobre a sua capacidade provável de adaptação ao regime menos restritivo. Essa avaliação mais abrangente e aprofundada, e, portanto, mais individualizada, das condições pessoais do condenado para a progressão, é inerente ao sistema progressivo instituído pela reforma penal de 1984;[40] reclamada pela exigência de *mérito*, persistente no Código Penal (art. 33, § 2º); expressamente prevista para a progressão ao regime aberto (art. 114, II, da LEP) e compatível com o princípio constitucional da individualização da pena (art. 5º, XLVI, da CF). Deve-se ponderar, também, que o juiz da execução não está adstrito às conclusões de parecer ou laudo técnico (art. 182 do CPP) e, consequentemente, ainda menos vinculado ao teor de um atestado de conduta carcerária, assistindo-lhe, também, o poder de ordenar, inclusive de ofício, a produção de prova oral ou pericial, incluindo o exame criminológico, se a considerar necessária à solução dos incidentes, à instrução de pedidos de benefícios legais ou para dirimir qualquer outra questão surgida no curso do processo de execução (art. 196, § 2º, da LEP e art. 156, II, do CPP) (v. item 112.5). Assim, deverá o juiz negar a progressão, mesmo quando favorável o atestado ou parecer do diretor do estabelecimento, se convencido por outros elementos de que o condenado não reúne condições pessoais para o cumprimento da pena em regime mais brando.

A progressão não pode ser deferida, portanto, quando, apesar de cumprido o lapso de tempo exigido no regime anterior, não preenche o condenado os requisitos subjetivos exigidos. Comportamento dissimulado, pouco grau de responsabilidade, personalidade insegura ou imatura, com dificuldade de introjetar leis e normas, desinteresse em trabalhar ou frequentar escola etc. são circunstâncias indicativas de que o condenado não merece a progressão. Revelando o laudo que o condenado continua com indicativos de persistência de periculosidade, também deve ser denegado o benefício. Também o impede a ocorrência de falta grave, ou mesmo de leves e médias quando reiteradas. O cometimento de faltas, entretanto, perde sua importância quando decorridos vários anos após as ocorrências, demonstrando o condenado o mérito exigido pela lei.

Não pode também ser favorecido com a progressão de regime o condenado por crime contra a administração pública enquanto não reparar o dano causado ou devolver o produto do ilícito, com os acréscimos legais, conforme disposto no § 4º do art. 33, do Código Penal, inserido pela Lei nº 10.763, de 12-11-2003. Os crimes a que se refere o dispositivo são os praticados, por particular ou por funcionário público, contra o interesse da normalidade funcional, probidade, prestígio, incolumidade e decoro da Administração Pública, que no Código Penal estão previstos nos arts. 312 a 359-H, não sendo exigível o requisito somente por integrar o patrimônio público o bem objeto do ilícito, como na hipótese de dano qualificado (art. 163, parágrafo único, inciso III, do CP). Não se cuida de condição a ser fixada pelo juiz para o regime mais brando, mas de requisito para a progressão, impondo-se ao condenado a prévia restituição do produto do ilícito ou a reparação do dano causado. Aplica-se a exigência, diante da inexistência de ressalva no dispositivo, ao crime praticado contra a administração pública em que o prejuízo patrimonial tenha sido experimentado

---

40. Exposição de Motivos da Lei nº 7.209, de 11 de julho de 1984, itens 27, 29, 37, 119 e 120.

não pelo Poder Público mas por particular ofendido, em casos como os de concussão (art. 316, *caput,* do CP) ou de peculato mediante erro de outrem (art. 313 do CP). Embora não disponha expressamente a lei, há que se admitir a progressão diante da comprovação da efetiva impossibilidade de reparação do dano, tal como previsto no art. 83, inciso IV, do CP para a concessão do livramento condicional e no art. 78, § 2º, para a concessão do *sursis* especial.[41]

A mera referência à gravidade do crime praticado ou ao longo tempo de pena por cumprir, por si só, não constitui motivação idônea para o indeferimento da progressão. Ao ater-se à ponderação do fato delituoso e da sanção aplicada, deixa o juiz de proceder à necessária avaliação de mérito, abstraindo, indevidamente, todos os dados relativos ao comportamento do condenado no curso da execução. A periculosidade concretamente revelada na prática de crime grave pode justificar, porém, a cautela de ordenar o juiz a prévia realização do exame criminológico para aferição da possível compatibilidade do condenado com regime menos restritivo e do risco de recidiva delituosa (v. item 112.5).

Não pode o juiz postergar a decisão de progressão de regime sob o argumento de ter o condenado situação processual indefinida por responder a outras ações penais. A existência de outro processo em andamento não constitui impedimento à progressão de regime. Na hipótese de ter sido decretada em outro processo a prisão preventiva, pode o condenado progredir de regime, mas a sua transferência ao estabelecimento apropriado não pode ser efetivada enquanto perdurar a prisão processual, que deriva de distinto título judicial e que, por sua natureza, exige o encarceramento. No caso de absolvição ou de revogação da custódia cautelar, impõe-se a sua imediata remoção.

Não se vinha admitindo a progressão ao regime semiaberto ou aberto para o estrangeiro quando sua expulsão fosse decretada, sob pena de poder vir a frustrar-se a própria ordem de expulsão, pela fuga, bem como porque a ordem de expulsão afastaria uma das funções essenciais da execução da pena e do sistema progressivo ao inviabilizar a possibilidade de reintegração social do condenado (art. 1º). Discutia-se, também, a possibilidade de progressão ao regime semiaberto para o condenado estrangeiro quando está em curso o processo expulsório ou se está ele em situação irregular no país. Já se decidiu pela impossibilidade da progressão diante do risco de fuga e da impossibilidade de exercer ocupação remunerada lícita no país. Porque o ingresso no regime aberto pressupõe a possibilidade de trabalho imediato (art. 114, I), diante da inviabilidade do estrangeiro em situação irregular de exercer ocupação remunerada lícita negava-se a possibilidade de cumprimento da pena em prisão albergue, sobretudo na forma domiciliar.

Embora a Constituição Federal expressamente consagre a isonomia entre brasileiros e estrangeiros residentes no país, o estrangeiro em situação irregular não é destituído de direitos e garantias individuais. A Lei de Migração (Lei nº 13.445, de 24-5-2017), em consonância com a norma constitucional, ampliou os direitos do condenado estrangeiro ao prever, expressamente, que o processamento da expulsão, no caso de crime comum, não prejudicará o cumprimento da pena, a progressão de regime, a substituição por pena alternativa, o indulto e, ainda, todos os demais benefícios a serem concedidos em igualdade de condições ao nacional (art. 54, § 3º), bem como que a vedação à concessão de autorização

---

41. MIRABETE, Julio Fabbrini. *Manual de Direito Penal.* v. 3, 33. ed. São Paulo: Atlas, 2021, item 14.1.

de residência ao condenado estrangeiro não obsta a progressão de regime, restando também autorizado o trabalho externo quando exigido pelo regime mais brando (art. 30, § 2º). Não há, assim, diante do novo estatuto, vedação a que o estrangeiro cumpra a pena em regime semiaberto ou aberto, bem como que exerça nesses casos o trabalho externo. Mesmo na hipótese de cumprimento da pena em regime aberto na forma da prisão albergue domiciliar, que pressupõe residência fixa, embora proíba a concessão de autorização de residência ao condenado criminalmente, à exceção das infrações de menor potencial ofensivo (art. 30, § 1º, I), a Lei prevê a possiblidade de se conceder a autorização para residir ao estrangeiro que esteja em cumprimento de pena no Brasil (art. 30, II, *h*). Ao juiz caberá, sempre, no entanto, proceder ao exame da situação concreta do condenado e, quando necessário, à adaptação das regras e condições a serem observadas no regime aberto.

Não é *habeas corpus* remédio adequado para a obtenção da progressão de regime, por depender esta do exame de requisito subjetivo. A decisão pressupõe incursão aprofundada nos elementos informativos existentes nos autos de execução e exige sua detida valoração para a aferição do mérito do condenado, o que a incompatibiliza com o rito e os limites de cognição próprios do *mandamus* (v. item 112.6).

Jurisprudência

- *Insuficiência do bom comportamento carcerário*
- *Prognose sobre a adaptação do condenado ao regime menos restritivo*
- *Inadmissibilidade da progressão por falta de requisitos subjetivos*
- *Inexistência de outros requisitos que não os previstos em lei*
- *Indeferimento da progressão com base em laudo de exame criminológico desfavorável* (v. item 112.5)
- *Indeferimento da progressão com base em avaliação psicossocial*
- *Inadmissibilidade de progressão: prática de várias faltas graves*
- *Inadmissibilidade de progressão: prática de falta grave*
- *Inadmissibilidade da progressão pela prática de crime durante a execução da pena*
- *Inadmissibilidade da progressão pela prática de crime após fuga*
- *Inadmissibilidade da progressão pela fuga*
- *Inadmissibilidade da progressão para condenado foragido*
- *Irrelevância do cometimento de falta disciplinar grave e de reincidência: progressão*
- *Irrelevância do cometimento de falta disciplinar leve e processo em andamento*
- *Irrelevância de faltas disciplinares pretéritas*
- *Irrelevância de situação processual indefinida*
- *Inadmissibilidade do indeferimento pela gravidade do crime ou do longo tempo de pena a cumprir*
- *Inadmissibilidade da apreciação do requisito subjetivo em* habeas corpus
- *Necessidade de exame do mérito para a progressão*

- *Insuficiência do requisito temporal*
- *Insuficiência do bom comportamento carcerário*
- *Prognose sobre a adaptação do condenado ao regime menos restritivo*
- *Inadmissibilidade da progressão por falta de requisitos subjetivos*
- *Inexistência de outros requisitos que não os previstos em lei*
- *Indeferimento da progressão com base em laudo de exame criminológico desfavorável (v. item 112.5)*
- *Inadmissibilidade do indeferimento com base em laudo psicossocial de outro processo*
- *Ponderação da violência do crime*
- *Inadmissibilidade de progressão: mau comportamento e tendência à violência*
- *Inadmissibilidade da progressão: periculosidade social*
- *Inadmissibilidade de progressão: má personalidade*
- *Inadmissibilidade da progressão: desequilíbrio emocional*
- *Inadmissibilidade da progressão pela prática de crime durante a execução da pena*
- *Inadmissibilidade da progressão pela prática de crime após fuga*
- *Inadmissibilidade da progressão pela fuga*
- *Inadmissibilidade da progressão para condenado foragido*
- *Irrelevância do cometimento de falta disciplinar grave e de reincidência: progressão*
- *Irrelevância do cometimento de falta disciplinar leve e processo em andamento*
- *Admissibilidade de progressão após reabilitação das faltas disciplinares*
- *Contra: inadmissibilidade de progressão após reabilitação das faltas disciplinares*
- *Irrelevância de fuga pretérita: progressão*
- *Irrelevância da ausência de assunção do crime e arrependimento*
- *Irrelevância da possibilidade de fuga do sentenciado*
- *Irrelevância da situação processual indefinida*
- *Inadmissibilidade do indeferimento pela gravidade do crime ou o longo tempo de pena a cumprir*
- *Inadmissibilidade de progressão ao regime semiaberto para condenado estrangeiro com expulsão decretada (antes da vigência da Lei nº 13.445/2017)*
- *Possibilidade de progressão ao regime semiaberto para condenado estrangeiro com expulsão decretada (antes da vigência da Lei nº 13.445/2017)*
- *Contra: impossibilidade de progressão ao regime semiaberto para condenado estrangeiro com expulsão decretada - coisa julgada*
- *Inadmissibilidade de progressão a condenado estrangeiro com processo de expulsão (antes da vigência da Lei nº 13.445/2017)*

- Contra: possibilidade de progressão a condenado estrangeiro com processo de expulsão (antes da vigência da Lei nº 13.445/2017)
- Admissibilidade de progressão ao regime semiaberto para condenado estrangeiro em situação irregular no país (antes da vigência da Lei nº 13.445/2017)

112.5 EXAME CRIMINOLÓGICO

Os condenados que iniciam o cumprimento da pena privativa de liberdade em regime fechado devem ser submetidos, obrigatoriamente, ao exame criminológico para a obtenção dos elementos necessários a uma adequada classificação e com vistas à individualização da execução, conforme dispõem o art. 34 do CP e o art. 8º da LEP (item 8.1). Dispunha, também, o art. 112, parágrafo único, da LEP, em sua redação original, que o exame criminológico deveria ser realizado previamente à decisão judicial sobre a progressão de regime, "quando necessário". Não obstante a expressa ressalva legal, passou-se a exigi-lo no juízo da execução como providência rotineira, argumentando-se que seria ele sempre necessário nos crimes praticados com violência ou grave ameaça a pessoa ou por não ter sido o condenado submetido ao exame inicial obrigatório para a classificação e individualização da pena previsto no art. 8º da LEP. A Lei nº 10.792, de 1º-12-2003, que deu nova redação ao dispositivo, eliminou a referência ao exame criminológico, o que gerou controvérsias a respeito do tema. Argumenta-se, de um lado, que o exame não mais poderia ser determinado pelo juiz porque a progressão de regime estaria condicionada, agora, somente ao cumprimento de parte da pena e ao bom comportamento carcerário do condenado. Contrariamente a essa tese, tem-se afirmado que o exame criminológico tornou-se diligência a ser determinada a prudente critério do juiz.

A realização do exame criminológico, como providência prévia à decisão sobre a progressão de regime, já não era obrigatória na vigência da lei anterior, mesmo para o condenado que cumpre pena em regime fechado. Da mera omissão ou deficiência da administração na realização oportuna do exame inicial destinado à classificação e à individualização da pena não se podia concluir também pela obrigatoriedade do exame criminológico para a progressão de regime. O argumento de que seria ele sempre necessário nos crimes de violência real ou moral contra pessoa não se sustenta diante da ausência de previsão legal, a qual não é suprível por analogia ao livramento condicional (art. 83, parágrafo único, do CP), inclusive porque, mesmo nessa hipótese, a provável adaptação do condenado ao convívio social pode ser aferida por outros meios.

Diante da atual disciplina da matéria, tal como, a rigor, já ocorria na vigência da lei anterior, o exame criminológico pode ser determinado pelo juiz quando considerado necessário à verificação da presença do requisito subjetivo para a progressão de regime (item 112.4). O exame pode ser determinado de ofício pelo juiz. Nos termos do art. 196, § 2º, "entendendo indispensável a realização de prova pericial ou oral, o juiz a ordenará, decidindo após a produção daquela ou na audiência designada". Aliás, além de dispor expressamente sobre o poder de iniciativa do juiz da execução na produção da prova, previsto também no Código de Processo Penal (art. 156), a lei autoriza a produção de provas requeridas pelas partes, ao impor decisão "de plano" apenas na hipótese de ser "desnecessária a produção de prova" (art. 196, § 1º) (item 196.1). Assim, ainda que não seja obrigatório o exame criminológico, diante da insuficiência dos elementos constantes dos autos, o juiz, de ofício ou acolhendo requerimento do Ministério Público ou da defesa, pode determinar a realização do exame criminológico ou exames periciais específicos que se mostrem necessários para aferição do mérito e para a decisão sobre a progressão de regime.

Não há impedimento legal a que sejam submetidos ao exame os condenados por crime praticados sem violência ou grave ameaça a pessoa. Embora nos crimes violentos e de maior gravidade (latrocínio, homicídio, estupro, roubo etc.) a necessidade do exame se revele mais frequentemente, há casos em que se evidencia a sua conveniência para os condenados por outros delitos, como tráfico de entorpecentes, furto, estelionato etc., principalmente quando existentes indícios de sua propensão à fuga, à recidiva criminosa ou ao descumprimento das condições próprias aos regimes menos restritivos. Históricos de evasões ou diversas faltas disciplinares, de reincidência ou anterior regressão de regime etc. podem justificar a realização do exame criminológico, independentemente da natureza do crime pelo qual o preso foi condenado. Não há óbice, também, à realização do exame previamente à decisão sobre a progressão ao regime aberto na existência de razões para dúvida quanto à probabilidade de adaptação do condenado às normas que o regem e ao convívio social (art. 114, II).

Incumbe ao juiz a ponderação sobre a necessidade ou não, no caso concreto, da realização do exame criminológico, à vista dos elementos informativos a respeito do sentenciado já existentes nos autos de execução, como as cópias da denúncia, sentença e outras peças processuais, folha de antecedentes e certidões, prontuário, atestados ou relatórios emitidos pelo estabelecimento prisional, documentos ofertados pelo condenado etc. Restando dúvida fundada sobre a probabilidade de adaptação do condenado ao regime mais restritivo, o exame criminológico pode ser ordenado. A decisão que determina a submissão do condenado ao exame criminológico para o fim de progressão deve ser fundamentada, como a rigor devem ser todas as decisões judiciais (art. 93, IX, da CF). Dada a natureza da decisão, não é exigível fundamentação longa ou exaustiva, mas tão somente que o juiz indique, ainda que de forma concisa e sintética, a razão pela qual entende que a realização do exame, no caso específico, se torna necessária para a formação de sua convicção a respeito do mérito do condenado para a progressão. A violência empregada, a maneira de execução, a motivação e outras circunstâncias do crime podem constituir motivos suficientes para a determinação do exame criminológico. Trata-se de dados concretos e essenciais, vinculados diretamente à gênese e à execução do delito, razão da condenação e da aplicação da pena privativa de liberdade em execução, que podem se mostrar de significativa importância, em alguns casos, para a prognose sobre a adaptação do condenado ao regime prisional menos restritivo. É delirante da lógica, da ordem jurídica e da realidade a ideia de que durante a execução vedada estaria qualquer ponderação a respeito do crime praticado, devendo se ater o juiz, sempre, ao comportamento carcerário do condenado, como se fosse razoável, justo e natural dissociar, de forma absoluta, a consequência da causa, a pena do crime e o homem de suas ações.

A viabilidade da realização do exame criminológico previamente à decisão sobre a progressão de regime tem sido afirmada, reiteradamente, pelos tribunais pátrios. Na Súmula Vinculante nº 26 expressamente se reconhece a possibilidade do juiz de determinar o exame de forma fundamentada. No mesmo sentido é a Súmula nº 439 do STJ: "admite-se o exame criminológico pelas peculiaridades do caso, desde que em decisão motivada".

Não prevê a Lei de Execução Penal a possibilidade de indicação de assistentes técnicos e de oferecimento de quesitos pelo Ministério Público e pela defesa e, assim, da não concessão de oportunidade às partes para tais finalidades não resulta qualquer nulidade.

Realizado, porém, o exame, é indispensável que se faculte ao Ministério Público e à defesa manifestar-se sobre o laudo (v. item 112.6). Embora a realização do exame criminológico, pela desejável abrangência de seu conteúdo (v. item 5.5), implique a colaboração de equipe multidisciplinar ou de profissionais com qualificações diferenciadas, a falta de algum parecer técnico específico não acarreta a nulidade da perícia, cabendo ao juiz determinar a sua complementação somente se entendê-la imprescindível, diante do que dispõe o art. 196, § 2º.

Não constitui constrangimento ilegal sanável por *habeas corpus* a ordem para a realização do exame criminológico. Tratando-se, porém, de decisão não fundamentada quanto à sua necessidade, possível se torna a concessão da ordem para a anulação da decisão, não se justificando, em qualquer hipótese, o exame do mérito do pedido de progressão de regime diretamente pelo Tribunal (v. item 112.6).

Evidentemente, o juiz não está vinculado ao resultado do exame criminológico (art. 182 do CPP). Entretanto, não pode deixar de ser levado em conta quando assinala fatores negativos que evidenciam a falta de mérito do sentenciado para a progressão almejada. Por outro lado, o fato de ter sido considerado desfavorável em virtude de alguma circunstância não é suficiente para impedir a transferência do condenado para o regime menos severo.

Excluída da redação do art. 112 a obrigatoriedade de parecer prévio da Comissão Técnica de Classificação, pode o juiz requisitá-lo, também quando o entender necessário, inclusive porque o órgão é incumbido da elaboração do programa individualizador da pena (art. 6º) e da realização do exame criminológico na falta do Centro de Observação (art. 98). Embora o parecer não vincule o Ministério Público e o juiz da execução, pode se mostrar valioso para a decisão, já que, sendo desfavorável, é indício seguro da inadaptação do condenado ao regime pretendido. Evidentemente, o exame criminológico, quando considerado imprescindível, não pode ser substituído pelo parecer da Comissão Técnica de Classificação, pois representa um *plus* com relação a este.

Jurisprudência

- *Admissibilidade do exame criminológico após a vigência da Lei nº 10.792/2003: necessidade de decisão fundamentada*
- *Inidoneidade da fundamentação na gravidade em abstrato do crime e na longa pena a cumprir*
- *Contra: idoneidade da fundamentação da decisão na natureza dos delitos e na longa pena a cumprir*
- *Fundamentação na prática de crimes graves*
- *Fundamentação na prática de roubos qualificados*
- *Fundamentação na prática de novos crimes no curso da execução*
- *Fundamentação nos indícios de periculosidade*
- *Fundamentação na indisciplina e indícios de desvio de personalidade*
- *Fundamentação na prática de faltas graves*
- *Fundamentação na fuga e prática de crimes no curso da execução*
- *Fundamentação na prática de novo crime após o cumprimento da pena*

- *Nulidade na ausência de manifestação da defesa sobre o exame criminológico*
- *Admissibilidade da requisição de parecer da Comissão Técnica de Classificação*
- *Prescindibilidade do exame criminológico após a vigência da Lei nº 10.792/2003*
- *Discricionariedade do juiz na aferição da necessidade do exame criminológico*
- *Desnecessidade de fundamentação extensa para a determinação do exame criminológico: despacho ordenatório*
- *Nulidade da decisão que ordena a realização do exame criminológico por falta de fundamentação*
- *Fundamentação em crimes cometidos com violência ou grave ameaça*
- *Fundamentação na fuga do condenado*
- *Inexistência de vinculação do juiz ao laudo de exame criminológico*
- *Necessidade de fundamentação da decisão no afastamento do laudo de exame criminológico favorável*
- *Admissibilidade de progressão apesar de laudo desfavorável*
- *Irrelevância da inexistência de sentimento de culpa*
- *Irrelevância da inexistência de padrão de estrita normalidade do condenado*
- *Irrelevância da recomendação de acompanhamento psicológico*
- *Indeferimento da progressão em laudo de exame criminológico desfavorável* (v. item 112.5)
- *Inexistência de constrangimento ilegal na determinação do exame criminológico*
- *Direito à submissão ao exame criminológico para a progressão*
- *Direito à realização do exame criminológico em execução provisória*
- *Demora na realização do exame criminológico: concessão provisória do regime aberto*
- *Irrelevância da ausência de exame prévio de classificação*
- *Inadmissibilidade da substituição do exame criminológico por parecer da Comissão Técnica de Classificação*
- *Inexistência de vinculação do juiz ao parecer da Comissão Técnica de Classificação*
- *Necessidade de fundamentação da decisão no afastamento do parecer da Comissão Técnica de Classificação*
- *Inadmissibilidade de reexame de laudo criminológico em* habeas corpus

112.6 PROCEDIMENTO, DECISÃO E RECURSO

A iniciativa para a progressão de regime não é exclusiva do condenado. O início do procedimento pode se dar por requerimento formulado pelo próprio condenado, por seu defensor, representante, cônjuge, parente ou descendente, ou, ainda, pelo Ministério Público. Admite-se, também, a sua instauração por proposição do Conselho Penitenciário ou da autoridade administrativa ou por determinação, *ex officio,* do juiz da execução (v. item 195.1).

ART. 112 EXECUÇÃO PENAL

Competindo ao juiz encarregado da execução decidir sobre a progressão, e tendo este competência apenas após o trânsito em julgado da sentença condenatória, exige-se, em tese, que o pedido só possa ser analisado depois de expedida a guia de recolhimento. Na ausência do trânsito em julgado da condenação, impõe-se a expedição da guia de recolhimento provisória, se preso estiver o acusado, e sua remessa para o juiz competente para a execução. Deve ser considerada admissível a apreciação do pedido de progressão quando a decisão transitou em julgado para a acusação, por inadmissível a *reformatio in pejus*, desde que o condenado, por força da detração e demais requisitos comprovados, faça jus ao benefício. Entendimento diverso implicaria tratamento mais sério para o preso provisório do que o submetido a sentença condenatória firme. Nesse sentido é a Súmula 716 do STF. Assim, independentemente de se poder falar ou não na possibilidade de execução provisória da pena, a progressão deve ser deferida, antes da expedição da guia de recolhimento definitiva, em relação aos condenados que preencham os requisitos legais para a concessão do benefício desde que tenham contra si a condenação transitada em julgado para a acusação, quando pendente recurso exclusivo do interessado (v. itens 105.8 e 112.2).

Para ser apreciado o pedido de progressão, exige-se, nos termos do art. 112, § 2º, a prévia oitiva do Ministério Público e da defesa, que devem se manifestar, sucessivamente, no prazo de três dias (art. 196, *caput*). Não havendo necessidade de diligências ou de produção de prova oral ou pericial, o juiz proferirá a decisão, no mesmo prazo (art. 196, § 1º). Realizada a diligência ou produzida a prova, deve-se conceder nova oportunidade ao Ministério Público e ao defensor para manifestação, decidindo o juiz em seguida (art. 196, § 2º). Prevê-se no art. 112, § 2º, que o procedimento previsto no § 1º será adotado também para a concessão de livramento condicional, indulto e comutação de penas (itens 131.5 e 193.1). A intervenção do Ministério Público é indispensável no processo de execução e seus incidentes, e, assim, nula é a decisão que julga pedido de progressão ou a concede de ofício sem a prévia oitiva do *Parquet*, à vista do que dispõem os arts. 67 e 112, § 2º. A ausência de oportunidade para a manifestação da defesa após a realização do exame criminológico ou a produção de outra prova também acarreta a nulidade da decisão de indeferimento da progressão.

A concessão ou a denegação da progressão para regime menos severo é medida jurisdicional, já que pode importar a modificação da forma de execução da pena. Por isso, determina a lei que a decisão deve ser motivada (art. 112, § 2º). Reconhecendo satisfeitos os requisitos temporal e subjetivos, com a compatibilidade do condenado ao novo regime, não pode o juiz negar a progressão sob a mera alegação de que o réu é reincidente ou porque um dia evadiu-se do presídio, porque há recomendação no laudo de acompanhamento psicológico, por estar o condenado respondendo a outro processo com indefinida situação processual, simplesmente, porque longa é a pena ainda por cumprir etc. Nesses casos a decisão é nula por ausência de fundamentação idônea (v. item 112.4).

Como a progressão é regulada integralmente na Lei de Execução Penal, o recurso cabível da decisão a esse respeito é o agravo em execução, sem efeito suspensivo (v. item 197.1).

Sendo indispensável para a concessão da transferência a comprovação dos requisitos subjetivos, é pacífico que não pode ser ela pleiteada e concedida em pedido de *habeas corpus*. Entretanto, como a decisão deve ser motivada, o indeferimento em despacho lacônico, que não indica precisamente seu fundamento, constitui constrangimento ilegal, que permite a concessão de *habeas corpus* para que seja afastado o indeferimento e determinada nova decisão. Também já se decidiu que não pode ficar suspenso indefinidamente o processamento do pedido, à espera de informações, deferindo-se o *mandamus* parcialmente para que o pedido fosse apreciado com os dados constantes do processo. A revisão criminal é meio inidôneo para a progressão, matéria estranha a essa via, porque seu âmbito está previsto taxativamente em lei (art. 621 do CPP).

Jurisprudência

- *Possibilidade da progressão de regime antes do trânsito em julgado da condenação* (v. itens 105.8 e 112.2)
- *Competência originária do juiz da execução para o pedido de progressão*
- *Competência do juiz da condenação para decidir sobre a progressão na execução provisória* (v. item 105.8)
- *Iniciativa do diretor do estabelecimento penal para a progressão de regime*
- *Nulidade da decisão na ausência de prévia oitiva do Ministério Público*
- *Nulidade da decisão na ausência de manifestação da defesa* (v. item 196.1)
- *Contra: desnecessidade de manifestação da defesa após a do Ministério Público* (v. item 196.1)
- *Nulidade da decisão por falta de fundamentação* (v. itens 112.4 e 196.1)
- *Inadmissibilidade de reconsideração do deferimento de progressão após o trânsito em julgado*
- *Correção de erro material na concessão de progressão*
- *Inadmissibilidade do* habeas corpus *em substituição ao agravo em execução* (v. item 197.1)
- *Inadmissibilidade do* habeas corpus *para exame de mérito da progressão* (v. item 112.4)
- *Contra: situação excepcional - admissibilidade do* habeas corpus *para exame de mérito da progressão*
- *Admissibilidade do* habeas corpus *para determinar decisão*
- *Inadmissibilidade do* habeas corpus *para apressar o procedimento*
- *Admissibilidade do* habeas corpus *para anulação de decisão com fundamentação inidônea* (v. itens 112.4 e 196.1)

112.7 AUSÊNCIA DE VAGA

Deferida a progressão de regime, impõe-se a transferência do condenado para estabelecimento penal adequado ao regime mais brando. É prevalente a orientação jurisprudencial no sentido de que, fixado como inicial o regime semiaberto ou tendo sido a este promovido o condenado, a demora na transferência do preso por inexistência de vaga em estabelecimento penal adequado configura constrangimento ilegal. Em diversos julgados os tribunais têm concedido ao condenado o direito de aguardar em regime aberto, inclusive na modalidade da prisão albergue domiciliar, a destinação de vaga específica no regime semiaberto. De acordo, porém, com outra corrente jurisprudencial, a demora na transferência não constitui constrangimento ilegal e a movimentação de presos no sistema penitenciário fica na dependência de vagas e deve seguir a ordem cronológica das vacâncias, enquanto perdurar a crise de superpopulação carcerária. Por vezes tem-se decidido que, ordenada pelo juiz da execução a remoção do preso a estabelecimento de regime semiaberto, indevida é a concessão pelo tribunal de *habeas corpus* para o fim de se efetivá-la, porque o constrangimento ilegal, se ocorrente, somente poderia ser atribuído à autoridade administrativa que se omitiu no cumprimento da determinação judicial e porque nada justificaria um provimento judicial de segundo grau que se limitasse a confirmar a ordem emanada do juízo singular. Pondera-se, ainda, que a concessão da ordem de *habeas corpus* para a imediata transferência do preso implicaria indevida violação dos direitos de outros sentenciados, que há mais tempo aguardam a transferência, com quebra do princípio da isonomia e do critério ordenador da movimentação dos presos no sistema prisional.

Na tentativa de solucionar o impasse criado pela ausência de vaga nos regimes semiaberto e aberto, o Supremo Tribunal Federal editou a Súmula Vinculante 56: "A falta de estabelecimento penal adequado não autoriza a manutenção do condenado em regime prisional mais gravoso, devendo-se observar, nessa hipótese, os parâmetros fixados no RE 641.320-RS." Esses parâmetros, porém, consistem em diretrizes de caráter geral a serem observadas pelos juízes da execução na hipótese de falta de vagas em estabelecimento adequando (v. também itens 91.3 e 95.1). Entre essas diretrizes ou recomendações incluem-se a concessão da prisão domiciliar e, como medidas alternativas a serem estruturadas: a) promover a saída antecipada de sentenciado no regime com falta de vagas; b) ordenar a monitoração eletrônica dos presos que saem antecipadamente ou são favorecidos pela prisão domiciliar por falta de vagas; c) determinar o cumprimento de penas restritivas de direito e/ou estudo ao sentenciado que progride ao regime aberto. Com a devida vênia, esses parâmetros, além de consistirem em soluções paliativas e de eficácia bastante duvidosa, entre diversas outras, aliás, que poderiam ser propostas, ferem, a rigor, duramente, a Lei de Execução Penal, principalmente ao prescrever uma espécie de rodízio acelerado de presos no sistema penal a depender das vagas existentes nos estabelecimentos dos três regimes prisionais, independentemente do efetivo e completo preenchimento dos requisitos objetivos e subjetivos estabelecidos para o sistema progressivo, e ao prever para o juiz da execução, sem qualquer amparo legal e após o trânsito em julgado da condenação, a faculdade de substituir penas privativas de liberdade por sanções restritivas de direitos ou pelo *estudo*. O julgado contém, ainda, um apelo ao legislador para que avalie a possibilidade de reformular a execução penal e a legislação correlata, e sugestões de providências específicas a serem adotadas pelo Conselho Nacional de Justiça. O núcleo da Súmula Vinculante, porém, a ser objeto de observância imediata e cogente, pode-se reconhecer na previsão de que a ausência de vaga em estabelecimento penal adequado não autoriza a manutenção do sentenciado em regime mais rigoroso do que aquele a que tem direito, o que se coaduna, aliás, com a reiterada orientação jurisprudencial já mencionada. Com relação aos parâmetros estabelecidos no julgado referido na Súmula, a concessão da prisão domiciliar, fiscalizada, preferencialmente, por monitoração eletrônica, é a única solução passível de ser adotada, desde logo, no caso concreto, pelo juiz da execução (v. item 110.5).

Deferida a progressão ao regime aberto, na ausência de vaga em casa do albergado, tem-se concedido ao condenado o direito de cumprir o restante da pena em prisão albergue domiciliar (v. item 117.1).

Jurisprudência

- *Constrangimento ilegal na ausência de vaga na progressão ao regime semiaberto* (v. itens 110.5 e 117.1)
- *Admissibilidade do cumprimento de pena em regime semiaberto em estabelecimento prisional similar a colônia penal agrícola ou industrial: observância da Súmula Vinculante 56*
- *Inexistência de constrangimento ilegal na ausência de vaga mas com observância das regras do regime semiaberto*
- *Concessão da prisão albergue domiciliar na ausência de casa do albergado* (v. item 117.1)
- *Inexistência de constrangimento ilegal na ausência de vaga para réu foragido*
- *Autoridade coatora na ausência de vaga em regime semiaberto*
- *Inexistência de constrangimento ilegal na ausência de vaga em regime semiaberto* (v. item 110.5)

Art. 113. O ingresso do condenado em regime aberto supõe a aceitação de seu programa e das condições impostas pelo juiz.

Vide: **LEP** arts. 110 a 112, 114 a 117, 118, I, 119; **CP** arts. 33, § 1º, *c*, § 2º, *c*, § 3º, 36.

113.1 ACEITAÇÃO DO PROGRAMA E CONDIÇÕES

Destina-se o regime aberto aos condenados aptos a viver em semiliberdade, quer desde o início do cumprimento da pena, quer por terem obtido a progressão no regime semiaberto (item 93.4). A prisão albergue é uma das espécies do regime aberto, diante dos termos legais, nada impedindo que a lei local institua outras espécies desde que se estabeleça seja a pena cumprida na Casa do Albergado (art. 93) e se obedeça aos requisitos próprios para o ingresso nesse regime.

Pressuposto para o ingresso no regime aberto é a aceitação pelo condenado de seu programa e das condições impostas pelo juiz. Caso o condenado se recuse expressamente a aceitá-los ou se deduza, por seu comportamento, que não os aceita, não se lhe pode conceder a progressão.

O programa a que se refere o art. 113 é o estabelecido na lei federal ou local para a prisão albergue ou outra espécie de regime aberto. As condições *gerais*, ou seja, obrigatórias para o condenado, são as previstas no art. 115, I a IV, da Lei de Execução Penal, referente à permanência do condenado no local que lhe for designado durante o repouso e dias de folga, à obediência a horários, à proibição de ausentar-se sem autorização judicial e ao comparecimento ao Juízo quando for determinado (item 115.1), mais as que forem estabelecidas pela lei local, como, por exemplo, a de não abandonar ou dar causa à demissão do emprego etc. As condições *especiais* são as que o juiz pode estabelecer, segundo seu prudente arbítrio, levando em conta a natureza do delito e as condições pessoais de seu autor. Como guia ou exemplificação para as condições especiais estão aquelas anteriormente fixadas na lei para a extinta medida de segurança da liberdade vigiada, como as de proibição de frequentar determinados lugares (casas de bebidas, certas reuniões, espetáculos ou diversões públicas), de não trazer armas ou instrumentos capazes de ofender etc., bem como as que se fixam para a suspensão condicional da pena e livramento condicional etc., sem prejuízo de outras que julgue adequadas aos fins da pena. Essas condições podem ser modificadas no curso da execução, conforme prevê o art. 116 (item 116.1).

>Art. 114. Somente poderá ingressar no regime aberto o condenado que:
>
>I – estiver trabalhando ou comprovar a possibilidade de fazê-lo imediatamente;
>
>II – apresentar, pelos seus antecedentes ou pelo resultado dos exames a que foi submetido, fundados indícios de que irá ajustar-se, com autodisciplina e senso de responsabilidade, ao novo regime.
>
>Parágrafo único. Poderão ser dispensadas do trabalho as pessoas referidas no art. 117 desta lei.

Vide: **LEP** arts. 110 a 113, 115 a 119; **CP** arts. 33, §§ 1º, *c*, 2º, *c*, 3º, 4º, 36. **Lei nº 13.445**, de 24-5-2017, arts. 30, II, *h*, e § 2º; 54, § 3º.

114.1 REQUISITOS PARA O REGIME ABERTO

A progressividade na concessão de transferência do condenado para regime menos severo deve ser cuidadosa tanto quanto possível, a fim de reduzir os insucessos, numerosos quando há modificação radical no regime disciplinar imposto pelos estabelecimentos penais. Por isso, com relação à progressão para o regime aberto, em que se concede liberdade de locomoção ao condenado por largos períodos diários, são indispensáveis além dos requisitos gerais (itens 112.3 a 112.5) mais outros dois: (a) que o condenado esteja trabalhando (na hipótese de trabalho externo no regime semiaberto) ou comprove a possibilidade de fazê-lo imediatamente; (b) que apresente, pelos seus antecedentes ou pelo resultado dos exames a que foi submetido, fundados indícios de que irá ajustar-se, com autodisciplina e senso de responsabilidade, ao novo regime.

Não basta, para a satisfação do primeiro requisito, que o condenado tenha aptidão física para o trabalho, mas se exige a comprovação de que tem oferta idônea de emprego. Não o preenche aquele que não demonstra a *concreta* possibilidade de imediata obtenção de emprego, sendo insuficiente seu simples compromisso de comprovar, futuramente, sua colocação profissional como empregado ou autônomo. Dada a alta incidência de vazias ou gratuitas ofertas de emprego que têm a finalidade exclusiva de possibilitar a prisão albergue ao condenado, é recomendável, aliás, que a lei local estabeleça providências para a verificação da efetiva existência do emprego ou das condições para o trabalho autônomo do condenado, ou que essas providências sejam tomadas pelo próprio juiz da execução.

Podem ser dispensadas do requisito as pessoas referidas no art. 117: condenado maior de 70 anos; condenado acometido de doença grave; condenada com filho menor ou deficiente físico e mental; condenada gestante (item 117.2).

Outro requisito exigido é a comprovação da compatibilidade do condenado com o regime aberto. Caso o condenado já tenha sido submetido a exames de personalidade, deve-se verificar se deles exsurgem indícios de que "irá ajustar-se, com autodisciplina e senso de responsabilidade, ao novo regime"; em caso contrário, esses indícios devem ser examinados com base em outros dados, inclusive em seus antecedentes. Não é indício suficiente a ausência de envolvimento em outros inquéritos policiais ou ações penais, pois constituem-se antecedentes todos os fatos da vida pregressa do condenado com relação ao comportamento familiar, trabalho, atividades sociais etc. Não basta, também, a comprovação de bom comportamento carcerário, que não deve ser tão valorizado porque é sabido que a periculosidade ou antissociabilidade na prisão sofre controles inibitórios (item 112.4). É preciso a presença de compatibilidade, oportunidade e conveniência da progressão, comprovadas pelos resultados dos exames ou pela soma de outros dados importantes, como informações da laborterapia, do comportamento carcerário, das visitas familiares, da inexistência de faltas disciplinares recentes etc. Na falta de outros elementos, podem ser levados em conta os antecedentes e a personalidade do condenado.

A progressão não é um direito do condenado por ter cumprido parte da pena no regime mais severo, mas depende principalmente de seu mérito e, além disso, no caso da prisão albergue, da compatibilidade com o regime, ou seja, da aptidão psicológica, da adequação temperamental e do senso de responsabilidade e autodisciplina.

Embora obrigatória a fixação do regime inicial fechado para os condenados por determinados crimes (v. item 110.1), com a extinção do regime integral fechado e a redação dada ao art. 2º da Lei nº 8.072, de 25-7-1990, pela Lei nº 11.464, de 28-3-2007, não há vedação legal à progressão de regime em razão da natureza da infração. Na hipótese de crimes hediondos, tortura, tráfico de entorpecentes e terrorismo, a progressão para o regime aberto depende do cumprimento de 40% da pena se o condenado for primário; de 50% se, embora primário, do crime hediondo resultou morte; de 60% se reincidente na prática de crime hediondo ou equiparado; de 70% se reincidente em crime hediondo ou equiparado com resultado morte. Nos casos mencionados, em que do crime hediondo resultou morte, seja o condenado primário ou reincidente, é vedada a concessão do livramento condicional.

Não podia obter o benefício da prisão albergue o estrangeiro a quem, por força dessa situação, não podia exercer atividade laboral remunerada fora do estabelecimento carcerário, requisito essencial para o cumprimento da pena em regime aberto. Com maior razão não se lhe concedia tal regime quando há decreto de expulsão, pois a transferência colocaria em risco a execução do decreto e o próprio resgate do restante da pena[42] (v. itens 110.1 e 112.4). A Lei de Migração (Lei nº 13.445, de 24-5-2017) dispõe, porém, expressamente, que o processamento da expulsão, em caso de crime comum não prejudica o cumprimento da pena, a progressão de regime e o gozo de quaisquer benefícios a serem concedidos em igualdade de condições ao condenado nacional (art. 54, § 3º). É expressa, ainda, a Lei ao prever não somente que o estrangeiro fica autorizado a trabalhar quando se cuidar de exigência do regime prisional em que se encontrar, bem como que é admissível a autorização de residência quando estiver ele no cumprimento de pena (art. 30, II, *h*, e § 2º).

---

42. Cf. SILVEIRA, Daniel Prado e OZAKI, Hideo, ob. cit. p. 40-41.

ART. 115 — EXECUÇÃO PENAL

A legislação penal ainda não estendeu o benefício da prisão albergue aos condenados pela Justiça Militar. Se o condenado, porém, estiver recolhido a estabelecimento sujeito à jurisdição ordinária, aplica-se-lhe a Lei de Execução Penal e, em consequência, a progressão para o regime aberto, diante do art. 2º, parágrafo único, desse estatuto (item 2.4).

Para obter a progressão, o condenado, por si ou por seu representante, deve requerê-la, comprovando os requisitos objetivos e subjetivos mencionados anteriormente. Como a concessão da prisão albergue, assim como toda a progressão, depende de complexa prova e de ampla discricionariedade do juiz da execução, não se presta a ser deferida pela via do *habeas corpus*.

A decisão que concede ou nega prisão albergue é interlocutória mista; portanto, definitiva. Apresentada, exaure o juiz sua atividade jurisdicional e não pode voltar atrás, pois lhe é vedado reformar a própria decisão.[43] Entretanto, não há prazo para renovação do pedido.[44]

A "cassação" da prisão albergue corresponde à regressão de regime, estando sujeita, portanto, ao disposto no art. 118 e seus parágrafos (itens 118.1 a 118.4).

> **Jurisprudência**
>
> - *Admissibilidade de trabalho em empresa própria*
> - *Necessidade de promessa de emprego para a prisão albergue*
> - *Contra: desnecessidade de promessa de emprego para a prisão albergue*
> - *Suficiência de condições para o trabalho para a prisão albergue*
> - *Necessidade de cautela na concessão da prisão albergue*
> - *Inadmissibilidade de retratação do juiz*
> - *Inadmissibilidade de concessão da prisão albergue para condenado estrangeiro com decreto de expulsão (antes da vigência da Lei nº 13.445/2017)*
> - *Inadmissibilidade de concessão da prisão albergue ao condenado por crime militar*
> - *Inexistência de prazo para a renovação do pedido de prisão albergue*
> - *Recurso cabível da decisão sobre prisão albergue: agravo em execução*
> - *Inadmissibilidade de concessão da prisão albergue por meio de* **habeas corpus** (v. item 112.6)
> - *Irrelevância do cumprimento indevido da pena em regime aberto: extinção da punibilidade*

Art. 115. O juiz poderá estabelecer condições especiais para a concessão de regime aberto, sem prejuízo das seguintes condições gerais e obrigatórias:

---

43. Nesse sentido: *RT* 559/360.

44. *RT* 609/352. O recurso sobre a concessão ou denegação da prisão albergue, como em qualquer caso de progressão, é o agravo em execução (*JTACRESP* 602/328).

I – permanecer no local que for designado, durante o repouso e nos dias de folga;

II – sair para o trabalho e retornar, nos horários fixados;

III – não se ausentar da cidade onde reside, sem autorização judicial;

IV – comparecer a juízo, para informar e justificar as suas atividades, quando for determinado.

Vide: **LEP** arts. 50, V, 113 a 114, 116 a 118, I, 119; **CP** art. 36. Súmula: **STJ** 493.

115.1 CONDIÇÕES GERAIS E ESPECIAIS

Em decorrência da liberdade de locomoção concedida por várias horas por dia ao condenado que cumpre a pena em regime aberto, procura a lei impor condições que possibilitem maior controle da execução. As condições são *gerais* e obrigatórias, previstas expressamente no art. 115, e *especiais*, estabelecidas pelo juiz que conceder o regime aberto.

Entre as condições obrigatórias estão as de "permanecer em local que lhe for designado, durante o repouso e nos dias de folga" e "sair para o trabalho e retornar, nos horários fixados". Resulta evidente que o condenado somente pode deixar o estabelecimento que lhe foi designado (Casa do Albergado) apenas para se dirigir ao trabalho, devendo retornar a ele após a jornada diária, nos horários fixados pelo diretor. Este atenderá na fixação do horário, evidentemente, às necessidades decorrentes do transporte e refeições do condenado. Nada impede, inclusive, que se permita a saída, em horário determinado, para o trabalho noturno do condenado.

Também é vedado ao condenado em regime aberto ausentar-se da cidade onde reside, ou seja, da cidade em que está localizada a Casa do Albergado, a não ser que tenha prévia autorização judicial. Poderá o juiz encarregado da execução autorizar a viagem para outra cidade quando existirem razões que a aconselhem.

Por fim, é também condição obrigatória do condenado "comparecer a juízo, para informar e justificar as suas atividades, quando for determinado". Verificando a necessidade de esclarecer qualquer problema surgido durante a execução ou por ter alguma notícia de irregularidade por parte do condenado ou de terceiros, deverá o juiz determinar que o condenado se apresente para informações ou esclarecimentos.

Além das condições obrigatórias, pode o juiz fixar outras, facultativamente. Levando em conta a natureza do delito e as condições pessoais de seu autor, como já foi visto, imporá ele condições idênticas às anteriormente previstas para a liberdade vigiada ou as que se fixam para a suspensão condicional da pena e o livramento condicional (item 113.1). Essas condições, porém, não podem limitar direitos constitucionais senão os que decorrem da lei ou da sentença, estando em consonância com as finalidades da pena e com as condições pessoais do condenado.

É vedado ao juiz estabelecer como condição especial para o regime aberto restrição que seja prevista em lei como pena autônoma, principal ou substitutiva, como nos casos de prestação pecuniária ou prestação de serviços à comunidade. A prática implica indevida aplicação de sanção penal, com violação ao devido processo legal e à coisa julgada. Lembre-se que a possibilidade de imposição, na sentença, da prestação de serviços à comunidade como condição do *sursis* simples decorre de expressa previsão legal (art. 78, § 1º, do CP), que não existe na hipótese do regime aberto. Nesse sentido é a Súmula 493 do STJ: "É inadmissível a fixação de pena substitutiva (art. 44 do CP) como condição especial ao regime aberto."

Não pode o condenado, evidentemente, recusar qualquer das condições impostas pela lei ou pelo juiz (art. 113) e, se descumprir qualquer uma delas, comete falta grave (art. 50, V), que lhe acarretará a regressão (art. 118, I).

Jurisprudência

- *Inadmissibilidade da prestação de serviços à comunidade como condição especial do regime aberto*
- *Contra: admissibilidade da prestação de serviços à comunidade como condição especial do regime aberto*
- *Inadmissibilidade de saídas diárias sem vinculação ao trabalho*
- *Inadmissibilidade de condicionamento do regime aberto ao pagamento da multa*
- *Necessidade de adaptação do condenado ao regime aberto*
- *Possibilidade de trabalho noturno na modalidade aberta*
- *Contra: impossibilidade de trabalho noturno na modalidade aberta*
- *Admissibilidade excepcional para pernoite e prestação de trabalho externo*

Art. 116. O juiz poderá modificar as condições estabelecidas, de ofício, a requerimento do Ministério Público, da autoridade administrativa ou do condenado, desde que as circunstâncias assim o recomendem.

Vide: **LEP** arts. 50, V, 113 a 115, 118, I, 119; **CP** art. 36.

116.1 MODIFICAÇÃO DAS CONDIÇÕES

É possível que uma das condições impostas ao condenado cause problemas à execução da pena em regime aberto ou provoque um desvio que frustre os fins propostos. Permite assim a lei que as condições sejam alteradas quando as circunstâncias recomendem essas modificações. Algumas vezes, uma condição poderá estar dificultando o processo de reinserção social do condenado, aconselhando-se seja ela eliminada ou modificada. De outro modo, pode ocorrer que seja necessário estabelecer novas regras para evitar o desvirtuamento do processo de execução. Nessas hipóteses, o juiz poderá fazê-lo de ofício, ou a requerimento do Ministério Público, que é o fiscal da execução, da autoridade administrativa, que é o diretor da Casa do Albergado em contato mais próximo com o condenado ou deste, que poderá expor as dificuldades que tem em obedecer às normas impostas.

Jurisprudência

- *Alteração das condições: internação para tratamento de dependência química*

Art. 117. **Somente se admitirá o recolhimento do beneficiário de regime aberto em residência particular quando se tratar de:**

I – condenado maior de setenta anos;

II – condenado acometido de doença grave;

III – condenada com filho menor ou deficiente físico ou mental;

IV – condenada gestante.

Vide: **LEP** arts. 110 a 116, 119; **CP** arts. 33, § 1º, *c*, § 2º, *c*, § 3º, 36. Súmula **Vinculante**: 56.

117.1 PRISÃO DOMICILIAR

A prisão domiciliar foi introduzida no Brasil pela Lei nº 5.256, de 6-4-1967, para recolher o preso provisório à própria residência nas localidades onde não houver estabelecimento adequado ao recolhimento dos que têm direito à prisão especial. Com introdução do regime aberto na legislação penal, efetuada pela Lei nº 6.416, de 24-5-1977, e diante da inexistência de locais adequados para o cumprimento da prisão albergue, os aplicadores da lei penal depararam-se com penosas alternativas: admitir o alojamento noturno em celas superlotadas das cadeias públicas; não conceder o regime, embora o sentenciado estivesse em condições de adequar-se a ele; ou conceder a prisão domiciliar, com o recolhimento em sua própria residência. Não havendo o Poder Público diligenciado para a construção de estabelecimentos destinados ao regime aberto em todas as comarcas, juízos e tribunais passaram a conceder a chamada "prisão albergue domiciliar", transformada em verdadeiro simulacro da execução da pena pela inexistência de qualquer controle ou fiscalização na obediência das condições impostas.[45] A prisão albergue domiciliar passou assim a ser forma velada de impunidade, de que os juízes lançavam mão em último recurso, na impossibilidade de o benefício ser desfrutado em local adequado.

Com a finalidade de evitar a concessão indiscriminada de prisão domiciliar, fato que contribui para o descrédito do regime aberto, com graves prejuízos à defesa social, a Lei de Execução Penal destinou-a exclusivamente aos condenados que estejam nas condições especiais previstas expressamente, distinguindo as duas espécies de prisão em regime

---

45. No Estado de São Paulo, a prisão albergue domiciliar foi institucionalizada pela Lei nº 1.819, de 30-10-1978, que se encontra ainda em vigor naquilo que não colide com a Lei de Execução Penal. O dispositivo referente à prisão domiciliar na ausência de prisão albergue, entretanto, já não pode ser aplicado, por ser incompatível com a nova lei (item 3.1).

aberto: a prisão albergue e a prisão domiciliar. Dispõe o art. 117 que "somente" se admitirá o recolhimento em residência particular quando se tratar de condenado que esteja em uma das situações estabelecidas no referido dispositivo, e esclarece a exposição de motivos que o regime aberto, salvo essas exceções, "não admite a execução da pena em residência particular" (item 124).

A destinação do condenado em regime aberto à residência particular sem que haja qualquer controle ou fiscalização por parte da Administração, como tem ocorrido, significa a total impunidade pelo crime praticado. A circunstância de, eventualmente, não existir na comarca a Casa do Albergado não quer dizer que o Estado deve deixar de executar a pena privativa de liberdade regularmente aplicada. A prisão aberta é apenas um regime de pena e, na falta de instalações adequadas ao seu cumprimento, como solução provisória, o condenado deve ser recolhido à cadeia pública ou outro presídio comum, em local adequado, e não deixado em inteira liberdade. A prisão albergue domiciliar só é cabível nas hipóteses do art. 117 da Lei de Execução Penal. Entretanto, quando o Estado não está aparelhado para oferecer o estabelecimento prisional adequado, de sorte que se possa observar, rigidamente, a progressão legalmente determinada, o direito do condenado que faz jus ao regime aberto não pode ser obstado por essa omissão. Assim, vários tribunais têm decidido pacificamente que o condenado que fizer jus ao regime aberto tem direito a prisão domiciliar quando inexistir casa do albergado onde possa cumprir a pena no regime aberto.

Por outro lado, também se tem entendido que não se pode autorizar o regime aberto ao condenado que, estando em regime fechado, obtém a progressão para o regime semiaberto, inexistindo vaga no estabelecimento que seria destinado a recebê-lo. Nessa hipótese, concede-se a progressão, mas o condenado deve ter seu nome incluído na lista de espera para a remoção do regime concedido ao estabelecimento adequado. Por razões de equidade, o lapso de tempo em que permanecer no aguardo da remoção devida deve ser computado como cumprimento de pena no regime semiaberto para o fim de futura progressão. Todavia, inúmeros são os julgados em sentido contrário, concedendo ao condenado o direito de aguardar em regime aberto, na forma da prisão albergue domiciliar, a destinação de vaga no regime semiaberto (v. itens 110.5 e 112.7).

Jurisprudência

- *Concessão da prisão albergue domiciliar na ausência de Casa do Albergado ou estabelecimento congênere* (v. itens 110.5 e 112.7)
- *Concessão da prisão albergue domiciliar na ausência de Casa do Albergado na comarca*
- *Concessão da prisão albergue domiciliar na superlotação da Casa do Albergado*
- *Superlotação carcerária e precárias condições da Casa do Albergado: inadmissibilidade da prisão domiciliar*
- *Inexistência de Casa do Albergado: inadmissibilidade da prisão albergue domiciliar*
- *Inexistência de Casa do Albergado: possibilidade de trabalho externo*
- *Inexistência de Casa do Albergado: critério do juiz*
- *Prisão albergue em local junto a estabelecimento penal destinado ao regime semiaberto: admissibilidade*
- *Prisão albergue em ala especial de presídio: admissibilidade*

- *Prisão albergue em cadeia pública: admissibilidade*
- *Prisão albergue em cadeia pública: inadmissibilidade*
- *Prisão albergue em alojamento diverso do presídio: admissibilidade*
- *Inadmissibilidade de prisão albergue para condenado em regime fechado*

117.2 HIPÓTESES PARA A PRISÃO DOMICILIAR

A primeira hipótese em que se admite a prisão domiciliar refere-se ao condenado maior de 70 anos. Como em outras situações (arts. 65, I, 77, § 2º, 115 do CP), concede a lei melhores condições penais ao condenado maior de 70 anos, levando em conta sua decadência ou degenerescência provocada pela senilidade, sua menor periculosidade e as maiores dificuldades que tem em suportar o rigor da pena. A idade a que se refere a lei é a do momento da execução, nada impedindo que, iniciado o cumprimento da pena em prisão albergue, passe o condenado que completar 70 anos à prisão domiciliar.

Também tem direito à prisão domiciliar o condenado acometido de doença grave, ou seja, de moléstia de difícil cura, que exige longo tratamento ou que coloca em risco a vida do doente. É evidente, porém, que não tem direito à prisão domiciliar o condenado apenas por ser portador do vírus ou mesmo por já ter contraído a moléstia. É indispensável que, além de se ter deferido o regime aberto, não possa ser ele devidamente assistido pelo serviço médico do Estado na casa do albergado e se encontre na *fase terminal* da doença.[46] Está ainda sujeita somente à prisão domiciliar a condenada com filho menor ou deficiente físico. O benefício é concedido mais em favor da criança ou do deficiente, que necessita do amparo maternal.

Por fim, concede-se a prisão domiciliar à condenada gestante, procurando-se proporcionar a esta melhores condições durante o período de gestação. Na hipótese, bem como nos casos de mãe ou responsável por crianças ou pessoas com deficiência, os requisitos exigidos para a progressão divergem das regras gerais, estando previstos no art. 112, § 3º, da LEP, por força das alterações introduzidas pela Lei nº 13.769/2019.

A enumeração legal é taxativa e não exemplificativa, não podendo o julgador estender o alcance da prisão domiciliar a hipóteses não previstas na lei, admitindo-se apenas, na jurisprudência, como já mencionado, que se coloque nessa situação, excepcionalmente, o condenado que deva cumprir a pena em regime aberto quando inexiste casa do albergado ou estabelecimento similar (item 117.1).

O recolhimento do beneficiário em residência particular é denominado na doutrina e jurisprudência como prisão domiciliar, ou, equivocadamente, prisão albergue domiciliar (PAD). Evidentemente, se se trata de prisão *domiciliar*, não pode ser, ao mesmo tempo, prisão *albergue*.

Deve-se ressaltar que a prisão domiciliar é uma espécie reservada aos condenados que cumprem pena em regime aberto, sendo absolutamente incompatível com outro (semia-

---

46. Nesse sentido: SILVEIRA, Daniel Prado da; OZAKI, Hideo, ob. cit., p. 44.

berto ou fechado). Assim, por exemplo, não basta estar acometido por doença grave para obter o benefício.

O fato de o condenado recolher-se em residência particular não significa que esteja dispensado das normas de conduta do regime. As restrições, obrigações e horários deverão ser observados pelo condenado, sob pena de revogação do regime. Está ele também obrigado ao trabalho, a menos que suas condições de saúde ou encargos domésticos não o permitam, caso em que poderá ser dispensado da obrigação pelo juiz da execução.

A prisão domiciliar está também prevista no Código de Processo Penal como modalidade ou alternativa à prisão preventiva na hipótese de se tratar de indiciada ou acusada gestante, mãe ou responsável por crianças ou pessoas com deficiência, desde que o crime não se cuide de crime praticado com violência ou grave ameaça a pessoa ou cometido contra o seu filho ou dependente (art. 318-A, inserido pela Lei nº 13.769, de 19-12-2018).

Jurisprudência

- *Enumeração taxativa do art. 117 da LEP*
- *Inadmissibilidade de prisão domiciliar para o condenado que cumpre pena em regime fechado*
- *Inadmissibilidade de prisão domiciliar para o condenado por crime com violência ou grave ameaça*
- *Contra: admissibilidade de prisão domiciliar para o condenado por crime com violência ou grave ameaça- Idade avançada e saúde precária*
- *Inadmissibilidade de prisão domiciliar para o condenado septuagenário que cumpre pena em regime fechado*
- *Inadmissibilidade da prisão domiciliar para condenado septuagenário que cumpre pena em regime semiaberto*
- *Inadmissibilidade de prisão domiciliar para o condenado que cumpre pena em regime semiaberto*
- *Inadmissibilidade de prisão domiciliar para o condenado doente que cumpre pena em regime semiaberto*
- *Inadmissibilidade de prisão domiciliar para condenado maior de 60 anos*
- *Admissibilidade de prisão domiciliar para condenado com moléstia grave*
- *Contra: inadmissibilidade de prisão domiciliar para condenado com moléstia grave*
- *Inadmissibilidade de progressão por moléstia grave*
- *Admissibilidade de prisão domiciliar para condenado que necessita de tratamento médico*
- *Condições de saúde precárias e irreversíveis: admissibilidade da prisão domiciliar*
- *Necessidade não comprovada de tratamento de saúde por condenado foragido*
- *Necessidade não comprovada de tratamento de filha que padece de doença mental*

- *Admissibilidade de prisão domiciliar para condenada gestante e com filhos menores*
- *Inadmissibilidade de prisão domiciliar para condenada lactante*
- *Admissibilidade de prisão domiciliar para presa provisória lactante: aplicação analógica do art. 117*
- *Admissibilidade de prisão albergue para o condenado com filho menor*
- *Inadmissibilidade de prisão albergue para o condenado com filho menor*
- *Admissibilidade de prisão domiciliar para a condenada com filhos menores*
- *Admissibilidade de prisão domiciliar para condenado com direito a prisão especial até o trânsito em julgado*
- *Inadmissibilidade de prisão domiciliar para o condenado por não encontrar emprego na comarca*
- *Inadmissibilidade da prisão domiciliar para depositário infiel*
- *Competência do juiz da execução para decidir sobre a prisão domiciliar*

Art. 118. A execução da pena privativa de liberdade ficará sujeita à forma regressiva, com a transferência para qualquer dos regimes mais rigorosos, quando o condenado:

I – praticar fato definido como crime doloso ou falta grave;

II – sofrer condenação, por crime anterior, cuja pena, somada ao restante da pena em execução, torne incabível o regime (art. 111).

§ 1º O condenado será transferido do regime aberto se, além das hipóteses referidas nos incisos anteriores, frustrar os fins da execução ou não pagar, podendo, a multa cumulativamente imposta.

§ 2º Nas hipóteses do inciso I e do parágrafo anterior, deverá ser ouvido, previamente, o condenado.

Vide: **LEP** arts. 40, 48, parágrafo único, 49, 50, 52, 66, III, *b*, 111; **CP** arts. 33, *caput*, 36, § 2º. Súmulas: **STJ** 526, 533.

118.1 REGRESSÃO

Se de um lado é imprescindível dotar a pena privativa da liberdade de progressão, que viabiliza ao condenado vislumbrar a possibilidade futura de vida livre, por outro não se deve enfraquecer a repressão social.[47] Em caso de não se adaptar ao regime semiaberto ou aberto, demonstrando a inexistência de sua reintegração social, fica o condenado também sujeito à *regressão*. Constitui-se esta na transferência do condenado para qualquer dos regimes mais rigorosos quando: praticar fato definido como crime doloso ou falta grave; sofrer condenação, por crime anterior, cuja pena, somada ao restante da pena em execução, torne incabível o regime; e, na hipótese de se encontrar em regime aberto, frustrar os fins da execução ou não pagar, podendo, a multa cumulativamente imposta. Referindo-se a lei a transferência para "qualquer" regime mais rigoroso, possibilita regressão do regime aberto diretamente para o regime fechado. Cabe ao juiz, examinando a causa da regressão, determinar para qual regime será transferido o condenado que se encontra em prisão albergue ou domiciliar.

A primeira causa da regressão é a prática de fato definido como crime doloso, pouco importando sua natureza ou espécie. A prática de crime culposo ou de contravenção não enseja, obrigatoriamente, a regressão, mas poderá demonstrar que o condenado está frustrando os fins da execução, possibilitando a transferência do regime aberto para qualquer dos mais rigorosos. Não é necessário que o crime doloso tenha sido objeto de sentença condenatória transitada em julgado. Quando a lei exige a condenação ou o trânsito em julgado da sentença é ela expressa a respeito dessa circunstância, como aliás o faz no inciso II do art. 118. Ademais, a prática de crime doloso é também falta grave (art. 52 da LEP) e, se no inciso I desse artigo, se menciona também a infração disciplinar como causa da regressão, entendimento diverso levaria à conclusão final de que essa menção é superabundante, o que não se coaduna com as regras de interpretação da lei. Nesse sentido, aliás, foi editada a Súmula 526 do STJ. Assim também decidiu o STF por ocasião do julgamento de recurso extraordinário sobre tema com repercussão geral.[48] Deve-se entender, portanto, que, em se tratando da prática de falta grave ou crime doloso, a revogação independe da condenação ou aplicação da sanção disciplinar. Por isso mesmo, determina a lei, nessas hipóteses, a prévia oitiva do condenado (item 118.3). A regressão para qualquer dos regimes mais gravosos de cumprimento da pena carcerária não pode ser decretada sem prévia ouvida do condenado, segundo impõe o § 2º do art. 118 da lei vigente, cabendo nessa hipótese inclusive a concessão de *habeas corpus*.

A prática de falta grave é também causa obrigatória de regressão. São faltas graves, para o condenado que cumpre pena privativa de liberdade, as definidas no art. 50 da Lei de Execução Penal (item 50.1). A fuga, por exemplo, é falta grave que autoriza a regressão. Por outro lado, não se permite a regressão quando os fatos imputados ao condenado não constituem faltas graves, por ausência de previsão legal.

Também ocorre a regressão quando o condenado sofre nova condenação e a soma de pena imposta em decorrência do novo delito com o restante da pena que está sendo executada torna incabível o regime semiaberto ou aberto (item 111.1).

Cabe exclusivamente ao juiz encarregado da execução decidir sobre a regressão (art. 66, III, *b*, 2ª parte), não podendo a autoridade administrativa determiná-la. Na ocorrência

---

47. Nesse sentido: REALE JUNIOR, Miguel. *Novos rumos do sistema criminal*. Rio de Janeiro: Forense, 1983. p. 80.

48. RE 776823-RS, j. em 7.12.2020, *DJe* de 23-2-2021.

de falta grave, porém, a autoridade obrigatoriamente representará ao juiz da execução para esse fim (art. 48, parágrafo único). Poderá ela, também, em caso de situação excepcional, como a de tentativa de fuga, por exemplo, providenciar o recolhimento a cela e a privação de benefícios como providência provisória até a decisão judicial.

O recurso cabível na hipótese de ser determinada a regressão é o agravo em execução, não podendo o fato ser apreciado pela via do *habeas corpus*. Admite-se, porém, o *mandamus*, excepcionalmente, para a anulação da decisão, nos casos de absoluta falta de fundamentação ou de regressão determinada por causa não prevista em lei.

Se o condenado que praticar a falta grave estiver no regime fechado, não se podendo fazê-lo regredir para regime mais severo, inexistente, além de ser submetido à sanção disciplinar está sujeito ao efeito secundário da regressão, ou seja, terá interrompido o tempo de cumprimento da pena para efeito de progressão, devendo cumprir novo percentual legal sobre o restante da pena a partir da falta grave para obtê-la (v. item 112.3).

Jurisprudência

- *Desnecessidade do trânsito em julgado da condenação criminal para reconhecimento da falta grave consistente na prática de crime doloso*

- *Prática de fato definido como crime doloso: desnecessidade de procedimento administrativo para a regressão*

- *Prática de novo crime: desnecessidade de condenação*

- *Regressão pelo cometimento de falta grave: necessidade de Procedimento Administrativo Disciplinar (PAD)*

- *Necessidade de apreciação da justificativa do condenado para a fuga para a regressão*

- *Inexistência de bis in idem na aplicação da sanção disciplinar e regressão de regime*

- *Inadmissibilidade de regressão pela autoridade administrativa*

- *Inexistência de vinculação do juiz ao parecer do Conselho Disciplinar*

- *Regressão do regime aberto para o fechado: admissibilidade*

- *Contra: inadmissibilidade de regressão do regime aberto para o fechado*

- *Regressão pela prática de novo crime*

- *Regressão por novo crime insignificante: inadmissibilidade*

- *Prática de novo crime: desnecessidade do resultado da nova ação penal*

- *Necessidade do trânsito em julgado da nova condenação*

- *Regressão por nova condenação*

- *Regressão pelo cometimento de falta grave*

- *Regressão pela execução de fuga*

- *Regressão pela execução de fuga do condenado que cumpre a pena em regime semiaberto*
- *Regressão pela fuga do réu em saída temporária*
- *Regressão por fuga e pela prática de outro crime*
- *Regressão pela tentativa de fuga no regime semiaberto*
- *Regressão pelo não comparecimento em trabalho externo*
- *Cometimento de falta grave: necessidade de instauração de incidente e não prisão preventiva*
- *Inexistência de falta grave: inadmissibilidade de regressão*
- *Nova condenação: regressão determinada*
- *Nova condenação: contagem com base na pena a cumprir*

118.2 REGRESSÃO E REGIME ABERTO

Ao condenado que se encontra cumprindo pena em regime aberto aplicar-se-á a regressão não só nas hipóteses mencionadas no item anterior, mas também quando frustrar os fins da execução ou não pagar, podendo, a multa cumulativamente imposta.

O descumprimento das condições impostas pela lei ou pelo juiz, no regime aberto (itens 113.1 a 115.1), constitui falta grave e, por isso, causa a regressão. Além disso, porém, pode o condenado ser transferido para regime mais rigoroso se frustrar os fins da execução, assumindo conduta que demonstra a incompatibilidade com o regime aberto. A desobediência a ordens recebidas, a provocação de rescisão de contrato de trabalho ou seu abandono, a prática de contravenção ou crime culposo, a prática de falta média ou leve etc. podem revelar que o condenado não se está adaptando ao regime nem se processa sua reinserção social, recomendando-se sua transferência para regime mais rigoroso. Entretanto, se ao condenado foi concedido o regime aberto, a ausência à audiência admonitória marcada pelo juiz não pode acarretar a regressão, uma vez que não foi ele advertido dessa possibilidade.

Também é determinada a regressão na hipótese de o condenado não pagar a multa cumulativamente imposta com a pena privativa de liberdade. Exige-se, porém, que esteja comprovado que o condenado é solvente, ou seja, que pode efetuar o pagamento integral ou parcelado da pena pecuniária sem prejuízo dos recursos indispensáveis a sua manutenção e à de sua família (art. 50, § 2º, do CP). Entretanto, com a alteração do art. 51 do CP e a revogação do art. 182 da LEP, que não mais preveem a conversão da multa em pena detentiva, já se defende a tese de que não é mais possível, também, a regressão nessa hipótese, mesmo porque a sanção se teria transformado em dívida de valor para com a Fazenda Pública, a ser cobrada pelos meios legais e jurídicos concernentes à espécie.

Expirado o tempo de duração da pena no regime aberto, não é possível a revogação da prisão albergue (regressão), ainda que tenha ocorrido, durante seu cumprimento, a causa de revogação (condenação, prática de crime, falta grave etc.). Caso contrário, estar-se-ia dando efeito *ex tunc* à decisão revogatória, obrigando o sentenciado a cumprir pena maior do que aquela a que foi condenado. A submissão ao regime aberto é cumprimento de pena para todos os efeitos.

Jurisprudência

- *Regressão do regime aberto por descumprimento das condições especiais*
- *Descumprimento das condições do regime aberto*
- *Falta à audiência de advertência: inadmissibilidade de regressão*
- *Não pagamento da multa: inadmissibilidade de regressão*
- *Inadmissibilidade de regressão após o cumprimento da pena*
- *Revogação da restrição de direitos e substituição por pena privativa de liberdade em regime semiaberto*

118.3 OITIVA DO CONDENADO

Quando ocorre a prática de fato definido como crime doloso ou falta grave, o condenado deve ser ouvido antes da decisão que, eventualmente, determinará a regressão. Tratando-se de condenado em regime aberto, também se impõe a prévia oitiva na hipótese de estar ele frustrando os fins da execução ou omitindo-se no pagamento da pena pecuniária, embora seja solvente.

A razão da obrigatoriedade da oitiva nessas hipóteses prende-se à possibilidade de poder o condenado justificar o fato que provocaria a regressão. Quanto à prática de crime doloso, pode ter ocorrido uma descriminante ou dirimente, ter havido a instauração de inquérito policial com abuso de poder, perseguição policial etc. Também pode justificar o condenado a prática de fato definido como falta grave ou demonstrar de plano a improcedência da imputação a ela relativa. O preso albergado também poderá justificar o não pagamento da multa imposta ou apresentar ponderáveis razões que o levaram a frustrar os fins da execução.

Em consequência da jurisdicionalização da execução penal, por ofensa ao princípio do contraditório, nula é a decisão que determina a regressão do condenado sem a sua prévia audiência. Possibilita-se, assim, ao condenado que se encontrava em regime aberto a impetração de *habeas corpus* para sanar o constrangimento ilegal causado pela regressão sem sua oitiva prévia.

Não há necessidade de oitiva do condenado, porém, quando se trata de condenação por crime anterior. Se houver uma decisão definitiva a respeito do fato, inócua seria sua oitiva antes de decretar-se a regressão.

Não prevê a lei de execução a sustação do regime enquanto se procede à oitiva do condenado quando é ela indispensável à decretação da transferência para regime mais severo. Admite-se, porém, a sustação do regime, aberto ou semiaberto, com fundamento no poder cautelar do juiz da execução. A providência é indispensável nas hipóteses em que o fato a ele atribuído por si mesmo revela que há um comprometimento sério à execução, como as hipóteses de planos de evasão, de motim, de outros problemas disciplinares graves etc. Na hipótese de fuga, a sustação do regime é indispensável tanto para restaurar a regular execução da pena como, também, para que se viabilize a sua oitiva em juízo antes da decisão a respeito de eventual regressão.

Jurisprudência

- *Necessidade de instrução para a regressão*
- *Regressão sem oitiva do condenado e sem manifestação do defensor: inadmissibilidade*
- *Regressão sem manifestação do defensor: inadmissibilidade*
- *Regressão sem a presença do defensor: inadmissibilidade*
- *Necessidade de oitiva prévia do condenado pelo juiz*
- *Necessidade da oitiva prévia do condenado: insuficiência da defesa técnica*
- *Contra: desnecessidade da oitiva prévia do condenado*
- *Suficiência da oitiva do sentenciado para a regressão*
- *Nova condenação: desnecessidade de oitiva do condenado*
- *Possibilidade de sustação provisória do regime mais brando*
- *Contra: inadmissibilidade de sustação provisória do regime mais brando*
- *Suspensão preventiva do regime semiaberto em caso de falta grave*
- *Necessidade de oitiva do preso na sustação provisória*
- *Contra: desnecessidade de oitiva do preso na sustação provisória*
- *Constrangimento ilegal na mora para a solução do procedimento*
- *Admissibilidade da permanência em regime aberto até solução do procedimento*
- *Sustação provisória: inadmissibilidade de fixação de prazo para conclusão do procedimento*
- *Nulidade do procedimento disciplinar não afeta sustação provisória do regime semiaberto*
- *Inexistência de constrangimento ilegal pela expedição de mandado de prisão*
- *Inexistência de constrangimento ilegal se ainda não foi determinada a regressão do condenado recapturado*
- *Inadmissibilidade de discutir o mérito na regressão em* habeas corpus
- *Inadmissibilidade de pedido de* habeas corpus *sobre regressão*

118.4 RESTABELECIMENTO DA PROGRESSÃO

Ouvido o condenado e comprovada a inexistência de falta grave, crime ou conduta que indique frustração dos fins da execução ou justificado o não pagamento da multa, não se procede à regressão e se restabelece a situação anterior em caso de sustação provisória do benefício. Decretada porém a regressão, para progredir novamente deve cumprir o requisito temporal exigido em lei, a ser calculado sobre a pena restante. A exigência, embora não fosse expressa, defluía do art. 112, *caput*, da Lei de Execução Penal, que impõe esse período de cumprimento de pena no regime mais rigoroso para a progressão. É nesse período que o condenado deve demonstrar o mérito que o torna compatível com o regime menos rigoroso. Não se computa o tempo anterior no regime mais rigoroso porque o condenado, dando causa à regressão, demonstrou não estar em condições de passar para o regime mais favorável. Essa objeção, porém, não existe quando a regressão for determinada pela condenação por crime anterior; nessa hipótese, o parâmetro para a progressão é firmado pela soma da pena por esse crime com o restante da pena em execução (v. itens 111.1 e 112.3). Com a alteração do art. 112 pela Lei nº 13.964/2019, há agora regra expressa a respeito da questão, contida no § 6º.

Quando a regressão operou-se em virtude da prática de crime e o condenado foi absolvido na ação penal, deve ele retornar ao regime a que estava submetido, já que não pode a decisão administrativa sobrepor-se à sentença do juiz.

Jurisprudência

- *Sentenciado absolvido da imputação da prática de crime*

    Art. 119. A legislação local poderá estabelecer normas complementares para o cumprimento da pena privativa de liberdade em regime aberto (art. 36, § 1º, do Código Penal).

    Vide: **CF** art. 24, I; **LEP** arts. 113 a 117; **CP** art. 36, § 1º.

119.1 LEGISLAÇÃO COMPLEMENTAR

Determina o Código Penal que o condenado em regime aberto deverá, fora do estabelecimento e sem vigilância, trabalhar, frequentar curso ou exercer outra atividade autorizada, permanecendo recolhido durante o período noturno e nos dias de folga (art. 36, § 1º). As regras a respeito das atividades exercidas fora do estabelecimento penal, como as dos horários de saída e regresso, dias de folga, do trabalho noturno, da proibição de ingestão de bebidas alcoólicas e de ingresso em casa de jogo ou apostas ou outros lugares devem ser estabelecidas pela lei local complementar. Em sua falta, devem ser elas objeto de regulamentos baixados pelo juiz da execução ou diretor do estabelecimento.

Nada impede, também, que a lei complementar disponha sobre regras para a vida interna do estabelecimento penal, como a que se refere às horas de estudo para os condenados que frequentam cursos profissionalizantes, de segundo grau ou universitário etc. (art. 203 da LEP).

Jurisprudência

- *Ultratividade de lei estadual paulista*

SEÇÃO III
Das Autorizações de Saída

Subseção I
Da Permissão de Saída

Art. 120. Os condenados que cumprem pena em regime fechado ou semi-aberto e os presos provisórios poderão obter permissão para sair do estabelecimento, mediante escolta, quando ocorrer um dos seguintes fatos:

I – falecimento ou doença grave do cônjuge, companheira, ascendente, descendente ou irmão;

II – necessidade de tratamento médico (parágrafo único do art. 14).

Parágrafo único. A permissão de saída será concedida pelo diretor do estabelecimento onde se encontra o preso.

Vide: **LEP** arts. 14, § 2º, 121.

120.1 AUTORIZAÇÕES DE SAÍDA

Já foi destacada a importância que têm para o êxito do processo de reintegração social do preso suas relações com o exterior, particularmente com seus familiares. Para conseguir tal objetivo, entre outros meios, prevê a lei de execução a saída transitória do condenado dos estabelecimentos penitenciários, quer em caráter de necessidade da execução (tratamento médico, frequência a cursos etc.), quer como espécie de prêmio pelo comportamento e mérito do condenado (visitas a família, participação em atividades sociais etc.).

As *autorizações de saída* encontram-se na categoria normal dos direitos dos presos, mas constituem ora aspectos de assistência em favor de todos os presidiários, ora etapa na progressão em favor dos condenados que satisfaçam a determinados requisitos e condições[1]. Na primeira hipótese, estão as *permissões de saída*, que se fundam em razões humanitárias (arts. 120 e 121) e na segunda as *saídas temporárias*, referentes à progressividade na concessão de maiores favores para incentivar melhor relacionamento do preso com o exterior (arts. 122 a 125).

120.2 PERMISSÕES DE SAÍDA

Preveem as Regras de Mandela a notificação do preso a respeito de falecimento ou enfermidade grave de parente próximo e autorização para que visite o doente quando as circunstâncias o permitirem (Regra 70). Ampliando essa orientação, concede a Lei de Exe-

---

1. Nesse sentido: *RJDTACRIM* 16/55; STF: HC 208622 AgR-RS, j. em 9-5-2022, *DJe* de 9-6-2022.

cução Penal a permissão de saída, mediante escolta, do condenado que cumpre pena em regime fechado ou semiaberto, além do preso provisório, em caso de falecimento ou doença grave de cônjuge, companheira, ascendente, descendente ou irmão e de necessidade de tratamento médico externo.

A permissão visa, na primeira hipótese, acalmar a ansiedade do condenado originada por graves acontecimentos familiares e que pode ser aplicada ou diminuída com a permissão ao preso de participar dos funerais ou das providências referentes ao tratamento do cônjuge ou parente próximo. A relação familiar deve estar comprovada para a permissão de saída e, no caso de morte ou doença de companheira (ou de companheiro quando a pessoa condenada for do sexo feminino) é preciso que existam elementos que convençam a autoridade da existência de uma ligação estável entre o preso e a pessoa morta ou enferma. Anote-se que deve tratar-se de doença grave, ou seja, moléstia aguda ou crônica de qualquer espécie, não necessariamente incurável, mas que provoca séria perturbação de saúde e risco de vida.

Quanto à segunda hipótese, reconhecendo a Administração que não pode fornecer ao preso uma assistência à saúde adequada, por não estar o estabelecimento penal aparelhado para prover o atendimento médico necessário, permite que este se faça em outro local, como dispõe o art. 14, § 2º, da Lei de Execução Penal.[2] O atendimento pode ser prestado em qualquer estabelecimento hospitalar, inclusive da rede privada, mas, nesta hipótese, o condenado deve arcar com os custos do atendimento, não se podendo dispensar as medidas de custódia necessárias a evitar eventual fuga.

Defere a lei a atribuição para conceder a permissão de saída ao diretor do estabelecimento penal, já que tal providência constitui simples medida administrativa. A saída do preso acompanhado de escolta para um fim específico não altera a forma de execução da pena privativa de liberdade, dispensando-se assim a necessidade de providência jurisdicional. Por isso, já se tem entendido que diante da forma de atendimento médico-hospitalar nos presídios, sendo matéria de âmbito administrativo, é impossível a apreciação de pedido a esse respeito por meio de *habeas corpus*. Entretanto, nada impede que o juiz da execução, tendo a competência administrativa originária para as autorizações de saída (art. 66, VI), possa conceder a permissão. Atribui-se a concessão ao diretor do presídio não só para desafogar o aparelho judicial, que deve ser reservado ao exame de matérias mais complexas, como por se tratar de providência que requer máxima urgência em sua efetivação. Essa delegação de atribuições, no entanto, não exclui a competência originária do juiz, nem afasta a intervenção fiscalizatória do Ministério Público, pois versa sobre situações que constituem típica atividade de execução. Esse controle pode ser efetivado, assim, pela instauração do competente procedimento judicial de excesso ou desvio (arts. 185, 186 e 194 da LEP).

Em todas as hipóteses de permissão de saída, incumbe ao diretor do presídio, de acordo com as informações que receber ou dos documentos que lhe forem apresentados, providenciar com a indispensável urgência o encaminhamento do condenado, com escolta, ao local indicado, já que a demora na permissão poderá torná-la inócua, frustrando-se as finalidades da lei.

---

2. O art. 120, II, refere-se equivocadamente ao "parágrafo único" do art. 14, quando queria mencionar o § 2º, que dispõe sobre a assistência médica fora do estabelecimento penal. Diga-se, também, que o § 1º do art. 14, da lei de execução foi vetado pelo Sr. Presidente da República (item 2.19).

Jurisprudência

- *Inadmissibilidade da permissão de saída em hipótese não prevista em lei*
- *Autorização de saída por doença*
- *Admissibilidade da permissão de saída para tratamento de saúde em regime aberto: aplicação extensiva*

Art. 121. A permanência do preso fora do estabelecimento terá a duração necessária à finalidade da saída.

Vide: LEP art.120.

121.1 PRAZO DA PERMISSÃO

Pode o preso permanecer fora do estabelecimento, nas hipóteses do art. 120, I, até que o enfermo apresente melhoras significativas que indiquem não haver mais risco de vida, bem como durante os funerais e pelo tempo necessário para que possa tomar as providências indispensáveis a fim de restaurar, na medida do possível, as condições para a normalização da vida dos demais familiares (colocação de filhos em companhia de pessoa idônea, por exemplo), se tais providências não forem ou não puderem ser tomadas por terceiros ou pela assistência social.

Na hipótese do tratamento médico externo, a permissão estender-se-á até a recuperação do preso, ao menos parcial, de modo que seja possível seu atendimento pela assistência médica prestada no estabelecimento penal.

Jurisprudência

- *Duração necessária da autorização da permissão de saída*

Subseção II
Da Saída Temporária

Art. 122. Os condenados que cumprem pena em regime semi-aberto poderão obter autorização para saída temporária do estabelecimento, sem vigilância direta, nos seguintes casos:

I – visita à família;

II – freqüência a curso supletivo profissionalizante, bem como de instrução do segundo grau ou superior, na Comarca do Juízo da Execução;

III – participação em atividades que concorram para o retorno ao convívio social.

§ 1º. A ausência de vigilância direta não impede a utilização de equipamento de monitoração eletrônica pelo condenado, quando assim determinar o juiz da execução.*

§ 2º Não terá direito à saída temporária a que se refere o *caput* deste artigo o condenado que cumpre pena por praticar crime hediondo com resultado morte.**

* Parágrafo único inserido pela Lei nº 12.258, de 15-6-2010.

** § 2º inserido pela Lei nº 13.964, de 24-12-2019.

Vide: **LEP** arts. 66, IV, 123 a 125, 126, § 6º, 146-B, II, 146-C, 146-D; **Lei nº 8.072**, de 25-7-1990. Súmula: **STJ** 341, 520.

122.1 SAÍDA TEMPORÁRIA

As saídas temporárias servem para estimular o preso a observar boa conduta e, sobretudo, para fazer-lhe adquirir um sentido mais profundo de sua própria responsabilidade, influindo favoravelmente sobre sua psicologia. Sua maior justificação dogmática, segundo René Ariel Dotti, está em preparar adequadamente o retorno à liberdade e reduzir o caráter de confinamento absoluto da pena privativa de liberdade, caracterizando uma etapa da forma progressiva de execução e podem ser consideradas como a sala de espera do livramento condicional.[3] A opinião doutrinária é unânime em considerá-las como muito benéficas para a ressocialização dos presos, e a resolução aprovada pelo 1º Congresso Internacional de Defesa Social, celebrado em San Remo (Itália), preconizou: As permissões de saída e as visitas externas devem conceder-se aos presos sempre que estas medidas não representem perigo para a sociedade e sejam proveitosas para sua reabilitação. Constituem, assim, verdadeiro meio de prova que permite verificar se o condenado alcançou um grau de resistência que lhe permite vencer as tentações da vida livre e um sentido de responsabilidade suficiente para não faltar à confiança que lhe foi depositada ao se lhe deferir o benefício.

Em outros países, as saídas temporárias têm levado a resultados promissores em relação à reintegração social dos condenados. Entre os anos de 1979 e 1981, na Espanha, de um total de 14.304 beneficiados com a medida apenas 755 não retornaram ao estabelecimento em virtude de fuga. Na França, a taxa de fuga tem sido de 1,81%, na Suécia, de 5% e na Itália, de 2%. Comprovada está a oportunidade da inserção da medida na lei pátria, mas seu sucesso depende sempre da concessão criteriosa da autorização, que somente deve ser deferida ao condenado que demonstra compatibilidade com a liberdade decorrente da saída temporária.

Jurisprudência

- *Insubsistência de lei estadual quanto à saída temporária*

---

3. Cf. SILVA, Odir Odilon Pinto da. BOSCHI, José Antonio Paganella. Ob. cit. p. 117.

122.2 HIPÓTESES DE SAÍDA TEMPORÁRIA

A saída temporária consiste na liberdade do preso para visitar a família, frequentar cursos profissionalizantes, de segundo grau ou superior e participar de atividades que concorram para o retorno ao convívio social. Ao contrário do que ocorre com as permissões, as saídas temporárias são restritas aos condenados que cumprem pena em regime semiaberto. Não se admite a medida para o preso provisório, já que este está em situação incompatível com o benefício. Se a autoridade judicial entende necessária a custódia do preso, em decorrência dos dados colhidos no inquérito policial ou na instrução criminal, deve-se impedir que possa ele, sem escolta, deixar o estabelecimento prisional. Quanto ao preso que cumpre a pena em regime aberto não faz a lei referência expressa à possibilidade da autorização para a saída temporária, certamente porque tem ele a liberdade para sair do estabelecimento penal todos os dias em que se dirige ao trabalho. Não se vê impedimento, porém, que se conceda ao preso albergado a autorização para a saída temporária para que permaneça até sete dias com seus familiares, sem retorno à Casa do Albergado ao fim da jornada de trabalho. Solução contrária levaria ao paradoxo de não se conceder um benefício ao condenado que tem demonstrado já maior grau de reintegração social do que aquele que se encontra em regime mais severo.

A primeira hipótese de saída temporária prevista na lei é a visita à família, na qual se inclui, evidentemente, não só o cônjuge, como também os ascendentes, descendentes, irmãos ou outros familiares próximos quando inexistentes ou ausentes aqueles. Abrange o dispositivo a visita à companheira, que faz parte da família do preso, máxime na união estável, protegida pela Constituição Federal. Por isso, a lei reconhece como um dos direitos do preso a visita da companheira (art. 41) e admite a permissão de saída no caso de falecimento ou doença grave desta (art. 120). A autorização para a visita à família justifica-se porque o preso deve manter um contato ético-afetivo com os familiares no sentido de aprimoramento de seu sentido de responsabilidade no convívio social.

Permite-se, em segundo lugar, a saída temporária para frequência a curso supletivo profissionalizante, de segundo grau ou superior, na Comarca do Juízo da Execução. A assistência educacional é uma das prestações mais importantes no processo de reinserção social do condenado (item 17.1). Na hipótese de não contar o estabelecimento penal com condições para provê-la, a autorização para a saída temporária é a solução adequada para o preenchimento dessa necessidade do condenado a título de reforço dos efeitos benéficos da assistência educacional penitenciária. Prevê, aliás, a lei a possibilidade do condenado em regime semiaberto ou aberto remir parte da pena pela frequência a curso de ensino regular ou de educação profissional (art. 126, § 6º).

A autorização para saída temporária está limitada, na lei, à área física da Comarca do Juízo de Execução a fim de possibilitar a volta do condenado após suas atividades ao estabelecimento penal. O dispositivo, nessa parte, é equívoco, já que, em decorrência da lei de organização judiciária, o Juízo da Execução pode estar em comarca diversa daquela em que se situa o estabelecimento. Deve-se, assim, lançar mão da interpretação teleológica e entender que se pode conceder a autorização para a frequência a curso na área da comarca em que se encontra o estabelecimento penal que abriga o condenado, ainda que fora da Comarca do Juízo da execução. Somente dessa forma poder-se-á alcançar a finalidade do artigo em questão.

Por fim, permite-se a saída temporária para participação em atividades que concorram para o retorno ao convívio social. A autorização tem vasta abrangência já que permite qualquer atividade, ainda que recreativa, artística ou esportiva, que possa colaborar com as medidas destinadas ao processo de reintegração social do condenado. Assim, embora da exposição de motivos conste a afirmação de que a relação estabelecida no art. 122 é exaustiva, os termos do inciso III desse dispositivo indicam a possibilidade da saída em variadíssimas situações, ou seja, em todas as hipóteses em que poderá colaborar para a adaptação social do condenado.

Nas saídas temporárias, o condenado não está submetido a escolta ou vigilância direta, confiando-se no seu senso de responsabilidade quanto à sua conduta durante a visita, a frequência a curso ou desempenho de qualquer atividade autorizada e ao seu retorno ao estabelecimento penal ao fim do prazo da autorização. Por força, porém, da Lei nº 12.258, de 15-6-2010, a lei prevê a possibilidade de determinar o juiz a utilização do monitoramento eletrônico na fiscalização do benefício (v. item 146-B.1).

Diante do que dispõe o novo § 2º do art. 122, incluído pela Lei nº 13.964/2019, passou-se a vedar a saída temporária ao condenado por crime hediondo com resultado morte.

Jurisprudência

- *Participação em outras atividades que concorram para o retorno ao convívio social*
- *Frequência a curso superior: inadmissibilidade de concessão para condenado em regime fechado*
- *Frequência a evento em televisão e rádio: inadmissibilidade de concessão para condenado em regime fechado*
- *Admissibilidade de concessão a condenado em regime aberto*

Art. 123. **A autorização será concedida por ato motivado do juiz da execução, ouvidos o Ministério Público e a administração penitenciária, e dependerá da satisfação dos seguintes requisitos:**

I – comportamento adequado;

II – cumprimento mínimo de um sexto da pena, se o condenado for primário, e um quarto, se reincidente;

III – compatibilidade do benefício com os objetivos da pena.

Vide: **LEP** arts. 66, IV, 122, 124, 125, 146-B, II, 146-C, 146-D. Súmula: **STJ** 40, 520.

123.1 COMPETÊNCIA

Como na saída temporária, ao contrário da permissão de saída, o condenado obtém o direito de sair do presídio sem escolta ou vigilância desde que preenchidos os requisitos legais, há uma alteração na forma de cumprimento da pena privativa de liberdade cumprida em regime semiaberto; a autorização passa a ter cunho jurisdicional. Assim, a competência para conceder a saída temporária é do juiz da execução, como já previsto, aliás, no art. 66, IV, da Lei de Execução Penal. Por isso, deve ser efetuada por meio do procedimento judicial competente (art. 194), determinando-se que o ato concessivo ou denegatório seja motivado pelo juiz da execução. Não obstante a clareza do dispositivo legal, verificada, por vezes, a indevida delegação pelo juiz da competência para a decisão à autoridade administrativa, editou o STJ a Súmula 520: "O benefício de saída temporária no âmbito da execução penal é ato jurisdicional insuscetível de delegação à autoridade administrativa do estabelecimento prisional".

A concessão da saída temporária exige a prévia manifestação do Ministério Público e da Administração Penitenciária, que opinarão pela existência ou não dos requisitos objetivos e subjetivos necessários à concessão do benefício. Compete-lhes verificar, assim, o cumprimento mínimo de parte da pena, o regime em que se encontra o condenado, o comportamento adequado do preso e a compatibilidade do benefício com os objetivos da pena. Após a decisão, o Ministério Público verifica se a autoridade judiciária exercitou corretamente sua atribuição dentro dos pressupostos previstos pelo art. 123 da Lei de Execução Penal e se valerá do recurso de agravo toda vez que não vir atendido seu parecer e entender que é indevida a concessão.

Jurisprudência

- *Impossibilidade de delegação pelo juiz à administração do presídio da fiscalização da saída temporária*

- *Admissibilidade de uma única autorização judicial para um calendário de saídas temporárias pelo condenado*

- *Inadmissibilidade de delegação de critérios de escolhas a entidades*

- *Necessidade de oitiva do Ministério Público*

- *Decisão com fundamento em parecer do Ministério Público*

- *Necessidade de audiência do Conselho Penitenciário*

123.2 REQUISITOS

Para conferir o necessário rigor à concessão de saída temporária, um dos mecanismos da progressão, estabelece a lei os requisitos necessários a sua concessão. O bom êxito do instituto certamente depende da cautela com que o magistrado afere a existência dos requisitos subjetivos indispensáveis à autorização, reveladores da aptidão do condenado com a possibilidade de deixar o presídio sem escolta ou vigilância direta.

Exige-se, em primeiro lugar, o comportamento adequado do condenado, ou seja, a comprovação de que não sofreu nenhuma sanção disciplinar em época recente e que desempenha com propriedade as tarefas que lhe incumbem. Referindo-se a lei a comportamento "adequado", não basta que o condenado seja considerado de "bom" comportamento, mas é necessário que demonstre senso de responsabilidade e disciplina superior à média para obter a autorização pretendida. A liberdade de locomoção sem vigilância, que pode durar até sete dias, só deve ser concedida quando, com base na vida carcerária do interessado, se puder fazer um prognóstico de que não irá furtar-se às obrigações decorrentes da condenação. Como o benefício das visitas livres não constitui um direito absoluto do preso, mas estrita faculdade outorgada ao magistrado, exigente de componentes subjetivos a serem aferidos pelo juiz, não deve ser concedido indiscriminadamente, possibilitando uma inusitada oportunidade de fuga livre para condenados com larga pena a cumprir, principalmente quando foi autor de crime ou crimes de maior gravidade. Não deve ser concedido o benefício também, por falta de requisito subjetivo, àquele que já se evadiu, se revela arredio ao cumprimento da pena e aos objetivos desta, é portador de comportamento inadequado, teve incidentes de faltas graves etc.

Como requisito, agora de caráter objetivo, deve o condenado ter cumprido um sexto da pena, se primário, e um quarto, se reincidente. O dispositivo não é escorreito, porém, já que há condenados que não são reincidentes mas que também perderam a primariedade por outras condenações anteriores àquela que está sendo executada. Deveria o legislador ter dividido os condenados em reincidentes e não reincidentes, como, aliás, se faz no Código Penal (arts. 33, § 2º, *b* e *c*, 77, I, 83, I e II etc.). Deve-se entender que, para o condenado reincidente exige-se o cumprimento de um quarto da pena, e para os demais (primários ou não) apenas um sexto.

Estando o condenado em regime semiaberto – pressuposto indispensável para a saída temporária –, o prazo a que se refere o art. 123, II, é o de pena cumprida anteriormente ao pedido sem qualquer consideração quanto ao regime de cumprimento. No caso de progressão, satisfeito aquele período no regime fechado, suprida está a exigência, dispensada, pois, no regime seguinte o mesmo resgate. Da súmula do STJ, nº 40, diz-se: "Para obtenção dos benefícios de saída temporária e trabalho externo, considera-se o tempo de cumprimento da pena no regime fechado."

Exige-se, ainda, a compatibilidade do benefício com os objetivos da pena (inc. III). Destinada a saída temporária a reforçar as medidas tendentes à reintegração social do condenado, somente deve ser concedida quando as visitas ou as atividades a serem desempenhadas possam ser benéficas, não pondo em risco o processo ressocializador, possibilitando, por exemplo, o contato do preso com ambientes nocivos, com antigos companheiros de vida criminosa etc.

O último requisito consiste em não ter sido condenado por crime hediondo com resultado morte. Trata-se, em verdade, de vedação à concessão da saída temporária, contida, como visto, no art. 122, § 2º.

Dependendo das saídas temporárias para visitas e atividades que concorram para o retorno do condenado ao convívio social de requisitos subjetivos, como qualquer outra, não pode o juiz autorizar de uma vez, automaticamente, várias licenças seguidas, no decorrer de um ano, por exemplo. Nessas hipóteses, há necessidade de decisão isolada, a cada saída requerida, para a aferição dos referidos requisitos.

Jurisprudência

- *Inexistência de direito absoluto à saída temporária*
- *Automatização das saídas temporárias*
- *Cumprimento de um sexto da pena*

- Cumprimento de um quarto da pena pelo reincidente
- Cômputo do prazo no regime fechado
- Cômputo do prazo de prisão provisória
- Saída temporária: ausência de requisito subjetivo
- Frequência a curso profissionalizante: ausência de requisito subjetivo
- Constrangimento ilegal na mora à decisão sobre saída temporária
- Inexistência de constrangimento ilegal no indeferimento de saída temporária para visita ao lar
- Inadmissibilidade de exame do requisito subjetivo em habeas corpus
- Contra: admissibilidade de exame do requisito subjetivo – bom comportamento carcerário
- Possibilidade de anulação da decisão sobre saída temporária em habeas corpus

Art. 124. A autorização será concedida por prazo não superior a sete dias, podendo ser renovada por mais quatro vezes durante o ano.

§ 1º Ao conceder a saída temporária, o juiz imporá ao beneficiário as seguintes condições, entre outras que entender compatíveis com as circunstâncias do caso e a situação pessoal do condenado:

I – fornecimento do endereço onde reside a família a ser visitada ou onde poderá ser encontrado durante o gozo do benefício;

II – recolhimento à residência visitada, no período noturno;

III – proibição de frequentar bares, casas noturnas e estabelecimentos congêneres.*

§ 2º Quando se tratar de frequência a curso profissionalizante, de instrução de ensino médio ou superior, o tempo de saída será o necessário para o cumprimento das atividades discentes.*

§ 3º Nos demais casos, as autorizações de saída somente poderão ser concedidas com prazo mínimo de 45 (quarenta e cinco) dias de intervalo entre uma e outra.*

* §§ 1º, 2º e 3º inseridos pela Lei nº 12.258, de 15-6-2010.

Vide: **LEP** arts. 66, IV, 122, 123, 125, 126, § 6º, 146-B, II. Súmula: **STJ** 341.

124.1 PRAZOS

Variadas são as legislações no que tange às saídas temporárias, principalmente no que diz respeito a sua duração. Na Itália, pode chegar até 30 dias, ou, na *licenza di sperimento* até seis meses; na Inglaterra, refere-se apenas a fins de semana; no Chile, limita-se aos domingos; na Suécia, vai até três dias; e na Rússia, estende-se até três meses, no verão, para se proceder à colheita. Pela lei brasileira, não pode ser superior a sete dias o prazo da saída temporária na hipótese de visita à família ou a participação em outras atividades. O juiz poderá, entretanto, reduzi-la a prazo menor, dependendo das circunstâncias, já que deve ter em conta, principalmente, as necessidades do preso, a distância até o ponto de destino etc.

O benefício, concedido por ato motivado do juiz da Execução, caso a caso, após prévia manifestação do MP e da administração penitenciária, só pode ser deferido para o prazo delimitado pelo juiz. Decisão que autoriza o benefício indiscriminadamente, com saídas mensais, estendendo-o para o futuro, ainda que pelo prazo de um ano, não pode prevalecer. Outra saída temporária exige nova decisão, como renovação, permitida por mais quatro vezes durante o ano. Já se decidiu, porém, que pode ser concedido o benefício de maneira automatizada para saídas posteriores. Essa automatização, porém, deve referir-se a saídas futuras, previamente programadas, observando-se também as providências previstas no art. 123 e respeitando-se o número de vezes do art. 124. Também já se entendeu que a concessão da saída temporária deve atender ao juízo de conveniência administrativa, preponderante na execução penal, e que o juiz pode extravasar o número de vezes ou de dias previstos em lei. Tratando-se de frequência a curso profissionalizante, de instrução de ensino médio ou superior, o tempo da saída será o necessário para o cumprimento das atividades discentes. Isso significa que a saída é permitida para o período de aulas (diurnas ou noturnas), provas, estágios etc. Abarca assim o tempo necessário para os afazeres ligados ao estudo do condenado que devam ser desenvolvidos fora do estabelecimento penal, ao qual deverá retornar o condenado assim que estejam cumpridos. Excetuada essa hipótese, para os demais casos a lei prevê a necessidade de observância de um intervalo mínimo de 45 dias entre uma saída temporária e a seguinte. A partir da vigência da Lei nº 12.433/2011, a frequência a cursos profissionalizantes, de ensino médio ou superior, nos termos da lei, deve ser computada para a remição da pena (art. 126, § 6º). Essa possibilidade, porém, já era admitida na jurisprudência, conforme o enunciado 341 da Súmula do Superior Tribunal de Justiça: "A freqüência a curso de ensino formal é causa de remição de parte do tempo de execução de pena sob regime fechado ou semi-aberto."

Jurisprudência

- *Admissibilidade de número maior de saídas temporárias, observado o limite de 35 dias*
- *Admissibilidade de prazo acima do permitido pela lei*
- *Inadmissibilidade de concessão por prazos superiores ao previsto em lei*
- *Critério de conveniência na automação quanto às saídas temporárias*
- *Contra: inadmissibilidade de automação quanto às saídas temporárias*

124.2 CONDIÇÕES

Suprindo a omissão legal, a Lei nº 12.258, de 15-6-2010, deu nova redação ao art. 124, disciplinando no § 1º a necessidade de fixar o juiz condições a serem observadas pelos beneficiários da autorização e saída temporária. Assim, além de estabelecer o prazo de duração da saída e os horários de saída e retorno, deve o juiz definir, também, outras condições a serem observadas pelo condenado. As previstas nos incisos I a III são condições legais que devem ser fixadas por ocasião da autorização: fornecimento do endereço onde reside a família a ser visitada ou onde poderá ser encontrado durante o gozo do benefício; recolhimento à residência visitada, no período noturno; proibição de frequentar bares, casas noturnas e estabelecimentos congêneres. Há hipóteses, porém, nas quais uma ou outra condição não se justifica em face da própria finalidade da saída, como no caso de autorização para frequência a curso profissionalizante ou de instrução regular, em que o sentenciado deve retornar ao estabelecimento penal ao final das aulas, sem que lhe seja facultado pernoitar em qualquer residência. Além dessas condições, autoriza a lei que o juiz fixe outras condições que entenda "compatíveis com as circunstâncias do caso e a situação pessoal do condenado". Concede-se, portanto, ao juiz o poder de ajustar a autorização de saída temporária às particularidades do caso concreto, mediante a estipulação de condições outras que favoreçam a consecução de sua finalidade última, que é a de preparar o condenado para um retorno bem-sucedido ao convívio social. Diversas são as peculiaridades do caso que podem justificar a fixação de condições judiciais, como as que se relacionam com a espécie de saída temporária, as condições do estabelecimento penal e de sua região geográfica, a situação familiar do beneficiário, a natureza e especificidade do crime pelo qual foi condenado etc. Podem se revelar adequadas às especificidades do caso, por exemplo, as condições de não manter o condenado contato com a vítima e seus familiares e de não se aproximar de sua residência ou local de trabalho; de não dirigir veículo automotor; de não ingerir bebida alcoólica etc. Não é lícita a fixação de condições vexatórias ou humilhantes, que não guardem qualquer relação de pertinência com o benefício ou que nulifiquem pelo excesso desnecessário de restrições a própria finalidade da saída temporária. A violação das condições fixadas é causa obrigatória de revogação da autorização (art. 125).

Ao conceder a saída temporária pode o juiz determinar, também, a fiscalização do condenado por monitoramento eletrônico (art. 146-B, II). Nessa hipótese, além das condições fixadas para o benefício, deve o condenado observar os deveres especificados na lei (art. 146-C, I e II), cujo descumprimento pode ensejar a revogação da autorização (art. 146-C, parágrafo único, II). A recusa do condenado a se submeter ao monitoramento eletrônico impede que usufrua ele da saída temporária, a exemplo da recusa de quaisquer outras condições fixadas pelo juiz por ocasião da autorização (v. itens 146-B.1 e 146-C.1).

Jurisprudência

- *Legalidade e aplicação imediata da fiscalização por monitoramento eletrônico* (v. item 146-B.1)

> **Art. 125. O benefício será automaticamente revogado quando o condenado praticar fato definido como crime doloso, for punido por falta grave, desatender às condições impostas na autorização ou revelar baixo grau de aproveitamento do curso.**
>
> **Parágrafo único. A recuperação do direito à saída temporária dependerá da absolvição no processo penal, do cancelamento da punição disciplinar ou da demonstração do merecimento do condenado.**

Vide: **LEP** arts. 50, 122 a 124, 146-B, II, 146-C.

125.1 REVOGAÇÃO

Prevê a lei as hipóteses em que o benefício de saída temporária é revogado. A revogação é automática, ou seja, deve ser decretada pelo juiz ao simples conhecimento da ocorrência da causa de revogação, sem necessidade de se ouvir o condenado. Justifica-se a determinação porque se preveem, em seguida, as hipóteses de recuperação do benefício nas diversas espécies de saída temporária (item 125.2). Embora automática a revogação, nada impede que a defesa alegue e comprove que o descumprimento da condição não pode ser imputada ao condenado porque decorrente de força maior ou outra causa que o justifique.

As primeiras causas de revogação são a prática de fato definido como crime doloso e a punição por falta grave. Nessa parte, o dispositivo é tautológico, já que tais fatos acarretam, por si mesmos, a regressão ao regime fechado, com o qual é incompatível o benefício.

Também é revogado o benefício quando o preso desatende às condições impostas na saída temporária (art. 124). Assim, desobedecidas as limitações sobre a duração do benefício ou dos horários de retorno, descumpridas as condições estabelecidas ou, ainda, desvirtuadas as finalidades da saída temporária pelo condenado, impõe-se a revogação.

Por fim, é também revogado o benefício destinado à frequência a cursos pelo baixo grau de aproveitamento do condenado. Positivado que, por desídia, falta de empenho ou incapacidade intelectual, não há um aproveitamento razoável do condenado, não se justifica a permanência da autorização. Nessa hipótese, não contribui a saída para o processo de integração social do condenado e deve ser revogada.

O descumprimento dos deveres relativos ao monitoramento eletrônico, quando determinado pelo juiz, também determina a revogação da saída temporária (v. item 146-C.1).

Sendo automática a revogação na ocorrência de uma das causas estabelecidas na lei, a medida deve ser determinada *de ofício* pelo juiz da execução. Isso não impede que seja requerida pelo Ministério Público, em sua atividade de fiscalização do fiel cumprimento da pena. Incumbe-lhe, aliás, requerer a revogação também no caso de excesso ou desvio da execução (art. 68, II, *b*) e recorrer da decisão em que se concede ou revoga a saída temporária. Em consequência, deve ter vista dos autos todas as vezes em que se decida a respeito do benefício.

125.2 RECUPERAÇÃO

Pode o condenado recuperar o direito à saída temporária nas hipóteses previstas no art. 125, parágrafo único. Caso a revogação tenha ocorrido pela prática de crime doloso, a recuperação ocorre pela absolvição do preso no processo penal respectivo. Esse dispositivo reforça o entendimento de que, para a revogação, não é necessária a condenação do preso, mas a simples notícia da ocorrência a respeito da prática, por ele, de fato que configura crime doloso.

Revogado o benefício pela punição por falta grave, a recuperação efetivar-se-á se for cancelada a sanção disciplinar. Pode o cancelamento ocorrer por decisão administrativa, em caso de recurso previsto na lei local, ou por via judicial, diante do reconhecimento de nulidade no procedimento disciplinar.

Por fim, a demonstração do merecimento do condenado é também causa de recuperação do benefício quando a revogação decorre de desatenção às condições impostas ou do baixo grau de aproveitamento do curso. Nesses casos, é necessário que, durante um tempo considerável, o condenado demonstre seu mérito para poder novamente usufruir do benefício. Não pode pretender nova autorização para visita a família ou frequência a curso logo após a revogação por ter demonstrado sua inaptidão com o benefício, exigindo-se a demonstração de seu mérito por período posterior ao cancelamento.

A recuperação do direito à saída temporária equivale a nova autorização e, assim, deve ser ouvido o Ministério Público, bem como a administração penitenciária. Depende ainda, também, do preenchimento dos requisitos (item 123.2), e o juiz deverá motivar a decisão. Não há necessidade, porém, de que o condenado cumpra mais um sexto da pena. A lei não exige tal requisito para a recuperação, ao contrário do que faz com a progressão.

SEÇÃO IV
Da Remição

Art. 126. O condenado que cumpre a pena em regime fechado ou semiaberto poderá remir, por trabalho ou por estudo, parte do tempo de execução da pena.*

§ 1º A contagem de tempo referida no *caput* será feita à razão de:

I – 1 (um) dia de pena a cada 12 (doze) horas de freqüência escolar – atividade de ensino fundamental, médio, inclusive profissionalizante, ou superior, ou ainda de requalificação profissional – divididas, no mínimo, em 3 (três) dias;

II – 1 (um) dia de pena a cada 3 (três) dias de trabalho.

§ 2º As atividades de estudo a que se refere o § 1º deste artigo poderão ser desenvolvidas de forma presencial ou por metodologia de ensino a distância e deverão ser certificadas pelas autoridades educacionais competentes dos cursos frequentados.

§ 3º Para fins de cumulação dos casos de remição, as horas diárias de trabalho e de estudo serão definidas de forma a se compatibilizarem.

§ 4º O preso impossibilitado, por acidente, de prosseguir no trabalho ou nos estudos continuará a beneficiar-se com a remição.

§ 5º O tempo a remir em função das horas de estudo será acrescido de 1/3 (um terço) no caso de conclusão do ensino fundamental, médio ou superior durante o cumprimento da pena, desde que certificada pelo órgão competente do sistema de educação.

§ 6º O condenado que cumpre pena em regime aberto ou semiaberto e o que usufrui liberdade condicional poderão remir, pela frequência a curso de ensino regular ou de educação profissional, parte do tempo de execução da pena ou do período de prova, observado o disposto no inciso I do § 1º deste artigo.

§ 7º O disposto neste artigo aplica-se às hipóteses de prisão cautelar.

§ 8º A remição será declarada pelo juiz da execução, ouvidos o Ministério Público e a defesa.

* Artigo com a redação dada e §§ 4º a 8º inseridos pela Lei nº 12.433, de 29-6-2011.

Vide: **LEP** arts. 28 a 37, 41, II, 66, III, c, 81-B, I, e, 107, § 2º, 111, 122, II, 124, § 2º, 127 a 130. Súmulas: **STJ** 341, 562.

126.1 REMIÇÃO

A gravidade jurídica de um crime não tem um valor absoluto para a determinação do tempo de duração da pena. O rigor punitivo não deve, por isso, ser determinado de uma vez por todas, nem ser proporcional, exclusivamente, à importância penal da infração. Uma vez fixada na sentença, a pena pode ser diminuída durante a fase executiva, desde que os fins de integração ou reintegração social do condenado tenham sido atingidos. Como bem assinala Everardo da Cunha Luna, "se o homem não pode extinguir materialmente a má ação que praticou, pode, contudo, espiritualmente, apagá-la em sua maldade, contanto que os atos, por ele praticados e a ela posteriores, estejam animados dos valores necessários à sua redenção".[4] Embora haja notícia de casos de diminuição de pena em decorrência do trabalho do condenado nas Ordenações Gerais dos Presídios da Espanha em 1834 e 1928, e no Código Penal espanhol de 1822, a *redención de penas por el trabajo* foi instituída nos termos em que hoje é conhecida pelo Decreto nº 281, de 28-5-1937, com relação aos condenados de guerra e por delitos políticos, sendo incorporada ao Código Penal daquele país na reforma de 1944 (art. 100). Também conhecem o instituto o Código Penal da Bulgária (art. 23, § 2º), e da Noruega, bem como alguns Estados norte-americanos, entre eles o da Califórnia. A Lei de Execução Penal instituiu no país uma forma de redenção de parte da pena privativa de liberdade por meio de remição, na qual, pelo trabalho, o condenado abrevia parte do tempo de sua condenação. Com a vigência da Lei nº 12.433, de 29-6-2011, introduziu-se expressamente a previsão da remição pelo estudo (item 126.5).

Pode-se definir a remição, nos termos da lei brasileira, como um direito do condenado em reduzir pelo trabalho prisional ou pelo estudo o tempo de duração da pena privativa de liberdade. Trata-se de um meio de abreviar ou extinguir parte da pena. Oferece-se ao preso um estímulo para corrigir-se, abreviando o tempo de cumprimento da sanção para que possa passar ao regime de liberdade condicional ou à liberdade definitiva. Segundo Maria da Graça Morais Dias, trata-se de um instituto completo, "pois reeduca o delinquente, prepara-o para sua reincorporação à sociedade, proporciona-lhe meios para reabilitar-se diante de si

---

4. *Capítulos de direito penal*. São Paulo: Saraiva, 1985. v. 1.

mesmo e da sociedade, disciplina sua vontade, favorece a sua família e sobretudo abrevia a condenação, condicionando esta ao próprio esforço do penado".[5]

A remição é um instituto em que, pelo trabalho ou pelo estudo, dá-se como cumprida parte da pena. Pelo desempenho dessas atividades o preso resgata uma parte da sanção, diminuindo o tempo de sua duração. Não há, tecnicamente, um abatimento do total da pena; o tempo remido é contado como de execução da pena privativa de liberdade. A remição tem efeito semelhante ao da detração penal, em que se considera como pena cumprida o tempo em que o condenado esteve sob prisão provisória ou administrativa ou internado em hospital de custódia e tratamento psiquiátrico ou estabelecimento adequado. Diferenciam-se a detração e a remição porque esta é condicional, ou seja, pode ser parcialmente revogada na hipótese da prática de falta grave. A remição não reduz o total da pena imposta ao condenado mas abrevia o tempo de sua duração. Determina a lei, que a remição seja computada como pena cumprida para todos os efeitos legais, havendo que ser considerada, portanto, por exemplo, para a progressão de regime, livramento condicional e indulto (v. item 128.1).

126.2 REMIÇÃO PELO TRABALHO

A remição pelo trabalho é um direito dos condenados que estejam cumprindo a pena em regime fechado ou semiaberto. Como a lei não faz qualquer restrição no tocante ao crime praticado pelo condenado, e não existindo dispositivo expresso em contrário, nada impede a aplicação da remição aos condenados por crimes hediondos, por ação de organizações criminosas etc. Da mesma forma, não se pode indeferir tal direito ao condenado reincidente ou de maus antecedentes. Não é possível a remição pelo trabalho por aquele que se encontra em prisão albergue, já que a este incumbe submeter-se aos papéis sociais e às expectativas derivadas do regime, que lhe concede, objetivamente, a liberdade do trabalho contratual. Pela mesma razão, aliás, não se concede a remição ao liberado condicional. Também não tem direito à remição o submetido a pena de prestação de serviço à comunidade, pois o trabalho, nessa espécie de sanção, constitui, essencialmente, o cumprimento da pena. Não tem, também, direito à remição aquele que se encontra submetido à medida de segurança da internação em hospital de custódia e tratamento psiquiátrico, ainda que essa internação possa ser objeto de detração penal. Ainda que se trate de superveniência de doença mental durante a execução da pena, "o condenado não estará cumprindo as regras do regime fechado ou semiaberto, pois aquele que se encontra recolhido em Hospital de Custódia e Tratamento, ou estabelecimento similar, não está obrigado a trabalhar e eventual realização de tarefas tem finalidade meramente terapêutica, diversa da finalidade da remição".[6]

Antes da vigência da Lei nº 12.433, de 29-6-2011, discutia-se se o preso provisório podia valer-se da remição pelo trabalho de parte da pena que lhe for imposta posteriormente. Referindo-se o art. 126, *caput*, ao "condenado", podia parecer que não lhe assistia tal direito, embora o preso provisório possa trabalhar no interior do estabelecimento. Entretanto, com-

---

5. A redenção das penas pelo trabalho. Breve notícia de um sistema. *RT* 483/251.

6. Cf. COELHO, Sérgio Neves, SILVEIRA, Daniel Prado. Execução penal: a remição da pena. *O Estado de S. Paulo* 11-8-95, e *Justitia* 130/134. Contra, opinando pela possibilidade de remição nessa hipótese: ALVIM, Rui Carlos Machado. Art. cit. p. 293.

putando-se na pena privativa de liberdade o tempo da prisão cautelar, nos termos do art. 42 do Código Penal, já devia também ser computado o tempo de trabalho executado durante o encarceramento. Como bem observa Rui Carlos Machado Alvim, se o preso provisório tem o direito à detração, referente ao elemento principal da pena, a privação de liberdade, não se lhe pode negar o direito remicional, que é um desdobramento do trabalho prisional, elemento secundário da apenação, pois quem pode o mais pode o menos. O preso provisório, aliás, está recolhido à Cadeia Pública, em que vige, a rigor, o regime fechado, submetido em princípio aos mesmos deveres e sendo destinatário dos mesmos direitos dos condenados. Facultando-se-lhe o trabalho prisional, deve receber as contraprestações previstas na lei para a atividade laboral, que consistem na remuneração e remição. Entre os direitos do preso está, aliás, a igualdade de tratamento (art. 41, XII), incluído aquele que se encontra submetido à prisão provisória (art. 42). Conclui-se, portanto, que o preso provisório, na vigência da lei anterior, já tinha o direito à remição. A controvérsia, porém, restou superada pela nova disciplina legal da matéria, diante da existência de norma expressa no sentido de se aplicarem a quem está preso cautelarmente as normas relativas à remição (art. 126, § 7º). Ressalve-se, porém, que o preso provisório não está obrigado ao trabalho e que este somente pode ser exercido no interior do estabelecimento penal (art. 31, parágrafo único).

Não distingue a lei quanto à natureza do trabalho desenvolvido pelo condenado. Assim, a remição é obtida pelo trabalho interno ou externo (arts. 36 e 37), manual ou intelectual, agrícola ou industrial, não se excluindo o artesanal, desde que autorizado pela administração do estabelecimento penal. Expressa é a Súmula 562 do STJ nesse sentido: "É possível a remição de parte do tempo de execução da pena quando o condenado, em regime fechado ou semiaberto, desempenha atividade laborativa, ainda que extramuros". Tem-se admitido também qualquer trabalho útil na prisão, como os burocráticos na administração, de faxina, de formalização de requerimentos e petições em favor de colegas de presídio etc.

A contagem do tempo será feita, nos termos do art. 126, § 1º, à razão de um dia de pena por três de trabalho. Somente devem ser computados os dias efetivamente trabalhados, excluídos, pois, os dias de descanso obrigatório, ou seja, os domingos e feriados (art. 33, *caput*, segunda parte). Tratando-se de horário especial de trabalho, imposto ao preso nos serviços de conservação e manutenção do estabelecimento penal, o descanso pode recair em outro dia da semana. Somente podem ser considerados para os fins da remição os dias em que o condenado desempenhar sua atividade laboral durante a jornada completa de trabalho, que nunca poderá ser inferior a seis nem superior a oito horas, obedecida a lei local quanto à jornada mínima. Daí observarem Sérgio Neves Coelho e Daniel Prado da Silveira que, se o sentenciado trabalhar cinco horas em determinado dia, tal jornada, por não satisfazer ao requisito temporal mínimo (de seis horas), não lhe é computada para o efeito questionado e, de outro lado, se o condenado trabalhar por mais de oito horas (lapso temporal máximo da jornada de trabalho) o excesso não pode ser levado em conta para futura compensação.[7] Essa conclusão impõe-se porque, caso contrário, permitir-se-ia ao condenado trabalhar apenas quando lhe aprouvesse, por quantas horas diárias desejasse, obtendo a remissão com a soma das horas e períodos trabalhados. Além disso, a lei fixa um

---

7. Art. cit. p. 57. No mesmo sentido: HOFMEISTER, Carlos Freire, ob. cit. p. 137; STJ: RE 3.807 – RJ – *DJU* 24-9-1990, p. 9.988. Contra, pronunciando-se pela compensação de horas extraordinárias de serviço: ALVIM, Rui Carlos Machado. Art. cit. p. 289.

limite máximo de horas para a jornada de trabalho, que não poderá ser excedido apenas porque o condenado deseja compensar as horas não trabalhadas em dia anterior. Deve ser computado para a remição, porém, o tempo em que o condenado foi obrigado a trabalhar fora dos horários normais. Assim, se, por determinação da autoridade, o preso trabalha em dia de repouso semanal ou mais de oito horas diárias, esse tempo deve ser computado na remição. A recusa ao trabalho é falta grave e compreende-se que o condenado não conteste a ordem de desempenhá-lo além das horas normais ou em dias que seriam de descanso. Não se lhe pode negar o cômputo desse tempo de trabalho, a que foi obrigado pela Administração e a que se submeteu por receio de ser submetido à punição disciplinar. Não se pode computar, porém, o trabalho espontâneo do condenado fora dos horários estabelecidos, seja ele realizado na cela ou fora dela. A simples tolerância da Administração não gera, nessa hipótese, o direito à remição.[8] Não basta à remição, também, o trabalho esporádico ou ocasional do condenado, devendo haver certeza de efetivo trabalho, bem como conhecimento dos dias trabalhados, em atividade ordenada e empresarial.

Prevê a lei a possibilidade de cumulação para fins de remição das horas diárias de trabalho e de estudo, que devem ser definidas de forma a se compatibilizarem (item 126.5). Embora a comprovação dos dias trabalhados deva ser feita por "fichas de ponto" ou outro controle adotado no estabelecimento penal, nada impede que se faça por meio de atestados ou qualquer outra prova idônea (v. item 129.1).

Jurisprudência

- *Inadmissibilidade da remição em medida de segurança*
- *Admissibilidade da remição pelo trabalho do preso provisório*
- *Contra: inadmissibilidade da remição pelo trabalho do preso provisório*
- *Inadmissibilidade de remição pelo trabalho no cumprimento de pena restritiva de direitos*
- *Inadmissibilidade da remição pelo trabalho ao condenado em regime aberto*
- *Contra: possibilidade da remição pelo trabalho ao condenado em regime aberto*
- *Admissibilidade da remição por trabalho externo no regime semiaberto*
- *Admissibilidade de remição por qualquer trabalho*
- *Desnecessidade de retribuição econômica do trabalho*
- *Necessidade de prova do trabalho artesanal*
- *Cômputo pelo número de dias de trabalho e não de horas trabalhadas*
- *Contra: cômputo pelo número de horas trabalhadas*
- *Admissibilidade do cômputo de horas excedentes em jornada superior a 8 horas*
- *Admissibilidade do cômputo de horas excedentes em jornada superior a 6 horas*

---

8. Contra: FERNANDES, Antonio Scarance. Execução Penal. Questões Diversas. *Justitia* 143/74-75.

- *Admissibilidade do cômputo de jornada inferior a 6 horas*
- *Contra: inadmissibilidade do cômputo de jornada inferior a 6 horas*
- *Inadmissibilidade do cômputo dos dias de repouso semanal*
- *Admissibilidade da remição para condenado por crime hediondo*
- *Admissibilidade de remição por qualquer trabalho*
- *Trabalho de faxina: admissibilidade*
- *Trabalho artesanal: admissibilidade*
- *Necessidade de prova do trabalho artesanal*
- *Limitação do trabalho artesanal*
- *Trabalho de redação de petições e requerimentos*
- *Serviços burocráticos: admissibilidade*
- *Trabalho esporádico: inadmissibilidade*
- *Cômputo dos dias de trabalho em domingos e feriados*

126.3 IMPOSSIBILIDADE DO TRABALHO

Constitui a execução do trabalho um dever do condenado, mas como deve ser ele valorizado como "direito social" (art. 6º, da CF), dispõe a Lei de Execução Penal que constitui direito do preso a "atribuição de trabalho e sua remuneração" (art. 41, II, da LEP). Há, assim, uma relação de direitos e deveres entre o Estado e o condenado em virtude da qual a Administração está obrigada a possibilitar o trabalho ao preso e a este compete desempenhar a atividade laborativa. Afirma-se, por isso, que, não se desincumbindo o Estado de seu dever de atribuir trabalho ao condenado, poderá este beneficiar-se com a remição mesmo sem o desempenho da atividade. Não cabendo ao sentenciado a responsabilidade por estar ocioso, não pode ser privado do benefício por falha da administração. Comprovando o preso em regime fechado ou semiaberto que estava disposto ao trabalho mas que não foi atendido pela Administração, por falta de condições materiais ou por desídia do responsável pela omissão, não há como negar o direito à remição pelos dias em que o condenado deveria ter desempenhado seu labor.[9]

Não é essa, porém, a orientação de nossos tribunais, que consideram o trabalho prisional apenas como dever do preso, por disposição da lei, em consequência da execução da pena privativa de liberdade, sem o correlato dever do Estado em sua atribuição ao condenado. Argumenta-se que não é possível a remição, na hipótese questionada, por três motivos: (a)

---

9. Nesse sentido: KUEHNE, Maurício. O instituto da remição na Lei de Execução Penal. *O Estado de S. Paulo*. 1º-9-1985. p. 60; ALVIM, Rui Carlos Machado. Art. cit. p. 290-291. Quanto ao problema dos condenados que cumprem pena em cadeias públicas: THAUMATURGO FILHO, Roque. Carceragem policial e remição de pena. *O Estado de S. Paulo* de 18-10-1989.

a concessão do benefício igualaria o preso que trabalha e o que não trabalha; (b) a remição só é possível diante do registro mensal do dias de trabalho de cada condenado; (c) a falta ao trabalho já é reconhecida como falta grave. Entretanto, em primeiro lugar, um dos direitos do preso é justamente a "igualdade de tratamento, salvo quanto às exigências da individualização da pena" (art. 41, XII). Assim, a atribuição do trabalho a um condenado, em detrimento de outro, viola a lei. Tratamento igualitário somente existe quando se atribui trabalho a todos os presos ou, se isto não ocorrer, quando se concede a todos a remição. Também se diga que, embora a prova dos dias trabalhados se faça ordinariamente pelo registro mensal, nada impede a comprovação por outros meios idôneos, não havendo dispositivo expresso que faça depender exclusivamente do registro mensal, o benefício da remição. Ninguém negaria, aliás, a remição mesmo na ausência de registro por desídia ou falta de condições materiais da Administração no caso de prova outra da atividade laboral do condenado. Por fim, o fato de a recusa ao trabalho constituir falta grave não significa que àquele que não trabalha por motivos independentes de sua vontade não possa ver reconhecido o benefício. Não comete falta grave nem tem direito a remição aquele que está impossibilitado para a atividade por falta de condição física, o preso provisório que não trabalha etc. A concessão do benefício da remição ao preso a quem não foi atribuído trabalho não implica a obrigatoriedade para o Estado de remunerá-lo. Não havendo a prestação do serviço, não é devida a contraprestação do pagamento.

Jurisprudência

- *Inadmissibilidade da remição ficta na falta de atribuição de trabalho*
- *Atribuição de trabalho com jornada inferior ao mínimo legal: direito subjetivo do condenado*
- *Falta de trabalho por deficiência da empregadora não dá direito à remição*
- *Falta de atribuição de trabalho a deficiente físico*

126.4 ACIDENTE

Deverá ser computado para a remição o período em que o preso permanecer impossibilitado, por acidente, de prosseguir no trabalho ou nos estudos (art. 126, § 4º). Isso significa que não se interrompe durante o período de afastamento do preso a contagem de cada três dias úteis para o trabalho para a remição de um dia de pena. A contagem somente se refere aos dias em que realmente o acidentado estiver impossibilitado de trabalhar, não se incluindo, evidentemente, os domingos e feriados, que são dias de descanso para os presos que trabalham e, evidentemente, não pode o preso querer que sejam computados para a remição. Não mais se exige que o acidente decorra da execução do trabalho, como previsto na lei anterior, mas somente se beneficia da remição, na hipótese, o condenado que anteriormente trabalhava e que em razão do acidente ficou impossibilitado de desenvolver a atividade laboral. Não tem direito, porém, ao benefício da remição o condenado que provocar o acidente por dolo, o que constitui falta disciplinar grave, ou mesmo por culpa. Nessa hipótese, ainda que o fato não constitua falta grave, é ilícito, o que impede que o condenado por ele se beneficie.

Jurisprudência

- *Direito à remoção pelo período de hospitalização e não do tratamento médico*
- *Direito à remição no caso de acidente*
- *Direito à remição no caso de acidente* in itinere

126.5 REMIÇÃO PELO ESTUDO

A Lei nº 7.210, de 11-7-1984, não previa a possibilidade da remição da pena pelo estudo, embora já disciplinasse a educação como um dever do Estado e um direito do preso (v. itens 17.1 a 21.1). Diversas propostas de normatização foram formuladas ao longo dos anos no sentido da maior valorização do estudo na execução pena. A Lei nº 12.245, de 24-5-2010, tornou obrigatória a instalação nos estabelecimentos penais de salas de aulas destinadas a cursos do ensino básico e profissionalizante (art. 83, § 4º) e o Conselho Nacional de Política Criminal e Penitenciária, pela Resolução nº 3, de 11-3-2009, estabeleceu as diretrizes básicas para a oferta de educação nos estabelecimentos penais. A inserção no direito brasileiro da "remição da pena pelo processo educacional, em virtude de frequência e aproveitamento em curso de qualquer grau, nível ou modalidade de ensino", já havia sido incluída como diretriz básica da política penitenciária nacional pelo Conselho Nacional de Política Criminal e Penitenciária nos termos do art. 4º, *b*, da Resolução nº 7, de 11-7-1994, já revogada. Mesmo na ausência de expresso dispositivo legal, alguns tribunais passaram a admitir, por interpretação extensiva ou analógica do art. 126 da Lei de Execução Penal, a remição da pena pela *frequência a curso de ensino formal* por condenados em regime fechado e semiaberto. A respeito da matéria, dispõe também a Resolução nº 4, de 30-5-2016, do CNE/CEB do Ministério da Educação. A orientação, que já se cristalizara no Superior Tribunal de Justiça, nos termos da Súmula 341, foi adotada pela Lei nº 12.433, de 29-6-2011, que introduziu modificações na disciplina da remição, instituindo a remição pelo estudo como meio de redução do tempo de cumprimento da pena pelo condenado.

O direito à remição pelo estudo é concedido não somente aos condenados que cumprem pena em regime fechado e semiaberto, como previsto para a remição pelo trabalho (art. 126, *caput*), mas, também, aos que se encontrem em regime aberto ou no gozo do livramento condicional, caso em que os dias remidos devem ser computados no período de prova (art. 126, § 6º). O mesmo direito é estendido ao preso provisório (art. 126, § 7º). Não podem se beneficiar da remição os que estão no gozo do *sursis*, cumprem somente pena restritiva de direitos ou estão submetidos a medida de segurança.

O estudo que autoriza a remição, nos termos do art. 126, I, é o realizado mediante frequência a "atividade de ensino fundamental, médio, inclusive profissionalizante, ou superior, ou, ainda, de requalificação profissional". Aplica-se o dispositivo ao estudo desenvolvido no interior do estabelecimento penal pelos presos provisórios e pelos que se encontrem em regime fechado ou semiaberto. Para os presos que estão no gozo do livramento condicional ou cumprem pena em regime aberto ou semiaberto e, neste caso, foram beneficiados pela concessão da saída temporária para estudar (arts. 122, II, e 124, § 2º), aplica-se o disposto no art. 126, § 6º, que exige a "frequência a curso de ensino regular ou de educação profissional". Não há divergência significativa entre os dispositivos com relação à natureza do estudo. A previsão contida no art. 126, § 6º, é mais sintética mas abrange os estudos mencionados no art. 126, I. A distinção que pode ser feita diz respeito à maior flexibilidade que há de se adotar com relação ao estudo realizado intramuros, para o qual é suficiente a frequência a *atividades* de ensino. Embora seja objetivo previsto em lei que as atividades educacionais nos presídios devam se integrar o quanto possível ao sistema regular de ensino ministrado nos estabelecimentos públicos ou particulares, as notórias deficiências do sistema prisional bem como os constantes incidentes próprios à execução da pena e as frequentes transferências do preso de estabelecimento penal impedem ou dificultam a estruturação de cursos formais ou regulares e a continuidade dos estudos. Admite a lei que as atividades educacionais no interior dos estabelecimentos penais sejam desenvolvidas de forma presencial ou por metodologia de ensino a distância, exigindo-se, em ambos os casos, para o cômputo dos dias de estudo na remição, a certificação de frequência ao curso pelas autoridades educacionais competentes (art. 126, § 2º).

A contagem do tempo será feita, no caso de estudo, à razão de um dia de pena por doze horas de frequência escolar, divididas, no mínimo, em três dias. Para evitar abusos e também visando incentivar o hábito do condenado, a lei determina a divisão das doze horas em pelo menos três dias de frequência, não estabelecendo, porém, um mínimo de horas diárias. Não será computado, portanto, para a remição o tempo de estudo que, no período de três dias, exceder doze horas e o condenado que cumprir doze horas de frequência ao curso divididas em dois dias, deverá estudar pelo menos uma hora adicional no terceiro dia para adquirir o direito à remição de um dia de pena. Referindo-se a lei a *horas* de frequência escolar, não se pode pretender a acumulação de frações diárias de hora de estudo. Permite a lei a cumulação de horas diárias de trabalho e estudo para a remição (art. 126, § 3º). É possível, assim, ao condenado obter o direito à remição de dois dias de pena por três dias de trabalho e estudo, desde que, diariamente, trabalhe por no mínimo seis horas e estude por outras quatro. O mesmo dispositivo prevê que as horas de trabalho e estudo serão definidas de forma a se compatibilizarem. Incumbe, portanto, ao diretor do estabelecimento penal propiciar ao condenado a possibilidade de trabalhar e estudar no mesmo dia, havendo, porém, que se respeitar a jornada mínima de seis horas de trabalho (art. 33). Deverá ser computado para a remição o período em que o preso permanecer impossibilitado, por acidente, de prosseguir nos estudos (art. 126, § 4º). Prevê a lei um *bônus* para o condenado que concluir o ensino fundamental, médio ou superior durante o cumprimento da pena ao determinar que, nessas hipóteses, o tempo remido por horas de estudo será acrescido de um terço, desde que certificado pelo órgão competente do sistema de educação (art. 126, § 5º).

Jurisprudência

- *Necessidade de fiscalização e credenciamento da entidade emissora de certificado de estudo*
- *Admissibilidade da remição de pena pela aprovação parcial no ENEM*
- *Possibilidade do cômputo na remição do tempo excedente a quatro horas diárias*
- *Possibilidade da remição pelo estudo e trabalho concomitantes*
- *Possibilidade da remição com bônus pela aprovação no Exame Nacional do Ensino Médio (Enem), independentemente da não comprovação das horas de estudo*
- *Desnecessidade da comprovação de aproveitamento escolar*
- *Contra: necessidade da comprovação de aproveitamento escolar*

- *Desnecessidade da conclusão de curso*
- *Necessidade de frequência a curso de ensino formal para remição por estudo: indeferimento na frequência a aulas de capoeira*
- *Cômputo de um dia remido para cada 12 horas de estudo*
- *Acréscimo de um terço do total de dias estudados na conclusão de curso*
- *Possibilidade de remição pelo estudo antes da vigência da Lei nº 12.433/2011*

126.6 DECLARAÇÃO JUDICIAL

Afirma-se na exposição de motivos da Lei de Execução Penal que, por cautela, se determina que a concessão e revogação do benefício da remição depende de declaração judicial, evitando-se assim as distorções que poderiam comprometer a eficiência e o crédito desse mecanismo no sistema de execução da pena (item 134). Entretanto, não poderia ser de outra forma. A remição é um direito público subjetivo do condenado, que implica como consequência a diminuição do prazo de cumprimento da pena e, portanto, a alteração do título executório que é a sentença condenatória. Sua concessão ou revogação é evidentemente de caráter jurisdicional. Ao juiz encarregado da execução compete, por isso, a decisão a respeito da matéria (arts. 66, III, c, e 126, § 8º, da LEP), impondo a lei, porém, a prévia oitiva do Ministério Público e da defesa (art. 126, § 8º). Contra a decisão que defere ou indefere a remição é cabível o recurso de agravo em execução (art. 197). O Ministério Público, fiscal da execução da pena, pode recorrer da decisão, inclusive em favor do condenado, na defesa do direito público subjetivo de liberdade. Como a decisão implica análise de matéria fática, como a apuração de dias trabalhados, da conversão em dias remidos, da ocorrência ou não de faltas graves etc., é inadmissível sua concessão por *habeas corpus*.

Jurisprudência

- *Inadmissibilidade de pedido de remição por habeas corpus em substituição ao agravo*
- *Inadmissibilidade de habeas corpus para apressamento de decisão sobre remição*
- *Inadmissibilidade de habeas corpus para obtenção de atestado de trabalho*
- *Falta de manifestação do Ministério Público quanto ao mérito: inexistência de nulidade*
- *Necessidade de oitiva da defesa após manifestação do Ministério Público*
- *Necessidade de oitiva da defesa após manifestação do Ministério Público*
- *Inadmissibilidade de pedido de remição por meio de habeas corpus*

Art. 127. Em caso de falta grave, o juiz poderá revogar até 1/3 (um terço) do tempo remido, observado o disposto no art. 57, recomeçando a contagem a partir da data da infração disciplinar.*

* Artigo com a redação dada pela Lei nº 12.433, de 29-6-2011.

Vide: **LEP** arts. 39, V, 50 a 52, 57, 59, 126, 128 a 130. Súmula Vinculante: 9. Súmulas: **STJ** 526, 533.

ART. 127 — EXECUÇÃO PENAL

127.1 ADMISSIBILIDADE DE REVOGAÇÃO

Prevê o art. 127, com a redação dada pela Lei nº 12.433, de 29-6-2011, que em caso de falta grave, o juiz poderá revogar até um terço do tempo remido. De acordo com o texto original, a prática de falta grave acarretava a perda total dos dias remidos. Já se sustentou a inconstitucionalidade da perda da remição, sob o argumento de que a declaração da perda dos dias remidos afrontaria o direito adquirido e a coisa julgada, bem como violaria os princípios da proporcionalidade, da isonomia e da individualização da pena. Para Silva e Boschi, a perda da remição afrontaria a Constituição Federal, que assegura a inviolabilidade dos direitos adquiridos, do ato jurídico perfeito e da coisa julgada.[10] Discorda-se, com a devida vênia, de tal entendimento. Nos termos em que é regulada a remição, a inexistência de punição por falta grave é um dos requisitos exigidos para que o condenado mantenha o benefício da redução da pena. Praticando falta grave, o condenado deixa de ter o direito integral à remição, assim como, por exemplo, se revoga o *sursis* ou o livramento condicional quando o condenado pratica novo crime ou sofre condenação durante o período de prova. Assim, o abatimento da pena em face de remição não se constitui em direito adquirido protegido por mandamento constitucional e é condicional, ou seja, pode ser revogado na hipótese de falta grave, sem que se possa falar em ofensa à coisa julgada. Como bem observam Sérgio Nunes Coelho e Daniel Prado da Silveira, a remição "está sujeita à cláusula *rebus sic stantibus* não podendo, somente, ter seus efeitos revogados quando já extinta a punibilidade pelo cumprimento da pena".[11] A discussão veio a ser pacificada pelo STF, com a edição da Súmula Vinculante nº 9, que deixa clara a inexistência de ofensa a princípios constitucionais: "O disposto no artigo 127 da Lei nº 7.210/1984 (Lei de Execução Penal) foi recebido pela ordem constitucional vigente, e não se lhe aplica o limite temporal previsto no *caput* do artigo 58." Embora se refira a súmula ao art. 127 em sua anterior redação, no qual se previa a perda da totalidade dos dias anteriormente remidos, o seu enunciado permanece válido em face da lei vigente.

Para Rui Carlos Machado Alvim, a adoção pura e simples da regra prevista no art. 127, em sua redação anterior, tornava praticamente inócua a figura da remição diante da frequência da punição por falta grave do condenado. Preconizou, por isso, que o regulamento interno da prisão estabeleça um sistema de temporariedade, com a possibilidade de o condenado reabilitar-se quando não cometer qualquer outra infração durante determinado tempo, recuperando assim o tempo remido anteriormente à prática da falta grave.[12] Ousa-se discordar desse entendimento. Determinando a Lei de Execução a perda do tempo remido anteriormente à prática da infração disciplinar e não prevendo qualquer hipótese de reaquisição do direito à remição por período anterior, não pode o regulamento sobrepor-se ao disposto expressamente na lei federal. No direito espanhol, aliás, que foi o modelo para a legislação brasileira, perde o direito a remição, definitivamente, para a pena que está cumprindo o condenado que fugir ou tentar evadir-se, bem como o que apresentar má conduta, com a prática de falta grave ou gravíssima sem haver obtida a invalidação das

---

10. Ob. cit. p. 130.
11. Art. cit. p. 57.
12. Cf. art. cit. *RT* 606/289-290. Cf. também: ROSSETTI, Janora Rocha. Remição da pena: adequação do art. 127 da Lei de Execução Penal ao texto constitucional, *RT* 697/264-268.

anteriores (art. 100 do CP espanhol, com a redação que lhe deu a Lei Orgânica nº 8, de 25-6-1983). Deve-se observar, também, que a Lei nº 12.433, de 29-6-2011, modificou o art. 127 de forma a afastar o excessivo rigor, que era alvo de críticas, ao limitar a perda pela prática de falta grave a um terço do tempo remido. Optou o legislador, portanto, por uma solução intermediária, ao prever a possibilidade de perda de somente uma fração do tempo remido, assegurando, assim, ao condenado a preservação do direito conquistado em sua maior parcela. Embora passível de crítica a fixação do limite de um terço para a perda do tempo remido, claramente insuficiente para as faltas de maior gravidade, como a prática de crime doloso, a subversão da ordem ou da disciplina internas ou a fuga, deve-se reconhecer que a solução adotada, além de evitar excessos punitivos, constitui-se em um maior incentivo ao condenado para que se dedique ao trabalho e ao estudo, atividades que, indiscutivelmente, mais podem favorecer a sua futura reintegração social.

Compete ao juiz da execução a declaração a respeito da perda de parte do tempo remido, já que se trata de matéria jurisdicional, ou seja, a perda de um direito público subjetivo.

Jurisprudência

- *Inexistência de ofensa aos princípios constitucionais na perda dos dias remidos*
- *Inexistência de ofensa ao direito adquirido e à coisa julgada*
- *Inaplicabilidade do limite temporal previsto no art. 58*
- *Contra: Limite na perda dos dias remidos*
- *Cláusula* rebus sic stantibus *na concessão da remição*
- *Concessão da remição como condicional*
- *Inadmissibilidade da revogação do tempo já declarado remido: coisa julgada*
- *Inadmissibilidade da revogação do tempo já remido: alteração do título executivo*
- *Inadmissibilidade de revogação em execução já cumprida: ato jurídico perfeito e acabado*
- *Inadmissibilidade de revogação: trabalho com caráter alimentar*
- *Inadmissibilidade de prescrição ou preclusão na perda dos dias remidos*
- *Admissibilidade de* habeas corpus *para cassação da revogação da remição*

127.2 CAUSAS DE REVOGAÇÃO

A revogação de parte do tempo remido depende da prática de falta grave, ou seja, de um dos fatos previstos no art. 50, ou do cometimento de crime doloso, por força do art. 52. A própria recusa em continuar trabalhando constitui falta grave (art. 50 c. c. art. 39, V). O condenado em regime aberto também poderá ter revogados dias remidos pelo estudo ao longo do cumprimento da pena ou pelo trabalho desempenhado anteriormente à progressão de regime. O descumprimento das condições impostas ao regime aberto configura falta grave (art. 50, V) e, além da perda de parte do tempo remido, acarreta também a regressão a regime mais severo. Estando em livramento condicional, obtido inclusive com a remição de parte da pena, não pode o condenado praticar, mesmo em tese, qualquer das faltas graves previstas no art. 50 da Lei de Execução Penal. Entretanto, pode ser condenado por crime doloso, também considerado como falta disciplinar grave. Nessa hipótese, ocorrerá não só uma causa de revogação do livramento condicional, obrigatória se imposta pena privativa de liberdade e facultativa se aplicada outra (arts. 86 e 87 do CP), como também a perda de parte do tempo remido.

De acordo com a lei anterior, não bastava a prática da falta grave e a instauração do procedimento disciplinar, exigindo-se a punição regular do apenado para a decretação da revogação da remição. Não mais se refere o art. 127 à punição por falta grave, mencionando somente que a perda poderá ocorrer "em caso de falta grave". Na maior parte dos casos, a caracterização da falta grave depende da instauração de regular procedimento administrativo disciplinar, casos em que o juiz deverá aguardar a sua conclusão para decidir sobre a perda de dias remidos (v. itens 59.1 a 59.4). A nova redação do dispositivo visa somente abranger determinadas hipóteses nas quais, em razão da natureza ou circunstâncias da falta grave, o procedimento administrativo não é necessário, porque sua configuração pode ser imediatamente reconhecida pelo juiz da execução, como, por exemplo, em casos de descumprimento das condições impostas ao regime aberto ou de prática de crime doloso na existência de condenação irrecorrível. A anulação do procedimento disciplinar nos casos em que é exigível, restabelece, evidentemente, o direito à integralidade do tempo remido.

Não traz o art. 127 da Lei de Execução Penal qualquer limitação temporal à decretação da perda de parte do tempo remido, que poderá ser decidida enquanto não estiver extinta a pena por qualquer causa, ressalvada a hipótese de prescrição da falta grave (item 59.5).

Jurisprudência

- *Falta grave como causa da perda da remição*

- *Perda da remição pela prática do crime de falsidade ideológica*

- *Não revogação da remição apesar da prática de falta disciplinar grave*

- *Prática de falta disciplinar média: inadmissibilidade de perda da remição*

127.3 EFEITOS DA REVOGAÇÃO

Em sua redação original, o art. 127 determinava a perda integral dos dias remidos anteriormente à prática da falta grave. A Lei nº 12.433, de 29-6-2011, conferiu ao juiz da execução margem de discricionariedade para dosar a perda da remição em decorrência de falta grave e estabeleceu como limite máximo o de um terço dos dias remidos. Os critérios legais que devem nortear o juiz são os previstos no art. 57 da LEP, incumbindo-lhe, portanto, ponderar a natureza, os motivos, as circunstâncias e consequências do fato, bem como a pessoa do faltoso e o seu tempo de prisão. Diversamente, também, da lei anterior, que previa a revogação da remição como efeito necessário da falta grave, dispõe, agora, o art. 127 da LEP que o juiz *poderá* revogar até um terço do tempo remido. É clara a norma no sentido de que o poder discricionário não se restringe à fixação da quantidade de dias remidos a serem revogados, mas abrange a possibilidade de deixar o juiz de declarar a perda. Entendimento contrário, no sentido da obrigatoriedade da revogação, é, aliás, incompatível com a ausência de previsão de um mínimo de dias a serem perdidos. Embora a perda dos dias remidos não seja um efeito automático e obrigatório da falta grave, a previsão normativa da possibilidade de revogação torna exigível decisão fundamentada do juiz que recebe a comunicação da falta mesmo na hipótese de entender que não é caso de declarar a perda, incumbindo-lhe, sempre, justificar a opção com base nas mencionadas circunstâncias legais.

Decretada pelo juiz a perda de uma fração dos dias remidos, essa deve incidir não somente sobre o total dos dias já declarados remidos por anterior decisão, como também sobre aqueles a que teria o condenado o direito de ver declarados remidos em razão de trabalho ou estudo desempenhados anteriormente à prática da falta grave, embora ainda não houvessem sido objeto de apreciação pelo juízo. Nada autoriza a distinção entre as duas situações. A decisão que julga a remição limita-se a declarar o direito que o condenado adquiriu mediante o desempenho do estudo ou do trabalho nas condições previstas em lei. Assim, se posteriormente à decretação da perda dos dias remidos, requerer o condenado a remição relativa a dias de trabalho ou estudo anteriores à falta grave, deverá o juiz, em caso de deferimento, excluir a fração de dias cuja perda fora anteriormente decretada. Determina, aliás, o art. 127 que, revogada parte do tempo remido, deve-se recomeçar a contagem a partir da data da infração disciplinar. A regra se justifica para assinalar que não são atingidos pela perda os dias de trabalho ou estudo posteriores à falta grave, ainda que anteriores à decisão de revogação, bem como que os efeitos desta se estendem aos dias trabalhados anteriormente à falta, tenham sido ou não julgados remidos.

Julgada perdida parte do tempo remido, impõe-se a retificação do cálculo de liquidação de penas, mediante o acréscimo desse tempo na pena a ser cumprida, com reflexos sobre o tempo exigido para a concessão dos benefícios legais, como a progressão de regime e o livramento condicional. Contra a decisão, bem como a que indefere o pedido de revogação, é cabível o agravo em execução sem efeito suspensivo (art. 197).

Jurisprudência

- *Indeferimento da remição e revogação dos dias remidos*
- *Ponderação das circunstâncias do art. 57 da LEP na dosagem da perda da remição*
- *Inadmissibilidade da perda da remição pela prática de crime no curso do livramento condicional*
- *Inadmissibilidade da revogação dos dias remidos anteriormente à concessão do livramento condicional*
- *Novo período de remição a partir da data da infração disciplinar*
- *Necessidade de se aguardar a conclusão da sindicância*
- *Necessidade de contraditório para a apuração de falta grave na remição*
- *Necessidade de garantia à ampla defesa e ao contraditório*
- *Exigência de imposição da penalidade na sindicância*
- *Desnecessidade da oitiva judicial*

- *Necessidade de fundamentação para a revogação da remição*
- *Admissibilidade de revogação antes do procedimento criminal*
- *Inadmissibilidade de restabelecimento dos dias remidos após absolvição no processo-crime*
- *Inadmissibilidade de revogação dos dias remidos após absolvição no processo-crime*

Art. 128. O tempo remido será computado como pena cumprida, para todos os efeitos.*

* Artigo com a redação dada pela Lei nº 12.433, de 29-6-2011.

Vide: LEP arts. 107, § 2º, 111, 126, 127, 129, 130.

128.1 EFEITOS DA REMIÇÃO

De acordo com a redação original do art. 128, o tempo remido devia ser computado para a concessão do livramento condicional e indulto. Embora o dispositivo não contivesse qualquer referência ao cômputo do prazo remido para efeito de progressão nos regimes penitenciários, era induvidoso que o tempo remido também já devia influir no prazo mínimo de cumprimento da pena para o efeito da progressão. O art. 111 da Lei de Execução Penal determina que para a fixação do regime de cumprimento deve ser observada, inclusive, a remição. Em consequência, deve ela ser considerada também para a progressão, que, em última análise, é também a determinação de regime menos severo para o cumprimento do restante da pena. Carecia de sentido lógico a interpretação de que o condenado se beneficiasse da remição para obter o livramento condicional e o indulto e não o pudesse fazê-lo simplesmente para transferir-se a regime menos severo. Discutia-se, porém, antes da vigência da Lei nº 12.433, de 29-6-2011, se o tempo remido pelo condenado devia ser computado como pena cumprida ou somente descontado do total da pena. Na jurisprudência era praticamente pacífico que o tempo remido devia ser computado como de pena privativa de liberdade cumprida pelo condenado e não simplesmente abatido do total da sanção aplicada. Solucionando definitivamente a divergência, a lei passou a dispor que "o tempo remido será computado como pena cumprida, para todos os efeitos" (art. 128).

O tempo remido é computado, portanto, não só para abreviar o tempo de cumprimento da pena. Deve ele ser considerado, como pena cumprida, para todos os efeitos legais. A aplicação de certos institutos depende, nos termos da lei, do cumprimento de parte da pena pelo condenado e, assim, pode o condenado, pelo trabalho ou pelo estudo, antecipar a progressão de regime ou a obtenção do livramento condicional ou do indulto, conforme dispuser o decreto presidencial que o conceder. Como se afirma na exposição de motivos, tais institutos, a exemplo da remição, constituem hipóteses práticas de sentença indeterminada como fenômeno que abranda os rigores da prefixação invariável, contrários aos objetivos da Política Criminal e da reversão pessoal do delinquente.

Jurisprudência

- *Cômputo dos dias remidos como pena cumprida*

- Cômputo dos dias remidos no total das penas antes da vigência da Lei nº 11.433/2011
- Cômputo do tempo remido para a progressão antes da vigência da Lei nº 11.433/2011
- Cômputo do tempo remido para o livramento condicional antes da vigência da Lei nº 11.433/2011

Art. 129. A autoridade administrativa encaminhará mensalmente ao juízo da execução cópia do registro de todos os condenados que estejam trabalhando ou estudando, com informação dos dias de trabalho ou das horas de frequência escolar ou de atividades de ensino de cada um deles.

§ 1º O condenado autorizado a estudar fora do estabelecimento penal deverá comprovar mensalmente, por meio de declaração da respectiva unidade de ensino, a frequência e o aproveitamento escolar.

§ 2º Ao condenado dar-se-á a relação de seus dias remidos.*

* Artigo com a redação dada e §§ 1o e 2o acrescentados pela Lei no 12.433, de 29-6-2011.

Vide: **LEP** arts. 32 a 37, 126, 128, 130.

129.1 REGISTRO

Como cautela para evitar distorções comprometedoras à eficiência e ao critério do instituto, determina-se que a remição depende de declaração do juiz da execução, ouvidos previamente o Ministério Público e a defesa. Deverão estar comprovados os dias de trabalho e estudo efetivos do sentenciado e o número de horas das atividades desenvolvidas. Para essa finalidade, deve a autoridade administrativa manter no estabelecimento penal o registro tanto do trabalho e do estudo desenvolvidos no interior do estabelecimento penal, como também as jornadas de trabalho externo, sejam elas em serviços ou obras públicas realizados para os órgãos da administração direta ou indireta, bem como para as entidades privadas. Devem ser anotadas as horas de trabalho diário, já que para a remição há uma jornada mínima de seis a oito horas. Incumbe à autoridade o encaminhamento mensal ao juiz dos registros relativos a todos os condenados que trabalhem e estudem. Na hipótese de estudo fora do estabelecimento penal, cabe ao condenado comprovar, também mensalmente, a frequência ao curso e o aproveitamento escolar por meio de declaração da unidade de ensino. Tem o condenado o direito à emissão pelo juízo da execução da relação dos dias remidos pelo trabalho e pelo estudo. Os registros, e portanto suas cópias, são a prova dos dias de trabalho ou estudo do condenado para que seja realizado o cálculo para a remição. Sua falta, porém, não impede que o condenado possa comprovar de outra forma os dias de trabalho ou estudo para obter o benefício. A inoperância do órgão administrativo não pode ser causa da não obtenção do direito do condenado.

Constitui crime de falsidade ideológica declarar ou atestar falsamente prestação de serviço para fim de instruir pedido de remição (art. 130).

Jurisprudência

- *Atestado destituído de credibilidade*
- *Comprovação por atestado do empregador: necessidade de registros diários*
- *Necessidade de comprovação da carga horária*
- *Impossibilidade de comprovação por atestado do próprio condenado: microempreendedor*
- *Desnecessidade de comprovação por documentação específica: trabalho autônomo no campo*
- *Comprovação em trabalho autônomo*
- *Irrelevância da ausência de atestado da autoridade educacional: admissibilidade de outras provas*
- *Presunção de veracidade de atestado da Administração*
- *Requisitos do atestado da Administração*
- *Presunção de veracidade do atestado da empresa*
- *Atestado da Administração: irrelevância da inexistência do sistema de ponto*
- *Comprovação por declaração de Delegado de Polícia*
- *Comprovação na ausência de relatórios mensais*
- *Desnecessidade de atestado de bom comportamento carcerário*

129.2 PEDIDO

Não faz a lei qualquer limitação ao número e ao momento próprio para o condenado requerer a remição. Deduz-se, em consequência, que pode ele requerê-la a qualquer tempo, com referência aos dias de trabalho e estudo desenvolvidos até o mês anterior, já que a remessa de cópia do registro pela autoridade administrativa ao juiz da execução é mensal. O juiz da execução terá consigo as cópias dos registros mensais, podendo assim conceder o benefício. A remição, como direito subjetivo do condenado, pode ser declarada *de ofício* pelo magistrado, mas, em qualquer hipótese, deve ser ouvido o Ministério Público.

Declarada a remição, determina a lei que ao condenado deve dar-se a relação dos dias remidos (art. 129, § 2º). Concedida a remição, a guia de recolhimento do condenado beneficiado deve ser retificada, já que ela provoca a modificação do tempo de duração da pena (art. 106, § 2º). Também poderá ocorrer que a pena fique vencida pelo cômputo dos dias remidos, devendo ser expedido o competente alvará de soltura. Além disso, pode o condenado, pelo abatimento da pena, obter a progressão, o livramento condicional ou o indulto, caso satisfaça aos demais requisitos exigidos para tais benefícios.

Contra a decisão que defere ou indefere a remição é cabível o recurso de agravo em execução (art. 197).

Jurisprudência

- *Inadmissibilidade de concessão da remição a condenado foragido*
- *Inadmissibilidade de modificação da decisão que não revogou a remição*

129.3 RETROATIVIDADE

Diante do princípio de retroatividade da lei mais benigna, a Lei nº 12.433/2011, que passou a prever, em dispositivos mais benignos, a remição pelo estudo e o limite de um terço do total para a perda dos dias remidos, aplica-se aos fatos anteriores à sua vigência. Argumenta-se, por vezes, em contrário, que a retroatividade da lei mais favorável relaciona-se apenas com o *fato* praticado pelo agente (infração penal) antes da lei nova mais benigna, fato esse que passou a ser visto de outra forma (*abolitio criminis* e *novatio legis in mellius*) e que, na hipótese, a Lei de Execução Penal apenas estabelece deveres para o Estado Administração e direitos públicos para os condenados que trabalham ou estudam a partir do momento da entrada em vigor dos novos dispositivos. A interpretação, porém, deve ser diversa. A Constituição Federal prevê, no art. 5º, XL, a retroatividade da lei penal mais benigna e o art. 2º, parágrafo único, do Código Penal determina que a lei retroagirá quando de *qualquer modo favorecer o agente*. Consequentemente, a *novatio legis in mellius* inclui, no direito penal brasileiro, não só o fato, como também a pena e todos os efeitos penais previstos em lei, incluindo-se os direitos públicos subjetivos do condenado. Já se decidiu, aliás, que a remição traduz-se numa redução punitiva e, assim, as normas que a regem são de direito penal (material), embora previstas apenas na Lei de Execução Penal.

Jurisprudência

- *Retroatividade da Lei nº 12.433/2011*
- *Retroatividade da remição em face da Lei nº 7.210/1984*
- *Contra: irretroatividade da remição em face da Lei nº 7.210/1984*

> **Art. 130. Constitui o crime do art. 299 do Código Penal declarar ou atestar falsamente prestação de serviço para fim de instruir pedido de remição.**
>
> Vide: **LEP** arts. 126, 129; **CP** arts 299, 304.

130.1 FALSA DECLARAÇÃO

Para a elaboração do registro dos dias de trabalho do condenado, é necessário que a empresa privada, a fundação, a empresa pública ou a própria Administração encaminhe à direção do estabelecimento penal a relação a eles relativa. Se tal declaração ou atestado contiver afirmação falsa sobre a prestação de serviços, configura-se o crime de falsidade ideológica, previsto no art. 299 do Código Penal. Essa é a regra prevista no art. 130 da lei de Execução Penal que, na verdade, seria dispensável, só tendo por finalidade dar ênfase ao citado delito para melhor preveni-lo.

Além do crime de falsidade ideológica, pode ocorrer o delito de falsidade material se, por exemplo, forem falsificados ou alterados os registros ou as cópias mensais encaminhadas ao juiz da execução para o efeito da remição. O próprio condenado pode ser, evidentemente, o autor ou partícipe do crime. Assim, o uso de documento falso para instruir pedido de remição, caracterizando crime doloso contra a fé pública, é falta grave que implica a perda do tempo remido.

Jurisprudência

- *Crime de falsidade ideológica: art. 299 do CP*

SEÇÃO V
Do Livramento Condicional

Art. 131. O livramento condicional poderá ser concedido pelo Juiz da execução, presentes os requisitos do art. 83, incisos e parágrafo único do Código Penal, ouvidos o Ministério Público e o Conselho Penitenciário.

Vide: **LEP** arts. 66, III, *e*, 68, II, *e*, 79, III, 81-B, I, *h*, 112, § 2º, 126, § 6º, 132 a 146, 195, 197; **CP** arts. 86 a 90; **Lei nº 11.343**, de 23-8-2006, art. 44, parágrafo único. **Lei nº 13.445**, de 24-5-2017, art. 54, § 3º. Súmulas: **STF** 715; **STJ** 439, 441.

131.1 LIVRAMENTO CONDICIONAL

Um dos institutos com que se pretende individualizar a execução da pena é o livramento condicional, última etapa do sistema penitenciário progressivo. Nessa medida de individualização colabora a Administração com a observação direta e constante do sentenciado, "assim se fazendo estudos e considerações quanto ao comportamento, adaptação ao trabalho, sobre sua personalidade, prognóstico acerca da possibilidade de retornar, antes do término da pena, à vida social etc."[13] Por meio desse substitutivo penal, coloca-se de novo no convívio social o criminoso que apresenta sinais de estar em condições de reintegrar-se socialmente, embora submetido a certas condições que, desatendidas, determinarão novamente seu encarceramento. Trata-se, assim, da concessão de uma liberdade provisória antes do termo final da pena privativa de liberdade, representando um estimulante para o condenado que vê a possibilidade de sair da prisão antes do tempo marcado na sentença, ao mesmo tempo em que é um freio que deixa entrever a revogação do benefício concedido se faltar ao cumprimento das

---

13. NORONHA, E. Magalhães. *Curso de direito processual penal*. São Paulo: Saraiva, 1964. p. 607.

obrigações que lhe são impostas. É uma etapa da pena, preparando o condenado para usar de sua liberdade definitiva, ou seja, uma fase necessária do sistema da execução, pelo qual a readaptação do condenado à vida livre desenvolve-se progressivamente.

Ainda que nos arts. 83 do CP e 131 da Lei de Execução Penal se afirme que o juiz "poderá" conceder o livramento condicional e que a doutrina se tenha posicionado no sentido de considerá-lo como uma faculdade do juiz, hoje se admite que se trata de um direito do sentenciado. Embora atribuído em caráter excepcional, Frederico Marques lembra que pelo benefício é ampliado o *status libertatis*, tornando-se este um direito público subjetivo de liberdade, de modo que, preenchidos seus pressupostos, o juiz é obrigado a concedê-lo.[14] Já se tem decidido, aliás, que faz jus ao livramento condicional o sentenciado que satisfaça aos requisitos legais, sendo irrelevante qualquer consideração de ordem subjetiva não rigorosamente adstrita aos termos da lei.

Embora sempre se tenha considerado o livramento condicional como um incidente da execução, a lei o exclui do rol que os encerra, tratando-o como um substitutivo penal. René Ariel Dotti, membro da comissão que elaborou o projeto da Lei de Execução Penal, dá seu testemunho: "Segundo as Leis 7.209 e 7.210, de 1984, o livramento condicional, sob o aspecto dogmático, é uma *medida penal* de fundo não institucional, aplicada como alternativa à pena privativa de liberdade. E, sob uma perspectiva de política criminal, se caracteriza como etapa da forma progressiva da execução, razão pela qual o instituto se movimenta no capítulo que trata das penas privativas de liberdade, subordinado ao título 'Da execução das penas em espécie'."

Como o livramento condicional é a última etapa da pena privativa de liberdade, seu tempo de duração corresponde ao restante da pena ou das penas que está ou estão sendo executadas, ficando elas extintas quando decorrido esse prazo, ou sua eventual prorrogação, sem que ocorra caso de revogação.

São diversos os pressupostos exigidos para a concessão do livramento condicional daqueles previstos para a progressão. Um independe do outro. A lei não exige para aquele os requisitos deste e, assim, pode ser ele concedido seja qual for o regime de pena a que está submetido o apenado.

Jurisprudência

- *Inexigência do cumprimento das etapas da progressão*
- *Constitucionalidade da lei ordinária sobre os requisitos exigidos para o livramento condicional*
- *Livramento condicional como direito público subjetivo do condenado*

131.2 REQUISITOS OBJETIVOS

Duas questões importantes existem quanto ao livramento condicional: antes de mais nada, deve haver a quase certeza de estar o condenado em condições de obtê-lo para se

---

14. Cf. *Tratado de direito penal*. Rio de Janeiro: Forense, 1966. v. 3, p. 262-264 e 276.

desenvolver normalmente o processo de reintegração social; depois, a imprescindível assistência a fim de que essas condições sejam mantidas até que o condenado obtenha total liberdade e reinserção definitiva na comunidade.

Atendendo à primeira, a lei de execução permite sua concessão quando presentes os requisitos do art. 83, incisos e parágrafo único, do Código Penal (art. 131).

O primeiro requisito objetivo indispensável à concessão do livramento condicional diz respeito à natureza e à quantidade da pena imposta ao condenado, já que só pode ser ele deferido ao condenado a pena privativa de liberdade igual ou superior a dois anos (art. 83, *caput*, do CP), incluindo-se, evidentemente, a prisão simples aplicável às contravenções (art. 11, da Lei de Contravenções Penais, parte final). Não há que se falar, portanto, em livramento condicional para as penas restritivas de direitos e muito menos de multa.

As várias penas impostas ao condenado, ainda que em processos diferentes, devem ser somadas para o efeito do livramento condicional (art. 84, do CP), mas as leis referem-se àquelas que estejam sendo cumpridas sem interrupção. Assim, as penas que devem ser somadas são apenas aquelas por cumprir e não outras já cumpridas e declaradas extintas anteriormente. Caso contrário, o condenado, ao cumprir penas, ficaria sempre com um crédito a ser descontado no lapso temporal exigido para a concessão do benefício.

Ao contrário do que ocorria com a redação original do Código Penal de 1940, não é necessário que uma delas atinja o limite mínimo previsto na lei. Desde que a soma seja igual ou superior a dois anos, é indiferente que nenhuma delas, isoladamente, alcance esse tempo.

O segundo requisito objetivo é ter o sentenciado cumprido parte da pena ou das penas que lhe foram impostas: mais de um terço quando não é reincidente em crime doloso (art. 83, inciso I, do CP) ou mais da metade quando o é (art. 83, inciso II, do CP). A redução do prazo de metade para um terço para o cumprimento dos condenados não reincidentes em crime doloso é justificada pelos autores do projeto por ser este o prazo adotado por muitos países, entre eles os Estados Unidos e a Inglaterra.

Referindo-se a lei apenas ao reincidente em crime doloso para impor o prazo maior, de mais da metade da pena, possibilita a lei, em tese, que o condenado reincidente, em que o crime anterior ou posterior ou ambos sejam culposos, possa obter o benefício com o cumprimento de apenas um terço da sanção. Entretanto, é necessário que para isso o condenado tenha bons antecedentes (art. 83, I, segunda parte, do CP). Não os tem aquele que sofreu outras condenações, embora não seja reincidente. Aquele que tem maus antecedentes deverá cumprir mais da metade da pena para obter o benefício, como deixa implícito o art. 83, do Código Penal, em seus dois primeiros incisos,[15] embora haja decisões divergentes (vide item 131.3).

Nos termos da Súmula 715 do Supremo Tribunal Federal, a unificação das penas em atendimento ao art. 75 do Código Penal não é considerada para a concessão do livramento condicional ou de outros benefícios, devendo incidir sobre o total das penas o cálculo do tempo de cumprimento exigível (itens 66.6 e 107.7).

---

15. Entendendo haver lacuna na lei, com a possibilidade de livramento com um terço da pena por analogia *in bonam partem*: STEINER, Sylvia Helena de Figueiredo. Livramento condicional e lacuna da lei, *RT* 669/399-402.

Por primeiro há que se observar que nos termos do art. 112, incisos VI, *a*, e VIII, da LEP com a redação da Lei nº 13.964/2019, o livramento condicional é vedado ao condenado por crime hediondo ou equiparado do qual resulte morte, trate-se de condenado primário ou reincidente. Veda-se a concessão do favor também ao reincidente específico em crimes hediondos ou equiparados, diante do que dispõe o art. 83, inciso V, do CP.

Por força do art. 5º da Lei nº 8.072, de 25-7-1990, que acrescentou o inciso V ao art. 83 do Código Penal, o qual foi alterado pela Lei nº 13.344, de 6-10-2016, o condenado por crime hediondo, prática de tortura, tráfico ilícito de entorpecentes e drogas afins, tráfico de pessoas e terrorismo que não for reincidente específico em crimes dessa natureza deverá cumprir mais de dois terços da pena para obter o livramento condicional. Caso haja outras penas a cumprir por outros delitos, para a concessão do livramento condicional é necessário que o condenado cumpra um terço destas outras sanções. As regras sobre o livramento condicional são de direito penal, por implicar alteração substancial da pena, eis que a privação de liberdade não é executada integralmente se não houver revogação do benefício. Por consequência, não podem ser aplicadas ao autor do crime ocorrido anteriormente à Lei nº 8.072, ainda que reincidente, mas somente àquele que comete um dos crimes referidos após o início de sua vigência.

A contrario sensu do inciso V do art. 83 do Código Penal, o condenado que for reincidente específico em crimes dessa natureza não tem direito ao benefício. A reincidência específica na Lei nº 8.072, que não pode ser regida pelo conceito legal revogado pela Lei nº 6.416, de 24-5-1977, fica configurada quando o agente comete um crime entre os mencionados na lei após ter transitado em julgado sentença condenatória que o tenha condenado por crime anterior também relacionado no mesmo diploma legal. Não é necessário que seja crime idêntico ou semelhante ao anterior, como bem indica a expressão "dessa natureza" inscrita no dispositivo, mas apenas que ambos estejam abrangidos pela Lei nº 8.072. A delimitação que veda a concessão do livramento condicional deve ser buscada na própria lei em que está inserida. A vontade da lei é a de tratar mais severamente os autores dos definidos como crimes hediondos, bem como os demais por ela mencionados (tortura, tráfico ilícito de entorpecentes e drogas afins etc.). Um rigor maior instituído pela lei é, justamente, o de impedir que o autor de um desses delitos, praticado após o trânsito em julgado que o tenha condenado por crime também inserido no mesmo diploma legal, obtenha o livramento condicional. A menção à reincidência "específica" significa que o dispositivo se refere apenas aos delitos mencionados e não às demais infrações regidas pelas regras comuns do Código Penal.[16] De outro lado, se um dos crimes não estiver previsto na Lei nº 8.072, o autor pode beneficiar-se com o livramento condicional, desde que preenchidos os requisitos do art. 83, I a IV, do Código Penal. A Lei de Drogas (Lei nº 11.343, de 23-8-2006) exige, igualmente, para a concessão do livramento condicional, o cumprimento de dois terços da pena pelo condenado por crime relacionado com o tráfico de drogas, entre os quais o de associação para o tráfico (arts. 33, *caput*, e § 1º, 34 a 37), vedando o benefício ao reincidente específico, o que pressupõe condenação anterior por algum dos mesmos crimes mencionados no dispositivo (art. 44, parágrafo único). O condenado por crime de tráfico (art. 33, *caput* e §

---

16. MONTEIRO, Antonio Lopes. *Crimes hediondos*. São Paulo: Saraiva, 1981. p. 107-108. Contra, argumentando que a lei não pode equiparar como da mesma "natureza" delitos tão diversos: FRANCO, Alberto Silva, ob. cit. p. 118-119.

1º) que é reincidente em decorrência de anterior condenação por crime hediondo de espécie diversa não poderá ser favorecido pelo livramento condicional, por força do disposto no art. 83, V, do Código Penal. A norma contida na lei especial somente visa impedir a concessão do favor também ao condenado reincidente nos crimes expressamente referidos na norma especial, ainda que não tenham estes natureza hedionda (arts. 34 a 37).

Deve-se anotar que, embora a Lei nº 8.072 seja mais severa que a anterior, não é indispensável para a aplicação do dispositivo em exame que o crime pressuposto da reincidência tenha ocorrido em sua vigência. O que gera a impossibilidade do livramento condicional é a *reincidência*, e esta é a prática do segundo *fato criminoso*. Se este é realizado já na vigência da nova lei, esta lhe é anterior e vai regê-lo, em relação à pena e, em consequência, também no referente à concessão do livramento condicional. O que a Constituição Federal obriga, quanto às consequências penais, eventualmente mais gravosas, do crime, é a anterioridade da lei ao *fato criminoso*. Assim, ainda que o crime pressuposto, da mesma natureza, tenha ocorrido na vigência da lei anterior, fica vedada ao autor do delito a concessão da liberdade antecipada quando cometeu o segundo ilícito após estar em vigor a Lei nº 8.072/90.[17]

Para a integralização do tempo mínimo de cumprimento da pena deve computar-se o prazo em que o condenado esteve recolhido em decorrência da prisão provisória ou administrativa, bem como o de internação em hospital de custódia e tratamento psiquiátrico (art. 42 do CP). Também deve ser levado em consideração, para esse mesmo fim, o tempo remido pelo trabalho ou estudo. Não há necessidade de que o condenado tenha passado por todos os regimes penitenciários, ou seja, que se encontre em regime aberto por ocasião do pedido ou da concessão do benefício. A lei não o exige e, desde que preencha os requisitos estabelecidos no art. 83 do CP, o condenado tem o direito a liberdade condicional seja qual for o regime de pena a que está submetido (item 131.1).

A prática de falta disciplinar de natureza grave no curso da execução da pena não determina o reinício da contagem do tempo de cumprimento exigido em lei para a concessão do livramento condicional. Embora a orientação contrária por vezes tenha sido adotada por alguns tribunais, estendendo ao livramento a construção jurisprudencial no sentido da interrupção do prazo para o fim de progressão de regime (v. item 112.3), o livramento condicional é instituto que não se subordina ao sistema progressivo dos regimes prisionais e a exigência do reinício do prazo na hipótese de falta grave, na ausência de norma específica que a ampare, viola o princípio da legalidade. Nesse sentido é firme a orientação adotada no STJ, que se condensou na edição da Súmula 441: "A falta grave não interrompe o prazo para obtenção de livramento condicional." Assim, em relação ao livramento condicional, a existência de falta grave há de ser apreciada na aferição do requisito subjetivo previsto no inciso III, alínea *b*, do art. 83, com a redação dada pela Lei nº 13.964, de 24-12-2019.

O último pressuposto objetivo é ter o sentenciado reparado o dano causado pela infração, salvo efetiva impossibilidade de fazê-lo (art. 83, IV). A expressão "efetiva impossibilidade" introduzida pela Lei nº 7.209/1984 tem a finalidade de se evitar que o dispositivo se torne letra morta, como ocorreu na legislação anterior, em que o requisito era comprovado

---

17. Nesse sentido: MONTEIRO, Antonio Lopes, ob. cit. p. 108-109. Contra: FRANCO, Alberto Silva, ob. cit. p. 119-120; JESUS, Damasio E. de. Anotações à Lei nº 8.072/90 (crimes hediondos). *Fascículos de Direito Penal*. Porto Alegre: Sérgio Antonio Fabris Editor, ano 3, v. 3, nº 4, p. 9.

com um mero "atestado de pobreza". Essa é a afirmação de René Ariel Dotti, para quem a "demonstração ineludível da *efetiva* impossibilidade de reparar o dano causado pelo delito constitui exigência de grande relevo, por traduzir a satisfação dos interesses público e privado que se manifestam no quadro da indenização".[18] Não pode, pois, beneficiar-se com o livramento o condenado que, não demonstrando haver satisfeito as obrigações civis resultantes do crime, que é um efeito da condenação (art. 91, inciso I, do CP), igualmente não faça a prova da impossibilidade de reparar o dano causado pelo delito. Consideram-se casos de impossibilidade para a reparação, além da situação econômica do condenado, a exigência exagerada do ofendido, a dificuldade de localizá-lo para o ressarcimento, a prescrição civil, o perdão, a novação da dívida, a falta de liquidação da execução da sentença etc. Não basta, porém, a demonstração da inexistência de qualquer espécie de ação civil de cobrança ou indenização, já que o condenado está sempre, em princípio, obrigado à reparação do prejuízo causado à vítima.

Jurisprudência

- *Necessidade de cumprimento de metade da pena para o condenado reincidente em crime doloso*
- *Condenado por crime hediondo: exigência do cumprimento de dois terços da pena*
- *Tráfico privilegiado: exigência do cumprimento de dois terços da pena*
- *Tráfico privilegiado como crime não hediondo*
- *Irrelevância do não reconhecimento da natureza hedionda do crime na sentença condenatória: necessidade de cumprimento de dois terços da pena*
- *Inexistência de restrições ao condenado por associação para o tráfico: crime comum*
- *Interrupção da contagem do prazo pela prática de falta grave*
- *Não interrupção da contagem do prazo pela prática de falta grave*
- *Necessidade de cumprimento de metade da pena para o condenado reincidente com penas unificadas*
- *Inadmissibilidade do livramento condicional para condenado a pena inferior a dois anos*
- *Exclusão da soma das penas já cumpridas ou extintas*
- *Exigência do cumprimento de um terço do total das penas*
- *Exigência do cumprimento de metade da pena para o condenado de maus antecedentes*
- *Contra: necessidade do cumprimento de um terço da pena para o condenado de maus antecedentes*
- *Necessidade de cumprimento de metade da pena para o condenado reincidente em crime doloso*
- *Condenado por crime hediondo: exigência do cumprimento de dois terços da pena*

---

18. Art. cit. *RT* 593/297. REALE JR, Miguel; ANDREUCCI, Ricardo Antunes; PITOMBO, Sérgio Marcos de Moraes, além do referido autor, afirmam que a prova não pode ser suprida por presunção ou atestado de pobreza. *Penas e medida de segurança no novo código penal.* Rio de Janeiro: Forense, 1985. p. 236.

- *Exigência do cumprimento de dois terços da pena do crime hediondo e um terço da pena do crime comum*
- *Contra: critério mais rigoroso*
- *Exigência do cumprimento de dois terços da pena para o condenado por crime de estupro em sua forma simples*
- *Condenado por crime hediondo anterior à Lei nº 8.072/90: exigência do cumprimento de um terço da pena*
- *Possibilidade de livramento condicional ao reincidente por crime hediondo anterior à Lei nº 8.072/90: irretroatividade da lei mais gravosa*
- *Inexistência de restrições ao condenado por associação para o tráfico: crime hediondo*
- *Contra: associação para o tráfico como crime hediondo*
- *Não interrupção da contagem do prazo pela prática de falta grave*
- *Interrupção da contagem do prazo pela superveniência de nova condenação*
- *Contagem do prazo do condenado que cometeu nova infração penal*
- *Contagem do prazo após recaptura*
- *Exigência do ressarcimento do dano para a concessão do livramento condicional*
- *Inexigência do ressarcimento do dano do condenado insolvente*
- *Existência de ação de indenização sem prova do ressarcimento do dano*
- *Exigência do ressarcimento: irrelevância do sequestro de bens*
- *Desnecessidade da prova de insolvência – suficiência do sequestro de bens*
- *Irrelevância da não existência de ação de indenização*

131.3 REQUISITOS SUBJETIVOS

Exigem-se, ainda, requisitos subjetivos para a concessão do livramento condicional. Não pode obter o livramento condicional o condenado que, embora tenha cumprido o tempo mínimo de pena previsto na lei, não apresente os requisitos subjetivos também exigidos pelo art. 83 do CP.

Ao fixar o prazo de um terço de cumprimento da pena para o condenado não reincidente em crime doloso, acrescenta a lei que deve ter ele ainda ter "bons antecedentes" (art. 83, I), sem os quais deverá cumprir mais da metade da reprimenda para obter o benefício. Assim, só poderá obter o livramento condicional no prazo menor o condenado que não é criminoso habitual, que não sofreu outras condenações, que não esteve envolvido em outras ações penais etc. O condenado não reincidente pode ter sofrido outras condenações e, portanto, não preencher tal requisito, devendo aguardar o cumprimento de mais da metade da pena para ver deferido o livramento. Refere-se o dispositivo aos antecedentes anteriores ao cumprimento da pena, pois sua conduta após o recolhimento à prisão deve ser apreciada nos termos do art. 83, inciso III, *a*, do CP, que se refere ao "bom comportamento durante a execução da pena". Não se pode, porém, aplaudir a inovação introduzida pela reforma penal, já que a exigência de bons antecedentes aumenta o prazo de cumprimento da pena mesmo para aquele que apresenta perfeitas condições para se integrar socialmente. O condenado alcança, em determinado momento, o ponto mais alto de sua resposta positiva à terapêutica penal e é nesse exato momento que deve ser concedido o livramento condicional. Aguardar-se que cumpra a pena por um prazo maior é inócuo e até mesmo prejudicial ao processo de reintegração social. A lei, entretanto, equiparou ao condenado reincidente o portador de maus antecedentes. Há, porém, decisões do Superior Tribunal de Justiça no sentido de que os maus antecedentes não podem ser equiparados à reincidência e, portanto, na ausência de expressa e clara disciplina legal, o prazo a ser observado na hipótese é também de um terço, tal como previsto para o condenado primário (v. item 131.2).

Deve o sentenciado comprovar ainda "bom comportamento durante a execução da pena" (art. 83, inciso III, *a*, do CP), e não, como se fazia na redação original do dispositivo, "bom comportamento carcerário". É visível o intuito de exigir-se menor rigor na apreciação da conduta do sentenciado. Como observa René Dotti, "o sentenciado poderá ter sofrido sanção disciplinar ao longo da execução da pena, resultante de fatores os mais complexos e muitas vezes não debitáveis à conduta individual e nem por isso revelar incompatibilidade com a medida do livramento".[19] Além disso, o comportamento do sentenciado deve ser aferido não só na vida "carcerária" mas também no meio livre (trabalho externo, permissões de saída etc.). O bom comportamento é um índice importante de adaptação social que há de ser verificado de atos positivos do sentenciado, não bastando a simples abstenção de faltas disciplinares; deflui da boa convivência do sentenciado com os companheiros de prisão, da aplicação nos estudos, do intercâmbio com a família. Não tem bom comportamento o sentenciado que já empreendeu fuga,[20] burlou a vigilância e afastou-se do presídio, envolveu-se com tóxicos, participou de movimento paredista ou motim, praticou outras faltas graves etc. A prova do bom comportamento é consubstanciada em atestado de conduta carcerária, parecer da Comissão Técnica de Classificação, laudo criminológico etc.

Outro requisito subjetivo está previsto no inciso III, alínea *b*, que foi acrescentado pela Lei nº 13.964, de 24-12-2019: "não cometimento de falta grave nos últimos 12 (doze) meses". Conforme já examinado acima, o cometimento de falta grave, de acordo com a melhor doutrina e vencedora corrente jurisprudencial, não é causa interruptiva do tempo de cumprimento de pena necessário para a concessão do livramento condicional. No entanto, trouxe a referida lei para o deferimento do favor legal o requisito subjetivo adicional de que não tenha o sentenciado cometido falta grave no período de um ano que antecede a decisão.

Exige-se, também, que comprove o sentenciado "bom desempenho no trabalho que lhe foi atribuído" (art. 83, III, alínea *c* do CP). Tal requisito, é mais uma indicativa da importância atribuída pelo legislador à laborterapia como um dos fatores de ressocialização do delinquente. Embora refira-se a lei ao trabalho que foi "atribuído" ao condenado, deve-se entender que abrange o dispositivo também o trabalho externo, que é autorizado pela Administração. Caso contrário, o condenado que desempenhasse o trabalho extramuros não poderia cumprir com um dos requisitos necessários à obtenção do livramento condicional.

---

19. Art. cit. *RT* 593/297.
20. A fuga, porém, não é elemento impeditivo à concessão do benefício durante toda a execução da pena. Quando o sentenciado der mostras de recuperação, ficando amplamente superada essa falta grave por sua conduta enquanto esteve foragido e após a continuação do cumprimento da pena, pode ser concedido o livramento condicional.

Como último requisito subjetivo de ordem geral, deve o sentenciado comprovar "aptidão para prover a própria subsistência mediante trabalho honesto" (art. 83, III, alínea *d*, do CP). Referindo-se a lei não só ao trabalho do condenado, mas também à possibilidade da frequência a cursos profissionalizantes, presume-se que, com o seu esforço, pode deixar a prisão em condições de prover a subsistência própria no desempenho de atividade laborativa honesta. Observa-se, porém, que essa pressuposição esbarra na realidade das prisões, em cujo interior o trabalho, quando há, reveste-se de pouca significação econômica.[21] De qualquer forma, uma pessoa sadia física e mentalmente tem condições de desempenhar ao menos trabalhos braçais sem qualquer preparo profissional. A proposta de emprego, embora não imprescindível, é a comprovação de que o condenado preenche o requisito exigido.

Especial requisito para a concessão do livramento condicional é exigido, expressamente, para o condenado por integrar organização criminosa ou por crime cometido por meio de organização criminosa, consistente na cessação do vínculo associativo (§ 9º do art. 2º, da Lei nº 12.850, de 2-8-2013, introduzido pela Lei nº 13.964, de 24-12-2019). Deve-se observar, porém, que ainda que o sentenciado não tenha sido condenado por delito daquela natureza, a constatação, no curso da execução, de manter ele vínculo associativo com uma organização criminosa pode motivar o indeferimento do livramento condicional, por ausência de um dos requisitos previstos no art. 83, inciso III, alíneas "a" e "b", ou, ainda, com base no parágrafo único. Integrar uma organização criminosa é fato previsto como crime doloso e, portanto, constitui falta grave, nos termos do art. 52, *caput*, da Lei de Execução Penal e sua apuração não depende de prévia condenação, podendo se realizar em regular procedimento administrativo disciplinar.

Não reconhecendo mais o estado perigoso nos condenados imputáveis, deixou a lei de referir-se, como regra geral, à ausência ou cessação de periculosidade para o livramento condicional do sentenciado. Entretanto, sem poder fugir à realidade, determina que "para o condenado por crime doloso, cometido com violência ou grave ameaça à pessoa, a concessão do livramento ficará também subordinada à constatação de condições pessoais que façam presumir que o liberado não voltará a delinquir" (art. 83, parágrafo único, do CP). Embora já se tenha afirmado que ao critério fluído da verificação do estado perigoso opõem-se não somente o rigor científico que deve presidir tal diligência, como também o princípio da culpa,[22] deve-se convir que a expressão "presunção de que o condenado não voltará a delinquir" significa, a rigor, ausência de periculosidade. Há critérios científicos fundados em estatísticas para o exame de verificação das condições pessoais do condenado no que tange à possibilidade de reincidência.[23] A presunção necessária é que cessou a peri-

---

21. SILVA, Odir Odilon Pinto da, BOSCHI, José Antonio Paganella. Ob. cit. p. 136.

22. DOTTI, René Ariel. Art. cit. *RT* 593/296-297. Afirma ainda o mesmo autor, em outro trabalho: "Não se cogita, aqui, de uma investigação referente à periculosidade como um prognóstico, um juízo sobre o futuro, mas de uma análise sobre o passado a fim de deduzir, com elementos concretos extraídos do levantamento da personalidade, da conduta do condenado e das circunstâncias externas (meio ambiente, qualidade de vida etc.) ou internas (estado mental e psicológico). A 'superação das circunstâncias' a que alude o anteprojeto consiste na modificação do quadro em que o sentenciado estava inserido, tanto sob o ângulo familiar como social, na casa ou na rua." O *sursis* e o livramento condicional nos projetos de reforma do sistema. *Justitia* 124/190.

23. Sobre o assunto: MARLET, José Maria. Contribuição para avaliação das condições pessoais dos candidatos a livramento condicional enquadrados no parágrafo único do art. 83 do Código Penal. *RT* 704/439-476.

culosidade, não bastando que tenha ela diminuído. Presumida a possibilidade de o apenado voltar a delinquir, em face de suas condições pessoais (não arrependimento, carência de autocensura etc.), o pedido deve ser indeferido.

Com fundamento nos itens 73 e 74 da exposição de motivos da Lei nº 7.209/84, tem-se entendido, por vezes, que se impõe a perícia ou o exame criminológico para verificar a superação das condições e circunstâncias que levaram o condenado a delinquir.[24] Tal interpretação não corresponde, *data venia*, ao texto legal. Na tramitação do projeto da referida lei, foi modificada a redação do dispositivo que exigia textualmente a perícia, possibilitando-se a prova de que o condenado apresenta condições de obter o benefício por outros meios. Entretanto, embora não se exija, também não se impede que o juiz determine a realização de exame psiquiátrico ou criminológico para a constatação de condições pessoais que façam presumir não volte o sentenciado a delinquir. Trata-se de meio de prova legítimo para a formação do convencimento do magistrado, que não pode ser obstado se não se mostra desarrazoado, nem configura constrangimento ilegal. A convicção do juiz pode formar-se, porém, dos elementos do processo de execução, em especial do próprio procedimento referente ao pedido de benefício. Pode o juiz determinar a realização do exame criminológico, portanto, sempre que o entender necessário em face das peculiaridades do caso, desde que assim decida fundamentadamente. Nesse sentido, aliás, é teor da Súmula 439 do STJ.

Jurisprudência

- *Necessidade de bom comportamento durante o cumprimento da pena: insuficiência da ausência de falta grave nos últimos 12 meses*
- *Falta grave e bom comportamento carcerário – delimitação da controvérsia –*
- *Indeferimento pela fuga e prática de crimes*
- *Indeferimento pela prática de falta grave*
- *Contra: prática de falta grave não impede concessão do livramento condicional*
- *Facultatividade da realização do exame criminológico após a vigência da Lei nº 10.792/93*
- *Necessidade de decisão fundamentada para a realização do exame criminológico*
- *Fuga ou falta grave como razão suficiente para a realização do exame criminológico*
- *Exigência de exame pericial para a concessão do livramento condicional em crime praticado com violência*
- *Desnecessidade do exame criminológico para a concessão do livramento condicional em crime praticado sem violência ou grave ameaça*
- *Indeferimento pela falta de presunção de que o condenado não voltará a delinquir*
- *Irrelevância da gravidade do crime para a realização do exame criminológico*
- *Possibilidade de indeferimento na existência de laudo exame criminológico favorável*
- *Exigência de preenchimentos dos requisitos objetivos e subjetivos*
- *Preenchimento dos requisitos subjetivos: deferimento*

---

24. DOTTI, Rensunto: M Pinto da, *RT* 593/298.

- Possibilidade de concessão do livramento condicional a condenado com maus antecedentes
- Antecedentes do acusado e gravidade do crime: indeferimento
- Delinquente contumaz e agressividade latente: indeferimento
- Indeferimento por mau comportamento carcerário
- Indeferimento pela prática de fuga
- Contra: fuga não impede concessão do livramento condicional – sentenciado com mostras de recuperação
- Indeferimento pelo abandono em saída temporária
- Indeferimento por afastamento do presídio
- Irrelevância da gravidade abstrata do delito e das circunstâncias do crime para a concessão do livramento condicional
- Inadmissibilidade de indeferimento pela necessidade de melhor observação no regime atual
- Exigência de cessação de periculosidade para a concessão do livramento condicional em crime praticado com violência
- Facultatividade do exame pericial para a concessão do livramento condicional
- Necessidade de decisão fundamentada para a realização do exame criminológico
- Fuga ou falta grave como razão suficiente para a realização do exame criminológico
- Exigência de exame pericial para a concessão do livramento condicional em crime praticado com violência
- Desnecessidade do exame criminológico para a concessão do livramento condicional em crime praticado sem violência ou grave ameaça
- Indeferimento pela falta de presunção de que o condenado não voltará a delinquir
- Irrelevância da gravidade do crime para a realização do exame criminológico
- Faculdade do juiz para exame por médico psiquiatra

131.4 LIVRAMENTO CONDICIONAL A ESTRANGEIRO

O fato de ser o sentenciado estrangeiro, por si só, não constitui obstáculo a que, preenchendo os requisitos legais, faça jus ao livramento condicional. Mesmo a instauração de simples inquérito ou processo com vista à expulsão do estrangeiro não obsta a apreciação de seu pedido do benefício. Aliás, a Lei de Migração prevê a igualdade de condições entre os condenados nacional e estrangeiro com relação ao cumprimento de pena, a progressão de regime e demais benefícios legais no curso da execução da pena (art. 54, § 3º) (v. itens 112.4 e 114.1). Desde que, contudo, tenha sido decretada a expulsão ou extradição do país, não cabe o livramento. Isso porque constituiria verdadeiro paradoxo que, por ser considerado nocivo ao país, tivesse, por essa razão, sua expulsão ou extradição decretada e, por via do livramento condicional, circulasse livremente no território nacional. O interesse social é expulsá-lo ou extraditá-lo, em regra depois de cumprida a pena, não havendo como liberá-lo antes para que se reintegre na comunidade onde se fez indesejável.

Jurisprudência

- *Admissibilidade de concessão do livramento condicional a estrangeiro na ausência de processo ou decreto de expulsão (antes da vigência da Lei nº 13.445/2017)*
- *Impossibilidade de concessão do livramento condicional a estrangeiro (antes da vigência da Lei nº 13.445/2017)*
- *Contra: possibilidade de concessão do livramento condicional a estrangeiro (antes da vigência da Lei nº 13.445/2017)*
- *Necessidade de apresentação do visto de permanência definitiva (antes da vigência da Lei nº 13.445/2017)*
- *Inadmissibilidade de concessão do livramento condicional a estrangeiro com decreto de expulsão (antes da vigência da Lei nº 13.445/2017)*
- *Contra: admissibilidade de concessão do livramento condicional a estrangeiro com decreto de expulsão (antes da vigência da Lei nº 13.445/2017)*
- *Inadmissibilidade de concessão do livramento condicional a estrangeiro com inquérito para fins de expulsão instaurado (antes da vigência da Lei nº 13.445/2017)*
- *Inadmissibilidade de concessão do livramento condicional a estrangeiro com permanência irregular no Brasil (antes da vigência da Lei nº 13.445/2017)*
- *Contra: admissibilidade de concessão do livramento condicional a estrangeiro com permanência irregular no Brasil (antes da vigência da Lei nº 13.445/2017)*

131.5 CONCESSÃO

O livramento condicional poderá ser concedido mediante requerimento do sentenciado, de seu cônjuge ou de quem o represente, de parente ou descendente, do Ministério Público ou defensor ou por proposta do diretor do estabelecimento penal ou, ainda, por iniciativa do Conselho Penitenciário (art. 195 da LEP).

Não há necessidade de o pedido ser efetuado por procurador judicial. Preenchidos os requisitos objetivos e subjetivos, o livramento será concedido pelo juiz da execução (arts. 66, III, *e*, e 131 da LEP). Exige-se, porém, obrigatoriamente, um parecer a respeito da admissibilidade, conveniência e oportunidade do benefício pelo Conselho Penitenciário. Embora a Lei nº 10.792, de 1º-12-2003, na nova redação dada ao art. 70, inciso I, tenha excluído a referência ao parecer do Conselho Penitenciário do rol de suas atribuições, permanece a exigência diante do que dispõe o art. 131. Tem-se entendido, porém, na jurisprudência, que o parecer se tornou desnecessário a partir da vigência daquele diploma. Prevê-se também no mesmo dispositivo a oitiva prévia do Ministério Público. Nos termos do que dispõe o art. 112, § 2º, em sua redação dada pela Lei nº 13.964/2019, exigem-se, ainda, expressamente, a prévia manifestação da defesa e a motivação da decisão não somente para a progressão de regime, mas, também, para a concessão do livramento condicional, indulto e comutação de penas. Trata-se de reafirmar a judicialização do procedimento executório, ao reverso do caráter administrativo que durante séculos vem dominando essa matéria, em prejuízo da verdadeira natureza jurídica da execução penal.[25] Embora não esteja o juiz da execução adstrito às conclusões e pareceres, são eles de elevado valor na aferição dos requisitos necessários para a concessão do benefício e sua falta torna nula a decisão proferida.

Deixou de ser imprescindível para a medida do livramento o minucioso relatório e parecer do diretor do estabelecimento, previsto no antigo art. 62 do Código Penal e no art. 714 do Código de Processo Penal. As informações da autoridade administrativa a respeito do caráter do sentenciado, de seu procedimento na prisão, de suas relações com a família ou com estranhos, todavia, podem servir de elementos úteis à apreciação do pedido pelo Conselho Penitenciário, Ministério Público e juiz da execução. Como bem acentua Noronha, "antes de proferir a sentença, como é natural, nada obsta a que o Juiz se informe e esclareça da melhor maneira possível, ampliando e completando os elementos do processo, determinando, para isso, as diligências que achar necessárias (informações, juntada de documentos, perícias etc.)".[26]

Embora o livramento condicional seja um instituto de direito penal, está ele regulado na Lei de Execução Penal. Assim, nos termos do art. 197 deste estatuto, da decisão que concede ou nega o benefício cabe o recurso de agravo em execução, sem efeito suspensivo.

Exigindo-se para a concessão do livramento requisitos subjetivos que somente podem ser apurados por meio da prova dos autos da execução, de parecer do Conselho Penitenciário e da oitiva do Ministério Público e da defesa, não pode ser ele concedido pela via do *habeas corpus*. Também não se tem admitido o pedido de *habeas corpus* para acelerar procedimento ou apressar decisão judicial concernente a livramento condicional.

Concedido o livramento condicional, não pode pretender o condenado sua cassação, por entender que cumprir a pena em regime aberto, em prisão albergue domiciliar, é situação que lhe mais favorece porque, se aquele benefício for revogado, não se lhe permitira abater, como desconto de pena, o tempo a partir de então decorrido. Trata-se de pedido aético, fundado na probabilidade aceita pelo condenado de reincidir na prática de crime. Ademais, a lei prevê apenas momento próprio para a possibilidade de recusa do livramento, no caso de não aceitação das condições, ou seja, na cerimônia da concessão (item 137.1).

Jurisprudência

- *Competência do juiz de acordo com a legislação de organização judiciária*
- *Exigência de fundamentação da decisão*
- *Possibilidade de adoção do parecer do Ministério Público*
- *Inadmissibilidade de concessão pelo juiz da condenação*
- *Concessão de ofício do livramento condicional*
- *Exigência de parecer do Conselho Penitenciário*
- *Desnecessidade do parecer do Conselho Penitenciário após a vigência da Lei nº 10.792/2003*

---

25. Cf. DOTTI, René Ariel. Ob. cit. *RT* 593/299.
26. Ob. cit. p. 614.

- *Parecer do Conselho Penitenciário desfavorável: indeferimento do livramento condicional*
- *Concessão com parecer favorável do Conselho Penitenciário*
- *Indeferimento contra parecer favorável do Conselho Penitenciário*
- *Deferimento contra parecer desfavorável*
- *Necessidade de decisão perante o Juízo das Execuções Criminais*
- *Necessidade de prévia manifestação do Ministério Público*
- *Inadmissibilidade de habeas corpus para concessão do livramento condicional*
- *Inadmissibilidade de concessão de livramento condicional em substituição ao regime aberto*
- *Contra: admissibilidade do livramento condicional na impossibilidade de concessão da prisão domiciliar*
- *Possibilidade de desistência pelo advogado*
- *Contra: aceitação do livramento condicional – ato personalíssimo do beneficiário*
- *Demora na instrução do pedido de livramento condicional: irrelevância*
- *Concessão do livramento condicional em execução provisória*
- *Contra: Impossibilidade da concessão do livramento na ausência de trânsito em julgado para a acusação*
- *Recurso da decisão sobre pedido de livramento condicional*
- *Inadmissibilidade de reconsideração do despacho de concessão após o trânsito em julgado*

131.6 DIREITO INTERTEMPORAL

A previsão da fração da pena a ser cumprida pelo condenado para a concessão do livramento condicional subordina-se ao princípio da irretroatividade da lei penal mais severa (art. 5º, XL, da CF). Assim, a exigência do cumprimento de dois terços da pena para a concessão do livramento condicional ao condenado por crime hediondo e a vedação do favor ao reincidente em crimes dessa natureza, estabelecida no art. 83, V, do CP, não se aplicam aos condenados por crimes praticados anteriormente à vigência da Lei nº 8.072, de 25-7-1990, que definiu os crimes hediondos e alterou a redação daquele artigo de lei. De forma semelhante, a observância ao princípio da irretroatividade da lei penal implica que a vedação da concessão do livramento condicional ao condenado, primário ou reincidente, por crime hediondo ou equiparado do qual resultou morte não deve ser aplicada aos autores de crimes praticados anteriormente à vigência da Lei nº 13.964/2019, que conferiu a atual redação do art. 112, VI, *a*, e VIII, da LEP.

Jurisprudência

- *Retroatividade e ultratividade da lei mais benigna no livramento condicional*
- *Crime de latrocínio praticado antes da vigência da Lei nº 8.072/90*

Art. 132. Deferido o pedido, o juiz especificará as condições a que fica subordinado o livramento.

§ 1º Serão sempre impostas ao liberado condicional as obrigações seguintes:

a) obter ocupação lícita, dentro de prazo razoável, se for apto para o trabalho;

b) comunicar periodicamente ao juiz sua ocupação;

c) não mudar do território da Comarca do Juízo da Execução, sem prévia autorização deste.

§ 2º Poderão ainda ser impostas ao liberado condicional, entre outras obrigações, as seguintes:

a) não mudar de residência sem comunicação ao juiz e à autoridade incumbida da observação cautelar e de proteção;

b) recolher-se à habitação em hora fixada;

c) não freqüentar determinados lugares.

d) (vetado)*

Vide: **LEP** arts. 79, III, 131,133, 134, 137, II e III, 138, §§ 1º, *c*, e 3º, 140, 144, 145, 146; **CP** arts. 85 a 87.

132.1 CONDIÇÕES OBRIGATÓRIAS

Quando ocorrer a concessão do livramento condicional, o juiz da execução deve especificar as condições a que fica subordinado o beneficiário até que se finde o período de prova (arts. 85 do CP. e 132 da LEP). Entretanto, além daquelas que devem ser impostas expressamente pelo magistrado, existem as condições *legais*, que decorrem do estabelecimento das causas de revogação obrigatórias ou facultativas. São condições do livramento condicional, dessa forma: (a) não ser condenado a pena privativa de liberdade por crime praticado antes ou durante a vigência do benefício, o que acarreta sua revogação obrigatória (art. 86, do CP); e (b) não ser condenado por crime ou contravenção a pena que não seja privativa de liberdade, ou por contravenção a pena privativa de liberdade (v. item 140.1), causa de revogação facultativa do benefício (art. 87, do CP).

São também condições obrigatórias do livramento as obrigações previstas no art. 132, § 1º, da Lei de Execução Penal, e que devem ser impostas pelo juiz. A primeira delas é obter ocupação lícita, dentro de prazo razoável, *se for apto para o trabalho*. Atentou aqui o legislador para a hipótese de o condenado, por problemas físicos, não poder obter ocupação lícita dentro de prazo razoável, hipótese ignorada pelo art. 83, inciso III, *d*, do Código Penal, que cuida dos requisitos para a concessão do benefício. O prazo para obter ocupação lícita deve ser fixado pelo juiz, levando em conta eventual promessa de emprego juntada ao pedido de livramento, as dificuldades maiores ou menores que se apresentem ao liberado, o índice de desemprego geral na localidade etc. Nada impede que tal prazo seja prorrogado se o juiz verificar que, apesar do empenho do beneficiário, não logrou ele êxito na admissão de emprego ou execução de outra ocupação lícita (frequência a cursos de segundo grau, universitário, profissional etc.).

Deve ainda o liberado "comunicar periodicamente ao juiz sua ocupação". A obrigação é complemento da anterior, no sentido de se verificar se o liberado continua a exercer a ocupação que obteve. Deve o juiz fixar o prazo máximo de intervalo entre as comunicações, de molde que possa efetivamente acompanhar o cumprimento da obrigação por parte do sentenciado.

Por fim, é dever do sentenciado "não mudar do território da Comarca do Juízo da Execução, sem prévia autorização deste". Não há exigência de prévia autorização judicial para toda a mudança de residência, mas ela é necessária quando implica transferência para o território de outra Comarca. A mudança de residência na própria Comarca obriga o condenado à comunicação desse fato quando for imposta a condição facultativa prevista no art. 132, § 2º, c. A referência à "Comarca do Juízo da Execução" é equivocada, uma vez que a Lei de Organização Judiciária pode atribuir competência ao Juiz da Execução para todo o Estado. Deve-se entender, portanto, que a condição refere-se à mudança do território da Comarca em que o liberado foi residir quando obteve a concessão do livramento.

Jurisprudência

- *Inadmissibilidade de livramento condicional sem condições*

132.2 CONDIÇÕES FACULTATIVAS

Pode o juiz, facultativamente, impor outras obrigações ao sentenciado, razão pela qual são elas chamadas *condições judiciais*. Três delas são sugeridas na lei. A primeira é a de "não mudar de residência sem comunicação ao juiz e à autoridade incumbida da observação cautelar e de proteção". Desejando o liberado mudar de residência no território da Comarca, deve comunicar o fato ao juiz de execução e à autoridade encarregada da observação cautelar e de proteção, ou seja, ao patronato público ou particular, serviço social penitenciário, ou Conselho da Comunidade que colaboram na fiscalização do cumprimento das condições do livramento condicional (art. 79, III). Só assim tal órgão da execução poderá tornar efetiva a assistência e fiscalização que lhe são atribuídas.

Outra obrigação que pode ser imposta ao liberado é a de "recolher-se à habitação em hora fixada". Como observa Espínola Filho, esta obrigação deve apenas ser imposta, como complemento de garantia, aos que é de temer entreguem-se ao jogo, à pederastia, à prostituição, sendo, também, aconselhável em relação a indivíduos de saúde precária, cuja atividade profissional possa ser prejudicada com as noites perdidas.[27] Mais precisa que a lei anterior, que se referia à obrigação de recolher-se "cedo à habitação" (art. 767, § 2º, *b*, do CPP), determina-se na Lei de Execução Penal que deve ser fixada a hora do recolhimento do liberado quando imposta a condição em exame.

É possível ainda que se proíba o liberado de "frequentar determinados lugares". Refere-se a lei a locais que possam prejudicar a moral, a capacidade de trabalho, o estado de

---

27. *Código de processo penal brasileiro anotado*. 6. ed. Rio de Janeiro: Borsói, 1965. v. 8, p. 237.

espírito do condenado, ou seja, que possam propiciar novo desvio de conduta do liberado, tais como casas de bebida, casas de jogo, certas reuniões, espetáculos e diversões públicas etc. A proibição deve ser justificada em face do crime e das condições pessoais do liberado, pois o homem necessita de derivativos e muitas diversões têm caráter educativo, elevando o espírito e o sentimento, não devendo ser vedadas senão quando possam causar prejuízo ao processo de reintegração social.

Além dessas condições facultativas previstas em lei, pode o juiz da execução impor outras que sejam adequadas à situação pessoal do condenado, em especial com relação ao crime por ele praticado. Devem ser elas ditadas em atenção à idade, saúde, educação e cultura do condenado, bem como a seus hábitos antes da condenação, ao meio ambiente onde se radicou etc., sempre tendo-se em vista a prevenção da reincidência e ao processo de reintegração social do liberado. Não há que se impor, portanto, condição que em nada pode contribuir para o fim da execução penal ou que dificulte ainda mais o ajustamento do condenado. Também não é possível impor condição que constitua, em si mesma, pena não prevista ou restrinja direito individual preservado pela Constituição Federal. Também não há razão para impor condições inócuas, tais como a de não praticar crime ou contravenção, de pagar as custas do processo etc., já que a lei prevê as consequências próprias para aquele que desatende tais obrigações. Podem ser citados como exemplos de obrigações facultativas a abstenção de bebidas alcoólicas, a frequência a cursos de alfabetização etc.

Na alínea "d" do § 2º do art. 132, inserida pela Lei nº 12.258, de 15-6-2010, previa-se como nova condição judicial, a utilização pelo liberado de equipamento de monitoração eletrônica. O dispositivo foi, porém, objeto de veto presidencial (v. item 146-B.1).

Jurisprudência

- *Admissibilidade da fixação de outras condições pelo juiz*

Art. 133. Se for permitido ao liberado residir fora da Comarca do Juízo da Execução, remeter-se-á cópia da sentença do livramento ao juízo do lugar para onde ele se houver transferido e à autoridade incumbida da observação cautelar e de proteção.

Vide: LEP arts. 79, III, 132, § 1º, *c*, § 2º, *a*, 134, 139.

133.1 MUDANÇA DE RESIDÊNCIA

O liberado pode ser autorizado a mudar sua residência para fora do território da Comarca do Juízo da Execução, ou seja, transferir-se para comarca diversa daquela em que foi residir quando posto em liberdade condicional (v. item 132.1). Nessa hipótese, deve ser remetida cópia da sentença do livramento para o Juízo do lugar em que foi residir. Isso não significa que haja mudança na competência para a execução, permanecendo com o Juízo original a incumbência de decidir a respeito dos incidentes ou alterações posteriores (revogação do benefício, modificação nas condições, extinção da pena pelo decurso do prazo etc.). O juiz da comarca para onde foi residir o condenado, diante da cópia da sentença do livramento, irá acompanhá-lo, determinando providências administrativas cabíveis, comunicando ao Juízo da Execução qualquer fato que possa acarretar atos jurisdicionais.

Também deve ser remetida cópia da sentença do livramento condicional ao órgão incumbido da observação cautelar e proteção para as providências necessárias ao acompanhamento, assistência e fiscalização das condições. Qualquer alteração quanto à conduta do egresso, em especial aquela que se refere ao cumprimento das condições impostas na sentença, deve ser comunicada ao Juízo da Comarca.

É inadmissível que se conceda ao liberando a permissão para cumprimento do benefício em país estrangeiro. As condições impostas só podem ser cumpridas no país, onde deve ser cumprida integralmente a pena, salvo a hipótese excepcional de expulsão.

Jurisprudência

- *Inadmissibilidade de cumprimento do livramento em país estrangeiro*
- *Inadmissibilidade de revogação do livramento pelo juiz da residência fora da comarca*

Art. 134. O liberado será advertido da obrigação de apresentar-se imediatamente às autoridades referidas no artigo anterior.

Vide: **LEP** arts.132, 133, 137, II.

134.1 ADVERTÊNCIA

Ao autorizar o liberado a mudar-se para outra comarca, o Juiz da Execução deverá adverti-lo de que, consumada a transferência, deverá ele apresentar-se tanto ao Juízo da Comarca onde for residir, como à autoridade encarregada da entidade de observação cautelar e de proteção que ficar encarregada da assistência e fiscalização.

Art. 135. Reformada a sentença denegatória do livramento, os autos baixarão ao Juízo da Execução para as providências cabíveis.

Vide: **LEP** arts. 66, III, *e*, 131, 144, 197.

135.1 CONCESSÃO PELO TRIBUNAL

Denegado o livramento condicional, cabe da decisão o agravo em execução (art. 197 da LEP). Caso a sentença de primeiro grau seja reformada, concedendo-se ao condenado o benefício, os autos baixarão ao Juízo da Execução. Tomará ele então as providências cabíveis, ou seja, determinará a expedição da carta de livramento, para a remessa à autoridade administrativa incumbida da execução e Conselho Penitenciário, realizando-se a cerimônia pertinente etc. Embora concedida pelo órgão judiciário superior, é o Juízo da Execução o competente para decidir sobre eventuais incidentes, alterações, revogação, extinção da pena etc.

Nos termos do art. 721 do Código de Processo Penal, estabelecia-se que, reformada a sentença denegatória do livramento, os autos deveriam ser baixados ao juiz da primeira instância, a fim de que este determinasse as condições que deviam ser impostas ao liberado. Embora a lei de execução não seja expressa, a fixação das condições judiciais no livramento condicional cabe também ao juiz da execução, estando essa competência inserida implicitamente na ampla expressão "providências cabíveis" utilizada no dispositivo em exame. Se ao juiz da execução cabe decidir sobre o livramento condicional (art. 66, III, *e*) e modificar as condições especificadas na sentença (art. 144), nada impede que também as estabeleça originariamente na hipótese de não terem sido elas objeto de deliberação na instância superior.

Art. 136. Concedido o benefício, será expedida a carta de livramento com a cópia integral da sentença em duas vias, remetendo-se uma à autoridade administrativa incumbida da execução e outra ao Conselho Penitenciário.

Vide: **LEP** arts. 69, 79, III, 131, 133, 137 a 139, 145.

136.1   CARTA DE LIVRAMENTO

Transitada em julgado a decisão em que se conceder o benefício, deve ser expedida a "carta de livramento", correspondente ao que se denominava de "carta de guia" da lei processual. Desse documento devem constar os dados de identificação do liberado (nome, qualificação, número de registro geral etc.), bem como o inteiro teor da sentença e, em consequência, as condições que foram impostas ao beneficiário, já que é por ele que se norteará o cumprimento do benefício.

A carta de livramento deve ser expedida em duas vias. No Código de Processo Penal, mencionava-se como destinatário de uma das vias o "diretor do estabelecimento penal", enquanto a Lei de Execução Penal refere-se à "autoridade administrativa incumbida da execução". Isso porque não é o diretor do estabelecimento em que estava recolhido o liberado o incumbido da execução do *livramento condicional*, e sim o serviço social penitenciário, Patronato ou Conselho da Comunidade, conforme o estabelecido no art. 139. À autoridade administrativa encarregada do serviço ou do estabelecimento incumbido da observação cautelar e proteção é que deve ser enviada a cópia da carta de livramento, como aliás determina expressamente a lei na hipótese de o liberado passar a residir fora da Comarca do Juízo da Execução (art. 133).

A outra via da carta de livramento deve ser encaminhada ao Presidente do Conselho Penitenciário. A esse órgão da execução cabe, principalmente, emitir parecer sobre a revogação e a suspensão do benefício (art. 145), propor modificação das condições durante o período de prova (art. 144), manifestar-se a respeito da extinção da pena (art. 146), bem como supervisionar os patronatos e a assistência aos egressos (art. 70, IV). Assim, deve ter em conta a carta de livramento para orientar seus trabalhos referentes ao liberado.

Art. 137. A cerimônia do livramento condicional será realizada solenemente no dia marcado pelo presidente do Conselho Penitenciário, no estabelecimento onde está sendo cumprida a pena, observando-se o seguinte:

I – a sentença será lida ao liberando, na presença dos demais condenados, pelo presidente do Conselho Penitenciário ou membro por ele designado, ou, na falta, pelo juiz;

II – a autoridade administrativa chamará a atenção do liberando para as condições impostas na sentença de livramento;

III – o liberando declarará se aceita as condições.

§ 1º De tudo, em livro próprio, será lavrado termo subscrito por quem presidir a cerimônia e pelo liberando, ou alguém a seu rogo, se não souber ou não puder escrever.

§ 2º Cópia desse termo deverá ser remetida ao Juiz da execução.

Vide: **LEP** arts. 136, 138, 139, 144.

137.1 CERIMÔNIA

Para se dar mais colorido e importância ao ato da liberação condicional, determina a lei a realização de uma audiência solene no estabelecimento onde está sendo cumprida a pena pelo beneficiário. A imponência da cerimônia na qual vai obter a liberdade antes do término da pena que lhe foi aplicada tem o sentido de incutir ou manter no liberando a resolução da vontade de não reincidir, além de incentivar os demais condenados à busca do preenchimento dos requisitos subjetivos indispensáveis à concessão do benefício.

A data da reunião solene é marcada pelo presidente do Conselho Penitenciário, que deve, em princípio, presidir a cerimônia. Embora não fixe a lei prazo para a realização do ato, é evidente que não deve ser ele protelado, já que a liberação do condenado é direito resultante da concessão do benefício pelo juiz da execução. Nada impede que em uma reunião se proceda a mais de uma liberação, mantida a solenidade da cerimônia, desde que não haja demora em sua realização.

Ao presidente do Conselho Penitenciário cabe presidir a cerimônia do livramento, mas pode ele delegar a atribuição a qualquer membro do colegiado. Deixando o presidente de designar o membro que deve presidi-la, o Juiz da Execução deverá substituí-lo. Na presença dos demais condenados, o presidente do Conselho ou seu substituto no ato lerá a sentença em que se concedeu o livramento condicional, chamando a atenção do liberando para as condições impostas na decisão, tanto as decorrentes da lei como as impostas pelo juiz. É indispensável que fique o beneficiário inteiramente esclarecido a respeito das limitações a que estará submetido durante o período de prova a fim de que respeite as condições fixadas, evitando, em consequência, a revogação do benefício. Além disso, como deve o liberando pronunciar-se se aceita ou não as condições impostas, deve ter conhecimento de todas elas.

Em caso de o liberando declarar que não aceita as condições, a cerimônia não pode prosseguir, e a autoridade administrativa deve efetuar a comunicação ao Juiz da Execução, que revogará o livramento condicional. É da própria essência do instituto a submissão do liberando às condições durante o período de prova e, a não ser que tenha um motivo sério para não aceitar qualquer uma delas – e nessa hipótese deve fundamentar a declaração –, a recusa é sinal de que, ao contrário das aparências, o sentenciado ainda não está pronto para o regime de liberdade decorrente do livramento. Caso, porém, diante das ponderações do condenado, entenda o juiz que deve modificar as condições não obrigatórias, em vez de revogar o benefício, poderá mantê-lo, fazendo as alterações que julgar convenientes. Tal possibilidade lhe é atribuída expressamente, aliás, pelo art. 144 da Lei de Execução Penal. Nessa hipótese, deve-se proceder a nova expedição de carta de livramento, em substituição à anterior, e realizar-se outra cerimônia, quando serão obedecidos os requisitos formais exigidos pela lei.

Exige a lei que o presidente do ato lavre em livro próprio um termo de tudo o que ocorreu durante a cerimônia, termo que deve ser assinado por ele e pelo liberando. Se este não souber ou não puder escrever (em virtude de incapacidade física, por exemplo), alguém assinará a seu rogo. Cópia do termo deve ser remetida ao juiz da execução que, verificando qualquer irregularidade, determinará às autoridades administrativas que seja sanada.

Jurisprudência

- *Início do período de prova do livramento condicional com a realização da cerimônia: ausência do réu em decorrência de prisão*

- *Aperfeiçoamento do livramento condicional com a realização da cerimônia*

Art. 138. Ao sair o liberado do estabelecimento penal, ser-lhe-á entregue, além do saldo de seu pecúlio e do que lhe pertencer, uma caderneta, que exibirá à autoridade judiciária ou administrativa, sempre que lhe for exigida.

§ 1º A caderneta conterá:

a) a identificação do liberado;

b) o texto impresso do presente Capítulo;

c) as condições impostas.

§ 2º Na falta de caderneta, será entregue ao liberado um salvo-conduto, em que constem as condições do livramento, podendo substituir-se a ficha de identificação ou o seu retrato pela descrição dos sinais que possam identificá-lo.

§ 3º Na caderneta e no salvo-conduto deverá haver espaço para consignar-se o cumprimento das condições referidas no art. 132 desta lei.

Vide: LEP arts. 29, § 2º, 132, 137.

138.1 CADERNETA E PECÚLIO

Ao deixar o estabelecimento penal a que esteve recolhido, o liberado receberá todos os bens que possuía e que, arrecadados no momento da prisão, encontram-se na posse da Administração. Não lhe são devolvidos, evidentemente, os proventos do crime ou os instrumentos utilizados na prática da infração penal quando consistam em coisas cujo fabrico, alienação, uso, porte ou detenção constituam fato ilícito, já que tais bens são automaticamente confiscados como efeito da condenação (art. 91, II, *a*, e *b*, do CP). Caso outros bens tenham sido apreendidos por ocasião da realização do inquérito policial ou da ação penal, podem ser eles restituídos ao liberado desde que sejam obedecidas as disposições legais referentes às coisas apreendidas (arts. 118 a 124 do CPP).

Também é entregue ao liberado o saldo do pecúlio eventualmente obtido com o trabalho prisional e que deve estar depositado em caderneta de poupança (art. 29, § 2º, da LEP).

Além dos pertences e do pecúlio, deve ser entregue ao liberado uma caderneta, que é o documento comprobatório de sua situação e que deverá portar sempre para exibi-la, quando for exigida, à autoridade judiciária ou administrativa. A caderneta deve conter a identificação do liberado e as condições impostas pelo juiz no livramento condicional. Faz-se referência também ao "texto impresso do presente Capítulo" (art. 138, § 1º, *b*, da LEP), num evidente lapso do legislador que, ao reproduzir o art. 724 do Código de Processo Penal, ao menos em parte, não atentou para o fato de que, naquele Estatuto, o instituto do livramento condicional está contido exclusivamente no Capítulo II do Título III, enquanto na Lei de Execução Penal encontra-se disciplinado apenas na Seção V, do Capítulo I, do Título V, capítulo que abrange todas as disposições referentes às penas privativas de liberdade. Assim, deve-se efetuar uma interpretação restritiva e teleológica do dispositivo, obrigando-se à reprodução apenas da Seção V, referente ao instituto do livramento condicional, do qual a caderneta é o documento comprobatório.

Considerando a hipótese de não se poder fornecer a caderneta, permite a lei sua substituição por um salvo-conduto, do qual devem constar obrigatoriamente as condições do livramento condicional. Nessa hipótese, pode-se, quando faltar a ficha de identificação ou o retrato do liberado, substituí-los pela descrição dos sinais que o identifiquem, ou seja, pela anotação das características físicas que possam individualizá-lo.

Tanto na caderneta como no salvo-conduto é necessário que haja espaço para que possa consignar-se o cumprimento das condições previstas no art. 132 da Lei de Execução Penal, sejam elas obrigatórias (obtenção de ocupação lícita, comunicação sobre a atividade ocupacional etc.), ou facultativamente impostas (proibição de frequentar determinados lugares, recolhimento a habitação em hora determinada etc.). O juiz da execução e a autoridade incumbida da observação cautelar e proteção devem apor um visto nesse espaço sempre que o liberado apresentar a caderneta comprovando o cumprimento de suas obrigações.

Na caderneta ou salvo-conduto, deve ser anotada também a extinção da pena quando declarada pelo juiz após o decurso do período de prova sem causa de revogação. Em caso de revogação do livramento condicional a caderneta deve ser apreendida.

Jurisprudência

- *Liberação do pecúlio ao liberado*

Art. 139. A observação cautelar e a proteção realizadas por serviço social penitenciário, Patronato ou Conselho da Comunidade terão a finalidade de:

I – fazer observar o cumprimento das condições especificadas na sentença concessiva do benefício;

II – proteger o beneficiário, orientando-o na execução de suas obrigações e auxiliando-o na obtenção de atividade laborativa.

Parágrafo único. A entidade encarregada da observação cautelar e da proteção do liberado apresentará relatório ao Conselho Penitenciário, para efeito da representação prevista nos arts. 143 e 144 desta lei.

Vide: **LEP** arts. 25, 26, II, 27, 69, 79, III, 132, 143, 144.

139.1 OBSERVAÇÃO CAUTELAR

O acompanhamento do liberado, na fiscalização e apoio, durante o período de prova do livramento condicional, é realizado por serviço social, Patronato (item 78.1) ou Conselho da Comunidade (item 80.1).

Estabelece o art. 139, em primeiro lugar, a "observação cautelar", destinada a "fazer observar o cumprimento das condições especificadas na sentença concessiva do benefício". Trata-se, na verdade, de exercer uma vigilância sobre o liberado com o fim precípuo de impedir que frequente locais em que seu ingresso é vedado e obrigá-lo a retornar a sua residência na hora fixada, quando essas condições foram impostas na sentença, bem como de verificar seu procedimento e comunicar qualquer anormalidade em seu comportamento ao Conselho Penitenciário e ao Juiz da Execução para eventual revogação do benefício, modificação nas condições do benefício ou qualquer outra providência aconselhável na espécie.

Na expressão *observação cautelar*, reafirma-se na lei, porém, a preocupação sempre lembrada de se exercer uma vigilância discreta, sem excessos, no sentido de se evitar humilhação ou escândalo para o liberado. Deve o serviço ou órgão encarregado da fiscalização acautelar-se para que sua atividade não dificulte ao beneficiário entregar-se ao trabalho e as suas atividades honestas com a necessária tranquilidade. Qualquer exagero que transforme a vigilância em situação de perseguição pode ser denunciado pelo liberado em reclamação ao juiz da execução.

139.2 PROTEÇÃO

Cabe aos mesmos serviços e órgãos "proteger o beneficiário orientando-o na execução de suas obrigações e auxiliando-o na obtenção de atividade laborativa". É extremamente importante a assistência aos egressos, em continuidade ao apoio recebido quando recolhidos ao estabelecimento penal e até que sejam perfeitamente integrados socialmente (itens 25.1 a 27.1). Há nessa atividade uma forma global de educação permanente orientada para conduzir o liberado ao cumprimento de suas obrigações com respeito à família, ao trabalho, à escola, ao lazer etc. Com base nesses valores, uma atuação assistencial eficiente levará a cabo a finalidade principal da pena que é a de preparar o melhor possível o indivíduo para a reinserção social. Ressalta o dispositivo ainda a importância do auxílio que deve ser prestado ao liberado na obtenção de atividade laborativa, em consonância com a ideia de que o trabalho honesto é um dos fatores maiores na integração do indivíduo à sociedade.

139.3 RELATÓRIO

Em sua atividade de fiscalização das condições impostas na sentença, uma das importantes funções da entidade encarregada da observação cautelar é a de apresentar relatório ao Conselho Penitenciário sempre que se positivar uma infração às regras estabelecidas na lei ou pelo juiz para o livramento condicional. Tal relatório servirá de fundamento para que o Ministério Público ou o Conselho Penitenciário requeiram, ou o juiz da execução decrete, de ofício, a revogação do benefício (art. 143) ou modifique as condições (art. 144).

> **Art. 140.** A revogação do livramento condicional dar-se-á nas hipóteses previstas nos arts. 86 e 87 do Código Penal.
>
> **Parágrafo único.** Mantido o livramento condicional, na hipótese da revogação facultativa, o juiz deverá advertir o liberado ou agravar as condições.

Vide: **LEP** arts. 141 a 146; **CP** arts. 84 a 90.

140.1 REVOGAÇÃO OBRIGATÓRIA

Pode o livramento condicional ser revogado quando o beneficiário infringir as condições previstas em lei ou fixadas pelo juiz durante o período de prova, ou seja, quando ocorrer um dos fatos mencionados na lei durante o prazo que lhe falta para cumprir a pena a partir da data de sua liberação. Esses fatos são causas obrigatórias ou facultativas de revogação do benefício.

No art. 86 do Código Penal, estão previstas as causas de revogação obrigatória do livramento, mencionando a lei, em primeiro lugar, a condenação à pena privativa de liberdade, em sentença irrecorrível, por crime cometido durante a vigência do benefício. Praticado o crime após a liberação do beneficiário, a revogação decorre da simples comprovação do trânsito em julgado da sentença em que foi condenado à pena privativa de liberdade.

É possível porém que, cometido o crime na vigência do benefício, escoe-se o prazo previsto para o livramento condicional sem que esse fato tenha sido objeto de sentença irrecorrível. Por isso, dispõe o art. 89 do Código Penal que o juiz não poderá declarar extinta a pena enquanto não passar em julgado a sentença em processo a que responde o liberado nessa hipótese. Cometido um crime durante o período de prova e instaurando-se a ação penal antes de findo esse prazo, é ele prorrogado até o julgamento definitivo, tal como ocorria na lei anterior. Após o trânsito em julgado da condenação, o livramento deve ser revogado, embora a decisão revocatória, evidentemente, só seja proferida após o período prorrogado. Não teria sentido a lei, ao preceituar o que está exposto no art. 89 do Código Penal, se não permitisse a revogação nessa hipótese. Se o juiz não pode declarar extinta a pena enquanto não passa em julgado a sentença em processo iniciado durante o período de prova, é evidente que havendo condenação deve revogar o benefício assim que a decisão se torne irrecorrível. A causa de revogação é, verdadeiramente, a prática do crime e não a sentença em que tal fato é reconhecido e, como aquela ocorreu durante a vigência do benefício, impõe-se a decisão revocatória.

Não se pode, por isso, revogar o livramento condicional se a nova infração cometida pelo liberado ocorrer após o período de prova, ainda que a extinção da pena pelo decurso do prazo do livramento não tenha sido decretada nos autos da execução. Também não é possível a revogação quando, cometido o crime na vigência do benefício, não se chega a instaurar a ação penal antes de findo o prazo do livramento. Não tem o condão de prorrogar o prazo, aliás, a simples instauração de inquérito policial contra o liberado, já que a lei penal refere-se apenas ao "processo a que responde o liberado" (art. 89). Há decisões, porém, no sentido de que, independentemente da instauração ou não do processo no curso do prazo, impõe-se a revogação se o crime foi praticado na vigência do livramento.

A prorrogação do prazo até o trânsito em julgado da sentença em processo por crime ocorrido durante a vigência do benefício apenas tem como consequência a verificação da ocorrência ou não de nova condenação, pois somente a essa situação refere-se o art. 89 do Código Penal. Assim, após o transcurso do período de prova original não estão mais em vigor as condições impostas ao beneficiado, não constituindo a infração a essas regras causa de revogação do benefício, ainda que ocorra antes do trânsito em julgado da sentença referente ao processo instaurado na vigência do benefício.

Também se deve entender que passa a correr o prazo de prescrição da pretensão executória assim que se esgota o prazo do livramento quando se aguarda a decisão de processo por crime cometido durante sua vigência. Iniciado o prazo com o trânsito em julgado da sentença condenatória, para a acusação (art. 112, I, do CP) ou para ambas as partes, nos termos de recente orientação do STF[28], e interrompido pelo início do cumprimento da pena (art. 117, V, do CP), não corre ele durante o prazo do livramento, já que a prescrição é incompatível com a execução do benefício, mas não há mais obstáculo a seu curso após o término do prazo inicial do livramento. Aliás, o próprio art. 112 do Código Penal determina que a prescrição começa a correr "do dia em que se interrompe a execução" (inc. II), valendo o dispositivo tanto para a interrupção da execução da pena como do livramento condicional. O fato de se considerar também como início do prazo o dia da revogação do livramento condicional (art. 112, I, última parte) não invalida o raciocínio, já que a lei prevê vários termos iniciais do prazo da prescrição após a sentença condenatória irrecorrível. Na hipótese aventada, a prescrição é regulada pelo tempo que resta da pena, por analogia com o art. 113 do Código Penal, já que a lei não prevê expressamente o caso em apreço.

Em segundo lugar, menciona a lei como causa de revogação obrigatória do livramento a condenação definitiva por crime anterior a sua vigência, observado o disposto no art. 84 do Código Penal. Isso significa que, tratando-se de crime anterior à vigência do benefício

---

28. STF: AI-RJ 794971-AgR-RJ, j. em 19-4-2021, *DJe* de 28-6-2021; STJ: AgRg no REsp 1983259- PR, j. em 26-10-2022, *DJe* de 3-11-2022.

(cometido antes ou durante o período em que esteve preso o liberado) e cuja sentença condenatória transitou em julgado durante o período de prova, a pena imposta deve ser somada ao restante da pena anterior, tal como impõe o art. 84 do Código Penal, podendo ser concedido novamente o benefício, sem interrupção, se, feita essa soma, resulta que o beneficiário preenche os requisitos do livramento (cumprimento de um terço, ou de metade se for reincidente ou não tiver bons antecedentes, reparação do dano causado pela nova infração etc.).

Tratando-se de crime cometido antes da vigência do benefício, não há prorrogação do prazo do livramento ainda que o processo se desenvolva durante esse período. O art. 89 do Código Penal refere-se exclusivamente ao crime cometido na vigência do livramento (item 140.2).

Referindo-se a lei apenas à condenação por "crime", não há causa de revogação obrigatória do livramento quando se trata de "contravenção". Também não é causa de revogação obrigatória, mas facultativa, a condenação por crime a pena que não seja privativa de liberdade (multa ou restritiva de direitos) (item 140.2).

Jurisprudência

- *Revogação pela prática de novo crime no curso do livramento*
- *Revogação pela prática de crime anterior à concessão do livramento condicional*
- *Revogação pela prática de crime anterior à concessão do livramento condicional: soma das penas*
- *Necessidade de defesa do condenado*
- *Desnecessidade de prisão preventiva*
- *Inadmissibilidade de revogação depois do período de prova*

140.2 REVOGAÇÃO FACULTATIVA

As causas de revogação facultativa do livramento condicional estão previstas no art. 87 do Código Penal. A primeira ocorre se o liberado "deixar de cumprir qualquer das obrigações constantes da sentença". Não cumprindo com as condições estabelecidas pelo juiz que incluem, obrigatoriamente, as previstas no art. 132, § 1º, da Lei de Execução Penal (obter ocupação lícita, dentro do prazo razoável se for apto para o trabalho, comunicar periodicamente ao juiz sua ocupação e não mudar do território da Comarca do Juízo da Execução, sem prévia autorização deste), bem como as facultativas, mencionadas no art. 132, § 2º, da Lei de Execução Penal (não mudar de residência sem comunicação ao juiz e à autoridade incumbida da observação cautelar e de proteção, recolher-se à habitação em hora fixada e não frequentar determinados lugares), além de outras que o juiz entendeu convenientes na espécie, há causa que possibilita ao juiz a revogação do benefício. Demonstra o liberado, nessas hipóteses, que não está readaptado à vida social já que não se submeteu às regras estabelecidas na sentença.

A segunda causa de revogação facultativa ocorre quando o beneficiário é irrecorrivelmente condenado, por crime ou contravenção, à pena que não seja privativa de liberdade. A prática de nova infração indica a ausência de recuperação e desaconselha, em princípio, a manutenção do benefício. Na hipótese, porém, é irrelevante que a infração penal tenha sido praticada antes ou durante a vigência do benefício.

Houve evidente esquecimento do legislador, que não menciona expressamente a condenação por "contravenção" à "pena privativa de liberdade" como causa de revogação obrigatória ou facultativa do livramento condicional. Não se pode, porém, entender que a imposição de pena de prisão simples, em sentença irrecorrível no período de prova, impeça a revogação do benefício em atenção ao princípio da legalidade. René Ariel Dotti, um dos autores do projeto que se transformou na Lei de Execução Penal, assim se manifesta: "Penso que, na espécie, não há de se cogitar do primado da reserva legal, instituído como garantia fundamental do homem no que concerne à previsão dos delitos e das penas. A condenação à pena privativa de liberdade revela maior reprovabilidade e, conseqüentemente, uma causa de maior peso que a sanção pecuniária ou a restritiva de direito para autorizar a revogação do livramento."[29] Levaria ao absurdo a conclusão de que, sendo aplicada pena menos grave, exista causa de revogação facultativa e ocorra o inverso quando for imposta pena privativa de liberdade. Diante de uma interpretação sistemática, a condenação irrecorrível, por contravenção, à pena de prisão simples é também causa de revogação facultativa do livramento condicional. Além disso, pode ocorrer a hipótese de inafiançabilidade da prisão ou a vedação de o condenado cumprir a pena em casa do albergado. Em tais hipóteses, como salienta o autor citado, a revogação do livramento impõe-se, diante da impossibilidade de se cumprir condições obrigatoriamente estabelecidas na sentença, como a de obter ocupação lícita (Lei de Execução Penal, art. 132, § 1º).[30] São incompatíveis, por fim, as situações de cumprir uma pena privativa de liberdade por um processo e gozar do livramento condicional por outro.

Mesmo que seja facultativa a causa de revogação pelo cometimento de contravenção, permite-se a suspensão provisória do benefício até o julgamento final do processo, já que o art. 145 da Lei de Execução Penal refere-se genericamente à prática de "infração penal". Por outro lado, embora cometida a contravenção durante a vigência do benefício, não se prorroga o prazo do livramento; o art. 89 do Código Penal menciona apenas o processo por "crime" cometido pelo liberado.

Sendo facultativa a revogação, poderá o juiz da execução, em vez de revogar o benefício, advertir o liberado ou agravar as condições do livramento. Uma dessas medidas será forçosamente cumprida, devendo o juiz, conforme as circunstâncias, optar entre elas.

Jurisprudência

- *Revogação do livramento condicional pelo não cumprimento de condições*
- *Revogação do livramento condicional pelo não comparecimento à audiência*
- *Inadmissibilidade de revogação do livramento condicional pelo não cumprimento de condição não prevista na legislação*
- *Revogação de ofício pelo juiz do livramento condicional*
- *Inadmissibilidade de revogação do livramento condicional sem oitiva do liberado*

---

29. Art. cit. *RT* 593/299.
30. Art. cit. *RT* 593/29. Contra JESUS, Damásio E. de. *Comentários ao código penal*. 2. ed. São Paulo: Saraiva, 1986. v. 2, p. 749.

- *Inadmissibilidade de desconto do tempo de liberdade no livramento condicional*
- *Inadmissibilidade de suspensão do livramento condicional pelo descumprimento de condição imposta*

> Art. 141. Se a revogação for motivada por infração penal anterior à vigência do livramento, computar-se-á como tempo de cumprimento da pena o período de prova, sendo permitida, para a concessão de novo livramento, a soma do tempo das duas penas.

Vide: **LEP** arts. 140, 142, 143; **CP** arts. 84, 86, II, 88.

141.1 CONTAGEM DO PRAZO DO LIVRAMENTO

Como visto, a condenação irrecorrível por crime cometido antes da vigência do livramento condicional acarreta a revogação do benefício quando imposta pena privativa de liberdade (item 140.1). Entretanto, por não ter ocorrido a prática da infração no período de prova, determina a lei que é computado como de cumprimento da pena o período em que o condenado esteve em liberdade. Trata-se de uma espécie de detração penal não prevista expressamente no art. 42 do Código Penal. Por essa razão, aliás, o Código Penal não prevê no art. 89 a prorrogação do prazo do livramento condicional nessa hipótese. Computando-se o período de prova e transitando em julgado, após o término deste, a decisão em processo por crime anterior, não restaria tempo de pena a cumprir pelo liberado.

Ocorrido o crime antes da vigência do benefício, embora causa de revogação obrigatória nos termos do art. 86, II, do Código Penal, determina este dispositivo a observância do art. 84 do mesmo Estatuto, ou seja, que as penas devem somar-se para efeito de novo livramento. É o que dispõe expressamente também o art. 141 da Lei de Execução Penal, permitindo que se conceda "novo livramento" se, feita a soma das penas, preencher o condenado os demais requisitos exigidos por lei. Assim, o art. 88 do Código Penal, ao determinar que, "revogado o livramento, não poderá ser novamente concedido", deve ser interpretado restritivamente. O mesmo Estatuto, no art. 86, II, refere-se ao disposto no art. 84, que prevê a soma das penas para efeito de livramento (que somente pode ser um "novo livramento" após a revogação). Ademais, o art. 141 da Lei de Execução Penal prevê claramente essa hipótese e, sendo esta lei posterior ao Código Penal, embora publicada na mesma data que este, teria revogado em parte o art. 88 do Código Penal. No mínimo, deve ser aplicada a lei que mais beneficia o condenado.

Jurisprudência

- *Soma das penas restantes para a concessão de novo livramento condicional*
- *Contagem do tempo em liberdade na superveniência de condenação por crime anterior ao livramento condicional*

Art. 142. No caso de revogação por outro motivo, não se computará na pena o tempo em que esteve solto o liberado, e tampouco se concederá, em relação à mesma pena, novo livramento.

Vide: **LEP** arts. 141, 143; **CP** art. 88.

142.1 IMPEDIMENTO PARA NOVO LIVRAMENTO

Na hipótese de revogação por crime ou contravenção cometidos durante a vigência do benefício e desobediência às obrigações constantes da sentença, não se computa na pena o prazo em que o liberado esteve em liberdade, ao contrário do que ocorre na hipótese versada no item anterior. Entendeu o legislador que o comportamento do liberado não traduz sinal de que esteja em condições de beneficiar-se do livramento ou da contagem do tempo em que esteve solto. Deverá, assim, cumprir integralmente o restante da pena, descontado apenas o tempo em que esteve recolhido antes da concessão do benefício.

Como outra consequência da revogação pelas causas mencionadas, também não se pode conceder novo livramento pela pena em que o condenado obtivera livramento condicional. Assim, deverá cumpri-la integralmente e somente se poderá conceder o benefício para a nova pena imposta. Nessa hipótese, evidentemente, não se pode somar o tempo da pena anterior quer para atingir o mínimo de dois anos, indispensável à concessão do benefício, quer para satisfazer ao cumprimento do tempo mínimo que autoriza o livramento (no caso, mais da metade porque o condenado será reincidente).

Jurisprudência

- *Inadmissibilidade do cômputo do tempo em liberdade diante da revogação do livramento condicional*
- *Soma das novas penas com o restante a cumprir*
- *Impossibilidade de novo livramento condicional*
- *Possibilidade de concessão em relação à pena imposta pelo crime cometido no curso do livramento condicional*

Art. 143. A revogação será decretada a requerimento do Ministério Público, mediante representação do Conselho Penitenciário, ou, de ofício, pelo juiz, ouvido o liberado.

Vide: **LEP** arts. 140 a 142, 145; **CP** arts. 86, 87.

143.1 DECRETO DE REVOGAÇÃO

A revogação do benefício, seja obrigatória, seja facultativa, pode ser decretada pelo juiz, de ofício, ou mediante requerimento do Ministério Público que, como órgão de fiscalização da execução da pena, somente requererá a extinção da pena quando comprovado não ter havido causa de revogação do benefício durante o período do livramento. Também o Conselho Penitenciário, destinatário do relatório elaborado pela entidade encarregada da observação cautelar e proteção, quando se der a ocorrência de qualquer anormalidade durante a vigência do benefício poderá representar pela revogação. Nada impede, também, que tal órgão ofereça os elementos de que dispõe ao Ministério Público para que este requeira a medida.

É obrigatório que se ouça o liberado para que se possa decretar a revogação do livramento condicional, tanto quando se trata de causa de revogação facultativa como obrigatória. A não observância do preceito, já obrigatório na lei anterior (art. 730, do CPP), causa a nulidade da decisão revogatória, por evidente cerceamento de defesa. Tratando-se, porém, da prática de nova infração penal, o juiz poderá ordenar a prisão do liberado, suspendendo o curso do livramento condicional, ouvidos o Conselho Penitenciário e o Ministério Público (se não forem autores de requerimento ou representação nesse sentido), ficando a revogação dependente da decisão final (art. 145).

Mesmo na hipótese de o liberado residir fora da comarca do juízo da execução, a competência para a revogação é deste e não do magistrado incumbido da observação cautelar e de proteção.

Jurisprudência

- *Necessidade de prévia oitiva do sentenciado para a revogação do livramento condicional*
- *Inadmissibilidade de revogação do livramento condicional sem as formalidades legais: decreto de prisão*
- *Inadmissibilidade de revogação do livramento condicional sem contraditório*
- *Necessidade de prévia oitiva na revogação por crime praticado no curso do livramento condicional*
- *Desnecessidade de prévia oitiva na impossibilidade de intimação do liberado*
- *Desnecessidade de fundamentação na revogação pela condenação por novo crime*
- *Inadmissibilidade de revogação do livramento condicional pelo juiz encarregado da observação cautelar*

Art. 144. O Juiz, de ofício, a requerimento do Ministério Público, da Defensoria Pública ou mediante representação do Conselho Penitenciário, e ouvido o liberado, poderá modificar as condições especificadas na sentença, devendo o respectivo ato decisório ser lido ao liberado por uma das autoridades ou funcionários indicados no inciso I do *caput* do art. 137 desta Lei, observado o disposto nos incisos II e III e §§ 1º e 2º do mesmo artigo.*

* Artigo com a redação dada pela Lei nº 12.313, de 19-8-2010.

Vide: **LEP** arts. 132, 137, 139, parágrafo único.

144.1 MODIFICAÇÃO NAS CONDIÇÕES

Como já visto, em caso da ocorrência de causa de revogação facultativa do livramento condicional, poderá o juiz agravar as condições impostas na sentença. Além disso, porém, permite a lei que as condições especificadas na sentença sejam modificadas, se, em qualquer momento, verificar-se que as fixadas são insuficientes ou não estão servindo bem ao processo de reintegração social do condenado. Nessas hipóteses podem ser elas agravadas ou estabelecerem-se outras não incluídas originariamente, ou tornadas menos severas, inclusive com a exclusão de uma ou mais das condições que estejam embaraçando as regulares atividades do liberado. As informações da entidade encarregada da observação cautelar e de proteção poderão fornecer ao juiz elementos que indiquem a necessidade das modificações, que deverão ter sempre como parâmetro um aperfeiçoamento da execução do livramento condicional.

As modificações poderão ser requeridas pelo Ministério Público ou pela Defensoria Pública, constarem de representação do Conselho Penitenciário ou procedidas de ofício pelo juiz da execução. Nada impede que o liberado, por si próprio ou por seu defensor, exponha ao juiz, ao Ministério Público ou ao Conselho Penitenciário as eventuais dificuldades encontradas para um perfeito ajustamento social em decorrência das condições estabelecidas e, se forem procedentes os motivos apresentados, operar-se a alteração. Nessa hipótese, deve ser ouvido o Ministério Público, fiscal da execução da pena, se não foi o autor do requerimento. É também obrigatório que se ouça o liberado sempre que se propuser uma alteração nas condições, salvo, evidentemente, se foi ele o autor do pedido.

Modificadas as condições, deve ser realizada nova cerimônia, em tudo idêntica àquela que se procedeu após a concessão do livramento, a fim de que o liberado tome ciência das novas regras estabelecidas para o benefício.

> Art. 145. Praticada pelo liberado outra infração penal, o juiz poderá ordenar a sua prisão, ouvidos o Conselho Penitenciário e o Ministério Público, suspendendo o curso do livramento condicional, cuja revogação, entretanto, ficará dependendo da decisão final.

Vide: **LEP** arts. 140, 142, 143, 146; **CP** arts. 86, I, 89, 90.

145.1 SUSPENSÃO DO LIVRAMENTO

Embora seja a prática da infração penal a causa obrigatória ou facultativa da revogação do livramento condicional, esta só pode ser decretada quando a decisão revocatória transita em julgado. Entretanto, quando se tem notícia de que o liberado praticou um crime ou contravenção, é possível que as circunstâncias indiquem a necessidade de ser suspenso imediatamente o curso do benefício. Diante da gravidade do fato noticiado ou das circunstâncias que cercaram a participação do liberado, pode-se concluir que o liberado não está em condições de integrar-se socialmente. Assim, sendo o liberado indiciado em inquérito policial ou apontado como autor de infração penal em processo sumário, poderá o juiz ordenar a sua prisão imediata. Exige-se, porém, que sejam ouvidos o Conselho Penitenciário e o Ministério Público, desde que não tenham sido esses órgãos os autores do pedido de suspensão do benefício. O juiz, evidentemente, não fica adstrito ao parecer. É lícito, porém, ao juiz mandar desde logo recolher o liberado à prisão quando o imponham as circunstâncias. Entretanto, mencionando a norma, que se refere à suspensão, apenas a hipótese da prática de outra infração penal, não se permite a suspensão do livramento por quebra de obrigação constante da sentença concessiva.

Cumpridas as formalidades, com a oitiva do Conselho Penitenciário e o do Ministério Público, decretará o magistrado a suspensão do livramento até o julgamento definitivo do processo. O liberado aguardará preso tal julgamento e, havendo condenação, será decretada a revogação do benefício.

Saliente-se, porém, que o condenado deve ser posto em liberdade se, escoado o prazo do livramento, não foi instaurada a ação penal já que, nessa hipótese, *ex vi* do art. 89 do Código Penal, não há que se falar em prorrogação do prazo com vista na revogação. Suspenso o curso do livramento, o condenado volta a cumprir sua pena, e esse tempo que ficar recolhido deve ser somado àquele em que esteve recolhido antes da vigência do benefício. Quando a soma do tempo de cumprimento da pena com a do tempo em que o condenado esteve solto atingir o total de duração da pena, deve ser ele posto em liberdade. Entendimento diverso possibilitaria que, com a prisão, se afastasse a norma legal a respeito do termo final do período do benefício, que não é transferido até a decisão final do processo, quando não se instaura a ação penal por crime cometido na vigência do livramento. Condenado pelo novo crime, o agente será recolhido à prisão para o cumprimento do que restar da pena anterior e da nova sanção imposta.

Entendemos que é equivocada a orientação adotada em alguns julgados, inclusive do Supremo Tribunal Federal e do Superior Tribunal de Justiça, no sentido de não se admitir a revogação do livramento condicional após o término do prazo se, no decorrer deste, não houve a suspensão do benefício. A suspensão do livramento condicional é prevista no art. 145 da Lei de Execução Penal e está forçosamente vinculada à decretação da prisão pelo juiz da execução. Ordena-se a prisão, suspendendo-se o livramento condicional. A prisão, porém, diz claramente a lei, insere-se no prudente arbítrio do juiz, que pode deixar de ordená-la. Esse juízo discricionário há de ser formulado à vista de circunstâncias específicas do caso concreto, como a natureza e gravidade do novo delito, se se trata de crime doloso ou culposo, a suficiência dos indícios de materialidade e autoria, se há denúncia recebida, se houve ou não prisão em flagrante ou decretação da prisão preventiva etc. A opção conferida pela lei ao juiz da execução de não ordenar a prisão do liberado diante da notícia de novo crime há de ser exercida, criteriosamente, à vista das particularidades do caso concreto, e não pode importar em um prematuro julgamento a respeito da desnecessidade de posterior revogação do livramento condicional após a final condenação no novo processo, a qual, aliás, frequentemente, ocorre após o término do prazo, porque essa é uma causa legal de revogação e não se insere no poder discricionário do juiz. Entendimento contrário implicaria a necessidade de sempre ser ordenada a prisão, contra a disposição legal que estabelece a discricionariedade do juiz, ou uma indevida conversão de uma causa legal obrigatória de revogação do livramento condicional em uma faculdade judicial. A ausência da sustação do livramento condicional durante o seu prazo não se constitui necessariamente em inércia do Ministério Público, do órgão fiscalizador ou do juiz da execução e não tem o condão de impedir a revogação em decorrência da nova condenação irrecorrível. Assim, noticiada a prática de novo crime pelo liberado, tenha sido ou não ordenada a prisão e sustado o livramento condicional (art. 145 da LEP), deve o juiz aguardar a decisão definitiva do processo (art. 89 do CP): condenado o réu, revoga-se o livramento (art. 86, I, do CP); absolvido, declara-se extinta a pena privativa de liberdade (art. 90 do CP e art. 146 da LEP).

O STJ, porém, já decidiu que a ausência de suspensão ou de revogação no curso do prazo do livramento condicional determina a extinção da punibilidade pelo integral cumprimento da pena (Súmula 617).

Jurisprudência

- *Extinção da punibilidade na ausência de suspensão ou revogação do livramento condicional no curso do período de prova pela prática de novo crime*
- *Necessidade de motivação da decisão de suspensão do livramento condicional pela prática de nova infração penal*
- *Desnecessidade de nova condenação para suspensão do livramento condicional*
- *Desnecessidade de prévia oitiva do liberado na suspensão do livramento condicional pela prática de nova infração penal*
- *Necessidade de suspensão pela prática de nova infração penal*
- *Possibilidade de suspensão do livramento condicional pela prática de nova infração penal*
- *Desnecessidade de suspensão pela prática de nova infração se ausente prisão provisória*
- *Desnecessidade de audiência do Conselho Penitenciário*
- *Exigência do contraditório para a suspensão do livramento condicional*
- *Admissibilidade de suspensão de ofício pelo juiz*
- *Inadmissibilidade de suspensão do livramento por quebra de obrigação*

Art. 146. O juiz, de ofício, a requerimento do interessado, do Ministério Público ou mediante representação do Conselho Penitenciário, julgará extinta a pena privativa de liberdade, se expirar o prazo do livramento sem revogação.

Vide: **LEP** arts. 126, § 6º, 141, 145, 197; **CP** arts. 89, 90.

146.1 EXTINÇÃO DA PENA

Terminado o período de prova sem revogação, a pena privativa de liberdade deve ser julgada extinta. É o que dispõe o art. 146 da Lei de Execução Penal, repetindo, aliás, o que prevê o art. 90 do Código Penal. Expirado o prazo sem que se tenha notícia de causa de revogação, esta não mais poderá ser decretada. Há que se fazer, porém, uma ressalva. Quando a causa de revogação é a prática de crime cometido na vigência do livramento, deve-se conjugar os dispositivos citados com o art. 89 do Estatuto repressivo. Instaurada a ação penal durante o prazo do livramento, o juiz não poderá declarar extinta a pena enquanto não passar em julgado a sentença referente a esse processo. Nessa hipótese, há prorrogação automática do prazo, independentemente de declaração nos autos pelo juiz, pois, de outro modo, não teria sentido a regra estabelecida por esse dispositivo. Deve-se assim aguardar a decisão definitiva do preso: sendo o réu condenado, revoga-se o livramento; absolvido, declara-se extinta a pena privativa de liberdade (item 145.1). Nas demais causas de revogação, porém, só pode ser revogado o benefício durante o prazo do livramento, sem possibilidade de prorrogação deste. Evidentemente, quando a causa de revogação é infração penal cometida antes da vigência do benefício, não há mesmo sentido na revogação, pois como o tempo em que esteve solto o condenado é computado como de cumprimento da pena (art. 141 da LEP), findo aquele não haverá mais pena a cumprir. Na hipótese, porém, de deixar o liberado de cumprir qualquer das obrigações constantes da sentença, o obstáculo não existiria. Assim mesmo, a redação do dispositivo indica que nesse caso não se poderá decretar a revogação após o período de prova ainda que a causa de revogação tenha ocorrido na vigência do benefício.

O período de prova pode ser abreviado pela frequência pelo liberado a curso de ensino regular ou de educação profissional, nos termos do que prevê o art. 126, § 6º, inserido pela Lei nº 12.433, de 29-6-2011 (v. item 126.5).

Como a pena fica extinta quando se expira o prazo do livramento sem ter ocorrido revogação, deve-se ter como data da extinção o último dia do prazo e não a data em que, nos autos, o juiz a declarar. A extinção da pena se dá pelo fato, ou seja, pelo término do prazo, e não pela sentença que o reconhece. Assim, por exemplo, para o efeito de reabilitação, o prazo de dois anos deve ser contado a partir da data do término do prazo e não da data em que se decreta a extinção da pena.

A decretação da extinção da pena pode ser requerida pelo próprio interessado ou pelo Ministério Público ou constar de representação do Conselho Penitenciário, sendo expressa também a lei sobre a possibilidade de decretação de ofício pelo juiz. Sobre o assunto deve ser ouvido, obrigatoriamente, o Ministério Público, fiscal da execução da pena.

Jurisprudência

- *Admissibilidade da revogação após o término do prazo se houve prévia suspensão do livramento condicional pela prática de crime*
- *Inadmissibilidade da revogação após o término do prazo na ausência de prévia suspensão do livramento condicional*
- *Prorrogação do prazo do livramento condicional em caso de prática de crime*
- *Não prorrogação no caso de não ser instaurada a ação penal pela prática de crime no prazo do livramento condicional*
- *Prorrogação automática do prazo do livramento condicional*
- *Necessidade de verificação sobre processos pendentes*
- *Revogação após o período de prova*
- *Inadmissibilidade de revogação após o prazo*
- *Inadmissibilidade de extinção no caso de prática de crime*

146.2 RECURSO

Da decisão em que se decreta extinta a pena privativa de liberdade cabe agravo em execução, nos termos do art. 197 da Lei de Execução Penal. Embora a extinção da pena, espécie de extinção da punibilidade, seja matéria de direito substantivo, prevista no art. 90 do Código Penal, é ela regulada também pelo art. 146 da Lei de Execução Penal. O agravo tem em vista as decisões correspondentes ao procedimento judicial referente às situações previstas na Lei de Execução Penal, como deixa claro o art. 194 desse Estatuto. O art. 197 cuida do recurso cabível nas hipóteses de procedimento judicial, impondo-se, portanto, tal conclusão.

Sob a égide da lei anterior se decidia eventualmente que a extinção da pena não caracterizava extinção da punibilidade e que, em vez da aplicação do art. 581, VIII, do Código de Processo Penal, que prevê o recurso em sentido estrito, cabia da decisão o recurso de apelação, por se tratar de decisão com força de definitiva.[31]

SEÇÃO VI
Da Monitoração Eletrônica

Art. 146-A. (Vetado).

Art. 146-B. O juiz poderá definir a fiscalização por meio da monitoração eletrônica quando:

I – (Vetado);

II – autorizar a saída temporária no regime semiaberto;

III – (Vetado);

IV – determinar a prisão domiciliar;

V – (Vetado);

Parágrafo único. (Vetado).*

* Artigo inserido pela Lei nº 12.258, de 15-6-2010.

Vide: **LEP** arts. 117, 122 a 125, 146-C, 146-D; **CPP** art. 319, IX.

146-B.1 ADMISSIBILIDADE DA MONITORAÇÃO ELETRÔNICA

A monitoração eletrônica é uma forma de fiscalização por meios eletrônicos que viabiliza o acompanhamento a distância e ao longo do tempo da posição e deslocamentos da pessoa a ela submetida. Atualmente, um transmissor ou *chip*, inserido em uma tornozeleira, pulseira, caneleira ou outro dispositivo utilizado pelo fiscalizado, permite a determinação, quase instantânea, de seu posicionamento geográfico pelo sistema GPS (Global Positioning System), o qual pode ser monitorado por uma central. A utilização da monitoração eletrônica

---

31. Cf. MARQUES, José Frederico. *Elementos de direito processual penal*. Rio de Janeiro: Forense, 1962. v. 4. p. 227; Rec. nº 299.719 – TACRIM – Rel. Silva Franco.

pela Justiça penal foi concebida com a finalidade de viabilizar uma fiscalização mais eficaz e menos custosa de restrições ou condições impostas a condenados e, também, a de propiciar a substituição da prisão por outras limitações quando aquela não for indispensável. Embora surgida e mais amplamente aplicada nos Estados Unidos, a monitoração eletrônica é adotada em diversos outros países, como Portugal, Inglaterra, Suécia, Escócia, Austrália etc. No Brasil, a monitoração eletrônica passou a ser prevista em âmbito nacional com a entrada em vigor da Lei nº 12.258, de 15-6-2010. Antes, porém, alguns Estados, fundando-se na competência concorrente constitucionalmente prevista para a edição de normas suplementares de direito penitenciário (art. 24, I e § 2º, da CF), disciplinaram de forma distinta, embora com similitudes, a utilização da monitoração eletrônica como procedimento fiscalizatório de benefícios legais concedidos no curso da execução, como nos casos de São Paulo (Lei nº 12.906, de 14-4-2008), Rio Grande do Sul (Lei nº 13.044, de 30-9-2008), Espírito Santo (Lei nº 9.217, de 16-6-2009).

A Lei de Execução Penal cuida da monitoração eletrônica nos arts. 122, parágrafo único, 146-B, 146-C e 146-D. O projeto de lei encaminhado à sanção presidencial e que previa a utilização bem mais ampla da monitoração eletrônica na execução penal foi objeto de diversos vetos. No texto final do projeto admitia-se que poderia ser ela adotada nos casos de autorização para trabalho externo, concessão do *sursis*, regime aberto ou semiaberto ou livramento condicional e de aplicação de penas restritivas de direitos que estabelecessem limitação de horários ou frequência a determinados lugares. Em regras mais abrangentes, estabelecia-se que o juiz da execução poderia determinar "a utilização de equipamento de monitoração eletrônica pelo condenado, quando julgar necessário" (art. 66, V, *i*,) ou "para a fiscalização das decisões judiciais" (art. 146-A). As razões dos vetos se consubstanciaram nos argumentos de que a adoção do monitoramento eletrônico nessas hipóteses contrariaria a sistemática de cumprimento de pena estabelecida no ordenamento jurídico, afrontaria os princípios da "individualização, proporcionalidade e suficiência da execução penal", aumentaria excessivamente os custos e não implicaria em qualquer ganho na discriminação de quem realmente deveria permanecer no cárcere. As hipóteses remanescentes, disciplinadas na lei vigente, restringem-se à autorização de saída temporária no regime semiaberto e concessão da prisão domiciliar (art. 146-B, II e IV).

As hipóteses de saída temporária no regime semiaberto são as previstas no art. 122 e seus requisitos, condições e causas de revogação já foram examinados (v. itens 122.1 a 125.2). Não há margem a dúvidas quanto à possibilidade da monitoração eletrônica nesses casos, o que não se verifica, porém, com relação a outra hipótese contemplada no dispositivo, a de prisão domiciliar.

Na Lei de Execução Penal, a prisão domiciliar é regulada no art. 117, que a reserva para o cumprimento de pena em regime aberto em situações excepcionais: condenado maior de 70 ou acometido de doença grave ou condenada gestante ou com filho menor ou deficiente físico ou mental. Todavia, na jurisprudência já era ela aplicada, como medida excepcional, ao réu preso provisoriamente nas mesmas condições, bem como, em fase de execução, nos casos de inexistência de casa do albergado ou de vaga no regime semiaberto (item 117.1). Posteriormente à Lei nº 12.258/2010, entraram em vigor as Leis nº 12.403, de 4-5-2011, nº 13.257, de 8-3-2016, as quais, entre as alterações promovidas no Código de Processo Penal, passaram a disciplinar a prisão domiciliar como medida substitutiva à prisão preventiva, cabível somente nas hipóteses expressamente discriminadas: acusado maior de 80 anos ou extremamente debilitado por doença grave, gestante, mulher com filho de até 12 anos de idade incompletos e homem responsável único pelos cuidados do filho na mesma faixa etária(arts. 317 e 318). Diante desses casos de admissibilidade da prisão domiciliar e do veto presidencial aos dispositivos que previam a utilização da monitoração eletrônica nas hipóteses de concessão dos regimes aberto ou semiaberto (arts. 115 e 146-B, inciso I e parágrafo único), questiona-se quando seria aplicável essa forma de fiscalização.

Segundo uma interpretação mais restritiva, ter-se-ia por inaplicável o disposto no art. 146-B, IV, porque a prisão domiciliar disciplinada na Lei de Execução Penal é destinada ao cumprimento de pena em regime aberto. Por interpretação sistemática e porque não contém a lei palavras inúteis, entendemos que a monitoração eletrônica é admitida e pode ser ordenada, por força do art. 146-B, IV, em todos os casos em que, no curso da execução penal, o juiz determinar a prisão domiciliar. O veto à utilização na concessão do regime aberto, que, por norma geral, deve ser cumprida em casa do albergado, não alcançou a modalidade específica da prisão domiciliar, diante de sua expressa manutenção no texto sancionado. O condenado que cumpre a pena em casa do albergado deve ali pernoitar e durante o dia sair nos horários de trabalho, o que possibilita um controle diário pela administração do cumprimento das condições impostas, tornando-se de menor relevância a monitoração eletrônica. Situação distinta é a daquele submetido à prisão domiciliar, porque sujeito a fiscalização somente em raríssimas oportunidades e, no mais das vezes, a fiscalização nenhuma. A prisão domiciliar, aliás, é, dentre todas as hipóteses passíveis de previsão legal, a que mais justifica o recurso da monitoração eletrônica. Se a monitoração eletrônica pode ser considerada inconveniente ou excessiva na prestação de serviços à comunidade, *sursis* e livramento condicional, porque não está sendo executada pena privativa de liberdade e o condenado foi considerado apto ao pleno convívio social, bem como no trabalho externo, no regime semiaberto e na prisão albergue cumprida em casa do albergado, porque, nesses casos, a fiscalização já é exercida diariamente mediante o controle do retorno ao estabelecimento penal, as mesmas razões críticas não se adequam à prisão domiciliar, que implica a efetiva execução de uma pena privativa de liberdade, longe dos olhos da administração, em relação à qual há fiscalização mínima ou nenhuma. Justifica-se, assim, a preservação no texto sancionado da hipótese de prisão domiciliar, em que pese o veto à possibilidade de monitoração, de forma ampla, em todos os casos de concessão do regime semiaberto ou aberto.

Nada autoriza o entendimento de que a monitoração eletrônica seria cabível na prisão domiciliar deferida nas situações previstas no art. 117, mas não pelo motivo da ausência de vagas no regime semiaberto ou em casa do albergado, porque a norma legal não estabelece a diferenciação e porque em todas essas hipóteses o beneficiário está sujeito às mesmas condições legais e a outras que pode o juiz especificar (arts. 113 e 115). Não há razão lógica para afastar a monitoração na maioria dos casos e admiti-la precisamente quando é ela deferida por razões humanitárias.

A utilização do monitoramento eletrônico não é obrigatória, confiando a lei ao juiz o exame de sua necessidade ou conveniência no caso concreto. Estabelecida, porém, a sua necessidade, a recusa do condenado em se submeter à medida acarreta a impossibilidade de usufruir da saída temporária ou da prisão domiciliar. Aceita a medida pelo condenado, deve ele observar, além das condições gerais fixadas para a autorização da saída ou para a prisão domiciliar, os deveres específicos relativos à utilização do equipamento eletrônico (art. 146-C). A violação desses deveres pode ensejar mera sanção de advertência, a revogação da saída temporária ou da prisão domiciliar ou a regressão de regime (v. item 146-C.1). Prevê a lei, também, a possibilidade de determinar o juiz a cessação da monitoração eletrônica quando se tornar desnecessária ou inadequada (v. item 146-D.1).

Posteriormente à Lei nº 12.258, de 15-6-2010, a monitoração eletrônica foi introduzida no Código de Processo Penal pela Lei nº 12.403, de 4-5-2011, como uma das medidas cautelares não privativas de liberdade que podem ser impostas aos acusados, inclusive em substituição à prisão preventiva (art. 319, IX). Porque o Código de Processo Penal não contém regras específicas para sua utilização, deve-se observar que a monitoração eletrônica é simplesmente um meio de fiscalização e, portanto, somente se justifica a sua utilização na aplicação concomitante de outra medida cautelar que implique proibição ou limitação a ser observada pelo acusado e que possa ser fiscalizada eletronicamente, como as previstas no art. 319, incisos II, III, IV e V, ou no caso de prisão domiciliar, disciplinada nos arts. 317 e 318. À monitoração eletrônica ordenada no curso do processo de conhecimento são aplicáveis, no que couberem, as normas contidas na Lei de Execução Penal. Nesse sentido, aliás, o art. 146-D, II, da LEP refere-se não somente ao condenado, mas, também, expressamente, ao "acusado".

O monitoramento eletrônico não é medida vexatória ou degradante e sua previsão legal não afronta qualquer princípio constitucional. Trata-se de meio simples, moderno e eficaz de fiscalização da observância pelo condenado das condições legais e judiciais que lhe tenham sido impostas. As normas que preveem o monitoramento eletrônico não versam sobre matéria de natureza penal e, assim, têm aplicação imediata, sujeitando-se a elas os autores de crimes praticados anteriormente à vigência da Lei nº 12.258, de 15-6-2010.

Jurisprudência

- *Admissibilidade da monitoração eletrônica para condenados em prisão albergue domiciliar*
- *Inadmissibilidade do monitoramento eletrônico em substituição ao regime semiaberto*
- *Inexistência de direito do condenado à prisão domiciliar sob monitoramento eletrônico em decorrência da falta de vagas no regime aberto*
- *Monitoração eletrônica como medida cautelar substitutiva da prisão preventiva*
- *Inexistência de violação a princípios constitucionais*
- *Inexistência de violação ao princípio da irretroatividade da lei penal mais gravosa*
- *Inexistência de constrangimento ilegal na sujeição do condenado ao monitoramento eletrônico*
- *Inadmissibilidade do habeas corpus contra disciplina do monitoramento eletrônico por portaria do juiz da execução*

Art. 146-C. O condenado será instruído acerca dos cuidados que deverá adotar com o equipamento eletrônico e dos seguintes deveres:

I – receber visitas do servidor responsável pela monitoração eletrônica, responder aos seus contatos e cumprir suas orientações;

II – abster-se de remover, de violar, de modificar, de danificar de qualquer forma o dispositivo de monitoração eletrônica ou de permitir que outrem o faça;

III – (Vetado);

Parágrafo único. A violação comprovada dos deveres previstos neste artigo poderá acarretar, a critério do juiz da execução, ouvidos o Ministério Público e a defesa:

I – a regressão do regime;

II – a revogação da autorização de saída temporária;

III – (Vetado);

IV – (Vetado);

V – (Vetado);

VI – a revogação da prisão domiciliar;

VII – advertência, por escrito, para todos os casos em que o juiz da execução decida não aplicar alguma das medidas previstas nos incisos de I a VI deste parágrafo.*

* Artigo inserido pela Lei nº 12.258, de 15-6-2010.

Vide: **LEP** arts. 122, parágrafo único, 124, 125, 146-B, 146-C.

146-C.1 DESCUMPRIMENTO DOS DEVERES ATINENTES À MONITORAÇÃO ELETRÔNICA

Ao ordenar a monitoração eletrônica, deve o juiz determinar que o condenado seja instruído a respeito dos cuidados a adotar com relação ao equipamento eletrônico e advertido dos deveres específicos atinentes a essa forma de fiscalização. Consistem estes em receber visitas, responder aos contatos e cumprir as orientações do servidor responsável pela monitoração eletrônica e de abster-se de remover, violar, modificar ou danificar o dispositivo eletrônico. Assim, além das condições legais e judiciais estabelecidas para a saída temporária ou a prisão domiciliar, o condenado deve observar esses deveres específicos, cujo descumprimento determina, necessariamente, uma das consequências previstas no parágrafo único do art. 146-C.

Prevê esse dispositivo que a violação comprovada desses deveres acarreta a regressão de regime, a revogação da autorização de saída temporária, a revogação da prisão domiciliar ou a advertência. Foram vetados os incisos III, IV e V, que previam a revogação do *sursis* ou do livramento condicional e a conversão da pena restritiva de direitos em pena privativa de liberdade, porque também se vetou a possibilidade da monitoração eletrônica nessas hipóteses. Aparentemente, a intenção do legislador era, originalmente, a de fixar como consequência para a violação dos referidos deveres a revogação do benefício legal específico concedido ao condenado e que era objeto de fiscalização por monitoração eletrônica. É o que se infere da previsão no projeto original de um rol de consequências que guardava exata correspondência com o dos favores legais em que seria admissível a monitoração eletrônica. No entanto, apesar de vetada a possibilidade de monitoração eletrônica nos casos de cumprimento da pena nos regimes aberto e semiaberto (art. 146-B, I), manteve-se no art. 146-C, parágrafo único, I, a previsão de regressão de regime em decorrência da violação dos deveres estabelecidos no mesmo artigo. Embora se questione a aplicabilidade do dispositivo nos casos remanescentes, de saída temporária e prisão domiciliar, inclusive porque a regressão de regime exige a prática de falta grave, não se devendo presumir o engano do legislador ou que a lei contenha excrecências há que se lhe conferir o sentido e o alcance devidos.

Entendemos que a previsão contida no art. 146-C, parágrafo único, inciso I, é aplicável à hipótese de prisão domiciliar, mas não à saída temporária. Os deveres estabelecidos no art. 146-C, I e II, constituem-se em autênticas condições adicionais à saída temporária e à prisão domiciliar, inclusive porque a monitoração eletrônica pressupõe a aceitação do condenado, a exemplo das demais condições estabelecidas pelo juiz, sem a qual não pode ele gozar do benefício que lhe foi deferido. Na saída temporária, a violação das condições gerais impostas, desde que não configure falta grave, é causa de sua revogação, mas não enseja a regressão de regime. Assim, da mesma forma, o descumprimento dos deveres relativos à monitoração eletrônica pode acarretar a revogação da saída temporária, tal como previsto no art. 146-C, parágrafo único, II, mas não a regressão. Assim há que se entender não somente pela inocorrência de falta grave, mas, também, porque absurdo seria admitir a regressão de regime por descumprimento da fiscalização das condições impostas quando o próprio descumprimento destas não a autoriza. Há, porém, decisões no sentido de que a falta grave estaria sempre caracterizada pela desobediência do condenado às ordens recebidas (art. 50, VI, cc. art. 39, V).

Comprovada a violação dos deveres previstos no art. 146-C, I e II, e entendendo o juiz ser insuficiente a mera advertência, deve revogar a saída temporária e o condenado não mais poderá dela usufruir, exceto se revelar, posteriormente, mérito suficiente (v. itens 125.1 e 125.2).

Ocorrida a violação dos deveres relativos à monitoração eletrônica no caso de prisão domiciliar, esta pode ser revogada, nos termos do art. 146-C, parágrafo único, inciso VI, impondo-se, então, o recolhimento do condenado ao estabelecimento penal. Pode o juiz, porém, na hipótese, decidir pela regressão de regime com amparo no inciso I do mesmo parágrafo. Além da previsão legal, deve-se observar que na Lei de Execução Penal a prisão domiciliar é forma de cumprimento da pena em regime aberto e que a violação das condições impostas a esse regime e aceitas pelo condenado (arts. 113 e 115) constitui falta grave (art. 50, V), a qual enseja a regressão (art. 118, I). Nos casos, aliás, de prisão domiciliar deferida por ausência de vaga em casa do albergado ou em regime semiaberto, a adotar-se entendimento contrário, a violação dos deveres atinentes à monitoração eletrônica, ainda que praticada de forma sistemática e reiterada, não teria outra consequência senão a de imposição de sucessivas e inócuas advertências. A regressão de regime decorrente da violação dos deveres atinentes ao monitoramento eletrônico no caso de prisão domiciliar por condenado por crime anterior à Lei nº 12.258, de 15-6-2010, não viola o princípio da irretroatividade da lei penal mais severa, porque o descumprimento das obrigações fixadas pelo juiz na concessão do regime aberto já era previsto como falta grave (art. 50, V).

Como já observado com relação à saída temporária, também no caso de prisão domiciliar a lei, por norma expressa, ressalva ao juiz a opção de aplicar ao condenado mera advertência, em razão da menor gravidade do fato, deixando, assim, de ordenar tanto a revogação do favor como a regressão de regime (art. 146-C, parágrafo único, VII).

Jurisprudência

- *Não caracterização de falta grave por descarregamento do aparelho de monitoração eletrônica: justificativa plausível*
- *Inexistência de falta grave no descumprimento das condições impostas na monitoração eletrônica em saída temporária*
- *Inexistência de falta grave na violação do perímetro autorizado para o condenado em saída temporária*
- *Inexistência de falta grave na violação do equipamento de monitoração eletrônica*
- *Falta grave que determina a regressão de regime*
- *Falta grave em face da desobediência das ordens recebidas*
- *Nulidade da decisão de regressão por ausência de prévia oitiva do condenado*
- *Irretroatividade da regressão de regime na violação do monitoramento eletrônico em saída temporária*

Art. 146-D. A monitoração eletrônica poderá ser revogada:

I – quando se tornar desnecessária ou inadequada;

II – se o acusado ou condenado violar os deveres a que estiver sujeito durante a sua vigência ou cometer falta grave.*

* Artigo inserido pela Lei nº 12.258, de 15-6-2010.

Vide: **LEP** arts. 50, 118, I, 122, parágrafo único, 146-B, 146-C.

146-D.1 REVOGAÇÃO DA MONITORAÇÃO ELETRÔNICA

O art. 146-D dispõe sobre as situações que justificam a cessação da monitoração eletrônica. Mencionam-se no inciso I os casos de se tornar ela *desnecessária*, isto é, inútil, supérflua ou dispensável, ou *inadequada*, isto é, imprópria ou inconveniente, tendo em vista, sempre, as finalidades que justificavam a medida. É o que pode ocorrer, por exemplo, na autorização para frequentar curso educacional ou profissionalizante, se o condenado, ao longo do tempo, revela senso de responsabilidade pessoal mediante o estrito cumprimento das condições impostas, ou na participação em outras atividades que concorram para o retorno social, se as particularidades do caso concreto indicarem que a monitoração eletrônica frustra essa finalidade (v. itens 122.2 e 124.2).

No inciso II, dispõe-se que a monitoração eletrônica poderá ser revogada se o acusado ou condenado violar os deveres a que estiver sujeito durante a sua vigência ou cometer falta grave. É evidente a deficiência da redação do dispositivo, por não ser a monitoração um benefício legal e porque as consequências para o descumprimento dos deveres correspondentes já estão disciplinadas no art. 146-C, parágrafo único. Deve-se entender que nos casos de saída temporária e de prisão domiciliar deferidas no curso da execução das penas, há que cessar a monitoração sempre que esses favores, que eram objeto da fiscalização, forem revogados pelo descumprimento dos deveres correspondentes ou por haver praticado o condenado falta grave, porque, nesse último caso, é obrigatória a regressão de regime, nada justificando, em ambas as hipóteses, a persistência da medida.

Capítulo II
DAS PENAS RESTRITIVAS DE DIREITOS

SEÇÃO I
Disposições Gerais

Art. 147. Transitada em julgado a sentença que aplicou a pena restritiva de direitos, o juiz de execução, de ofício ou a requerimento do Ministério Público, promoverá a execução, podendo, para tanto, requisitar, quando necessário, a colaboração de entidades públicas ou solicitá-la a particulares.

Vide: **CF** art. 5º, XLVI; **LEP** arts. 44, parágrafo único, 48, 51, 66, V, *a, b, c*, 148 a 155, 180 a 181; **CP** arts. 43 a 48, 54 a 57, 59, IV, 69, §§ 1º e 2º, 80, 109, parágrafo único. **Lei nº 13.445**, de 24-5-2017, art. 54, § 3º. Súmula: STJ 588, 643.

147.1 PENAS RESTRITIVAS DE DIREITOS

Diante da tão decantada falência da pena privativa de liberdade, que não atende aos meios de ressocialização, a tendência dos legisladores, em consonância com a doutrina, é procurar substitutivos penais para tal sanção, ao menos no que se relaciona com os crimes menos graves e criminosos cujo encarceramento por curto período não é aconselhável pelos evidentes efeitos dessocializadores que decorrem do encarceramento. Atende-se assim à política de impedir a ação criminógena do cárcere nas penas privativas de liberdade de curta duração, deixando-se a prisão reservada aos autores de fatos penais de maior gravidade ou às hipóteses em que a vida pregressa do condenado a recomende. Pela Portaria nº 153, de 27-2-2002, do Ministério da Justiça, publicada no *DOU* de 28-2-2002, foi instituído, no âmbito da Secretaria Nacional de Justiça, o Programa Nacional de Apoio e Acompanhamento de Penas e Medidas Alternativas, com o objetivo, entre outros, de estimular a aplicação e a fiscalização das penas e medidas alternativas em todas as unidades da federação. Pela Portaria nº 495, de 28-4-2016, o Ministério da Justiça instituiu a Política Nacional de Alternativas Penais.

Com a Lei nº 7.209/84 foi introduzida no país a possibilidade de substituir-se a pena privativa de liberdade por penas restritivas de direitos, previstas no art. 43 do Código Penal: prestação de serviços à comunidade; interdição temporária de direitos e limitação de fim de semana; ou mesmo por pena de multa. A Lei nº 9.714, de 25-11-1998, acrescentou as penas de prestação pecuniária e perda de bens e valores, transformando a prestação de serviços à comunidade em prestação de serviços à comunidade ou a entidades públicas. Incluiu, ainda, a pena de proibição de frequentar determinados lugares entre as penas de interdição temporária de direitos (art. 47, IV, do CP).

As penas restritivas de direitos não são acessórias, mas autônomas, aplicando-se independentemente de outras (art. 44 do CP), e não estão cominadas na parte especial, pois podem ser aplicadas para qualquer delito (art. 54 do CP). Têm elas a mesma duração da pena privativa de liberdade substituída (art. 55 do CP). A pena de multa, porém, tem critérios próprios de fixação, a situação econômica do condenado (art. 60 do CP), além dos comuns (art. 59 do CP), ainda quando aplicada em substituição à pena privativa de liberdade igual ou inferior a um ano (art. 44, § 2º, do CP, com a nova redação).

Em praticamente todos os seus aspectos, a Lei nº 9.714, de 25-11-1998, que alterou os arts. 43, 44, 45, 46, 47, 55 e 77 da Parte Geral do Código Penal, instituída pela Lei nº 7.209, de 11-7-1984, é mais benigna do que esta. Além de criar penas substitutivas menos severas, estendeu extraordinariamente a incidência destas, possibilitando sua aplicação em condenações até quatro anos de reclusão ou detenção. Assim, é evidente que as novas disposições têm caráter retroativo, nos termos do art. 5º, XL, *in fine*, da CF, regulamentado pelo art. 2º, parágrafo único do Código Penal, devendo incidir sobre os crimes ocorridos antes de sua vigência, que se iniciou em 26-11-1998, ainda que a sentença condenatória tenha transitado em julgado. Neste caso, cabe ao juiz da execução promover a substituição da pena desde que presentes os requisitos objetivos e subjetivos exigidos pela lei.

Leis especiais preveem outras penas restritivas de direitos e regras específicas para a sua aplicação nos crimes nelas definidos. A Lei nº 9.605, de 12-2-1998, que dispõe sobre as sanções penais e administrativas derivadas de condutas e atividades lesivas ao meio ambiente, estabelece como penas restritivas de direitos aplicáveis às pessoas jurídicas: suspensão parcial ou total de atividades; interdição temporária de estabelecimento, obra ou atividade; e proibição de contratar com o Poder Público, bem como dele obter subsídios, subvenções ou doações (art. 22). No Código de Trânsito Brasileiro está prevista a pena de suspensão ou proibição de se obter a permissão ou a habilitação para dirigir veículo automotor, que pode ser imposta, isolada ou cumulativamente com outras penalidades (art. 292 da Lei nº 9.503, de 23-9-1997). No Código de Defesa do Consumidor prevê-se a pena de publicação em órgãos de comunicação de grande circulação ou audiência, às expensas do condenado, de notícia sobre os fatos e a condenação (art. 78, II). Na Lei nº 11.343, de 23-8-2006, há regras especiais a respeito da prestação de serviços à comunidade, que pode ser aplicada na sentença condenatória, inclusive como penalidade principal nos crimes cometidos por usuários de drogas descritos no art. 28 e no art. 33, § 3º. O comparecimento a programa ou curso educativo, previsto na mesma Lei como "medida educativa", é nova espécie de sanção penal que também tem a natureza de pena restritiva de direitos. Na ausência de disposição em contrário, aplicam-se à execução dessas penas restritivas de direito, no que couberem, as normas contidas na Lei de Execução Penal.

Jurisprudência

- *Inexistência de direito subjetivo à substituição de pena*
- *Necessidade de fundamentação para recusar substituição*
- *Necessidade de fixação inicial de pena privativa de liberdade*
- *Inadmissibilidade de cumulação com pena privativa de liberdade*
- *Necessidade de fixação da espécie de pena*
- *Substituição pelo mesmo tempo de duração da pena privativa de liberdade*
- *Aplicação retroativa da Lei nº 9.714/98*
- *Inadmissibilidade de revisão criminal para substituição prevista em lei mais benigna*

147.2 SUBSTITUIÇÃO

De acordo com a nova redação dada ao art. 44 do CP, as penas restritivas de direitos substituem as penas privativas de liberdade fixadas em quantidade não superior a quatro anos se o crime não for cometido com violência ou grave ameaça à pessoa, ou, qualquer que seja a pena aplicada, se o crime for culposo (art. 44, I, do CP). Não é possível, portanto, em princípio, a aplicação do disposto no art. 44 aos crimes de roubo, extorsão, estupro etc. Deve-se considerar, também, que a referência ao crime que *não for cometido com violência ou grave ameaça à pessoa* não exclui os delitos em que essas modalidades são constitutivas do próprio ilícito, como os de lesão corporal e ameaça, para os quais deve ser permitida a substituição, como ocorria no dispositivo substituído. Não obstante, o Superior Tribunal de Justiça firmou jurisprudência no sentido que não é cabível a substituição nos crimes ou contravenções penais cometidos com violência ou grave ameaça no âmbito familiar e doméstico contra a mulher (Súmula 588). A Lei nº 11.340, de 7-8-2006, veda, porém, somente a aplicação de penas de prestação pecuniária, incluída a de pagamento de cesta básica, e a substituição de pena que implique o pagamento isolado de multa (art. 17). Disposição análoga à desse artigo foi inserida no ECA., aplicável aos crimes de violência doméstica e familiar contra a criança e adolescente (art. 226, § 2º, incluído pela Lei nº 14.344, de 24-5-2022).

Para que sua substituição seja possível, porém, é também necessário que o réu não seja reincidente em crime doloso (art. 44, II, do CP). Caso o condenado seja reincidente (em crimes culposos ou pela prática de crimes doloso e culposo), o juiz pode aplicar a substituição, desde que, em face de condenação anterior, a medida seja socialmente recomendável e a reincidência não se tenha operado em virtude da prática do mesmo crime (art. 44, § 3º, do CP). Não há obstáculo, também, em princípio, para que seja efetuada a substituição no caso de ter o réu condenações anteriores desde que estas tenham transitado em julgado após o cometimento do crime pelo qual está sendo julgado, ou se já houver decorrido o prazo de cinco anos mencionado no art. 64, inciso I, do Código Penal, quando praticar o novo delito.

É indispensável também que a "substituição seja suficiente", como esclarece o art. 44, III, do Código Penal, ou seja, que se verifique se preenchidas as características de reprovação e prevenção do crime exigidas da pena. Indica o referido dispositivo que para essa aferição deverá o juiz considerar a culpabilidade, os antecedentes, a conduta social e a personalidade do condenado, bem como os motivos e as circunstâncias do fato criminoso. A substituição da pena não é um direito do sentenciado, podendo indicar-se ao juiz, pela aferição dos elementos de que dispõe, a necessidade de aplicação da pena privativa de liberdade que, atentando para a exigência de prevenção, do mesmo modo possibilitará ao condenado o auxílio e assistência previstos para os presos e albergados. Além de "cabível", o juiz deve atender, na fixação da pena, ao que é "necessário e suficiente para a reprovação e prevenção do crime" (art. 59 do CP), indicando-se assim que a substituição é apenas uma faculdade de aplicação e não um direito subjetivo do condenado.

Embora não haja vedação expressa no Código Penal, vinha-se entendendo, prevalentemente, que a substituição não era possível nos crimes hediondos ou a eles equiparados, ainda que não cometidos com violência ou grave ameaça a pessoa, porque, nos termos da redação original do art. 2º, § 1º, da Lei nº 8.072, de 25-7-1990, exigia-se que fosse cumprida integralmente em regime fechado a pena privativa de liberdade imposta. A alteração genérica da legislação, promovida no art. 44 do CP pela Lei nº 9.714/98, sem explicitação acerca das leis especiais, não revogou o texto da Lei especial de nº 8.072/90. Com a vigência da Lei nº 11.464, de 28-3-2007, que alterou o art. 2º, §§ 1º e 2º (posteriormente revogado), da Lei nº 8.072/90, passou-se a admitir, expressamente, a progressão de regime dos condenados por crimes hediondos ou equiparados, sendo obrigatória, porém, a fixação do regime inicial fechado. Já decidiram, porém, o STF e o STJ que, não mais vedando a Lei nº 8.072/90 a progressão de regime, não subsiste a razão para se proibir a substituição da pena em crimes hediondos ou equiparados. Contudo, o Código Penal proíbe a substituição em crimes cometidos com violência ou grave ameaça (art. 44), o que afasta a possibilidade na maioria dos crimes hediondos (art. 1º, incisos I a VI, da Lei nº 8.072/90).

Com relação ao tráfico de entorpecentes, a Lei nº 11.343, de 23-8-2006, veda expressamente a substituição por penas restritivas de direitos nos crimes relacionados com o tráfico de drogas (art. 44), entre os quais o de associação para o tráfico (art. 35). No art. 33, § 4º, que prevê uma causa de diminuição de pena para o condenado por tráfico, na hipótese de agente primário, de bons antecedentes e que não se dedique às atividades criminosas nem integre organização criminosa, é reproduzida a vedação à substituição da pena por sanções restritivas de direitos contida no art. 44. No entanto, essa parte do dispositivo teve sua execução suspensa pelo Senado Federal (Resolução nº 5, de 2012), após o Supremo Tribunal Federal proferir julgamento declarando inconstitucional a vedação por ofensa ao princípio da individualização da pena. Observe-se, também, que, após o STJ editar a Súmula 512 no sentido de que a referida causa de diminuição de pena não afasta a hediondez do tráfico de entorpecentes, decidiu o STF, em sentido contrário, que a figura do tráfico privilegiado não se harmoniza com os rigores previstos para os crimes hediondos, o que motivou o cancelamento daquela. A Lei nº 13.964, de 24-12-2019, alterando o art.112, inseriu o § 5º, no qual ora se prevê, expressamente, que "não se considera hediondo ou equiparado, para os fins deste artigo, o crime de tráfico de drogas previsto no § 4º do art. 33 da Lei nº 11.343, de 23 de agosto de 2006".

Vedava-se na jurisprudência a substituição da pena na hipótese de condenado estrangeiro em situação irregular ou no curso do processo de expulsão. A Lei nº 13.445, de 24-5-2017, dispõe, porém, que a existência de processo de expulsão não prejudicará a substituição por sanção alternativa ao condenado estrangeiro, assegurando-lhe, aliás, em igualdade de condições ao nacional, todos os benefícios legais previstos na execução da pena (art. 54, § 3º).

A pena restritiva de direitos substitui a pena privativa de liberdade e, assim, não pode ser fixada diretamente; primeiro o juiz fixa a pena privativa de liberdade e, em seguida, a substitui. Sob pena de nulidade, deve o juiz especificar qual a pena restritiva de direitos que substitui a privativa de liberdade.

Com relação aos crimes de homicídio culposo e lesão corporal culposa cometidos por agente em situação de embriaguez ao volante (arts. 302, § 3º, e 303, § 2º, do CTB), veda-se a substituição da pena privativa de liberdade por restritiva de direitos (art. 44, I do CP), nos termos do que passou a prever o art. 312-B do Código de Trânsito, inserido pela Lei nº 14.071, de 13-10-2020.

Jurisprudência

- *Substituição como direito subjetivo do réu*
- *Inadmissibilidade da substituição para o réu reincidente pela prática de crime doloso*
- *Admissibilidade da substituição para o réu reincidente genérico*
- *Admissibilidade da substituição em crime cometido com violência de menor potencial ofensivo*
- *Inadmissibilidade da substituição em crime ou contravenção praticado com violência doméstica ou familiar*
- *Contra: admissibilidade em contravenção de vias de fato nas relações domésticas*
- *Admissibilidade de substituição no caso de tráfico de entorpecentes: inconstitucionalidade da vedação legal*
- *Inadmissibilidade da substituição no caso de tráfico de entorpecentes se desfavoráveis as condições subjetivas*
- *Admissibilidade da substituição da pena para estrangeiro na ausência de processo de expulsão (antes da vigência da Lei nº 13.445/2017)*
- *Admissibilidade da substituição da pena para estrangeiro não residente no país (antes da vigência da Lei nº 13.445/2017)*
- *Admissibilidade da substituição da pena para condenado estrangeiro por tráfico privilegiado (antes da vigência da Lei nº 13.445/2017)*
- *Tráfico privilegiado: crime não hediondo*
- *Possibilidade de exame do cabimento da substituição pelo juiz da execução por ordem do tribunal*
- *Substituição pelo juiz da execução por ordem do tribunal*
- *Atuação do juiz ex officio*
- *Obrigatoriedade de substituição*
- *Nulidade da sentença que não examina a possibilidade de substituição*
- *Inadmissibilidade de substituição de pena superior a 4 anos*

- Inadmissibilidade da substituição para o réu reincidente específico
- Contra: admissibilidade da substituição para o réu reincidente específico
- Admissibilidade da substituição para o réu reincidente genérico
- Inadmissibilidade da substituição em crime cometido com violência a pessoa
- Admissibilidade de substituição nos crimes de lesões corporais de natureza leve e ameaça
- Inadmissibilidade de substituição em crime de roubo praticado mediante grave ameaça
- Inadmissibilidade de substituição no caso de tráfico de entorpecente
- Inadmissibilidade de substituição no caso de tráfico de entorpecentes com redução de pena (art. 33, § 4º, da Lei nº 11.343/2006) anterior à Resolução nº 5, de 2012, do Senado Federal
- Inadmissibilidade da substituição da pena para estrangeiro em situação irregular (antes da vigência da Lei nº 13.445/2017)
- Admissibilidade da substituição da pena para estrangeiro regularmente residente no país (antes da vigência da Lei nº 13.445/2017)
- Inadmissibilidade da substituição da pena para estrangeiro com processo de expulsão (antes da vigência da Lei nº 13.445/2017)
- Inadmissibilidade da coexistência da pena privativa de liberdade cumprida em regime aberto com a pena restritiva de direitos
- Admissibilidade de impetração de habeas corpus na hipótese de substituição da pena privativa de liberdade por pena restritiva de direito

147.3 INÍCIO DA EXECUÇÃO

Determina-se na lei que, transitada em julgado a sentença que aplicou a pena restritiva de direitos, o juiz encarregado da execução deverá promovê-la de ofício ou a requerimento do Ministério Público. Estranhamente, porém, não se faz qualquer referência a uma guia para a execução, como ocorre quando se trata de pena privativa de liberdade (art. 105) ou multa (art. 164) ou mesmo de medida de segurança (art. 171). É indubitável, porém, que deve ser expedido um documento que possibilite ao juiz da execução, quando não for o mesmo do processo de conhecimento, providenciar como determina a lei. Cabe ao legislador estadual ou mesmo ao Poder Judiciário, por meio da resolução ou provimento, determinar a expedição da guia de execução das penas restritivas de direitos, estabelecendo os requisitos formais que deve tal peça conter. É recomendável que sejam estabelecidas as mesmas formalidades exigidas da guia de recolhimento, no que for aplicável, uma vez que os termos como da denúncia e da sentença condenatória, bem como os dados antecedentes e grau de instrução do condenado, são necessários para a individualização e o acompanhamento da execução das penas restritivas de direitos.[32]

Tanto quanto nas demais sanções penais, a execução das penas restritivas de direitos exige o trânsito em julgado da sentença condenatória, como deixa expresso o art. 147 da Lei

---

32. Nesse sentido: MIGUEL, Alexandre, LAGOS, Daniel Ribeiro. *A execução penal*: instrumentalização e competência. *RT* 690/398-402.

de Execução Penal. Não é possível, pois, seja ela iniciada antes do julgamento da apelação interposta pelo réu.

Esse entendimento cristalizou-se na Súmula 643 do STJ: "A execução da pena restritiva de direitos depende do trânsito em julgado da condenação".

Para promover a execução, o juiz deve requisitar, quando necessário, a colaboração de entidades públicas, ou solicitá-la a particulares (art. 147). Quando a pena restritiva de direitos deve ser executada perante uma entidade pública, não há qualquer possibilidade de recusa por parte da autoridade administrativa, já que o legislador utilizou-se do verbo "requisitar", que significa "exigir" o cumprimento. Tratando-se de entidade particular, há simples solicitação, podendo ser eventualmente recusada a colaboração pedida.

Como se acentua na exposição de motivos do projeto que se transformou na Lei nº 7.210/84, a responsabilidade da autoridade judiciária no cumprimento das penas restritivas é dividida com as pessoas jurídicas de direito público ou privado ou com os particulares beneficiados com a prestação de seus serviços gratuitos. Todavia, seu desempenho não é minimizado pelo servidor ou pela burocracia, como sucede atualmente com as penas privativas de liberdade (item 140). Por isso, o juiz da execução deve marcar sua atividade com dinamismo e personalidade ao providenciar a execução junto a programas das instituições públicas e privadas ou comunidades, não relutando em suprir a omissão do poder público referente a sua infraestrutura prisional ou de serviços, inclusive encaminhando o condenado a serviços privados que não pertençam a entidade ou programa já credenciado ou conveniado. Nessa hipótese deve estabelecer com essas pessoas ou comunidades as regras que pautarão a execução, bem como providenciar para que se proceda à devida assistência e fiscalização pelos órgãos competentes.

Jurisprudência

- *Inadmissibilidade de execução da pena restritiva de direitos antes do trânsito em julgado*
- *Contra: possibilidade de execução provisória das penas restritivas de direitos*

Art. 148. **Em qualquer fase da execução, poderá o juiz, motivadamente, alterar a forma de cumprimento das penas de prestação de serviços à comunidade e de limitação de fim de semana, ajustando-as às condições pessoais do condenado e às características do estabelecimento, de entidade ou do programa comunitário ou estatal.**

Vide: **LEP** arts. 4º, 5º, 7º, parágrafo único, 44, parágrafo único, 67, 69, 79, II, 149 a 153.

148.1 ALTERAÇÃO

Vigorando na execução das penas restritivas de direito o princípio da individualização da pena, pode o juiz, em qualquer fase da execução, alterar a forma de cumprimento das penas de prestação de serviços à comunidade e de limitação de fim de semana. Atendendo às condições pessoais do condenado e às características do estabelecimento, da entidade ou do programa comunitário ou estatal, sempre que necessário poderá alterar os dias ou horários de entrada e saída ou, no caso de prestação de serviços à comunidade, modificar o programa ou as tarefas que lhe haviam sido atribuídas etc. A alteração admitida pelo art. 148 limita-se à alteração da "forma" de cumprimento da pena de prestação de serviços, não autorizando o juiz a decidir pela substituição dessa pena por outra sanção restritiva de direitos.

O juiz poderá verificar a necessidade de alterações na execução, nas notícias ou relatórios que lhe forem encaminhados pelo Patronato, que é o encarregado de fiscalizar o cumprimento das penas de prestação de serviços à comunidade e limitação de fim de semana (art. 79, II), ou mesmo pela Comissão Técnica de Classificação integrada por fiscais do Serviço Social, que atua junto ao Juízo da Execução para a execução das penas restritivas de direitos (art. 7º, parágrafo único). Além disso, os condenados a penas restritivas de direitos estão também sujeitos à disciplina (art. 44, parágrafo único), a ser exercida pela autoridade administrativa a que estiver submetido o condenado (itens 48.1 e 54.1), e o cometimento de falta disciplinar, além da aplicação da sanção correspondente, pode indicar a necessidade de alteração na forma de cumprimento da sanção.

As alterações poderão ser provocadas pelo Ministério Público (art. 67), Conselho Penitenciário (art. 69) e Patronato (art. 79, II), órgãos com poderes de fiscalização das referidas penas restritivas de direitos ou pelo próprio condenado ou por seu defensor.

A decisão a respeito de alteração na forma de cumprimento da pena restritiva de direito deve ser sempre motivada, já que tais modificações somente se justificam quando se verifica que serão benéficas para a ressocialização do condenado e prevenção criminal. Da decisão cabe recurso de agravo em execução por parte do condenado e do Ministério Público.

Jurisprudência

- *Indeferimento de pedido de alteração de forma de cumprimento de prestação de serviços à comunidade*

- *Inadmissibilidade de substituição da prestação de serviços à comunidade por outra pena restritiva de direitos*

- *Contra: admissibilidade em casos excepcionais*

148.2 PRESTAÇÃO PECUNIÁRIA

Conforme o art. 45, § 1º, do CP, com a redação que lhe foi dada pela Lei nº 9.714, de 25-11-1998, a prestação pecuniária consiste no pagamento em dinheiro à vítima, a seus dependentes ou a entidade pública ou privada com destinação social, de importância fixada pelo juiz ao aplicá-la. Por disposição expressa, não pode ser ela inferior a um salário mínimo nem superior a 360 vezes esse salário. Assim, de forma sumária, o juiz deve fixar o *quantum* da reprimenda com base apenas nos dados disponíveis no processo, uma vez que não existe previsão legal específica de procedimento para calcular-se o prejuízo resultante da prática do crime.

Não se confunde a pena de prestação pecuniária com a de multa reparatória, uma vez que esta somente é cabível quando houver dano material ao ofendido, causado pelo ilícito, enquanto aquela é admissível ainda na ausência de prejuízo individual. Havendo dano à vítima, a quantia apurada será a ela destinada ou, em sua falta, a seus dependentes; caso contrário, irá para a entidade pública ou privada com destinação social, por decisão do juiz.

Caso o ofendido venha a propor ação de reparação civil, o valor referente à prestação pecuniária pago ao ofendido será descontado do total da condenação civil (art. 45, § 1º, do CP). Dispõe ainda a lei que, se houver aceitação do beneficiário, ou seja, do ofendido ou da entidade pública ou privada com destinação social, a prestação pecuniária poderá constituir-se, por decisão do juiz, em prestação de outra natureza, como o fornecimento de cestas básicas, por exemplo (art. 45, § 2º).

Não prevê a Lei de Execução Penal o procedimento para a execução da pena de prestação pecuniária. Assim, caso é de se utilizar da analogia com os arts. 164 ss da Lei de Execução Penal, que disciplina a execução da pena de multa. É prevalente o entendimento, diante da norma prevista no art. 44, § 4º, do CP, de que se o condenado, embora advertido ou intimado, injustificadamente se omite no pagamento da prestação pecuniária, autorizada está a sua conversão em pena privativa de liberdade (v. item 181.5).

Jurisprudência

- *Finalidade da pena de prestação pecuniária: reparação do dano*

- *Admissibilidade da conversão da prestação pecuniária em pena privativa de liberdade*

- *Fixação da pena de prestação pecuniária*

- *Ponderação da capacidade econômica do condenado na fixação da pena*

- *Necessidade de fundamentação quanto ao valor fixado*

- *Critério para cálculo da pena de prestação pecuniária*

- *Admissibilidade de substituição da pena de prestação pecuniária na impossibilidade de cumprimento*

- *Admissibilidade da cumulação da pena de prestação pecuniária com a multa*

- *Inadmissibilidade da pena de prestação pecuniária em favor do Poder Judiciário*

- *Inadmissibilidade da fixação da prestação pecuniária como condição do regime aberto*

- *Não configuração de início de cumprimento da prestação pecuniária pelo pedido de parcelamento: prescrição*

- *Inadmissibilidade da conversão no descumprimento justificado: condenado desempregado*

148.3 PERDA DE BENS E VALORES

Instituída a pena de perda de bens e valores do condenado, autorizada pelo art. 5º, XLVI, *b*, da CF, consiste no confisco em favor do Fundo Penitenciário Nacional de quantia que pode atingir até o valor referente ao prejuízo causado ou do provento obtido pelo agente ou por terceiro, em consequência da prática do crime, prevalecendo aquele que for maior (art. 45, § 3º, do CP, com a redação que lhe foi dada pela Lei nº 9.714, de 25-11-1998). Ressalva a lei a destinação diversa que lhe for dada pela legislação especial, como, por exemplo, o previsto no art. 63, § 1º, da Lei nº 11.343, de 23-8-2006, ou no art. 1º e seu parágrafo único, da Lei nº 8.257, de 26-11-1991. Evidentemente, também fica ressalvado que tais bens e valores serão destinados, preferencialmente, ao lesado ou a terceiro de boa-fé, conforme dispõe o art. 91, II, do CP.

Inexistente regramento especial para a execução dessa pena restritiva de direitos; dever-se-ia, por analogia, atender ao que dispõe a lei a respeito da execução da pena de multa, tal como para a pena de prestação pecuniária. Diferentemente, porém, do que se verifica em relação à multa, é possível a conversão da perda de bens e valores em pena privativa de liberdade, nos termos do art. 44, § 4º, do CP. Assim, se o condenado, embora intimado, descumpre, injustificadamente, a pena imposta, deve o juiz operar a conversão (v. item 181.5).

Jurisprudência

- *Inadmissibilidade de aplicação da pena de perda de bens públicos*
- *Possibilidade de execução provisória da pena de perda de bens e valores na pendência de recurso extraordinário*

SEÇÃO II
Da Prestação de Serviços à Comunidade

Art. 149. Caberá ao juiz da execução:

I – designar a entidade ou programa comunitário ou estatal, devidamente credenciado ou convencionado, junto ao qual o condenado deverá trabalhar gratuitamente, de acordo com as suas aptidões;

II – determinar a intimação do condenado, cientificando-o da entidade, dias e horário em que deverá cumprir a pena;

III – alterar a forma de execução, a fim de ajustá-la às modificações ocorridas na jornada de trabalho.

§ 1º O trabalho terá a duração de oito horas semanais e será realizado aos sábados, domingos e feriados, ou em dias úteis, de modo a não prejudicar a jornada normal de trabalho, nos horários estabelecidos pelo juiz.

§ 2º A execução terá início a partir da data do primeiro comparecimento.

Vide: **LEP** arts. 48, 51, 66, V, *a*, *b*, *c*, 79, II, 148, 150, 181, § 1º; **CP** arts. 43, IV, 44, 46, 55.

149.1 PRESTAÇÃO DE SERVIÇOS À COMUNIDADE OU A ENTIDADES PÚBLICAS

A prestação de serviços à comunidade ou a entidades públicas, segundo a nova denominação dada a essa sanção pela Lei nº 9.714, de 25-11-1998, consiste na atribuição ao condenado de tarefas gratuitas a entidades assistenciais, hospitais, escolas, orfanatos e outros estabelecimentos congêneres, em programas comunitários ou estatais ou mesmo diretamente a entidades públicas (art. 46 do CP). Entende-se que a realização de serviços nessas entidades fará aflorar a sensibilidade do condenado, viabilizando uma tomada de consciência das contingências humanas, das dificuldades de outrem e da sociedade, alargando horizontes e impregnando valores.[33] A prestação de serviços à comunidade, ao lado de constituir um ônus, uma tarefa sentida, aflitiva, um aborrecimento, é também uma medida positiva à medida que, por meio dela, o condenado sente ser necessário aos que precisam de seu auxílio e à comunidade lesada por sua atitude delituosa, recebendo dessa comunidade, pelo trabalho, o reconhecimento, a compreensão e a consequente reincorporação ao meio em que vive.

Conforme Gilberto Ferreira, a pena de prestação de serviços à comunidade possui inúmeros atributos que a caracterizam e, indiscutivelmente, a recomendam. Diz o autor: "Dentre esses atributos, poderia relacionar os seguintes: (1) é dotada de caráter retributivo; (2) é dotada de caráter intimidativo, geral e especial; (3) é ressocializadora; (4) é moralizadora da suspensão condicional da pena, do livramento condicional e do próprio regime aberto; (5) contribui para a realização de inúmeras obras sociais, prestando relevantes serviços à coletividade; e (6) não gera desemprego, nem concorre com qualquer outro tipo de mão de obra remunerada."[34]

O trabalho do condenado é gratuito e, por isso, já se afirmou que essa pena "corresponde a autêntico trabalho imposto ao condenado, ou seja, verdadeiro trabalho forçado, de há muito banido de nossa legislação penal".[35] Trata-se, porém, de pena plenamente aceitável, de um ônus para o condenado, e não de uma relação de emprego; se não fosse gratuita, a prestação de serviços não seria pena. Certamente, o sentenciado preferirá submeter-se às tarefas que lhe forem impostas, ainda que sem remuneração, a afrontar a pena privativa de liberdade, em que o trabalho também é obrigatório e somente limitada parte da remuneração lhe é destinada diretamente.

---

33. Cf. REALE JR., Miguel. *Novos rumos do sistema criminal*. Rio de Janeiro: Forense, 1983. p. 53. Afirma-se que a prestação de serviços preenche os objetivos da pena: é reeducativa (terapia laboral), retributiva (trabalho gratuito com valor comunitário) e intimidativa. Cf. SZNICK, Valdir. A pena de trabalho e suas características. *Justitia* 130/68.

34. A prestação de serviços à comunidade como pena alternativa. *RT* 647/255-68.

35. Anteprojeto de reforma do Código Penal. Considerações e propostas de um grupo de magistrados paulistas. *JTACRESP* 68/23.

Como deixa claro o art. 149 da Lei de Execução Penal, cabe ao juiz da execução designar a entidade ou programa comunitário ou estatal e, portanto, determinar a espécie de serviços a serem prestados pelo condenado. Entretanto, conforme já decidiu o Superior Tribunal de Justiça, sendo a execução da pena cometida ao próprio Juiz da sentença, nos termos da legislação de organização judiciária ou mesmo de dispositivos regimentais dos tribunais, pode-se delegar ao juiz da sentença a atribuição de definir a forma de cumprimento de prestação de serviços à comunidade.

Jurisprudência

- *Possibilidade da fixação da pena de prestação de serviços à comunidade ao portador de deficiência física*
- *Possibilidade de fixação da pena de prestação de serviços à comunidade a condenado de idade avançada e portador de hipertensão arterial*
- *Inadmissibilidade da substituição da prestação de serviços à comunidade por outra pena alternativa após o trânsito em julgado da condenação*
- *Inadmissibilidade de substituição da pena de prestação de serviços à comunidade por outra pena alternativa pelo juiz da execução*
- *Admissibilidade de substituição para condenado com problemas de saúde*

149.2 ATRIBUIÇÃO DAS TAREFAS

As tarefas devem ser atribuídas ao condenado conforme suas aptidões, já que assim melhores proveitos terá a comunidade na utilização dessa atividade do condenado, denominada "mão de obra temida". Compete ao juiz da execução "designar a entidade ou programa comunitário ou estatal, devidamente credenciado ou convencionado, junto ao qual o condenado deverá trabalhar gratuitamente, de acordo com as suas aptidões" (art. 149, I, da LEP). Estabelecerá o magistrado, dentro das disponibilidades que se lhe oferecem na comarca, um trabalho compatível com as atividades laborativas do condenado, em institutos oficiais ou entidades particulares (Legião Brasileira de Assistência, Associação de Pais e Amigos de Excepcionais, Associação de Assistência à Criança Defeituosa etc.). A atribuição não pode privar ou restringir direitos constitucionais. Afastou-se a obrigação imposta de prestar serviços e de permanecer em templo religioso por ofensa ao art. 153, § 5º, da CF (agora art. 5º, VI).

Após a designação da entidade ou programa, o juiz determinará a intimação do condenado, cientificando-o da entidade, dias e horários em que deverá cumprir a pena. Trata-se de medida indispensável para que o condenado saiba exatamente quais as suas tarefas e em que horários deverá ele executá-las. Ao mesmo tempo, deverá ser ele advertido de que o descumprimento dessas tarefas poderá acarretar a conversão da pena restritiva de direitos em privativa de liberdade (art. 181, § 1º, da LEP).

Durante a execução poderá o juiz alterar a forma de execução, a fim de ajustá-la às modificações ocorridas na jornada de trabalho do condenado, de maneira a conciliar o trabalho normal e os serviços que deve prestar à comunidade. Havendo mudança no horário na jornada de trabalho, pode ser necessária a alteração de dia e horário para o cumprimento da pena, já que não é benéfico ao processo de reintegração social que a execução desta interfira negativamente no trabalho comum do condenado.

Jurisprudência

- *Possibilidade de adequação da forma de cumprimento ao exercício da profissão*
- *Inexistência do direito do condenado de cumprir a pena conforme sua conveniência: pessoa idosa com depressão*
- *Inexistência de direito do condenado de prestar serviços à comunidade na área de sua formação acadêmica*
- *Inadmissibilidade de atribuição de tarefas religiosas*
- *Impossibilidade de modificação das condições impostas em 2ª Instância*

149.3 HORÁRIO E INÍCIO DE EXECUÇÃO

Deve o condenado cumprir oito horas semanais de prestação de serviços à comunidade. Permite-se o desdobramento desse tempo entre sábados, domingos, feriados e mesmo em dias úteis, de modo que não se prejudique a atividade laborativa normal do condenado. O juiz fixará os horários atendendo às disponibilidades do condenado e necessidades do programa, sem qualquer limitação ao número mínimo ou máximo de horas por dia, exigindo-se apenas a obediência ao total de tempo exigido semanalmente. Como já visto, pode o juiz alterar os horários a fim de ajustá-los às modificações ocorridas na jornada de trabalho do condenado (item 148.1).

Não era possível ser deferido pedido do condenado de dobrar o período de prestação de serviços à comunidade, a fim de esgotá-lo antes do prazo previsto em lei, pois o art. 149, III, § 1º, limita o número de horas de trabalho semanal, visando protrair no tempo essa obrigação com a finalidade, inclusive, de dar maior tempo à reflexão do condenado sobre o mal causado. Entretanto, diante da redação dada ao art. 46 do Código Penal pela Lei nº 9.714, de 25-11-1998, se a pena substituída for superior a um ano, é facultado ao condenado cumprir a pena substitutiva em menor tempo, nunca inferior à metade da pena privativa de liberdade fixada (§ 4º).

Considera-se iniciada a execução da pena na data do primeiro comparecimento do condenado à entidade onde irá prestar seus serviços (art. 149, § 2º). Evidentemente somente será computada essa data como termo inicial da duração da pena se o condenado prestar seus serviços imediatamente ou se recolocar à disposição da autoridade competente para o desempenho de suas tarefas. O dispositivo indica que a execução se inicia nesse primeiro comparecimento independentemente das horas de serviço prestadas pelo condenado. Por essa razão tem-se decidido que a interrupção do prazo prescricional não ocorre com a mera retirada em cartório pelo sentenciado do ofício de apresentação à entidade beneficiária, mas, sim, com o seu efetivo comparecimento perante essa entidade para o fim de iniciar a prestação de serviços.

Jurisprudência

- Possibilidade de cumprimento da pena em tempo menor como faculdade do condenado
- Desnecessidade de audiência admonitória na execução da pena de prestação de serviços à comunidade
- Início do cumprimento da pena com a apresentação do condenado perante a entidade beneficiária dos serviços
- Inadmissibilidade de cumprimento da pena em tempo inferior a um ano a critério do condenado

Art. 150. A entidade beneficiada com a prestação de serviços encaminhará mensalmente, ao juiz da execução, relatório circunstanciado das atividades do condenado, bem como, a qualquer tempo, comunicação sobre ausência ou falta disciplinar.

Vide: **LEP** arts. 48, parágrafo único, 51, 66, V, a, b, 79, II, 148, 149, 181, § 1º; **CP** arts. 44, §§ 4º e 5º, 46.

150.1 RELATÓRIOS

Embora caiba ao patronato fiscalizar o cumprimento da pena de prestação de serviços à comunidade, determina a lei que a entidade beneficiada encaminhe normalmente ao juiz da execução um relatório das atividades dos que ali trabalham. Visa a medida possibilitar ao juiz o acompanhamento da execução e ao Ministério Público a sua fiscalização. A inexistência de fiscalização eficiente – a par de frustrar os objetivos colimados pelo legislador com a introdução do sistema penal brasileiro destas novas alternativas de pena – poderá comprometer a própria eficácia das decisões jurisdicionais do Estado.[36] Por isso, deve manter a entidade uma estrutura administrativa suficiente, para que examine a frequência, horários de entrada e saída, desempenho e produtividade, e até o comportamento do condenado, dando conta de tudo isso ao juiz da execução. Poderá, ainda, sugerir modificação na forma de execução, com relação a dia e horário de trabalho, sempre a fim de ajustar as necessidades do programa à função ressocializadora da execução da pena.

Além do relatório mensal, a entidade está obrigada a comunicar, a qualquer tempo, a ausência ou o cometimento de falta disciplinar do condenado, a fim de que se proceda à aplicação da sanção competente ou à conversão da pena de prestação de serviços em privativa de liberdade.

---

36. SILVA, Odir Odilon Pinto da, BOSCHI, José Antonio Paganella. Ob. cit. p. 155. Como o trabalho é executado numa relação de direito público, em benefício da comunidade, eventual dano causado pelo condenado deve ser reparado pelo Estado. Nesse sentido: DELMANTO, Celso. Ob. cit. p. 73.

SEÇÃO III
Da Limitação de Fim de Semana

Art. 151. Caberá ao juiz da execução determinar a intimação do condenado, cientificando-o do local, dias e horário em que deverá cumprir a pena.

Parágrafo único. A execução terá início a partir da data do primeiro comparecimento.

Vide: **LEP** arts. 48, 51, 79, II, 82, § 2º, 93 a 95, 148, 181, § 2º; **CP** arts. 43, VI, 48.

151.1 LIMITAÇÃO DE FIM DE SEMANA

A limitação de fim de semana consiste na obrigação ao condenado de permanecer, aos sábados e domingos, por cinco horas diárias, em casa de albergado ou outro estabelecimento adequado (art. 48 do CP). Em sua essência, foi essa espécie de sanção criada para o fracionamento da pena privativa de liberdade de curta duração, de tal forma que fosse cumprida apenas nos dias em que não prejudicasse a atividade laborativa do condenado nem o seu contato com a família durante a execução. Nos termos da lei nacional, porém, como deve ter "a mesma duração da pena privativa de liberdade substituída", a limitação de fim de semana corresponde apenas à privação de liberdade por dois dias por semana no prazo estipulado para pena privativa de liberdade aplicada inicialmente pelo juiz na sentença condenatória. Assim, durante a semana o condenado não sofre qualquer prejuízo a sua rotina diária, somente se recolhendo aos sábados e domingos e apenas por cinco horas diárias ao estabelecimento designado pelo juiz da execução, durante o prazo de cumprimento da pena imposta.

Apontam-se como vantagens desse tipo de sanção penal: a permanência do condenado junto da família, ocorrendo seu afastamento apenas nos dias dedicados ao repouso semanal; a continuidade de seu trabalho normal, evitando-se dificuldades para a subsistência da família; a ausência da corrupção advinda com o recolhimento ao cárcere; a possibilidade de reflexão sobre o ato cometido no isolamento semanal a que é mantido o condenado; a oportunidade de serem ministrados cursos, palestras e outras atividades educativas nos dias de recolhimento, a fim de promover a reintegração social do condenado etc.

Jurisprudência

- *Discricionariedade do juiz na opção pela pena de limitação de fim de semana*
- *Inadequação da pena ao condenado que trabalha no fim de semana*
- *Possibilidade de alteração da pena pelo juízo da execução*
- *Substituição da pena privativa de liberdade em regime aberto por limitação de fim de semana: solução mais favorável ao condenado*
- *Necessidade de fundamentação na fixação da pena de limitação de fim de semana*

151.2 REGRAS PARA EXECUÇÃO

Cabe ao juiz da execução determinar a intimação do condenado a pena de limitação de fim de semana, cientificando-o do local, dias e horário em que deverá cumprir a pena. Em princípio, deve ser ele destinado à Casa do Albergado, que deve existir em cada comarca, estabelecimento próprio para o cumprimento da pena privativa de liberdade em regime aberto (art. 93 da LEP). Permite porém a lei que a pena de limitação de fim de semana seja cumprida em outro estabelecimento adequado, como um anexo à Cadeia Pública, por exemplo, já que o mesmo conjunto arquitetônico pode abrigar estabelecimentos de destinação diversa, desde que devidamente isolados (art. 82, § 2º). Tais estabelecimentos devem sempre se situar em centro urbano e se caracterizar pela ausência de obstáculos físicos contra a fuga (art. 94 do CP), já que tal espécie de pena presume a adaptabilidade do condenado à sanção. Além disso, deve conter instalação para os serviços de fiscalização e orientação dos condenados (art. 95 do CP).

A execução tem início a partir da data do primeiro comparecimento. O termo inicial do prazo de duração da pena é, assim, o primeiro sábado ou domingo em que o condenado comparece para o cumprimento da pena, que deve ser o primeiro subsequente a sua intimação, a não ser que o juiz da execução disponha de modo diverso.

O condenado é intimado também a respeito dos dias em que deve comparecer ao estabelecimento designado para o cumprimento da pena (obrigatoriamente sábados e domingos), bem como dos horários de entrada e saída. Nada impede que o juiz fixe horários matutinos, vespertinos ou noturnos para o recolhimento dos diversos condenados, de acordo com as possibilidades do estabelecimento, tendo sempre em vista, porém, as disponibilidades do condenado, para que não seja afetada sua atividade laborativa normal.

Por ocasião da intimação, deve o condenado ser advertido de suas obrigações, de que está sujeito à disciplina e de que a pena será convertida em privativa de liberdade se deixar de comparecer ao estabelecimento designado nos dias e horários designados ou praticar falta grave (art. 181, § 2º).[1]

Jurisprudência

- *Competência do juízo deprecante na mudança de domicílio do condenado*

- *Admissibilidade de cumprimento da limitação de fim de semana em dependência isolada de presídio*

- *Inaplicabilidade da pena de limitação de fim de semana por ausência de estabelecimento adequado*

- *Possibilidade de cumprimento da pena em estabelecimento diverso da casa do albergado*

- *Inexistência de estabelecimento adequado: concessão do regime domiciliar*

- *Inadmissibilidade de cumprimento em residência do condenado*

---

1. BITENCOURT, Cezar Roberto. Limitação de fim de semana: uma alternativa inviável no Brasil. *RT* 693/297-308.

Art. 152. Poderão ser ministrados ao condenado, durante o tempo de permanência, cursos e palestras, ou atribuídas atividades educativas.

Parágrafo único. Nos casos de violência doméstica e familiar contra a criança, o adolescente e a mulher e de tratamento cruel ou degradante, ou de uso de formas violentas de educação, correção ou disciplina contra a criança e o adolescente, o juiz poderá determinar o comparecimento obrigatório do agressor a programas de recuperação e reeducação.*

* Parágrafo único inserido pela Lei nº 11.340, de 7-8-2006 e com redação dada pela Lei nº 14.344, de 24-5-2022.

Vide: **LEP** arts. 51, 151, 181, § 2º; **CP** art. 48, parágrafo único; **Lei nº 11.343**, de 7-8-2006, arts. 5º, 7º.

152.1 CURSOS, PALESTRAS E ATIVIDADES

Estabelece a lei a possibilidade de serem ministrados aos condenados, durante o tempo de sua permanência no estabelecimento, cursos e palestras que facilitem sua ressocialização. O diretor do estabelecimento, sempre que possível e conveniente, deverá providenciar realização de cursos de alfabetização, profissionalizantes ou mesmo de instrução religiosa, embora não se possa obrigá-los a participar destas últimas (art. 24, § 2º). Podem ser ainda realizadas outras atividades educativas, como o aprendizado de desenho e pintura, de música, de línguas etc. Compete ao juiz verificar a natureza e a qualidade dos cursos e palestras a serem ministradas, ou as atividades realizadas, para que não se afastem elas dos objetivos da pena. Para o condenado por crime praticado com violência doméstica ou familiar contra mulher, criança e adolescente e de tratamento cruel e degradante ou de uso de formas violentas de educação, correção ou disciplina, prevê a lei expressamente a possibilidade da fixação de frequência obrigatória, durante o tempo de permanência, a programa de recuperação e reeducação. Nos termos da Lei nº 11.340, de 7-8-2006, há dispositivo específico que autoriza expressamente o juiz a fixar a obrigatoriedade do comparecimento a programas de recuperação e reeducação, que poderão ser ministrados no próprio estabelecimento onde a pena de limitação de fim de semana deve ser cumprida ou em outro local. O descumprimento dessa obrigação é causa de conversão da sanção em pena privativa de liberdade (art. 181, § 2º).

Além disso, o art. 22, incisos VI e VII da Lei nº 11.340/2006 (incluídos pela Lei nº 13.984, de 3-4-2020), prevê o comparecimento do agressor a programas de recuperação e reeducação e acompanhamento psicossocial do agressor, por meio de atendimento individual ou em grupo de apoio. Disposições semelhantes estão previstas na Lei nº 14.344, de 24-5-2022 que criou mecanismos para a prevenção e enfrentamento da violência e doméstica e familiar contra crianças e adolescentes, art. 20, VIII e IX.

EXECUÇÃO PENAL

Jurisprudência

- *Admissibilidade da substituição com obrigação de comparecer a programa de reeducação nos crimes praticados com violência doméstica ou familiar*

Art. 153. O estabelecimento designado encaminhará, mensalmente, ao juiz da execução, relatório, bem assim comunicará, a qualquer tempo, a ausência ou falta disciplinar do condenado.

Vide: **LEP** arts. 48, parágrafo único, 79, II, 151, 152, 181, § 2º.

153.1 RELATÓRIOS E COMUNICAÇÕES

A orientação e a fiscalização do cumprimento da pena de limitação de fim de semana cabe ao Patronato (art. 79, II), mas também se exige que o diretor do estabelecimento em que é executada (Casa do Albergado ou estabelecimento similar) encaminhe mensalmente ao juiz da execução um relatório sobre o desenvolvimento da execução com relação a cada um dos condenados, às condições materiais do estabelecimento, a suas eventuais necessidades ou deficiências etc. Além disso, deve comunicar a ausência ou falta disciplinar do condenado assim que ocorrer qualquer desses fatos. O diretor do estabelecimento poderá aplicar as sanções disciplinares previstas no art. 53, I a III, da Lei de Execução Penal, conforme disponha o regulamento, mas deverá comunicar o fato ao juiz da execução. A ausência e a prática de falta grave devem ser também comunicadas para que o juiz proceda à conversão da pena de limitação de fim de semana em privativa de liberdade (art. 181, § 2º).

SEÇÃO IV
Da Interdição Temporária de Direitos

Art. 154. Caberá ao juiz da execução comunicar à autoridade competente a pena aplicada, determinada a intimação do condenado.

§ 1º Na hipótese de pena de interdição do art. 47, inciso I, do Código Penal, a autoridade deverá em 24 (vinte e quatro) horas, contadas do recebimento do ofício, baixar ato, a partir do qual a execução terá seu início.

§ 2º Nas hipóteses do art. 47, incisos II e III, do Código Penal, o Juízo da Execução determinará a apreensão dos documentos, que autorizam o exercício do direito interditado.

Vide: **CF** arts. 5º, XIII, XLVI, *e*, 15, III, 37, II; **LEP** arts. 147, 155, 181, § 3º; **CP** arts. 43, V, 44, 47, 54 a 57, 92; CPP, arts. 282 e 319, II; **Lei nº 9.503**, de 23-9-1997 – **CTB**, arts. 292 a 296, 307; **Lei nº 8.078**, de 11-9-1990 – **CDC**, art. 78, I; **Lei nº 9.605**, de 12-2-1998, art. 10; **Lei nº 11.101**, de 9-2-2005 – Lei de Falências, art. 181, I; **Lei nº 11.343**, de 23-8-2006, arts. 39, 56, § 1º.

154.1 INTERDIÇÃO TEMPORÁRIA DE DIREITOS

As penas de interdição temporária de direitos, conforme o art. 47 do Código Penal, são: I – proibição do exercício de cargo, função ou atividade pública, bem como de mandato eletivo; II – proibição do exercício de profissão, atividade ou ofício que dependam de habilitação especial, de licença ou autorização do poder público; III – suspensão de autorização ou de habilitação para dirigir veículo; IV – proibição de frequentar determinados lugares e V – proibição de inscrever-se em concurso, avaliação ou exames públicos. O legislador, por ocasião da reforma da Parte Geral do Código Penal, elevou as antigas penas acessórias de interdições de direitos (incisos I a III) à categoria de penas principais e autônomas, na espécie de substitutivas das penas privativas de liberdade. Leis posteriores inseriram no dispositivo outras espécies de interdição de direitos (incisos IV e V). Entende-se que essa espécie de sanção atinge fundo os interesses do condenado, sem acarretar os males representados pelo recolhimento à prisão por curto prazo, e que os interditos sentirão de modo muito mais agudo os efeitos da punição do tipo restritivo ao patrimônio.[2] Além disso, tem maior significado na prevenção, já que priva o sentenciado, pelo período da pena, da prática de certas atividades sociais em que se mostrou irresponsável ou perigoso. Leis penais extravagantes também criaram outras interdições temporárias de direitos, como penas substitutivas ou principais, como a de contratar com o Poder Público, receber incentivos fiscais ou quaisquer outros benefícios, bem como de participar de licitações (art. 10 da Lei nº 9.605, de 12-2-1998); a cassação da habilitação para conduzir embarcação ou aeronave, ou proibição de obtê-la (art. 39 da Lei nº 11.343, de 23-8-2006), a suspensão ou proibição de se obter a permissão ou a habilitação para dirigir veículo automotor (art. 292 do CTB) etc.

154.2 PROIBIÇÃO DO EXERCÍCIO DE CARGO, FUNÇÃO OU ATIVIDADE PÚBLICA E DE MANDATO ELETIVO

Cargo público é o lugar instituído na organização do funcionalismo, com denominação, atribuições específicas e estipêndio correspondente. *Função pública* é a atribuição ou conjunto de atribuições que a Administração confere a cada categoria profissional, ou comete individualmente a determinados servidores, para a execução de serviços eventuais.[3] As expressões, contudo, devem ser analisadas nos termos do que dispõe o art. 327 do Código Penal, que conceitua a figura do funcionário público para os efeitos penais, incluindo cargo ou função em entidade paraestatal, sociedades de economia mista, empresa pública e fundação instituída pelo poder público. A *atividade pública* é toda aquela efetuada em benefício do Estado, de natureza administrativa, seja remunerada ou não, permanente ou transitória, e que dependa de nomeação, escolha ou designação por parte do Poder Público, tais como aquelas exercidas por "funcionário de fato", concessionário ou permissionário do serviço público, locador de serviço etc. *Mandato eletivo* exercem membros do Legisla-

---

2. PIMENTEL, Manoel Pedro. *O crime e a pena na atualidade*. São Paulo: Revista dos Tribunais, 1983. p. 171-172.

3. MEIRELLES, Hely Lopes. *Direito administrativo brasileiro*. 4. ed. São Paulo: Revista dos Tribunais. p. 381.

tivo (vereadores, deputados federais e estaduais e senadores) ou do Executivo (prefeitos, governadores e presidente da República) investidos nessas funções por eleição direta ou indireta, por prazo determinado, na forma da Constituição da República. Nesta última hipótese, a pena é uma espécie de suspensão parcial de direitos políticos, ou seja, o de não poder o condenado exercer mandato por tempo determinado. Não implica na verdade a proibição de ser eleito, mas de exercer o mandato de que o condenado estava ou poderia ser investido em virtude de ter sido eleito.

A pena de interdição em estudo não é apenas a *suspensão* do exercício do cargo, função ou atividade públicos ou mandato eletivo, mas também a proibição para aquele que, nomeado, designado ou eleito, passaria a exercê-lo, o que poderá fazê-lo apenas após o prazo de cumprimento da pena. Nessa hipótese, a proibição constitui uma *incapacidade* temporária para o exercício do cargo, função ou atividade públicos ou mandato eletivo.

Após o cumprimento da pena o condenado voltará a exercer suas funções se, evidentemente, não ocorrer qualquer impedimento de ordem administrativa. Não se confunde a interdição temporária com a perda do cargo, função ou atividade pública ou mandato exercidos pelo condenado. Esta é efeito da condenação e só ocorre quando a pena aplicada for superior a quatro anos, ou, se igual ou superior a um ano, nos crimes praticados com abuso de poder ou violação de dever para com a Administração Pública, devendo ser, sempre, motivadamente declarada na sentença (art. 92, incisos I e II e parágrafo único, do CP).

Não cuidou o legislador penal de explicitar os efeitos, na esfera administrativa, da imposição da pena restritiva de direitos. Assim, a questão de vencimentos, tempo de serviço, férias, adicionais, vantagens etc. referente ao tempo de duração da pena de interdição deve ser discutida à luz da legislação pertinente.

A pena de interdição temporária de direito aplica-se ao autor de infração penal cometida no exercício do cargo, função ou atividade pública (inclusive mandato eletivo) sempre que houver violação dos deveres que lhe são inerentes (art. 56 do CP) e desde que preenchidos os pressupostos para a substituição pela pena privativa de liberdade. Não há necessidade de que se trate especificamente de crime contra a Administração Pública, mas que, na prática do delito, o agente tenha atuado com abuso de poder, ou violado, de outra forma, o dever que lhe impõe a qualidade de funcionário público, entendida esta expressão nos termos do art. 327 do Código Penal. Assim, além de se dirigir aos autores de crimes de peculato culposo, prevaricação, advocacia administrativa, abandono de função, abuso de autoridade etc., cabe nos crimes de maus-tratos (art. 136), violação de correspondência ou de comunicação telegráfica, radioelétrica ou telefônica (art. 151, § 3º), dano (art. 163, parágrafo único, III), fraude à execução (art. 179) etc., todos previstos no Código Penal.

Cabe ao juiz da execução comunicar à autoridade competente (ministros e secretários de Estado, presidentes de empresas públicas, sociedades de economia mista, fundações e autarquias, presidentes de corporações legislativas etc.) a pena aplicada. Deve ainda o juiz determinar a intimação do condenado, mas o início da execução da pena somente ocorrerá após ter sido baixado o ato competente pela autoridade pública (portaria, provimento etc.). Tem a autoridade administrativa vinte e quatro horas, contadas do recebimento do ofício, para baixar o ato, sob pena de responsabilidade pela mora ou omissão.

Jurisprudência

- *Necessidade de ter sido o crime praticado com violação dos deveres inerentes ao exercício de cargo, função ou atividade*

- *Adequação da pena de proibição do exercício de cargo, função ou atividade pública e de mandato eletivo ao crime de peculato*

- *Adequação da pena de proibição do exercício de cargo, função ou atividade pública e de mandato eletivo ao crime de abuso de autoridade*

154.3 PROIBIÇÃO DO EXERCÍCIO DE PROFISSÃO, ATIVIDADE OU OFÍCIO

Existem *profissões* (trabalho remunerado de caráter predominantemente intelectual), *ofício* (trabalho remunerado de caráter predominantemente manual) e *atividades* (remuneradas ou não) que dependem de certos requisitos legais para serem exercidas: cursos superiores ou profissionalizantes, licença da autoridade pública, registros etc., que são controlados e fiscalizados pelo Estado. É o caso de médicos, engenheiros, advogados, despachantes, corretores de valores e de seguros etc. Aplicada a pena de interdição em exame, o condenado fica privado de exercer a profissão, ofício ou atividade, pelo tempo da pena, ainda que esteja habilitado legalmente para seu exercício. Evidentemente poderá exercer qualquer outra atividade, remunerada ou não, de que não tenha sido privado com a aplicação da pena.

A sanção em exame pode ser aplicada, por exemplo, para o autor dos delitos de violação de segredo profissional (médicos, advogados), de fraude processual e patrocínio infiel (advogados), de omissão de socorro (médicos, enfermeiros etc.), de desabamento culposo (engenheiros), de maus-tratos (professores), de falsidade de atestado (médicos) ou de qualquer crime, ainda que não *próprio*, em que se violarem deveres inerentes à profissão ou atividade cujo exercício dependa de habilitação ou autorização.

A pena de interdição tem um caráter predominantemente preventivo, procurando-se evitar a reincidência daquele que infringiu as regras essenciais no desempenho de suas atividades ou abusando de suas condições profissionais para a prática do ilícito penal. Não se confunde essa pena de interdição com as medidas não penais que acarretam as mesmas consequências. É possível à Ordem dos Advogados, após o devido procedimento, suspender o advogado do exercício profissional; o Conselho Regional de Medicina tem atribuições para fazer o mesmo com o médico etc. Essas medidas, evidentemente, não excluem o processo ou o cumprimento da pena imposta na ação penal.

Também nessa hipótese cabe ao juiz da execução comunicar à autoridade competente (por exemplo, o presidente das instituições profissionais encarregadas da licença ou autorização para o exercício da atividade profissional) a pena aplicada, determinando ainda a intimação do condenado. Além disso, o juiz da execução deve determinar a apreensão dos documentos que autorizam o exercício do direito interditado (cartas, carteiras, alvarás, licenças etc.). Inicia-se a execução da pena na data em que o condenado é intimado pelo juiz da execução de que está proibido de exercer a profissão, atividade ou ofício.

Jurisprudência

- *Necessidade de ter sido o crime praticado com violação dos deveres inerentes ao exercício da profissão*

- *Admissibilidade da pena de proibição do exercício da advocacia em crime de estelionato*

154.4 SUSPENSÃO DE AUTORIZAÇÃO OU DE HABILITAÇÃO PARA DIRIGIR VEÍCULO

O art. 47 do Código Penal, mesmo com a nova redação que lhe foi dada pela Lei nº 9.714, de 25-11-1998, prevê como pena de interdição temporária de direitos a *suspensão* de autorização ou de habilitação para dirigir veículo, que seria aplicável exclusivamente nos crimes culposos de trânsito (art. 57 do CP). Entretanto, os crimes culposos de trânsito, cometidos na direção de veículos automotores, passaram a ser tipificados no Código de Trânsito Brasileiro (Lei nº 9.503, de 23-9-1997), estabelecendo-se para eles, além das penas privativas de liberdade e multa, a de suspensão ou de proibição de se obter a permissão ou a habilitação para dirigir veículo automotor. Assim, a suspensão de autorização e habilitação para dirigir veículo prevista no Código Penal só poderá ser aplicada, nos crimes culposos de trânsito, em substituição à pena privativa de liberdade, quando não se tratar de infração praticada com veículo automotor. Nesses termos, a interdição prevista no Código Penal só pode ser aplicada ao agente que, habilitado para dirigir veículo, pratica crime culposo de trânsito na condução de veículo de tração humana ou animal (bicicletas, carroças etc.).

Como bem observa Geraldo de Faria Lemos Pinheiro, "os veículos de propulsão humana ou de tração animal poderão envolver os seus condutores em acidentes de trânsito, porque estão na circulação das vias terrestres", mas "como até agora não se cuidou de expedir o documento de autorização para dirigir, cujo modelo sequer existe nas repartições de trânsito, a restrição de direito deverá ficar consignada na sentença condenatória a ser executada".[4]

Nos casos em que for aplicada a pena de suspensão de autorização e habilitação para dirigir veículo prevista no Código Penal, cabe ao juiz da execução comunicar à autoridade competente (diretor da repartição encarregada do trânsito no Estado) a pena aplicada, determinando ainda a intimação do condenado. Além disso, determinará que a autoridade apreenda os documentos que autorizam o condenado a dirigir veículo (carteira nacional de habilitação ou autorização). O início da execução é a data em que o condenado é intimado da execução, havendo causa de conversão da pena restritiva de direitos em privativa de liberdade se, após essa data e dentro do prazo de cumprimento da pena, vier a dirigir veículo. A interdição é ampla, ou seja, para dirigir *qualquer* veículo.

Já se entendeu que pode o juízo da execução, em casos excepcionais, atento aos princípios da utilidade e conveniência, alterar a pena restritiva de direitos fixada na sentença, substituindo a interdição de direitos pela prestação de serviços à comunidade.

---

4. PINHEIRO, Geraldo de Faria Lemos. As penas restritivas de direito nos crimes culposos de trânsito. *RT* 590/298-299.

A suspensão ou proibição de se obter a permissão ou a habilitação para dirigir veículo automotor não é prevista no Código de Trânsito como pena substitutiva, mas como pena principal a ser aplicada isolada ou cumulativamente com as outras sanções (art. 292). Impõe-se a cumulação nos crimes culposos e nos delitos descritos nos arts. 306 a 308, para os quais a pena já é expressamente cominada. Deve ser ela aplicada, também, sem prejuízo das demais sanções, ao reincidente na prática de crime descrito no Código de Trânsito, por força do disposto no art. 296, com a redação dada pela Lei nº 11.705, de 19-6-2008, que substituiu a faculdade antes conferida ao juiz pela obrigatoriedade de sua imposição. Excluídas essas hipóteses, em que a suspensão ou proibição de se obter a permissão ou a habilitação para dirigir veículo automotor *deve* ser aplicada, *pode* o juiz aplicá-la, isolada ou cumulativamente, com uma das penas cominadas para a infração, nos crimes descritos nos arts. 304, 305, 309 a 312, ainda que se cuide de acusado não reincidente em crime de trânsito, conforme lhe faculta o art. 292.

A aplicação da pena de suspensão da habilitação do Código Penal, ou a de suspensão e proibição de se obter a permissão ou habilitação para dirigir veículo do Código de Trânsito não afasta a inabilitação permanente para dirigir veículo, quando for este utilizado para a prática de crime doloso. Trata-se, agora, de efeito da condenação (art. 92, III, do CP). Também não afasta a aplicação de medidas administrativas previstas no Código de Trânsito Brasileiro. A violação da pena aplicada de suspensão ou a proibição de se obter a permissão ou a habilitação para dirigir veículo automotor é conduta tipificada como crime (art. 307).

Jurisprudência

- *Necessidade de fundamentação para fixação acima do mínimo legal da pena de suspensão da habilitação para dirigir veículo automotor*

- *Duração da pena de suspensão da habilitação para dirigir veículo automotor pelo tempo da pena substituída*

- *Duração da pena de suspensão da permissão para dirigir veículo automotor aplicada como pena autônoma*

- *Possibilidade de aplicação da pena de suspensão da habilitação para dirigir veículo automotor a motorista profissional*

- *Proporcionalidade da pena de suspensão da habilitação para dirigir veículo automotor com a pena privativa de liberdade e a gravidade concreta do delito*

- *Inadmissibilidade do* habeas corpus *para redução ou substituição da pena de suspensão do direito de dirigir veículo automotor por outra sanção restritiva de direitos*

- *Admissibilidade da imposição da inabilitação para dirigir veículo para o condenado por crime de descaminho*

154.5 PROIBIÇÃO DE FREQUENTAR DETERMINADOS LUGARES

A Lei nº 9.714/98 inseriu mais uma pena de interdição temporária de direitos, ou seja, a de proibição de frequentar determinados lugares. No caso, a pena não pode ser aplicada de forma imprecisa e o juiz deverá especificar na sentença quais os lugares que o sentenciado não pode frequentar. Além disso, é evidente que essa determinação deve guardar relação com o delito praticado e com a pessoa do agente, como forma de prevenir a prática de novo crime pelo condenado. Como sempre, o tempo de duração é o mesmo da pena privativa de liberdade fixada inicialmente (art. 55 do CP).

Não é previsto o procedimento para a execução da pena de proibição de frequentar determinados lugares. No caso, expedida a guia de execução, deve o juiz ordenar a intimação do condenado para cumpri-la; com base nessa intimação a pena passa a ser executada.

A proibição de frequentar determinados lugares é também prevista no Código Penal, como uma das condições obrigatórias do *sursis* especial (art. 78, § 2º), na Lei de Execução Penal como condição facultativa do livramento condicional (art. 132, § 2º, *c*) e, na Lei nº 9.099, de 26-9-1995, como condição da suspensão condicional do processo (art. 89, § 1º, II). Além disso, a Lei nº 11.340, de 7-8-2006, prevê, nos crimes praticados com violência doméstica e familiar contra a mulher, a proibição do agressor de frequentar determinados lugares como medida protetiva de urgência, de natureza cautelar (art. 22, III, *c*). Disposição análoga é encontrada na Lei nº 14.344/2022, que prevê, igualmente, nos casos de violência doméstica e familiar contra criança e adolescente, a proibição do agressor de frequentar determinados lugares como medida protetiva de urgência, de natureza civil e cautelar (art. 20, V). A proibição de acesso ou frequência a determinados lugares passou a ser prevista também no Código de Processo Penal, como medida cautelar a ser aplicada no curso do inquérito policial ou do processo, para assegurar a regularidade da investigação ou da instrução criminal ou para evitar a prática de novas infrações, quando desnecessária a prisão preventiva (arts. 282 e 319, II, com a redação dada pelas Leis nº 12.403, de 4-5-2011 e nº 13.964, de 24-12-2019).

Jurisprudência

- *Necessidade de relação ente a pena de proibição de frequentar determinados lugares e a infração penal*
- *Inadequação da pena de proibição de frequentar determinados lugares por inviabilizar o exercício da profissão*

154.6 PROIBIÇÃO DE INSCREVER-SE EM CONCURSO, AVALIAÇÃO OU EXAME PÚBLICOS

A proibição de inscrever-se em concurso, avaliação ou exame públicos, prevista no inciso V, inserido pela Lei nº 12.550, de 15-12-2011, é a última interdição temporária de direitos prevista no art. 47 do Código Penal. Além do concurso público, que é exigido pela Constituição Federal como condição para a investidura em cargo ou emprego público (art. 37, inciso II), menciona a lei a avaliação e o exame públicos. Estes são procedimentos de natureza pública que visam à aferição de conhecimentos, habilidades ou competência dos inscritos, com vistas à aprovação, seleção ou habilitação para fins determinados, como o ingresso em universidades públicas, a admissão no serviço público em casos em que o concurso é dispensável etc. Embora a pena tenha sido criada, principalmente, para a hipótese de condenação pelo crime descrito no art. 311-A, que tipifica "fraudes em certames de interesse público" e que foi inserido pela mesma Lei nº 12.550/2011, é ela aplicável ao autor de outros delitos, desde que observada a necessária relação de adequação à natureza e circunstâncias do fato e à pessoa do agente, que se pode verificar em alguns crimes de falso ou contra a administração pública.

> **Art. 155. A autoridade deverá comunicar imediatamente ao juiz da execução o descumprimento da pena.**
>
> Parágrafo único. **A comunicação prevista neste artigo poderá ser feita por qualquer prejudicado.**

Vide: **LEP** arts. 154, 181, § 3º.

155.1 COMUNICAÇÃO

O condenado que descumprir a pena, ao exercer injustificadamente o direito interditado, terá contra si a conversão em pena privativa de liberdade (art. 181, § 3º). Por isso, determina a lei que a autoridade que tomar conhecimento da violação deverá comunicá-la imediatamente ao juiz da execução. A mesma comunicação poderá ser feita pela vítima ou qualquer outro prejudicado com a prática do crime ou com o indevido exercício do direito pelo condenado.

Capítulo III
DA SUSPENSÃO CONDICIONAL

> **Art. 156. O juiz poderá suspender, pelo período de dois a quatro anos, a execução da pena privativa de liberdade, não superior a dois anos, na forma prevista nos arts. 77 a 82 do Código Penal.**

Vide: **LEP** arts. 157 a 163; **CP** arts. 77 a 82; **LCP** art. 11; **Lei nº 11.343**, de 23-8-2006, art. 44, *caput*. **Lei nº 13.445**, de 24-5-2017, art. 54, § 3º. Súmula: **STF** 499.

156.1 SUSPENSÃO CONDICIONAL DA PENA

Nos termos legais, a suspensão condicional da pena é um benefício que permite não se executar a pena privativa de liberdade aplicada quando o condenado preenche determinados requisitos e se submete às condições estabelecidas na lei e pelo juiz. Tida já como forma primitiva de graça, instituto de extinção da relação jurídica do crime ou da pena, sanção moral, forma qualificada de absolvição ou modelo de sanção unitária socialmente integrada e cientificamente individualizada, é reconhecida no Código Penal e na Lei de Execução Penal como uma alternativa penal, ou seja, uma reação da natureza peculiar, com características tipicamente sancionatórias, consistente na restrição da liberdade e na satisfação de encargos e condições.[5] Não é, portanto, mais prevista como incidente da execução, mas como instituto de direito substantivo.

Nos termos do art. 77 do Código Penal, a execução da pena privativa de liberdade, não superior a dois anos, poderá ser suspensa, por dois a quatro anos, desde que o condenado preencha determinados requisitos. A utilização do termo *poderá* não significa que sua concessão seja mera faculdade do juiz. Ao contrário, é praticamente pacífico que se trata de um direito subjetivo do sentenciado que preenche os requisitos legais.[6] Não é por outra razão que a lei dispõe, no art. 157 da Lei de Execução Penal, ser obrigatório manifestar-se o juiz, motivadamente, sobre o *sursis*, quer o conceda, quer o denegue, quando aplica pena privativa de liberdade até dois anos, tal como fazia o art. 697 do Código de Processo Penal (item 157.1). Assim, embora não se possa discutir no âmbito do *habeas corpus* o cabimento do *sursis* denegado por falta de requisitos subjetivos (bons antecedentes, por exemplo), na medida em que é indevidamente negado, ficando evidenciado *prima facie*, o preenchimento dos requisitos legais, é o *mandamus* remédio hábil à reparação do constrangimento ilegal. O benefício, assim, só deve ser indeferido se houver interesse especial da comunidade em negá-lo, pelo caráter perigoso do réu ou por outra grave razão.

Nos termos da lei vigente existem agora duas espécies de suspensão condicional da pena: (a) o *sursis simples*, que tem como condição obrigatória a prestação de serviços à comunidade ou limitação de fim de semana; (b) o *sursis especial*, em que essa condição é substituída por outras estabelecidas na lei. Prevê a lei o chamado *sursis etário*, simples ou especial, que permite a concessão do benefício aos condenados maiores de 70 anos, com um prazo de prova de quatro a seis anos (item 156.2).

O art. 15, III, da CF, prevê a perda ou suspensão dos direitos políticos no caso de "condenação criminal transitada em julgado, enquanto durarem seus efeitos", não mais estabelecendo a necessidade de regulamentação por meio de lei complementar. Dessa forma, os direitos políticos do condenado não são atingidos quando em gozo da suspensão condicional da pena, embora alguns doutrinadores entendam a necessidade da regulamentação do dispositivo por lei ordinária.

Reduzindo o prazo anteriormente fixado no Código de 1940, o art. 77, *caput*, desse Estatuto, com a redação que lhe foi dada pela Lei nº 7.209/84, prevê que a pena ficará suspensa de dois a quatro anos, quando se tratar de *sursis* simples ou especial, e o § 2º desse artigo estabelece um prazo de quatro a seis anos na hipótese do *sursis etário*. Tem-se entendido que é inadmissível a fixação em prazo maior que o mínimo sem que o juiz justifique a razão para estabelecê-lo.

Não se confunde a suspensão condicional da pena *(sursis)* com a *suspensão condicional do processo*, instituto criado pelo art. 89 da Lei nº 9.099, de 26-9-1995, que dispõe sobre os Juizados Especiais Cíveis e Criminais. Este se aplica aos crimes em que a pena mínima

---

5. DOTTI, René Ariel. O *sursis* e o livramento condicional nos projetos de reforma do sistema. *Justitia* 124/186, e Novos caminhos da defesa social. *RT* 611/300. No mesmo sentido, BITENCOURT, Cezar Roberto. A suspensão condicional da pena. *Ajuris*, Revista da Associação dos Juízes do Rio Grande do Sul, nº 52, p. 132-133.

6. TUCCI, Rogério Lauria. Suspensão condicional da pena. *RT* 541/309-321; DELMANTO, Celso. Direitos públicos subjetivos do réu no CP. *RT* 554/466.

cominada for igual ou inferior a um ano, por proposta do Ministério Público e com prazo de dois a quatro anos, desde que o condenado não esteja sendo processado ou não tenha sido condenado por outro crime, presentes os demais requisitos que autorizariam a suspensão condicional da pena previstos no art. 77 do Código Penal. Difere este, também, do *probation system*, sistema anglo-americano, que consiste na suspensão do pronunciamento da sentença, exigindo o levantamento da culpabilidade do agente e sua aceitação à prova. É concedido, portanto, antes da sentença condenatória, que somente será proferida se forem descumpridas as condições impostas.[7]

> Jurisprudência
>
> - Sursis *como modalidade de execução de pena*
> - Sursis *como modalidade de execução de pena*
> - *Fundamento da suspensão condicional da pena*
> - Sursis *como direito subjetivo do réu*
> - *Contra:* sursis *não é direito do réu – faculdade do juiz*
> - *Denegação do* sursis *apenas por razão grave*
> - *Concessão de* sursis *em vez da aplicação de pena alternativa*
> - *Necessidade de prova para a concessão*
> - *Extensão a corréu por via de* habeas corpus

156.2 REQUISITOS OBJETIVOS

Só pode obter a suspensão condicional da pena o condenado que preencher os requisitos objetivos e subjetivos previstos no art. 77 do Código Penal. Pressupostos objetivos são a natureza e a quantidade da pena (art. 77, *caput*) e o não cabimento da substituição por pena restritiva de direitos (art. 77, inc. III).

Em primeiro lugar, concede-se o *sursis* somente ao condenado a pena privativa de liberdade. Veda-se expressamente a suspensão da execução das penas de multa e restritiva de direitos (art. 80). Beneficiam-se, portanto, somente os condenados a penas de reclusão, detenção e prisão simples (nas contravenções).

Permite-se a concessão do benefício à pena privativa de liberdade que não seja superior a dois anos, incluída nesse limite a soma das penas aplicadas em virtude de conexão ou continência. Não se despreza, por isso, no concurso de crimes, o acréscimo para efeito de consideração do limite quantitativo da pena. Excedendo de dois anos as penas cumuladamente aplicadas, não pode o sentenciado ser beneficiado com a suspensão condicional,

---

7. Cf. TOLEDO, Ana Paula Morato de, SANTOS, Andreia Vitor, CUNHA JUNIOR, Bento da, SANTOS, Ezaú Messias dos. Suspensão condicional da pena – *sursis. RT* 702/304-312.

pouco importando que qualquer delas, isoladamente considerada, não exceda o limite a que se refere o art. 77 do Código Penal.

Há crimes referidos na Lei nº 8.072/90, que define os crimes hediondos e dá outras providências, que podem ter apenação idêntica ou inferior a dois anos, como os crimes de genocídio definidos no art. 1º, *b* e *e* e arts. 2º e 3º da Lei nº 2.889, de 1º-10-1956. Na falta de vedação expressa não há impedimento à concessão da suspensão condicional da pena nessa hipótese.[8] Tratando-se, porém, de crimes relacionados com o tráfico de drogas, descritos nos arts. 33, *caput*, e § 1º, e 34 a 37, da Lei nº 11.343, de 23-8-2006, há expressa vedação à concessão do *sursis*, nos termos do art. 44 da lei especial.

Pode ocorrer que uma pessoa seja condenada, em dois processos distintos, por crimes diversos, concedendo-se-lhe o *sursis* em ambos. Transitando em julgado a sentença proferida em um deles no curso do prazo do benefício concedido no outro, há causa de revogação do *sursis* de ambos (item 156.4). Deve-se concluir porém que, procedendo-se a soma ou unificação das penas impostas e sendo esta inferior a dois anos, pode-se restabelecer a suspensão condicional. A solução não pode ser diversa, já que não há razão para diferenciar-se entre a hipótese de penas aplicadas em um mesmo processo daquelas impostas por delitos objeto de duas ações penais, haja ou não conexão ou continência entre estas.

Inovação da lei vigente é o *sursis etário*, em que se concede o benefício à pena não superior a quatro anos quando o condenado é maior de 70 anos de idade (art. 77, § 2º, do CP). Leva-se em conta a decadência ou degenerescência provocada pela senilidade e a menor periculosidade do condenado, permitindo-se o benefício para penas mais elevadas. Embora não haja referência expressa ao momento a ser considerado, refere-se a lei à idade do condenado por ocasião da sentença. A isso leva a utilização da palavra *condenado* como a analogia ao disposto nos arts. 65, I, e 115, do Código Penal. Evidentemente, não se dispensa, para sua concessão, que se verifique a ocorrência dos demais pressupostos do *sursis* enumerados no art. 77 do Código Penal.

Por razões humanitárias, a Lei nº 9.714, de 25-11-1998, introduziu mais uma hipótese para o cabimento do *sursis* ao condenado a pena não superior a quatro anos, possibilitando seu deferimento em caso de razões de saúde que justifiquem a suspensão. Estando provado nos autos, portanto, que o acusado é portador de moléstia incurável em estado avançado, como a Aids, ou grave, inabilitante etc., pode o juiz conceder a mercê, justificada que está a medida.

Para conceder o benefício deve o juiz observar, também, se não cabe a substituição da pena privativa de liberdade aplicada por pena de multa ou restritiva de direitos. A substituição é medida em regra mais benigna que a concessão do *sursis*, pois neste o condenado está submetido, ordinariamente, ao cumprimento da prestação de serviços à comunidade ou limitação de fim de semana pelo período de um ano (art. 78, *caput*, do CP). Entretanto, se o condenado fizer jus ao *sursis* especial previsto no art. 78, § 2º, do Código Penal, não se deve proceder à substituição por pena restritiva de direitos, que é mais gravosa. Nessa espécie, a suspensão condicional só obriga à observância das condições estabelecidas no citado artigo. Tratando-se de fato ocorrido antes da vigência da Lei nº 7.209/84, o *sursis* é

---

8. Nesse sentido: FERNANDES, Antonio Scarance. Considerações sobre a Lei nº 8.072, de 25 de julho de 1990 – Crimes hediondos. *RT* 660/266.

mais benigno que a substituição por pena restritiva de direitos, pois aos autores desses delitos não se pode impor a condição de limitação de fim de semana ou prestação de serviços à comunidade diante do princípio da ultratividade da lei penal mais favorável.

Para a concessão do *sursis* especial, menos oneroso que o comum, exige-se mais um requisito objetivo: ter o condenado reparado o dano causado pelo crime, salvo se estiver impossibilitado de fazê-lo (art. 78, § 2º). A impossibilidade de reparação pode decorrer não só da falta de condições econômicas, mas de outras razões ponderáveis, como já foi visto (item 131.2, *in fine*).

Exige-se, por fim, que sejam inteiramente favoráveis ao condenado as circunstâncias do art. 59 do Código Penal, entre as quais estão algumas de caráter objetivo, como as consequências do crime, o comportamento da vítima ou outras que o juiz entender pertinentes. Por disposição expressa do Código Penal, a suspensão condicional não se estende às penas restritivas de direitos ou multa (art. 80).

Jurisprudência

- *Inadmissibilidade em crime de tráfico de entorpecentes*
- *Contra: admissibilidade em crime de tráfico de entorpecentes*
- *Admissibilidade em crime praticado com grave ameaça*
- *Inadmissibilidade do* sursis *se cabível a substituição da pena por sanção restritiva de direitos*
- *Admissibilidade do* sursis *se mais benéfico do que a substituição*
- *Inadmissibilidade em pena superior a dois anos*
- *Admissibilidade em pena pouco superior a dois anos*
- *Pena superior a dois anos em concurso material*
- *Pena superior a dois anos em crime continuado*
- *Admissibilidade do* sursis *em crime hediondo*
- *Contra: inadmissibilidade do* sursis *em crime hediondo*
- *Admissibilidade em crime de responsabilidade*
- *Admissibilidade em tentativa praticada com violência*
- *Exigência de todos os requisitos para o* sursis *etário*
- *Exigência da reparação do dano para o* sursis *especial*
- *Possibilidade quando não há reparação do dano*
- *Inadmissibilidade de concessão simultânea com regime semiaberto*
- *Precedência da substituição da pena*
- *Prevalência sobre aplicação da pena em regime aberto*
- *Necessidade de fundamentação para aplicação do sursis e não substituição da pena*
- *Inadmissibilidade de* sursis *para pena restritiva de direitos.*
- *Inadmissibilidade de* sursis *para a pena de multa*

156.3 REQUISITOS SUBJETIVOS

Os requisitos subjetivos da suspensão condicional da pena estão previstos no art. 77, incisos I e II, do Código Penal. É necessário, em primeiro lugar, que o condenado não seja reincidente em crime doloso. Há, aqui, também, uma inovação da Lei nº 7.209, já que pelo Código de 1940 se previa a concessão do *sursis* apenas àqueles que não tinham sofrido, no país ou no estrangeiro, condenação irrecorrível por outro crime a pena privativa de liberdade (antigo art. 57, I). Já não é mais condição do *sursis*, porém, ser primário o réu. Não importa que registre condenação anterior, pois o benefício deve ser outorgado desde que não seja reincidente. É possível a suspensão condicional da pena aplicada ao réu que já foi anteriormente condenado, mas cuja sentença só transitou em julgado após o cometimento do crime pelo qual está sendo julgado. Também é possível a concessão àquele que, condenado anteriormente, só cometeu o ilícito após o decurso do prazo de cinco anos contados a partir da data do cumprimento ou extinção da pena do delito antecedente, computado o tempo do *sursis* ou do livramento condicional anteriores (art. 63 do CP).

Além disso, a lei, consagrando orientação da Súmula 499 do STF, já adotada pela Lei nº 6.416/77, exclui expressamente, para efeito de concessão do *sursis* a condenação anterior à pena de multa (art. 77, § 1º). Assim, ainda que reincidente, na hipótese de condenação a pena da multa no crime antecedente, o réu pode ser beneficiado. Paradoxalmente, a condenação anterior à pena de multa impede a fixação do regime aberto inicial.

Também não mais se impede a concessão do *sursis* ao condenado reincidente em crime culposo. É possível o benefício, assim, se ambos os crimes (antecedente e posterior) ou um deles sejam culposos. Mesmo aquele que, sendo reincidente em crime doloso, sofre nova condenação, agora por crime culposo, pode ser beneficiado, em tese. A lei veda a concessão do *sursis* àquele que é *condenado* e reconhecido como reincidente na sentença em que se apura o crime doloso. É de convir, porém, que, nessa hipótese, não se deve reconhecer o requisito de bons antecedentes, também exigido para a concessão da suspensão condicional da pena. Mesmo não sendo o agente reincidente, condenações anteriores ou o envolvimento em inúmeros processos-crimes indicam também a impossibilidade à concessão da suspensão condicional da pena. É também inadmissível, nos termos dos arts. 7º e 11 da Lei das Contravenções Penais, a concessão do *sursis* ao agente que, reincidente em contravenção, foi condenado anteriormente a pena privativa de liberdade. De outro lado, porém, por falta de obstáculo legal, pode-se conceder o *sursis* pela prática de contravenção, ainda que anteriormente tenha sido o agente condenado por crime doloso.

Como na sentença em que se concede o perdão judicial, embora por muitos considerada condenatória, não se aplica qualquer pena nem serve ela de pressuposto para a reincidência (art. 120 do CP), não impede a concessão do *sursis* por fato posterior.

O segundo pressuposto subjetivo é a ausência de periculosidade que, por eufemismo do legislador, é considerada a conclusão de que "a culpabilidade, os antecedentes, a conduta social e personalidade do agente, bem como os motivos e as circunstâncias autorizem a concessão do benefício" (art. 77, inc. II, do CP). Embora tenha o legislador evitado referir-se à "periculosidade" dos réus imputáveis, não se pode esconder a realidade, ou seja, a existência de condições pessoais que possam indicar que o sujeito provavelmente voltará a delinquir e que, por isso, não deve ser beneficiado com o *sursis*.

Para a concessão do *sursis especial*, além de tudo, exige-se que as circunstâncias do art. 59 do Código Penal sejam inteiramente favoráveis ao condenado (art. 78, § 2º, do CP). É necessário, pois: que não haja índice de culpabilidade maior; que o condenado tenha bons antecedentes, o que pode deixar de existir se tiver condenação anterior; que sua conduta social não deixe a desejar; que possua bom caráter e índole sociável; que os motivos determinantes do crime não sejam fúteis, torpes, reprováveis etc. Em suma, a aferição do conjunto da culpabilidade e periculosidade deve ser inteiramente favorável ao condenado, para que possa obter ele o benefício do *sursis*. Exige-se ainda, segundo o dispositivo, que o condenado tenha reparado o dano causado pelo crime, salvo absoluta impossibilidade de o fazer.

Diante da lei vigente, como da anterior, não se impede que o réu possa obter o benefício pelo simples fato de estar foragido ou de se ter mantido revel durante o processo. A suspensão, entretanto, ficará sem efeito se o condenado não comparecer injustificadamente à audiência admonitória (art. 161 da LEP).

O Decreto-lei nº 4.865, de 23-10-1942, proibia a concessão de *sursis* ao condenado estrangeiro que se encontrasse no território nacional em caráter temporário. Entretanto, o STF já decidiu que o referido diploma resultou revogado pela legislação que, em 1969 – e, mais tarde, em 1980-1981 –, estabeleceu o Estatuto do Estrangeiro sem retomar a antiga restrição, permitindo a concessão do benefício nessa hipótese. Atualmente a lei aplicável é a Lei nº 13.445 de 24-5-2017 (Lei de Migração), que prevê a possibilidade de concessão ao estrangeiro, no curso do processo ou da execução penal, dos benefícios legalmente previstos, em igualdade de condições com o nacional. Nada impede, portanto, o *sursis* quando o estrangeiro é ou não radicado no país e mesmo quando em processamento sua expulsão (art. 54, § 3º).

Jurisprudência

- *Necessidade de requisitos subjetivos para a concessão do* sursis
- *Requisitos subjetivos de acordo com as peculiaridades do fato*
- *Inadmissibilidade na reincidência em crime doloso*
- *Desnecessidade de fundamentação na denegação a réu reincidente*
- *Admissibilidade em reincidência por crime culposo*
- *Admissibilidade em reincidência não mais existente*
- *Admissibilidade em condenação anterior do não reincidente*
- *Condenação anterior atingida pela prescrição da pretensão punitiva*
- *Admissibilidade em condenação anterior por contravenção*
- *Inadmissibilidade em reincidência em contravenção*
- *Contra: admissibilidade em reincidência em contravenção*
- *Condenado por crime doloso e posteriormente por contravenção*
- *Admissão para réu tecnicamente primário*
- *Admissibilidade na condenação anterior à pena de multa*
- *Admissibilidade se a sentença anterior não transitou em julgado*

- *Admissibilidade se a sentença anterior é posterior ao crime*
- *Inadmissibilidade por condenação anterior*
- *Necessidade de comprovação por certidão: insuficiência da folha de antecedentes*
- *Antecedentes e presunção de inocência*
- *Processos pendentes e maus antecedentes*
- *Processos pendentes e presunção de inocência*
- *Processo findo com condenação: maus antecedentes*
- *Processos findos sem condenação*
- *Suspensão do processo anterior*
- *Réu com péssimos antecedentes*
- *Réu com maus antecedentes*
- *Maus antecedentes e conduta incompatível*
- *Réu desocupado e sem endereço certo*
- *Réu com personalidade mal formada*
- *Presunção de que o réu voltará a delinquir*
- *Necessidade de demonstração da periculosidade do réu*
- *Inadmissibilidade de denegação pela intensidade do dolo*
- *Inadmissibilidade de denegação pela gravidade genérica do fato*
- *Inadmissibilidade de denegação quando existentes requisitos*
- *Concessão excepcional para o sursis especial*
- *Exigência dos requisitos para a concessão do sursis especial*
- *Concessão do sursis especial mais benéfica que substituição de pena*
- *Concessão do sursis na impossibilidade de substituição de pena*
- *Admissibilidade na concessão a réu revel*
- *Concessão a réu menor de 21 anos*
- *Concessão do sursis a condenado estrangeiro (antes da vigência da Lei nº 13.445/2017)*
- *Contra: inadmissibilidade de concessão do sursis a condenado estrangeiro (antes da vigência da Lei nº 13.445/2017)*
- *Denegação a réu estrangeiro com decreto de expulsão (antes da vigência da Lei nº 13.445/2017)*

156.4 SURSIS SIMULTÂNEOS

Nada impede que uma pessoa possa obter por duas ou mais vezes, sucessivamente, a suspensão condicional das penas a ela impostas. Diante da adoção do critério da temporalidade para o efeito da reincidência, decorridos mais de cinco anos entre o cumprimento ou a extinção da pena (que pode ocorrer pelo decurso do prazo do *sursis* sem revogação), volta o autor do novo ilícito à categoria de não reincidente (art. 64, inc. I, do CP), podendo ser beneficiado novamente com a suspensão condicional. Também é possível a concessão sucessiva, ainda que não decorridos os cinco anos, ou seja, mesmo que o condenado seja reincidente, quando um ou ambos os crimes forem culposos.

Além disso, há casos em que podem ser concedidos dois benefícios, em processos distintos, correndo simultaneamente o período de prova. Suponha-se que, após a concessão do *sursis* em um processo, obtenha o mesmo condenado o benefício em outra ação penal, o que é possível se não for reincidente em crime doloso. Tratando-se de crimes dolosos, desde que a sentença de um deles transite em julgado durante a vigência do benefício concedido em outro, haverá causa de revogação (art. 81, I, do CP). Revogado o primeiro *sursis* concedido, evidentemente fica sem efeito o concedido no segundo processo, já que há uma incompatibilidade lógica de o condenado cumprir, ao mesmo tempo, a pena privativa de liberdade referente a uma condenação e a suspensão condicional com relação a outra, que impõe condições inadmissíveis para quem não se encontra em liberdade.

Existem casos, porém, em que não haverá revogação. Supondo que se torne irrecorrível a sentença em que se concedeu o segundo *sursis* após o trânsito em julgado da primeira decisão, em que se concedeu também o benefício, mas antes da realização da audiência admonitória, não se revoga o benefício, pois não foi ele condenado por sentença irrecorrível "no curso do prazo" do primeiro. Assim, por imprevidência do legislador, que não cuidou da hipótese, correrão simultaneamente os prazos dos dois benefícios, até o final de cada um deles, sem que possam ser revogados apenas porque seus prazos correm paralelamente. Mas já se decidiu de forma diversa.

Jurisprudência

- *Gozo provisório do* sursis

- *Inadmissibilidade de* sursis *simultâneos*

> Art. 157. O juiz ou Tribunal, na sentença que aplicar pena privativa de liberdade, na situação determinada no artigo anterior, deverá pronunciar-se, motivadamente, sobre a suspensão condicional, quer a conceda, quer a denegue.

Vide: **LEP** arts. 66, III, *d*, 156, 163; **CP** art. 77.

157.1 CONCESSÃO

A regra é que o juiz do processo, verificando estarem presentes os requisitos objetivos e subjetivos necessários à concessão da suspensão condicional, não sendo a hipótese de substituição da pena privativa de liberdade por restritiva de direitos ou multa, conceda na sentença condenatória o benefício. Também pode ser ele concedido pelo Tribunal, em recurso da defesa, quando não lhe foi concedido na instância originária, como em recurso da acusação a respeito de sentença absolutória ou condenatória. Obriga a lei que, na hipótese de aplicação da pena privativa de liberdade até dois anos, o juiz ou o Tribunal se pronuncie, motivadamente, a respeito da suspensão condicional da pena, quer a conceda, quer a denegue, o que demonstra ser o chamado benefício um direito subjetivo do condenado (item 156.1).

Além disso, porém, como bem observam Silva e Boschi, a motivação da sentença concessiva ou denegatória do *sursis* decorre não só do princípio do livre convencimento – que confere ampla liberdade de decisão ao magistrado, desde que o faça fundamentalmente –, mas sobretudo da garantia do duplo grau de jurisdição. É indispensável a exteriorização dos argumentos fáticos e jurídicos com base nos quais o juiz concede ou nega o *sursis* para permitir que sua decisão seja eventualmente reexaminada pela instância superior, se dela não forem acordes o réu ou o Ministério Público.[9] Por isso, já decidiu o STF pela existência de constrangimento ilegal na sentença omissa a respeito do cabimento ou não do *sursis*, determinando que o juiz prolator da decisão decidisse sobre a concessão ou denegação do benefício, eis que era inferior a dois anos de reclusão a pena imposta ao paciente.

A substituição da pena privativa de liberdade por restritiva de direto ou multa revela-se sanção menos onerosa que o *sursis* simples, pois que este implica obrigatoriamente imposição de limitação de fim de semana ou prestação de serviços à comunidade pelo prazo de um ano (item 158.1). Assim, não deve o juiz conceder o *sursis* sem antes explicitar a possibilidade ou não de ser indicada ou cabível a substituição prevista no art. 44 do Código Penal, quando se trata de crime culposo, ou crime doloso em que é aplicada pena inferior a um ano. A suspensão condicional da pena prefere à substituição, perante a lei vigente, somente quando o juiz entender cabível *sursis* especial menos oneroso que as penas de multa ou restritivas de direito. Também se pode conceder o *sursis* sem condições especiais, e não a substituição, quando se tratar de crime ocorrido antes da vigência da Lei nº 7.209/84, vigendo o princípio da ultratividade da lei mais benigna e proibida a retroatividade *in pejus*.

Como a suspensão condicional da pena é um direito público subjetivo do condenado, embora não se possa, por meio do pedido de *habeas corpus*, examinar os elementos dos autos, para se apurar se o condenado preenche os requisitos subjetivos para a concessão do benefício, concede-se o *mandamus* quando na sentença se reconheceu a existência desses pressupostos (item 156.1).

Pode ocorrer, porém, que o juiz da sentença não tenha ainda nos autos os elementos necessários a apurar o preenchimento, por parte do réu, dos requisitos necessários à concessão do *sursis* (especialmente o de não ser ele reincidente em crime doloso), o mesmo ocorrendo com o Tribunal, por ocasião do julgamento da apelação. Nessa hipótese, pode o julgador facultar-lhe a concessão para um momento posterior, ou seja, para quando o interessado comprovar fazer jus ao benefício. Nesse caso, transitando em julgado a decisão, há possibilidade de deliberação posterior do órgão jurisdicional, em outra decisão, específica. Como não se instaurou ainda a competência do juiz da execução, é competente para apreciar o assunto o juiz do processo de conhecimento que, apesar de ter esgotado a atividade jurisdicional no restante, reservou-se a possibilidade de decisão a respeito da concessão ou não do *sursis*.

---

9. Ob. cit., p. 172-173.

Entretanto, tendo o *sursis* nítido caráter sancionatório, é inadmissível que o juiz o conceda na forma condicional, ou seja, de, no futuro, provar o réu que preenche o requisito da primariedade.

Na falta de manifestação do juiz da sentença a respeito da concessão do *sursis*, preenchidos os requisitos legais, pode o tribunal conceder o benefício. Controvertida, porém, a possibilidade da concessão da suspensão condicional da pena, deve o tribunal converter o julgamento em diligência, para que o juiz se manifeste a respeito, sob pena de supressão de um grau de jurisdição.

Expedida a guia de recolhimento, porém, a competência para decidir a respeito da suspensão condicional da pena facultada na sentença condenatória é exclusivamente do Juízo da Execução, como deixam evidente os arts. 156 e 66, III, *d*, da Lei de Execução Penal (item 66.10).

Da decisão concessiva ou denegatória da suspensão condicional da pena cabe o recurso de agravo em execução (art. 197 da LEP). Embora o *sursis* seja matéria de direito substantivo, vem ele regulado na lei de execução e é objeto do procedimento judicial previsto no art. 194 deste Estatuto (item 197.1).

Discute-se na jurisprudência se a decisão concessiva do *sursis* faz ou não coisa julgada material. A questão é importante porque pode ocorrer a concessão irregular do benefício, por fatos desconhecidos do julgador, que vêm a lume somente após o decurso do prazo recursal ou da confirmação da decisão favorável da superior instância. De um lado, afirma-se que a suspensão condicional não pode ser revogada após o trânsito em julgado da sentença concessiva, mesmo que tenha havido erro por parte do julgador, tendo os tribunais, inclusive o STF, entendido que não pode a segunda instância, em recurso exclusivo do réu, cassar o benefício do *sursis* que lhe foi indevidamente concedido.[10] De outro, há posição, por vezes também acolhida no STF, de que o *sursis* pode ser cassado quando irregularmente concedido, assinalando-se em algumas decisões que seria ele uma medida de caráter político-administrativo, mero incidente da execução. Na verdade, o *sursis* não é mais relacionado entre os incidentes da execução, e nem estes têm caráter político-administrativo (basta lembrar as conversões, medidas tipicamente jurisdicionais). Deve-se entender que a concessão do *sursis* é matéria jurisdicional, já que se reconhece um direito subjetivo do condenado, fazendo coisa julgada material, por não dispor expressamente a lei sobre a possibilidade de se cassar ou se tornar sem efeito o benefício, quando irregularmente concedido.

Ainda que conceda o *sursis*, o juiz da sentença deve fixar o regime inicial do cumprimento da pena privativa de liberdade imposta já que, ocorrendo revogação, é necessário ter determinado o regime a que deverá ser o condenado encaminhado.

Ainda que, após o término do prazo do *sursis*, a sentença seja anulada (por exemplo, *habeas corpus* etc.), não se poderá impor novo prazo de suspensão condicional da pena. Isso porque, na hipótese, iria agravar-se a situação do réu.

Jurisprudência

- *Obrigatoriedade de manifestação sobre o* sursis

- *Nulidade por falta de manifestação sobre o* sursis

---

10. Nesse sentido: FRAGOSO, Heleno. Ob. cit. v. 1, p. 383.

- *Contra: ordem para manifestação do julgador*
- *Inadmissibilidade de fundamentação implícita*
- *Inadmissibilidade de fundamentação sem base empírica*
- *Omissão na sentença antes do trânsito em julgado: competência do juiz do processo*
- *Omissão na sentença transitada em julgado: competência do juiz da execução*
- *Omissão na decisão sobre o sursis por falta de condições para decidir: inexistência de nulidade.*
- *Denegação pelo juiz da sentença: possibilidade de apreciação pelo juiz da execução*
- *Necessidade de fundamentação para decidir sobre restauração do sursis*
- *Necessidade de prévia apreciação da substituição da pena*
- *Prevalência da substituição da pena sobre o sursis*
- *Inadmissibilidade de concessão do sursis sob condição de prova posterior*
- *Inadmissibilidade de concessão por habeas corpus*
- *Exame da legalidade em habeas corpus*
- *Admissibilidade de concessão por habeas corpus*
- *Concessão de habeas corpus ex officio pelo Tribunal em apelação*
- *Exigência de fundamentação do prazo do sursis*
- *Inadmissibilidade de cassação do sursis em recurso exclusivo do acusado*
- *Inadmissibilidade de fixação de novo período de prova em recurso do sentenciado*
- *Existência de coisa julgada na concessão do sursis*
- *Contra: inexistência de coisa julgada na concessão do sursis*
- *Irrelevância da não expedição da carta de guia*
- *Inexistência de coisa julgada na concessão do sursis*

Art. 158. Concedida a suspensão, o juiz especificará as condições a que fica sujeito o condenado, pelo prazo fixado, começando este a correr da audiência prevista no art. 160 desta lei.

§ 1º As condições serão adequadas ao fato e à situação pessoal do condenado, devendo ser incluída entre as mesmas a de prestar serviços à comunidade, ou limitação de fim de semana, salvo hipótese do art. 78, § 2º, do Código Penal.

§ 2º O juiz poderá, a qualquer tempo, de ofício, a requerimento do Ministério Público ou mediante proposta do Conselho Penitenciário, modificar as condições e regras estabelecidas na sentença, ouvido o condenado.

§ 3º A fiscalização do cumprimento das condições, regulada nos Estados, Territórios e Distrito Federal por normas supletivas, será atribuída a serviço social penitenciário, patronato, Conselho da Comunidade ou instituição beneficiada com a prestação de serviços, inspecionados pelo Conselho Penitenciário, pelo Ministério Público, ou ambos, devendo o juiz da execução suprir, por ato, a falta das normas supletivas.

§ 4º O beneficiário, ao comparecer periodicamente à entidade fiscalizadora, para comprovar a observância das condições a que está sujeito, comunicará, também, a sua ocupação e os salários ou proventos de que vive.

§ 5º A entidade fiscalizadora deverá comunicar imediatamente ao órgão de inspeção, para os fins legais, qualquer fato capaz de acarretar a revogação do benefício, a prorrogação do prazo ou a modificação das condições.

§ 6º Se for permitido ao beneficiário mudar-se, será feita comunicação ao juiz e à entidade fiscalizadora do local da nova residência, aos quais o primeiro deverá apresentar-se imediatamente.

Vide: **LEP** arts. 156, 157, 159 a 163; **CP** arts. 77 a 82.

158.1 CONDIÇÕES LEGAIS

Algumas leis especificam minuciosamente as condições a que fica subordinado o beneficiário do *sursis* e que, não obedecidas, podem causar a revogação do benefício. A lei penal brasileira estabelece um sistema em que, além das condições *legais*, expressamente mencionadas ou decorrentes implicitamente do texto, podem ser impostas outras, a critério do juiz e que, por isso, são chamadas condições *judiciais*. As condições legais são obrigatórias ou facultativas, dependendo da espécie do benefício (*sursis* simples ou *sursis* especial).

Em primeiro lugar deve-se mencionar as condições obrigatórias para qualquer que seja a espécie de *sursis* e que defluem implicitamente da lei quando trata das causas de revogação do benefício. É causa de revogação obrigatória a condenação, no curso do prazo, em sentença irrecorrível, por crime doloso; é facultativa a condenação irrecorrível por crime culposo ou contravenção à pena privativa de liberdade ou restritiva de direitos. Assim, uma condição obrigatória do *sursis* é não ser condenado por crime doloso ou por crime culposo ou contravenção à pena privativa de liberdade ou restritiva de direito (item 162.3).

Também é causa de revogação obrigatória frustrar, quando solvente, a execução da pena de multa. Assim, a não frustração do pagamento da multa pelo condenado solvente é outra condição implícita da suspensão condicional. Por fim, como é revogado o benefício, se o condenado não efetua, sem motivo justificado, a reparação do dano, esta é condição do *sursis*, quando o condenado pode efetuá-la.

Há, porém, outras condições legais que, obrigatoriamente, devem ser impostas ao *sursis* simples ou ao *sursis* especial, conforme sua espécie.

Reconhecendo-se que a prática da suspensão condicional da pena vinha-se revelando com frequência na perda do poder aflitivo que constitui a essência da relação criminal, sendo o benefício considerado apenas como garantia de impunidade para o primeiro delito, procurou-se estabelecer no *sursis* condição que atendesse aos objetivos próprios à sua natureza.[11] Por isso, determina-se que, no primeiro ano do prazo, o condenado deverá prestar serviços à comunidade (art. 46) ou submeter-se à limitação de fim de semana (art. 48) (art. 78, § 1º, do CP), imposição essa obrigatória, como esclarece o art. 158, § 1º, da Lei de Execução Penal. Essa condição obrigatória do *sursis simples* constitui verdadeira sanção penal, já que o condenado fica sujeito ao cumprimento de penas restritivas de direitos. Por isso, já se tem entendido que essa condição não pode ser contemplada na concessão da suspensão condicional da pena. Seria uma espécie de *bis in idem*, um *plus* na condenação, não havendo possibilidade de substituir-se uma pena com execução suspensa por outra sanção em seu lugar.[12] Entretanto, a suspensão condicional da pena não é mais incidente da execução, como ocorria na legislação de 1940, mas uma medida penal alternativa tipicamente *sancionatória*. Implica satisfação de encargos e condições consistentes na restrição de direitos (liberdade, obrigação de tarefas gratuitas etc.) por seu cunho de sanção, sem ofensa à Constituição Federal. Obrigatoriamente, pois, deve o juiz optar por uma das condições previstas no art. 78, § 1º, do Código Penal.

Evidentemente não pode extravasar a delimitação prevista no referido parágrafo, sendo inadmissível, *v. g.*, fixar o prazo de 18 meses de prestação de serviços à comunidade, já que a lei penal estabelece o limite do prazo em um ano. Aliás, por determinar ainda o mesmo dispositivo que essa condição fica estabelecida para o "primeiro ano do prazo", não pode o juiz da execução determinar seu cumprimento após o decurso desse ano, se não lhe foi isso exigido no prazo anual após a audiência de advertência. Também não é permitido ao juiz da sentença acrescentar a essa condição, no caso do *sursis* simples, as condições previstas no § 2º do art. 78 do Código Penal, específicas para as hipóteses do *sursis* especial.

Para o *sursis* especial, a condição de prestação de serviços à comunidade ou limitação de fim de semana podia ser substituída por uma ou mais das condições estabelecidas pelo art. 78, § 2º, do Código Penal. Entretanto, com a nova redação dada ao dispositivo, essas condições são aplicadas cumulativamente. A primeira delas é a *proibição de frequentar determinados lugares*, que constituiu na lei anterior uma medida de segurança não detentiva, visando à prevenção especial. Impossibilita-se o condenado de frequentar "boites", "inferninhos", casas de jogo, prostíbulos etc., locais que o impeliram ao cometimento de atos antissociais, numa medida concreta para impedir a ação deletéria desses ambientes nocivos. Contudo, já se decidiu que a proibição de frequentar casas de bebida é vexatória e ilegal, incondizente com a realidade moderna. Afastou-se também, por inexequível, condição de proibição de frequentar "lugares de duvidosa reputação", expressão genérica e indefinida. Deve também ser cancelada a condição em exame se o Juiz do primeiro grau não especificar quais os lugares que o sentenciado não pode frequentar, uma vez que tal providência não pode ser tomada pelo juiz encarregado da execução.

---

11. Itens 142 a 145 da Exposição de motivos da Lei nº 7.210/84.

12. Nesse sentido: PEREIRA, Joaquim. *Sursis* "sem condição especial". *Justitia* 149/185-187.

Deve impor-se também a *proibição de ausentar-se da comarca onde reside o sentenciado, sem autorização do juiz*, a fim de possibilitar o acompanhamento do *sursis*, tornando efetivas as condições legais e judiciais impostas. O mesmo pode-se dizer do *comparecimento pessoal e obrigatório a juízo, mensalmente, para informar e justificar suas atividades*. Essa medida salutar, embora combatida na jurisprudência por obrigar o afastamento de um dia por mês do sentenciado de seus afazeres profissionais, servirá para propiciar ao juiz da execução a possibilidade de fiscalizar e orientar o sentenciado de modo que não torne inócuo o instituto, mantendo-lhe a consciência de estar submetido à medida penal em decorrência do ilícito praticado. A lei prevê condições mínimas na concessão do *sursis* especial e não pode o juiz mitigá-las. Assim, ao determinar o comparecimento, será ele mensal, pessoal e obrigatório.

Optando o juiz pela concessão do *sursis* especial, se presentes os requisitos da espécie, obrigatoriamente deverá impor essas três condições, não podendo utilizar-se da antiga fórmula estereotipada de conceder o benefício "sem condições especiais".

Jurisprudência

- *Competência do juiz da sentença para a fixação das condições*
- *Inadmissibilidade de sursis sem condições*
- *Contra: admissibilidade de condições especiais na concessão do sursis*
- *Obrigatoriedade da fixação de condição no sursis simples*
- *Legitimidade da condição de prestação de serviços à comunidade*
- *Contra: inadmissibilidade da condição de prestação de serviços à comunidade*
- *Legitimidade da condição de limitação de fim de semana*
- *Contra: inadmissibilidade da condição de limitação de fim de semana*
- *Inadmissibilidade de condição de prestação de serviços à comunidade por 18 meses*
- *Inadmissibilidade de exigência da prestação de serviços à comunidade após o primeiro ano*
- *Inadmissibilidade de cumulação das condições do sursis especial no sursis simples*
- *Contra: admissibilidade de cumulação das condições do sursis especial no sursis simples*
- *Possibilidade de substituição de limitação de fim de semana por prestação de serviços à comunidade*
- *Possibilidade de substituição de prestação de serviços à comunidade por entrega de cestas básica*
- *Obrigatoriedade da prestação de serviços à comunidade*
- *Inadmissibilidade de diminuição do prazo de prestação de serviços à comunidade*
- *Inadmissibilidade de aumento do prazo de prestação de serviços à comunidade*
- *Aplicabilidade das regras ao condenado por contravenção*
- *Contra: não aplicação das regras ao condenado por contravenção*
- *Inadmissibilidade de fixação de condições no regime aberto*
- *Impossibilidade de fixação de condições pelo juiz da execução*

- *Possibilidade de fixação de condições pelo juiz da execução*
- *Forma e regulamentação de execução das condições do sursis*
- *Prestação de serviços à comunidade apenas no primeiro ano do prazo*
- *Transformação do sursis simples em sursis especial*
- *Inadmissibilidade de transformação em embargos de declaração*
- *Sursis mais severo que o cumprimento de pena em regime aberto*
- *Sursis menos severo que pena de multa na omissão da defesa*
- *Inexistência de direito subjetivo ao sursis especial*
- *Necessidade de circunstâncias favoráveis para o sursis especial*
- *Inadmissibilidade de sursis especial para quem já foi condenado por contravenção*
- *Necessidade de reparação do dano para o sursis especial*
- *Especificação vaga da proibição de frequentar determinados lugares*
- *Condição de não frequentar casas de bebida e tavolagem*
- *Proibição de ausentar-se da comarca*
- *Contra: autorização de ausentar-se da comarca*
- *Proibição de ausentar-se da comarca sem comunicação ao juiz*
- *Proibição de mudança de domicílio*
- *Comparecimento mensal obrigatório*
- *Inadmissibilidade de cumulação de condições do sursis simples no sursis especial*
- *Coisa julgada na omissão das condições do sursis*

158.2 CONDIÇÕES JUDICIAIS

Além das condições previstas expressa ou implicitamente na lei, poderá o juiz especificar outras a que ficará subordinada a suspensão condicional da pena (art. 79 do CP e art. 156, *caput*, da LEP). Na vigência da lei anterior preconizava-se a adoção como condições judiciais das normas de conduta da liberdade vigiada previstas no art. 767 do CPP. O dispositivo, embora revogado, pode ser utilizado como inspiração para o estabelecimento das condições. Além disso, podem ser estabelecidas as condições previstas anteriormente pelo art. 698, § 2º, do CPP: frequentar curso de habilitação profissional ou de instrução escolar, atender aos encargos de família, submeter-se a tratamento de desintoxicação.

Seguindo orientação jurisprudencial, determina-se expressamente na lei nova que as condições devem ser adequadas ao fato e à situação pessoal do condenado (arts. 79 do CP e 158, § 1º, da LEP). Já sob a vigência da lei anterior, que dispunha de modo semelhante (art. 698, § 1º, do CPP), se decidia que as condições deviam guardar correlação com os fatos pelos quais o agente fora condenado.

Também se entende na jurisprudência que não se devem aplicar condições *ociosas*, ou seja, aquelas reguladas por dispositivos legais próprios, como a de pagar as custas e a multa, a de indenizar o dano, a de não portar arma, de não trazer consigo material de jogo, ou *vexatórias*, como a de realizar o condenado uma redação sobre os perigos de dirigir de maneira imprudente ou descuidada, de apresentar duas vezes por ano relatório sobre as ocorrências presenciadas em pronto-socorro, ou de visitar hospitais. As condições não podem constituir, em si mesmas, penas não previstas para a hipótese, nem violar direitos individuais ou depender de fatos estranhos ao sentenciado. Por essas razões, têm os tribunais cancelado condições como: a de recolher-se à hora certa, a de não dirigir veículo, a de não beber, a de frequentar culto religioso, a de comprovar o exercício de trabalho honesto, a de prestar ajuda financeira à filha da vítima de crimes contra os costumes, a de contribuir mensalmente em benefício de instituição de caridade, a de trabalhar, se estiver aposentado, de doar sangue etc.

Na verdade, as chamadas condições "ociosas" não o são, pois, impostas, o descumprimento delas acarretará, eventualmente, além das consequências jurídicas próprias, a revogação do benefício. Também somente haverá violação de direito individual se a condição constituir em si mesma uma sanção penal, mas não quando contém apenas outra obrigação. Entender-se de modo contrário equivale a não permitir a imposição de qualquer condição que não esteja prevista expressamente em lei.

Jurisprudência

- *Condições judiciais são excepcionais*
- *Condições judiciais: inadmissibilidade*
- *Necessidade de adequação ao fato*
- *Necessidade de adequação à pessoa do condenado*
- *Condição de não frequentar determinados lugares*
- *Condição de não ausentar-se da comarca*
- *Condição de apresentações periódicas em juízo*
- *Condições sem alcance prático*
- *Doação de sangue: inadmissibilidade*
- *Suspensão de habilitação para dirigir veículo: inadmissibilidade*
- *Pagamento da multa: inadmissibilidade*
- *Pagamento de custas: inconstitucionalidade*
- *Pagamento de custas: ilegalidade*
- *Pagamento de custas: legalidade*
- *Ressarcimento do dano: inadmissibilidade*
- *Ressarcimento do dano - admissibilidade*
- *Pagamento de pensão alimentícia: inadmissibilidade*
- *Pagamento de pensão alimentícia: admissibilidade*
- *Proibição da prática de ilícitos penais: inadmissibilidade*
- *Proibição de portar material de jogo: inadmissibilidade*

- *Condições ilegais no sursis*
- *Obrigação de obter emprego: inadmissibilidade*
- *Condições vexatórias: inadmissibilidade*
- *Condições desnecessárias: inadmissibilidade*

158.3 ESPECIFICAÇÃO DAS CONDIÇÕES

Tratando-se de *sursis* simples, deve o juiz especificar, obrigatoriamente, como condição, uma das referidas nos arts. 78, § 1º, do Código Penal, e 158, § 1º, da Lei de Execução Penal, ou seja, se o condenado deve prestar serviços à comunidade ou submeter-se à limitação de fim de semana, pelo período de um ano. Nada impede que, em apelação, o tribunal substitua uma por outra, desde que entenda seja esta mais adequada à situação do condenado. De outro lado, quando o juiz verificar que estão presentes os requisitos estabelecidos no art. 78, § 2º, do Código Penal (reparação do dano e circunstâncias do art. 59 do CP inteiramente favoráveis), ao conceder o *sursis* especial, também obrigatoriamente deverá aplicar, cumulativamente, as condições referidas no citado dispositivo (proibição de frequentar determinados lugares, proibição de ausentar-se da comarca sem autorização e comparecimento pessoal e obrigatório a juízo, mensalmente).

Não contempla mais a lei, para os fatos ocorridos após o início de vigência das Leis n°s 7.209 e 7.210, o *sursis* "sem condições especiais", fórmula que não pode mais ser utilizada diante dos expressos termos legais. Quando tal ocorre, cabe ao Ministério Público e ao querelante propor embargos de declaração da sentença para que o seu prolator esclareça qual das sanções (prestação de serviços à comunidade ou limitação de fim de semana) deve ser cumprida por um ano, no caso de *sursis* simples, e quais das condições previstas no art. 78, § 2º, do CP devem ser obedecidas, na hipótese de *sursis* especial.

Transitada em julgado a sentença, sem que se tenham especificado essas condições, cabe ao juiz da execução, *de ofício* ou mediante provocação, especificá-las, decidindo, inclusive, pelo *sursis* simples ou especial. Não há que se falar em coisa julgada, já que esta atinge apenas a parte da concessão ou não do benefício, não suas condições, que podem ser alteradas durante a própria execução (art. 158, § 2º, do CP). A competência do juiz da execução, além disso, está estabelecida, na hipótese, tanto no art. 66, III, *d*, como no art. 158, § 2º, da Lei de Execução Penal, exigindo-se, apenas, que seja ouvido previamente o condenado.[13] Contudo tem-se entendido, de modo majoritário, que tendo o *sursis* caráter sancionatório, se a condição não foi fixada na sentença transitada em julgado, impossível é seu estabelecimento nessas condições pelo juízo da execução. Na verdade, essas condições alternativamente obrigatórias constituem-se em sanções penais. Todavia, a rigor, todas as condições têm esse caráter, pois impossibilitam, restringem ou diminuem um bem jurídico do condenado, já que impõem obrigações, impedem o exercício de direitos etc. É a lei que lhe dá a denominação de pena, efeito da condenação ou condições do *sursis* ou do livramento condicional. Eram anteriormente penas acessórias os atuais efeitos da condenação de in-

---

13. Nesse sentido: SILVEIRA, Daniel Prado, OZAKI, Hideo. Ob. cit. p. 57-59, com citação de jurisprudência; PEREIRA, Joaquim, artigo citado, p. 87.

capacidade para o poder familiar, tutela ou curatela, e a incapacidade para dirigir veículos; a própria prestação de serviços à comunidade, que hoje figura como pena substitutiva, era somente uma condição prevista para o *sursis* (art. 698, § 2º, II, do CPP) etc. Na nova Parte Geral do Código Penal, ela é pena e é também condição para o *sursis*. Como pena, não pode ser imposta pelo juiz da execução, se houver trânsito em julgado para a acusação; mas como condição do benefício é admissível a sua fixação, já que obrigatória no *sursis* simples. Aliás, apesar do caráter sancionatório de todas as condições, permite a lei a hipótese de alteração de condições durante a execução (art. 158, § 2º, da LEP), sem que se veja aí violação à coisa julgada. Entretanto, se o juiz da execução não estabeleceu as regras para a execução do *sursis*, como deve fazê-lo no que se refere à limitação de fim de semana ou à prestação de serviços à comunidade, não está o condenado obrigado a prestá-las, submetendo-se apenas às regras gerais. Segundo se tem entendido, com razão, há *reformatio in pejus* na fixação de condições em apelo exclusivo da defesa.

Jurisprudência

- *Possibilidade de substituição de condição em 2ª instância*
- *Inadmissibilidade de sursis sem condições*
- *Contra: admissibilidade de sursis sem condições*
- *Possibilidade de fixação de condições pelo juiz da execução*
- *Obrigatoriedade de fixação de condições: competência do juiz da execução*
- *Contra: sentença omissa quanto às condições: trânsito em julgado impede inovação*
- *Inadmissibilidade de fixação de condições de forma genérica pelo juiz da sentença*
- *Inadmissibilidade de fixação de condições em recurso exclusivo da defesa*
- *Inadmissibilidade de fixação de condições em sede recursal*
- *Contra: admissibilidade de fixação de condições em sede recursal*
- *Ausência de regulamentação da forma de execução da condição*
- *Embargos de declaração em sentença omissa quanto às condições do sursis*

158.4 ALTERAÇÃO DAS CONDIÇÕES

Pode o juiz, a qualquer tempo, modificar as condições e regras estabelecidas na sentença em que se concedeu a suspensão condicional da pena. Pode ocorrer que o sentenciado, perante a entidade fiscalizadora, ou dirigindo-se diretamente ao juiz, faça sentir a necessidade de alteração de qualquer das condições específicas originariamente. A entidade fiscalizadora, por sua vez, pode verificar fato que indique a necessidade de modificação de alguma ou algumas das condições, comunicando-o ao Ministério Público, Conselho Penitenciário ou ao juiz, ou mesmo que esses órgãos da execução tomem conhecimento diretamente desse evento. Em qualquer dessas hipóteses, o juiz, de ofício, a requerimento do Ministério Público ou mediante proposta do Conselho Penitenciário, fará a modificação, ditada no interesse de um processo individualizador da execução do *sursis*.

Em qualquer das hipóteses de alteração, é obrigatório que seja ouvido previamente o condenado, que poderá apresentar sua versão dos fatos, justificar suas atitudes, apontar as razões para a modificação pretendida ou cancelamento de uma condição judicial.

Entendem Silva e Boschi que, "tendo em vista o princípio da proibição *reformatio in pejus*, não pode o juiz alterar as condições do *sursis* para efeito de impor situação mais gravosa ao condenado".[14] Entretanto, não há que se falar em coisa julgada na hipótese de condições, mas apenas da concessão do benefício, já que a própria lei estabelece a possibilidade de alterações nas regras do *sursis* sem se limitar à modificação favorável ao condenado.

As alterações devem ser comunicadas ao condenado, em audiência especialmente designada, procedendo-se a nova advertência. O condenado, no caso de serem exacerbadas as condições, poderá desistir do benefício, cumprindo a pena aplicada na sentença. Se pode recusar o *sursis* originariamente, nada obsta, com efeito, a que não mais queira gozar das vantagens por aquela medida proporcionadas, recolhendo-se, espontaneamente, ao cárcere.[15]

Jurisprudência

* *Alteração de condição pelo juiz da execução*

158.5 FISCALIZAÇÃO

A fiscalização do cumprimento das condições é atribuída a serviço social penitenciário, patronato, Conselho da Comunidade ou instituição beneficiada com a prestação de serviços. Essa fiscalização, porém, sofrerá inspeção do Conselho Penitenciário ou Ministério Público, ou por ambos, dependendo da regulamentação que deve ser providenciada pelos Estados, Territórios e Distrito Federal. Na falta da legislação supletiva, cabe ao juiz da execução providenciar a regulamentação necessária aos serviços de fiscalização e inspeção. A incumbência dessas entidades é não só de fazer observar o cumprimento das condições do *sursis*, mas também de proteger o sentenciado, orientando-o na execução de suas obrigações, auxiliando-o na obtenção de atividade laborativa etc.

158.6 COMPARECIMENTO

Determina-se que o beneficiário, ao comparecer periodicamente à entidade fiscalizadora para comprovar a observância das condições a que está sujeito, comunicará, também, sua ocupação e os salários ou proventos de que vive (art. 158, § 4º). Entretanto, não há qualquer obrigação legal de comparecimento do condenado à entidade fiscalizadora, a não ser que seja a ele imposto como uma condição judicial do *sursis*. Prevê-se apenas o comparecimento obrigatório mensal *a juízo*, como uma das condições a serem impostas no caso de se tratar de *sursis* especial. Assim, cabe à entidade fiscalizadora ou de inspeção a iniciativa de procurar o condenado ou notificá-lo para comparecimento, a fim de comprovar a observância das condições a que está sujeito, bem como sua ocupação e os salários ou proventos de que vive.

---

14. Ob. cit. p. 174.

15. TUCCI, Rogério Lauria. Art. cit. p. 320.

158.7 COMUNICAÇÃO

A entidade fiscalizadora deverá comunicar imediatamente ao órgão de inspeção – Ministério Público ou Conselho Penitenciário, ou ambos – qualquer fato capaz de acarretar a revogação do benefício, a modificação das condições ou a prorrogação do prazo, para que este requeira ou represente como de direito. Tratando-se de entidade fiscalizadora de outra comarca, para onde, devidamente autorizado, veio a mudar-se o condenado, a comunicação deve ser efetuada ao órgão competente para a inspeção, ou seja, aquele que pode requerer ou representar na forma mencionada.

158.8 MUDANÇA DE RESIDÊNCIA

No *sursis* especial pode-se impor, entre outras condições, a proibição ao condenado de ausentar-se da comarca onde reside sem prévia autorização do juiz. Em qualquer caso, porém, o condenado que esteja submetido à suspensão condicional da pena não pode mudar de residência sem a devida comunicação. Essa restrição decorre da própria natureza do benefício, já que o condenado está submetido à fiscalização do cumprimento das condições impostas entre as quais avultam, na hipótese do *sursis* simples, a prestação de serviços à comunidade e a limitação de fim de semana, que se trata de verdadeiras sanções penais. Não pode o juiz da execução, porém, impedir a mudança de residência, a não ser que a transferência possa impedir ou dificultar o cumprimento das condições ou a sua fiscalização, já que em outra hipótese a denegação do pedido importaria em verdadeira restrição de direito individual.

Permitindo ao condenado mudar-se, será feita comunicação ao juiz e à entidade fiscalizadora do local da nova residência, aos quais o primeiro deverá apresentar-se imediatamente (art. 158, § 6º, da LEP). A partir daí, a fiscalização e inspeção passarão a ser efetuadas pela entidade designada na comarca da residência do beneficiário. Não há, porém, qualquer alteração na competência do juiz, a quem continua sendo atribuída a execução. Não perde o juiz essa competência apenas porque o beneficiário passou a residir em outra comarca. Assim, o juiz da comarca, recebendo qualquer comunicação da entidade fiscalizadora ou de inspeção, deverá encaminhá-la ao juiz da execução, para as providências cabíveis. Entretanto, já se tem decidido, diante da natureza de execução da pena que a lei confere ao *sursis*, que a competência é do juízo da residência do condenado.

Jurisprudência

- *Competência do juiz para a execução do* sursis
- *Fiscalização pelo juiz eleitoral*

Art. 159. **Quando a suspensão condicional da pena for concedida por Tribunal, a este caberá estabelecer as condições do benefício.**

§ 1º De igual modo proceder-se-á quando o tribunal modificar as condições estabelecidas na sentença recorrida.

§ 2º O Tribunal, ao conceder a suspensão condicional da pena, poderá, todavia, conferir ao Juízo da Execução a incumbência de estabelecer as condições do benefício, e, em qualquer caso, a de realizar a audiência admonitória.

Vide: **LEP** arts. 156 a 158, 160, 163; **CP** arts. 77 a 79.

159.1 ESPECIFICAÇÃO PELO TRIBUNAL

Concedida pelo Tribunal a suspensão condicional da pena, a ele competirá, em princípio, estabelecer as condições do benefício. Evidentemente, também cabe ao Tribunal modificar as condições estabelecidas na sentença recorrida, com cancelamento, imposição de outras, exacerbando ou minorando as impostas etc.

Quando se trata de concessão do *sursis* pelo Tribunal, pode este conferir a incumbência de estabelecer as condições do benefício ao juiz da execução. Evidentemente deverá fazê-lo assim que receber os autos e antes da realização da audiência admonitória. No caso de serem impostas condições inadequadas ou ilegais pelo juiz a quem foi deferida a incumbência, caberá ao condenado o direito de recorrer da decisão. Também cabe recurso do Ministério Público quando não for imposta uma condição obrigatória ou não concordar com a estabelecida pelo juiz.

O recurso, como em todas as hipóteses previstas na Lei de Execução Penal, é o agravo em execução, nos termos do art. 197 (item 197.1).

Também a realização da audiência admonitória cabe ao Tribunal que conceder ou alterar as condições da suspensão condicional da pena. Em ambos os casos, igualmente, a incumbência pode ser deferida ao juiz da execução.

Concedido o *sursis* pelo Tribunal, não há que se aguardar a realização da audiência admonitória para se expedir o alvará de soltura, se o condenado estiver preso.

Art. 160. Transitada em julgado a sentença condenatória, o juiz a lerá ao condenado, em audiência, advertindo-o das conseqüências de nova infração penal e do descumprimento das condições impostas.

Vide: **LEP** arts. 158, 159, 161, 163; **CP** arts. 78, 79.

160.1 AUDIÊNCIA ADMONITÓRIA

Inovando na matéria, determina a lei de execução que a audiência de advertência somente será efetuada após o trânsito em julgado da sentença condenatória.[16] Não há razão,

---
16. Nesse sentido: KUEHNE, Maurício. Suspensão condicional da pena. *Justitia* 138/112-116.

realmente, para que o réu seja submetido às condições estabelecidas na sentença, inclusive com a prestação de serviços à comunidade ou limitação de fim de semana, enquanto a decisão não transitar em julgado. Na suspensão condicional da pena, há execução de medidas sancionatórias, que não se justificam enquanto a sentença não se torna irrecorrível.

A sentença deve ser lida pelo juiz, que explicará as condições e os efeitos da suspensão condicional da pena, advertindo o beneficiário das consequências resultantes da transgressão daquelas condições, ou da prática de nova infração penal. Como se explica na exposição de motivos da Lei de Execução Penal, a leitura da sentença pelo juiz, com advertência formal sobre as condições e consequências de nova infração, confere dignidade à mecânica do instituto, que não se pode manter como ato de rotina. A audiência especial presidida pelo magistrado visa emprestar à cerimônia dignidade compatível com o ato, evitando-se que a sentença e as condições sejam anunciadas por funcionários do cartório, que colhem, no balcão, a assinatura do condenado.[17]

Na hipótese de não ser o juiz do processo o mesmo encarregado da execução, a atribuição para realizar a audiência dependerá de regulamentação local. Não se trata de atividade jurisdicional, mas administrativa, e, por isso, pode ela ser conferida tanto ao juiz da sentença[18] como ao juiz da execução.[19] No Estado de São Paulo, a incumbência é do juiz da sentença, pois a guia de execução para a hipótese de suspensão condicional da pena somente é expedida "após a realização de audiências admonitórias admitidas em lei".[20] Evidentemente, quando o *sursis* for concedido após o início da execução da pena privativa de liberdade, ao juiz da execução é atribuída a realização da audiência.

Jurisprudência

- *Inadmissibilidade de execução do* sursis *antes do trânsito em julgado da sentença*
- *Audiência na pendência de recurso especial ou extraordinário*
- *Audiência admonitória como início da execução da pena e prescrição*

160.2 RENÚNCIA DO CONDENADO

Como o *sursis* constitui benefício em que se exige do condenado que cumpra certas condições, não é obrigatória sua aceitação, podendo ser renunciado por ocasião da audiência de advertência ou mesmo após ter entrado em vigor o prazo do benefício. A lei não impede que, na audiência, o sentenciado faça considerações convenientes acerca das condições impostas, já que, tais sejam, não poderá cumpri-las, o que terá efeito decisivo para ele,

---

17. Item 147.
18. Nesse sentido, *RT* 613/285.
19. No Estado de São Paulo, nos termos do Provimento nº 794/2003, do Conselho Superior da Magistratura, transitada em julgado a condenação, será expedida guia de recolhimento ao juiz competente "quando da concessão de suspensão condicional da pena ou aplicação de pena restritiva de direitos".
20. Art. 5º, c, da Resolução nº 9, do Tribunal de Justiça do Estado de São Paulo. Nesse sentido, *RT* 613/285, 615/260.

acarretando a revogação. Caso o juiz persista em mantê-las, tem o direito de recusá-lo.[21] Recusado o *sursis*, será executada a pena privativa de liberdade.

Jurisprudência

• *Possibilidade de renúncia do condenado ao* sursis

Art. 161. Se, intimado pessoalmente ou por edital com prazo de vinte dias, o réu não comparecer injustificadamente à audiência admonitória, a suspensão ficará sem efeito e será executada imediatamente a pena.

Vide: LEP art. 160.

161.1 NÃO COMPARECIMENTO

Sendo indispensável a audiência admonitória para que o condenado tome conhecimento direto do *sursis* e das condições estabelecidas na sentença, deve ser intimado pessoalmente para comparecer ao ato. Na hipótese de não haver nos autos o endereço onde pode ser encontrado o condenado, será realizada a intimação por edital. Ainda que revel o réu, se após a decretação da revelia compareceu ele a Juízo, para comunicar seu endereço, ou este foi trazido aos autos de outra forma, deve ser procurado, para ser intimado pessoalmente. A revelia anteriormente decretada tem efeito, apenas, para os atos do processo até a decisão definitiva. Por isso, há sempre necessidade da expedição de mandado para intimação pessoal do condenado. Somente na hipótese de não ser encontrado é que se deve proceder à intimação editalícia.

Fixa a lei o prazo de 20 dias para o edital de intimação para comparecimento à audiência admonitória. Não decorrendo tal lapso de tempo entre a publicação e a data marcada para a realização da audiência, há nulidade em eventual cassação posterior do benefício por não ter o condenado comparecido ao ato.

Não comparecendo o condenado, injustificadamente, à audiência, a suspensão ficará sem efeito e será executada imediatamente a pena. Na hipótese, embora normalmente se fale em "cassação" do *sursis*, ocorre a determinação de sua ineficácia pelo não comparecimento à audiência admonitória. Expressamente a lei prevê a possibilidade de o condenado justificar sua ausência, antes ou depois da data fixada. Entre os motivos que justificam o não comparecimento estão as hipóteses de doença, acidente, recolhimento em presídio sem requisição por parte do juiz etc. Justificado o não comparecimento, outra audiência deverá ser realizada, com a prévia intimação do beneficiário. Entretanto, cassado o *sursis*, é obrigatória a expedição do mandado de prisão para recolhimento do condenado, não a suspendendo eventual possibilidade de seu restabelecimento.

---

21. NORONHA, E. Magalhães. Ob. cit. p. 600.

Não prevê a lei o restabelecimento do *sursis* quando tornado sem efeito pelo não comparecimento à audiência admonitória. Entretanto, para se evitarem sequelas socialmente desfavoráveis e incidência de *summum ius*, tem a jurisprudência abrandado a inteligência do dispositivo, para deixar ao bom critério dos magistrados a possibilidade de restauração do *sursis*, nessa hipótese. Como essa hipótese equivale à concessão do benefício, da decisão cabe recurso.[353] Nos termos do art. 197 da Lei de Execução Penal, o recurso cabível é o agravo em execução, e não mais o recurso em sentido estrito.

Jurisprudência

- *Admissibilidade da intimação por telefone para audiência admonitória: ausência de prejuízo*
- *Necessidade de intimação pessoal do réu revel*
- *Cassação do* sursis *pelo não comparecimento à audiência admonitória*
- *Inadmissibilidade de revogação antes da audiência admonitória: sursis tornado sem efeito*
- *Desnecessidade da oitiva do condenado para a cassação*
- *Inadmissibilidade de cassação por mudança de residência*
- *Restauração por justificação da ausência*
- *Expedição de mandado de prisão na revogação do* sursis *a critério do juiz*
- *Contra: necessidade de expedição de mandado de prisão por falta de comparecimento a audiência admonitória.*
- *Cassação por aumento de pena em recurso*
- *Impossibilidade de cassação em segunda instância em recurso exclusivo da defesa*
- *Cassação por condenação anterior à concessão*
- *Prova para o restabelecimento do* sursis
- *Recurso contra a restauração do* sursis

Art. 162. **A revogação da suspensão condicional da pena e a prorrogação do período de prova dar-se-ão na forma do art. 81 e respectivos parágrafos do Código Penal.**

Vide: **LEP** arts. 68, II, *e*, 163, § 1º; **CP** arts. 81, 82.

162.1 PERÍODO DE PROVA

A suspensão condicional da pena é concedida pelo prazo fixado pelo juiz, estabelecendo a lei um período de prova mínimo de dois e um máximo de quatro anos para o *sursis* simples. Reduziu-se na lei nova o limite máximo do período de prova (anteriormente de seis anos), a fim de ajustar o instituto à prática judiciária, uma vez que apenas em casos especialíssimos se justificaria a fixação em prazo tão elevado. No *sursis etário*, cabível na pena superior a dois e não excedente a quatro anos, o período de prova não poderia ser inferior a esse lapso de tempo, sendo assim de quatro a seis anos (art. 77, § 2º, do CP). O prazo mais elevado justifica-se por ter sido o maior de 70 anos condenado a pena mais severa daquela imposta aos beneficiários comuns. Quando se trata de condenação por ilícito contravencional, o prazo da suspensão é de um a três anos, pouco importando a duração da pena aplicada (art. 11 da LCP).

O período de prova deve ser fixado segundo a natureza do crime, a personalidade do agente e a severidade da pena, não podendo o juiz, senão em hipóteses excepcionais, estabelecê-lo no prazo máximo. Exige-se que seja justificada expressamente a exacerbação, quando for fixado prazo superior ao mínimo. É indispensável que o condenado conheça os motivos da fixação do prazo superior ao mínimo para, eventualmente, contestar a fundamentação em recurso que interpuser.

O prazo do *sursis* começa a correr da audiência admonitória, contando-se o dia do início, já que se trata de matéria de direito penal (art. 10, do CP). O prazo é fatal e improrrogável, salvo nas hipóteses previstas expressamente no art. 81, §§ 2º e 3º, do Código Penal.

Jurisprudência

- *Critério para a fixação do prazo do sursis*
- *Fixação excepcional do prazo máximo*
- *Fixação do prazo de acordo com a pena: inadmissibilidade*
- *Necessidade de fundamentação para período de prova maior do que o mínimo*
- *Redução do prazo para período de prova fixado sem fundamentação*
- *Inadmissibilidade de redução do prazo pela prestação de serviços à comunidade*

162.2 PRORROGAÇÃO DO PRAZO

Quando o beneficiário está sendo processado por outro crime ou contravenção, considera-se prorrogado o prazo da suspensão até o julgamento definitivo (art. 81, § 2º, do CP). Referindo-se a lei a *processo*, não basta a simples prática da infração ou a instauração do inquérito policial para que se prorrogue o prazo do *sursis*; é necessária a instauração da nova ação penal. É indispensável, assim, que a denúncia ou a queixa seja recebida antes de terminado o prazo para o *sursis*, para que seja ele prorrogado.

A prorrogação ocorre ainda que o crime tenha sido praticado antes da concessão do benefício.

Justifica-se a prorrogação, na hipótese, pela necessidade de se verificar se o beneficiário é inocente ou culpado pela nova infração penal praticada durante o período de prova, em que se encontrava submetido à fiscalização da Justiça. Como a revogação pela prática do crime somente pode ocorrer após a sentença condenatória irrecorrível, prorroga-se o prazo do *sursis* até que ela transite em julgado. Impede-se, assim, que o beneficiário procrastine o andamento do feito para evitar a revogação.

A prorrogação é automática, independente de despacho nos autos. Não importa, pois, que o juiz só venha a declarar a revogação depois de expirado o prazo de prova original.

Prorrogado o prazo pelo andamento do processo instaurado antes ou durante o período de prova, não mais vigoram as condições estabelecidas na sentença.[22] A prorrogação diz respeito apenas à necessidade da verificação da ocorrência ou não da causa de revogação, que é a condenação irrecorrível por outra infração penal; esta é sua razão de ser. Assim, não se pode continuar submetendo o condenado às demais condições, fazendo depender o fim de suas obrigações da maior ou menor celeridade do processo contra ele instaurado. Ademais, é possível a absolvição do beneficiário nesse processo e, assim, teria sido submetido injustificadamente a outras condições.

Terminado o período de prova original, volta também a correr o prazo da prescrição da pretensão executória, ainda que aquele período fique prorrogado pelo processo por outra infração penal. Não há mais impedimento ao curso do prazo prescricional, que se iniciou com o trânsito em julgado da sentença para a acusação e ficou suspenso enquanto se executou o *sursis*. A razão da suspensão do curso prescricional, implícita na lei por ser incompatível a prescrição com a execução do *sursis*, não mais existe quando se trata de mera prorrogação do prazo da suspensão condicional da pena para outro efeito, ou seja, para a verificação da ocorrência de causa revocatória por condenação em outro processo. De outra forma, aliás, a mora no processo, paradoxalmente, viria em prejuízo do condenado, na hipótese de prorrogação do prazo.

Jurisprudência

- *Inadmissibilidade de prorrogação por instauração de inquérito*
- *Prorrogação automática do prazo*
- *Prorrogação automática do prazo por crime anterior*
- *Prorrogação do prazo mesmo sem conhecimento de outro processo*
- *Contra: não prorrogação do prazo – extinção da pena*
- *Prorrogação por tempo indeterminado*
- *Início do prazo da prorrogação: instauração da ação penal*
- *Início do prazo da prorrogação: prática de novo crime*
- *Revogação por crime no prazo da prorrogação*

162.3 REVOGAÇÃO OBRIGATÓRIA

A suspensão da pena é condicional e, assim, pode ser revogada, se não forem obedecidas as condições, nos termos em que a lei estabelecer, devendo o sentenciado, nessa hipótese, cumprir integralmente a pena que lhe foi imposta. Existem causas de revogação obrigatória e de revogação facultativa do *sursis*. No primeiro caso, o juiz deve revogar o benefício, no

---

22. Nesse sentido: DELMANTO, Celso. Ob. cit. p. 130. Contra: TUCCI, Rogério Lauria. Art. cit. *RT* 541/320.

segundo, pode optar entre a revogação e a prorrogação do período de prova até o máximo, se este não foi o fixado.

A primeira causa de revogação obrigatória ocorre quando o beneficiário, no curso do prazo, "é condenado, em sentença irrecorrível, por crime doloso" (art. 81, inc. I, do CP). A revogação é de rigor tenha sido o delito praticado antes ou depois daquele que originou o *sursis* ou ainda durante o prazo de suspensão condicional da pena. Basta que haja nos autos a comprovação de que a sentença condenatória transitou em julgado durante o prazo, para que se revogue o benefício. Ainda que se considere como condenatória a sentença em que se concede o perdão judicial, há no caso extinção da punibilidade, não se aplicando pena e nem incorrendo o pressuposto da reincidência. Assim, não há, também, causa de revogação da suspensão condicional da pena. É inadmissível a revogação por sentença condenatória recorrível, constituindo tal constrangimento ilegal sanável pela via do *habeas corpus*. O que ocorre, na hipótese, é a simples prorrogação do prazo vencido até o julgamento definitivo. Somente com a confirmação final da sentença condenatória é possível a revogação. Na hipótese em apreço, é possível a revogação após o término do período de prova, que fica prorrogado até o trânsito em julgado da sentença referente ao processo que corria durante a suspensão condicional da pena (item 162.6).

Caso na sentença condenatória irrecorrível também se tenha concedido o *sursis*, há não só a revogação do benefício anteriormente concedido, como também se torna sem efeito a nova concessão, já que é inadmissível a suspensão condicional concomitante com o cumprimento de pena.

Referindo-se expressamente a crime doloso, o art. 81, inciso I, do Código Penal, não obriga à revogação quando o beneficiário é condenado por delito culposo ou contravenção. Nessas hipóteses e desde que aplicada pena privativa de liberdade ou restritiva de direitos, a revogação é *facultativa* (item 162.4).

Não justifica a revogação, também, a condenação por crime doloso praticado antes da concessão do benefício, quando aplicada exclusivamente pena de multa. Isso porque a condenação à pena de multa não é óbice à concessão do benefício e não pode ser elevada a causa de sua revogação. De outro modo, na hipótese de correrem paralelamente dois processos dos quais resultem condenação à pena de multa em um deles e imposição de pena privativa de liberdade até dois anos em outro, o benefício dependeria exclusivamente da celeridade maior ou menor de cada uma das ações penais: transitada em julgado em primeiro lugar a sentença que impôs a multa, o agente teria direito a gozar o *sursis* concedido no outro; ocorrendo o inverso, a suspensão concedida neste seria revogada pela condenação posterior a pena de multa. Ademais, não teria muito sentido haver apenas causa de revogação *facultativa* quando o réu é condenado a pena privativa de liberdade ou restritiva de direito pela prática de crime culposo ou contravenção (art. 81, § 1º, do CP) e uma condenação à pena de multa acarretar a revogação *obrigatória* do benefício. Impõe-se, assim, a conclusão de que não há causa de revogação do *sursis* quando na condenação irrecorrível for imposta somente pena de multa por crime anterior à concessão do benefício.

Também não há causa de revogação do benefício quando o beneficiário é condenado irrecorrivelmente no estrangeiro. Nas hipóteses em que a sentença condenatória estrangeira produz efeitos no país, a lei penal é expressa. A única consequência será a eventual aplicação da lei brasileira, em ação penal própria, se preenchidas as condições eventualmente exigidas no art. 7º, §§ 2º e 3º, do CP.

A segunda causa de revogação obrigatória do *sursis* ocorre quando o beneficiário "frustra, embora solvente, a execução da pena de multa" (art. 81, II, primeira hipótese, do CP). Podendo pagar a multa e evitando sua cobrança por meio de fraude, o beneficiário dá causa à revogação. Referindo-se a lei à "frustração" e não simplesmente ao não pagamento de multa, há que se positivar a fraude. Frustra a cobrança o condenado que, por exemplo, alienar, gravar, ocultar ou desviar seus bens, fugir à execução, informar falsamente o meirinho encarregado da citação etc. Só a propositada insolvabilidade implica revogação do benefício. Por essa razão, deve ser feita a prévia notificação e citação do condenado para o pagamento da multa, tentando-se a execução judicial para sua cobrança (arts. 164 ss da LEP).

Positivada a frustração, o *sursis* é revogado, sem prejuízo da execução da pena de multa. Efetuado o pagamento, não se restaura o benefício. Não prevê a lei o restabelecimento do *sursis* nessa hipótese.

Também é causa de revogação obrigatória não efetuar o condenado, sem motivo justificado, a reparação do dano (art. 81, II, segunda hipótese, do CP). Comprovada a impossibilidade de reparação por dificuldades econômicas ou outra causa, não se pode revogar o benefício.

Por fim, revoga-se obrigatoriamente o *sursis* quando o condenado descumpre a condição do § 1º do art. 78 do Código Penal (art. 81, III, do CP). A prestação de serviço à comunidade e a limitação de fim de semana, condições obrigatórias alternativas do *sursis* simples, são de suma importância para que o instituto atenda aos seus objetivos, não perdendo seu poder aflitivo, que constitui a essência dessa reação anticriminal. A inserção da pena restritiva de direitos como condição do *sursis* conduziu ao estabelecimento dessa causa de revogação, a fim de que não se tornasse inócua a imposição. À semelhança do que se estabelece para a conversão dessas penas restritivas de direitos em privativa de liberdade (art. 181, §§ 1º e 2º, da LEP), a revogação só ocorre em casos de descumprimento injustificado.[23] Uma justificativa é, evidentemente, não ter sido providenciada a execução da prestação de serviços à comunidade ou limitação de fim de semana por falta de estrutura ou deficiência dos serviços do Poder Público. Superadas as dificuldades antes de expirado um ano da audiência admonitória, entretanto, o juiz deve promover a execução, na forma do art. 147 da Lei de Execução Penal, pelo restante desse prazo. A essa interpretação leva a lei penal, ao determinar que o condenado deve prestar serviços à comunidade ou submeter-se à limitação de fim de semana "no primeiro ano do prazo" (art. 78, § 1º, do CP).

Diante da vigência de uma ordem constitucional que conferiu maior relevo aos postulados da defesa e do contraditório e também dos novos contornos da execução penal, inteiramente judicializada em decorrência da reforma penal de 1984, não há de conceder a revogação do *sursis* sem observância do procedimento judicial estabelecido pelos arts. 194 ss da Lei de Execução Penal. Quando, porém, a revogação é automática, ocorrendo hipótese legal que retira do magistrado apreciar o juízo da conveniência e oportunidade, é desnecessário, antes, ouvir o condenado. É a hipótese de ocorrer segunda condenação, irrecorrível, por crime doloso. Nesse caso, a revogação decorre de uma condição objetiva, perdendo relevância o fato de que o decreto venha a ser proferido depois de vencido o prazo. O magistrado limita-se a declarar revogada a suspensão condicional da pena.

---

23. Cf. DELMANTO, Celso. Ob. cit. p. 129.

EXECUÇÃO PENAL

Jurisprudência

- Revogação obrigatória pela condenação em crime doloso
- Revogação automática pela condenação no curso do período de prova
- Contra: ausência de revogação automática
- Revogação após o término do prazo prorrogado: admissibilidade
- Revogação após o término do prazo: inadmissibilidade
- Revogação pela condenação por crime anterior à prática do ilícito que gerou o sursis
- Revogação por condenação antes do início do período de prova
- Revogação por incompatibilidade com o cumprimento de uma pena privativa de liberdade
- Inadmissibilidade de revogação por dois processos distintos
- Inadmissibilidade de revogação por condenação à pena de multa por crime anterior
- Revogação meramente facultativa por condenação à pena de multa
- Inadmissibilidade de revogação por sentença recorrível
- Inadmissibilidade de revogação por processo em andamento
- Necessidade de cumprimento do procedimento judicial para a revogação do sursis
- Desnecessidade de oitiva do condenado na revogação pela condenação transitada em julgado
- Cumprimento de pena em prisão domiciliar após revogação

162.4 REVOGAÇÃO FACULTATIVA

As causas de revogação facultativa do *sursis* estão previstas no art. 81, § 1º, do Código Penal.

Pode a suspensão ser revogada, em primeiro lugar, se o condenado deixar de cumprir qualquer das condições impostas. Assim já se decidiu quanto às faltas reiteradas a prestação de serviços à comunidade.

Refere-se a lei às condições judiciais previstas no art. 79, bem como àquelas escolhidas pelo magistrado entre as do art. 78, § 2º, quando de concessão do *sursis* especial. A condenação irrecorrível por crime doloso e do descumprimento da prestação de serviços à comunidade ou limitação de fim de semana acarretam a revogação obrigatória do benefício.

Também na hipótese de revogação facultativa por descumprimento das condições é preciso que não haja motivo justificado por parte do beneficiado para descumpri-las.

Em segundo lugar, a revogação também é permitida quando o beneficiado é irrecorrivelmente condenado, por crime culposo ou contravenção, à pena privativa de liberdade ou restritiva de direitos. Não é mais causa de revogação a condenação por crime ou contravenção quando é imposta somente pena de multa.

Tratando-se de causa de revogação facultativa, o juiz pode, em vez de decretá-la, prorrogar o período de prova até o máximo, se este não foi o fixado (art. 81, § 3º, do CP). Executando-se essa última hipótese, ou seja, da fixação inicial no máximo do prazo, a prorrogação é obrigatória, se não for decretada a revogação. As hipóteses deixadas ao prudente arbítrio do juiz são, como se verifica da redação do dispositivo, alternativamente obrigatórias.

Em caso de revogação facultativa do *sursis*, já se decidiu que a invocação do princípio do contraditório não obsta à revogação, de pronto, do benefício. Entendeu-se que, cabendo na hipótese da revogação o recurso em sentido estrito, pode o juiz reconsiderar a decisão, não sendo indispensável a prévia oitiva do condenado. Contudo, argumentando-se com o princípio do contraditório, tem-se exigido que seja previamente ouvido o condenado.

Não havendo norma que imponha a prorrogação do prazo quanto à apuração de descumprimento às condições impostas por lei ou pelo juiz, salvo na hipótese de cometimento de crime ou contravenção (item 162.2), expirado o lapso temporal fixado para a suspensão condicional da pena, não se pode revogá-la, ainda que o fato tenha ocorrido durante sua vigência.

Jurisprudência

- *Revogação por não cumprimento de prestação de serviços à comunidade*
- *Inadmissibilidade de revogação pelo não recolhimento da multa*
- *Inadmissibilidade de revogação após o término do prazo*
- *Efeitos de condenação por contravenção*
- *Opção judicial pela revogação ou prorrogação*
- *Necessidade de oitiva do condenado*
- *Contra: desnecessidade de oitiva do condenado*
- *Desnecessidade de oitiva do condenado na revogação pelo descumprimento de condição*
- *Desnecessidade de fixação do regime de pena na revogação do* sursis

162.5 CASSAÇÃO

Determina o art. 706 do Código de Processo Penal que "a suspensão também ficará sem efeito se, em virtude de recurso, for aumentada a pena de modo que exclua a concessão do benefício". Não contém dispositivo semelhante a lei de execução, já que é ele dispensável. Evidentemente, na hipótese de apelação da sentença condenatória em que foi concedida a suspensão condicional da pena, o provimento do recurso para aumento da pena em tempo superior a dois anos (ou a quatro, no caso de condenado com mais de 70 anos) automaticamente cassa o benefício.

Também fica sem efeito a suspensão na hipótese de não comparecer o condenado, sem motivo justificável, à audiência admonitória (item 161.1), ou se ele, em qualquer momento, renuncia ao benefício, por não concordar com as condições impostas (item 160.2).

Embora não expressa em lei, pode ocorrer outra hipótese de cassação do benefício, ou seja, de caso em que ele é tornado sem efeito. Se, durante o período entre a concessão do *sursis* e a data da realização da audiência admonitória, registrar-se o trânsito em julgado de sentença condenatória proferida em outro processo, em que é imposta pena superior a dois anos ou é negado, por outra razão, o *sursis*, o benefício já concedido torna-se sem efeito. É absoluta a incompatibilidade de serem executadas, ao mesmo tempo, a pena privativa de liberdade e a suspensão condicional da pena. Não pode ele cumprir com as condições impostas na sentença e não é possível que corra o prazo de *sursis* estando o condenado cumprindo pena. Recebida a guia de recolhimento, o juiz da execução tornará sem efeito a suspensão, procedendo à soma ou unificação de penas.

Como já visto, concedido o *sursis* em decisão irrecorrível, não poderá ser ele cassado ou revogado por ter sido concedido indevidamente (item 157.1). A concessão do benefício não é atividade administrativa do juiz, como vinha se entendendo diante do Código de Processo Penal, mas pronunciamento jurisdicional. Implica reconhecimento de direito subjetivo do condenado de não ser submetido à pena privativa de liberdade, havendo resolução de lides postas, discutidas e superadas, sobre requisitos do passado. A posterior descoberta de ausência de qualquer requisito não pode excluir a coisa julgada material, que se estabeleceu com a decisão irrecorrível. Para excluir tal efeito seria necessário que a lei previsse, expressamente, que a descoberta de falta de requisito após a decisão é causa de cassação ou revogação do benefício.

Jurisprudência

- *Cassação pelo aumento de pena*
- *Cassação pelo não comparecimento à audiência*

162.6 EXTINÇÃO DA PENA

Determina o art. 82 do Código Penal, com a redação que lhe deu a Lei nº 7.209/84, que, "expirado o prazo sem que tenha havido revogação, considera-se extinta a pena privativa de liberdade". Comparando-se tal dispositivo com a lei anterior, em que se determina a extinção da pena se o prazo expirasse sem que tivesse ocorrido "motivo para a revogação", já se tem afirmado que tal extinção se processa mesmo que o condenado tivesse cometido um crime antes ou durante o prazo de vigência do benefício.[24] Esse entendimento, de que a simples passagem do tempo, originariamente fixado para o período de prova, sem notícia de outra condenação, extingue a pena, ignora dispositivo expresso da lei, que determina a prorrogação automática do prazo enquanto o condenado estiver sendo processado (item 162.2). Prorroga-se obrigatoriamente o prazo até o advento da decisão irrecorrível por diferente infração, se cometida antes ou durante o período de prova, pois é necessário apurar se o réu

---

24. Cf. DELMANTO, Celso. Ob. cit. p. 131.

é culpado ou inocente, e só a sentença irrecorrível o decidirá. Se assim não se entendesse, o art. 81, § 2º, do Código Penal, seria inteiramente inócuo: para que se prorrogar o prazo se, advindo sentença condenatória irrecorrível, não se poderá revogar o *sursis*? Estando em andamento processo durante o prazo do *sursis*, este é prorrogado *ope legis*, automaticamente, até a decisão final, e, ocorrendo condenação, a revogação é de rigor. É lição do STF: Nos termos do § 2º do art. 81 do Código Penal, se o beneficiário está sendo processado por outro crime, considera-se prorrogado o prazo da suspensão até o julgamento definitivo, ainda que se tome conhecimento do outro processo após vencido o prazo originário.[25]

Com maior razão, o *sursis* deve ser revogado se, durante o prazo, transitar em julgado outra sentença condenatória, ainda que a notícia dessa decisão somente chegue aos autos após ter ele expirado. Não haveria sentido na lei permitir-se a prorrogação enquanto durasse o processo e não permitir a revogação quando a causa de revogação ocorreu no prazo original. Aliás, no caso da prorrogação, o *sursis* também é revogado *após* o término do prazo, ou seja, após o trânsito em julgado. Por isso, deve-se entender que o dispositivo (art. 82 do CP), com a nova redação, vale apenas para as demais causas de revogação, obrigatórias ou facultativas, da suspensão condicional da pena, ou seja, após expirado o prazo não se admite mais a revogação por qualquer outra causa, que não a condenação, considerando-se extinta a pena.

O Ministério Público deve funcionar em todos os processos de execução da pena, como determina o art. 67 da Lei da Execução Penal, quer na condição de parte, quer na de fiscal da lei. Exige-se, assim, seja ele ouvido, quando se trata da extinção da pena pelo decurso do prazo do *sursis*. É nula, portanto, a sentença que declara extinta a punibilidade sem que se tenha dado ensejo ao Ministério Público de produzir prova tendente a demonstrar a existência da causa de revogação do *sursis*.

Jurisprudência

- *Inadmissibilidade de revogação do* sursis *após o término do prazo*
- *Contra: admissibilidade de revogação do* sursis *após o término do prazo*
- *Prazo não expirado com a prorrogação*
- *Revogação com o trânsito em julgado da sentença*
- *Inadmissibilidade de extinção da pena antes do trânsito em julgado*
- *Possibilidade de revogação na hipótese de prorrogação do prazo*
- *Possibilidade de revogação depois de expirado o prazo no caso de nova condenação por crime doloso*
- *Contra: possibilidade de revogação do* sursis *depois de expirado o período de prova e antes da oitiva do Ministério Público*

---

25. Cf. PAGNARD, Roberto. *Sursis. Justitia* 143/182; COGAN, Arthur, *Sursis. Justitia* 143/185; Tese 208 do Setor de Recursos Extraordinários da Procuradoria Geral da Justiça do Estado de São Paulo.

- *Possibilidade de revogação embora a condenação seja descoberta após o vencimento do prazo principal*
- *Prazo expirado e anulação da sentença*
- *Necessidade de oitiva do Ministério Público*
- *Contra: desnecessidade de oitiva do Ministério Público*
- *Necessidade de requisição de folha de antecedentes*
- *Contra: desnecessidade de requisição de folha de antecedentes*

Art. 163. A sentença condenatória será registrada, com a nota de suspensão, em livro especial do juízo a que couber a execução da pena.

§ 1º Revogada a suspensão ou extinta a pena, será o fato averbado à margem do registro.

§ 2º O registro e a averbação serão sigilosos, salvo para efeito de informações requisitadas por órgão judiciário ou pelo Ministério Público, para instruir processo penal.

Vide: **LEP** arts. 157, 162, 202.

163.1 REGISTRO

A sentença condenatória em que foi concedida a suspensão condicional da pena deve ser registrada em livro especial do Juízo da Execução, anotando-se, evidentemente, a concessão do benefício. Exige-se tal cuidado porque o registro é sigiloso, não podendo ser informado nas certidões requeridas a respeito do condenado. O registro da condenação somente pode ser divulgado se forem requisitadas informações por órgão judiciário ou pelo Ministério Público para instruir processo penal.

Em caso de revogação do benefício ou extinção da pena, o fato será averbado à margem do registro. No caso de revogação, deixa de ser sigiloso o registro até que seja cumprida ou extinta a pena, aplicando-se, em seguida, o art. 202 da Lei de Execução Penal (item 202.1).

Jurisprudência

- *Inscrição do nome do réu no rol dos culpados e sigilo*

Capítulo IV
DA PENA DE MULTA

Art. 164. Extraída certidão da sentença condenatória com trânsito em julgado, que valerá como título executivo judicial, o Ministério Público requererá, em autos apartados, a citação do condenado para, no prazo de dez dias, pagar o valor da multa ou nomear bens à penhora.

§ 1º Decorrido o prazo sem o pagamento da multa, ou o depósito da respectiva importância, proceder-se-á à penhora de tantos bens quantos bastem para garantir a execução.

§ 2º A nomeação de bens à penhora e a posterior execução seguirão o que dispuser a lei processual civil.

Vide: **CF** art. 5º, XLV, XLVI, c, LXVII; **LEP** arts.118, II, 165 a 170; **CP** arts. 11, 44, § 2º, 49, 50, 51, 58, 59, I, II e IV, 60, 72, 81, II, 114; **Lei Complementar nº 79**, de 7-1-1994, art. 2º, V; **Lei nº 6.830**, de 22-9-1980; **Lei nº 5.172**, de 25-10-1966 (CTN). Súmulas: **STF** 693; **STJ** 43, 171, 521.

164.1 PENA DE MULTA

A pena de multa, largamente empregada no direito penal contemporâneo, é mais um instrumento destinado a evitar o encarceramento, por prazo de curta duração, dos autores de ilícitos penais que não apresentem maior gravidade. Como observa Alberto Silva Franco, a postura legislativa no sentido de alargar sempre espaços para a pena pecuniária corresponde a uma tendência bem definida da moderna Política Criminal, que lhe dá inquestionável primazia como tipo de sanção punitiva, adequada em relação à criminalidade de mínimo relevo e preferível no que tange à criminalidade de média importância.[26]

Apontam-se como vantagens de tal tipo de sanção: (a) não retira o condenado do convívio com a família; (b) não o afasta do trabalho, com o qual mantém a si próprio e a família, nem de suas ocupações normais lícitas, evitando o desajustamento social; (c) não corrompe, por evitar sua inserção no meio deletério da prisão; (d) não avilta, pela ausência de caráter infamante dessa espécie de pena; (e) atinge um bem jurídico de menor importância que a liberdade; (f) preserva intacta a personalidade; (g) possui força intimidativa, ao menos nos crimes patrimoniais, ao recair sobre bens econômicos que, na sociedade capitalista, são tidos como de considerável valor; (h) possibilita melhor individualização judicial, por se fundar principalmente na situação econômica do condenado; (i) não sobrecarrega o erário público, podendo até constituir uma fonte de recursos para o Estado. Por outro lado, apontam-se como desvantagens: (a) é uma forma de enriquecimento do Estado à custa do crime; (b) é raramente executada, porque a maioria dos condenados é absolutamente insolvente; (c) é inócua como prevenção, ao menos com relação aos crimes mais graves; (d) tem sentido aflitivo desigual, pois, para quem muito pode, o pagamento da multa tem pouco significado prático e, para quem pouco tem, atinge fundamentalmente o condenado; (e) alcança os familiares do condenado, privados de parte do ganho daquele que lhes provê o sustento; (f) pode representar inclusive um incitamento à prática de novos delitos, para que o condenado obtenha as condições necessárias ao pagamento.

---

26. *Temas de direito penal*. São Paulo: Saraiva, 1986. p. 159-160.

Segundo o art. 49 do Código Penal, a pena de multa consiste no "pagamento ao fundo penitenciário" da quantia fixada na sentença, mas, como já se tem observado, a *multa* não é o *pagamento*, e sim a *obrigação de pagar* ao Estado certa quantia. O pagamento é a *execução* ou a satisfação dessa obrigação.[27]

Os valores das multas constituem recursos do Funpen (Fundo Penitenciário Nacional), criado pela Lei Complementar nº 79, de 7-1-1994, que foi regulamentada pelo Decreto nº 1.093, de 23-3-1994 (conforme dispõe o art. 2º, inc. V, do primeiro diploma).[28]

A pena de multa é uma sanção penal, não constituindo, portanto, um tributo. Ao definir este, o Código Tributário Nacional, em seu art. 3º, exclui expressamente a prestação compulsória que constitua "sanção de ato ilícito". Entretanto, diante da redação dada ao art. 51 do Código Penal pela Lei nº 13.964, de 24-12-2019, afirma-se que, transitando em julgado a sentença condenatória, a multa será executada perante o juiz da execução penal e será considerada dívida de valor, aplicáveis as normas relativas à dívida ativa da Fazenda Pública, inclusive no que concerne às causas interruptivas e suspensivas da prescrição (item 164.9).

Como se trata de sanção penal, a obrigação com relação à multa não se transmite aos herdeiros do condenado.

164.2 DIA-MULTA

Por se ter tornado ineficaz a força retributiva da multa fixada em quantias fixas diante da desvalorização da moeda no país, adotou-se na nova lei penal o critério do dia-multa, como já ocorrera com relação à reforma de leis especiais, tais como a referente aos crimes eleitorais (Lei nº 4.737, de 17-7-1965) e de entorpecentes. Assim, o valor do dia-multa é fixado pelo juiz, não podendo ser inferior a um trigésimo do maior salário mínimo mensal vigente no tempo do fato, nem superior a cinco vezes esse salário (art. 49, § 1º, do CP).

Embora a Lei nº 6.205, de 29-4-1975 tenha determinado a desvinculação do salário mínimo como fator de cálculo da correção da moeda, não há qualquer obstáculo à vigência e aplicabilidade do dispositivo que tem por base tal salário para a fixação do dia-multa. O Supremo Tribunal Federal, com relação às leis penais especiais, já vinha decidindo reiteradamente que a Lei nº 6.205/75 não alcança a multa criminal. Ainda que assim não fosse, entretanto, a Lei nº 7.209/84, por ser posterior, teria derrogado aquela, no que tange à sanção penal.

O valor mínimo da multa corresponde a um trigésimo do maior salário mínimo mensal vigente no tempo do crime, nos termos legais, porém, deve-se ter em conta que, a partir do Decreto-lei nº 2.284, de 10-3-1986, há um salário mínimo vigente em todo o país, sendo este, portanto, a base para o cálculo. O máximo do dia-multa corresponde a cinco vezes o salário mínimo. Não há dúvida de que a lei, ao referir-se a cinco vezes "esse salário", está se reportando ao "maior salário mínimo mensal" e não a um trigésimo desse salário. Fixou-se o mínimo de dia-multa em um trigésimo e o máximo em cinco vezes o salário mínimo mensal vigente no tempo do fato.

---

27. Cf. ANDREUCCI, Ricardo Antunes. Aplicação da multa. *JTACRESP* 87/7.

28. No âmbito estadual, foi instituído o Fundo Penitenciário do Estado de São Paulo (Funpesp), da Secretaria da Administração Penitenciária (Lei Estadual nº 9.171, de 31-5-1995, publicada no *DOE* de 1º-6-1995).

Jurisprudência

- *Preservação da multa em salários-mínimos*
- *Referência ao salário-mínimo vigente à época do fato*
- *Dosagem da pena de multa*
- *Fixação no mínimo legal*
- *Pena de multa fracionada*
- *Inadmissibilidade de isenção da multa em razão da pobreza do condenado na sentença condenatória*
- *Inadmissibilidade de isenção da multa pelo juiz da execução*

164.3 APLICAÇÃO

A pena de multa é cominada abstratamente para ser aplicada alternativa ou cumulativamente com a pena privativa de liberdade, tendo sido cancelada, na Parte Especial do Código Penal e nas leis especiais alcançadas pelo art. 12 do mesmo estatuto, qualquer referência a valores de multas, substituindo-se a expressão *multa de* por *multa* (art. 2º, da Lei nº 7.209/84). Por essa razão, a multa prevista em cada tipo legal tem os limites fixados no art. 49 e seus parágrafos do Código Penal (art. 58, do CP).

A multa aplicada será, no mínimo, de 10 e, no máximo, de 360 dias-multa, nos termos do art. 49, *caput*, 2ª parte, do Código Penal, tendo no dia-multa, por piso, um trigésimo do maior salário mínimo vigente no país no momento do fato, e, por teto, cinco vezes esse salário, conforme dispõe o § 1º desse artigo. Além disso, porém, prevê-se que a multa pode ser aumentada *até o triplo*, se o juiz considerar que, em virtude da situação econômica do réu, é ineficaz, embora aplicada no máximo (art. 60, § 1º, do CP). Dessa forma, excetuadas as hipóteses de causas de diminuição de pena, o mínimo aplicável de multa é de *um terço do maior salário mínimo*, correspondente a 10 dias-multa, com base em um trigésimo desse salário, e o máximo de *5.400 salários mínimos*, referente a três vezes 360 dias-multa, com base em cinco salários mínimos por dia-multa. Leis penais extravagantes contêm regras especiais a respeito dos limites mínimo e máximo de dias-multa e do valor de cada dia-multa. A Lei nº 11.343, de 23-8-2006, por exemplo, fixa esses limites para cada tipo penal, estabelece que o dia-multa será no mínimo de um trinta avos do salário mínimo e no máximo de cinco vezes esse salário, prevendo, ainda, a possibilidade de ser a multa exasperada até o décuplo se o valor máximo se mostrar ineficaz em face da situação econômica do acusado (art. 43, parágrafo único).

Jurisprudência

- *Possibilidade de aumento da exacerbação da pena de multa*
- *Majoração da multa e situação econômica do réu*

164.4 FIXAÇÃO

Como em qualquer espécie de sanção penal, a fixação da pena de multa deve atender à culpabilidade, aos antecedentes, à conduta social, à personalidade do agente, aos motivos, às circunstâncias e consequências do crime, bem como ao comportamento da vítima, conforme dispõe o art. 59 do Código Penal. Entretanto, como na pena de multa não há cominação específica para cada delito, mas apenas a regra geral que delimita um mínimo e um máximo tanto no que diz respeito ao número de dias-multa como ao valor de cada dia-multa, é evidente que, ao fixar a pena, o juiz deverá levar em consideração a espécie de crime praticado pelo réu. Além disso, dispõe a lei que, na fixação da pena de multa, o juiz deve atender, principalmente, "à situação econômica do réu" (art. 60, *caput*, do CP).

Levando-se em consideração tais regras, é de se estabelecer, no silêncio da lei, a respeito do procedimento adequado para a fixação do *quantum* da multa, um sistema bifásico. Em uma primeira etapa, o juiz deve, considerando a espécie do crime praticado e as circunstâncias judiciais (art. 59 do CP), fixar a pena-base entre os limites legais (de 10 a 360 dias-multas) e, em seguida, considerar os aumentos e diminuições referentes às agravantes, atenuantes, causas de aumento ou diminuição de pena, tudo como determina o art. 68 do Código Penal. Fixa assim o número de dias-multa segundo o grau do injusto e da culpabilidade, assim como as exigências de reprovação e prevenção do crime. Numa segunda etapa, o juiz estipula em quanto importa o dia-multa, entre os limites legais (de um trigésimo a cinco vezes o salário mínimo), atendendo agora à situação econômica do condenado, como a justa retribuição diante das condições pessoais do autor do crime.[29]

Ao referir-se à "situação econômica do réu", a lei indica que o juiz deve conhecer os rendimentos, investimentos, patrimônio, bem como os encargos e responsabilidades do acusado, para a fixação do valor do dia-multa. Além de ter de inquirir o réu, no interrogatório, sobre sua situação econômica, incumbe-lhe questionar as testemunhas, requisitando também, se for o caso, informações a respeito de sua real capacidade econômica. Com base nos elementos conseguidos, o juiz deve estabelecer o valor do dia-multa pelo ganho diário, inclusive o procedente de capital e dos bens, descontados os gastos normais do sustento próprio e da família. Isso não significa a necessidade de que a situação econômica total do réu seja verificada com exatidão matemática, mas é fora de dúvida que é exigível, em nível processual, a indicação dos dados em que se funda o cálculo do dia-multa para aferir-se de sua aproximação ou não com aquela realidade econômica. É evidente, portanto, que a manifestação judicial deve apresentar-se devidamente motivada, para que não se traduza numa valoração arbitrária e que possa, em concreto, acarretar disparidades de tratamento.[30]

Aplicando a pena de multa, o juiz deverá desprezar, a final, as frações de real, tal como dispõe o art. 11 do Código Penal. As mudanças da denominação da unidade monetária nacional para cruzado e, novamente, para cruzeiro, não alteram o alcance do dispositivo. A vontade da lei é a de que sejam desprezadas do montante final da multa as frações da

---

29. Nesse sentido, os ensinamentos de JESCHEK, H. H. *Tratado de derecho penal*. Parte Geral. Barcelona: Bosch, 1981. v. 2, p. 1.077-1.078; PRADO, Luiz Régis. *Pena de multa:* aspectos históricos e dogmáticos. São Paulo: Sugestões Literárias, 1980; DELMANTO, Celso. Ob. cit. p. 77; FRANCO, Alberto Silva. Ob. cit. p. 1.269-1.270; ANDREUCCI, Ricardo Antunes. Artigo citado. p. 11.

30. FRANCO, Alberto Silva. Ob. cit. p. 175-176.

unidade monetária nacional, que atualmente é o real. A tal obriga, aliás, uma interpretação progressiva.

Aos autores de crimes praticados anteriormente à vigência da Lei nº 7.209/84 não são aplicáveis as novas regras a respeito do dia-multa. Vige o princípio da irretroatividade da lei nova mais severa, devendo a sanção pecuniária ser fixada de acordo com a lei antiga.

Dispõe-se na lei penal que, no concurso de crimes, as penas de multa são aplicáveis distinta e integralmente (art. 72 do CP). Isso significa que não se aplicam as regras do concurso formal e do crime continuado a respeito das penas privativas de liberdade pelas quais, em vez da acumulação, aplica-se a pena correspondente a um crime, aumentada entre os limites fixados (arts. 70 e 71 do CP). Apesar dessa disposição expressa, já existente na lei anterior, há decisões no sentido de não viger a regra da cumulatividade no crime continuado, por ser este uno.[31] A razão apresentada não convence, pois, além do preceito expresso citado, que abrange todas as formas de concurso de crimes, a ficção da unidade do crime continuado é apenas relativa. Por isso, à pena de *um* crime é acrescentada parte dessa pena (ou é elevada até o triplo, em determinados casos) pelos *outros* delitos. Portanto, no caso de concurso de crimes, em que se comina abstratamente pena privativa de liberdade e multa, quanto a esta vige o sistema do cúmulo material.

Na fixação final da pena de multa, deve o juiz consignar, em reais, seu valor total, para que o condenado possa saber qual seu montante.

Jurisprudência

- *Inexistência de cumulatividade da multa no crime continuado*
- *Critérios para a fixação da pena de multa*
- *Fixação do número de dias-multa de acordo com a gravidade do crime*
- *Fixação do número de dias-multa de acordo com as circunstâncias*
- *Fixação do número de dia-multa de acordo com a culpabilidade*
- *Inadmissibilidade da ponderação da situação econômica do condenado na fixação do número de dias-multa*
- *Fixação do valor do dia-multa: admissibilidade de suprimento pelo juiz da execução*
- *Fixação do valor do dia multa de acordo com a renda média diária e a situação econômica e patrimonial*
- *Fixação do valor do dia-multa de acordo com as condições econômicas do acusado*
- *Necessidade de observância da condição econômica do réu na fixação do valor do dia--multa acima do mínimo legal*
- *Influência das causas de aumento e diminuição de pena*
- *Soma das penas de multa no crime continuado*

---

31. Nesse sentido: COSTA JR., Paulo José da. Ob. cit. p. 371.

- *Inadmissibilidade de fixação do número de dias-multa acima do máximo legal*
- *Inadmissibilidade de fixação do valor em moeda corrente*
- *Irretroatividade da aplicação da pena de dias-multa*

164.5 SUBSTITUIÇÃO

Com a nova lei penal, a multa passou a ser também um substitutivo à pena privativa de liberdade. Dispõe o art. 60, § 2º, do Código Penal, que "a pena privativa de liberdade aplicada, não superior a seis meses, pode ser substituída pela de multa, observados os critérios dos incs. II e III do art. 44 deste código". Entretanto, com a redação dada ao art. 44 do Código Penal, pela Lei nº 9.714, de 25-11-1998, o dispositivo foi derrogado, permitindo-se a substituição por multa quando for aplicada pena privativa de liberdade igual ou inferior a um ano e por multa cumulada com uma pena restritiva de direitos se a pena for superior a um ano (art. 44, § 2º), desde que o sentenciado preencha os demais requisitos previstos em lei. A substituição não é automática, e só procede quando a culpabilidade, os antecedentes, a conduta social e a personalidade do réu, bem como os motivos e circunstâncias do fato, convençam o juiz de que a pena pecuniária é suficiente à reprovação e prevenção do crime.

Indagação que se tem proposto é a de se deve haver uma equivalência quantitativa entre o número de dias-multa, como pena substitutiva, e a duração da pena privativa de liberdade aplicada originalmente. A questão era importante, pois, fixada a pena de multa tendo em vista o limite mínimo estabelecido no art. 49, *caput*, do Código Penal, era possível que, dando causa à conversão, o condenado ficasse sujeito à execução de uma pena privativa de liberdade inferior até ao mínimo estabelecido abstratamente para o crime. Entendia-se que deveria haver entre a pena de multa e a conduta delituosa certa proporcionalidade, equilíbrio entre o ilícito cometido e a multa que substitui a pena corporal, equivalência entre ambos, a fim de que, se porventura frustrado o pagamento daquela, a conversão em pena de detenção se tornasse justa. Entretanto, como bem salientou o ilustre Dante Busana, scolhida uma pena substitutiva como a adequada à culpabilidade do réu e à prevenção do crime, é ela a pena justa para o caso concreto e deve ser imposta, executada e eventualmente convertida segundo os critérios que lhe são próprios, pois, salvo quando a lei expressamente o determinar, não haverá equivalência quantitativa necessária entre a pena substitutiva e a pena substituída.[32] Realmente, por não haver disposição referente à questionada equivalência, como ocorre com relação a penas restritivas de direitos (art. 45 do CP), não pode o juiz fixar a pena de multa tendo em conta exclusivamente um fato futuro e eventual, não mais ocorrente, que era a conversão, prevista anteriormente nos arts. 51 do Código Penal e 182 da Lei de Execução Penal.

A questão, entretanto, perdeu muito de seu interesse, uma vez que, com a nova redação dada ao art. 51, *caput*, do Código Penal, e a revogação dos §§ 1º e 2º desse dispositivo, bem como do art. 182 da Lei de Execução Penal pelo mesmo diploma legal, não mais se permite a conversão da pena de multa em detenção. Ficou assim extremamente favorecido

---

32. Nesse sentido: FRANCO, Alberto Silva. Ob. cit. p. 189-191; ANDREUCCI, Ricardo Antunes. Artigo citado. p. 10.

o condenado que é beneficiado com a substituição da pena privativa de liberdade por multa ao reunir os requisitos exigidos em lei.

Cabível a multa substitutiva, deve o juiz aplicá-la em lugar da pena carcerária cominada em abstrato. A pena substitutiva não constitui faculdade ou opção do réu, mas o castigo a que fica sujeito, com exclusão de qualquer outro, por ser aquele que foi considerado suficiente à reprovação e prevenção do crime.

Jurisprudência

- *Requisitos para a substituição por multa*
- *Proporcionalidade na substituição por pena de multa*
- *Inexistência de equivalência na substituição por multa*
- *Substituição por multa em concurso formal de crimes*
- *Substituição por multa não é automática*
- *Admissibilidade da substituição por multa da pena igual ou inferior a um ano de reclusão*
- *Inadequação da substituição por multa*
- *Inadmissibilidade de substituição em caso de pena de multa alternativa*
- *Necessidade de decisão fundamentada*
- *Admissibilidade de substituição em crime falimentar*
- *Inadmissibilidade de substituição por multa na fase de execução: ofensa à coisa julgada*

164.6 MULTAS CUMULATIVAS

Outra questão proposta é a de se saber se, cominada abstratamente para o crime pena privativa de liberdade cumulativamente com multa, deve o juiz, efetuada a substituição da primeira, acrescentar à multa substitutiva a sanção pecuniária prevista no tipo penal. Alberto Silva Franco, preferindo, no silêncio da lei, a posição menos gravosa, afirma: "Além disso, se, na realidade, a multa substitutiva só poderá ter aplicação, observados os critérios dos incisos II e III do art. 44 da reforma penal de 1984, e se o inciso III do referido dispositivo autoriza a substituição quando ela se mostre suficiente para a reprovação e prevenção do crime, força é convir que a multa substitutiva da pena privativa de liberdade já basta, só por si, para atender às finalidades da punição, absorvendo, assim, a multa originalmente imposta."[33] Acrescenta-se ainda que não se pode obrigar o juiz a uma soma de penas que pode mostrar-se excessiva no caso concreto, quando o juiz tem o poder discricionário de fixar a quantidade de dias-multa entre o mínimo de 10 e o máximo de 360, atendendo aos amplos critérios do art. 59 do Código Penal. É de se notar, porém, que há razões para a solução diversa. Embora de forma implícita, a lei recomenda a cumulação das penas, já que permite "a substituição

---

33. Ob. cit. p. 188. No mesmo sentido: JESUS, Damásio E. de. Ob. cit. p. 622.

da *pena privativa de liberdade* aplicada" (art. 59, IV, do CP), não excluindo a pena de multa abstratamente cominada. Além disso, é de se observar que o juiz deve atender, na fixação do número de dias-multa, à gravidade do crime. Como na lei se considera que a reprovação do crime exige, abstratamente, além da pena privativa de liberdade, a sanção pecuniária, não deve o juiz ater-se à substituição daquela. Ao fixar a pena privativa de liberdade, o juiz deve atender, como o fazia na lei anterior, apenas à reprovação indicada pela cominação, abstrata dessa espécie de sanção, e deve acrescentar a pena de multa após a substituição, porque a cominação abstrata desta tem em vista a avidez, a cupidez, a *animus lucrandi* do agente ao praticar o crime. Somente assim estará dosando a quantidade da pena suficiente para a reprovação e prevenção do crime, como quer a lei, ao cominar abstratamente as duas sanções.[34] A pena não é suficiente quando se estabelece o número de dias-multa exclusivamente tendo em vista o desvalor da ação revelado pela cominação abstrata da pena privativa de liberdade. Já se tem decidido, porém, que é inviável a substituição da pena privativa de liberdade pela de multa, até porque seria estranho e insólito ficasse o infrator punido com duas penas de natureza pecuniária. O STJ, por essas razões, emitiu a Súmula 171, com a seguinte redação: "Cominadas cumulativamente, em lei especial, penas privativa de liberdade e pecuniária, é defeso a substituição da prisão por multa." Entretanto, o art. 60, § 2º, do Código Penal não veda tal substituição. Como norma geral, o referido dispositivo aplica-se também às leis penais especiais quando estas não disponham de modo diverso (art. 12 do CP) e a cumulação de multas, segundo entendemos, é possível.

Evidentemente, na substituição da pena detentiva pela de multa, no caso de concurso formal, não incide a regra do art. 72 do Código Penal quando para o delito não é previsto abstratamente a pena pecuniária. Essa cumulação só cabe quando aos delitos praticados se comina, além da pena privativa de liberdade, a sanção pecuniária, e não na hipótese de simples substituição.

Jurisprudência

- *Inadmissibilidade de penas cumulativas na substituição*
- *Admissibilidade de substituição em penas cumulativas: contravenção*
- *Admissibilidade de substituição em penas cumulativas: crime de imprensa*
- *Inadmissibilidade de substituição em penas cumulativas: crime contra a economia popular*
- *Inadmissibilidade de substituição em penas cumulativas: entorpecentes*
- *Contra: admissibilidade de substituição em penas cumulativas: entorpecentes*
- *Substituição da pena privativa de liberdade e absorção*
- *Desaparecimento da pena privativa de liberdade*

---

34. Pela aplicação cumulativa de penas de multa na hipótese: FERRAZ, Nelson. Aplicação da pena no Código Penal de 1984. *RT* 605/433.

164.7 CORREÇÃO MONETÁRIA

Nos termos do art. 49, § 2º, do CP, o valor da multa deve ser atualizado, quando da execução, pelos índices de correção monetária. Entretanto, pelo Decreto-lei nº 2.284, de 10-3-1986, que revogou o Decreto-lei nº 2.283, de 28-1-1986, proibiu-se a incidência da correção monetária em qualquer débito, sem executar o disposto no dispositivo penal. Por isso, já se tem entendido que o art. 49, § 2º, do CP, está revogado.[35] O referido decreto, porém, não revogou nem expressa nem tacitamente a lei penal. Não se aplica a correção monetária referente ao período de 28-2-1986 a 28-2-1987, mas a partir daí, e enquanto foi ela restaurada, incide integralmente. Houve apenas mudança da denominação do fator de atualização da moeda (antes ORTN, depois OTN, BTN,TR), e a multa deve ser atualizada de acordo com o fator previsto legalmente.[36]

Há entendimento de que a atualização do valor da multa pela correção monetária, nos casos em que ela se aplica, deve ser contada a partir do primeiro dia após o décimo dia de prazo para o pagamento espontâneo. Aliás, vigorando o denominado princípio de presunção de inocência (art. 5º, LVII), o *status* de condenado forma-se com o trânsito em julgado da sentença condenatória, sendo até então incabível o cumprimento da pena. E somente após 10 dias da citação do condenado (art. 164 da LEP) é que passa a ser exigido o pagamento. Apenas nessa ocasião é que o condenado tem conhecimento do *quantum* devido, concedendo-se-lhe o referido prazo para o pagamento. Na lacuna da lei quanto ao termo inicial e não se tratando mais de pagamento voluntário, diante da simples citação, mas de execução forçada agora com a penhora e o decurso do prazo previsto em lei, está ele sujeito à correção monetária. Essa orientação, porém, não é a única. Já se tem apontado como termo inicial da correção monetária a data do trânsito em julgado da sentença para as partes, momento em que a responsabilidade do réu se torna imutável e a sanção pecuniária devida e exigível; a data da citação, quando se torna certa a pena em seu montante final; ou a data do fato, por se entender que o fundamento da correção monetária é apenas atualizar o valor do débito, não elevando nem diminuindo seu valor, e por isso não se violam com esse entendimento os princípios da anterioridade da lei penal ou da coisa julgada.[37]

A modificação operada quanto à execução da multa pela Lei nº 9.268/96 não eliminou a controvérsia. Pode-se sustentar que deve ela ser contada a partir da data do fato com fundamento na Súmula 43 do STJ que diz incidir correção monetária sobre dívida por ato ilícito "a partir da data do efetivo prejuízo", já que não se pode negar que o crime é um ato ilícito. Pode-se entender que, em se tratando de dívida de valor e não de dinheiro e constituindo-se a sentença condenatória como título de dívida líquida e certa, deve-se corrigir o débito a partir do momento em que se tornou exigível, correspondente ao vencimento, no primeiro dia subsequente ao décimo do trânsito em julgado da sentença (art. 1º, § 1º, da

---

35. JESUS, Damásio E. de. Ob. cit. p. 604; FRANCO, Alberto Silva. *Temas de direito penal*. São Paulo: Saraiva, 1986. p. 180-181.

36. Cf. BOIATI, Orides. Atualização monetária da multa penal. *RT* 620/408.

37. Nesse sentido: PINTO, Sebastião da Silva. Da incidência da correção monetária sobre a pena de multa. *RT* 645/243-62; ZAUHY FILHO, Wilson. Pena de multa: correção monetária. Aplicação. Termo inicial. *RT* 668/250; LUIZ SOBRINHO, Haroldo Pinto da. Correção monetária da pena de multa. *RJDTACRIM* 19/15-17.

Lei nº 6.899, de 8-4-1981 – LCM, c.c. o art. 50, *caput*, do CP). Por fim, entendendo-se que o título executivo só se formou com a sentença condenatória irrecorrível, excluído o art. 1º, § 1º, da Lei nº 6.899/81, o cálculo deve ser feito, nos termos do § 2º desse dispositivo, a partir do ajuizamento da ação executiva. Entendemos, porém, que o crime evidentemente é incluído na categoria de atos ilícitos em geral e, por disposição expressa, a multa passou a constituir dívida de valor, devendo ser atualizada a partir da data do fato, posição aliás que tem predominado nas decisões de nossos tribunais.

Se a multa é parcelada, deve ser também atualizada no tempo de cada pagamento, pois, do contrário, estaria sendo inobservada a atualização do montante da dívida, de modo a descumprir indiretamente o estabelecido no § 2º do art. 49 do Código Penal.

Jurisprudência

- *Admissibilidade de correção monetária da multa pelo indexador IPCA-E*
- *Inexistência de ofensa ao princípio da reserva legal*
- *Legalidade da correção monetária.*
- *Legitimidade da correção monetária após a Lei nº 9.268/96*
- *Contra: ilegitimidade da correção monetária após a Lei nº 9.268/96*
- *Eliminação da correção monetária*
- *Admissibilidade de correção pela TR*
- *Contra: inadmissibilidade de correção pela TR*
- *Impossibilidade de atualização por índice único: INPC*
- *Correção monetária a partir da data do fato*
- *Contra: inadmissibilidade da correção monetária a partir da data do fato*
- *Correção monetária na continuidade delitiva a partir do último fato delituoso*
- *Correção a partir do dia seguinte do fato*
- *Correção monetária a partir da sentença*
- *Correção monetária a partir do 11º dia do encerramento do processo*
- *Correção monetária a partir do trânsito em julgado*
- *Correção monetária a partir do 11º dia do trânsito em julgado*
- *Correção monetária a partir da citação*
- *Correção monetária a partir do 11º dia da citação ou intimação*
- *Admissibilidade de correção dos índices de atualização fixados na sentença pelo juiz da execução*
- *Competência do juiz da execução para fixação do termo inicial da incidência da correção monetária*
- *Inadmissibilidade da fixação de juros*

164.8 PROCESSO DE EXECUÇÃO

As ações executivas têm como pressuposto um título executório e visam à realização de atos que tornem efetiva a sanção, dada a existência de uma pretensão insatisfeita. Por isso, como bem acentua Rogério Lauria Tucci, pareceria difícil, senão temerário, estabelecer-se a possibilidade da existência de uma *ação penal de execução*.[38] Realmente, a execução das penas privativas de liberdade e das restritivas de direitos inicia-se independentemente de provocação dos órgãos da persecução penal, procedendo o juiz de ofício ao ordenar a expedição da guia de recolhimento ou execução. Ademais, não há a citação necessária para se estabelecer a relação processual válida à existência da ação executória. Acontece, porém, que se pode cogitar da ação penal executiva quanto à execução da pena de multa.

Nem todos os processualistas se põem de acordo com a natureza penal da ação de execução da multa, preferindo tê-la como ação civil.[39] A obrigatoriedade, porém, da citação do executado e a oportunidade de defesa por meio de embargos demonstram a existência de uma ação executiva penal. Tem o condenado 10 dias, a contar da intimação, para efetuar o pagamento da multa (art. 50 do CP), após o quê, se não efetuado o pagamento, se procederá à execução.

Jurisprudência

- *Exigência do trânsito em julgado para a execução da pena de multa*
- *Inexistência de trânsito em julgado: cabimento de embargos de declaração*

164.9 PROCEDIMENTO PARA A EXECUÇÃO DA MULTA

Previa-se a execução da pena de multa, em ação própria, nos termos dos arts. 164 a 166 da Lei de Execução Penal. Entretanto, a exemplo de outras legislações, o art. 51, *caput*, do CP, por força da Lei nº 9.268, de 1º-4-1995, passou a dispor: "Transitada em julgado a sentença condenatória, a multa será considerada dívida de valor, aplicando-se-lhe as normas da legislação relativa à dívida ativa da Fazenda Pública, inclusive no que concerne às causas interruptivas e suspensivas da prescrição." Por isso, em diversos julgamentos se concluíra que a multa imposta em sentença transitada em julgado, tendo sido aplicada isolada ou cumulativamente com outra pena, perderia o caráter de sanção penal, transformando-se em mera dívida de valor, com todas as consequências desta.[40] Estaria assim revogado o art. 164 da Lei de Execução Penal, passando a vigorar na espécie o Código Tributário Nacional e a Lei nº 6.830, de 22-9-1980. Por tais razões, a atribuição para executar a multa passara a ser reconhecida para a Procuradoria Fiscal e a competência para o processo ao Juízo das Execuções Fiscais. Entretanto, deve-se entender que a alteração do art. 51 do Código Penal visou apenas a vários objetivos: excluir a possibilidade de conversão da pena de multa em

---

38. Da ação penal no anteprojeto de reforma da parte geral do Código Penal. *Ciência Penal*, v. 1, p. 125.
39. Cf. TUCCI, Rogério Lauria. Art. cit. p. 135; NORONHA, E. Magalhães. Ob. cit. p. 584.
40. Nesse sentido: FERNANDES, Odmir. A cobrança da multa penal (art. 51 do CP). *Boletim do IBCCrim* 47, p. 6, out. 96.

privativa de liberdade, deixar claro que a multa está sujeita a atualização monetária até seu efetivo pagamento, acelerar o procedimento para sua execução, evitar a prescrição com o estabelecimento de causas de suspensão e interrupção do lapso prescricional. Não se pretendeu, portanto, desnaturar a natureza do débito do condenado; a multa, após o trânsito em julgado da sentença, continua a ser uma sanção penal e não mera dívida de valor. Aliás, o teor do art. 114 do Código Penal, na redação dada pela Lei nº 9.268/96, ao tratar do prazo de prescrição, revela que a multa *aplicada* continua a ser tratada como sanção penal. Ademais, ainda permanecem em vigor o art. 118, § 1º, da Lei de Execução Penal, que prevê a regressão de regime a quem não pagar, podendo, a multa cumulativamente imposta, e o art. 81, II, do Código Penal, que estabelece a revogação do *sursis* ao que frustra sua execução. Fosse a multa mera dívida de valor para com a Fazenda, ou seja, um crédito fazendário, a regressão e a revogação seriam inadmissíveis diante do que dispõe o art. 5º, LXVII, da Constituição Federal. Por fim, fosse essa sua natureza, a cobrança poderia ser efetuada contra os sucessores do condenado, o que viola o princípio previsto no art. 5º, inc. XLV, da Constituição Federal, o qual prevê que "nenhuma pena passará da pessoa do delinquente". Nesses termos, deve-se concluir que a multa, após o trânsito em julgado, continua a ser uma sanção penal e que, portanto, diante da Lei de Execução Penal, o titular da ação executiva da multa é o Ministério Público e é competente para apreciá-la o juiz encarregado da execução penal. Não trouxe a nova lei, em verdade, alteração na competência para a execução da multa, e poderia tê-lo feito, e a expressão *será considerada* implica apenas a ideia de assemelhação e não de transformação, de desnaturação de um fato penal por outro, meramente fazendário. A única alteração de fundo havida diz respeito à adoção de novo rito procedimental destinado a proporcionar ao Estado-Administração, na busca da persecução criminal, uma mais célere e efetiva cobrança da pena imposta, de modo a fazer o agente cumprir a retribuição estatal.[41] Deve-se observar, também, que não há base legal para a inscrição da multa penal como dívida ativa da Fazenda Pública, como por vezes se tem decidido, o que, além de implicar inusitada conversão de um título executivo judicial em extrajudicial, desvirtuaria a natureza do crédito, que tem destinação específica como recurso do Fundo Penitenciário Nacional (art. 49 do CP).

Nos tribunais estaduais a questão da legitimidade para propor a execução da multa, se pertencente ao Ministério Público ou à Procuradoria da Fazenda, e a da competência para presidi-la, se do Juízo da Execução ou do Juízo Cível, ainda permanecia até recentemente. O Superior Tribunal de Justiça vinha decidindo pela legitimidade da Fazenda Pública no ajuizamento e, na questão de competência, pelo Juízo da Fazenda Pública. Nesse sentido é a Súmula 521. A questão permaneceu em discussão no Supremo Tribunal Federal, porque objeto de ação direta de inconstitucionalidade, proposta pelo Procurador-Geral da República com o objetivo de definir os limites de aplicação do art. 51 do Código Penal em conformidade com a Constituição Federal e de fixar a atribuição do Ministério Público e a competência do juízo das execuções criminais para a execução da pena de multa. Nesse sentido decidiu o STF por ocasião do julgamento da ADI 3150-3.[42]

---

41. BITTENCOURT, Cezar Roberto. *Tratado de direito penal*: parte geral, v. 1, 8. ed. São Paulo: Saraiva 2002, p. 547-548.

42. ADI 3.150-DF, j. em 13-12-2018, *DJe* de 6-8-2019

A Lei nº 13.964, de 24-12-2019, colocou fim à discussão, dando nova redação ao art. 51 do CP, de acordo com a qual "transitada em julgado a sentença condenatória, a multa será executada perante o juiz da execução penal e será considerada dívida de valor, aplicáveis as normas relativas à dívida ativa da Fazenda Pública, inclusive no que concerne às causas interruptivas e suspensivas da prescrição"

Portanto, quanto às regras atinentes à prescrição devem-se observar, com relação ao prazo prescricional o disposto no art. 114 do Código Penal e, com relação às causas suspensivas e interruptivas da prescrição as normas contidas na Lei nº 6.830, de 22-9-1980 e no Código Tributário Nacional (Lei nº 5.172, de 25-10-1966). As causas de suspensão e interrupção estão previstas nos arts. 151, *caput*, 155, parágrafo único, e 174 e seu parágrafo único do CTN e no art. 8º, § 2º, da Lei nº 6.830/1980.

De acordo com o procedimento previsto na Lei nº 6.830/80, apresentada a petição inicial, com o pedido de citação do executado (art. 6º), o juiz determinará esta, a penhora ou arresto e a avaliação dos bens penhorados ou arrestados (art. 7º). O executado será citado para, no prazo de cinco dias, pagar a multa e encargos (art. 8º), procedendo-se à penhora ou ao arresto se não garantir a execução, por meio de depósito ou fiança (arts. 9º a 15), podendo oferecer embargos, no prazo de 30 dias (art. 16). Recebidos os embargos, o juiz mandará intimar o Ministério Público, para impugnação, designando, em seguida, audiência de instrução e julgamento (art. 17).

Jurisprudência

- *Impossibilidade de cisão da competência da execução das penas de multa*
- *Incompetência do Juízo da execução penal para a execução da multa convertida em dívida de valor*
- *Necessidade de inscrição da multa decorrente de homologação de transação penal como dívida ativa*
- *Execução da pena de multa como sanção penal*
- *Competência do juízo das execuções penais*
- *Competência do Juizado Especial Criminal para a execução da multa aplicada isoladamente*
- *Contra: competência do juízo das Varas da Fazenda Pública*
- *Competência da Vara das Execuções Fiscais*
- *Legitimidade do Ministério Público para a execução da multa*
- *Ilegitimidade de execução pelo Ministério Público: legitimidade da Procuradoria da Fazenda Pública*
- *Ilegitimidade da Procuradoria da Fazenda Nacional*
- *Recorribilidade da decisão sobre conflito de jurisdição*
- *Cabimento de agravo em execução contra despacho que rejeitou a execução pelo Ministério Público*
- *Inadmissibilidade de agravo em execução pela Fazenda Pública contra despacho que determinou a inscrição da dívida*

- Contra: admissibilidade de agravo em execução pela Fazenda Pública: terceiro interessado
- Inadmissibilidade de agravo de instrumento
- Inadmissibilidade de mandado de segurança
- Necessidade de liquidação da pena para a execução
- Necessidade de intimação do condenado pelo juiz para início da execução
- Aplicação da lei sobre execução fiscal na execução da multa
- Aplicação da Lei nº 6.830/80 na execução da pena de multa nos processos já iniciados
- Necessidade de inscrição como dívida ativa em favor da Fazenda Pública
- Contra: dispensa de inscrição como dívida ativa em favor da Fazenda Pública
- Necessidade de intimação do condenado para a inscrição da dívida
- Competência do juiz das execuções criminais em caso de fraude na execução
- Inexistência de suspensão da execução da pena de multa pela lei civil
- Irretroatividade da Lei nº 9.268/96 na suspensão da execução da multa
- Liquidação de pena de multa
- Obrigatoriedade de execução de multa de valor inferior ao do custo da execução
- Prazo para pagamento
- Aplicabilidade das causas de suspensão e interrupção da prescrição previstas na Lei nº 6.830/80 e no CTN
- Inadmissibilidade do habeas corpus para discussão de questões atinentes à pena de multa

Art. 165. Se a penhora recair em bem imóvel, os autos apartados serão remetidos ao juízo cível para prosseguimento.

Vide: **LEP** arts. 164, 166; **CC** arts. 79 a 81.

165.1 PENHORA DE BENS IMÓVEIS

Quando a penhora recai em bem imóvel, os autos apartados serão remetidos ao juízo cível para prosseguimento da execução. O disposto no art. 165 da Lei de Execução Penal tem sentido prático, não se constituindo em uma opção doutrinária. Não está a lei preferindo a orientação de ser a ação executória referente à pena de multa de natureza civil e não penal, sobre o que há divergência na doutrina (item 164.9), mas apenas transferindo a execução para o Juízo que, normalmente, está mais aparelhado materialmente para as providências necessárias para a execução, que são normalmente mais complexas ou formais quando é imóvel o bem penhorado (depósito, avaliação, praça, arrematação etc.). Bens imóveis para os efeitos do art. 165 da Lei de Execução Penal são os assim considerados pelo Código Civil, ou seja: os imóveis por natureza ou por acessão física (art. 79 do CC), abrangendo o solo e tudo quanto se lhe incorporar natural ou artificialmente, e os imóveis por definição legal (art. 80 do CC), compreendendo estes os direitos reais sobre imóveis e as ações que os asseguram (inciso I) e o direito à sucessão aberta (inciso II). O Código Civil, instituído pela Lei nº 10.406, de 10-1-2002, não mais trata dos imóveis por acessão intelectual, substituindo a categoria pelo conceito de *pertenças* (art. 93 do CC).[43]

> Art. 166. Recaindo a penhora em outros bens, dar-se-á prosseguimento nos termos do § 2º do art. 164 desta lei.

Vide: **LEP** arts. 164, 165, 167.

166.1 PENHORA DE OUTROS BENS

Procedendo-se à penhora sobre outros bens, ou seja, sobre bens móveis por sua natureza (bens suscetíveis de movimento próprio, ou de remoção por força alheia, sem alteração da substância ou da destinação econômico-social – art. 82 do CC) ou por definição legal (as energias que tenham valor econômico; os direitos reais sobre objetos móveis e as ações correspondentes; os direitos pessoais de caráter patrimonial e respectivas ações – art. 83, incisos I, II e III do CC), a competência para o prosseguimento da execução continuará sendo do juiz da execução, que observará sempre os termos da lei processual civil, e em especial da Lei nº 6.830/80.

> Art. 167. A execução da pena de multa será suspensa quando sobrevier ao condenado doença mental (art. 52 do Código Penal).

Vide: **LEP** art. 164; **CP** art. 52.

167.1 SUPERVENIÊNCIA DE DOENÇA MENTAL

Perdendo o condenado a capacidade penal, ou seja, as condições de ser titular de direitos e de obrigações no campo do direito penal pela superveniência de doença mental, não pode ser executada qualquer sanção penal. Fica suspensa, por isso, também a execução da pena de multa, como dispõem os arts. 52 do Código Penal e 167 da Lei de Execução Penal. Os dispositivos alcançam tanto o condenado que está cumprindo pena privativa de liberdade como aquele que se encontra em liberdade. Estando sujeito a pena privativa de liberdade, o condenado deve ser transferido para hospital de custódia e tratamento penitenciário ou opera-se a conversão da pena em medida de segurança (item 183.1).

> Art. 168. O juiz poderá determinar que a cobrança da multa se efetue mediante desconto no vencimento ou salário do condenado, nas hipóteses do art. 50, § 1º, do Código Penal, observando-se o seguinte:

---

43. VENOSA, Sílvio de Salvo. *Direito Civil: parte geral*. 3. ed. São Paulo: Atlas, 2003. p. 324.

I – o limite máximo do desconto mensal será o da quarta parte da remuneração e o mínimo o de um décimo;

II – o desconto será feito mediante ordem do juiz a quem de direito;

III – o responsável pelo desconto será intimado a recolher mensalmente, até o dia fixado pelo juiz, a importância determinada.

Vide: **LEP** arts. 167, 169, 170; **CP** arts. 49, § 2º, 50, 51.

168.1 INSOLVÊNCIA

É possível que o condenado não possa efetuar de uma só vez ou mesmo em parcelas o pagamento da multa a que foi condenado. Como, nos termos do art. 50, § 2º, do Código Penal, se proíbe o desconto no vencimento ou salário do condenado que incida sobre os recursos indispensáveis ao sustento do condenado e de sua família, é ele considerado *absolutamente insolvente*, não se executando a multa enquanto perdurar tal situação. Impede-se, com isso, que a execução alcance expressão aflitiva exagerada ou desproporcional, com sacrifício do objetivo da prevenção especial, tanto em se tratando de condenado em meio livre como daquele que cumpre, cumulativamente, a pena privativa de liberdade. À expressão *família* deve ser dada certa amplitude, como escreve Espínola Filho, compreendendo não apenas a esposa, ascendentes e descendentes incapazes, mas também a *companheira*, pessoas que vivem à sua custa, ou por ele criadas, educadas etc.[44]

Incumbe ao juiz e, principalmente, ao Ministério Público, averiguar a superveniente solvabilidade do condenado para, então, proceder-se à execução. Se permanecer ele insolvente, decorrendo o prazo da prescrição, a pena não mais será executada, declarando-se a extinção da punibilidade.

Jurisprudência

• *Conceito de insolvência*

• *Inexistência de presunção de insolvência*

168.2 DESCONTO

Caso o condenado, estando em liberdade, possa efetuar o pagamento em parcelas, sem que se atinjam os recursos indispensáveis ao sustento próprio e da família, pode o juiz determinar que a cobrança se efetue mediante desconto em seu vencimento ou salário. Cita o Código Penal três hipóteses em que tal pode ocorrer: (a) quando a multa foi aplicada isoladamente; (b) quando foi aplicada cumulativamente com pena restritiva de direitos; (c) quando foi concedida a suspensão condicional da pena privativa de liberdade (art. 50, § 1º). A Lei de Execução Penal, porém, refere-se a dois outros casos: (a) quando o condenado já cumpriu a pena privativa de liberdade; e (b) quando obteve ele o livramento condicional (art. 170, § 1º). Dá-se, assim, flexibilidade para o instituto da multa, executando-se a sanção

---

44. NORONHA, E. Magalhães. Ob. cit. p. 584.

imposta mesmo na hipótese em que o condenado não possa saldar a obrigação de uma só vez, estando em meio livre e trabalhando. Em síntese, o desconto é possível em todas as hipóteses de execução da pena de multa.

Não há limitação ao número de parcelas em que pode ser dividido o pagamento da multa, como ocorreu já em legislação anterior. O limite máximo do desconto mensal é o da quarta parte da remuneração e, o mínimo, de um décimo, estabelecendo o juiz o número de parcelas tendo em vista a remuneração do condenado e o valor da multa, mas sempre evitando comprometer o sustento familiar. Se ocorrer tal comprometimento, cabe da decisão o recurso de agravo em execução (art. 197 da LEP). As parcelas em que for dividida a pena de multa também devem ser corrigidas, uma vez que a atualização monetária deve incidir até a efetiva execução do total da multa. Ainda que o parcelamento exceda a 24 parcelas, não ocorrerá a prescrição bienal, já que o desconto da primeira parcela é o "início" do cumprimento da pena e os demais a "continuação" desse cumprimento, causas de interrupção do lapso prescricional (art. 117, V, do CP). Nada impede que, ocorrendo modificação para pior nas condições econômicas do condenado, possa o juiz, a requerimento do interessado, ajustar o valor dos descontos mensais, alterando o número de parcelas, para atender ao disposto no art. 50, § 2º, do Código Penal. Não prevê a lei, porém, a hipótese de ser reduzido o número de parcelas no desconto, ainda que melhorem as condições econômicas do condenado, como o faz no art. 169, § 2º, da Lei de Execução Penal. Nessa hipótese, o desconto continuará sendo feito nas condições estipuladas pelo juiz.

O desconto é feito mediante ordem do juiz ao empregador ou, na hipótese de funcionário público, ao diretor da repartição ou entidade correspondente, de acordo com os estatutos e regulamentos respectivos. Tanto aquele como este serão intimados a recolher mensalmente a importância correspondente à parcela da multa até o dia fixado pelo juiz, sob pena de responder pelo crime de desobediência.

Como não fixa a lei qualquer prazo para a determinação do desconto, esta poderá ocorrer a qualquer momento após o requerimento da execução por parte do Ministério Público, ato inicial da ação penal executória.

Quando a pena de multa for aplicada cumulativamente com pena privativa de liberdade e esta estiver sendo executada, poderá ser cobrada aquela mediante desconto na remuneração do condenado, observados o limite e as condições mencionadas (art. 170).

> **Art. 169.** Até o término do prazo a que se refere o art. 164 desta lei, poderá o condenado requerer ao juiz o pagamento da multa em prestações mensais, iguais e sucessivas.
>
> § 1º O juiz, antes de decidir, poderá determinar diligências para verificar a real situação econômica do condenado e, ouvido o Ministério Público, fixará o número de prestações.
>
> § 2º Se o condenado for impontual ou se melhorar de situação econômica, o juiz, de ofício ou a requerimento do Ministério Público, revogará o benefício executando-se a multa, na forma prevista neste Capítulo, ou prosseguindo-se na execução já iniciada.

Vide: **LEP** art. 164; **CP** art. 50, § 2º.

169.1 PARCELAMENTO EM PRESTAÇÕES

Prevê também a lei a possibilidade de requerer o condenado o pagamento da multa em prestações mensais iguais e sucessivas. O condenado deverá requerer o parcelamento até o término do prazo a que se refere o art. 50 do Código Penal, ou seja, até o transcurso dos 10 dias após a intimação do condenado para efetuar o pagamento. Evidentemente, o requerimento poderá ser feito a partir do trânsito em julgado da sentença até o último dia em que o condenado pode espontaneamente pagar a multa. Não fosse assim – assinalam Silva e Boschi – ter-se-ia que violar o princípio de hermenêutica, que proíbe ao intérprete sustentar conclusão absurda, pois o condenado, daí, somente poderia obter o parcelamento da multa imposta se fosse intentada a ação de execução.[45] Não é preciso, pois, que aguarde a propositura da ação executiva. O mero pedido de parcelamento não interrompe a prescrição, por não se traduzir no início do cumprimento da pena.

No requerimento, o condenado poderá mencionar qual o limite da parcela mensal ou o número de prestações com que deseja saldar a multa. Também não há, na hipótese, limite para o número de prestações, aplicando-se a restrição do art. 50, § 2º, do Código Penal, pois nunca o pagamento deve incidir sobre os recursos indispensáveis ao sustento do condenado e de sua família.

Para verificar a real situação econômica do condenado, a fim de fixar o número de prestações, pode o juiz determinar diligências (oitiva de testemunhas, requisição de informações ou documentos de autoridades públicas ou de particulares, vistorias etc.). Antes da decisão deverá ouvir, sempre, o Ministério Público, cabendo, na espécie, o recurso de agravo em execução tanto por parte do condenado como do membro do *parquet*.

Quando o condenado for impontual, ou seja, atrasar-se no pagamento da prestação, o juiz, de ofício ou a requerimento do Ministério Público, revogará o benefício do parcelamento. Evidentemente, pode o condenado justificar a impontualidade e, nessa hipótese, não deve ocorrer a revogação.

Revogado o benefício, o juiz pode determinar o desconto no vencimento ou salário. Não sendo isso possível, a execução prosseguirá com a penhora de bens que bastem à execução.

Caso o condenado melhore sua situação econômica, o juiz, também de ofício ou a requerimento do Ministério Público, revogará o benefício do parcelamento, procedendo-se à execução ou determinando o desconto na remuneração do condenado. Por outro lado, se as condições econômicas do condenado se tornarem piores, nada impede que o juiz lhe conceda, mediante requerimento, novo parcelamento sobre o restante da pena, ou mesmo suspenda a execução se o pagamento de prestações prejudicar a manutenção do condenado ou de sua família.

Jurisprudência

- *Parcelamento é faculdade do juiz*
- *Correção monetária das parcelas*

---

45. Ob. cit. p. 186.

Art. 170. Quando a pena de multa for aplicada cumulativamente com pena privativa da liberdade, enquanto esta estiver sendo executada, poderá aquela ser cobrada mediante desconto na remuneração do condenado (art. 168).

§ 1º Se o condenado cumprir a pena privativa de liberdade ou obtiver livramento condicional, sem haver resgatado a multa, far-se-á a cobrança nos termos deste capítulo.

§ 2º Aplicar-se-á o disposto no parágrafo anterior aos casos em que for concedida a suspensão condicional da pena.

Vide: **LEP** arts. 164, 168, 169; **CP** arts. 50, 81, II.

170.1 MULTA E PENA PRIVATIVA DE LIBERDADE

Aplicadas cumulativamente pena privativa de liberdade e multa, esta deve ser cobrada mediante desconto na remuneração do condenado. Evidentemente, o dispositivo abrange a hipótese de condenação à pena privativa de liberdade em processo diverso daquele em que foi imposta a multa. O trabalho a que se refere o dispositivo é o interno ou externo, para o Estado ou para particulares, do condenado, em qualquer dos regimes de cumprimento de pena privativa de liberdade (fechado, semiaberto ou aberto). Trata-se de mais uma espécie de desconto na remuneração pelo trabalho do preso, além das estipuladas no art. 29, §§ 1º e 2º, da Lei de Execução Penal, quanto ao labor prisional.

O desconto na remuneração do trabalho do preso também está sujeito às mesmas determinações referentes ao do condenado em meio livre.

Imposta pena privativa de liberdade, mas estando o condenado em meio livre, por tê-la cumprido ou por ter obtido o *sursis* ou o livramento condicional, a cobrança da multa é feita nos termos até aqui expostos. Procede-se à execução, efetua-se o desconto no salário ou vencimento ou se atende o pedido de parcelamento em prestações mensais iguais ou sucessivas. O não pagamento da multa pelo condenado solvente é causa de revogação da suspensão condicional da pena quando o condenado frustrar a cobrança (art. 81, II, do CP).

A possibilidade da cobrança da multa mediante desconto no vencimento ou salário do condenado (arts. 50, § 1º, do CP, e 168 da LEP) não impede que se execute a pena de uma vez só quando o preso é absolutamente solvente.

Cabe assinalar que, aplicada pena de multa, não há falar em detração pelos dias de prisão provisória ou mesmo por tempo excedente no cumprimento da pena privativa de liberdade a que esteve submetido anteriormente o condenado, já que o art. 42 do Código Penal se refere somente à pena privativa de liberdade e à internação em hospital de custódia e tratamento psiquiátrico.

Jurisprudência

- *Desconto no salário do condenado*

- *Inadmissibilidade de detração do tempo de prisão provisória na multa*

- *Contra: admissibilidade de detração do tempo de prisão provisória na multa*
- *Inadmissibilidade da detração do tempo excedente da pena privativa de liberdade na multa*
- *Extinção do processo de execução na pendência do pagamento da multa*
- *Contra: impossibilidade da extinção do processo de execução na pendência do pagamento da multa*

TÍTULO VI
DA EXECUÇÃO DAS MEDIDAS DE SEGURANÇA

Capítulo I
DISPOSIÇÕES GERAIS

Art. 171. Transitada em julgado a sentença que aplicar medida de segurança, será ordenada a expedição de guia para a execução.

Vide: **CF** art. 5º, XXXIX, XL, XLVII, *b*; **LEP** arts. 1º, 43, 66, V, *d*, *f*, *g*, VI, 67, 68, II, *c*, *d*, *f*, 82, 99 a 101, 172 a 179, 183, 184; **CP** arts. 1º, 2º, parágrafo único, 9º II, 26, 42, 75, 96 a 99; **CPP** arts. 319, VII, 386, VI, parágrafo único, III, 415, parágrafo único, 492, II, *c*, 593, I, III, *c*, § 2º, 627, 682, 763, 764, 789; **Lei nº 10.216**, de 6-4-2001. **Lei nº 13.445**, de 24-5-2017, art. 54, § 1º, I e II. Súmulas: **STF** 422, 520, 525; **STJ** 527.

171.1 MEDIDAS DE SEGURANÇA

Nos termos da lei anterior, as medidas de segurança podiam ser aplicadas isoladamente aos inimputáveis e, cumuladas com penas, aos chamados semi-imputáveis e imputáveis considerados perigosos, o que se denominava sistema *duplo binário*. De acordo, porém, com a tendência moderna de se buscar uma medida unificada, a Lei nº 7.209/84 introduziu na legislação penal o sistema *vicariante* ou *unitário*, em que somente pode ser aplicada uma das sanções, pena ou medida de segurança aos semi-imputáveis e somente pena aos imputáveis. Ficou assim demarcado o caráter exclusivamente preventivo e assistencial da medida de segurança, aplicada em decorrência da periculosidade, distinto do fundamento da imposição da pena, que é a *culpabilidade*.

Vige com relação à medida de segurança o princípio da *legalidade*, somente podendo ser imposta aquela prevista em lei. Após a reforma penal, somente são aplicáveis medidas de segurança pessoais, ou seja, a internação em hospital de custódia e tratamento e a sujeição a tratamento ambulatorial. As demais previstas na lei anterior deixaram de existir e, nos termos do art. 2º, parágrafo único, do Código Penal, não podem mais ser executadas; ficaram extintas pelo princípio da retroatividade da lei mais benigna.

Também deve ser obedecido ao princípio da *anterioridade* na aplicação da medida de segurança. Diante da regra inscrita no art. 5º, XL, da Constituição Federal de 1988, de que a "lei penal não retroagirá, salvo para beneficiar o réu", só pode ser imposta ao acusado medida de segurança prevista em lei anterior ao fato *(princípio da irretroatividade da lei penal),* salvo se, instituída posteriormente, for mais benéfica em relação à anteriormente cominada. Somente pode ser aplicada medida de segurança instituída por lei posterior ao fato quando se favorecer o agente, conforme previsto expressamente no art. 2º, parágrafo único, do Código Penal *(princípio da retroatividade da lei penal mais benigna).*

Por fim, deve-se obedecer ao princípio da *jurisdicionalidade,* pois a medida de segurança somente é aplicada por meio de providência jurisdicional. Há na imposição dela restrição a bens jurídicos, inclusive à liberdade de locomoção, impossível de ser inserida em medida administrativa.

Jurisprudência

- *Medida de segurança como sanção penal*
- *Adoção do sistema vicariante*
- *Imposição de medida de segurança em caso de periculosidade*
- *Contra: inaplicabilidade da medida de segurança - ausência de periculosidade*
- *Necessidade da aplicação de medida de segurança*
- *Inadmissibilidade de aplicação provisória*

171.2 PRESSUPOSTOS

Ao contrário da lei anterior, não é mais expresso o Código Penal a respeito dos pressupostos para a aplicação de medida de segurança. Diante, porém, do que dispõem os arts. 97 e 98 do referido estatuto, são pressupostos da medida de segurança a prática pelo agente de fato previsto como crime e sua periculosidade.

É indispensável, em primeiro lugar, que o juiz reconheça ter o agente praticado um fato típico e antijurídico, não se podendo aplicar a medida de segurança se não constituir o fato ilícito penal ou se apurar que o acusado agiu ao abrigo de uma excludente da antijuridicidade.

Em segundo lugar, é preciso que o réu seja perigoso, havendo, pois, probabilidade de voltar a delinquir. Essa periculosidade é presumida quanto ao inimputável, já que a lei determina a aplicação da medida de segurança àquele que cometeu o ilícito nas condições previstas no art. 26 do Código Penal (art. 97 do CP). No que diz respeito ao chamado semi-imputável, a periculosidade pode ser reconhecida pelo juiz que, em vez de aplicar a pena, a substitui por medida de segurança por necessitar o acusado de especial tratamento curativo (art. 98 do CP).

Na redação da Súmula 525 do Supremo Tribunal Federal, a medida de segurança não pode ser aplicada em segunda instância quando só o réu tenha recorrido. Como não cabe mais a possibilidade de aplicação de medida de segurança ao imputável, vale a orientação sumular para evitar a *reformatio in pejus* em caso de apelação exclusiva do acusado.

Jurisprudência

- *Pressuposto da prática de fato definido como crime*
- *Inadmissibilidade de aplicação na absolvição por falta de provas*

- *Inadmissibilidade de aplicação na exclusão de ilicitude*
- *Inadmissibilidade de aplicação na exclusão do dolo*
- *Prescrição da medida de segurança*
- *Prescrição e medida de segurança substitutiva pela pena em concreto*
- *Prazo da prescrição da medida de segurança em caso de absolvição*

171.3 APLICAÇÃO

Como já foi visto, a medida de segurança somente é aplicável ao inimputável, obrigatoriamente, ou ao semi-imputável, facultativamente e em substituição à pena quando o acusado necessitar de especial tratamento curativo. Em decorrência da reforma penal, não é mais possível a aplicação de medida de segurança ao imputável, não se executando aquela que foi imposta antes da vigência da Lei nº 7.209/84.

Em decorrência do princípio da retroatividade da lei mais benigna, a adoção do sistema vicariante na reforma penal impede a execução da medida de segurança imposta cumulativamente com a pena privativa de liberdade ao semi-imputável. Cumprida a pena reduzida que lhe foi imposta, fica extinta a punibilidade, sem que haja qualquer obrigatoriedade de se efetuar o exame de verificação de cessação de periculosidade.

Não se prevê mais a aplicação de medida de segurança para os autores de crime impossível (art. 17) e nas hipóteses de ajuste, determinação, instigação ou auxílio a crime que não chega, pelo menos, a ser tentado (art. 31 do CP). Também ficou excluída a possibilidade de aplicação *provisória* da medida de segurança na hipótese de inimputáveis e dos ébrios habituais ou toxicômanos, já que não se permite a internação ou o tratamento ambulatorial, sem a guia expedida pela autoridade judiciária após o trânsito em julgado da decisão que a impõe em definitivo. Aliás, a Lei nº 7.209/84 não repetiu o art. 80 do Código Penal de 1940, abolindo-se com isso também os arts. 378 e 380 do Código de Processo Penal. O Código de Processo Penal, porém, por força da Lei nº 12.403, de 4-5-2011, passou a prever a possibilidade de internação provisória do acusado, como medida cautelar a ser decretada no curso do processo, nos termos do art. 319, VII. Restabeleceu-se, assim, ainda que de forma indireta e com restrições, a possibilidade de aplicação provisória de medida de segurança. A internação provisória pode ser decretada na própria sentença ou anteriormente, ainda no curso da instrução, e tem como pressupostos a imputação de fato típico praticado com violência ou grave ameaça, a existência de um laudo pericial em que concluam os peritos ser o réu inimputável ou semi-imputável e a constatação de sua periculosidade social, isto é, do risco de cometimento de nova infração penal. O tempo de internação provisória deve ser computado no prazo mínimo da medida de segurança a final imposta, por força do disposto no art. 42 do Código Penal.

De acordo com os arts. 97, § 1º, e 98, do Código Penal, deve o juiz fixar o prazo mínimo de execução da medida de segurança, que será sempre de um a três anos, qualquer que seja o ilícito praticado. Não há mais regra para fixar uma duração mínima maior devido a maior gravidade do ilícito. Falece ao juiz o poder de fixar a duração mínima da medida de segurança em período superior ao previsto na nova lei.

Não mais dispõe o Código Penal a respeito da possibilidade de expulsão do estrangeiro ao qual foi imposta medida de segurança. A Lei de Migração também silencia a respeito da matéria, referindo-se somente à admissibilidade de expulsão no caso de condenação irrecorrível pelos crimes que elenca (art. 54, § 1º, I e II, da Lei nº 13.445, de 24-5-2017), o que afasta a possibilidade no caso de absolvição imprópria.

Não se repete na lei, por despicienda, a regra de que somente se executa uma medida de segurança das duas ou mais impostas. Isso porque, após o decurso do prazo mínimo fixado para a primeira a ser executada, deve proceder-se ao exame de verificação de cessação de periculosidade, a ser repetido a cada ano. Cessando a periculosidade, não há mais que se executar qualquer medida de segurança e, se a periculosidade permanece, prossegue a execução daquela que está em curso.

Jurisprudência

- *Aplicação da medida de segurança a inimputável*
- *Admissibilidade da aplicação de medida de segurança ao inimputável no julgamento da apelação da defesa*
- *Inadmissibilidade de medida de segurança para imputáveis*
- *Exclusão da medida de segurança pela retroatividade da lei nova*
- *Inadmissibilidade de aplicação provisória de medida de segurança (antes da vigência da Lei nº 12.403, de 4-5-2011*
- *Aplicação de medida de segurança independentemente de perícia*
- *Necessidade de fixação do prazo mínimo de duração da medida de segurança*
- *Critério para fixação do prazo mínimo*
- *Fixação com base na gravidade do crime*
- *Inadmissibilidade de fixação de prazo superior a três anos*
- *Fixação do prazo mínimo em três anos*
- *Necessidade de fundamentação para o prazo superior ao mínimo*
- *Inadmissibilidade de* reformatio in pejus

171.4 SUBSTITUIÇÃO

Em decorrência da adoção do sistema vicariante, prevê o Código Penal, com a atual redação, que, tratando-se de semi-imputável, ou seja, de condenado que, em virtude de perturbação da saúde mental ou de desenvolvimento mental incompleto ou retardado, não era inteiramente capaz de entender o caráter ilícito do fato ou de determinar-se de acordo com esse entendimento, a pena pode ser substituída por medida de segurança se o agente necessitar de *especial tratamento curativo* (arts. 26, parágrafo único, e 98, do CP). Trata-se de medida facultativa, que poderá ser utilizada somente quando existir a periculosidade que faz necessário tratamento especial, podendo o juiz optar pela imposição da sanção carcerária se verificar que essa solução é a que mais convém ao semi-imputável, na sua situação pessoal e social. Embora a expressão *especial tratamento curativo* utilizada no art.

98 do Código Penal não seja de todo esclarecedora, indica ela que a substituição deve ser a medida adotada pelo juiz apenas na hipótese de ficar comprovado pela perícia que o agente é perigoso ou que a doença ou perturbação da saúde mental pode ser curada ou ao menos atenuada com um tratamento psiquiátrico especializado. Nos casos em que não se revela maior periculosidade ou de impossibilidade de tratamento curativo, como na oligofrenia, a solução adequada é a imposição e execução da pena.

Embora o art. 98 do Código Penal refira-se apenas à pena privativa de liberdade, a substituição abrange também a pena pecuniária aplicada ou aplicável ao caso concreto. Eliminado o sistema duplo binário da legislação penal comum, a imposição e execução cumulativa da multa com medida de segurança é inadmissível. Aliás, o referido dispositivo evitou mencionar a pena de multa, pois a substituição desta por medida de segurança é por demais gravosa, devendo o julgador manter a sanção pecuniária, quando a única aplicada, e não substituí-la por medida de segurança.

A substituição pode ser procedida em 2º grau, ainda que em recurso exclusivo da defesa, medida que vai em benefício do acusado, não se podendo, pois, falar, no caso, de *reformatio in pejus*.

Substituída a pena pela medida de segurança, o condenado passa a ser submetido ao mesmo tratamento dispensado ao inimputável e a solução é irreversível. É ele internado ou submetido a tratamento ambulatorial, de acordo com a qualidade da pena prevista abstratamente e o critério do juiz, pelo prazo mínimo de um a três anos, mas com a duração indeterminada, e só se extinguirá a medida de segurança após o exame favorável da cessação de periculosidade e posterior período de prova de um ano.

Pode ocorrer que uma pessoa seja condenada à pena privativa de liberdade em um processo e lhe seja imposta medida de segurança em outro. Não prevê a lei expressamente a hipótese, mas, tendo instituído o sistema vicariante como base do sistema pena-medida de segurança, não se pode executar as duas sanções sucessivamente. Cabe, portanto, ao juiz da execução, com fundamento nesse sistema, ao receber as correspondentes guias de recolhimento e de execução, determinar que se proceda ao exame previsto no art. 175 da Lei de Execução Penal, o que lhe é facultado pelo art. 176 do mesmo Estatuto. Verificando que o condenado não mais é portador de doença ou perturbação da saúde mental, deve submetê-lo a execução da pena. A medida de segurança ficará extinta após o prazo de um ano depois do cumprimento da sanção, diante do disposto no art. 97, § 3º, do Código Penal. Caso os exames revelem que o condenado é ainda portador de doença mental, perturbação da saúde mental ou desenvolvimento mental incompleto ou retardado, mas não perigoso, pode o juiz optar pela transferência para hospital psiquiátrico (art. 108 da LEP) ou pela conversão da pena em medida de segurança (art. 183 da LEP). Havendo periculosidade, recomendável é a conversão.

Optando o juiz, no caso de semi-imputável, pela medida de segurança, não deveria aplicar a pena privativa de liberdade para, depois, substituí-la.[46] Não havendo possibilidade de conversão posterior da medida de segurança em pena, como ocorre na substituição da pena carcerária por restritiva de direito ou multa, desnecessária seria a fixação da pena pri-

---

46. Nesse sentido: ROMANI, Dagoberto. Semi-imputabilidade – Aplicação apenas da medida de segurança – Desnecessidade de aplicação da pena privativa de liberdade e subseqüente substituição pela medida de segurança. *RT* 605/437-39.

vativa de liberdade. Entretanto, argumentando-se com a culpabilidade do "semi-imputável" e o art. 96 do Código Penal, que prevê a exclusão da medida de segurança quando extinta a punibilidade, prevalece a orientação em contrário.[47]

Jurisprudência

- *Admissibilidade excepcional da substituição da pena por tratamento ambulatorial para o semi-imputável em crime punido com reclusão*
- *Contra: impossibilidade da substituição da pena por tratamento ambulatorial para o semi-imputável em crime punido com reclusão*
- *Inadequação do* habeas corpus *para a substituição da pena por medida de segurança*
- *Substituição excepcional da pena por medida de segurança para o semi-imputável: necessidade de especial tratamento curativo*
- *Opção pela pena privativa de liberdade em benefício do semi-imputável*
- *Substituição pela medida de segurança para personalidade psicopática*
- *Inadmissibilidade de substituição parcial*
- *Inadmissibilidade da cumulação da redução da pena e substituição por medida de segurança*
- *Substituição em 2º grau em recurso exclusivo da defesa*
- *Inadmissibilidade da substituição da pena privativa de liberdade em regime aberto em recurso exclusivo da defesa*

171.5 ESPÉCIES

Após a reforma penal, passaram a ser apenas duas as espécies de medidas de segurança: a primeira, *detentiva*, é a internação em hospital de custódia e tratamento psiquiátrico ou, à falta, em outro estabelecimento adequado; e a segunda, *não detentiva*, de caráter *restritivo*, constitui-se na sujeição a tratamento ambulatorial. Deixaram de existir e, portanto, não podem ser aplicadas ou executadas a liberdade vigiada, a proibição de frequentar determinados lugares, o exílio local, a interdição de estabelecimento ou de sede de sociedade ou associação e o confisco. A proibição de frequentar determinados lugares pode ser uma condição do *sursis*, e o confisco de instrumentos e produto de crime cuja autoria é ignorada não mais existe como medida de segurança. Por fim, a internação em colônia agrícola ou em instituto de trabalho, de reeducação ou de ensino profissional passou a ser cumprimento de pena em regime semiaberto.

A internação em hospital de custódia e tratamento psiquiátrico representa, a rigor, a fusão de medidas de segurança detentivas previstas na legislação anterior: internação em manicômio judiciário e internação em casa de custódia e tratamento. Estabelecem-se me-

---

47. SANGUINÉ, Odone. Semi-imputabilidade e aplicação da pena. *Fascículos de Ciências Penais*, ano 1, v. 1, nº zero, dez. 1987.

dida única para os inimputáveis e semi-imputáveis que necessitam de especial tratamento curativo.

Em qualquer das hipóteses, o internado deve ser submetido a tratamento (art. 99 do CP).

A sujeição a tratamento ambulatorial corresponde às atuais tendências de "desinstitucionalização" do tratamento ao portador de doença mental ou de perturbação da saúde mental, bem como de desenvolvimento mental incompleto ou retardado. Imposta tal medida de segurança, cumpre ao sentenciado comparecer ao hospital de custódia e tratamento psiquiátrico nos dias que lhes forem determinados pelo médico, a fim de ser submetido à modalidade terapêutica prevista, permitindo-se, porém, a assistência médica em outro local com dependências médicas adequadas (art. 101 da LEP). É também garantida a liberdade de contratar médico de confiança pessoal, a fim de orientar o tratamento (art. 43 da LEP).

Absolvendo-se o réu em decorrência de sua inimputabilidade (art. 26, *caput*, do CP) ou reconhecendo-se que é semi-imputável e necessita de especial tratamento curativo (arts. 26, parágrafo único, e 98 do CP), impõe-se a medida de segurança de internação, a ser executada no Hospital de Custódia e Tratamento Psiquiátrico ou outro estabelecimento adequado (itens 99.1 a 99.3). Entretanto, se o fato previsto como crime praticado pelo réu for punível abstratamente com pena de detenção, poderá o juiz submetê-lo a tratamento ambulatorial (arts. 97, *caput*, 2ª parte, e 98 do CP). O tratamento ambulatorial é benefício facultativo, aplicável a réus inimputáveis ou semi-imputáveis (quando necessitarem de especial tratamento curativo), apenas se cominada para o fato praticado a pena de detenção. É impossível, pois, a sua aplicação aos que praticarem crimes a que é cominada pena de reclusão. De outro lado, mesmo sendo apenado com detenção o crime praticado pelo agente, mediante o exame do caso concreto e da periculosidade por ele demonstrada, o juiz pode submetê-lo à internação e não ao tratamento ambulatorial.

O tratamento ambulatorial poderá ser convertido em internação se o agente revela incompatibilidade com a medida, sendo a internação necessária para fins curativos (item 184.1).

Não faz a lei referência expressa à possibilidade da conversão do internamento em tratamento ambulatorial. Entretanto, se ao juiz da sentença é possível submeter o inimputável e o semi-imputável, que necessita de tratamento curativo, ao tratamento ambulatorial quando da prática de fato previsto como crime apenado com detenção (arts. 97, *caput*, 2ª parte, e 98 do CP), deve-se permitir ao juiz da execução a citada conversão. É lógica a conclusão, pois, se o juiz que impôs a medida de segurança de internação teve como elemento para decisão o laudo de exame psiquiátrico e outros elementos dos autos do processo de conhecimento, o juiz da execução, contando com dados colhidos durante a internação (exames, informações sobre o tratamento e seus resultados etc.), pode verificar que não há mais necessidade de permanecer o paciente internado, convertendo a medida de segurança em tratamento ambulatorial. A solução vem ao encontro da tendência de desinstitucionalização do tratamento preconizada pela Psiquiatria moderna e adotada pela nova lei penal. Nesse sentido têm-se orientado os juízes da execução e os tribunais, com o beneplácito dos tribunais superiores, ao reconhecerem a legalidade do regime de desinternação progressiva, mediante o qual o sentenciado é favorecido por saídas do estabelecimento progressivamente ampliadas até a substituição da internação pela semi-internação e, subsequentemente, pelo tratamento ambulatorial. Essa orientação se coaduna com as normas contidas na Lei nº 10.216, de 6-4-2001, que dispõe sobre a proteção e os direitos da pessoa portadora de transtornos mentais e que preconiza a adoção de uma política de alta planejada e reabilitação psicossocial assistida, nos casos de longo período de internação ou de dependência institucional decorrente do quadro clínico ou da ausência de amparo social. Na hipótese de substituição da internação pelo tratamento ambulatorial, o prazo de um ano para a extinção da medida de segurança será contado a partir não da desinternação, mas da liberação (art. 97, § 3º, do CP). Também já se converteu em tratamento ambulatorial a medida de segurança de internação no caso do inimputável que se encontrava irregularmente recolhido à cadeia pública até que houvesse vaga no estabelecimento adequado.

Jurisprudência

- *Aplicação de tratamento ambulatorial em crime apenado com detenção*
- *Preferência para o tratamento ambulatorial em caso de pena de detenção*
- *Aplicação da medida de segurança de tratamento ambulatorial e condições pessoais*
- *Inadmissibilidade de aplicação de tratamento ambulatorial em crime apenado com reclusão*
- *Contra: admissibilidade de aplicação de tratamento ambulatorial em crime apenado com reclusão*
- *Substituição de pena de detenção por internação de acordo com o caso concreto e periculosidade*
- *Necessidade de perícia para conversão*
- *Admissibilidade do regime de desinternação progressiva*
- *Conversão de internação em tratamento ambulatorial por falta de vaga*
- *Inadmissibilidade de conversão após o término da pena*

171.6 EXECUÇÃO

Extremamente simplificada restou a execução das medidas de segurança em face da reforma penal, pela supressão de várias de suas espécies e de estabelecimentos prevista na lei anterior. Transitada em julgado a sentença em que foi aplicada medida de segurança, é ordenada a expedição de guia para a execução do internamento em hospital de custódia e tratamento psiquiátrico ou do tratamento ambulatorial. Deve o juiz da execução também expedir a guia de internação no caso de conversão pela superveniência de doença mental ou perturbação da saúde mental (art. 183 da LEP), bem como no de conversão do tratamento ambulatorial em internação (art. 184 da LEP).

Como o Estado só pode exigir o cumprimento da medida de segurança de internação (detentiva) se estiver aparelhado para tanto, tem-se entendido que a falta de vaga, pela desorganização, omissão ou imprevidência do Estado-Administração, não justifica o recolhimento na Cadeia Pública, lesando-se, assim, direito individual. Nessa hipótese, como na de inexistência do hospital de custódia, o internado deve ser destinado a outro instituto ou sanatório que, além do tratamento adequado, possa assegurar a custódia por parte da Administração Pública.

Prevendo o art. 96, I, do Código Penal, que a internação se faça, na falta de hospital de custódia e tratamento psiquiátrico, em outro estabelecimento adequado, é permitido o encaminhamento para hospital psiquiátrico ou similar, de caráter oficial ou particular, desde que ofereça condições de custódia. Na inexistência da instituição hospitalar-prisional do Estado, na falta de vagas desse instituto ou quando não tem ele condições de proporcionar o tratamento específico adequado a que deve ser submetido o internado, essa solução se impõe com fundamento no disposto no art. 14, § 2º, da Lei de Execução Penal, que prevê a transferência do preso ou internado para outro local, onde deve ser prestada a assistência médica necessária. É indispensável sempre, porém, que se garanta a custódia para evitar a fuga do internado, presumidamente perigoso, e que não haja condições de submetê-lo a tratamento no hospital-prisional oficial. Em pedido de transferência para hospital psiquiátrico particular, o Supremo Tribunal Federal decidiu pelo indeferimento, diante das dúvidas, quanto à custódia do sentenciado e à segurança do estabelecimento, aludindo a periculosidade do interessado. Por outro lado, permitiu a permanência do internado em hospital que oferecia condições de custódia e em que se realizava o tratamento específico de que necessitava o interessado e que não podia ser adequadamente proporcionado em instituição hospitalar-prisional do Estado.

O tratamento ambulatorial deve ser realizado no Hospital de Custódia e Tratamento Psiquiátrico ou em outro local com dependência médica adequada. Inexistindo necessidade de custódia ou vigilância, mas apenas de tratamento e fiscalização, qualquer estabelecimento público hospitalar que mantenha atendimento psiquiátrico pode ser o local para o tratamento. Nada impede, aliás, que o tratamento seja prestado por estabelecimento particular que mantenha convênio com a Administração para esse serviço específico.

Jurisprudência

- *Inadmissibilidade da execução provisória de medida de segurança*
- *Inadmissibilidade de cumprimento em reclusão: falta de vaga em estabelecimento adequado*
- *Exigibilidade do trânsito em julgado para expedição da guia de internação*
- *Inadmissibilidade de cumprimento na cadeia pública: liberdade*
- *Contra – admissibilidade de cumprimento na cadeia pública: periculosidade*
- *Inadmissibilidade de cumprimento em cadeia pública: concessão de tratamento ambulatorial*
- *Admissibilidade de internação em hospital psiquiátrico da rede*
- *Inadmissibilidade de internação em hospital psiquiátrico particular de internado perigoso*

171.7 DURAÇÃO

Não prevê a lei um limite para a execução da medida de segurança, que deve perdurar enquanto não se constatar por laudo pericial a cessação da periculosidade do sentenciado. Hoje, porém, com fundamento nos princípios da legalidade, da proporcionalidade, da igualdade, da intervenção mínima e de humanidade, tem-se pregado a limitação máxima de duração da medida de segurança. Porque a indeterminação do prazo da medida de segurança pode ensejar violação à garantia constitucional que proíbe penas de caráter perpétuo (art. 5º, XLVII, da CF), a ela deve ser estendido o limite estabelecido no art. 75 do CP, que, em sua atual redação, fixa em 40 anos, e não mais em 30 anos o tempo máximo de cumprimento da pena privativa de liberdade. Já se sustentou[48] e também se decidiu, principalmente com base no princípio da proporcionalidade, que a duração máxima da medida de segurança não poderia exceder o máximo da pena abstratamente cominada para o delito ou, na hipótese de substituição em razão de semi-imputabilidade, a pena aplicada e substituída. A primeira hipótese ensejou a edição da Súmula 527 do STJ. A orientação, porém, carece de amparo legal e contraria frontalmente a norma do art. 97, § 1º, do CP, a qual, em consonância com o sistema adotado no Código Penal, prevê a indeterminação da medida de segurança por se fundar esta não na culpabilidade do autor do delito, mas na periculosidade social revelada em sua prática e no risco de recidiva.

Jurisprudência

- *Duração máxima da medida de segurança: trinta anos*
- *Duração máxima da medida de segurança: pena máxima cominada ao delito*
- *Duração máxima da medida de segurança: pena máxima cominada ao delito ou trinta anos*

171.8 EXTINÇÃO DA PUNIBILIDADE

Segundo o art. 96, parágrafo único, do Código Penal, extinta a punibilidade, não se impõe medida de segurança nem subsiste a que tenha sido imposta. O dispositivo abrange qualquer causa de extinção da punibilidade, ocorrida antes ou depois de transitar em julgado a sentença em que ela é imposta. Além da hipótese da retroatividade da lei mais benigna, é possível a ocorrência de decadência, perempção, renúncia do direito de queixa, perdão do ofendido, ou prescrição.

Com relação à prescrição, na hipótese de imposição de medida de segurança por sentença absolutória em razão da inimputabilidade, porque inexistente pena *in concreto*, o prazo da prescrição, da pretensão punitiva ou executória, regula-se pelo máximo da pena *in abstracto*. Tratando-se, porém, de medida de segurança aplicada em sentença condenatória, em substituição à pena privativa de liberdade para os semi-imputáveis, o prazo prescricional regula-se pelo *quantum* da pena fixada e substituída. A mesma solução deve ser adotada na hipótese de conversão da pena privativa de liberdade em medida de segurança no curso da execução (art. 183 da LEP), diante da existência de uma pena anteriormente concretizada na sentença condenatória. O prazo mínimo fixado pelo juiz

---

48. Sustentando, de acordo com tais princípios, que quanto aos semi-imputáveis a duração máxima é a da pena substituída pela medida de segurança e que em relação aos inimputáveis é a da pena máxima cominada ao crime: GOMES, Luiz Flávio. Duração das medidas de segurança. *RT* 663/257-267. Também a propósito do assunto: FERRARI, Eduardo Reale. Os prazos de duração das medidas de segurança e o ordenamento penal português. *RT* 701/267-275.

na sentença para a realização do exame de verificação de cessação de periculosidade não influi no cálculo do prazo da prescrição. Aplicam-se à medida de segurança os termos iniciais e as causas suspensivas e interruptivas da prescrição. Tratando-se de medida de segurança aplicada ao inimputável, a sentença que a impõe não interrompe a prescrição, por ter natureza absolutória, embora imprópria. O início da execução da medida de internação ou de tratamento ambulatorial interrompe a prescrição da pretensão executória (art. 117, V, do CP).

> Jurisprudência
>
> • *Regime da prescrição das medidas de segurança*
>
> • *Prescrição com base na pena máxima cominada ao delito*
>
> • *Não interrupção da prescrição pela sentença absolutória*
>
> • *Inocorrência da prescrição com base na pena mínima cominada ao delito*
>
> • *Inocorrência da prescrição com base no prazo mínimo da medida de segurança*
>
> • *Interrupção da prescrição pelo início da execução da medida de segurança*

Art. 172. Ninguém será internado em Hospital de Custódia e Tratamento Psiquiátrico, ou submetido a tratamento ambulatorial, para cumprimento de medida de segurança, sem a guia expedida pela autoridade judiciária.

Vide: **LEP** arts. 68, I, 108, 171, 173, 174, 183, 184; **CP** arts. 96 a 99; **CPP** arts. 319, VII, 763.

172.1 GUIA DE INTERNAÇÃO

Transitada em julgado a sentença que houver imposto medida de segurança, deve o juiz determinar a expedição de guia de execução para o internamento ou tratamento ambulatorial. A mesma exigência é feita para as hipóteses de conversão (arts. 183 e 184), já que sem a guia de internação não se pode proceder à execução de medida de segurança. Evidentemente, estando o sentenciado foragido, à expedição da guia de internação precede a sua captura.

Como se anota na exposição de motivos da Lei nº 7.210/84, a guia expedida pela autoridade judiciária constitui o documento indispensável para a execução de qualquer das medidas de segurança. Trata-se de reafirmar a garantia individual da liberdade que deve existir para todas as pessoas, independentemente de sua condição, salvo as exceções legais.[49] A guia de internação não pode ser expedida enquanto não transita em julgado a sentença. Entretanto, o STJ já determinou que se expedisse a guia de internação sob o

---

49. Item 153.

argumento de que não deveria o insano ficar recolhido à prisão comum, sem um mínimo de assistência médica e em ambiente inadequado, à espera do julgamento do recurso de ofício. Se na sentença que aplicou a medida de segurança foi determinada a internação provisória do réu com fundamento no art. 319, VII, do CPP, justifica-se a expedição de uma guia de internação provisória, a exemplo da guia de recolhimento provisória a ser expedida no caso de condenado a pena privativa de liberdade que se encontra preso cautelarmente por força de sentença da qual somente a defesa apelou. Na hipótese da simples transferência para tratamento, prevista no art. 108 da LEP, a internação independe de expedição de guia própria, pois não se trata, na hipótese, de "execução" de medidas de segurança, bastando que seja retificada e encaminhada a guia de recolhimento expedida para o cumprimento da pena.

Jurisprudência

- *Inadmissibilidade de internação antes do trânsito em julgado: liberdade provisória*
- *Inadmissibilidade de internação sem guia de internação*
- *Expedição de mandado de captura em caso de acusado foragido*

Art. 173. A guia de internamento ou de tratamento ambulatorial, extraída pelo escrivão, que a rubricará em todas as folhas e a subscreverá com o juiz, será remetida à autoridade administrativa incumbida da execução e conterá:

I – a qualificação do agente e o número do registro geral do órgão oficial de identificação;

II – o inteiro teor da denúncia e da sentença que tiver aplicado a medida de segurança, bem como a certidão do trânsito em julgado;

III – a data em que terminará o prazo mínimo de internação, ou do tratamento ambulatorial;

IV – outras peças do processo reputadas indispensáveis ao adequado tratamento ou internamento.

§ 1º Ao Ministério Público será dada ciência da guia de recolhimento e de sujeição a tratamento.

§ 2º A guia será retificada sempre que sobrevier modificação quanto ao prazo de execução.

Vide: **LEP** arts. 68, I, 171, 172, 174, 175.

173.1 REQUISITOS

Como ocorre com a pena, somente se procede à execução da medida de segurança à luz da guia de execução correspondente. Deve ser ela escrita por quem dispõe de fé pública – o escrivão – que, além de assiná-la, apõe sua rubrica em todas as suas folhas. Exige a lei, para maior segurança, que o instrumento contenha também a assinatura do juiz que determinou a expedição.

Também a guia de internação deve apresentar os requisitos formais necessários à execução regular da medida de segurança, sendo eles mencionados expressamente no art. 173. Com vistas à identificação do internado, determina-se que conste o seu nome e a qualificação, além do número do registro geral do órgão oficial de identificação. Deve conter ainda o inteiro teor da denúncia (e da queixa) e da sentença condenatória, bem como certidão do trânsito em julgado desta. Interessa às autoridades administrativas e judiciárias que conheçam todos os fatos pelos quais o internado foi submetido ao processo, a fim de que se facilite a individualização do tratamento a que deve ficar sujeito. Facultativamente, poderá o juiz determinar também a transcrição de peças do processo que repute indispensáveis ao adequado tratamento ou internamento, ressaltando-se a importância do laudo de exame juntado aos autos do incidente de sanidade mental. Juntamente com as demais informações, servem essas peças de elementos a serem considerados quando dos exames de personalidade e criminológico (itens 5.4 e 5.5). Por fim, deve-se também mencionar a data em que terminará o prazo mínimo da internação ou do tratamento ambulatorial, pois, vencido este, o internado deve ser submetido à verificação de cessação de periculosidade (art. 175).

Transposto o prazo mínimo de internação, efetuado o exame a que se refere o art. 175 e averiguado que não cessou a periculosidade do paciente, a guia de internamento deverá ser retificada para que se acrescente mais um ano na sua duração, findo o qual novo exame deve ser realizado. A cada exame desfavorável, aliás, ainda que procedido este por determinação judicial, deve a guia ser retificada para o acréscimo referido. Isto deflui da obrigatoriedade da verificação anual de cessação de periculosidade.

Cabendo ao Ministério Público a fiscalização de toda execução penal, a este deve ser dada obrigatoriamente vista da guia de internamento e de tratamento, inclusive das eventuais retificações. Cabe-lhe requerer nos autos a alteração do documento em caso de qualquer irregularidade material ou formal para ajustá-lo aos termos da sentença, promovendo eventualmente o procedimento judicial próprio ou suscitando o incidente de excesso ou desvio da execução.

Segundo a exposição de motivos da Lei nº 7.210/84, o Ministério Público deve manifestar a ciência do ato no próprio documento.[50]

Art. 174. Aplicar-se-á, na execução da medida de segurança, naquilo que couber, o disposto nos arts. 8º e 9º desta lei.

Vide: **LEP** arts. 8º, 9º.

---

50. Item 154, *in fine*.

174.1 EXAMES

Tanto o exame criminológico como o exame geral de personalidade podem ser necessários ou ao menos recomendáveis, conforme as circunstâncias do caso concreto, àqueles que estão submetidos à medida de segurança. Por isso, dispõe o art. 174 que se aplicará na hipótese, naquilo que couber, o preconizado pelos arts. 8º e 9º da Lei de Execução Penal.

O exame criminológico é obrigatório quando se trata de internação em hospital de custódia e tratamento psiquiátrico, à semelhança do que ocorre com condenado à pena privativa de liberdade em *regime fechado*, a que corresponde a referida medida de segurança. É facultativo na hipótese de tratamento ambulatorial, dependendo da natureza do fato e das condições do agente, como deixa claro a Exposição de Motivos.[51]

A realização dos exames de personalidade e criminológico da pessoa submetida à medida de segurança não difere daquela referente ao condenado à pena privativa de liberdade (itens 5.4, 5.5, 8.1 e 9.1).

Capítulo II
DA CESSAÇÃO DA PERICULOSIDADE

Art. 175. A cessação da periculosidade será averiguada no fim do prazo mínimo de duração da medida de segurança, pelo exame das condições pessoais do agente, observando-se o seguinte:

I – a autoridade administrativa, até um mês antes de expirar o prazo de duração mínima da medida, remeterá ao juiz minucioso relatório que o habilite a resolver sobre a revogação ou permanência da medida;

II – o relatório será instruído com o laudo psiquiátrico;

III – juntado aos autos o relatório ou realizadas as diligências, serão ouvidos, sucessivamente, o Ministério Público e o curador ou defensor, no prazo de três dias para cada um;

IV – o juiz nomeará curador ou defensor para o agente que não o tiver;

V – o juiz, de ofício ou a requerimento de qualquer das partes, poderá determinar novas diligências, ainda que expirado o prazo de duração mínima da medida de segurança;

VI – ouvidas as partes ou realizadas as diligências a que se refere o inciso anterior, o juiz proferirá a sua decisão, no prazo de cinco dias.

---

51. Item 155.

Vide: **LEP** arts. 173, III, 174, 176 a 179, 183, 184, parágrafo único, 194 a 197; **CP** arts. 42, 97, §§ 1º e 2º; **CPP** art. 150, § 1º.

175.1 EXAME DE PERICULOSIDADE

A internação e o tratamento ambulatorial são executados, em princípio, por tempo indeterminado, perdurando enquanto não for averiguada, mediante perícia médica, a cessação de periculosidade. Deve o juiz fixar, porém, um prazo mínimo de duração, de um a três anos, conforme a gravidade do crime e as condições do agente ou grau de periculosidade demonstrado na prática do fato. Também deve ser fixado entre um e três anos o prazo mínimo quando houver conversão da pena em medida de segurança diante da superveniência de doença mental ou perturbação da saúde mental do condenado no curso da execução (art. 183). Na hipótese de conversão de tratamento ambulatorial em internação, porém, esta terá o prazo mínimo de um ano por força da lei (art. 184, parágrafo único). Conta-se, no prazo mínimo para o tempo de duração da medida de segurança, o tempo de prisão provisória, o de prisão administrativa e o de anterior internação, por força da detração (art. 42, do CP).

Findo o prazo mínimo de duração da internação ou da submissão a tratamento ambulatorial, deve proceder-se à verificação do estado de periculosidade do agente por meio de perícia médica, a fim de se apurar se deve cessar a execução da medida de segurança. Trata-se de procedimento de ofício da autoridade administrativa incumbida da execução, desnecessária a determinação judicial. Evidentemente, se não for providenciado como de direito pela autoridade administrativa, cabe ao juiz determinar a instauração do procedimento. Por força do disposto no art. 195, também poderão requerer tal providência o Ministério Público, o interessado ou quem o represente, o seu cônjuge, parente ou descendente ou o Conselho Penitenciário.

Os prazos fixados na lei não são fatais ou improrrogáveis, não se permitindo ao submetido a medida de segurança detentiva o retorno ao convívio social enquanto não realizada perícia para averiguação da cessação de periculosidade. A superação do prazo não gera ao internado o direito de ser solto e muito menos a presunção de que cessou a sua periculosidade.

Jurisprudência

- *Duração indeterminada da medida de segurança*
- *Realização anual da perícia*
- *Contagem do prazo de medida cautelar*
- *Termo inicial da contagem do prazo de prorrogação*
- *Demora na realização da perícia: constrangimento ilegal no recolhimento à prisão*
- *Prorrogação do prazo pela demora da perícia*
- *Inadmissibilidade de cessação da execução da medida de segurança*

175.2 RELATÓRIO E LAUDO

Determina a lei que a autoridade administrativa, até um mês antes de expirar o prazo de duração mínima da medida, remeta ao juiz minucioso relatório que o habilite a resolver sobre a revogação ou permanência da medida. Nesse relatório, o diretor do estabelecimento em que se executa a medida de segurança "deverá transmitir ao juiz da execução todas as informações sobre o paciente da medida de segurança, relativas à sua conduta, relacionamento com os funcionários, colegas e amigos, reação ao tratamento e às influências do mundo exterior, demonstrando maior ou menor ajustabilidade social, maior ou menor interação com os membros de sua família, e assim por diante".[52]

Instrui obrigatoriamente o relatório o laudo psiquiátrico, que deve ser elaborado, de preferência, pela equipe médica que cuidou do paciente durante o cumprimento da medida de segurança até o momento do exame. O competente laudo deve ser expedido no máximo em quarenta e cinco dias, salvo se os peritos demonstrarem a necessidade de maior prazo, tal como se determina para o incidente de insanidade mental do acusado (art. 150, § 1º, do CPP).

É indispensável que, no laudo psiquiátrico, os peritos informem se o paciente ainda sofre de doença mental ou é portador de perturbação da saúde mental, desenvolvimento mental incompleto ou retardado, qual o grau da anomalia e, permanecendo o estado mórbido anterior, se cessou ou não a periculosidade.

É usual nos laudos o diagnóstico de uma "periculosidade nivelada de um doente mental comum", o que significa que o paciente apresenta o mesmo índice de temibilidade daquele doente que não cometeu o ilícito penal. Entretanto, por ter praticado o fato definido como crime e apresentar tal periculosidade, não há que se decidir pela desinternação ou liberação. Mas como lembra a Exposição de Motivos, a pesquisa sobre a condição dos internados ou dos submetidos a tratamento ambulatorial deve ser estimulada com rigor científico e desvelo humano, assumindo o problema contornos dramáticos com relação aos internamentos que não raro ultrapassam os limites razoáveis de durabilidade, consumando, em alguns casos, a perpétua privação de liberdade.[53] A atenuação da enfermidade com a persistência da periculosidade, porém, impede a desinternação.

Jurisprudência

- *Atenuação da enfermidade e persistência da periculosidade*
- *Não vinculação do juiz ao laudo técnico*

175.3 PROCEDIMENTO

Após o recebimento do relatório instruído com o laudo psiquiátrico, devem ser ouvidos, sucessivamente, o Ministério Público e o curador ou defensor, no prazo de três

---

52. SILVA, Odir Odilon Pinto da, BOSCHI, José Antonio Paganella. *Comentários à lei de execução penal*. Rio de Janeiro: Aide, 1986. p. 199.

53. Item 158.

dias para cada um, podendo estes, se for o caso, requerer diligência. Também o juiz, de ofício, poderá determinar outras que entender necessárias à decisão. Tratando-se de internado semi-imputável, o juiz nomeará defensor, se não o tiver. Na hipótese de inimputável deve ser nomeado curador. O defensor exerce o mandato, praticando todos os atos inerentes à defesa do internado, enquanto o curador tem por função assistir quem se encontra em condições de inferioridade em relação aos órgãos técnicos da acusação. Ambos devem, porém, zelar pelos interesses do agente submetido ao internamento ou tratamento ambulatorial. A presença e atuação de um e de outro, na relação jurídica processual, a par de evidenciar a necessidade de proteção do réu ou do agente contra quem se impôs medida de segurança, pela condição de hipossuficiente, representa, também, garantia de plenitude da igualdade das partes e segurança da observância do princípio do contraditório.[54]

Realizadas as diligências determinadas pelo juiz, de ofício ou a requerimento das partes, e ouvidos o Ministério Público e o defensor ou curador, profere-se a decisão. Concluindo, diante do laudo, relatório e demais provas, pela cessação da periculosidade, determinará o juiz a desinternação ou a liberação. Caso contrário, a medida de segurança continuará a ser executada, com a renovação obrigatória de exame decorrido mais um ano.

Art. 176. Em qualquer tempo, ainda no decorrer do prazo mínimo de duração da medida de segurança, poderá o juiz da execução, diante de requerimento fundamentado do Ministério Público ou do interessado, seu procurador ou defensor, ordenar o exame para que se verifique a cessação da periculosidade, procedendo-se nos termos do artigo anterior.

Vide: **LEP** arts. 175, 177; **CP** art. 97, §§ 1º e 2º.

176.1 ANTECIPAÇÃO DO EXAME

Perante a lei anterior, somente o Tribunal poderia determinar a antecipação do exame de verificação da cessação de periculosidade (art. 777 do CPP). Suprimia-se, portanto, a instância originária e natural para a apreciação de pedido em tal sentido. Como a cessação de periculosidade é procedimento típico de execução, entretanto, determina a nova lei que o exame seja determinado pelo juiz. Assim, ao juiz da execução deve ser pleiteado o exame extraordinário para se constatar a cessação de periculosidade, não se prestando a tal pedido originário à 2ª instância ou a revisão criminal.

Expressamente, permite a lei que o exame seja efetuado ainda antes do término do prazo mínimo ou a qualquer tempo após a realização do exame obrigatório. Podem requerer a realização do exame extraordinário o Ministério Público, o interessado, seu procurador ou defensor, desde que o façam fundamentadamente. É indispensável, portanto, que se apresentem elementos indicativos de que é provável ter cessado a periculosidade do internado, o

---

54. SILVA, Odir Odilon Pinto da, BOSCHI, José Antonio Paganella. Ob. cit. p. 200.

que poderá ser ou não confirmado pelos peritos. A decisão também deve ser fundamentada, cabendo dela o recurso de agravo em execução.

Prevendo a lei requerimento do Ministério Público ou do interessado, seu procurador ou defensor, não pode o juiz da execução, em regra, determinar, *de ofício*, a antecipação do exame. É possível, porém, que se torne indispensável o exame para que o juiz decida pela execução da pena ou da medida de segurança, permitindo-se assim a iniciativa do magistrado (item 171.4).

Jurisprudência

- *Competência do Juiz da execução para determinar o exame*
- *Inadmissibilidade de pedido à 2ª instância*
- *Realização da perícia a qualquer tempo*
- *Necessidade do início da execução da medida de segurança para a antecipação do exame*
- *Necessidade de fundamentação para antecipação da perícia*
- *Razões para a antecipação da perícia*
- *Inadmissibilidade de constrangimento ilegal pelo indeferimento da antecipação da perícia*

Art. 177. **Nos exames sucessivos para verificar-se a cessação da periculosidade, observar-se-á, no que lhes for aplicável, o disposto no artigo anterior.**

Vide: **LEP** arts. 175, 176, 178, 179; **CP** art. 97, § 2º.

177.1 PROCEDIMENTO

Em todos os exames para verificação da cessação da medida de segurança, ou seja, terminado o prazo mínimo (art. 175 da LEP), de ano em ano, após esse prazo (art. 97, § 2º, do CP), ou determinado pelo juiz (art. 176 da LEP), deve obedecer-se ao disposto nos arts. 175 e 176 da Lei de Execução Penal, no que for aplicável. Assim, a autoridade administrativa providenciará para que seja realizado o exame psiquiátrico, remetendo o correspondente laudo juntamente com seu relatório ao juiz da execução, procedendo-se à oitiva do Ministério Público e do curador ou defensor, bem como eventuais diligências etc. (itens 175.1 a 175.3).

Art. 178. **Nas hipóteses de desinternação ou de liberação (art. 97, § 3º, do Código Penal), aplicar-se-á o disposto nos arts. 132 e 133 desta lei.**

Vide: **LEP** arts. 132, 133, 179; **CP** art. 97, § 3º.

178.1 CONDIÇÕES

Comprovada a cessação da periculosidade do internado ou do submetido a tratamento ambulatorial, será determinada a desinternação ou liberação. Entretanto, o juiz da execução deve proceder como na hipótese do livramento condicional, impondo-lhe obrigatoriamente as obrigações de obter ocupação lícita, dentro de prazo razoável se for apto para trabalhar, comunicar periodicamente sua ocupação e não mudar do território da Comarca sem prévia autorização (art. 132, § 1º, da LEP) e, facultativamente, as de não mudar de residência sem comunicação, recolher-se à habitação em hora fixada e não frequentar determinados lugares (art. 132, § 2º, da LEP). Permitindo-se ao desinternado ou liberado residir fora da Comarca, deve remeter-se cópia da decisão ao juízo do lugar para onde ele houver se transferido e à autoridade incumbida da observação cautelar e de proteção (art. 133 da LEP).

A desinternação e liberação são, todavia, condicionais, ficando sujeita a extinção da medida de segurança a uma condição resolutiva pelo prazo de um ano. Deve ser restabelecida a internação ou o tratamento ambulatorial se, antes de decorrido esse prazo, o agente pratica fato indicativo de persistência de sua periculosidade. Não se refere a lei apenas à prática de ilícito penal e, assim, ainda que constitua fato atípico, a conduta do agente que indica periculosidade é causa determinante de nova internação ou submissão a tratamento ambulatorial, restabelecendo-se a situação anterior. Nessa situação, o agente será submetido aos exames regulares ou excepcionais.

Diversamente do que previu para o livramento condicional, no entanto (art. 139), a Lei de Execução Penal não confere atribuição específica a nenhum órgão ou estabelecimento destinado à observação e proteção do desinternado ou do liberado, exceto o Ministério Público, por ter essencialmente, na execução, função fiscalizatória.[388]

Jurisprudência

- *Restabelecimento da internação após a prática de novo delito*
- *Restabelecimento da internação após a prática de atos indicativos de periculosidade social*
- *Suficiência da certidão atualizada de antecedentes criminais ao final da desinternação condicional*
- *Inadmissibilidade da extinção da medida de segurança antes do período de desinternação condicional*

Art. 179. Transitada em julgado a sentença, o juiz expedirá ordem para a desinternação ou a liberação.

Vide: LEP arts. 178, 197; CP art. 97, § 3º.

179.1 DESINTERNAÇÃO E LIBERAÇÃO

A desinternação do submetido à medida de segurança detentiva e a liberação daquele submetido a tratamento ambulatorial após o exame de verificação de cessação da periculosidade somente são realizadas quando a decisão do juiz transitar em julgado. Havendo recurso dessa decisão, o agravo em execução, por exceção, terá efeito suspensivo (item 197.1). Continua sendo executada a medida de segurança até a decisão irrecorrível.

Transitada em julgado a decisão que concluir pela cessação da periculosidade, o juiz determinará a expedição da ordem de desinternação, no caso da medida de segurança detentiva, ou de liberação, na hipótese do tratamento ambulatorial.

Jurisprudência

- *Desinternação pela cessação de periculosidade*
- *Desinternação exige cessação da periculosidade*

TÍTULO VII
DOS INCIDENTES DE EXECUÇÃO

Capítulo I
DAS CONVERSÕES

Art. 180. A pena privativa de liberdade, não superior a dois anos, poderá ser convertida em restritiva de direitos, desde que:

I – o condenado a esteja cumprindo em regime aberto;

II – tenha sido cumprido pelo menos um quarto da pena;

III – os antecedentes e a personalidade do condenado indiquem ser a conversão recomendável.

Vide: **LEP** arts. 66, V, *c*, 68, II, *e*, 81-B, I, *h*; **CP** arts. 33, § 2º, *c*, 43, 110, 112, 147 a 155.

180.1 INCIDENTES DA EXECUÇÃO

Trata o Título VII da Lei de Execução Penal dos incidentes da execução. *Incidente* é palavra que designa aquilo que ocorre ou sobrevém, o que é superveniente e acessório (Caldas Aulete, Aurélio Buarque de Holanda). Juridicamente, o *incidente* pode ser conceituado como uma questão acessória por decidir, surgida no curso de um processo principal. Tratando-se da lei em estudo, o incidente é um acontecimento jurídico que ocorre no curso da execução da pena, ocasionando, por atividade jurisdicional, a sua alteração, redução ou extinção. No incidente da execução, o juiz não procede a reexame crítico e alteração do julgado no processo de conhecimento, mas, diante de situações jurídicas que rompem com a normalidade do procedimento executório, altera ou extingue o curso da execução.

Não constituem incidentes da execução o *sursis* e o livramento condicional, assim considerados na lei anterior, nem a transferência de regimes (progressão e regressão), já que nestas hipóteses não há alteração ou extinção da pena, mas o desenvolvimento, pode-se dizer, *normal* da execução da pena privativa de liberdade, em seu dinamismo, decorrente, em especial, do sistema progressivo.

São incidentes da execução, nos termos legais, as conversões, o excesso ou desvio, a anistia e o indulto. Nestes dois últimos, causas de extinção da punibilidade, prevalece o caráter substantivo da execução, atividade complexa por excelência (item 1.1). Há, entretanto, outras hipóteses de incidentes da execução (item 66.12).

180.2 CONVERSÕES

A conversão é a substituição de uma sanção por outra, pena ou medida de segurança, no curso da execução. Há, assim, alteração na execução, que pode ser favorável ou prejudicial ao condenado, transformando-se a pena primitivamente imposta em outra ou em medida de segurança, ou uma desta em outra espécie. Por essa razão diz-se que a conversão pode ter caráter liberativo ou detentivo ou constituir-se na conversão-internamento.[55]

Foram estabelecidas minuciosamente na Lei de Execução Penal as hipóteses de conversão, de modo a cumprir-se fielmente o regime de legalidade e atender aos interesses da defesa social e aos direitos do condenado. Como se esclarece na exposição de motivos, "a instituição e a prática das conversões demonstram a orientação da reforma como um todo, consistente em dinamizar o quadro de execução de tal maneira que a pena finalmente cumprida não é, necessariamente, a pena da sentença" (item 164).

São favoráveis ao condenado as conversões da pena privativa de liberdade em restritiva de direitos (art. 180) ou em medida de segurança (art. 183). São desfavoráveis as conversões das penas restritivas de direitos em privativa de liberdade (art. 181) e da medida de segurança de tratamento ambulatorial em internação (art. 184). As conversões podem ser propostas pelos órgãos da execução e determinadas pelo juiz da execução (art. 66, V).

Estabelece ainda a Lei nº 9.099, de 16-9-1995, a conversão da pena de multa em privativa de liberdade ou restritiva de direitos, nos termos previstos em lei, quando não efetuado o pagamento da sanção pecuniária aplicada no Juizado Especial Criminal (art. 85). Entretanto, como a lei penal ou processual não prevê a conversão da multa em restritiva de direitos, ficam indefinidos os limites para essa conversão. Não se aceitando no direito pátrio o estabelecimento de penas indeterminadas diante do princípio da legalidade da pena, prevista no art. 5º, XXXIX, da Constituição Federal, e proibida a analogia na hipótese, é inaplicável o dispositivo da lei especial no que se refere à conversão em pena restritiva de direitos.

Tratando-se da conversão prevista no art. 180, é obrigatória a oitiva prévia do Ministério Público. Nas hipóteses de conversões desfavoráveis ao condenado, deve-se possibilitar a ele ampla defesa, com a oitiva do defensor e a possibilidade de apresentação de provas, em obediência ao princípio do devido processo legal aplicável à execução das penas.

---

55. DOTTI, René Ariel. O novo sistema de penas. *Reforma Penal*. São Paulo: Saraiva, 1985. p. 108.

180.3 CONVERSÃO DE PENA PRIVATIVA DE LIBERDADE EM RESTRITIVA DE DIREITOS

A primeira espécie de conversão é a transformação da pena privativa de liberdade em restritiva de direitos. Como bem lembram Silva e Boschi, o art. 180 da Lei de Execução Penal "afina-se com o sistema progressivo de penas, instituído pelo Código Penal, através do qual o condenado vai, paulatinamente, passando do regime mais grave para o menos grave, embora constitua, verdadeiramente, hipótese excepcional de substituição da pena privativa de liberdade pela pena restritiva de direitos, no curso da execução, para o condenado a pena excedente a um ano e não superior a dois anos".[56]

Trata-se, realmente, de substituição, de tal forma que a pena restritiva de direitos terá a mesma duração da pena privativa de liberdade aplicada primitivamente, tal como determina o art. 55, do Código Penal, como regra geral. Não se desconta, portanto, o tempo da pena privativa de liberdade cumprido.

Exigem-se, para a conversão da pena privativa de liberdade em restritiva de direitos, três requisitos objetivos. É necessário, em primeiro lugar, que a pena privativa de liberdade aplicada não seja superior a dois anos, não fazendo a lei, porém, qualquer distinção quanto à espécie: reclusão, detenção ou prisão simples. Em segundo lugar, é preciso que o condenado a esteja cumprindo em regime aberto, quer porque foi esse o regime inicial determinado, quer porque foi já beneficiado com a progressão. É indispensável, além disso, que o condenado tenha cumprido pelo menos um quarto da pena imposta. Para tal contagem computa-se, pela detração penal, o tempo da prisão provisória, ou administrativa, e a remição.

Não bastam, porém, tais pressupostos, exigindo-se ainda um requisito subjetivo: que os antecedentes e a personalidade do condenado indiquem ser a conversão recomendável. Somente terá direito à conversão, assim, aquele que não tiver maus antecedentes, em especial condenações anteriores, e também revele, pelos exames de personalidade e criminológico ou, na falta destes, pelos elementos colhidos nos autos, um caráter social, recomendando-se, por isso, a transformação. Na hipótese de concluir o juiz, pelos elementos de que dispõe, que o condenado provavelmente não se submeterá à restrição de direitos, não deve conceder a conversão.

Convertida a pena privativa de liberdade em restritiva de direitos e ocorrendo uma das hipóteses do art. 181 e seus parágrafos, haverá nova conversão, agora para pena privativa de liberdade. É evidente que, nessa hipótese, computa-se na duração desta o tempo anteriormente cumprido na prisão.

Jurisprudência

- *Necessidade de verificação de requisitos subjetivos*
- *Inadmissibilidade da conversão de pena superior a dois anos*
- *Inadmissibilidade da conversão em razão do anterior descumprimento da pena restritiva de direitos*
- *Inadmissibilidade da conversão em razão dos antecedentes criminais*
- *Conversão da pena privativa de liberdade em restritiva de direitos para o condenado por crime militar preso em estabelecimento prisional comum*

---

56. *Comentários à lei de execução penal*. Rio de Janeiro: Aide, 1986. p. 208.

Art. 181. A pena restritiva de direitos será convertida em privativa de liberdade nas hipóteses e na forma do art. 45 e seus incisos do Código Penal.

§ 1º A pena de prestação de serviços à comunidade será convertida quando o condenado:

a) não for encontrado por estar em lugar incerto e não sabido, ou desatender a intimação por edital;

b) não comparecer, injustificadamente, à entidade ou programa em que deva prestar serviço;

c) recusar-se, injustificadamente, a prestar o serviço que lhe foi imposto;

d) praticar falta grave;

e) sofrer condenação por outro crime à pena privativa de liberdade, cuja execução não tenha sido suspensa.

§ 2º A pena de limitação de fim de semana será convertida quando o condenado não comparecer ao estabelecimento designado para o cumprimento da pena, recusar-se a exercer a atividade determinada pelo juiz ou se ocorrer qualquer das hipóteses das letras *a*, *d*, e *e* do parágrafo anterior.

§ 3º A pena de interdição temporária de direitos será convertida quando o condenado exercer, injustificadamente, o direito interditado ou se ocorrer qualquer das hipóteses das letras *a* e *e* do § 1º deste artigo.

Vide: LEP arts. 51, 147 a 155; CP arts. 43 a 48.

181.1 CONVERSÃO DE PENA RESTRITIVA DE DIREITOS EM PRIVATIVA DE LIBERDADE

De forma genérica, o art. 45 do Código Penal previa a conversão de qualquer espécie de pena restritiva de direitos em privativa de liberdade quando: (a) sobreviesse condenação, por outro crime, à pena privativa de liberdade cuja execução não tenha sido suspensa; e (b) ocorresse o descumprimento injustificado da restrição imposta. Entretanto, com a nova redação dada a vários dispositivos do Código Penal pela Lei nº 9.174, de 25-11-1998, a disposição passou para os §§ 4º e 5º do art. 44 do CP. No primeiro deles, dispõe-se ainda que a pena restritiva de direitos converte-se em privativa de liberdade quando ocorrer o descumprimento injustificado da restrição imposta. Pelo segundo, sobrevindo condenação à pena privativa de liberdade, por outro crime, o juiz da execução penal decidirá sobre a conversão, podendo deixar de aplicá-la se for possível ao condenado cumprir a pena substitutiva anterior. Trata-se, porém, de regras gerais, pois o art. 181, da Lei de Execução Penal, em seus parágrafos, determina a conversão para cada uma das modalidades de restrição de direitos separadamente e especificando quais as hipóteses em que ela ocorre. Refere-se, assim, às penas de prestação de serviços à comunidade (§ 1º), de limitação de fim de semana (§ 2º) e de interdição temporária de direitos (§ 3º).

Nos termos do art. 45, *caput*, do Código Penal, na sua antiga redação, a conversão, em qualquer hipótese, se operaria "pelo tempo da pena aplicada". Embora não se tenha repetido tal disposição, a regra permanece, por implícita no art. 44, § 4º, segunda parte, do Código Penal, com a redação que lhe foi dada pela Lei nº 9.174, de 25-11-1998, quando prevê que, do cálculo da pena privativa de liberdade *aplicada*, deve-se deduzir o tempo cumprido da pena restritiva de direitos. De outro lado, permite-se, pelo dispositivo, que se deduza do total da pena privativa de liberdade aplicada o tempo de cumprimento da pena restritiva de direitos, detração não permitida sob a vigência da lei anterior.[1] Essa determinação legal era, verdadeiramente, injusta, porque desconsiderava o período em que o condenado efetivamente cumpriu sua pena restritiva.[2] Nem mesmo a justa preocupação do legislador quanto à fiel execução das penas restritivas de direitos justificava a severidade do dispositivo.

Jurisprudência

- *Detração do tempo de cumprimento da pena restritiva de direitos na pena privativa de liberdade*
- *Conversão em pena privativa de liberdade no regime fixado na sentença*
- *Substituição por pena privativa de liberdade em regime semiaberto*

181.2 CONVERSÃO DA PENA DE PRESTAÇÃO DE SERVIÇOS À COMUNIDADE

Prevê o art. 181, em seu § 1º, as causas de conversão da pena de prestação de serviços à comunidade em privativa de liberdade. A primeira delas ocorre quando o condenado não for encontrado por estar em lugar incerto e não sabido (letra *a*, 1ª parte). Refere-se o dispositivo não à revelia eventualmente decretada durante o processo de conhecimento, mas ao fato de não ter sido encontrado o condenado, por estar em lugar incerto e não sabido, quando procurado para ser cientificado da entidade, dias e horário para o cumprimento da pena de

---

1. Afirmava Alberto Silva Franco, ao tratar do assunto que "melhor seria o entendimento de que ficou oculto, na locução legal, o adjetivo 'restante', o que significa o desconto da pena convertida, do tempo da pena restritiva de direitos" e que, por isso, com relação às penas de prestação de serviços à comunidade e limitação de fim de semana, "na falta de um critério legal apropriado, caberá ao juiz, na conversão, efetuar, nas hipóteses enfocadas, o desconto que parecer eqüitativo" (*Temas de direito penal*. São Paulo: Saraiva, 1986. p. 138). Tal posição, anteriormente aceita por nós, não se ajusta aos termos da lei. O mesmo autor citado, em outra passagem, modificara sua opinião inicial ao afirmar: "Nesse caso, a conversão será efetuada de acordo com o art. 45 da nova Parte Geral do Código Penal, pelo tempo da pena aplicada, não cabendo, assim, nenhum abatimento nesse *quantum* do tempo já cumprido da pena de limitação de fim de semana" (Ob. cit. p. 156). Damásio E. de Jesus opinava também pela conversão pelo total da penal (*Comentários ao código penal*. 2. ed. São Paulo: Saraiva, 1986. p. 596).

2. SILVA, Odir Odilon Pinto da, BOSCHI, José Antonio Paganella. Ob. cit. p. 205. Em decisão isolada, o TACRIM de São Paulo determinara fossem descontados da pena privativa de liberdade os dias em que o condenado compareceu para a prestação de serviços à comunidade.

prestação de serviços à comunidade (art. 149, II, da LEP). Trata-se, portanto, da conversão da pena imposta tanto ao réu revel, como àquele que foi pessoalmente citado e intimado para os atos do processo e que desaparece quando da execução, deixando de comunicar seu novo endereço a Juízo, não sendo encontrado na diligência referida.

A segunda causa de conversão ocorre quando o condenado desatende a intimação por edital (letra *a*, 2ª parte). Nesse caso, o condenado manteve-se revel durante o processo e, assim, a intimação para a execução da pena deve operar-se, também, por meio de chamamento editalício. Nesse édito, marca-se dia e horário para o condenado iniciar o cumprimento da pena e o seu não comparecimento dá causa à conversão.

A terceira causa é o descumprimento voluntário da pena. Intimado o condenado para o cumprimento da pena, pode ocorrer que não compareça à entidade ou programa em que deve prestar serviço ou, iniciada a execução, deixa de comparecer nos dias fixados pelo juiz para o cumprimento da sanção, ocorrendo então outra causa de conversão (letra *b*). Nessa hipótese, porém, ao contrário das anteriores, pode o condenado justificar a sua ausência no local em que deve prestar suas tarefas (doença, acidente, outras obrigações legais etc.), cabendo ao juiz da execução, ouvido o Ministério Público, aferir as razões apresentadas para decidir ou não pela conversão.

É também causa de conversão recusar-se o condenado, injustificadamente, a prestar o serviço que lhe foi imposto (letra *c*). Embora compareça ao local da prestação de serviços, o condenado se recusa a desempenhá-lo sem motivo justificado.

Poderá, contudo, também nessa hipótese, escusar-se, demonstrando que está impossibilitado para a tarefa (insuficiência física, doença etc.), e nesse caso não ocorrerá a conversão.

Causa ainda a conversão a prática pelo condenado de falta grave (letra *d*). As faltas graves do condenado à pena restritiva de direitos estão previstas expressamente no art. 51: descumprir, injustificadamente, a restrição imposta; retardar, injustificadamente, o cumprimento da obrigação imposta; e inobservar os deveres previstos nos incisos II e V do art. 39 da Lei de Execução Penal, que são a obediência ao servidor, o respeito a qualquer pessoa com quem deve relacionar-se e a execução do trabalho, das tarefas e das ordens recebidas. Basta, portanto, a prática pelo condenado de ato que constitua falta grave para que seja determinada a conversão. Não há necessidade na hipótese de instauração do procedimento disciplinar, mesmo porque no caso não se aplica sanção disciplinar (item 51.1).

Por fim, também ocorrerá a conversão quando o agente sofrer condenação por outro crime à pena privativa de liberdade cuja execução não tenha sido suspensa (letra *e*). É uma consequência lógica do sistema, já que, sofrendo nova condenação, agora à pena privativa de liberdade, devendo cumpri-la por não ter sido concedido o *sursis*, fica o condenado impedido de prestar serviços à comunidade. Esta sanção, portanto, deve ser convertida em privativa de liberdade, cumprindo-a o condenado cumulativamente com a nova sanção imposta. Havendo, porém, possibilidade de cumprimento da pena substitutiva anterior, é facultado ao juiz deixar de promover a conversão (art. 44, § 5º, com a nova redação). Assim, se houver condenação à pena de multa ou restritiva de direitos, ou mesmo à pena privativa de liberdade com concessão do *sursis*, não haverá conversão. Imposta pena privativa de liberdade, com a concessão do *sursis* simples, pelo novo crime, deve o condenado ser submetido sucessivamente à prestação de serviços à comunidade e à obrigação imposta nos termos do art. 78, § 1º, do Código Penal, na hipótese de não serem elas exequíveis simultaneamente. Neste caso, a audiência admonitória somente pode ser realizada após o cumprimento da pena restritiva, uma vez que apenas a partir do término de sua execução podem ser cumpridas as condições impostas ao beneficiário. Tratando-se de *sursis* em que foi imposta a limitação de fim de semana compatível com a prestação de serviços à comunidade ou de suspensão condicional da pena especial, executam-se simultaneamente a pena de prestação de serviços à comunidade e o benefício. Revogado o benefício ainda durante a execução da pena restritiva, esta será convertida em privativa de liberdade.

Tem-se decidido, porém, com amparo na prevalência da regra geral posterior contida no art. 44, § 5º, do CP sobre a prevista no art. 181, § 1º, *e,* da LEP, que a existência de pena privativa de liberdade a ser cumprida em regime aberto também não determina a conversão diante da possibilidade de cumprimento simultâneo da prestação de serviços à comunidade. Fixado, porém, o regime fechado ou semiaberto, a incompatibilidade é absoluta, impondo-se, então, a conversão.

Na existência de duas ou mais condenações a penas privativas de liberdade, todas substituídas por sanções restritivas de direitos, inviável é a conversão sob o argumento de que a soma das reprimendas exigiria a fixação do regime inicial semiaberto ou fechado. A unificação dos regimes prisionais nos termos do que prevê o art. 111 pressupõe penas privativas de liberdade a serem cumpridas, situação que não se verifica na hipótese de terem sido essas substituídas por sentenças transitadas em julgado. Deve-se observar, porém, que o art. 44, § 5º, do CP, tal como redigido, atribui, claramente, ao juiz não um dever, mas uma autorização para deixar de operar a conversão na hipótese de outra condenação, desde que possível o cumprimento simultâneo das penas impostas. Trata-se, assim, de uma faculdade judicial a ser ou não exercida à vista das especificidades do caso concreto.

Jurisprudência

- *Conversão na superveniência de nova condenação a pena a ser cumprida em regime fechado ou semiaberto: incompatibilidade com a prestação de serviços à comunidade*

- *Conversão na ausência do condenado intimado para oitiva em juízo*

- *Conversão na não localização do condenado para início do cumprimento da pena: mudança de endereço não informada*

- *Conversão na não localização do condenado para a audiência admonitória: desnecessidade de intimação por edital*

- *Conversão no descumprimento da pena após advertência*

- *Inadmissibilidade da conversão em pena privativa de liberdade quando a soma das penas restritivas de direito excede 4 anos*

- *Inadmissibilidade de conversão sem prévia oitiva do condenado*

- *Necessidade de instauração de juízo de justificação para a conversão*

- *Conversão após diligências para localização do condenado e intimação por edital*

- *Conversão após intimação por edital*

- Inadmissibilidade da conversão por mera falta de comunicação da mudança de endereço durante a execução

- Inadmissibilidade da conversão após prisão em flagrante

- Possibilidade de alteração da forma de cumprimento da prestação de serviços à comunidade

181.3 CONVERSÃO DA PENA DE LIMITAÇÃO DE FIM DE SEMANA

No § 2º, o art. 181 prevê as hipóteses de conversão da pena de limitação de fim de semana em privativa de liberdade. A primeira delas é a de o condenado não comparecer ao estabelecimento designado para o cumprimento da pena. Cabe ao juiz da execução determinar a intimação do condenado, cientificando-o do local, dias e horário em que deverá cumprir a sanção (art. 151, *caput*, da LEP). O condenado fica obrigado a permanecer, aos sábados e domingos, por cinco horas diárias, em casa de albergado ou outro estabelecimento adequado, a critério do juiz (art. 48, *caput*, do CP). O início do cumprimento da pena se verifica na data do primeiro comparecimento (art. 151, parágrafo único). O estabelecimento designado encaminhará, mensalmente, ao juiz da execução, relatório, bem assim comunicará, a qualquer tempo, a ausência ou falta disciplinar do condenado (art. 153). O não comparecimento do condenado, nos dias e horários fixados pelo juiz, acarreta a conversão. Não prevê a lei, expressamente, a possibilidade de justificação para a ausência, mas é evidente que a pena não é convertida quando fica absolutamente demonstrado ter ocorrido caso fortuito ou força maior que impediu o comparecimento. Na limitação de fim de semana, o condenado pode ficar submetido à assistência a cursos e palestras ou ser obrigado a outras atividades educativas (art. 48, parágrafo único, do CP). Tratando-se de condenado por crime cometido com violência doméstica e familiar contra a mulher, prevê a lei expressamente a possibilidade da fixação de frequência obrigatória a programa de recuperação e reeducação (art. 152, parágrafo único). Embora tais atividades sejam promovidas pela autoridade administrativa, a autorização para a realização delas parte do juiz da execução, estando o condenado obrigado a acatá-las. A desobediência a esses deveres determina que a limitação de fim de semana seja convertida em pena privativa de liberdade.

Por último, também é convertida a pena se ocorrer qualquer das hipóteses das letras *a*, *d* e *e* do § 1º do art. 181, já examinadas no item anterior.

181.4 CONVERSÃO DAS PENAS DE INTERDIÇÃO TEMPORÁRIA DE DIREITOS

Qualquer das penas de interdição temporária de direitos é convertida em privativa de liberdade nas hipóteses especificadas no art. 181, § 3º, da Lei de Execução Penal. A primeira das causas de conversão ocorre quando o condenado exerce, injustificadamente, o direito interditado (art. 44, § 4º, do CP). Estando proibido temporariamente do exercício de cargo, função ou atividade pública, mandato eletivo, de profissão, atividade ou ofício ou de dirigir veículo, ou ainda de inscrever-se em concurso, avaliação ou exame públicos, o condenado que o fizer terá sua pena convertida. Quanto à proibição do exercício de cargo, função ou atividade pública, bem como de mandato eletivo, a autoridade à qual for comunicada a aplicação da pena deverá, em 24 horas, contadas do recebimento do ofício do magistrado, baixar ato a partir do qual a execução terá seu início (art. 154, § 1º). Quanto à proibição de exercício de profissão, atividade ou ofício e à suspensão de autorização ou de habilitação para dirigir veículo, o juiz da execução determinará a apreensão dos documentos que autorizam o exercício do direito interditado (art. 154, § 2º, da LEP e art. 293, § 1º, do CTB). É possível que o condenado tenha justificativa para infringir a interdição. Citam Silva e Boschi como exemplos de motivo justificado os do médico que se vê na contingência de atender pessoa na via pública com grave risco de vida e do motorista que transporta ao hospital, em automóvel, pessoa gravemente enferma.[3] Essas situações excepcionais e outras semelhantes não ensejam a conversão. A autoridade administrativa deverá comunicar imediatamente ao juiz da execução o descumprimento da pena, sem prejuízo da comunicação de qualquer pessoa prejudicada (arts. 154 e 155).

Também são hipóteses de conversão das penas de interdição de direitos as previstas no art. 181, § 1º, *a* e *e*, ou seja, a de não ter sido encontrado o condenado por estar em lugar incerto e não sabido ou não ter ele atendido à intimação por edital e à condenação por outro crime à pena privativa de liberdade cuja execução não foi suspensa, causas já objeto de análise anterior (item 181.2).

181.5 CONVERSÃO DAS PENAS DE PRESTAÇÃO PECUNIÁRIA E PERDA DE BENS E VALORES

A Lei de Execução Penal não disciplina a conversão das novas penas alternativas de prestação pecuniária e perda de bens e valores. Já se entendeu que deveriam elas atender aos preceitos aplicáveis à multa, por se tratar, também, de sanções de natureza pecuniária ou patrimonial. No entanto, diversamente da multa, é possível a conversão das penas de prestação pecuniária e perda de bens e valores na hipótese de ocorrer o descumprimento injustificado da restrição imposta, nos termos do art. 44, § 4º, do Código Penal, que estabelece a regra geral para a conversão das sanções restritivas de direitos em pena privativa de liberdade. A superveniência de outra condenação a pena privativa de liberdade não determina a conversão das penas de prestação pecuniária e perda de bens e valores, diante da compatibilidade de seu cumprimento com a pena reclusiva, ainda que fixado o regime fechado ou semiaberto (art. 44, § 5º). Mesmo nessa hipótese a conversão somente será devida se frustrar o condenado a execução da sanção alternativa imposta.

Jurisprudência

- *Admissibilidade na conversão da pena de prestação pecuniária em pena privativa de liberdade*

- *Inadmissibilidade da conversão no descumprimento justificado: condenado desempregado*

- *Necessidade de instauração de juízo de justificação para a conversão*

- *Admissibilidade do cumprimento simultâneo da prestação pecuniária ou perda de bens e valores e da pena privativa de liberdade em regime fechado ou semiaberto*

---

3. Ob. cit. p. 207-208.

Art. 182. A pena de multa será convertida em detenção, na forma prevista pelo art. 51 do Código Penal.*

§ 1º Na conversão, a cada dia-multa corresponderá um dia de detenção, cujo tempo de duração não poderá ser superior a um ano.*

§ 2º A conversão tornar-se-á sem efeito se, a qualquer tempo, for paga a multa.*

* Artigo revogado pelo art. 3º da Lei nº 9.268, de 1º-4-1996.

Vide: CF art. 5º, XXXIX; **LEP** arts. 164 a 170; **CP** arts. 49 a 52; **Lei nº 9.099**, de 26-9-1995, arts. 84 a 86; **LCP** art. 9º.

182.1 IMPOSSIBILIDADE DE CONVERSÃO DA PENA DE MULTA

O art. 182 da Lei de Execução Penal previa a conversão da pena de multa em detenção, na forma prevista pelo art. 51 do Código Penal. Entretanto, o art. 1º da Lei nº 9.268, de 1º-4-1996, alterou a redação ao art. 51, *caput*, e o art. 3º revogou expressamente os §§ 1º e 2º desse artigo do Estatuto penal, bem como o art. 182 da Lei de Execução Penal. Já não se permite, portanto, a conversão da pena de multa em privativa de liberdade. Aliás, por terem sido revogados os arts. 51, §§ 1º e 2º do Código Penal, e 182 da Lei de Execução Penal, ficaram derrogados implicitamente o art. 9º da Lei das Contravenções Penais, que prevê a conversão da pena de multa em privativa de liberdade, como "dispõe o Código Penal" e o art. 85, da Lei nº 9.099/95, que prevê seja ela feita "nos termos previstos em lei". Sendo a nova norma mais benéfica do que a anterior, que previa a possibilidade de conversão, e sendo ela de caráter material, tem efeito retroativo, alcançando os fatos anteriores, ainda que já decretada a conversão.

Não se permitindo mais a conversão, a multa será considerada dívida de valor, mas deve ser executada perante o juiz da execução penal (item 164.9). Apesar de decisões em contrário, é inadmissível a conversão da multa em pena restritiva de direitos, como prevê o art. 85 da Lei nº 9.099/95, pois a lei não prevê o tempo de duração desta última quando não cumprida a anterior. A aplicação do dispositivo citado da Lei dos Juizados Especiais Criminais viola o princípio da legalidade da pena inscrito no art. 5º, XXXIX, da Constituição Federal, que exige a determinação dos limites da pena na sua cominação.

Jurisprudência

- *Impossibilidade de conversão da multa em pena detentiva no Juizado Especial Criminal*
- *Inadmissibilidade de conversão da multa*
- *Inadmissibilidade de conversão no caso de contravenção*
- *Aplicação retroativa da Lei nº 9.268/96*
- *Impossibilidade de conversão da multa em pena detentiva no Juizado Especial Criminal*
- *Impossibilidade de conversão da multa em pena restritiva de direitos no Juizado Especial Criminal*

- Contra: possibilidade de conversão da multa em pena restritiva de direitos no Juizado Especial Criminal
- Inadmissibilidade da conversão da multa substitutiva
- Inadmissibilidade de impetração de habeas corpus em pena de multa após alteração do art. 51 do CP

> **Art. 183.** Quando, no curso da execução da pena privativa de liberdade, sobrevier doença mental ou perturbação da saúde mental, o Juiz, de ofício, a requerimento do Ministério Público, da Defensoria Pública ou da autoridade administrativa, poderá determinar a substituição da pena por medida de segurança.*
>
> * Artigo com a redação dada pela Lei nº 12.313, de 19-8-2010.

Vide: **LEP** arts. 66, V, d, 68, II, c, 81-B, I, g, 108, 171 a 179; **CP** arts. 41, 42, 52, 96 a 99; **CPP** arts. 154, 682, § 2º. Súmula: **STJ** 527.

183.1 CONVERSÃO DA PENA PRIVATIVA DE LIBERDADE EM MEDIDA DE SEGURANÇA

Também se permite a conversão da pena privativa de liberdade em medida de segurança. Quando, no curso da execução, sobrevier doença mental ou perturbação da saúde mental, deixa o condenado de ter capacidade penal para submeter-se às obrigações da pena privativa de liberdade ou de multa. Neste caso, a lei prevê a suspensão da execução (art. 52 do CP) e no primeiro determina a conversão em medida de segurança.

Na conversão, aplicam-se as normas gerais sobre a imposição de medida de segurança (arts. 96 a 99 do CP) e de sua execução (arts. 171 a 179 da LEP). É imprescindível para a conversão a precedente perícia médica. Em princípio, a medida de segurança a ser imposta por meio da substituição prevista no art. 183 da Lei de Execução Penal é a internação em hospital de custódia e tratamento psiquiátrico ou estabelecimento congênere, mas, se o condenado praticou crime apenado abstratamente com detenção, permite-se a conversão para tratamento ambulatorial (arts. 97, *caput*, 2ª parte, e 98 do CP).

Possibilitando a lei, na hipótese de superveniência de doença mental, também, a simples transferência do condenado para o hospital (art. 41 do CP), a conversão somente se justifica quando se trata de doença mental ou perturbação da saúde mental sérias (item 171.4). Na hipótese de serem transitórias a doença ou a perturbação, recomendável é a simples transferência para tratamento. Por cautela, aliás, deve o juiz da execução, assim que tiver a notícia da superveniência da doença ou perturbação, determinar a transferência para, somente depois, de posse do resultado dos exames, determinar a conversão.

Evidentemente, a conversão e a transferência somente podem ocorrer durante o prazo da pena. Terminada esta, é inadmissível a conversão e a internação passa a constituir constrangimento ilegal.

Deve o juiz fixar o prazo mínimo de internação, entre um e três anos, nos termos do art. 97, § 1º, do Código Penal, já que a Lei de Execução Penal não prevê, no caso, prazo especial.

A conversão é irreversível, ao contrário do que ocorre com a simples transferência (item 108.1).

Convertida a pena em medida de segurança por superveniência de doença mental ou perturbação da saúde mental, não mais se cogita da pena imposta. A medida de segurança é regida por normas próprias e a execução proceder-se-á enquanto não verificada a cessação de periculosidade. Mas já se tem entendido, com fundamento no art. 682, § 2º, do Código de Processo Penal, que a medida de segurança, nessa hipótese, não pode ter duração superior ao tempo restante da pena imposta.[4] Ocorre que o referido dispositivo, anterior à vigência da Lei de Execução Penal e, portanto, à possibilidade de conversão da pena em medida de segurança, inovação desta, refere-se não a essa situação e sim à hipótese de simples transferência do condenado quando lhe sobrevém doença mental durante a execução da pena privativa de liberdade, medida ainda existente (art. 108, da LEP). O § 2º do art. 682 do Código de Processo Penal deve ser interpretado e aplicado de acordo com o *caput*, e não estendido, sem permissão legal, ao art. 183 da Lei de Execução Penal. Todavia, é entendimento prevalente, inclusive no Superior Tribunal de Justiça, o de que a duração da medida de segurança não pode exceder o tempo da pena aplicada. De acordo com tal orientação, ultrapassado o tempo da pena imposta a medida de segurança deve ser julgada extinta e o sentenciado, se necessário, colocado à disposição do juízo cível para a adoção das medidas de proteção adequadas à enfermidade.

Jurisprudência

- *Possibilidade de instauração do incidente de insanidade mental durante a execução da pena*
- *Renovação do pedido: possibilidade de conversão da pena em medida de segurança*
- *Inadmissibilidade de conversão de pena em medida de segurança em caso de ausência de tratamento curativo eficaz*
- *Inadmissibilidade da conversão da pena em medida de segurança sem perícia*
- *Inadmissibilidade de conversão após o cumprimento da pena*
- *Limite de duração da medida de segurança convertida*
- *Contra: inadmissibilidade ao limite de duração da medida de segurança convertida*
- *Colocação do liberado à disposição do juízo cível*

Art. 184. O tratamento ambulatorial poderá ser convertido em internação se o agente revelar incompatibilidade com a medida.

Parágrafo único. Nesta hipótese, o prazo mínimo de internação será de um ano.

Vide: **LEP** arts. 101, 171 a 179; **CP** arts. 96, II, 97, 98; **Lei nº 10.216**, de 6-4-2001.

---

4. Nesse sentido: GOMES, Luiz Flávio. Duração das medidas de segurança, *RJDTACRIM* 5/15-24.

184.1 CONVERSÃO DO TRATAMENTO AMBULATORIAL EM INTERNAÇÃO

A medida de segurança de tratamento ambulatorial é convertida em internação em hospital de custódia e tratamento psiquiátrico se o agente revela incompatibilidade com aquela medida. Tal impossibilidade ocorre quando a pessoa submetida ao tratamento deixa de comparecer ao local adequado nos dias fixados pelos médicos, não se submete ao tratamento prescrito, demonstra, por qualquer fato, periculosidade acentuada, de modo a constituir-se um risco para si ou para a comunidade etc. Embora na lei se inscreva que o tratamento "poderá" ser convertido em internação, é evidente que, comprovada uma dessas situações, "deve" o juiz determinar a conversão em benefício da sociedade e do próprio agente.

Como inexiste órgão próprio para a fiscalização do tratamento ambulatorial, devem os médicos encarregados deste comunicar ao Ministério Público ou ao juiz da execução qualquer anormalidade na execução dessa medida de segurança para que se possa operar, quando necessário, a conversão.

Ao contrário do que ocorre com a hipótese de superveniência de doença mental ou perturbação da saúde mental, que pode causar a conversão, o art. 184, da Lei de Execução Penal, em seu parágrafo único, prevê que, nesse caso, o prazo mínimo de internação é de um ano. Esse prazo deve ser contado a partir da internação, submetendo-se o agente, ao fim dele, ao exame de verificação de cessação de periculosidade.

É possível também a conversão da internação em tratamento ambulatorial quando o interno praticou fato previsto como crime apenado com detenção.

Embora não preveja a lei a conversão da medida de segurança de internação em hospital psiquiátrico em tratamento ambulatorial, já se decidiu pela suspensão do internamento e a submissão a tratamento ambulatorial em face da precariedade do estabelecimento penal hospitalar. Em consonância com a tendência de desinstitucionalização do tratamento do doente mental, tem-se admitido com frequência na jurisprudência, a adoção, no curso da execução da medida de segurança, do regime de desinternação progressiva, na hipótese de a internação não mais se mostrar imprescindível, mas ainda se revelar prematura a sua conversão em tratamento ambulatorial (item 171.5).

Jurisprudência

- *Conversão de tratamento ambulatorial em internação: incompatibilidade da medida*
- *Conversão de tratamento ambulatorial em internação: desnecessidade de laudo pericial*
- *Conversão de tratamento ambulatorial em internação: não comparecimento do sentenciado para perícia médica*
- *Inadmissibilidade da conversão de tratamento ambulatorial em internação na ausência de prova da incompatibilidade da medida*
- *Possibilidade de conversão de internação em tratamento ambulatorial*
- *Inadmissibilidade de conversão de internação em tratamento ambulatorial com laudo desfavorável*
- *Inadmissibilidade da conversão de internação em tratamento ambulatorial em crime militar*

Capítulo II
DO EXCESSO OU DESVIO

Art. 185. Haverá excesso ou desvio de execução sempre que algum ato for praticado além dos limites fixados na sentença, em normas legais ou regulamentares.

Vide: LEP arts. 66, III, *f,* 68, II, *b,* 81-B, I, *f,* 186.

185.1 EXCESSO OU DESVIO

Como foi visto anteriormente, os atos e termos da execução estão submetidos ao princípio da legalidade, de modo que não podem ser transpostos os limites da pretensão executória estabelecidos na sentença condenatória transitada em julgado ou na lei. A execução tem por objetivo efetivar as disposições da sentença ou decisão criminal (art. 1º), assegurando-se ao condenado e ao internado todos os direitos não atingidos pela sentença ou pela lei (art. 3º, *caput*). Constitui assim, nos termos da lei, excesso ou desvio de execução a prática de qualquer ato fora dos limites fixados pela sentença, por normas legais ou regulamentares. Extravasados esses limites, atinge-se o *status* jurídico do sentenciado, com a violação de seus direitos, ou se compromete a normalidade da execução, que é um imperativo da defesa social. Prevê-se, portanto, na Lei de Execução Penal, o controle jurisdicional, a fim de evitar-se o arbítrio da administração pela hipertrofia e abuso de poder que levam à desproporcionalidade entre o crime e a sua punição.

Conceitua a lei o "excesso" e o "desvio" de execução de forma única, mas, como a lei não contém palavras inúteis, é preciso distingui-los. Já afirmou corretamente Renan Severo Teixeira da Cunha que "o excesso está carregado de conteúdo quantitativo e o desvio está carregado de conteúdo qualitativo".[5] Assim, ocorre o primeiro quando, por exemplo, a autoridade administrativa ultrapassa, em quantidade, a punição, fazendo com que o condenado cumpra uma sanção administrativa além do limite fixado na lei, enquanto existirá o desvio quando ela se afasta dos parâmetros legais estabelecidos, citando o autor, como exemplo, manter o condenado em um regime quando já faz jus a outro.[6] Além disso, é de se notar que o excesso só ocorre com a violação de direito do sentenciado, enquanto no desvio pode ser que seja ele beneficiado. Há desvio, por exemplo, quando se concede permissão de saída em hipótese não prevista, se dispensa injustificadamente o condenado do trabalho prisional, não se instaura o procedimento disciplinar após a prática de falta etc.

Jurisprudência

- *Competência do Tribunal para o julgamento de incidente de excesso ou desvio de execução instaurado em razão de ato do juiz da execução*

---

5. O Ministério Público na execução penal. *Curso sobre a reforma penal*. São Paulo: Saraiva, 1985. p. 181.
6. Idem.

- *Adequação do incidente de excesso ou desvio de execução no indeferimento de pedido de transferência de presídio em razão de doença*
- *Inadmissibilidade do incidente de excesso ou desvio de execução como sucedâneo recursal*
- *Caracterização de excesso ou desvio de execução na demora para a transferência para o regime semiaberto*
- *Contra: não caracterização de excesso ou desvio de execução na demora para a transferência para o regime semiaberto*
- *Inadmissibilidade de apuração de desvio por meio de pedido de* habeas corpus

Art. 186. Podem suscitar o incidente de excesso ou desvio de execução:

I – o Ministério Público;

II – o Conselho Penitenciário;

III – o sentenciado;

IV – qualquer dos demais órgãos da execução penal.

Vide: LEP arts. 66, III, *f*, 68, II, *b*, 81-B, I, *f*, 185.

186.1 LEGITIMAÇÃO

Estão legitimados para suscitar o incidente de excesso ou desvio de execução, segundo o art. 186: o Ministério Público, o Conselho Penitenciário; o sentenciado; qualquer dos demais órgãos da execução penal. A redação do dispositivo, como já se tem observado, não prima pela técnica, pois bastaria a menção ao "sentenciado e a qualquer dos órgãos da execução penal".[7] Seria perfeitamente dispensável a menção expressa ao Ministério Público e Conselho Penitenciário se também os demais órgãos da execução penal forem legitimados para agir. O equívoco resultou da aprovação da emenda de Ruy Codo (de nº 15), em que se inseriu o inciso IV do art. 186 (no projeto, 185), sem que se atentasse para a redação dos incisos anteriores.

Podem requerer o incidente de excesso ou desvio o sentenciado (preso, interno, submetido à pena de multa ou restritiva de direito, liberado condicional etc.), por si próprio ou por seu defensor, e os órgãos da execução penal (Conselho Nacional de Política Criminal e Penitenciária, Departamento Penitenciário, Patronato, Conselho da Comunidade e, também, a Defensoria Pública (art. 81-B, I, *f*). O próprio Juízo da Execução, como órgão da execução penal, pode determinar de ofício a instauração do incidente.

A amplitude concedida na legitimação para suscitar o incidente de excesso ou desvio justifica-se. Como lembra o douto subscritor da exposição de motivos, "a impotência da pessoa presa ou internada constitui poderoso obstáculo à autoproteção de direitos ou ao cumpri-

---

7. SILVA, Odir Odilon Pinto da, BOSCHI, José Antonio Paganella. Ob. cit. p. 214.

mento dos princípios de legalidade e justiça que devem nortear o procedimento executivo".[8]
É preciso, pois, que se assegure a possibilidade de uma fiscalização rigorosa da atividade administrativa na execução da pena, inclusive pelos órgãos que mais diretamente estão em contato com condenados (Patronatos, Conselho da Comunidade, Defensoria Pública etc.).

Capítulo III
DA ANISTIA E DO INDULTO

Art. 187. Concedida a anistia, o juiz, de ofício, a requerimento do interessado ou do Ministério Público, por proposta da autoridade administrativa ou do Conselho Penitenciário, declarará extinta a punibilidade.

Vide: **CF** arts. 5º, XXXVI, XLIII, 48, VIII; **CP** arts. 96, parágrafo único, 107, II; **CPP** art. 67, II; **Lei nº 6.683**, de 28-8-1979; **Lei nº 8.072**, de 25-7-1990, art. 2º, I; **Lei nº 9.455**, de 7-4-1997, art. 1º, § 6º; **Lei nº 11.343**, de 23-8-2006, art. 44.

187.1 ANISTIA

Como institutos considerados como *indulgentia principis, clemência soberana* ou *direito de graça* incluem-se a anistia, a graça (em sentido estrito) e o indulto (coletivo). A Constituição Federal de 1988 refere-se especificamente à anistia, concedida pelo Congresso Nacional (art. 48, VIII), bem como o indulto e à comutação de penas, outorgadas pelo Presidente da República (art. 84, XII). De outro lado, enquanto o Código Penal prevê como causas extintivas da punibilidade a anistia, a graça e o indulto (art. 107, II), a Lei de Execução Penal menciona apenas a primeira e o último. Por seu turno, a Constituição Federal refere-se à graça e à anistia para proibi-las em determinados crimes (art. 5º, XLIII). Diante da falta de técnica dos legisladores, constituintes e ordinários, deve-se entender, para compatibilizar os termos utilizados na legislação que, existindo duas formas possíveis de clemência soberana instituídas constitucionalmente, a anistia e o indulto, a palavra graça deve ser entendida como indulto individual e coletivo.

Tanto a anistia como o indulto têm dois aspectos indissociáveis: o *constitucional*, como atos de soberania e manifestação do *jus eminens* do Estado, que obedece a interesses sociais; e o penal, por atingirem o *jus puniendi* e repercutirem sobre os crimes e as penas, como matéria de política criminal.[9]

A anistia é medida de interesse coletivo, motivada em regra por considerações de ordem política e inspirada na necessidade de paz social a fim de se fazer esquecer comoções intestinais e pacificar espíritos tumultuados. Aplica-se, por isso, principalmente, aos crimes políticos, militares e eleitorais, mas nada impede que se refira a qualquer outra infração penal.

---

8. Item 171.
9. Cf. COSTA, Álvaro Mayrink da. *Criminologia*. 3. ed. Rio de Janeiro: Forense, 1982. v. 2. p. 1.441.

A anistia extingue todos os efeitos penais decorrentes da prática do crime, referindo-se porém a *fatos* e não a *pessoas*, embora possa exigir condições subjetivas para ser aplicada. Concedida antes do trânsito em julgado da sentença, é denominada anistia *própria*; se lhe é posterior, é chamada *imprópria*. A anistia pode ser *geral*, beneficiando todas as pessoas que participaram de determinados fatos criminosos, ou *parcial*, excluindo do benefício, por exigir requisitos pessoais, alguns infratores. Pode ainda ser *condicionada*, quando exige a aceitação de obrigações por parte do beneficiário, ou *incondicionada*, quando não impõe qualquer restrição. Por fim, pode ser *irrestrita*, quando inclui todos os crimes conexos com o principal, ou *restrita*, ao excluir algumas dessas infrações.

A anistia é concedida por meio de lei de Congresso Nacional (art. 48, VIII, da CF de 1988), não se exigindo mais, como na Carta anterior, a iniciativa do Presidente da República no que se refere a crimes políticos. Cabe, porém, exclusivamente ao Judiciário examinar o alcance da lei que a concede e fazer sua aplicação ao caso concreto.

Nos termos do art. 5º, XLIII, da Constituição Federal, e art. 2º, inc. I, primeira parte, da Lei nº 8.072, de 25-7-1990, são insuscetíveis de anistia os crimes hediondos, a prática de tortura, o tráfico ilícito de entorpecentes e drogas afins e o terrorismo. Repetem, também, a vedação legal o art. 1º, § 6º, da Lei nº 9.455, de 7-4-1997, que proíbe a anistia ao condenado por crime de tortura e o art. 44 da Lei nº 11.343, de 23-8-2006, que a exclui no crime de tráfico de drogas.

A anistia opera *ex tunc*, isto é, para o passado, apagando o crime e extinguindo todos os efeitos penais do crime e da sentença (pena pecuniária, *sursis*, pressuposto da reincidência, inscrição do nome do réu no rol dos culpados etc.).[10] Não abrange, entretanto, os efeitos civis (dever de indenizar, perdimento de instrumentos ou produto de crime etc.), visto que não pode o legislador estender seus efeitos em detrimento de direitos estranhos ao Estado. A lei é expressa, aliás, ao determinar que não impede a propositura da ação civil a decisão que julgar extinta a punibilidade (art. 67, II, do CPP).

Sendo condicionada, a anistia, por exceção, pode ser recusada pelo beneficiário que não concordar em submeter-se às restrições impostas pela lei que a concede.

A anistia é causa extintiva da punibilidade e, assim, não se impõe ao beneficiado medida de segurança, nem pode ser executada a que lhe foi imposta (art. 96, parágrafo único, do CP).

Concedida a anistia, não pode ser revogada por outra lei diante do disposto no art. 5º, XXXVI, da Constituição Federal.

Jurisprudência

- *Anistia como causa extintiva da punibilidade*
- *Anistia como esquecimento do fato*
- *Efeitos penais da anistia*
- *Anistia: inconstitucionalidade do art. 11, parágrafo único, da Lei nº 9.639/98*
- *Recepção pela Constituição Federal da Lei da Anistia*

---

10. TOURINHO FILHO, Fernando da Costa. *Processo penal*. 5. ed. Bauru: Jalovi, 1979. v. 1, p. 530-533; COSTA JR., Paulo José da. *Comentários ao código penal*. São Paulo: Saraiva, 1986. v. 1, p. 482.

187.2 PROCEDIMENTO

Concedida a anistia, o juiz declara extinta a punibilidade. Cabe-lhe verificar a modalidade da anistia concedida na lei para apurar seus efeitos em relação aos réus e condenados que praticaram os fatos criminosos mencionados na norma que vai aplicar. Tratando-se, porém, de anistia condicionada, a natureza da clemência exige que se consulte o interessado para saber-se da sua concordância em se submeter às restrições impostas. Somente com a aceitação do réu ou condenado deve o juiz declarar a extinção da punibilidade. Sendo aceita a anistia e declarada extinta a punibilidade por sentença irrecorrível, não pode ser ela revogada pelo juiz, diante da coisa julgada, ainda que não sejam posteriormente obedecidas às condições impostas. Ao beneficiado poderá apenas ser imputada, conforme o caso, a prática do crime previsto no art. 359 do Código Penal.

Podem requerer a declaração de extinção da punibilidade o interessado e o Ministério Público e propô-la a autoridade administrativa, conforme a legislação local (diretor do presídio, coordenador dos estabelecimentos penais etc.), e o Conselho Penitenciário. Pode o juiz, também, atuar de ofício.

Antes de decretar a extinção da punibilidade, porém, o juiz deve ouvir o Ministério Público, fiscal da aplicação da lei. Da decisão que reconhece ou não a extinção da punibilidade pela anistia cabe, como regra geral, recurso de agravo em execução por parte do Ministério Público ou interessado.

Art. 188. O indulto individual poderá ser provocado por petição do condenado, por iniciativa do Ministério Público, do Conselho Penitenciário, ou da autoridade administrativa.

Vide: CF arts. 5º, XLIII, 84, XII; **LEP** arts. 189 a 192; **CP** art. 107, II; **Lei nº 8.072**, de 25-7-1990, art. 2º, I; **Lei nº 9.455**, de 7-4-1997, art. 1º, § 6º; **Lei nº 11.343**, de 23-8-2006, art. 44.

188.1 INDULTO INDIVIDUAL

O indulto é um ato de clemência do Poder Público em favor de um réu condenado ou de natureza coletiva quando abrange vários condenados que preenchem os requisitos exigidos. As disposições da Lei de Execução Penal ajustam-se "à orientação segundo a qual o instituto da graça foi absorvido pelo indulto, que pode ser individual ou coletivo".[11] Na doutrina, entretanto, aponta-se como diferença entre o indulto e a graça (em sentido estrito) ser esta solicitada, enquanto aquele é concedido de ofício e de caráter coletivo.

O indulto individual pode ser *total* (ou pleno), alcançando todas as sanções impostas ao condenado, ou *parcial* (ou restrito), com a redução ou substituição da sanção, caso em que toma o nome de *comutação*. A Constituição Federal, entretanto, refere-se especificamente ao indulto e à comutação (art. 84, XII) atendendo à distinção formulada na doutrina: no

---

11. Item 172 da Exposição de Motivos.

indulto há perdão da pena; na comutação dispensa-se o cumprimento de parte da pena, reduzindo-se a aplicada, ou substituindo-se esta por outra menos severa.

O indulto individual pode ser provocado por petição do condenado. O pedido não obedece a fórmulas determinadas, não sendo necessário que o interessado invoque razões de direito. Pode traduzir-se em mera súplica ou apelo aos sentimentos de humanidade do Presidente da República.[12] A iniciativa, também, pode ser do Ministério Público, do Conselho Penitenciário ou da autoridade administrativa.

Jurisprudência

- *Competência do Presidente da República para a concessão do indulto individual*
- *Indulto parcial*

> Art. 189. A petição do indulto, acompanhada dos documentos que a instruírem, será entregue ao Conselho Penitenciário, para a elaboração de parecer e posterior encaminhamento ao Ministério da Justiça.

Vide: CF art. 84, XII; LEP arts. 70, I, 188, 190 a 192.

189.1 PROCEDIMENTO INICIAL

Como já visto, o indulto individual pode ser peticionado pelo condenado ou proposto pelo Ministério Público, Conselho Penitenciário ou autoridade administrativa. Os peticionários ou proponentes devem juntar aos autos os documentos que confirmem o exposto, quanto à condenação e à execução, bem como sobre o alegado. A petição e os documentos serão entregues ao Conselho Penitenciário para a elaboração de parecer (item 190.1). Se tiver sido este o órgão provocante, deverá já anexar o dito parecer para posterior encaminhamento ao Ministério da Justiça.

> Art. 190. O Conselho Penitenciário, à vista dos autos do processo e do prontuário, promoverá as diligências que entender necessárias e fará, em relatório, a narração do ilícito penal e dos fundamentos da sentença condenatória, a exposição dos antecedentes do condenado e do procedimento deste depois da prisão, emitindo seu parecer sobre o mérito do pedido e esclarecendo qualquer formalidade ou circunstâncias omitidas na petição.

Vide: LEP arts. 70, I, 188, 189, 191, 192.

---

12. NORONHA, E. Magalhães. *Curso de direito processual penal*. São Paulo: Saraiva, 1964. p. 625.

190.1 DILIGÊNCIAS E PARECER

Recebendo a petição acompanhada, eventualmente, de documentos, deve o Conselho examinar o pedido. Para isso analisará não só os autos do processo e o prontuário do condenado, como também promoverá, se entender necessárias, diligências para obter outros elementos de informação quanto à vida pregressa, inclusive a prisional do interessado. Fundado em todos os elementos oferecidos pelo peticionário, colhidos nas diligências eventualmente efetuadas ou no processo, o Conselho elabora o parecer que, formalmente, deve atender ao disposto no art. 190 da Lei de Execução Penal. Deve ficar constando dele um relatório com a narração do ilícito penal e dos fundamentos da sentença condenatória, a exposição dos antecedentes do condenado e o procedimento deste depois da prisão. Esclarecendo ainda qualquer formalidade ou circunstâncias omitidas na petição, o Conselho emite seu parecer sobre o mérito do pedido, concordando ou não com este. Em seguida, os autos, que contêm a petição, os documentos que a instruíram ou acrescidos pelo Conselho, bem como o parecer, são encaminhados ao Ministério da Justiça.

Jurisprudência

- *Indispensabilidade do parecer do Conselho Penitenciário*
- *Desnecessidade do parecer do Conselho Penitenciário para condenado em prisão-albergue*

Art. 191. Processada no Ministério da Justiça com documentos e o relatório do Conselho Penitenciário, a petição será submetida a despacho do Presidente da República, a quem serão presentes os autos do processo ou a certidão de qualquer de suas peças, se ele o determinar.

Vide: CF art. 84, XII; LEP arts. 188 a 190, 192.

191.1 PROCEDIMENTO NO MINISTÉRIO DA JUSTIÇA

Recebidos os autos a que se refere o item anterior, serão eles submetidos a despacho do Presidente da República ou da autoridade a que foi delegada a competência para conceder indulto, podendo estes determinar, em diligência, que sejam anexados certidão de qualquer peça do processo ou mesmo os autos do processo de conhecimento ou execução. Evidentemente, não está o Presidente da República ou seu delegado vinculado ao parecer do Conselho Penitenciário, podendo decidir livremente pela concessão ou não do benefício. Na primeira hipótese, baixará o decreto de indulto individual.

Art. 192. Concedido o indulto e anexada aos autos cópia do decreto, o juiz declarará extinta a pena ou ajustará a execução aos termos do decreto, no caso de comutação.

Vide: LEP arts. 188 a 191; CP art. 107, II.

192.1 EXTINÇÃO DA PUNIBILIDADE E COMUTAÇÃO

Anexada a cópia do decreto aos autos da execução, o juiz deve declarar extinta a punibilidade no caso de indulto. Essa decisão atinge somente a pretensão executória. É clara a Lei, aliás, nesse sentido, ao dispor que no caso de indulto individual, o juiz "declarará extinta a pena". Devem subsistir, por conseguinte, os demais efeitos da condenação, tanto de natureza penal como extrapenal. Embora editada à vista de precedentes que se referem ao indulto coletivo, não há porque não se aplicar ao indulto individual (graça) o teor da Súmula 631 do STJ[13].

Tratando-se de comutação, deve o juiz ajustar a execução aos termos do decreto, ou seja, determinar a retificação da guia de recolhimento ou execução, após a homologação do novo cálculo, ordenar a expedição de nova guia se tiver ocorrido substituição de pena etc.

> **Art. 193.** Se o sentenciado for beneficiado por indulto coletivo, o juiz de ofício, a requerimento do interessado, do Ministério Público, ou por iniciativa do Conselho Penitenciário ou da autoridade administrativa, providenciará de acordo com o disposto no artigo anterior.

Vide: **CF** arts. 5º, XLIII, 84, XII; **LEP** arts. 66, II, III, *f*, 67, 68, I, 70, I, 81-B, I, *h*, 112, § 2º, 191, 197; **CP** art. 107, II; **Lei nº 8.072**, de 25-7-1990, art. 2º, I; **Lei nº 9.455**, de 7-4-1997, art. 1º, § 6º; **Lei nº 11.343**, de 23-8-2006, art. 44. Súmulas: **STJ** 535, 631.

193.1 INDULTO COLETIVO

O indulto coletivo refere-se a um grupo de sentenciados que estejam na situação jurídica prevista no decreto concessivo, que normalmente se refere à duração da pena aplicada, embora exija requisitos subjetivos (primariedade, boa conduta social etc.) e objetivos (cumprimento de parte da pena, o não ter sido beneficiado anteriormente por outro indulto, o de não ter praticado certas espécies de crimes etc.).

O indulto coletivo também pode ser *total,* com a extinção das penas, ou *parcial*, caso em que são diminuídas ou substituídas as sanções impostas. Na comutação não há, verdadeiramente, extinção de pena, mas tão somente diminuição do *quantum* da reprimenda, um abrandamento da penalidade.

Pode obter indulto aquele que está em gozo de *sursis* ou livramento condicional. No *sursis* é possível que o condenado tenha cumprido parte da pena imposta, por força da detração, preenchendo, assim, eventual requisito previsto no decreto concessivo. Aliás, mesmo que o condenado não tenha sido recolhido à prisão, tem-se admitido a aplicação dos

---

13. Encontra-se sob apreciação do STF a constitucionalidade de decreto de indulto individual (Decreto de 21-4-2022) concedido a deputado federal condenado por crimes de incitação à abolição violenta do Estado Democrático de Direito e coação no curso do processo (AP 1.044-DF e ADPF 964-DF).

decretos ao condenado sob suspensão condicional da pena quando já tiver decorrido mais da metade do prazo fixado para o benefício, satisfeitos os demais requisitos.

Permite-se também a soma das penas de duas condenações para verificar-se se estão elas nos limites previstos no decreto de indulto.

O indulto pode ser concedido ao autor de qualquer espécie de crime, inclusive os que se apuram mediante ação penal privada.[14] Mas a Lei nº 8.072, de 25-7-1990, em seu art. 2º, I, diz que são insuscetíveis de indulto os crimes hediondos, a prática de tortura, o tráfico ilícito de entorpecentes e drogas afins e o terrorismo. Já se tem afirmado que a lei é inconstitucional e não poderia vedar tal benefício, pois a Constituição Federal não se refere, no art. 5º, XLIII, ao indulto, mas apenas à anistia e à graça.[15] Mas, como já observado, a palavra *graça*, no dispositivo citado, tem que ser entendida como *indulto*, pois somente este e a anistia são formas constitucionais de *indulgentia principis* pelo Executivo e pelo Legislativo, e a Lei nº 8.072 somente se refere a indulto e graça para coincidir com o art. 5º, XLIII, e, ao mesmo tempo, não dar margens a dúvidas quanto à sua abrangência.[16] Ademais, não haveria sentido em proibir-se a anistia, que só pode ser concedida por lei, e permitir o indulto individual ou coletivo, dependente de decreto. De qualquer forma, a concessão de indulto é ato discricionário do Presidente da República, que pode excluir do decreto crimes considerados de gravidade mais dilatada, condenados a penas mais severas, criminosos reincidentes etc., sem que se possa cogitar de inconstitucionalidade por essa limitação. A vedação constitucional à concessão do indulto é reproduzida pelas Leis nº 9.455, de 7-4-1997 (art. 1º, § 6º) e nº 11.343, de 23-8-2006 (art. 44) com relação aos crimes de tortura e tráfico de entorpecentes. O fato de ter sido o condenado favorecido pela aplicação de causa de diminuição da pena prevista no § 4º do art. 33 da Lei nº 11.343/2006, não elide a proibição porque o dispositivo contém norma que não integra a definição típica da infração e, assim, sua incidência não descaracteriza o crime de tráfico de entorpecentes. Nesse sentido, era, aliás, a cancelada Súmula 512 do STJ. Todavia, de acordo com recentes decisões do STF, tráfico privilegiado não é crime hediondo (v. item 110.3). Mais recentemente, a Lei nº 13.964, de 24-12-2019, alterando o art. 112, inseriu o § 5º, que prevê, expressamente, que "não se considera hediondo ou equiparado, para os fins deste artigo, o crime de tráfico de drogas previsto no § 4º do art. 33 da Lei nº 11.343, de 23 de agosto de 2006".

Não há impedimento a que o decreto de indulto exclua de seus beneficiários o autor de crime hediondo, ainda que ao tempo de sua prática o delito não fosse assim considerado por lei. Tratando-se de ato discricionário do Presidente da República, pode este estabelecer os critérios para a concessão do favor mediante referência às espécies delitivas e, especificamente, ao rol dos crimes hediondos, de acordo com a lei vigente à época do decreto, sem que se possa cogitar de ofensa ao princípio da irretroatividade da lei penal mais severa (art. 5º, XL, da CF). Se o decreto exclui da concessão do indulto e da comutação de penas os autores de crime hediondo, sem ressalvas, não pode ser agraciado o condenado por crime

---

14. TOURINHO FILHO. Fernando da Costa. Ob. cit. p. 421.

15. Nesse sentido: FERNANDES, Antonio Scarance. Art. cit. p. 265; FRANCO, Alberto Silva. Ob. cit. p. 47-48.

16. Nesse sentido: MOREIRA, Antonio Lopes. Ob. cit. p. 97-99.

de homicídio qualificado praticado anteriormente à vigência da Lei nº 8.930, de 6-9-1994, que o incluiu no rol previsto no art. 1º da Lei nº 8.072/1990.

Na apreciação dos requisitos exigidos pelo decreto concessivo do indulto, o juiz atentará para as condições vigentes no dia em que o interessado fez jus ao benefício. Assim, verificará se o condenado, por exemplo, era reincidente na ocasião, apreciará sua conduta carcerária até aquela época etc. A decisão do juiz, quer conceda, quer denegue o indulto, deve ser fundamentada. Embora o decreto de indulto e de redução de penas não seja auto-executável, dependente de verificação de suas condições pelo juízo competente, os efeitos jurídicos que se produzem na sentença, normalmente, reportam-se à própria ocorrência dos fatos, já que o processo não é mais do que o corretivo da imperfeita realização do direito objetivo. Se cabe aos juízes competentes o poder-dever de, ainda que de ofício, aplicar o decreto de indulto aos sentenciados alcançados pela mercê, a circunstância de o pedido ter sido efetuado em época muito posterior não retira ao condenado o direito de beneficiar-se com o decreto quando, por ocasião da publicação deste, preenchia os requisitos necessários a sua concessão. Assim, se o decreto prevê como requisito o não cometimento de falta grave no período de um ano anteriormente à sua publicação, não se pode negar o benefício ao condenado por haver praticado a falta posteriormente a esse período. Não pode o juiz, também, indeferir o indulto ao condenado que satisfaz todos os requisitos exigidos no decreto, sob o fundamento de ser "grave" o crime pelo qual foi condenado, de não ter ele suficiente "mérito" para ser agraciado ou de ser "criminoso habitual" etc. Não é correto, ainda, conforme pacífica orientação doutrinária e jurisprudencial, o entendimento de que a prática de falta grave interrompe o tempo de cumprimento de pena exigido no decreto para o deferimento do indulto ou da comutação de penas. Na ausência de norma legal e de dispositivo específico, nesse sentido, no decreto de indulto, a orientação implica violação ao princípio da legalidade e indevida invasão judicial de competência privativa do Presidente da República, nos termos do que prevê o art. 84, inciso XII, da CF. Esse entendimento cristalizou-se na Súmula 535 do STJ.

Com o indulto, extinguem-se somente as sanções mencionadas no respectivo decreto, permanecendo os demais efeitos da sentença condenatória, sejam penais ou civis, como deixa claro, aliás, a Súmula 631 do STJ: "o indulto extingue os efeitos primários da condenação (pretensão executória), mas não atinge os efeitos secundários, penais ou extrapenais". Com relação à pena de multa, se omisso o decreto de indulto, existem duas posições. Pela primeira, a multa não é extinta, porque o decreto deve ser interpretado restritamente.[17] Pela segunda, estende-se à pena pecuniária o decreto de indulto, apesar de omisso a respeito o respectivo decreto.[18] Inexistindo disposição expressa a esse respeito e tratando-se o indulto de extinção de pena, a primeira orientação é de ser acolhida, exigindo-se referência expressa no decreto de indulto para que seja abrangida a pena de multa.

O indulto pode ser concedido mais de uma vez ao mesmo sentenciado, inclusive na forma de comutação da mesma pena, desde que não seja vedada expressamente a sua aplicação nessa hipótese.

---

17. GARCIA, Basileu. *Instituições de direito penal*. 5. ed. São Paulo: Max Limonad, 1980. v. 1, t. 2, p. 757.
18. MARQUES, José Frederico. *Tratado de direito penal*. São Paulo: Saraiva, 1985. v. 3, p. 435.

Competente para indultar é o Presidente da República, mas pode ele delegar a atribuição a Ministro do Estado, ao Procurador-Geral da República ou ao Advogado-Geral da União (art. 84, inciso XII, e parágrafo único, da CF).

Como o indulto pressupõe pena imposta, discute-se se é possível a sua incidência nos casos de sentença condenatória recorrível. A melhor solução é a de que está indultado o sentenciado quando a decisão tiver transitado em julgado para a acusação, hipótese em que não é possível o aumento da pena e a consequente exclusão do benefício. Na jurisprudência é praticamente pacífico que o indulto deve ser concedido, nessa hipótese, mesmo que o réu tenha recorrido da decisão condenatória, mas a doutrina é, em geral, contra tal entendimento.[19] Decretado o indulto no caso, não impede ele o conhecimento da apelação do condenado ou a revisão. O Decreto nº 11.302, de 22-12-2022, e outros anteriores, por exemplo, esclareceram que eles são aplicáveis ainda que a sentença esteja em grau de recurso interposto pela defesa, sem prejuízo do respectivo julgamento pela instância superior.

O indulto, regra geral, não pode ser recusado. Admite-se, porém, a recusa quando se trata de indulto condicionado ou simples comutação. A recusa é retratável, admitindo-se a aplicação do decreto ao condenado que se negara a aceitar as condições ou que não desejara a comutação quando, antes do trânsito em julgado da decisão denegatória, volta atrás e manifesta a sua concordância.

Questão que se põe é a da aplicação do decreto de indulto na hipótese de concurso de crimes. É comum os decretos de indulto conterem a exclusão do benefício aos sentenciados por crimes graves (crimes hediondos, roubo, extorsão etc.). Nessa hipótese, o condenado por um desses delitos não é beneficiado com o indulto, ainda que, quanto aos demais crimes, preencha os requisitos objetivos e subjetivos necessários à concessão do benefício. Muitas vezes, porém, são eles contemplados com a redução da pena sempre que preencherem os requisitos estabelecidos no decreto.

A concessão de indulto pelo decreto presidencial constitui mera expectativa de direito, não sendo, pois, autoexecutável, devendo ser feita análise, pelo juiz encarregado da execução, do comportamento carcerário e da presença de todos os pressupostos legais.

Beneficiado o condenado com o indulto, é efetuado novo cálculo de liquidação e retificada a guia de recolhimento.

Jurisprudência

- *Indulto não extingue os efeitos secundários da condenação, entre os quais a reincidência*
- *Indeferimento do indulto em razão de falta grave praticada no ano anterior ao decreto: irrelevância da posterior homologação do procedimento disciplinar*
- *Não interrupção do tempo de cumprimento de pena por falta grave*
- *Inadmissibilidade da denegação do indulto em razão de falta grave posterior ao decreto*
- *Inadmissibilidade da denegação do indulto por falta grave anterior ao período estabelecido no decreto de indulto*

---

19. NORONHA, E. Magalhães. *Direito penal*. 24. ed. São Paulo: Saraiva, 1985. v. 1, p. 337; BRUNO, Anibal. *Direito* penal. Rio de Janeiro: Forense, 1959. v. 3, p. 205; GARCIA, Basileu. Ob. cit. p. 75.

- *Inadmissibilidade da concessão de indulto a condenado por tráfico de drogas com redução da pena*
- *Competência exclusiva e discricionária do Presidente da República: inadmissibilidade de exclusão de requisitos*
- *Admissibilidade do indulto condicionado*
- *Inadmissibilidade da fixação de condições não previstas no decreto de indulto*
- *Consideração do total das penas para a comutação de pena*
- *Inadmissibilidade de aplicação do art. 75 do CP para concessão de indulto*
- *Decreto de indulto cria mera expectativa de direito para o condenado*
- *Momento para análise das condições do indulto*
- *Inadmissibilidade de concessão a quem não preenche requisito*
- *Inadmissibilidade na ausência de reparação do dano*
- *Admissibilidade de concessão sem reparação do dano na condenação não definitiva*
- *Contra: inadmissibilidade de concessão sem reparação do dano*
- *Concessão na impossibilidade de reparação do dano*
- *Inadmissibilidade de concessão na ausência de requisito subjetivo*
- *Inadmissibilidade de concessão a criminoso habitual*
- *Inadmissibilidade de concessão a condenado perigoso*
- *Fuga não impede a concessão do indulto*
- *Contra: fuga do presídio impede a concessão do indulto*
- *Faltas disciplinares não impedem a comutação de penas*
- *Indeferimento por falta grave posterior ao período estabelecido no decreto de indulto*
- *Contra: indeferimento por falta grave posterior ao período estabelecido no decreto de indulto*
- *Inexigência de alta pela prática de falta grave*
- *Possibilidade de indulto ao condenado em gozo de sursis*
- *Necessidade de pesquisa de antecedentes para condenado sob sursis*
- *Possibilidade do indulto a condenado em livramento condicional*
- *Possibilidade do indulto a condenado que requereu livramento condicional*
- *Concessão de indulto a sentenciado ao qual foi imposta medida de segurança*
- *Indulto humanitário – Necessidade de comprovação da doença grave e irreversível*
- *Indulto humanitário: concessão a portador de doença em estágio terminal*
- *Indulto humanitário: inadmissibilidade para portador do vírus HIV que não está em fase terminal*
- *Admissibilidade da exclusão de crimes de menor gravidade: inexistência de ofensa aos princípios da isonomia e da proporcionalidade*

- *Inadmissibilidade de concessão em caso de roubo qualificado*
- *Admissibilidade de concessão de comutação a autor de crime de roubo qualificado*
- *Admissibilidade de comutação para o crime de furto em concurso com roubo e latrocínio*
- *Constitucionalidade da proibição de indulto e comutação a condenado por crime hediondo por decreto presidencial*
- *Inadmissibilidade de concessão de indulto e comutação de penas a condenado por crime hediondo*
- *Contra: possibilidade de concessão de indulto e comutação de pena a condenado por crime hediondo*
- *Admissibilidade de vedação a crime hediondo anterior à vigência da Lei nº 8.072/90*
- *Inadmissibilidade de comutação de pena a condenado por crime hediondo*
- *Contra: admissibilidade de comutação de pena a condenado por crime hediondo*
- *Inadmissibilidade de comutação de pena a condenado por crime hediondo anterior à Lei nº 8.072/90*
- *Contra: admissibilidade de comutação de pena a condenado por crime hediondo anterior à Lei nº 8.072/90*
- *Inadmissibilidade da concessão de comutação a crime hediondo posterior à Lei nº 8.930/94*
- *Inadmissibilidade de concessão de comutação a homicídio qualificado anterior à Lei nº 8.930/94*
- *Contra: admissibilidade de concessão de comutação a homicídio qualificado anterior à Lei nº 8.930/94*
- *Inadmissibilidade de comutação de pena a condenado por crime de homicídio qualificado*
- *Concessão de comutação para autor do crime contra os costumes sem lesão grave ou morte*
- *Inadmissibilidade da concessão de indulto a condenado por crimes contra os costumes com violência presumida*
- *Contra: admissibilidade da concessão de indulto a condenado por crimes contra os costumes com violência presumida*
- *Concessão para autor de crime de homicídio qualificado-privilegiado*
- *Admissibilidade de concessão de comutação a condenado que já cumpriu a pena por crime hediondo*
- *Concessão antes do trânsito em julgado*
- *Contra: inadmissibilidade de concessão antes do trânsito em julgado*
- *Impedimento à concessão do indulto na existência de apelação do Ministério Público*
- *Possibilidade de julgamento do recurso do indultado*
- *Contra: impossibilidade de julgamento da apelação após a aceitação do indulto*

193.2 PROCESSAMENTO DO INDULTO COLETIVO

Tratando-se de indulto coletivo, dispensa a lei as formalidades previstas para o processamento do pedido de indulto individual (arts. 189 e 191). Assim, não considera expressamente indispensável o parecer do Conselho Penitenciário na hipótese. Entretanto, o indulto exige, para sua concessão, requisitos subjetivos que somente podem ser apurados e comprovados pelos órgãos administrativos da execução. São os casos, por exemplo, de ter o condenado participado do processo de ressocialização, de ter comportamento satisfatório e bom desempenho no trabalho, de apresentar condições pessoais que façam presumir que não voltará a delinquir etc. (v. item 193.1).

Não é possível, porém, que sejam exigidos outros requisitos pela autoridade judiciária, sob pena de se substituir a quem detém os poderes de clemência, sem dispor de delegação para tanto.

Cabendo ao Conselho Penitenciário a fiscalização da pena (art. 69) e, especificamente, emitir parecer sobre indulto (art. 70, I), a manifestação desse órgão torna-se indispensável para que se apure se o sentenciado faz jus ao benefício. Mesmo na hipótese de beneficiário sob *sursis*, é obrigatório o parecer do Conselho Penitenciário. Pode a lei estadual dispor expressamente a respeito da obrigatoriedade do parecer, ou o juiz, em sua competência para determinar diligência, exigir a manifestação prévia do Conselho Penitenciário. A Lei nº 10.792, de 1º-12-2003, ao dar nova redação ao art. 70, inciso I, excluiu do rol de competências do Conselho Penitenciário a emissão de parecer sobre indulto e comutação de pena quando se trata de pedido de indulto, com base no estado de saúde do preso. A dispensa do parecer do Conselho Penitenciário no denominado *indulto humanitário* se justifica porque os decretos que o concedem exigem, em regra, como requisito único, encontrar-se o preso acometido por doença grave e irreversível, incapacitante ou em estágio terminal, situação que recomenda urgência na tramitação do pedido e que pode ser comprovada por laudo médico oficial.

Apresentado o requerimento pelo interessado ou pelo Ministério Público ou a proposição da autoridade administrativa, somente após o parecer do Conselho Penitenciário terá o juiz da execução condições de decidir sobre o pedido. Exige-se, também, a prévia manifestação do Ministério Público, quando não for o requerente, e da defesa, conforme passou a dispor expressamente o art. 112, § 2º.

Decidindo, fundamentadamente, a respeito da aplicação do decreto concessivo, o juiz declara extinta a pena ou ajusta a execução aos termos da comutação concedida.

Denegado o pedido de indulto e formalmente transitada em julgado a decisão, cabe ao interessado o direito de, em outra oportunidade, renovar o pedido desde que acompanhado de novas provas. Impõe-se aqui a analogia com o art. 621, III, do Código de Processo Penal, que trata da revisão, sob pena de consagrar-se a imutabilidade de uma decisão injusta.

Da decisão a respeito da aplicação do decreto que concede indulto, cabe o recurso de agravo em execução (art. 197).

Como o indulto é benefício que depende de prévia manifestação do Conselho Penitenciário para a análise e avaliação dos requisitos pertinentes, e da análise de provas, é o *habeas corpus* meio inadequado para seu deferimento. Pelo segundo motivo, também não se admite o *mandamus* como substituto ou sucedâneo de recurso ordinário de decisão denegatória por condições subjetivas para a concessão do indulto ou comutação de penas.

Jurisprudência

- *Inadmissibilidade de habeas corpus como recurso da decisão*
- *Inadmissibilidade de revogação do indulto sob o fundamento de erro material na aferição dos requisitos exigidos*
- *Reconhecimento da prescrição após a concessão do indulto*
- *Indeferimento pelo juiz*
- *Necessidade de decisão fundamentada*
- *Concessão de ofício pelo juiz*
- *Necessidade de parecer do Conselho Penitenciário*
- *Contra: desnecessidade de parecer do Conselho Penitenciário*
- *Desnecessidade do parecer do Conselho Penitenciário para indulto a condenado em regime aberto*
- *Concessão pelo atraso no parecer do Conselho Penitenciário*
- *Concessão contra parecer do Conselho Penitenciário*
- *Nulidade da concessão do indulto sem a prévia intervenção do Ministério Público*
- *Concessão sem parecer do Ministério Público após vista dos autos*
- *Indeferimento após parecer do Ministério Público sem intimação do condenado*
- *Inadmissibilidade de concessão por habeas corpus no STF contra o decreto presidencial*
- *Inadmissibilidade de concessão por meio de habeas corpus*
- *Ilegitimidade do Conselho Penitenciário para recorrer objetivando a revogação do indulto*
- *Inadmissibilidade de extensão a corréu*
- *Não restituição da condição de primário pelo indulto*
- *Não extensão a pena pecuniária*
- *Contra: extensão do indulto a pena pecuniária*
- *Possibilidade de novo indulto*
- *Inadmissibilidade de revogação do indulto por fuga posterior à aquisição do direito*

TÍTULO VIII
DO PROCEDIMENTO JUDICIAL

Art. 194. O procedimento correspondente às situações previstas nesta lei será judicial, desenvolvendo-se perante o Juízo da Execução.

Vide: **CF** art. 5º, XXXIX, LIII, LIV, LV; **LEP** arts. 1º, 2º, 3º, 65, 66, 195 a 197.

194.1 PROCESSO E PROCEDIMENTO JUDICIAL

O princípio da legalidade decorrente da subordinação do processo executório à Lei de Execução Penal e ao Código de Processo Penal, bem como o reconhecimento da existência de uma relação jurídica Estado-condenado, assegurados a este todos os direitos não atingidos pela sentença ou pela lei, consagram a judicialização contínua e o princípio da *nulla poena sine processu* na execução penal (itens 2.1 e 2.2). A existência do processo como "desenvolvimento prático e concreto da atividade encaminhada à formação de providências jurisdicionais"[20] constitui a garantia indispensável não apenas para a correta aplicação do Direito, como também para assegurar a eficácia dos direitos tanto individuais como coletivos. A respeito do assunto, vale reproduzir a exposição de René Ariel Dotti: "Na Lei de Execução Penal manifesta-se, em toda a sua inteireza, o empenho de evitar que, a pretexto de concretizar a sanção regularmente aplicada, o Estado, por ação ou omissão de seus agentes, converta o título executivo em credencial para a violência ou passaporte para a tragédia. Assim ocorre pela violação sistemática dos direitos do condenado e do internado que não foram sacrificados pela condenação. Daí a necessidade e a importância de um dispositivo frontal para declarar que 'ao condenado e ao internado serão assegurados todos os direitos não atingidos pela sentença ou pela lei' (art. 3º). O procedimento para regular os múltiplos problemas da execução é, portanto, de natureza judicial."[21]

No sentido de concretizar o processo, com todas as garantias e princípios que lhe são próprios, prevê a Lei de Execução o procedimento judicial correspondente às situações nela previstas. Como o Juízo da execução é o foro natural para o conhecimento de todos os atos praticados por qualquer autoridade na execução das penas e das medidas de segurança, perante ele se desenvolve o procedimento. No âmbito da execução penal, o procedimento também guarda os princípios básicos do procedimento em geral: os atos são escritos e, após o impulso inicial, sucedem-se sob a coordenação e direção do juiz.[22]

Jurisprudência

- *Necessidade do procedimento judicial na suspensão de benefícios*
- *Necessidade do procedimento judicial na revogação facultativa do* sursis
- *Necessidade do procedimento judicial na suspensão do livramento condicional*
- *Necessidade do procedimento judicial para a perda dos dias remidos*
- *Inadmissibilidade de reiteração na pendência de recurso do pedido anterior*
- *Inadmissibilidade de revisão da decisão não recorrida*

---

20. REDENTI. *Derecho procesal civil.* v. 1/87. Buenos Aires, 1957, apud DOTTI, René Ariel. A lei de execução penal. Perspectivas fundamentais. *RT* 598/280.
21. Art. cit., p. 280.
22. SILVA, Odir Odilom Pinto da, BOSCHI, José Antonio Paganella. *Comentários à lei da execução penal.* Rio de Janeiro: Aide, 1986. p. 220.

Art. 195. O procedimento judicial iniciar-se-á de ofício, a requerimento do Ministério Público, do interessado, de quem o represente, de seu cônjuge, parente ou descendente, mediante proposta do Conselho Penitenciário, ou ainda, da autoridade administrativa.

Vide: **LEP** arts. 41, XIV, 66, 67, 68, 69, 70, 81-A, 81-B, 194, 196, 197.

195.1 INICIATIVA

A iniciativa do procedimento judicial não é exclusiva da autoridade judiciária, mas pertence também ao Ministério Público e a outros sujeitos processuais: o interessado (condenado ou internado), quem o represente, seu cônjuge, parente ou descendente, o Conselho penitenciário e a autoridade administrativa a que se encontra vinculado o condenado ou internado. O juiz atua de ofício, o Conselho Penitenciário e a autoridade administrativa propõem e os demais requerem a instauração do procedimento. Não é parte legítima para propor o procedimento judicial o assistente da acusação, cuja função se exaure com o trânsito em julgado da sentença condenatória.

A diversidade no tocante à legitimação para agir decorre da natureza complexa do processo de execução, que é "um *mixtum compositum* para o qual concorrem diversos órgãos e pessoas".[23] Com relação ao preso ou internado, aliás, a lei já garante o direito de representação e petição "a qualquer autoridade em defesa de direito" (art. 41, XIV).

Como o objeto do procedimento judicial pode ser de natureza jurisdicional, estando em jogo o direito subjetivo do condenado ou internado (item 2.2), a decisão fará coisa julgada formal e material. Assim, é indispensável que, nessa hipótese, o condenado esteja representado ou assistido por procurador judicial habilitado, constituído ou dativo. Só assim estará garantido o respeito às garantias de ampla defesa e do contraditório no processo de execução. A falta de oportunidade para que se manifeste o advogado do condenado ou internado, no caso, é causa de nulidade do procedimento judicial.

Jurisprudência

- *Iniciativa da autoridade administrativa para instauração de procedimento disciplinar*
- *Iniciativa do diretor do estabelecimento penal para a progressão de regime*
- *Inadmissibilidade de iniciativa de assistente da acusação*

Art. 196. A portaria ou petição será autuada ouvindo-se, em três dias, o condenado e o Ministério Público, quando não figurem como requerentes da medida.

§ 1º Sendo desnecessária a produção de prova, o juiz decidirá de plano, em igual prazo.

---

23. DOTTI, René Ariel. Art. cit., p. 280.

§ 2º Entendendo indispensável a realização de prova pericial ou oral, o juiz a ordenará, decidindo após a produção daquela ou na audiência designada.

Vide: **CF** arts. 5º, LIV, LV, 93, X; **LEP** arts. 112, §§ 1º e 2º, 194, 195, 197; **CPP** arts. 152, II, 182.

196.1 PROCESSAMENTO

Autuada a portaria do juiz ou a petição inicial da pessoa legitimada para agir, devem ser ouvidos, no prazo de três dias, o condenado e o Ministério Público quando, evidentemente, não forem estes os requerentes da instauração do procedimento. Admite-se a produção de quaisquer provas, apresentadas com a petição ou colhidas na instrução por determinação judicial. Não sendo requerida a produção de qualquer prova, pelo requerente, proponente ou Ministério Público, o juiz decidirá de plano, também no prazo de três dias. Sendo indispensável, a critério do juiz, o exame criminológico ou outra prova pericial, será ela realizada e, em seguida, será prolatada a decisão (item 112.5). Havendo necessidade de prova oral, porém, o juiz designará audiência a fim de serem ouvidas as pessoas arroladas de ofício ou pelo requerente, proponente ou Ministério Público. Colhida a prova oral, ainda na audiência devem manifestar-se os interessados (condenado, Ministério Público e requerente), exarando o juiz, em seguida, sua decisão.

A imprescindibilidade de observância do contraditório não implica a obrigatoriedade de se manifestar a defesa sempre após o Ministério Público. Se o procedimento se iniciou por requerimento da própria defesa, que, desde logo, formulou a pretensão e ofereceu sua argumentação, sendo desnecessária a produção de prova, a prolação da decisão subsequentemente à manifestação do Ministério Público não viola os princípios do contraditório e da ampla defesa. Tratando-se, porém, de procedimento iniciado por petição do próprio condenado ou outro legitimado, é imprescindível que se faculte ao defensor requerer e alegar o que entender pertinente. Porque o Ministério Público deve oficiar em todo o processo de execução e seus incidentes (art. 67), a prolação de decisão sem a prévia concessão de oportunidade de manifestação ao *Parquet* enseja a ocorrência de nulidade. Também é nula a decisão que defere ao sentenciado benefício legal distinto do que foi pleiteado, se a respeito daquele não teve o Ministério Público oportunidade de se manifestar.

Como se trata de procedimento judicial referente ao processo de execução, a decisão deve obedecer, formalmente, aos requisitos exigidos para as sentenças judiciais (art. 381 e seus incisos do CPP). A fundamentação de qualquer decisão judicial é imprescindível, conforme mandamento da Constituição Federal (art. 93, IX), sob pena de nulidade. Dispõe, aliás, expressamente a Lei de Execução Penal que as decisões sobre progressão de regime, livramento condicional, indulto e comutação de penas serão sempre motivadas (art. 112, §§ 1º e 2º). Trata-se de indispensável exigência para que o livre convencimento não resvale em arbítrio e para que o procedimento executivo seja realmente judicial, como manda o art. 194 da Lei de Execução Penal. Não se exige, porém, que a motivação seja extensa ou minuciosa, inexistindo nulidade na fundamentação que, embora concisa, permite o conhecimento dos motivos de fato e de direito que levaram o juiz à decisão.

A lei não fixou prazo para ultimação do procedimento judicial. Isso não significa que o processamento possa estender-se eternamente, o que eventualmente pode dificultar ou prejudicar a situação do sentenciado, devendo-se estabelecer prazo para a conclusão da colheita de provas e a decisão do juiz. Prevê-se, porém, no § 2º do art. 54, inserido pela Lei nº 10.792, de 1º-12-2003, o prazo especial de 15 dias para o procedimento judicial quando se tratar de decisão sobre a inclusão de preso em regime disciplinar (item 54.2).

Jurisprudência

- *Inexistência de nulidade na falta de apresentação de quesitos pela defesa*
- *Nulidade da decisão na falta de oportunidade para manifestação da defesa*
- *Nulidade da decisão na ausência de manifestação do Ministério Público*
- *Nulidade na ausência de manifestação do Ministério Público sobre benefício concedido de ofício*
- *Nulidade da decisão por falta de fundamentação concreta*
- *Ausência de nulidade: fundamentação adequada*
- *Nulidade da decisão: falta de exame das teses suscitadas pela defesa*
- *Inexistência de preclusão*
- *Admissibilidade da realização de exame pericial*
- *Inexistência de nulidade por falta de intimação da defesa após manifestação do Ministério Público*
- *Inadmissibilidade de concessão de benefício diverso do requerido*
- *Requisitos da decisão*
- *Nulidade da decisão: insuficiência de acolhimento de parecer do Ministério Público*
- *Inexistência de nulidade: fundamentação sucinta*
- *Desnecessidade de intimação pessoal do condenado das decisões do juiz da execução*

Art. 197. Das decisões proferidas pelo juiz caberá recurso de agravo, sem efeito suspensivo.

Vide: **CF** art. 5º, IV, LXVIII, LXIX; **LEP** arts. 66, 194 a 196; **CPP** arts. 581 a 592, 647 a 667, 798, § 1º; **Lei nº 12.016**, de 7-8-2009; **Lei Complementar nº 75**, de 20-5-1993, art. 6º, VI; **Lei nº 8.625**, de 12-2-1993, art. 32, I. Súmulas: **STF** 693, 695, 700, 701, 710.

197.1 AGRAVO EM EXECUÇÃO

No sistema do Código de Processo Penal, das decisões referentes à execução, cabe recurso em sentido estrito (art. 581, incisos IX, XI, XII, XVII, XIX, XX, XXI, XXII, XXIII e XXIV), com efeito suspensivo nos casos de concessão do livramento condicional, de unificação de penas e de conversão de multa em detenção ou prisão simples. Diante do art. 197 da Lei de Execução Penal, porém, das decisões proferidas pelo juiz, cabe recurso de agravo, sem efeito suspensivo. Certamente, quis o legislador antecipar-se à provável vigência do então futuro Código de Processo Penal, que, em seu projeto, previa o recurso de agravo de instrumento, sem efeito suspensivo, salvo quando este for concedido pelo relator.[24] Não estando ainda regulamentado em lei o processamento do *agravo em execução*, denominação adotada na jurisprudência a respeito do recurso previsto no art. 197 da Lei de Execução Penal, discute-se sua natureza e aplicação.

Entendem alguns, fundados no art. 2º da Lei de Execução Penal, que devem ser aplicadas ao recurso de agravo, subsidiariamente, as disposições referentes ao recurso em sentido estrito, previsto no atual Código de Processo Penal.[25] Para outros, porém, aplicam-se, por analogia, as regras referentes ao agravo de instrumento do Código do Processo Civil, quanto a prazos, ritos, requisitos etc. (arts. 1.015 a 1.020 do CPC).[26] Na jurisprudência, o entendimento praticamente pacífico é o de que deve ser seguido o rito do recurso em sentido estrito.

Outra questão surgida com a aplicação da Lei de Execução Penal diz respeito à abrangência do art. 197. Para a jurisprudência dominante, cabe o recurso de agravo em todas as decisões do juiz da execução no procedimento judicial diante do disposto nos arts. 66 e 197 da Lei de Execução Penal. Há, porém, algumas decisões em sentido contrário, argumentando-se que, em matéria não regulada pela Lei de Execução Penal, cabe o recurso, em sentido estrito, previsto no Código de Processo Penal, inclusive com efeito suspensivo nas hipóteses estabelecidas por esse Estatuto.[27] Realmente, o art. 197 deve ser examinado em harmonia com o art. 194 da Lei nº 7.210/84, que disciplina o procedimento judicial a ser observado nas *situações previstas* nessa própria lei e não em outros diplomas legais. Estar a situação "prevista" na lei não é o mesmo que estar ela "mencionada" no estatuto. Assim, nas hipóteses referentes à unificação de penas,[28] de aplicação da lei nova mais benigna prevista no Código Penal, de extinção da punibilidade por causa não prevista na Lei de Execução Penal etc., o recurso cabível seria o previsto no Código de Processo Penal e não o agravo em execução. Contudo, está pacificado na jurisprudência o entendimento de que o recurso cabível contra as decisões proferidas pelo juiz da execução é sempre o de agravo em execução.

---

24. Arts. 512 a 519 do Projeto de Lei nº 1.655 de 1983, e arts. 551 a 557 na redação desse projeto aprovada pela Câmara dos Deputados.

25. Nesse sentido: SILVA, Odir Odilon Pinto da, BOSCHI, José Antonio Paganella. Ob. cit., p. 222; CUNHA, Renan Severo Teixeira da. O Ministério Público na execução penal. *Curso sobre a reforma penal*. São Paulo: Saraiva, 1985. p. 209; MORAES, Sílvio Roberto Mello. Breves anotações sobre o recurso de agravo da Lei de Execução Penal. *RT* 657/382; ARANHA, Adalberto José Q. T. de Camargo. *Dos recursos no processo penal*. São Paulo: Saraiva, 1988, p. 163.

26. Nesse sentido: NOGUEIRA, Carlos Frederico Coelho. Efeitos da condenação, reabilitação e medidas de segurança. *Curso sobre a reforma penal*. São Paulo: Saraiva, 1985. p. 148. GRINOVER, Ada Pellegrini. Anotações sobre os aspectos processuais da Lei de Execução Penal; FERNANDES, Antonio Scarance. O Ministério Público na execução penal; Ribeiro, Zilma Aparecida da Silva. O recurso de agravo na Lei de Execução Penal, todos em *Execução penal*. São Paulo: Max Limonad, 1987, respectivamente, p. 18, 35 e 55-56.

27. Zilma Aparecida da Silva Ribeiro, fundando-se no princípio da fungibilidade dos recursos, afirma que "nada impede a utilização pela parte do agravo, ao invés do recurso em sentido estrito, contra decisões proferidas nas situações do art. 66, que pertencem à esfera de competência do Juízo das Execuções" (O recurso de agravo na lei de execução criminal. *Execução penal*. São Paulo: Max Limonad, 1987. p. 58).

28. Nesse sentido, parecer de Francisco Eduardo Mascarenhas (*Justitia* 135/193).

Nos termos amplos do art. 197 da Lei de Execução Penal (refere-se genericamente a "decisões"), cabe o agravo das decisões interlocutórias, proferidas no curso do procedimento judicial, e não somente sobre a sentença de mérito. Evidentemente, não cabe recurso de agravo contra mero despacho de expediente sem características decisórias.

Em todas as decisões, o prazo para a interposição do recurso é de cinco dias, atentando-se para o disposto no art. 586 do Código de Processo Penal e para os termos da Súmula 700 do Supremo Tribunal Federal: "É de cinco dias o prazo para interposição de agravo contra decisão do juiz da execução penal."

A interposição de agravo exige a obediência aos requisitos legais, em especial a petição, não podendo ser ela suprida pela simples apresentação de razões. Mas já se decidiu que o agravo pode subir nos próprios autos, dispensada a formação de instrumento, quando não prejudicar o andamento do processo, nos termos do art. 583, III, do Código de Processo Penal, cujo preceito, por sua razão de ser, também pode ser aplicado ao caso.

Vigora no processo de execução penal o princípio da fungibilidade dos recursos, aceitável quando presentes os requisitos legais.

As razões e contrarrazões do Ministério Público são imprescindíveis ao julgamento do agravo. As razões ineptas, nessa hipótese, são consideradas inexistentes, devendo ser o julgamento convertido em diligência para que se ofereçam alegações válidas.

A motivação exposta ao ensejo do juízo de retratação não sana a nulidade da não fundamentação da decisão atacada pelo agravo, pois que se trata de atentado à norma constitucional que obriga a motivação das sentenças.

Não concedeu a lei ao agravo em execução o efeito suspensivo sob o fundamento teórico de que, como regra geral, não haverá dano enquanto se aguarda a decisão do recurso interposto pela parte. Por exceção, o agravo interposto pelo Ministério Público da decisão que declara cessada a periculosidade tem efeito suspensivo, uma vez que a ordem para a desinternação ou liberação só é expedida quando a sentença transita em julgado (art. 179 da LEP). Entretanto, apesar da orientação em geral de que, sendo o despacho atacável por meio de recurso próprio, incabível seria o mandado de segurança, já se entendia, na vigência da Lei nº 1.533, de 31-12-1951, que, presentes o *fumus boni juris* e o *periculum in mora*, deve-se admitir o *mandamus* impetrado pelo agravante para dar efeito suspensivo ao agravo em execução.[29] A possibilidade da impetração do mandado de segurança com essa finalidade tornou-se indiscutível com a entrada em vigor da Lei nº 12.016, de 7-8-2009. O Superior Tribunal de Justiça tem-se orientado, porém, no sentido da ilegitimidade do Ministério Público para impetrar mandado de segurança com o objetivo de atribuir efeito suspensivo a agravo em execução. Fundam-se essas decisões, em síntese, no argumento de que, previsto expressamente no art. 197 da Lei de Execução Penal que o agravo em execução não é dotado de efeito suspensivo, a observância do princípio do devido processo legal impediria o *Parquet* de restringir garantias conferidas aos sentenciados além dos limites estabelecidos pela legislação. Deve-se observar, primeiramente, que a Lei nº 12.016, de 7-8-2009, em seu art. 5º, veda a utilização do *mandamus* em face de decisão transitada em julgado ou da qual caiba recurso com efeito suspensivo (incisos I e II), admitindo-o, portanto, *a contrario sensu*, na hipótese de recurso destituído de tal efeito, como é o caso do agravo em execução.

---

29. Nesse sentido: parecer de Alcyr Menna Barreto de Araújo, acolhido pelo TJSP (*Justitia* 134/160).

Da previsão contida no art. 197 da Lei de Execução Penal não se pode inferir, obviamente, a impropriedade, em geral, do mandado de segurança para a obtenção de efeito suspensivo ao agravo em execução. Esse entendimento, além de violar o dispositivo no art. 5º da Lei nº 12.016/2009, implicaria restringir, indevidamente, o cabimento do *mandamus* em face de ilegalidade ou abuso de poder ocorrido no exercício da função jurisdicional à correção somente de decisões irrecorríveis, excluídas precisamente as decisões que mais justificam a previsão constitucional e legal do mandado de segurança, em razão tanto da maior relevância da matéria *decidenda*, que determina a sua recorribilidade, como da imediatidade de seus efeitos, que torna urgente a reparação do direito violado pela via excepcional. A ausência de recurso regular com efeito suspensivo não é impedimento, mas, inversamente, pressuposto para que o titular do direito violado possa valer-se do mandado de segurança para a impugnação da decisão judicial ilegal ou abusiva.

Com relação ao Ministério Público, a sua legitimidade para a impetração de mandado de segurança, em geral, é certa, diante das normas contidas no art. 6º, VI, da Lei Complementar nº 75, de 20-5-1993, no art. 32, I, da Lei nº 8.625, de 12-2-1993, e no art. 1º da Lei nº 12.016, de 7-8-2009, e, como visto, a previsão da ausência de efeito suspensivo ao agravo não é óbice à utilização do *mandamus* em face de decisões proferidas pelo juiz da execução. Aliás, a regra contida no art. 197 da LEP sequer é norma garantidora de direitos do sentenciado, porque se limita a estabelecer a regra geral sobre o recurso cabível e seus efeitos, aplicável tanto ao Ministério Público como ao sentenciado. Não tem efeito suspensivo, por exemplo, o agravo interposto pelo condenado contra a decisão que determinou a sua regressão ao regime fechado ou declarou a perda de dias remidos pelo trabalho ou estudo. Assim, o manejo pelo Ministério Público do mandado de segurança para o fim de obter efeito suspensivo a agravo interposto contra decisão ilegal ou abusiva proferida pelo juiz da execução, remédio previsto na Constituição Federal e disciplinado em lei, para o qual está expressamente legitimado, não ofende o princípio do devido processo legal e tampouco cerceia qualquer direito ou garantia do sentenciado. Curioso seria mesmo negar a legitimidade para a impetração de mandado de segurança em face de decisão judicial abusiva ou ilegal justamente ao Ministério Público, órgão essencial ao exercício da jurisdição no processo de execução, ao qual incumbe, precisamente, a função de fiscalizar a regular aplicação da lei.

É necessário porém, para que se conceda o efeito suspensivo, que se comprove o dano potencial pela demora no julgamento do recurso. Além disso, existindo remédio processual comum adequado, razão alguma há para se permitir a impetração de mandado de segurança após a renúncia válida da parte do direito de recorrer.

Por derradeiro, ocorrendo denegação do agravo ou em caso de, admitido, ter seu processamento obstado, caberá o recurso previsto no art. 639 do Código de Processo Penal vigente, ou seja, a carta testemunhável.

Em tese, é cabível a interposição de revisão criminal da decisão do juiz da execução. Figure-se a hipótese de unificação de penas quando, após a sentença, se descobrirem novas provas de circunstância que determine ou autorize diminuição especial da pena (art. 621, III, do CPP), ou quando a decisão se fundar em exames ou documentos comprovadamente falsos (art. 621, II, por analogia).

Entretanto, como a revisão é ação desconstitutiva limitada, não se presta, como regra, a resolver questões referentes a incidentes de execução.

ART. 197 — EXECUÇÃO PENAL

As questões relativas à execução da pena que demandam incontestável exame de prova, por envolverem aspectos objetivos e subjetivos, impedem que se concedam benefícios por via do *habeas corpus*. Não há impedimento, entretanto, quando se verificam, sem exame valorativo, os elementos documentais fornecidos com a impetração do *writ* para deferi-lo. Aliás, como regra, a existência de recurso próprio para atacar decisão proferida em sede de execução penal não constitui óbice à impetração de *habeas corpus*. Entretanto, o remédio heroico é via inadequada para o apressamento de decisões ou providências a serem tomadas durante a execução de penas, as quais devem ser pleiteadas junto ao Juízo das Execuções, competente originariamente para a matéria, com possibilidade de eventual recurso para a Superior Instância.

Jurisprudência

- *Rito do recurso em sentido estrito no agravo em execução*
- *Aplicação do princípio da fungibilidade*
- *Inadmissibilidade do habeas corpus como sucedâneo do agravo*
- *Inadmissibilidade do habeas corpus na inexistência de flagrante ilegalidade relativa a matéria de direito*
- *Admissibilidade do habeas corpus para exame de matéria de direito*
- *Inadmissibilidade do habeas corpus na necessidade de reexame do conjunto fático-probatório*
- *Cabimento do agravo em execução das decisões de incidentes da execução*
- *Inadmissibilidade de agravo em execução de despacho de expediente*
- *Inadmissibilidade de agravo em unificação de penas: cabimento do recurso em sentido estrito*
- *Contra: admissibilidade de agravo em unificação de penas*
- *Inadmissibilidade de agravo em aplicação da lei nova: cabimento do recurso em sentido estrito*
- *Inadmissibilidade de agravo em execução em caso de extinção da punibilidade: cabimento do recurso em sentido estrito*
- *Ilegitimidade do condenado para interpor agravo em execução*
- *Agravo interposto pelo próprio condenado: inexistência de nulidade*
- *Prazo de cinco dias para interposição de agravo*
- *Prazo em dobro para a Assistência Judiciária*
- *Termo inicial do prazo para interposição de agravo: juntada do expediente da intimação*
- *Não suspensão do prazo para interposição de agravo pelo pedido de reconsideração*
- *Intempestividade do agravo em execução: inaplicabilidade do princípio da fungibilidade*
- *Mandado de segurança conhecido como agravo*
- *Exigência de interposição do agravo em execução: insuficiência da apresentação de razões*
- *Desnecessidade de formação de instrumento em agravo em execução*

- *Inadmissibilidade de interposição de agravo perante o Tribunal ad quem*
- *Ilegitimidade ativa da Fazenda Pública para interposição de agravo*
- *Contra: legitimidade ativa da Fazenda Pública para interposição de agravo*
- *Legitimidade do Ministério Público para mandado de segurança com o fim de obter efeito suspensivo*
- *Contra: ilegitimidade do Ministério Público para mandado de segurança com o fim de obter efeito suspensivo*
- *Rito do recurso em sentido estrito no agravo em execução*
- *Contra: agravo do processo civil*
- *Deferimento de mandado de segurança concedendo efeito suspensivo ao agravo em execução*
- *Inadmissibilidade de impetração de mandado de segurança para emprestar efeito suspensivo ao agravo em execução*
- *Inadmissibilidade de concessão de efeito suspensivo em agravo em execução*
- *Possibilidade excepcional de efeito suspensivo no agravo em execução*
- *Inexistência de efeito suspensivo em deferimento de progressão*
- *Contra: efeito suspensivo em deferimento de progressão*
- *Juízo de retratação não sana nulidade da decisão*
- *Possibilidade de embargos infringentes em agravo em execução*
- *Competência para apreciar agravo em execução interposto no Juizado Especial Criminal*
- *Revisão em decisão do juiz da execução*
- *Inadmissibilidade de revisão em incidentes da execução*
- *Inadmissibilidade de extensão do agravo a outras hipóteses*
- *Inadmissibilidade de impetração de habeas corpus para a concessão de benefícios*
- *Admissibilidade da impetração de habeas corpus em substituição ao agravo*
- *Inadmissibilidade do habeas corpus para reexame de prova pericial*
- *Conhecimento do pedido de habeas corpus para assegurar direitos do condenado*
- *Conhecimento excepcional de habeas corpus*
- *Inadmissibilidade de habeas corpus para apressar decisões na execução*
- *Possibilidade de concessão de habeas corpus de ofício em agravo intempestivo*
- *Inadmissibilidade de interposição simultânea de agravo em execução e habeas corpus*
- *Inexistência de efeito suspensivo no recurso especial sobre execução da pena*

TÍTULO IX
DAS DISPOSIÇÕES FINAIS E TRANSITÓRIAS

Art. 198. É defesa ao integrante dos órgãos da execução penal, e ao servidor, a divulgação de ocorrência que perturbe a segurança e a disciplina dos estabelecimentos, bem como exponha o preso a inconveniente notoriedade, durante o cumprimento da pena.

Vide: **CF** art. 5º, XLIX; **LEP** arts. 3º, 40, 41, VIII, 199.

198.1 SIGILO NA EXECUÇÃO

Nos termos do art. 41, VIII, a Lei de Execução Penal constitui como direito do preso a proteção contra qualquer forma de sensacionalismo (item 41.8). Em consonância com tal dispositivo, no art. 198, assegura o sigilo a respeito de ocorrência que exponha o preso a inconveniente notoriedade durante a execução da pena. Além disso, em favor da disciplina e segurança do estabelecimento penal, proíbe a divulgação de fato que as possam colocar em perigo. Procura-se, assim, evitar eventual abuso de informação que prejudique o preso ou internado ou o regular desenvolvimento da execução penal.

Estão sujeitos à proibição os integrantes dos órgãos da execução penal e o servidor que exerça suas funções na aplicação da lei, não atingindo assim o condenado ou internado ou pessoa estranha. A divulgação, por estes, não é proibida, salvo se constituir, em si, infração penal (arts. 153 e 154 do CP, etc.).

Não institui a lei uma proibição absoluta a respeito da divulgação de fato ocorrido durante a execução penal, cabendo à autoridade administrativa ou judicial verificar a natureza da ocorrência para proibir a sua divulgação nas hipóteses mencionadas no art. 198 da Lei de Execução Penal. A lei confere à autoridade "o prudente arbítrio para avaliar em torno da conveniência ou inconveniência da divulgação".[30] Da decisão a respeito do sigilo cabe recurso ao juiz da execução, nos termos dos arts. 194 ss da Lei de Execução Penal, pelo excesso ou desvio.

Art. 199. O emprego de algemas será disciplinado por decreto federal.

Vide: **CF** art. 5º, XLIX; **LEP** arts. 3º, 40, 41, VIII, 198; **CPP** arts. 284, 292, parágrafo único, 474, § 3º; **Lei nº 13.869**, de 5-9-2019, art. 13. Súmula Vinculante: 11.

199.1 USO DE ALGEMAS

Mesmo em época anterior a Beccaria, já se restringia o uso de algemas (*ferros*), permitido apenas na hipótese de constituírem a própria sanção penal ou serem necessárias à segurança pública.[31] No Brasil, o art. 28 do Decreto nº 4.824, de 22-11-1871, que regulamentou a Lei nº 2.033, de 20-9-1871, impunha sanção ao funcionário que conduzisse o preso "com ferros, algemas ou cordas", salvo o caso extremo de segurança, justificado pelo condutor. O Código de Processo Penal veda o emprego de *força*, salvo se indispensável no caso de resistência ou de tentativa de fuga do preso (art. 284) e proíbe o uso de algemas no acusado durante a sessão plenária do júri, ressalvada a sua absoluta necessidade para a ordem dos trabalhos, a segurança das testemunhas ou a garantia da integridade física dos presentes (art. 474, § 3º). Por fim, a Lei de Execução Penal determina a regulamentação por decreto federal do uso de algemas (art. 199).

---

30. SILVA, Odir Odilon Pinto da, BOSCHI, José Antonio Paganella. *Comentários à lei de execução penal*. Rio de Janeiro: Aide, 1986. p. 223.

31. Cf. PITOMBO, Sérgio Marcos de Moraes. Emprego de algemas. Notas em prol de sua regulamentação. *RT* 592/275-276.

Não há dúvida sobre a necessidade de regulamentação, pois o uso desnecessário e abusivo de algemas fere não só o art. 40 da Lei de Execução Penal, como também o art. 5º, XLIX, da Constituição Federal, que impõe a todas as autoridades o respeito à integridade física e moral do preso. Constitui-se nessa hipótese injúria e castigo, tratamento degradante e desumano da pessoa sob guarda ou custódia. Como já salientou Sérgio Marcos de Moraes Pitombo, "o emprego de algemas não pode se mostrar abusivo, visto que a força e o símbolo ferem o direito individual, a liberdade jurídica e o respeito à integridade física e moral do preso".[32] Algemar ou conduzir algemada a pessoa presa, desnecessariamente, exclusivamente como prática de exibição pública de força do Estado ou destinada a satisfazer a opinião pública são condutas ilegais, que ferem a integridade moral do preso e violam o direito de proteção contra qualquer forma de sensacionalismo.

Há, porém, necessidade do emprego de algemas como instrumentos de constrição física nas hipóteses de resistência à prisão, de tentativa de fuga, de condução de pessoa presa, condenada ou custodiada, à presença de alguma autoridade ou no transporte para estabelecimento penal ou qualquer lugar, quando houver ameaça à segurança pública ou individual, de internados que possam causar risco à integridade física própria ou de terceiros etc. Essa necessidade avulta "fora dos limites físicos dos estabelecimentos prisionais, quando a redução do número de guardas e as circunstâncias do transporte de preso impedem o melhor policiamento".[33] Estabelece o item 47 das Regras de Mandela: "O uso de correntes, de imobilizadores de ferro ou de outros instrumentos de coação considerados inerentemente degradantes ou penosos deve ser proibido". Os outros meios de coerção, isto é, algemas e camisas de força, só poderão ser utilizados nos seguintes casos: (a) como medida de precaução contra uma evasão durante uma transferência, desde que sejam retirados logo que o recluso compareça perante uma autoridade judicial ou administrativa; (b) Por ordem do diretor, depois de se terem esgotado todos os outros meios de dominar o recluso, a fim de o impedir de causar prejuízo a si próprio ou a outros ou de causar danos materiais; nestes casos o diretor deve consultar o médico com urgência e apresentar um relatório à autoridade administrativa superior."

Diante da demora para a normatização, o Supremo Tribunal Federal editou a Súmula Vinculante nº 11, assim redigida: "Só é lícito o uso de algemas em casos de resistência e de fundado receio de fuga ou de perigo à integridade física própria ou alheia, por parte do preso ou de terceiros, justificada a excepcionalidade por escrito, sob pena de responsabilidade disciplinar, civil e penal do agente ou da autoridade e de nulidade da prisão ou do ato processual a que se refere, sem prejuízo da responsabilidade civil do Estado." Deve-se reconhecer que a edição da Súmula não satisfez os requisitos previstos na Constituição Federal (art. 103-A, *caput* e § 1º) e na Lei nº 11.417, de 19-12-2006 (art. 2º, *caput* e § 1º), porque não precedida de reiteradas decisões de matéria constitucional, e porque seu enunciado não se limitou "à interpretação e eficácia de normas determinadas", possuindo nítido caráter legiferante, inclusive com relação à exigência de justificação escrita e à previsão genérica da "nulidade da prisão ou do ato processual". No entanto, as hipóteses de licitude do uso de algemas contempladas na Súmula são as mesmas que já eram aceitas na doutrina e na jurisprudência. Permaneceu, porém, imprescindível que o uso de algemas fosse disciplinado em caráter geral e uniforme,

---

32. O uso de algemas não tem regulamentação nacional. *Folha de S. Paulo*, 26 out. 1986, p. 34.
33. Item 176 da Exposição de Motivos.

não podendo ser considerado como habitual e costumeiro nem ficar ao critério de eventuais chefias e comandos de policiais incumbidos da diligência de escolta ou captura.[34]

Somente em 2016, muitos anos após o início da vigência da Lei de Execução Penal, cumpriu-se a determinação legal, procedendo-se à regulamentação necessária mediante a edição do Decreto nº 8.858, de 26-9-2016. O Decreto prevê que o emprego de algemas deverá observar como diretrizes o princípio da dignidade da pessoa humana e a proibição de submissão a tratamento desumano e degradante (arts. 1º, III, e 5º, III, da CF), bem como as normas contidas na Resolução nº 2010/16, de 22-7-2010, das Nações Unidas, sobre o tratamento de mulheres presas (Regras de Bangkok), e no Pacto de San José da Costa Rica, sobre o tratamento humanitário dos presos e, em especial, das mulheres em condição de vulnerabilidade. Sintetizando as hipóteses comumente citadas na doutrina e na jurisprudência, o Decreto adotou a formulação contida na Súmula Vinculante nº 11: "É permitido o emprego de algemas apenas em casos de resistência e de fundado receio de fuga ou de perigo à integridade física própria ou alheia, causado pelo preso ou por terceiros, justificada a sua excepcionalidade por escrito" (art. 2º).

Com relação às mulheres presas, vedou-se o emprego de algemas durante o trabalho de parto, no trajeto da parturiente para a unidade hospitalar e no período em que permanecer hospitalizada (art. 3º). A vedação foi ampliada pela Lei nº 13.434, de 12-4-2017, que acrescentou o parágrafo único ao art. 292 do Código de Processo Penal com a seguinte redação: "é vedado o uso de algemas em mulheres grávidas durante os atos médico-hospitalares preparatórios para a realização do parto e durante o trabalho de parto, bem como em mulheres durante o período de puerpério imediato".

Constitui crime de abuso de autoridade o uso de algemas com excesso ou desvio do poder discricionário, por constituir, contra o preso ou custodiado, atentado à incolumidade física, bem como vexame ou constrangimento não autorizado em lei (art. 13, II da Lei nº 13.869, de 5-9-2019). Não constitui constrangimento ilegal, de modo a anular o julgamento do réu pelo Tribunal do Júri o fato de permanecer algemado durante o desenrolar dos trabalhos quando houver motivo justificado, como sua periculosidade, a falta de segurança etc. (art. 474, § 3º, do CPP). Cabe ao juiz, de acordo com as circunstâncias, permitir ou não o uso de algemas durante o julgamento, fato que não viola o princípio da presunção de não culpabilidade do acusado.

> Jurisprudência
>
> - *Inexistência de nulidade no uso de algemas na prisão em flagrante: necessidade justificada*
> - *Inexistência de constrangimento ilegal no uso de algemas na instrução criminal: necessidade justificada*
> - *Inexistência de nulidade no uso de algemas no Tribunal do Júri: decisão fundamentada*
> - *Irretroatividade da Súmula Vinculante nº 11*
> - *Hipóteses de cabimento do uso de algemas*
> - *Constrangimento ilegal no uso desnecessário de algemas na prisão em flagrante*
> - *Nulidade do julgamento pelo uso desnecessário de algemas no Tribunal do Júri*
> - *Inexistência de constrangimento ilegal no uso de algemas no Tribunal do Júri*

---

34. PITOMBO, Sérgio Marcos de Moraes. Art. cit., p. 284.

Art. 200. **O condenado por crime político não está obrigado ao trabalho.**

Vide: **CF** art. 5º, XLVII, *c*; **LEP** arts. 2º, parágrafo único, 28, 31, 39, 41, II, V, 42, 83, 126.

200.1 CRIMINOSO POLÍTICO E TRABALHO

Como já foi visto, o trabalho do preso não constitui, *per se*, uma agravação da pena, mas um mecanismo de complemento do processo de reintegração social para prover a readaptação do condenado, prepará-lo para uma profissão, inculcar-lhe hábitos de trabalho e evitar a ociosidade (item 28.1). Na hipótese de condenado por crime político, porém, entende-se que não existem tais preocupações, já que teria praticado o delito por idealismo, manifestando seu desacordo com o regime ou com certas práticas do poder dominante e negando o estabelecido social ou politicamente. Há, portanto, preocupação em preservar o condenado por crime político do tratamento penitenciário que se dispensa aos delinquentes comuns. Essa a razão por que não se obriga ao trabalho o condenado por crime político.

A Lei de Execução Penal, porém, foi por demais abrangente no art. 200, por não distinguir os crimes políticos puros dos crimes políticos relativos. Nesses ilícitos, estariam incluídos, em princípio, inclusive atos de terrorismo com fins políticos, não havendo razão de ser, no entanto, para um tratamento penitenciário privilegiado para seus autores. O terrorista é, frequentemente, pior que um delinquente comum, por sua ação deliberada, frequentemente desumana e covarde, e em bom número de casos é um criminoso profissional, remunerado, que racionaliza sua ideologia para cometer uma série de delitos comuns, como tráfico de entorpecentes, homicídios, sequestros, roubos etc.[35] O terrorista, quando não é um robô condicionado para a violência, é por vezes um indivíduo frustrado por problemas familiares, propenso à contestação, influenciado por uma ideologia apenas pelos perigos que encerra.[36] É um erro manter a tradição de um conceito romântico, que já não tem cabimento diante da intranquilidade mundial, do fanático político criminoso como um delinquente especial, quando não passa ele, em muitos casos, de um criminoso comum, que, na prática do delito, não expressa consideração maior pela democracia ou direitos humanos, mas um condicionamento para atos antissociais da maior gravidade. Não se justifica, assim, o tratamento privilegiado desse criminoso político, principalmente nas hipóteses de violência contra a pessoa. Os crimes de terrorismo, antes previstos exclusivamente na revogada Lei de Segurança Nacional (Lei nº 7.170, de 14-12-1983), encontram-se agora tipificados na Lei nº 13.260, de 16-3-2016.

A dispensa do trabalho prisional ao criminoso político não lhe retira o direito à atribuição de trabalho, que é de todo preso e internado (arts. 41, II e 42, da LEP). Vale dizer, não tem o dever, mas apenas o direito de trabalhar. Desejando desempenhar a atividade laborativa, o condenado por crime político pode pedir que se lhe atribua trabalho de acordo com sua condição pessoal e necessidade (item 31.2). Desempenhando-o *intra muros*, ou

---

35. Cf. ARROJO, Manuel Lopez-Rey. *Introducción a la criminologia*. Madri: Universidad Complutense de Madrid, 1981. p. 96.

36. BRANCO, Vitorino Prata Castelo. *Criminologia*. São Paulo: Sugestões Literárias, 1980. p. 209.

externamente, terá ele direito à devida remuneração e aos demais benefícios de sua atividade laboral, como o direito à remição, à contribuição para a Previdência Social etc.

Art. 201. Na falta de estabelecimento adequado, o cumprimento da prisão civil e da prisão administrativa se efetivará em seção especial da Cadeia Pública.

Vide: **CF** art. 5º LXI, LXVII; **LEP** arts. 82, § 2º, 102; **CP** art. 42; **CPC** art. 528, §§ 3º e 6º; **CC** art. 652; **Lei** nº **5.478**, 25-7-1968, art. 19; **Lei** nº **13.445, de 24-5-2017**, art. 84. Súmula Vinculante: 25. Súmulas: **STJ** 280, 419.

201.1 PRISÃO CIVIL E ADMINISTRATIVA

Não devem ser confundidos os condenados por infração penal com aqueles submetidos à prisão civil ou à prisão administrativa.

A *prisão civil em sentido estrito*, ou seja, a prisão por dívida civil, somente foi permitida ao depositário infiel e ao responsável pelo inadimplemento de obrigação alimentar voluntário e inescusável (art. 5º, LXVII, da CF, art. 652 do CC, art. 528, §§ 3º e 6º, do CPC). O Supremo Tribunal Federal, durante longo período, reconheceu a constitucionalidade das hipóteses legais de prisão do depositário infiel, inclusive no caso de alienação fiduciária. Contudo, firmou o STF a orientação no sentido da prevalência sobre essas normas legais da Convenção Americana de Direitos Humanos (Pacto de São José da Costa Rica), que excepciona da proibição geral de prisão por dívida somente o descumprimento inescusável de prestação alimentícia (art. 7º, item 7). Esse entendimento cristalizou-se na Súmula Vinculante nº 25: "É ilícita a prisão civil de depositário infiel, qualquer que seja a modalidade do depósito." Decidiu, assim, o STF que a proibição da prisão civil aplica-se a todas as formas de infidelidade de depósito, seja ele voluntário ou necessário. Estão abrangidas pela vedação, por exemplo, as prisões por infidelidade de depósito judicial e de depósito de valor pertencente à Fazenda Pública (art. 4º, § 2º, da Lei nº 8.866, de 11-4-1994). De acordo com os expressos termos da Súmula 419 do STJ, "descabe a prisão civil do depositário judicial infiel". Foi expressamente cancelada a Súmula 619 do STF e devem ser tidas como superadas as Súmulas 304 e 305 do STJ. Com relação à prisão administrativa, a possibilidade de decretação da prisão por autoridade administrativa foi revogada pela Constituição Federal, que só permite a prisão por ordem escrita e fundamentada de autoridade judiciária competente, salvo nos casos de transgressão militar ou crime propriamente militar, definidos em lei (art. 5º, LXI). Há entendimento, porém, que admite que a autoridade administrativa peça, fundamentadamente, a decretação da prisão ao órgão judiciário competente nas hipóteses previstas em lei. A decretação da prisão de estrangeiro (art. 84 da Lei nº 13.445, de 24-5-2017), como medida cautelar do processo de extradição, deve ser requerida ao STF, competindo a decisão ao ministro relator do processo.

A prisão civil e a prisão administrativa têm por finalidade, como medida coercitiva, compelir ao cumprimento de obrigação econômica ou assegurar a execução de medidas administrativas, e não promover a adaptação social do preso. Por isso, o cumprimento da prisão civil ou administrativa não pode dar-se nos estabelecimentos do sistema penal. Entretanto, reconhecendo a inexistência de estabelecimento adequado a seu cumprimento, o legislador permite que o preso seja recolhido em seção especial da Cadeia Pública, estabelecimento destinado aos presos provisórios (v. item 103.1). Referindo-se à "seção especial", obriga a lei que, embora recolhidos ao mesmo estabelecimento dos presos provisórios, os submetidos a prisão civil ou administrativa não podem estar em contato com aqueles. A autorização vale até que se construa ou se adapte o estabelecimento adequado a essas espécies de privação de liberdade não criminal, que poderá pertencer ao mesmo conjunto arquitetônico de estabelecimento penal, desde que devidamente isolado (art. 82, § 2º, da LEP).

Jurisprudência

- *Estabelecimento adequado para cumprimento da prisão civil*

Art. 202. Cumprida ou extinta a pena, não constarão da folha corrida, atestados ou certidões fornecidas por autoridade policial ou por auxiliares da Justiça, qualquer notícia ou referência à condenação, salvo para instruir processo pela prática de nova infração penal ou outros casos expressos em lei.

Vide: **CP** arts. 93 a 95, 325, *caput* e § 1º, 153, § 1º-A; **CPP** arts. 20, parágrafo único, 745 a 748, 750.

202.1 FOLHA CORRIDA, ATESTADOS E CERTIDÕES

Prevê o Código Penal o instituto, agora autônomo, da reabilitação, que é a declaração judicial de estarem cumpridas ou extintas as penas impostas ao sentenciado, assegurando o sigilo dos registros sobre o processo e atingindo outros efeitos da condenação (art. 93 e seu parágrafo). É ela um direito do condenado, para estimulá-lo no processo de reintegração social, expedindo-se atestados e certidões dos livros do Juízo ou folha de antecedentes sem menção da condenação e permitindo-lhe o desempenho de atividades administrativas, políticas e civis das quais foi privado em decorrência da condenação. Protege-se, assim, o condenado da devassa pública ou particular que compromete o processo de ajustamento social.

A reabilitação, porém, somente pode ser requerida decorridos dois anos do dia em que forem extintas, de qualquer modo, as penas ou terminar sua execução, computando-se o período de prova da suspensão e do livramento condicional, se não sobrevier revogação (art. 94, *caput*, do CP).[37] Com as novas disposições do Código Penal, ficaram revogados os arts. 743, 744 e 749 do Código de Processo Penal, que dispunham de forma diversa do que foi estabelecido pela Lei nº 7.209/84. A respeito do processamento, porém, permanecem em vigor os arts. 745, 746, 747, 748 e 750, do Código de Processo Penal, já que a esse respeito não dispõe a Lei de Execução Penal.

Dispõe o art. 202 da Lei de Execução Penal, porém, que, cumprida ou extinta a pena, não constarão da folha corrida, atestados ou certidões fornecidos por autoridade policial ou

---

37. A respeito da reabilitação: MIRABETE, Julio Fabbrini. *Manual de direito penal*. 35. ed. São Paulo: Atlas, 2021. v. 1, itens 9.1.1 a 9.1.4.

por auxiliares da Justiça, qualquer notícia ou referência à condenação, salvo para instruir processo pela prática de nova infração penal ou em outros casos expressos em lei. Assim, não é necessário que se aguarde o decurso do prazo de dois anos do cumprimento ou extinção da pena para que se obtenha o sigilo a respeito da condenação. Este passou a ser uma decorrência automática do cumprimento ou extinção da pena. Independentemente de provocação do interessado ou determinação judicial, a folha corrida, ou o atestado, ou a certidão deve ser expedida sem menção à condenação quando estiver anotado que a pena foi cumprida ou declarada extinta. Lembre-se, ainda, que a sentença condenatória em que se concedeu a suspensão condicional da pena, quanto a seu registro e averbação, é sigilosa, salvo para efeito de informações requisitadas por órgão judiciário ou pelo Ministério Público, para instruir processo penal (item 163.1). De toda lógica a afirmação de que não devem também constar das folhas corridas e certidões referências às ações penais encerradas com a absolvição do réu. A proibição da informação relativa ao processo com absolvição é extraída do texto do art. 202 da Lei de Execução Penal, por interpretação extensiva, em virtude dos conhecidos princípios *ubi eadem ratio, ibi eadem legis dispositio* e *favorabilia sunt amplianda, odiosa restringenda*.

O sigilo a que se referem as disposições legais deve ser preservado mediante a omissão da anotação quando da expedição de atestado ou folha de antecedentes ou de certidão judicial, desde que não requisitada a informação pelo juiz criminal. Por vezes, tem-se decidido que, nas referidas hipóteses legais, devem ser excluídos os registros dos sistemas de identificação criminal e dos cadastros dos órgãos públicos. Os precedentes decorrem, porém, das falhas existentes nos diversos sistemas de dados mantidos pela Administração, que, frequentemente, viabilizam acesso indevido de terceiros. Protege a lei, no entanto, não mais do que sigilo das informações. A possibilidade de ocorrer acesso indevido, porque não resultante de requisição judicial, ao prontuário criminal não justifica o cancelamento dos registros, mas somente a adoção das providências necessárias para assegurar o sigilo. Eventual violação do sigilo há de sujeitar os infratores às penalidades cabíveis, de natureza administrativa ou penal, inclusive na hipótese de configuração do crime de violação de sigilo, previsto no art. 325, *caput* e § 1º, ou do descrito no art. 153, § 1º-A, do Código Penal. A manutenção dos registros decorre da necessidade de observância e aplicação da lei penal. Aliás, a reserva legal do acesso à informação mediante requisição do juiz somente confirma a imprescindibilidade da manutenção dos registros, observado o sigilo.

O disposto no art. 202 da Lei de Execução Penal não substitui, porém, o instituto da reabilitação. Em primeiro lugar, o sigilo não é tão amplo como o decorrente da reabilitação, já que não prevalece quando se trata de instruir processo pela prática de nova infração penal ou em outros casos expressos em lei. Isso significa que qualquer autoridade pública ou particular pode obter o registro da condenação, ainda que cumprida ou extinta a pena, nessas hipóteses, enquanto, tendo ocorrido a reabilitação, só se excetua o sigilo quando a folha de antecedentes, ou a certidão, ou o atestado for requisitado por "juiz criminal" (art. 748, do CPP). Em segundo lugar, somente a reabilitação exclui, salvo hipótese da revogação, os efeitos da condenação previstos no art. 92 do Código Penal.

Permanece o sigilo referido no art. 202 da Lei de Execução Penal, ainda que revogada a reabilitação, já que a providência nele contida é diversa dos efeitos decorrentes desse instituto.

Denegada pela autoridade a extração das folhas corridas ou certidões negativas, nas hipóteses mencionadas neste item, cabe ao interessado o direito de impetrar mandado de segurança.

Já se concedeu *habeas data* impetrado pelo condenado para ter acesso aos assentamentos a seu respeito na Vara das Execuções Penais a fim de possibilitar fundamentos para pedido de benefícios.

Jurisprudência

- *Inadmissibilidade de exclusão de registro dos arquivos*
- *Contra: exclusão de registros nos arquivos*
- *Exclusão de registros relativos a inquérito arquivado*
- *Exclusão de registros no caso de extinção da punibilidade*
- *Permanência do sigilo após revogação da reabilitação*
- *Requisição de antecedentes a pedido do Ministério Público*
- *Exclusão dos antecedentes na folha corrida e certidões*
- *Direito de certidão negativa no caso de trancamento da ação penal por atipicidade*
- *Admissibilidade de certidão negativa no caso de extinção da punibilidade pela prescrição da pretensão punitiva*
- *Admissibilidade de certidão negativa dos arquivos criminais em caso de absolvição*
- *Maior amplitude do sigilo decorrente da reabilitação*
- *Inadmissibilidades do sigilo antes do cumprimento da pena restritiva de direitos*
- Habeas data *do condenado para conhecimento dos assentamentos em seu nome*

Art. 203. No prazo de seis meses, a contar da publicação desta lei, serão editadas as normas complementares ou regulamentares, necessárias à eficácia dos dispositivos não auto-aplicáveis.

§ 1º Dentro do mesmo prazo deverão as unidades federativas, em convênio com o Ministério da Justiça, projetar a adaptação, construção e equipamento de estabelecimentos e serviços penais previstos nesta lei.

§ 2º Também, no mesmo prazo, deverá ser providenciada a aquisição ou desapropriação de prédios para instalação de casas de albergados.

§ 3º O prazo a que se refere o *caput* deste artigo poderá ser ampliado, por ato do Conselho Nacional de Política Criminal e Penitenciária, mediante justificada solicitação, instruída com os projetos de reforma ou de construção de estabelecimentos.

§ 4º O descumprimento injustificado dos deveres estabelecidos para as unidades federativas implicará na suspensão de qualquer ajuda financeira a elas destinada pela União, para atender às despesas de execução das penas e medidas de segurança.

Vide: **CF** art. 24, I, §§ 1º e 2º; **LEP** arts. 49, 56, parágrafo único, 59, 119.

203.1 LEGISLAÇÃO COMPLEMENTAR

A Lei de Execução Penal foi editada em consonância com o art. 8º, XVII, c, da Constituição Federal anterior que dizia competir à União legislar a respeito de normas gerais de regime penitenciário. A Constituição Federal prevê a competência concorrente da União, dos Estados e do Distrito Federal para legislar sobre direito penitenciário (art. 24, I), dispondo-se que, nesse âmbito, a competência da União limitar-se-á a estabelecer normas gerais (§ 1º), e que tal não exclui a competência suplementar dos Estados (§ 2º). Nesses termos, prevê o art. 203, *caput*, da Lei de Execução Penal, a edição de normas complementares ou regulamentares necessárias à eficácia dos dispositivos não autoaplicáveis. Assim, compete aos Estados editar normas sobre o cumprimento da pena privativa de liberdade em regime aberto (art. 119), faltas disciplinares leves e médias, respectivas sanções e procedimento para sua apuração (art. 49), natureza e forma de concessão de regalias (art. 56, parágrafo único), procedimento disciplinar (arts. 59 e 60), organização dos Patronatos (art. 79) e Conselhos da Comunidade (art. 80) etc.

Abandonou-se, assim, o rigor sistemático em favor de uma complementação legislativa aberta, sujeita às condições de cada Estado da Federação, no que diz respeito à execução da pena e até mesmo referentemente aos contornos dos regimes penitenciários, em atendimento a um apelo real, pela eficácia, tão presente em nossa época, da instauração de uma efetiva Política Criminal Crítica.[38]

203.2 INSTALAÇÕES, EQUIPAMENTOS E SERVIÇOS

No mesmo prazo de seis meses da publicação da Lei de Execução Penal, deveriam as unidades federativas, em convênio com o Ministério da Justiça, projetar a adaptação, construção e equipamentos de estabelecimentos e serviços penais previstos no referido diploma, bem como providenciar a aquisição e desapropriação de prédios para a instalação de casas de albergados. Infelizmente, raríssimas foram as iniciativas e estudos para que se concretizassem as medidas previstas na lei federal que vem sendo aplicada com parcimônia pelos Juízos e Tribunais, e executadas somente em parte pelas autoridades administrativas.

Segundo levantamento do Departamento Penitenciário Nacional (atual Secretaria Nacional de Políticas Penais) do Ministério da Justiça, entre janeiro e junho de 2022, o déficit prisional no Brasil era estimado em 191.799 vagas (item 85.1) desses, 6.649 no regime aberto e, em 2019 havia somente 64 casas de albergados, motivo pelo qual não se executa a limitação de fim de semana e continua-se na prática, agora ilegal, da prisão albergue "domiciliar". Continua-se, também, a cumprir pena privativa de liberdade em cadeias públicas. Para apoio à execução das penas alternativas foi criada no âmbito do Ministério da Justiça a Central Nacional de Apoio e Acompanhamento às Penas e Medidas Alternativas (CENAPA), para, por intermédio das Centrais conveniadas nos Estados, incentivar a estruturação e o acompanhamento do cumprimento das penas restritivas de direito e outras medidas alternativas. Mesmo assim, ainda não são muitos os programas estatais ou comunitários e tímida é a fiscalização da execução da prestação de serviços à comunidade

---

38. REALE JUNIOR, Miguel. *Novos rumos do sistema criminal*. Rio de Janeiro: Forense, 1983. p. 20.

e das demais penas restritivas de direito, bem como das condições impostas ao *sursis* e ao livramento condicional.

Já prevendo tal omissão dos Estados e da própria União, o legislador possibilitou a prorrogação do prazo de seis meses por ato do Conselho Nacional de Política Criminal e Penitenciária mediante justificada solicitação, instruída com os projetos de reforma ou construção de estabelecimentos. Com esse expediente – afirma Luiz Flávio Gomes –, conseguirá o governante descumprir a lei *ad aeternum*, mesmo porque a Lei de Execução Penal não prevê tempo máximo para a ampliação do prazo de seis meses em que ela (a lei) deveria ser cumprida.

Nem a sanção de suspensão de qualquer ajuda financeira aos Estados destinada pela União para atender às despesas de execução das penas e medidas de segurança prevista no art. 203, § 4º, da Lei de Execução Penal, impediu o descumprimento dos deveres estabelecidos no Estatuto, já que se permite que se justifique a omissão ou mora. Uma justificativa, real ou não, será sempre encontrada.

Não há dúvida, porém, de que "essas normas revelam, à sociedade, a dicotomia flagrante entre o Brasil real e o Brasil legal, porque, antecipadamente, sabe-se que não serão cumpridas".[39] Diante disso, pode-se dizer que caíram no vazio as esperanças inscritas na exposição de motivos do projeto que se transformou na Lei de Execução Penal e que vale reproduzir: "As unidades federativas, sob a orientação do novo diploma, devem prestar a necessária contribuição para que a frente de luta aberta contra a violência e a criminalidade possa alcançar bons resultados no campo prático, atenuando o sentimento de insegurança oriundo dos índices preocupantes da reincidência. O apoio da União é também fator poderoso para que o sistema de execução das penas e das medidas de segurança possa contar com os padrões científicos e humanos apropriados ao progresso social e cultural de nosso País."[40]

> Art. 204. Esta lei entra em vigor concomitantemente com a lei de reforma da Parte Geral do Código Penal, revogadas as disposições em contrário, especialmente a Lei nº 3.274, de 2 de outubro de 1957.

Vide: **CF** art. 5º, XL; **Lei nº 7.209**, de 11-7-1984; **CP** art. 2º, parágrafo único; **CPP** art. 2º.

204.1 VIGÊNCIA

A Lei de Execução Penal foi editada para vigorar concomitantemente com a Lei de Reforma da Parte Geral do Código Penal. Essa lei reformadora é a de nº 7.209, de 11-7-1984, que, nos termos de seu art. 5º, determinou sua entrada em vigor para seis meses após a data da publicação. A publicação deu-se no *Diário Oficial da União*, de 13-7-1984, e, assim, a nova Parte Geral do Código Penal e a Lei de Execução Penal entraram em vigor em 13-1-1985.

---

39. SILVA, Odir Odilon Pinto da, BOSCHI, José Antonio Paganella. Ob. cit. p. 225.

40. Item 185.

204.2 APLICAÇÃO

Entrando em vigor em 13-1-1985, a partir dessa data a execução penal passou a ser regida pela nova lei, sem prejuízo da validade dos atos realizados sob vigência da lei anterior (art. 2º, do Código de Processo Penal), ressalvando-se, ainda, o disposto em seu art. 203, *caput*. Entretanto, como já foi visto, a execução penal é de natureza complexa, envolvendo não só o direito processual penal e o direito administrativo, mas também o direito penal objetivo. A Lei de Execução Penal, por isso, contém dispositivos de direito material, entre os quais podem ser citados os referentes à progressão (art. 112) e remição de penas (art. 126), suspensão condicional (arts. 156 a 159), livramento condicional (arts. 131 e 132, 140, 142, 144, 146), conversões (arts. 180 a 184) etc. Nessas hipóteses, devem ser observados os princípios da retroatividade e da ultratividade da lei mais benigna.[41] Como é mais benéfico que o anterior, o dispositivo da lei nova retroage para alcançar o autor do crime praticado antes de sua vigência, com todas as suas implicações. Terá ele direito, por exemplo, à remição da pena pelos dias efetivamente trabalhados, ainda que anteriores à vigência da lei, à conversão da pena privativa de liberdade em restritiva de direitos nos termos do art. 180 etc. Por outro lado, não podem ser aplicados aos autores dos crimes praticados antes da vigência da nova lei os dispositivos mais severos desta, entre os quais, por exemplo, o de se impor como condição do *sursis* a prestação de serviços à comunidade ou a limitação de fim de semana, desconhecida na lei anterior (art. 158, § 1º) etc.

204.3 REVOGAÇÃO

Mantendo-se o mau vezo do legislador brasileiro, determina o art. 204 da Lei de Execução Penal que ficam "revogadas as disposições em contrário". A disposição, nessa parte, é inócua, já que a lei posterior *sempre* revoga a anterior quando expressamente o declare (revogação expressa), seja com ela incompatível ou regule inteiramente a matéria de que tratava a lei anterior (LINDB, art. 2º, § 1º).

De qualquer forma, a Lei de Execução Penal revogou todas as normas com ela conflitantes na letra ou no espírito. Nesses termos, é impróprio dizer que ficou revogado todo o Livro IV do Código de Processo Penal, que trata da execução. Não são incompatíveis com a Lei de Execução Penal e estão em vigor, por exemplo, os arts. 677, referente à expedição de carta de guia ao Conselho Penitenciário, 682, sobre a remoção de sentenciado a que sobrévem doença mental, 743 a 750, que regulam o processo referente à reabilitação, 799, relativo ao prazo para o cumprimento de atos determinados em lei ou ordenados pelo juiz etc.

Ficou revogada expressamente, porém, nos termos do art. 204 da Lei de Execução Penal, a Lei nº 3.274, de 2-10-1957, que dispõe sobre Normas Gerais do Regime Penitenciário, e amplia as atribuições da Inspetoria Geral Penitenciária, embora muitos de seus dispositivos tenham sido reproduzidos ou servido de inspiração para a lei de execução vigente.

Jurisprudência

- *Inexistência de revogação do capítulo referente à reabilitação no Código de Processo Penal*

---

41. A respeito do assunto: MIRABETE, Julio Fabbrini. Ob. cit. v. 1, itens 2.2.1 a 2.2.13.

Exposição de Motivos
à Lei de Execução Penal

MENSAGEM 242, DE 1983 (Do Poder Executivo)

EXCELENTÍSSIMOS SENHORES MEMBROS DO CONGRESSO NACIONAL:

Nos termos do artigo 51 da Constituição, tenho a honra de submeter à elevada deliberação de Vossas Excelências, acompanhado de Exposição de Motivos do Senhor Ministro de Estado da Justiça, o anexo projeto de lei de Execução Penal.

Brasília, em 29 de junho de 1983.

JOÃO FIGUEIREDO

EXPOSIÇÃO DE MOTIVOS 213, DE 09 DE MAIO DE 1983

(Do Senhor Ministro de Estado da Justiça)

Excelentíssimo Senhor Presidente da República,

A edição de lei específica para regular a execução das penas e das medidas de segurança tem sido preconizada por numerosos especialistas.

2. Em 1933, a Comissão integrada por Cândido Mendes de Almeida, José Gabriel de Lemos Brito e Heitor Carrilho apresentou ao Governo o Anteprojeto de Código Penitenciário da República, encaminhado dois anos depois à Câmara dos Deputados por iniciativa da bancada da Paraíba, e cuja discussão ficou impedida com o advento do Estado Novo.

3. Em 1955 e 1963, respectivamente, os eminentes juristas Oscar Stevenson e Roberto Lyra traziam a lume os Anteprojetos de Código das Execuções Penais, que haviam elaborado, e que não chegaram à fase de revisão. Objetava-se, então, à constitucionalidade da iniciativa da União para legislar sobre as regras jurídicas fundamentais do regime penitenciário, de molde a instituir no País uma política penal executiva.

4. Contentou-se, assim, o Governo da República com a sanção, em 02 de outubro de 1957, da Lei nº 3.274, que dispõe sobre as normas gerais de regime penitenciário.

5. Finalmente, em 29 de outubro de 1970, o Coordenador da Comissão de Estudos Legislativos, Professor José Carlos Moreira Alves, encaminhou ao Ministro Alfredo Buzaid o texto do Anteprojeto de Código das Execuções Penais elaborado pelo Professor Benjamin Moraes Filho, revisto por comissão composta dos Professores José Frederico Marques, José Salgado Martins e José Carlos Moreira Alves.

6. Na Exposição de Motivos desse último Anteprojeto já se demonstrou com bastante clareza a pertinência constitucional da iniciativa da União para editar um Código de Execuções Penais.

EXECUÇÃO PENAL

7. Foi essa a posição que sustentamos no Relatório da Comissão Parlamentar de inquérito instituída em 1975 na Câmara dos Deputados para apurar a situação penitenciária do País. Acentuávamos, ali, que a doutrina evoluíra no sentido da constitucionalidade de um diploma federal regulador da execução, alijando, assim, argumentos impugnadores da iniciativa da União para legislar sobre as regras jurídicas fundamentais do regime penitenciário. Com efeito, se a etapa de cumprimento das penas ou medidas de segurança não se dissocia do Direito Penal, sendo, ao contrário, o esteio central de seu sistema, não há como sustentar a idéia de um Código Penal unitário e leis de regulamentos regionais de execução penal. Uma lei específica e abrangente atenderá a todos os problemas relacionados com a execução penal, equacionando matérias pertinentes aos organismos administrativos, à intervenção jurisdicional e, sobretudo, ao tratamento penal em suas diversas fases e estágios, demarcando, assim, os limites penais de segurança. Retirará, em suma, a execução penal do hiato de legalidade em que se encontra (*Diário do Congresso Nacional*, Suplemento ao n. 61, de 04-06-1976, pág. 9).

8. O tema relativo à instituição de lei específica para regular a execução penal vincula-se à autonomia científica da disciplina, que em razão de sua modernidade não possui designação definitiva. Tem-se usado a denominação **Direito Penitenciário**, à semelhança dos penalistas franceses, embora se restrinja essa expressão à problemática do cárcere. Outras, de sentido mais abrangente, foram propostas, como **Direito Penal Executivo** por Roberto Lyra ("As execuções penais no Brasil". Rio de Janeiro, 1963, pág. 13) e Direito Executivo Penal por Ítalo Luder ("El princípio de legalidad en la ejecución de la pena", *in* Revista del Centro de Estudios Criminológicos, Mendoza, 1968, págs. 29 e seguintes).

9. Em nosso entendimento pode-se denominar esse ramo **Direito de Execução Penal**, para abrangência do conjunto das normas jurídicas relativas à execução das penas e das medidas de segurança (cf. Cuello Calón, "Derecho Penal". Barcelona, 1971. v. II, tomo I, pág. 773; Jorge de Figueiredo Dias, "Direito Processual Penal". Coimbra, 1974, pág. 37).

10. Vencida a crença histórica de que o direito regulador da execução é de índole predominantemente administrativa, deve-se reconhecer, em nome de sua própria autonomia, a impossibilidade de sua inteira submissão aos domínios do Direito Penal e do Direito Processual Penal.

11. Seria, por outro lado, inviável a pretensão de confinar em diplomas herméticos todas as situações jurídicas oriundas das relações estabelecidas por uma disciplina. Na Constituição existem normas processuais penais, como as proibições de detenção arbitrária, da pena de morte, da prisão perpétua e da prisão por dívida. A Constituição consagra ainda regras características da execução ao estabelecer a personalidade e a individualização da pena como garantia do homem perante o Estado. Também no Código Penal existem regras de execução, destacando-se, dentre elas, as pertinentes aos estágios de cumprimento da pena e respectivos regimes prisionais.

12. O Projeto reconhece o caráter material de muitas de suas normas. Não sendo, porém, regulamento penitenciário ou estatuto do presidiário, avoca todo o complexo de princípios e regras que delimitam e jurisdicionalizam a execução das medidas de reação criminal. A execução das penas e das medidas de segurança deixa de ser um Livro de Código de Processo para ingressar nos costumes jurídicos do País com a autonomia inerente à dignidade de um novo ramo jurídico: o Direito de Execução Penal.

Do Objeto e da Aplicação da Lei de Execução Penal

13. Contém o artigo 1º duas ordens de finalidades: a correta efetivação dos mandamentos existentes nas sentenças ou outras decisões, destinados a reprimir e a prevenir os delitos, e a oferta de meios pelos quais os apenados e os submetidos às medidas de segurança venham a ter participação construtiva na comunhão social.

14. Sem questionar profundamente a grande temática das finalidades da pena, curva-se o Projeto, na esteira das concepções menos sujeitas à polêmica doutrinária, ao princípio de que as penas e medidas de segurança devem realizar **a proteção dos bens jurídicos** e a **reincorporação do autor à comunidade**.

15. À autonomia do Direito de Execução Penal corresponde o exercício de uma jurisdição especializada, razão pela qual, no artigo 2º, se estabelece que a "jurisdição penal dos juízes ou tribunais da justiça ordinária, em todo o território nacional, será exercida, no processo de execução, na conformidade desta lei e do Código de Processo Penal".

16. A aplicação dos princípios e regras do Direito Processual Penal constitui corolário lógico da interação existente entre o **direito de execução das penas e das medidas de segurança** e os demais ramos do ordenamento jurídico, principalmente os que regulam em caráter fundamental ou complementar os problemas postos pela execução.

17. A igualdade da aplicação da lei ao preso provisório e ao condenado pela Justiça Eleitoral ou Militar, quando recolhidos a estabelecimento sujeito à jurisdição ordinária, assegurado no parágrafo único do artigo 2º, visa a impedir o tratamento discriminatório de presos ou internados submetidos a jurisdições diversas.

18. Com o texto agora proposto, desaparece a injustificável diversidade de tratamento disciplinar a presos recolhidos ao mesmo estabelecimento, aos quais se assegura idêntico regime jurídico.

19. O **princípio da legalidade** domina o corpo e o espírito do Projeto, de forma a impedir que o excesso ou o desvio da execução comprometam a dignidade e a humanidade do Direito Penal.

20. É comum, no cumprimento das penas privativas da liberdade, a privação ou a limitação de direitos inerentes ao patrimônio jurídico do homem e não alcançados pela sentença condenatória. Essa **hipertrofia da punição** não só viola a medida da proporcionalidade como se transforma em poderoso fator de reincidência, pela formação de focos criminógenos que propicia.

21. O Projeto torna obrigatória a extensão, a toda a comunidade carcerária, de direitos sociais, econômicos e culturais de que ora se beneficia uma restrita percentagem da população penitenciária, tais como segurança social, saúde, trabalho remunerado sob regime previdenciário, ensino e desportos.

22. Como reconhece Hilde Kaufman "la ejecución penal humanizada no solo no pone en peligro la seguridad y el orden estatal, sino todo lo contrario. Mientras la ejecución penal humanizada es um apoyo del orden y la seguridad estatal, una ejecución penal desumanizada atenta precisamente contra la seguridad estatal" ("Princípios para la Reforma de la Ejecución Penal". Buenos Aires, 1977, pág. 55).

23. Com a declaração de que não haverá nenhuma distinção de natureza racial, social, religiosa ou política, o Projeto contempla o princípio da isonomia, comum à nossa tradição jurídica.

24. Nenhum programa destinado a enfrentar os problemas referentes ao delito, ao delinquente e à pena se completaria sem o indispensável e contínuo apoio comunitário.

25. Muito além da passividade ou da ausência de reação quanto às vítimas mortas ou traumatizadas, a comunidade participa ativamente do procedimento da execução, quer através de um Conselho, quer através das pessoas jurídicas ou naturais que assistem ou fiscalizam não somente as reações penais em meios fechados (penas privativas da liberdade e medida de segurança detentiva) como também em meio livre (pena de multa e penas restritivas de direitos).

Da Classificação dos Condenados

26. A classificação dos condenados é requisito fundamental para demarcar o início da execução científica das penas privativas da liberdade e da medida de segurança detentiva. Além de constituir a efetivação de antiga norma geral do regime penitenciário, a classificação é o desdobramento lógico do princípio da **personalidade da pena**, inserido entre os direitos e garantias constitucionais. A exigência dogmática da **proporcionalidade da pena** está igualmente atendida no processo de classificação, de modo que a cada sentenciado, conhecida a sua personalidade e analisado o fato cometido, corresponda o tratamento penitenciário adequado.

27. Reduzir-se-á a mera falácia o princípio da individualização da pena, com todas as proclamações otimistas sobre a recuperação social, se não for efetuado o exame de personalidade no início da execução, como fator determinante do tipo de tratamento penal, e se não forem registradas as mutações de comportamento ocorridas no itinerário da execução.

28. O Projeto cria a Comissão Técnica de Classificação com atribuições específicas para elaborar o programa de individualização e acompanhar a execução das penas privativas da liberdade e restritivas de direitos. Cabe-lhe propor as progressões e as regressões dos regimes, bem como as conversões que constituem incidentes de execução resolvidos pela autoridade judiciária competente.

29. Fiel aos objetivos assinados ao dinamismo do procedimento executivo, o sistema atende não somente aos direitos do condenado, como também, e inseparavelmente, aos interesses da defesa social. O mérito do sentenciado é o critério que comanda a execução progressiva, mas o Projeto também exige o cumprimento de pelo menos um sexto do tempo da pena no regime inicial ou anterior. Com esta ressalva, limitam-se os abusos a que conduz execução arbitrária das penas privativas da liberdade em manifesta ofensa aos interesses sociais. Através da progressão, evolui-se de regime mais rigoroso para outro mais brando (do regime fechado para o semi-aberto; do semi-aberto para o aberto). Na regressão dá-se o inverso, se ocorrer qualquer das hipóteses taxativamente previstas pelo Projeto, entre elas a prática de fato definido como crime doloso ou falta grave.

30. Em homenagem ao princípio da **presunção de inocência**, o exame criminológico, pelas suas peculiaridades de investigação, somente é admissível após declarada a culpa ou

a periculosidade do sujeito. O exame é obrigatório para os condenados à pena privativa da liberdade em regime fechado.

31. A gravidade do fato delituoso ou as condições pessoais do agente, determinante da execução em regime fechado, aconselham o exame criminológico, que se orientará no sentido de conhecer a inteligência, a vida afetiva e os princípios morais do preso, para determinar a sua inserção no grupo com o qual conviverá no curso da execução da pena.

32. A ausência de tal exame e de outras cautelas tem permitido a transferência de reclusos para o regime de semi-liberdade ou de prisão-albergue, bem como a concessão de livramento condicional, sem que eles estivessem para tanto preparados, em flagrante desatenção aos interesses da segurança social.

33. Com a adoção do exame criminológico entre as regras obrigatórias da pena privativa da liberdade em regime fechado, os projetos de reforma da Parte Geral do Código Penal e da Lei de Execução Penal eliminam a controvérsia ainda não exaurida na literatura internacional acerca do momento processual dos tipos criminológicos de autores passíveis desta forma de exame. Os escritores brasileiros tiveram o ensejo de analisar mais concretamente este ângulo do problema com a edição do Anteprojeto do Código de Processo Penal elaborado pelo Professor José Frederico Marques, quando se previu o exame facultativo de categorias determinadas de delinqüentes, no curso do processo ou, conforme a condição do autor, no período inicial do cumprimento da sentença (Álvaro Mayrink da Costa, "Exame Criminológico". São Paulo, 1972, págs. 255 e seguintes). As discussões amplamente travadas a partir de tais textos revelaram que não obstante as naturais inquietações a propósito dos destinatários das investigações e da fase em que se deve processá-las, a soma das divergências não afetou a convicção da necessidade desse tipo de exame para o conhecimento mais aprofundado não só da relação delito-delinqüente, mas também da essência e da circunstância do evento anti-social.

34. O Projeto distingue o **exame criminológico** do **exame da personalidade** como a espécie do gênero. A primeira parte do binômio delito-delinqüente, numa interação de causa e efeito, tendo como objetivo a investigação médica, psicológica e social, como o reclamavam os pioneiros da Criminologia. O segundo consiste no inquérito sobre o agente para além do crime cometido. Constitui tarefa exigida em todo o curso do procedimento criminal e não apenas elemento característico da execução da pena ou da medida de segurança. Diferem também quanto ao método esses dois tipos de análise, sendo o exame de personalidade submetido a esquemas técnicos de maior profundidade nos campos morfológico, funcional e psíquico, como recomendam os mais prestigiados especialistas, entre eles Di Tullio ("Principi di criminologia generale e clínica". Roma: V. Ed., págs. 213 e seguintes).

35. O exame criminológico e o dossiê de personalidade constituem pontos de conexão necessários entre a Criminologia e o Direito Penal, particularmente sob as perspectivas de causalidade e da prevenção do delito.

36. O trabalho a ser desenvolvido pela Comissão Técnica de Classificação não se limita, pois, ao exame de peças ou informações processuais, o que restringiria a visão do condenado a certo trecho de sua vida mas não a ela toda. Observando as prescrições éticas, a Comissão poderá entrevistar pessoas e requisitar às repartições ou estabelecimentos privados elementos de informação sobre o condenado, além de proceder a outras diligências e exames que reputar necessários.

37. Trata-se, portanto, de **individualizar** a observação como meio prático de identificar o tratamento penal adequado, em contraste com a perspectiva massificante e segregadora, responsável pela avaliação feita "através das grades: 'olhando' para um delinquente por fora de sua natureza e distante de sua condição humana" (René Ariel Dotti, "Bases e alternativas para o sistema de penas". Curitiba, 1980, págs. 162-163).

Da Assistência

38. A assistência aos condenados e aos internados é exigência básica para se conceber a pena e a medida de segurança como processo de diálogo entre os seus destinatários e a comunidade.

39. No Relatório da CPI do Sistema Penitenciário acentuamos que "a ação educativa individualizada ou a individualização da pena sobre a personalidade, requisito inafastável para a eficiência do tratamento penal, é obstaculizada na quase totalidade do sistema penitenciário brasileiro pela superlotação carcerária, que impede a classificação dos prisioneiros em grupo e sua consequente distribuição por estabelecimentos distintos, onde se concretize o tratamento adequado"... "Tem, pois, esta singularidade o que entre nós se denomina **sistema penitenciário**: constitui-se de uma rede de prisões destinadas ao confinamento do recluso, caracterizadas pela ausência de qualquer tipo de tratamento penal e penitenciárias entre as quais há esforços sistematizados no sentido da reeducação do delinquente. Singularidade, esta, vincada por característica extremamente discriminatória: a minoria ínfima da população carcerária, recolhida a instituições penitenciárias, tem assistência clínica, psiquiátrica e psicológica nas diversas fases da execução da pena, tem cela individual, trabalho e estudo, pratica esportes e tem recreação. A grande maioria, porém, vive confinada em celas, sem trabalho, sem estudos, sem qualquer assistência no sentido da ressocialização" ("Diário do Congresso Nacional", Suplemento ao n. 61, de 4-6-1976, pág. 2).

40. Para evitar esse tratamento discriminatório, o Projeto institui no Capítulo II a assistência ao preso e ao internado, concebendo-a como dever do Estado, visando a prevenir o delito e a reincidência e a orientar o retorno ao convívio social. Enumera o artigo 11 as espécies de assistência a que terão direito o preso e o internado – material, à saúde, jurídica, educacional, social e religiosa – e a forma de sua prestação pelos estabelecimentos prisionais, cobrindo-se, dessa forma, o **vazio legislativo** dominante neste setor.

41. Tornou-se necessário esclarecer em que consiste cada uma das espécies de assistência em obediência aos princípios e regras internacionais sobre os direitos da pessoa presa, especialmente aos que defluem das **regras mínimas** da ONU.

42. Em virtude de sua importância prática e das projeções naturais sobre a atividade dos estabelecimentos penais, o tema da assistência foi dos mais discutidos durante o I Congresso Brasileiro de Política Criminal e Penitenciária (Brasília, 27 a 30-9-1981) por grande número de especialistas. Reconhecido o acerto das disposições contidas no Anteprojeto, nenhum dos participantes fez objeção à existência de textos claros sobre a matéria. Os debates se travaram em torno de seus pormenores e de seu alcance, o mesmo ocorrendo em relação às emendas recebidas pela Comissão Revisora.

43. O Projeto garante assistência social à família do preso e do internado, consistente em orientação e amparo, quando necessários, estendendo à vítima essa forma de atendimento.

44. Nesta quadra da vida nacional, marcada pela extensão de benefícios previdenciários a faixas crescentes da população, devem ser incluídas entre os assistidos, por via de legislação específica, as famílias das vítimas, quando carentes de recursos. A perda ou lesão por elas sofrida não deixa de ter como causa a falência, ainda que ocasional, dos organismos de prevenção da segurança pública, mantidos pelo Estado. Se os Poderes Públicos se preocupam com os delinqüentes, com mais razão devem preocupar-se com a vítima e sua família.

45. Adotam alguns países, além do diploma legal regulador da execução, lei específica sobre o processo de reintegrar à vida social as pessoas liberadas do regime penitenciário.

46. O Projeto unifica os sistemas. A legislação ora proposta, ao cuidar minuciosamente dos problemas da execução em geral, cuida também da questão do egresso, ao qual se estende a assistência social nele estabelecida.

47. Para impedir distorção na aplicação da lei, o Projeto reconhece como egresso o liberado definitivo, pelo prazo de um ano, a contar da saída do estabelecimento penal, e o liberado condicional, durante o período de prova (artigo 25).

48. A assistência ao egresso consiste em orientação e apoio para reintegrá-lo à vida em liberdade e na concessão, se necessária, de alojamento e alimentação em estabelecimento adequado, por dois meses, prorrogável por uma única vez mediante comprovação idônea de esforço na obtenção de emprego.

Do Trabalho

49. No Projeto de reforma da Parte Geral do Código Penal ficou previsto que o trabalho do preso "será sempre remunerado, sendo-lhe garantidos os benefícios da Previdência Social".

50. A remuneração obrigatória do trabalho prisional foi introduzida na Lei nº 6.416, de 1977, que estabeleceu também a forma de sua aplicação. O Projeto mantém o texto, ficando assim reproduzido o elenco das exigências pertinentes ao emprego da remuneração obtida pelo preso: na indenização dos danos causados pelo crime, desde que determinados judicialmente e não reparados por outros meios; na assistência à própria família, segundo a lei civil; em pequenas despesas pessoais; e na constituição de pecúlio, em caderneta de poupança, que lhe será entregue à saída do estabelecimento penal.

51. Acrescentou-se a essas obrigações a previsão do ressarcimento do Estado quanto às despesas de manutenção do condenado, em proporção a ser fixada e sem prejuízo da destinação prevista nas letras anteriores (artigo 28, § 1º e 2º).

52. A remuneração é previamente estabelecida em tabela própria e não poderá ser inferior a três quartos do salário mínimo (artigo 28).

53. Essas disposições colocam o trabalho penitenciário sob a proteção de um regime jurídico. Até agora, nas penitenciárias onde o trabalho prisional é obrigatório, o preso não recebe remuneração e seu trabalho não é tutelado contra riscos nem amparado por seguro social. Nos estabelecimentos prisionais de qualquer natureza, os Poderes Públicos têm-se valido das aptidões profissionais dos presos em trabalhos gratuitos.

54. O Projeto adota a idéia de que o trabalho penitenciário deve ser organizado de forma tão aproximada quanto possível do trabalho na sociedade. Admite, por isso, observado o

grau de recuperação e os interesses da segurança pública o trabalho externo do condenado, nos estágios finais de execução da pena.

55. O trabalho externo, de natureza excepcional, depende da aptidão, disciplina e responsabilidade do preso, além do cumprimento mínimo de um sexto da pena. Tais exigências impedirão o favor arbitrário, em prejuízo do sistema progressivo a que se submete a execução da pena. Evidenciado tal critério, o Projeto dispõe sobre os casos em que deve ser revogada a autorização para o trabalho externo.

56. O Projeto conceitua o trabalho dos condenados presos como dever social e condição de dignidade humana – tal como dispõe a Constituição, no artigo 160, inc. II –, assentando-o em dupla finalidade: educativa e produtiva.

57. Procurando, também nesse passo, reduzir as diferenças entre a vida nas prisões e a vida em liberdade, os textos propostos aplicam ao trabalho, tanto interno como externo, a organização, métodos e precauções relativas à segurança à higiene, embora não esteja submetida essa forma de atividade à Consolidação das Leis do Trabalho, dada a inexistência de condição fundamental, de que o preso foi despojado pela sentença condenatória: a liberdade para a formação do contrato.

58. Evitando possíveis antagonismos entre a obrigação de trabalhar e o princípio da individualização da pena, o Projeto dispõe que a atividade laboral será destinada ao preso na medida de suas aptidões e capacidade. Serão levadas em conta a habilitação, a condição pessoal e as necessidades futuras do preso, bem como as oportunidades oferecidas pelo mercado.

59. O conjunto de normas a que se subordinará o trabalho do preso, sua remuneração e forma de aplicação de seus frutos, sua higiene e segurança poderiam tornar-se inócuas sem a previsão de mudança radical em sua direção e gerência, de forma a protegê-lo ao mesmo tempo dos excessos da burocracia e da imprevisão comercial.

60. O Projeto dispõe que o trabalho nos estabelecimentos prisionais será gerenciado por fundação ou empresa pública dotada de autonomia administrativa, com a finalidade específica de se dedicar à formação profissional do condenado. Incumbirá a essa entidade promover e supervisionar a produção, financiá-la e comercializá-la, bem como encarregar-se das obrigações salariais.

61. O Projeto limita o artesanato sem expressão econômica, permitindo-o apenas nos presídios existentes em regiões de turismo.

62. Voltado para o objetivo de dar preparação profissional ao preso, o Projeto faculta aos órgãos da administração direta ou indireta da União, Estados, Territórios, Distrito Federal e Municípios a adquirir, com dispensa da concorrência pública, os bens ou produtos do trabalho prisional, sempre que não for possível ou recomendável realizar-se a venda a particulares.

Dos Deveres

63. A instituição dos deveres gerais do preso (artigo 37) e do conjunto de regras inerentes à boa convivência (artigo 38), representa uma tomada de posição da lei em face do fenômeno da prisionalização, visando a depurá-lo, tanto quanto possível, das distorções e dos estigmas que encerra. Sem característica infamante ou aflitiva, os deveres do conde-

nado se inserem no repertório normal das obrigações do apenado como ônus naturais da existência comunitária.

64. A especificação exaustiva atende ao interesse do condenado, cuja conduta passa a ser regulada mediante regras disciplinares claramente previstas.

Dos Direitos

65. Tornar-se-á inútil, contudo, a luta contra os efeitos nocivos da prisionalização, sem que se estabeleça a garantia jurídica dos direitos do condenado.

66. O Projeto declara que ao condenado e ao internado serão assegurados todos os direitos não atingidos pela sentença ou pela lei (artigo 3º). Trata-se de proclamação formal de garantia, que ilumina todo o procedimento da execução.

67. A norma do artigo 39, que impõe a todas as autoridades o respeito à integridade física e moral dos condenados e presos provisórios, reedita a garantia constitucional que integra a Constituição do Brasil desde 1967.

68. No estágio atual de revisão dos métodos e meios de execução penal, o reconhecimento dos direitos da pessoa presa configura exigência fundamental.

69. As regras mínimas da ONU, de 1955, têm como antecedentes remotos as disposições do Congresso de Londres, de 1872, e as da reunião de Berna, de 1926. Publicadas em 1929 no **Boletim da Comissão Internacional Penal Penitenciária**, essas disposições foram levadas ao exame do Congresso de Praga em 1930 e submetidas à Assembléia Geral da Liga das Nações, que as aprovou em 26 de setembro de 1934.

70. Concluída a 2ª Grande Guerra, foram várias as sugestões oferecidas pelos especialistas no sentido da refusão dos textos. Reconhecendo que nos últimos vinte anos se promovera acentuada mudança de idéias sobre a execução penal, a Comissão Internacional Penal Penitenciária propôs no Congresso de Berna, de 1949, o reexame do elenco de direitos da pessoa presa. Multiplicaram-se, a partir de então, os debates e trabalhos sobre o tema. Finalmente, durante o I Congresso das Nações Unidas sobre a Prevenção do Delito e Tratamento do Delinqüente, realizado em Genebra, em agosto de 1955, foram aprovadas as regras mínimas que progressivamente se têm positivado nas legislações dos países membros.

71. O tema foi novamente abordado pelo Grupo Consultivo das Nações Unidas sobre Prevenção do Delito e Tratamento do Delinqüente, que recomendou ao Secretário-Geral da ONU a necessidade de novas modificações nas regras estabelecidas, em face do progresso da doutrina sobre a proteção dos direitos humanos nos domínios da execução da pena ("Pacto Internacional de Direitos Civis e Políticos", Nova Iorque, 1956).

72. Cumprindo determinação tomada no IV Congresso da ONU sobre Prevenção do Delito e Tratamento do Delinqüente, realizado em Kioto, em 1970, a Assembléia Geral recomendou aos Estados membros, pela Resolução 2.858, de 20 de dezembro de 1971, reiterada pela Resolução 3.218, de 06 de novembro de 1974, a implementação das **regras mínimas** na administração das instituições penais e de correção. A propósito dessa luta pelos direitos da pessoa presa, retomada, ainda, no V Congresso da ONU, realizado em Genebra, em 1975, merecem leitura a pesquisa e os comentários de Heleno Fragoso, Yolanda Catão e Elisabeth Sussekind, em "Direitos dos Presos". Rio de Janeiro, 1980, págs. 17 e seguintes.

73. As **regras mínimas** da ONU constituem a expressão de valores universais tidos como imutáveis no patrimônio jurídico do homem. Paul Cornil observa a semelhança entre a redação do texto final de 1955 e as recomendações ditadas por John Howard dois séculos antes, afirmando que são "assombrosas as analogias entre ambos os textos" ("Las reglas internacionales para el tratamiento de los delincuentes", *in*: Revista Internacional de Política Criminal, México, 1968, nº 26, pág. 7).

74. A declaração desses direitos não pode conservar-se, porém, como corpo de regras meramente programáticas. O problema central está na conversão das **regras** em **direitos** do prisioneiro, positivados através de preceitos e sanções.

75. O Projeto indica com clareza e precisão o repertório dos direitos do condenado, a fim de evitar a fluidez e as incertezas resultantes de textos vagos ou omissos: alimentação suficiente e vestuária; atribuição de trabalho e sua remuneração; previdência social; constituição de pecúlio; proporcionalidade na distribuição do tempo para o trabalho, o descanso e a recreação; exercício das atividades profissionais, intelectuais, artísticas e desportivas anteriores, quando compatíveis com a execução da pena; assistência material, à saúde, jurídica, educacional, social e religiosa; proteção contra qualquer forma de sensacionalismo; entrevista pessoal reservada com o advogado; visita do cônjuge, da companheira, de parentes e amigos; chamamento nominal; igualdade de tratamento; audiência com o diretor do estabelecimento; representação e petição a qualquer autoridade em defesa de direito; contato com o mundo exterior através de correspondência escrita, da leitura e de outros meios de informação (artigo 40).

76. Esse repertório, de notável importância para o habitante do sistema prisional, seja ele condenado ou preso provisório, imputável, semi-imputável ou inimputável, se harmoniza não somente com as declarações internacionais de direitos mas também com os princípios subjacentes ou expressos de nosso sistema jurídico e ainda com o pensamento e idéias dos penitenciaristas (Jason Soares de Albergaria. "Os direitos do homem no Processo Penal e na execução da pena". Belo Horizonte, 1975).

Da Disciplina

77. O Projeto enfrenta de maneira adequada a tormentosa questão da disciplina. Consagra o princípio da reserva legal e defende os condenados e presos provisórios das sanções coletivas ou das que possam colocar em perigo sua integridade física, vedando, ainda, o emprego da chamada **cela escura** (artigo 44 e §§).

78. Na Comissão Parlamentar de Inquérito que levantou a situação penitenciária do País, chegamos à conclusão de que a disciplina tem sido considerada "matéria vaga por excelência, dada a interveniência de dois fatores: o da superposição da vontade do diretor ou guarda ao texto disciplinar e o da concepção dominantemente repressiva do texto. Com efeito, cumulativamente atribuídos à direção de cada estabelecimento prisional a competência para elaborar o seu código disciplinar e o poder de executá-lo, podem as normas alterar-se a cada conjuntura e se substituírem as penas segundo um conceito variável de necessidade, o que importa, afinal, na prevalência de vontades pessoais sobre a eficácia da norma disciplinar. O regime disciplinar, por seu turno, tem visado à conquista da obediência pelo império da punição, sem a tônica da preocupação com o despertar do senso de responsabilidade e da

capacidade de autodomínio do paciente". ("Diário do Congresso Nacional", Suplemento ao nº 61, de 06-4-1976, pág. 6).

79. O Projeto confia a enumeração das faltas leves e médias, bem como as respectivas sanções, ao poder discricionário do legislador local. As peculiaridades de cada região, o tipo de criminalidade, mutante quanto aos meios e modos de execução, a natureza do bem jurídico ofendido e outros aspectos sugerem tratamentos disciplinares que se harmonizem com as características do ambiente.

80. Com relação às faltas graves, porém, o Projeto adota solução diversa. Além das repercussões que causa na vida do estabelecimento e no quadro da execução, a falta grave justifica a **regressão**, consistente, como já se viu, na transferência do condenado para regime mais rigoroso. A falta grave, para tal efeito, é equiparada à prática de fato definido como crime (artigo 117, I) e a sua existência obriga a autoridade administrativa a representar ao juiz da execução (parágrafo único do artigo 47) para decidir sobre a regressão.

81. Dadas as diferenças entre as penas de prisão e as restritivas de direitos, os tipos de ilicitude são igualmente considerados como distintos.

82. As sanções disciplinares – advertência verbal, repreensão, suspensão, restrição de direito e isolamento na própria cela ou em local adequado, com as garantias mínimas de salubridade (artigo 52) – demonstram moderado rigor.

83. Teve-se extremo cuidado na individualização concreta das sanções disciplinares, na exigência da motivação do ato determinante do procedimento e na garantia do direito de defesa.

84. O Projeto elimina a forma pela qual o sistema disciplinar, quase sempre humilhante e restritivo, é atualmente instituído nos estabelecimentos prisionais. Abole o arbítrio existente em sua aplicação. Introduz disposições precisas, no lugar da regulamentação vaga e quase sempre arbitrária. Dá a definição legal taxativa das faltas. Prevê as regras do processo disciplinar, assegura a defesa e institui o sistema de recursos. Submete, em suma, o problema da disciplina, a tratamento legislativo científico e humanizado.

Dos Órgãos da Execução Penal

85. De forma incomparavelmente superior às disposições atuais, que indicam os órgãos encarregados da execução e regulamentam as suas atribuições, o Projeto abre a relação indicando o Conselho Nacional de Política Criminal e Penitenciária.

86. Hoje não mais se admite que o fenômeno da execução das penas e das medidas de segurança se mantenha neutro em relação aos aspectos variados e dinâmicos da delinqüência e da Justiça Criminal, nos quadros da prevenção e repressão dos ilícitos penais. Nem que persista como processo indiferente ou marginal às preocupações do Estado e da comunidade quanto aos problemas de Política Criminal e Penitenciária, de Estatística, de planificação geral de combate ao delito, de avaliação periódica do sistema criminal para sua adequação às necessidades do País, de estímulo e promoção das investigações criminológicas, de elaboração do programa nacional penitenciário e de formação e aperfeiçoamento do servidor, de estabelecimento de regras sobre arquitetura e construção de estabelecimentos penais, de inspeção e fiscalização dos estabelecimentos penais e dos poderes de representação,

sempre que ocorra violação das normas de execução ou quando o estabelecimento estiver funcionando sem as condições adequadas.

87. O Juízo da Execução, o Ministério Público, o Conselho Penitenciário, os Departamentos Penitenciários, o Patronato e o Conselho da Comunidade (artigos 64 e seguintes) são os demais órgãos da execução, segundo a distribuição feita no Projeto.

88. As atribuições pertinentes a cada um de tais órgãos foram estabelecidas de forma a evitar conflitos, realçando-se, ao contrário, a possibilidade da atuação conjunta, destinada a superar os inconvenientes graves, resultantes do antigo e generalizado conceito de que a execução das penas e medidas de segurança é assunto de natureza eminentemente administrativa.

89. Diante das dúvidas sobre a natureza jurídica da execução e do conseqüente hiato de legalidade nesse terreno, o controle jurisdicional, que deveria ser freqüente, tem-se manifestado timidamente para não ferir a suposta "autonomia administrativa do processo executivo".

90. Essa compreensão sobre o caráter administrativo da execução tem sua sede jurídica na doutrina política de Montesquieu sobre a separação dos poderes. Discorrendo sobre "individualização administrativa", Montesquieu sustentou que a lei deve conceder bastante elasticidade para o desempenho da administração penitenciária, "porque ela individualiza a aplicação da pena às exigências educacionais e morais de cada um" ("L'individualisation de la peine". Paris, 1927, págs. 267-268).

91. O rigor metodológico dessa **divisão de poderes** tem sido, ao longo dos séculos, uma das causas marcantes do enfraquecimento do **direito penitenciário** como disciplina abrangente de todo o processo de execução.

92. A orientação estabelecida pelo Projeto, ao demarcar as áreas de competência dos órgãos da execução, vem consagrar antigos esforços no sentido de jurisdicionalizar, no que for possível, o Direito de Execução Penal. Já em 1893, no Congresso promovido pela recém-fundada União Internacional de Direito Penal, concluiu-se que como os tribunais e a administração penitenciária concorriam para um fim comum – o divisionismo consumado pelo Direito do final do século, entre as funções repressiva e penitenciária, deveria ser relegado como "irracional e danoso". O texto da conclusão votada naquele conclave já deixava antever a figura do juiz de execução, surgido na Itália em 1930 e em França após 1945.

93. Esse juízo especializado já existe, entre nós, em algumas Unidades da Federação. Com a transformação do Projeto em lei, estamos certos de que virá a ser criado, tão celeremente quanto possível, nos demais Estados e Territórios.

Dos Estabelecimentos Penais

94. Os estabelecimentos penais compreendem: 1º) a Penitenciária, destinada ao condenado à reclusão, a ser cumprida em regime fechado; 2º) a Colônia Agrícola, Industrial ou similar, reservada para a execução da pena de reclusão ou detenção em regime semi-aberto; 3º) a Casa do Albergado, prevista para acolher os condenados à pena privativa da liberdade em regime aberto e à pena de limitação de fim de semana; 4º) o Centro de Observação, onde serão realizados os exames gerais e o criminológico; 5º) o Hospital de Custódia e Tratamento Psiquiátrico, que se destina aos doentes mentais, aos portadores de desenvolvimento mental

incompleto ou retardado e aos que manifestam perturbação das faculdades mentais; e, 6º) a Cadeia Pública, para onde devem ser remetidos os presos provisórios (prisão em flagrante, prisão temporária, prisão preventiva ou em razão da pronúncia e, finalmente, os condenados enquanto não transitar em julgado a sentença (artigos 86 e seguintes).

95. O Projeto regulou as diferentes situações pessoais, dispondo que "a mulher será recolhida a estabelecimento próprio e adequado à sua condição pessoal", "o preso provisório ficará separado do condenado por sentença transitada em julgado", "o preso primário cumprirá a pena em seção distinta daquela reservada para os reincidentes" e "o preso que, ao tempo do fato, era funcionário da Administração da Justiça Criminal ficará em dependência separada" (artigos 81, § 1º, e 83 e §§).

96. Relaciona-se com o problema da separação dos presidiários a superlotação dos estabelecimentos penais.

97. Na CPI do Sistema Penitenciário salientamos que o "dramático problema da vida sexual nas prisões não se resume na prática do homossexualismo, posto que comum. Seu aspecto mais grave está no assalto sexual, vitimador dos presos vencidos pela força de um ou mais agressores em celas superpovoadas. Trata-se de conseqüência inelutável da superlotação carcerária, já que o problema praticamente desaparece nos estabelecimentos da semi-liberdade, em que se faculta aos presos saídas periódicas. Sua existência torna imperiosa a adoção de cela individual" ("Diário do Congresso Nacional", Suplemento ao nº 61, de 04-6-1976, pág. 9).

98. O Projeto adota, sem vacilação, a regra da cela individual, com requisitos básicos quanto à salubridade e área mínima. As Penitenciárias e as Cadeias Públicas terão, necessariamente, as celas individuais. As Colônias, pela natureza de estabelecimento de regime semi-aberto, admitem o alojamento em compartimentos coletivos, porém com os requisitos legais de salubridade ambiental (aeração, insolação e condicionamento térmico adequado à existência humana).

99. Relativamente ao Hospital de Custódia e Tratamento Psiquiátrico não existe a previsão da cela individual, já que a estrutura e as divisões de tal unidade estão na dependência de planificação especializada, dirigida segundo os padrões da medicina psiquiátrica. Estabelecem-se, entretanto, as garantias mínimas de salubridade do ambiente e área física de cada aposento.

100. É de conhecimento geral que "grande parte da população carcerária está confinada em cadeias públicas, presídios, casas de detenção e estabelecimentos análogos, onde prisioneiros de alta periculosidade convivem em celas superlotadas com criminosos ocasionais, de escassa ou nenhuma periculosidade, e pacientes de imposição penal prévia (presos provisórios ou aguardando julgamento), para quem é um mito, no caso, a presunção de inocência. Nestes ambientes de estufa, a ociosidade é a regra; a intimidade, inevitável e profunda. A deterioração do caráter, resultante da influência corruptora da subcultura criminal, o hábito da ociosidade, a alienação mental, a perda paulatina da aptidão para o trabalho, o comprometimento da saúde são conseqüências desse tipo de confinamento promíscuo, já definido alhures como 'sementeiras de reincidências', dados os seus efeitos criminógenos" (cf. o nosso Relatório à CPI do Sistema Penitenciário, loc. cit., pág. 002).

101. O Projeto é incisivo ao declarar que "o estabelecimento penal deverá ter lotação compatível com a sua estrutura e finalidade" (artigo 84).

Exposição de Motivos — EXECUÇÃO PENAL

102. Para evitar o inconveniente de se prefixar, através da lei, o número adequado de presos ou internados defere-se ao Conselho Nacional de Política Criminal e Penitenciária a atribuição para determinar os limites máximos de capacidade de cada estabelecimento, atendendo à sua natureza e peculiaridades (parágrafo único, artigo 84).

103. A violação da regra sobre a capacidade de lotação é punida com a interdição do estabelecimento a ser determinada pelo juiz da execução (inc. VIII, artigo 65). O Projeto igualmente prevê a sanção a ser imposta às unidades federativas, consistente na suspensão de qualquer ajuda financeira a elas destinada pela União, a fim de atender às despesas de execução das penas e medidas de segurança (§ 4º, artigo 202).

104. A execução da pena privativa da liberdade em estabelecimento penal pertencente a outra unidade federativa é uma possibilidade já consagrada em nossos costumes penitenciários pelo Código Penal de 1940 (§ 3º, artigo 29).

105. Anteriormente, o Código republicano (1890) dispunha que a prisão celular poderia ser cumprida em qualquer estabelecimento especial ainda que não fosse no local do domicílio do condenado (artigo 54).

106. O artigo 85 do Projeto atende não somente ao interesse público da administração penitenciária como também ao interesse do próprio condenado.

107. Em princípio, a pena deve ser executada na comarca onde o delito se consumou, em coerência, aliás, com a regra da competência jurisdicional. Existem, no entanto, situações que determinam ou recomendam, no interesse da segurança pública ou do próprio condenado, o cumprimento da pena em local distante da condenação. Sendo assim, a previsão legal de que se cogita (§ 1º, artigo 85) é pertinente à categoria especial de presidiários sujeitos à pena superior a quinze anos. O recolhimento depende de decisão judicial e poderá ocorrer no início ou durante a execução. Os estabelecimentos a serem construídos pela União podem ser tanto penitenciárias como colônias agrícolas, industriais ou similares.

108. O artigo 82 dispõe que o estabelecimento penal, segundo a sua natureza, deverá contar em suas dependências com áreas e serviços destinados a dar assistência, educação, trabalho, recreação e prática desportiva. Trata-se de norma destinada a desartificializar o cenário que ainda hoje transparece em muitos presídios, nos quais se conservam a arquitetura e o cheiro de antigüidades medievais. Com grande propriedade, Eberhard Schmidt se referiu ao arcaísmo do sistema ortodoxo mundial, impregnado de "erros monumentais talhados em pedra" (cf. Peter Aebersold, "Le Projet alternatif alleman D'une loi sur l'exécution des peines" (A.E.), trabalho divulgado na Revue Internationale de Droit Pénal, n. 3/4 de 1975, págs. 269 e seguintes).

109. A Casa do Albergado deverá situar-se em centro urbano, separada dos demais estabelecimentos, caracterizando-se pela ausência de obstáculos físicos contra a fuga (artigo 93). Tratando-se de estabelecimento que recolhe os condenados à pena privativa da liberdade em regime aberto e também os apenados com a limitação de fim de semana, há necessidade de conter, além de aposentos para acomodar os presos, local apropriado para cursos e palestras (artigo 94).

110. A experiência da prisão-albergue obteve grande receptividade no Estado de São Paulo, quando Secretário da Justiça o Professor Manoel Pedro Pimentel. Até o mês de outubro de 1977 já estavam instaladas 59 Casas do Albergado com uma população de 2.000 sentenciados. A propósito, o ilustre penalista iniciou uma grande campanha, "convocando

as forças vivas da comunidade" (Clubes de Serviço, Lojas Maçônicas, Federações Espíritas, Igrejas Evangélicas, Igreja Católica), de maneira a ensejar uma pergunta: "por que o Estado, que já arrecada impostos para a prestação de serviços, não se encarrega da construção e manutenção das Casas do Albergado? A resposta é simples. Trata-se da necessidade de modificação da atitude da sociedade frente ao preso e da atitude do preso frente à sociedade. Estas atitudes jamais se modificarão se a sociedade não ficar conhecendo melhor o preso e este conhecendo melhor a sociedade. Não devemos esperar que o sentenciado seja o primeiro a estender a mão, por óbvias razões. O primeiro passo deve ser dado pela sociedade" ("Prisões Fechadas – Prisões Abertas". São Paulo, 1978, pág. 43).

111. Com a finalidade de melhor apurar o senso de responsabilidade dos condenados e promover-lhes a devida orientação, a Casa do Albergado deverá ser dotada de instalações apropriadas. Esta providência é uma das cautelas que, aliadas à rigorosa análise dos requisitos e das condições para o cumprimento da pena privativa da liberdade em regime aberto (artigo 113 e seguintes), permitirá à instituição permanecer no sistema, já que ao longo dos anos tem sido consagrada nos textos da reforma, como se poderá ver pelas Leis nº 6.016, de 31 de dezembro de 1973, e 6.416, de 24 de maio de 1977, e pelo Projeto de revisão da Parte Geral do Código Penal.

112. O funcionamento satisfatório da prisão-albergue depende, portanto, de regulamentação adequada quanto às condições de concessão e o sujeito a que se destina. Além disso, a necessidade de efetivo controle jurisdicional, que impeça abusos, se coloca como providência indispensável para a estabilidade da instituição. O Projeto cuidou de tais aspectos visando fazer da Casa do Albergado um estabelecimento idôneo para determinados tipos de condenados (cf., para melhores detalhes sobre o tema, Alípio Silveira. "Prisão Albergue – Teoria e Prática").

Da Execução das Penas Privativas da Liberdade

113. O Título V do Projeto abre a parte que se poderia reconhecer como especial, em cotejo com uma parte geral. Inicia-se com disposições sobre a execução das penas em espécie, particularmente as penas privativas da liberdade.

114. A matéria tratada nas disposições gerais diz respeito às exigências formais relativas ao início do cumprimento da pena com a declaração da garantia de que "ninguém será recolhido, para cumprimento da pena privativa da liberdade, sem a guia expedida pela autoridade judiciária" (artigo 106).

115. O Projeto evoluiu sensivelmente, ao ampliar o conteúdo da carta de guia documento que deve servir de indicador e roteiro primários para o procedimento da execução.

116. Nos termos do artigo 676 do Código de Processo Penal, a carta de guia deve conter:

I – O nome do réu e a alcunha por que for conhecido;

II – a sua qualificação civil (naturalidade, filiação, idade, Estado, profissão), instrução e, se constar, o número do registro geral do Instituto de Identificação e Estatística ou de repartição congênere;

III – o teor integral da sentença condenatória e a data da terminação da pena.

117. Segundo a redação agora proposta, a carta de guia conterá, além desses dados, informações sobre os antecedentes e o grau de instrução do condenado. Ao Ministério Público se dará ciência da guia de recolhimento, por lhe incumbir a fiscalização da regularidade formal de tal documento, além dos deveres próprios no processo executivo (artigos 66 e 67).

118. O Projeto dispõe que o regime inicial de execução da pena privativa da liberdade é o estabelecido na sentença de condenação, com observância do artigo 33 e seus parágrafos do Código Penal (artigo 109). Mas o processo de execução deve ser dinâmico, sujeito a mutações. As mudanças no itinerário da execução consistem na transferência do condenado de regime mais rigoroso para outro menos rigoroso (progressão) ou de regime menos rigoroso para outro mais rigoroso (regressão).

119. A progressão deve ser uma conquista do condenado pelo seu mérito e pressupõe o cumprimento mínimo de um sexto da pena no regime inicial ou anterior. A transferência é determinada somente pelo juiz da execução, cuja decisão será motivada e precedida de parecer da Comissão Técnica de Classificação. Quando se tratar de condenado oriundo do sistema fechado, é imprescindível o exame criminológico (artigo 111 e parágrafo único).

120. Se o condenado estiver no regime fechado não poderá ser transferido diretamente para o regime aberto. Esta progressão depende do cumprimento mínimo de um sexto da pena no regime semi-aberto, além da demonstração do mérito, compreendido tal vocábulo como aptidão, capacidade e merecimento, demonstrados no curso da execução.

121. Segundo a orientação do Projeto, a prisão-albergue é espécie do regime aberto. O ingresso do condenado em tal regime poderá ocorrer no início ou durante a execução. Na primeira hipótese, os requisitos são os seguintes: a) pena igual ou inferior a quatro anos; b) não ser o condenado reincidente; c) exercício do trabalho ou comprovação da possibilidade de trabalhar imediatamente; d) apresentar, pelos antecedentes ou resultado dos exames a que foi submetido, fundados indícios de que irá ajustar-se, com auto-disciplina e senso de responsabilidade, ao novo regime (Projeto de revisão da Parte Geral do Código Penal, letra c, § 2º, artigos 33 e 113 do presente Projeto).

122. Para a segunda hipótese, isto é, a passagem do regime semi-aberto para o aberto (progressão), além dos requisitos indicados nas letras *c* e *d*, exige-se, também, o cumprimento de um sexto da pena no regime anterior (artigo 111).

123. O deferimento do regime aberto pressupõe a aceitação do programa de execução e as condições impostas pelo juiz, que se classificam em especiais e gerais. As primeiras serão impostas segundo o prudente arbítrio do magistrado, levando em conta a natureza do delito e as condições pessoais de seu autor. As outras têm caráter obrigatório e consistem: 1ª) na permanência, no local designado, durante o repouso e nos dias de folga; 2ª) na saída para o trabalho e no retorno, nos horários fixados; 3ª) em não se ausentar da cidade onde reside, sem autorização judicial; 4ª) no comparecimento a juízo, para informar e justificar as atividades (artigo 114).

124. Reconhecendo que a prisão-albergue não se confunde com a prisão-domiciliar, o Projeto declara, para evitar dúvidas, que o regime aberto não admite a execução da pena em residência particular, salvo quando se tratar de condenado maior de setenta anos ou acometido de grave doença e de condenada com filho menor ou deficiente físico ou mental ou, finalmente, de condenada gestante (artigo 116). Trata-se, aí, de exceção plenamente justificada em face das condições pessoais do agente.

125. A regressão (transferência do condenado de regime menos rigoroso para outro mais rigoroso) será determinada pelo juiz quando o condenado praticar fato definido como crime doloso ou falta grave; sofrer condenação, por delito anterior, cuja pena, somada ao restante da pena em execução, torne incabível o regime. Relativamente à execução em regime aberto, a regressão também poderá ocorrer se o condenado frustrar os fins de execução ou, podendo, não pagar a multa cumulativamente aplicada.

126. A legislação local poderá estabelecer normas complementares para o cumprimento da pena privativa da liberdade em regime aberto, no que tange à regulamentação das atividades exercidas fora do estabelecimento penal, bem como dos dias e dos horários de recolhimento e dos dias de folga.

127. As autorizações de saída (permissão de saída e saída temporária) constituem notáveis fatores para atenuar o rigor da execução contínua da pena de prisão. Não se confundem tais autorizações com os chamados favores gradativos que são característicos da matéria tratada no Capítulo IV do Título II (mais especialmente dos direitos e da disciplina).

128. As autorizações de saída estão acima da categoria normal dos direitos (artigo 40), visto que constituem, ora aspectos da assistência em favor de todos os presidiários, ora etapa da progressão em favor dos condenados que satisfaçam determinados requisitos e condições. No primeiro caso estão as permissões de saída (artigo 119 e incisos) que se fundam em razões humanitárias.

129. As saídas temporárias são restritas aos condenados que cumprem pena em regime semi-aberto (colônias). Consistem na autorização para sair do estabelecimento para, sem vigilância direta, visitar a família, freqüentar cursos na Comarca da execução e participar de atividades que concorram para o retorno ao convívio social (artigo 121 e incisos). A relação é exaustiva.

130. A limitação do prazo para a saída, as hipóteses de revogação e recuperação do benefício, além da motivação do ato judicial, após audiência do Ministério Público e da administração penitenciária, conferem o necessário rigor a este mecanismo de progressão que depende dos seguintes requisitos: 1º) comportamento adequado; 2º) cumprimento mínimo de um sexto da pena para o primário e um quarto para o reincidente; e 3º) a compatibilidade do benefício com os objetivos da pena (artigo 122 e incisos).

131. Na lição de Elias Neuman as autorizações de saída representam um considerável avanço penalógico e os seus resultados são sempre proveitosos quando outorgados mediante bom-senso e adequada fiscalização ("Prisión abierta". Buenos Aires, 1962, págs. 136-137).

132. A remição é uma nova proposta ao sistema e tem, entre outros méritos, o de abreviar, pelo trabalho, parte do tempo da condenação. Três dias de trabalho correspondem a um dia de resgate. O tempo remido será computado para a concessão do livramento condicional e do indulto, que a exemplo da remição constituem hipóteses práticas de sentença indeterminada como fenômeno que abranda os rigores da prefixação invariável, contrária aos objetivos da Política Criminal e da reversão pessoal do delinqüente.

133. O instituto da remição é consagrado pelo Código Penal Espanhol (artigo 100). Tem origem no Direito Penal Militar da guerra civil e foi estabelecido por decreto de 28 de maio de 1937 para os prisioneiros de guerra e os condenados por crimes especiais. Em 7 de outubro de 1938 foi criado um patronato central para tratar da "redenção de penas por el

trabajo" e a partir de 14 de março de 1939 o benefício foi estendido aos crimes comuns. Após mais alguns avanços, a prática foi incorporada ao Código Penal com a Reforma de 1944. Outras ampliações ao funcionamento da remição verificaram-se em 1956 e 1963 (cf. Rodriguez Devesa, "Derecho Penal Español", parte geral. Madrid, 1971. págs. 763 e seguintes).

134. Com a finalidade de se evitarem as distorções que poderiam comprometer a eficiência e o crédito deste novo mecanismo em nosso sistema, o Projeto adota cautelas para a concessão e revogação do benefício, dependente da declaração judicial e audiência do Ministério Público. E reconhece caracterizado o crime de falsidade ideológica quando se declara ou atesta falsamente a prestação de serviço para instruir o pedido de remição.

135. Relativamente ao livramento condicional as alterações são relevantes, conforme orientação adotada pelo Projeto de revisão da Parte Geral do Código Penal (artigo 83 e seguintes).

136. No quadro da execução (artigo 130 e seguintes) o tema do livramento condicional acompanhou as importantes modificações introduzidas pela Lei nº 6.416/77, que alterou os artigos 710 e seguintes do Código de Processo Penal. Além do minucioso e adequado repertório de obrigações, deu-se ênfase à solenidade da audiência de concessão da medida e adotaram-se critérios de revogação fiéis ao regime de legalidade, de necessidade e de oportunidade. A observação cautelar e a proteção social do liberado constituem medidas de grande repercussão humana e social ao substituírem a chamada "vigilância da autoridade policial" prevista pelo Código de 1940 onde não existisse (e não existe em quase lugar algum do País!) patronato oficial ou particular.

137. Esses são alguns dos aspectos de acentuado valor para maior flexibilidade do livramento condicional, que é uma das medidas alternativas ao encarceramento.

Da Execução das Penas Restritivas de Direitos

138. A atividade judicial é de notável relevo na execução destas espécies de pena. Como se trata de inovação absoluta, inexistem parâmetros rigorosos a guiá-la. Cabe-lhe, assim, designar entidades ou programas comunitários ou estatais; determinar a intimação do condenado e adverti-lo das obrigações; alterar a forma de execução; verificar a natureza e a qualidade dos cursos a serem ministrados; comunicar à autoridade competente a existência da interdição temporária de direitos; determinar a apreensão dos documentos que autorizem o direito interditado etc. (artigos 148 e seguintes).

139. Na execução das penas restritivas de direitos domina também o princípio da individualização, aliado às características do estabelecimento, da entidade ou do programa comunitário ou estatal (artigo 147).

140. A responsabilidade da autoridade judiciária no cumprimento das penas restritivas de direitos é dividida com as pessoas jurídicas de direito público ou privado ou com os particulares beneficiados com a prestação de serviços gratuitos. Mas o seu desempenho não é minimizado pelo servidor ou pela burocracia, como sucede, atualmente, com a execução das penas privativas da liberdade. O caráter pessoal e indelegável da jurisdição é marcante na hipótese de conversão da pena restritiva de direito em privativa da liberdade (artigo 180) ou desta para aquela (artigo 179).

141. Tais procedimentos revelam o dinamismo e a personalidade da execução.

Da Suspensão Condicional

142. A prática da suspensão condicional da pena tem revelado com freqüência a perda do poder aflitivo que constitui a essência da reação anti-criminal. Considerado como garantia de impunidade para o primeiro delito ou como expressão de clemência judicial, o instituto não tem atendido aos objetivos próprios à sua natureza.

143. O problema, visto pelos escritores italianos como a "debolezze della repressione", tem contribuído para o descrédito da medida sob os ângulos da proporcionalidade e da intimidação. Marc Ancel analisa essa corrente crítica em obra vertida para a língua italiana sob o título "La sospensione dell' esecuzione della sentenza". Milão, 1976, pág. 80 e seguintes.

144. Na rotina forense, o procedimento da suspensão condicional da pena se encerra com a leitura de condições rotineiras que, distanciadas da realidade e do condenado, permanecem depois como naturezas mortas nos escaninhos dos cartórios.

145. Reagindo, porém, a essa letargia, o Projeto consagra as linhas da reforma introduzida pela Lei nº 6.416/77 que emprestou novos contornos materiais e formais à suspensão da pena privativa da liberdade, mediante condições. Além de alterações que deram mais amplitude, como a aplicação geral aos casos de reclusão e os reincidentes, salvo exceção expressa, o sistema exige que o juiz, ao impor pena privativa da liberdade não superior a dois anos, se pronuncie, obrigatória e motivadamente, sobre o *sursis*, quer o conceda, quer o denegue.

146. As condições devem ser adequadas ao fato e à situação pessoal do condenado, evitando-se dessa forma as generalizações incompatíveis com o princípio da individualização.

147. A leitura da sentença pelo juiz, com advertência formal sobre as conseqüências de nova infração e do descumprimento das condições (artigo 159), confere dignidade à mecânica do instituto, que não se pode manter como ato de rotina. A audiência especial presidida pelo magistrado visa emprestar a cerimônia dignidade compatível com o ato, evitando-se que a sentença e as condições sejam anunciadas por funcionários do cartório, que colhem, no balcão, a assinatura do condenado.

Da Execução da Pena de Multa

148. A pena de multa fixada em dias constitui grande evolução no sistema ora proposto à consideração de Vossa Excelência. Para compatibilizar tal progresso com os meios para efetivar a cobrança, o Projeto prevê que a nomeação de bens à penhora e a posterior execução (quando o condenado, regularmente citado, não paga o valor da multa e nem indica bens à penhora) se processem segundo as disposições do Código de Processo Civil (§ 2º, artigo 163). Recaindo a penhora sobre bem imóvel, os autos de execução (que se formam em apartado) serão remetidos ao juízo cível para o devido prosseguimento (artigo 164).

149. Melhor flexibilidade para o instituto da multa advém da forma de cobrança mediante desconto no vencimento ou salário do condenado, com a intimação do responsável pelo desconto para que proceda ao recolhimento mensal da importância determinada, até o dia fixado pelo juiz. A recusa ou a simples omissão caracteriza o delito de desobediência.

150. O desconto, porém, é limitado (no máximo, a quarta parte da remuneração, e no mínimo, um décimo) a fim de impedir que a execução da pena de multa alcance expressão aflitiva exagerada ou desproporcional, com sacrifício do objetivo da prevenção especial, tanto em se tratando de condenado em meio livre (artigo 167) como de condenado que cumpre, cumulativamente, a pena privativa da liberdade (artigo 169).

Da Execução das Medidas de Segurança

151. Extremamente simplificada é a execução das medidas de segurança em face da revisão imposta pelo Projeto que altera a Parte Geral do Código Penal, com a supressão de algumas espécies de medidas e estabelecimentos.

152. O sistema proposto contém apenas dois tipos de medidas de segurança: internamento e sujeição a tratamento ambulatorial.

153. A guia expedida pela autoridade judiciária constitui o documento indispensável para a execução de qualquer uma das medidas. Trata-se da reafirmação da garantia individual da liberdade que deve existir para todas as pessoas, independentemente de sua condição, salvo as exceções legais.

154. A exemplo do que ocorre com o procedimento executivo das penas privativas da liberdade, a guia de internamento ou tratamento ambulatorial contém as indicações necessárias à boa e fiel execução fiscalizada pelo Ministério Público, que deverá manifestar a ciência do ato no próprio documento.

155. Tanto o exame criminológico como o exame geral de personalidade são, conforme as circunstâncias do caso concreto, necessários ou recomendáveis em relação aos destinatários das medidas de segurança. Daí por que o Projeto expressamente consigna a realização de tais pesquisas. Em relação aos internados, o exame criminológico é obrigatório. É facultativo – na dependência da natureza do fato e das condições do agente – quanto aos submetidos a tratamento ambulatorial.

156. Findo o prazo mínimo de duração da medida de segurança, detentiva ou não detentiva, proceder-se-á à verificação do estado de periculosidade. Trata-se, em tal caso, de procedimento *ex officio*. A decisão judicial será instruída com o relatório da autoridade administrativa, laudo psiquiátrico e diligências. O Ministério Público e o curador ou defensor do agente serão necessariamente ouvidos, exigência que caracteriza a legalidade e o relevo de tal procedimento.

157. Significativa é a alteração proposta ao sistema atual, no sentido de que a averiguação do estado de periculosidade, antes mesmo de expirado o prazo mínimo, possa ser levada a cabo por iniciativa do próprio juiz da execução (artigo 175). Atualmente, tal investigação somente é promovida por ordem do Tribunal (CPP, artigo 777) suprimindo-se, portanto, a instância originária e natural, visto que a cessação da periculosidade é procedimento típico de execução.

158. A pesquisa sobre a condição dos internados ou dos submetidos a tratamento ambulatorial deve ser estimulada com rigor científico e desvelo humano. O problema assume contornos dramáticos em relação aos internamentos que não raro ultrapassam os limites razoáveis de durabilidade, consumando, em alguns casos, a perpétua privação da liberdade.

Dos Incidentes de Execução

159. Os incidentes de execução compreendem as conversões, o excesso ou desvio de execução, a anistia e o indulto, salientando-se, quanto a estes dois últimos, o caráter substantivo de causas e extinção da punibilidade.

160. A conversão distingue-se da transferência do condenado de um regime para outro, como ocorre com as progressões e as regressões.

161. Enquanto a conversão implica alterar de uma pena para outra (a detenção não superior a dois anos pode ser convertida em prestação de serviços à comunidade; a limitação de fim de semana pode ser convertida em detenção), a transferência é um evento que ocorre na dinâmica de execução da mesma pena (a reclusão é exeqüível em etapas: desde o regime fechado até o aberto, passando pelo semi-aberto).

162. As hipóteses de conversão foram minuciosamente indicadas no Projeto (artigos 179 e seguintes) de modo a se cumprir fielmente o regime de legalidade e se atender amplamente aos interesses da defesa social e aos direitos do condenado.

163. A conversão, isto é, a alternatividade de uma pena por outra no curso da execução, poderá ser favorável ou prejudicial ao condenado. Exemplo do primeiro caso é a mudança da privação da liberdade para a restrição de direitos; exemplo do segundo caso é o processo inverso ou a passagem da multa para a detenção.

164. A instituição e a prática das conversões demonstram a orientação da reforma como um todo, consistente em dinamizar o quadro de execução de tal maneira que a pena finalmente cumprida não é, necessariamente, a pena da sentença. Esta possibilidade, permanentemente aberta, traduz o inegável empenho em dignificar o procedimento executivo das medidas de reação ao delito, em atenção ao interesse público e na dependência exclusiva da conduta e das condições pessoais do condenado. Todas as hipóteses de conversão, quer para agravar, quer para atenuar, resultam, necessariamente, do comportamento do condenado, embora sejam também considerados os antecedentes e a personalidade, mas de modo a complementar a investigação dos requisitos.

165. Uma das importantes alterações consiste em eliminar a conversão da multa em detenção quando o condenado reincidente deixa de pagá-la, conforme prevê o artigo 38, primeira parte, do Código Penal.

166. Limitando a conversão da pena de multa em privativa da liberdade somente quando o condenado solvente deixa de pagá-la ou frustra a sua execução (artigo 181), o Projeto se coloca em harmonia com as melhores lições que consideram desumana a prisão por insuficiência econômica.

167. A conversão também ocorre quando se substitui a pena privativa da liberdade pela medida de segurança, sempre que, no curso da execução, sobrevier doença mental ou perturbação da saúde mental.

Do Excesso ou Desvio

168. Todo procedimento está sujeito a desvios de rota. Em harmonia com o sistema instituído pelo Projeto, todos os atos e termos da execução se submetem aos rigores do princípio de legalidade. Um dos preceitos cardeais do texto ora posto à alta consideração

de Vossa Excelência proclama que "ao condenado e ao internado serão assegurados todos os direitos não atingidos pela sentença ou pela lei" (artigo 3º).

169. O excesso ou desvio na execução caracterizam fenômenos aberrantes não apenas sob a perspectiva individualista do *status* jurídico do destinatário das penas e das medidas de segurança. Para muito além dos direitos, a normalidade do processo de execução é uma das exigências da defesa social.

170. O excesso ou o desvio de execução consistem na prática de qualquer ato fora dos limites fixados pela sentença, por normas legais ou regulamentares.

171. Pode-se afirmar com segurança que a execução, no processo civil, guarda mais fidelidade aos limites da sentença, visto que se movimenta pelos caminhos rigorosamente traçados pela lei, o que nem sempre ocorre com o acidentado procedimento executivo penal. A explicação maior para essa diferença de tratamento consiste na provisão de sanções específicas para neutralizar o excesso de execução no cível – além da livre e atuante presença da parte executada – o que não ocorre quanto à execução penal. A impotência da pessoa presa ou internada constitui poderoso obstáculo à autoproteção de direitos ou ao cumprimento dos princípios de legalidade e justiça que devem nortear o procedimento executivo. Na ausência de tal controle, necessariamente judicial, o arbítrio torna inseguras as suas próprias vítimas, e o descompasso entre o crime e sua punição transforma a desproporcionalidade em fenômeno de hipertrofia e de abuso de poder.

172. As disposições em torno da anistia e do indulto (artigo 186 e seguintes) aprimoram sensivelmente os respectivos procedimentos e se ajustam também à orientação segundo a qual o instituto da graça foi absorvido pelo indulto, que pode ser individual ou coletivo. A Constituição Federal, aliás, não se refere à graça, mas somente à anistia e ao indulto (artigo 8º, XVI; 43, VIII; 57, VI; 81, XXII). Em sentido amplo, a graça abrangeria tanto a anistia como o indulto.

Do Procedimento Judicial

173. O Juízo da Execução é o foro natural para o conhecimento de todos os atos praticados por qualquer autoridade, na execução das penas e das medidas de segurança (artigos 193 e seguintes).

174. A legitimidade para provocar o procedimento estende-se para além da iniciativa judicial, cabendo, também, ao Ministério Público, ao interessado, ao Conselho Penitenciário e às autoridades administrativas invocar a prestação jurisdicional em face da natureza complexa da execução.

175. O procedimento judicial comporta a produção de prova pericial ou oral e as decisões são todas recorríveis (artigos 194 e seguintes). O agravo, sem efeito suspensivo, é o recurso adequado.

Disposições Finais e Transitórias

176. A segurança pública e individual é comprometida quando as fugas ou as tentativas de fuga se manifestam, principalmente fora dos limites físicos dos estabelecimentos prisionais, quando a redução do número de guardas e as circunstâncias do transporte dos presos impedem o melhor policiamento. Daí a necessidade do emprego de algemas como instrumentos de constrição física.

177. O uso de tal meio deve ser disciplinado em caráter geral e uniforme. Esta é a razão do disposto no artigo 198, segundo o qual "o emprego de algemas será disciplinado por decreto federal".

178. A preocupação generalizada em preservar o condenado por delito político de tratamento penitenciário idêntico ao dos delinqüentes comuns é hoje dominante. Daí a orientação do Projeto.

179. O cumprimento da prisão civil ou administrativa não se dará nos estabelecimentos do sistema. Até que se construa ou adapte o estabelecimento adequado, tais formas não criminais de privação da liberdade serão efetivadas em seção especial da Cadeia Pública.

180. A reabilitação ganhou autonomia científica quando o Projeto de reforma da Parte Geral do Código Penal libertou o instituto do confinamento imposto pelo atual sistema, tratado timidamente entre as causas de extinção da punibilidade. Alcançando quaisquer penas e também os efeitos da condenação (artigo 93 e parágrafo único) a reabilitação deve ser preservada contra a devassa pública ou particular que compromete o processo de ajustamento social do condenado.

181. O Código Penal de 1969 previa o cancelamento, mediante averbação, dos antecedentes criminais, uma vez declarada a reabilitação. Em conseqüência, o registro oficial das condenações penais não poderia ser comunicado senão à autoridade policial ou judiciária, ou ao representante do Ministério Público para instrução do processo penal que viesse a ser instaurado contra o reabilitado (artigos 119 e 120).

182. O Projeto adota solução mais econômica e eficiente. Dispõe que cumprida ou extinta a pena "não constará da folha corrida, atestados ou certidões fornecidos por autoridade policial ou por auxiliares da Justiça, nenhuma notícia ou referência à condenação, salvo para instruir processo pela prática de nova infração penal" (artigo 201).

183. O artigo 202 e seus parágrafos contêm preceitos de absoluta necessidade a fim de se prover a execução das penas e das medidas de segurança dos meios materiais e humanos e dos mecanismos indispensáveis à fiel aplicação do futuro diploma.

184. Atualmente o chamado Direito Penitenciário em nosso País é reduzido a meras proclamações otimistas oriundas de princípios gerais e regras de proteção dos condenados ou internados. As normas gerais do regime penitenciário, caracterizadas na Lei nº 3.274/57, não são verdadeiras normas jurídicas: materialmente, porque ineficazes nos casos concretos e, assim, inaplicáveis; formalmente, porque não contêm o elemento de coercibilidade, consistente na sanção para o descumprimento do comando emergente da norma. O referido diploma é sistematicamente ignorado, e ao longo de sua existência – mais de vinte anos – não ensejou o desenvolvimento da doutrina nem sensibilizou juízes, tribunais e a própria administração pública.

185. As unidades federativas, sob a orientação do novo diploma, devem prestar a necessária contribuição para que a frente de luta aberta contra a violência e a criminalidade possa alcançar bons resultados no campo prático, atenuando o sentimento de insegurança oriundo dos índices preocupantes da reincidência. O apoio da União é também fator poderoso para que o sistema de execução das penas e das medidas de segurança possa contar com os padrões científicos e humanos apropriados ao progresso social e cultural de nosso País.

Conclusão

186. O Projeto que tenho a honra de apresentar à consideração de Vossa Excelência constitui a síntese de todo um processo histórico no conjunto de problemas fundamentais à comunidade. A contribuição prestada por magistrados, membros do Ministério Público, professores de Direito, advogados e especialistas na questão penitenciária foi extensa e constante durante o tempo de maturação do Anteprojeto de Lei de Execução Penal, até o estágio final da revisão. As discussões abertas com a divulgação nacional do documento foram ensejadas pela Portaria 429, de 22 de julho de 1981, quando se declarou ser "do interesse do Governo o amplo e democrático debate sobre a reformulação das normas referentes à execução da pena". O I Congresso Brasileiro de Política Criminal e Penitenciária, realizado em Brasília (27 a 30-9-1981), foi o ponto de convergência das discussões entre os melhores especialistas, oportunidade em que o texto de reforma sofreu minudente e judiciosa apreciação crítica para aprimorá-lo. A elaboração do Anteprojeto foi iniciada em fevereiro de 1981, por Comissão integrada pelos Professores FRANCISCO DE ASSIS TOLEDO, Coordenador, RENÉ ARIEL DOTTI, BENJAMIN MORAES FILHO, MIGUEL REALE JÚNIOR, ROGÉRIO LAURIA TUCCI, RICARDO ANTUNES ANDREUCCI, SÉRGIO MARCOS DE MORAES PITOMBO e NEGI CALIXTO. Os trabalhos de revisão, de que resultou o presente Projeto, foram levados a bom termo, um ano após, por Comissão Revisora composta pelos Professores FRANCISCO DE ASSIS TOLEDO, Coordenador, RENÉ ARIEL DOTTI, JASON SOARES ALBERGARIA e RICARDO ANTUNES ANDREUCCI. Contou esta última, nas reuniões preliminares, com a colaboração dos Professores SÉRGIO MARCOS DE MORAES PITOMBO e EVERARDO DA CUNHA LUNA.

187. Merece referência especial o apoio dado às Comissões pelo Conselho Nacional de Política Penitenciária. Este órgão, eficientemente presidido pelo Doutor PIO SOARES CANEDO, tem proporcionado, desde a sua recente instalação, em junho do ano de 1980, valioso contingente de informações de análises, de deliberações e de estímulo intelectual e material às atividades de prevenção da criminalidade.

188. Devo recomendar especialmente a Vossa Excelência os juristas mencionados, que tudo fizeram, com sacrifício de suas atividades normais, para que o Projeto alcançasse o estágio agora apresentado. Os trabalhos sintetizam a esperança e os esforços voltados para a causa universal do aprimoramento da pessoa humana e do progresso espiritual da comunidade.

189. Vencidas quatro décadas, durante as quais vigorou o regime penal processual-penitenciário amoldado ao pensamento e à experiência da Europa do final do século passado e do começo deste, abre-se agora uma generosa e fecunda perspectiva. Apesar de inspirado também nas modernas e importantes contribuições científicas e doutrinárias, que não têm pátria, o sistema ora proposto não desconhece nem se afasta da realidade brasileira.

190. A sua transformação em lei fará com que a obra de reforma legislativa de Vossa Excelência seja inscrita entre os grandes monumentos de nossa história.

Valho-me da oportunidade para renovar a Vossa Excelência as expressões do meu profundo respeito.

Ibrahim Abi-Ackel, *Ministro da Justiça*

Súmulas Citadas

SÚMULAS VINCULANTES

5. A falta de defesa técnica por advogado no processo administrativo disciplinar não ofende a Constituição.

9. O disposto no artigo 127 da Lei nº 7.210/1984 (Lei de Execução Penal) foi recebido pela ordem constitucional vigente, e não se lhe aplica o limite temporal previsto no caput do artigo 58.

11. Só é lícito o uso de algemas em casos de resistência e de fundado receio de fuga ou de perigo à integridade física própria ou alheia, por parte do preso ou de terceiros, justificada a excepcionalidade por escrito, sob pena de responsabilidade disciplinar, civil e penal do agente ou da autoridade e de nulidade da prisão ou do ato processual a que se refere, sem prejuízo da responsabilidade civil do estado.

25. É ilícita a prisão civil de depositário infiel, qualquer que seja a modalidade do depósito.

26. Para efeito de progressão de regime no cumprimento de pena por crime hediondo, ou equiparado, o juízo da execução observará a inconstitucionalidade do art. 2º da Lei nº 8.072, de 25 de julho de 1990, sem prejuízo de avaliar se o condenado preenche, ou não, os requisitos objetivos e subjetivos do benefício, podendo determinar, para tal fim, de modo fundamentado, a realização de exame criminológico.

56. A falta de estabelecimento penal adequado não autoriza a manutenção do condenado em regime prisional mais gravoso, devendo-se observar, nesta hipótese, os parâmetros fixados no RE 641.320./RS.

SÚMULAS DO SUPREMO TRIBUNAL FEDERAL

422. A absolvição criminal não prejudica a medida de segurança, quando couber, ainda que importe privação da liberdade.

499. Não obsta à concessão de sursis condenação anterior à pena de multa.

520. Não exige a lei que, para requerer o exame a que se refere o art. 777 do Código de Processo Penal, tenha o sentenciado cumprido mais de metade do prazo da medida de segurança imposta.

523. No processo penal, a falta da defesa constitui nulidade absoluta, mas a sua deficiência só o anulará se houver prova de prejuízo para o réu.

525. A medida de segurança não será aplicada em segunda instância, quando só o réu tenha recorrido.

611. Transitada em julgado a sentença condenatória, compete ao juízo das execuções a aplicação de lei mais benigna.

EXECUÇÃO PENAL

619. A prisão do depositário judicial pode ser decretada no próprio processo em que se constituiu o encargo, independentemente da propositura de ação de depósito.

* A Súmula 619 foi revogada no julgamento do HC 92566-SP, na sessão de 3-12-2008.

622. Não cabe agravo regimental contra decisão do relator que concede ou indefere liminar em mandado de segurança.

624. Não compete ao Supremo Tribunal Federal conhecer originariamente de mandado de segurança contra atos de outros tribunais.

625. Controvérsia sobre matéria de direito não impede concessão de mandado de segurança.

626. A suspensão da liminar em mandado de segurança, salvo determinação em contrário da decisão que a deferir, vigorará até o trânsito em julgado da decisão definitiva de concessão da segurança ou, havendo recurso, até a sua manutenção pelo Supremo Tribunal Federal, desde que o objeto da liminar deferida coincida, total ou parcialmente, com o da impetração.

631. Extingue-se o processo de mandado de segurança se o impetrante não promove, no prazo assinado, a citação do litisconsorte passivo necessário.

632. É constitucional lei que fixa o prazo de decadência para a impetração de mandado de segurança.

693. Não cabe habeas corpus contra decisão condenatória a pena de multa, ou relativo a processo em curso por infração penal a que a pena pecuniária seja a única cominada.

695. Não cabe habeas corpus quando já extinta a pena privativa de liberdade.

698. Não se estende aos demais crimes hediondos a admissibilidade de progressão no regime de execução da pena aplicada ao crime de tortura.

* A Súmula 698 está superada diante da nova redação dada ao art. 2º, § 1º, da Lei nº 8.072, de 25-7-1990, pela Lei nº 11.464, de 28-3-2007, e da Súmula Vinculante 26.

700. É de cinco dias o prazo para interposição de agravo contra decisão do juiz da execução penal.

701. No mandado de segurança impetrado pelo Ministério Público contra decisão proferida em processo penal, é obrigatória a citação do réu como litisconsorte passivo.

710. No processo penal, contam-se os prazos da data da intimação, e não da juntada aos autos do mandado ou da carta precatória ou de ordem.

711. A lei penal mais grave aplica-se ao crime continuado ou ao crime permanente, se a sua vigência é anterior à cessação da continuidade ou da permanência.

715. A pena unificada para atender ao limite de trinta anos de cumprimento, determinado pelo art. 75 do Código Penal, não é considerada para a concessão de outros benefícios, como o livramento condicional ou regime mais favorável de execução.

716. Admite-se a progressão de regime de cumprimento da pena ou a aplicação imediata de regime menos severo nela determinada, antes do trânsito em julgado da sentença condenatória.

717. Não impede a progressão de regime de execução da pena, fixada em sentença não transitada em julgado, o fato de o réu se encontrar em prisão especial.

718. A opinião do julgador sobre a gravidade em abstrato do crime não constitui motivação idônea para a imposição de regime mais severo do que o permitido segundo a pena aplicada.

719. A imposição do regime de cumprimento mais severo do que a pena aplicada permitir exige motivação idônea.

SÚMULAS DO SUPERIOR TRIBUNAL DE JUSTIÇA

9. A exigência da prisão provisória, para apelar, não ofende a garantia constitucional da presunção de inocência.

40. Para obtenção dos benefícios de saída temporária e trabalho externo, considera-se o tempo de cumprimento da pena no regime fechado.

43. Incide correção monetária sobre dívida por ato ilícito a partir da data do efetivo prejuízo.

171. Cominadas cumulativamente, em lei especial, penas privativa de liberdade e pecuniária, é defeso a substituição da prisão por multa.

192. Compete ao Juízo das Execuções Penais do Estado a execução das penas impostas a sentenciados pela Justiça Federal, Militar ou Eleitoral, quando recolhidos a estabelecimentos sujeitos à administração estadual.

267. A interposição de recurso, sem efeito suspensivo, contra decisão condenatória não obsta a expedição de mandado de prisão.

269. É admissível a adoção do regime prisional semi-aberto aos reincidentes condenados a pena igual ou inferior a quatro anos se favoráveis as circunstâncias judiciais.

280. O art. 35 do Decreto-lei nº 7.661, de 1945, que estabelece a prisão administrativa, foi revogado pelos incisos LXI e LXVII do art. 5º da Constituição Federal de 1988.

304. É ilegal a decretação da prisão civil daquele que não assume expressamente o encargo de depositário judicial.

   * Vide Súmula 419 e Súmula Vinculante 25.

305. É descabida a prisão civil do depositário quando, decretada a falência da empresa, sobrevém a arrecadação do bem pelo síndico.

   * Vide Súmula 419 e Súmula Vinculante 25.

341. A frequência a curso de ensino formal é causa de remição de parte do tempo de execução de pena sob regime fechado ou semi-aberto.

343. É obrigatória a presença de advogado em todas as fases do processo administrativo disciplinar.

419. Descabe a prisão civil do depositário judicial infiel.

439. Admite-se o exame criminológico pelas peculiaridades do caso, desde que em decisão motivada.

EXECUÇÃO PENAL

440. Fixada a pena-base no mínimo legal, é vedado o estabelecimento de regime prisional mais gravoso do que o cabível em razão da sanção imposta, com base apenas na gravidade abstrata do delito.

441. A falta grave não interrompe o prazo para obtenção de livramento condicional.

444. É vedada a utilização de inquéritos policiais e ações penais em curso para agravar a pena-base.

471. Os condenados por crimes hediondos ou assemelhados cometidos antes da vigência da Lei nº 11.464/2007 sujeitam-se ao disposto no art. 112 da Lei nº 7.210/1984 (Lei de Execução Penal) para a progressão de regime prisional.

491. É inadmissível a chamada progressão per saltum de regime prisional.

493. É inadmissível a fixação de pena substitutiva (art. 44 do CP) como condição especial ao regime aberto.

501. É cabível a aplicação retroativa da Lei n. 11.343/2006, desde que o resultado da incidência das suas disposições, na íntegra, seja mais favorável ao réu do que o advindo da aplicação da Lei n. 6.368/1976, sendo vedada a combinação de leis.

512. A aplicação da causa de diminuição de pena prevista no art. 33, § 4º, da Lei n. 11.343/2006 não afasta a hediondez do crime de tráfico de drogas. (Cancelada)

*A Súmula 512 foi cancelada no julgamento da QO na Pet 11.796-DF, na sessão de 23-11-2016.

520. O benefício de saída temporária no âmbito da execução penal é ato jurisdicional insuscetível de delegação à autoridade administrativa do estabelecimento prisional.

526. O reconhecimento de falta grave decorrente do cometimento de fato definido como crime doloso no cumprimento da pena prescinde do trânsito em julgado de sentença penal condenatória no processo penal instaurado para apuração do fato.

527. O tempo de duração da medida de segurança não deve ultrapassar o limite máximo da pena abstratamente cominada ao delito praticado.

533. Para o reconhecimento da prática de falta disciplinar no âmbito da execução penal, é imprescindível a instauração de procedimento administrativo pelo diretor do estabelecimento prisional, assegurado o direito de defesa, a ser realizado por advogado constituído ou defensor público nomeado.

534. A prática de falta grave interrompe a contagem do prazo para a progressão de regime de cumprimento de pena, o qual se reinicia a partir do cometimento dessa infração.

535. A prática de falta grave não interrompe o prazo para fim de comutação de pena ou indulto.

562. É possível a remição de parte do tempo de execução da pena quando o condenado, em regime fechado ou semiaberto, desempenha atividade laborativa, ainda que extramuros.

588. A prática de crime ou contravenção penal contra a mulher com violência ou grave ameaça no ambiente doméstico impossibilita a substituição da pena privativa de liberdade por restritiva de direitos.

617. A ausência de suspensão ou revogação do livramento condicional antes do término do período de prova enseja a extinção da punibilidade pelo integral cumprimento da pena.

631. O indulto extingue os efeitos primários da condenação (pretensão executória), mas não atinge os efeitos secundários, penais ou extrapenais.

636. A folha de antecedentes criminais é documento suficiente a comprovar os maus antecedentes e a reincidência.

639. Não fere o contraditório e o devido processo decisão que, sem ouvida prévia da defesa, determine transferência ou permanência de custodiado em estabelecimento penitenciário federal.

643. A execução da pena restritiva de direitos depende do trânsito em julgado da condenação.

648. A superveniência da sentença condenatória prejudica o pedido de trancamento da ação penal por falta de justa causa feito em habeas corpus.

SÚMULA DO TRIBUNAL SUPERIOR ELEITORAL

09. A suspensão de direitos políticos decorrente de condenação criminal transitada em julgado cessa com o cumprimento ou a extinção da pena, independendo de reabilitação ou de prova de reparação dos danos.

BIBLIOGRAFIA

ALBERGARIA, Jason. A pastoral penitenciária e a lei de execução penal. *JVS*, Revista Jurídica do Ministério Público, Minas Gerais, XXI, v. 10, 1990.

ALEMAN, Myrla Linares. *El sistema penitenciário venezolano*. Caracas: Universidad Central de Venezuela, 1977.

ALMEIDA FILHO, Amaro Alves de. Algumas das observações de penitenciaristas sobre o ambiente carcerário. *Justitia* 84/49-53.

_____. Trabalho penitenciário. *RT* 461/297-300 e *Justitia* 82/301-305.

ALVIM, Rui Carlos Machado. Execução penal: o direito à remição da pena. *RT* 606/286-294.

_____. O direito de audiência na execução penal. *RT* 636/257-266.

_____. *O trabalho penitenciário e os direitos sociais*. São Paulo: Atlas, 1991.

ANCEL, Marc. *A nova defesa social*. Rio de Janeiro: Forense, 1979.

ANDREUCCI, Ricardo Antunes. *Penas e medidas de segurança no novo código penal*. Rio de Janeiro: Forense, 1985.

_____. Aplicação da multa. *JTACRESP* 87/7.

_____. Dimensão humana e direito penal. *Ciência Penal*, 2/220.

ANTOLISEI, Francesco. *Manuale di diritto penale*. Buenos Aires: Uteha, 1960.

ANTONINI, José Roberto. O preso e o presídio. *RT* 577/478-479.

_____. Uma experiência democrática na administração penitenciária. *RT* 657/386-390.

ARANHA, Adalberto José Q. T. de Camargo. *Dos recursos no processo penal*. São Paulo: Saraiva, 1988.

ARAUJO, Alcyr Menna Barreto de. Mandado de segurança interposto por Promotor de Justiça para dar efeito suspensivo a recurso de agravo em execução penal. *Justitia* 134/160-163.

ARAUJO, Carlos Henrique de. O perfil do preso no Distrito Federal. *Anais do 1º Encontro Nacional da execução penal*, p. 77-126.

ARAUJO, Francisco Fernandes de. Pode o juiz conceder prisão albergue a condenado por tráfico de entorpecente? *RT* 579/445-448.

ARAÚJO, Valter Shuenquener de. Acidente do trabalho e a Lei de Execução Penal – Lei nº 7.210, de 11-7-1984. *Boletim IBCCrim* ano 7, nº 78, p. 9.

ARROJO, Manuel Lopez-Rey. *Introducción a la criminología*. Madri: Universidad Complutense de Madrid, 1981.

ARÚS, Francisco Bueno. Panorama comparativo dos modernos sistemas penitenciários. *RT* 441/297-315.

ASSUMPÇÃO, Mario Rubens. Concurso de crimes. *Curso sobre a reforma penal*. São Paulo: Saraiva, 1985.

BARAÚNA, José Roberto. *Lições de processo penal*. São Paulo: José Bushatsky, 1978.

Bibliografia — EXECUÇÃO PENAL

BARBIERO, Louri Geraldo. Execução penal provisória; necessidade de sua implantação imediata. *RT* 764/471-473.

_____. Penas restritivas de direitos: necessidade de criação de infra-estrutura adequada que possibilite a sua execução. *Boletim IBCCrim* nº 77, p. 7-8.

BARBOSA, Licínio. As penas e medidas alternativas. Vista do Conselho Nacional de Política Criminal e Penitenciária, nº 10, p. 85-92.

BARBOSA, Marcos Elias de Freitas. Da resposta penal na legislação de 1984 (Leis n°s 7.209 e 7.210, de 13-7-84). *RT* 601/273-283.

BARROS, Luiz Carlos Galvão de. Unificação de penas. Art. 75, § 1º, do Código Penal, *Justitia* 136/140-150.

BATISTA, Weber Martins. *Direito penal e direito processual penal*. Rio de Janeiro: Forense, 1987.

BENETI, Sidnei Agostinho. *Execução penal*. São Paulo: Saraiva, 1996.

BITENCOURT, Cezar Roberto. Penas pecuniárias. *RT* 619/414-424.

_____. Regimes penais e exame criminológico. *RT* 638/260-269.

_____. O objetivo ressocializador na visão da Criminologia Crítica. *RT* 662/247-256.

_____. A suspensão condicional da pena. *Ajuris*, Revista da Associação dos Juízes do Rio Grande do Sul, 52/118-151.

_____. Limitação de fim de semana: uma alternativa inviável no Brasil. *RT* 693/297-308.

_____. Competência para execução da pena de multa à luz da Lei nº 9.268. *Boletim IBCCrim* nº 69, p. 17.

BOIATI, Orides. Atualização monetária da multa penal. *RT* 620/404-408.

BOSCHI, José Antonio Paganella; SILVA, Odir Odilon Pinto da. *Comentários à lei de execução penal*. Rio de Janeiro: Aide, 1986.

_____. *Execução penal:* questões controvertidas. Porto Alegre: Estudos MP 3, Escola Superior do Ministério Público, 1989.

BRAGA, Vera Regina de Almeida. Execução da pena de multa: juízo competente. *RT* 747/507-510 e *RJDTACRIM* 35/13-17.

BRANCO, Vitorino Prata Castelo. *Criminologia*. São Paulo: Sugestões Literárias, 1980.

BRUNO, Anibal. *Direito penal*. 2. ed. Rio de Janeiro: Forense, 1959.

CALIXTO, Negi. Trabalho externo particular do condenado na execução penal. *RT* 492/423-432.

CARNELUTTI, Francesco. *Sistema de derecho procesal*. Madri, 1979.

CARVALHO, Alexandre Victor. Lei nº 9.714/98; efeitos em relação à execução da pena privativa de liberdade aplicada aos condenados por crimes hediondos e assemelhados. *Boletim IBCCrim* nº 80, p. 4-5.

CARVALHO, Marcia Domitilla Live. Legislação penal e a realidade do preso na constituinte. *Jornal do Advogado*, ago. 1986.

CARVALHO, Pedro Armando Egydio de. O ser humano preso, o modelo da cidadania plena. *Boletim IBCCrim* nº 64, p. 9.

CASTILHO, Ela Wiecko V. de. *Controle de legalidade na execução penal*. Porto Alegre: Sergio Antonio Fabris Editor, 1988.

CATÃO, Yolanda; SUSSEKIND, Elisabeth. *Direitos dos presos*. Rio de Janeiro: Forense, 1980.

CATELANI, Giulio. *Manuale dell'esecuzione penale*. Milão: Giuffrè, 1980.

CERNICCHIARO, Luiz Vicente. Código Penal de 1984. Antecedentes, ideologia, princípios, orientação e finalidade. *Revista de Informação Legislativa* 86/147-204.

CERVINI, Raúl. Privatizacion de los presídios y referente Comunitário. *Anais do Encontro Nacional da Execução Penal*, 1, p. 183-226.

CINTRA, Antonio Carlos de Araújo; GRINOVER, Ada Pelegrini; DINAMARCO, Cândido R. *Teoria geral do processo*. São Paulo: Saraiva, 1975.

COELHO, Luís Carlos. Competência em execução provisória. *Boletim IBCCrim* nº 81, p. 8.

COELHO, Sérgio Neves. Execução penal: a remição da pena. *O Estado de S. Paulo*, São Paulo, 11 ago. 1985. p. 57 e *Justitia* 130/131-137.

_____. *Do objeto e da aplicação da Lei de Execução Penal*. Curso sobre a reforma penal. São Paulo: Saraiva, 1985, p. 205-236.

COGAN, Arthur. Execução da pena – manifestação obrigatória do Ministério Público. *Justitia* 135/183-185.

_____. *Sursis, Justitia* 143/185.

CONSO, Giovanni. Procedimento penal em direito processual penal. *RT* 594/285-295.

COSTA, Álvaro Mayrink da. *Criminologia*. 3. ed. Rio de Janeiro: Forense, 1982.

_____. Uma reflexão crítica da execução penal. *Anais do Encontro Nacional da Execução Penal*, 1, p. 275-290.

COSTA JR., Paulo José da. *Comentários ao código penal*. São Paulo: Saraiva, 1986.

COTRIM NETO, A. B. As normas para uma programação penitenciária do Ministério da Justiça. *Justitia* 93/61-74.

CROZAFON, Jean-Luc. A questão sempre em suspenso do regime jurídico das escutas telefônicas. *RT* 652/251-258.

CUNHA, Antonio Claudio Bocayuva. A nova e recente reforma do Código Penal. *RT* 597/426-431.

CUNHA, Maurício José da. Código de execuções penais. *Justitia* 70/71.

CUNHA, Renan Severo Teixeira da. *O Ministério Público na execução penal*. Curso sobre a reforma penal. São Paulo: Saraiva, 1985.

CUNHA JUNIOR, Bento da et. al. Suspensão condicional da pena – *sursis*. *RT* 702/304-12.

DALBORA, José Luiz Guzmán. Diagnóstico y perspectivas del binomio judicialización-jurisdiccionalización, en el cumplimiento de las penas privativas de la libertad, *RBCC* 22/347-359.

DELMANTO, Celso. *Código penal anotado*. 5. ed. São Paulo: Saraiva, 1984.

_____. *Código penal comentado*. Rio de Janeiro: Freitas Bastos, 1986.

_____. Direitos públicos objetivos do réu no CP. *RT* 554/466.

DIAS, Maria da Graça Morais. A redenção das penas pelo trabalho. Breve notícia de um sistema. *RT* 483/250-256.

DINAMARCO, Cândido R. *Teoria geral do processo*. São Paulo: Saraiva, 1975.

DOTTI, René Ariel. Processo penal executório. *RT* 576/309-322.

Bibliografia — EXECUÇÃO PENAL

_____. A lei de execução penal: perspectivas fundamentais. *RT* 598/275-286.

_____. Problemas atuais da execução penal. *RT* 563/279-298

_____. A crise da execução penal e o papel do Ministério Público. *Justitia* 129/34-54.

_____. As novas linhas do livramento condicional e da reabilitação. *RT* 593/295-305.

_____. O novo sistema de penas. *Reforma Penal*. São Paulo: Saraiva, 1985.

_____. Novos caminhos da Defesa Social. *RT* 611/291-308.

_____. O *sursis* e o livramento condicional nos projetos de reforma do sistema. *Justitia* 124/175-194.

_____. *Penas e medidas de segurança no novo código penal*. Rio de Janeiro: Forense, 1985.

D'URSO, Luiz Flávio Borges. Uma nova filosofia para tratamento do preso. *RT* 716/544-548.

_____. Linhas mestras para construção, arquitetura e localização de estabelecimentos prisionais. *RT* 711/425-437.

_____. Proposta de uma nova política criminal e penitenciária para o Brasil. *Ensaios Jurídicos* 6/353-364.

_____. A privatização dos presídios. *Anais do Encontro Nacional da Execução Penal*, 1, p. 126-132.

EISELE, Andreas. A pena de perda de bens e valores e os crimes contra a ordem tributária. *Boletim IBCCrim* nº 83, p. 9-10.

ESPÍNOLA FILHO, Eduardo. *Código de processo penal brasileiro anotado*. 6. ed. Rio de Janeiro: Borsói, 1965. v. 8; Rio de Janeiro: Freitas Bastos, 1945. v. 7.

FACCHINI, Maria Inaneide Olinda Santoro. Visita íntima; dirito do preso? *Boletim IBCCrim* nº 83, p. 8-9.

FALCÃO, Marino. Aspectos da recente reforma penal. *RJTJESP* 96/27-28.

FERNANDES, Antonio Scarance. O Ministério Público na execução penal. *Execução penal*. Rio de Janeiro: Max Limonad, 1987.

_____. Execução Penal. Questões diversas. *Justitia* 143/63-78.

_____. Considerações sobre a Lei nº 8.072, de 25 de julho de 1990 – crimes hediondos. *RT* 660/260-6.

FERNANDES, Odmir. A cobrança da multa pena (art. 51 do CP). *Boletim do IBCCrim* nº 47, p. 6, out. 96.

FERRAZ, Nelson. Aplicação da pena no Código Penal de 1984. *RT* 605/427-436.

FERREIRA, Gilberto. A prestação de serviços à comunidade como pena alternativa. *RT* 647/255-68.

FERREIRA, Sérgio Andrade. *A técnica de aplicação da pena como instrumento de sua individualização nos códigos penais de 1940 e 1969*. Rio de Janeiro: Forense.

FIGUEIREDO, Ariovaldo. *Comentários ao código penal*. São Paulo: Saraiva, 1985.

FLEURY FILHO, Luiz Antonio. Sistema de penas e sua aplicação. *Curso sobre a reforma penal*. São Paulo: Saraiva, 1985.

FONSECA, André Gustavo Isola. Considerações acerca da perda da remição prevista no art. 127 da Lei de Execuções Penais. *RBCC* 24/93-98.

FRAGOSO, Heleno Cláudio. *Lições de direito penal*: parte geral. Rio de Janeiro: Forense, 1985.

_____. *Direitos dos presos*. Rio de Janeiro: Forense, 1980.

FRANCO, Alberto Silva. *Temas de direito penal*. São Paulo: Saraiva, 1986.

_____. *Crimes hediondos*. São Paulo: Revista dos Tribunais, 1991.

_____. O regime progressivo em face das Leis nos 8.072/90 e 9.455/97. *Boletim IBCCrim* 58/2.

FREITAS, José Ribamar. Das penas na fase de execução. *RT* 478/267-271.

FREITAS, Manuel Pinheiro. A conversão da pena restritiva de direitos parcialmente cumprida em privativa de liberdade. *Revista do MP de São Paulo*, p. 63-64, mar. 1998.

GAMA, Guilherme Calmon Nogueira da. Constituição Federal e a Lei 98.072/90; repercussões quanto ao regime prisional. *RT* 760/436-505.

GARCIA, Basileu. *Instituições de direito penal*. 5. ed. São Paulo: Max Limonad, 1980.

GOMES FILHO, Antonio Magalhães. *Extinção da punibilidade*: curso sobre a reforma penal. São Paulo: Saraiva, 1985. p. 166-179.

_____. *A defesa do condenado na execução penal*: execução penal. São Paulo: Max Limonad, 1987.

GOMES, Luiz Flávio. Da inexeqüibilidade da Lei de Execução Penal. *RT* 593/463-471.

_____. Penas alternativas. *Justiça & Poder*, p. 74.

GONÇALVES, Victor Eduardo Rios. O âmbito de incidência da Lei nº 9.714/98 (penas alternativas). *Revista do MP de São Paulo*, p. 18, dez. 1998/jan. 1999.

GOULART, Henny. *Penalogia*. São Paulo: May Love, 1975.

GRAF, Wilson Eder. Conselho da comunidade – prisão domiciliar – casa do albergado – livramento condicional. *JCAT* 70/27-35.

GRINOVER, Ada Pellegrini. *Liberdades públicas e processo penal*. São Paulo: Saraiva, 1976.

_____. *O processo em sua unidade*, II, 1984.

_____. *Teoria geral do processo*. São Paulo: Saraiva, 1975.

_____. *Natureza jurídica da execução penal e anotações sobre os aspectos processuais da Lei de Execução Penal. Execução penal*. São Paulo: Max Limonad, 1987.

GUZMAN, Luís Garrido. *Manual da ciência penitenciária*. Madri: Edersa, 1983.

HAMILTON, Eduardo Henrique Demoro. O regime fechado e a lei de tortura. *Doutrina* 7/320-324.

HOFMEISTER, Carlos Freire. Aspectos inovadores da Lei de Execução Penal (Lei nº 7.210, de 11-7-84). *Ajuris*, Revista da Associação dos Juízes do Rio Grande do Sul, 50/123-14.

JARDIM, Afrânio Silva. Reflexão teórica sobre o processo penal. *Justitia* 127/91-125.

JESCHEK, H. H. *Tratado de derecho penal*: parte geral. Barcelona: Bosch, 1981.

JESUS, Damásio E. de. *Comentários ao código penal*. 2. ed. São Paulo: Saraiva, 1986.

_____. Anotações à reforma penal. *O Estado de S. Paulo*, São Paulo, 5 maio 1985.

KAHN, Tulio. Programa integrado de prestação de serviços à comunidade: avaliando a experiência. *RBCC* 24/287-296.

KAUFMANN, Hilde. *Ejecución penal y terapia social*. Buenos Aires: Depalma, 1979.

KUEHNE, Maurício. *Lei de execução penal anotada*. Curitiba: Juruá, 1999.

_____. O instituto da remição na Lei de Execução Penal. *O Estado de S. Paulo*, São Paulo, 1º set. 1985, p. 60.

_____. Suspensão condicional da pena. *Justitia* 138/112-6.

_____. *Doutrina e prática da execução penal*. 2. ed. Curitiba: Juruá, 1995.

_____. *Execução penal no Estado do Paraná*. Curitiba: JM Editora, 1998.

_____. Penas restritivas de direitos (penas alternativas). Lei nº 9.714 de 25 de novembro de 1998.

_____. Referenciais sumários. *Direito Militar* nº 15, p. 29-34.

_____. A execução penal. *Justitia* 148/29-40.

LAGE, Cícero Carvalho. *Ciência criminal e penitenciária*. São Paulo: Biblioteca de Estudos Jurídicos Leia, 1965.

LAGOS, Daniel Ribeiro; MIGUEL, Alexandre. A execução penal: instrumentalização e competência. *RT* 690/390-402.

LEITE, George Lopes. Jurisdicionalização da execução penal. *Anais do 1º Encontro Nacional da Execução Penal*, Brasília: FAP/DF, 1998. p. 47-62.

LEONE, Giovanni. *Tratado de derecho procesal penal*. Tradução de Santiago Senti Melado. Buenos Aires, 1961.

LIMA, André Teixeira. Criminogênese. Visão atual e classificação dos criminosos. *Justitia* 93/97-101.

LIMA, Cleni Carlos Rocha de. Regime semi-aberto de cumprimento de pena privativa de liberdade e trabalho externo. *Ajuris*, Revista da Associação dos Juízes do Rio Grande do Sul, nº 49/188-193.

LUISI, Luiz. Sugestões para uma unificação das penas na legislação do Mercosul. *Revista do Conselho Nacional de Política Criminal e Penitenciária* nº 10, p. 121-127.

LUNA, Everardo da Cunha. *Capítulos de direito penal*. São Paulo: Saraiva, 1985.

LUZ SOBRINHO, Haroldo Pinto da. Correção monetária da pena de multa. *RJDTACrim* 19-15-17.

MADALENA, Pedro. Violência e execução penal. *RT* 651/383-385.

MARANHÃO, Odon Ramos. *Curso básico de medicina legal*. 3. ed. São Paulo: Revista dos Tribunais.

MARLET, José Maria. Contribuição para avaliação das condições pessoais dos candidatos a livramento condicional enquadrados no parágrafo único do art. 83 do Código Penal. *RT* 704/439-76.

MARQUES, José Frederico. *Instituições de direito processual civil*. 2. ed. Rio de Janeiro: Forense, 1963. v. 5.

_____. *Tratado de direito penal*. Rio de Janeiro: Forense, 1966. v. 3.

_____. *Elementos de direito processual penal*. Rio de Janeiro: Forense, 1962.

_____. *Tratado de direito penal*. São Paulo: Saraiva, 1985. v. 3.

MARQUES, Teresa Cristina Motta Ramos. *Habeas corpus e mandado de segurança na execução penal*: execução penal. São Paulo: Max Limonad, 1987.

MARRONE, José Marcos. Há jurisdição na ação penal? *Justitia* 116.

MASAGÃO, Mário. *Curso de direito administrativo*. São Paulo, 1960. v. 2.

MASCARENHAS, Francisco Eduardo. Pedido de unificação. *Justitia* 135/193-195.

MEDICI, Sérgio de Oliveira. *Prisão albergue*. Bauru: Jalovi, 1979.

_____. Processo de execução penal. *RBCC* 2/98-106.

MEIRELLES, Hely Lopes. *Direito administrativo brasileiro*. 4. ed. São Paulo: Revista dos Tribunais.

MELO, Celso Antônio Bandeira de. *Os magistrados e os membros do Ministério Público na Administração da Justiça*. Publicação da Faculdade de Direito da Universidade de São Paulo, no I Encontro dos Advogados do Estado de São Paulo, 1982.

MENDES, Nelson Pizzotti. Tratamento penitenciário nos estabelecimentos penais especializados. *Justitia* 59/83-110.

MIGUEL, Alexandre; LAGOS, Daniel Ribeiro. A execução penal: instrumentalização e competência. *RT* 690/398-402.

MIOTTO, Armida Bergamini. *Curso de ciência penitenciária*. São Paulo: Saraiva, 1975. v. 2.

MIRABETE, Julio Fabbrini. *Manual de direito penal*. São Paulo: Atlas, 2013, v. 1, 29. ed., v. 2, 30. ed., v. 3 27. ed.

_____. *Código penal interpretado*. 8. ed. São Paulo: Atlas, 2013.

MOGLIE, Giulio. *La psicopatologia forense*. Roma: Luigi Pozzi; *Manuale di psichiatria*. Roma: Luigi Pozzi, 1946.

MONTEIRO, Antonio Lopes. *Crimes hediondos*. São Paulo: Saraiva, 1981.

MONTEIRO, Marisa Marcondes. *A competência para a aplicação da lei nova mais benéfica*: execução penal. São Paulo: Max Limonad, 1987. p. 47-52.

MORAES, Silvio Roberto Mello. Breves anotações sobre o recurso de agravo da Lei de Execução Penal. *RT* 657/380-386.

MORAES, Talvane de. Classificação e triagem de condenados. *Anais do Encontro Nacional da Execução Penal*, 1, p. 227-264.

MORONE, José Marcos. Há jurisdição na execução penal? *Justitia* 116/82-96.

NEUMAN, Elias. *Evolución de la pena privativa de libertad y regímenes penitenciarios*. Buenos Aires: Ediciones Paunnedille, 1971.

_____. Cárcel y sumisión. *Revista do Conselho Nacional de Política Criminal e Penitenciária* nº 10, p. 33-48.

NOGUEIRA, Carlos Frederico Coelho. Efeitos da condenação, reabilitação e medidas de segurança. *Curso sobre a reforma penal*. São Paulo: Saraiva, 1985.

NORONHA, E. Magalhães. *Curso de direito processual penal*. São Paulo: Saraiva, 1964.

_____. *Direito Penal*. 24. ed. São Paulo: Saraiva, 1985. v. 1.

NUNES, Cayton Alfredo. O processo de execução penal e o estrangeiro com decreto expulsório. *Boletim IBCCrim* nº 68, p. 16.

_____. Execução penal; o cálculo para benefícios (crime comum x crime hediondo). *Boletim do IBCCrim* nº 83, p. 4-5.

OLIVEIRA, Ana Sofia Schmidt de. Os direitos humanos e o sistema carcerário ou os direitos dos sub-humanos do sistema carcerário, *Boletim do IBCCrim* nº 74.

OLIVEIRA, Lucia Maria Casali de. Do objeto e da aplicação da Lei de Execução Penal. *Curso sobre a reforma penal*. São Paulo: Saraiva, 1985. p. 205-236.

OLIVEIRA, Marina Marigo Cardoso de. A religião nos presídios. *RT* 501/379-397 e *Justitia* 97/31-58.

OZAKI, Hideo; SILVEIRA, Daniel Prado. *Prática de execução penal*. São Paulo: Saraiva, 1991.

PAGNARD, Roberto. *Sursis*, *Justitia* 143/182.

Bibliografia — EXECUÇÃO PENAL

PARÉ, Simone. *Grupos e serviço social*. Porto Alegre: PUC, 1961.

PEDROSO, Fernando de Almeida. Detração penal: compensação na pena do tempo de prisão relativo a outro processo; quando é possível. *RT* 698/294-297.

PELLEGRINO, Laercio. Algumas inovações da legislação penal brasileira (substantiva e processual). *RT* 552/279.

PENTEADO, Jaques de Camargo. A coisa julgada e execução penal. *O Estado de S. Paulo*. São Paulo, 11 fev. 1988, p. 65.

PEREIRA, Joaquim. *Sursis* "sem condição especial". *Justitia* 149/185-187.

_____. Adequação de penas. *Justitia* 150/47-50.

PIERANGELLI, José Henrique. *Das penas e sua execução no novo Código Penal:* o direito penal e o novo código penal brasileiro. Porto Alegre: Sergio Antonio Fabris Editor, Associação do Ministério Público do Rio Grande do Sul: Escola Superior do Ministério Público do Rio Grande do Sul, 1985.

PIETÁ, Elói. Porque explodem as rebeliões de presos? *Revista Consulex*, 6/5-8.

_____. Alguns aspectos do sistema de penas no projeto de Código Penal. *RT* 580/305.

PIMENTEL, Manoel Pedro. *O crime e a pena na atualidade*. São Paulo: Revista dos Tribunais, 1983.

_____. *Prisões fechadas e prisões abertas*. São Paulo: Cortez & Moraes, 1978. (Série Estudos Penitenciários.)

_____. *O drama da pena de prisão*: reforma penal. São Paulo: Saraiva, 1985. p. 49-61.

PINHEIRO, Geraldo de Faria Lemos. As penas restritivas de direito nos crimes culposos de trânsito. *RT* 590/296-299.

PINTO, Sebastião da Silva. Da incidência da correção monetária sobre a pena de multa. *RT* 645/243-262.

PIRES, Ariosvaldo de Campos. O livramento condicional e a nova parte geral do Código Penal. *RT* 631/275-280.

PITOMBO, Sérgio Marcos de Moraes. Os regimes de cumprimento da pena e o exame criminológico. *RT* 583/312-315.

_____. Ainda o exame criminológico. *Jornal do Advogado*, jul. 1985. p. 8-9.

_____. Emprego de algemas. Notas em prol de sua regulamentação. *RT* 592/275-292.

_____. *Penas e medidas de segurança no novo Código Penal*. Rio de Janeiro: Forense, 1985.

_____. Breves notas sobre a novíssima execução penal e das penas e das medidas de segurança. *Reforma penal*. São Paulo: Saraiva, 1985. p. 125-132 e 133-140.

_____. Execução penal. *RT* 623/257-263.

PRADO, Fernando de Albuquerque. *Estudos e questões de processo penal*, 1954.

PRADO, Geraldo. Penas substitutivas, crimes hediondos e equiparados. *Doutrina* 8/439-353.

PRADO, Luiz Régis. *Pena de multa:* aspectos históricos e dogmáticos. São Paulo: Sugestões Literárias, 1980.

_____. Do sistema de cominação da multa no Código Penal Brasileiro. *RT* 650/249-254.

RANIERI, Silvio. *Manuale di diritto processuale penale*, 1965.

REALE JUNIOR, Miguel. *Novos rumos do sistema criminal*. Rio de Janeiro: Forense, 1983.

_____. *Penas e medidas de segurança no novo código penal*. 2. ed. Rio de Janeiro: Forense, 1985.

_____. Penas restritivas. *Ciência Penal* 1/63-78.

_____. Fundamentos e aplicação das sanções penais na nova Parte Geral. *Reforma penal*. São Paulo: Saraiva, 1985.

RIBEIRO, Zilma Aparecida da Silva. *O recurso de agravo na Lei de Execução Penal*: execução penal. São Paulo: Max Limonad, 1987.

RODRIGUES, Anabela Miranda. Temas fundamentais de execução penal. *RBCC* 24/11-37.

RODRIGUES, Francisco César Pinheiro. Recuperação e livramento condicional. *RT* 577/475-477.

_____. Paradoxos da pena. *RT* 651/381-383.

ROSA, Antonio José Miguel Feu. *Execução penal*. São Paulo: Revista dos Tribunais, 1995.

ROSSETTI, Janora Rocha. Remição de pena: adequação do art. 127 da Lei de Execução Penal ao texto constitucional. *RT* 697/264-268.

SÁ, Alvino Augusto de. Arquitetura carcerária e tratamento penal. *RT* 651/247-257.

SALGADO, J. A. César. A assistência aos condenados e egressos da prisão. *Estudos penitenciários*. São Paulo: Imprensa Oficial do Estado de São Paulo, 1943. p. 115-131.

SALLES, Alcides Amaral. Ainda sobre o limite das penas e seus efeitos. *O Estado de S. Paulo*, São Paulo, 24 nov. 1985.

SANGUINÉ, Odone. Semi-imputabilidade e aplicação da pena. *Fascículos de Ciências Penais*, ano 1, v. 1, nº 0, dez. 1987.

_____. Ventajas e inconvenientes de las prisiones privadas. *Cauderons Jurídicos* 19/87-97, 1987.

SANTORO, Arturo. *L'esecuzione penale*. 2. ed. Turim: Utet, 1953.

SANTOS, Andreia Vitor et. al. Suspensão condicional da pena – *sursis*. *RT* 702/304-312.

SANTOS, J. W. Seixas. *Síntese expositiva de criminologia*. 2. ed. São Paulo: Livraria Jurídica Vellenich, 1973.

SANTOS, Marcus Renan Palácio de M. C. dos. O regime progressivo em face das Leis nos 8.072/90 e 9.455/97. *Revista do MP de São Paulo*, jun. 1998, p. 34-37.

SCOTTI, Gabriel Eduardo. Agravo de execução – promoção ao regime semi-aberto. *Justitia* 135/159.

SHECAIRA, Sérgio Salomão. O exame criminológico e a execução da pena. *Cadernos de Advocacia Criminal*, Porto Alegre: Sergio Antonio Fabris Editor, ano 1, v. 1, nº 2, p. 36-41.

SILVA, Adhemar Raymundo da. *Estudos de direito processual penal*, 1957.

SILVA, Euclides Pereira da. Regime prisional. *Justitia* 142/184-6.

SILVA, Liliana Buff de Souza. Limite das penas e seus efeitos. *O Estado de S. Paulo*, 8 dez. 1985.

_____. *Do objeto e da aplicação da Lei de Execução Penal*: curso sobre a reforma penal. São Paulo: Saraiva, 1985. p. 205-236.

SILVA, Odir Odilon Pinto da; BOSCHI, José Antonio Paganella. *Comentários à lei de execução penal*. Rio de Janeiro: Aide, 1986.

SILVA, Valentim Alves da. As penas privativas de liberdade e sua execução. *RT* 448/275-281.

SILVEIRA, Alipio. Perspectivas de prisão albergue para a Capital. *RJTJESP* 16/17-21.

_____. Funções dos estabelecimentos semi-abertos em nosso sistema penitenciário. *Justitia* 46/15-21.

SILVEIRA, Daniel Prado. Execução penal: remição da pena. *O Estado de S. Paulo*, São Paulo, 11 nov. 1985. p. 57 e *Justitia* 130/131-137.

SILVEIRA, Valdemar César da. *Tratado da responsabilidade criminal*. São Paulo: Saraiva, 1955.

SIQUEIRA, Geraldo Batista de. *Estudos de direito e processo penal*. Rio de Janeiro: Forense, 1989. p. 282.

SIRACUSA, Francesco. *Istituzione de diritto penitenziario*. Milão: Hoepli, 1935.

SOLER, Sebastian. *Derecho penal argentino*. Buenos Aires: TEA, 1970.

SOUZA, Luiz Sérgio Fernandes. O problema sexual nos presídios. *RT* 617/416-420.

SOUZA, Moacyr Benedicto de. A participação da comunidade no tratamento do delinqüente. *RT* 583/303-311.

STEINER, Sylvia Helena de Figueiredo. Livramento condicional e lacuna da lei. *RT* 699/399-402.

SUSSEKIND, Elizabeth. *Direitos dos presos*. Rio de Janeiro: Forense, 1980.

SZNICK, Valdir. A pena de trabalho e suas características. *Justitia* 130/65-71.

TAFT, B. D. *Criminology*. 4 ed. New York/Londres: R. W. England, 1964.

THAUMATURGO FILHO, Roque. Carceragem policial e remição de pena. *O Estado de S. Paulo*, São Paulo, 18 out. 1989.

TOLEDO, Ana Paula Morato de; SANTOS, Andreia Vitor; CUNHA JUNIOR, Bento da; SANTOS, Ezaú Messias dos. Suspensão condicional da pena – *sursis*. *rt* 702/304-312.

TORON, Alberto Zacharras. Retrovesso não afastará crimes. *O Estado de S. Paulo*, São Paulo, 8 mar. 1991.

TOURINHO FILHO, Fernando da Costa. *Processo penal*. 5. ed. Bauru: Jalovi, 1979. v. 1.

TUCCI, Rogério Lauria. Da ação penal no anteprojeto de reforma da parte geral do Código Penal. *Ciência Penal*, 1/116-145.

_____. Suspensão condicional da pena. *RT* 541/309-321.

_____. Progressão na execução das penas privativas de liberdade. *RT* 630/269-278.

TUCUNDUVA, José Roberto D. Suspensão condicional da pena. *Justitia* 130/251-252.

VALDES, Carlos Garcia. *Comentarios a la legislación penitenciaria*. 2. ed. Madri: Civitas, 1982.

VARALDA, Renato Barão. Penas restritivas de direitos – inovações. *Boletim IBCCrim* nº 75, p. 7.

VENOSA, Sílvio de Salvo. *Direito civil*: parte geral. 3. ed. São Paulo: Atlas, 2003.

WEINTRAUB, Arthur Bragança de Vasconcellos. O direito de execução penal brasileiro; uma análise à luz do pensamento criminológico. *RBCC* 23/155-170.

ZAUHY FILHO, Wilson. Pena de multa: correção monetária. Aplicação. Termo inicial. *RT* 668/250-255.

ÍNDICE REMISSIVO

– A –

ABERTO
condições gerais e especiais do regime –, 115.1
modificação das condições do regime –, 116.1
regime, 93.5
regressão e regime –, 118.2
requisitos para o regime –, 114.1

ACEITAÇÃO
do programa e condições para a progressão de regime, 113.1

ACIDENTE
do trabalho, 28.4
preso impossibilitado de prosseguir no trabalho por – permanência do benefício da remição, 126.4

ADMINISTRATIVA(S)
cômputo do tempo de prisão provisória ou – ou de internação, 110.2
decisões –, 66.18
intervenção jurisdicional e –, 65.2
prisão civil e –, 201.1

ADMONITÓRIA
audiência, 160.1

ADVERTÊNCIA
no livramento condicional, 134.1

ADVOGADO
defensoria pública e – dativo, 16.2
entrevista com –, 41.9

AGRAVO
em execução, 197.1

ALBERGADO
casa do –, Capítulo IV, Título IV

ALBERGUE
prisão –, 96.3

ALGEMAS
uso de –, 199.1

ALIMENTAÇÃO
e vestuário, 41.1

ALTERAÇÃO
das condições na suspensão condicional da pena, 158.4
penas restritivas de direitos, 148.1

ALVARÁ
de soltura, 109.1

AMBULATORIAL
conversão do tratamento – em internação, 184.1
tratamento, 101.1

ANISTIA, CAPÍTULO III, TÍTULO VII E 187.1
e do indulto, Capítulo III, Título VII
incidentes da execução, 66.12, Título VII e 180.1
procedimento, 187.2

ANTECEDENTES
execução provisória e guia de recolhimento provisória: –, 105.6

ANTECIPAÇÃO
do exame para verificação da cessação da periculosidade, 176.1

APLICAÇÃO
competência para – das sanções, 54.1
da Lei de Execução Penal, 204.2
da lei mais benigna, 66.2
da pena de multa, 164.3
das medidas de segurança, 171.3
das sanções, Subseção IV, Seção III, Capítulo IV, Título II e 57.2
objeto e – da Lei de Execução Penal, Título I
procedimento e juiz competente para – da sanção de inclusão no regime disciplinar diferenciado, 54.2

ARQUITETURA
prisional, 82.1

ARTESANATO, 32.1

ASSISTÊNCIA, CAPÍTULO II E 41.7
ao egresso, 10.3
espécies de –, 11.1:
ao egresso, Seção VIII, Capítulo II, Título II
assistência ao egresso, 25.2
conceito de egresso, 26.1
obtenção de trabalho, 27.1
problemática do egresso, 25.1
à saúde, 14.1
farmacêutica e odontológica, 14.3
instalações médico-sanitárias, 14.4
médica, 14.2
mulher grávida, 14.1

educacional, 17.1
bibliotecas, 21.1
convênios, 20.1
ensino de 1º grau, 18.1
ensino médio, 18-A.1
ensino profissional, 19.1
jurídica, Seção IV, Capítulo II, Título II
assistência de defensor, 16.1
defensoria pública e advogado dativo, 16.2
relevância da assistência –, 15.1
material, 12.1
religiosa, Seção VII, Capítulo II, Título II
assistência religiosa, 24.2
liberdade religiosa, 24.4
meios e locais, 24.3
pena e religião, 24.1
social, 22.1
tarefas do serviço de assistência social, 23.1
tratamento e –, 10.2

ATESTADO(S)
folha corrida, – e certidões, 202.1
representação, petição e –, 41.14

ATIVIDADE(S)
cursos, palestras e – para os condenados, 152.1
de recreação, 41.6
proibição do exercício de cargo, função ou – pública e de mandato eletivo, 154.2
proibição do exercício de profissão, – ou ofício, 154.3
relatórios das – dos condenados na prestação de serviços à comunidade ou a entidades públicas, 150.1

ATRIBUIÇÃO(ÕES)
da Defensoria Pública, 81-A.1
das tarefas ao condenado na prestação de serviços à comunidade ou a entidades públicas, 149.2
de trabalho, 41.2
do Conselho Nacional de Política Criminal e Penitenciária, 64.1
do Conselho Penitenciário, 69.1
do Departamento Penitenciário local, 74.1
do Departamento Penitenciário Nacional, 72.1
específicas da Defensoria Pública, 81-B.1
específicas do Ministério Público, 68.1

AUDIÊNCIA
admonitória, 160.1
com o diretor, 41.13

AUTONOMIA
do direito penitenciário, 1.2

AUTORIZAÇÃO(ÕES)
competência para a – de saída, 122.1
de saída, 120.1
revogação da –, 37.2
suspensão de – ou de habilitação para dirigir veículo, 154.4

AVALIAÇÕES
proibição de inscrever-se em concursos, – ou exame públicos, 154.6

– B –

BENIGNA
aplicação da lei mais –, 66.2
regime prisional e lei mais –, 110.6

BENS
conversão das penas de prestação pecuniária e perda de – e valores, 181.5
e produtos do trabalho, 35.1
penhora de – imóveis para a execução da pena de multa, 165.1
penhora de outros – para a execução da pena de multa, 166.1
perda de – e valores, 148.3

BIBLIOTECAS, 21.1

BIOTIPOLOGIA
criminal, 5.2

– C –

CADEIA PÚBLICA, CAPÍTULO VII, TÍTULO IV E 103.1
localização e construção, 104.1

CADERNETA
e pecúlio, 138.1

CÁLCULO
de liquidação das penas, 107.5

CAPACIDADE
das prisões, 85.1

CARGO
proibição do exercício de – função ou atividade pública e de mandato eletivo, 154.2

CARTA
de livramento, 136.1

CASA DO ALBERGADO, CAPÍTULO IV, TÍTULO IV
histórico, 93.2
instalações, 95.1
introdução, 93.1
localização, 94.1
prisão albergue, 93.3

CASSAÇÃO
da suspensão condicional da pena, 162.5

CAUSAS
de revogação da remição, 127.2

CAUTELAR
observação –, 139.1

CELA
escura, 45.3

CENSO PENITENCIÁRIO, 21-A.1

CENTRO DE OBSERVAÇÃO, 96.1
instalações, 97.1

CERIMÔNIA
do livramento condicional, 136.1

CERTIDÕES
folha corrida, atestados e –, 202.1

CESSAÇÃO DA PERICULOSIDADE, CAPÍTULO II, TÍTULO VI
antecipação do exame, 176.1
condições, 178.1
desinternação e liberação, 179.1
exame de periculosidade, 175.1
procedimento, 175.3 e 177.1
relatório e laudo, 175.2

CHAMAMENTO
nominal, 41.11

CIÊNCIA
ao condenado, 107.3
ao Ministério Público, 106.3
das normas disciplinares, 46.1

CIVIL
prisão – e administrativa, 201.1

CLASSIFICAÇÃO(ÕES)
atribuições da Comissão Técnica de –, 6.2
Comissão Técnica de –, 6.1
composição da Comissão Técnica de –, 7.1
dos delinquentes, 5.3
exames pela Comissão Técnica de –, 98.1
individualização da pena e – dos condenados, 5.1

COLETIVA(O)(S)
compartimentos, 92.1
indulto –, 193.1
processamento do indulto –, 193.2
sanções –, 45.4

COLÔNIA AGRÍCOLA
industrial ou similar, Capítulo III, Título IV e 91.3
introdução, 91.1

COLÔNIA INDUSTRIAL
colônia agrícola, – ou similar, Capítulo III, Título IV e 91.3
introdução, 91.1

COMISSÃO TÉCNICA
atribuição da – de Classificação, 6.2
composição da – de Classificação, 7.1
de Classificação, 6.1
exames pela – de Classificação, 98.1

COMISSÃO TÉCNICA DE CLASSIFICAÇÃO, 6.1
atribuições da –, 6.2
composição da –, 7.1
exames pela –, 98.1

COMPARECIMENTO
do beneficiário da suspensão condicional da pena, 158.6
não – do beneficiário da suspensão condicional da pena, 161.1

COMPARTIMENTOS
coletivos, 92.1

COMPETÊNCIA
conflito de –, 66.19
guia de recolhimento e –, 105.5
para a autorização de saída, 123.1
para a execução, 105.3
para aplicação das sanções, 54.1
para a remoção, 86.2

COMPETENTE
juiz –, 65.3
procedimento e juiz – para aplicação da sanção de inclusão no regime disciplinar diferenciado, 54.2

COMPLEMENTAR
legislação, 119.1 e 203.1

COMPOSIÇÃO
da Comissão Técnica de Classificação, 7.1
do Conselho, 63.1

COMUNICAÇÃO(ÇÕES)
ao Conselho Penitenciário, 106.4
ao juiz, 58.2
com o mundo exterior, 41.15
na interdição temporária de direitos, 155.1
na suspensão condicional da pena, 158.7
relatórios e – na limitação de fim de semana, 153.1

COMUNIDADE
Conselho da –, 80.1
conversão da pena de prestação de serviços à –, 181.2
cooperação da –, 4.1

EXECUÇÃO PENAL

prestação de serviços à –, 30.1

prestação de serviços à – ou a entidades públicas, 149.1

COMUTAÇÃO

extinção da punibilidade e – na anistia e no indulto, 192.1

CONCEITO

de egresso, 26.1

CONCESSÃO

da suspensão condicional da pena, 157.1

de livramento condicional, 131.5

de livramento condicional pelo Tribunal, 135.1

CONCURSO(S)

de faltas disciplinares, 50.2

proibição de inscrever-se em –, avaliações ou exame públicos, 154.6

CONDENADO(S)

ciência ao –, 107.3

deveres dos –, 38.1

e internado, Título II

individualização da pena e classificação dos –, 5.1

mérito do – para a progressão de regime, 112.4

oitiva do – na regressão de regime, 118.3

presos provisórios e – na Justiça Especial, 2.4

renúncia do – à suspensão condicional da pena, 160.2

CONDIÇÃO(ÕES)

aceitação do programa e – para a progressão de regime, 113.1

alteração das – da suspensão condicional da pena, 158.4

da saída temporária, 124.2

especificação das – da suspensão condicional da pena, 158.3

facultativas para o livramento condicional, 132.2

gerais e especiais do regime aberto, 115.1

judiciais da suspensão condicional da pena, 158.2

legais da suspensão condicional da pena, 158.1

modificação das – do regime aberto, 116.1

modificação nas – do livramento condicional, 144.1

no caso de cessação de periculosidade, 178.1

obrigatórias para o livramento condicional, 132.1

CONDICIONAL

livramento –, 66.11 e 131.1

suspensão – da pena, 66.10 e 156.1

CONFLITO

de competência, 66.19

CONSELHO

atribuições do – da comunidade, 81.1

atribuições do – nacional de política criminal e penitenciária, 64.1

composição do – nacional de política criminal e penitenciária, 63.1

da comunidade, 80.1

Nacional de Política Criminal e Penitenciária, 62.1

Penitenciário, 69.1

CONSELHO DA COMUNIDADE, 80.1

atribuições, 81.1

CONSELHO NACIONAL DE POLÍTICA CRIMINAL E PENITENCIÁRIA, 62.1

atribuições do conselho, 64.1

composição do conselho, 63.1

mandato dos membros, 63.2

CONSELHO PENITENCIÁRIO, 69.1

atribuições do –, 70.1

comunicação ao –, 106.4

CONSTITUIÇÃO

de pecúlio, 41.4

CONSTRUÇÃO

localização e – da cadeia pública, 104.1

CONTAGEM

do prazo do livramento condicional, 141.1

CONVÊNIOS, 20.1

CONVERSÃO(ÕES), 66.15, CAPÍTULO I, TÍTULO VII E 180.2

da pena de limitação de fim de semana, 181.3

da pena de prestação de serviço à comunidade, 181.2

da pena privativa de liberdade em medida de segurança, 183.1

da pena privativa de liberdade em restritiva de direitos, 180.3

da pena restritiva de direitos em privativa de liberdade, 181.1

das penas de interdição temporária de direitos, 181.4

das penas de prestação pecuniária e perda de bens e valores, 181.5

do tratamento ambulatorial em internação, 184.1

impossibilidade de – da pena de multa, 182.1

incidentes da execução, 66.12, Título VII e 180.1

COOPERAÇÃO

da comunidade, 4.1

CORREÇÃO MONETÁRIA

na pena de multa, 164.7

CRIME
prática de – doloso, 52.1

CRIMINAL
biotipologia –, 5.2
Conselho Nacional de Política – e Penitenciária, 62.1

CRIMINOLÓGICO
exame –, 5.5 e 112.5
realização do exame, 8.1

CRIMINOSO
político e trabalho, 200.1

CRISE
da execução penal, 1.6

CRUEIS
sanções, 45.2

CULPABILIDADE
execução provisória e o princípio da presunção de inocência ou da não –, 105.7

CUMULATIVAS
multas –, 164.6

CURSOS
palestras e atividades para os condenados na limitação de fim de semana, 152.1

CUSTÓDIA
hospital de – e tratamento psicológico, 99.1

– D –

DATIVO
defensoria pública e advogado –, 16.2

DECISÃO(ÕES)
administrativas, 66.18
motivada, 59.4
procedimento, – e recurso da progressão de regime, 112.6

DECLARAÇÃO
falsa – de prestação de serviço para fim de instituir pedido de remição, 130.1
judicial para a remição, 126.6

DECRETO
de revogação do livramento condicional, 143.1

DEFENSOR
assistência do –, 16.1
defensoria pública, Capítulo IX, Título III
atribuições da –, 81-A.1
atribuições específicas da –, 81-B.1
e advogado dativo, 16.2

DEFESA
direito de –, 59.2

DEFICIENTES FÍSICOS
idosos, doentes e –, 32.2

DELINQUENTES
classificação dos –, 5.3

DEPARTAMENTO(S)
Penitenciário local, 73.1
Penitenciário Nacional, 71.1
penitenciários, Capítulo VI, Título III

DEPARTAMENTO PENITENCIÁRIO LOCAL, 73.1
atribuições, 74.1

DEPARTAMENTO PENITENCIÁRIO NACIONAL, 71.1
atribuições do –, 72.1

DEPENDÊNCIAS, 83.1

DESCANSO
e recreação, 41.5

DESCONTO
na pena de multa, 168.2

DESCUMPRIMENTO
dos deveres atinentes à monitação eletrônica, 146-C.1

DESINTERNAÇÃO
e liberação do submetido a medida de segurança, 179.1

DESTINAÇÃO
do salário, 29.2

DESVIO
incidentes da execução, 66.12, Título VII e 180.1
excesso ou –, Capítulo II, Título VII e 185.1ou desvio,

DETRAÇÃO, 60.2
e remição, 66.9 e 111.3

DEVERES
descumprimento dos – atinentes à monitoração eletrônica, 146-C.1
dos condenados, 38.1
dos –, dos direitos e da disciplina, Capítulo IV, Título II
especificação dos –, 39.1
quadro de –, 39.2

DIA-MULTA, 164.2

DIFERENCIADO
isolamento preventivo e inclusão preventiva no regime disciplinar –, 60.1

penitenciária destinada a presos em regime disciplinar –, 87.3
procedimento e juiz competente para aplicação da sanção de inclusão no regime disciplinar –, 54.2
regime disciplinar –, 52.2

DILIGÊNCIAS
e parecer no indulto, 190.1

DIREÇÃO
do estabelecimento penal, 75.1
e pessoal dos estabelecimentos penais, Seção III, Capítulo VI, Título III

DIREITO(S)
autonomia do – penitenciário, 1.2
conversão das penas de interdição temporária de –, 181.4
conversão de pena privativa de liberdade em restritiva de –, 180.3
conversão da pena restritiva de – em privativa de liberdade, 181.1
de defesa, 59.2
dos deveres, dos – e da disciplina, Capítulo IV, Título II
faltas graves na pena restritiva de –, 51.1
interdição temporária de –, 154.1
intertemporal, 131.6
outros –, 41.16
penas restritivas de –, 48.1, 66.14 e 147.1
políticos, 3.3
suspensão e restrição de –, 41.17

DIRETOR
audiência com o –, 41.13

DIRIGIR
suspensão de autorização ou de habilitação para – veículo, 154.4

DISCIPLINA, 44.2
dos deveres, dos direitos e da –, Capítulo IV, Título II
introdução à –, 44.1

DISCIPLINAR(ES)
ciência das normas –, 46.1
concurso de faltas –, 50.2
faltas, 49.1
isolamento preventivo e inclusão preventiva no regime – diferenciado, 60.1
penitenciária destinada a presos em regime – diferenciado, 87.3
poder –, 47.1
prescrição das faltas –, 59.5
procedimento disciplinar, 59.1

procedimento e juiz competente para aplicação da sanção de inclusão no regime – diferenciado, 54.2
regime – diferenciado, 52.2
sanções –, 53.1

DISCRIMINAÇÃO, 3.4

DISPOSIÇÕES FINAIS E TRANSITÓRIAS, TÍTULO IX
aplicação, 204.2
criminoso político e trabalho, 200.1
folha corrida, atestados e certidões, 202.1
instalações, equipamento e serviços, 203.2
legislação complementar, 203.1
prisão civil e administrativa, 201.1
revogação, 204.3
sigilo na execução, 198.1
uso de algemas, 199.1
vigência, 204.1

DOENÇA MENTAL
superveniência de – na pena de multa, 167.1
superveniência de – nas penas privativas de liberdade, 108.1

DOENTES
idosos, – e deficientes físicos, 32.2

DOLOSO
prática de crime –, 52.1

DOMICILIAR
hipóteses para a prisão, 117.2
prisão –, 117.1

DURAÇÃO
das medidas de segurança, 171.7
tempo de – das sanções, 58.1

– E –

EDUCACIONAL
assistência –, 17.1
bibliotecas, 21.1
convênios, 20.1
ensino de 1º grau, 18.1
ensino médio, 18-A.1
ensino profissional, 19.1

EFEITOS
da remição, 128.1
da revogação da –, 127.3
da soma das penas, 107.7
do internamento, 108.2

EGRESSO(S)
assistência ao –, 10.3 e Seção VIII, Capítulo II, Título II:

assistência ao –, 25.2
conceito de –, 26.1
obtenção de trabalho, 27.1
problemática do –, 25.1
conceito de –, 26.1
liberados e –, 86.3
problemática do –, 25.1

ELEMENTOS
para as perícias, 9.1

ELETIVO
proibição do exercício de cargo, função ou atividade pública e de mandato –, 154.2

ELETRÔNICA
admissibilidade da monitoração –, 146-B.1
descumprimento dos deveres atinentes à monitoração –, 146-C.1
monitoração –, Seção VI, Capítulo I, Título V
revogação da monitoração –, 146-d.1

ENSINO
de 1º grau, 18.1
médio, 18-A.1
profissional, 19.1

ENTIDADES
prestação de serviços à comunidade ou a – públicas, 149.1

ENTREVISTA
com advogado, 41.9

EQUIPAMENTOS
instalações e serviços, 203.2

ESCURA
cela –, 45.3

ESPECIAL(IS)
condições gerais e – do regime aberto, 115.1
estabelecimentos –, 83.2
horários –, 33.2
prisão –, 106.6
regime, 28.5
regime inicial fechado em leis –, 110.3
separação dos presos e prisão –, 84.1

ESPÉCIE(S)
de assistência, 11.1:
ao egresso, Seção VIII, Capítulo II, Título II
assistência ao egresso, 25.2
conceito de egresso, 26.1
obtenção de trabalho, 27.1
problemática do egresso, 25.1
à saúde, 14.1
farmacêutica e odontológica, 14.3

instalações médico-sanitárias, 14.4
médica, 14.2
educacional, 17.1
bibliotecas, 21.1
convênios, 20.1
ensino de 1º grau, 18.1
médio, 18-A.1
ensino profissional, 19.1
jurídica, Seção IV, Capítulo II, Título II
assistência de defensor, 16.1
defensoria pública e advogado dativo, 16.2
relevância da assistência –, 15.1
material, 12.1
religiosa, Seção VII, Capítulo II, Título II
assistência religiosa, 24.2
liberdade religiosa, 24.4
meios e locais, 24.3
pena e religião, 24.1
social, 22.1
tarefas do serviço de assistência social, 23.1
de medidas de segurança, 171.5
de recompensa, 56.1
execução das penas em –, Título V

ESPECIFICAÇÃO(ÇÕES)
das condições da suspensão condicional da pena, 158.3
dos deveres, 39.1
pelo tribunal das condições da suspensão condicional da pena, 159.1

ESTABELECIMENTO(S)
direção e pessoal dos – penais, Seção III, Capítulo VI, Título III
direção do – penal, 75.1
diversos, 82.4
especiais, 83.2
femininos, 77.3
outros –, 99.3
para mulheres e maiores de 60 anos, 82.3
penais, Título IV e 82.2

ESTABELECIMENTOS PENAIS, TÍTULO IV E 82.2
disposições gerais, Capítulo I, Título IV

ESTADO
execução de pena em outro –, 86.1

ESTUDO
remição pelo –, 126.5

ESTRANGEIRO
livramento condicional a –, 131.4
regime disciplinar diferenciado a –, 52.2

EXAME(S), 100.1
antecipação do – para verificação da cessação de periculosidade, 176.1
criminológico, 5.5 e 112.5
de periculosidade, 175.1
de personalidade, 5.4
para os que estão submetidos à medida de segurança, 174.1
pela Comissão Técnica de Classificação, 98.1
proibição de inscrever-se em concursos, avaliações ou – públicos, 154.6
realização do – criminológico, 8.1

EXCESSO OU DESVIO, CAPÍTULO II, TÍTULO VII E 185.1
incidentes da execução, 66.12, Título VII e 180.1
legitimação, 186.1

EXECUÇÃO
agravo em –, 197.1
competência para a –, 105.3
da sentença, 105.2
das medidas de segurança, Título VI e 171.6
das penas em espécie, Título V
de pena em outro Estado, 86.1
exigência formal da –, 107.1
fiscalização da –, 67.2
incidentes da –, 66.12, Título VII e 180.1
indireta, 83-A.1, 83-B.1
horário e início de – na prestação de serviços à comunidade ou a entidades públicas, 149.3
início da – das penas restritivas de direitos, 147.3
juízo da –, Capítulo III, Título III
órgãos da –, 161.1
órgãos da – penal, Título III
procedimento para a – da multa, 164.9
processo de –, 2.3
processo de – da pena de multa, 164.8
provisória e guia de recolhimento provisória: antecedentes, 105.6
provisória e o princípio da presunção de inocência ou da não culpabilidade, 105.7
regras para – da limitação de fim de semana, 151.2
sigilo na –, 198.1

EXECUÇÃO PENAL
crise da –, 1.5
Direito Penitenciário e Direito de –, 1.3
histórico de Lei de –, 1.4
natureza da –, 1.1
objeto da –, 1.7
objeto e aplicação da Lei de –, Título I
órgãos da –, Título III
relação jurídica na –, 3.1

EXERCÍCIO
proibição do – de cargo, função ou atividade pública e de mandato eletivo, 154.2
proibição do – de profissão, atividade ou ofício, 154.3

EXIGÊNCIA
formal da execução, 107.1

EXTERNO
atribuição do trabalho –, 37.1
condições do trabalho –, 36.2
trabalho –, 36.1

EXTINÇÃO
da pena após a suspensão condicional da pena, 162.6
da pena após o livramento condicional, 146.1
da punibilidade, 66.3
da punibilidade e medida de segurança, 171.8
da punibilidade e comutação na anistia e no indulto, 192.1

– F –

FACULTATIVA(S)
condições – do livramento condicional, 132.2
revogação – da suspensão condicional da pena, 162.4
revogação – do livramento condicional, 140.2

FALSA
declaração de prestação de serviço para fim de instituir pedido de remição, 130.1

FALTA(S)
concurso de – disciplinares, 50.2
disciplinares, 49.1
graves na pena privativa de liberdade, 50.1
graves nas penas restritivas de direitos, 51.1
médias e leves, 49.2
prescrição das – disciplinares, 59.5
representação por – grave, 48.2

FARMACÊUTICA
assistência – e odontológica, 14.3

FECHADO
regime –, 87.2
regime inicial – em leis especiais, 110.3

FEMININOS
estabelecimentos –, 77.3

FIM DE SEMANA
conversão da pena de limitação de –, 181.3
limitação de –, 93.4 e 151.1

FINAIS
disposições – e transitórias, Título IX

FINALIDADE(S)
da pena, 1.5
do trabalho penitenciário, 28.2

FISCALIZAÇÃO
da execução, 67.2
da suspensão condicional da pena, 158.5

FÍSICA
respeito à integridade – e moral, 40.2

FÍSICOS
idosos, doentes e deficientes –, 32.2

FIXAÇÃO
da pena de multa, 164.4
da sanção, 57.1
do regime inicial, 110.4

FOLHA CORRIDA
atestados e certidões, 202.1

FORMAÇÃO
e reciclagem, 77.2
profissional, 34.2

FORMAL
exigência – da execução, 107.1

FREQUENTAR
proibição de – determinados lugares, 154.5

FUNÇÃO(ÕES)
da gerência, 34.3
do Ministério Público, 67.1
jurisdicional, 65.1
proibição do exercício de cargo – ou atividade pública e de mandato eletivo, 154.2

– G –

GENÉTICO
identificação por perfil –, 9º-A.1

GERAIS
condições – e especiais do regime aberto, 115.1

GERÊNCIA
do trabalho, 34.1
funções da –, 34.3

GRAVES
faltas – na pena privativa de liberdade, 50.1
faltas – nas penas restritivas de direitos, 51.1
representação por falta –, 48.2

GUIA
de internação, 172.1
de recolhimento, 105.4
de recolhimento e competência, 105.5
de recolhimento provisória, 105.8
execução provisória e – de recolhimento provisória: antecedentes, 105.6
expedição da – de recolhimento, 106.1
requisitos da – de internação, 173.1
requisitos da – de recolhimento, 106.2

GUIA DE INTERNAÇÃO, 172.1
requisitos da –, 173.1

GUIA DE RECOLHIMENTO, 105.4
cálculo de liquidação de penas, 107.5
ciência ao condenado, 107.3
ciência ao Ministério Público, 106.3
comunicação ao Conselho Penitenciário. 106.4
e competência, 105.5
efeitos da soma das penas, 107.7
execução provisória e – provisória: antecedentes, 105.6
exigência formal da execução, 107.1
expedição da –, 106.1
precedência das penas, 107.6
recibo, 107.2
registro, 107.4
requisitos da –, 106.2
retificações, 106.5
prisão especial, 106.6
provisória, 105.8

– H –

HABILITAÇÃO
suspensão de autorização ou de – para dirigir veículos, 154.4

HIGIENE
e segurança, 28.3

HIPÓTESES
de saída temporária, 122.2
para a prisão domiciliar, 117.2

HISTÓRICO
casa do albergado, 93.2
lei de execução penal, 1.4

HORÁRIO(S)
e início de execução na prestação de serviços à comunidade, 149.3
especiais, 33.2

HOSPITAL
de custódia e tratamento psiquiátrico, 99.1

595

– I –

IDENTIFICAÇÃO
por perfil genético, 9º-A.1

IDOSOS
doentes e deficientes físicos, 32.2
estabelecimentos para mulheres e maiores de 60 anos, 82.3

IGUALDADE
de tratamento, 41.12

IMÓVEIS
penhora de bens – para a execução da pena de multa, 165.1

IMPEDIMENTO
para novo livramento condicional, 142.1

IMPOSSIBILIDADE
de conversão da pena de multa, 182.1
do trabalho e remição, 126.3

IMPUTÁVEIS
e semi-imputáveis, 99.2
incidente(s) DE EXECUÇÃO, 66.12, Título VII e 180.1
anistia ou indulto, Capítulo III, Título VII
conversões, Capítulo I, Título VII
excesso ou desvio, Capítulo II, Título VII

INCLUSÃO
isolamento preventivo e – preventiva no regime disciplinar diferenciado, 60.1
procedimento e juiz competente para aplicação da sanção de – no regime disciplinar diferenciado, 54.2

INDIVIDUAL
indulto –, 188.1
individualização
da pena e classificação dos condenados, 5.1

INDULTO
anistia e –, Capítulo III, Título VII
coletivo, 193.1
diligências e parecer, 190.1
extinção da punibilidade e comutação, 192.1
incidentes da execução, 66.12, Título VII e 180.1
individual, 188.1
procedimento inicial, 189.1
procedimento no Ministério da Justiça, 191.1
processamento do – coletivo, 193.2

INICIAL
fixação do regime –, 110.4
observância do regime –, 110.5

procedimento – do indulto, 189.1
regime – critérios objetivos, 110.1
regime – fechado em leis especiais, 110.3

INICIATIVA
do processamento judicial, 195.1

INÍCIO
da execução das penas restritivas de direitos, 147.3
horário e início de execução na prestação de serviços à comunidade ou a entidades públicas, 149.3

INOCÊNCIA
execução provisória e o princípio da presunção de – ou da não culpabilidade, 105.7

INSOLVÊNCIA
e a pena de multa, 168.1

INSTALAÇÕES
casa do albergado, 94.2
centro de observações, 97.1
e serviços, 13.1
equipamentos e serviços, 203.2
médico-sanitárias, 14.4

INTEGRIDADE
respeito à – física e moral, 40.2

INTERDIÇÃO
conversão das penas de – temporária de direitos, 181.4
temporária de direitos, 154.1

INTERDIÇÃO TEMPORÁRIA DE DIREITOS, 154.1
comunicação, 155.1
suspensão de autorização ou de habilitação para dirigir veículo, 154.4
proibição de frequentar determinados lugares, 154.5
proibição de inscrever-se em concursos, avaliações ou exame públicos, 154.6
proibição do exercício de cargo, função ou atividade pública e de mandato eletivo, 154.2
proibição do exercício de profissão, atividade ou ofício, 154.3

INTERNAÇÃO
cômputo do tempo de prisão provisória ou administrativa ou de –, 110.2
conversão do tratamento ambulatorial em –, 184.1
guia de –, 172.1
requisitos da guia de –, 173.1

INTERNADO
condenado e –, Título II
preso provisório e –, 42.1

INTERNAMENTO
efeitos do –, 108.2

INTERNO
trabalho –, 31.1

INTERTEMPORAL
direito –, 131.6

INTERVENÇÃO
jurisdicional e administrativa, 65.2

ISOLAMENTO
preventivo e inclusão preventiva no regime disciplinar diferenciado, 60.1

– J –

JORNADA
de trabalho, 33.1

JUDICIAL(IS)
condições – da suspensão condicional da pena, 158.2
declaração – da remição, 126.6
procedimento –, Título VIII

JUIZ
competente –, 65.3
comunicação ao –, 58.2
procedimento e – competente para aplicação da sanção de inclusão no regime disciplinar diferenciado, 54.2

JUÍZO
da execução, Capítulo III, Título III

JURÍDICA(O)
assistência –, Seção IV, Capítulo II, Título II
assistência de defensor, 16.1
defensoria pública e advogado dativo, 16.2
relevância da – jurídica, 15.1

JURISDICIONAL
função –, 65.1
intervenção – e administrativa, 65.2
jurisdicionalidade
princípio da –, 2.2

JUSTIÇA
procedimento do indulto no Ministério da –, 191.1

JUSTIÇA ESPECIAL
presos provisórios e condenados na –, 2.4

– L –

LAUDO
relatório e – na medida de segurança, 175.2

LEGAL(IS)
condições – da suspensão condicional da pena, 158.1

LEGALIDADE
princípio da –, 2.1, 45.1

LEGISLAÇÃO
complementar, 119.1 e 203.1

LEGITIMAÇÃO
Para suscitar o incidente de excesso ou desvio, 186.1

LEI(S)
aplicação da – mais benigna, 66.2
histórico da – de Execução Penal, 1.4
objeto e aplicação da – de Execução Penal, Título I
regime inicial fechado em – especiais, 110.3
regime prisional e – mais benigna, 110.6

LEVES
faltas médias e –, 49.2

LIBERAÇÃO
desinternação e – do submetido a medida de segurança, 179.1
liberado(s)
e egressos, 86.3

LIBERDADE
conversão da pena privativa de – em medida de segurança, 183.1
conversão de pena privativa de – em restritiva de direitos, 180.3
conversão da pena restritiva de direitos em privativa de –, 181.1
faltas graves na pena privativa de –, 50.1
multa e pena privativa de –, 170.1
penas privativas de –, Capítulo I, Título V
religiosa, 24.4

LIMITAÇÃO
conversão da pena de – de fim de semana, 181.3
de fim de semana, 93.4 e 151.1

LIMITAÇÃO DE FIM DE SEMANA, 151.1
cursos, palestras e atividades, 152.1
regras para execução, 151.2
relatórios e comunicações, 153.1

LIMITE
de penas, 66.6

LIQUIDAÇÃO
cálculo de – das penas, 107.5

LIVRAMENTO
carta de –, 136.1

condicional, 66.11 e 131.1
contagem do prazo do –, 141.1
decreto de revogação do –, 143.1
impedimento para novo –, 142.1
modificação nas condições do –, 144.1
suspensão do –, 145.1
livramento condicional, 66.11 e 131.1
advertência, 134.1
a estrangeiro, 131.4
caderneta e pecúlio, 138.1
carta de livramento, 136.1
cerimônia, 137.1
concessão, 131.5
concessão pelo Tribunal, 135.1
condições facultativas, 132.2
condições obrigatórias, 132.1
contagem do prazo do –, 141.1
decreto de revogação, 143.1
direito intertemporal, 131.6
extinção da pena, 146.1
impedimento para novo –, 142.1
modificações nas condições, 144.1
mudança de residência, 133.1
observação cautelar, 139.1
proteção, 139.2
recurso, 146.2
relatório, 139.3
requisitos objetivos, 131.2
requisitos subjetivos, 131.3
revogação facultativa do –, 140.2
revogação obrigatória do –, 140.1
suspensão, 145.1

LOCAL(AIS)
Departamento Penitenciário –, 73.1
meios e –, 24.3
penitenciária –, 90.1

LOCALIZAÇÃO
casa do albergado, 94.1
e construção da cadeia pública, 104.1

– M –

MANDATO
dos membros, 63.2
proibição do exercício de cargo, função ou atividade pública e de – eletivo, 154.2

MATERIAL
assistência –, 12.1

MÉDIAS
faltas – e leves, 49.2

MÉDICA(O)
assistência –, 14.2
instalações – sanitárias, 14.4
particular, 43.1

MEDIDA(S)
conversão de pena privativa de liberdade em – de segurança, 183.1
de segurança, 66.16
execução das – de segurança, Título VI e 171.6
medida(s) de segurança, 66.16 e 171.1
aplicação, 171.3
conversão de pena privativa de liberdade em –, 183.1
duração, 171.7
espécies, 171.5
exames, 174.1
execução das –, Título VI e 171.6
extinção da punibilidade, 171.8
guia de internação, 172.1
pressupostos, 171.2
requisitos da guia de internação, 173.1
substituição, 171.4

MEIOS
e locais, 24.3

MEMBROS
mandato dos –, 63.2

MENTAL
superveniência de doença – na pena de multa, 167.1
superveniência de doença – nas penas privativas de liberdade, 108.1

MÉRITO
do condenado para a progressão de regime, 112.4

MINISTÉRIO DA JUSTIÇA
procedimento do indulto no –, 191.1
ministério público, Capítulo IV, Título III
atribuições específicas do –, 68.1
ciência ao – sobre a guia de recolhimento, 106.3
fiscalização da execução pelo –, 67.2
função do –, 67.1

MODIFICAÇÃO
nas condições do livramento condicional, 144.1
nas condições do regime aberto, 116.1

MONETÁRIA
correção – na pena de multa, 164.7

MONITORAÇÃO ELETRÔNICA, SEÇÃO VI, CAPÍTULO I, TÍTULO V
admissibilidade, 146-B.1

descumprimento dos deveres atinentes à –, 146-C.1
revogação da –, 146-d.1

MORAL
respeito à integridade física e –, 40.2

MOTIVADA
decisão –, 59.4

MUDANÇA
de residência para fins da suspensão condicional da pena, 158.8
de residência para fins de livramento condicional, 133.1

MULHERES
estabelecimento para – e maiores de 60 anos, 82.3
penitenciária de –, 89.1

MULTA(S)
cumulativas, 164.6
dia –, 164.2
e pena privativa de liberdade, 170.1
impossibilidade de conversão da pena de –, 182.1
pena de –, 164.1
procedimento para a execução da –, 164.9

MUNDO EXTERIOR
comunicação com o –, 41.15

– N –

NACIONAL
conselho – de política criminal e penitenciária, 62.1
departamento penitenciário –, 71.1

NÃO COMPARECIMENTO
à audiência admonitória, 161.1

NATUREZA
da execução penal, 1.1

NOMINAL
chamamento –, 41.11

NORMAS
ciências das – disciplinares, 46.1

– O –

OBJETIVOS
regime inicial: critérios –, 110.1
requisitos – da suspensão condicional da pena, 156.2
requisitos – do livramento condicional, 131.2

OBJETO
da execução penal, 1.7
e aplicação da Lei de Execução Penal, Título I

OBRIGATÓRIA(S)
condições – do livramento condicional, 132.1
revogação – da suspensão condicional da pena, 162.3
revogação – do livramento condicional, 140.1

OBSERVAÇÃO
cautelar no livramento condicional, 139.1
centro de –, 96.1

OBSERVÂNCIA
do regime inicial, 110.5

OBTENÇÃO
de trabalho, 27.1

ODONTOLÓGICA
assistência farmacêutica e –, 14.3

OFÍCIO
proibição do exercício de profissão, atividade ou –, 154.3

OITIVA
do condenado na regressão de regime, 118.3

ÓRGÃOS
da execução penal, Título III

– P –

PALESTRAS
curso – e atividades para os condenados, 152.1

PARCELAMENTO
da pena de multa em prestações, 169.1

PARECER
diligências e – no indulto, 190.1

PARTICIPAÇÃO
setores de –, 4.2

PARTICULAR(ES)
médico, 43.1
patronatos, 78.2
patronato(s), 78.1
atribuições dos –, 79.1
particulares, 78.2

PECÚLIO
cadernetas e –, 138.1
constituição de –, 41.4

PECUNIÁRIA
conversão das penas de prestação – e perda de bens e valores, 181.5
prestação –, 148.2

PEDIDO
de remição, 129.2

falsa declaração de prestação de serviço para fim de instituir – de remição, 130.1

PENA(S)
cálculo de liquidação das –, 107.5
conversão da – de interdição temporária de direitos, 181.4
conversão da – de limitação de fim de semana, 181.3
conversão da – de prestação de serviços à comunidade, 181.2
conversão da – privativa de liberdade em medida de segurança, 183.1
conversão da – privativa de liberdade em restritiva de direitos, 180.3
conversão da – restritiva de direitos em privativa de liberdade, 181.1
conversão das – de prestação pecuniária e perda de bens e valores, 181.5
de multa, 164.1
e religião, 24.1
efeito da soma das –, 107.7
execução de – em outro Estado, 86.1
execução das – em espécie, Título V
extinção da – após o livramento condicional, 146.1
extinção da – após a suspensão condicional da –, 162.6
faltas graves na – privativa de liberdade, 50.1
faltas graves nas – penas restritivas de direitos, 51.1
finalidade da –, 1.5
impossibilidade de conversão da – de multa, 182.1
individualização da – e classificação dos condenados, 5.1
limite de –, 66.6
multa e – privativa de liberdade, 170.1
precedência das –, 107.6
privativas de liberdade, Capítulo I, Título V
restritivas de direito, 147.1
regime e soma de –, 111.1
restritivas de direitos, 48.1, 66.14
soma de –, 66.4
suspensão condicional da –, 66.10 e 156.1
unificação de –, 66.5

PENA DE MULTA, CAPÍTULO IV, TÍTULO V E, 164.1
aplicação, 164.3
correção monetária, 164.7
desconto, 168.2
dia-multa, 164.2
fixação, 164.4
impossibilidade de conversão da –, 182.1
insolvência, 168.1

multa e pena privativa de liberdade, 170.1
multas cumulativas, 164.6
parcelamento em prestações, 169.1
penhora de bens imóveis, 165.1
penhora de outros bens, 166.1
procedimento para a execução da multa, 164.9
processo de execução, 164.8
substituição, 164.5
superveniência de doença mental, 167.1

PENAL(AIS)
direção do estabelecimento –, 75.1
direção e pessoal dos estabelecimentos –, Seção III, Capítulo VI, Título III
estabelecimentos –, Título IV e 82.2
órgãos de execução –, Título III

PENA(S) PRIVATIVA(S) DE LIBERDADE, CAPÍTULO I, TÍTULO V
competência para a execução, 105.3
conversão da – em medida de segurança, 183.1
conversão da – em restritiva de direitos, 180.3
conversão da pena restritiva de direitos em –, 181.1
execução da sentença, 105.2
execução provisória e guia de recolhimento provisória: antecedentes, 105.6
execução provisória e o princípio da presunção de inocência ou da não culpabilidade, 105.7
guia de recolhimento, 105.4
guia de recolhimento e competência, 105.5
guia de recolhimento provisória, 105.8
introdução, 105.1

PENAS RESTRITIVAS DE DIREITOS, SEÇÃO I, CAPÍTULO II, TÍTULO V E 147.1
alteração, 148.1
conversão da pena privativa de liberdade em –, 180.3
conversão da – em privativa de liberdade, 181.1
início da execução, 147.3
interdição temporária de direitos, 154.1
limitação de fim de semana, 151.1
perda de bens e valores, 148.3
prestação de serviços à comunidade ou a entidades públicas, 149.1
prestação pecuniária, 148.2
substituição, 147.2

PENHORA
de bens imóveis para a execução da pena de multa, 165.1
de outros bens para a execução da pena de multa, 166.1
penitenciária(o)(s), Capítulo II, Título IV e 88.1

autonomia do direito –, 1.2
comunicação ao Conselho –, 106.4
Conselho Nacional de Política Criminal e –, 62.1
Conselho –, 69.1
de mulheres, 89.1
departamento – local, 73.1
departamento – nacional, 71.1
departamentos –, Capítulo VI, Título III
destinada a presos em regime disciplinar diferenciado, 87.3
direito – e direito de execução penal, 1.3
finalidades do trabalho –, 28.2
introdução ao tema penitenciária, 87.1
local da –, 90.1
pessoal –, 77.1
trabalho –, 28.1
tratamento –, 10.1

PERDA
conversão das penas de prestação pecuniária e – de bens e valores, 181.5
de bens e valores, 148.3

PERFIL GENÉTICO
identificação por –, 9º-A.1

PERÍCIAS
elementos para as –, 9.1

PERICULOSIDADE
cessação da –, Capítulo II, Título VI
exame de –, 175.1

PERÍODO
de prova na suspensão condicional da pena, 162.1

PERMISSÃO(ÕES)
de saída, 120.2
prazo da – de saída, 121.1

PERSONALIDADE
exame de –, 5.4

PESSOAL
direção e – dos estabelecimentos penais, Seção III, Capítulo VI, Título III
penitenciário, 77.1
quadro de –, 76.1

PETIÇÃO
representação, – e atestado, 41.14

POLÍTICA(O)(S)
Conselho Nacional de – Criminal e Penitenciária, 62.1
criminoso – e trabalho, 200.1
direitos, 3.3

PODER
disciplinar, 47.1

PRÁTICA
de crime doloso, 52.1

PRAZO(S)
contagem do – do livramento, 141.1
da permissão de saída, 121.1
da saída temporária, 124.1
prorrogação do – da suspensão condicional da pena, 162.2

PRECEDÊNCIA
das penas, 107.6

PRESCRIÇÃO
das faltas disciplinares, 59,5

PRESO(S)
provisório, 31.2, 39.3, 50.3 e 102.1
provisório e internado, 42.1
provisórios e condenados na Justiça Especial, 2.4
separação dos – e prisão especial, 84.1

PRESSUPOSTOS
das medidas de segurança, 171.2

PRESTAÇÃO(ÕES)
conversão das penas de – pecuniária e perda de bens e valores, 181.5
conversão de pena de – de serviços à comunidade, 181.2
de serviços à comunidade, 30.1
de serviços à comunidade ou a entidades públicas, 149.1
falsa declaração de – de serviço para fim de instituir pedido de remição, 130.1
parcelamento da pena de multa em –, 169.1
pecuniária, 148.2

PRESTAÇÃO DE SERVIÇOS À COMUNIDADE OU A ENTIDADES PÚBLICAS, 149.1
atribuição das tarefas, 149.2
horário e início de execução, 149.3
relatórios, 150.1

PRESUNÇÃO DE INOCÊNCIA
execução provisória e o princípio da – ou da não culpabilidade, 105.7

PREVENTIVA(O)
isolamento – e inclusão – no regime disciplinar diferenciado, 60.1
previdência social, 41.3

PRINCÍPIO
da legalidade, 2.1 e 45.1
da jurisdicionalidade, 2.2

execução provisória e o – da presunção de inocência ou da não culpabilidade, 105.7

PRISÃO(ÕES)
albergue, 96.3
capacidade das –, 85.1
civil e administrativa, 201.1
cômputo do tempo de – provisória ou administrativa ou de internação, 110.2
domiciliar, 117.1
especial, 106.6
hipóteses para a – domiciliar, 117.2
separação dos presos e – especial, 84.1

PRISÃO DOMICILIAR, 117.1
hipóteses para a –, 117.2

PRISIONAL
arquitetura, 82.1
regime – e lei mais benigna, 110.6

PRIVATIVA(S)
conversão da pena – de liberdade em medida de segurança, 183.1
conversão da pena restritiva de direitos em – de liberdade, 181.1
conversão de pena – de liberdade em restritiva de direitos, 180.3
faltas graves na pena – de liberdade, 50.1
multa e pena – de liberdade, 170.1
penas – de liberdade, Capítulo I, Título V

PROBLEMÁTICA
do egresso, 25.1

PROCEDIMENTO
de anistia, 187.2
decisão e recurso da progressão de regime, 112.6
disciplinar, 59.1
do indulto no Ministério da Justiça, 191.1
e juiz competente para aplicação da sanção de inclusão no regime disciplinar diferenciado, 54.2
judicial, Título VIII
inicial do indulto, 189.1
nas medidas de segurança, 175.3 e 177.1
para a execução da multa, 164.9
processo e – judicial, 194.1

PROCEDIMENTO JUDICIAL, TÍTULO VIII
agravo em execução, 197.1
iniciativa, 195.1
processamento, 196.1
processo e –, 194.1

PROCESSAMENTO
do indulto coletivo, 193.2
do procedimento judicial, 196.1

PROCESSO
de execução, 2.3, 164.8
de execução da pena de multa, 164.8
e procedimento judicial, 194.1

PRODUTOS
bens e – do trabalho, 35.1

PROFISSÃO
proibição do exercício de –, atividade ou ofício, 154.3

PROFISSIONAL
ensino, 18-A.1, 19.1
formação –, 34.2
progressão, 112.2
e regressão, 66.8
restabelecimento da –, 118.4

PROGRESSÃO DE REGIME
aceitação do programa e condições, 113.1
condições gerais e especiais do regime aberto, 115.1
exame criminológico, 112.5
falta grave, 112.6
gestante, mãe ou responsável por crianças ou pessoas com deficiência, 112.3
mérito do condenado, 112.4
modificação das condições do regime aberto, 116.1
prisão domiciliar, 117.1
procedimento, decisão e recurso, 112.6
progressão, 112.2
requisitos para o regime aberto, 114.1
requisito temporal, 112.3
restabelecimento da progressão, 118.4
sistema progressivo, 112.1

PROGRESSIVO
sistema –, 112.1

PROIBIÇÃO
de frequentar determinados lugares, 154.5
de inscrever-se em concursos, avaliações ou exame públicos, 154.6
do exercício da profissão, atividade ou ofício, 154.3
do exercício do cargo, função ou atividade pública e de mandato eletivo, 154.2

PRORROGAÇÃO
do prazo da suspensão condicional da pena, 162.2
do regime disciplinar diferenciado, 52.2

PROTEÇÃO
contra o sensacionalismo, 41.8
no livramento condicional, 139.2

PROVA
período de – na suspensão condicional da pena, 162.1

PROVISÓRIA(O)
cômputo do tempo de prisão – ou administrativa ou de internação, 110.2
execução – e guia de recolhimento – antecedentes, 105.6
execução – e o princípio da presunção de inocência ou da não culpabilidade, 105.7
guia de recolhimento –, 105.8
preso –, 31.2, 39.3, 50.3 e 102.1
preso – e internado, 42.1

PSIQUIÁTRICO
hospital de custódia e tratamento –, 99.1

PÚBLICA(O)(S)
cadeia –, Capítulo VII, Título IV e 103.1
ciência ao Ministério –, 106.3
defensoria – e advogado dativo, 16.2
prestação de serviços à comunidade ou a entidades –, 149.1
proibição de inscrever-se em concursos, avaliações ou exame –, 154.6
proibição do exercício de cargo, função ou atividade – e de mandato eletivo, 154.2

PUNIBILIDADE
extinção da –, 66.3
extinção da – e comutação na anistia e no indulto, 192.1

– Q –

QUADRO
de deveres, 39.2
de pessoal, 76.1

– R –

REALIZAÇÃO
do exame criminológico, 8.1

RECIBO
guia de recolhimento, 107.2

RECICLAGEM
formação e –, 77.2

RECOLHIMENTO
execução provisória e guia de – provisória: antecedentes, 105.6
guia de –, 105.4
guia de – e competência, 105.5
guia de – provisória, 105.8
requisitos da guia de –, 311

recompensas, 55.1
das sanções e das –, Subseção III, Seção III, Capítulo IV, Título II e
espécies de –, 56.1

RECREAÇÃO
atividades de –, 41.6
descanso e –, 41.5

RECUPERAÇÃO
do direito à saída temporária, 125.2
recurso(s), 59.3
da decisão que extingue a pena privativa de liberdade após o livramento condicional, 146.2
procedimento, decisão e – da progressão de regime, 112.6
regime(s), Seção II, Capítulo I, Título V
aberto, 93.5
condições gerais e especiais do – aberto, 115.1
disciplinar diferenciado, 52.2, 60.1
e soma de penas, 111.1
especial, 28.5
e unificação, 111.2
fechado, 87.2
fixação do – inicial, 110.4
inicial: critérios objetivos, 110.1
inicial fechado em leis especiais, 110.3
isolamento preventivo e inclusão preventiva no – disciplinar diferenciado, 60.1
modificação das condições do – aberto, 116.1
observância do – inicial, 110.5
penitenciária destinada a presos em – disciplinar diferenciado, 87.3
prisional e lei mais benigna, 110.6
procedimento e juiz competente para aplicação da sanção de inclusão no – disciplinar diferenciado, 54.2
regressão e – aberto, 118.2
requisitos para o – aberto, 114.1
semiaberto, 91.2

REGISTRO
da remição, 129.1
da suspensão condicional da pena, 163.1
guia de recolhimento, 107.4

REGRAS
para a execução de limitação de fim de semana, 151.2
regressão, 118.1
e regime aberto, 118.2
progressão e –, 66.8

RELAÇÃO JURÍDICA
na execução penal, 3.1

RELATÓRIO(S)
ao Conselho Penitenciário no livramento condicional, 139.3
e comunicações na limitação de fim de semana, 153.1
e laudo nas medidas de segurança, 175.2
na prestação de serviços à comunidade ou a entidades públicas, 150.1

RELIGIÃO
pena e –, 24.1

RELIGIOSA
assistência –, Seção VII, Capítulo II, Título II
liberdade –, 24.4
remição, 126.1
acidente, 126.4
admissibilidade de revogação da –, 127.1
causas de revogação da –, 127.2
declaração judicial, 126.6
detração e –, 66.9 e 111.3
efeitos da –, 128.1
efeitos da revogação da –, 127.3
falsa declaração de prestação de serviço para fim de instituir pedido de remição, 130.1
impossibilidade do trabalho, 126.3
pedido de –, 129.2
pelo estudo, 126.5
pelo trabalho, 126.2
registro da –, 129.1
retroatividade da –, 129.3

REMOÇÃO
competência para a –, 86.2
e transferência, 66.17
remuneração, 29.1

RENÚNCIA
do condenado à suspensão condicional da pena, 160.2

REPRESENTAÇÃO
petição e atestado, 41.14
por falta grave, 48.2

REQUISITO(S)
da guia de recolhimento, 106.2
das medidas de segurança e das guias de internação, 173.1
objetivos da suspensão condicional da pena, 156.2
objetivos do livramento condicional, 131.2
para a saída temporária, 123.2

para o regime aberto, 114.1
subjetivos da suspensão condicional da pena, 156.3
subjetivos do livramento condicional, 131.3
temporal, 112.3

RESIDÊNCIA
mudança de – para fins da suspensão condicional da pena, 158.8
mudança de – para fins de livramento condicional, 133.1

RESPEITO
à integridade física e moral, 40.2

RESTABELECIMENTO
da progressão, 118.4

RESTRIÇÃO
suspensão e – dos direitos, 41.17

RESTRITIVA(S)
conversão da pena – de direitos em privativa de liberdade, 181.1
conversão de pena privativa de liberdade em – de direitos, 180.1
faltas graves nas penas – de direitos, 51.1
penas – de direitos, 48.1, 66.14 e 147.1

RETIFICAÇÕES
da guia de recolhimento, 106.5

RETROATIVIDADE
da remição, 129.3

REVOGAÇÃO
admissibilidade de – da remição, 127.1
causas de – da remição, 127.2
da autorização, 37.2
da lei de Execução Penal, 204.3
da saída temporária, 125.1
decreto de – do livramento condicional, 143.1
efeitos da – da remição, 127.3
facultativa da suspensão condicional da pena, 162.4
facultativa do livramento condicional, 140.2
obrigatória da suspensão condicional da pena, 162.3
obrigatória do livramento condicional, 140.1

– S –

SAÍDA(S)
autorizações de –, 120.1
competência para a autorização de –, 122.1
condições da – temporária, 124.2
hipóteses de – temporária, 122.2

permissões de –, 120.2
prazo da permissão de –, 121.1
prazo da – temporária, 124.1
recuperação do direito à – temporária, 125.2
requisitos para a – temporária, 123.2
revogação da – temporária, 125.1
temporárias, 66.13 e 122.1

SALÁRIO
destinação do –, 29.2

SANÇÃO(ÕES)
coletivas, 45.4
competência para aplicação das –, 54.1
cruéis, 45.2
da aplicação das –, Subseção IV, Seção III, Capítulo IV, Título II e 57.2
das – e das recompensas, Subseção III, Seção III, Capítulo IV, Título II
disciplinares, 53.1
fixação da –, 57.1
procedimento e juiz competente para aplicação da – de inclusão no regime disciplinar diferenciado, 54.2

SANITÁRIAS
instalações médico –, 14.4

SAÚDE
assistência à –, 14.1:
assistência farmacêutica e odontológica, 14.3
assistência instalações médico-sanitárias, 14.4
médica, 14.2

SEGURANÇA
conversão da pena privativa de liberdade em medida de –, 183.1
execução das medidas de –, Título VI e 171.6
higiene e –, 28.3
medidas de –, 66.16 e 171.1

SEMIABERTO
regime –, 91.2

SEMI-IMPUTÁVEIS
imputáveis e –, 99.2

SENSACIONALISMO
proteção contra o –, 41.8

SENTENÇA
execução da –, 105.2

SEPARAÇÃO
dos presos e prisão especial, 84.1

SERVIÇO(S)
conversão da pena de prestação de – à comunidade, 181.2
falsa declaração de prestação de – para fim de instituir pedido de remição, 130.1
instalações e –, 13.1
instalações, equipamentos e –, 203.2
prestação de – à comunidade, 30.1
prestação de – à comunidade ou a entidades públicas, 149.1
tarefas do – de assistência social, 23.1

SESSENTA
estabelecimentos para mulheres e maiores de – anos, 82.3

SETORES
de participação, 4.2

SIGILO
na execução, 198.1

SIMULTÂNEOS
sursis –, 156.4

SISTEMA
progressivo, 112.1

SOCIAL
assistência –, 22.1:
tarefas do serviço de assistência –, 23.1

SOLTURA
alvará de –, 109.1

SOMA
de penas, 66.4
efeitos da – das penas, 107.7
regime e – de penas, 111.1

SUBJETIVOS
requisitos – da suspensão condicional da pena, 156.3
requisitos – do livramento condicional, 131.3

SUBSTITUIÇÃO
da medida de segurança, 171.4
da pena de multa, 164.5
das penas restritivas de direitos, 147.2

SUPERVENIÊNCIA
de doença mental na pena de multa, 167.1
de doença mental nas penas privativas de liberdade, 108.1

SURSIS
v. suspensão condicional da pena
simultâneos, 156.4

Índice Remissivo — EXECUÇÃO PENAL

SUSPENSÃO
condicional da pena, 66.10 e 156.1
de autorização ou de habilitação para dirigir veículo, 154.4
do livramento condicional, 145.1
e restrição dos direitos, 41.17
suspensão condicional DA PENA, 66.10 e 156.1
alteração das condições, 158.4
audiência admonitória, 160.1
cassação, 162.5
comparecimento, 158.6
comunicação, 158.7
concessão, 157.1
condições judiciais, 158.2
condições legais, 158.1
especificação pelo Tribunal, 159.1
especificações das condições, 158.3
extinção da pena, 162.6
fiscalização, 158.5
mudança de residência, 158.8
não comparecimento, 161.1
período de prova, 162.1
prorrogação do prazo, 162.2
registro, 163.1
renúncia do condenado, 160.2
requisitos objetivos, 156.2
requisitos subjetivos, 156.3
revogação facultativa, 162.4
revogação obrigatória, 162.3
sursis simultâneos, 156.4

– T –

TAREFAS
atribuição das – ao condenado na prestação de serviços à comunidade ou a entidades públicas, 149.2
do serviço de assistência social, 23.1

TÉCNICA
exames pela comissão – de Classificação, 98.1

TEMPO
cômputo do – de prisão provisória ou administrativa ou de internação, 110.2
de duração, 58.1

TEMPORAL
requisito –, 112.3

TEMPORÁRIA(S)
condições da saída –, 124.2
conversão das penas de interdição – de direitos, 181.4

hipóteses de saída –, 122.2
interdição – de direitos, 154.1
prazo para a saída –, 124.1
recuperação do direito à saída –, 125.2
requisitos para a saída –, 123.2
revogação da saída –, 125.2
saídas –, 66.13 e 122.1
tentativa, 49.3
trabalho, Capítulo II, Título II
acidente do –, 28.4
atribuição de –, 41.2
atribuição do – externo, 37.1
bens e produtos do –, 35.1
condições do – externo, 36.2
criminoso político e –, 200.1
externo, 36.1
finalidades do – penitenciário, 28.2
gerência do –, 34.1
impossibilidade do – e remição, 126.3
interno, 31.1
jornada de –, 33.1
obtenção de –, 27.1
penitenciário, 28.1
remição pelo –, 126.3

TRANSFERÊNCIA
remoção e –, 66.16

TRANSITÓRIAS
disposições finais e –, Título IX

TRATAMENTO
ambulatorial, 101.1
conversão do – ambulatorial em internação, 184.1
e assistência, 10.2
hospital de custódia e – psiquiátrico, 99.1
igualdade de –, 41.12
penitenciário, 10.1

TRIBUNAL
concessão do livramento condicional pelo –, 135.1
especificação pelo – das condições da suspensão condicional da pena, 159.1

– U –

UNIFICAÇÃO
de penas, 66.5
natureza da –, 66.7
regime e –, 111.2

USO
de algemas, 199.1

606

– V –

VALORES
conversão das penas de prestação pecuniária e perda de bens e –, 181.5
perda de bens e valores, 148.3

VEÍCULO
suspensão de autorização ou de habilitação para dirigir –, 154.4

VESTUÁRIO
alimentação e –, 41.1

VIGÊNCIA
da Lei de Execução Penal, 204.1

VIOLÊNCIA DOMÉSTICA E FAMILIAR
programas de recuperação e reeducação do agressor, 152.1
visitas, 41.10, 52.2

ANOTAÇÕES